I0317014

Début d'une série de documents
en couleur

Marquis D'ALBON

CARTULAIRE GÉNÉRAL

DE

L'ORDRE DU TEMPLE

1119? — 1150

AVEC UN PORTRAIT ET SIX PLANCHES HORS TEXTE

PARIS
LIBRAIRIE ANCIENNE, HONORÉ CHAMPION, ÉDITEUR
5, Quai Malaquais, 5

1913

SIGNVM : MILITIE : TEMPLI

Fin d'une série de documents
en couleur

De la part
de la M^ise d'Albon

CARTULAIRE GÉNÉRAL

DE

L'ORDRE DU TEMPLE

CET OUVRAGE A ÉTÉ TIRÉ A DEUX CENTS EXEMPLAIRES
NUMÉROTÉS A LA PRESSE

EXEMPLAIRE N° 18

Phot. Dujardin

1er JANVIER 1860 – 8 DÉCEMBRE 1912

MARQUIS D'ALBON

CARTULAIRE GÉNÉRAL

DE

L'ORDRE DU TEMPLE

1119? — 1150

Recueil des Chartes et des Bulles relatives à l'Ordre du Temple
formé par le Marquis D'ALBON

AVEC UN PORTRAIT ET SIX PLANCHES HORS TEXTE

PARIS
LIBRAIRIE ANCIENNE, HONORÉ CHAMPION, ÉDITEUR
5, Quai Malaquais, 5

1913

La longue et cruelle maladie, puis la mort de mon père ont retardé jusqu'à ce jour la publication du présent ouvrage. Ce livre n'est qu'une petite partie d'une œuvre beaucoup plus considérable, à laquelle il travailla pendant douze années, les dernières de sa vie, et que les mêmes circonstances ne lui ont pas permis d'achever. Le « Cartulaire du Temple », dans sa pensée, devait comprendre plusieurs volumes. Les nombreux matériaux accumulés, fruit de ses constantes recherches, demandent encore plusieurs années de ce labeur assidu, dont il a su donner un si remarquable exemple. J'espère être à même de le reprendre plus tard.

Il m'a semblé que toute préface était hors de cadre, puisque l'auteur n'avait pu la rédiger. Cette note n'est donc qu'un humble hommage à sa profonde érudition, en même temps qu'un respectueux témoignage de piété filiale à sa mémoire.

D'ALBON.

Oxford, Février 1913.

AVERTISSEMENT

L'Ordre religieux et militaire du Temple de Jérusalem a tenu une place considérable durant près de deux siècles dans l'histoire de la Chrétienté.

Le rôle exact de ces moines guerriers, leurs doctrines, leurs mœurs, la vie qu'ils menaient soit dans les camps, soit dans l'intérieur des Commanderies, ont été diversement interprétés et sont l'objet d'opinions contradictoires.

Tout en rendant justice à certains travaux particuliers, il reste évident qu'aucune étude sérieuse n'a été encore consacrée à l'ensemble de cet immense sujet. Pour l'aborder avec l'autorité voulue, il fallait en premier lieu une connaissance complète et approfondie des actes authentiques que le passé nous a légués touchant ce corps illustre. C'est précisément pour remédier à l'insuffisance des preuves apportées jusqu'ici à l'histoire du Temple, que le Marquis d'Albon s'était proposé de rechercher et de mettre au jour toutes les pièces qui pouvaient jeter la lumière sur cette période encore mystérieuse et incertaine.

Il lui avait paru logique comme début à cet énorme travail de publier d'abord les documents qui composent ce volume et qui comprennent l'origine et le développement de l'Ordre dans les pays où il s'est étendu et où ses archives se sont conservées.

D'après la pensée initiale de l'auteur, le « Cartulaire Général » devait être prolongé jusqu'à l'époque de la suppression des Templiers ; mais, jugeant ensuite ce plan gigantesque absolument irréalisable, M. d'Albon s'est borné, à dater de 1151, à réunir seulement les actes concernant ceux de France.

Il s'était imposé le soin de transcrire tous les documents dans leur intégrité, sans se permettre aucun choix, ni aucune suppression, convaincu que ce choix serait forcément arbitraire ou cri-

tiquable et qu'il y avait un avantage réel à reproduire les textes sans coupures.

Il a poussé le scrupule jusqu'à donner littéralement toutes les formules pour les actes du XIIᵉ siècle et pour ceux de la première moitié du XIIIᵉ. Vers 1230, ces formules perdent leur intérêt.

Paléographe très exercé, le Marquis d'Albon a voulu fouiller lui-même les divers dépôts des provinces du sud-ouest, particulièrement riches en la matière ; ceux de l'Espagne, du Portugal, de l'Angleterre, de la Belgique, déchiffrant les écritures les plus ardues, et dans les cas où il ne pouvait vérifier les textes, recourant à des auxiliaires expérimentés ou à la précision des photographies.

Il est à remarquer aussi que la partie critique de ces pages nombreuses, telles que la détermination des dates, ou les identifications toujours très subtiles, a été l'œuvre personnelle et exclusive de M. d'Albon. Observateur rigoureux des règles historiques les plus sévères, et différent sur ce point de tant d'autres écrivains moins consciencieux, il n'a voulu produire pour ces identifications que celles dont il possédait les preuves les plus indiscutables.

Les 600 chartes exposées dans ce « Cartulaire Général » s'échelonnent depuis la fondation de l'Ordre jusqu'à l'année 1150. Les sources principales, d'après leur importance, sont :

Pour la France : *Les Archives de la Haute-Garonne par le fonds de Malte, où sont conservés entre autres les trois curieux petits Cartulaires de la Commanderie de Douzens ; les Archives et la Bibliothèque Nationale, à Paris ; la Bibliothèque Municipale d'Avignon (Cartulaire de Richerenches), les Archives Départementales des Pyrénées-Orientales (Cartulaire du Mas Deu), des Bouches-du-Rhône, de l'Aveyron, de la Côte-d'Or, de la Marne, et quelques autres moins importantes.*

Pour l'Espagne : *L'Archivo Histórico Nacional, à Madrid, où ont été transférés, il y a peu d'années, les fonds si riches d'Alcala de Hénarès : à Barcelone, l'Archivo General de la Corona de Aragon, puis les Archives du Monastère des Dames Maltaises de San Gervasio de Cassolas ; M. d'Albon eut la bonne fortune d'y dépouiller* *des dossiers absolument inexplorés ; enfin les Archives de Pampelune.*

Pour le Portugal : *L'Archivo da Torre do Tombo, à Lisbonne.*

Pour l'Angleterre : *La Bodleian, le British Museum.*

Pour la Belgique : *Les Archives de l'Etat à Mons.*

Pour l'Italie : *Les Archives du Vatican.*

En appendice de tous ces documents et correspondant aux mêmes dates, sont placées 25 Bulles qui complètent le « Cartulaire Général ».

Malgré les atteintes de la maladie, M. d'Albon s'adonnait tout entier à son travail ; méfiant de ses forces, il en retardait toujours la publication. Néanmoins, sollicité par l'affection de ceux qui l'entouraient, il se décida à faire paraître le présent volume. Mais il ne pouvait apporter à cet ouvrage toute la tension d'esprit nécessaire. Puis vinrent les derniers mois si douloureux où il dut interrompre sa tâche. Si l'on trouvait au cours de ce Recueil quelques défectuosités matérielles[1]*, elles s'expliqueraient par la souffrance qui faisait vaciller cette plume érudite ordinairement si sûre. Tout incomplet que soit actuellement cet ouvrage, il atteste par lui-même la grandeur de l'effort et le mérite de celui qui a su réunir ces matériaux.*

Il reste à souhaiter encore la publication d'un grand nombre de documents précieux, que le Marquis d'Albon n'a pas eu le temps de mettre en œuvre.

1. L'acte publié sous le n° 303 est tiré du Cartulaire *A* de Douzens. — Les n°s 535 et 536 sont tirés du Cartulaire de Roaix. — En certains cas, l'indication du dépôt d'Archives a été omise ; c'est ainsi qu'il faut ajouter, pour les n°s 228, 354 et 366, Toulouse, Archives Départementales ; pour le n° 188, Perpignan, Arch. Départementales ; pour le n° 278, Avignon, Bibliothèque Municipale ; pour le n° 553, Madrid, pour le n° 568, Paris, Biblioth. Nationale. — Le nom de l'Archivo Histórico Nacional de Madrid est souvent mal orthographié. Plusieurs fois ce dépôt est désigné sous le nom d'Arch. Gén. — Parmi les noms défectueusement reproduits, nous citerons aussi l'Arch. da Torre do Tombo, à Lisbonne.

Puisse le travail ébauché par la main du père trouver un jour dans la volonté laborieuse de son fils un complet achèvement. Ainsi serait réalisé le vœu de celui qui reste le gardien fidèle du passé inoubliable en attendant les promesses de l'avenir et dont l'affection toute dévouée a tracé ces lignes.

J. BEYSSAC.

Lyon, février 1913.

LISTE DES ARCHIVES ET DES BIBLIOTHÈQUES

où se trouvent les originaux ou des copies des actes publiés dans le présent volume[1].

FRANCE

Aix. — *Bibliothèque Méjanes* : C. N° CCCXVI.

Angers. — *Archives départementales* : C. N° CLIII.

Arles. — *Archives municipales* : C. N°s CLXXXVII, DLXXII.
— *Bibliothèque municipale* : C. N° LXXXVII.

Auxerre. — *Archives départementales* : C. N°s XXV, CXIII.

Avignon. — *Archives départementales* : C. N°s CLXIX, CLXX, CLXXXII, CCXXXVIII, CCLIII, CCXCIII, CCCVII, DXXVII.
Bibliothèque municipale : C. N°s CXIX-CXXIII, CXXV, CXXX, CXXXI, CXXXIV, CXLVIII, CLII, CLXI, CLXIV, CLXV, CLXVIII, CLXXII-CLXXIV, CLXXXIII-CLXXXV, CLXXXIX, CXC, CXCVIII, CXCIX, CCIX, CCXXX, CCXXXV, CCXLIV, CCLXXVIII, CCLXXIX, CCXCVI, CCXCVII, CCCX-CCCXII, CCCXXIII-CCCXXVII, CCCLVII, CCCLX, CCCLXXI, CCCCV, CCCCVI, CCCCXIII, CCCCLII, CCCCLXIX-CCCCLXXII, D, DXV, DXXVIII-DXXX, DXLVII, DLVI, DLXV, DXC, DXCIII, DXCVI, DXCVIII.

Beauvais. — *Archives départementales* : C. N° XXXI.

Blois. — *Archives départementales* : C. N° XCVI.

Caen. — *Archives départementales* : C. N° DL.

Carpentras. — *Bibliothèque municipale* : C. N° XXX.

Châlons-sur-Marne. — *Archives départementales* : C. N°s XLVI, XLIX, L, LXXIV, LXXV, CCIV, CCCCLXV, CCCCLXXXVIII-CCCCXC, DLXXXII.

Chaumont. — *Archives départementales* : C. N° CXXXVIII.

Dijon. — *Archives départementales* : C. N°s XXVII, LXI, CCCXXX, CCCCLIV, DXL.
B. N°s VII, XII.

Lyon. — *Archives départementales* : C. N° CCCLXXX.

1. Les chiffres qui suivent la lettre C désignent les numéros du *Cartulaire*. Ceux qui suivent la lettre B désignent les numéros du *Bullaire*.

Marseille. — *Archives départementales* : C. N°s II, XXXVI, CCLXXXVII, CCCXXXV, CCCLII, CCCLXV, CCCCXI, CCCCXXV, CCCCXXVI, CCCCXXXVI, DLXXIV-DLXXVI, DLXXXVIII.

B. N° VI.

Paris. — *Archives Nationales* : C. N°s IX, XVI, XXII, XXVIII, XXIX, LIII, LIX, LX, XCVIII, CXIII, CXLI, CXLVI, CXCII, CCI, CCXXI-CCXXIII, CCLXXXVI, CCCV, CCCXVII, CCCXXXII, CCCXCI, CCCCXIX, CCCCXX, CCCCXLVI, CCCCLI, CCCCLXVI, DX, DXI, DXXVII, DXXXV, DXXXVI, DLV, DLXI, DLXVII, DLXXXIX, DC.

B. N°s VIII, XXIII, XXIV.

— *Bibliothèque Nationale* : C. N°s IV, VIII, XII, XXXIV, XCVII, CXLVIII, CLIII, CLXIX, CLXX, CLXXXII, CXCVI, CCXXIV, CCXXV, CCXXXII, CCXXXVIII, CCXXXIX, CCLIII, CCLX, CCLXXXV, CCXCIII, CCCXXIX, CCCXLII, CCCXCII, CCCCLXXVII, CCCCLXXVIII, CCCCXCI, DXLI, DL-DLII, DLXVI, DLXVIII, DLXXXVI, DLXXXVII, DXCIX.

B. N°s XV, XVI, XVII, XX.

Perpignan. — *Archives départementales* : C. N°s XLVIII, LXV, LXVIII, CXVIII, CXXVIII, CXXXVI, CXXXIX, CXL, CXLVII, CLVII, CLXXI, CLXXXVIII, CCXXXVI, CCXLII, CCLXIV, CCXCV, CCXCIX, CCCII, CCCXXXIX, CCCLVIII, CCCLXXXVIII, CCCCVII-CCCCIX, CCCCLVII, DXVII, DXXII, DXLVIII, DLXIII, DLXXVII.

Poitiers. — *Bibliothèque municipale* : C. N°s XIII-XV, CXCIV, CXCVI, CCXXXII.

Rodez. — *Archives départementales* : C. N^os^ CCVII, CCLXXXI, DXIII, DXIV, DXXIII, DXXXVII-DXXXIX, DLXXXIII-DLXXXV.

Saint-Omer. — *Bibliothèque municipale* : C. N° CCCCXLV.

Toulouse. — *Archives départementales* : C. N°s XVIII, XX, XXXII, XXXVII, XLIII, XLIV, LI, LII, LV-LVIII, LXII-LXIV, LXVII, LXXIII, LXXVI, LXXVII, LXXXI, LXXXIII, LXXXV, LXXXVI, LXXXVIII, LXXXIX, XCIII, XCV, CI, CXVI, CXVII, CXXIX, CXLII, CLV, CLVI, CLIX, CLX, CLXII, CLXIII, CLXVI, CLXVII, CLXXXI, CXCI, CXCIII, CCIII, CCXII, CCXV, CCXXVIII, CCXXXIII, CCXL, CCXLI, CCXLV, CCXLVI, CCLI, CCLIV, CCLVII, CCLVIII, CCLXIII, CCLXV, CCLXVII-CCLXX, CCLXXVI, CCLXXVII, CCLXXXII, CCCI, CCCIII, CCCVIII, CCCXIII, CCCXV, CCCXVIII, CCCXXII, CCCXXXVII, CCCLIV, CCCLXVI, CCCLXXXV, CCCC-CCCCII, CCCCXII, CCCCXVII, CCCCXXVII-CCCCXXX, CCCCXXXII, CCCCXXXIII, CCCCXXXV, CCCCXXXVII, CCCCXXXVIII, CCCCXLII, CCCCXLIII, CCCCLVIII, CCCCLIX, CCCCLXI-CCCCLXIV, CCCCLXVII, CCCCLXXIV, DIII, DIV, DXXI, DXXIV-DXXVI, DXXXI, DXXXIII, DLXXIII, DLXXVIII-DLXXXI, DXCII, DXCIV.

ALLEMAGNE
(Alsace-Lorraine)

Metz. — *Bezirksarchiv für Lothringen* : C. N° CCCXCVI.

ANGLETERRE

Lincoln. — *Arch. de la Cathédrale* : C. N° CCCCXVIII.

Londres. — *British Museum* : C. N^os^ CXIV, CXXIV, CLVIII, CLXXV, CCXVII-CCXX, CCXLVII, CCXLVIII, CCLV, CCLVI, CCLXXI, CCLXXIII, CCCCXLVIII-CCCCL, CCCCLXXXII-CCCCLXXXIV.

Oxford. — *Bodleian Library* : C. N°s CLXXVI, CLXXVIII, CLXXIX, CC, CCVIII, CCXVI, CCXXXIV, CCXLIII, CCXLIX, CCL, CCLXXII, CCCLXXII-CCCLXXIX, CCCCLXXXV, CCCCLXXXVI, DXLII.

BELGIQUE

Mons. — *Archives de l'Etat* : C. N°s VII, XVI, XVII, XCVIII, XCIX, CXLI, CLXXXVI, CCV, CCXXXI, CCLIX, CCLXII, CCLXXV, DLXIX.

Ypres. *Archives de la Ville* : C. N°s XLI, XLV.

B. N°s I, IV, XVIII.

ESPAGNE

Barcelone. — *Archivo general de la Corona de Aragon* : C. N°s VI, XXXIII, XXXVIII, XL, XLII, XLVII, LIV, LXVI, LXX-LXXII, LXXVIII-LXXX, LXXXII, XC, CII, CIV, CV, CVII, CVIII, CXII, CXV, CXXVI, CXXVII, CXXXII, CXXXIII, CXXXV, CXXXVII, CXLIV, CXLV, CXLIX, CL, CLXXX, CXCVII, CCII, CCLII, CCLXXXIII, CCLXXXIV, CCXC, CCXCIV, CCC, CCCIV, CCCVI, CCCXIV, CCCXXXIII, CCCXLI, CCCXLVIII, CCCXLIX, CCCLXXXVI, CCCXCVII, CCCCXVI, DVII, DIX, DXVI, DXVIII, DXIX, DLVII, DLXII, DLXIV, DLXXI, DXCVII.

B. N°s II, VI, X, XIII, XXV.

— *Archives du monastère de San Gervasio de Cassolas* : C. N°s XXXIII, CCCCXV, CCCCXXXI, CCCCLXXV, DVIII.

B. N°s V, XXII, XXVI.

Madrid. — *Archivo Histórico Nacional* : C. N°s XXVI, XXXIII, XXXIX, LXIX, LXXXIV, XCI, XCIV, C, CIX-CXI, CXLIII, CXLV, CLIV, CLXXVII, CCXI, CCXXVII, CCXXIX, CCXXXVII, CCLXVI, CCLXXX, CCLXXXIX, CCXCII, CCCXIX, CCCXXI, CCCXXXI, CCCXXXIV, CCCXXXVI, CCCXXXVIII, CCCXLIV-CCCXLVII, CCCLXI, CCCLXVII-CCCLXIX, CCCLXXXII-CCCLXXXIV, CCCLXXXVI, CCCLXXXIX, CCCXC, CCCXCV, CCCXCVIII, CCCCX, CCCCXIV-CCCCXVI, CCCCXXI, CCCCXXIII, CCCCXXIV, CCCCXXXIV, CCCCXL, CCCCXLI, CCCCXLVII, CCCCLV, CCCCLVI, CCCCLX, CCCCLXVIII, CCCCLXXIII, CCCCLXXVI, CCCCLXXIX-CCCCLXXXI, CCCCXCII-CCCCXCIX, DI, DII, DV, DVI, DXXXII, DXXXIV, DXLIII-DXLVI, DXLIX, DLIII, DLIV, DLVII, DLVIII-DLX, DLXX, DXCV.

B. N°s VI, X, XIII, XIX, XXII, XXVI.

Pampelune. — *Archivo de la Diputacion provincial de Navarra* : C. N°s XCII, CCCCIV.

ITALIE

Lucques. — *Arch. de' Canonaci* : B. N° III [1].

Palerme — *Biblioteca comunale* : B. N° XIV.

Rome. — *Biblioteca Apostolica Vaticana* : C. N°s CLI, CCVI, CCXCVIII, CCCXXVIII, CCCLIII.

Turin. — *Arch. du Magistère de l'Ordre des SS. Maurice et Lazare* : C. N°s DXLI, DXCI.

1. A la page 374, n° III du Bullaire, il faut lire : Lucques, Arch. de' Canonaci, Banco XII, AA, n° 52.

MALTE

La Valette. — *Arch. de l'Ordre de S. Jean* : **C.** N° III.

B. N°s IX, XI.

PORTUGAL

Lisbonne. — *Archivo da Torre do Tombo* : **C.** N^{os} X, XI, XIX, XXIII, XXIV, CIII, CXCV, CCX, CCXIII, CCXIV, CCLXXIV, CCLXXXVIII, CCXCI, CCCIX, CCCXX, CCCXLIII, CCCL, CCCLI, CCCLV, CCCLVI, CCCLIX, CCCLXII-CCCLXIV, CCCLXXXI, CCCLXXXVII, CCCXCIII, CCCXCIV, CCCXCIX, CCCCIII, CCCCXXII, CCCCXXXIX, CCCCLIII, DXX.

B. N° XXI.

— *Biblioteca Nacional* : **C.** N°s XXIV, CCCCIII, DXX.

B. N° XXI.

LISTE DES OUVRAGES CITÉS[1]

Alart (B.). *Cartulaire roussillonnais* (Dans la *Semaine religieuse du diocèse de Perpignan*, 1884, 1885 et 1886).

Albanés (J.-H).
Voy. : *Gallia christiana novissima*.

Annales Monastici... (Rerum britannicarum medii aevi scriptores), ed. by H. R. Luard. London, 1864-1869, 5 vol. in-8°. T. IV.

Archives d'Anjou.
Voy. : **Marchegay (Paul).**

Archives de l'Orient latin.
Voy. : **Löwenfeld (S.)** et **Marsy (Cte de).**

Archives historiques du Poitou.
Voy. : **La Boutetière (Louis de).**

Archives historiques de la Saintonge et de l'Aunis.
Voy. : **Meschinet de Richemond (L.).**

Atti della reale Accademia Lucchese...
Voy. : **Bini (Telesforo).**

Barthélemy (Edouard de). *Diocèse ancien de Châlons-sur-Marne, histoire et monuments ; suivi des cartulaires inédits de la commanderie de la Neuville-au-Temple...* [Chaumont], 1861, 2 vol. in-8°. T. I.

Bibliothèque de l'Ecole des Chartes.
Voy. : **Bourquelot (Félix).**

Bini (Telesforo). *Ragionamento istorico sui Tempieri in Lucca.* (Dans *Atti della reale Accademia Lucchese de scienze, lettere ed arti*, t. X. Lucca, 1840, in-8°).

Bofarull y Mascaró (D. Próspero de). *Coleccion de documentos inéditos del Archivo general de la Corona de Aragon...* Barcelona, 1847-1869, 17 vol. in-8°. Tomes IV et VI.

Bouchet (Ch.). *Documents originaux.* (Dans le *Bulletin de la Société archéologique, scientifique et littéraire du Vendômois*, janvier 1874. Vendôme, 1874, in-8°).

1. La partie bibliographique de ce travail devait faire l'objet d'une revision spéciale qui n'a pu avoir lieu : la présente liste y remédiera.

Bourquelot (Félix). *Notice sur le Cartulaire des Templiers de Provins* (XIIe et XIIIe s.). (Dans la *Bibliothèque de l'Ecole des Chartes*, 19e année, t. IV, 4e série. Paris, 1858, in-8°).

Bréquigny. *Table chronologique des diplômes, chartes, titres et actes imprimés concernant l'histoire de France.* Paris, 1769-1876, 8 vol. in-fol. T. II.

Bulletin de la Société archéologique, scientifique et littéraire du Vendômois. Voy. : **Bouchet (Ch.).**

Champollion-Figeac (Jean-Jacques). *Documents historiques inédits, tirés des collections manuscrites de la Bibliothèque Royale et des archives ou des bibliothèques des départements.* (Dans la *Coll. de doc. inédits sur l'Histoire de France. Mélanges historiques*). Paris, 1841-1848, 4 vol. in-4°. T. II.

Chevalier (Ulysse). *Cartulaire des Hospitaliers et des Templiers en Dauphiné.* Vienne, 1875, in-8°. (Dans la *Collection des Cartulaires dauphinois*, t. III, 1re livraison).

Chifflet (Le P. Pierre-François). *Lettre touchant Béatrix, comtesse de Châlon...* Dijon, 1656, in-4°.

Conférences ecclésiastiques du diocèse de Rodez. Voy. : *Résultats des Conférences...*

Delaville Le Roulx (Joseph). *Cartulaire général de l'ordre des Hospitaliers de Saint-Jean de Jérusalem* (1100-1310). Paris, 1894-1906, 4 vol. in-fol. T. I.

Delaville Le Roulx (Joseph). *Documents concernant les Templiers, extraits des Archives de Malte.* Paris, 1882, in-8°.

Delaville Le Roulx (Joseph). *Bulles pour l'ordre du Temple...* (Dans la *Revue de l'Orient latin*, t. XI, 1905-1908).

Devillers (Léopold). *Inventaire analytique des Archives des commanderies belges de l'ordre de Saint-Jean de Jérusalem ou de Malte.* Mons, 1876, in-4°.

Douët d'Arcq (Louis-Claude). *Collection des Sceaux (Archives de l'Empire. Inventaires et documents).* Paris, 1863-1868, 3 vol. in-4°. Tome II.

Du Bourg (Antoine). *Etablissements des chevaliers du Temple et de Saint-Jean-de-Jérusalem en Rouergue.* (Dans *Mémoires de la Société des lettres, sciences et arts de l'Aveyron*, t. XIII. Rodez, 1886, in-8°).

Du Bourg (Antoine). *Ordre de Malte. Histoire du grand prieuré de Toulouse et des diverses possessions de l'ordre de Saint-Jean de Jérusalem dans le sud-ouest de la France... avec les pièces justificatives...* Toulouse, 1882, in-8°.

Du Chesne (André). *Histoire généalogique de la maison royale de Dreux et de quelques autres familles illustres qui en sont descendues par femmes...* Paris, 1631, in-fol.

Du Chesne (André). *Histoire généalogique des maisons de Guines, d'Ardres, de Gand et de Coucy... Preuves des mémoires des maisons de Guines, d'Ardres, Gand et Coucy.* Paris, 1631, in-fol.

Du Chesne (François). *Historiae Francorum scriptores coaetanei.* Lutetiæ Parisiorum, 1636-1649, 5 vol. in-fol. T. IV.

Dugdale (William). *Monasticon Anglicanum...* A new edition... by John Caley,... Henry Ellis,... and the Rev. Bulkeley Bandinel,... London, 1817-1830, 6 tomes in-fol. Tomes IV et VI.

Du Puy (Pierre). *Histoire de l'ordre militaire des Templiers... depuis son établissement jusqu'à sa décadence et sa suppression...* Bruxelles, 1751, in-4°.

Du Roure (B^{on}). *Revue historique de Provence. Bulletin mensuel de documents originaux pour servir à l'histoire de Provence.* 1890-1891, 2 vol. in-8°. (N° 1, janvier 1890).

Elucidario...

Voy. : **Santa Rosa de Viterbo (Fr. Joaquim de).**

Ferreira (Alex.). *Memorias e noticias historicas da celebre ordem militar dos Templarios na Palestina* [1]... Lisboa, 1735, 2 vol. gr. in-4°. T. I.

Feys (E.) et A. Nelis. *Les Cartulaires de la prévôté de Saint-Martin à Ypres, précédés d'une esquisse historique sur la prévôté...* Bruges, 1888, in-4°.

Figueiredo Ribeiro (José Anastasio de). *Nova historia da militar ordem de Malta, e dos senhores Grãos Priores d'ella em Portugal...* Lisbõa, 1800, 3 vol. in-fol. Tomes I et II.

Gallia Christiana in provincias ecclesiasticas distributa... opera et studio D. Dionysii Sammarthani... Paris, 1715-1865, 16 vol. in-fol. Tomes III et VIII.

Gallia Christiana novissima. Histoire des archevêchés, évêchés et abbayes de France, d'après les documents authentiques recueillis... par J.-H. Albanès... [complétée, annotée et publiée par le chanoine Ul. Chevalier...]. Montbéliard, Marseille, Valence, 1899-1909, 4 vol. gr. in-4°. T. II.

Geslin de Bourgogne (J.) et A. de Barthélemy. *Anciens évêchés de Bretagne. Histoire et monuments.* Saint-Brieuc, 1855-1879, 6 vol. in-8°. T. VI.

1. Comme cet ouvrage est peu connu, il ne paraît pas inutile de reproduire en entier le titre de chacun des deux tomes parus :

Supplemento historico ou Memorias e noticias da celebre ordem dos Templarios, para a historia da admiravel ordem de Nosso Senhor Jesu Christo, dedicado a el rey D. João V, nosso senhor. Parte primeira, tomo primeiro, escrito por Alexandre Ferreira... Lisboa Occidental, na officina di Joseph Antonio da Sylva, Impressor da Academia Real, M.DCC.XXXV, in-4°.

Memorias e noticias historicas da celebre ordem militar dos Templarios na Palestina, para a historia da admiravel ordem de Nosso Senhor Jesu-Christo em Portugal. Tomo segundo da parte primeira. Dedicadas a el rey nosso senhor D. João V, escritas pelo doutor Alexandre Ferreira... Lisboa Occidental, na officina de Joseph Antonio da Sylva, impressor da Academia Real. M.DCC.XXXV, in-4°.

Guérard (B.), A. Marion et L. Delisle. *Cartulaire de l'abbaye de Saint-Victor de Marseille.* (Dans la *Coll. des documents inédits...*) Paris, 1857, 2 vol. in-4°. T. II.

Haigneré (Dan.). *Les Chartes de Saint-Bertin, d'après le grand cartulaire de dom Charles-Joseph Dewitte... publiées ou analysées avec un grand nombre d'extraits textuels (Soc. des Antiq. de Morinie).* Saint-Omer, 1886-1899, 4 vol. in-4°. T. I.

Hammerstein (Freiherr H. von). *Der Besitz der Tempelherren in Lothringen.* (Dans *Jahrbuch der Gesellschaft für lothringische Geschichte und Altertumskunde.* Metz, 1895, in-8°).

Henriquez (Chrysost.). *Regula, constitutiones et privilegia ordinis Cisterciensis.* (Dans *Menologium Cisterciense...* Antverpiæ, 1630, in-fol.).

Henry (D.M.J.). *Histoire de Roussillon, comprenant l'histoire du royaume de Majorque.* Paris, 1835, 2 vol. gr. in-8°. T. I.

Jahrbuch der Gesellschaft für lothringische Geschichte und Altertumskunde.
Voy. : **Hammerstein (Freiherr H. von).**
Voy. : **Zuidema (Dr W.).**

Jaffé (Philippus). *Regesta Pontificum Romanorum...* [édition Wattenbach]... Lipsiae, 1885-1888, 2 vol. gr. in-4°.

Jaurgain (J. de). *La Vasconie...* Paris, 1898-1902, 2 vol. in-8°. T. II.

Kehr (P.). *Papsturkunden in Malta...* (Dans *Nachrichten von der Königl. Gesellschaft der Wissenschaften zu Göttingen. Philologisch-historische Klasse.* 1899, Heft I, in-8°).

Kehr (P.). *Papsturkunden in Sizilien.* (Dans *Nachrichten von der Königl. Gesellschaft der Wissenschaften zu Göttingen. Philologisch-historische Klasse.* 1899, Heft I, in-8°).

La Boutetière (Louis de). *Cartulaire de Coudrie.* (Dans les *Archives historiques du Poitou*, t. II. Poitiers, 1873, in-8°).

Lasteyrie (Robert de). *Cartulaire général de Paris ou Recueil de documents relatifs à l'histoire et à la topographie de Paris.* Tome I (528-1180). Paris, 1887, in-4°.

Le Vasseur (Jacques). *Annales de l'église cathédrale de Noyon, jadis dite de Vermand...* Paris, 1633-4, 3 t. en 2 vol. in-4°. T. II.

Löwenfeld (S.). *Documents relatifs à la croisade de Guillaume, comte de Ponthieu* [tirés du cartulaire de Troarn, 1147-1148.] (Dans les *Arch. de l'Orient latin*, t. II, 2e partie.)

Löwenfeld (S.). *Epistolae Pontificum Romanorum ineditae.* Lipsiae, 1885, in-8°.

Luçay (Cte de). *Le Comté de Clermont en Beauvoisis, études pour servir à son histoire...* Paris, 1878, in-8°.

Luchaire (Achille). *Études sur les actes de Louis VII.* Paris, 1885, gr. in-4°.

Malta Nova[1].
Voy. : **Figueiredo Ribeiro (José Anastasio de).**

Marchegay (Paul). *Archives d'Anjou. Recueil de documents et mémoires inédits sur cette province.* Paris et Angers, 1843-1853. 2 vol. in-8°. T. II.

Marsy (Cte de). *Fragment d'un Cartulaire de l'ordre de Saint-Lazare en Terre-Sainte* [1130-1228]. (Dans les *Arch. de l'Orient latin*, t. II, 2e partie.)

Mémoires de la Société des Lettres, sciences et arts de l'Aveyron.
Voy. : **Du Bourg (Antoine).**

Mémoires et publications de la Société des sciences, des arts et des lettres du Hainaut. Mons, 1874 (IIIe série, t. IX).

Meschinet de Richemond (L.). *Chartes de la commanderie magistrale du Temple de La Rochelle* (1139-1268). (Dans les *Archives historiques de la Saintonge et de l'Aunis*, t. I. Saintes, 1874, in-8°.)

Métais (L'abbé Charles). *Cartulaire de l'abbaye cardinale de la Trinité de Vendôme.* Paris, 1893-1904, 5 vol. in-8°. T. II.

Métais (L'abbé Charles). *Les Templiers en Eure-et-Loir (Histoire et Cartulaire).* Chartres, 1902, in-8°.

Migne (J.-P.). *Patrologiae cursus completus... Series latina...* Parisiis, 1844-1864, 221 vol. in-4°. Tomes CLV, CLXXX, CXXXII.

Miret y Sans (Joaquin). *Cartoral dels Templers de les comandes de Gardeny y Barbens.* Barcelona, 1899, in-8°.

Miræus (Aub.). *Opera diplomatica et historica*, ed. ex recens. J. Fr. Foppens. Louvain, 1723-1748, 4 vol. in-fol. T. II.

Moret (el P. Joseph de). *Anales del reyno de Navarra...* Pamplona [et Viana], 1684-1715, 5 vol. in-fol. Tomes II et III.

Morice (dom Hyacinthe). *Mémoires pour servir de preuves à l'histoire ecclésiastique et civile de Bretagne...* Paris, 1742-1746, 3 vol. in-fol. T. I.

Musée des Archives Nationales. Paris, 1872, in-4°.

Nachrichten v. der Konigl. Gesellschaft der Wissenschaften zu Gottingen.
Voy. : **Kehr (P.).**

Nova Malta[1].
Voy. : **Figueiredo Ribeiro (José Anastasio de).**

1. On a imprimé par erreur « Nuova ».

Paoli (Sebast.). *Codice diplomatico del sacro militare ordine Gerosolimitano, oggi di Malta...* Lucca, 1733-37, 2 vol. in-fol. T. I.

Petit (Ernest). *Histoire des ducs de Bourgogne de la race capétienne...* Dijon et Paris, 1885-1905, 9 vol. in-8°. T. II.

Pflugk-Harttung. *Acta Pontificum Romanorum inedita.* Tomes I (Tübingen, 1881, gr. in-8°) et II (Stuttgart, 1884, gr. in-8°).

Prutz (Hans). *Entwicklung und Untergang des Tempelherrenordens.* Berlin, 1888, in-8° [1].

Prutz (Hans). *Malteser Urkunden und Regesten zur Geschichte der Tempelherren und der Johanniter.* München, 1883, in-8°.

Revue de l'Orient Latin.

Voy. : **Delaville Le Roulx (Joseph).**

Quantin (Maxime). *Cartulaire général de l'Yonne...* Auxerre, 1854-1860, 2 vol. in-4°. T. I.

Résultats des Conférences ecclésiastiques du diocèse de Rodez... 1903. Rodez, 1904, in-8°.

Ripert-Monclar (Mis de). *Cartulaire de la commanderie de Richerenches de l'ordre du Temple (1136-1214).* Avignon et Paris, 1907, in-8°. (*Dans les Mémoires de l'Académie de Vaucluse.*)

Röhricht (Reinhold). *Regesta regni Hierosolymitani (1097-1291).* Oeniponti (Innsbruck), 1893, in-8°.

Round (J.-H.). *Geoffrey de Mandeville, a study of the anarchy.* London, 1892, in-8

Rozière (Eug. de). *Cartulaire de l'église du Saint-Sépulcre de Jérusalem (1103-1250), publié d'après les mss. du Vatican.* Paris, 1849, in-4°.

Santa Rosa de Viterbo (Fr. Joaquim de). *Elucidario das palavras, termos, e frases, que em Portugal antiguamente se usárão... : obra indispensavel para entender sem erro os documentos mais raros, e preciosos, que entre nós se conservão...* Lisboa, 1798, 2 vol. pet. in-fol.

Souvenirs de la Flandre Wallonne. Recherches historiques et choix de documents relatifs à Douai et aux anciennes provinces du nord de la France, publiés par une réunion d'amateurs et d'archéologues. Douai et Paris, 1861-1880, 20 vol. in-8°. T. XIX.

Tardif (Jules). *Monuments historiques, cartons des rois.* Paris, 1867, in-4°.

Teulet (Alexandre). *Layettes du trésor des chartes.* Paris, 1863-1866, 2 vol. in-4°. T. I.

1. Page 356, n° XXI du *Bullaire*, il faut lire : Prutz, *Entwicklung...*, p. 259.

Trudon des Ormes (A.). *Etude sur les possessions de l'ordre du Temple en Picardie.* Paris, 1896, in-8°.

Vacandard (E.). *Vie de saint Bernard, abbé de Clairvaux.* Paris, 1895, 2 vol. in-8°. T. II.

Vic (Claude de) et Jos. Vaissete. *Histoire générale de Languedoc, avec des notes et les pièces justificatives, composée sur les auteurs et les titres originaux...* Paris, 1730-1745, 5 vol. in-fol. T. II. — Id., *Edition accompagnée de dissertations et notes nouvelles.* Toulouse, 1872-1905, 16 vol. in-4°. T. V.

Wauters (A.). *Table chronologique des chartes et diplômes imprimés concernant l'histoire de la Belgique, publiée sous la direction de la Commission d'histoire de l'Académie Royale de Belgique.* Bruxelles, 1866-1896. T. II.

Wiederhold (Wilhelm). *Papsturkunden in Frankreich.* (Dans *Nachrichten von der Königlichen Gesellschaft der Wissenschaften zu Göttingen. Philologisch-historische Klasse.* 1906, Beiheft. 1907, Beiheft).

Zuidema (Dr W.). *Zur Geschichte des Templerordens in Lothringen.* (Dans *Jahrbuch der Gesellschaft für lothringische Geschichte und Altertumskunde.* Metz, 1891, in-8°).

CARTULAIRE DU TEMPLE

I [1119, 28 juin — 15 octobre 1126.]

Edité : Henriquez, *Privilegia ordinis Cisterciensis*, p. 477; P. Dupuy, *Hist. de l'ord. milit. des Templiers*, 1751, recueil des preuves, n° IV, p. 85; Alex. Ferreira, *Memorias e noticias*, 1re part., t. I, n° 27, p. 18-19. — Cf. Röhricht, *Regesta*, n° 116, qui date c. 1126.

Balduinus (*a*), miseratione Iesu Christi rex Ierosolymorum, princeps Antiochie, venerabili patri Bernardo, in regno Gallie degenti, totius reverentie digno, abbati monasterii Clarevallis, prompte voluntatis obsequium. Fratres Templarii, quos Dominus ad defensionem hujus Provincie excitavit et mirabili quodam modo conservavit, apostolicam confirmationem obtinere et certam vite normam habere desiderant. Ideo, mittimus ad vos Andream et Gundemarum, bellicis operibus et sanguinis stemmate claros, ut a pontifice ordinis sui approbationem obtineant, et animum ejus inclinent ad prestandum nobis subsidium et auxilium contra inimicos fidei, qui omnes uno animo parique consensu ad supplantandum subvertendumque regnum nostrum insurgunt. Et quia non me latet quanti ponderis sit intercessio vestra, tam apud Deum quam apud ejus vicarium et ceteros orthodoxos Europe principes, prudentie vestre utrumque hoc negotium duximus committendum, quorum expeditio erit nobis gratissima. Constitutiones Templariorum taliter condite, quod et a strepitu et bellico tumultu non dissentiant, et principum christianorum auxilio sint utiles. Sic agite, ut felicem exitum hujus rei, vita comite, videre possimus. Deo pro nobis preces fundite. Valete.

II [1124]. 1er juillet.

Original : Marseille, Arch. dép., fonds de Saint-Victor.

Edité : Guérard, *Cartulaire de Saint-Victor de Marseille*, II, p. 574-575, n° 1102. — Cf. Albanès, *Gallia christiana novissima*, II, col. 65; Mis de Ripert-Montclar, *Cartulaire de Richerenches*, p. XXIII-IV.

Breve de acapte quam fecit Wilelmus Pictavensis de Beringuario (*b*), episcopo Forojuliensis, et de Amalrico preposito, cum consilio clericorum omnium cannonicorum, videlicet Bertranno de Celans, Raimundo des Clanz, Bermundo de Sparron, Bonifacio de Claver, Stephano Vilapeis, Uguo Dragunan, cum ceteris aliis, et episcopo Massiliensi Raimundo (*c*), et episcopo Maianfredo (*d*) Antibolensi, in sinodo audientibus, videntibus et laudantibus omnibus qui ibi aderant, de ecclesia Beati Bartolomei de Mota Palaionis, cum decimis et primiciis et omnibus rebus ad ipsam ecclesiam pertinentibus, absque cartone decimarum, et recelò, et tercia parte morta-

(*a*) Baudouin, prince d'Antioche, 1119, 28 juin—15 oct. 1126 ; il fut prisonnier le 11 (ou 18) avril 1123—29 août 1124 ; cette charte est donc ou de 1119, 28 juin—11 (ou 18) avril 1123, ou de 1124, 29 août—15 oct. 1126. — (*b*) Bérenger, évêque de Fréjus, 1091 † 5 juillet 1131. (*c*) Raymond, évêque de Marseille, 1122—1151. — (*d*) Mainfred, évêque d'Antibes, paraît 1110, 1113, 1135.

litatis. Hanc ecclesiam, cum omnibus supradictis, donavit Guilelmus, ex parte omnium militum Templi Salomonis, ecclesie Sancte Marie Palaionis et monachis Sancti Victoris, tam presentibus quam futuris, cum auctoritate Berengarii episcopi et prepositi Amalrichi, et omnibus cannonicis, tempore Arnaldi, monachi Sancti Victoris Massiliensis, cognomento Gasco; in quam ecclesiam retinuit supradictus Guilelmus, ad opus militum, VIII sextaria frumenti vendentis mensure Roche Brune, sine ullo alio retinaculo, omni anno. Unde testes sunt : ipse Guilelmus et Petrus Bertrannus, Guilelmus Bertrannus, Fulco Bertrannus, Petrus Lupus e[t] Petrus Arnaldus, Ugo Faraldus, Guilelmus Garcinus, Guiraldus monachus.

Facta carta ista kalendis julii, feria III, luna XVI.

III 1125, 20 octobre.

Original : Malte, Arch. de l'Ordre de St Jean, divis. I, vol. I, n° 13.

Edité : Paoli, *Codex diplomaticus*, I, 8 ; Delaville Le Roulx, *Cartulaire général*..., I, 68. — Cf. Röhricht, *Reg.*, n° 106.

Ego, Bernardus, Dei gratia Nazarenus episcopus, ...

. . . .

. . . .

Actum est autem hoc XIII kalendas novembris, anno ab incarnatione Domini M.C.XXV, indictione III, domino Vermundo, Iherosolimitano Dei gratia patriarcha, et Balduino secundo rege faventibus . . . .

$ Roberti, militis Templi. $ Sancii diaconi, qui hanc cartam scripsit.

IV [c. 1125.]

Copies : du XVIe s. (vers 1690), Paris, B. N., lat. 12827, fol. 129 ; et du XVIIIe s., *ibid.*, Baluze 95, fol. 236 (sans indication de source).

Edité : Souvenirs de la Flandre Wallonne, t. XIX, 1879, p. 118-119, où cette charte est datée vers 1120.

Confirmatio donationis eorum que militibus Templi largitus est B. Brochet Hynniacensis.

Quanto charitatis eminentia et laudabilis honestatis gratia devoti milites Hierosolymitani Templi abundare videantur, hii qui, per diversa maris et terre discrimina, pie Devotionis intuitu, sanctam Hierusalem et sepulchrum Dominicum visitant assidue, cognoscentes protestantur, ut et ipsi ad sacrosancta loca, Domini nostri Iesu Christi corporali presentia consecrata, securius valeant proficisci, ad ipsos deducendos et reducendos predicti milites sunt parati, quorum gloriosa fama, ubique terrarum patenter diffusa, multis innotuit et ad beneficia illis largiter offerenda, ut dignum est, multos animavit. Quamobrem, dilectus filius noster, B(alduinus) Brochet (a) de Hinniacho, anime sue consulere cupiens, convocatis fratribus et cognatis et amicis, Bernardo scilicet Vacca, cum filiis ejus, Balduino et Letardo, Letardo etiam de Belmont et Alulfo Brochet, fratribus, presente etiam Gunmero de Chery et Olivero, filio ejus, Guidone de Sancto Albino cum Gualtero, filio suo, Hugone de

(a) Baudoin Brochet, connu par des actes de 1123, 1129.

Sancto Albino cum Guarino, fratre ejus, et Theoderico de Corerils, presente etiam Adelide, uxore sua, quorum consensu et assensu, pro anime sue suorumque salute, dedit militibus Hierosolymitani Templi, Henrico et R(oberto), et per eos ceteris fratribus, quecunque possidebat in Plancis, sive in terra, sive in aqua, militum Deo servientium alimonie in perpetuum profutura. Cui legitime donationi interfuerunt vicini, hujus rei gratia convocati : Gerardus de Corcelles, Christianus, Drogo, presbiter de Corcellis, Hugo clericus et Gualterus de Languin, Riculfus, prepositus de Hennin, Arnoldus Blochees.

Quod autem, his presentibus, cum tanta devotione donavit, ut firmius et perseverantius staret, in presentia nostra ex ordine recognovit et pontificali authoritate roborari humiliter postulavit. Nos vero, tam benignam ipsius devotionem et predictorum militum dilectionem, charitatis visceribus amplectentes, hujusmodi donum laudavimus et qua presidemus authoritate, Deo annuente, confirmavimus. Sane, si quis hoc donum, tam legitime factum, temerario ausu violare presumpserit, nisi resipiscens a malo cessaverit, anathema sit.

V

[c. 1125—1130.]

Edité : Migne, *Patr. lat.*, CLXXXII, epistola XXXI.

Ad Hugonem (*a*) comitem Campanie, militem Templi factum.

Si causa Dei factus es ex comite miles, et pauper ex divite, in hoc profecto tibi, ut justum est, gratulamur et in te Deum glorificamus, scientes quia hec est mutatio dextere Excelsi. Ceterum quod tua jucunda presentia nobis ita nescio quo Dei est subtracta judicio, ut ne interdum quidem videre te valeamus, sine quo nunquam, si fieri posset, esse vellemus, equinanimiter, fateor, non portamus. Quid enim? Possumusne oblivisci antiqui amoris et beneficiorum que domui nostre tam largiter contulisti? Utinam ipse, pro cujus amore fecisti, in eternum non obliviscatur Deus! Nam nos, quantum in nobis est, minime prorsus ingrati, memoriam abundantie suavitatis tue mente retinemus, et, si liceret, opere monstraremus. O quam libenti animo et corpori tuo pariter et anime providissemus, si datum fuisset ut simul fuissemus! Quod quia non est, restat ut, quem presentem habere non possumus, pro absente semper oremus.

VI

[c. 1126—1130.]

Original ou copie contemporaine : Barcelone, Arch. Cor. Arag., perg. (sans date) R. Bereng. III, n° 12.

Letentur celi et exultet terra, jubilent montes; qui sunt justi respirent, et confidant peccatores et lapsi, ammirantes opera Xpisti. Re vera, Spiritus ubi vult spirat, re vera, cor regis est in manu Dei, et quocumque voluerit, illud indulcat et convertit. Ecce A(lfonsus) (*b*), strenuus et gloriosus rex Aragonensis, quam plurimus strenue sue militie exercitus ad libitum fere expletis, inspirante et cooperante Spiritus sancti gratia, con-

(*a*) Hugues, comte de Troyes avant 1089, passa en Terre-Sainte en 1113, 1121 et 1125; en 1129 avant septembre, et en 1130 avant septembre, il paraît à Jérusalem (Röhricht, *Reg.*, n°s 130 et 133); sa mort eut lieu le 14 ou 21 juin (?). — (*b*) Alphonse I, roi d'Aragon, 1104, 28 sept. † 7 sept. 1134.

silio et auxilio vicecomitis Gastonis (*a*) ceterorumque bonorum principum, duxit fore idoneum atque per omnia domino Deo placitum, quemadmodum ut Ierosolimis ordinare et constituere militiam Xpisti, per quam, rege duce, debellatis et superatis omnibus de citra mare Sarracenis, iter aperire ad transfretandum Ierosolimam, Xpisto previo, disposuit; et qe *(sic)*, de Darocha usque ad Valenciam, erant invia et inculta et inabitalia *(sic)* heremi loca, edificavit civitatem, quam vocavit Montem Regalem, id est regis celestis habitationem, in qua militia Dei propriam haberet sedem, et euntes et redeuntes necessaria invenirent et securam pausationem. Ad honorem autem Dei et sancte milicie sustentationem, dedit rex medietatem redituum ipsius civitatis, et medietatem medietatis suę de Xeborc, et de Biniol, et de Conca, et de Molina, et de Burbaca, et de portu de Caramana, de his et de omnibus infrapositis usque ad Montem Regalem ; insuper, medietatem omnium quintarum de Ibero in antea per totam Ispaniam, et quintam partem omnium proprietatum et regalium reddituum ; in omnibus etiam civitatibus et majoribus castris que sibi Deus donaverit, unum de melioribus alodiis, militibus Dei concessit ; preterea, uno quoque anno, in Jaca mille solidos, et totidem in Cesaraugusta, et per quinquennium, singulis annis, quingentos k(aficios) tritici et quingentos ordei. Ad hoc et addidit rex, ut hec sancta militia ad *(sic)* omni genere servitutis, et nominatim a quinta sit libera et injenua, quemadmodo milicia confraternitatis Iherosolimitana, et ut omnes ad hanc confraternitatem convenientes, tam amici quam inimici, et ipsi et sua, in eundo, in morando, in redeundo, plenam habeant securitatem et securam tranquillitatem. Et quia ad hoc tantum bonum omnis ordo ecclesiasticus insudare debet, conplacuit episcopis quod ipsi cum omnibus clericis suis essent fratres et participes totiùs remunerationis, et ob hoc, semel in anno, quisque episcopus et omnes sacerdotes sui episcopatus, pro omnibus defunctis confraternitatis et omnibus benefactoribus suis, singulas missas celebrarent et Deo sacrificia offerent *(sic)*, et in vita tam confratres quam confratrum benefactores omnium ecclesiarum suarum essent consortes. Sane, quicumque militum vel peditum, ad serviendum Deo, huic sancte adheserunt societati, omnibus eque victu communi comunicata et predicta restituentur et adquisitorum medietas alacriter concedetur. Similiter, nos omnes episcopi regni domini nostri gloriosi regis Adefonsus *(sic)*, una cum abbatibus et clero sive omni populo, pro divino opere et gratassima *(sic)* exortatione gratias refferimus Deo altissimo, atque ipsum suosque quicumque sunt fideles Xpisti adjuvantes, relictis peccatis et accepta penitencia, dompni pape, predecessorum quoque suorum, insuper beatorum apostolorum Petri et Pauli auctoritate, quemadmodum Iherosolimitanos, ab omnibus absolvimus peccatis. Addimus etiam hoc quod nos omnes episcopi precipiemus, in consiliis seu festivitatibus, clericis nostris, ut omnes pariter memoriam faciant regis et principum suorum, maxime pro illis qui in hac sunt sancta confraternitate, et hoc bis in anno, singulas missas celebrando.

Ego, Guillelmus (*b*), Auxiensis archiepiscopus, facio me confratrem ipsius confraternitatis, et absolutionem seu remissionem superius factam laudo et confirmo, et insuper absolvimus eos de sua penitentia, ita tamen ut quicumque per mensem unum denarium dederit, habeant absolutos XL dies de sua penitencia. Mittimus vobis hunc nuncium, nomine Sanciò Garcez, ad helemosinam recipere, et donate ad illum, sive ad suos homines, quod Deus vobis miserit in corde.

(*a*) Gaston IV, vicomte de Béarn, † oct. 1130. — (*b*) Guillaume, archevêque d'Auch, 1126 † c. 1170.

VII [1127, 23 mars—27 mai 1128.]

Copie du XIIIe s. : Mons, Arch. de l'Etat, *Cartulaire du Temple des Flandres*, fol. 10.

DE RELEVIIS.

[E]go, Guillelmus (*a*), Dei gratia comes Flandrie, concedo et in perpetuum dono Deo et sanctissimo Templo ejus et ejus servientibus, omnia relevamenta terrarum mortuorum mee terre Flan(drensis), consilio meorum baronum, pro salute et remedio mee anime meorumque antecessorum et ipsorum mortuorum. Testes hujus doni sunt Flandrenses isti : Osto, filius castellani sancti Audomari ; Ghislebertus, castellanus de Bergis, Hugho, frater ejus, Cono de Fadreslors, Theodericus de Dichesinuta, Lambertus de Wingines, Lambertus de Ridefort, Folchardus de Thenis et alii multi ; de Normannis, isti : Guillelmus de Querceto, Guillelmus de Snulleto, Robertus de Rokefort, Simon de Corceio, Rainaldus de Angervilla, Phillipus de Querceto, Nicholaus de Capetual, Helias de Sancto Sidonio et filii ejus, Guillelmus et Matheus, et multi alii.

VIII 1127 (3 avril 1127—22 avril 1128.)

Copies du XVIIIe s. : Paris, B. N., Touraine, IV, n° 1489, fol. 248, d'après un *vidimus* de l'official de Tours, du 13 février 1439, ex Arch. de Montbason, inv., fol. 240 ; *ibid.*, n° 1491, fol. 249, d'après un *vidimus* du même, ex Arch. prioratus de Gressu.

Quisquis servis Dei vel ancillis in temporalibus subsidium prebet, de celestis in futuro beneficii remuneracione dubitare non debet : ea propter ego, Fulco (*b*), Andegavensium comes, cum concessu dilectissime uxoris mee, Arenburgis (*c*) comitisse, donavi quedam loca in foresta mea que vulgo Brusesniacum [1] nuncupatur, duobus sacerdotibus, Raginaudo [2] scilicet atque Gaufrido, et concessi ea omnibus eorum [3] successoribus, sub habitu sanctae [4] religionis ibidem Deo servire volentibus, annuens ipsis [5] ut in [6] locis eisdem divino vacarent servitio, eadem edificantes et ad victum suum suis pro viribus [7] excolentes. Hec siquidem loca inter Cormaricum atque [8] Aziacum sita esse dignoscuntur, quorum alterum ab antiquioribus Megniacum [9], a modernis Capellam [10] Paissoncili constat appellari, reliquorum alius Gressum, tercius vero Merchasium [11] Sancti Johannis [12] dicitur. Hujus elemosine donum factum est eo anno (*d*) quo michi Ierosolimam [13] ire contigit, presente et rogante Johanne [14], secretario meo, qui in locis predictis [15] heremitice professionis animas habitasse perhibebat, et longe ante Dei servicio ibidem vitam suam devovisse ; sed quoniam, sicut est hominum malicia, forestariorum nostrorum importunitas heremitas eosdem in ipsis locis inquietare atque quibusdam exactionibus molestare incepit, placuit nobis loca illa predictis heremitis et eorum successoribus ab omni calumnia et occasione moles-

(*a*) Guillaume, comte de Flandre, 1127, 23 mars † 27 mai 1128. — (*b*) Foulque, comte d'Anjou, 1109, couronné roi de Jérusalem, 1131, 14 septembre † 13 novembre 1144. — (*c*) Eremburge épouse Foulque vers 1107 † 26 février 1126. — (*d*) 1120.

Variantes : 1. Brunessiacum. — 2. Reginaudo. — 3. successoribus eorum. — 4. sante. — 5. ipse. — 6. In *manque*. — 7. nutibus. — 8. et. — 9. Meginacum. — 10. Capellani. — 11. Marchasium. — 12. Joannis. — 13. Hyerosolimam. — 14. Joanne. — 15. predictis *omis*.

tie penitus adquitare [1]. Presenti itaque cartula confirmamus et sub testimonio venerabilium personarum, quarum nomina infra signata sunt, statuimus et precipimus ut nullus deinceps, sive forestarius, sive alius, aliquam eis de locis illis molestiam vel inquietationem facere presumat, nichil ab eis violenter exigat, nichil fraudulenter imponat, in nullo simplicitatis eorum tranquillitatem movere vel provocare audeat ; quatenus ab omni secularis improbitatis tumultu, quantum juri nostro et defensioni pertinet, penitus absoluti, celestium contemplationi secura meditatione valeant inhiare. Huic concessioni interfuit dominus Gofridus (a) [2], Carnotensium presul, et Gofridus (b), abbas Vindocinensis, et Hugo de Pagano, militum Templi Ierosolimitani eo tempore magister, et Raginaudus Fremaudi [3], et abbatissa Fontis Ebraudi, Petronilla (c).

Actum anno incarnationis Dominice M°. C°. XXVII°, Ildeberto (d) Turonice sedi presidente.

Non multo denique temporis spatio evolupto [4], cum secunda vice (e) Ierosolimam ire disposuissem, Goffredus (f), filius meus, rogatu [5] meo et religiosorum peticione virorum, donum istud et concessionem quam ego et mater ejus, sicut prescriptum est, feceramus, diligenter annuit et inconcussam teneri decrevit, audientibus his [6], quorum nomina subscripta sunt : Guilelmo (g) [7] de Bure, Gaufrido de Ramoforte, Raginaudo Fremaudi.

IX

[1127] 30 octobre.

Copie du XIII° s. : Paris, Arch. Nat., S 5162, n° 25 (*Cartulaire de Provins*, p. 40). — Cf. *Bibliothèque de l'École des Chartes*, 1858, p. 172-3.

De possessionibus apud Barbonam.

In nomine sancte et individue Trinitatis, Patris et Filii et Spiritus sancti. Notum sit omnibus sancte ecclesie Dei fidelibus, tam presentibus quam futuris, quatinus ego, Blezensis comes, nomine Theobaldus (h), Deo militibusque Templi Salomonis, jure hereditario, domum videlicet, granchiam et pratum, quod habeo ad Barbunnam, inter Sezenam et Cantemerlum, atque terram uni caruce, karitative cocedo (*sic*). Deinde vero quod barones mei supradictis militibibus (*sic*) ceterique homines mei dederint de meo feodo, unde servicium meum non amitam, pro salute anime mee omniumque parentum meorum, eis concedo. Hoc autem dedi atque concessi, anno octavo ab istitutione prenominatorum conmilitonum Xpisti, in vigilia omnium Sanctorum, ad Pruvinum.

(a) Geoffroy, évêque de Chartres, 1116 † 24 janvier 1149. — (b) Geoffroy, abbé de la Trinité de Vendôme, 1093 † 1132. — (c) Pétronille de Chemillé, première abbesse de Fontevrault, 1115 † 1149. — (d) Hildebert, archevêque de Tours, 1125 † 1133. — (e) 1129. — (f) Geoffroy, comte d'Anjou, 1129 † 7 septembre 1151. — (g) Guillaume de Bures, seigneur de Tibériade (dès l'an 1123, mentionné encore le 3 fév. 1141), vint en France chercher Foulque, c^te d'Anjou, et souscrivit avec celui-ci une charte à Acre en 1129 (Röhricht, *Reg.*, n° 127). — (h) Thibaud, comte de Blois, 1102 † 8 janvier 1152.

Variantes : 1. adquietare. — 2. Gofredus : ...Gofredus abbas. — 3. Fremaudi *est omis*. — 4. spatio temporis evoluto. — 5. cogitatu. — 6. his *omis*. — 7. Guillelmo de Buris.

X

1128, 19 mars.

Copies : du xve s., Lisbonne, Arch. da Torre do Tombo, *Libro dos Mestrados*, fol. LXIV; du xvie s. (de don Alvarez), *ibid.*, reg. 234, fol. CXXII. — *Cf. Malta Nuova*, I, p. 25.

In Dei nomine, ego regina Tarasia (*a*) facio ista cartula testamenti Deo et militibus Templi Salomonis, pro remedium animarum mearum et remissionem peccatorum meorum, de castello [1] scilicet, quod Saurium vocatur. Damus illud castellum Deo et supradictis militibus Templi per suos terminos anticos, cum aquis et pascuis, terrenis cultis vel incultis, cum omnibus suis directis ad supranominatum castellum pertinentibus, id est, cum omnibus que michi de supradicto opido vel loco, solito more, erant reddenda, ad milites Templi Salomonis deinceps reddantur, itaque cum quanto [2] tunc in eo [3] aprestitum est vel fuerit, dono et concedo. Est igitur opidum illud in terretorio Colinbriensi, discurrente aqua Mondego. Si quis ergo hoc factum vel scriptum irrumpere voluerit, anathema [4] sit. Et ego comite Fernandus (*b*) ipso dono que michi fecit regina donna Taresa ibi, ego dono et concedo Deo et Templum. Facta cartula [5] testamenti, XIIII kalendas aprilis, era millesima C.LX.VI. [6]. Nos supradictos hunc testamentum propriis manibus robora✠✠✠mus [7], qui presentes fuerunt :

Aldefonsus (*c*) Legionensis rex confirmo.
Comes Rodrigus [8] Gallicianus confirmo.
Pelagius [9] Suarides confirmo.
Egas Gensendiz confirmo.
Gunsalvus Didaz, alcaiad Colinbr(ie) [10], confirmo.
Pelagio [11] Nudiz, alcaiad de Montemajore, confirmo.
Randulfus testis.
Zalama testis.
Zoleima testis.
Menendus proprie curie notarius scripssit [12].

Et hanc cartam fuit roborata in manu donni Raymundi [13] Bernardi, in civitate Bracara, tali modo et tali pacto ut si [14] illud castellum ante mortem nostram [15] dederimus, nullis de nostris inimicis in eo recipiant, et si ibi intraverit, mittant eum foras, sic qui nulla contraria inde nobis exeant [16].

XI

1128, 29 mars.

Copie figurée : Lisbonne, Arch. da Torre do Tombo, gaveta 7 ; du xvie s., *ibid.*, *Libro dos Mestrados*, fol. LXV ; autre, de don Alvarez, *ibid.*, reg. 234, fol. CXXIv°-II.

In nomine sancte et individue Trinitatis, Patris ac Filii et Spiritus sancti, Trinitas indivisibilis que nunquam erit finienda set permaneat per infinita secula seculorum, amen. Ob inde ego regina Tarasia, magni regis Alfonsi filia, facio kartam testa-

(*a*) Thérèse, fille d'Alphonse VI, roi de Castille, femme de Henri, comte de Portugal, † 1er nov. 1130. — (*b*) Fernand, comte de Porto et de Coïmbre, second mari de Thérèse. — (*c*) Alphonse VII, roi de Castille et Léon, 1126 † 21 août 1157.

Variantes : 1. castelo. — 2. quarto. — 3. meo *au lieu de* in eo. — 4. anatema — 5. kartula. — 6. M.C.LX.VI. — 7. roboramus. — 8. Rodericus Gallit — 8. — 9. Pellagius. — 10. Colimbrie. — 11. Pelagius Inidiz. — 12. scripsit. — 13. Raimundi. — 14. si in illud. — 15. morte nostra. — 16. exeat.

menti Deo et militibus Templi, pro remedio anime mee et remissione peccatorum meorum, de castello scilicet quod Saurium vocatur. Do istud castellum Deo et supradictis militibus Templi, per suos terminos antiquos et novos, scilicet quomodo dividit per portum de Arias et deinde per fontem de Monte Mouri, et pela barriada de Comeiros, pela serra de Agoya, aguas vertentes a Ssaygono et deinde a acabeça de Furrio, et per portum de cabeça de Benero pela serra de Barca et per Sancti Philipo usque ad portum de Arias, quomodo descendunt vertentes aque istorum terminorum ad Mondecum. Do vobis castellum illud cum istis terminis, cultis et incultis, cum omnibus suis directis ad supranominatum castellum pertinentibus, et cum omnibus que michi de supradicto opido vel loco, solito more, erant reddenda, ad milites Templi Salomonis deinceps reddantur cum quanto nunc in eo aprestitum est vel fuerit, dono vobis et concedo. Est igitur castellum illud in territorio Columberiensi. Si quis vero hoc factum meum vel scriptum irrumpere voluerit, anathema sit, quod fieri minime credo, et vobis fratribus vel illi qui vocem vestram pulsaverit, illud castrum pariat in quadruplum et regie potestati, quomodo liber Judicum precipit. Et ego comes Ffernandus, donum quod domina mea regina militibus Templi donat, laudo et concedo. Facta carta testamenti et confirmationis IIII kalendas aprilis sub era M.C.LX.VI. Ego supradicta regina hanc kartam propriis manibus roboro et confirmo.

Por	tu
ga	l

Qui presentes fuerunt : comes Rodericus Gallicianus confirmo ; Pelagius Soariz confirmo ; Egas Gosendis confirmo ; Pelagius Goterriz de Silva confirmo ; Ermigio Venegas confirmo ; Zaalama ; Bernardus (a) Colimbriensis episcopus confirmo ; Ermigius Monis curie dapifer confirmo ; Egas Moniz confirmo ; Menendus Monis confirmo ; Petrus Pai confirmo ; Randulfus confirmo ; Tanalama confirmo ; Zuleima confirmo.

Et hec carta fuit roborata in manu Reimundi Bernaldi in civitate Bracarie.

XII

1128, 31 mai.

Copies du XVIIIe s. : Paris, B. N., Touraine, IV, n° 1500, fol. 256, et n° 1501, fol. 257-258, ex Arch. Marmoutiers.

ACCORD ENTRE HUGUES, SEIGNEUR D'AMBOISE, ET LES ABBÉ ET RELIGIEUX DE MARMOUTIERS.

Licet in curia Fulconis, Andegavorum comitis, presente Girardo (*b*), Engolismensi episcopo, ac sancte Romane Ecclesie legato, necnon Ildeberto (*c*), Turonensi archiepiscopo, Guidone (*d*), Cenomannensi, Ulgerio (*e*), Andegavensi, Hamelino (*f*), Redonensi episcopis, plurimisque utriusque ordinis venerabilibus personis, Hugo de Ambazia diversis locis et terminis de querelis quas adversus eum pro consuetudinibus, quas in terra nostra immiserat, habebamus, justitiam exequi subterfugisset, quod ad memoriam posterorum scribi potuisset, vitandi tamen fastidii gratia hoc solum memorie stili officio commendare statuimus, quod tandem Dei miseratione compunctus se nobis plurima dampna injuste intulisse et injurias fecisse penituit et consuetudines et exactiones, quas in terra nostra et hominibus nostris violenter immiserat, dimisit.

(*a*) Bernard, évêque de Coïmbre, 1128 † 1147. — (*b*) Girard, évêque d'Angoulême, 1101 † 1er mars 1136. — (*c*) Hildebert, archevêque de Tours, 1125 † (c. février—avril) 1133. — (*d*) Gui, évêque du Mans, 1125 † fév. c. 1135. — (*e*) Ulger, évêque d'Angers, 1125 † 16 octobre 1149. — (*f*) Hamelin, évêque de Rennes, 1127 † 2 février 1141.

Nam ut, cætera omittentes, hoc in primis memoriæ posterorum quam paucis commendemus, cum Turonus contra præfatum Hugonem in curia plenaria comitis, presente legato Sanctæ Romanæ ecclesiæ, Girardo, et Ildeberto, Turonensi archiepiscopo, in capitulum Beati Martini placitaremus, inter ceteros qui hoc ipsum probare volebant, domnus Rainaldus de Castello duello diratiocinari paratus fuit, et comiti gaudium suum inde obtulit, quod neque Hugo de Ambazia neque pater ejus has consuetudines quas in terra Beati Martini et hominibus ejus exigebat, aliquatenus habuerant. Sed hanc probationem Hugo de Ambazia recusavit. Post multa denique colloquia et, ut prælibatum est, plures placiti terminos nobis et illi a comite positos, præfatus Hugo, ad ascensionem Dominicam *(a)*, jussione comitis, Cenomannis venit. Ad eandem quippe civitatem maxima cleri procerumque curia convenerat, quia comes Andegavensis, Ierusalem profecturus, crucem ibidem accipere debebat. Ipsa igitur die festivitatis, nos curiæ præsentavimus; cumque per domnum Hugonem de Pagano, magistro *(sic)* Templi, de concordia facienda inter nos et domnum Hugonem de Ambazia, ut consuetudines videlicet quas in terra et hominibus Beati Martini violenter et injuste immiserat, et exactiones quas in ea faciebat Ambaziæ dominus, quia eas nullatenus diratiocinari poterat, dimitteret, antequam crucem comes accepisset, sermo exorsus esset, præfatus Hugo respondit se, quod diu tenuerat et de feuo comitissæ habere dicebat, nullatenus dimittere velle. Tum comes, visus aliquantulum indignari, libera excelsaque voce dixit quod has consuetudines quas, ut sæpius dictum est, in terra Beati Martini exigebat de feuo suo idem Hugo prorsus non habebat; quippe qui hoc ipsum in curia sua nullomodo diratiocinari valebat, tociensque hoc in curia sua probare volens justitiam exequi semper subterfugiebat. Quid plura? Consilio tandem domni Hugonis, magistri Templi, Deique miseratione respectus, culpabilem se recognovit, consuetudinesque quas in terra nostra et hominibus nostris exegerat, se injuste fecisse palam confessus est, veniamque petens in manu Ildeberti, Turonensis archiepiscopi, domnique Guidonis, Cenomannensis episcopi, Ulgerii, Andegavensis episcoporum, domnique Odonis [1], abbatis nostri, eas ex integro guerpivit, et quicquid nobis forisfecerat, guadiavit. Domnus vero abbas, prece comitis et venerabilium utriusque personarum quæ aderant consilioque fratrum suorum, qui cum eo ibidem erant, quod nobis forisfecerat dimisit. Testes inde sunt : Fulco, comes Andegavensis, et filius ejus, Gaufredus, Ildebertus, archiepiscopus, cum præfatis episcopis, Hugo de Pagano, magister Templi, Willelmus de Buris, Conanus *(b)* comes et mater ejus *(c)*, Johannes de Monte Basonis et alii plures [2]; de monachis, domnus Odo abbas, Nicholaus et Willelmus de Paciaco, Laurentius bajulus, Hugo hospitalarius.

Aliquantis etiam evolutis diebus, jam cruce accepta, quia Ierusalem profecturus erat, præfatus Hugo de Ambazia in capitulum nostrum venit, et de his quæ nobis forisfecerat, veniam humiliter petivit, et, sicut Cenomannis fecerat, recognovit quod consuetudines quas in terra nostra requisierat, injuste et violenter eas immiserat. Nos igitur quibus est proprium pro inimicis orare, quantum in nobis fuit, quod nobis forisfecerat iterum dimisimus. Huic recognitioni et ejus satisfactioni interfuerunt Paganus de Camiliaco, Odo de Fontanis, Mairellus [3], Haimoricus de Bollent, Guido, filius

(a) 31 mai 1128. — *(b)* Conan III, comte de Bretagne, 1112 † 17 septembre 1168. — *(c)* Ermengarde, seconde femme de Alain IV, comte de Bretagne.

Variantes : 1. Odoni. — 2. *La copie* n° 1500 *omet* de monachis... hospitalarius. — 3. Mairellus, *et plus loin,* Guido filius Huberti, Gaudinus Rufus, Senoratus, Laudet major *sont omis dans le* n° 1500.

Huberti, Gaudinus Rufus, Stephanus Lisiardi, Radulfus miles, Senoratus, Johannes de Hospitio, Laudet major.

Actum anno ab incarnatione Domini MC. XXVIII, indictione VII.

XIII [c. 31 mai 1128.]

Copie de dom Mazet (XVIIIe s.), d'après le cartulaire disparu de Coudrie : Poitiers, Bibl. municip., Collect. de dom Fonteneau, t. LII.

Edité : Archives hist. du Poitou, 1873, II, page 155.

Ut in memoriam hominum futurorum firmius teneretur, scripto commendavimus quod Petrus, dominus Ganapie, pater hujus, dedit Deo et fratribus Templi, pro se et pro Petro, filio suo, duas marchas argenti quas in portu Belveeri in perpetuum reddendas constituit; et Petrus, filius ejus, concessit et affirmavit. Hoc autem factum fuit in manu magistri Hugonis de Paganis.

XIV [c. 31 mai 1128.]

Copie de dom Mazet (XVIIIe s.), d'après le cartulaire disparu de Coudrie : Poitiers, Bibl. municip., Collect. de dom Fonteneau, t. LII.

Edité : Archives histor. du Poitou, 1873, II, p. 153-154.

Petrus de Gasnapia dedit Deo et fratribus Templi, pro redemptione anime sue et pro filiis suis, Petrum *(sic)* et Gaufridum *(sic)*, duas marchas argenti in portu Beelverii, et in fine equos et arma, et quecumque eis data in terra sua fuerint concedit, tamen salvis servitiis; et Petrus concessit.

XV [c. 31 mai 1128.]

Copie de dom Mazet (XVIIIe s.), d'après le cartulaire disparu de Coudrie : Poitiers, Bibl. municip., Collect. de dom Fonteneau, t. LII.

Edité : Archiv. histor. du Poitou, II, p. 158.

Olifandus Dedit Deo et fratribus quoddam maresium et salinas in manu magistri Ugonis de Paganis.

XVI 1128, 13 septembre.

Original jadis scellé de deux sceaux : Paris, Arch. Nat., K 22, n° 5[1] (H^{te}-Avesnes, liasse 7, n° 5); *copie* du XIIIe s. : Mons, Arch. de l'Etat, *Cartulaire du Temple en Flandre*, fol. 38vo.

Edité : Tardif, *Cartons des Rois*, colonnes 223-4. — Cf. Devillers (Léopold), *Invent. analyt. des Arch. des Commanderies Belges*, p. 169.

De reviamentis quas comes Theodericus Flandrie dedit. Theoderici comitis Flandrie de relico Flandrie.

✠ Anno ab incarnato Dei filio M°.C°.XX°.VIII°, Lodovico rege tenente Francorum inperium, Johanne (*a*), Morinorum vel Taburane episcopo, episcopante in Flandria, anno IX ab institucione comilitonum Xpisti Templique

(*a*) Jean, évêque de Thérouanne, 1099 † 27 janvier 1130.

Salomonis, ego, Terricus (a), divina gratia comes Flandrie, quoddam funeste munus quod relicum Flandrie vocamus, commilitonibus Xpisti et Templi Salomonis, pro salute anime avunculi mei, comitis Roberti (b), atque comitis Baudoini (c), filii ejus, necnon comitis Karoli (d), insuper pro redencione anime mee atque comitis Willelmi (e), necnon omnium antecessorum meorum, do et jure hereditario successoribus eorum concedo, illis tantum remotis qui in servicio meo cum armis obierint. Hoc donum animi puritate, idus septembris, in presencia magistri Hugonis, ejusdem supranominate milicie, fratrumque ejus Godefredi et Pagani et aliorum, sicuti antecessores mei habuerant, et ego tunc habebam, liberum et quietum, in ecclesia sancti Petri de Casello, tradidi et sub testimonio istorum subscriptorum ipsum magistrum H(ugonem) vestivi : primus quidem episcopus J(ohannes) supra nominatus, qui suo sigillo in hoc scripto impressit et eos qui male de hujus elemosine colleccione tractaverint, sub anatema alligavit; deinc Gauterius, ejusdem ecclesie archidiaconus ; alius Johannes, abas sancti Bertini ; postea vero isti barones hoc stificantur *(sic)* : donnus Willelmus de Ip(ra), qui suum relicum dat ; nepos comitis, Ivanus de Ganto, qui suum similiter concedit ; Baudoinus de Lensc, similiter, dapifer ; Gunemerus, castellanus de Ghanto, eodem modo ; Hugo Campus de Avena hoc testificatur ; comes Lambertus de Monte Acuto, similiter ; Robertus de Betunia, similiter ; Rogerius, castellanus de Insula, Daniel de Teneromonte, Willelmus de Bunleris, Haenricus, castellanus de Brobur, Terricus de Remnigis, Girardus, filius ejus, castellanus de Casello, Gervasius, castellanus de Brugis, Michael, constabularius, Goscelinus de Nova Ecclesia, marescallus : omnes isti libera voce hoc datum pronunciantur.

XVII

1128, 15 septembre.

Copies du XIIIe s. : Mons, Arch. de l'Etat, *Cartulaire du Temple en Flandre*, fol. 82vo et 83 ; et fol. 3vo et 4 (celle-ci datée faussement de 1178). — Cf. Devillers (Léopold), *Invent. analyt. des arch. des command. Belges*, p. 170.

De relevíis Sancti Audomari castellani.

In nomine Patris et Filii et Spiritus sancti. Ego, Guillelmus [1], Dei miseratione, Sancti Audomari castellanus, notum esse desidero Xpisti fidelibus quod habetur in subditis. Considerans siquidem quod apostolus ait quoniam *dum tempus habemus, operemur bonum ad omnes, maxime autem ad domesticos fidei* (f), pro remissione multorum meorum quibus immaniter me gravari confiteor peccatorum, hanc elemosinam feci militibus Xpisti de Templo in terra Iherosolimitana, adversum Paganos ipsi [2] legitime militantibus, cunctis filiis meis astantibus et assentientibus, concessi et manu propria libenter donavi, ut quicumque feodatus, ad castellaniam meam vel ad feodum meum de Basso Guarnestuno [3] pertinens, quocumque tempore defunctus fuerit, quicquid emolumentorum quod reliquum [4] dici solet, ego vel heredes mei ab eorum heredibus, juxta consuetudinem terre, accipere debemus, eis aut

(a) Thierry, comte de Flandre, 1128, 27 mai † janvier 1168. — (b) Robert II, 1093, 13 oct. † 4 décembre 1111. — (c) Baudouin VII, 1111, 4 décembre † 17 juin 1119. — (d) Charles I, 1119, 17 juin † 2 mars 1127. — (e) Guillaume, châtelain de Saint-Omer, 1127, 23 mars † 27 mai 1128. — (f) *Epist. ad Galat.*, VI-10.

Variantes : 1. W—us. — 2. Xpisti. — 3. W—no. — 4. reliquium.

eorum legatis fideliter persolvatur, ita scilicet ut defunctorum heredibus nec a me nec ab aliquo sucessorum [1] meorum feodum aliquatenus reddatur, nisi prefatum prius reliquum [2] quibus dictum est ex integro ad eorum placidum *(sic)* [3] solvatur. Ut autem eadem ipsa donatio mea semper et firma permaneat, dominum meum Johannem (*a*), Teruanensem episcopum, ut eam et anathematis interminatione et sigilli sui confirmaret inpressione, libens rogavi. Actum est hoc apud Sanctum Audomarum, anno Verbi incarnati M°C°XXVIII [4], indictione VI, XVII kalendas octobris, regnante rege Loduico [5] in Francia, Theoderico principante in Flandria, coram his [6] testibus : Ostone et Guillelmo [7] et omnibus aliis filiis meis, Petro, dapifero, Guillelmo Rufo, Hescellino et Eustacio, filio ejus, Simone [8], dispensatore, et aliis multis, in conspectu cleri et populi. Ego. Johannes, Dei gratia, Morinorum episcopus, hanc dilecti filii mei Guillelmi, castellani, donationem, sub excommunicatione confirmavi et sigilli mei inpressione, rogatu ejusdem Willelmi, signavi. Amen.

XVIII

1128, 28 nov.

Copie du XII° s. : Toulouse. Arch. dép., fonds de Malte. *Cartulaire C de Douzens*, charte 11, fol. 10-11.

Notum sit cunctis presentibus et futuris quia ego, Petrus Bernardi, et uxor mea, Borrella, donamus Domino Deo et militibus Templi Salomonis de Iherusalem, qui modo ibi sunt, et successoribus eorum, nosmetipsos, in vita et in morte corporis et anime, et omnem nostrum honorem quem in presenti habemus vel in antea adquirere aliquo modo potuerimus, tam mobile quam inmobile ; et hoc donum facimus sine ulla retinentia, preter victum et vestitum. Et si nos suprascripti habuerimus infantes, similiter faciant, et, si facere noluerint nec stare sub mandamento militum Templi Salomonis nec facere voluntatem illorum, non habeant imperpetuum potestatem ut possint partem habere *(fol. 11)* de honore nostro. Et si infantes habemus et ipsi voluntatem militum Templi Salomonis facere volunt, ipsi milites faciant de eis sicut de propriis suis infantibus. Hoc donum, sicut superius scriptum est, sic laudamus et confirmamus. Acto hoc IIII kalendas decembris, anno ab incarnatione Domini M°.C°.XXVIII, rege Lodovico regnante. Hoc autem donum facimus in presentia Guilelmi Casali et Jacobi et Raimundi Stephani de Marcadil et Bernardi Moissi et Petri Ebrin', et multorum aliorum, qui hoc donum viderunt facere in manibus donni Hugoni Rigaldi et Raimundi Bernardi, qui fratres erant militum Templi.

XIX

[c. 1128 — 1°° nov. 1130.]

Copie de don Alvarez (XVI° s.) : Lisbonne, Arch. da Torre do Tombo, reg. 234, fol. CLXXI°.

Ego regina donna Tarasia (*b*) do Deo et militibus Templi Salomonis villam que vocitant Fonte Arcada in Portugal, circa Penam Fidelem, cum totis suis terminis et suis beneficiis, pro mea anima.

Ego comes Fernandus (*c*) do ibi Sanctum Pelagium de Vega, cum toto suo eximento, quantum michi pertinet, pro anima mea.

(*a*) Jean, évêque de Thérouanne, 1099 † 27 janv. 1130. — (*b*) Thérèse, reine de Portugal † 1°° nov. 1130. — (*c*) Fernand, comte de Porto et de Coïmbre. Cf. *Malta Nuova*, I, p. 20, 24-5.

Variantes : 1. succes-m. — 2. reliquium. — 3. placitum. — 4. *Au fol. 3 le scribe a d'abord écrit* M°C°LXXVIII, *mais le* L *semble avoir été effacé*. — 5. Ludowico. — 6. hiis. — 7. W-o. — 8. Symone.

Ego Pelagius Pelagii do ibi villam quam dicunt Porta Lama, quantum michi pertinet, pro anima mea.

Ego Elvira et meus filius Suarius Melendiz damus ibi Celerolos, quantum nobis ibi pertinet, pro nostris animabus.

Ego Pelagius Nuniz et Nuno Osoris et uxor mea Maria Nuniz damus ibi illam partem de villa quam dicunt Abonema, pro nostris animabus.

Ego Garcia Menendiz mando in Monte Longo, in villa de Quintanella, medietatem de tota illa hereditate quam ibi habeo.

Ego comes Gomez et uxor mea damus ibi nostram portionem de Genenstalozo, quantum nobis ibi pertinet.

Ego Monio Roderici do ibi uno casal in Aroca, in villa de Avia.

Ego Gondisalvo Moro do ibi unum casal in Cornade.

Petrus Petri unum casal in Villa nova circa pontem de Ava.

Petrus Fernandi unum casal in vaerio de Soia.

Menendus Bernandi dat quantum habet in Cracieres, in Pannonias.

Menendus Gomez dat unum casal in Campeludes, in Aguilar.

Johannes Raina dat medietatem de parade de Coinolos et mediam de Vulpellaies, quantum ibi habet.

Ego Monia Froilaz do ibi in terra de Salnes casal de Laurenz et medio de Sonorio.

Ego Petrus Egareiz et uxor mea Orodona damus ibi nostram portionem de villa de Amio de Pineros.

Ego comes Guterius do ibi meam portionem de villa de Sangorsa.

Ego Robinado dono ibi unam mediam curtem quam habeo in regione que est circa curtem comiti- Suarii.

Ego Vermundo Petriz et uxor mea damus ibi medietatem de palacio de Celtegos.

XX

[1128—1132.]

Original : Toulouse, Arch. dép., fonds de Malte, Toulouse, liasse I, n° 45.

Edité en partie : Du Bourg, *Hist. du grand prieuré de Toulouse*, preuves, n° XXI.

✠ In nomine Domini nos tri Ihu *sic* Xpisti. Ego, Raimundus Raterius, filius dictus Toseti (*a*) de Tolosa, et Bertrannus Estroub(er)a, frater meus, et sorores meas (*sic*), Bruna et Sibilia, et viri sui, videlicet Geraldus Engilbertus et Raimundus Sarracenus, pro remedio omnium peccatorum nostrorum et omnium parentum nostrorum, donamus Domino Deo et domui Templi Iherosolimitani et Hugoni magistro, et omnibus militibus pauperibus predicti Templi, presentibus et futuris, qui illam domum defenderint et adjuvaverint, totum illum honorem quem habebamus ab ecclesia Sancte Marie Dealbate usque ad carrariam et usque ad aliam carrariam que transit ante ecclesiam Sancti Remigii, justum totum quod ibi habemus, liberaliter donamus.

W. de Vadeia dat omni anno, in adventu Domini, XII denarios, et ad obitum, XX solidos Tol(osanos) ; et hoc laudat Templo in suo honore et peccunia.

(*a*) Cf. sur ce personnage, qui paraît à Jérusalem 1132, 25 juin—1152, Röhricht, *Reg.*, n°s 39, 161, 201, 204, 228, 268, 278.

Pontius Vasco dat ibi omni anno, XII denarios Tol(osanos), et ad obitum mortis, c solidos ; et laudat illos in suo honore et peccunia.

W. de Manso, XII denarios et, post suum obitum, Johannem Andream et suam tenentiam.

R. Sarracenus, XII denarios et, ad obitum suum, equm suum et arma, et si non habet, c solidos Tol(osanos).

Seneronus, XII denarios omni anno et, ad obitum suum, c solidos Tol(osanos) super suum honorem.

Hugo Surdus, XII denarios et ad obitum suum equm et arma vel c solidos Tol(osanos) super totum suum honcrem et peccuniam.

Berengarius Ram(un)dus, XII denarios et, ad obitum mortis, equm et arma vel c solidos Tol(osanos) in suo honore et peccunia.

Petrus W., equm et arma vel c solidos Tol(osanos) ad mortem, ad helectionem hospitalarii, et in hoc medio XII denarios omni anno.

Bastardus, XII denarios omni anno et, ad suam mortem, equm vel L^a solidos.

Hector de Galag, XII denarios et ad obitum suum equm et arma vel c solidos Caturcencos.

Arnaldus G(i)labertus, VI denarios in toto suo honore et, ad obitum, x solidos.

Petrus de Roais, VI denarios in festo sancti Ylarii, et, ad obitum, x solidos.

Domina uxor Arnaldi G(i)laberti, camisia (*sic*) et bracas omni anno et ad obitum suum mantellum.

G. Gilabertus, III denarios, et laudat illos super casalem Petri Martini Espelliti, et, ad obitum, x solidos, et laudat illos super totum suum honorem.

R. Gilabertus, VI denarios et, ad obitum, x solidos.

Horritius, XII denarios et ad obitum suum meliorem equm et arma, et si non habet equm, XXX solidos.

Toselus monetarius, IIII denarios et, ad obitum, V solidos super suum honorem.

Adalbertus, XII denarios et, ad obitum, equm meliorem et arma vel XXX solidos super totum suum honorem.

B. Ram(un)dus, XII denarios et ad obitum suum meliorem equm et arma, et si non habet equm et arma, L solidos.

Pilistortus, XII denarios et ad obitum suum [mel]iorem equm et arma vel L^a solidos Tol(osanos) super totum suum honorem.

P. Arnaldus Episcopalis, I denarium et, ad obitum, XII denarios in toto suo [ho]nore.

Aicardus (*a*), prepositus Sancti Stephani, XII denarios omni anno in vita sua.

Ram(un)dus Vasco, I denarium et, ad finem, VI denarios.

B. de Senadors, [X]II denarios in vita sua.

R. Arnaldus, VI denarios et, post suum obitum, omni tempore XII denarios de suo honore, et, ad suum obitum, equm et arma, et si non habet equm, XX solidos Tol(osanos) super totum suum honorem.

Uxor Ram(un)di Arnaldi, camisiam et bracas et ad obitum suum mantellum.

Uxor Bernardi Ram(un)di, camisiam et bracas et ad obitum suum meliorem mantellum.

Margarita, uxor Pil(is)torti, camisiam et bracas et ad obitum suum meliorem mantellum.

(*a*) † 20 septembre 1135.

Domina uxor Pontii de Villanova, camisiam et bracas et ad obitum suum mantellum.

Bellotus Turrensis, vi denarios et ad obitum. *(sic).*

W., filius Belloti, equm et arma, ad suum obitum.

Seneronus de Paulel, vi denarios et, ad finem, suum equm.

(D'une autre écriture) : Curvus de Turribus, in fine, equm suum meliorem et arma vel c solidos Tol(osanos), si non habuerit equm, et laudat hoc super bouariam suam de Pabulvilla ; et si derelinquerit seculum, laudat se pro fratre domus Templi, et ut ad alterum non veniat habitum.

Poncius Vitalis, in fine sua, arma et equm, si habebat, et si non habebat equm, xx solidos, et laudat hoc super sua malleola de clauso de Ulmo.

Uxor Poncii Vitalis, suum meliorem pallium, in fine sua.

De confratribus parrochie Sancte Marie Dealbate, Petrus Vermel, IIII denarios et, ad obitum, XII denarios ;

Bernardus, IIII denarios et, ad obitum, XII denarios ;

Bertrannus de Socca, III denarios ;

Pontius Trenna, I denarium ;

Pontius Panem Perditum, I denarium ;

Bernardus de Malauza, IIII denarios et, ad obitum, VI denarios.

Petrus Bernardus, I denarium et, ad obitum, VI denarios ; W. Ciriol', II denarios et, ad obitum, XII denarios.

Fortius Berbegarius, I denarium et, ad obitum, VI denarios.

XXI

[c. 1128—1149.]

Édité par Duchesne, *Scriptores*, IV, p. 770 ; Migne, *Patr. lat.*, CLXXX, p. 1655.

Ulgerius ad clerum Andegavensem milites Templi Hierosolymitani commendat.

Ulgerius (a), Andegavensis indigne dictus episcopus, archipresbyteris, archidiaconis, prioribus, presbyteris et omni clero in Andegavensi episcopatu constitutis, vitam quo finem beatitudinis nescit. Mandamus vobis atque rogamus et supplicamus, quatenus hos fratres nostros, cum ad vos venerint, benigne et affectuose suscipiatis, et ecclesias vestras ad predicandum eis exponatis, et corda vestrorum parochianorum ad impendendas eis eleemosinas suas largissime inclinetis. Isti enim sunt nuntii et officiales et commilitones militantium Christo, in sacrosancto Templo Domini Ierusalem, quorum militia sine dubio vera est et Deo gratissima, que, abjectis secularibus desideriis, videlicet gaudiis nuptiarum et omnimoda voluptate, et expers proprietatis, professa arduam religionem, ut eternam consequatur beatitudinem, contra hostes Dei, qui sanctam civitatem Ierusalem et alias Orientales persequuntur, pugnare elegerunt, nec dubitant dare animas et fundere sanguinem, dum deleant et exterminent gentiles impios a sanctissimis locis, quos Dominus elegit nativitati et passioni sue et conversationi. Nos vero, cupientes participes esse eorum beatitudinis et sortis, concedimus ut, si ecclesie sint interdicte, ad quas illi tendent, in adventu eorum, semel in anno, uno die, ad honorem Dei et eorum, solemniter pulsatis signis, cele-

(a) Ulger, évêque d'Angers, 1125 † 16 oct. 1149.

bretur divinum officium in ipsis, admissis omnibus parochianis, exceptis excommunicatis. Et si qui sint fratres eorum qui signum vel habitum aut vitam eorum habeant, ea vice, si mortui sint, sepeliantur. Hos diligit et amplectitur papa Romanus et tota Romana ecclesia et omnes qui Deum amant. Omnibus vero, qui sua beneficia eis porrexerint, quintam partem penitentie peccatorum, que confessi fuerint, relaxamus. Valete.

XXII

[c. janvier 1129.]

Copie de 1143 dans une charte de Haton, év. de Troyes : Paris, Arch. Nat., S 4968, n° 11 (Coulours, 21e liasse, n° 1).

Radulfus Crassus et uxor sua, Helena, unam domum quam Grangiam vocamus, ante Trecas, et terram de Praeria a via quę dicitur de Riveria ita in visum, et terram et prata et vineas et quicquid ibi adquisierit vel ędificaverit, et omnes bestias, in morte ejus permanentes, Xpisto et suis militibus sanctę civitatis, post mortem suam vel mutationem vitę, jure hereditario dant et concedunt. Hoc autem fuit factum in eadem Grangia, in presentia magistri Hugonis et fratrum Godefridi, Pagani, Radulfi, Johannis; ex Trecensium vero latere, Bovo de Villemauro, Stephanus Li Manant, Evrardus Li Manant, Leobaldus et Engermerus, filius Leobaldi, Fulco, filius Martini, et multi alii.

XXIII

1129, 26 février.

Original : Lisbonne, Arch. da Torre do Tombo, gaveta 7, maço 9, n° 1 ; *copie* du xve s., *ibidem*, *Libro dos Mestrados*, fol. 93.

In nomine Patris et Filii et Spiritu sancti, amen. Ego, Godina Soarit, timeo diem mortis mee, statui facere cartam testamenti et firmitudinis Deo et militibus Templi Salomonis, scilicet terciam partem de meo habere mobili et inmobili, pro remedio anime mee et parentum meorum, et post mortem meam habeant et possideant; si quis autem homo venerit, tam propinquis quam extraneis, qui hoc meum factum irrumpere voluerit, non sit ei licitum nec michi, sed pro sola temptatione sit maledictus et excomunicatus, et quantum inquisierit, tantum in duplo componat et judicato. Facta paginola tesmenti *(sic)* IIIIº kalendas martii, era Mª.Cª.LXª.VIIª. Ego, Godina Soarit, qui hanc cartam jussi facere coram testibus idoneis, cum propriis manibus meis roboro et hec signa ✠ facio. Qui presentes fuerunt :

Diagu Cendonit, testis.
Tostum, testis.
Petro Mondeiro, testis.
Petro Penedo, testis.
Salvador Pelait, testis.
Johanne Cendonit, testis.
Petrus Pelait not(avit).

XXIV

1129, 14 mars.

Copie figurée : Lisbonne, Torre do Tombo, gaveta 7, maço 13, n° 5 ; *copie* du XV° s., *ibid.*, *Libro dos Mestrados*, fol. XX v° et fol. LXV v° ; *copie* de don Alvarez (XVI° s.), reg. 234, fol. CXXII v° ; autre *copie* du XVI° s., Bibl. de Lisbonne, ms. 736, fol. CCXXX.

In nomine sancte et individue Trinitatis, Patris et Filii et Spiritus sancti, Trinitatis indivisibilis que nunquam erit finienda, sed permanet per infinita seculorum secula, amen. Ob inde ego, egregius infans, dominus[1] Alfonsus (*a*), bone memorie magni Adefonsi, imperatoris Hyspanie[2], nepos, comitis Henrrici et regine Tarasie filius, atque per Dei clementiam Portugalensium princeps, in honore Domini nostri Iesu Xpisti, do vobis, militibus Templi Salomonis, quoddam castellum[3] nomine Saurium. Habet jacentiam in Extramatura, territorio Colimbriensi, discurrente aqua Mondego. Do atque concedo illud castrum vobis, cum omnibus suis locis et terminis antiquis atque cum omnibus suis foris que sunt et fuerunt, ut vos habeatis illud firmiter, et omnes successores vestri post vos, perenniter. Et hoc facio ego, non gentis imperio nec suadente articulo, sed pro amore Dei et pro remedio anime mee et parentum meorum, et pro amore cordis mei quem erga vos habeo, et quoniam in vestra fraternitate et beneficio omni sum frater. Et si aliquis homo, tam de extraneis quam de propinquis, ad hoc factum meum inrumpendum venerit, quod fieri minime credo, vobis fratribus vel qui vocem vestram pulsaverit, illud castrum Saurium pariet in quadruplum et regie potestati, quod liber Judicum precipit. Ffacta carta donationis et firmitudinis II idus marcii, era M.C.LX.VII. Ego, infans donnus Alfonsus, hanc kartam propria manu roboro.

Por	tu
ga	l

Qui presentes fuerunt Vimarinis :
Bernardus (*b*), Colimbriensis episcopus, confirmo.
Ermigius Nuniz, curie dapifer, confirmo.
Egaz Muniz, confirmo.
Mendus Muniz, confirmo.
Laurens Alferice, confirmo.
Reimundus Garsie, confirmo.
Petro Pai, confirmo.
Egas, testis.
Egas Godesindis, confirmo.
Pelagius Gualterriz de Silva, confirmo.
Ermigio Venegas, confirmo.
Johannes Rania, confirmo.
Sudario Menendiz, confirmo.
Gunsalvus de Sausa, confirmo,
Petrus, testis.
Pelagius, testis.
Petrus, cancelarius infantis, notavit.

(*a*) Alphonse Henriquez, comte 1128, 28 mai, puis roi de Portugal, 1139, 25 juillet † 6 déc. 1185. — (*b*) Bernard, évêque de Coïmbre, 1128 (après 31 mars) † 1147.

Variantes : 1. domnus Alfonssus. — 2. Yspania. — 3. castelum

XXV [1129, 1er avril—4 janv. 1134.]

Original jadis scellé : Auxerre, Arch. dép., H 675.

In omine *(sic)* Patris et Filii et Spiritus sancti. Amen. Herbertus (*a*), Dei gracia abbas Sancti Petri Vivi, et omnis conventus ecclesie, cunctis in Christo credentibus, tam futuris quam presentibus, salutem. Notum esse volumus caritati fidelium quod milites de Templo, in capitulum nostrum venientes, petierunt [. . . . .] ecclesiam quam habebamus in villa Ciriliaci, cum terris cultis et incultis [et] nemore. Quorum preces suscipientes, concessimus eis quicquid ibi habebamus. Postmodum vero, ipsi eamdem terram cambierunt monachis de Valle Lucenti pro quibusdam eorum terris que eis utiliores et magis commode erant [. . . . .]nemus et terras aratorias habentes ; de his autem terris sic excam[biatione] susceptis, per singulos annos ecclesie Sancti Petri Vivi de censu inde solverent solidos tres in festo sancti Remigii, ea scilicet conditione ut, si aliquando contigerit eos terram illam vel locum dimittere, ad ecclesiam beati Petri Vivi libere redeat. Hoc concessum et adcredentatum est i[n presentia Gau]fridi (*b*), Carnotensis episcopi, et Buchardi (*c*), Meldensis episcopi, [. . . . . .] presentibus etiam Guillelmo Falcone et Raim[undo. . . . . . .] Hanc autem conventionem inter domnum Norpald[um (*d*), abbatem Vallis Lucen]ti, et milites de Templo sic adcredentatam, idem d[. . . . .] ecclesie sue adcredentat domno Herberto ab[bati. . . . .] domnus abbas Herbertus et ecclesia Sancti Petri con[. . . . . .] eis [. .] (*e*).

XXVI 1129, 17 décembre.

Copie du XIIe siècle : Madrid, Arch. gen. *Cartul.* B 595, fol. 1.

In Dei nomine, ego, domnus Miro, dono fratribus Iherosolimitani Templi totos meos directos quales ego habeo vel habere debeo in ecclesia de Bochinenic, similiter cum ecclesiam de Razazol, pro amore Dei. Facta carta XVI kalendas januarii in Tutillen', era M°C°LX°[V]II (*f*), regnante rege Adefonso (*g*) in Aragone et Pampilona et Super Arbe, in Ripa Curcia et in Estremadura ; Ennecho, capellano regis ; episcopus Stephanus (*h*) in Oscha ; episcopus Michael (*i*) in Tirassona ; episcopus Santius (*j*), Calagorra. Testes : magister Stephen et magister Duran, Galter de Gui Villa. Episcopo Petro laudo et confirmo. Singnum Raimundi, comes, qui hoc laudo et confirmo. Et testes sunt : Lop Lopez et Rodric Petrez, Artaldus, Paladinus, Raimundus de Poi Alt, et Poncius scriptor Comiris.

(*a*) Herbert, abbé de Saint-Pierre-le-Vif, 1124-1147. — (*b*) Geoffroy, évêque de Chartres, 1116 † 24 janvier 1149. (*c*) Burchard, évêque de Meaux, 1120 † 4 janvier 1134. — (*d*) Norpald, abbé de Vauluisant, 1129, 1er avril † 17 août 1159. — (*e*) Cette pièce est très lacérée ; la trace du sceau a même disparu, mais au revers figure cette mention : « Sig. abbatis Sancti Petri Vivi Herberti ». — (*f*) Il y a une déchirure enlevant le v ; j'ai rétabli la date d'après la table qui est en tête du volume. — (*g*) Alphonse I, roi d'Aragon, 1104, 28 sept. † 7 sept. 1134. — (*h*) Etienne, évêque de Huesca, 1099, nov. † 1130 (avant août). — (*i*) Michel, évêque de Tarazona, 1119—1151. — (*j*) Sanche, évêque de Calahorra (Gams ne le connaît qu'en 1140).

XXVII [1129—1132.]

Original : Dijon, Arch. dép., fonds de Saint-Bénigne, 41 (Arc-sur-Tille).

Edité : Petit, *Hist. des Ducs de Bourgogne*, II, p. 209-213 (qui date : vers 1129).

CARTA GUILLENCI EPISCOPI LINGUONENSIS DE EO QUOD HABEMUS A FLUVIO TYLE ET DEINCEPS.

In nomine sanctę et individuę Trinitatis, presentibus cunctis et futuris manifestamus qualiter tenementum Sigualdi quod a fluvio Tyle versus Divionem conjacet, in jus et dominium Sancti Benigni devenerit. Quidam miles de Tyle castro, Wido Cornelly dictus, filiam ipsius Sigualdi, Rezvuide(m) nomine, uxorem habuit, qui cum aliquanto tempore cum ea moratus fuisset et infantes jam ex illa tres scilicet filias suscepisset, occulto Dei judicio illa leprosa efficitur et, ut illius infirmitatis mos exigit, ab illius et ceterorum hominum consortio separatur. Quod postquam factum est, eidem Widoni venit in mentem ut Hierusalem iret, ibique in Templo Domini, in Dei servitio usque in finem vitę suam miliciam exerceret. Verum, ne uxorem suam, cui fidem usque ad mortem servare promiserat, et infantulas quas ex illa susceperat, sine consilio et omni auxilio dimitteret, assumpto secum Herberto (*a*), Sancti Stephani Divionensis abbate, Willelmo de Baudemento, tunc Templi magistro, Pagano quoque de Bures, accessit ad domnum Petrum (*b*), abbatem Divionensem, ad Raynerium quoque, ejusdem loci priorem, et eos per supradictos viros commonuit ut uxorem suam cum filiabus susciperent eorumque *(sic)* in omnibus curam gererent ac sibi aliquantum pecunię darent et ipsi totum tenementum Sigualdi quod ipse tam in feodo quam in alodio vel quoquo alio modo habebat vel habere debebat, quicto jure, deinceps haberent et possiderent. Abbas itaque ac monachi, tantorum virorum petitionem non inconvenienter suscipientes, diem eis apud Divionem statuunt, in quo id quod petebant in presentia episcopi ac ducis aliorumque nobilium virorum plenius diffiniretur. Die igitur statuto utrique conveniunt et idem Wido per manum domni Guilenci (*c*), Linguonensis episcopi, nec non et Hugonis (*d*), Burgundię ducis, coram omni frequentia nobilium virorum, qui undique ibi confluxerant, tradidit Deo Sanctoque Benigno Divionensi ac domno Petro, abbati, monachisque Divionensibus, uxorem suam cum filiabus et cum omni tenemento Sigualdi, patris ipsius, ...
totum ex integro Deo sanctoque Benigno monachisque Divionensibus, sine aliquo retinaculo, tradidit et in perpetuum habere concessit, et, pro hoc, ipse a monachis mille solidos cum duobus equis accepit.

Hujus rei testes existunt : Guileucus, Linguonensis episcopus ; Petrus, abbas Divionensis ; Herbertus, abbas Sancti Stephani ; Raynerius, prior Divionensis ; Pontius, archidiaconus Lingonensis ; Warnerius, prepositus Sancti Stephani ; Hugo, dux : Eblo, comes de Sauz ; Aymo de Tyle castro ; Warnerius de Somborn(on), Euuinus de Beria, Josbertus viccomes, Walterius Malvaslet, Theodericus de Favern(ei), Widricus miles de Castello, Wido major aliique multi nobiles viri . . . .
. . . .
. . . .
. . . .

(*a*) Herbert, abbé de Saint-Etienne de Dijon, 1124-1157. — (*b*) Pierre, abbé de Saint-Bénigne de Dijon, 1126-1132. — (*c*) Guilencus, évêque de Langres, 1125 † 1 (? 3) août 1136. — (*d*) Hugues, duc de Bourgogne, 1102 † 1142.

XXVIII [1129]—1143.

Orig. jadis scellé : Paris, Arch. Nat., S 4968, n° 11 (Coulours, 1er n° de la 21e liasse).

In nomine sancte et individue Trinitatis. Ego, Hato (*a*), Dei gratia Trecorum episcopus, notum facio tam presentibus quam posteritati sequentium, quod Johannes de Plaitro dedit militibus Templi centum solidos singulis annis, in foro Plaiotri, laudante filio suo Manasse. Hujus rei Johannis testes : Galterus de Cohairardo, Marcus de Plaiotro, Berengerus de Baldimento. Testes vero militum Dei : Johannes de Creceio, Gillelmus de Baldimento.

§ Roscelinus autem, filius Radulfi, filii Berardi Sezanniensis, decimas Barbonię et pratum unum dedit militibus Templi, fratribus suis laudantibus et concedentibus, scilicet partem suam quam in illis habebat.

§ Engermerus Rufus Sezannię, Berardi nepos, suam partem. Hujus rei testes sunt : Erardus, Sezannię prepositus, et Albuinus Rufus.

§ Guarinus Malus Filiaster, suam partem. Hujus rei testes sunt : Guiterus Barbonie presbiter ; Erardus, prepositus.

§ Ansellus de Cantumerli et uxor ejus, suam partem. Hujus rei testes sunt : Hubertus Burfaldus et Odo Cloinus.

Hugo clericus et fratres ejus, partem suam, excepta annona.

Herbertus, decanus de Montibus, et Odo clericus de Cantumerli, Erardus, prepositus Sezannę, Vaslerus de Barbonia et uxor ejus et heredes ejus, suam partem, excepta annona. Hujus rei testes sunt : Guiterus de Barbonia, presbiter, et Josbertus major.

Soficia et Pagana, soror ejus, suam partem. Hujus rei testes sunt : Guiterus de Barbonia, presbiter, et Gualo et Josbertus major.

§ Guinandus et uxor ejus, suam partem, excepta annona. Hujus rei testes sunt : Hato presbiter de Tumbis, Guiardus parmentarius, de Baldimento.

§ Hoc laudavit Hato, Freherii filius, et uxor ejus, de quibus omnes isti supradicti decimam istam tenebant. Hujus rei testes sunt : Theobaldus comes et Erardus, Sezannę prepositus, Huldierius, Hunaldi filius, Petrus de sancto Quintino.

§ In eadem decima, Guillermus Cornez de Cantumerli dedit supradictis militibus partem suam, excepta annona. Hoc laudavit Haimo, frater ejus, de quo ipse tenebat. Hujus rei testes sunt : Herbertus de Montibus, decanus, et Odo clericus de Cantumerli, Odo Cloinus.

§ In eadem decima, Gualo de Barbonia dedit suam partem. Hujus rei testes sunt : Guiterus de Barbonia et Isembardus et Erardus, Sezannie prepositus.

§ Hoc laudavit Guillermus Cornez de Cantumerli, de quo Gualo tenebat. Hujus rei testes sunt : Herbertus de Montibus et Odo clericus de Cantumerli et Erardus prepositus.

In eadem decima, Hugo Alesnels de Felicio Monte et Claricia, uxor ejus, dederunt suam partem, excepta annona. Hujus rei testes sunt : Rogerus de Felicio Monte et Odo, filius ejus. Hoc laudavit Hilderius Deldunu(m), de quo Hugo tenebat. Hujus rei testes sunt : Erardus Sezannę et Letericus de Sanciaco.

(*a*) Haton, évêque de Troyes, 1122 † 1145.

§ Dominus autem Symon Brecensis dedit militibus Templi centum solidos in perpetuum habendos in suo censu Sezanne. Hujus rei tęstes sunt : comes Theobaldus et Drago de Lachelo et Erardus, Sezannę prepositus.

§ Nicholaus Sezannię et uxor ejus, Hersendis, dederunt militibus Templi unum estal Sezannie.

§ Dominus Guarnerus de Creciaco dedit militibus Templi quicquid in minuta decima de Laceio habebat. Hujus rei testes sunt : Manasses de Rumiliaco, archidianus *(sic)*, et Tegerius canonicus, Guillermus Falco.

§ Gosbertus de Rix dedit militibus Templi quicquid habebat in decima de Lavencheriis. Hujus rei testes sunt : Hato, Freheri filius, et Hursio de Postengi.

§ Rogerus, Ertaudi filius, dedit eisdem militibus quicquid habebat in decima Nigellę.

§ Harpinus de Mareio et uxor ejus dederunt eisdem militibus, in decima Bagneoli, I modium annone, in tercio anno.

§ Alarcus, vicecomes Barri, dedit militibus Templi, sua matre hoc laudante, quicquid habebat in decima Waude. Hujus rei testes sunt : Hato, episcopus, et Odo, Gosleni filius.

§ Guido de Penniaco dedit eisdem militibus terram Villę Novę, sicut magister militum disposuit atque metatus est ; concessit etiam eis decem arpennos prati in burgo Penniaci, vel in Longo Monte ; concessit etiam eis quicquid ex casamentis suis, futuro tempore, dabitur eis, salvo jure servitii sui, laudate *(sic)* hoc totum uxor *(sic)* ejus Elisabeth. Cujus rei testes sunt : Odo, Gualo, Herbertus, Roscelinus, Gibuinus, Garnerus, Bonellus.

§ Eodem tempore, Odo, Gosleni filius, dedit eisdem militibus et concessit quod domus eorum, quę est Villę Novę, non daret molturam in molendinis Espinceii, aliquo in tempore. Concessit etiam eis decimas molendinorum et pisces et domum suam quę fuerat domini Zacharię. Cujus rei testes sunt : Paganus de Disderio Monte, Herbertus heremita et Osmundus, in quorum presentia, Odo precepit ut hoc donum scriberetur, et hoc laudante Emelina, uxore sua.

§ Drogo etiam Strabo dedit eisdem militibus quicquid habebat in loco qui dicitur Mesnileium Sancti Lupi, laudante Ermengarde, nepte sua, cui post obitum suum concesserat, et Theobaldo, filio suo, et duabus filiabus suis, et Gautero Garulo et Hugone, fratre suo. Hujus rei testes sunt : Girardus et Humbertus, sacerdotes, Richerus Aculeius, Girardus, Berengerus, Herbertus Pinguis, Poncius Tecelinus. Hugo Leterius, frater suus, et Comitissa, soror eorum, quicquid habebant in Masnilo Sancti Lupi, predicte domui dederunt.

§ Supradictus autem Hugo dedit eisdem militibus quicquid habebat in feodo quod de Bovone *(sic)* Strabone tenebat, cujus rei testes sunt : Girardus, presbiter, Richerus, Bovo, Poncius, Herlebaudus, Gorgarz, Guerricus de Buccio, Herbertus de Fagis.

§ Columba, uxor Ebaldi, dedit eisdem militibus Templi quicquid habebat in valle Gundebalt. Hoc donum factum est Fovenne ; hujus rei testes sunt : Girardus, presbiter, Bovo, Hugo.

§ Guillermus de Derreio et frater suus dederunt militibus Templi terram in valle Sancti Petri, quam ipsi metati sunt eis ; et hoc concessit eis mater eorum et uxor Gullermi *(sic)*.

§ Ernaudus, presbiter, et Olgisius et Petrus concesserunt eis terram quę est juxta Mesnilium Sancti Lupi, ut crucibus metata est, laudantibus uxoribus et filiis eorum. Hujus rei testes sunt : Reigmundus et Hugo frater de Masnilo, Iterus, clericus, Guarinus, Gualterus et Mascelinus de Tricherio.

§ Radulfus Crassus et uxor sua, Helena, unam domum quam Grangiam vocamus, ante Trecas, et terram de Pracria a via [*Cf. ci-dessus n° XXII*].

§ Dedit etiam eisdem militibus idem Radulfus terram a magno chimino usque ad alium chiminum. Hoc donum quod Radulfus fecit, concessit Hulduinus Vendovrii, quando venit in manu sua, prece comitis Theobaldi (*a*), audiente Gaufrido de Bullipot.

§ Guido de Dampera dedit Deo et militibus Templi prata quę Andreas dedit ad censum, et prata Emenardi et omnia quę in Emenardo habebat et querebat, concedentibus hoc uxore Arvis et filiis suis, W. et G. ; testibus : Hatone, episcopo Trecensium, et Manasse, archidiacono, et A(ndrea) de Baldimento et Adam de Noers et W(illelmo) Falc(one) et Regimundo, militibus Templi.

§ Dominus Hugo Planceii concessit in eodem dono dominis Templi quicquid habebat in Emenardo et in pratis domine Agnes, uxoris A(ndree) de Baldimento. Hoc donum factum est Willer. et *(sic)* [1] Falc(oni) et Regimundo, militibus Templi ; testes : Hugo, filius Roberti, Airardus, p(re)tor Sezannie, Albuinus, villicus Sancti Justi.

§ Prefatus Hugo dederat dominis Templi xx solidos de censu pratorum Planceii, quod ipse volens retinere, dedit eis supradictum donum in cambio.

Hecelinus de Canturanę dedit Deo et militibus Templi id quod habebat in terra Carme et in orto et en la forest, pro LX solidis et uno equo. Hujus rei testes : Johannes Rufus de Baldimento, Robertus de Magno Prato, Bernerus, Gunterus, Guido de Corbesu(n), ea conditione quod uxor sua, ejus precepto, laudaret hoc. Et hoc factum tali pacto fuit, ante A(ndream) de Baldimento, quod si milites Templi de hac re, vel Hecelinus, se ipsos retraherent, sine jurejurando, sicut supradicti testes sub fidei interpositione dicerent, ita concederetur.

§ Girardus, filius Nevelonis, et Rogerus, filius Ertaudi, Deo et militibus Templi dederunt hoc quod habuerunt in decimis Domni Martini.

§ Gundesmuz, uxor Gualteri Garuli, dedit Deo et militibus Templi pascue partem, inter Penniacum et Saverias, aquis circumdatam, teste Hugone Sellario et Barth(olomeo), fratre suo.

§ Hecelinus de Canturane recipiet in unoquoque anno III solidos et III denarios in terra Evardi, de Theoderico quodam rustico militum Templi. Theodericus autem, si aliquid forisfecerit, eidem Hecelino rectum faciet ; et si H(ecelinus) incarceratus fuerit, vel de filio suo militem fecerit, vel filiam suam viro dederit, vel terram propriam redemerit, tot nummos quot de censu reddit, ei in adjutorium dederit, scilicet xx denarios et nichil amplius. Testes : Johannes Rufus de Baldimento, Robertus de Magno Prato, Guido p(re)tor, Guido de Corbesu(n).

§ Losbertus autem de Vico Forti reddidit se ipsum Deo et militibus Templi, et omnia quę habebat, scilicet medietatem magnę decimę de Straheles et medietatem furni et medietatem molendini et dimidium atrii et hospites suos et prata sua et

(*a*) Thibaut, comte de Blois, 1102, de Champagne, 1125 † 8 janvier 1152.

1. *Corrigez* Willermo.

terram suam et terragium et viros et feminas, ubicumque sint, excepto uno quem concessit Petro Beez de Sezannia, landante *(sic)* Frederico Brecensi, de cujus casamento iste tenebat; et hoc concessit Simon, frater Frederici. Testes sunt : comes Teobaudus, Nicholaus Brecensis, Angelbertus magnus, Hermannus, medicus, Airardus, preses Sezannię, Albuinus Rufus, Malenutritus, Petrus Baez.

§ Raculfus de Balchiseo dedit Deo et militibus Templi quicquid habebat in Festo. Hujus rei testes sunt : Hato, filius Freheri de Cantumerulę, Girardus Diabolus, Airardus, preses Sezannie.

Facta sunt hęc anno ab incarnatione Domini millesimo C.XXXXIII, Lodovico rege regnante, Hatone Trecensi episcopante.

XXIX [1129—1145.]

Copie du XIIIe siècle : Paris, Arch. Nat., S 5162 (*Cartulaire de Provins*, p. 38).

De vineis et terris et pratis de Clebles.

Notum sit tam presentibus quam futuris, quod Wittherius (*a*) de Barbona militibus Templi Iherusalem concedit habere perpetue *(sic)* modo in presenti omnes vineas suas et terram et pratum de Claeles et libros suos, scilicet breviarium et missale, et, post obitum suum, domum suam et omnem mansionem suam; et, si habitum religionis assumpserit, omnia que habuerit, et, quamdiu vixerit, reddet eis unum bazantium *(sic)* de domo sua pro cognitione. Hoc factum est, concedente domino Hatone (*b*), Trecensi episcopo, teste Manasse, archidiacono de Romelio, et Petro Luscho, Wannerio de Saveris, Herardo, preposito Sezannie, Herardo, nepote ejus, et Wazone, nepote ejus, Albuino Rufo et Theob(aldo), filio ejus, et Petro Bahe.

XXX 1130, 29 janvier.

Analyse (de Polycarpe de La Rivière) : Carpentras, Bibl. municip., ms. 515, p. 679.

Anno millesimo centesimo trigesimo, Hugoni de Paganis Vivariensi, primo militiae Templi magistro . . . . eidem inquam Hugoni, magno preceptori sive magistro religionis, Laugerius (*c*), Avenionensis episcopus, ecclesiam Sancti Johannis Baptistae Avennicae civitatis, cum omni honore, domibus et juribus ad eam pertinentibus, de canonicorum suorum consilio et auctoritate, in perpetuum commendat et tradit, salva reverentia et fidelitate Avenionensis ecclesie, 4 calendas februarii, indictione octava.

XXXI 1130 (30 mars 1130—19 avril 1131.)

Copie du XIIIe s. : Beauvais, Arch. dép., G 1984, fol. 69.

Edité : Le Vasseur, *Annales de l'église de Noyon*, II, p. 877. — Cf. Bréquigny, *Table chronol.*, II, p. 574.

Annualia prebendarum data fratribus militie Templi.

In nomine sancte et individue Trinitatis, Patris et Filii et Spiritus sancti. Amen. Symon (*d*), Dei gratia Noviomensis episcopus, et canonici Sancte Marie Noviomensis,

(*a*) Ce Guiterius ou Witherius de B. était prêtre. Cf. ci-dessus n° XXVIII. — (*b*) Haton, évêque de Troyes, 1122—45. — (*c*) Laugier, évêque d'Avignon, 1124—42. — (*d*) Simon, évêque de Noyon, 1123 † à Seleucie, févr. 1148.

Hugoni, magistro militum Templi, et omnibus sub eo religiose militantibus, salutem et fideli *(sic)* servare suscepti [1] ordinis religiosam sollicitudinem. Gratias agimus Deo, quia per misericordiam suam ordinem qui perierat reparavit. Scimus enim quoniam a Deo tres in ecclesia sunt ordines instituti, oratorum, defensorum et laboratorum. Ceteris vero ordinibus jam in multam partem titubantibus, defensorum ordo fere penitus perierat, sed Deus pater et Dominus noster Ihesus Xpistus Deus, Dei filius, ecclesie sue misertus, per infusionem Spiritus sancti in cordibus nostris, in hiis novissimis temporibus, ordinem perditum reparare dignatus est. Et hoc in sanctam civitatem ut ubi olim ecclesia cepit oriri, ibi ordo ecclesie perdictus *(sic)* incipiat reparari. Et quoniam Deo in vobis bene complacuit, nos, qui orationi destinati sumus, debitum officii nostri pro vobis orando persolventes, aliquid superaddere curavimus, ut honorificetur Deus. Compatientes enim necessitatibus vestris, aliquid de temporalibus nostris vobis disposuimus ministrare, ut sollicitudinem a Deo vobis injunctam expeditius valeatis exercere. Convenientes ergo in capitulo nostro communi, fratrum consilio et assensu decrevimus, si aliquis de fratribus nostris, sive moriendo sive ad districtiorem vitam transeundo vel quoquo modo, prebendam suam dimiserit, ut redditum illius prebende per annum integrum habeatis. Succentori tamen consuetudines retinemus, modium frumenti, si puer in prebendam successerit, et magistro scolarum censum thelonei de medio martio, si vero forensis canonicus obierit, panem et vinum eis non concedimus nisi tantummodo de mansionario. Hoc autem tam vobis, tam successoribus vestris, quamdiu suscepti ordinis religiosam sollicitudinem pia devotione servaverint, irrefragabiliter habendum concessimus. Ut vero beneficium nostrum, sicut pretaxatum est, ratum et inconcussum permaneat, litteris assignando firmavimus et impressione sigilli nostri corroboravimus. Actum publice Noviomi, anno Dominice incarnationis M°C°XXX, in capitulo Beate Marie, in presentia domni Gualfridi (*a*), Carnotensis episcopi, Bernardi, Clarevallensis abbatis, Guidonis (*b*), abbatis de Tribus Fontibus, Gualeranni (*c*), abbatis de Ursicampo. $ Symonis, episcopi Noviomensis. $ Balduini, decani. $ Hugonis, archidiaconi. $ Theoderici, thesaurarii. Nivardus, cognomine Paganus de Mondisderio, miles Templo Domini devotus, cui Hugo, magister militum Templi, curam rerum suarum tum temporis commiserat in partibus istis, huic dono interfuit.

XXXII — 1130, 20 mai.

Copie du XII° s. : Toulouse, Arch. dép., fonds de Malte. *Cart. C de Douzens*, ch. 1, fol. 1.

In nomine Domini nostri Ihesu Xpisti. Ego, Guilelmus Ermengaudi, et ego, Ermensendis, uxor predicti Guilelmi, et filius noster, Raimundus Ermengaudi, nos donamus in primis pro amore Dei et pro remissione peccatorum nostrorum, ut Deus faciat nobis misericordiam, donamus cum hac carta in perpetuum militibus Templi Iherosolimitani, presentibus et futuris, quorum ordinis magister post Deum extat Hugo de Paianis, totum quantum habemus nec habere debemus infra terminos quos Ermengaudus de Curclano fecit mittere in terminio quem vocant Peirois, in loco quem vocant Pra-

(*a*) Geoffroy, év. de Chartres, 1116 † 24 janv. 1149. — (*b*) Gui, abbé de Trois-Fontaines, 1127 ou 1128, paraît au concile de Troyes 1129, janvier, et † av. 1138. — (c) Galerand de Baudement, fils d'André de B., sénéchal de Champagne, fut abbé d'Ourscamp, 1129 † 29 mai 1142.

1. *Le scribe avait d'abord écrit* religiosi.

tum Alibarderium, in manu Hugonis Rigaldi, servi et militi *(sic)* et fratris predictę militie Templi Iherosolimitani, ut omnipotens Deus nobis et parentibus nostris sit adjutor et protector de hoste maligno. Facta carta ista XIII kal. junii, anno Dominice incarnationis M° C° XXX, feria III, regnante rege Lodovico. Hoc donum nos suprascripti facimus per fidem et sine inganno, in presentia Guilelmi Sa-*(fol. 1 v°)*lomonis, Petri Sicardi, Bernardi de Cornelliano, Raimundi Stephani et Petri Stephani del Portal, Guilelmi Sigerii et Ermengaudi Aimerici. Petrus Raimundi, presbiter, scripsit.

XXXIII 1130. 14 juillet.

Copies : du XIII° s., Barcelone, Arch. Cor. Arag., reg. 310, fol. LXXXIV ; du XIV° s., Madrid, Arch. gen., *Cartul. XIII° siècle*, fol. 27 ; du XIV° s., Barcelone, reg. 309, fol. 48 ; du XIV° s., San Gervasio, fragment de cartulaire non relié ; — traduction romane du XIII° s., sans date ni signatures, Barcelone, Arch. Cor. Arag., *Cartulaire* 409, fol. 67.

In Dei nomine eterni regis. Ego, Raymundus Berengarii *(a)*, Dei dignatione actenus Barchinone et Provincie comes et marchio, offero me ipsum omnipotenti Deo, redemptori meo, et sancte milicie Ierosolimitane Templi Salomonis, et trado me ipsis fratribus ibidem ad deffensionem Xpistianitatis militantibus, in manu domini Hugonis Rigaldi, confratris societatis eorum, eo quia quippe tenore, trado me ipsum illis, ut de cetero sub obedientia eorum, sine proprio, militem Deo, ubicunque ipsi voluerint, quandiu michi fuerit vita comes. Dono etiam et trado ipsi militie, cum assensu et affirmatione Raymundi *(b)*, filii mei, et cum laudamento baronum meorum, in manu ejusdem Hugonis, quoddam munitissimum castrum, nomine Grayana, in mea marchia contra Sarracenos, cum militibus qui ipsum castrum pro me habent et cum populo inibi habitante, et cum fidelitatibus et sacramentis que ibi facere debent ipsi milites et ceteri homines, et cum omnibus ad eundem castrum pertinentibus, cum terminis et possessionibus suis, et totam dominationem et serviciis et usaticis suis, sicut melius ista ibi habeo vel habere debeo, ut libere et sine diminutione et sine blandimento ullius hominis, ut prefati confratres et successores eorum habeant hec omnia cum aucmentationibus quas ibi Deus dederit, et disponant imperpetuum ad deffensionem Xpistianitatis, secundum institutionem ordinis militie sue. Hec quippe omnia facio, ut misericors Deus qui, cum dives esset in omnibus, pro me pauper factus est, peccata et offensiones meas clementer dimittat, et me, pro ipso pauperem factum, in divitias glorie sue intromittere dignetur. Confratres autem mei, si me interim mori contigerit, satagant pro me facere, et apud Deum et apud homines, quod pro singulis fratribus suis faciant. Hanc itaque voti mei oblationem, si qua in crastinum cujuscumque dignitatis auctoritate mediocritatis *(sic)* persona violare temptaverit, nisi cito se correxerit, deleatur nomen ejus de libro vite et cum Ananya et Saphira, fraudatoribus voti sui, dampnationem incurrat.

Actum est hoc II° idus julii, anno Dominice incarnationis C° tricesimo post millesimum. SIG✠NUM Raymundi comes, qui hoc totum punctatim firmavit. SIG✠NUM R(aymundi) comes. SIGNUM ✠ G. Castri Vetuli. SIG✠NUM Heymerici Narbonn(ensis) *(c)*. SIG✠NUM G. R(aymund)i, dapiferis. SIG✠NUM R. Bernardi. SIGNUM B. de Bello Loco. SIG✠NUM P(etri) Bern(ardi), fratris societatis Templi Salomonis.

(a) Raymond Bérenger III, comte de Barcelone, 1093, comte de Provence, 1112, 3 février † 1131 (après le 8 juillet). — *(b)* Raymond Bérenger IV, comte de Barcelone, 1131 † août 1162. — *(c)* Aymeri II, vicomte de Narbonne, 1105 (8 ?) † 17 juillet 1134.

XXXIV [c. 1130.]

Copie du XIIIe s. : Paris, B. N., Nouv. acq. lat. 1934, fol. 2.

DE VIGINTI SOLIDIS CENSUALIBUS ET HOSPITE UNO IN CLAROMONTE.

Noverint sancte Dei ecclesie fideles, tam presentes quam posteri, quia Rainaudus (*a*), consul Clarimontis, dominis et servientibus in Templo Ierusalem xx^ti solidos de censu suo Claromontensi singulis annis perpetuo dari concesserit et quendam hospitem, Nicholaum videlicet de Houdinvilario, non ipsius ultra potestati consulis aliqua solutione redditnum obnoxium vel subjugatum, perhenniter in manu et potestate eorumdem tradiderit.

Quidam etiam Claromontenses domini, ad hujusmodi exemplum respicientes et sancti Templi Ierusalem beneficiorum participes fieri cupientes, ex bonis suis predictis dominis et servientibus per singulos annos se daturos constituerunt et, ut istud perhenni memoria signaretur, nomina sua cum beneficiis in presenti cartula scribi voluerunt :

Ansouldus, modium vini in suo clauso et modium frumenti ad suum molendinum, ad Roncerolas ;
Bernerus, suus frater, modium vini ;
Simon de sancto Sansone, modium vini in suo clauso de Rostelcu ;
Petrus de Gerborredo, modium frumenti ;
Balduinus, suus famulus, duas minas ;
Anculfus de Lic, modium vini ;
Hugo de Anvelio, modium vini ;
Guerno de Credulio, modium vini ;
Galterus de Nongentello, demimodium vini ;
Radulfus Vel .]siaus, modium vini ;
Bernerus de Nongentello, modium vini ;
Walo de Laideriis, modium vini ;
Iohannes Rufus, demimodium vini ;
Ibertus major Clarimontis, dimimodium vini ;
Radulfus Parvus, dimimodium vini ;
Albericus Escolart, quarterium vini ;
Albertus Gratez, dimimodium vini ;
Simon de Britolio, di-*(fol. 2 v°)*mimodium vini ;
Guillelmus de Monnevilla, dimimodium vini ;
Albericus Camerarius, quarterium vini ;
Fulco de Montegni, dimimodium vini.

Ut autem hujus actionis certitudo firma et inviolabili nodo stricta comprobetur ab ipso consule et hominum qui affuerunt testimonio, presens cartula cum sigillo scribi decernitur. Testes affuerunt : donnus Theobaldus (*b*), Belvacensis archidiaconus, et plures alii qui fuerunt presentis datores beneficii.

Ego autem, Rainaldus, comes Claromontensis, donum illorum qui predictis dominis quod sit de nostro feodo dare voluerint, firmum, liberum et indissolubile concedo fieri.

(*a*) Renaud, comte de Clermont en Beauvoisis, c. 1103 † 1156 (ou 1157) (Cte de Luçay, *Le Comté de Clermont*, p. 14). — (*b*) Thibaud, archidiacre de Beauvais, 1116, 1120, 1125, 1137.

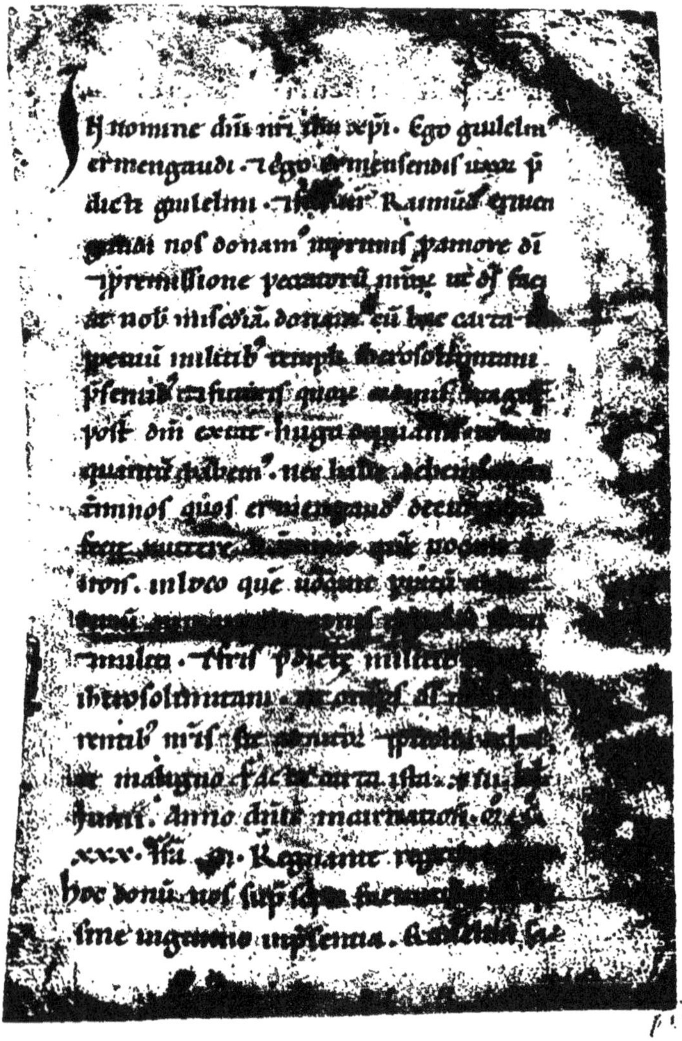

In nomine dñi nr̃i ihu xp̃i. Ego guilelm'
ermengaudi. 7 ego ermensendis uxor p̃
dicti guilelmi. 7 filius [illegible] Raimũd' [illegible]
[illegible] nos donam' inprimis p amore di
7 p remissione peccatorũ [illegible] ut ds̃ fac
at nob misericordiã. donam' cũ hac carta [illegible]
[illegible] militib' templi [illegible]
p̃sentib' 7 futuris quos [illegible]
post [illegible] hugo [illegible]
quantũ habem'. nec [illegible]
omnos quos ermengaud' [illegible]
[illegible]
[illegible] in loco que [illegible]
[illegible]
[illegible] fris [illegible] militie
ihrosolimitani [illegible]
[illegible] malig[illegible] 7 fac [illegible] carta ista [illegible]
[illegible] Anno dñice incarnationis [illegible]
xxx. [illegible] Regnante [illegible]
hoc donũ nos [illegible]
sine ingenio in p̃sentia. [illegible]

CARTULAIRE C DE DOUZENS (255mm × 16cm), charte I.

nostri tamen salvo servicio feodi; et concedo etiam eis viginti solidos de censu ad Rosteleu et quendam hospitem ad Gornacum.

Et Ansoldus, modium frumenti ad molendinum Adstoi; Odo de Lagan, quartam partem decime ad Aureniacum; Drogo de Munciaco dedit hunc censum fratribus Templi Ierosolimis, pro anima sua, apud Senecourt; Odo de Vico, II solidos; Robertus, filius Reinerii, XX denarios; Ivo de Fonte, II solidos et VII denarios; Balduinus, filius Hogeri, III solidos et IX denarios et obolum. Garnerius major de Senecourt et Serannus de Banno sunt testes hujus rei.

XXXV [1130—21 août 1131.]

Edité : Migne, *Patr. lat.*, CLXXXII, epist. CLXXV. — Cf. Röhricht, *Reg.*, n° 238, qui date 1145.

S. BERNARDUS WILLELMUM (*a*) PATRIARCHAM HIEROSOLIMITANUM ROGAT UT FRATRIBUS TEMPLI FAVEAT.

Patriarchalibus scriptis sepius visitatus, ingratus jam videbor, si non rescripsero.

. . . .

Super milites Templi ponite, queso, oculos vestros, et tante pietatis viscera tam strenuis ecclesie propugnatoribus aperite. Hoc siquidem acceptum erit Deo et gratum hominibus, si foveritis eos, qui suas animas pro fratribus posuerunt. De loco (*b*) autem ad quem nos invitatis, frater Andreas dicet vobis voluntatem nostram.

XXXVI 1131, 18 juin.

Original : Marseille, Arch. dép., H (Temple), liasse 89, n° 1 (Salset).

Anno incarnacionis Dominice M.C.XXX.I. In nomine Domini. Notum sit omnibus hominibus hec audientibus, quod ego, Bremundus Pileti, et ego, Agnes, ejus uxor, et ego, Raimundus Pileti, et ego, Bernardus Pileti, eorum filii, nos omnes uno assensu, donamus et concedimus et omnino dimittimus pro redempcione animarum parentum nostrorum et pro remissione nostrorum peccatorum, milicie Templi militibusque ibidem Deo servientibus, presentibus scilicet et futuris, mansum de Salzeto, videlicet alodum et feuales et vicarios, sine omni retenimento quod ibi non facimus, preter divine pietatis misericordiam. Et tibi, Ugoni Rigaldi, hoc donum facimus, ut[1] sis inde testis. Hoc mansum prescriptum est in episcopatu Uzeticensi, in parrochia de Malone.

Hujus doni testes sunt isti, scilicet Guillelmus Salomon et Petrus de Recordana et Gaufridus de Sancto Bonito et Raimundus de Monte Mirato et Petrus Olivarii et Jordanus de Castello Novo et Ulricus canonicus, qui fuit Folcherii filius, de Alesto, et Guillelmus de Trescis.

Hec carta est facta in mense junio, feria V, luna XVIII, rege Lodovico regnante.

(*a*) Guillaume, patriarche de Jérusalem, 1130 (commencement de l'année) † 1145. — (*b*) Il est probablement question de l'offre faite par Baudoin II et le patriarche à S. Bernard d'installer des cisterciens à St-Samuel. La lettre serait donc antérieure à la mort de Baudoin II (1131, 21 août). Cf. Vacandard, *Vie de S. Bernard*, II, p. 258-9, 565.

1. *Ce mot et les trois suivants sont ajoutés en interligne.*

XXXVII 1131, 19 juin.

Original : Toulouse, Arch. dép., fonds de Malte, Pézenas, liasse 8, nº 73.

Ego, Poncia, uxor Petro Vilelmi de Colnatis, soror Deodato Vilelmi de Alinano, et soror mea, Poma, nos insimul, per fide *(sic)* et sine omni inpedimento, pro redemcionem *(sic)* animarum nostrarum et pro animabus parentum nostrorum, donamus Domino Deo et militibus de Templo de Ierusalem, unam faisam de terra laboriva, propter alodem, que faisa vocitatur Familonga. Et quamdiu ego Poncia vivam, laudo et dono illis predictis totam medietatem de tasca propter tenorem, et post mortem meam, habeant predictam faisam totam et integram propter alodem. Et ista faisa infrontat de aquilone in via que discurrit a Torrenes; de altano infrontad in vineis de Bernardo de Gabiano, que tenet de Sicardo de Alinano; de circio infrontad in alodem Poncio de Roiano. Facta carta XIII kalendas julii, epacta XX, regnante Ludovico rege, anni dominica M.C.XXX.I. $ Poncia atque Poma soror ejus, qui istam cartam scribere jusserunt et firmare rogaverunt. SIG✠NUM Petrus Gregorii. $ Petrus B(er)ni. SIG✠NUM Jusolma. SIG✠NUM Sicardus de Alinani. Mirone presbiter scripsit[1].

XXXVIII 1131, 8 juillet.

Original : Barcelone, Arch. Cor. Arag., perg. R. Bereng. III, nº 316.

EXTRAITS DU TESTAMENT DE RAYMOND BÉRENGER III COMTE DE BARCELONE ET DE PROVENCE.

Heç sunt condiciones sacramentorum quarum seriem ordinavi ego, Berengarius, cap(ut) scole atque judex, presente Berengario (*a*), Gerundensi episcopo, aliisque nobilibus viris, clericis, monachis sive laicis, scilicet Bernardo, Jherundensi sacrista, et Gauzfredo Bisillunensi archilevita, et Arnaldo Johannis et Olivario et Petro Guillelmi, presbiteris ejusdem sedis, et abbate Riupolli Petro, ejusdem ęcclesię priore Guillelmo, nec non et vicecomite Narbonensi Aimerico (*b*), et Guillelmo dapifero et Raiamballo. In hujus igitur judicis presencia et prefatorum hominum noticia, nos testes, scilicet Berengarius episcopus et Aimericus de Narbona, testificamur extremam voluntatem domni Raimundi Beregarii (*c*), comitis Barchinonensis ac marchionis, qui obiit quondam. Quapropter nos, predicti testes, verum pariter dantes testimonium, ab eo rogati et jussi, juramus super altare sancte Anastasie, quod situm est in ecclesia Sancte Marie sedis Jherunde, quia nos vidimus et audivimus presentes quando prefatus Raimundus comes, jacens apud Barchinonam in palacio suo detentus ab egritudine qua obiit, dum adhuc esset in sua plena memoria ac loquela, ordinavit suam extremam voluntatem et ordinacionem suarum rerum per suum firmum testamentum, per quod constituit ut essent sui helemosinarii ac manumissores, scilicet domnus Ollegarius (*d*), Terrachonensis archiepiscopus, et Berengarius, Jherundensis episcopus, et Raimundus (*e*), Ausonensis episcopus, et Aimericus

(*a*) Bérenger, évêque de Gérone 1114-?. — (*b*) Aymeri II, vicomte de Narbonne, 1105 (6?) † 17 juillet 1134. — (*c*) Raymond Bérenger III, comte de Barcelone, 1093, comte de Provence, 1112, 3 fév. † 1131 (après le 8 juillet). — (*d*) Oldegarius, archevêque de Tarragone, 1118 † 6 mars 1137. — (*e*) Raymond, évêque de Vich, 1109-?.

1. *Ces trois derniers mots sont écrits à rebours :* Tispircs retibserp enorim.

Narbonensis et Guillelmus Raimundi, dapifer, et Berengarius de Cheralt et Gaucerandus de Pinos et Guillelmus de Cardona et Raimundus Bernardi de Guardia et Guillelmus Gauzfredi de Cerviano et Reiamballus de Basilia et Raimundus Renardi, quibus injuncxit distribuere omnia que habebat per ordinacionem prefati testamenti, sicut ipse disposuit, ita dicendo :

Primum, dimisit Sancte Marie Riupollensis cenobii corpus suum . . . .

. . . .

. . . .

Ad sanctum Sepulcrum Domini.

Ad cavalleriam Iherusalem, equm *(sic)* suum Danc, cum omni armatura sua.

Fuit factum prescriptum testamentum VIII idus julii, anno XXIII regnante rege Ludovico. Firmatum fuit a supradicto conditore Raimundo, nomine suo, propria manu conscripto, et a reliquis firmatoribus, scilicet filio ejus Raimundo (*a*) comite et Aimerico de Narbona et Guillelmo Raimundi, dapifero, et Raiamballo de Basilia et Guillelmo Gauzfredi de Cirviano et Raimundo Renardi et Ollegario, archiepiscopo, et Berengario, Dei gratia Gerundensis ecclesie episcopo, atque Bernardo de Bello Loco. Scriptor Udalgerius monachus.

Nos, supradicti testes, testificamur et juramus per Deum quod, sicut superius dictum est, ita a supra nominato testatore Raimundo comite ordinatum est et firmatum, nobis videntibus et audientibus, per extremam voluntatem suarum rerum.

Late condiciones XIIII kl. septembris, anno XXIII regni Ludovici regis, infra primos sex menses post obitum prescripti testatoris. Berengarius, Dei gratia Gerundensis ęcclesię episcopus. . . . .

. . . .

. . . .

Udalgerius monachus, qui has condiciones rogatus scripsit die annoque prefixo ✠.

Ermengaudus sac(erdos) et monachus, qui hoc translulit, cum literis rasis et emendatis in linea XXª IIª et in XXª IIIIª vel in Lª IIIIª, sub die VI kl. septembris, anno XVIII regnante Ludovico rege junioris *(sic)*.

XXXIX

1131, octobre.

Copie du XIIᵉ s. : Madrid, Arch. gen., *Cartul.* B 695, fol. 107ᵛᵒ, nᵒ 286.

✠ In Dei nomine, Patris scilicet et Filii et Spiritus sancti. Ego, Fertunio Garceç Kaixal, et uxor mea, Tota, facimus istam cartam ordinationis de nostris hereditatibus quas habemus in Zaragoça et in Tutela et in Tarazona. Dividimus illas Deo et sanctis locis de Iherusalem, ubi volumus ire, si Deo placet, quando filius noster Garcias est mortuus, in quo habebamus fiduciam ut ipse possideret eas et gubernasset nostram creationem et suam. Et postquam Deus de illo suam voluntatem et, cum voluerit, similiter *(fol. 108)* faciet de nobis, et quia diversis modis moritur homo, aut gladio celesti, aut gladio terreno, aut morte subitana, et non potest facere pro sua anima, nos, propter amorem et timorem Dei, et pro animabus nostris et parentum nostrorum et filii nostri Garcie, damus Deo et Hospitali de Iherusalem illam hereditatem de Zaragoça cum suis domibus quas ibi habemus, sub gratia

(*a*) Raymond Bérenger IV, comte de Barcelone 1131 † 28 août 1162.

Dei et Andefonsi (*a*) regis, nostri boni senioris ; et damus illam de Tutela, sicut nos tenemus illam in Tutela et in Fontelas et in Morzano et in Castellone et in Soiset, cum illo molino et cum illo nostro soto a per nome *(sic)* d'Alcaten, ut sit de illis nostris fratribus militibus Templi ; et damus Deo et Sancte Marie de Bethleem illam quam habemus in Tarazona, cum nostro molino et cum nostra tienda et cum illa de Conchelos. Et hoc facimus sub auctoritate Dei et regis nostri senioris Adefonsi. Et damus Deo et fratribus canonicis de Sepulcro illam hereditatem quam habemus in Novellas et in Cortes, sicut tenemus eam. Facta carta anno M.C. tricesimo I ab incarnatione Domini *(fol. 108v°)*, mense octobris, quando Garcia Kaxal obiit, quando rex cepit Migneza et fuit a Fraga, et quando Kaxal divisit suum honorem suis nepotibus, a Lope Enecones e a Sanc Enecones, Belforato e Granione, a Petro Taresa (*b*) Berroza. Et quisquis hanc ordinationem violare seu frangere voluerit, sit anathema et sit sicut Judas in infernum et nunc et in perpetuum et per infinita secula seculorum. Amen. Fiat. Fiat.

XL 1131, octobre.

Copies : de la fin du XII° s., Barcelone, Arch. Cor., Arag., reg. 1, fol. 5 ; du début du XIV° s., reg. 309, fol. 50v°, et reg. 310, fol. 21.

Édité : Bofarull y Mascarò, *Coleccion de documentos inéditos*, IV, n° 11, p. 9 ; Delaville Le Roulx, *Cartulaire général*..., I, n° 95, p. 85.

In nomine summi et incomparabilis boni quod Deus est. Ego Adefonsus, Aragonensium et Pampilonensium sive Ripacorcensium rex, cogitans mecum et mente pertractans quod omnes homines natura mortales genuit, proposui in animo meo, dum vita et incolumitate potior, ordinare de regno a Deo mihi concesso et de possessionibus ac redditibus meis quomodo sit post me . . . .

. . . .

. . . .

Itaque, post obitum meum, heredem et successorem relinquo michi Sepulcrum Domini quod est Iherosolimis et eos qui observant et custodiunt illud et ibidem serviunt Deo, et Ospitale pauperum quod Iherosolimis est, et Templum Domini cum militibus qui ad defendendum christianitatis nomen ibi vigilant. His tribus totum regnum meum concedo. Dominicatum quoque quem habeo in tota terra regni mei, principatum quoque et jus quod habeo in omnibus hominibus terre mee, tam in clericis quam in laicis, episcopis, abbatibus, canonicis, monachis, obtimatibus, militibus, burgensibus, rusticis et mercatoribus, viris et mulieribus, pusillis et magnis, divitibus ac pauperibus, judeis etiam ac sarracenis, cum tali lege et consuetudine quale pater meus et frater meus et ego actenus habuimus et habere debemus. Addo etiam militie Templi equum meum cum omnibus armis meis, et si Deus dederit michi Tortosa, tota sit Ospitalis Ihierosolimitani. Preterea, quia non est mirum si fallimur, qui homines sumus, si qua ego aut pater meus sive frater ecclesiis terre nostre, sedibus aut monasteriis de rebus, honoribus vel possessionibus injuste abstulimus, rogamus et jubemus ut prelati et domini sancti Sepulcri et Ospitalis et Templi juste restituant. Eodem modo, si qui homini meo, viro vel mulieri, clerico vel laico, aut ego aut aliquis ante-

(*a*) Alphonse, roi d'Aragon et de Navarre, 1104, de Castille et Léon, 1109 † 7 septembre 1134. — (*b*) Pierre Taresa que certains ricombres voulurent faire couronner roi de Navarre et d'Aragon en 1134 † 1152 (J. de Jaurgain *Vasconie*, II, p. 216-9).

cesorum meorum hereditatem suam injuste abstulimus, ipsi [misericorditer] et juste restituant. Similiter de proprietatibus que nobis vel antecessoribus nostris hereditario jure debentur, preter ea que sanctis locis tradita sunt, ab integro relinquo eas Sepulcro Domini et Ospitali pauperum et milicie Templi, tali tenore ut, post mortem meam, illi qui per me tenent eas teneant in tota vita sua sicut per me, et, post mortem illorum, sint ab integro Sepulcri et Ospitalis et Templi et cui dare voluerint eas. Hoc modo totum regnum meum, ut suprascriptum est, et totam terram meam, quantum ego habeo et quantum michi remansit ab antecessoribus meis et quantum ego adquisivi vel in futurum, auxiliante Deo, adquiram, et quicquid ego ad presens do et in antea juste dare potero, totum tribuo et concedo Sepulcro Christi et Ospitali pauperum et Templo Domini, ut ipsi habeant et possideant per tres justas et equales partes. Hec omnia suprascripta dono et concedo Domino Deo et sanctis superius scriptis . . . .

Hec autem omnia facio pro anima patris mei et matris mee et remisione omnium peccatorum meorum et ut merear habere locum in vita eterna. Facta carta in era MCLXVIIII, in mense octobris, in obsessione Baione. — Sancius Petre Rubee, scriptor regis, scripsit cartam.

XLI [1131] (après le 19 octobre).

Copie (XIIIe-XIVe s.) : Ypres, Arch. de la ville. *Registrum rubrum*, fol. 20.

Edité : Feys et Nelis, *Les Cartulaires de la prévôté de Saint-Martin à Ypres*, t. II, p. 9, n° 10.

LITTERA DOMINI ARCHIEPISCOPI.

R(ainaldus) (*a*), Dei gratia Remorum archiepiscopus, karissimo fratri M(iloni) (*b*), Morinensis ecclesie venerabili episcopo, salutem. In conventu nuper (*c*) Remis habito, communi consilio et assensu venerabilium confratrum nostrorum episcoporum, abbatis Clarevallensis (*d*) et multarum religiosarum personarum, statuimus et confirmavimus quod, in Yprensi capella, in loco sita qui dicitur Obstal, singulis annis, tribus diebus rogationum et quinque aliis diebus continue sequentibus, missarum solemnia celebrentur, et quicquid in illis octo diebus ibi oblatum fuerit, militum Templi Ierosolimitani erit ; alio autem tempore nequaquam ibidem divina celebrabuntur, nisi per canonicos ecclesie Beati Martini Yprensis. Volumus autem et rogamus caritatem vestram, quatinus hoc statutum nostrum firmum et illibatum conservetis ac episcopali auctoritate irrefragabiliter futuris temporibus observari faciatis. Valete etc.

LXII 1131/2, 10 janvier.

Copie du 6 decembre 1201 : Barcelone, Arch. Cor. Arag., perg. R. Bereng. IV, n° 8.

In Dei eterni (*sic*). Ego, Guillelmus Raimundi, et conjux mea, Arssendis femina, donatores sumus Domino Deo et suo Templo de Iherusalem et ad ipsa sua chavaleria omnem nostrum alodium quod hodie abemus et habere debemus in totisque locis cum omnia in se abente, propter Deum et remedium anime nostre, advenit nobis per vocem genitoribus nostris et per compracione sive per decimum et per aliis quibusque vocibus. Est

(*a*) Raynaud, archevêque de Reims, 1128 † 13 janvier 1138. — (*b*) Milon, évêque de Thérouanne, 1131 † 16 juillet 1158. — (*c*) Ce concile eut lieu le 19 oct. 1131. — (*d*) S. Bernard, abbé de Clairvaux.

in comitatu Barchinona, in parrochia Sancti Petri Villa Majori, in loco vocitato ipso manso de ipsas Tortas; et ipsum de ipsa Lobera cum illorum tenedones vel pertinenciis, sicut nos habemus et tenemus ad nostrum proprium francum, sub eo modo ut nos, prefati donatores, abeamus et teneamus et possideamus et nostra posterita in perpetuum, et donemus Domino Deo et ad ipsa cavaleria jam dicta omnem tempus ipsam tascham de fructibus quem Deus dederit et parilio I de galinas per unum annum nobis prefatis et successoribus nostris usque in finem seculi de pane et vino. Que vero hec prefata donatione de nostro potestate in potestate Domino Deo, sicut superius est scriptum. Et est manifestum. Si quis hanc donacione disrrumpere temptaverit, nullatenus valeat, sed hec omnia in IIIIor duplo componat et cum Juda traditore particebs fiat in inferno. Insuper hec carta donatione firma persistat in secula. Que est acta IIIo idus januarii, anno a nativitate Domini CXXXI post millesimum. SIG✠NUM Guillelmi Raimundi; SIG✠NUM Arssendis femina, qui ista carta donacionis fecimus et firmamus cum omni gaudio et testes firmarique rogamus. SIG✠NUM Petri Guillelmi; SIG✠NUM Bernardi Guillelmi; SIG✠NUM Arnallus Raimundi. — Arnallus laicus qui hoc scripsit sub ✠ die et anno quod supra est.

XLIII

1131/2, 30 janvier.

Copie du XIIe s. : Toulouse, Arch. dép., fonds de Malte, *Cartulaire C de Douzens*, charte 8, fol. 8-9.

In Dei eterni regis nomine. Ego, Guigo (*a*) Delphinus, comes, pro redemptione anime mee, donno *(sic)* Guigone (*b*), comite Albionense, patre meo, et mea matre Matildi comitissa, et uxore mea comitissa, sorore comitis Guilelmi (*c*) de Burgundia, laudantibus, dono Deo omnipotenti et beate semper virgini Marię et sanctę militię Iherosolimitane Templi Salomonis et ipsis fratribus ibidem Deo in defensione Xpistianitatis militantibus, in manu domni Hugonis Rigauldi, confratris eorum societatis, et successoribus eorum, in *(fol. 8v°)* territorio Avalonis, mansum Olgerii de Villari Benedicto, cum toto tenemento illius mansi et cum hominibus mansi ejusdem, et condaminam de Villari Rainerio et vineam de Villari Nenc (?), quam in dominico habeo, in perpetuum possidendam. Hanc itaque voti mei oblationem si qua in crastinum cujuscumque dignitatis aut mediocritatis persona violare temptaverit, nisi cito correxerit, deleatur nomen ejus de libro vitę et cum Anania et Saphira, voti sui fraudatoribus, dampnationem incurrant. Actum est autem hoc III kalendas februarii, anno millesimo C. tricesimo primo.

S ✠ Guigonis Delphini, qui hoc donum fecit et hanc cartam fieri jussit.

S ✠ Guigonis comitis patris, qui hoc donum firmavit.

S ✠ Matildis regine, matris Guigonis Delphini, qui hoc donum firmavit. S ✠ comitisse, uxoris Guigonis Delphini. S ✠ Gerauldi, confratris societatis Templi Salomonis. *(fol. 9)* SIGNU✠M Petri Vetuli. S ✠ Gaufredi de Morinco. S ✠ Petri Gaufredi, filii ejus. S ✠ Alemanni Pagani. S ✠ Pagani, dapiferi. S ✠ Galterii Calnesii, filii Guigonis Calnesii, qui hanc cartam scripsit.

(*a*) Guigues VIII Dauphin, comte d'Albon † 1142. — (*b*) Guigues VII, comte d'Albon, † 25 déc. (?). — (*c*) Guillaume comte de Bourgogne.

XLIV 1132, vendredi 1er avril.

Vidimus du 28 mars 1188/9, d'après l'original : Toulouse, Arch. dép., fonds de Malte, Carcassonne, liasse I, n° 1 ; autre *copie* (XIIe s.), *ibid.*, *Cart. A de Douzens*, ch. 170, fol. 119vo.

Edité : Du Bourg, *Hist. du grand prieuré de Toulouse*, pièces justif., n° CXIV.

✠ In nomine omnipotentis Dei, Patris et Filii et Spiritus sancti. Nos, fratres, Rogerius de Biterris (a) et Raimundus Trenchavelli (b) ac [1] Bernardus Atoni (c), cum consilio et voluntate matris nostre, Cecilie (d) comitisse, propter remissionem et absolutionem atque remedium anime patris nostri, Bernardi Atonis (e), et propter remissionem peccatorum ejus atque nostrorum et posteritati *(sic)* nostre, donatores sumus Deo et sancte milicie Iherosolimitane [2] Templi Salomonis et fratribus ibidem Deo in deffensione Xpistianitatis militantibus, in manu domni Ugonis Rigaudi [3], confratris societatis eorum, donamus etiam et tradimus atque omnibus modis concedimus quendam hominem, videlicet Pontium Guascum, et uxorem et infantum *(sic)* ejus et omnem posteritatem ab eis exituram, et mansum in quo hodie stant, que est subtus murum Carcassone [4], in nostra condamina, qui affrontat de altano in via, de meridie in eadem condamina, de circio in tenentia Guilelmi Coqui, de aquilone in strata publica. Sicut superius scriptum est, sic nos, prenominati fratres, Rogerius et Raimundus Trencavellus atque Bernardus At [5], etiam et [6] ego, jam dicta genitrix illorum, Cecilia vicecomitissa, cum laudamento et afirmamento baronum nostrorum, hec prefata omnia, cum omnibus meliorationibus et augmentationibus [7] quas ibi et in omnibus aliis locis Deus dederit, propter remedium et absolutionem anime prefati patris nostri, Bernardi Atonis vicecomiti *(sic)*, et propter indulgentiam et remissionem omnium peccatorum ejus atque nostrorum, prelibate militie fratribusque ibidem Deo militantibus, presentibus atque futuris, per francum et liberum alodium, donamus et laudamus atque omnimodis confirmamus, sine omni retentu nostro et posteritati nostre, predictum hominem et uxorem et infantes ejus et omnem posteritatem ab eis exituram [8], cum predicto manso et cum meliorationibus et augmentationibus [9] quas eis Deus dederit in Carcasona [10] et in omnibus aliis locis ubi manere voluerint, sic ad vestram cognicionem tradimus tibi, Ugoni Rigaldo, fratri et conservo prefate milicie, et omnibus aliis fratribus, presentibus atque futuris, ibidem Deo servientibus, ad habendum et possidendum vestramque voluntatem faciendum ac disponendum, secundum institutionem ordinis milicie sue, in perpetuum. Tali pacto ut nos, predicti fratres, Rogerius et Raimundus Trencavelli ac [11] Bernardus Atoni, aut posteritas nostra nec [12] ullus vicarius noster vel aliquis bajulus noster in prescriptum hominem nec in posteritati *(sic)* sue nec in possessionibus illorum, ullum scensum [13] aut ullum usaticum aut ostem vel cavalgada [14] aut justiciam nec [15] fidantiam sive aliquod blandimentum non habeamus in ipso sive in

(a) Roger, vicomte de Carcassonne, 1129 † 1150. — (b) Raymond Trencavel, vicomte de Carcassonne, 1150 † 15 octobre 1167. — (c) Bernard Atton, vicomte de Nîmes, † c. 1159. — (d) Cécile de Provence, avait épousé en 1083 Bernard Atton, vicomte de Carcassonne, †... — (e) Bernard Atton, vicomte de Carcassonne, 1083 † 1129.

Variantes : 1. hac. — 2. Templi Iherosolimitane. — 3. Rigaldi. — 4. Carchassone. — 5. Ato. — 6. ut. — 7. aucmentationibus. — 8. exitura. — 9. aucmentationibus. — 10. Carchassona. — 11. hac. — 12. neque. — 13. censum. — 14. cavalcatam. — 15. neque.

posteritate ab eo exitura nec ullo modo in perpetuum requiramus, sed ita, in omni loco ubi manere voluerint, sint excussi a nostra [1] servitute et nostro seniorivo in omni tempore, et sit vester ad faciendam vestram [2] voluntatem. Hec quippe omnia facimus ut omnipotens ac [3] misericors Deus in bona perseverantia nos et posterita *(sic)* [4] nostra vivere faciat et, post hujus vite cursum, in bona fine ac [5] confessione de hoc seculo suscipere dignetur. Amen. Sane vero, quod minime credimus esse venturum, si quis homo aut femina hanc donationis nostre oblationem [6] violare voluerit, nos et posteritas nostra ipsum donum vobis manuteneamus ac [7] fideliter defendamus in tota nostra patria, et adhuc a liminibus sancte ecclesie et societate sancte Xpistianitatis separetur et, nisi cito resipuerit et ad emendationem pervenerit, cum Juda traditore et sequacibus [8] suis in infernum sepaliatur [9].

Actum est hoc kalendis aprilis, feria VI, anno millesimo C°XXX°II° incarnationis Domini, regnante Lodovico rege. $ domni Rogerii vicecomiti et Raimundi Trencavelli atque Bernardi matrisque eorum, Cecilie vicecomitisse, qui sic istam cartam et hoc donum ore et manibus laudaverunt ac [10] confirmaverunt et subscriptos testes firmare rogaverunt.

$ Bernardi de Tresmols [11], vicarii Carcasone [12]. $ Guilelmi (*a*) comiti, avunculi domni Rogerii jam dicti et jam dictorum [13] fratrum illorum. $ Guilelmi Mancipii, judicii Carcassone. Guilelmus Adaulfi scripsit jussione domni Rogerii jam dicti et jam dictorum fratrum suorum, die et anno quo supra.

P. Barrauus hanc litteraturam translatavit (*b*).

XLV

1132 (10 avril—septembre).

Copie (XIII°-XIV° s.) : Ypres, Arch. de la ville, *Registrum rubrum*, fol. 20.

Edité : Feys et Nelis, *Cartulaires de la prévôté de Saint-Martin à Ypres*, II, p. 9, n° 11.

LITTERA SUPER EODEM (*c*) EPISCOPI MORINENSIS.

In nomine Patris et Filii et Spiritus sancti. Ego, Milo (*d*), Dei gratia Morinorum episcopus, juxta quod venerabilis Rainaldus (*e*), Remorum archyepiscopus, cum consilio religiosorum virorum. Gaufridi (*f*) scilicet Carnotensis episcopi, Alvisi (*g*), Attrebatensis, Goislani (*h*), Suessionensis, Bartholomei (*i*), Laudunensis, Gauffridi (*j*), Catalaunensis, Bernardi, abbatis Clarevallensis, aliorumque multorum in colloquio Remis

(*a*) Ce comte Guillaume, oncle du vicomte Roger de Carcassonne, de Raimond Trencavel et de Bernard Atton, est connu par des actes des 27 novembre 1116, 31 mars 1125, 4 mars, 4—5 avril 1126 (*Hist. de Languedoc*, édition Privat, V, col. 853, 923-4-5-7). Il était mort avant 1150 (*ibid.*, col. 1119). — (*b*) Nous avons ici évité de multiplier les *(sic)*. C'est d'ailleurs la règle que nous avons suivie pour toutes les pièces qui sont, comme celles-ci, très incorrectes. — (*c*) Cf. n° XLI. — (*d*) Milon, évêque de Thérouanne, 1131 † 16 juillet 1158. — (*e*) Rainaud, archevêque de Reims, 1128 † 13 janvier 1138. — (*f*) Geoffroy, évêque de Chartres, 1116, 24 janvier † 24 janvier 1149. — (*g*) Alvis, évêque d'Arras, 1131 † 1148. — (*h*) Jocelin, évêque de Soissons, 1126 † 24 octobre 1152. — (*i*) Barthélemy, évêque de Laon, 1113—1151 † 10 juillet c. 1167. — (*j*) Est-ce une erreur du scribe qui aurait écrit Gauffridi au lieu de Elberti ? La pièce suivante nous montre Elbert, évêque de Châlons, encore vivant en 1132.

Variantes : 1. nostra. — 2. voluntatem vestram. — 3. hac. — 4. posteritas — 5. hac. — 6. oblationis. — 7. hac. — 8. sequascibus. — 9. sepeliatur. — 10. hac. — 11. Tremals. — 12. Carcassone. — 13. *omis dans le cartulaire.*

habito, definivit ac statuit michique etiam litteris suis mandavit, Dei auctoritate et nostra capitulique Teranuensis, statuo et confirmo ut milites Templi, in capella que sita est Ypre, in loco qui dicitur Obstal, nichil amplius habeant quam tres dies rogationum et quinque dies continue sequentes, scilicet ut, hiis octo diebus, divina ibi celebrentur, et quicquid hiis diebus ibi oblatum fuerit, illorum sit, quod et ipsi coram archiepiscopo ceterisque personis laudaverunt litterisque fratribus suis Ypre directis sibi sufficere testati sunt. Ecclesia vero Yprensis libertatem suam antiquam, absque aliqua diminutione, optineat. Si quis itaque hanc institutionem nostram infringere presumpserit, excomunicationi subjaceat, donec resipiscat et ecclesie satisfaciat. Actum est hoc anno Dominice incarnationis M°C°XXX°II°, indictione x°, coram hiis testibus : Hartberto, archidiacono, Luca, archidiacono, Gallero, custode, Philippo, cantore, aliisque ejusdem ecclesie canonicis, Hugone, Casletensi decano, Thoma, Furnensi decano, Balduino, decano de Helefelt, Balduino de Bavinchova aliisque multis.

XLVI 1132 (10 avril—8 octobre).

Original avec sceau pendant de cire rouge sur lacs de soie verte : Châlons-sur-Marne, Arch. dép., fonds de Malte (La Neuville-au-Temple).

Edité : Ed. de Barthélemy, *Diocèse ancien de Châlons-sur-Marne*, I, p. 394.

De decima Nove Ville et de aliis redditibus.

In nomine sancte et individue Trinitatis et Filii et Spiritus sancti, amen. Milites Templi sancte civitatis Iherusalem, summi atque pacifici regis miliciam professi, quantum solatium quantamque tutelam indigenis, peregrinis, pauperibus et omnibus Sepulcrum Domini adire volentibus, prebeant, caritati fidelium non credimus esse incognitum. Expedit igitur ut tam venerabis *(sic)* locus, cum bonis et personis suis, tanto attencius diligatur et honoretur, quanto pro salute universorum devota assidue inpendit obsequia. Si quidem, ad recompensandam tante bonitatis affluenciam, fratribus predicti loci non solum nostra largiri, verum etiam beneficia ceterorum fidelium ipsis collata, pro modo nostre possibilitatis conservare et memorie commendare jure debemus. Quocirca, manifestum est omnibus tam presentibus quam futuris, quod ego, Elbertus *(a)*, Dei gratia Cathalanensis episcopus, dedi domui Templi Salomonis, que est in Novella Villa, assensu capituli, ut de universo nutrimento et cultura terrarum quas, intra fines ejusdem parrochie, fratres ipsius domus facerent, etiam decimam, sine offensa, sibi retinerent. Et si aliquando fines predicti territorii, munificentia vicinorum, sic in manus ipsius Templi venirent, ut, de labore et cultura rusticorum, consuetum cantuarium presbitero parrochiali solvi non posset, ministri et fratres Templi de ipso cantuario persolverent quantum episcopi et archidiaconi consilium et dispensacio ordinaret, in quorum tutela et protectione, post Deum, domus ejusdem ordinati sunt servitores.

Canonici Beati Stephani promiserunt et debent singulis *(sic)* xx solidos.

Fratrum quoque et casatorum militumque nostrorum nomina et redditus quos optulerunt, sub sigilli nostri testimonio, assignari feci, ut quod temporibus nostris pia fidelium optulit devocio, successorum nullatenus possit infirmare detestanda presumptio.

(a) D'après cette pièce, il semble qu'il faut reporter au 8 octobre 1132 la date de la mort d'Elbert que l'on fait mourir en général le 8 octobre 1130.

Eustachius vicedominus, XIII solidos apud Logias, in Pascha.

Walbertus, V solidos et VIII denarios in domo canonicorum Vidue, XXa die natalis Domini, et decimam vini et annone de terra sua apud Recheium.

Milo de Cernone, X solidos in vigilia natalis Domini, apud Cernonium, et carratam feni apud Condatum super molendina.

Castellana Vitreacensis, molendinum unum apud Sanctum Stephanum super Veelam;

Domina Hersendis, assensu filii sui, Gueremundi, Deo et Templo totam terram obtulit in qua omnia edificia fratrum circumquaque sedent, insuper XXXa jornales terre et quecum (*sic*) adquisierint, libere et absolute ab omni banno et justicia.

Teodoricus de Monte Moranceio, terciam partem molendini apud Copeellam.

Milo de Fuste, dimidium modium annone in molendinis veteis, ad festum sancti Remigii.

Rogerus dapifer, VII solidos et IX denarios de orto qui est in via Recii.

Radulfus de Monte Moranceio, II solidos ad curiam Ausorum, in natali Domini.

Rogerus de Malleis, terram quam habebat juxta Templum.

Leudomirus, XII denarios census ad furnum Sancti Quintini.

Seotus, XII denarios ad censum sue domus, in natali Domini.

Philippus de Sancto Memio, XII denarios census in domo Alnulfi, que est inter Sanctum Memium et Curcellas.

Rogerus, filius Isambarti, terram quam habebat in Gravia.

Actum Cathalanis, anno ab incarnacione Domini M°C°XXX°II. $ Gaufridi; $ Reineri, archidiaconorum. $ Odonis; $ Widonis, archidiaconorum. $ Johannis. $ Gaurnerii. $ Bosonis. $ Walberti. $ Ade de Wadencis. $ Nicholai. $ Radulfi. Baldewinus cancellarius scripsit. Anselmus subscripsit.

XLVII

1132, 19 septembre.

Original : Barcelone, Arch. Cor. Arag., perg. R. Bereng. IV, n° 7; *copie du* XIIIe s. : *ibid.* même cote.

In Dei eterni regis nomine. Ego, Ermengaudus (*a*). Dei gratia hactenus Urgellensis comes et marchio, dono etiam omnipotenti Deo, redemptori meo, et sancte milicie Iherosolimitate (*sic*) Templi Salomonis, cum assensu et confirmatione et cum laudamento baronum meorum, in manu ejusdem Robertus, dapiferi, et Hugonis Riguadi, confratris societatis eorum, quoddam munitissimum castrum, nomine Barberanno, in marchia contra Sarracenos, cum militibus qui ipsum castrum per me habent, et cum omnibus ad idem castrum pertinentibus, cum terminis et possessionibus suis, et totam dominationem cum serviciis et usaticis suis, sicut melius ibi Deus dederit, vel ego habere debeo, ut libere et sine diminutione et sine blandimento ullius hominis presentes confratres et successores eorum, illis qui venerint et steterint cum armis in Graniana aut in nostra marchia ad defensionem Xpistianitatis, secundum ad institucionem ordinis milicie sue, habeant hec omnia predicte milicie quod scriptum est, cum augmentationibus quas Deus ibi dederit, et disponant in perpetuum. Iterum dono hodie usque ad finem seculi, in totis meis castris aut villas qui mei dominici sunt, ad jam dicte milicie unum hominem cum censum et usaticum quod in ejus homine ego habeo, ut habeant

(*a*) Ermengaud VI, comte d'Urgel, 1102, 14 sept. † 28 juin 1154.

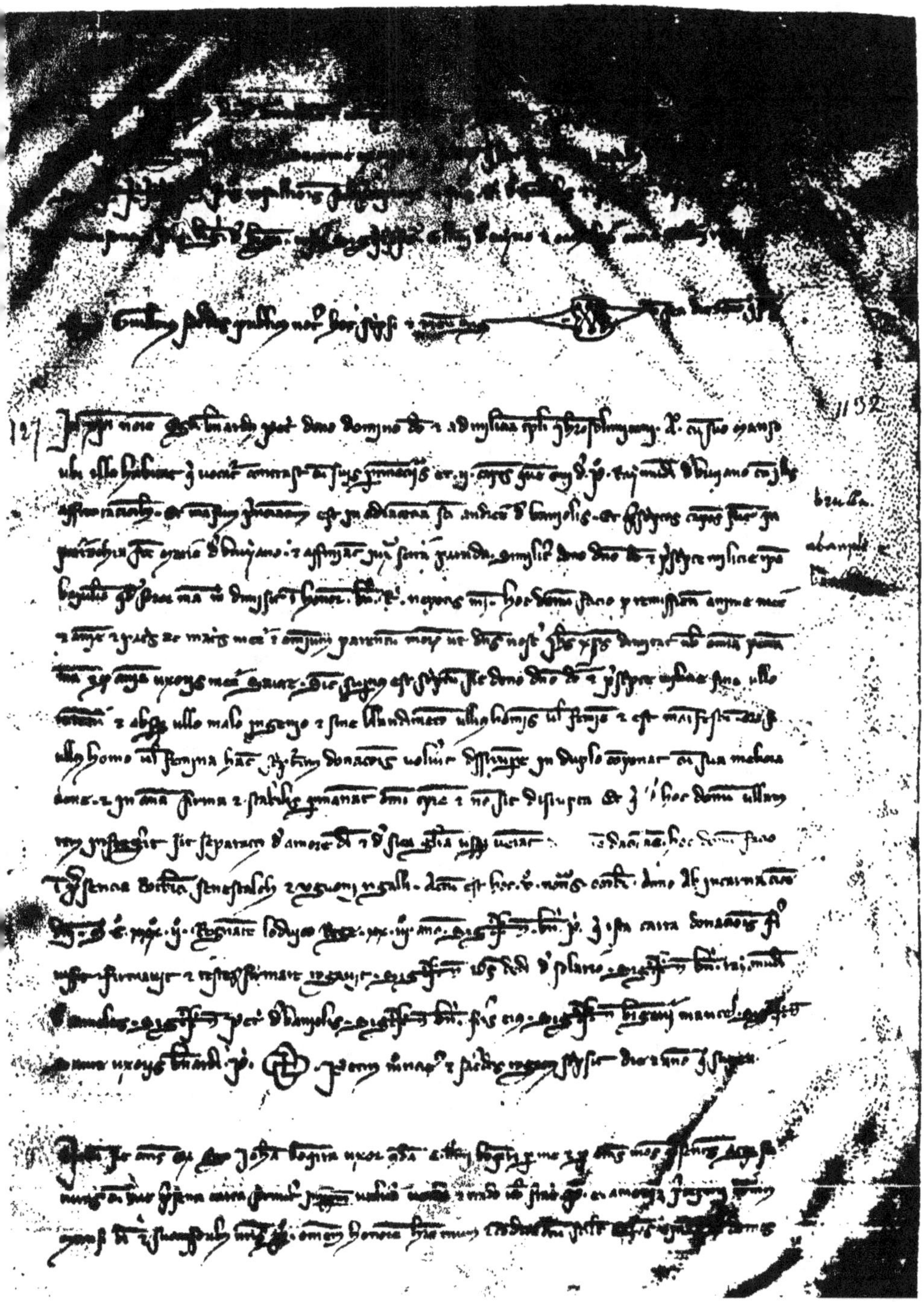

127 In xpi nomine. Ego [illegible] dono domino deo et ad ecclesiam [illegible] Iherosolimam [illegible] 1132

[illegible]

[illegible]

[illegible]

[illegible] hoc donum facio pro remissione anime mee

et anime [illegible] matris mee et omnium parentum meorum ut dominus noster Ihesus xpistus [illegible]

[illegible] uxoris mee [illegible] sine ullo

[illegible] et absque ullo malo ingenio et sine [illegible] ullius hominis vel femine [illegible]

ullus homo vel femina hanc [illegible] donationem voluerit disrumpere in duplo componat [illegible]

[illegible] firma et stabilis permaneat omni tempore et ne sit [illegible]

[illegible] sit separatus de amore dei [illegible] hoc donum facio

[illegible] Facta est hec carta [illegible] anno ab incarnatione

domini M. C. XXX. II. regnante Lodoyco rege [illegible] ista carta donationis [illegible]

[illegible]

[illegible]

[illegible]

[illegible]

[illegible]

[illegible]

milites milicie, ospitandi aut emendi, quando ibi venerint in prefatis locis ubi populo habitante. Hec quippe omnia dono pro anima patre meo vel matre, ut misericors Deus peccata et offensiones meas clementer dimittat. Hanc itaque voti mei oblacionem si qua in crastinum cujuscumque dignitatis aut mediocritatis personam violare temptaverit, nisi cito se contraxerit, deleatur nomen ejus de libro vite et cum Anania et Saphira, voti sui fraudatoribus, dampnationem incurrant. Actum est hoc XIII kalendas octobris, anno Dominice incarnationis C tricesimo secundo post millesimum.

SIG✠NUM Ermengaudus comes, qui hoc donum punctatim firmavit celerisque firmari rogavit.

SIG✠NUM Arnallus Mironi, comes Paiarensis. SIG✠NUM Arnallus Berengario. SIG✠NUM Berenger Arnall. SIG✠NUM Raimon Arnall. SIG✠NUM Bernard Arnall. SIG✠NUM Pere Bertran de Mont Palad. SIG✠NUM Berenger de Graniana.

Bernardus sacerdos, qui hoc scripsit die et anno ✠ quo supra.

XLVIII 1132, 3 octobre.

Copie du XIIIe s. : Perpignan. Arch. dép., *Cart. du Mas Deu*, n° 127.

Edité : Alart, *Cartulaire Roussillonnais*, n° CIX, dans la *Semaine religieuse du diocèse de Perpignan* (1884), p. 751.

In Xpisti nomine. Ego, Bernardus Petri, dono Domino Deo et ad miliciam Templi Iherosolimitani, Arnaldo cum suo manso ubi ille habitat, qui vocatur Contrast, cum suis pertinenciis, et II campos quem emi de Petro Raymundi de Bruiano, cum illis affrontacionibus ; et mansum prenominatum est in adjacencia Sancti Andree de Baniolis ; et prescriptos campos sunt in parrochia Sancte Marie de Bruyano et affiniant juxta Serra Partida. Similiter dono Domino Deo et prescripte milicie ipsam bajuliam quod soror mea michi dimisit in honore Bernardi Raimundi, nepotis mei. Hoc donum facio pro remissione anime mee et anime et patris ac matris mee et omnium parentum meorum, ut Dominus noster Ihesus Xpistus dimitat nobis omnia peccata nostra, et pro anima uxoris mee, Saure. Sicut superius est scriptum, sic dono Domino Deo et prescripte milicie, sine ullo retentu et absque ullo malo ingenio et sine blandimento ullius hominis vel femine. Et est manifestum. Quod si ullus homo vel femina hanc scripturam donacionis voluerit dissrrumpere, in duplo componat, cum sua melioracione, et in antea firma et stabilis permaneat omni tempore et non sit disrupta. Et qui de hoc donum ullam rem infregerit, sit separatus de amore Dei et de sua gloria, usque veniat ad emendacionem.

Hoc donum facio in presencia Rotberti senescalch et Uguoni Rigalli. Actum est hoc V° nonas octobris, anno ab incarnacione Domini M°C°XXX°II°, regnante Loduico rege, XXIII° anno.

SIG✠NUM Bernardi Petri, qui ista carta donacionis fieri jussit, firmavit et testes firmare rogavit.

SIG✠NUM Deusdedi de Solario. SIG✠NUM Bernardi Raymundi de Cameles. SIG✠NUM Petri de Baniolis. SIG✠NUM Bernardi, fratris ejus. SIG✠NUM Berengarii Mancel. SIG✠NUM Saure, uxoris Bernardi Petri. ✠ Petrus, monacus et sacerdos, rogatus, scripsit die et anno quo supra.

XLIX [1132 (après le 8 octobre)—28 mai 1142.]

Original jadis scellé : Châlons-sur-Marne, Arch. dép., fonds de Malte (La Neuville-au-Temple, liasse 9-16).

Edité : Ed. de Barthélemy, *Diocèse ancien de Châlons-sur-Marne*, I, pp. 395-6.

In nomine Patris et Filii et Spiritus sancti, amen. Ego, Gaufridus (*a*), Dei gratia humilis minister, Cathalaunensis episcopus, notum facio presentibus et futuris quod dominus Guido Tortus dedit militibus Templi Salomonis quendam hominem, Albricum nomine de Clausa, cum tota familia sua ; et de ista donatione accepit a fratribus Templi centum solidos et unum modium avene. Et ipse Albricus et pueri ejus dederunt terram totam que est inter la chaladia Sancti Hylarii et domum suam, de qua accipient canonici Sancti Stephani III denarios de censu, in festivitate sancti Remigii.

Et canonici ipsi dederunt duos jornales terre militibus pro duos nummos *(sic)* de censu sancti Remigii, et istos duos jornales dedit Warinus de Vidua canonicis Sancti Stephani in elemosinam.

Et Bona Nata dedit duos jornales terre juxta la chalaide, et duos prope portam, fratribus Templi, et aliam terram cum participibus suis, Albricum et Radulfum et Bonam Natam.

Et Auduidis dedit militibus terram quam habebat super molendinum et partem molendini et mansuram unam quę est juxta la chaleide Dompni Petri, et ultra chaleidam similiter unum mansum cum aliam terram *(sic)*.

Gipuinus et Remigius, frater ejus, de Vidua, dederunt fratribus Templi alodia sua que sunt in finibus Dompni Petri.

Gomundus miles dedit militibus Templi terram quam habebat retro horream, et Rainaudus de Reccio et fratres et sorores ejus et II° participes sui dederunt alteram partem.

Bonardus de Verou et Comitissa, uxor ejus, concesserunt fratribus Templi terram que vocatur Sancte Marie, concedentibus pueris suis, libere, post mortem eorum, in helemosinam, et, propter istam donationem, dederunt eis fratres unam vacam et unam fustanicum.

Rogerus de Malleis dedit terram suam super molendinum.

$ Raineri, archidiaconi. $ Gaufridi, archidiaconi. $ Acharini. $ Johannis de Chaudadria. $ Poincardi, monachi. $ Walberti. $ Milonis, filii Helisabez. $ Radulfi, prepositi de Sarreio. $ Adam Brehier.

L [1132 (après le 8 octobre)—28 mai 1142.]

Original jadis scellé sur lanières de peau : Châlons-sur-Marne, Arch. dép., fonds de Malte (La Neuville-au-Temple, liasse 37).

Edité : Ed. de Barthélemy, *Diocèse ancien de Châlons-sur-Marne*, I, p. 396.

In in *(sic)* nomine Patris et Fili *(sic)* et Spiritus sancti, amen. Ego, Gaufridus (*a*), Dei gratia humilis minister, Cathalanensis episcopus, notum facio omnibus presentibus et

(*a*) Geoffroy, évêque de Châlons, 1132 (après le 8 oct.) † 27/8 mai 1142.

futuris, quod dominus Wido Tortus de Busscio dedit militibus Templi Salomonis quemdam sedem molendini, inter Boi et Pontreol, et vivarium ad piscandum, et cum tota utilitate molendini et vivarii, si ibi edificati fuerint, scilicet in viis et de omnibus aliis rebus que pertinent ad molendinum et ad vivarium, pro anima sua et successorum suorum, concedente fratre suo, Boso, et Ulrico, genere *(sic)* suo, de Busscio, et concedente Cometissa, filia sua.

S Hodonis, archidiaconi. S Gaufridi, archidiaconi. S Garneri, cantoris. S Johanni *(sic)*, presbiteri. S Guermundi de Busscio. S Eulonis de Busscio. S Johannis Ruffi, qui tunc erat magister domus de Nova Villa. S fratri *(sic)* Rohardi. S fratri *(sic)* Teberdi. S Johannis Parvi. S Albrici. S Batholomei *(sic)*.

Auctum ab incarnatione Domini nostri Ihesu Xpisti M°C° *(sic)*.

LI

[1132], 28 décembre.

Copie du XIIe s. : Toulouse, Arch. dép., fonds de Malte, *Cart. C de Douzens*, ch. 9, fol. 9.

In nomine Domini nostri Ihesu Xpisti. Carta hec dinoscitur emptionis militum Templi Salomonis, quam Hugo Rigauldi et Guilelmus Salomonis fecit in Podio Sancte Marię, de Crotis Aculei, de domibus et ortis pertinentibus ad eas, a Stephano Pezugio et Guilelmo Multe, precio DCCC solidorum Merguriensium, laude uxoris Stephani Pezugie. Hanc emptionem laudavit et confirmavit Hermannus (a), abbas de Seguret, quia erat sub potestate sua, et dedit quicquid habebat in ipsis Crotis reddituum militibus Templi, pro amore Dei. Hujus rei sunt testes : ex dono abbatis, quod factum est in festivitate Innocentum, Artaldus de Beldisnar, Guilelmus Rufi, ejus frater, Guigo Pagani, Pontius (*fol. 9*[vo]) de Glavenaz, Raimundus Pontii de Boldol, Jarento de Monte Agut, Icterius, canonicus, Perucia, Pontius Vera, Guilelmus Bociatus, Pontius Duranti, Pontius Ainardi, Bertrannus de Chamarz; hujus venditionis ex parte Guilelmi Multe sunt testes : Pontius Airaldi, Pontius Ainardi, Geraldus de Turre, Guilelmus Petri, Mathias, Raimundus Andree, Petrus Murte, Bertrandus de Chamarz; ex parte Stephani Pezugie testes sunt : Petrucia, Petrus Andreę, Guilelmus Andree, Mainardus Noelli, Robbertus Noelli, Mathias, Pontius Airaldi, Pontius Leodegarii, Pontius Ainardi, Bertrandus de Chamarz. Hec carta fuit facta tempore Humberti (b), episcopi Podiensis, filii comitis de Albion (c), regnante Lodoico, rege Francorum.

LII

[1132, c. 28 décembre.]

Copie du XIIe s. : Toulouse, Arch. dép., fonds de Malte, *Cart. C de Douzens*, ch. 10, fol 9vo-10.

In nomine sancte et individue Trinitatis, Patris et Filii et Spiritus sancti. Notum sit omnibus tam presentibus quam futuris, quoniam Hugo Rigauldi, servus et frater militum Templi, per gratiam *(fol. 10)* Dei, comparavit domum apud Podium Sanctę Marię, quam domum vocant Crotas de Agulea. Hec autem domus annuum servitium solita erat reddere canonicis Sanctę Marię, et hoc servitium est solummodo pigmenti et nebularum et corbellorum. Hoc vero servitium debet reddere quedam vinea que dicitur Jamba, que est in Chausun, pro militibus Templi, quam vineam Guigo

(a) Armand, abbé de Séguret, connu par des actes de 1158 (9 ?), 1162. — (b) Humbert, évêque du Puy, 1128, archevêque de Vienne, c. 1145 † 20 novembre 1147. — (c) Guigues VII, comte d'Albon.

de Gradibus dum teneret, conatus est dicere quod ex vinea illa non deberet illud annuum reddere. Sed, coram prudentibus hominibus habito placito in ipsa villa Podii, cognitum fuit ab omnibus et ab ipso Guigone recognitum, quoniam, absque ulla contradictione, vinea illa debebat illud annuum solvere. Unde etiam, ipso Guigone consentiente, posite sunt cruces in sancionem ejusdem vinee, quatinus a cunctis nosceretur quod quicumque exnunc et deinceps vineam illam tenuerit, simul etiam servitium illud annuum reddere debebit. Huic placito interfuerunt milites Templi : Robbertus, qui senescallus Templi fuerat, et Hugo Rigauldi. Testes autem fuerunt : *(fol. 16v°)* Bertrandus de Chamarz, Petrus Andree, Wilelmus Andree, Stephanus Bertranni, Pontius Ainardi, frater ejus, Wilelmus Veren, Pontius Airaudi, Ludovicus, Wilelmus de Castello Novo, et ipse Guigo et duo filii ejus.

LIII [1132—1151.]

Copie du XII° s. : Paris, Arch. Nat., S 5153 (Villedieu-la-Montagne, 2° n° de la 1re liasse).

Notum sit omnibus, quod Willelmus de Sancto Egidio, Th(omas) Aversus, suus filius, dederunt Deo et fratribus Templi Rogerum Verel, in presencia Algari (*a*) episcopi, teste Guarino, filio Erengier, et Hugone de Ferraria [1]. Et Johannes Estacherel dedit Deo et fratribus Templi unam virgetam terre in elemosinam ad Sanctum Egidium, quam tenet Rogerus Verel, et reddit per annum x solidos And(egavensium) ad nativitatem Domini.

LIV 1133, 5 mars.

Original : Barcelone, Arch. Cor. Arag., perg. R. Bereng. IV, n° 16.

Pateat cunctis hanc scripturam legentibus vel audientibus, quoniam ego, Raimundus Arnalli de Bedos, assensu et consilio filiorum meorum, Petri et Guillelmi atque Bernardi, dono omnipotenti Deo et sancti Ierosolimitani Templi milicie, in potestati Arnalli, filii mei, qui ejusdem milicie est confrater, aliquid de meo alodio francho, ipsum videlicet mansum, cum omni sua mansata et tenedonibus, quem habeo et teneo in parrochia Sancti Saturnini de Planees, in loco quem vocant Montem Altum ; et ipsum de Costa, cum omni sua mansata et tenedone, sicut melius Baronus ibi habuit et tenuit per patrem meum, Arnallum, et totum ipsum alodium quod habeo in loco vocitato Bugo ; et etiam ipsum mansum de Villa Rabiosa, cum sua tota mansata et tenedonibus quas predictus mansus habet in parrochiis Sancti Juliani de Villa Torta et Sancte Marie de Forlgeroles ; et totum ipsum alodium quod habeo in loco quod vocatur Filmigons, propter remedium anime mee et parentum meorum, et sic [de meo] jure et potestate in jus et dominium omnipotentis Dei et gloriosi Ierosolimitani Templi milicie trado omnia predicta alodia ab integro atque pono solide et libere perpetim habendum et possidendum, sine vi[olencia ?] et b[landi] mento ullius viventis. Et est manifestum. Quam donationem si quis infringere temptaverit, nichil proficiat sed dupliciter omnipotenti Deo et predicte Templi milicie in consimili loco componat, h[ac] scriptura firmiter persistente. Acta donatione III nonas martii, anno XXV regni

(*a*) Algarus, évêque de Coutances, 1132 † 1151.

1. Ferraria, *corrigé en* Ferraria, *à ce qu'il semble.*

Ludovici regis. SIG✠NUM Raimundi Arnalli; SIG✠NUM Petri, SIG✠NUM Guillelmi, SIG✠NUM Bernardi, filiorum ejus, qui hanc donationem sanctam fieri jussimus, firmavimus firmarique rogavimus. SIG✠NUM Geralli de Raupiano.

Petrus Guillelmi, presbiter, qui hoc, rogatus, scripsit, cum litteris suprascriptis in linea VI, die annoque prefixo.

LV 1133 dimanche (26 mars 1133—8 avril 1134).

Copie du XIIe s. : Toulouse, Arch. dép., fonds de Malte, *Cart. C de Douzens*, ch. 5, fol. 6vo-7.

In nomine Domini. Ego, Guilelmus de Aleniano, pro anima patris et matris mee et redemptione peccatorum meorum, dono Domino Deo et sancto Sepulchro Iherusalem et ad ipsam cavallariam Templi Salomonis, qui ibi sunt et in antea erunt, et in manu domni Hugonis Rigauldi, in villa de Pauliniano, Petrum Olo, cum casalis *(sic)* et filiis et fratribus suis et pertinenciis eorum. Sic dono vobis, sine inganno et malo retinemento, ita ut neque ego neque ullus ex progenie mea, ibi quicquam ulterius non requirat, sic dono vobis per alodem in perpetuum. Hoc autem factum est in monasterio Sancte Marie Helecti et in presentia Raimundi (*a*), abbatis ejusdem loci, et Roggerii de Beders (*b*) et Petri Raimundi de Tornabax et Raimundi Cerdani et Petri Amelii de Torrellas et Bernardi de Blanca Fort et Poncii de Baris et Bernardi Salomonis, qui hec scripsit, anno ab incarnatione Xpisti M° *(fol. 7)* C°XXX°III°, regnante Lodovico rege, in feria prima.

LVI 1133 dimanche (26 mars 1133—8 avril 1134).

Copie du XIIe s. : Toulouse, Arch. dép., fonds de Malte, *Cart. C de Douzens*, ch. 6, fol. 7.

Anno ab incarnatione Domini M°C°XXX°III°, regnante Lodovico rege. Ego, Arnaldus de Cornellan, pro anima patris et matris mee et pro anima Petri de Cornellano, consanguineo meo *(sic)*, et pro redemptione peccatorum meorum, dono Domino Deo et sancto Sepulchro et ad ipsam cavallariam Templi Salomonis, qui ibi sunt et in antea erunt, et in manu domni Hugonis Rigauldi, totum quantum habeo in villa de Poinare et in terminio ejus : hoc est, Arnaldum de Melsirge, cum casali et casaliticum *(sic)* et infantibus et pertinentiis eorum. Et abbas Sancti Hylarii respondit : noster est. Et tunc placitatum fuit in manu Raimundi (*a*), abbatis Helecti, et Roggerii de Beders (*b*) et aliorum bonorum hominum. Postea, ipse abbas Bernardus (*c*) et monachi qui ibi erant cum eo, donaverunt et reliquerunt prescriptum hominem et honorem ad ipsam cavallariam Templi Salomonis et in manu domni Hugonis Rigauldi *(fol. 7vo)*. Postea, ego, Arnaudus, laudo et firmo donum istum, ita ut neque ego neque ullus ex progenie mea, ibi quicquam ulterius non requirat. Hoc autem factum est in monasterio Sancte Marie Helecti, in presentia Raimundi abbatis et Roggerii de Beders et Bernardi de Canet et Arnaldi Pelapol et Bernardi de Blanca Fort et Poncii de Baris et Petri Raimundi de Ravaz et Bernardi Salomonis scriba *(sic)*, qui scripsit, feria I^a.

(*a*) Raymond, abbé d'Aleth, connu par des actes de 1101, 1119, 1126. — (*b*) Roger, vicomte de Carcassonne, 1129 † 1150. — (*c*) Bernard, abbé de Saint-Hilaire de Carcassonne, paraît encore en 1146.

LVII 1133 dimanche (26 mars 1133—8 avril 1134).

Copie du XIIe s. : Toulouse, Arch. dép., fonds de Malte, *Cart. C de Douzens*, ch. 4, fol. 5vo-6.

In nomine Domini. Ego, Wilelmus Petrus de Villarzel, et uxor mea et infantes nostri, pro redemptione peccatorum nostrorum et pro redemptione *(fol. 6)* animarum parentum nostrorum, donamus Domino Deo et sancto Sepulchro et ad ipsam cavallariam Templi Salomonis et in manu domni Hugonis Rigaldi, totum ipsum honorem quem habemus in villa de Dozencis et in terminio ejus, excepto ipsos clericos et ecclesiam et ipsos feuos quos milites tenent per me : quantum ibi habemus in homines, in feminas, in terris, in vineis, et quantum ibi habemus et habere debemus, sic donamus Domino Deo et sancto Sepulcro et ad ipsam cavallariam Templi Salomonis per alodem, ita ut neque nos neque ullus, ex progenie nostra, ibi quicquam ulterius non requirat. Hoc autem factum est in monasterio Sancte Marię Helecti, in presentia Raimundi, abbatis ejusdem loci, et Roggerii de Beders et Ysarni de Prullano et Bernardi de Caneto et Petri Pelapol et Petri Raimundi de Ravat et Bernardi de Blanca Fort et Arnalli de Cornellam et Petri Amelii de Torrellas et Bernardi Salomonis, qui hec scripsit, anno ab incarnatione Xpisti M°C°XXX°III°, regnante Lodovico rege, in feria 1. Pontius de Baris firmat, et Petrus Raimundi de Barbairano firmat.

LVIII 1133 (26 mars 1133—14 avril 1134).

Copie du XIIe s. : Toulouse, Arch. dép., fonds de Malte, *Cart. C de Douzens*, ch. 7, fol. 7vo-8.

In nomine Domini. Ego, Petrus Rainardi, cum consilio et voluntate fratris mei, Guillelmi Rainardi, pro redemptione anime meę et de anima patris mei et matris mee et omnium parentum meorum, dono atque laudo Domino Deo et militibus de caballaria de Templo Salomonis, tam presentibus quam futuris, unum campum de meo alode proprio, qui est in terminium de Nibiano ; et iste campus infrontat de circio in feuum de predicto Guilelmi *(sic)* Rainardi, et de aquilone infrontat in via que discurrit de Pedenaz ad *(fol. 8)* Nibianum, et de aura Narbonesa infrontat in Tartugario. Anno Dominice incarnationis M°C°XXXIII, hoc fuit factum atque donatum in manu de Hugone Rigauldi et de Petro Bernardi, fratre suo, et fuit donatum istud donum in presentia istorum, videlicet de Petro de Pedenaz et de Rainardo de Beciano et de Petro Fel et de Pontio Berengarii et de Laureto et de Hugone et de Bertrando de Tabaciaco.

LIX 1133 (26 mars 1133—14 avril 1134).

Original avec fragment de sceau : Paris, Arch. Nat., S 4952, n° 44 (Mont de Soissons de Maupas, n° 1 de la 12^e liasse.)

DE COURTIL DE CERCHES.

G(osslinus) (*a*). Dei pacientia Suessorum minister indignus, Hugoni, magistro militum Iherosolimitani Templi, omnibusque successoribus ejus substituendis in perpetuum. Quanto habundantiori caritate, frater Hugo in Xpisto carissime, tu et fratres tui, non solum sustancias *(sic)*, verum etiam animas vestras pro Xpistianitatis

(a) Joscelin, évêque de Soissons, 1126 † 24 octobre 1152.

defensione exposuistis, eo attentius nos et ceteri quibus ęcclesiarum cura commissa est, miliciç vestrę usibus necessaria providere debemus. Espropter, quę tibi et fratribus tuis in capitulo Beatę Marię et sanctorum martyrum Gervasii et Prothasii, in presentia nostra, concessa sunt, ne discursu temporis rixam movere possint, custodię litterarum commendare curavimus. Notum itaque tam presentibus quam futuris fieri volumus, quoniam nobis plenarię in capitulo residentibus, tu et fratres tui postulastis ut annuo censu minutas decimas curtis vestrę, quę in parrochia Cerchię continetur, vobis concederemus ; nos autem, justis postulationibus vestris annuentes, censum XII^cim denariorum communiter currentis monetę petita *(sic)* concessimus. Addidimus etiam ut fratres Templi Salomonis quod est Iherosolimis, liberam haberent sepulturam, sine jure parrochiali, in atrio ibidem consecrato. Ut vero hęc nostrę munificentię donatio robur inviolatum haberet, sigillo nostro et capituli nostri muniri precepimus et personarum ęcclesię nostrę signis insigniri voluimus. Signum Anseulfi, prepositi. Signum Nevilonis, archidiaconi. Signum Rothardi, decani. Signum Hebali, archidiaconi. Signum Teobaldi, archidiaconi. Signum Alardi, archidiaconi. Signum Bartholomei, cantoris. Signum Johannis, capellani. Signum Gaufridi, magistri. Actum est hoc M°C^mo XXX^mo III° Dominicę incarnationis anno, Ludovico patre et filio juvene Ludovico feliciter in Gallia regnantibus.

LX

1133 (26 mars 1133—14 avril 1134).

Original jadis scellé de 2 sceaux : Paris, Arch. Nat., S 4968, n° 13 (Coulours, 1re n° de la 24e liasse) ; *copie* du XIIIe s. : *ibid.* (*Cart. de Provins*, fol. 37).

Edité : Duchesne, *Hist. généal. de la Maison royale de Dreux*, preuves, p. 233 (extrait des *Mémoires* de feu M. Pierre Pithou) ; Bourquelot, *Biblioth. de l'Ecole des Chartes*, 1858, p. 185.

In nomine Patris et Filii et Spiritus sancti, amen. Notum sit omnibus hominibus, tam futuris quam presentibus, quod donnus Lethericus de Baldimento, Dei amore et pro anime sue salute et pro animabus omnium antecessorum suorum, Deo et militibus Templi dedit quidquid habebat apud Baldimentum et quidquid habebat a Cantumerala usque ad Baldimentum, de feodo domini Andreę (*a*) senescalci. Dedit etiam quandam mulierem quam habebat apud Alnetum villam. Hoc donum laudavit et concessit Leonius, filius ejus, et Eustachius, filius ejus. Hoc donum iterum laudavit dominus Andreas, a quo tenebat. Et quando donnus Letericus Willelmo Falconi hoc donum concessit, a militibus Templi centum libras habuit et villam unam, scilicet Dolgalt, quę erat de elemosina domini Andreę. Pactumque fuit quod Eusthachius, filius Letherici, illam villam haberet, et, si moreretur sine legitimo herede, terra ad milites Templi reverteretur. Testes sunt hujus rei, ex parte militum : Willelmus Falco, qui helemosinas militum Templi extra mare in custodia habebat, Wilhlelmus *(sic)* de Baldimento, Johannes Rufus, Robertus d'Orivol, Marcus et Philipus de Plairro ; ex parte Letherici testes sunt : Hecelinus de Cantarana, Witerus de Baldimento, Gonterus et Vivianus de Virtutibus, Hecelinus de Anglaura. Facta sunt hec anno ab incarnatione Domini millesimo centesimo XXXIII, Ludovico rege regnante, Atone (*b*) Trecis episcopante, Teobaldo (*c*) comite superstite.

(*a*) André de Baudement, sénéchal de Thibaud, comte de Champagne et de Blois. — (*b*) Haton, évêque de Troyes, 1123-1145. — (*c*) Thibaud, comte de Blois, 1102, et de Champagne, c. 1125 † 8 janvier 1152.

LXI 1133 (26 mars 1133—14 avril 1134).

Original jadis scellé : Dijon, Arch. dép., H 1156 (commanderie de Bure).

Edité : Petit, *Hist. des Ducs de Bourgogne*, II, p. 218-9.

In nomine Patris et Filii et Spiritus sancti. Quoniam consuetudinarium est et ab antecessorum nostrorum ductum industria, ut ea quę posterorum memorię comendanda viderentur litterarum tradantur custodię, dignum duximus ea quę subinferuntur, ne oblivione dispereant ne vel quod inde actum est quandoque aliqua inmutetur fraudulentia, in hujus cartę sinu fideliter recondere. Ego igitur, Guilencus (a), almę Lingonensis ecclesię nutu Dei episcopus, notum volo esse tam futuris quam presentibus, Paganum de Buriis de conversatione seculari ad Xpisti militiam Templi Domini, quod est in Ierusalem, se transtulisse et fideli voto se et sua ibidem tradidisse. Villam itaque Buriarum cum omnibus appendiciis suis, consilio meo et consilio dominorum et amicorum suorum, ad expeditionem Templi Domini et militum Xpisti in eodem bella gerentium, pari conditione a se donatam, hoc presenti nostrę auctoritatis scripto vobis notificamus et gloriam Xpisti cunctis generaliter adnunciamus. Rainaldus de Granceio, cum uxore sua et liberis, laudavit et concessit. Hujus rei testes sunt multi, sed isti duo precipue, scilicet Galterius Malvasleth et Guido de Chalanciaco, comes de Sal, et uxor et filii ejus similiter, et Willermus, frater ejus, similiter. Hujus rei dux Burgundię et episcopus sunt testes. Nocherius de Bolceneis, cum uxore sua et liberis, laudavit. Hujus rei Guido de Vanorio et Hodo de Masiaco sunt testes. Raimundus, frater supradicti Pagani, cum uxore sua et liberis, concessit. Hujus rei Hugo Bosya et Robertus de Cameriaco sunt testes. Soror ejus, Emelina, et liberi sui laudaverunt. Testis est : Milo de Saconiaco et Thebaudus Micherius. Alia soror de Aspriaco et maritus ejus et filii concesserunt. Hujus rei Hugo de Vivario et Milo clericus sunt testes.

Dominus Paganus de Buris Jocermum villicum tenebat et donnus Rainaudus de Granceio tenere concesserat, sed quando voluit recedere et ad Iherusalem ire, timens de eodem villico, fecit iterum laudare donnum Rainaudum et uxorem suam et filios. Et ipse Rainaudus, in manu Roberti senescalci, militibus Templi concessit.

Aemilina et Guido, filius ejus, Deo et militibus Templi censum Humberti et Guidonis, fratris sui, scilicet IIII^or denarios, concesserunt, et XX solidos habuerunt, et fidem dedit Guido de hoc quod faceret laudare fratribus suis. Testes sunt : Girardus de Rovra, Walterius Malvasleth, Rainaudus de Granceio, Raimondus, frater Pagani, Hodo Bogor(et?).

Volo etiam omnibus notum esse Guidonem de Fosato et Willermum, fratrem ejus, semet ipsos Templo Dei vovisse et reddidisse [...] pratum Tilecastri, laude et consilio Aduuini de Beria, de quo supradictum pratum tenebant. Hujus rei Guillermus de Fosato et frater ejus, Unbertus, et Lambertus Falsardus sunt testes. Et dominus Aimo de Tylecastro, de quo supradictus Aduuinus hoc pratum tenebat, laudavit. Hujus rei Theobaudus de Caisoil et Guido Talavath sunt testes. Episcopus Guilencus laudavit in synodo sua, de quo supradictus Aimo hoc pratum tenebat. Milo de Saconiaco et filius ejus cum uxore laudaverunt. Hugo Bosia, cum

(a) Guilencus, évêque de Langres, 1125 † 1 (? 3) août 1136.

uxore sua et liberis, laudavit. Guido, ejus possessor, in hoc pratum lapideas cruces loco metarum, concessu suorum vicinorum, posuit.

Facta sunt hęc anno ab incarnatione Domini millesimo centesimo XXX.III. Laudovico rege regnante, Hugone duce ducatum tenente, Guilenco episcopo episcopante, Fulcone archidiacono archidiaconante.

LXII

1133, mercredi (29 mars 1133—11 avril 1134).

Copies du XII*e* s. : Toulouse, Arch. dép., fonds de Malte, *Cart. C de Douzens*, ch. 3, fol. 5; *Cart. A de Douzens*, ch. 40, fol. 30.

In nomine sancte et individue[1] Trinitatis. Ego, Laureta, que fui filia (*sic*), timens futurum diem, scilicet diem juditii[2], ubi erit redemptor meus sedens in sede majestatis[3] suę et retribuens unicuique prout gesserit, pro redemptione anime mee necnon parentum meorum, ut, miserante redemptore, Averni penas evadere possimus, aliquid de hereditate[4] mea que michi ex patre meo prefato accidit, militibus Iherosolimitanis et in Templo Salomonis[5] unanimiter conversantibus et contra inopinatos Sarracenos, qui legem Dei et fideles Deo servientes destruere conantur, et cotidie adversus impiissimos istos, secundum evangelium, viriliter bellantibus[6], per fidem et sine inganno[7] et cum hac carta dono et laudo ; et in perpetuum, sine mea meorumque successorum aliqua inquietudine[8], trado militibus nunc et in perpetuum in Templo Dei commorantibus[9], in manu Hugonis Rigauldi[10], qui procurator militum predictorum est, videlicet totum illud quod habebam[11] in terminio ville que vocatur Dozencs, sive sint homines sive feminę (*fol. 5 v°*) sive usatici, totum illud quod habebam infra villam prefatam vel infra terminum villę ; similiter duas condaminas quas habebam in terminio castri quod[12] vocatur Blumat. Similiter ego, Guilelmus de Piniano, vir predicte Laurete, pro redemptione anime mee et parentum meorum, donum quod uxor mea cum hac carta donavit, dono et laudo et in perpetuum trado militibus prefatis cum hac carta, in manu Hugonis[13] predicti. Actum[14] anno ab incarnatione Domini M°C°XXX°III°, feria IIII. Hujus donationis et solutionis[15] testis sum ego, Bernardus de Port, canonicus Sancti Petri, qui hanc cartam scripsi, et ego, Wilelmus de Villarder[16], et ego[17], Bernardus de Pignano, frater Guilelmi, et ego[18], Petrus Sicfrez[19] de Bizan, et ego, Pontiolus[20] de Bizan, filius Petri suprascripti[21], et ego[22], Berengarius de Turreves[23] junior, et ego[24], Petrus de Suregio.

LXIII

1133, 1er avril.

Copie du XII*e* s. : Toulouse, Arch. dép., fonds de Malte, *Cart. A de Douzens*, ch. 114, fol. 87-88.

De Brucafoll.

In nomine omnipotentis Dei, Patris et Filii et Spiritus sancti. Ego, Rogerius de Bitterri, cum consilio et voluntate domne matris mee, Cecilie, et fratrum meorum, Raimundi

Variantes du Cartulaire A : 1. dividuo. — 2. timens futuram diem juditii. — 3. magestatis. — 4. creditate. — 5. in Templo Salomonis Dei. — 6. bellatibus. — 7. ingusnno. — 8. inguietudine. — 9. comorantibus. — 10. Ugonis Rigaldi. — 11. abebam. — 12. que. — 13. Ugonis. — 14. Actum est hoc anno. — 15. sulutionis. — 16. et Gilelmus Petri de Vilarzel. — 17. *omis.* — 18. *omis.* — 19. Sicfre. — 20. et Poncius. — 21. *Ces trois mots manquent.* — 22. *omis.* — 23. Petrus de Turves junior. — 24. *omis.*

Trenchavelli atque Bernardi, propter remedium et absolutionem anime patris mei, Bernardi Attonis, et propter remissionem peccatorum ejus atque meorum, donator sum Deo et sancte militie Iherosolimitane Templi Salomonis et fratribus ibidem Deo in defensione Xpistianitatis militantibus, in manu domni Ugonis Rigaudi, confratris societatis eorum. Dono etiam et trado atque concedo predicte militie, cum assensu et confirmatione predicte matris mee et fratrum meorum predictorum, et cum laudamento baronum meorum, in manu prelibati Ugonis Rigaudi, villam meam que vocatur Burchafols, in comitatu Carcassense, et totum quantum in ipsa villa habeo vel habere debeo et in suis omnibus terminiis, homines scilicet et feminas, terras et vineas, mansos et mansiones, ortos et ortales, aquas et riparias, prata, pascua, culta et inculta, census et usaticos, heremum et condirectum, seniorivos et adempramentis *(sic)* et totum alium honorem dictum vel dicendum, sicut melius ibi illum habeo et habere debeo, cum omnibus exitibus suis hac reditibus et cum omnibus suis fundis et limitibus et cum omnibus sibi pertinentibus, totum sine inguanno, sicut melius fatio vel facere possum, sine omni retinentia et reservatione mea, eidem militie trado et dono, laudo atque concedo *(fol. 87v)*. Dono itidem atque concedo eidem militie unam terram meam quam ferraginem vocamus, in terminio sive in suburbio Sancti Michaelis Carcassone, subtus portam Tolosanam, que ab oriente concluditur in via publica et de meridie in honore Sancti Nazarii, quem hodie tenet Petrus Guilelmi, et de occidente in alia via et in rego de ipso viverio, de aquilone vero in orto meo et in alia via que discurrit ad *(sic)* ipsa porta Tolosana in riparia Alde. Hec omnia superius prefixa dono et laudo et per francum et liberum alodium trado suprascripte militie Iherosolimitane Templi Salomonis et fratribus ibidem ad tutelam et defensionem sancte civitatis Iherusalem et sancte Xpistianitatis Deo militantibus, presentibus atque futuris, in manu domni jamdicti Ugonis Rigualdi, confratris societatis eorum. Et ut, si ipsi fratres presentes aut futuri in predicta ferragine voluerint villam facere et fundare atque edificare et ad edificandum ac permanendum ibi homines mittere, habeant licentiam fatiendi, excepto de meis hominibus. Et ego, prephatus Rogerius, aut posteritas mea in ipsis hominibus aut in ipsa villa ullum censum aut ullum usaticum aut hostem vel cavalgatam sive aliquod blandimentum non habeamus nec ullo modo in perpetuum requiramus. Sicut superius scriptum est, sic ego, pernominatus *(sic)* Rogerius, et nos, fratres ejus, Raimundus Trenchavellus atque Bernardus, etiam et ego, jamdicta genitrix illorum, Cecilia, cum laudamento et affirmamento baronum nostrorum, hec prefata omnia cum omnibus ipsis meliorationibus et augmentationibus quas ibi Deus dederit, propter remedium et absolutionem anime prefati genitoris nostri *(fol. 88)*, Bernardi Atonis, et propter indulgentiam et remissionem omnium peccatorum ejus atque nostrorum, prelibate militie fratribusque ibidem Deo militantibus, presentibus atque futuris, per francum et liberum alodium donamus et laudamus atque omnimodis confirmamus, sine omni retentu nostro, in manu domni predicti Ugonis, confratris et fidelis servi predictorum conmilitonum Xpisti, ad habendum et possedendum *(sic)* suamque voluntatem fatiendum ac disponendum secundum institutionem ordinis militie sue in perpetuum. Hec quippe omnia facimus, ut omnipotens ac misericors Deus in bona nos perseverantia vivere et, post hujus vite cursum, in bono fine ac confessione de hoc seculo suscipere dignetur, amen. Sane vero, quod minime credimus esse venturum, si quis homo aut femina hanc donationis nostre oblationem violare presumpserit, a liminibus sancte ecclesie et societate sancte Xpistianitatis separetur et, nisi cito resipuerit et ad emendationem pervenerit, cum Juda traditore et sequacibus suis in infernum sepeliatur.

Actum est hoc in kalendis aprilis, die sabbati, anno C.XXX.III. post millesimum Dominice incarne (*sic*), regnante Lodoyco rege. S✠m domni Rogerii et fratrum ejus, Raimundi scilicet atque Bernardi, matrisque eorum, Cecilie vicecomitisse (*sic*), qui sic istam cartam et hoc donum ore et manibus laudaverunt ac confirmaverunt et subscriptos testes firmare rogaverunt. S✠m Bernardi de Canoto. S✠m Bernardi de Tres Mals. S✠m Bernardi Pontii de Aqua Viva. S✠m Wuilelmi comitis. S✠m Wuilelmi Rogerii de Aragono. S✠m (*fol. 88*ᵛᵒ) Bernardi Pelapol S✠m Arnaldi Pelapol. $ Petri Pelapol. $ Wuilelmi Mancipii. S✠m Guilelmi Adaulfi, notarii domni Rogerii predicti, qui hoc, jussione ipsius, scripsit die et anno prenominato.

LXIV

1133, 11 avril.

Copie du XIIᵉ s. : Toulouse. Arch dép., fonds de Malte, *Cart. C de Douzens*, ch. 2, fol. 1ᵛᵒ-4ᵛᵒ; autre copie du XIIᵉ s. (incomplète du début) : *ibid.*, *Cart. A de Douzens*. ch. 1, fol. 1-2.

In nomine omnipotentis Dei, Patris et Filii et Spiritus sancti. Ego, Bernardus de Canelo, et uxor mea, Raina, et filius noster, Bernardus, et ego, Aimericus de Barbairano, et uxor mea, Galburgis, et filius noster, Aimericus, et fratres mei, Guilelmus Chabberti et Raimundus Ermengaudi et Arnaudus, et mater nostra, Beatriz, nos omnes insimul donamus Deo et sanctę militie Iherosolimitane Templi Salomonis et fratribus ibidem Deo in defensione Xpistianitatis militantibus, in manu domni Hugonis Rigauldi, confratris societatis eorum, ipsum castrum nostrum quod vocamus Dozencs, cum omnibus fortezis et munitionibus que hodie ibi sunt et in antea factę erunt, et totum hoc quod in ipso castro et in ipsa villa de Dozencs et in omnibus terminiis ejus nos habemus et (*fol. 2*) habere debemus, homines scilicet et feminas, terras et vineas, mansos et mansiones, ortos et ortales, prata, pascua, boschos et garrigas, aquas et riparias, vias viarumque ductus atque reditus, census, usaticos et albergs et ademprameniza, ballias et convenientias, rustica et suburbana, hoc est rusticalia et militaria, et totum aliud quod in predicto castro et in ipsa villa et in omnibus munitionibus et fortezis eorum et in omnibus terminis suis, nos predicti habemus et habere debemus, cum exitibus et reditibus et fundis et limitibus eorum atque possessionibus et cum toto hoc quod ibi homines vel femine tenent de nobis, et heremum et condrectum (*sic*), divisum vel dividendum, totum, sicut dictum est vel melius dici potest, sicut facimus et melius facere possumus, totum, sine inganno et sine omni nostra retinentia, predicte militię et confratribus ibidem Deo militantibus, presentibus atque futuris, donamus atque laudamus et omnimodis concedendo auctorizamus, in manu predicti Hugonis Rigauldi, predicti confratris societatis eorum.

(*fol. 2*ᵛᵒ) Ego vero, Petrus Raimundi de Barbairano, et uxor mea, Mabilia, et ego, Arnaudus, frater ipsius Mabilie, donamus et laudamus atque concedimus predictę militię totum hoc quod habemus et habere debemus in predicto castro de Dozencs et in ipsas fortezas que ibi sunt vel in antea facte erunt, scilicet de ipsas Chavas ad intus, et quantum ibi homines vel femine tenent de nobis, ut similiter teneant et habeant de ipsa militia et de fratribus ibidem Deo militantibus. Et donamus eidem militie totum hoc quod habemus in Bernardo Modul et in ipso honore quem tenet de nobis ad feuum. Et donamus eidem militie ipsam nostram partem de ipsis ortis quos tenent de nobis ipse Bernardus Modul et Tapina ac filii ejus, Arnaudus et Bernardus, ad ipsum fontem de Dozencs ; et nostram partem de ipsa vinea quam tenet de nobis filia Poncii Amelii in loco quem vocant Cisterna, et unum campum ad Podium Bisbalem, qui affrontat de altano in terra de Trebug, et de meridie in strata, et de circio in honore de Pitita, et de aquilone in honore Berengarii, filii Poncii *(fol. 3)* Bernardi. Et donamus eidem militię unam faixam terre ad ipsam Lausam, que affrontat de altano in honore ejusdem militię, de meridie in honore Berengarii predicti, de circio in honore Bernardi Modul, de aquilone in flumine Alde.

Ego etiam, Wilelmus Mantilinus, dono ipsam meam medietatem unius vineę que fuit Raimundi Adalberti, in terminio de Bubars, ad ipsam Comam, et ipsa mea medietas affrontat de altano in vinea Boneti clerici, de meridie in vineas meas et fratrum meorum, de circio in alia medietate fratris mei, Raimundi Mantilini[1], de aquilone in podio, in alodio nostro. Et dono eidem militię ipsam meam medietatem et totum hoc quod habeo in alia vinea quam tenent Guilelmus Paulinus et frater ejus, Petrus, de me et de fratre meo, Raimundo, ad ipsum collum de Dozencs, ad ipsam Lausam.

Ego etiam, jam dictus Bernardus de Caneto, et uxor mea, Raina, donamus et concedimus predictę[2] militie prenominatum hominem nostrum, Bernardum Modul, cum ipsis ortis quos tenet de nobis, recognoscentes *(fol. 3v°)* et manifestantes quia ipse homo noster erat ad faciendum nostram voluntatem, et ideo donamus illum, cum alio prenominato honore, Deo et suprascripte militię.

Sicut superius scriptum est, sic ego, predictus Bernardus de Caneto, et uxor mea, Raina, ac filius noster, Bernardus, et ego, supradictus Aimericus[3], et uxor mea, Galburgis, ac filius noster, Aimericus, et fratres mei, Guilelmus Chatberti[4] et Raimundus et Arnaudus[5], et mater nostra, Beatriz, et ego, Petrus Raimundi predictus, et uxor mea, Mabilia, fraterque ejus, Arnaudus, et ego, predictus Guilelmus Mantilinus, nos omnes predicti, nostra bona ac spontanea voluntate, totum suprascriptum honorem, sine omni retinentia[6] nostra, per liberum et franchum[7] alodium, Deo et prenominate militię[8] et fratribus ibidem Deo militantibus, presentibus et futuris, donamus, laudamus et omnimodis desemparamus, in manu domni predicti Hugonis Rigauldi[9], confratris ac[10] fidelis servi predictorum commilitonum Xpisti, cum omnibus meliorationibus et augmentationibus quas ibi Deus dederit, ut ab hac die in antea, nos aut aliquis de infantibus *(fol. 4)* nostris aut de heredibus[11] nostris aut ullus homo vel femina, per nos vel per nostram vocem aut per nostrum consilium, ibi[12] ullum censum aut aliquod servitium aut ullum usaticum sive aliquam dominationem vel aliquod seniorivum non requiramus neque habeamus in perpetuum, sed totum sit libere et integerrime suprascripte militię et confratrum ibidem Deo militantium, presentium[13] et futurorum, ad habendum ac possedendum suamque voluntatem faciendum etiam[14] et disponendum, secundum institutionem ordinis

1. *Le texte du Cartulaire A commence ici (Les variantes qui suivent sont celles du Cartulaire A).* — 2. predicto. — 3. Aimiricus. — 4. Xatberti. — 5. *Ici et plus loin*, Arnaldus. — 6. retinencia. — 7. francum. — 8. militie. — 9. Ugonis Rigaldi. — 10. hac. — 11. eredibus. — 12. *(fol. 1v°)*. — 13. presencium. — 14. eciam.

militię suę, sine omni nostro bandimento *(sic)* [1] et sine omni contradictione [2] nostra.

Ego [3], Aimiricus jam dictus, de Barbairano, et ego, Guilelmus Xatberti, frater Aimirici jam dicti, donamus nosmet ipsos, corporis et anime *(sic)*, in morte sive in vita, Domino Deo et prephate militie, pro remissione peccatis *(sic)* nostris, et quando derelinquerimus seculo *(sic)*, habeat prefate militie *(sic)* nostros eque *(sic)* et armas *(sic)*, et, si non habuimus eque vel armas, habeat pro unicuique *(sic)* de nobis c solidos monete Carcass(ensis).

Hoc autem facimus [4] propter remedium et absolutionem animarum patrum et matrum ac parentum nostrorum, et propter remissionem peccatorum eorum atque nostrorum. Sane vero, quod minime credimus esse venturum, si quis homo aut femina hanc donationis nostre oblationem [5] frangere aut violare presumpserit, nisi cito resipuerit et ad emendationem venerit, a liminibus sanctę ecclesie [6] separetur et cum Juda traditore et sequacibus [7] ejus perpetim dampnetur. Actum est hoc III idus *(fol. 4 v°)* aprilis, feria III, anno C°XXX°III post millesimum Dominice incarnationis [8], regnante Lodoico [9] rege. Sig✠num Bernardi de Caneto et uxoris ejus, Raine, et filii ejus, Bernardi, et Aimerici de Barbairano atque uxoris ejus, Galburgis, et fratrum ejus, Guilelmi Chatberti [10] et Raimundi atque Arnaldi [11], matrisque eorum, Beatricis, atque Petri [12] Raimundi et uxoris ejus, Mabilie, fratrisque ejus, Arnaudi [13], et Guilelmi Mantilini [14], qui omnes sic istud donum laudaverunt et hanc cartam propriis manibus firmaverunt et subscriptos testes firmare rogaverunt. Sig✠num Petri Roggerii de Barbairano. Sig✠num Wilelmi [15] Botet. Sig✠num Roggerii [16] de Subranciaco. Sig✠num Matamaur [17]. Sig✠num Berengarii de Barbairano. Sig✠num Hugonis [18] de Barbairano. Sig✠num Guilelmi Adaulfi [19], qui sic hanc cartam scripsit, jussione predictorum donatorum, die annoque prenominato.

LXV

1133, 29 juin.

Original cyrographe : Perpignan, Arch. dép., H (Temple), Vilamolaco, ancien parchemin du Temple n° 1622.

Édité : Alart, *Cartulaire Roussillonnais*, dans la *Semaine religieuse du dioc. de Perpignan*, 1884, p. 768.

DE VILLA MULAHCA *(sic)*.

Notum sit omnibus hominibus, tam presentibus quam futuris, quod ego, Subirana femina, dono et laudo Domino Deo et milicię Templi Iherosolimitani ipsum honorem quod vir meus, Berengarius Arnalli, donavit prefatę milicię, exceptus ipsum honorem qui est ultra Riard, qui est juxta Villam Mulacham, quod retineo de mea vita, et, post obitum meum, revertatur ad supradictam miliciam ; in tale conventu ut milites Templi donent michi per unumq uemque annum, ad vincla S. Petri, VIheminas ordei, quandiu vixero. Et dono et laudo ipsum honorem quod vir meus, Berengarius, dedit Beate Marię de Campo ; sicuti ille donavit, sic dono et laudo Beatę Marię et ad clericis ejus, sine omni engan et absque ullo retentu. Prefatus autem honor

1. blandimento. — 2. contradiccione. — 3. *Ce paragraphe ne se trouve que dans le Cartulaire A, où il se trouve précédé d'un signe particulier.* — 4. facimus nos omnes suprascripti. — 5. oblationis. — 6. eclesie. — 7. sequascibus. — 8. incarne. — 9. Lodoyco. — 10. Xatberti. — 11. *(fol. 2).* — 12. *Les mots* atque Petri *sont détruits.* — 13. fratris ejus Arnaldi. — 14. Mantelini. — 15. Guillelmi Boteti. — 16. Rogerii. — 17. Matha Maur. — 18. Ugonis. — 19. Adaulphi.

est in comitatu Russilionensi, infra fines et terminos de Villa Mulacha et in ajacencia Beati Juliani. Et est manifestum. Qui voluerit disrumpere Domino Deo et miliciç Templi in duplo componat, et ultra habeat firmitatem in perpetuum. Actum est hoc IIII kalendas julii, anno ab incarnatione Domini M°.C°.XXX°.III°, regnante Ledoico rege XX°IIII° anno. Sig✠num Subirane femine, qui istam cartam donationis vel laudationis fieri jussit, firmavit et testes firmare rogavit. Sig✠num Bernardi Gitardi ; Sig✠num Guilelmi de Sancta Eugenia, fratres predicte Subirane. Sig✠num Petri de Corneiano. Sig✠num Petri de Baniols. Fuit factum in presentia Petri Bernardi, de Cavalleria, et aliorum bonorum hominum qui presentes fuerunt. ✠ Petrus monacus et sacerdos, rogatus, scripsit, cum litteris rasis in III linea, die et anno quo supra.

LXVI 1133. 10 juillet.

Original : Barcelone, Arch. Cor. Arag., perg. R. Bereng. IV, n° 23.

Notum sit omnibus hominibus, tam presentibus quam et futuris, quod ego, Bernardus Amati vicecomes, et conjux mea vicecomitissa, nomine Na Almus, donatores sumus Domino Deo et sancte militiç Templi Iherosolimitani, cum filio nostro, Raimundo Fulchoni, quam filii nostri Willelmi, et propter remissionem peccatorum nostrorum, omni anno per unamquamque ebdomadam, somadam salis unam, ut Dominus omnipotens propitius sit peccatis filii nostri nostrisque [di]gnetur placare criminibus et nobis omnibus premium eterne vite tribuere dignetur, ac dirigat actus nostros in omni opere nostro, dum in hac vita fuerimus. Hanc vero do[na]tionem tali facimus modo, dum sal cucurrerit et sancti eam acceperint aut aliquis castellanus eam acceperit, ut nullo modo illi pretereat supradicta donatio sicut superius remoratur. Quod si quis hanc cartam donationis voluerit irrumpere, non hoc valeat vendicare set in duplo componat, scriptura manente omni tempore firma. Actum est hoc VI idus julii, anno Dominice incarnacionis C tricesimo III post millesimum. Sig✠num Bernardi Amati vicecomitis ; Bernards vicecomes ✠ ; Sig✠num Na Almus, conjugis ejus ; Sig✠num Raimundi, filii ejus, nos omnes supradicti qui hanc donationem fecimus testesque firmare rogavimus. Sig✠num Bernardi de Dua Castella. S^m Berengarii. Sig✠num Bernardi de Cardona. Sig✠num Raimundi Willelmi de Boxadoss. Sig✠num Berengarii.

Berengarius, sacerdos et monachus, qui hoc scripsi die et anno quo supra ✠.

LXVII 1133. 20 juillet.

Copie du XIIe s. : Toulouse, Arch. dép., fonds de Malte, *Cart. A de Douzens*, ch. 36, fol. 29.

In Dei nomine. Ego, Bernardus de Caneto, et uxor mea, Raina, atque infantes nostri, et ego, Beatriz, et filii mei, Aimiricus et Gilelmus Xatberti et Arnaldus atque Raimundus, recognoscimus et laudamus sancte militie Iherosolimitane et vobis, Ugoni Rigaldi, et ceteris confratribus vestris, presentibus atque futuris, in ipsa militia Deo servientibus, quod, quando dedimus vobis honorem nostrum de Dozencs, erat ipse honor in pignore. Et vos, predictus Ugo Rigaldi, redemistis ipsum honorem de ipso pignore : partem scilicet de me, Bernardo de Caneto, et uxoris mee infantumque meorum, redemistis de Raimundo de Cane Suspenso, qui habebat eam in pignore pro centum solidis Melgoriensium ; partem vero de me, Biatrice, et predictorum filiorum

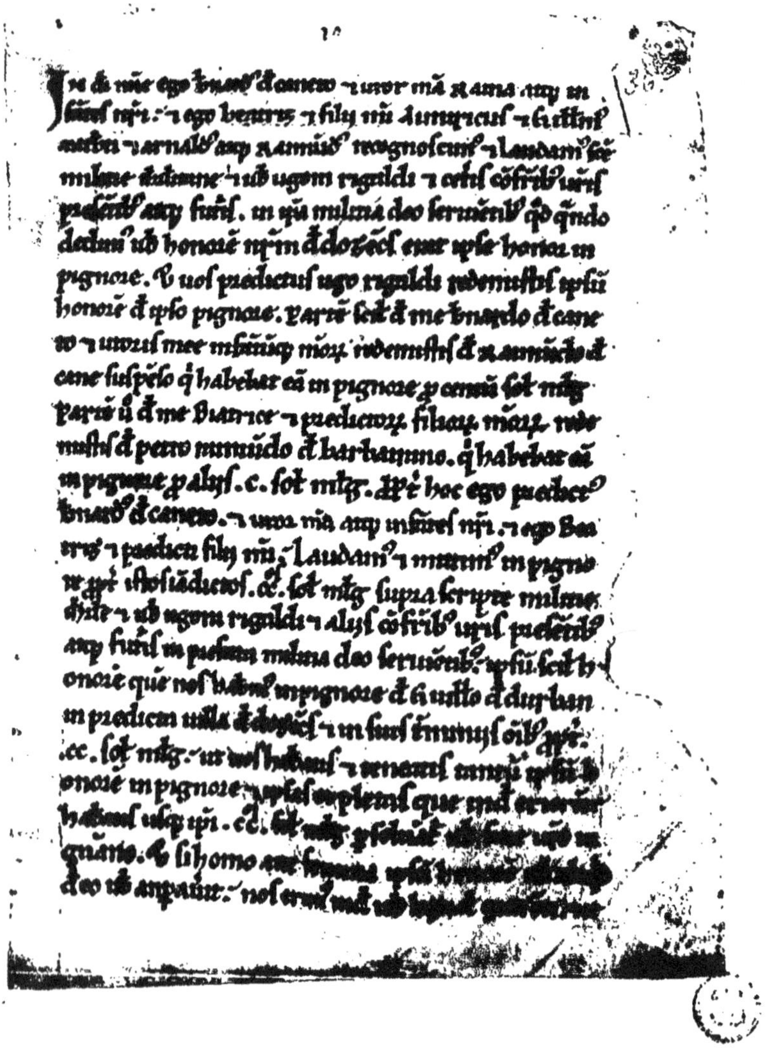

Cartulaire A de Douzens (245^{mm} × 17^{cm}), charte 36.

meorum, redemistis de Petro Raimundo de Barbairano, qui habebat eam in pignore pro aliis c solidis Melgoriensium. Propter hoc, ego, predictus Bernardus de Caneto, et uxor mea atque infantes nostri, et ego, Beatriz, et predicti filii mei, laudamus et mittimus in pignore, propter istos jamdictos cc^{os} solidos Melgoriensium, suprascripte militie Iherosolimitane et vobis, Ugoni Rigaldi, et aliis confratribus vestris, presentibus atque futuris, in prefata militia Deo servientibus, ipsum scilicet honorem quem nos habemus in pignore de Guilelmo de Durban, in predicta villa de Dozence et in suis terminiis omnibus, propter cc solidos Melgoriensium, ut vos habeatis et teneatis tantum ipsum honorem in pignore, et ipsas expletas que inde exierint, habeatis, usque ipsi cc^{os} solidi Melgoriensium persolvantur vobis, sine vestro inguanno. Et si homo aut femina ipsum honorem vel aliquid de eo vobis anparaverit, nos erimus inde vobis leguales guirenti et te-*(fol. 29 v°)*nere et habere ipsum honorem vobis fecerimus, usque, sine vestro inguanno, de vobis redimatur. SIG✠NUM Bernardi de Caneto et uxoris ejus ac infantum illorum, qui sic istam cartam firmaverunt. SIG✠NUM Beatricis et filiorum ejus predictorum, Aimerici, Guilelmi Xatberti, Arnaldi atque Raimundi, qui sic istam cartam firmaverunt. $ Petri de Monte Irato. $ Guilelmi Mancipii. $ Petri Raimundi de Barbairano. Gilelmus scripsit, jussione predictorum Bernardi de Caneto et Aimerici atque Guilelmi Xatberti, fratris ejus, anno millesimo C.XXX.III incarne *(sic)* Dominice, XIII kalendas augusti, feria v, regnante Lodoico rege.

LXVIII 1133, 29 juillet.

Copie du XIIIe s. : Perpignan, Arch. dép., *Cart. du Mas-Deu*, n° 219, fol. 135 v°.

Édité : Alart, *Cartul. Roussillonnais*, dans la *Semaine relig.* du dioc. de *Perpignan*, 1884, p. 783.

In nomine Dei Patris. Ego, Açalaidis femina, dono et laudo corpus meum et animam meam Domino Deo et ad sanctam miliciam Iherosolimitani, qui vocatur Templum Salomonis, ad ipsos qui ibi sunt milites et in antea venturi sunt, ad servicium Dei faciendum subtus obedienciam de ipso magistro qui ibidem est et in antea venturus est, sine ulla proprietate. Et ad sanctam miliciam suprascriptam de Iherusalem dono et laudo omnem meum alodem, in manu Uguoni, Rigualdi, qui est servus et obediens ad milites Xpisti, quantum habeo vel habere debeo per qualescumque voces, sine blandimento ullius hominis vel femine, in locum quem apellant Cirsano, pro remissione omnium peccatorum meorum et parentum meorum, absque ullo retentu. Est autem prescriptum alodem in comitatu Rossilionensi, infra terminos Beate Marie de Anils et Beati Juliani de Villa Mulacha. Quantum *(fol. 136)* infra istos terminos habeo vel habere debeo, totum dono sine omni engenno ad suprascriptam miliciam, et ita ut milites prescripti Templi traxerunt de Oliba de Candel prescriptum alodem, quia ille habebat in pignus per IIII^{or} libras argenti. Et hoc donum facio propter quod Dominus meus fuit dignatus esse pauper per me : sicuti ille fuit pauper per me, sic volo esse paupercula per illum ; et ut ille faciat me pervenire ad veram penitenciam et ad veram confessionem et faciat me pervenire ad suum sanctum paradisum ; et habeat mercedem ad animam patris et matris mee et ad *(sic)* omnium parentum meorum, et ad omnes infantes meos faciat facere suum sanctum servicium, per quod veniant ad bonam finem. Et hoc donum facio cum consilio et cum bona voluntate de meis infantibus, videlicet Guilelmi Galterii et Raymundi et Bernardi. Istum donum et istum honorem, sicut superius est scriptum, dono et laudo et firmo Domino Deo et ad sanctam miliciam prenominatam. Si quis aliquis de meis infantibus aut de meis parentibus rem tulerit aut infregerit de prescripto alodio, sit separatus de libro vite usque veniat ad emendacionem. Et est manifestum.

Actum est hoc IIII kalendas augusti, anno Dominice incarnacionis M°.C°.XXX°III°., regnante Lodovico rege XX°.IIII°. anno.

SIG✠NUM Açalaidis femine, qui istam cartam donacionis fieri jussit, firmavit et testes firmare rogavit. SIG✠NUM Guilelmi Galterii; SIG✠NUM Raymundi; SIG✠NUM Bernardi, filiorum ejus. SIG✠NUM Dalmacii de Paretz Tortas, gener ejus, qui hoc laudat et firmat. SIG✠NUM Ugoni Rigaldi, qui est servus ad milites Xpisti, qui hoc donum recepit; SIG✠NUM Petri Bernardi de Perpiniano, confrater ejus; SIG✠NUM Bernardi de Peralada, similiter confratris ejus. SIG✠NUM Poncii Adalberti de Taçio; SIG✠NUM Jacobi de Perpiniano; SIG✠NUM Guilelmi Casal; SIG✠NUM Raymundi Stephani; SIG✠NUM Johannis Peregrini; SIG✠NUM Petris Boni Mancipii, filii ejus; SIG✠NUM Oliba de Candel; SIG✠NUM Beraardi Guilelmi de Monte Eschiuo; SIG✠NUM Poncii de Rocha; SIG✠NUM Petri de Corneiano; SIG✠NUM Berengarii Arnalli; SIG✠NUM Bernardi Utalgerii, confratres predicte milicie. SIG✠NUM Poncii Stephani de Candel. ✠ Petrus, monachus et sacerdos, rogatus, scripsit die et anno quo supra.

LXIX

1133, septembre.

Copie du XII° s. : Madrid, Arch. hist. nacional, *Cart. B* 595, fol. 123, n° 329.

DE DONATIVO FERTUNICONS DE BERA.

In Dei nomine et ejus gratia. Ego, Adefonsus (*a*), Dei gratia rex, facio hanc cartam donationis et confirmationis vobis, Fertuniones de Sancto Çelc Iomo. Placuit michi, libenti animo et spontanea voluntate et propter servitium que michi fecistis et cotidie fecitis, dono et concedo vobis uno axarico in Bera, nomine Abavid, cum suas casas et cum sua hereditate, sicut erat tenente illo die quando ista carta fuit facta, ad faciendam inde propriam vestram voluntatem, salvum et liberum et francum, vos et posteritas vestra per secula, salva mea fidelitate vel omni posteritate. SIGNUM regis ✠ Adefonsi.

Et ego, Fortunio Enecones, vobis, fratribus Templi militie Salomonis, dono vobis illud ingenuum et liberum de me vel de posteritate mea, per cuncta secula. Facta carta donationis ex rege in era M.C.LXX.I, mense septembris, super Fraga, regnante me, Dei gratia rex in Aragon et in Castella et in Pampilonia et in Superarbi sive in Ripa Curta. Episcopus Arnald Dodo (*b*) in Oscha, episcopus Sancius (c) in Calagorra, alius Sancius (*d*) episcopus in Pampilonia, episcopus M(ichael) (*e*) in Tyrassona, episcopus Garcia (*f*) in Cesaraugusta. Lop Garceç in Alagon. Fortin Fortis in Fontes. Lop Lopeç in Rigla. John (*sic*) Diez in Alveda. Sem' Xemenones in Calataiub. Fertun Lopeç in Soria. Caxal in Nagara et in Taroca. Petro Tizon in Estela. Castange in Biel. Ego, Dominicus, pro jussione domini mei regis, hanc cartam scripsi et hoc signum ✠ feci.

(*a*) Alphonse I, roi d'Aragon et de Navarre, 1104, de Castille et de Léon, 1109 † 7 septembre 1134. — (*b*) Arnald Dodo, évêque de Huesca, 1130 † 19 juillet 1134. — (c) Sanche, évêque de Calahorra, ? – 114(.). — (d) Sanche, évêque de Pampelune, 1121 — 11 septembre 1142. — (*e*) Michel, évêque de Tarazona, 1119 † 1151. — (*f*) Garcia, évêque de Saragosse, 1130 — 1136.

LXX 1134, 3 janvier.

Original : Barcelone, Arch. Cor. Arag., perg. R. Bereng. IV, n° 27 ; deux *copies : ibid.*, même cote.

Edité : Bofarull y Mascaró, *Colección de documentos inéditos*, IV, n° VI, page 18.

In Dei eterni regis nomine. Ego, Raimundus Berengarii, Dei gratia Barchinonensis comes et marchio, dono etiam omnipotenti Deo, redemtori meo, et sancti milicie Templi Ierosolimitate *(sic)* Salomonis, cum asensu et confirmacione et cum laudamento baronum meorum, in manu ejusdem Arnalli de Bedocs et Hugonis Riguadi, cumfratris societatis eorum, quoddam kastrum, nomine Barberano, in nostra marchia contra Sarracenos, cum militibus qui ipsum kastrum per me habent et cum omnibus ad idem chastrum pertinentibus et cum terminis et possesionibus suis, et totam dominacionem cum serviciis et usaticis suis, sicut melius ibi Deus dederit vel ego habere debeo, ut libere et sine diminucione et sine blandimento ullius hominis, presentes confratres et successores eorum, quando illi venerint et steterint cum armis in Graniana aut in predicta marchia ad defensionem Xpistianitatis, secundum institucionem ordinis milicie sue, habeant hec omnia predicte milicie, quod superius scriptum est, cum augmentacionibus quas Deus ibi dederit, et disponant in perpetuum. Hec quippe omnia dono pro anima patris mei et matris mee et mea, ut Deus omnipotens dirigat actus meos et faciat me venire in suo servicio ad bonum finem, et peccata et offensiones clementer dimitat. Hanc itaque voti mei oblacionem si qua in crastinum cujuscumque dignitatis aut mediocritatis persona violare temptaverit, nisi cito se contraxerit, deleatur nomen ejus de libro vite et cum Anania et Saffira, voti sui fraudatoribus, damnacionem incurrat. S. ✠ Raimundi comes, qui hoc donum punctatim firmavit celerisque firmari rogavit. Actum est hoc III° nonas januarii, anno Dominice incarnacionis C tricesimo IIII° post millesimum, anno XXV regnante Leudovici regi. Bernardus vicecomes ✠. Sig✠ Raimundus (a), Dei gratia Ausonensis episcopus. Sig✠num Guillelmi Raimundi, dapiferi. Sig✠num Reiamballdi de Basella. Sig✠num Berengarii de Keralll. Sig✠num Guillelmo Raimundi de Pugalll. Sig✠num Petri archil(evite). Sig✠num Raimundi de Rocha. Sig✠num Berengarius Bernadi, dapifer. Sig✠num Arnallus Berengarii de Anglerola. Sig✠num Berengarius Bernadi de Graniana. Sig✠num Deusdedit. Sig✠num Bernadi Guillelmi de Luciano. Bernardus, sacerdos, qui hoc scripsit die et anno ✠ quod supra.

LXXI 1134, 15 avril.

Original : Barcelone, Arch. Cor. Arag., perg. R. Bereng. IV, n° 28 ; *copie* du XII° s. : *ibid.*, même cote ; *copie* du XIII° s. : S. Gervasio, *Llibre Verd*, fol. 22 v°.

Edité : Bofarull y Mascarò, *Colección de documentos inéditos*, IV, n° XI, p. 29.

In piis et religiosis causis augmentandis et confirmandis diligenter operam dare, caritate, que operit multitudinem peccatorum, persuadente indesinenter compelli-

(a) Raymond, évêque de Vich, 1109 † 26 novembre 1146.

mur. Ea propter, O(legarius) (a), Dei dignacione Tarrachonensis archiepiscopus, et illustris R(aimundus) (b), Barchinonensium, Barbisullunensium ac Ceritanensium comes et marchio, cum episcopis et ceteris clericis et comitibus et aliis terrę magnatibus, quorum inferius nomina conveniri possunt, hoc constitutum facimus omnibus militibus, secundum [propositum et ordinem [ill]orum qui Iherosolimis, pro amore Dei, pro fratribus animas ponere et sine proprio vivere devoverunt, in terra nostra Deo famulari et militare voluerunt. Personas siquidem et res eorum, predia videlicet et substancias, ubicumque eas habuerint, omni tempore in treva Dei ponimus. Castella quoque et villas ac mansos et domos eorum, quas modo habent et quas de cetero juste adquisierint, vel si quas in suo populaciones constituere voluerint, omnia sub tuicione et defensione Dei ac beati Petri et nostra benigne suscipimus. Et ut omnia sub firma salvitate et securitate consistant mandamus atque precipimus. Nulla denique persona, cujuscumque dignitatis seu mediocritatis, potestatem habeat vel licenciam in personis eorum vel hominum suorum in negociis secularibus judicandi vel distringendi neque in possessiones vel facultates eorum aliquid disponendi, preter voluntatem eorum qui eis prepositi [fu]erint et magistri. Ipsi autem prepositi et magistri, secundum Deum et ordinem suum, regant se ipsos et suos et que sua sunt, et disponant et judicent, parati ad exequendam justiciam et racio[n]em reddendam, si quis adversus eos vel res eorum justam se causam dixerit habere. Si qua igitur cujuscumque condicionis vel sexus persona, quod absit, adversus hanc constitucionem nostram insurgere temptaverit vel res eorum auferre vel minuere aud eorum personas infestare maliciose presumpserit, nisi cito se correxerit et emendaverit res quidem per treuvam, injuriam vero personarum, per sacrilegium, iram Dei quem ofendit, incurrat et episcopo suo bannum episcopale et suo comiti bannum quod ad comitem pertinet, persolvat. Quod est actum XVII kalendas mai, anno incarnacionis Dominicę C.XXX.IIII. post millesimum. Ollegarius archiepiscopus $. Sig✠num Ermengaudi (c), comitis Urgelli. Sig✠num Raimundi comes. Berengarius (d), Dei gratia Gerundensis ecclesie episcopus. Sig✠num Poncii Ugonis, comitis Impuritanensis. Sig✠num Jordanis. Sig✠num Berengarii de Cheralto. Sig✠num Deusde. Sig✠num Petri Bertrandi de Bello Locco. Sig✠num Otonis. Sig✠num Guilelmi de Castro Vetulo. Sig✠num Raimundi Renardi. Sig✠num Petri de Turrucella. Sig✠num Berengarii de Pela Follis. Sig✠num Arberti de Castellu. Sig✠num Bernardi de Bello Locco. Sig✠num Poncii Ugonis. Sig✠num Raimundi Fulconis. Sig✠num Petri archil(evite). Sig✠num Berengarii Raimundi, vicarii. (S✠n Petri, Barchinonensis archilevite[1]). Signum Guillermi de Pugalto. Sig✠num Raimundi de Torroja. Sig✠num Petri Bertrandi de Monte Palacio. Sig✠num Guillermi Seniofredi. Sig✠num Berengarii de ipsa Garriga; Sig✠num Guillelmi, fratris sui. Sig✠num Guillermi de Petred. ✠ Raimundi, Dei gratia Ausonensis episcopus. Berengarius, Gerundensis archidiaconus. Sig✠num Raimundi Renardi de Olivis. Sig✠num Petri Raimundi de Petred. Sig✠num Reimundi Ademari de Rabedos. Sig✠num Berengarii Segarii. Sig✠num Gaucberti Guillelmi. Sig✠num Bernardi de Vultre?la.

(a) Oldegarius, archevêque de Tarragone, 1118, 21 mars † 6 mars 1137. — (b) Raymond Bérenger IV, comte de Barcelone, 1131 † 26 août 1162. — (c) Ermengaud VI, comte d'Urgel, 1102 † 28 juin 1154. — (d) Bérenger, évêque de Gérone, 1114 — ?.

1. *Ces mots ont été rayés.*

Ego propterea, Raimundus suprascriptus, comes Barchinonensis, promito omnipotenti Deo quod, ad obitum meum, dimitam omnia mea garnimenta Templo Iherosolimitano et fratribus ibidem militantibus, et interim, in omni tempore vite mee, dabo ipsi milicie Templi xx morabitinos aut libras II argenti per singulos annos. SIGNUM Poncii, notarii comitis Barchinonensis, qui hoc scripsit die et anno quo supra.

LXXII c. 15 avril 1134.

Original : Barcelone, Arch. Cor. Arag., perg. R. Bereng. IV, n° 28 (au dos de l'acte du 15 avril 1134) *(a)*.

Edité : Bofarull, *Colección de documentos inéditos*, IV, p. 32.

Raimundus *(b)*, comes Barchinonensis, stabit in ipsa milicia primo anno sub obediencia magistri, et dabit ibi garnimenta ad x fratribus militibus, et dat ibi honorem unde vivant x milites semper.

Promitit se Guillelmus Raimundi senescale, et frater ejus, Oto, stare in servicio Dei, in ipsa cavalaria de Granagrana, uno anno, et dabit ibi garnimentum ad unum cavaler, scilicet cavallum et armas, et tantum de suo honore, unde ibi possit stare unus cavallerius in perpetuum.

Jordanus stabit ibi uno anno et dabit ibi honorem, unde stet ibi unus miles in perpetuum.

Raimundus Renardi vel filius ejus stabit ibi I anno, et in exitu dimitet ibi cavallum suum cum armis.

Arnallus Sancti Martini, uno ano, et in exitu dabit ibi suum cavallum cum armis.

Poncius de B[. . .]es, I anno, et in exitu dabit ibi suam bestiam meliorem.

Arnallus de Monte Ferrer, I anno, et in exitu reliquet ibi cava[llum] cum armis.

Miro de Luciano, similiter.

Gilelm de Castelar, similiter.

Petrus de Galifa, similiter.

Bernardus et frater, Raimundus de Barberano, uno anno, et in exitu relinquet unum cavallum cum armis.

Arbertus de Petra, similiter.

Petrus Arnaldus, I anno, et post obitum suum cavallum [cum] armis.

Raimundus Fulconis, I anno, et in exitu cavallum cum armis.

Jofredus de Sancta Colomba, I anno, et post obitum cavallum suum cum armis.

Petrus Arberti de Liciano, I anno, et dabit ibi unum mansum.

Geral de Iorba, I anno, et donat ibi II mansos.

Petrus de Sancta Eugenia, I anno.

Bernard de Senteles, I anno.

Arnallus de Tamarit, I anno.

Deusde, I anno, [et donat?] ibi unum mansum in Callis.

Ramon de Casoles, I anno.

Petrus Bertrandi de Bello Locco, I anno.

Petrus Arnalli de Barchinona, I anno ; stabit I anno, et donat ibi unum mansum in Rosed.

(a) V. n° LXXI. — *(b)* Raymond Bérenger IV, comte de Barcelone, 1131 + 26 août 1162.

LXXIII 1134 (15 avril 1134—6 avril 1135).

Original ou copie contemporaine : Toulouse, Arch. dép., fonds de Malte, Larramet, l. I, n° 2, 2° charte ; *copies du* XII° s. : *ibid.*, *ib.*, n°s 3 et 4.

Edité : Du Bourg, *Hist. du grand prieuré de Toulouse*, pièces justif., n° XIII.

Sciendum est quod W(ilelmus) (*a*), Ausiensis [1] archiepiscopus [2], et Vitalis de Iscio, frater ejus, et Bernardus Jordanis [3] et Wilelma, uxor sua, et Jordanus [4], eorum filius, et fratres ejus [5], dederunt Domino Deo et militię [6] Templi Domini [7] ęcclesiam Sancte Marie de Ramed [8], cum pertinentiis suis et cum toto ęcclesiastico [9], et totum [10] honorem quem ibi abebant [11] aut ullus homo aut femina per eos, infra flumina Togis et Alsavi, et terram foras flumina ad dua paria [12] boum per anollarem.

Et Bernardus Jordanis [13] et uxor sua et filii eorum dederunt v aripenta [14] vinearum.

Et Vitalis de Yscio [15] III aripenta vinearum dedit.

Hec omnia predicta dederunt liberaliter [16], eorum spontanea voluntate, sine enganno, Vitalis de Yscio [17] et Bernardus Jordanis [18] et uxor sua et filii eorum, in manu domini Amelii (*b*), Tolose episcopi, in ecclesia [19] Sancti Jachobi [20], remissione [21] peccatorum suorum et omnium parentum eorum. Sig✠ Bernardi (*c*), Covenarum [22] comitis, in cujus manu fecerunt.

Sig✠ Maurini de Murello. Sig✠ Gezelini, fratris sui. Sig✠ Bernardus [23] Barraui.

Et W(ilelmus), Ausiensis archiepiscopus, fecit donum apud Montem Altum, in presentia prioris de [24] Monte Alto.

Totam bahiliam [25] quam habebant in hoc predicto honore W. de Ramed et uxor sua et Vitalis Enardus, dederunt et solverunt [26] liberaliter sua sponte, sine vi, Deo et predicte militie Templi [27] ; et hoc donum fecerunt in manu horum predictorum dominorum suorum [28], teste [29] Bernardo Barrauo.

Bernardus de Campiano, prior ęcclesię [30] Sancti Michahelis [31] de Castello [32], dedit liberaliter, sine ullo retentu, totum justum et rationem quam habebat in hoc predicto honore, milicie [33] Templi Domini [34], eadem convenientia qua superius est scripta. Teste Bernardo Jordano et Isarno Jordano [35] fratre.

Pilistortus et Bernardus Ramundus [36], frater ejus, et Petrus W. dederunt liberali-

(*a*) Guillaume, archevêque d'Auch, 1126 † c. 1160—70. — (*b*) Amelius, évêque de Toulouse, 1106 † 1139. — (*c*) Bernard III, comte de Comminges, c. 1120 – 1150.

Variantes : 1. *n°s 3 et 4* : Ausiconsis. — 2. archi *a été interligné (n° 2)* — 3. *n° 3* : Yordanis. — 4. *n° 3* : Yordanus. — 5. *n° 4* : frater suus. — 6. *n° 4* : militie. — 7. *n°s 3 et 4* : Salomonis. — 8. *n° 3* : Ramel ; *n° 4* : Aramel. — 9. *n° 4* : ecclesiastico. — 10. *n°s 3 et 4* : totam. — 11. *n°s 3 et 4* : habebant. — 12. *n°s 3 et 4* : pariam. — 13. *n° 3* : Yordanis. — 14. *n° 4* : arpenta. — 15. *n°s 3 et 4* : Ycio. — 16. *n°s 3 et 4* : libenter. — 17. *n° 3* : *le scribe avait écrit* Yriscio. *L'r a été biffé.* — 18. *n°s 3 et 4* : Yordanis. — 19. *n° 3* : ęcclesia. — 20. *n°s 3 et 4* : Jacobi. — 21. *n°s 3 et 4* : pro redemptione animarum suarum et omnium parentorum suorum. — 22. *n° 4* : Convenarum. — 23. *n°s 3 et 4* : Bernardi. — 24. *Les n°s 3 et 4 omettent* de. — 25. *n°s 3 et 4* : bailiam. — 26. *Les n°s 3 et 4 omettent ces deux mots.* — 27. *n°s 3 et 4* : et militibus Templi Salomonis. — 28. *Ces dix mots* (Et . . suorum) *manquent aux n°s 3 et 4.* — 29. *n°s 3 et 4* : Signum Bernardo Barrauo. — 30. *n° 4* : eclesie. — 31. *n°s 3 et 4* : Michaelis. — 32. *n°s 3 et 4* : Castelo. — 33. *n° 3* : milicię ; *n° 4* : milicie. — 34. *n°s 3 et 4* : Salomonis. — 35. *Les n°s 3 et 4 omettent* Jordano. — 36. *n°s 3 et 4* : Raimundus.

ter predicte militie [1] hoc totum quod habebant in hoc [2] predicto [3] honore ; et casalem et malolem [4] que [5] est sub ecclesia [6] habent ad feuum de militibus Templi, tali modo quod omni anno reddant inde censum unam candelam [7] ęcclesię [8] predicte Sancte Marie. Teste Bernardo Jordano [9] et Bernardo Barrauo.

Totum hoc quod habebant in hoc predicto honore Geraldus Engilbertus [10] et Bruna, uxor sua, et Ramundus [11] Sarracenus, dederunt eomodo predicte militię [12] liberaliter. Teste [13] Benedicto [14] Macreforte [15] et Bernardo Barrauo. Et justum quod ibi habebat Sibilia, uxor Ramundi [16] Sarraceni, dedit eo modo predicte militie. Teste Daide [17] Sarraceno [18].

Totum quod ibi habebat Ramundus [19] Raterius, dedit eo modo, teste Bernardo Barrauo.

Totum justum quod in hoc predicto honore habebat Bertrannus Estroubera [20], dedit libere predicte militie [21]. Teste Arnaldo Rogerio et Ramundo [22] Sarraceno et Vitale scriba [23].

Totum quod habebat Bernardus de Turre in hoc predicto honore, dedit libere Deo et predicte militie [24]. Teste Bernardo Jordano et Bernardo Barrauo et Arnaldo [25] Selvanno.

Toti homines qui habebant suos casales in hoc predicto [26] honore, dederunt illos francos Deo et militie Templi. Et ibi predicti homines ceperunt ad feuum medietatem horum casalorum de militibus Templi; et quisquis debet inde reddere censum omni anno IIII denarios militibus Templi. Et hoc fecerunt in manu dominorum suorum.

Hugo de Pomareta et Santius, suus filius, et Arnaldus de Gavantiola dederunt hoc totum quod in hoc predicto honore habebant, liberaliter Deo et militie predicti Templi. Teste Bernardo Jordano.

Toti domini predicti et Raimundus de Salses habent Deo et militie predicte datum, quod si homines illorum stabant in hoc predicto honore, non capiant illos nec eorum pecuniam, donec dicant illo domino qui hunc predictum honorem tenuerit, et si homines volebant eis justum facere, justicia illius domini capiant ; si facere noluerint, ille dominus habeat illos ejectos foras villam cum sua pecunia, mobilia, ad capud mensis quod clamorem habuerit receptum a dominis illorum.

Testes sunt isti predicti testes. Vitalis scripsit anno millesimo CXXXIIII.

Hoc donum fecerunt in manu Geraldi de Nocura, fratre Templi Salomonis.

Variantes : 1. *n° 3 :* miliciç ; *n° 4 :* milicie. — 2. *n° 3 :* hac. — 3. *Les n°s 3 et 4 omettent ce mot.* — 4. *n°s 3 et 4 :* casalem majorem. — 5. *n° 3 :* quç. — 6. *n°s 3 et 4 :* çcclesia. — 7. *n°s 3 et 4 :* reddeant sensum I candelam. — 8. *n° 3 :* ad çcclesiam Sancte Mariç ; *n° 4 :* id. *sans les cédilles.* — 9. *n°s 3 et 4 :* Bernart Jorda. — 10. *n°s 3 et 4 :* Engelbertus. — 11. *n°s 3 et 4 :* Raimundus. — 12. *n° 3 :* miliciç ; *n° 4 :* milicie. — 13. Signum. — 14. *manque (n°s 2 et 3).* — 15. *n°s 3 et 4 :* Macrefort. — 16. *n°s 3 et 4 :* Raimundi. — 17. *n°s 3 et 4 :* Diado. — 18. *n° 3 :* Sarraceni ; *n° 4 :* Sarracen'. — 19. *n°s 3 et 4 :* Raimundus. — 20. *Ce mot et les deux précédents sont interlignés dans les n°s 3 et 4, qui donnent* Estrebera. *Ces deux textes ajoutent :* Geraldus Engelbertus (dedit...), *qui ne sont interlignés que dans le n° 3.* — 21. *n°s 3 et 4 :* milicie. — 22. *n°s 3 et 4 :* Raimundo. — 23. *n° 3 :* Vidal scriba ; *n° 4 :* Vidal scrba *(sic).* — 24. *n° 3 :* milicie. — 25. *n°s 3 et 4 :* Arnaudo Salvano. — 26. *les n°s 3 et 4 s'arrêtent à* predicto.

LXXIV

1134 (15 avril 1134—6 avril 1135).

Copie informe du xviie s. : Châlons-sur-Marne, Arch. dép., G. 174.

Analyse et extraits : Éd. de Barthélemy, *Diocèse ancien de Châlons-sur-Marne*, I, p. 397.

In nomine Patris et Filii et Spiritus sancti, amen. Milites Templi sancte civitatis Ierusalem, summi atque pacifici regis militiam professoris *(sic)*, quantum solatium quantamque tutelam indigenis et peregrinis pauperibus et omnibus sepulchrum Domini adire volentibus, prebeant, charitate fidelium non credimus esse ignotum. Expedit igitur ut tam venerabilis locus, cum bonis et personis suis, tanto attentius diligatur et honoretur quanto pro salute universorum devota assidue impendit obsequia. Siquidem ad recompessandum tante bonitatis affluentiam, fratribus predicti loci non solum nostra largiri, verum etiam benefici ceterorum fidelium ipsis collata, pro modo nostre possibilitatis conservare et memorie commendare jure debemus. Quocirca manifestum sit omnibus, tam presentis quam futuris, quod ego, Gaufridus (*a*), Dei gratia Cathalaunensis episcopus, do et concedo totam calcariam pannorum civitatis Cathalaunensis militibus Templi, pro salute anime mee et successorum meorum, ad habendum et possidendum libere et quiete in perpetuum, et sub sigilli nostri testimonio adsignari feci, ut quod temporibus nostris pia obtulit devotio, successorum nullatenus possit infringere detestenda presumptio. Quicumque autem tam sanctum et rationabile donum venerit ad inrumpendum, anathema sit, quia justum non est ut quod ab episcopo juste ligatur a successore suo ullo modo infringatur. Signum Odonis. $ Gaufridi, archidiconi *(sic)*. $ Joannis, presbiteri. $ Bonichardi, monachi. $ Varneri, cantoris. $ Acatini. $ Gauberti. $ Nicolai, prepositi. $ Odonis de Foro. $ Rogeri de Malleil. $ Adam Brebier. Actum ab incarnatione Domini nostri Ihesu Christi millesimo centesimo trigesimo quarto, epacta vigesima tertia, concurrente sexto. Galterus, cancellarius, scripsit et subscripsit.

LXXV

1134 (15 avril 1134—6 avril 1135).

Original jadis scellé : Châlons-sur-Marne, Arch. dép., fonds de Malte (La Neuville-au-Temple, liasse 2-8); *copie* contemporaine : *ibid.*, même cote.

Analyse : Éd. de Barthélemy, *Diocèse ancien de Châlons-sur-Marne*, I, p. 395.

DE DECIMA DOMUS NOVE VILLE QUE LIBERE RETINETUR ET DE PLURIBUS REDDITIBUS QUI IBI DENOTANTUR.

In nomine sancte et individue Trinitatis. Notum sit omnibus fidelibus, quod dominus Elbertus (*b*), bone memorie episcopus, predecessor noster, assensu capituli beati prothomartyris Stephani, dedit domui Templi Salomonis que est in Inovella *(sic)* Villa juxta Dompnum Petrum, ut de universo incremento et cultura terrarum, quam ultra fines ejusdem parrachie *(sic)* fratres ipsius domus facerent, etiam decimam sine offensa sibi retinerent (*c*). Ego vero, Gaufridus (*a*), Dei gratia Cathalau-

(*a*) Geoffroy, évêque de Châlons, 1132, après le 8 oct. † 28 mai 1142. — (*b*) Elbert, évêque de Châlons, 1127 † 8 octobre 1132. — (*c*) V. n° XLVI.

nensium episcopus, idem ita concessi, ut, si aliquando fines predicti territorii, munificentia vicinorum, sic in manum ipsius Templi venirent, ut de labore et cultura rusticorum consuetum cantuarinum presbitero parrichiali *(sic)* solvi non posset, ministri et fratres Templi de ipso cantuario persolverent quantum episcopi et archidiaconi consilium et dispensatio ordinaret, in quorum tutela et protectione post Deum domus ejusdem ordinati sunt servientes. Preterea, ipsi Templi et fratribus Deo ibidem servientibus unum hominem nostrum, Hugonem Calculum nomine, concessi et obtuli. Fratrum quoque et casatorum militumque nostrorum nomina et redditus ques obtulerint sub sigilli nostri testimonio assignari feci, ut quod temporibus nostris pia fidelium optulit devotio, succesorum nullatenus possot infirmare detestanda presumptio.

Canonici Beati Stephani promiserunt et debent singulis annis xx solidos in octavis Epyphanie.

Eustachius, vicedominus noster, xii solidos, apud Logias, in Pascha.

Dominus Walbertus, v solidos et viii nummos, in villa que dicitur Vidua, xx° die natalis Domini; et decimam vini et annone de terra sua, apud Reccium.

Milo de Cernone, x solidos in vigilia natalis Domini, apud Condatum.

Castellana Vitreacensis, molendinum unum apud Sanctum Stephanum super Vele.

Domina Hersendis, assensu filii sui, Guesmundi, Deo et Templo totam terram obtulit, in qua omnia edificia fratrum circumquaque sedent, insuper xxx jornalia terre et quecumque adquisierint, libere et absolute ab omni banno et justicia.

Teodericus de Monte Moranceio, terciam partem molendini apud Copeellam.

Milo de Fuste, dimidium modium annone in molendinis veleis, ad festum sancti Remigii.

Rogerus dapifer, vii solidos et viii denarios de orto que est in via Receii.

Radulfus de Monte Moranceio, ii soolidos *(sic)* ad curiam Ausorum, in natali Domini.

Rogerus de Malleis, terram quam habebat juxta Templum.

Leudomirus, xii denarios censuales ad furnum Sancti Quintini.

Scotus, xii denarios ad censum sue domus, in natali Domini.

Philipus de Sancto Menmio, xii denarios census in domo Alnulfi, que est inter Menmium et Curcellas.

Rogerus, filius Isamberti, terram quam habebat in Grevia [1].

$ Gaufridi ; $ Guidonis, archidiaconorum. $ Johanni *(sic)*, capellani. $ Bosonis. $ Acarini. $ Gauberti. $ Radulfi de Faisnires. $ Rocol. Anno ab incarnatione Domini M°C°XXX°IIII°, epacta xxiii, concurrente adhuc sexto.

LXXVI

1134 lundi (16 avril 1134—1er avril 1135).

Copie du xii° s. : Toulouse, Arch. dép., fonds de Malte, *Cart. A de Douzens*, ch. 38, fol. 30 (a).

In nomine Domini. Ego, Guillelmus Petri de Vilarzel, et uxor mea et infantes nostri, pro redemptione peccatorum nostrorum et pro redemptione animarum paren-

(a) Cf. n° LVI.

1. *La copie place ici* « Actum Cathalaunis, anno ab incarnatione Domini M°.C°.XXX°.IIII, epacta xx°iii°, concurrente adhuc sexto ».

tum nostrorum, donamus Domino Deo et militie Templi Salomonis Iherosolimitani, in manu Ugonis Rigualdi, totum ipsum honorem quem habemus in villa de Dozencs et in suis terminiis, excepto illos clericos et ecclesia *(fol. 30v°)* et ipsos feuuos quos milites tenent a me, quantum ibi habemus in homines et feminas, in terris, in vineis; et quantum habemus et habere debemus, sic donamus Domino Deo et militie Templi Salomonis prefati Iherusalem per alodem, ita ut neque nos neque ullus ex projenie nostre ibi quicquam ulterius non requirat. Hoc autem factum est in monasterio Sancte Marie Electi, in presencia Raimundi (*a*), abbatis ejusdem loci, et Rogerii de Biterri et Isarni de Prulano et Bernardi de Caned et Petri Pillapulli et Petri Raimundi de Ravad et Bernardi de Blanca Fort et Arnaldi de Cornellan et Petri Amelii de Torrelas et Bernardi Salomonis, qui hoc scripsit anno ab incarnatione Xpisti M°C.XXX.IIII, regnante Lodoyco rege, feria II. Poncius de Baris firmat et Petrus Raimundi de Barbaira firmad.

LXXVII — 1134 lundi (16 avril 1134—1er avril 1135).

Copie du XIIe s. : Toulouse, Arch. dép., fonds de Malte, *Cart. A de Douzens*, ch. 184 (*b*).

Anno ab incarnatione Xpisti millesimo C.XXX.IIII, regnante Lodovico rege. Ego, Arnallus de Cornelano, pro anima patris et matris mee et pro anima Petro de Cornelano, consubrino meo, et redemptione peccatorum meorum, dono Domino Deo et militie Templi Salomonis Iherosolimitani et tibi, Ugonis *(sic)* Rigualdi, et omnibus confratribus vestris, totum quantum habeo in villa de Pomar et in suis omnibus terminiis, hoc est : Arnaldum de Milsirgue cum casale et casalmicum et infantibus et pertinenciis eorum. Abbas Sancti Ilarii respondit : noster est. Et tunc placitatum fuit in manu abbatis Electi et Rogerii de Beders et aliorum bonorum hominum. Postea, ipse abbas Bernardus (*c*) et monachi qui ibi erunt cum eo, donaverunt et reliquerunt predictum honorem ad predicte militie Iherosomilitane, in manu Ugonis Rigualdi. Postea, ego, Arnaldus, laudo et firmo donum istum, ita ut ego vel ullus ex progenie mee ibi quicquam ulterius non requirat. Hoc autem factum est in monasterio Sancte Marie Electi, in presencia Raimundi (*a*) abbatis et Rogerii de Biterri et Bernardi de Canet et Arnalli Pilapulli et Bernardi de Blanca Fort et Poncii de Barino et Petri Raimondi de Ravad et Bernardi Salomonis scriba, feria II.

LXXVIII — 1134, 17 avril.

Copie du XIIIe s. : Barcelone, Arch. Cor. Arag., registre coté *Inventario...*, fol. 7.

Presentibus et futuris pateat hominibus cunctis, qualiter ego, Berengarius de Cheralto, ob peccatorum meorum et parentum meorum veniam impetrandam, et viam eternam consequendam, dono et offero omnipotenti Deo et milicie Templi Iherosolimitani et militibus ibi summo regi servientibus, presentibus et futuris, domos meas cum turre et muro et curtello, quas habeo in muro civitatis Barchinone, ante januas ecclesie sedis Sancte Crucis Sancteque Eulalie; advenerunt quoque michi voce geni-

(*a*) Raymond, abbé d'Aleth, connu par des actes de 1101, 1119, 1136. — (*b*) Cf. n° LVII. — (*c*) Bernard, abbé de Saint-Hilaire de Carcassonne, paraît encore en 1146.

torum meorum vel aliis quibuslibet modis ac vocibus. Terminantur autem ab oriente in muro et domibus Gillelmi Chastri Veluli et in domibus de sacristania de ipsa sede, a meridie similiter in ipsis domibus de sacristania et in ipso cimiterio, ab occasu in ipso dormitorio de ipsa sede, a circio ad radicem foris ipsum murum. Sicut ab ipsis terminis concluditur et terminatur, sic dono et offero predictas domos, cum turre et muro et cum solis et suprapositis et cum ingressibus et earum egressibus, integriter, Domino Deo et predicte milicie Templi et militibus ibi Deo militantibus, ac de meo jure in eorum jus et dominium eas trado possidendas, ad servitium Dei et servorum ejus, ad suum proprium alodium, ad suum libitum. Si quis contra hanc mee donationis paginam venerit inrumpendam, ira Dei incurrat et secundum sanctorum patrum instituta emendet. Omnibus autem huic loco justa servantibus et bona facientibus, sit pax Domini nostri Ihesu Xpisti. Similiter, ego, Poncius Ugonis, ob remedium anime mee et parentum meorum, ut Deus propicietur peccatis et negligentiis meis, dono et offero Domino Deo et predicte milicie Templi et militibus ibi Deo militantibus, quicquid habeo et habere debeo, per omnes voces, totum meum directum in predictis domibus et turre et muro, et de meo jure in eorum jus et dominium trado ad suum libitum. Et quicumque hoc donum *(fol. 7v)* disrumpere aut transmutare temptaverit, secundum sanctorum patrum instituta emendet, et qui huic loco justa servaverit et bona fecerit, habeat perpetuam pacem Domini nostri Ihesu Xpisti. Acta sunt hec xv kalendas maii, anno Domini CXXXIIII post millesimum, regisque Franchorum Leduici XXVI. S✠M Berengarii de Cheraltо; S✠M Poncii Ugonis, nos qui hanc donationis cartam scribere jussimus, laudamus, firmamus et testes firmare rogamus. S✠ Raimundi (*a*) comes. S✠ Berengarii Raimundi de Fraxino. Ollegarius (*b*) archiepiscopus. S✠M Petri Bernardi. S✠M Bertrandi de Bello Loco. S✠M Raimundi Renardi. S✠M Petri Poncii; S✠M Poncii; S✠M Raimundi : isti tres sunt filii prescripti Pontii Ugonis, qui hoc laudant et firmant. S✠M Petri de Hedres. S✠M Petri presbiter, qui hoc scripsit die et anno quo supra.

LXXIX — 1134, 23 avril.

Original : Barcelone, Arch. Cor. Arag., perg. R. Bereng. IV, n° 32.

Pateat cunctis presentibus et futuris, qualiter ego, Arnallus de Soler, dono et offero, ob peccatorum meorum veniam impetrandam et vitam eternam consequendam, omnipotenti Deo et miliciç Templi Iherosolimitani, mansum cum omnibus suis pertinentibus vel pertinere quoquo modo debentibus, et cum suis tenedonibus, terris, vineis, cultis et incultis, in prono et in plano, et cum arboribus diversi generis. Est autem predictus mansus in comitatu Ausonensi, in parrochia Sancti Ypoliti martiris, in loco vocitato Rosed; advenit quoque michi voce genitorum meorum vel aliis quibuslibet modis. Sicut habetur et continetur cum terminis et affrontationibus suis et cum ingressibus et egressibus suis, ut melius dici vel intelligi potest, dono et offero predictum mansum integriter Domino Deo et predictę miliciç Templi Iherosolimitani et militibus, futuris et presentibus, ibi Deo militantibus, in perpetuum possessurum, sine voce a me et a meis ibi retenta, ac de meo jure in eorum jus et dominium trado, ad suum

(*a*) Raymond Bérenger IV, comte de Barcelone, 1131 † 26 août 1162. — (*b*) Oldegarius, archevêque de Tarragone, 1118 † 6 mars 1137.

plenissimum proprium alodium, solide et quiete possidendum ad eorum libitum. Et est manifestum. Si qua vero utriusque sexus vel ordinis persona contra hanc meę donationis scripturam ad inrumpendum surrexerit, iram Dei quem offendit et anathema incurrat, donec, ut sacrilegus, satisfaciat et supradicta in duplo componat, et insuper hęc presens pagina perhenniter maneat firma. Actum est hoc VIIII kalendas maii, anno ab incarnatione Dominica millesimo C°XXX°IIII°. SIG✠NUM Arnallus Raimundus, qui hanc donationis cartam scribere jussi, laudo, firmo et testes firmare rogo. S✠ Berengarii; S✠ Guillelmi; S✠ Poncii; S✠ Rodlandi : isti sunt fratres predicti Arnalli, qui hoc laudant et firmant. S✠ Arnalli Petri de Gurbo. S✠ Raimundi Bernardi de Olost. S✠ Bernardi Petri de Avinione. SIG✠NUM Gillelmi des Ssoler. SIG✠NUM Petri, presbiteri, qui hoc scripsit die et anno quod supra est.

LXXX

1134, 23 avril.

Original : Barcelone, Arch. Cor. Arag., perg. R. Bereng. IV, n° 31 ; *copie* du XIII° s. : *ibid.*, registre coté *Inventario...*, fol. 6.

Edité : Bofarull, *Colección de documentos inéditos*, IV, n° XIII, p. 35-37.

Omnibus hominibus sit manifestum, qualiter ego, Bernardus Raimundi vocitatus de Mazaneto, et filius meus, Berengarius, ob peccatorum nostrorum veniam impetrandam et vitam eternam consequendam, damus et offerimus Domino Deo et milicię Templi Iherosolimitani nostram medietatem ipsarum domorum cum muro et turribus, et curtello et puteo : et sunt ipse domus cum muro et turribus, in muris civitatis Barchinonę, ad occidentalem plagam, ipsas scilicet quas vocant de Galifa, prope chastrum de Regumir ; advenerunt quoque nobis, Bernardo Raimundi, per vocem uxoris meę, et filio meo, Berengario, et fratribus suis, per vocem matris suę et parentum suorum vel aliis quibuslibet modis. Terminatur autem ab oriente in muro et domibus Guidonis de Moravid et in Androna, a meridie et occasu extra murum in alodio Arnalli Petri militis, a circio in turre et in ipso ferragenaleto de Burgesa femina et in ipso calle. Quantum a predictis terminis concluditur et terminatur et nos ibi habemus et habere debemus, omnibus vocibus et modis, sic damus et offerimus Domino Deo et predicte milicię Templi Iherosolimitani et militibus ibi militantibus, presentibus et futuris, medietatem nostram et totum nostrum directum et vocem predictarum domorum et turrium cum muro et curtello et puteo, cum solis et suprapositis, guttis, stillicidiis, foveis, janius, hostiis et cloacis, et cum ingressibus et earum egressibus, integriter, ut melius dici vel intelligi potest, ac de nostro jure in eorum jus et dominium tradimus, ad suum proprium plenissimum alodium, solide et libere ac quiete possidendum semper ad eorum voluntatem. Si qua vero utriusque ordinis vel sexus persona contra hanc nostrę donationis scripturam ad inrumpendum venerit, iram Dei quem offendit et anathema incurrat, donec, ut sacrilegus, emendet ; et insuper, hęc nostrę donationis pagina perhenniter maneat firma, quę est acta VIIII kalendas maii, anno XXVI regni Leduici regis, et ab incarnatione Dominica millesimo C°.XXX°.IIII°. SIG✠NUM Bernardi Raimundi. S✠ Berengarii. S✠ Bernardi. S✠ Petri, nos qui hanc donationem fecimus, laudamus, firmamus et testes firmare rogamus. S✠ Olivarii de Palacio. S✠ Petri de Sancto Laurentio. Gerallus, presbiter.

LXXXI 1134, 10 mai.

Original : Toulouse, Arch. dép., fonds de Malte, Pézenas, liasse 9, n° 7 (Lestang).

In nomine Domini. Ego, Pontius Betiani, et uxor mea, Vilelma, cum consilio et voluntate Bernardo Raimundo de Castro Novo, nos simul in unum, per fidem et sine inganno et cum bona voluntate, cum hac carta, donamus Domino Deo et milites de Templo Salomonis, presentibus et futuris, totum honorem quod abemus in terminio Pezanacii, videlicet unum campum ad Stagnum, et confrontat ex parte circi in via que currit de Pedanatio ad claram de Stagno, et ex parte meridie in campo Gormundi, in loco qui vocatur Roqueta ; et in alio loco qui vocatur Plania, alium campum, et confrontat ex parte circi in condamina vicecomitis, et ex parte aquilonis et meridie in onore Bernardi Pontii. Et hunc donum fuit factum in manu Raimundi Pastoris et Ugo Betiani, duorum militum istius Templi jamdicti, in tali vero ratione ut ista donatio et ista carta firma sit et stabilis omni tempore. Johannes, jussus et rogatus a Pontio Betiano ac Bernardo Raimundo, scripsit hanc cartam, VI idus mai, anno ab incarnatione Domini M.C.XXXIIII. Ho (*sic*) fuit factum in presentia et in videntia Guiraldi Raimundi hac Rainardi atque Garnerii.

LXXXII 1134, 16 mai.

Original : Barcelone, Arch. Cor. Arag., perg. R. Bereng. IV, n° 33.

Cum Dominus et Salvator noster de superna celorum pro sua pietate descenderet, ut nos redimeret a laqueo diaboli. Quod ego, Gerallus, jaceo in egritudine corporis mei et timeo penas inferni et cupio pervenire mundatus ad gaudia paradisi, testamentum meum facio de omnem meum honore et avere et eligo manumissores mei, id est Poncio capellani et Ramon de Paura et Bernardo de Termenes et Sancio ; precor vos, amicis meis, ut si mors mihi, antequam alium testamentum faciam cum quo omne meum honore et havere, sicut hic inveneritis : In primo, relinquo corpus meum ad milliciam de Gardein, cum XI migeras ordei ; et reliquo ad Ospitalis Iherosolime XXX migeras ordei ; relinquo Sancte Marie de Vilasalva V solidos et ad Stephano Clebano, XII denarios . . . .

. . . Actum est hoc XVII kalendas junii, anno XXVI regnante Ludovico rege.

LXXXIII 1134, 2 juin.

Original : Toulouse, Arch. dép., fonds de Malte, Larramet, liasse 1, n° 1.

Sit notum cunctis presentibus atque futuris, quod ego, Baro de Chaster Pug, simul cum filiis meis, donamus omnipotenti Deo et sanctę milicię Templi Iherosolimitani, pro remissione meorum peccaminum, totas meas terras, quod abeo vel habere debeo inter Togium et Alsalium et inter alodium de Miniacco et de Rameto. Totas vero predictas terras, sicut supradictis includuntur confrontacionibus, dono et confirmo omnipotenti Deo et prephatę milicię, cum omnibus ibi existentibus, sine fraude aliqua, sicut melius ad honorem Dei et utilitatem sancte milicię Templi intelligi vel dici potest. Item, convenio Deo et predictę milicię, quod meis hominibus qui in hac salvitate Sanctę Mar') de Rameto steterint vel habitaverint, non inferam aliquam vim vel injuriam, pro aliqua culpa aut pro aliquo malo quod michi fecissent. Set si quis michi aliquod malum vel injusticiam faceret, facerem clamorem ipsi magistro et domino qui in ipsa fuerit salvitate, et si ipse michi de eo directum facere non posset, peractis xxx proximis diebus, eiceret hominem illum cum omnibus suis rebus ab ipsa salvitate usque ad securum locum, sine timore quem de me vel de meis non haberet. Si quis autem hoc violare presupserit *(sic)*, nichil proficiat, set iram Dei incurrat; et postmodum hec donacio inconvulsa permaneat omni tempore. Actum est hoc in presencia Guilelmi bajuli et Petri clerici de ipsa Rameto et Garsie Raimundi, in manu dompni Arnalli, fratris milicie Templi, et Geralli de Nocura, III nonas junii, anno XXVI regni Ludovici regis, ab incarnacione Domini millesimo centesimo XXX^{mo}IIII^{to}. S✠NUM Baronis, qui hanc donacionem fecit, firmavit firmarique rogavit. S✠NUM filii sui. S✠NUM filii sui. $ Poncii, notarii comitis, qui hoc scripsit, emendatis literis in linea II.

LXXXIV 1134 (après le 17 juillet).

Copie du XIIe s. : Madrid, Arch. hist. Nacional, *Cart. B* 595, n° 267, fol. 93vo-4.

In Dei nomine. Ego, Lop Kaixal (*a*), in mea vita et in meo salute, ascenso et dono meum corpus et meam animam ad illam cavallariam de Templo de Iherusalem, et dono illam meam casam de Tutela, cum tota sua hereditate erema et populata, illam dico quam dedit michi Kaixal, meus tius, ad illam cavallariam de Templo Salomonis, ut annuatim habeant de ea, in tota mea vita, unum morebitinum, et, ad meum obitum, meum cavallum et meas armas.

Hoc factum et dictum, obiit Lop Kaixal in illa batala de Fraga (*b*) per manus Sarracenorum, inimicorum Dei, et remansit illuc cavallus et armas in manus eorum.

Et iterum, Lop Kaixal habuit de illos fratres de Templo, in Alagone, nonanta kafices de cevera, xxx^{ta} de trico et v^e, et superplus fuit de orgio, et levavit ista cevera ad Mont- *(fol. 94)* reial, et Kaixal intravit fidiator, et, per mandato de Kaixal, dederunt fratres de Templo ad Joanes Diez xx^{ti} et VIII^{to} morabetinos, per unam partem de ista hereditate quam tenebat in pignora, et ad Banzo Moro sexsaginta solidos, per tres vineas quas tenebat in pignora.

Placuit Deo et ad seniorem Kaixal et ad suam mulierem quod, pro isto cavallo et pro istas armas et pro ista cevera et pro istos marobetinos et pro istos denarios et pro isto ordinamento sui nepotis et pro sua anima et pro anima sue mulieris et pro anima sui nepotis, dedit istas casas et istam hereditatem suprascriptam ad illa cavallaria de Templo Salomonis. Testes : Sanz Fortunones, justicia, Boves, Robert de Torle, Fortin Bones, Petrus Salamon. Arnaldus scripsit.

LXXXV 1134, 1er août.

Copie du XIIe s. : Toulouse, Arch. dép., fonds de Malte, *Cart. A de Douzens*, ch. 44, fol. 33.

In nomine Domini. Ego, Gilelmus Petri, iturus Iherusalem, dimitto Deo omnipotenti et fratribus conmilitonibus Templi, pro remissione peccatorum meorum et pro salute anime mee et patris ac matris mee, aliquod de alodio meo, scilicet unam terram que est in terminio de Dozenes et affronta de circio et a meridie in honore Berengarii *(fol. 33^{v})*, de altano in honore Guillelmi Fermengaudi, de aquilone in

(*a*) Dans une charte du roi Alphonse « in obsidione de Fraga », en juillet (1-17) 1134, « Lope Kaixal in Nagara ». Delaville Le Roulx, *Cartulaire général*..., n° 105. — (*b*) 1134, 17 juillet.

honore militie. Et dimitto unum arpentum vinee, et affronta de altano in honore Bernardi, fratris mei, a meridie in honore Guilelmi Paulini, a circio in honore Bernardi, fratris mei, de aquilone in via. Et dimitto unum medium arpentum quod ex omnibus IIII partibus affronta in honore fratris mei, Bernardi, ad Olivarius (*sic*). Et dimitto unum campum ad Exebra Vivos, et affronta de altano in honore militie et a meridie in honore Berenguarii de Dozenca et a circio in honore Tribuc, de aquilone in Aude. Hunc honorem prescriptum dono ego, Guilelmus Petri predictus, pro alodio, Deo et militie Templi, si remaneo Iherosolimam morte vel aliquo modo. Adhuc autem dimitto Deo et militie Templi VII oves et III sestaria frumenti et V sestaria ordei et II modios et dimidium vini et vas in quo sunt. Et dimitto infantibus meis IIII sestariatas terre supra rivum et III eminatas ad ortum Miri, et vineam Arnaldi Rodel, et dimito unam domum cum camera et cum ingressu et regressu. Hoc totum dimitto illis, cum consilio Bernardi, fratris mei, qui hanc cartam laudavit et firmavit, in presencia Bernardi, cappellani, et Petri Bernardi et Poncii Guilelmi et Nicolai, sacerdotis, qui hoc scripsit, kalendis augusti, anno Dominice incarnationis millesimo C.XXX.IIII.

LXXXVI

1134, 7 août.

Copie du XIIe s. : Toulouse, Arch. dép., fonds de Malte, *Cart. A de Doutens*, ch. 171, fol. 127.

✠ In nomine omnipotentis Dei, Patris et Filii et Spiritus sancti. Ego, Cecilia (*a*), vicecomitissa, et nos, filii ejus, Rogerius (*b*) nomine et Raimundus Trencavellus (*c*) atque Bernardus (*d*), donatores sumus Deo et sacre militie Iherosolimitane Templi Salomonis et cunctis confratribus ibidem Deo militantibus, presentibus atque futuris. Donamus itaque atque laudamus et omnimodis dimittimus eis totum ipsum alodium nostrum quod habemus et habere debemus in villa de Gaure et in omnibus terminiis ejus, sicut ipsum alodium tenebant de nobis Rogerius de Cavanaco et Udalgerius, nepos ejus, in villa de Gaure et in omnibus terminiis ejus : sic illa, totum integerrimum cum ipso seniorivo quod ibi habemus, Deo et predicte militie omnibusque confratribus, sui (*sic*) eadem militie Deo servientibus, donamus atque laudamus et omnimodis, sine omni nostra reservatione, concedimus, ad habendum scilicet ac possedendum et omnem voluntatem suam perpetim faciendum. Sane vero, quod minime credimus esse venturum, si ullus omo aut femina hoc donum ad infringendum venerit, nos et omnis posteritas nostra leguales guirenti ac recti et fideles adjutores erimus inde predicte sacre militie, sine inguanno, in perpetuum. Hoc autem facimus propter absolutionem anime patris nostri, Bernardi Attonis vicecomitis, et propter remissionem peccatorum ejus atque nostrorum, et propter vitam adipiscendam sempiternam, amen. De hoc sunt testes : Arnaldus Pelapol et Petrus, frater ejus, atque Guilelmus Macip et Petrus de Clarmont. Gilelmus scripsit jussio domni predicti Rogerii de Biterri, anno (*fol. 127*^vo), millesimo C.XXXIIII incarnationis Dominice, VII idus augusti, feria III, regnante Lodovico rege.

(*a*) Cécile, veuve de Bernard Atton, vicomte de Carcassonne (✝ 1130). — (*b*) Roger I, vicomte de Carcassonne et d'Albi, 1130 ✝ 1150. — (*c*) Raymond Trencavel I, vicomte de Béziers et d'Agde, puis de Carcassonne, 1150 ✝ 15 oct. 1167. — (*d*) Bernard Atton, vicomte de Nîmes.

LXXXVII — 1134, 15 août.

Copie du XIIe s. : Arles, Bibl. municip., *Authenticum de Saint-Gilles*, fol. 187vo.

Extrait : Avignon, Bibl. municip., ms. 2754, fol. 14vo.

Édité : Bon du Roure, *Revue Hist. de Provence*, n° 1 (janv^r 1890).

Anno ab incarnatione Domini MCXXXIIII. Ego, Idelfonsus (*a*), comes Tolosanus, do et offero Deo et militibus Xpisti qui in Templo Salomonis Deo serviunt et civitatem sanctam cum habitatoribus custodiunt, advenientes quoque et redeuntes defendunt, tantam potestatem et licenciam in omni terra mea, quantam in partibus orientis a rege Iherosolimitano, a principe Antiocelio et a comite Tripolitano habent, videlicet ut quisquis in omni provincia mea aut se ipsum aut pecuniam aut terram aut villam aut castellum aut etiam civitatem vel aliquid horum que a me feualiter tenent eis dare voluerit, et ipse dare, nullo calumpniante, et ipsi accipere libere possint, ut in eternum domus militum Iherosolimitana possideat ac vice hereditario in perpetuum teneat, nulli pro his nisi Deo soli serviens. Factum et confirmatum est donum istud in curia Sancte Marie de Podio, in die assumptionis ejusdem, cernentibus et audientibus istis : Guillelmo (*b*), episcopo Podiensi, Raimundo Berengario (*c*), comite Barchinonensi, Guillelmo de Monte Pessulano (*d*), Rotgerio Biterrensi (*e*), Rostagno de Sabrano et multis aliis.

LXXXVIII — 1134, mercredi (5-26) septembre.

Original ou *copie* contemporaine : Toulouse, Arch. dép., fonds de Malte, Larramet, liasse I, n° 2, 1re charte; *autres copies : ibid.*, n°s 3 et 4.

Édité : Du Bourg, *Hist. du grand prieuré de Toulouse*, pièces justif., n° XII, page VIII

In nom[ine[1] Domini] nostri Ihesu Xpisti. Ego[2], Amelius (*f*), Dei gratia, Tolosane sedis episcopus, et Aicardus (*g*), prepositus ęcc[lesię][3] Sancti Stephani, consilio et auctoritate conventus predicte ęcclesię[4], donamus liberaliter Domino[5] o[mnipotenti] Deo et militie[6] Templi Domini Iherosolimitani, et habitatoribus[7] ejusdem loci manentibus ibi, presentibus [et f]uturis, capellaniam[8] ęcclesię[9] Sancte Marie de Rameto, cum totis pertinentiis que ad prefatam[10] capellaniam per[tin]ent[11], et comodo[12] donamus et annuimus[13] libere decimam[14] totius terre, que est infra flumina Togis[15] et Alsavi, et affr[an]quimus[16] decimam de terris vestre[17] bouarie, scilicet ad II paria boum[18], et decimam de VIII aripentibus vinearum donamus comodo

(*a*) Alphonse Jourdain, comte de Toulouse, 1112 † (c. 15 avril) 1148. — (*b*) *Corr.* Humberto. Humbert, évêque du Puy, 1128, archevêque de Vienne c. 1145 † 20 nov. 1147. — (*c*) Raymond Bérenger IV, comte de Barcelone, 1131, roi d'Aragon, 1137 † 26 août 1162. — (*d*) Guillaume VI, seigneur de Montpellier, 1121-1149 † moine, 1162. — (*e*) Roger I, vicomte de Carcassonne, 1130 † 1150. (*f*) Amelius, évêque de Toulouse, 1106 † 1139. — (*g*) Aicard, prévôt de Saint-Etienne, † 20 septembre 1135.

1. *Le n° 2 offre quelques déchirures.* — 2. *Les n°s 3 et 4 commencent ainsi* : Ego, Amelius, Tolosane sedis episcopus. — 3. *n° 4* : ecclesie. — 4. *n° 4* : eclesie. — *manque* (*3 et 4*). — 6. militie Templi Salomonis et.. (*3 et 4*). — 7. *4* : abitatoribus. — 8. *3 et 4* : cappellaniam. — 9. *3* : ęcclesiæ ; *4* : ecclesie. — 10. *3 et 4 omettent ce mot.* — 11. *3 et 4* : pertinet. — 12. *3 et 4 omettent ce mot.* — 13. Et annuimus *manquent aux n°s 3 et 4*. — 14. *3 et 4* : et totas terras que sunt. — 15. Togis *omis* (*3 et 4*). — 16. *3* : afrinquimus ; *4* : afranquimus. — 17. *3* : vestrę. — 18. *3 et 4* : pariam bovis.

et affranquimus [1]. Set in salvetate de Ramet retinemus censum de meliore casale quod in villa [2] fuerit, excepto unum casalem ; set justicia nostri casalis sit predicte militie [3]. Et retinemus in capellania sinodum [4], omni anno, sex d(enarios). Et capellanus qui ibi [5] fuerit, nostro consilio et auctoritate fiat. Et donamus quod hec ęcclesia predicta non fiat vetata neque excomunicata pro ulla excomunicatione Tolosane patrie.

Facta carta et donatio mense septembris [6], feria IIII^a, regnante Lodovico [7], Francorum rege, et Ildefonso, [8] Tolosano comite, anno ab incarnatione Domini MCXXXIIII.

Sig✠ Bernardi Jordani [9] et Bernardi Barraui [10]. Vitalis scripsit.

LXXXIX 1134, jeudi (6-27) septembre.

Original : Toulouse, Arch. dép., fonds de Malte, Magrian, liasse I, n° 2.

A ✠ Ω IN nomine Domini. Ego, Cecilia (*a*), vicecomitissa, et nos, filii ejus, Rogerius de Biterris (*b*) et Raimundus Trencavellus (*c*) atque Bernardus Atonis (*d*), . . . donamus per alodem. . . . Domino Deo et sancto Johanni Babtiste et Hospitali Iherussalem. . . . totum hoc quod habemus. . . . in villa de Bethsa. . . . . Iste honor est in comitatu Redensi, in terminio Sancię (*sic*) Andree de Bessa. . . . .

Facta carta hec mense septembris, feria V^a, luna VII^a [11], anno M°C°XXX°IIII° incarnationis Dominice, regnante Lodoico rege.

. . . .

$ Raimundi de Gaure, militis Templi . . . .

Petrus Guilelmi scripsit, jussus a suprascriptis.

XC 1134, 19 septembre.

Original : Barcelone, Arch. Cor. Arag., perg. R. Bereng. IV, n° 39 (*e*).

In Dei nomine. Pateat hominibus cunctis, presentibus atque futuris, qualiter ego, Raimundus Adalberti de Juiano, et uxor ejus, nomine Stephania, et filius ejus, nomine Raimundus, ob peccatorum nostrorum et paren[tum. . . .]impetrandam et vitam ęternam consequendam, donamus et offerimus omnipotenti Deo et milicię Templi Iherosolimitani et militibus ibi summo regi servientibus, presentibus et futuris, omne nostrum [. . . . . .]et habere debemus in ipso loco qui vocatur Mugent, sicuti Arberius melius habet et tenet per nos, cum omnibus pertinentiis que ad ipsum alodium pertinent. Est autem [. . . . in co]mitatu Barchinonensi, infra terminos parrochie Sancti Saturnini de collo de Sabadel ; advenit quoque nobis voce genitorum nostrorum vel aliis quibuslibet modis ac vocibus [. . . . .] ab oriente in alodio [12] Bernardi de Brugeres, a meridie in alodio de Belucia, ab occasu in alodio de

(*a*) Cécile, veuve de Bernard Atton, vicomte de Carcassonne († 1130). — (*b*) Roger I, vicomte de Carcassonne et d'Albi, 1130 † 1150. — (*c*) Raymond Trencavel I, vicomte de Béziers et d'Agde, puis de Carcassonne (1150) † 15 octobre 1167. — (*d*) Bernard Atton, vicomte de Nîmes. — (*e*) La fin des lignes manque.

1. *3 et 4 :* afranquimus. — 2. *3 et 4 :* villam. — 3. *3 et 4 :* milicię. — 4. *3 et 4 :* synodum. — 5. *3 et 4 :* hibi. — 6. *3 et 4 :* septhembris. — 7. *3 et 4 :* Lodoico. — 8. *3 :* Anfoso ; *4 :* Anfonso. — 9. *3 et 4 :* Bernart Jorda. — 10. *3 et 4 :* Bernart Barrau. — 11. Luna VII = *29 septembre 1134, mais c'est un samedi.* — 12. *Ce mot a été barré et remplacé par* feuo.

cannonica Sancte Eulalie, a circio in alodio Petri Bereng[arii. . . . .] quod habet in Senata. Sicut ab his terminis concluditur et terminatur, sic donamus et offerimus predictum alodium, cum ingressibus et ejus egressibus integriter, Domino Deo et [. . . .] et militibus ibi Deo militantibus, ac de nostro jure in eorum jus et dominium eum tradimus possidendum ad servitium Dei et servorum ejus, ad suum proprium alodium, ad suum libitum [. . . .] facimus in potestate omnipotentis Dei et in manu Arnalli de Bedocio et suorum fratrum, unde accepimus ab eis xx morabatinos. Si quis contra hanc nostre d[onationis . . . . . .] inrumpendam, iram Dei incurrat et secundum sanctorum patrum instituta emendet. Omnibus autem huic loco justa servientibus et bona facientibus, sit pax Domini [. . . .].

Actum est hoc XIII kalendas novembris, annus *(sic)* Domini CXXX.V post millesimum, regisque Franchorum Leudovici XX.VII.

SIG✠NUM Raimundi Adalberti; SIG✠[. . . uxo]ris ejus; SIG✠NUM Raimundi, filii ejus, nos qui hanc cartam scribere jussimus, laudamus, firmamus et testes firmare precipimus et rogamus. SIG✠NUM Pontii A[. . . . .]. SIG✠NUM Raimundi Petri de Far. SIG✠NUM Guielmi Petri de Sancto Xpistoforo.

Guielmus levita, qui hoc rogatus scripsit die annoque prefixo ✠ cum litteris dampnatis in linea v^a.

XCI

1134, 30 septembre.

Copie du XVIIIe s. : Madrid, Archivo Hist. Nacional, ord. de S. Joh., leg. 171-4.

✠ IN Dei nomine et ejus divina clementia, Patris et Filii et Spiritus sancti, amen. Ego, Reinimirus *(a)*, Dei gratia rex, placuit michi libenti animo et spontanea bona voluntate, quod dono vobis, cavalcatores de Zaragosa, que existit mihi recollire, die quo veni ad Zarragoza per sancti Michael. Venit in voluntate pro hoc quare itis super Moros ad defensionem Christianorum et ad confusionem Paganorum. Destruet illos Dominus, amen. Dono vobis et concedo Grisenich, qui es in rivo de Exalone, cum parapos et villa nova, cum suos terminos et cum suos Moros horros, quod habeatis hoc suprascriptum, ad vestras proprias hereditates, vos et omnis generatio vestra, per facere inde totam vestram voluntates per secula, salva mea fidelitate et omni mea potestate per secula, amen. S. ✠ Raimundi comes *(b)*. SIGNUM regis ✠ Ildefonsi (c), filius Barchinonensium comitis, laudo et confirmo hoc suprascriptum. SIGNUM Aldefonsi *(d)*, imperator Leonensis. Facta carta postremo die de septembri et era M^a C^a LXX^a II^a, me Dei gratia regnante in Aragone et Suparbi et in Ripacurra et in supradicta Cesaraugusta, et episcopus Garcias *(e)* ibi. Et auditores de ista donacione : senior Lope Sanze de Belgit et Per Romeu, senior Lope Garcez Heilalie, et Rodric Pexez Artalle, et Garcia Gaxcez de Hoscha. SIGNUM ✠ Adefonsi, imperatoris Leonensis. Ego, Reinimirus, Dei gratia rex, hanc cartam confirmo et laudo et manu meo hoc SIGNUM *(f)* facio.

(a) Ramire II le Moine, roi d'Aragon, 1134—1137, † 16 août 1147. — *(b)* Raymond Bérenger IV, comte de Barcelone, 1131 † 26 août 1162. — (c) Alphonse II, roi d'Aragon, 1162 † 20 (25?) avril 1196. Cette signature a été ajoutée postérieurement. — (d) Alphonse, roi de Galice, 1112, de Castille et de Léon, 1126, empereur d'Espagne † 21 août 1157. — *(e)* Garcia, évêque de Saragosse, 1130—1136. — *(f)* Ce signum consiste dans l'image grossière d'un tombeau encadré dans un rectangle. Sur le tombeau on lit « Sepulcrum Do » et au-dessous du rectangle « mini ».

XCII [1134, septembre—21 novembre 1150.]

Copie du XIIIe s. : Pampelune, Archivo de la Deputacion Provincial de Navarra, *Cartulario Magno*, II, fol. 121.

Mentions : Compendio del P. Liciniano Saez, t. XXVIII, fol. 11 ; Moret, *Anales de Navarra*, II, p. 202 (qui date de 1149).

De Villa Vetula.

In Dei nomine et ejus gratia. Ego, infans Garsias, rex Navarre (*a*), dono et concedo vobis omnibus hominibus qui populatis atque exinde populaverint in illam meam Villam Vetulam, quam dedi fratribus milicie Templi Salomonis, talem forum et tales usatias, quemadmodum habent homines de Stella et de Ponte Regine, in omni judicio et foro ; verumplamen illi persolvendo predictis fratribus milicie Salomonis, unoquoque anno, pro domibus quas tenent in censu. Quod non hospitent peregrinos de nocte pro denariis, sed vendant pannem et vinum in taberna, et in omni regno meo vendant et comparent secure, sicut omnes homines mei regni, et illud quod comparaverint, possideant francum et ingenuum, salva mea fidelitate et de omni mea posteritate. Verumptamen, super hoc mando et confirmo quod alius judex non judicet eos pro aliqua calompnia, nisi judex de Stella vel de Ponte Regine, et hoc in omni judicio et foro. Et hoc fiat per infinita secula. Facta carta et precepto in ecclesia Sancti Jacobi de Ponte Regine, era M.CLIX (*b*).

Et sunt testes : Robert lo Frances, Bernard Galmar, suus francus ; don Armant, don Arnalt lo Rey, Pere Gordon, Pere Rumeu, Orti Ezquerra lo Sayon, Lope del Palacio, Sameno Barba, Garcia de la Cambra.

Ego, rex Garsias, istam cartam jussi facere et mea manu hoc SIGNUM feci ✠.

XCIII 1134, lundi (1-29) octobre.

Original ou *copie* du XIIe s. : Toulouse, Arch. dép., fonds de Malte, Larramet, liasse I, n° 5 ; *copie* du XIIe ou du début du XIIIe s. : *ibid.*, même liasse, n° 6.

Edité : Du Bourg, *Hist. du grand prieuré de Toulouse*, pièces justif., n° XIV.

In nomine Domini nostri, Ihesu Xpisti. Sciendum est quod Raimundus de Saises et A. Ram[un]dus[1], filius suus, pro remedio animarum suarum et omnium parentum eorum, dederunt libere quadraginta et VI casales et IIII perticas Domino Deo et militibus Templi Salomonis, presentibus et futuris, sine[2] ulla retentione, cum ripis mollinorum, infra Togem et Alsavum, ad crescendam villam et hedificandam, que vocatur Ramed, et dederunt eo modo dominationem de toto illo honore quem Baronus ibi dederit ; set in hac predicta villa, retinuerunt Ramudus[3] de Saises et Arnaldus Ramundus, suus filius, IIII casales, de quibus debunt censum IIII denarios et decimam et primitiam[4] et justiciam, ut alteri casales. Hujus rei sunt testes : Bernardus Jordanis et Vitalis de Iscio et Arnaldus de Podio Sibrano et Bernardus Barrauus.

Ego, Baronus de Quarterpodio[5], et filii mei, laudamus et concedimus hoc donum

(*a*) Garcia, roi de Navarre, sept. 1134 † 21 nov. 1150. — (*b*) La date est sûrement fausse.

1. *Le signe abréviatif manque dans le n° 5.* — 2. sine *a été omis dans le n° 6.* — 3. *Le signe abréviatif manque : le n° 6 donne* Raimundus *ici et plus loin.* — 4. *n° 6 :* primiciam. — 5. *n° 6 :* Quaterpodio.

supradictum, quod Raimundus de Saises [1] et Arnaldus Ramundus, filius suus, fecerunt; et, postposita omni [2] occasione, damus libere Deo et eisdem militibus Templi, consilio Ramundi de Saises et A(rnaldi) Ramundi, sui filii, prope istos predictos casales, alteros XL.ª et VI casales et IIII perticas in termino quod supra diximus, inter utrasque aquas, cum ripis mollinorum. Set in hoc predicto honore, retinuerunt IIII casales Baronus et sui filii, de quibus facient hospitio Templi census et usus, ut alteri casales. Hujus rei sunt testes : Ramundus, prior Sancte Marie Deaurate [3], et Bernardus Jordanis et Petrus de Brolio.

Facta donatio hujus cartule, mense octobris, feria II.ª, luna XXVIII (a), regnante Lodoico, Francorum rege, et Ildefonso, Tolosano comite, et Amelio episcopo, anno ab incarnatione Domini millesimo C.XXX.IIII. (a)

Notum (b) sit quod ego, Raimundus, prior Sancte Marie, consilio conventus ejusdem loci, dono et concedo libere et sine enganno et *(sic)* militibus in Templo servientibus, presentibus et futuris, decimam et primiciam et dominationem quam ecclesia Sancte Marie Deaurate habebat vel habere debebat in illo honore quem Raimundus de Saises et Baronus de Quarterpodio et filii eorum eisdem militibus dederunt; et totum justum quod ecclesia predicta habebat in mollinare, similiter dono predictis militibus Templi; de quo predicto honore milites predicti Templi dederunt michi, Raimundo, priori, et conventui Sancte Marie Deaurate, IIII casales, quodquod de quatuor perticas, tali convenentia quod de unoquoque casale reddamus Deo, militibus, quoque anno, unum denarium et decimam et primitiam et omnes usaticos, sicuti alii habitatores ville de Rameд fecerint; et dederunt nobis unum locum prope ecclesiam, ad faciendam domum, de reddamus *(sic)* omni anno I denarium censum. Hujus rei sunt testes : Bernardus Jordanis et Petrus de Brolio et Maurinus de Legavino.

In (b) illa donatione quam fecit Bernardus Jordani et Vitalis de Isc et prior Sancti Michaelis de Castel, Deo et militibus de Templo Domini, de Rameto, illud pignus quod Bernardus Raimundi babtizatus habebat in supradicto honore de Rameto, donat Deo [4] et militibus de Templo Domini in perpetuum.

XCIV

1134, 17 octobre.

Copie du XII.ᵉ s. : Madrid, Archivo Hist. Nacional, *Cartul. B* 595, n° 282, fol. 104 ; autre *copie : ibid., ib.*, n° 40, fol. 19ʳᵒ.

In Dei nomine. Certum quidem [5] et manifestum est [6] quod ego, Garsias (c), Cesaraugustanus episcopus, cum consilio meorum canonicorum hac [7] pro redemptione anime meę [8], ad illam cavallariam de Iherusalem omnia [9] mea epischopalia [10] jura, quod [11] ego habeo [12] in illa ecclesia de Novellas [13], nisi tantum ut veniant ad nostrum concilium et accipiant oleum et crisma et cognoscant Cesaraugustanam sedem suam, tali convenentia quod in unoquoque anno, in festum sancti Michaelis, donet [14] nobis nostris-

(a) Il y a erreur dans cette date. Le 28ᵉ jour de la lune est le 20 octobre, mais c'est un samedi. Peut-être l'acte est-il du lundi 22 octobre? — (b) L'original de la charte du prieur de la Dorade est dans la même liasse, pièce jointe au n° 22. — (c) Ceci est écrit dans le n° 5, d'une encre plus noire. — (d) Garcia, évêque de Saragosse, 1130 - 1136.

1. n° 6 : Saisses. — 2. *répété* (n° 5 et 6). — 3. Dealbato *a été corrigé en* Deaurate. — 4. Deo *omis dans le* n° 6. — *Variantes du* n° 40 : 5 *omis*. — 6. sit omnibus. — 7. *omis*. — 8 meo — 9. dono omnia. — 10. episcopalia. — 11. que. — 12. habeo vel habere debeo. — 13. Novellis. — 14. donent.

que successoribus XII [1] denarios in predicta sede percurribiles, et habeat illa [2] predicta cavallaria illam prescriptam ecclesiam, salvam et ingenuam, per secula cuncta, amen [3]. Facta carta XVI° kalendas novembris, era M°C°LXX°II° [4]. Testes : Vilelm [5] prepositus, Senior sacrista, Vilelm [6], Sancte [7] Marie capellanus, Martinus, Vilelm [8], nepos ejus, Ermengaudus, Giraldus, Vilelm [9] de Fontibus. Arnaldus scriptor.

XCV

1134, 2 novembre.

Original : Toulouse, Arch. dép., fonds de Malte, Magrian, liasse I, n° 4.

In Dei nomine. Notum sit omnibus hominibus, quod ego, Guilelmus de Alaiano vicecomes, dono Domino Deo et beato Marie et milicie Iherosolimitani Templi, presentibus atque futuris, ibidem Deo servientibus, et tibi, Raimundo de Gaure, et tibi, Ugo de Beca(n), unum hominem, scilicet Peire Vassal de Casal Rovira, cum suis infantibus, cum casales, cum tenencias suas et cum servicium suum : sicut superius scriptum est, sic dono cum bono animo et ex bona voluntate, totum quantum habeo et habere debeo ibi et teneo, hoc est, terciam partem, sine inganno et sine omni retentu, quod ego, Guilelmus de Alaiano, nec infans qui de me apparuerit, in istum donum predictum, ni per grad ni per forcia, amplius non faciamus ibi. Et per hoc donum predictum accipio a vobis predictis LXX solidos Ugonenssis. Et si aliquis amparaverit vobis, per me nec per meo ingenio, ego, Guilelmus de Alaiano, et infantes qui de me apparuerit, bonam guerenciam vobis faciemus. Et donamus vobis per manutenencia et per custodia, Rogerium (*a*), vicecomes, et Petrum Arnaldum de Cadarona, vicarium, et successores ipsius regiminis omni tempore. Et ista carta firma et stabilis permaneat omni tempore. Testes et firmatores istius carte : Arnallus Gilelmus d'Esseraza et Arnaldus d'Alaia et Poncius Andreu d'Eleit et Od de Talabuix [10] et Gilelmus del burg de Carcassona. Facta est hec karta anno millesimo C°XXX°IIII° incarnationis Xpisti, regnante Lodoyco rege, IIII° nonas novembris. Bernardus scripsit de Rovenago.

XCVI

1134, 1er décembre.

Original jadis scellé : Blois, Arch. dép., H (fonds non classé).

Edité : Bouchet, *Bulletin de la Société archéologique du Vendômois*, janvier 1874 ; Métais, *Cartulaire de la Trinité de Vendôme*, II, p. 262-264.

. . . . Ego, ... Goffredus, vicecomes Castridunensis, ... et Helvisa, nobilissima uxor mea, concedimus Deo et Vendocinensibus monachis in manu domni Fromundi, Vendocinensis abbatis, ... Actum in foreste que Perticus dicitur, in domo militum de Templo, anno ab incarnatione Domini M.C.XXX.IIII. kalendas decembris.

XCVII

[1134—1141.]

Copie du XVIII° s. : Paris, B. N., Moreau, LII, n° 70, d'après l'original scellé du chartrier de Saint-Fuscien.

In nomine Patris et Filii et Spiritus sancti, amen. Guarinus (*b*), Dei gratia Ambianensis episcopus, sancte ecclesie filiis presentibus et futuris, salutem in Domino. In

(*a*) Roger, vicomte de Carcassonne, 1130 † 1150. (*b*) Garin de Châtillon, évêque d'Amiens, 1127 – 1144.

1. X. — 2. omis. — 3. omis. — 4. M.C.LXX.III. — 5. Gilelm. — 6. Id. — 7. capellanus Sancte Marie. — 8. Wilelm. — 9. Gilelm. — 10. ou Talabinx ?

presentia nostra facta est compositio inter monachos ecclesie Sancti Fusciani et milites Hierosolimitani Templi super altare et decima de Nova Villa, quod de jure ejusdem ecclesie Sancti Fusciani erat, quodque ipsi milites reclamabant ; ita scilicet ut, cum in eadem villa vel in parochia curiam unam ipsi milites habuerint, ab omni decima, tam ovium quam ceterorum animalium quo sua propria erant, libera erit ; decimam quoque annonarum habebunt, quas in terra ejusdem parochie per laborem duarum carrucarum de proprio seminabunt. Et ut hoc in posterum firmiter teneatur, hoc cyrographum inde fieri mandavimus nostrique sigilli munimine et personarum quarum nomina suscribuntur testimonio confirmamus. SIGNUM domini Guarini ✠ Ambianensis episcopi. SIGNUM abbatis Sancti Fusciani, Eustachii (a), et monachorum ejus. ✠ Heberti, prioris, Ingelranni, prepositi, Johannis, supprioris, Adelelmi. SIGNUM Gisleberti de Druisencort et Soiheri, militum Hierosolimitani Templi ✠.

XCVIII

[1134—1147.]

Original jadis scellé : Paris, A. N., S 5211, pièce cotée S 5209, n° 12 (H^te-Avesnes, liasse 60, n° 15) ; *copie* du XIIIe s. : Mons, Arch. de l'Etat, *Cart. du Temple en Flandre*, fol. 49.

Analyse : Devillers, *op. cit.*, p. 172 (qui date 1128-1168).

HENRICI (*sic*) COMITIS FLANDRIE, DOU RELIEZ TERRE SUE.

In nomine Patris et Filii et Spiritus sancti. Ego, Th(erricus) (b), Dei gratia Flandrie comes, una cum uxore mea, Sibilla (c), attendens per religiosas personas quod legitur : « Si quid Deo datur, si subtili consideratione pensatur, non est donum sed mutuum, quia, fructu multiplicato, ad dantem revertitur », militibus de Templo tocius terrę meę reliez et II s(cilicet ?) mansa in Haga Insule eis assignata, cum uno prato juxta Ypram sito, imperpetuum concessi. Quod ut ratum et inconvulsum stans perpetuetur, presentis pagine asstipulatione (*sic*) et sigilli nostri impressione in testimonium, sentensia (*sic*) excummunicationis (*sic*) innitentes id infringere ab episcopo Morinensium aliisque magne religionis viris prolata confirmatum est. Testes hi : comes Lambertus (d) et filius, Cono, Iwanus et frater ejus, Radulfus, castellanus Brugensis, Gislebertus Bergensis, Anselmus de Baliol, frater ejus Balduinus, Michael conestables, Willelmus Audomarensis, Robertus Insulensis, Henricus Broburgensis aliique quorum nomina non sunt scripta in libro hoc.

XCIX

[1134—1147.]

Copie du XIIIe s. : Mons, Arch. de l'Etat, *Cart. du Temple en Flandre*, fol. 16^v°.

Analyse : Devillers, *op. cit.*, p. 201 (qui date : 12..)

DE RELEVIIS CASTELLANI DE BRUGIS.

In nomine Patris et Filii et Spiritus sancti. Ego, Iv'nus (*sic*)[1], et frater meus, Radulphus, castellanus Brugensis, tam presentibus quam posteris, notum facimus quod

(a) Eustache, abbé de Saint-Fuscien, paraît 1134-1151. — (b) Thierry, comte de Flandre, 1128 † (c. 6) janvier 1168. — (c) Sibylle, veuve de Guillaume Cliton, épouse Thierry, 1134 ; abbesse de Saint-Lazare de Jérusalem, 1157 † 1163/5. — (d) Lambert, comte de Montaigu, 1105 † 1147.

1. *Ce mot, en partie corrigé, semble pouvoir se lire ainsi. Cf. « Iwanus », dans la charte précédente.*

tocius terre nostre relies, in spe future retributionis, militibus Templi in perpetuum concessimus, et ne per nos vel per aliquem successorum nostrorum infringi possit, hoc sigillum in testimonium proferatur. Testes hii : comes Flandrie (*a*); comes Lambertus (*b*); Theodericus, camerarius ; Radulphus, castellanus Brugensis ; Anselmus de Balliolo.

C — 1135 (1er janv.—31 décembre).

Original : Madrid, Archivo Hist. Nacional, ord. de S. Joh. lej. 338-42.

✠ In Dei nomine et ejus divina clementia, Patris et Filii et Spiritus sancti, amen. Ego, Garcia (*c*), Dei gratia, Pampilonensium rex, facio hanc cartam donationis et confirmationis et pro animas parentum meorum, a Deo et ad Templo Salamon et ad illos fratres qui sunt de illa cavalleria, et ad illo Ospital, et ad fratrem Garner de Templo, et ad Per Ramont de illo Ospital. Placuit michi libenti animo et spontanea voluntate, propter amorem Dei et animabus parentum meorum, dono vobis et concedo Novellas, illo castello et illa villa con toto suo termino, ermo et populato, quanto ei pertinet et pertinere debet, cum campis et rivis et sotos, et hoc donum habeatis cum suas aquas et cum totos suos directaticos, per infinita secula, salva mea fidelitate et de omni mea posteritate, per secula cuncta. Signum ✠ regis Garsie.

Facta carta in era M·C·LXX·III·, in villa que dicitur Tutela, regnante me, Dei gratia, rex in Pampilona et in Alaba et in Puzcua et in Bizcaia ; episcopus Sancius (*d*) in Pampilona ; episcopus Michael (*e*) in Tarazona ; episcopus Sancius (*f*) in Naiara ; senior Martin Sanz in Pedrola ; Eneco Lopiz in Estela ; Lope Necones in Tafalla ; Gilelm Aznares in Sangossa, Martin de Leet in Gallipenzo, Gonzalbo de Azacia et don Rodrico, suo fratre ; Oriol Garcez, Ramon de Cortes, Fertun Necones, Petro Taresa, Sanz Fertuniones, justitia de Borga, Acenar Lopiz, Robert de Matalon, Rodrico Avarca, Lop Lopez de Zaragoza, Rodrigo Petriz, Lop Sanz de Belchit, Artal, Palazin, Joan Diaz, Fertun Aznarez, Gassion de Bilforato, testes.

CI — 1135, 28 janvier.

Copie du XIIe s. : Toulouse, Arch. dép., fonds de Malte, *Cart. A de Douzens*, ch. 21, fol. 20.

In nomine Domini. Ego, Raimundus Mantillini, et uxor mea, donatores sumus Deo et militie Templi Salomonis Iherusalem et tibi, Ugo Rigallo, et Petro (*sic*) Bernardo Perpeniano, quia in manu factum est, donamus vobis 1 vinea in comitatu Carcassensi, in terminio de Bubariis, in loco vocato Oliverio, et affronta de altano in ipsa nostra honor, de meridie in vinea Stephani Canioti, a circio et aquilone in ipsa ereditate. Sicut superius scriptum est, sic donamus vobis, fratribus, et militie prefate, sine omni inganno et absque ulla retinencia et reservatione nostri in perpetuum. Et ego, Ugo Rigualius, et Petrus Bernardus, donamus tibi, Raimundo Mantillino, et uxori tue unum cavallum per compra. Et ego, Raimun Mantillini, et uxor mea, donamus et

(*a*) Thierry, comte de Flandre, 1128 † (c. 6) janvier, 1168. — (*b*) Lambert, comte de Montaigu, 1105 † 1147. — (*c*) Garcia, roi de Navarre, sept. 1134 † 21 nov. 1150. — (*d*) Sanche, évêque de Pampelune, 1121 † 11 septembre 1142. — (*e*) Michel, évêque de Tarazone, 1119 † 1151. — (*f*) Sanche, évêque de Najera, ? — 114(.)

vidimus *(sic)* vobis predictam vineam, sicut superius scriptum est, et erimus vobis guirenti sine inguanno. Facta carta donationis et venditionis v kalendas februarii, anno M.C.XXX.IIII. ab incarnatione Domini, regnante Lodovico rege. Sig✠m Raimundi Mantellini et uxoris ejus, qui sic istam cartam scribere fecerunt et testes firmare rogaverunt. Sig✠m Gilelmi Mantelini, qui hoc laudavit. Sig✠m Bernardi Moduli. Sig✠m Berenguarii Poncii. Sig✠m Gilelmi Tribucci. Raimundus scripsit.

CII

1134/5, 6 mars.

Original : Barcelone, Arch. Cor. Arag., perg. R. Bereng. IV, n° 44.

In Dei nomine. Ego, Petrus Arnalli, prompto animo et bona voluntate, diffinio et evacuo Domino Deo et miliciç Iherosolimitani Templi et militibus ibi Deo servientibus, in manu Raimundi Gauceberti et Raimundi Arnalli, fratrum ejusdem miliciç, mansum cum suis pertinentiis et alodia culta et herema quç frater meus, Arnallus Gaucerandi, eidem miliciç Templi dimisit, sicut in suo testamento continetur scriptum. Est autem predictus mansus cum suis pertinentiis et prephata alodia, in comitatu Barchinonae, in Vallense, in parrochia Sancte Perpetuç de Mogoda. Sicut melius habetur et continetur, ut melius dici vel intelligi potest, de meo jure in jus et dominium Iherosolimitanç miliciç et fratrum ibi degentium, trado ad quod voluerint faciendum, sine ulla voce a me vel a meis ibi retenta. Si quis hoc violare presumpserit, suprascripta omnia in duplo componat et ut reus sacrilegii ubique habeatur, donec ad satisfactionem veniat, et insuper hçc presens pagina perhenniter maneat firma. Actum est hoc II nonas marcii, anno ab incarnatione Dominica C.XXX.IIII post millesimum, regisque Francorum Leduici XXVII.

S✠ Petri Arnalli, qui hanc diffinitionis et evacuationis cartam scribere jussi, laudo, firmo et testes firmare rogo. S✠ Raimundi Renardi. S✠ Bernardi de Chastello Uduli. S✠ Carbonelli. S✠num Petri, presbiteri, qui hoc scripsit die et anno quo supra.

CIII

1135, 28 mai.

Original : Lisbonne, *Torre do Tombo*, gav. 7, maç. 9, n° 7 ; *copie* du xvᵉ s. : *ibid.*, *Libro dos Mestrados*, fol. cxxxvii. — *Cf. Nuova Malta*, II, p. 39.

In Dei nomine. Ego, Menendo Monici, et uxor mea, Xpistina Gunsalviz, in Domino Deo eterne salutem. Ideo, placuit nobis per bonam pacem et salutem, ut facimus vobis, Arnal Petri de Templum Domini, kartam contramutationis de illa hereditate de Aschaliz que fuit de Sancto Michael de Paredes, et octo morapetis aureos, et damus eam vos pro ipsa hereditate de Huldrianos, temtum nobis bene complacuit, habeat enim Deus et qui servire ista obediencia. Et si homo venerit istam cartam irrumpere, ut sedeat maledictus et excomunicatus, et super ut pectet tercentos solidos. Notum die quod erit v kalendas junii, era M.C.LXX.III facta carta contramutationis et vendicionis. Ego, Menendo Moniz, et uxor mea, Christina Gunsalviz, in hanc cartam manus nostras roboramus. Pro testes qui viderunt et audierunt : Fernandus, testis, Pelagius, testis, Michael, testis. Sisnandus notavit.

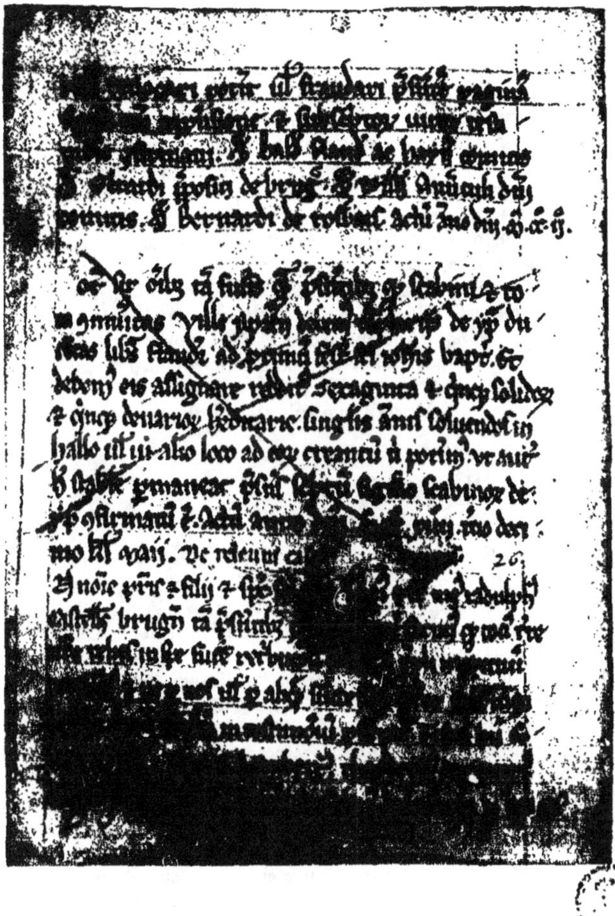

CARTULAIRE DE LA COMMANDERIE DU TEMPLE EN FLANDRE
($17^{cm} \times 122^{mm}$), fol. 16 v°.

CIV 1135, 12 juin.

Original : Barcelone, Arch. Cor. Arag., perg. R. Bereng. IV, n° 47.

In nomine Domini. Ego, Artallus, et Poncius, nepus meus, et Bernardus de Talamancho, nos simul in unum donatores sumus Domino Deo atque milicie Iherosolimitane. Manifestum est enim quatinus placuit animis nostris et placet, ullus quoque agentis inperio nec suadentis ingenio, sed propria ex potanea *(sic)* nobis eligit Deo bona voluntas, ut cartam donacionis fecissemus Domino Deo atque suprascripte milicie. Certum quippe est quod Petrus Arnalli, militem prefate milicie, abet alaudem in castrum Callariis, et nos suprascripti abemus ibi censum, scilicet guaita. Et ego, Arnallus et Poncius seu Bernardus, propter Deum et remedium animarum nostrarum, donamus atque difinimus seu evacuamus supradicta guaita quod abemus in ipsum alaudem, ut neque nos neque ullus ex posteris nostris, non abeamus potestatem requirere ullum censum in jam dicta honore, et hunc censum sia expensum in servicio suprascripte milicie. Et est manifestum, quod si nos, donatores, aut aliquis homo vel femina, qui contra istam cartam elemosinariam venerit ad inrupendum aut inquietare presumpserit et, nisi resipuerit, extraneus a consorcio sanctorum Dei et ab ecclesia catholica particeps Jude Scariocis et cum Datam et Abiron anatema fiat. Et in antea, i[sta] carta firma et stabilis permaneat omni tempore. Actum est hoc II idus juni, anno XXVII Ludovici regis. S✠ Artallus; S✠ Poncius; S✠ Bernardus, [nos qu]i carta fecimus scribere et firmamus et testes firmare rogamus. S✠ Arbertus. S✠ Raimundus Arnalli.

Ut res manifesta fi[at . . . . .] carta firmo sub prefato die et anno quo ✠ supra.

CV 1135, 2 août.

Original : Barcelone, Arch. Cor. Arag., perg. R. Bereng. IV, n° 48.

In Dei nomine. Ego, Berengarius Guilaberti de Salfores, et uxor mea, Pagesa et filius noster, Bernardus, prompto animo et bona voluntate, ob remedium animarum nostrarum et parentum nostrorum, ut Deus omnipotens propicietur peccatis et negligentiis vestris, damus et offerimus Domino Deo et Iherosolimitanę milicię Templi Salomonis et militibus ibidem Deo servientibus, in manu Raimundi Gauceberti, ejusdem milicię fratris et bajuli, alodium nostrum proprium et liberum. Est autem prescriptum alodium in comitatu Barchinonę, in territorio Vallensi, in parrochia Sancti Saturnini de collo Sabatelli, subtus ecclesiam Sancti Martini de ipsa Strata. Terminatur autem ab oriente et a meridie in flumine Mugent, ab occasu in alodio Arnalli Pauli et heredum ejus et in alodio feuali Geralli Guillelmi de Palacio, a circio in strata publica que pergit ubique. Sicut ab his terminis concluditur et terminatur et nobis advenit per omnes voces, sic damus Domino Deo et jamdictę milicię et fratrum ibi Deo servientium tradimus, ad proprium plenissimum alodium liberum, securo et quiete possidendum, ad eorum voluntatem faciendam, ad quod voluerint faciendum, sine ullius contrarietatis obstaculo et sine voce a nobis vel a nostris ibi retenta. Si quis hoc disrumpere vel inquietare temptaverit, supradictum alodium, cum omnibus edificiis et meliorationibus ibi factis, Domino Deo et predictę milicię et suis servis, militibus et bajulis, in quadruplum componat, et insuper hęc presens scriptura perhenniter maneat firma. Actum est hoc IIII nonas augusti, anno ab incarnatione Dominica C.XXXV post millesimum, regisque Francorum Leduici XXVIII. S✠num Berengarii Guilaberti. Sig✠num Pagesię, uxoris ejus. Sig✠num Bernardi. Sig✠num Bernardi de Sancto Andrea. Sig✠m Bertrandi de Cungusto. Sig✠m Raimundi, filii Berengarii Guilaberti. Sig✠m, Petri presbiteri, qui hoc scripsit die et anno quo supra.

CVI 1135 (après le 2 août)—30 novembre 1141.

Edité : Migne, *Patr. lat.*, *CLXXXII*, *Lettres de S. Bernard*, lettre CCCXCII.

Domino et Patri reverendissimo, R(adulpho) (*a*), Dei gratia patriarche sedis Antiochene, frater Bernardus, Clarevallensis abbas, ... Ut ad vestram celsitudinem scribere auderem, nimirum vilis homuncio, non fuit presumptio sed fiducia, nam et frater Hatto id suggessit et charitas persuasit. . . . . . . In fine obsecro ut, si vere mihi locus ille gratie apud vos manet qui dicitur, milites Dei qui Templum Ierosolymitanum inhabitant, in se experiantur, ut, amore nostri, sint vobis deinceps de commendatis commendatiores. Ex hoc siquidem magis et Deo placitus et hominibus acceptus eritis.

CVII 1135, 3 août.

Original : Barcelone, Arch. Cor. Arag., perg. R. Bereng. IV, n° 40.

Sit notum cunctis presentibus atque futuris, quoniam ego, Petrus Berengarii, et uxor mea, Guilia, et filius noster, Petrus de Sancta Eugenia, damus et vendimus Iherosolimitane milicię Templi Salomonis et militibus ibidem Deo servientibus, in manu Raimundi Gauceberti, ejusdem milicię fratris et bajuli, campum unum nostrum proprium, qui nobis contigit jure feuali, quem tenemus ad feuum per Berengarium Guilaberti de Salfores, qui jamdictę milicię per scripturam habet eum datum ad proprium alodium. Est autem jamdictus campus in comitatu Barchinonensi, in territorio Vallensi, in parrochia Sancti Saturnini de collo Sabatelli, subtus ecclesiam Sancti Martini de ipsa Strata. Terminatur vero a borea et a meridie in flumine Mugent, ab occasu in alodio Arnalli Pauli ejusque heredum et in feuali alodio Geralli Guillelmi de Palacio, a circio in strata publica que pergit ubique locorum. Sicut ab his terminis concluditur et terminatur et nobis advenit per omnes voces, sic damus et vendimus omnipotenti Deo et predictę milicię et militibus ibidem Deo militantibus, predictum alodium cum ingressibus et egressibus suis integriter, et aquarum meatibus, ut melius dici vel intelligi potest, ad eorum utilitatem, ut Deus omnipotens propicietur peccatis et negligenciis nostris; ac de nostro jure in jus et dominium et potestatem jamdictę milicię tradimus, in manu Raimundi Gauceberti, ejusdem milicię fratris et bajuli, et aliorum fratrum ipsius sanctę milicię Deo servientium, tradimus ad proprium, plenissimum, liberum alodium, securo et quieto possidendum, ad proprium libitum, ad quodcumque exinde facere voluerint, sine ullius contrarietatis obstaculo. Accepimus quoque, pro hac donatione et venditione, de manu prescripti Raimundi Gauceberti, de bonis jamdictę milicię, xxx moaberti-

(*a*) Raoul, archevêque de Mamistra († dès 1108, Röhricht, *Reg.*, n° 53), succède comme patriarche d'Antioche à Bernard († après le 2 août 1135, *ibid.*, n° 157); il est déposé au concile d'Antioche, 1141 (30 novembre – 2 décembre) (*ibid.*, n° 203).

nos legitimos, boni auri et bene ponderatos, sine nostro engan. Et est manifestum. Si quis hoc violare presumpserit, supradicta omnia cum omni sua melioratione jamdictę sanctę milicię et suis bajulis in quadruplum componamus sive componat, et insuper hęc presens donationis sive venditionis scriptura semper maneat firma, quę est acta III nonas augusti, anno ab incarnatione Dominica C.XXX.V post millesimum, regisque Franchorum Leduici XXVIII. Sig✠m Petri Berengarii de Sancta Eugenia; Sig✠m Guilię feminę, nos qui hanc donationis sive venditionis cartam scribere jussimus, laudando firmamus et testes firmare rogamus. S✠num Petri de Sancta Eugenia, qui hoc laudo et firmo et testes firmare rogo. S✠m Geralli Guillelmi. S✠m Petri Girberti. S✠m Raimundi Arberti. Sig✠m Bernardi de Brugeres. Sig✠m Oliver Sancti Licerii. Sig✠m Petri, presbiteri, qui hec scripsit, cum litteris suppositis in linea Iª, die et anno quo supra.

CVIII 1135 (3 août 1135—21 mars 1136).

Original : Barcelone, Arch. Cor. Arag., perg. R. Bereng. IV, nº 57.

Omnibus hanc legentibus et audientibus scripturam sit manifestum, qualiter nos ambo fratres, Petrus Bertrandi et Bernardus de Bello Locco, prompto animo et bona voluntate, ob remedium animarum nostrarum et par[entum] nostrorum, ut Deus omnipotens propicietur peccatis et negligentiis nostris, damus et offerimus Domino Deo et Iherosolimitanę milicię Templi Salomonis et militibus ibidem Deo servientibus, in manu domni Raimundi Gaucceber[ti], milicię fratris et bajuli, ęcclesiam Sancti Martini de ipsa Strata, cum omnibus alodiis quę habemus et habere debemus, paterno et materno jure, quibuslibet modis ac vocibus, et homines tenent per nos et per v[os?] in circuitu ejusdem ęcclesię, simul cum vię ductibus et reductibus et aquarum meatibus. Est autem predicta ęcclesia, cum jamdictis alodiis, in comitatu Barchinonensi, in Vallensi territorio, in parrocchia S[ancti Saturnini] de collo Sabbatelli, in prenominato loco. Terminantur autem predicta alodia, ab oriente in flumine quod descendit de Villa Majore et in flumine quod vocatur Mugent, a meridie in strata publica que pergit ubique, [ab occasu?] in alodio Berengarii Guilaberti de Salfores, quod est feuum Petri Berengarii de Sancta Eugenia, et in alodio comitali et in alodio Olivarii de Sancto Licerio et in alodio Sancti Mathei, a circio similiter in alodio Sancti Mathe[i et in] alodio Sancti Saturnini. Sicut ab his terminis concluduntur et terminantur et nobis advenerunt per omnes vices, sic damus et offerimus Domino Deo et prescriptę sanctę milicię et fratribus, servis Dei, ibi pro nobis Deo supplicantibus, omnia su[prascripta] alodia et predictam ęcclesiam cum suis justiciis, simul cum ingressibus et regressibus suis integriter, et cum aquarum meatibus ad rigandum, et ad quod voluerint faciendum, ut melius dici vel intelligi potest ad utilitat[em jamdicte?] milicię, ac de nostro jure in jus et dominium et potestatem tradimus prephatę milicię et fratrum ibi Deo servientium, ad proprium liberum alodium, solido et securo ac quiete possidendum, ad eorum [voluntatem] faciendum, ad quodcumque exinde voluerint facere fratres et bajuli sanctę predictę milicię, sine ullius contrarietatis obstaculo et sine voce a cunctis nostris hominibus et a nobis et a progenie nostra ib[i retenta?]. Et ab hac hora et deincebs ulli nostrorum vel alicui personę, potenti vel mediocrę, non liceat dominari nec bajulare nec aliquam dominationem habere in prescriptis alodiis et in eorum ędificiis, quod qui te[mptaverit], a sancta katholica ęcclesia et a consorcio fidelium, ut sacrilegus et invasor sacrarum rerum, extraneus fiat, donec eidem sanctę milicię, sicut sancti patres ei componere sancxerunt, in consimili loco co[mponat et?] satisfaciat, et insuper hęc presens nostrę donationis pagina perhenniter maneat firma. Omnibus autem huic loco justa servientibus et bona facientibus, sit pax Domini nostri Ihesu Xpisti. Actum [est hoc] anno ab incarnatione Dominica C.XXX.V post millesimum, regisque Franchorum Leduici XXVIII. Sig✠num Petri Bertrandi; Sig✠num Bernardi Bertrandi, nos qui hanc donation[is cartam scribere] jussimus, laudando firmamus et testes firmare rogamus. Sig✠num (*sic*). Sig✠num Sancię, uxo[ris . . .]. Sig✠num Raimundi Petri de Faro, qui hoc donum laudo et confirmo. Sig✠m Petri Guilellmi, bajuli, qui hoc laudo et firmo et omnem bajuliam in prescriptis alodiis, pro me et pro meis successo[ribus, predictę] sanctę milicię concedo et diffinio, sine aliquo retentu. Sig✠num Petri de Faro. Sig✠m Berengarii de Faro. Sig✠num Gaucefredi de Faro. Sig✠num Guilellmi Berengarii [. . .]. Sig✠num Guilellmi Petri de Sancto Xpistoforo. Sig✠num Raimundi Mironis. Sig✠m Berengarii Mironis. Sig✠m Poncii de Faro. Sig✠num Raimundi Castri Vetuli. S✠ Raimundi (*a*) comes.

CIX

[1135.]

Copie du XIIe s. : Madrid, Archivo Hist. Nacional, *Cart. B* 595, fol. 24ro, n° 60.

De illa peça de Belita.

In nomine summi Dei. Ego, Belita, et filiis meis et filias, venditores sumus vobis, seniores fratres de Templo, de una peça de terra, in termin(is) de Novellas, quod est in Oxa, et tenet se cum ipsa peça quam dedit meus vir Gonzalvus vobis, fratribus, per pretium I kl. tri. Et placuit nobis, libenti animo, ut faciatis inde vestram voluntatem. Est inde fidança de salvetate, secundum usum terre, Sango Galinz de Bugnol. Sunt testes : don Apparitio, Arnald Ponçi, Petro de Lespig. Facta carta in manu fratris Regald Viger et fratris Richard et alios fratres qui ibidem erant, anno regnante rex G(arsias) (*b*) in Pampilonia et capit Pratella.

CX

[1135.]

Copie du XIIe s. : Madrid, Archivo Hist. Nacional, *Cart. B* 595, n° 57, fol. 23vo-24.

De peças Arnalt Poncii.

In Dei nomine et ejus divina clementia. Ego, Arnaldus Poncii, et uxor mea, Maria, et filiis et filiabus nostris, venditores sumus vobis, emptores nostros, fratres Templi (*fol. 24*) Salomonis militie, duas peças de terra : una quod est in ipsas Creas; alia peça tenet se cum illa peça que fuit don Giralt presbiter et juxta illa de Bonafilia. Vendimus vobis totum ad integrum quod in eas nobis pertinet, propter pretium placabile, II moreb(etinos) merchanç et IIII solidos, deners Tutelensis monete. Sumus

(*a*) Raymond Bérenger IV, comte de Barcelone, 1131 † 26 août 1162. — (*b*) Garcia roi de Navarre, 1134 † 1150. Dès septembre 1135, le roi Garcia avait recouvré Pradilla, puisque à cette date, il eut dans cette ville une entrevue avec l'empereur Alphonse (Moret, *Anales*..., lib. XVIII, cap. 1).

etiam placati de pretio et de aliala. Est inde fid(es) de salvetate, ad forum terre, Per Bernard. Et sunt testes, visores et auditores : don Apparitio et Domingo Lespig. Facta carta in manu fratris Rigald Viger, qui placcavit nobis, et fratris Richard et fratres ceteri alii. Facto hoc anno quando recuperavit rex G(arsias) (a) Pratella.

CXI 1135, octobre (1er—31).

Copie du xve s. : Madrid, Archivo Hist. Nacional, *Cartulario magno* II, n° 207, fol. LXXXXVIIII.

In Dei nomine. Hec est carta donationis quem facio ego, Petro Desde, et uxor mea, Elisabe. Venit nobis in voluntate et damus Deo et illa cavalleria de Templum Salomonis, illa nostra hereditate quod habebamus in Çaragoça, casas, terras et vineam et ortos et omnia que ibi habemus. Et dederunt nobis inde illos seniores de Templo Salomonis, per caritate, L morabitinos, per facere nostra romeria ad sancti Sepulcri, et tali convençione quod, si aliquis de nobis se tornaverit de ista romeria ad Çaragoça, et volumus vivere in ista hereditate, quod mittant nobis in conpoto hoc quod haberant preso de nostra hereditate, et inssupra quod compleamus illis suos L morabitinos, et vivamus in illa hereditate, et post nostros dies, quod sedeat libera de Templum Salomonis per secula. Facta carta in mensse octobri, era Ma Ca LXXa IIIa, anno quo intravit rex Adeffonssus (b), imperator, in Çaragoça. Testes de hoc : Lutal de Bonloe et Farlet et Sancio Sangez de Ahuero et Sancio Enecons de illa Alcandara et dompnus Guillermus, prior Sancte Marie.

CXII 1135, 24 novembre.

Original : Barcelone, Arch. Cor. Arag., perg. R. Bereng. IV, n° 61.

In Dei omnipotentis nomine. Ego, Ermengardis, et filiis meis, Raimundo et Arnallo, atque Guillelmo Bradila et Maria, conjux ipsius, et filiis eorum, [Martino et] Bernardo, donamus et nos insimul omnes nostras domos et hereditates quas habemus franchas in loco quem vocant Sargantanes, ad militibus Templi et Ra[imundo Joz]berti, frater et bajuli. Omnes namque nostras domos et hereditates quas habemus franchas in prenominato loco et habere debemus qualicumque modo, totum vo[bis do]namus, nostro bono et spontanea voluntate, pro remedium animę nostrę vel parentum nostrorum, et sine alia qualibet retinencia, cum omnibus suis pertinenciis et afrontationibus su[is], cum exitibus et regressibus earum, ad omnem vestram voluntatem peragendam, sine ulla retinencia, et sic de nostro jure in vestrum tradimus dominium et potestatem, sine b[lan]dimento alicujus persone. Sunt autem prenominates hereditates et domos quas habemus franchas, in comittatu Ausona et in terminio kastri Veltregani et in parr[ochia] Sancte Cecilie de Mucons et in prenominato loco de Sargantanes. Sicut dictum est superius, sic donomus tibi, Raimundo Jozberti, bajuli, et militibus Templi et successor[ibus eo]rum, ut dictum est, sine blandimento alicujus persone, ad vestram voluntatem faciendam. Quod si nos aut aliquis homo vel femina, per nostras voces, vel per alias aliquas, hanc scripturam donationis infringere presumpserimus

(a) Garcia, roi de Navarre, 1134 † 1150. Voy. la note précédente. — (b) Alphonse, roi de Galice, 1112, de Castille et de Léon, 1126, empereur d'Espagne, 1135, 26 mars, † 21 août 1157.

vel presumpserint, nullo modo agere valeamus vel valeant; sed hec scriptura donationis et quod in ea continetur, firma persistere valeat in perpetuum. Actum est hoc viii kalendas decembris, anno XXVIII regnante rege Lodovico. Sig✠num Ermengardis. Sig✠num Raimundi; Sig✠num Arnalli, filiorum ejus. Sig✠num Guillelmi Bradila; Sig✠num Marie, conjux ipsius. Sig✠num Martini; Sig✠num Bernardi, filiorum illorum, qui hanc donationem fecimus et firmamus firmarique testes rogamus. Sig✠num Berengarii Petri. Sig✠num Guillelmi de Bass. Sig✠num Berengarii de Sau. G.. Guillelmus, sacerdos, qui hoc scripsit, cum litteris superpositis in iii linea, et die et anno quo supra ✠.

CXIII [1135—1142.]

Original cyrographe, jadis scellé : Arch. Nat., S 4967, n° 3 (Coulours, n° 2 de la 1re liasse); autre *original* jadis scellé : Auxerre, Arch. dép., H 70, n° 16.

Edité : Quantin, *Cartulaire général de l'Yonne*, I, p. 347, n° 208.

De Colacoriis. — Letre de l'abé et des moinnes de Seint Remi de Senz.

Ego, Henricus (*a*), Senonensis archiepiscopus, notum facio cunctis presentibus et futuris, qualiter illam quam donnus Girardus (*b*), venerabilis abbas Beati Remigii, fratresque ejusdem loci, qui morantur in suburbio Senonensi, controversiam diu habuerunt erga milites Templi, terminavimus. Cum igitur, apud Sanctum Florentinum, tandem ante nos convenissent, actum est inter eos et ex utriusque partis assensu dictum et sancitum, ut milites Templi de propriis laboribus et nutrimentis suis, sue cujusdam mansionis quam ipsi noviter edificaverant in parrochia Beati Remigii, que dicitur Coloirs, prefato abbati et monachis nullam prorsus darent decimam; veruntamen omnium aliorum, quicumque predictam incolerent villam, decimas inter se communiter dividerent. Si qui [1] autem de rebus suis, ejusdem mansionis ecclesie aliquam dimitterent portionem, reliquum quod in fabrica sive ornamentis eclesie minime fuisset expensum, pari quoque dividerent mensione. Illis autem diebus, in quibus monachi oblationes in ecclesia que est aput Eschechias recipiebant, illis eisdem diebus, ter scilicet in anno, dimidiam oblationem in prefata sumerent ecclesia. Quod itaque actum est inter eos, ut semper firmum inconcussumque maneret, et nostrarum auctoritate litterarum firmavimus nostrique impressione siggilli munivimus. Hujus rei ex utraque parte testes affuerunt : Simon, archidiaconus et cancellarius; item, Simon, archidiaconus; Radulfus, canonicus et capellanus comitis Teobaudi (*c*); Simon Parisiensis; magister Goslenus, canonicus regularis; Boso, decanus Sancti Florentini, ubi hoc publice actum est, temporibus donni Raimundi, qui ad prefatum locum a militibus Templi missus fuerat et prefectus. Eo tamen tenore factum est ut, si forte, quod absit, a manibus militum Templi possessio [2] prenotata exciderit, ad jus et possessionem Beati Remigii revertatur.

(*a*) Henri, archevêque de Sens, 1122 † 10 janvier 1142. — (*b*) Girard, abbé de Saint-Rémy de Sens, 1135—1145. — (*c*) Thibaud, comte de Blois, 1102, et de Champagne, c. 1125, † 8 janvier 1152.

Variantes du texte des Archives de l'Yonne : 1. qui autem infirmi. — 2. prenotata possessio.

CXIV [1135—1153.]

Copie du xve s. : Londres, British Museum, Cotton., Ms. Nero E VI, fol. 52.

CONFIRMACIO REGIS STEPHANI DE TERRA QUAM WILLELMUS MARCI DEDIT TEMPLARIIS.

Stephanus, Dei gratia rex Anglie, justiciariis, vicariis, baronibus, ministris et omnibus fidelibus suis London', salutem. Precipio quod milites fratres de Templo Ierusalem teneant et habeant terram suam, quam Willelmus Marci eis dedit in elemosinam infra Londonias, ita bene et in pace et libere et quiete et honorifice, sicut Willelmus Marci melius et liberius et quietius tenuit. Et si quid super hoc inde cepistis, totum eis reddatis. Teste Willelmo de Ipra apud Londonias.

CXV 1136, 3 janvier.

Original : Barcelone, Arch. Cor. Arag., perg. R. Bereng. IV, n° 52 ; *copie* du xiii^e s. : *ibid.*

In Dei nomine. Ego, Petrus vocitatus de Terracia, dono omnipotenti Deo et Ierosolimitane milicie, ob remedium anime mee et parentum meorum, ut Deus omnipotens propicietur peccatis et neglegenciis meis, alodium meum proprium, scilicet ipsum mansum que habeo in Mathamala, cum suis pertinenciis totis, ubi stat Semofre Ramon. Est autem predictus mansus in comitatu Ausonense, in parrochia Sancti Ilarii de ipsa Calme. Predictum quoque mansum, cum domibus, solis et suprapositis, cum terris et vineis, cultis et incultis, cum terminis et affrontacionibus suis et cum omnibus suis pertinenciis et arboribus et pascuis et aquis et aque ductibus et cum ingressibus et egressibus suis integriter, sicut melius teneo et possideo, ut melius dici vel intelligi potest, dono Domino Deo et predicte milicie Iherusalem, hac de meo jure in jus suum et potestatem trado cum omnibus serviciis et expletis et dominacionibus, in manu domni Raimundus Jocberti, ejusdem milicie bajuli, et successorum ejus, ad proprium alodium jam dicte milicie, securo et quieto hac plenissime possidendum omni tempore, sine ullius contrarietatis obstaculo. Et est manifestum. Si qua utriusque sexus persona que hanc mee donacionis cartam disrumpere presumpserit, nil valeat, set pro suo temerario ausu supradicte Iherosolimitane milicie in consimili loco cannonice componat, et postmodum hec presens pagina perhenniter maneat firma omni tempore.

Actum est hoc iii nonas januarii, anno XXVIII regni Ledovici regis.

Sig✠num Petrus de Terracia, qui hanc donacionem, pro anima mea et parentum meorum, feci scribere et firmo firmarique rogo ; Sig✠num Gleilmus, fratri suo ; Sig✠num Arbertus, fratri suo ; Sig✠num Gerallus, nepoti suo ; Sig✠num Ermessendis, mater sua. Sig✠num Gerallus Ponci. Sig✠num Berengarius de Ruvira.

Poncius presbiter, qui hoc scripsit die et anno ✠ quo supra.

CXVI

1135/6, samedi 25 janvier.

Copies du XIIe s. : Toulouse, Arch. dép., fonds de Malte. *Cart. A de Douzens*, ch. 173, fol. 128-129, et ch. 175, fol. 129vo-130.

In nomine Domini. Ego, Arnaldus de Gaure, mea propria[1] ac spontanea voluntate, dono et laudo et omnimodis derelinquo atque diffinio[2] tibi, Raimundo, fratri meo, totam meam medietatem de ipso alodio, quem ego et tu habemus et habere debemus in villa de Pomar, et in omnibus terminiis Sancti Juliani de Pomar, et in *(fol. 128vo)* villa sive in terminio de Gaure, dono tibi hominem meum, Raimundum Radulfi, cum uxore sua et cum suis infantibus et cum eorum tenencia[3] et cum toto hoc quod in eis abeo[4] et habere debeo. Et dono tibi meam medietatem de ipso campo quem vocatur *(sic)* Bacco[5], et meam medietatem de ipso orto de ipsa villa de Gaure[6], cum ipsis olivariis et aliis arboribus que ibi sunt, et cum toto hoc quod ibi habeo et habere debeo in ipso videlicet orto. Et dono tibi meam medietatem de[7] ipso campo de riparia Alde, sicut ipsam medietatem in ipso campo et in ipsa aqua habeo et habere debeo. Et dono et laudo tibi ipsam tuam medietatem de toto alio alodio quem ego et tu habemus et habere debemus in villa de Gaure et in suis terminiis omnibus; sicut superius scriptum est, sic ego, predictus Arnaldus, dono et laudo et omnimodis derelinquo atque deffinio tibi, predicto Raimundo, fratri meo, et sancte militie de Iherusalem et omnibus[8] in ipsa militia Deo famulantibus, presentibus atque futuris, ad habendum et possedendum et, sine omni mea retinencia[9], vestram voluntatem perpetim faciendum[10], sine omni inguanno et sine omni mea contradiccione. Et ego, jamdictus Raimundus, propter istud suprascriptum donum quod tu, Arnaldus, facis michi et sancte militie[11] predicte Iherosolimitane, dono et laudo et omnimodis derelinquo atque diffinio tibi meam medietatem de omnibus feudis quos ego et tu habemus et habere debemus, sine omni mea retinencia[12] et sine tuo inguanno, ubicumque illos habemus et habere debemus. Et dono tibi XL solidos Melg(oriensium) *(fol. 129)* et XXVII solidos Ugonencos. Et dono et absolvo tibi totas ipsas pignoras quas de te habebam. De hoc sunt testes : Guilelmus Petri de Vilarzello et Petrus Raimun de Vilarzello et Pontius de Brugeria[13] et Arnaldus de Sipiano[14] et Arnaldus, cappellanus de Pomar, et Guilelmus Mancip de Carcassona et Guilelmus Adulfi[15], qui hoc scripsit, presentibus et jubentibus Arnaldo de Gaure et Raimundo, fratre suo, et jussione predictorum testium, anno millesimo C.XXXV incarnate[16] Dominice, VIII kalendas febroarii, die sabbati, regnante Lodovico rege.

CXVII

1136, lundi 27 janvier.

Copie du XIIe s. : Toulouse, Arch. dép., fonds de Malte, *Cart. A de Douzens*, ch. 185, fol. 134.

In nomine Domini. Ego, Pontius de Pomar, et uxor mea, Aisalena, et infantes nostri, donamus et escambiamus unam terram nostram Deo *(fol. 134vo)* et sancte militis Iherusalem et vobis, Ugoni Rigualdi et Raimundo de Gaure, et ceteris confratribus in ipsa militia Deo famulantibus, presentibus atque futuris. Ipsa terra est in terminio Sancti

Variantes de la charte 175 : 1. propria et bona. — 2. deffinio. — 3. tenentia. — 4. habeo. — 5. vocamus Bacho. — 6. *(fol. 130)*. — 7. in. — 8. omnibus ibi. — 9. retinentia. — 10. faciendum. — 11. predicte militie. — 12. retinentia. — 13. Brugeira. — 14. Sepiano. — 15. Adulphi. — 16. incarnationis.

Stephani de Gaure, juxta vestra terra que vocatur campo de Baconi, et affronta de altano in predicto campo de Bacho, a meridie in alia terra vestra, de cercio in terra nostra, de aquilone in terra publica. Quantum infra istas affrontationes nos habemus et habere debemus, donamus et excambiamus vobis ad alodium, sine omni nostra retinencia, ad vestram voluntatem perpetim faciendum. Et si homo aut femina predictam terram vobis amparaverit, nos erimus inde vobis leguales guirenti, sine inguanno. Verum est enim quia, propter predictam terram, donastis nobis et excambiastis aliam terram vestram, in terminio de Pomar, sicut in carta nostra scriptum est. De hoc sunt testes : Guilelmus Mancip de Carcassona et Poncius Ferrol et Arnaldus Fforol et Johannes Lombard et Guilelmus Miro. Guilelmus scripsit, jussione predicti Pontii de Pomar, anno millesimo C.XXXVI incarnationis Dominice, VI kalendas februarii, feria II, regnante Lodovico rege. $ Pontii de Pomar et uxoris ejus atque infantum illorum, qui sic istam cartam firmaverunt.

CXVIII 1135/6, 28 février.

Copie du XIIIe s. : Perpignan, Arch. dép., *Cart. du Mas-Deu*, n° 295, fol. 174 v°.

Edité : Alart, *Cartulaire Roussillonnais*, dans la *Semaine relig. du dioc. de Perpignan*, 1884, p. 783.

In nomine Domini. Ego, Petrus Raymundi, dono Domino Deo et milicie Templi Iherosolimitani, quod vocatur Templum Salomonis, unam ferraginam ; et est in comitatu Rossillicnensi, infra fines et terminos de villa Bruiani et in adjacencia Sancte Marie : affrontat autem jamdicta ferragina de oriente in meo alode, de meridie in via que discurrit ad ecclesiam, de occidente in strata publica, de aquilone in ferragina quam dedit Carbonus prefate milicie. Quantum includunt jamdictas IIII^or^ affrontaciones prescripte ferragine, sic dono Domino Deo et jamdicte milicie, pro remissione omnium peccatorum meorum, cum exitibus et regressibus et cum suis terminis et cum omnia in se habencia, sine omni engan. Et est manifestum. Si quis contra istam cartam donacionis venerit pro inrumpendum, non hoc valeat vendicare quod requirit, set componat in duplo cum sua melioracione, et in antea firma et stabilis permaneat hec scriptura omni tempore. Actum est hoc III° kalendas marcii, anno ab incarnacione Domini M°C°XXX°V°, regnante Ledovico rege XX°VI° anno. SIG✠NUM Petri Raymundi, qui istam cartam donacionis fieri jusserunt, firmaverunt et testes firmare rogaverunt. SIG✠NUM Bernardi Gauberti de Bruisuo. SIG✠NUM Bernardi Baroni. SIG✠NUM Poncii de Bruiano.

✠ Petrus, monacus et sacerdos, rogatus, scripsit die et anno quo supra.

CXIX 1136, vendredi 19 mars.

Copie : Avignon, Biblioth. municip., *Cart. de Richerenches*, ch. XXV, fol. 16.

Edité : Mis de Ripert-Monclar, *op. cit.*, n° 27, p. 28.

DONATIO DE ESSINIS AD SANCTUM PAULUM.

Breve donacionis de cissinis quas dant Willelmus de Petralata et Jordanus, suus frater, et Raimundus et Petrus et Willelmus de Sera pastor et Willelmus Veteris et Laugerius Carbonelli, omne quod habet in his essinis, Domino Deo et sancte Marie, militibus Templi. Hoc laudat episcopus Poncius (*a*) et prebet, afirmantibus his, archidiacono et degano et capiscolo atque Benedicto simulque testibus. Dantur hec presente manu fratris Arnaldi Bedocii eciamque in presencia *(fol. 15v°)* episcopi cum aliis supranominatis, in civitate Tricastrina, feria v^a^ que est ante Parascheven, XIIII kalendas aprilis, luna XII, auxiliante Domino nostro Ihesu Xpisto, qui cum Patre et Spiritu sancto vivit et regnat per infinita secula seculorum. Amen.

CXX

[1136, vendredi 19 mars.]

Copie du XIIe s. : Avignon, Biblioth. municip., *Cart. de Richerenches*, fol. 86.

Edité : Mis de Ripert-Monclar, *op. cit.*, n° 128, p. 121.

De episcopo Sancti Pauli Tricastrinensi.

[I]n nomine Domini. Breu de donatione que agitur. Domnus Poncius, episcopus Sancti Pauli Tricastrinensis, et Bertrannus Viaders et fratres sui et Guillelmus de Sancto Paulo et Petrus Artaldi et Peregrina et filii ejus, scilicet Petrus de Dosera, nos omnes dedimus Domino Deo et beatę Marię et militibus fratribus Templi Salomonis Iherosolimitani, in civitate Sancti Pauli, ecclesiam Sancti *(fol. 86v°)* Johannis cum palacio quod illi adheret et cum plateis que sunt in circuitu. Hoc laudat et affirmat archidiaconus et deganus et capiscolius ac Benedictus de Balmis et Willelmus Rainoardi. Dantur hec presentibus manibus fratris videlicet Arnaldi de Bedoz et Galdemarii de Salis et Hugonis de Panaz. Et hoc factum fuit feria v^a^, que est ante Parasceve, et in civitate Tricastrina, a(nno) D(omini) M.C.LX.VII (*b*).

In nomine Domini. Ego, Anna, pro redemptione animę meę et pro peccatorum meorum remissione et parentum meorum, mater predictorum Guillelmi de Sancto Paulo et Petri Artaldi, donationem suprascriptam aprobo et confirmo, et volo quod decanus et capitulum habeant singulis annis in perpetuum, in festo beati Johannis, in dicta ecclesia Beati Johannis, pro anniversario et visitatione, XX^ti^ solidos, et volo quod provideant dicte ecclesie bono servitore ad expensas Templariorum, super redditibus furnorum, molandinorum et serviciorum per me ipsis datorum, in civitate Sancti Pauli. Factum ut supra et coram testibus supra.

CXXI

[1136 19 mars—1139 (avant le 15 juin).]

Copie du XIIe s. : Avignon, Biblioth. municip., *Cart. de Richerenches*, fol. 27.

Edité : Mis de Ripert-Monclar, *op. cit.*, n° 47, p. 48 (qui date : 1138, peu après le 16 juin).

Carta de donacione Ugone de Monte Securo et Steffani Armandi et aliorum.

✠ OMNIBUS manifestum fiat hominibus, tam presentibus quam futuris, quoniam ego, Ugo de Montesecuro, et Stefanus Armandus, Guillelmus de Rossellone et Ugo de Alexano et Pontius Umbertus de Garda, ut Deus et Dominus

(*a*) Ponce de Grillon, évêque de Saint-Paul-Trois-Châteaux, † avant juin 1139. — (*b*) La date est sûrement erronée : Ponce de Grillon, évêque de Saint-Paul-Trois-Châteaux, était déjà mort et remplacé en juin 1139 ; il faut lire M.C.XXXV ; cette charte a dû être donnée le même jour que la précédente.

noster Ihesus Xpistus nobis et parentibus nostris peccata nostra remittat et insuper vitam eternam concedat, voluntate et pretibus domini nostri episcopi Poncii (a) de Sancto Paulo, donamus et perpetua laudatione dimitimus hoc totum quod habemus vel per aliquam rationem vel justiciam habere debemus in toto territorio de Ricarenchis, sicut exit aqua de stagno de Granoleto et vadit in rivum de Alsone. Facta donatione ista in manu Arnaudi de Bedotio, magistri militie Templi Salomonis, presentibus fratribus de Templo : Ugone de Panacio et Ugone de Bolbotone; videntibus et audientibus aliis hominibus : Poncio de Grillone, episcopo Sancti Pauli, Petro Ugonis de Avisano, Ugone de Monte Securo, Bertrannus Bolbotone, Riperdo Folradio de Avisano. Vidit etiam et audivit donationem istam et laudavit Barbarinus, clericus de Monte Securo, qui totum istum honorem a supradictis hom[i]nibus *(fol. 27^v^)* a pignore habebat et, pro animę suę salute, totum pignus Deo et fratribus de Templo in perpetuum reliquid et relinquendo concessit partem suam, si redemtum pignus esset, quantum pertineret ad illud quod, infra hoc territorium, homines isti habebant.

CXXII [1136, 19 mars—1139 (avant le 15 juin).]

Copie du XIIe s. : Avignon, Biblioth. municip., *Cart. de Richerenches*, fol. 1, n° 1.

Edité : Mis de Ripert-Monclar, *op. cit.*, p. 3-5, n° 1 (qui date : 1136, 19 mars-10 novembre).

Divine humaneque sancciones Deo et hominibus gratum esse confirmant ut omnis homo de his quo legitime possidet ad honorem Dei et animarum salutem ac peccatorum remissionem fideliter largiatur. Propterea, ego, Ugo de Bulbotone, et Bertrandus, nepos meus, et Ripertus Folradus et Willelmus Malamanus et Ugo Bodicus et sui fratres et Petrus Ugo de Avisano et Willelmus Ugo et Petrus de Mirabello et Geraldus, frater meus, et Willelmus de Rossellone et Ugo, frater meus, et ego, Geraldus de Tornafort, et Wgo frater meus, et ego, Poncius Umberti, et ego, Stephanus Armanni, et Petrus Barbarini et Willelmus, frater meus, atque Petrus Papardi, nepos meus, et Paparda, mater ejus, nos omnes suprascripti donamus et offerimus in perpetuum, per alodio franc, Domino Deo et militibus Templi Salomonis Iherosolimitani, presentibus et futuris, ut Deus propicietur peccatis et negligenciis nostris et parentum nostrorum, quicquid legitimo possidebamus infra hos terminos : ab oriente et septentrione, sicut crucibus terminatur ; a meridie, sicut Elsone clauditur; ab occidente, sicut aqua de stagnno Granoleti descendit. Et extra hos terminos, *(fol. 1ro)* damus eisdem Dei militibus, per nostra territoria, pascua fratribus necessaria et ligna. Et hoc donum facimus domno Arnaldo de Bedocio et Ugoni de Panacio et Guiscardo, milicie Iherosolimitane fratribus, ut ipsi et successores eorum, in milicia Templi degentes, honorem istum habeant et jure perpetuo possideant ad totas eorum voluntates plenarias faciendas. Fuit autem hec donatio facta in presencia domni Poncii de Grilione, venerabilis viri, Tricastini episcopi.

(a) Ponce de Grillon, évêque de Saint-Paul-Trois-Châteaux, † avant juin 1139.

CXXIII [1136, 19 mars—15 juin 1139.]

Copie du XII° s. : Avignon, Biblioth. municip., *Cart. de Richerenches*, fol. 10, ch. XIII.

Edité : Mis de Ripert-Monclar, *op. cit.*, p. 18, n° 14 (qui date : fin 1136 ou au plus tard en 1137).

GUILLELMUS MALAMANUS ET UXOR SUA, ORFRISIA, DEDERUNT MILITIBUS TEMPLI TERRAS ET PRATA JUXTA HELSONEM RIVUM.

Divine umaneque sancciones Deo et hominibus gratum esse confirmant, ut omnis homo de his que legitime possidet ad honorem Dei et animarum salutem hac peccatorum remissionem fideliter largiatur. Propterea, ego, Willelmus Malemanus, et ego, femina Orfrisa, mater ejus, donamus et offerimus in perpetuum, pro alodio franc, Domino Deo et militibus Templi Salomonis Iherosolimitani, presentibus et futuris, ut propicietur Deus peccatis et neglicenciis nostris et parentum nostrorum, sicut terra et prata de Elsonis et pratum de filiis Berengerii Bodic, quod pro illis Geraldus Malicanis tenet; et pratum de monachis Sancti Amancii; et pratum de senioribus castri Bulbutonis; et sicuti est de territorio de Garriga Mala usque ad territorium de Malboschet; et sicut crucibus insuper a septentrione determinatur. Hoc eciam quod infra hos terminos ego, Willelmus Malemanus, et ego, Orfresa, mater ejus, habebamus vel habere putabamus, prebemus atque concedimus Domino Deo et genitrici ejus, beate Marie, et fratribus supranominatis Templi. Et extra hos terminos, damus hisdem militibus, per nostra territoria, pascua et ligna sibi necessaria; et donum hoc facimus Arnaldo de Bedocio et Ugoni de Panacio et Guischardo de Barre, ut ipsi et successores eorum in milicia Templi degentes, honorem istum habeant et jure perpetuo, ad totas voluntates eorum perpetrandas. Hoc autem donum facimus ego, Willelmus Malemanus, et ego Orfrisa, mater ejus, cum laude et consilio dominorum *(fol. 10 v°)* de castro Bulbutone, qui sunt Ugo de Bulbotone, Bertrandus, nepos suus, Ripertus Folradi, et cum laude et cum consilio Ugonis Bodici et fratribus suis, Willelmo et Poncio. Fit autem hec dacio in presencia domni Poncii de Griliono, venerabilis viri, Tricastrini episcopi, et in presencia supradictis fratribus Templi et fratris Rostagni, capellani, qui eciam jussu Willelmus Malemanus hanc cartam manu sua scripsit.

CXXIV 1136 (22 mars 1136—10 avril 1137).

Copie de 1442 : Bristish Museum, Cotton., Ms. Nero E VI, fol. 289.

CONFIRMATIO MATILDIS, REGINE ANGLIE, DE DONACIONE MANERII DE CRESSYNGE CUM ECCLESIA EJUSDEM VILLE.

Matildis *(a)*, Dei gratia regina Anglorum, archiepiscopis, episcopis, abbatibus, comitibus, baronibus, justiciariis, vicecomitibus et omnibus fidelibus suis tocius Anglie, salutem. Sciatis me dedisse et concessisse, in puram et perpetuam elemosinam, Deo et beate Marie et fratribus milicie Templi Salomonis de Ierusalem, pro anima patris mei et comitis Eustachii *(b)*, et pro salute anime mee et omnium antecessorum et successorum meorum, totum manerium de Cressynge, cum ecclesia ejusdem ville et omnibus ecclesie pertinenciis. Quare volo et firmiter precipio quod habeant, teneant et possideant illud manerium meum predicti fratres bene et in pace, libere et quieta ab

(a) Mathilde, femme de Etienne, roi d'Angleterre, † 3 mai 1152. — *(b)* Eustache III, comte de Boulogne, c. 1093 † 1125.

omnibus secularibus serviliis, consuetudinibus et exaccionibus, in bosco et plano, in pratis et in pascuis, in semitis et in viis, in aquis et extra aquas, in molendinis et divisis et in omnibus locis et rebus, cum soca et saca et tholl' et them' et in infangent' et in omnibus consuetudinibus et libertatibus manerio illi adjacentibus. Et ut hec mea donacio et concessio firma et inconcussa predictis fratribus milicie Templi Salomonis in sempiternum perseveret, a Deo michi collata potestate, illam confirmo et sigillim ei inpressione et subscriptorum subnotacione consigno, hiis testibus : Iohanne (*a*), episcopo Luxoviensi, et Ouduno (*b*), Ebroicensi, et Iohanne (c), Sagiensi, et Radulfo, cancellario meo, et Willelmo Monacho, dapifero, et Thuberto, camerario, Ostone de Bolonia. Apud Ebroicas, anno incarnacionis Domini millesimo C° tricesimo sexto, Stephani (*d*) vero, viri mei, anno *(sic)*.

CXXV [1136, 24 mai—1139, avant le 15 juin.]

Copie du XII° s. : Avignon, Biblioth. municip., *Cart. de Richerenches*, fol. 19vo, ch. XXXI.

Edité : Mis de Ripert-Monclar, *op. cit.*, p. 36, n° 33 (qui date : peu après le 16 juin 1138).

BERTRANDUS DAT UNUM HOMINEM AD BALMAS ET ALIUM AD VENTOIROL ET TASCHAM UNIUS CAMPI AD POIGOAUT MILITIBUS XPISTI.

In nomine Domini. Ego, Bertrandus de Balmis, tanta Domini precepta audiens tenenda etiamque Domino Ihesu in euvangelio docente sic discipulos suos : *si quis vult post me venire, a(bneget) s(emetipsum) e(t) t(ollat) c(rucem) s(uam) e(t) s(equatur) m(e)* (*e*) : sequens ejus ego talia dicta, abnego me, tollensque crucem in pectore et secutus Dominum, pro peccatis meis et progenie mea, memetipsum dono et offero Domino Ihesu Xpisto et genitrici ejus, Marie, et milicie Templi Iherosolimitani et tibi, Roberto (*f*), ejusdem milicie magistro, et tibi, Arnaldo de Bedoz, per servum et per fratrem hujus supradictę milicię Xpisti, una cum parte honoris mei, hoc est quidam homo ad Balmis opidum, *(fol. 20)* qui vocatur Petrus Andreç ; hic annuatim donat de Valencianis II^os^ solidos de censu, terminus est Omnium Sanctorum festum ; cum quartone de duabus vineis, que sunt de hoc supradicto homine et de Poncio Andrea, fratre suo ; et tascham unius campi ad Poigoaut ; et alium hominem ad opidum de Ventoirol, qui vocatur Willelmus Arnauz, qui similiter donat eodem tempore duos solidos ; et ante eundem opidum, unam vineam in dominium, et in aliam quartonem, que est ad Morazas. Et nos, pari voto, fratres et filii ejus, licet Geraldus de Balmis et Willelmus et Raimundus, bona voluntate, sicuti et Bertrandus, pater noster, hec intelligit et donat Deo et milicie Templi et tibi, Arnaldo de Bedoz, et tibi, Ugo de Panaz, et aliis fratribus de Richarenchis domus, presentibus et futuris, hec dona laudamus in perpetuum et fideliter nunc et semper amplificabimus. Ego, Bertrandus, hoc donum feci cum consilio et jussu domini nostri, Poncii de Grillone, episcopi Tricastrinensis, et in presentia tua et in manu tua, Arnalz de Bedoz et Ugo de Panaz et Ugo de Burbutone et Imberz de Sauze et Roston, capellan, qui, a me rogatus et a supradictis concessus, hec manu conscripsit.

(*a*) Jean, évêque de Lisieux, 1107 † 28 mai 1141. — (*b*) Ouen, évêque d'Evreux, 1113 † 2 juillet 1139. — (*c*) Jean, évêque de Séez, 1124 † 1144. — (*d*) Etienne de Blois, comte de Mortain avant 1125, roi d'Angleterre, 1135 † 26 octobre 1154. — (*e*) Saint Mathieu, XVI, 24. — (*f*) Robert, grand maître du Temple, succède à Hugues de Paens, † 24 mai 1136.

CXXVI 1136, 24 juin.

Original : Barcelone, Arch. Cor. Arag., perg. R. Bereng. IV, n° 61.

Sit notum cunctis presentibus atque futuris, quod ego, Guiellmus Raimundi, dapifer, hac indicante scriptura, affirmans collaudo militibus Templi Iherosolimitani totum ipsum alodium quod fuit Petri de Palacio vel ipse Petrus ubicumque habuit vel tenuit, tam successione parentum quam profligatione vel possessione proprie persone, ut ab hodierno die et deinceps prephati milites, absque ullius inquietudine, in perpetuum habeant et possideant prephata omnia, secundum suam suorumque dispositionem.

Actum est hoc VIII kalendas julii, anno XX°VIII° regni Leodici regis. Sig✠num Guillelmi Raimundi, dapiferi. Sig✠num Bernardi Guillelmi de Lussano. S✠ Otonis, dapiferi. S✠ Berengarii de ipsa Ruvira. S✠ Arberti de ipsa Petra. S✠ Petri Bertrandi de Bello Loco. S✠ Bernardi de Bello Loco. S✠ Geralli de Rupiano. S✠ Petri, primicherii. S✠ Bernardi, subdiachoni. S✠ Berengarii, le(vite), qui hoc scripsit die et anno quo supra.

CXXVII 1136, 5 août.

Original : Barcelone, Arch. Cor. Arag., perg. R. Bereng., n° 67.

In Dei nomine. Ego, Sancia femina, quę filia fui cujusdam Raimundi Mironis de Palacio olim defuncti, votive et potencialiter dono et offero Domino Deo et sanctę milicię Iherosolimitanę Templi Salomonis, omnem meam hereditatem et totum meum jus quod michi contingit advenisse paterno et materno jure, in omni honore qui fuit jamdicti patris mei ac matris, domibus, mansis, terris, vineis, ortis, pratis et pascuis, cultum et heremum, pronum et planum, cum vię ductibus et reductibus, cum aquarum meatibus. Sicut melius habetur et continetur et ut melius dici vel intelligi potest ad utilitatem jamdictę milicię, sic de meo jure in jus et dominium ipsius sanctę milicię trado in manu religiosissimi militis, Arnalli de Bidocio nomine, ac Raimundi Gauceberti, fratris et bajuli, et aliorum fratrum, ad suum proprium plenissimum alodium, liberum et franchum, jure perpetuo possidendum, ad quidquid inde facere voluerint, ad suum libitum, sine ullius contrarietatis obstaculo. Dabunt namque michi, dum vixero, milites jamdictę sanctę milicię victum et vestitum pro hac donatione, secundum quod me oportuerit et illis ad honorem fuerit. Est autem predictus honor in comitatu Barchinonensi, separatim positus in plurimis ac diversis locis. Si quis, quod absit, contra hanc meę donationis scripturam ad disrumpendum venire temptaverit, supradicta omnia jamdicte sancte milicię in quadruplum componat, et insuper hec presens pagina perhenniter maneat firma. Que est acta in presentia domni Berengarii de ipsa Ruvira et Berengarii de Graiana aliorumque nobilium virorum ibi assistentium.

Actum est hoc nonas augusti, anno ab incarnatione Dominica C.XXX.VI post millesimum, regisque Francorum Leduici XXVIII. Sig✠num Sanctę femine, quę hoc donum laudo et confirmo et testes firmare rogo. Sig✠num Berengarii de ipsa Ruvira. Sig✠num Berengarii de Graiana. Sig✠num Bernardi Guillelmi de Mogoda. S✠num Guillelmi de Canalies. Sig✠num Petri de ipsa Ruvira. Sig✠num Berengarii de Mogoda. Sig✠num Bernardi de Guadalli. S✠ Petri Bernardi. S✠num Petri, presbiteri, qui hoc scripsit die et anno quo supra.

CXXVIII 1136, samedi 3 octobre.

Copie du XIIIe s. : Perpignan, Arch. dép., *Cart. du Mas-Deu*, n° 180, fol. 115.

Edité : Alart, *Cartulaire Roussillonnais*, dans la *Semaine relig. du dioc. de Perpignan*, 1885, p. 79.

In nomine Domini. Ego, Bernardus Berengarius, vicecomes de Taçço, et ego, Ugo, filius Bernardi predicti, Jordane femine *(sic)*, donamus Deo omnipotenti et sancte Marie et milicie Iherosolimitane Templi Salomonis totum quicquid habemus et habere debemus per ullam vocem et habere visi sumus in villa de Prunana, que est in vicecomitatu de Fenolades et in suis terminis. Ita videlicet quemadmodum istum prenominatum honorem totum, sine omni retenimento, dedit Jordana, uxor de me, Bernardo Berengario, et mater de me, Uguone predicto, Domino Deo et sancte Marie et milicie predicte, ad diem mortis sue, pro remissione anime sue et parentum suorum.

Iterum, ego, Bernardus Berengarii jamdictus, ego, Uguo, filius ipsius et Jordane predicte, donamus Deo omnipotenti et beate Marie et milicie Iherosolimitane prenominate, nostra bona voluntate et pro redempcione animarum nostrarum et parentum nostrorum, quandam partem cellarie quam habemus et habere debemus infra villam de Lopiano, ubi est fundata ecclesia in honore Dei et beati Thome apostoli, que villa est in episcopatu Elnensi, in termino de Valle Aspirii. Et ista pars istius cellarie quam Deo donamus, sicut ego, Bernardus Berengarius jamdictus, eam mostravi et pedoivi *(sic)* et terminavi cum Arnaldo de Bedoç et Arnaldo de Contrasto, fratribus predicte milicie, terminatur ita : ab oriente, in ipso nostro estare dominico, quod est ad capud jamdicte ecclesie ; a circio vero terminatur in via que venit a fossato et intrat ad ecclesiam Beati Thome ; ab occidente vero terminatur in cellaria Sancti Petri de Rodas ; a meridie autem terminatur in honore Sancte *(fol. 115 v°)* Marie de Campo.

Totum istum suprascriptum honorem, sicut superius in hac carta scriptus et terminatus est, donamus nos prefati, scilicet Bernardus Berengarius et ego, filius ipsius et Jordane, Domino Deo et sancte Marie et milicie predicte, per franchum alodium et per jus imperpetuum, sine inganno et sine omni retenimento. Et si nos, prenominati donatores, vel infantes nostri sive aliquis ex nostris heredibus seu ex illis qui sunt sub nostra potestate et districcione, in isto jamdicto honore quicquam vobis vel successoribus vestris, qui in predicta milicia Deo servierint, abstulerit vel emparaverit sive in nostris hominibus, dominiis, sive in aliis seu in eorum peccuniis quas in isto vestro honore prefato tenuerint et habuerint, nos emendabimus totum dampnum vobis vel vestris, infra x dies quos amoniti fuerimus. Quod si non faciebamus, donamus Deo et vobis, in jamdicta milicia Deo servientibus, totam nostram condaminam que jungitur cum eadem villa Lopiano et tenet se cum cimiterio de Portali. Facta carta ista v° nonas octobris, feria vii[a], Lodoyco regnante, anno Dominico M°.C°.XXX°VI°.

S✠ Bernardi Berengarii ; S✠ Ugonis, filii sui et Jordane, qui donum istius honoris fecimus et hanc cartam fieri jussimus, firmavimus et testes firmare rogavimus. S✠ Petri de Corneliano. S✠ Berengarii de Oltreyra ; S✠ Cabaot, fratris sui ;

S✠ Bernardi de Paciano. S✠ Arnaldi de Caprasria. Jussus a prenominatis donatoribus. Petrus scripsit die et anno quo supra.

CXXIX 1136, mardi 27 octobre.

Copie de 1460, *insérée* dans une transaction entre le commandeur de Pamiers et les consuls de cette ville : Toulouse, Arch. dép., fonds de Malte, Pamiers, liasse I, n° 1.

Edité d'après l'original aujourd'hui perdu : *Histoire de Languedoc*, édit. orig., II, col. 481 ; éd. Privat, V, col. 1020 ; *édité* d'après la copie : Du Bourg, *Hist. du grand prieuré de Toulouse*, pièces justif., n° xxxvi.

In nomine [Domini nostri Ihesu Xpisti] quod dominus Rogerius[1] (*a*), comes Fuxensis, ego[2], Essena[3] (*b*), conjux ipsius, per nos et per infantes nostros, donamus in perpetuum pro remissione peccatorum nostrorum [et parentum nostrorum], Domino Deo et sancte Marie et militie[4] Ierosolimitane, et vobis, Arnaldo de Bedos, et Raimundo de Gaures[5], fratribus predicte militie, totum nostrum[6] honorem de Nugareta[7], per francum alodium, [ad salvitatem et villam construendam] et ad totam vestram voluntatem faciendam, que villa amodo Villa Dei vocabitur, ita videlicet quemadmodum [iste] predictus honor est vobis[8] monstratus et conterminatus, et per manus Amelii[9] (*c*), Tolosanensis episcopis *(sic)*[10], in salvitate Dei positus et firmatus atque crucibus consignatus de lundos (?)[11] nemoris Silve Corte[12] intus usque ad[13] fluvium Aregie[14], quod appellatur Aregia.

Iterum, concedimus [et donamus][14] Domino Deo et sancte Marie et fratribus predicte militie, presentibus et futuris, et hominibus[15] in hac salvitate manentibus, ut habeant *quantum ipsis necesse fuerit*, usum et proficuum aquarum, nemorum et pascuarum[16] totius mei honoris[17], absque usatico et servitio[18], et ut ipsi et eorum homines [et peccunie] liberum exitum et reditum[20] [habeant] et tam[21] in caminis quam in mercatibus ad nos pertinentibus, ipsi nec eorum peccunie[22] [nec omines eorum vel eorum peccunie] non dent[23] leudam nec passaticum neque aliquid[24] usaticum.

Item, huic dono adjicimus in villa de Anogato[25] casalem Guillelmi Tolosani, cum hominibus[26] et feminis et omnibus sibi pertinentibus, et in villa de eorum[27] *(sic)* casalem Augerii, cum hominibus et feminis et omnibus sibi pertinentibus.

Supra memoratum honorem totum integriter, sine inganno et sine omni retentione[28], donamus nos prefati, ego, Rogerius predictus comes, et[29] Essena, conjux ipsius, Domino Deo et sancte Marie et pauperibus militibus Templi Salomonis Ierosolimitani, Deo servientibus, presentibus et futuris, per francum alodium, per jus perpetuum,

(*a*) Roger III, comte de Foix, 1125 † c. 1149. — (*b*) Chimène, fille de Bérenger, comte de Barcelone, épouse Roger, c. 1118. — (*c*) Amelius, évêque de Toulouse, 1106 † 1139.

Variantes de la copie (les mots entre crochets sont suppléés d'après la copie) : 1. Ego, Rogerius. — 2. et ego. — 3. Eyssamena. — 4. *La copie donne toujours* milicie. — 5. Gaure. — 6. totam nostram. — 7. Nogareta. — 8. a nobis mostratus. — 9. Amelius. — 10. episcopi. — 11. de hindes. — 12. Torte. — 13. In. — 14. fluvium quod appellatur Aregia. — 15. omnibus *(ici et plus bas)*. — 16. pascuorum. — 17. onoris. — 18. servicio. — 19. omines. — 20. reddilum. — 21. jam in caminis nec in mercatibus. — 22. peccunie. — 23. donent leddam. — 24. aliquod. — 25 Avesac. — 26. ominibus. — 27. Cor. — 28. retinimento. — 29. et ego Eissamena.

ut semper ipsum honorem habeant et possideant fratres predicte militie, sine blandimento et retinentia nostrorum infantum cunctorumque hominum.

$ Rogerii predicti comitis et Essene [1], uxoris sue, qui hoc donum fecimus et hanc cartam fieri jussimus et testes firmare rogavimus. $ Amelii predicti, Tolosanensis episcopi. $ Rogerii de Durbano [2]. $ Guillelmi de Asnava [3]. $ [.....A]melii. $ Arnaldi de Vernola [4], filii ejus. $ Poncii Gramondi. $ Bernardi Otonis d'Estodal [5]. $ Berengarii de Brugolli [6].

Scripta fuit hec carta VI kalendas novembris, feria III [7], regnante Lodoico rege, anno Domini M°.C°.XXXVI°. Petrus scripsit.

CXXX

1136, samedi 7 novembre.

Copie du XII° s. : Avignon, Biblioth. municip., *Cart. de Richerenches*, fol 7, ch. VIII.

Edité : Mis de Ripert-Monclar, *op. cit.*, p. 13-14, n° 10.

TIBURGIS AURIASICENSIS DEDIT FRATRIBUS DE TEMPLO HOMINEM UNUM IN AURASICA ET V SOLIDOS IN MOLENDINO DE ULMO ET MILLE SOLIDOS IN FINE SUO.

In nomine Domini. Ego, Titburgis (*a*), domina Aurengie civitatis, pro remissione peccatorum meorum et anime męę salute, dono omnipotenti Deo et beate Marie et militibus pauperibus Templi Iherosolimitani, presentibus et futuris, in predicta villa Aurengia, in molendino de Ulmo, V solidos per singulos annos de censu, in perpetuum ; et in ipsa eadem villa, dono predictis fratribus *(fol. 7 v°)* quedam *(sic)* hominem, Titbaudum de Tolosa nomine, cum ipso estate in quo visus est manere, et cum omnibus possessionibus suis et tenimentis et cum omni progenie sua ; et dono quartum et dominium et totum quicquid habeo vel habere debeo in ipsa vinea quam tenet de me Rahembaldus Lesduiz in clauso comitali. Ita videlicet dono ego, Titburgis jam dicta, predictum honorem Deo omnipotenti et beate Marie predictisque fratribus Templi, ut ipsum habeant et jure perpetuo possideant ad totam suam voluntatem faciendam. S✠ Titburgis supradictę, que donum istius honoris bona mea voluntate feci et manibus meis firmavi et testes firmare rogavi : Geraldus de Aurengia, Willelmus de Claustro, Willelmus Poncii. $. Rodulfi, cambiatoris. Petrus Burlaran. In presentia predictorum testium et multorum aliorum, fecit istum donum donna Titburgis, in ipsa villa Aurengia. Scripta fuit hec carta VII° idus novembris, feria VII°, regnante Lodoico rege, anno Dominico M°C°XXX°VI°. Petrus scripsit jussione predictę dominę Titburgis. Sit eciam manifestum, quod ego, Titburgis prenominata, pro nomine manumissionis et penitencię, dono et laxo post mortem meam predictis fratribus Templi mille solidos Melgorienses, tali convencencia ut ipse vel ipsa cui meus honor post mortem meam remanserit, hos M solidos fratribus Templi reddat. Similiter, ipsa Titburgis fecit istam manumissionem coram jam dictis testibus, jussitque eam in hanc cartam scribere.

(*a*) Tiburge I, dame d'Orange, 1115 † 1150.

Variantes de la copie : 1. Eissam [...]. — 2. Durobanno. — 3. Asuana. — 4. Varniola. — 5. de Fresales. — 6. Brug[..]lli. — 7. II.

CXXXI 1136, mardi 10 novembre.

Copie du XIIe s. : Avignon, Biblioth. municip., *Cart. de Richerenches*, fol. 22^v°, ch. XXXVI.

Edité : Mis de Ripert-Monclar, *op. cit.*, p. 40-41, n° 38.

GONTARDUS ET FRATER EJUS DEDERUNT RETRODECIMAM ET TERCIAM PARTEM OMNIUM MOBILIUM.

In nomine Domini. Ego, Guntardus Lauterius de Colonzellas, et ego, Petrus, frater ejus, donamus Domino Deo et fratribus Templi Iherosolimitani, cum consilio Ugonis de Burbotone et Bertrandi, nepotis ejus, et pro nomine gadii et penitencie, donamus et laxamus Domino Deo et sancte Marie et fratribus pauperibus Templi, ad quamcumque mortem moriamur, terciam partem tocius nostrę pecunię et omnium nostrorum mobilium. Si autem sine herede moriemini, hoc quod habemus in hanc terram idem nectum damus perpetuo. Istam retrodecimam predictam donabimus semper Deo et fratribus predictis, quamdiu vixerimus, et, post nostram mortem, volumus et mandamus ut infantes nostri similiter faciant. Hoc donum et istam mercedem fecerunt Guntardus et Petrus, frater ejus, in manus Arnaldi de Bedoz, videntibus fratribus Templi, Ugone de Panato, Guiscardo, Umberto de Sauzeto, et in presencia Petri, filii Raimundi de Chalancho, et Raimundi, fratris sui, et Willelmi de Avisano. Scripta fuit hec carta IIII° idus novembris, feria III^a, anno Dominico M°C°XXX°VI°. Petrus scripsit.

CXXXII 1136, 24 décembre.

Original : Barcelone, Arch. Cor. Arag., perg. R. Bereng. IV, n° 70.

In Dei nomine. Ego, Petrus de Sancto Minato, ut Deus propicietur peccatis et neglegenciis meis, dono et offero Domino Deo et Ierosolimitanę militię Templi Salomonis mansum unum cum suis pertinentiis et tenezonibus et unam roviram cum terra et arboribus diversi generis, que omnia tenebam ad feudum per Petrum de Palatio. Est autem predictus mansus in comitatu Barchinonensi, in Vallensi, infra parrochiam Sancti Minati, mansum scilicet quem vocant Roviradec; et jamdicta rovira est in parrochia Sancti Stephani de Castellar, in loco vocitato Solaned. Prescriptus vero mansus cum suis tenezonibus terminatur ab oriente et meridie in alodio Guilelmi Raimundi seneschalc, ab occasu in alodio Sancti Petri de Cervaria, a circio in alodio Sancti Petri de Rodas. Sicut ab his terminis concluditur et terminatur, sic dono et offero Domino Deo et jamdictę militie, votive et potentialiter, in manu Arnaldi de Bedociis, fratris et bajuli ejusdem militie prescripte, omnia cum ingressibus et egressibus suis integriter, ut melius dici vel intelligi potest; ac de meo jure in jus et dominium jamdicte militie et fratrum militum ibi Deo servientium et suorum bajulorum trado ad suum proprium plenissimum alodium, liberum et franchum, secure et quiete perpetuo possidendum, ad quid inde ab hac hora et deincebs facere voluerint fratres et bajuli jam dicte militie. Persona que contra hanc meo donationis scripturam ad infringendum venire temptaverit, supradicta omnia in consimili loco jamdicte militie componat; et insuper hec presens meo donationis pagina perhenniter maneat firma. Que est acta VIIII kalendas januarii, anno ab incarnatione Dominica C°XXX°VI° post millesimum, regni autem Lodoyci XXVIIII. SIG✠NUM Petri de Sancto Minato, qui hoc donum feci et hanc cartam scribere jussi, laudando firmavi et testes firmare rogavi. SIG✠NUM Berengarii, fratris sui. SIG✠NUM Guilelmi, fratris sui. S✠NUM Berengarii de ipsa Rovira. S✠NUM Petri de ipsa Rovira.

CXXXIII 1136, 24 décembre.

Original : Barcelone, Arch. Cor. Arag., perg. R. Bereng. IV, n° 71.

In Dei omnipotentis nomine. Ego, Berengarius vocitatus de ipsa Ruvira, et uxor mea, Ermessendis, et filius noster, Raimundus, ob peccatorum nostrorum veniam promerendam et cęlestis patrię gaudia consequenda, volive et potencialiter damus et offerimus omnipotenti Deo et Iherosolimitanę milicię Templi Salomonis, in manu Arnalli de Bedociis, fratris et bajuli militum jamdictę milicię, alodium nostrum proprium, scilicet mansum unum cum suis tenedonibus et pertinentiis omnibus. Est autem prescriptus mansus, cum suis tenedonibus, in comitatu Barchinonensi, in Vallensi, in parrochia Sanctę Perpetuę martiris de Mogoda, in loco vocitato ipsum Morral, adveniens michi, Berengario, per donationem et laxationem quam inde michi fecit Bermundus de ipso Morral, meę vero uxori per suum decimum, et filio meo per meam vocem, sine aliis quibuslibet modis ac vocibus. Terminatur autem ab oriente et a meridie in alodio cenobii Sancti Cucuphatis et in alodio de nobis, donatoribus, ab occidente in alodio de nobis, donatoribus, et in alodio jamdictę milicię, quod est pratum, a circio in alodio predictę milicię et Iherosolimitani Hospitalis. Sicut a predictis terminis concluditur et terminatur, sic damus et offerimus volive et potencialiter prescriptum mansum cum suis pertinenciis et tenedonibus universis jamdictę milicię et fratribus militibus, ibidem pro nobis Deo supplicantibus, simul cum vię ductibus et reductibus undique ab omni integritate, ut Deus omnipotens propicietur peccatis et negligentiis nostris et parentum nostrorum; ac de nostro jure in jus et dominium jamdictę milicię et fratrum militum, ibi Deo servientium, et suorum bajulorum tradimus ad suum proprium plenissimum alodium, liberum et franchum, secure et quiete perpetuo possidendum, ad quid inde facere ab hac hora et deincebs voluerint fratres et bajuli jamdictę milicię. Ego nomque, prelibatus Berengarius, humiliter deprecor presentes et futuros milites et bajulos jamdictę milicię, ut quando, Deo inspirante, huic seculo abrenunciare voluero et de eorum societate et ordine ac religione esse, accolligant et recipiant me volentem Deo militare; et prescriptus mansus cum suis pertinentiis sit hereditas mea. Persona que contra hanc nostrę donationis scripturam ad infringendum venire temptaverit, supradicta omnia in consimili loco jamdictę milicię componat, et insuper hec presens nostrę donationis pagina perhenniter maneat firma. Que est acta viiii kalendas januarii, anno ab incarnatione Dominica C°XXX°VI° post millesimum, regni autem Leduici XXVIIII. SIG✠NUM Berengarii de ipsa Ruvira; SIG✠NUM Ermessendis; SIG✠NUM Raimundi, nos qui hanc donationis cartam scribere jussimus, laudando firmamus et testes firmare rogamus. SIG✠NUM Petri de ipsa Ruvira, qui hoc laudo et confirmo. S✠ Osberti magistri. SIG✠NUM (*sic*). S✠ Petri Bernardi. SIG✠NUM Petri levite. SIG✠NUM Petri, presbiteri, qui hoc scripsit die et anno quo supra.

CXXXIV [1136—1139.]

Copie du XIIe s. : Avignon, Biblioth. municip., *Cartulaire de Richerenches*, fol. 26.

Edité : Mis de Ripert-Monclar, *op. cit.*, p. 47, n° 45 (qui date : 1138 ou commencement de 1139).

SCRIPTUM ARNALDI DE CREST, CUM QUO DEDIT HOMINEM, PETRUM BRUNI

Ego, Arnaldus de Cresto, concedo et trado Domino Deo et genitrici ejus et fratribus Templi Salomonis, tam presentibus quam futuris, hominem illum qui vocatur Petrus Bruni, in villa de Crest, cum domo sua et cum omnibus rebus quas nunc (*fol. 26v°*) possidere videtur. Hoc donum facio ego, Arnaldus, bona voluntate et sine dolo et sine fraude, in presentia et testimonio Ymberti de Castro Novo et Arnaldo de Cabriano et Odiloni et Poncii Fulcherii et Bruni Fabri. Igitur, ego, Petrus Bruni, reddo de censo annuali Deo et fratribus de Templo XII^cim Valencianos. Hec dacio fit in manus Arnaldi de Bedocio, presente fratre Petro Bosone, et his supradictis et nominatis presentibus. Ipsemet Arnaldus supranominatus dator ore suo osculum tenoris Arnaldo de Bedocio dedit.

In domo hujus supradicti hominis, videlicet Petri Bruni, habebat Guillelmus Renco et ejus uxor II^os solidos de censu, quos domina illa Deo et fratribus Templi dedit, quando hujus seculi vitam finivit, cum consilio et laudacione ambabus filiabus suis et Armanno Ranconis. Gaufredus de Barre et ejus uxor dederunt Deo et fratribus Templi XII^cim denarios, quos habebant super Petrum Cacholam de Crest

CXXXV 1136/7, 4 janvier.

Original : Barcelone, Arch. Cor. Arag., perg. R. Bereng. IV, n° 74.

In Dei nomine. Ego, Bernardus Bertrandi, qui vocor de Bello Loco, ut Deus propicietur peccatis et negligentiis meis et parentum meorum, votive et potencialiter dono Domino Deo et Iherosolimitanę milicię Templi Salomonis, in manu Arnalli de Bidociis, bajuli et fratris ejusdem milicię, ad usus militum ejusdem milicię, mansum unum meum proprium, cum terris et vineis cultis et heremis, cum arboribus diversi generis, in quo habitat Guillelmus Iuschafredi, cum omnibus sibi pertinentibus vel pertinere debentibus ubique locorum, advenientem michi per vocem genitorum meorum vel aliis quibuslibet modis ac vocibus. Est autem prescriptus mansus cum suis pertinentiis in territorio Barchinonę, in parrochia Sancti Andree de Palumbario, juxta collum de Fenestreles. Terminatur autem ab oriente in flumine Bisocii, a meridie in alodio Sancti Cucuphatis, ab occasu in strata publica qua itur ad Barchinonam, a circio in collo de Fenestreles et in strata publica. Sicut ab istis terminis concluditur et terminatur, sic dono Domino Deo et jamdictę milicię, votive et potentialiter, ut dici vel intelligi potest melius, cum ingressibus et egressibus suis integriter, ac de meo jure in jus et dominium jamdictę milicię Templi Salomonis et militum ibi omnipotenti Deo servientium, trado ad proprium plenissimum alodium, secure et quiete perpetuo possidendum, ad quid inde facere voluerint fratres et bajuli jamdictę milicię, sine ullius contrarietatis obstaculo. Si qua persona contra hanc meę donationis scripturam ad infringendum venire temptaverit, in consimili loco supradicta omnia in quadruplum componat, et insuper hęc presens meę donationis pagina perhenniter maneat firma. Que est acta II nonas januarii, anno ab incarnatione Dominica C°XXX°VI° post millesimum, regis autem Leduici XXVIIII.

Sig✠num Bernardi Bertrandi, qui hanc donationem feci, laudando firmo et testes firmare rogo. Sig✠num Petri Bertrandi, fratris sui, qui hoc laudo et confirmo. Sig✠num Petri, filii ejusdem Petri Bertrandi. Sig✠num Arnalli de Sancto Ylario. S✠ Ramundi comes. S✠ Poncii, scriptoris comitis. S✠num Berengarii Raimundi, vicarii Barchinonę. Sig✠num Petri, presbiteri, qui hoc scripsit die et anno quo supra, cum litteris suprapositis in linea III^a.

CXXXVI 1136/7, 9 mars.

Copie du XIIIe s. : Perpignan, Arch. dép., *Cart. du Mas-Deu*, n° 847, fol. 446.

Édité : Alart, *Cartulaire Roussillonnais*, dans la *Semaine relig. du dioc. de Perpignan*, 1885, p. 64.

Sancte et individue sub Trinitatis nomine. Ego, Berengarius de Gardia, cum muliere mea, Jordana, donator sum Deo atque milicie de Templo unum diem de salinis, quas habeo in Tureliis, quando sui bajuli melius accipere voluerint. Et hoc facio propter Deum atque remedium nostrarum animarum : in tali convenientia quod, nec modo nec tempore futuro, sit aliquis homo vel femina qui hoc donum dirumpere valeat nec eciam addere valeat, set hoc donum in eternum inconvulsum maneat omni tempore. Et hoc donum factum est in manu Arnalli de Contrasto atque plurimorum bonorum hominum. Actum est hoc donum VII° idus marci, annis Domini M°C°XXX°VI° ab incarnacione Xpisti, regnante Ludovico rege. Sig✠num Berengarii, qui hanc cartam donacionis fieri jussi manibusque meis firmavi et testes firmare rogavi. Sig✠num Jordane. Sig✠num Guilelmi de Paliolo. Sig✠num Gomballi. Sig✠num Stephani presbiter *(sic)*. Bernardus scripsit, rogatus et jussus ✠.

CXXXVII 1136/7, 10 mars.

Copie du XIIIe s. : Barcelone, Arch. Cor. Arag., rég. coté *Inventario*, fol. 9.

In Dei nomine. Ego, Jordanus, ut Deus omnipotens propicietur peccatis et negligenciis meis, dono, difinio et evacuo Domino Deo et Iherosolimitane milicie Templi Salomonis, in manu Arnaldi de Bidociis, omnem bajuliam et dominationem quam habeo vel habere debeo per vocem genitorum meorum in omni alodio d'Amilal?, scilicet mansis, terris et? vineis et? fontibus?, devesis, garricis et ecclesia Sancti Martini de Vila Condal?, que Raimundus? de Palacio dimisit jamdicte milicie ; suprascriptaque? omnia? sicut melius dici vel intelligi potest ad utilitatem jamdicte? milicie? [cum aquarum ?] ductibus et reductibus, cum aquis et aquarum cursibus [. . . . . .] dominio, jure ?, in jus et dominium et potestatem [. . . .] et? dicte milicie et militum? ipsius milicie et bajulorum ejus trado ad suum proprium plen[issimum] alodium [secu]re et quiete possidendum ac quid inde facere voluerint fratres et bajuli jamdicte domus, sine ulla contrarietate, ita ut ab hac ora et deincebs non liceat michi vel meis ibi requirere nec demandare aliquam bajuliam nec dominationem nec aliquod senioraticum ; set, si quis contra hanc meam donationis sive difinitionis scripturam ad fringendum venire temptaverit, tamdiu [. . . . .]

subjaceat, donec ut reus s[acrilegii ?] supra [. . . . . .] (fol. 9vo) restituat, et insuper hec scriptura semper maneat firma. Actum est hoc VI idus marcii, anno ab incarnacione Dominica CXXXVI post mille. SIG✠NUM Jordani, qui hoc laudo et confirmo et testes et filios meos firmare precipio. SIG✠NUM Gillelmi Sancti Martini; S✠M Arnaldi Jordani, qui hoc laudamus et confirmamus. S✠M Berengarii Raimundi, vicarii Barchinone. S✠M Raimundi Reinardi. SIG✠NUM Petri de Gallifa. S✠M Petri Bertrandi. SIG✠NUM Bernardi de Bello Loco. S✠M Girberti Ugonis. S✠M Petri presbiteri, qui hoc scripsit, die et anno quo supra.

CXXXVIII 1137 (11 avril 1137—13 janv. 1138).

Original : Chaumont, Arch. dép., Ruetz, liasse 9 ; *copie* de 1742, ibid., liasse 8.

In nomine sancte et individue Trinitatis. Gaufridus (a), Dei gracia Cathalaunensium episcopus. Opus Domini est extinguere seminarium litis et materiam inquietudinis evellere de domo religionis. Quid enim universitatis ad nutum conferet affluentia, si lites intonent, si pacis gracia uti non contingat ? Notum sit igitur tam futuris quam presentibus, Hatonem de Athoniscurte concessisse et dedisse fratribus qui pertinent ad Templum Iherosolimitanum, terram que Ruellus dicitur, in territorio Gurzon, a flumine Materna usque ad fontem Cervinei, et a fonte Cervinei usque ad finem Buiniville, et a fine Buiniville usque ad territorium de Fontanis. Addidit preterea in eadem investitura X falceias prati ante molendinum quem vocant Baiart, et quod in eodem molendino, sine expensa moliture, omnis annona in eternum moleretur, que necessaria esset fratribus Templi qui in predicto alodio Ruelli manerent. Hanc elemosinam concessit Anscherus, custos ejusdem molendini. Dedit etiam eisdem fratribus predictus Hato Lizei pratum, quod certis metis terminatum est. Et ecce testes : SIGNUM Joffridi de Jovilla ; SIGNUM Rogeri, patris ejus ; SIGNUM matris ipsius Joffridi. SIGNUM Petri de Sancto Urbano. SIGNUM Hugonis de Barro. SIGNUM Bosonis de Panceio. SIGNUM Hugonis de Maseriis.

Dedit etiam Gaudinus predicte domui XI mansos de alodio suo, senis denariis censuatos, in Flamercicurte, et V falcatas prati. SIGNUM Alberti, fratris ejus. SIGNUM Joffridi de Jovilla. SIGNUM Hatonis de Athoniscurte. SIGNUM Rogeri infantis. SIGNUM Petri de Sancto Urbano.

Dedit quoque eisdem fratribus Templi in sinodo Rogerus, abbas Dervensis, universam partem decime territorii Ruelli qui ad Sanctum Bercharium pertinebat, dicens se hoc facere assensu et voluntate capituli sui. Et ecce testes : SIGNUM Widonis de Episcopivilla. SIGNUM Lamberti de Fontanis.

Assensu etiam comitis (b) Registestis et voluntate uxoris ejus, dedit Jocelinus Cathalaunensis Templo Iherosolimitano quicquid habebat in villa Sancti Helerii. SIGNUM Rainaldi (c), Remensis archiepiscopi. SIGNUM Stephani Cathalaunensis archidiaconi. SIGNUM Odonis, Waberti, Clarembaldi, fratrum. SIGNUM Johannis Rufi. SIGNUM Milonis, filii Helisabeth.

Actum Cathalaunis, anno Dominico incarnationis M°C°XXX°VII°, epacta XXVI, concurrente III°. Raimundus notarius scripsit et Walterius cancellarius subscripsit. ✠.

(a) Geoffroy, évêque de Châlons, 1132 † 27 ou 28 mai 1142. — (b) Withier, comte de Rethel, 1124 † 1158. — (c) Rainaud, archevêque de Reims, 1128 † 13 janvier 1138.

CXXXIX 1137, 24 mai.

Copie du XIIIe s. : Perpignan, Arch. dép., *Cart. du Mas-Deu*, n° 188, fol. 118vo-119.

Édité : Alart, *Cartul. Roussillonnais*, dans la *Semaine relig. du dioc. de Perpignan*, 1885, p 127.

Sub trino et uno omnipotentis Dei nomine. Hoc testamentum quod jussit atque instituit fieri in vita sua Ermengaudus de Sono. Certum quidem est atque manifestum quoniam elegit sibi ydoneos testes, elemosinarios atque dispensatores, me, Bernardum Sancte Fidis, et me, Petrum Raymundum de Milars, et me, Petrum Durant, quatinus rei ejus atque honoris essemus dispensatores, sicut ex ejus ore audivimus, sicuti et facimus ut in subsequenter est resonandum. Primum comisit animam suam Domino qui dedit eam. Corpus vero suum dedit milicie beate Marie que est in Iherusalem, in honore Dei, servicio, congregata, ut esset ibi serviens Deo, si vita *(sic)* et Deus concessisset. Si autem ejus excessum in hac terra evenerit, jussit corpus suum defferri ad ipsum Mansum Dei, quem de ipsa cavalleria est, ut est factum. Et jamdictam *(sic)* cavalleriam Dei, que, ut dictum est, est congregata in honore Dei in Iherusalem, in ipso domo quem vocant Templum Salomonis, dimisit ipsum suum alodem proprium, quod habebat et habere debebat infra fines et terminos duarum villarum; una earum dicitur Borrad, altera Sent Ernach, et sunt in comitatu Fenoleti, et in appendicione vel in parrochia Sancti Stephani de Dercho. Predictum alodium, quod habebat jamdictus Ermengaudus infra fines et terminos predictarum villarum et jamdicte parrochie, dimisit ad jamdictam cavalleriam, ut, sicut ille habebat vel habere debebat in proprio alode, ita ipsa habeat proprio alode, secure et in pace et sine contradicto ullius persone. Et dimisit ad ipsam cavalleriam omne mobile suum quod habebat, blad, vinum, boves, vacas, guarniment. . . . .
Ipsum mansum quem tenet Bernardus Guilelmus Rubeus, qui est de supradicto alode de Sent Ernach, qui fuit condam de Pere Ysarn, post mortem Bernardi Guilelmi, deveniat ad ipsam cavalleriam. Et ipsam cavalleriam *(sic)* quam tenet pro me iste Bernardus Guilelmi, cum omni alio honore, qui ad me pertinet, ex parte patris mei, dimito inquid ad ipsum Bernardum fratrem meum cum ipsos LX sol. quos habeo pro pignore in ipso molino et ipsos olivarios de Arnaldo Guilelmo de Trinalo; LX solidos quos debebat ei vicecomes de Fenolet pro ipsa mula, dimisit ad ipsam cavalleriam. Et est terminum dare ad ipsam primam firam que venit de Sancto Icencio. Et sunt fide *(sic)* et hostatges : Petrus de Rasigeres et Arnaldus de Cerced ; insuper vicecomes ipse, fides et dator. Si quis testamentum hoc temptare conaverit dirumpere, non valeat peragere set in duplo componat. Testamentum hoc maneat firmum et stabile. Quod est factum VIIII° kalendas junii, anno Dominico incarnacionis M°.C°.XXX°.VII° Xpisti incarnacionis *(sic)*, XX.VIII° Lodoyci *(fol. 119)* regis. Sig✠num Ermengaudi, qui hoc testamentum jussit fieri et nomen suum ibi jussit scribere et firmare testibus. Sig✠num Bernardi Sancte Fidis ; Sig✠num Pere Raimun ; Sig✠num Pere Duran, qui hoc scribere jussimus, sicut ex ore hujus deffuncti audivimus, et peribemus testimonium veritatis, et si oporteat jurare parati sumus. Sig✠num Artaldi, qui hoc laudo. Arnaldus de C(er)trast *(sic)* [1] hoc recepit. Arnaldus, scriba, levita, scripsit testamentum hoc, die et anno ✠ quo supra.

1. *Corr.* : Contrast. Cf. n° CXL.

CXL 1137, 2 août.

Copie du XIII° s. : Perpignan, Arch. dép., *Cart. du Mas-Deu*, n° 189, fol. 119.

Édité : Alart, *Cartul. Roussillonnais*, dans la *Semaine relig. du dioc. de Perpignan*, 1885, p. 111-112.

Notum sit omnibus hominibus, tam presentibus quam futuris, quia ego, miles Raymundus Guilelmi de Villa Pedilano, pro amore Dei et indulgencia peccatorum meorum et anime matris mee, dono ad ipsam cavalleriam que est in honore Dei congregata in ipsam domum quem vocant Templum Salomonis in Iherusalem, mansum unum quem habeo in villa Sancto F. ıce subteriore, in parrochia vel appendicione Beate Marie et Beati Andree. Est enim michi proprii alodis, et habitat in eo Arnaldus de les Portes, cum filiis et nepotibus suis. id est Guilelmus et Poncius Bernardus et Petrus. Affrontat namque a parte orientis in mansum ubi habitat Petrus Arnalli, a meridie in ipsa strata que transi *(sic)* per ipsam villa *(sic)*, ab occidente in ipsa via que vadit ad ipsam ecclesiam, ab aquilone in mansum de Arnal Males Pels. Dono similiter duas pecias de terra que sunt ad ipsos Asperos ; una earum affrontat de II partes in terra de Ramon Arnal, de tercia in terra de Pere Esteven, de quarta in via de Salancha ; et alia terra affrontat de una parte in terra de Arnal Roig, de alia in terra de Pere Clergue et fratres suos, de tercia, via *(sic)* de Figueres, de quarta in terra de Ramon Gauçbert. Et III pecias de vinea in ipso vineario Sancti Martini ; una earum affrontat de una parte in vinea de Senfre, et de alia in vinea de Guillem Ponci, de tercia in vinea de Ramon Arnal, de quarta in vinea de Mulino ; alia pecia affrontat de una parte in vinea de Pere Gauçbert, de alia in via de Mulinos, de tercia in vinea Sancti Martini, de quarta in vinea de Guillem Arnal ; tercia pecia affrontat de una parte in vinea Sancti Martini, de II° et tercia in vinea de Guillem Esteven, de quarta in vinea de Bernad Espada. Et ortum unum, cum suis arboribus ; et affrontat de una parte, in orto de Poncio Boschet, de alia in orto de Vadalaril, de tercio in orto de Bernat Espada, de quarta in ipsa aqua de Ted. Prenominatum mansum cum supradictas terras, et vineas vel ortum, dono ego prefatus, cum exiis et regressibus eorum, ad supradictam nominatam cavalleriam, cum suis habitatoribus qui ibi sunt vel erunt in futuro, ut, sic ego habeo vel habere debeo pro proprio alode, ita ipsa cavalleria habeat pro alodio proprio, secure et in pace et sine contradictu ullius persone, in vita et post morte mea. Et omne censum vel usalicos, toltas vel forces, vocem vel voces, quod in eo habebam *(fol. 119 v°)* et antecessores mei in eo habuerunt, dono, delibero ac definisco eidem cavalleria, in manus vel potestate Petro Bernardi et Arnaldi de Contrasto, fratres eorum. Sensum vero hujus mansi est : medio moltone recipiente et s(est(orium) I. de ordeo current, et tres fogaccas et pario I de galines et tercera I de vino. Si quis contra hanc cartam me *(sic)* donacionis venerit ad irrumpendum, non valeat peragere, set in duplo componat prenominata omnia. Carta autem ista vel donacio maneat stabilis et in perpetuum firma. Que est facta IIII° nonas augusti, anno M° C°.XXX°.VII° Xpisti incarnacionis, XX°.VIII° Lodoci regis. Sig✠num Raymundi Guilelmi, qui hoc scribere mandavi, firmavi et testibus firmari mandavi. Sig✠num Artalli de Milars. Sig✠num Ugo de Tacione. Sig✠num Bernardi Gausberti. Fuit factum in presencia aliorum bonorum ? hominum ?. Arnallus scripsit, levita, jussus, die ✠ et anno quo supra.

CXLI 1137, (1er (? 24) sept. 1137—2 avril 1138.)

Original scellé (a) de plomb : Paris, Arch. Nat., K 23, n° 2[3] (dans le Musée des Arch. Nat. AE[IIb], 146 ; précédemment, S 4985, n° 2 ; anciennement, n° 1 de la 1re liasse, Sclipe). — *Copie* du XIIe s. : Mons, Arch. de l'Etat, *Cartul. de la Commanderie du Temple en Flandre*, fol. 43vo.

Analyse : Tardif, *Cartons des Rois*, n° 434 ; *analyse* avec description et extraits : *Musée des Arch. Nat.*, n° 146 ; *autres analyses :* Röhricht, *Reg.*, n° 173 ; Devillers, *op. cit.*, p. 170.

De Sclipes et de Leffinges.

✠ In nomine sanctę et individuę Trinitatis, Patris et Filii et Spiritus sancti, amen. Notum sit omnibus, tam presentibus quam futuris, omnibus sanctę matris ecclesię filiis, quod ego, Willelmus, Dei gratia Audomarensis castellanus, et Osto, filius meus, militibus Templi, quos divina providentia domni patriarchę, Warmundi (b), baronumque consilio, ad defensionem terrę Ierusalem peregrinorumque custodiam deputavit, tam ipsis quam eorum successoribus damus et perpetuo jure habenda concedimus altaria, capellas, oblationes et decimas de Sclippes et Leffinges, tam in segete quam in pecoribus cęterisque rebus et pertinentiis suis, ut ab ipsis libere et quiete possideantur et disponantur, his exceptis quę tenere et possidere inibi feodati milites dinoscuntur. Qui si prescriptis Templi militibus de rebus suis in elemosinam voluerint impendere, non minus ratum ac stabile concedimus permanere. Ad hęc pretera duas terrę mensuras adicientes adjungimus, quas ego, Willelmus, de proprio meo olim me comparasse memini in loco in quo annuatim predictę decimę congregantur. Hoc autem donum quod pari voto et pari devotione facientes imperpetuum manere decernimus, pro salute animę nostrę patrisque et matris meę, uxoris simul et puerorum meorum omniumque predecessorum et parentum nostrorum, omnium quoque quorum prenominatę decimę fuerunt, tali condicione concedimus ut, ubi fratres voluerint, capellanus ad celebrandum divinum officium collocetur pro animabus nostris et omnium illorum quorum memoria in hac continetur pagina, salutiferas cotidie hostias oblaturus, qui tamen pro voluntate militum et quem dignum judicaverint statuetur. Et ne hujus nostrę devotionis donum ab aliquo ulterius valeat violari, uterque, ego scilicet, W(illelmus), et Osto, filius meus, illud in manu domni Willelmi (c), Iherosolimitani patriarchę, et Roberti, milicię Templi magistri, confirmare studuimus, filiis ac fratribus et universis parentibus nostris ex Dei et nostra parte interdicentes ne quod a nobis pro communi ipsorum et nostra salute factum est, per ipsos aut eorum successores aliquatenus immutetur. Hujus nostrę concessionis testes sunt : ipse domnus Willelmus, patriarcha ; Petrus, Dominici Sepulchri prior ; Gaufridus, prior Templi Domini ; Robertus, archidiaconus ; Garnerius, canonicus Sepulchri Domini ; Godefridus et Wigrinus ; Baldewinus, cancellarius patriarchę ; Gozelinus, frater Templi ; Ysaac de Stathes. Facta est presens inscriptio anno Domini M°.C°.XXX°.VII°, indictione prima.

(a) Pour le sceau, voy. Douët d'Arcq, *Collection de Sceaux*, n° 6281. — (b) Gormond, patriarche de Jérusalem, 1118-1128. — (c) Guillaume de Messines, patriarche de Jérusalem, 1130-1145, † 27 sept. 1185.

CXLII

1137, lundi 11 octobre.

Copie du XIIe s. : Toulouse, fonds de Malte, Arch. dép., *Cart. A de Douzens*, ch. 180, fol. 131vo-132.

In nomine omnipotentis Dei, Patris et Filii et Spiritus sancti. Ego, Arnaldus de Gaure, mea bona ac spontanea voluntate, donator sum Deo et sancte Marie et militie Templi Salomonis de Iherusalem et vobis, Arnaldo de Bedocio et Raimundo de Gaure et cunctis aliis confratribus vestris, in eadem militia Deo famulantibus, presentibus atque futuris. Dono vobis et laudo me ipsum per confratrem vestrum, in *(fol. 132)* ipsa militia Deo serviturum. Et dono vobis totum ipsum honorem meum quem habeo et habere debeo in villa de Gaure et in suis omnibus terminiis, terras scilicet et vineas, homines et feminas, mansos et mansiones, ortos et ortales, aquas et riparias, prata et pascua, census et usaticos, heremum et condirectum, et totum aliud quod in predicta villa de Gaure et in suis omnibus terminiis habeo et habere debeo, totum, excepta ipsa ecclesia de Gaure quam teneo ad feuum de Petro de Pomar; totum aliud, sine inguanno, dono cum memetipso Deo et sancte Marie et prenominate militie suisque militibus et confratribus, ibidem Deo famulantibus, presentibus atque futuris, ad habendum ac possedendum suamque voluntatem absque mea retinentia et contradiccione perpetim fatiendum. Hoc autem fatio propter amorem Dei et propter remissionem peccatorum meorum et propter adipiscendam vitam eternam, in manu scilicet et auctoritate domni Raimundi, Carcass(ensis) (*a*) episcopi, et presencia et testimonio Rogerii de Biterri et Bernardi de Tresmals et Gilelmi Rogerii de Aragono et Arnaldi Pela Pol et fratris ejus, Petri, et Raimundi de Sancto Martino. Guillelmus scripsit, presente et jubente Arnaldo de Gaure predicto, qui sic istam cartam firmavit, anno millesimo C.XXX.VII incarnationis Dominice, v idus octobris, feria II, regnante Lodovico rege.

CXLIII

1137, 17 novembre.

Copie du XIIe s. : Madrid, Arch. Hist. Nacional, *Cart. B* 595, n° 283, fol. 104vo-105.

In Dei nomine. Ego, Bernardus (*b*), Dei gratia Cesaraugustanus episcopus, cum concilio et volumptate canonicorum meorum Cesaraugustanorum, ad stipendia militum Xpisti Templi videlicet Iherosolimitani, dono et concedo, liberam et ingenuam, ecclesiam *(fol. 105)* de Novellas, tali tenore ut quicumque illorum prememoratam ecclesiam obtinuerit, quartam partem omnium fructuum atque reddituum, quicumque colligentur in termino prescripte ęcclesię, et cenam et episcopalia jura, michi meisque successoribus annuatim fideliter reddant. Pretcrea predictorum, militum Dei Iherosolimitanorum quicumque ęcclesię de Novellas preerit, michi, meis successoribus fidelis et obediens, salva tamen fidelitate magistri sui atque ordinis suorumque fratrum, prout decet, existat, et unam libram cere, unoquoque anno, in festivitate sancti Johannis, altario Sancti Salvatoris Cesaraugustane sedis gratis offerat. Facta carta xv° kalendas decembris, era M·C·LXX·V·.

(*a*) Raymond II, évêque de Carcassonne, 1131 † 1er juin 1141. — (*b*) Bernard, évêque de Saragosse, 1137-1152.

CXLIV 1137, 27 décembre.

Copie notariée du 11 octobre 1250 : Barcelone, Arch. Cor. Arag., perg. R. Bereng. IV, n° 79.

Sub Trinitatis nomine facio, ego, Arnaldus de Bidociis, servus et bayulus et magister milicie Templi Salomonis, cum asensu et voluntate fratrum nostrorum, vobis, Petro Guillelmi de ipsa Lobera et uxori tue, Perete, et filiis tuis qui de te in illa procreati fuerint, alodium nostrum quod habemus contra ecclesiam Sancti Martini de ipsa Stradam, in parrochia sancti Saturnini de colo de Sabadel, tali tenore ut de omni alodio quod habemus super stratam donetis nobis et nostrisque successoribus semper fideliter v^{am} partem ; de illo vero alodio quod habemus subtus stratam donetis nobis et nostris semper fideliter ipsam tascham ; et pro hoc dono subteriori accepimus a te xx moabitinos in auro. Si autem contingerit nobis vel successoribus nostris reddere vobis prefatos moabatinos, tunc deinceps donetis nobis v^{am} partem de ipso alodio subteriori sicut de superiori. Sub tali etiam convenientia, hoc donum vobis fascimus, ut semper tu cum uxore tua et familia ibi maneas in pace et sine gerra, et donetis nobis pro censu propter ipsas domos parilium unum caponum in natale Domini ; et non liceat vobis ibi alium seniorem facere vel proclamare ad nostrum dampnum nisi tantum nos et successores nostros. Si autem, quod absit, vos sine infante legitimo ab hoc seculo discesseris, omnis adqisisio quam de nobis facitis cum omnibus edificiis et meliorationibus quas ibi facturi estis, remaneat prephate milicie Templi et pauperibus ibi Deo servientibus. In prescripto nostro alodio sitis semper stantes in pace et sine gerra ad servicium nostrum et Dei. Quod si inde gerram feceritis et ibi vos vel filii vestri non stabitis in pace, secure et libere, absque ulla contrarietate, vobis et vestris in egressibus prescriptum alodium revertatur ad nos vel ad nostros successores, ad nostram voluntatem. Si quid ex utraque parte hoc alteri fugerit et habeat inde dampnum I. morabatinorum et insuper hoc donum semper maneat firmum.

Actum est hoc sexto kalendas januarii, anno ab incarnatione Dominica C.XXX.VII post millesimum. Sig✠num Arnaldi de Bidociis ; Sig✠num Geraldi de Nochura ; Sig✠num Petri de Arbaz, fratris ; Sig✠num R de la Rocha ; Sig✠num Raimundi de Subiradis ; Sig✠num Berengarii de ipsa Ruvira ; Sig✠num Guillelmi de Auures, fratris, nos fratres qui hoc laudamus et firmamus et testes firmare rogamus. Sig✠num Petri de ipsa Lobera, qui hoc laudo et firmo.

Et si fratres jamdicte milicie in vita mea non redderint michi jamdictos xx morabatinos, post hobitum meum illos sepedictos xx morabatinos dimito eidem milicie pro anima mea ; et post hobitum meum, infantes mei teneant et habeant prephatum campum subteriorem sicut superiorem ad quintum omni tempore per seniores ejusdem milicie. S✠ Petri Bernardi ; Guillelmos Raymundi, sacerdos. Sig✠num Petri, presbiteri, cum litteris emendatis, qui hoc scripsit ubi dixit caponum et cum versu addito, die et anno quo supra.

CXLV [1137—nov. 1143.]

Copie vidimée du 6 septembre 1311 : Barcelone, Arch. Cor. Arag. perg. R. Bereng. IV, n° 21 ; *Copie* du XIV° s. (défectueuse) : *ibid.*, *Reg.* 309, fol. 50; traduction en langue vulgaire; Madrid, Arch. Hist. Nacional, *Cart. du XIII° s.*, p. 161.

Edité : Boffarull, *Colleccion de documentos inéditos*, IV, p. 368.

Raimundus (*a*) Dei gratia Barchinonensium comes et marchio et princeps Aragonensis, Raimundo [1], Dei gratia milicie Iherosolimitane magistro, et cunctis fratribus, cismarinis et ultramarinis partibus, Deo militantibus, salutem et eternam gloriam. Qualiter Adefonsus (*b*), rex Aragonensis, tempore sui obitus imminente, totum regnum suum tripartite reliquerit, Sepulcro videlicet Domini, et Hospitali atque Templi militie, satis omnibus est manifestum. Unde ego, succesor illius in regno, volo eidem militie omnibus modis deservire et eam honorificare et honorifice magnificare. Vestre siquidem considerans ordinem professionis, michi videtur ut, sicut in primis, sub beato Petro per apostolicam predicationem ecclesia Dei fundata letatur, ita et nunc per officium vestrum eadem ecclesia deffendatur. Vestram itaque fraternitatem, nos et omnis patrie Ispaniensis clerus et populus, modis omnibus deprecamur quatinus ecclesie Dei provideatis et ejus necessitatibus, in quantum potestis, subveniatis, ut saltem x de fratribus vestris, quos aptos ad hoc benignitas vestra decreverit, nobis concedat et dirigat, sub quorum obedientia, in partibus nostris, et milites et alii fideles qui huic exercitio pro salute animarum suarum se tradiderint, regantur et tueantur. Necessaria autem vite et militie ipsis x militibus, fratribus vestris, quos nobis misseritis, ego illis sufficienter tamdiu aministrabo de meo, donec de meo honore tantum eis retribuam, unde se bene conducere valeant. Hoc vero excepto, dono eis civitatem Darocham, cum omnibus habitatoribus suis et cum omnibus terminis et apendiciis suis, cum rivis et aqueductibus et reductibus et cum omni dominatione quam ibi habeo vel habere debeo, omnia in omnibus, sicut melius ad utilitatem prefate militie intelligi vel nominari potest. Dono etiam illis Lope Sancium de Belgit, cum suis duobus castellis, Osa et Belgit, et cum suo honore, scilicet Cotanda, cum omnibus suis pertinentiis. Addo etiam illis in Cesaraugusta civitate, unum Christianum et unum Maurum et unum Judeum, cum omnibus honoribus et possessionibus eorum, et terras annuatim laborandas duobus paribus bovum. Dono iterum illis quartam partem unius ville juxta Oscham existentis, que dicitur Quart. Item, illis concedo decimam partem omnium que in Ispania adquirere potero, tam in censu quam in honore vel in aliquibus rebus Predicta vero omnia illis libere et solide et firmiter trado ad eorum propriam voluntatem inde complendam, sine ullo retentu quem ibi non facio. Si vero fraternitas vestra huic nostre petitioni diligentiam dederit, hec vobis complere et majora quam litteris intimamus addere satagemus.

Laudo etiam vobis atque confirmo donum (*c*) ipsius honoris quem scripto feci Arnaldo de Bedocio, in partibus Barchinone.

(*a*) Raymond Bérenger IV, comte de Barcelone, 1131 † 6 août 1162. — (*b*) Alphonse I, roi de Navarre et d'Aragon, 1104, de Castille et Léon, 1109 † 7 septembre 1134. — (*c*) Cette donation est du 3 janvier 1134. Cf. n° LXX.

1. *Corr.* Roberto. *L'original portait sans doute* R[oberto].

Predictos vero x milites, fratres vestros, tamdiu teneam de meis redditibus et usaticis de Jacba et de Oscha et de Cesaraugusta, donec illis tantum honorem concedam, unde se bene regere et conducere possint.

Super hiis omnibus vestram fraternitatem humiliter imploramus, ut ad tanti triumphi gloriam festinare curetis et a tanto Dei servicio vos nullomodo subtrahatis, et vestrum responsum cicius inde nobis mitatis. Cum majus tardaveritis, majus ecclesie Dei dampnum facietis.

SIG✠NUM Raimundi, comes.

CXLVI

[1137—1157.]

Original scellé de deux sceaux : Paris, Arch. Nat., S 5214, n. 1 (Commanderie de Sommereux, liasse 6, n° 32).

Edité : Trudon des Ormes, *Etude sur les possessions de l'ordre du Temple en Picardie*, p. 272 (qui date : entre 1137 et 1180).

Notum sit vobis, tam presentibus quam futuris, quod ego, Sustanus de Fenis, dono in elemosina et concedo pro amore Dei Templariis quemdam terram, sicut metata est, in parrochia Sancti Romani; et quia sigillum non habeo, sigillo domini Gaufridi de Danzeo (a) donum istud confirmo. Hoc voluit et concessit uxor mea, Sofia, et Goscelinus, filius meus, et Gaudricus et Renaudus Tunica Bura et Sustanus et Stephanus et Berta et Maencia et Helissenz et Maria et Annes et Guillermus Breen et Florencia, uxor sua, et Matheus, filius suus. Hujus rei testis est Girardus Obaudus, prepositus Sustani, qui terram mensuravit, et Bernardus et Paganus d'Agona et Heffredus de Duviono et Nicholaus Baldricus. Hoc donum dedit Sustanus Deo et Templo et Simoni Gallo de Valle qui tunc temporis erat dominus domus. Factum hoc fuit Ludovido rege regnante.

Hoc donum confirmat dominus Gaufridus Donceii et Herveus, filius suus, sigillis suis propter pactum quod est in aliis sigillis.

CXLVII

1137/8, mars.

Copie du XIIe s. : Perpignan, Arch. dép., H (Temple). Pays de Fenouillet, ancien parchemin du Temple, n° 3048.

Edité : Alart, *Cartul. Roussillonnais*, dans la *Semaine relig. du dioc. de Perpignan*, 1885, p. 160.

CARTA DE CENTERNAG, PETRUS BERNARDI.

In nomine Domini. Notum sit omnibus hominibus quod ego, Petrus Bernardi de Castro Novo, dono, laudo et concedo Deo et milicie Templi totum illum honorem quem michi dedit frater meus in Borrad et in Centernago, in parrochia de Sancto Stephano de Derc : quiquid habeo in supranominatis locis, in ermis, in cultis, in dombus, in curtis, in casalibus, in pratis, in vineis, in ortis, in hominibus, in feminis, in usibus, hoc totum dono Deo et supradicte milicie, redemtione anime mee, ut ipsi milites, post mortem meam, habeant et possideant in perpetuum sine querela et sine contradictione omnium hominium *(sic)*. Si quis vero ex parentela mea vel alius malus homo aut femina hanc donationem irrumpere voluerit, non valeat impetrare quod postulat, set in duplo componat; et in antea firma et stabilis permaneat.

(a) Geoffroy, seigneur de Donzy, c. 1120—1157.

Facta est carta ista mense marcii, anno ab incarnacione Domini M°C°XXX°VII.

Sig✠num Petri Bernardi, qui hanc cartam fieri jussit et firmari rogavit manibus amicorum suorum, et [.] de elemosinis Templi accepit. Sig✠num Guilelmi de Follano. Sig✠num Petri Arnaldi ? de Follano ? Sig✠num Guilelmi de Paracols. Petrus, scriptor, die ✠ et anno quo supra. Arnaldus levita [fecit hoc] translatum die et anno quo ✠ supra.

CXLVIII

1138, vendredi 4 mars.

Copies du XIIe siècle : Avignon, Bibl. Municip., ms. 2488, fol. 53vo-54ro; Paris, B. N., *Cart. de Roaix*, fol. 33ro.

Edité : Ul. Chevalier, *Cartulaire des Hospitaliers et du Temple*, p. 62 (qui date : 26 février 1137).

✠ Notum sit omnibus hominibus, quod ego, Berengarius (*a*), Vasionensis ecclesie episcopus, pro redemptione [1] animę meę, cum consilio canonicorum meorum, et pro redemptione animarum suarum, videlicet Rostagno [2], abbatis de Saonis, et Petri Johannis et Vilelmi [3] de Vinzobrio [4], Pontii Gisbani [5], sacriste, et cum assensu aliorum canonicorum et clericorum, donamus et concedimus aliquid de jure nostre ęcclesię [6], scilicet condaminam quam Petrus Johannis tenebat, quę est in territorio de Volpillaco, et hanc condaminam crucibus determinavimus et in manu Arnaldi de Bedoz, militis militie Hierosolimitane [7], et fratribus ibidem Deo servientibus, presentibus et futuris, in perpetuum, sine omni retinemento [8], concessimus et donavimus.

Iterum, notum sit quod Petrus Rostagni, filius Beatricis [9], supradicte milicie dedit quandam partem terrę [10] et hoc fecis [11] cum consilio domini sui episcopi jam supradicti et cum consilio canonicorum supradictorum et avunculi sui Aldeberti, quę terra est justa supradictam condaminam, et hanc terram similiter crucibus determinavimus.

Similiter, notum sit quod Petrus Vilelmi, filius Dulciane, et Bertrandus, fratre ejus, filius Lucie, cum consilio ipsius Lucie et cum consilio supradicti episcopi, dederunt unam peciam terrę quę aderet supradicte condamine et terrę supradicte milicie Ierosolimitane [12]; et illam terram similiter crucibus determinavimus.

Hoc donum quod fecit episcopus jam supradictus et canonici sui et quod fecerunt Petrus Rostagni et Petrus Vilelmi [13] et Bertrandus, frater ejus, fuit factum in presentia [14] Petri Alialdi et Raiabaldi [15] Alialdi et Vilelmi [16] de Vasione et Ismidonis de Eirolas [17] et Vilelmi [18] Berengarii, diaconi, et Leodegarii et Petri Marini et Vilelmi [18] Marini et Pontii [19] Beraldi et multorum aliorum hominum de Vasione.

Scripta fuit carta mense martii [20] III [21] kalendas martii feria VI [22], anno ab incarnato Domino M°.C°.XXX°.VIII°. Bertrandus Acardi scripsit [23].

(*a*) Bérenger, évêque de Vaison, 1113-1173.

Variantes du ms. d'Avignon : 1. redempcione — 2. Rostagni. — 3 Willelmi. — 4. Vincobrio. — 5. Poncii Guisberti. — 6. nostrę ęcclesię. — 7. milicię Iherosolimitanę. — 8. retinimento. — 9. Beatri. — 10. terrę. — 11. fecit. — 12. Iherosolimitanę. — 13. Willelmi. — 14. presencia. — 15. Raiambaldi. — 16. Willelmi. — 17 Heirolas. — 18. Willelmi. — 19. Poncii. — 20. marcii. — 21. IIII°. — 22. VI°. — 23. *Ces trois derniers mots ne sont que dans le ms. d'Avignon.*

CXLIX 1137/8, 10 mars.

Original : Barcelone, Arch. Cor. Arag., perg. R. Bereng. IV, nº 81.

In nomine Domini. Ego, Carbonellus, et conjux mea, et filia nostra, difinitores et exvacuatores sumus Domino Deo et Ospitali Iherosolimitano et milicie Templi, alodium quod frater meus ex me, Karbonello, nomine Dorcha, dimisit predicto Ospitali et prefate milicie. Et est in comitatu Barchinonensi, in parrohechia Sancte Perpetue de Mogoda, in loco vocitato Ruvira, et affrontat a oriente in alodio Sancti Cucufatis, a meridie in alodio predicte miliciȩ, ab occidente in rio Kalidis, a circio in alodio predicti Carbonelli. Quanto iste affrontaciones includunt, sic difinimus, auctoridamus nominatum alodium predicto Ospitali et prefate milicie, ut abeant in perpetuum ad faciendi suas voluntates. Et accepimus propter hanc difinicionem IIos moabitinos. Si quis violare presumpserit, nil valeat set in duplo conponat, et post hoc sit firmum. Que est acta VI idus marci, anno Iº regni Ludovici regis junioris, ab incarnacione Xpisti CºXXXºVIIº post millesimum.

Sig✠num Carbonelli; Sig✠num Arsendis; Sig✠num Arsendis, filie eorum, nos qui hoc laudamus, firmamus testesque subscriptos firmare rogamus. Sig✠num Berengarii de Collo. Sig✠num Bernardi Guillelmi. Sig✠num Arnalli Raimundi. Sig✠num Bernardi Guadalli. Guillelmus, sacerdos, qui hoc scripsit die et anno quo su✠pra.

CL 1137/8, 17 mars.

Original : Barcelone, Arch. Cor. Arag., perg. R. Bereng. IV, nº 83.

In Dei nomine. Ego, Rodlandus Guiriberti, offero Domino meo corpus meum et animam meam et Iherosolimitane milicie Templi Salomonis, in manu Arnalli de Bidociis, bajuli ejusdem milicie, cum omnibus alodiis et ereditatibus que michi adveniunt per paternam et maternam hereditatem, et emptionem meam, scilicet manso I in Frexeino, que tenet Bernardus Guillelmi, cum omnibus pertinenciis suis, et vineam et omnia alodia et arboribus quo abeo vel abere debeo in parrochia Sancti Iachobi de Frexano, et alios IIos mansos que abeo infra terminos Terracie, in parroechia Sancti Iuliani de ipsa Altura, prenominato locho, ad ipsam serram supra vallem de Corba, cum omnibus suis pertinentiis, kasas, terris, vineis, trileis, ortis, ortalibus, olivariis, glandiferis et omnia jenera arborum, qui michi advenit, unum per vocem et ereditatem jenitorum meorum, et alium per emptionem quam inde feci de Raimundo Ayanrici de Osta. Quantum infra jam dicta parroechia Sancti Iuliani de ipsa Altura abeo vel abere debeo, hec omnia superius scripta infra istis duabus parroechiis Sancti Iachobi de Frexano et Sancti Iuliani de Altura, sic dono ad jam dictam miliciam Templi Salomonis, quantum ibi abeo vel abere debeo, sub tali modo ut teneat uxor mea in vita sua jam dicta omnia et donent per unumquemque annum unum parilium kaponum per tenedonem in nativitate Domini jam dictae miliciae Templi Salomonis, et post obitum uxoris meȩ remaneant hec omnia suprascripta jam dicte milicie, sine ulla contrarietate, libere et quiete, ad suam liberam et quietam voluntatem faciendam. Iterum, dono jam dicte milicie mansos II, que abeo infra terminos kastrum a Pierola, quo sunt eromos, cum illorum pertinentiis, totum ab integro, ad suum plenissimum alodium francum, qui michi advenit per ereditatem et vocem jenitorum meorum.

Actum est hoc XVI kalendas aprilis, anno ab incarnacione Domini C.XXX.VII post millesimum. Sig✠num Rodlandi Guiriberti, qui hanc donationem laudavi, feci et firmavi et testes firmare rogavi. S✠num (sic) uxoris Rodlandi, qui hoc laudavi et firmavi. Sig✠num Berengarii Raimundi, vicharii Barchinone, qui hoc laudo et firmo. S✠ Petri Bernardi. Arnaldus, presbiter, qui hoc scripsit cum literas superius positas in linea xiii, die et anno quo✠ supra.

CLI 1138 (3 avril—septembre).

Copies du xive s. : Rome, Bibl. Vaticane, Fonds Vatican, n° 7241, fol. 75 ; et *ibid*, n° 4947, fol. 87.

Edité : Eug. de Rozière, *Cartulaire du St-Sépulcre de Jérusalem*, n° 84, pp. 164-165.

PRIVILEGIUM RODERICI DE DONO CUIUSDAM VILLE, QUE APPELLATUR PASSEREL, CUM XXXI CASALIBUS.

In nomine sancte et individue Trinitatis. . . . .
Evangelica institutione edocti, patres nostri narraverunt nobis sanctam Dominice resurrectionis ecclesiam. . . . .
. . . .
Proinde, ego, Rodericus Petri, licet indignus, terre, que vicina est ecclesie Beati Jacobi, comes. . . . .
. . . .

Interfuerunt enim huic donationi mee amici et compatriote mei :
Arissa Varich de Ripa Migno.
Johannes Aris de terra Sancti Martini Latronis.
Rodericus, abbas de terra de Pena Regine.
Johannes Tirant, germanus episcopi de Toy.
Nimuranna de Lunia.
Helvitu Sanizh [1] de terra Sancti Jacobi.
Petrus Yspaniensis [2], frater Templi militum, et alii non pauci.
Facta est autem presens inscriptio anno Domini MCXXXVIII, indictione prima.

CLII 1138 (3 avril 1138—22 avril 1139).

Copie : Cart. de Richerenches, n° xxvi, fol. 15vo-16ro.

Edité : Mis de Ripert-Monclar, *op. cit.*, n° 28, p. 29-30.

ADALAIS DE SABRANO ET FILII EIUS DEDERUNT MILITIBUS TEMPLI QUAMDAM MAGNAM CONDAMINAM IN TERRITORIO DE BREMPTO.

In Dei Omnipotentis nomine, universis hec audientibus pateat quod ego, Adalaicia de Sabrano, et nos, qui sumus ejus liberi, Emeno et Rostagnus de Sabrano, Willelmus, Raimundus atque Petrus, archidiaconus, nos omnes, bona fide et bona voluntate, pro salute animę Willelmi de Sabrano, patris mei, et pro remissione omnium peccatorum nostrorum, donamus et offerimus in perpetuum pro alodio franc Domino Deo Ihesu Xpisto et beatę Marię et milicię Iherosolimitanę Templi Salomonis et fratribus

Variantes du n° 4947 : 1. Saniz — 2. Hyspaniensis.

ibidem Deo servientibus, presentibus et futuris, in manibus de te, Arnaldo de Bedoz, supradictę milicię fratris et bajuli, quandam partem non minimam nostri territorii de Bremto, ita scilicet quemadmodum ego, ipsa Adalaicia, hanc eandem terram mostravi et terminavi tibi, Arnaldo de Bedocio, multis videntibus et audientibus. Concluditur autem et terminatur hec terra ab oriente a via que vadit de Avisano ad ecclesiam Sancte Marie de Richarenchas, et ab ipsa via determinant eam cruces supraposite usque in terminum de Petra Bruna, quo ibi est infixa et divi-*(fol. 16)*vidit hoc territorium ab alto; similiter vero clauditur et terminatur de via que movet de Valriaz et vadit ad Balmas, usque in crucibus. Supradictam totam terram et ab integro damus et offerimus Deo Omnipotenti et beate Marie et jamdictis Xpisti militibus, ita videlicet ut ab hodierno die et tempore in perpetuum ipsam habeant et jure perpetuo possideant et quicquid inde facere voluerint ipsi vel eorum bajuli, in Dei nomine, liberam et plenissimam habeant potestatem. Facta donacione et tradicione ista anno ab incarnatione Domini M°.C°.XXX°.VIII°. Testes hujus donacionis sunt isti : Petrus Ugo de Avisano, Bertrandus Dodo, Ugo de Bolbotono, Geraldus Adalgarius, Rostagnus Arlencs, Poncius de Pugnadoreza, Falco de Sancto Gervasio et plures alii. Ab Adalaicia predicta domina mandatus, per *(sic)* se suisque filiis omnibus, Petrus scripsit. Interfuerunt eciam huic donacioni Geraldus de Monte Petroso, Wilelmus Salomon, Umbertus de Saudeto, Rostagnus, presbiter, fratres milicie Templi omnes, atque Geraldus de Balmas adfuit.

CLIII 1138 (3 avril 1138—22 avril 1139).

Copie du XIII° s. : Angers, Arch. dép., *Cart. d'argent de S. Florent de Saumur*, fol. 86 ; *copie* du XVIII° s. : Paris, B. N., Touraine IV, n° 1606, fol. 317v°.

....Ego, Hamelinus(*a*), Dei gratia Redonensis episcopus, noticie tam presentium quam futurorum tradere curavi quod inter ecclesiam Sancti Petri Redonensis et Sancti Florentii Salmurensis altercatio et controversia fuit de presentatione sacerdotum, in quibusdam ecclesiis Redonensi episcopatu constitutis. Quapropter, caritativo ductus affectu et amore et precibus Mathei... commonitus, jure episcopali et archidiaconali et archipresbiterali per omnia retento...... in sex ecclesiis quarum nomina subscripta habentur.... Et ut hoc firmius haberent, sigillo meo muniri feci.

Actum Rome, in domo militum Templi Iherosolimitani, anno ab incarnatione Domini MCXXXVIII.

CLIV 1138, 27 avril.

Original ou *copie* contemporaine : Madrid, Arch. Hist. Nacional, ord. de S. Joh. leg. 338-42 ; *copie* du XII° s. : *ibidem*, *Cart. B* 595, n° 25, fol. 9.

In nomine sancte et individue Trinitatis, Patris et Filii et Spiritus sancti, amen [1]. Ego, Raimundus(*b*) Berengari, comes Barchinonensium et marchio, feci hanc cartam

(*a*) Hamelin, évêque de Rennes, 1127 † 2 fév. 1141. -- (*b*) Raymond Bérenger IV, comte de Barcelone, 1131 † 6 août 1162.

Variantes du Cartulaire : 1. Ego, Raimundus Berengarius, comes Barchinonensium et princeps Aragon(ensium). Placuit michi bona voluntas donare militibus Dominici Templi Salomonis quod est in Iherosolimis, Raçaçol.

donationis. Placuit michi namque donare militibus Dominici Templi quod est Iherosolimis, Razazol cum totis suis terminis, pro anima mea et parentum meorum et predecessorum qui terram illam adquisierunt. Istud donativum meum ita firmum et ratum habeatur, ut non sit aliquis de tota posteritate mea qui irritum possit facere illud. Facta carta v kalendas madii, era M.C.LXX.VI. Testes sunt Bernardus (*a*), Cesaraugustanus episcopus, Poncius Ugo (*b*), comes de Empuriis, Artaut[1], comes de Pallars[2], Welmus (*sic*)[3] Arramundus[4], magister militum, Lop Lopet[5], Zavalmedina[6]. Facta in Cesaraugusta[7]. Hoc donativum factum est in hereditate. S✠ Raimundi comes.

CLV [1138, 6 mai.] (*c*)

Copie du XIIe s. : Toulouse, Arch. dép., fonds de Malte, *Cart. A de Douzens*, ch. 200, fol. 144vo-145ro.

In nomine omnipotentis Dei, Patris et Filii et Spiritus sancti. Ego, Guirallus de Marcellano, et nos, fratres ejus, Arnaldus et Raimundus, et ego, Saixa, soror eorum, et vir meus, Raimundus Cerdanus, nos simul in unum, nostris gratuitis animis nostraque bona ac spontana (*sic*) voluntate, donatores sumus tibi, Ermessendi, sorori nostre, et viro tuo, Raimundo de Sancto Martino. Donamus igitur vobis ipsum campum qui fuit patris nostri, Pelcort, in terminio Sancte Marie de Marcellano, ad ipsam Celatam, quem scilicet campum nos, predicti tres fratres, habebamus divisum inter nos per tres partes, et totus ipse campus affronta de altano in terra Bernardi Martini et in terra Bernar-(*fol. 145*)di Patau, a meridie in terra Arnaldi de Villa Nova et fratris sui, Raimundi, a circio in strata publica, de aquilone in terra Petri Amelii de Torrelas.

Iterum, ego, predicta Saixa, et vir meus, Raimundus Cerdanus, cum consilio fratrum meorum predictorum, donamus tibi, predicte Ermessendi, sorori mee, et viro tuo, Raimundo predicto, unam faxiam terre in predicto terminio de Marcellano, ad predictam Celatam, quam scilicet faxam prenominati fratres mei dederunt michi, Saixe, in hereditate, et affronta de altano in terra de Pazelo et in terra Arnaldi Duran, a meridie in terra Guiralli de Marcellano, a circio in predicta strata publica, de aquilone in terra Arnaldi de Malras. Sicut superius scriptum est, sic nos omnes predicti donatores, donamus tibi, sorori nostre, Ermessendi, et viro tuo, Raimundo de Sancto Martino, totas predictas terras ad integrum et per proprium alodium, sicut illas ibi habebamus et habere debebamus, sine omni retinencia nostra et sine omni reservatione et sine vestro inguanno, ad habendum scilicet et omnem voluntatem vestram quam inde facere volueritis perpetim faciendum, sine omni nostra contradiccione et sine vestro inguanno. Testes sunt : Udalgerius de Punciano et Bernardus de Villa Nova et Arnallus de Villa Nova.

(*a*) Bernard, évêque de Saragosse, 1137-1152. — (*b*) Ponce Hugues I, comte d'Ampurias, † c. 1160. — (*c*) Cf. n^os **CLVI** et **CLX**.

1. Artall. — 2. Plalares. — 3. Gilelm. — 4. Raimundus. — 5. Lopeç. — 6. Çavalmedina. — 7. Çaragoçça. — *Le Cartulaire intervertit l'ordre des phrases : Facta — C.LXX.VI après Testes — Çavalmedina.*

CLVI 1138, vendredi 6 mai.

Copie du XII[e] *s.* : Toulouse, Arch. dép., fonds de Malte, *Cart. A de Douzens*, ch. 201, fol. 145[ro] à 146[ro].

In Dei nomine. Ego, Ermessendis, et vir meus, Raimundus de Sancto Martino, cum consilio et voluntate et auctori[ta]te predictorum fratrum meorum, Guiraldi scilicet et Arnaldi atque Raimundi, et predicte sorori *(sic)* mee, Saixe, ac viri ejus, Raimundi Cerdani, nostris gratuitis animis nostraque bona ac spontanea voluntate donamus atque concedimus istas prenominatas terras omnipotenti Deo et beatissime virgini Marie et sancte mi-*(145*[vo]*)*litie Templi Salomonis Iherosolimitani et vobis, ejusdem militie ministr[is], Arnaldo de Bedocio et Ugoni de Beciano et Raimundo de Gaure, ceterisque confratribus vestris in ipsa militia Deo servientibus, presentibus atque futuris; et eodem modo donamus vobis in predicto terminio et loc.. unam faxiam terre quod pater meus et fratres mei dederunt michi, Ermesendi, in hereditate, in terminio et in loco qui est scriptus in superiori carta, et affronta de altano in terra Argencie et in terra Bernardi Stephani, a meridie in terra Arnaldi de Malras, a circio in strata, de aquilone in terra Guilelmi de Tres Mals. Sicut superius scriptum est in hec carta et in superiora, sic, sine inguanno, totum predicte sancte militie et vobis, predictis ministris et bajulis ejus, ceterisque confratribus vestris, presentibus atque futuris, donamus et laudamus et per proprium alodium concedendo auctorizamus et in potestate vestra contradimus ad habendum scilicet ac possedendum vestramque voluntatem perpetim faciendum.

Adhuc nos, predicti fratres Guirallus de Marcellano et Arnaldus atque Raimundus, donamus predicte militie Templi Salomonis et vobis, prenominatis ministris et bajulis ejus, presentibus atque futuris, donamus et laudamus et omnimodis concedendo[1] auctorizamus vobis [u]t per quamque ebdomadam molatis IIII sestaria de frumento, si facere volueritis, in ipsis nostris molinis quos habemus in predicto terminio de Marcellano, in riparia Alde, et pro ipso molere non donetis nobis quicquam nisi solummodo unam poleriam de ipsis IIII[or] sestariis, propter hoc quod vocamus panadam, et hoc donamus vobis et laudamus propter ipsam hereditatem quam pater noster *(fol. 146)* dedit predicte sorori nostre [. . . . .] Adhuc autem ego, predicta [. . . . .] de Sancto Martino, cum lauda[mento ? . . . .] fratrum nostrorum, donamus pred[. . . . .] minati, ipsam vineam et ipso [. . . . .] integrum, sicut tenebamus et [. . . . .] ortos in terminio Sancti Ge[n. . . . .] militie duas peciolas t[erre. . . . .] pad, et de Bernardo end [. . . . .] cellano juxta ipsum reg[. . . . .] solidos ugonencos, et in eodem [. . . . .] de Poncio Petri Amelii [. . . . .] IIII. solidos ugonencos et [. . . . .] Dei. Sicut superius scrip[tum . . . . do]namus et offerimus D[eo . . . .] santibus Deoque famu[lantibus . . . .] Dei adipiscendum et pro [. . . . .] nostrorum atque parent[um. . . . .] requiem concedere [. . . . .

1. *mot répété.*

. . . .] tes et auctores [. . . . .] ejus et Bernardus de [. . . . .] frater ejus, Raimund[us. . . . .] runt presentes [. . . . .] et Raimundi [. . . . .] Cerdani, et [. . . . .] *(fol. 146v°)* [. . . . . car]tam firmaverunt et apre [. . . . .] roborari roguaverunt [. . . . .] Guilelmus Adulfi, anno M°C° [. . . . . ii]i nonas mai, feria vi°, regnante [. . . . .].[1]

CLVII 1138, 8 mai.

Copie du XIII° s. : Perpignan, Arch. dép., *Cart. du Mas-Deu*, n° 214, fol. 133.

Edité : Alart, *Cartulaire Roussillonnais*, dans la *Sem. Relig. du dioc. de Perpignan*, 1885, p. 224.

In Dei nomine. Manifestum sit quod ego, Malseinada de Tacione, et filii mei, Petrus Guilelmi et Berengarius et Bernardus, insimul, donamus et concedimus Domino Deo et milicie Templi Domini de Iherusalem, spontanei et gratuita volunta *(sic)* remedio animarum nostrarum et remissione peccatorum nostrorum, omnem ipsum honorem quem habemus in parrochia Sancti Andree de Banuls et in ejus terminis; et omnem ipsum honorem quem habemus in parrochia Sancti Saturnini de Tresserra et in ejus terminis; et omnem ipsum honorem quem habemus in parrochia Sancti Iuliani de Villa Mulacha et in ejus terminis. Sicut vero superius resonat, sine ullo vinculo et ullius persone inquietudine, sicuti unquam melius habuimus et habere debuimus, ita de nostro jure, libero et quiete, tradimus in potestate Dei et milicie Templi Domini de Iherusalem, ut habemus et tenemus nos vel aliquis per nos, in omnibus locis supradictis, ubicumque sint. Hanc vero donacionem facimus in *(sic)* Petri Rogerii et Arnaldi de Contrasto. Et est manifestum. Et habuimus propter hanc donacionem, de ipsis militibus Templi, x solidos. Si quis vero contra hanc scripturam donacionis venerit ad irrumpendum, non hoc valeat vedicare *(sic)* quod requirat, set in duplo componat; et postea firmum et stabile permaneat omni tempore. Factum est hoc viii° idus mai, anno M°.C°.XXX.VIII°, regnante Lodoyco rege in Francia. Sig✠num Malseinada; Sig✠num Petri Guilelmi; Sig✠num Berengarii; Sig✠num Bernardi, qui hanc cartam jussimus fieri, laudavimus et firmavimus testesque firmare rogavimus. Sig✠num Arnalli de Turre. Sig✠num Guilelmi Berengarii de Ermolans. Sig✠num Mironis de Helna; Sig✠num Olibe, fratris ejus. Guilelmus, sacerdos, rogatus, scripsit hec die et anno quo supra.

CLVIII [1138, 11 mai—juillet 1147.]

Copie du XV° s. : Londres, British Museum. Cotton Ms. Nero E VI, fol. 265v°.

CARTA EJUSDEM WILLELMI DE XL SOLIDIS IN LEWES.

Willelmus (*a*), comes de Warren, omnibus vicecomitibus et prepositis et omnibus ministris suis et omnibus baronibus et hominibus suis Francis et Anglicis, qui sunt

(*a*) Guillaume III comte de Warren, 11 mai 1138, partit pour la croisade en juillet 1147.

1. *La date de l'année est fournie par la ch. CLX et le 6 mai 1138 est un vendredi.*

et futuri sunt, salutem. Sciatis quod ego, Willelmus, comes de Warren, dedi fratribus milicie Templi Salomonis, unoquoque anno, quadraginta solidos de meo censu de Lewiis, pro salute anime mee et antecessorum meorum. Hos quadraginta solidos mando et precipio ut semper ad festum sancti Michaelis habeant sine impedimento et sine occacione in perpetuum. Testibus : Radulfo de Warren et Jordano de Bloseville et Radulfo de Baxwol et Henrico Delhas et Philippo de Querceto et Hugone de Petraponte et Edmundo de Stotivilla et Henrico capellano. Hec carta fuit Lewiis, in presencia Pagani de Mundesonero et fratris Acelyni Rotomagi.

CLIX 1138, mercredi 18 mai.

Copie du XIIe s. : Toulouse, Arch. dép., fonds de Malte, *Cart. A de Douzens* ch. 123, fol. 94vo-95ro.

In nomine Domini. Ego, Bernardus Miro, et ego, Gilelmus Miro, frater ejus, et uxores nostre, atque infantes nostre derelinquimus et laxamus atque omnimodis desamparando deffinimus Deo et sancte militie Templi Salomonis Iherusalem, et vobis, Arnaldo de Bedotio, et sociis vestris, Ugoni de Beciano et Raimundo de Gaure, ceterisque omnibus sotiis et confratribus vestris in eadem militia Deo servientibus, presentibus atque futuris, ipsam ministraliam et badliam quam habebamus et tenebamus per seniorem *(fol. 95)* nostrum, Rogerium de Biterri (*a*), in villa de Burcafols et in suis terminiis, ut ab ac die in antea nos aut infantes nostri aut aliquis de heredibus nostris aut homo vel femina per nos vel per nostram vocem, ipsam ministraliam et ipsam badliam et totum quod ibi requirebamus jam amplius non habeamus vel amparemus nec ullo modo in perpetuum requiramus. Verum est enim quia, propter hanc diffinitionem, domnus predictus Rogerius fecit nobis emendacionem, duos scilicet mansos ad fenum in ipsa sua ferragine, subtus portam Tolosanam. Et nos, bono animo et bona voluntate, facimus predictam definitionem sine inguanno.

De oc sunt testes ipsemet domnus Rogerius predictus et Bernardus de Caneto et Bernardus de Tremals et Raimundus de Palaiano et Guilelmus Mancip et Pontius Ferrol, in quorum presencia hec diffinitio facta fuit in manu Arnaldi de Bedocio predicti. Gillelmus scripsit jussione amborum predictorum fratrum, Bernardi Mironis scilicet et Guilelmi Mironis, anno millesimo C.XXX.VIII incarnationis Dominice, XV kalendas junii, feria IIII, regnante Lodovico rege.

CLX 1138, mardi 25 mai.

Copie du XIIe s. : Toulouse, Arch. dép., fonds de Malte, *Cart. A de Douzens*, ch. 199, fol. 143vo-144.

In nomine Domini nostri Ihesu Xpisti. Ego, Raimundus de Sancto Martino, et uxor mea, Ermessendis, ut Deus propitietur peccatis et negligenciis nostris, donamus et offerimus Domino Deo et beate Marie et militie Templi Salomonis et militibus presentibus et futuris in militia Deo servientibus, ipsum nostrum mansum quem habemus in castello de Punciano, et columbarium et vineam illam que est subtus eundem columbarium.

Et ego, Gerallus, et uxor mea, Alamanda, et fratres mei, scilicet Arnallus de Marcelliano atque Raimundus, donamus et offerimus Domino Deo et fratribus Templi quicquid abebamus vel habere debebamus *(fol. 144)* in supradicta vinea.

(*a*) Roger, vicomte de Carcassonne, 1129 † 1150.

Et ego, Petrus Falchetus, et uxor mea, Aladaiz, et omnes infantes mei, similiter donamus Deo et fratribus Templi quicquid habebamus vel habere debebamus in jamdicta vinea.

Et ego, Arnallus de Sipiano, et nepotes mei, filii Guilelmi de Sipiano, Bernardus videlicet et Guilelmus, donamus et laudamus Domino Deo et fratribus Templi quicquid habebamus vel demandabamus in supradicta vinea.

Et ego, Borrellus de Punciano et fratres mei, Guilelmus et Bernardus et omnes infantes nostri, donamus et diffinimus Domino Deo et militibus Templi unum localem in Poial, sicut est determinatus et cum crucibus significatus.

Et ego, Udalgerius de Punciano, et omnes infantes mei, et ego, Bernardus de Punciano, frater Udalgerii et uxor mea et omnes infantes mei, donamus et offerimus Deo et Iherosolimitane militie jam dicte totum ipsum feudum quem Raimundus de Sancto Martino de nobis tenet, ubicumque sit.

Et ego, Bernardus de Blanca Fort, et uxor mea, Fabrissa, eadem conveniencia donamus et offerimus Deo et fratribus Templi quicquid de nobis tenebat pro feudo Raimundus de Sancto Martino.

Et ego, Raimundus de Duno, et Guilelma, uxor mea, et omnes infantes nostri, similiter donamus et offerimus et ab integro tradimus Domino Deo et militibus Templi totum ipsum feudum quem Raimundus de Sancto Martino tenet de nobis, ubicumque sit.

Et ego, Pontius de Duno, similiter dono et offero Domino Deo et fratribus Templi totum ipsum feudum quem Raimundus de Sancto Martino de me tenebat.

Et ego, Arnallus de Blaca Fort et ego, Raimundus, frater ejus, eodem modo donamus Deo et militibus *(fol. 144v°)* Templi totum ipsum feudum quem Raimundus de Sancto Martino tenet de nobis.

Supradictum honorem donamus et offerimus Domino Deo et militie Iherosolimitane et fratribus ibidem Deo servientibus, presentibus et futuris, nos omnes suprascripti donatores, et hoc facimus in manu Arnaldi de Bedoz et Raimundi de Gaure, militum ejusdem militie, ita videlicet ut ab hodierno die et tempore in antea ipsum honorem fratres Templi habeant et jure perpetuo possideant et quicquid inde facere voluerint, liberam et plenariam semper habeant potestatem.

Hujus donationis sunt testes et videntes : Bernardus de Villa Nova et Arnallus de Villa Nova et Raimundus de Villa Nova et Otto de Cadarona atque Petrus de Villari. Scripta fuit hec carta VIII kalendas junii, III feria, regnante Lodovico rege, anno Dominico M.C.XXX.VIII. Ab omnibus donatoribus supraditis rogatus, Petrus scripsit.

CLXI 1138, mercredi 15 juin.

Copie du XII° s. : Avignon, Bibl. municip., *Cart. de Richerenches*, ch. II, fol. 1v°-2.

Edité : Mis de Ripert-Monclar, *Op. cit.*, n° 2, p. 4-6.

DONUM AB UGONE DE BOLBOTONE ET UXORE SUA, MARCHISIA, ET FILIO EIUS, NICOLAO, FACTUM FRATRIBUS DE TEMPLO IEROSOLIMITANO A SALOMONE REGE CONDITO.

In Christi nomine. Ego, Ugo de Burbutone, et Marchesa, uxor ejus, atque Nicholaus, filius eorum, et filia, et Bertrandus, nepos ejus supradicti Ugonis, et Ripertus Folraz et Petrus Ugonis et Willelmus Ugonis, de Avisano, et Willelmus Arnulfi, de Mirabel, ejusque frater, Petrus Willelmus, et ego, Petrus de Mirabel, et Geraldus, frater ejus, et ego, Geraldus de Tornafort. et ego, Bertrandus de Solorino, et Raimundus Isarni de Gigundaz, et Bertrandus de Carboneiras, filius ejus, atque Willelmus Ricaus et Isarnus et Willelmus Isarni et Raimundus Florencii et Bertrandus Willelmus, donamus et offerimus in perpetuum, pro alodio franc, Domino Deo et beate Marię et militibus fratribus Templi Salomonis Iherosolimitani, presentibus et futuris, ut Deus misereatur peccatis et negligenciis nostris et parentum nostrorum, quicquid habemus infra hos terminos : ab oriente, sicut Cellarei *(fol. 2)* Aurei dicuntur usque ad fluvium qui vocatur Elsonus ; a septentrione istis terminis Cellariis Aureis, siculi recto ducitur ad querqnus quod est ad viam que ducit ad Avisanum, hec via est que super ecclesiam Sancti Albani dirigitur ; ab occidente, sicut querqus et via supradicta dividitur, donec ad fluvium Elsonem. Hoc donum facimus et laxamus Domino Deo, in manus Arnaldi de Bedoz et Geraldi de Monte Petroso et Bernardi Rollandi et Rostagni capellani et Bertrandi de Balmas, et Ugoni de Burbolone et Roberto Senissimi et Imberto Sauzeti ac fratris Johannis et fratris Willelmi de Grana : testes ujus rei veritatis sunt. Ego, frater Rostagnus, qui hanc cartam, jussu fratris Geraldi de Monte Petroso aliorumque fratrum, scripsi mense junio, xvii° kalendas julii, anno M°C°XXX°VIII°, feria iii°, luna xii°[1]. Inde vero testes sunt testes : Ugo de Borbolone, Petrus Ugo Avisani, Imbertus Salzeti, Robertus Montilii junior ac pater illius Rotberti, et Bertrandus de Balmis.

CLXII 1138, lundi 20 (ou mercredi 22) juin.

Copie du xii° s. : Toulouse, Arch. dép., fonds de Malte. *Cart. A de Douzens*, ch. 56, fol. 39.

In nomine Domini. Ego, Guilelmus Mantilini, et uxor mea, Blanca, atque infantes nostri, venditores sumus Deo et sancte militie *(fol. 39v°)* Templi Salomonis Iherosolimitani, et vobis, Arnaldo de Bedocio, et Raimundo de Gaure, socio vestro, ceterisque confratribus vestris in ipsa militia Deo servientibus, presentibus atque futuris, vendimus vobis unam vineam nostram ad alodium, in terminio Sancti Martini de Bubars, ad ipsam Combam, et affronta de altano in vinea Raimundi Preda, a meridie et aquilone in eodem nostro honore a circio in via. Quantum infra istas affrontationes abemus et habere debemus, totum, sine omni nostra retinencia et sine vestro inguanno, vendimus vobis ad habendum et possidendum per liberum alodium vestramque inde voluntatem perpetim faciendum, propter unum bovem quem dedistis nobis in precio xx solidorum Narbonensium et propter duos sextarios frumenti quo nobis dedistis. Si vero homo aut femina hanc venditionem vobis anparaverit, nos erimus inde vobis leguales guirenti sine inguanno. $ Guilelmi Mantillini et uxoris sue, Blanche, qui hanc cartam scribere jusserunt et manibus suis firmaverunt et testes firmare rogaverunt. $ Raimundi Mantilini. $ Bernardi Raimundi de Dozenes. $ Berenguarii. $ Petri Raimundi. $ Raimundi Guilelmi cappellani. Petrus scripsit visu Guilelmi Mantillini predicti, anno Dominice incarnationis millesimo C.XXX.VIII, feria ii, x kalendas julii, regnante Lodoyco rege[2].

1. *La date est exacte, sauf en ce qui concerne la lune : corr.* luna iiii°.
2. *Il y a erreur soit dans la ferie soit dans les calendes.*

CLXIII 1138, mardi 21 juin.

Copie du XIIe s. : Toulouse, Arch. dép., fonds de Malte, *Cart. A de Douzens*, ch. 174, fol. 129.

In nomine Domini. Ego, Raimundus de Gaure, et ego, Arnaldus, frater ejus, donatores sumus Deo et sancte militie Templi Salomonis Iherosolimitani et vobis, Arnaldo de Bedoz, et socio vestro, Ugoni de Beciano, ceterisque confratribus vestris in eadem militia Deo servientibus, presentibus atque futuris, donamus itaque atque laudamus predicte militie et vobis, prenominatis fratribus, nos ipsos et cunctum honorem nostrum, homines scilicet et feminas, mansos et mansiones, terras et vineas, ortos et ortales, prata, pascua, aquas et riparias, census, usaticos, alodes et feuuos, acaptes et adempramentos, et omnia jura nostra cum exitibus et reditibus illorum, sicut melius habemus et habere debemus, in villa scilicet de Gaure et in suis omnibus terminiis, et in villa de Pomar et in suis terminiis omnibus, ad habendum hec omnia et possedendum vestramque inde voluntatem sine omni contradiccione perpetim faciendum. Verum est enim quia, jam transactis quatuor annis, hoc idem *(fol. 129^v°)* donum ego, Raimundus predictus, feci atque laudavi, et vos, prenominati fratres, magnam partem suprascripti honoris vestro avere dominio redemistis atque deliberastis de ipsis quibus occupabatur pignoribus, ut sic ista carta cum isto dono firma et stabilis permaneat omni tempore. Que facta est XI kalendas julii, feria III, anno millesimo C.XXXVIII incarnationis Dominice, regnante Lodovico rege, sedem Carcassensem domino Raimundo (*a*) episcopo, in cujus manu hoc factum fuit, et sic istam cartam firmavit. $ domni Rogerii (*b*) de Bitterri, cujus consilio hoc factum est, et sic istam cartam firmavit. De hoc sunt testes : Bernardus de Tres Mals, vicarius Carcassone, et Bernardus de Caneto et Guilelmus Mancip et Raimundus de Sancto Martino et Arnaldus de Sipiano. $ Raimundi de Gaure et Arnaldi, fratris ejus, qui sic istam cartam firmaverunt et predictos testes eam firmare rogaverunt et quorum jussione eam scripsit Petrus de Magalaz, die annoque prenominato.

CLXIV [1138—1143], 13 septembre.

Copie du XIIe s. : Avignon, Bibl. municip., *Cart. de Richerenches*, n° XIII, fol. 10^v°.

Edité : Mis de Ripert-Monclar, *Op. cit.* n° 15, p. 19 (qui date 1142 ? 13 sept.).

ITEM, GUILLELMUS MALAMANUS ET MATER EIUS DEDERUNT DEO ET MILITIBUS TEMPLI PARTEM DECIMARUM QUAM IN NEMORIBUS ET TERRIS HABEBANT.

Omnibus notum sit quod ego, Willelmus Malemanus, et ego, Orfrisa, mater ejus, et ego, Galiaina, uxor ejus, bono intellectu et bona voluntate, sine dolo et absque fraude, ad remissionem peccatorum nostrorum et ad medelam animarum nostrarum et omnis parentele nostrę, Domino Ihesu Xpisto et beate Marie, genitrici ejus, et fratribus Templi, presentibus et futuris, donamus et offerimus illam partem decimarum quam habebamus vel habere putabamus in terras vel in nemoribus de quibus domus Dei et fratribus Templi modo vestitur et ammodo Dei adjutorio augenda erit, licet sint vineę, sint terrę, sint campi, sint prata, sint nemora, necnon ubicumque dominicus laboratus illius domus Dei augeatur. Hoc donum fecimus, ego, Willelmus Malema-

(*a*) Raymond II, évêque de Carcassonne, 1131 † 1er juin 1141. — (*b*) Roger, vicomte de Carcassonne, 1130-1150.

nus, et mater mea et conjux mea, Galiaina, in presencia Ugonis de Bolbolono et Rostagni capellani et Rotberti de Montilio et Bernardi de Boazono et Stephani Capitis Longi, et in testimonio Geraldi de Valriaco et Ugonis Ermengaudi. Hec dacio fuit data mense septembris, idus septembris.

CLXV 1138, lundi 19 septembre (a).

Copie du XIIe s. : Avignon, Bibl. municip., *Cart. de Richerenches*, fol. 24.

Edité : Mis de Ripert-Monclar, *Op. cit.*, n° 41, p. 43-44 (qui date : lundi 26 septembre 1138).

GUILLELMUS RICHAVI ET HEREDES SUI DEDERUNT DEO ET MILITIBUS XPISTI QUOD HABEBANT IN HEDIFICIO DE ARENIS, IN CIVITATE AURASICA.

In Dei, eterni regis, nomine. Nos omnes pariter heredes, ego primum, Gillelmus Richavi, et Petrus, consobrinus noster, et omnes fratres sui, Raimundus et Gillelmus atque Poncius de Sancto Martino, et ego Raimundus Goirandi, assensu fratrum meorum et laudamento Gillelmi Geraldi scilicet et Bernardi Goirandi; Bertrandus Rascaz, cum laudamento fratrum meorum, Isnardi et Stephani, ut Deus et Dominus noster delicta nostra et parentum nostrorum remittat et vitam eternam concedat, donamus Deo et gloriose milicie Templi Salomonis, Iherosolimis constitutę, in manu Arnaldi de Bedoz, magistri ejusdem milicie, totum et ex integro, sine omni retinimento, quicquid habemus in antiquo edificio cui vocabulum est Arenas, cum ingressu et regressu, sicut antiquitus cognoscitur idem edificium habuisse. Hanc autem donationem facimus in presencia domni Gillelmi (b), Aurasicensis episcopi, et aliorum multorum clericorum et laicorum, videlicet : Petri de Ventoirolio et Ugonis Amelii, Arelatensis canonici; et laicorum, Rostagni Milonis et *(fol. 24v°)* Giraldi de Cedro, Petri Villelmi, Arnulfi, Raimundi Villelmi, Gillelmi Poncii et Gaufredi, fratri *(sic)* sui, Giraldi Bertrandi, Petri de Palude, Petri de Aurasica, Radulfi Cambitoris, Petri Guers, Petri Burlaran. Facta donacio ista in mense septembris, anno ab incarnato Salvatore M°C°XXX°VIII° feria II^a^, luna XII^a^. Arnaldus scripsit sacrista.

CLXVI 1138, mardi 27 septembre.

Copie du XIIe s. : Toulouse, Arch. dép., fonds de Malte, *Cart. B de Douzens*, ch. 9, fol. 14v°-15.

In nomine Domini. Ego, Raimundus (c) Carcass(ensis) episcopus, et nos, canonici sedis Sancti Nazarii, Gilelmus scilicet prior, et Benedictus scilicet archidiaconus, et Petrus Garinus et Raimundus de Canependuto, prepositi, et Bernardus, camerarius, et Arnaldus Raimundi, prepositus honoris Sancti Stephani, fundati *(fol. 15)* super ripam Bisleue, et Pollus *(sic)* de Rivo, prior Sancte Marie Sancti Salvatoris, et alii canonici comunis conventus predicte sedis, donatores sumus Deo et sancte militie Templi Salomonis Iherosolimitani et vobis, Arnaldo de Bedotio et Ugoni de Beliano et Raimundo de Gaure, ceterisque vestris confratribus, in predicta militia Deo servientibus, presentibus atque futuris. Donamus igitur atque laudamus vobis totum decimum de vestro orto et de vestro omni nutrimento quod in vestro dominio feceritis et habueritis in villa Sancte Marie de Curtes et in ejus terminiis omnibus : scilicet de omnibus animalibus et volatilibus, etiam et orto que in vestro proprio dominio ibi habueritis et fece-

(a) Le 19 septembre 1138 est bien un lundi, mais c'est le 11e jour de la lune. — (b) Guillaume, évêque d'Orange, 1130-1160. — (c) Raymond II, évêque de Carcassonne, 1131 † 1er juin 1141.

ritis. Et ut vos et successores vestri sitis recti et fideles amici predicte Sancte Marie et clericis ibidem manentibus et clericis predicti Sancti Stephani, presentibus atque futuris, de aliis omnibus rectitudinibus suis, sine inganno.

$ domni *(fol. 15vo)* Raimundi, Carcass(ensis) episcopi, et predictorum canonicorum, qui sic istam cartam scribi jusserunt et firmaverunt. De hoc sunt testes : Guilelmus Mancip et Bernardus de Podio Subrano et Guilelmus, cujus jussione et eo dictante hanc cartam scripsit Petrus, anno millesimo C.XXX.VIII incarnationis Dominice, v° kalendas octobris, feria III, regnante Lodovico rege.

CLXVII

1138, mardi 27 septembre.

Original ou *copie* du XII° s. : Toulouse, Arch. dép., fonds de Malte, Douzens, 1er carton, n° 16 ; *copie* du XII° s. : *ibid.*, *Cart. A de Douzens*, ch. 72, fol. 46ro.

Original ou copie du XII° siècle.

[I]n nomine Domini. Ego, Ram(undus) Mantili, venditor sum Deo et sancte milicie Templi Salomonis Ierosolimitani et vobis, Arnaulo de Bedocio, et Raimundo de Gaure, socio vestro, ceterisque confratribus vestris, in ipsa milicia Deo servientibus, presentibus atque futuris, vendidi vobis unam vineam meam de alodio in terminio Sancti Martini de Bubars, in loco que vocant ad Comba. Istam vinea fuit planta *(sic)* de Ramundo Preda Mala. De altano affronta in nos, ipsos comparatores, de meridie in me, ipso venditore, de circio in nos, ipsos comparatores, de aquilone in me, ipso venditore. Quantum [in]fra istas affrotaciones *(sic)* includunt, quod ego abeo vel abere debeo, sic vendido vobis, sine omni retinencia et sine ingano, per liberum alodium vestraque *(sic)* inde voluntatem perpetim faciendum, propter novem solidos ugonencos octenos Carcasona *(sic)*. Si nullus homo aut nulla femina anc vendicionem vobis amparaverit, ego fuerim vobis legalem guirenti, sine ingano. $ Ramundi Mantili, qui anc istam cartam mando[v]it scribere et manibus suis firmavit et testes firmare rogavit. $ Guilelmi Mantili. $ Bernardi Ramon. $ Petri Ugonis. GUILElmus scripsit jussione Ramundi Mantili predicti, anno Dominice incarnacionis millesimo C°.XXX°.VIII°, feria III, v° kalendas octubris, regnante Lodoico rege, sub diȩ et anno quod supra.

Cartulaire.

In nomine Domini. Ego, Raimundus Matilli, vendo Deo et militie Templi Salomonis Iherosolimitani et vobis, Arnaldo de Bedotio, et Raimundo de Gaure, socio vestro, ceterisque confratribus vestris, in ipsa militia Deo servientibus, presentibus atque futuris, unam vineam quam habeo per alodium in terminio de Bubariis, ad Comba, et fuit planta *(sic)* Raimundi Preda Mala, et affronta de altano et a circio in honore militie, a meridie et aquilone in honore meametipsa. Sicut ab istis affrontationibus includitur ista vinea, sic vendo eam vobis, sine inguanno, et successoribus vestris et militie jamdicte, propter VIII solidos ugonencos octenos monete Carcassone. Et si homo aut femina ibi aliquid anparaverit, ego ero vobis guirenti sine inguanno. $ Raimun Mantilli, qui hanc cartam scribere jussit et testes firmare rogavit. $ Guilelmi Mantillini. $ Bernardi Raimundi. $ Petri Ug. Guilelmus scripsit anno Dominice incarnationis millesimo C.XXX.VIII feria III, v kalendas octobris, regnante Lodovico rege.

CLXVIII 1138, jeudi 13 octobre.

Copie du XIIe s. : Avignon, Bibl. municip., *Cart. de Richerenches*, fol. 4.

Edité : Mis de Ripert-Monclar, *op. cit.* n° 5, p. 8-9.

ITEM, UGO DE BOLBOTONE ET NICOLAUS FILIUS EIUS, ET CETERI HEREDES EIUS DEDERUNT DEO ET MILITIBUS XPISTI TOTUM QUOD HABEBANT IN BOLBOTONE.

In nomine sancte et individue Trinitatis. Manifestum sit omnibus hec scire desiderantibus, quod ego, Ripertus Folradi, et ego, Ugo de Bolbotono, et filius meus, Nicholaus et ego, Bertrandus de Bolbotono et ego, Petrus Ugo de Avisano, et ego, Willelmus Arnulfi, et ego, Petrus Willelmus, frater ejus, et Bertrandus, et ego, Geraldus de Tornafort, et ego, Petrus de Mirabel, et ego, Geraldus de Monte Securo, frater ejus, omnes pariter bona fide *(fol. 4 v°)* et sine enganno, pro redemptione animarum nostrarum et animarum parentum nostrorum, donamus et offerimus et tradimus in perpetuum, pro alodio franco, domino Deo Ihesu Xpisto et miliciǫ Ierosolimitane Templi Salomonis et vobis, Arnaldo de Bedocio, Geraldo de Monte Petroso, Bernardo Rollandi, ejusdem miliciǫ fratribus, et confratribus vestris in prefata milicia Deo servientibus, presentibus et futuris, totum quicquid habemus et habere debemus in ipso territorio sive in boscho quod est inter caminum qui vadit de Valriaz ad Sanctum Amancium, et fluvium de Alsone. Et determinatur hoc territorium sive ripaticum ab ipsa ecclesia Sancti Amantii usque in terra Ugonis Bodicus et fratris ejus secus predictum fluvium, sicut est crucibus demonstratum. Hec omnia jam supramemorata damus et concedimus Deo et militibus ipsis supradictis et de nostro jure in eorum tradimus dominium ad habendum et possidendum suamque voluntatem perpetim faciendum, absque nostra nostrorumque successorum aliqua inquietudine. Donationis hujus testes sunt isti : Petrus de Cadarossa et Guillelmus de Cadarossa, Bertrandus de Sancto Mauricio et Calveira Arelatensis, Rodbertus de Montilio junior atque Ymbertus de Salleto. Scripta fuit hec carta anno Dominicę incarnationis millesimo C°XXX°VIII°, III° idus octobris feria Va. Petrus Magalatensis, jussione supradictorum donatorum, die et anno quo supra, conscripsit.

CLXIX 1138, vendredi 14 octobre.

Copies du XIIIe s. : B. N., Lat. 11082, *Cart. de Roaix*, fol. 39 v° et 36 ; Avignon, Arch. dép. *Cart. de Roaix*, fol. 54 v°.

Edité : Ul. Chevalier, *Cartulaire des Hospitaliers et des Templiers en Dauphiné*, p. 69 (qui date : 1139 13 octobre).

RAIMUNDUS ROGERII ET FRATRES EIUS DEDERUNT MILITIBUS XPISTI CONDAMINAM QUAM HABEBANT IN TERRITORIO DE VACIONIGIS.

In nomine Domini. Notum sit omnibus [1] quod ego, Raimundus Rogerii, et frater meus, Ugo Rogerii, pro remissione peccatorum nostrorum, donamus et offerimus et tradimus in perpetuum pro alodio franc [2] domino Deo et milicię Ierosolimitanę [3] Templi Salomonis et fratribus ibidem Deo servientibus, tam presentibus quam futuris, quandam partem terre nostrę, scilicet condaminam quam habemus in territorio de Vacioneguas, et illam determinavimus ex uno latere crucibus, et ex alia

Variantes : 1. omnibus hominibus. — 2. francco. — 3. Iherosolimitane.

parte determinata est *(fol. 36)* levatura que ab antiquo facta est, et ex uno fronte terminatur sepulturis mortuorum, et ex alio fronte jungitur cum condamina alia quam Petrus Alialdi de Vasione et infantes ejus et alii participes Deo et miliciȩ jamdicte dederunt. Prefatam ergo [1] condaminam, ut jam superius est dictum, Deo et miliciȩ Xpisti donamus in manu Arnaldi de Bedoz, fratris et ministri jamdicte miliciȩ, ut ab hodierno die et tempore in antea milites Templi [2] ipsam habeant et jure perpetuo possideant et quicquid inde facere voluerint, in Dei nomine, liberam habeant facultatem. Hoc totum factum fuit in presentia domni Berengarii [3] (a), Vasionensis episcopi, et Willelmi de Vinzobrio [4], canonici Vasionensis ȩcclesiȩ, et Raimbaldi [5] de Vasione et Raimundi Asta Nova et Almeradi de Podio et Petri Marini et multorum aliorum qui ibi aderant. Scripta fuit hȩc carta anno Dominico M°.C°.XXX°.VIII°, III [6] idus octobris [7], feria VI [8]. Petrus Magalatensis scripsit [9].

CLXX — 1138, mardi 8 novembre.

Copies du XII° s. : B. N., Lat. 11082, *Cart. de Roaix*, fol. 38v° ; Avignon, Arch. dép. *Cart. de Roaix*, fol. 50.

Edité : Ul. Chevalier, *Cartul. des Hospitaliers et des Templiers*, p. 66.

ROSTAGNUS MILO ET FILII EIUS ET HEREDES SUI DEDERUNT MILITIBUS TEMPLI QUOD HABEBANT IN ROAIS.

Divinis necnon et humanis sanctitum est legimus (*sic*) ut quisquis rem suam in alterius transfundere potestate voluerit, litterarum inscriptione [10] hoc faciat, quatinus sequentium [11] successio evidenter agnoscat et futuris temporibus ratum illibatumque permaneat. His itaque instructus, ego, Rostagnus Milonis, cum filiis meis, Petro, Guillelmo [12], Rostagno [13] Milone, et, ego, Rostagnus de Claustro [14], et ego, Petrus Vannella, et ego, Isnardus, frater eorum, nos omnes, bona fide atque bona voluntate, pro peccatorum nostrorum remissione et animarum nostrarum [15] parentum salute, donamus et offerimus in perpetuum totum et ex integro quicquid in territorio de Roais habemus vel habere debemus, sine omni retinemento [16], Deo et domino nostro Ihesu Xpisto et beatȩ Mariȩ et milicie Templi Salomonis et fratribus in eadem milicia Deo servientibus, presentibus et futuris, in manu Arnaldi de Bedoz, jamdictȩ miliciȩ fratris et ministri, sine ulla nostra successorumque [17] nostrorum inquietatione [18] et molestia, ad habendum et possidendum suamque voluntatem inde perpetim faciendum, sine blandimento cunctorum viventium [19] hominum. Hujus donationis [20] et conlaudationis [21] testes videntes et audientes sunt : Petrus Rabinelli, Raimundus Rostagnus Betonis, Petrus Burlarandi [22], Petrus Ylaris [23] de Claustro. Facta carta ista in mense novembrio, feria III [24], luna II, anno ab incarnato Salvatore XXX°C°VIII° post millesimum [25]. Arnaldus, sacrista Aurasicensis, rogatus ab his supradictis, die et anno quo supra conscripsit [26].

(a) Bérenger, évêque de Vaison, 1113-1173.

Variantes : 1. vero. — 2. Xpisti. — 3. presencia, Berengerii. — 4. Vincobrio. — 5. Raembaldi. — 6. III°. — 7. *Il y a erreur dans la date, corr.* II idus. — 8. feria VI°. — 9. *Ces trois derniers mots sont omis dans le ms. de Paris.* — 10. inscripcione. — 11. sequencium. — 12. Willelmo. — 13. *Omis dans le ms. d'Avignon.* — 14. Clastro. — 15. parentum nostrorum. — 16. retinimento. — 17. succesorum. — 18. inquietacione. — 19. vivencium. — 20. donacionis. — 21. conlaudacionis. — 22. Bullarandi. — 23. Ilaris. — 24. III°. — 25. M°. — 26. *Ces mots* (Arnaldus..... conscripsit) *sont omis dans le ms. de Paris.*

CLXXI 1138, lundi 19 décembre.

Copie du XIIIe s. : Perpignan, Arch. dép. H (Temple), Vilamolaca, ancien parchemin du Temple, n° 1286.

Edité : Alart, *Cartul. Roussillonnais*, dans la *Semaine relig. du dioc. de Perpignan*, 1885, p. 255. — Cf. Henry, *Hist. du Roussillon*, I, p. 202.

✠ In Dei omnipotentis nomine. Ego, Guilelmus de Villa Mulacha, et ego, uxor ejus, nomine Orgolosa, bona fide et sine dolo, ut Deus propicietur peccatis et negligentiis nostris, donamus et offerimus in perpetuum domino Deo et beatę Marie et militię Iherosolimitani Templi Salomonis et fratribus ibidem Deo servientibus, presentibus et futuris, ipsam decimam quam ego, Guilelmus jamdictus, habebam et demandabam in ipso campo in quo est jam edificatus et constructus mansus supradicte militie Iherosolimitane, qui appellatur a multis Mansio Dei. Terminatur autem predictus campus, ab oriente in prato ejusdem militie Xpisti, de circio in terra Bertrandi de Villa Mulacha, ab occidente terminatur in terra quam pater meus, Bernardus Guilelmi, dedit Deo et jamdicte militie, et a meridie terminatur in terra Bernardi Adalberti. Suprascriptam decimam istius prenominati campi et mansi qui in eo est fundatus et edificatus, totam integriter de omnibus substantiis, scilicet de omnibus laborantiis et ortaliciis et de bestiis, Domino Deo et militibus Templi donamus, ego, Wilelmus predictus, et ego, uxor ejus, Orgollosa, et de nostra potestate in eorum tradimus jus et dominium, ad habendum et possidendum securiter suamque voluntatem perpetim faciendum, absque nostra nostrorumque successorum aliqua inquietudine. Si quis igitur contra hanc donationem a nobis liberaliter factam, ad infringendum venerit, non valeat vendicare que pecierit, sed eamdem donationem duplam et melioratam militię Xpisti componat, et in antea hec presens nostre donationis scriptura perhenniter maneat firma. Que est acta XIIII kalendas januarii, feria II, anno Dominice Incarnationis millesimo C°XXX°VIII°, regni vero Lodoyci regis anno II. $ Guilelmi de Villa Mulacha predicti; $ Orgollose, uxoris ejus, nos qui hanc donationem facimus et hanc cartam fieri jussimus et manibus nostris firmavimus et testes firmare rogavimus. $ Deodati de Solario. $ Petri Berengarii de Tolugas. $ Bernardi Raimundi de Banuls. $ Berengarii Arnaldi. $ Girberti, canonici; $ Ugonis, socii ejus. $ Petri, qui scripsit die et anno quo supra. Fuit autem hec donatio facta in manu fratris Arnaldi de Bedoz.

CLXXII [1138–1139.]

Copie du XIIe s. : Avignon, Bibl. municip., *Cart. de Richerenches*, fol. 32.

Edité : Mis de Ripert Monclar, *op. cit.*, n° 55, p. 56 (qui date : soit en 1138 soit pendant les années 1139 et début de 1140).

GERALDUS DE MONTE SECURO ET UXOR EIUS DEDERUNT DEO ET MILITIBUS TEMPLI TOTUM QUOD HABEBANT IN BOLBOTONE ET IN EJUS TERRITORIO.

In nomine Domini. Unicuique hominum hoc exemplum habeatur ut ait Apostolus : *Unicuique nostrum data est gratia, secundum mensuram donacionis Xpisti* (a). Ad hoc, ego, Geraldus de Monte Securo, vivus et incolumis, per salutem anime meę et cuncta-

(a) Eph. IV, 7.

rum generacionum mearum, et timore finis mei, quacumque die aut quacumque hora aut quacumque morte transitus hujus seculi me preoccupaverit et nulla morte subitanea me preoccupanda, in testimonium et asensu uxoris meę, dono et offero presenter Deo et sancte Marie et fratribus Templi, presentibus et futuris, et domui de Richarensis, partem meam quam habere credo in opido de Bolboton et in toto territorio ejus, necnon et illas meas causas que circa domum Dei mihi contingunt. Cum eisdem augeo et in fine meo equum meum et arma, sin autem XL. solidos in terra de Fabrigas. Propter hoc et aliis beneficiis, Arnaldus de Bedoz, frater Templi et minister, et postori ejus conjuncxerunt me in *(fol. 32*v*)* benefacto et in orationibus domus et fratribus et meos parentes. Hoc etiam Rostagnus, capellanus, audivit, et de fratribus quidam, et scripsit jussu de Geraldo Montis Petrosi et aliis fratribus et supradicto Geraldo de Monte Securo.

CLXXIII [1138—1143.]

Copie du XIIe s. : Avignon, Bibl. municip., *Cart. de Richerenches*, fol. 109[v°].

Edité : Mis de Ripert-Monclar, *op. cit.*, n° 181, p. 158 (qui date : c. 1135-49).

ODO DE GRAINNA.

In nomine Domini nostri Ihesu Xpisti. Notum sit omnibus hominibus, presentibus et futuris, quod ego, Odo de Gradinano, dono et trado domino Deo et beate Marie genitrici ejus, et fratribus Templi Salomonis, tam presentibus quam futuris, hominem illum qui vocatur Petrus Bonel, cum filiis suis et cum omni tenimento suo, ut libere et sine omni blandimento habeant eum et teneant. Facta donatione ista, videntibus et audientibus : f(ratre) Rostagno, capellano, et Bernardo de Boazono, et Raimundo, priore de Turrelis, et W. Humberto, et Ugone dellas Ilas, et Pontio Pennart, et Petro Ugonis de Valriaco, et multis aliis videntibus et audientibus, quorum nomina hic scripta non sunt. Hanc donationem laudavit Maljox, frater ejus, et nepotes illius, videlicet Odo et Guigo Graneti. Igitur ego, Petrus Bonel, reddo de censa annuali Deo et fratribus Templi quasdam ublias et II solidos Valentianorum et tascam de terris meis.

CLXXIV [1138—1147.]

Copie du XIIe s. : Avignon, Bibl. municip., *Cart. de Richerenches*, fol. 27[v°]-28.

Edité : Mis de Ripert-Monclar, *op. cit.*, n° 48, p. 49-50 (qui date : après 1138).

DE QUERIMONIA PETRI DE BOSQ ET QUOEREDUM EIUS.

✠ IN nomine Domini nostri Ihesu Xpisti. Manifestum fiat omnibus hominibus, tam presentibus quam futuris, quod Petrus de Bosco, volens infringere donationem quam fecerunt (*a*) Ugo de Monte Securo et Stefanus Armandus, Guillelmus de Rossellone et Ugo de Alexano et Poncius Ymberti de Garda, Deo et fratribus de Templo et domui de Ricarenciis, misit in placitum Ugonem de Bolbotone, magistrum de Ricarenciis, et fraties de Templo, in villa Sancti Pauli, videntibus et audientibus Geraldo, episcopo Sancti Pauli, et multis militibus et burgensibus, Guillelmo Maliani, Petro Ugone de Avisano, Ugone de Monte Seccuro, Bertrando de Bolbotone et Ugone

(*a*) Cf. ch. CXXI.

de Bolbotone et multis aliis, qui omnes fuerunt parati probare per sacramentum supradictam donationem ; set quoniam Petrus de Bosco eorum sacramenta recipere recusavit, ne in antea nocere non posset domum de Rica*(fol. 28)*rencis et fratres in illa habitantes, mandantes preceperunt Guillelmo Renoardo de Sancto Paulo, canonico, Guillelmo de Sancto Paulo, Guillelmo Maliano, Petro Artaldi, Petro de Dosera et multis aliis, ut quandocumque necesse esset fratribus de Templo testimonium hoc, omni dubietate remota, ipsi facerent pro illis, quoniam super animas suas totum peccatum suum ipsi accipiebant quod propter hoc facerent.

CLXXV [1138—14 sept. 1148.]

Copie du xv[e] s. : Londres, British Museum, Ms. Cotton Nero E vi, fol. 135[vo].

CARTA GILBERTI DE WESTON SUPER CONFIRMATIONE ECCLESIE DE WESTON(A).

Comes Gilbertus *(a)*, de Westona, ministris suis salutem. Volo quod ecclesia de Westona habeat omnes suas libertates in bosco et in plano, in aquis et in pratis, multo liberius et multo quiecius quam unquam hucusque habuisset, et vobis mando et precipio ut faciatis illam habere. Testibus : Philippo de Humeto et Pag(ano) de Capag'.

CLXXVI [1138—?1170.]

Copie du xiii[e] s. : Oxford, Bodleian ms. Wood (empt. 10), fol. 112[vo].

[R]ogerus de Condeyo, omnibus etc. salutem. Sciatis me dedisse et concessisse in perpetuam elemosinam, pro Deo et salute anime mee et antecessorum meorum et heredum, unam virgatam terre in Middilton(a), militibus fratribus de Templo Jerusalem, ita solidam et quietam et liberam de me et heredibus meis et successoribus, sicut habent aliquam terram liberiorem in tota terre *(sic)* Anglie. Et ego et heredes mei et successores mei in perpetuum acquietabimus illam virgatam terre de excercitibus et scutagiis, de geldis et denegeldis, de somagiis et operationibus et omnibus assisis et omnibus querelis de decima ? de Middilton(a) ; ita quod nullum servitium seu quicquam aliud exigatur ab illo qui tenuerit terram illam de illis ; set penitus terram illam acquietabimus in perpetuum versus regem et versus omnes mundanos. Quare volo et statuo quod terram predictam cum omnibus pertinentiis suis, in pratis et pasturis, in aquis, in viis et semitis et omnibus aliis tenementis, cum omnibus libertatibus predictis, teneant predicti milites de Templo in perpetuum. Et milites de Templo, prece et petitione mea, concesserunt Alano, filio Galfr(idi), et heredibus suis in perpetuum terram predictam cum omnibus libertatibus predictis, pro v[que] solidis inde annuatim persolvendo *(sic)* in festo omnium sanctorum, pro omni servitio. Testibus : Galfr(ido) de Middelton(a), Hugone de Bussocy, Johanne de Sancto Cruce, Viviano, Roberto Bertram et aliis.

(a) Gilbert, comte de Pembrocke, 1138 † 14 sept. 1148.

CLXXVII 1139 (1er janvier—31 décembre).

Original : Madrid, Arch. Hist. Nacional, ord. de S. Jn, lej. 171-4 ; deux *copies* contemporaines : *ibidem*.

In Xpisti nomine et ejus divinum imperium, Patris et Filii et spiritus Sancti, amen. Hec est cartam donationis et firmitudinis quam ego, Petrus Taresa et mater mea, facimus Deo et militibus Templi Salomonis, de illo castello de Alberit, cum omnibus suis terminis cultis et incultis, cum aquis et pascuis. Donamus et concedimus castellum illud supradictis Templi Salomonis militibus, presentibus et futuris, pro remedio animarum nostrarum ; totum sit condonatum illis qui in Templo Dei fuerint conversati. Ita sic donamus ad integrum, quomodo tenebat pro nobis vel in pignora Ecsemen Garceiz de Burota, per ccc morabetins aiars qui vero etiam fratribus Templi hos aureos nobis dederunt et nobis predicto Eximeno Garceiz, atribuimus, et predictum castrum Aberit ex manu sua recuperamus, et scilicet per donativum liberum et ingenum fratribus Templi donamus, ut abeant et possideant per cuncta secula, et faciant suam voluntatem, sicut uniuscujusque rex facit voluntatem sueque terre vel hereditati. Si quis autem hoc nostrum donativum scriptum in aliquo frangere temptaverit, non sit licitum, neque nostra posterita neque alia sit : pro sola temptatione sit maledictus et excomunicatus et a corpore Xpisti separatus, et cum Juda, Domini traditore participationem abeat, et insuper hoc scriptum plenum robur obtineat. Facta carta donationis et firmitudinis in Borga, in anno era M°C°LXX°VII°. Nos prenominati qui hanc cartam scribere jussimus et cum propriis manibus nostris, coram multis omnibus roboramus et firmamus et hec signa ✠ ✠ facimus. Ego, frater Rigaldus, magister in Novellis, qui anc [1] castrum predictum Alberit recipio ad servitium Dei et salutem animarum vestrarum, regnante rex Gar(sias) (*a*) in Navarra, Raimundus (*b*), comes Barchinonense, in Aragun, B(ernardus) (*c*), episcopus in Cesaraugustam, M(ichael) (*d*), episcopus in Tirassona ; L(ope), in Orunnia, ego P(etrus) Taresa in Borgae, Petrus Sancius de Alfarela, et Giraldus Bertrandus de Borga istius rei testes fideles fuerunt electi.

CLXXVIII (1139, janvier.)

Copie du XIIIe s. : Oxford, Bodleian ms. Wood (empt. 10), fol. 14.

Edité : Dugdale, *Monasticon Anglic.*, VI, p. 843.

CONFIRMATIO REGIS STEPHANI DE COUELE ET QUOD HABEANT AYSIAMENTA IN FORESTA SINE VENDITIONE.

[S]tephanus, Dei gratia, rex Angl(orum), archiepiscopis etc., salutem. Sciatis quia dedi et concessi et hac carta mea presenti confirmavi in perpetuam elemosinam totam terram meam de Couele cum omnibus pertinenciis suis integre Deo et sancte Marie et fratribus militibus de Templo Ierusalem, pro salute anime mee et Matildis regine,

(*a*) Garcia, roi de Navarre, 1134 sept. † 21 nov. 1150. — (*b*) Raymond Bérenger IV, comte de Barcelone, 1131, roi d'Aragon, 1137 † 26 août 1162. — (*c*) Bernard, évêque de Saragosse 1137—1157. — (*d*) Michel, évêque de Tarazona, 1119—1151.

Variante : 1. hoc.

uxoris mee, et omnium antecessorum et successorum meorum. Et preterea do eis et concedo ut habeant aysiamenta et neccessaria in foresta mea sine vendicione ad domos suas dominicas et ad alia agenda sua et hoc per visum servientis qui boscum meum custodiet. Quare volo et firmiter precipio quod ipsi fratres milites Templi prenominatam terram de Covele cum omnibus pertinenciis suis in omnibus rebus habeant et teneant liberam, solutam et quietam ab omnibus exaccionibus, consuetudinibus et serviciis secularibus in perpetuum. T(estibus) : Roberto Marmyon, Ricardo de Lucy, Henr(ico) Tracy, Aylardo Flandrensi, Roberto Avenel, Willelmo de Ipra, Willelmo Mart(el), Milone Basseth, Regin(aldo) Windr', Maur(icio) de Windr', Elya Giffard, apud Reding'.

CLXXIX [1139 Janvier].

Copie du XIIIe s. : Oxford, Bodleian ms. Wood (empt. 10) fol. 14.

Edité : Dugdale, *Monasticon Anglic.*, VI, p. 843.

FEOFAMENTUM M(ATILDIS) REGINE DE MANERIO DE COVELE.

[Matildis], Dei gratia regina Anglorum, archiepiscopis etc., salutem. Sciatis me dedisse et concessisse et, hac presenti carta mea, confirmasse Deo et fratribus milicie Templi Ierusalem, pro anima comitis Eustachii, patris mei, totam terram meam de Covel(e), cum omnibus pertinenciis suis, in puram et perpetuam elemosinam, pro salute anime mee et domini Stephani, regis Angl(orum), mariti mei, et puerorum meorum et antecessorum et successorum meorum. Quare volo et firmiter precipio quod prefati fratres milites Templi predictam terram cum omnibus pertinenciis suis in omnibus rebus, habeant et teneant libere, pacifice et honorifice et quiete absque omni exaccione, consuetudine et servicio seculari in perpetuum. T(estibus) : Milone de Glocestr(ia) (a), Humfrido de Boun, Roberto Marmyun, Elya Giffard, Maur(icio) de Wyndleshor', Roberto Avenel, Milone Basseth, Ayllardo, filio Flandrensis, Roberto Musard, apud Rading'.

CLXXX 1138/9, 9 janvier.

Copie du XIIIe s. : Barcelone, Arch. Cor. Arag. Registre coté : *Inventario*, fol. 6.

In Dei nomine. Ego, Berengarius Raimundi, Barchinonensis vicarius, ut Deus propitietur peccatis et negligentiis meis et parentum meorum, dono domino Deo et Iherosolimitane milicie Templi Salomonis et beate Marie ejusdem loci, censum et senioratum et dominamentum totum quem habeo vel habere debeo in operatorio Petri Gron et in ejus persona et rebus. Est autem jam dictum operatorium infra muros Barchinone ante ipsum Ferragenal et justa castrum vetus et justa operatorium Arnalli Sutoris; sicut superius est scriptum, et ut dici vel intelligi potest melius ad utilitatem beate Marie et jam dicte milicie de meo jure in jus et dominium omnipotentis Dei et ejusdem genitricis et prelocute milicie Templi Salomonis, trado ad suum proprium ad quid inde facere voluerint fratres milites jam dicte milicie. Si quis hoc infringere vel inquietare presumpserit ullo modo, et tandiu excomunicationi subjaceat, donec ut

(a) Milon de Glocester, créé comte de Hereford, juillet 1141 † 1143 reus sacrilegii supradicta omnia Iherosolimitano milicie, in quadruplum restituat et in super hec presans mee donationis scriptura perhenniter maneat firma.

Actum est hoc v. ydus januarii, anno ab incarnatione Dominica CXXXVIII post millesimum, regni vero Leduici Junioris II. S✠ Berengarii Raimundi, qui laudando firmo et testes firmare rogo ; S✠NUM Sancie uxoris ejus ; S✠NUM Berengarii, filii eorum ; SIG✠NUM Guillelmi filii eorum, nos qui laudamus et confirmamus. S✠NUM Berengarii Bernardi de Villa Dordiis ; S✠NUM Arnalli de Ribes ; S✠NUM Sebastiani ; S✠NUM Guillelmi Sinuarii ; S ✠ Raimundi Girberti ; S✠NUM Petri presbiteri qui hoc scripsit cum litteris rasis in linea v^a, die et anno quo supra.

CLXXXI

1138/9, vendredi 27 janvier.

Copie du XIIe s. : Toulouse, Arch. dép. fonds de Malte, *Carl. A de Douzens*, ch. 23, fol. 21.

In nomine Domini. Ego, Petrus Rogerii, dono meipsum Deo et sancte militie Templi Salomonis de Iherusalem, et dono eidem militie totum honorem meum quem habeo et habere debeo in Vilartinioso et in suis omnibus terminiis, et ibi michi advenit et advenire debet ex parte Fontiani, homines scilicet et feminas, terras et vineas, mansos et mansiones, ortos, census, usaticos terre, merita atque servitia, heremum sive condirectum, et totum aliud quod ibi habemus et habere debemus. Sicut supradictum est, sic totum sine omni retinencia et sine inganno dono et laudo et omnimodis concedo atque desamparando dimitto omnipotenti Deo et sancte militie predicte et domno Rotberto Bergoin ipsius militie magistro, et domno Arnaldo de Bedocio et Raimundo de Gaure, ceterisque omnibus ejusdem militie confratribus et sub ipsa militia Deo servientibus, presentibus atque futuris, ad habendum hac possedendum, suamque inde voluntatem sine omni contradiccione perpetim faciendum. De predicto honore est unus campus ad Estaiol, et affronta de altano in via, a meridie in terra Poncii Guifre de Aquaviva, a circio in terra Bernardi filii Serene, de aquilone in podio. Alia terra est ad campum de Sinlon et affronta de altano in via qua itur ad Sanctum Fructuosum, de aquilone in terra Poncii Guillelmi, a circio in via de Mansilia ; et in eodem loco alia terra, et affronta de altano in via de Mansilia, a meridie in terra Raimundi Petri, a circio in via que itur *(fol. 21v°)* ad Badencs, de aquilone in terra Bernardi Guillelmi. Alia terra est ad Cardona et affronta de altano in terra infantum Serena, a meridie in podio, a circio in terra hominum de Aquaviva, de aquilone in via qua itur ad Comba Lobeira. Ad ipsum Femad alia terra, et affronta de Altano et a meridie in honore Bernardi Arnaldi de Rusticanis, a circio in podio, de aquilone in terra Raimundi Sicfredi de Aquaviva ; et in eodem loco una vinea, et affronta de altano in terra Petri Bernardi, a meridie in honore Bernardi Guillelmi, a circio in podio, de aquilone in vinea Bernardi Guillelmi. SIG✠M Petri Rogerii predicti qui sic istam cartam firmavit. SIG✠M Rogerii fratris sui. SIG✠M Guillelmi Raimundi de Piriacho. SIG✠M Arnaldi de Peiriaco. SIG✠M Arnaldi de Gravo. SIG✠M Petri Guillelmi de Trenciano. Guillelmus scripsit jussione predictorum Petri Rogerii et fratris sui Rogerii, anno millesimo C.XXX.VIII. incarnate Dominice, VI kalendas februarii, feria VI, regnante Lodovico rege.

CLXXXII 1138/9, (1—27) février.

Copies du XIIe s. : Paris, B. N., *Cart. de Roaix*, fol. 33 ; Avignon, Arch. dép. *Cart. de Roaix*, fol. 49.

Edité : Abbé Chevalier, *op. cit.*, p. 62-4.

HEC EST CARTA GOTOLENDIS ET ALIORUM.

✠ IN Dei omnipotentis nomine. Notum sit omnibus hęc scire volentibus quod ego Gotolendis femina et nos qui sumus ejus liberi, Raimundus de Podio, Petrus Arnulfi, Bertrandus Elisiarii, Vilelmus [1] de Podio, Oalricus atque Rostagnus, et ego Rahembaldus [2] de Vasione et ego Mirabla uxor ejus et filii nostri Bertrandus Rahembaldi [3], Vilelmus [4] Pagani [5] atque alii infantes nostri, et ego Raimundus Asta Nova et fratres mei scilicet Vilelmus [6] Olivarii, Petrus de Ventoirol, Ademarus atque Bertrandus Asta Nova, nos omnes bona fide atque bona voluntate, pro remissione peccatorum nostrorum [7], et pro salute animarum parentum nostrorum, donamus et offerimus in perpetuum pro alodio franc domino Deo *(fol. 33v°)* Ihesu Xpisto et beate Marię et milicie Iherosolimitanę Templi Salomonis et fratribus in eadem milicia degentibus, presentibus et futuris, in manus de te Arnaldo de Bedotio [8] militis et bajuli predicte milicię, videlicet quandam partem alodii nostri quod habemus et habere debemus in terminio [9] de Roaisso [10], ita scilicet quemadmodum nos ipsum alodium determinavimus et cum crucibus desuper impositis significavimus et monstravimus tibi Arnaldo de Bedotio [11], presentibus ejusdem milicię fratribus, videlicet Ugone de Betiano [12], Bernardo Rolando [13], Petro de Sancto Johanne atque Rostagno de Montaniguis [14], de camino puplico usque in terminio de Boissono [15], sicut cruces superposite ipsum alodium jam determinant et determinabunt undique. Totum quicquid infra hoc terminium supra memoratum habemus et per ullas voces habere debemus, totum Deo et supradictis Xpisti militibus donamus et concedimus, sine omni retensione [16] et absque ulla inquietudine scilicet terras, aquas, boschos [17] et prata et pascua et ingressus, egressus et reditus ad se et ad omnes eorum bestias in hoc videlicet honore et in toto alio nostro territorio, ut pascant, eant et redeant et utantur omnibus sine blandimento cunctorum hominum cum Dei gratia et benedictione [18]. Si vero in isto territorio sive terminio de Roaisso [19] vel de Rovorio aliquis homo vel femina habet feudum de nobis et ipsum feudum vobis dare voluerit, donamus nos [20] et concedimus Deo et vobis ipsum feudum pro alodio.

Et [21] ego Vilelmus Arnaldi de Sancto Verano dono deo et supradictis Xpisti militibus quicquid habebam vel demandabam infra hoc territorium suprascriptum.

Et ego Petrus Alialdi et filii mei Raembaldus [22], Vilelmus [23], de Vasione, Faraldus [24] et Petrus donamus et concedimus Deo et jamdictis Xpisti militibus ipsam nostram condaminam pro alodio franc, quę est subtus caminum ad quercum pediculosam, quam ętiam tenebamus per feudum de supradictis dominis.

Et ego Vilelmus [25] Alcherius de Podio similiter dono Deo et supradictis Xpisti militibus quicquid habebam in ipsa condamina ; et ego Pontius [26] Beraldi similiter.

Variantes : 1. Villelmus. — 2. Raembaldus. — 3. Raembaldi. — 4. Willelmus. — 5. Paganus. — 6. Willelmus. — 7. meorum. — 8. Bedocio. — 9. territorio. — 10. Roaiso. — 11. Bedocio. — 12. Beciano. — 13. Rollando. — 14. Montanegues. — 15. Boisono. — 16. retentione. — 17. boscos. — 18. benediccione. — 19. Roaiso. — 20. nos donamus. — 21. quod. — 22. Rahembaldus. — 23. Willelmus. — 24. Feraldus. — 25. Willelmus. — 26. Poncius.

Et ego Berengarius (*a*), Vasionensis episcopus supra memoratus, cum consilio et assensu canonicorum meorum videlicet Pontii Gisberti[1] sacriste, Petri Johannis[2], Vilelmi[3] de Vinzobrio[4] et aliorum clericorum nostrę ęcclesię, pro redemptione[5] animarum nostrarum, donamus et concedimus sine omni retinemento[6], Deo et prefatis Xpisti militibus decimam totius[7] territorii suprascripti quod nos et alii donatores in presenti eis donamus, et de toto (*fol. 38*) alio honore quem ipsi[8] adquirere poterunt in toto terminio de Roaisso[9] et de Rovorio quem in dominio laborabunt et de omnibus eorum bestiis atque substantiis[10] decimam eis et primicias condonamus; similiter quoque donamus et concedimus[11] supradictis Dei militibus ut ubicumque eis placuerit in predicto territorio de Roaisso[12] ęcclesiam construant, quam liberaliter eis damus et concedimus cum cimitiis[13] et oblationibus[14] et omni ecclesiastico jure perpetuo possidendam.

Facta donatione[15] et traditione[16] prescripta anno Dominice incarnationis M°C°XXX°VIII° in mense februarii[17]. Testes et videntes hujus donationis[18] sunt isti: Petrus Ugo de Avisano, Ugo de Bolbotono, Petrus Marini de Vasione, et Vilelmus[19] Marini et Pontius Beraldi[20] predictus atque alii plures homines et Vasione et de Sancto Verano. Petrus scripsit mandato domni Berengarii predicti episcopi et omnium aliorum donatorum (*b*).

CLXXXIII

1138, 9. (1er—31) mars.

Copie du XIIIe s. : Avignon, Biblioth. municip., *Cartul. de Richerenches*, fol. 13vo et p. XXI.

Edité : Mis de Ripert-Monclar, *op. cit.*, n° 23, p. 25-26 (qui date : mars 1138).

GUILLELMUS, PREPOSITUS VALENTINUS, DERELIQUID DEO ET MILITIBUS XPISTI QUICQUID DEMANDABAT IN RIPERTO DE CARROUOLIS ET SUIS FANTIBUS.

In Xpisti nomine. Ego, Willelmus, prepositus, ut Deus propicietur peccatis et negligenciis meis, bona fide et sine dolo, dono et offero in perpetuum pro alodio (*fol. 14*) franc domino Deo Ihesu Xpisto et beate Marie et milicie Iherosolimitane Templi Salomonis, et tibi, Arnaldo de Bedocio, Dei militi, et successoribus tuis in eadem milicia degentibus, videlicet quicquid habebam vel demandabam juste vel injuste in Riperto de Charrouolis, sive in suis infantibus, census scilicet et omnes terras quas ipse Ripertus et sui de me habebant et tenebant, et tascham et decimam ipsarum terrarum et quicquid ipse Ripertus de me habebat et tenebat. Hec omnia jam supradicta dono et offero Deo omnipotenti et beate Marie et Iherosolimitane milicie et fratribus ibidem Deo servientibus, presentibus et futuris, ita scilicet ut ab hodierno die et tempore in antea habeant et jure perpetuo possideant et quicquid inde facere voluerint ipsi milites Xpisti vel eorum bajuli, in Dei nomine, liberam et plenissimam habeant potestatem, sine blandimento tocius hominis vel femine. Facta donacione anno Dominice incarnacionis M°.C°.XXX°.VIII° in mense marcio. Laudavit

(*a*) Bérenger, évêque de Vaison, 1113-1173. — (*b*) *Cette dernière phrase n'est pas dans le ms. de Paris.*

Variantes : 1. Poncii Girberti. — 2. Joannis. — 3. Willelmi. — 4. Vincobrio. — 5. redempcione. — 6. retinimenti. — 7. tocius. — 8. sibi. — 9. Roaiso. — 10. substanciis. — 11. annuimus. — 12. Roaiso. — 13. cimiteriis. — 14. oblacionibus. — 15. donacione — 16. tradicione — 17. februario. — 18. donacionis — 19. Willelmus. — 20. Poncius Geraldi.

etiam et voluit et affirmavit hanc donacionem comes Eustachius, frater Willelmi, propositi predicti. Testes sunt isti : Umbertus (a), episcopus de Podio, et Jarento de Sancto Romano, Willelmus de Stella et Ainardus de Cabreliano atque Latro Longus. Petrus scripsit, mandato domni Willelmi, prepositi supramemorati.

CLXXXIV

1138/9, (1er–31) mars.

Copie du xiiie s. : Avignon, Biblioth. municip., *Cartul. de Richerenches*, n° xxii, fol. 14.

Edité : Mis de Ripert-Monclar, *op. cit.*, p. 26-27, n° 24 (qui date : mars 1138).

UGO DE ALON ET UXOR EIUS DEDERUNT DEO ET MILITIBUS XPISTI RIPERTUM DE CARROUOLIS ET OMNEM SUBSTANTIAM EIUS, SINE OMNI RETINIMENTO ET LIBERE.

In Dei omnipotentis nomine. Ego, Ugo de Alon et Petronilla, uxor mea, et filii nostri, videlicet Petrus, Ripertus et Willelmus atque Raimundus, nos omnes, bona fide et voluntate, pro remissione omnium peccatorum nostrorum et pro salute animarum *(fol. 14 v°)* parentum nostrorum, donamus et oferimus in perpetuum pro alodio franc domino Deo Ihesu Xpisto et beate Marie et militibus Templi Salomonis, presentibus et futuris, ipsum hominem Ripertum de Charouols et uxorem ejus et infantes eorum et omnem eorum substanciam atque peccuniam, cum omnibus tenementis et possessionibus quas de nobis tenent et possident, census videlicet et quicquid in ipsis juste vel injuste habebamus et demandabamus, ita scilicet ut ab hodierno die et tempore in antea fratres milicie Iherosolimitane habeant et possideant supradictos homines et omnes eorum posteritates, quemadmodum nos predicti donatores hactenus ipsos habuimus et possedimus et multo melius etiam ipsi neque eorum progenies nobis seu nostris posteritatibus ullum censum sive servicium, prohomenischum vel pernaturalitatem non faciant. Hanc autem donacionem facimus nos predicti donatores in manu Arnaldi de Bedocio, militis et bajuli milicie Iherosolimitane, et Willelmi de Riallacho, ejusdęm milicie fratris. Testes et guirentes hujus donacionis sunt isti : Poncius Remusatus, Willelmus de Alon, Poncius Frogerius, Willelmus Glandnz et Rodbertus de Gilonio junior. Scripta fuit hec carta anno Dominice incarnationis millesimo C°.XXX°.VIII° in mense marcio. Donant autem per singulos annos de censu jamdicti homines IIIIor solidos et IIIIor caponos et IIos sextarios ordei vel civatę. Petrus scripsit.

CLXXXV

[1139 mars.]

Copie du xiiie s. : Avignon, Biblioth. municip., *Cartulaire de Richerenches*, n° xxiii, fol 14v°-15r°.

Edité : Mis de Ripert-Monclar, *op. cit.*, n° 25, p. 27-8 (qui date : 1138).

RIPERTUS DE CARROUOLIS DEDIT FILIOS SUOS ET VINEAM UNAM ET DECIMAM AGNORUM OMNIUM OVIUM SUARUM.

In Xpisti nomine. Ego, Ripertus de Charrouls, et uxor mea, Lucia, ob peccatorum meorum ve-*(fol. 15)*niam impetrandam et celestis patrię gaudia consequenda, donamus et offerimus Deo omnipotenti et beatę Marię et militibus Templi Salomonis Ierosolimitani, presentibus et futuris, duos filios nostros, Eustachium scilicet et

(a) Humbert, évêque du Puy, 1128, archevêque de Vienne, c. 1146 † 20 novembre 1147.

Ripertum, tali videlicet facto ut quamdiu vixerint, serviant Deo et fratribus Templi, ubicumque ipsis Xpisti militibus placuerit. Donamus etiam cum filiis nostris eisdem Dei militibus vineam unam ad Castellum novum, quam tenemus de Dalmadio Odano, et decimam totam agnorum omnium nostrarum ovium, quam decimam semper ego, Ripertus superius nominatus Deo et fratribus Templi annuatim reddam. Facimus autem donationem istam in manus Arnaldi de Bedocio, militis Xpisti.

CLXXXVI 1139, (23 avril – septembre) Mons.

Copie certifiée de 1768, archives de l'Etat à Mons, *Recueil de bulles de la commanderie du Piéton*, fol. 1. *Analyse :* Devillers, *Archives des commanderies belges*, p. 118.

In nomine sancte et individue Trinitatis. Cum diversis scripture sancte testimoniis ad bene agendum plenius informemur, cordis intuitum, discretionis intelligentia Domini nostri Iesu Christi salutaribus disciplinis humiliter accomodare debemus, et operis exhibiture bone voluntatis circumferre testimonium, ut a bonorum omnium retributore Deo dignam mercedem recipere valeamus. Ego itaque Balduinus (*a*), Hainoensium comes, anime mee consulens et predecessorum meorum saluti devote et misericorditer invigilans, debitum quod vulgo relevium dicitur, quod homines mei terras suas vel feodos requirentes, jure hereditario mihi debebant, sancte civitatis Ierusalem Templo militibusque ibidem Deo fideliter famulantibus libere in perpetuum tenendum tradidi, et baronum meorum subsignatorum testimonio sigilli quoque mei impressione confirmavi.

Signum Domini Nicholai (*b*), Cameracensis episcopi, qui huic traditioni interfuit et ejus perturbatores anathematis vinculo innodavit.

S. Adelardi, Theoderici, item Theoderici, archidiaconorum. S. Simonis de Oisy. S. Hugonis de Aingen. S. Razonis de Gavera. S. Baldrici de Roisin. S. Isenbardi. S. Gossuini. S. Theoderici de Lingne. S. Evani. S. Gerardi camerarii.

Actum Montibus, anno incarnati Verbi, millesimo centesimo trigesimo nono, indictione secunda.

CLXXXVII 1139 (23 avril—6 avril 1140).

Copie du XIIe s. : Arles, Archives municipales, *Authenticum S. Egidii*, fol. 2.

HEC EST DONATIO ABBATIS SANCTI EGIDII DE SESTARALAGIO.

Sciant presentes et futuri, quod ego, Petrus (*c*), abbas monasterii Sancti Egidii, consilio et voluntate Raimundi, prioris, et ceterorum fratrum hujus monasterii, dono, laudo *(fol. 2 v°)* et concedo fide et sine inganno domui Templi et tibi, Rotberto, magistro Templi, et vobis, presentibus et futuris militibus de milicia, sestaralaticum istius ville in perpetuum de omni vestro blado et farina quecumque ibi vendetis, quod nostri videlicet erat juris, tali scilicet pacto ut nunquam alienum ibi bladum vel farinam vendetis, bladum vestrum vero et farinam vendetis sine sestaralatico.

Factum est hoc anno ab incarnatione Domini M°.C°.XXX°.IX°, in presentia istorum : Geraldi gramatici, Rotberti sacriste, Raimundi Balitran, Petri de Crest, Bernardi Isnelli, Petri Francisc, Petri Guersii, Guillelmi Hubiloti, Guiscardi, Bernardi Bocardi.

(*a*) Baudoin (IV), comte de Hainaut, 1120 † 8 novembre 1171. — (*b*) Nicholas, évêque de Cambrai, 1137 † 1er juillet 1167. — (*c*) Pierre, abbé de Saint-Gilles, c. 1124, archevêque de Narbonne, 1150—1155.

CLXXXVIII 1139, 25 mai.

Original jadis scellé : Arch. dép., B. 4 (ancien parchemin du Temple coté n° 2112).

Edité : Alart, *Cartul. Roussillonnais*, dans la *Semaine relig. du dioc. de Perpignan*, 1885, p. 271.

In nomine Domini. Venerabili Dei gracia G(aufredo) comiti Russilionensis omnibus atque probis ejusdem oppidi Wilelmus Gairardus et Arnaldus suus humili fratres Templi Salomonis salutem cum servicio devoto et oraciones in Xpisto. Ex parte conventus tocius militum Dei et fratrum Templi, bonitati vestre notificamus nos perpetuo jure concessisse Deo et fratribus nostris Templi hereditatem matris nostre, de qua campum quemdam et vineam sub Alberto, cognato nostro, in pingnus posuimus, pro c.xxx. soll. de Rossell. ; tali condicione quod si moneta illa dejusteretur, cum reabere res nostras vellemus, melgirrienses sezenos illi redderemus. Quare vos in Xpisto precamur ut terram prenominatam ad opus pauperum Xpisti militum benigne manuteneatis. In vestra enim karitate et gratuita pietate confidimus. Valete. Est autem prefata omnis honor in comitatu Russilionens, infra fines et terminos de villa Perpiniani, in ajacencia sancti Iohannis. Et ego, Gaufredus, laudo et concedo hanc donationem Deo et predictis fratribus Templi, presentibus atque futuris, salvo meo quarto; qua laudatione ego, Gaufredus, comes, dimiserunt michi fratres Templi XL soll. quos illis debebam. Et Berengarius de Guardia, vicarius, laudat et confirmat similiter et recipit de supradictis fratribus xx soll.. Et est manifestum. Quicquid hoc dirrumpere voluerit, in duplo componat, et ultra firmiter maneat in eternum. Actum est hoc VIII. kalendas juni, annis Domini MCXXXVIIII, anno II, regnante Ledoico rege in Francie. SIG✠NUM Wilelmus Gairardi. SIG✠NUM frater suus Arnallus, qui istam cartam donationis jussimus scribere manibusque firmavimus et testibus firmare rogavimus. SIG✠NUM R. Stephani. SIG✠NUM Petri Ermengaudi. SIG✠NUM Bernardi de Redes. SIG✠NUM Iacobi.

Bernardus scripsit rogatus atque ✠ jussus.

CLXXXIX 1139, jeudi 15 juin.

Copie du XII° s. : Avignon, Bibl. municip., *Cart. de Richerenches*, n° III, fol. 2-3v°.

Edité : Mis de Ripert-Monclar, *op. cit*, n° 3, p. 5-7 (qui date du mercredi 15 ou plus probablement jeudi 16 juin 1138).

ITEM, UGO DE BOLBOTONE OBTULIT SE ET SUA DEO ET MILITIBUS TEMPLI SALOMONIS, TERRAS ET VINEAS ET PRATA, NE ORA ET QUICQUID HABEBAT IN CASTELLO DE BOLBOTONE.

In Dei nomine. Ego, Ugo de Bolbotone, audiens tanta precepta Domini in omnibus adimplenda que narrantur in evangelio dicente sic : *Si quis vult post me venire, abneget semetipsum et tollat crucem suam et sequatur me festinanter*(a), defensionem anime meę observans, in his prospexi viam securitatis. Ob hoc veraciter abne-*(fol. 2v°)*gens

(a) Mathieu XVI, 24.

me et uxorem meam, filium vero et filiam, terram, possessiones quoque plurimas dono ac offero meipsum domino Deo et beate Marié, genitrici ejus, et pauperibus militibus Templi Xpisti Iherosolimitani, cum quadam parte honoris mei, quam videlicet nomine dicam : quicquid infra Elsonem fluvium et aquam que dicitur Oleira et territorium de Colonzellas clauditur, quod ibi habebam, idem terras et decimas et et quartam de Garriga mala, necnon etiam totum territorium de Figairolas, quod Ugo Bodicus mihi de mandabat, de quo venimus ad cognicionem ante probos. Quesivi namque testes laboratores de Colonzellis, qui laboraverant et tenuerant eam, videlicet Petrus Rollandi, Ripertus Rollandi, Willelmus Raulfi et Michael de Colonzellis et Poncius Stephani [*en marge :* et etiam viderunt Petrus Stefani]. Hoc enim hii testificaverunt esse territorium mihi in dominium, in presencia de Petro Clementi et Geraldo de Valriaz et Willelmo de Grilione et Riperto Corrofoli ac bernardo Rollandi et Rostagno capellani ac Bertrando de Balmis atque Rotberto de Gigrione, et his presentibus cognovit Ugo Bodicus mihi Ugoni de Burbotone totas Figeirolas in dominium habere et quartum de Garriga mala, et ita ut et ego noticia proborum illorum quos supra nominavimus feuvum suum ei cognovi. Hec etiam dono et offero Domino Ihesu Xpisto et fratribus Templi omni jure et sine fraude atque ullo impedimento.

Igitur et nos, bona fide, ego, Bertrandus de Burbitone, et ego, Ripertus *(fol. 3)* Folraz, quicquid inter hos terminos habebamus, pro salute animarum nostrarum, domino Deo et fratribus supradictis donamus, preter decimam quam adhuc habere volumus, quantum ad nos pertinet, excepto laboratu domus Dei et fratrum, set tamen hanc decimam post mortem concedimus et antea, si Deo placet. Hoc donum fecerunt Bertrandus et Ripertus in manus Geraldi de Monte Petroso, videntibus fratribus Petro de Sancto Iohanne, Rostagno capellani, Bertrando de Balmis, Rotberto de Montilio ac Ugone Burbutoni.

Inde vero, cum ego, Ugo de Burbutone, reliqui uxorem, sed melius omnia dicam, in manus episcopi Geraldi (*a*) Tricastrinensis et in presencia aliorum proborum, tunc totum alodium meum et totam terram meam domino Deo et fratribus Templi, tam futuris quam presentibus, tradidi, ut exinde quiscumque eam habuerit, uxor aut filia, vel filius, ab eis fratribus feuum cognoscat ; et quando uxor ab hoc seculo transmigraverit, aut filius, aut filia, terram illam Domino et fratribus in perpetuum largo, ut amplius habeant et in capcione et in testimonio rei veritatis, cum supradictis donis augeo in silvam medietatem cujuscumque ibi habebam his fratribus supradictis.

Hec autem que feci ego Ugo de Burbutone et que superdixi, domnus Geraldus episcopus audivit et laudavit, et uxor mea, Marchesia, et Ripertus Folraz et Bertrandus de Bulbotone et Petrus Ugo Avisani *(fol. 3 v°)* et Geraldus de Balmis et Petrus Willelmus et Odils de Balmis et Latgerius et Willelmus Cornabroc et Geraldus de Grilione et Petrus de Mirabel et Geraldus de Tornafort et Bernardus Rollandi ac Rostagnus capellani. Hii omnes laudaverunt et audierunt et insuper Deo gratias egerunt. Et ego, frater Rostagnus, hec laudando testifico, qui jussu Geraldi de Monte Petroso et supradicti Ugonis hanc cartam conscripsi. x°vii°. kalendas julii, anno M°.C°.XXX°.VIIII°., feria v°, luna x°iiii°.

(*a*) Géraud, évêque de Saint-Paul-Trois-Châteaux, c. 1139—c. 1150 ?

CXC 1139, jeudi 15 juin.

Copie du XIIe s. : Avignon, Bibl. municip., *Cartulaire de Richerenches*, fol. 60vo-61vo.

Édité : Mis de Ripert-Monclar, *op. cit.*, n° 89, p. 88-91 (qui date du jeudi 16 juin 1138).

UGONI DE BORBOTON.

Notum omnibus fiat hominibus, tam sequentibus quam presentibus, quod ego Ugo de Borbotone, pro salute anime mee et peccatorum meorum remissione et totius projeniei mee, relinquo seculum et reddo meipsum et uxorem meam et filios meos et omnia quecumque habeo, tam mobilia quam immobilia, Deo et fratribus Templi, et hoc facio consilio preceptoque Guiraldi (*a*), mei episcopi, et clericorum suorum et parentum meorumque amicorum, quorum nomina, ne diuturnitas temporis oblinat, in hac memoriali cartula ponere curavi : videlicet Bertrandum de Borbotone nepotem meum, Ripertum Folradium parentem meum, Giraldum de Monte Securo et Petrum, fratrem ejus, ac Giraldum de Tornafort et Ugonem fratrem ejus, et Petrum Ugonem de Avisano et Willelmum fratrem ejus, et Willelmum Arnulfum de Mirabello, et Willelmum Malasmanus, et Ugonem Berengarium ac fratrem ejus Willelmum. Hec donatio facta fuit in manibus Guiraldi de Monte Petroso, istis videntibus et audientibus Bernardo Rollando atque Rostagno capellano et Petro de Sancto Iohanne, adhuc namque heredibus meis, et priore Sancti Amantii annuentibus atque rogantibus. Giraldus episcopus ac magister noster necnon aliorum fratrum conventus me totum territorium de Borbotone determinare jusserunt, in quibus partibus ab antiquo divisum fuerat, sicut a patre meo audiveram et manifestari videram, et post patrem meum tenueram atque longo tempore possederam :

Primum in verbo veritatis, sub testimonio fidei, contestor quod medietatem totius territorii de Borbotone et omnem decimam citra et ultra, pater meus Berengarius et ego cum ipso et cum heredibus suis, videlicet cum Giraldo de Borbotone avunculo meo et cum *(fol. 61)* Audoino de Monte Securo atque cum suo fratre Otone, tenuimus et cum omni libertate pro alodio franco habuimus, videlicet ita quod nulli homini, nulli femine convenienciam unquam fecimus, nec avus nec atavus meus. Post mortem namque Giraldi de Borbotone, filius ejus Bertrandus de Borbotone donationem quam ego feceram fratribus Templi et domui Richarencarum, suamque partem pio atque jocundo gratuito, firmavit atque laudavit.

Veruntamen quando domus Richarencarum sub pacis nomine cepit edificari, omnes supradicti coheredes nostri, quoniam ad tam sanctum et pium opus explendum eis proprie facultates tunc non suppetebant, omnia pasura et ligna et tascham ac decimam terrarum pertinencium ad coheredes, quas tunc supradicti fratres colebant et in futuro adempturi erant, unde eorum suppleretur inopia, in presentia Pontii episcopi, dederunt et pro animarum redemptione militibus Deo servientibus nequaquam deinceps retracturos alio promiserunt, atque procul dubio confirmaverunt.

Declaretur preterea omnibus quod ecclesia Sancti Amantii tantum in his prenominatis territoriis habet quantum hic describitur : pratum quoque quod est juxta domum prefatam, et tascham terre quam laborant Guitardi de Balmis ante Sanctum

(*a*) Giraud, évêque de Saint-Paul-Trois-Châteaux, c. 1139—c. 1150 ?

Albanum, et tascham terre quam laborant Emenberti et tascham terre Willelmi Malros.

Et ad finem suum pater meus Berengarius misit eis in vadimonium unam faisam terre pro xv solidis, quam laborabat Bernardus Ricardi, et tascham terre Stephani de Monte Securo, que est juxta terram Willelmi Malros quam misit eis in pignore Giraldus, pater Bertrandi de Borbotone, et tascham terre Willelmi Malros ad passum Olerie, et tascham terre Nicholai capellani et tres denarios pro servitio *(fol. 61 v°)* et tascham terre Paparti et tascham de campo Lauterio et vi denarios pro servitio, anno quo in eodem campo seminantur biemales segetes.

Item Bertrandus de Solorivo, cum illis de Iocundatio habet medietatem, et illi de Iocundatio faciunt de sua parte tres partes : una pars est illorum de Valriaco, scilicet Raimundi Bellonis et filiorum ejus; item due partes que remanent, dividuntur in tres partes, quarum unam habet Isarnus et frater ejus Willelmus Isarnus, aliam terciam partem habet Raimundus de Iocundatio et filius ejus Bertrandus; aliam terciam habent isti IIII^or heredes, scilicet Raimundus de Bestorres et Gualburgis uxor ejus et filii eorum, G. Raimundi et B. Raimundi et Isnardus, et B. Willelmus de Iocundatio et Aimeruz uxor ejus et filius eorum, G. de Podio Calvo et Blismoda uxor G. Ricavi et Ricsenz uxor Petri Latgerii.

Territorium de Borbotone terminatur his terminis : ab oriente territorium de Valriaco super Blacham Boic, a meridie territorio de Avisano usque ad Molares et quo modo descendit Talobres usque in territorium de Balmis, et a territorio de Balmis sicut via venit ad crucem Pastorissam, a cruce Pastorissa usque ad Petram Brunam, a Petra Bruna usque ad guadum Amaugerium in flumine de Lez; ab occidente territorio de Monte Securo, sicut flumen de Lez ascendit; ab aquilone, sicut Alsonis fluvius vadit usque ad territorium de Valriaco. Territorium de Richarenchis terminatur his terminis : a meridie, sicut descendit Alsonis usque Moleriam; ab occidente sicut descendit aqua de Oleria usque ad territorium de Colonzellis et vadit in Rivum Siccum; ab aquilone, sicut vadit Rivus Siccus usque ad *(fol. 62)* territorium, super Richarencas; ab oriente, sicut dividitur territorium de Valriaco et revertitur in Alsonem et de Alsone usque ad viam que venit de Grilone et de via de Grilone usque ad caminum qui vadit ad Cellares Aureos, et inde usque in Alsonem. Quicquid continetur infra hos terminos de istis duobus predictis t[er]ritoriis, fratres de Templo habent decimam in dominium citra et ultra, et aliquam partem de terris et taschis.

Sicut hec omnia scripta sunt, sic ego, Ugo de Borbotone, sub testimonio fidei, coram Deo et hominibus, vera esse affirmo, vera esse contestor.

Facta fuit donatio ista donatio ista in presentia Giraldi episcopi et clericorum suorum et B. de Mornatio, prioris Sancti Amantii, atque Petri de Cadarossa et Willelmi de Cadarossa et B. de Sancto Mauritio et G. de Grilone et R., fratris ejus, et G. de Balmis et Petri Willelmi de Balmis et Odil de Balmis et Laugerii et Guilelmi Cornabroc et Rotberti junioris de Montilio et Rostagno Dalmacii et Elsiarii de Boazo, filii ejus, atque Calvario Arelate, Petri Rollandi et Riperti Rollandi et Willelmi Radulfi et Petri Stephani, Michaelis de Colonzellis et Pontii Stephani et Petri Clementis et Giraldi de Valriaco et Willelmi de Grilone et Riperti de Carrouols, Gauterii senis et Pontii, ejus filii, et filiorum B. Richerii, scilicet Willelmi Richerii et G. fratris, ejus.

Factum est hoc XVII. kalendas julii, anno ab incarnacione Domini M.C.XXX°VIII°[1], feria V, luna XIIII.

1. *Corrigez* XXX.VIIII; *toutes les autres indications chronologiques se rapportent à l'année 1139.*

CXCI 1139, lundi 26 juin.

Copie du XII° s. : Toulouse, Arch. dép., *Cart. B de Douzens*, ch. 11, fol. 17-18.

(Fol. 17). In nomine Domini. Ego, Petrus Ugo, et uxor mea, Stefania, atque infantes nostri, donatores sumus Deo et sancte militie Templi Salomonis Iherusalem, et vobis, Petro de Roeria, et Ugoni de Betiano et Raimundo de Gauro ceterisque ipsius militie ministris et confratribus, presentibus atque futuris. Donamus itaque vobis et vendimus ipsum nostrum mansum quem habemus juxta ecclesiam sancte Marie de Curtes, cum ipso orto et cum ipsa ferragine et cum hoc quod est ultra ipsum reg, id est cum ipso virecto et cum ipsa area et cum ipso palcario, usque ad *(fol. 17v°)* ipsum boscum : de altano affronta in ipso boscho, de meridie in eodem vestro honore, de circio in honore Sancti Stephani, de aquilone in eodem honore vestro. Item, donamus et vendimus vobis ipsam nostram partem de ipso campo de Ilzino, sicut illam ibi habemus et habere debemus. Sicut superius scriptum est, sic, sine omni nostra retinentia et sine vestro inganno, totum quantum nos predicti et frater meus, Guilelmus Ugo, in predicto honore habemus et habere debemus, donamus et vendimus vobis XX solidos ugonencos octenos quos nobis dedistis et nos habuimus eos de vobis, ut ipsum honorem teneatis et habeatis vestramque voluntatem de eo perpetim fatiatis. Et si homo vel femina ipsum honorem vobis amparaverit, nos erimus inde vobis legales guirenti, sine inganno. Si vero Gilelmus, frater meus, redierit et ipsum honorem vobis amparaverit, nos erimus inde vobis legales guirenti. Et si esse non poterimus, habeatis retornum in toto alio nostro *(fol. 18)* honore, quem in terminio de Curtes et de Aliarionis habemus et habere debemus, sine vestro inganno. Sig✠num Petri Ugonis et uxoris ejus atque infantum illorum qui sic istam cartam firmaverunt. S. Gilelmi Comitis. S. Guilelmi Mancip. S. Iohannis Lombardi. S. Pontii Ferrol. Wilelmus scripsit, presente et jubente predicto Petro Ugone, anno millesimo CXXX.VIIII. incarnationis Dominice, VI. kalendas julii, feria II, regnante Lodovico rege.

CXCII [1139, après 2 juillet—août 1158.]

Original jadis scellé : Paris, Arch. Nat. S 4998B, n° 4 (2° de la 56° liasse de Saint-Etienne de Renneville).

De Roberto Novi Burgi.

Notum sit tam presentibus quam futuris quod ego (*a*) Robertus de Novoburgo concessi quod Radulphus (*b*) de Mandavilla dedit fratribus et militibus Templi, scilicet III acras terre apud Puppevillam, quas tenet Petrus de Pratis liberas et quietas, in perpetuam elemosinam. Teste Rotroco (*c*) Ebrocensi episcopo et Roberto archidiacono et Willelmo Peverello, et Rogero capellano et magistro Martino medico. Valete.

CXCIII 1139, lundi 17 juillet.

Copie du XII° s. : Toulouse, Arch. dép., *Cart. A de Douzens*, ch. 6, f. 6 v°.

In nomine Domini. Ego, Raimundus Ermengaudus, et Ego, Guilelmus Ermengaudus, frater ejus, donamus et laudamus nos metipsos Deo et sancte militie Templi

(*a*) Robert de Neufbourg, † août 1158(9?); *cf. Round, Geof. de Mandeville*, p. 52. — (*b*) Raoul, frère de Geoffroy de Mandeville. — (*c*) Rotrou, évêque d'Evreux, 1139 (après 2 juillet) — 1165.

Salomonis et laudamus et atque donamus totum honorem *(fol. 7)* [. . . . . .][1] est in [. . . . . . .] nostrum, in [. . . . .] Dozencs, qui affronta de circio in m [. . . . .] aliis partibus in viis, et ipsum ortum nostrum quem hab[emus in] ipso terminio de Dozencs et affronta de altano in ipso fonte sive in via, a meridie in ipso fonte, a circio in orto Sachet, de aquilone in orto ejusdem militie; et medietatem de ipsa ferragine, quam habemus cum nostra consubrina ad ipsum fontem; et quinque pecias terre de alodio in eodem terminio; una pecia est ad ipsa landa et affronta de altano in terra Bernardi de Trenciano, a meridie in honore Raimundi Ermengaudi, a circio in honore Guillelmi de Angulis, de aquilone in terra Sachet; alia est ad guat Galiner et affronta de altano in terra Berengarii Poncii, a meridie in terra militie, a circio in terra Pontie consubrine nostre, de aquilone in terra Arnaldi de Barbairano; tercia terra est ad collum de Cabriac et affronta de altano in terra Sancti Vincencii, de meridie in terra Bernardi Mora, de circio in terra Berenguarii Comte, de aquilone in strata; quarta terra est medietas de ipsa faixa de Galangau et affronta de alta *(sic)* in terris Berenguarii Comte et Bernardi Modol et Amelii de Vindranis et Oto, a meridie in terra Sancti Vincencii, a circio in terra militie, de aquilone in strata; quinta terra est in Rivunbras et affronta de altano in aqua de Rivobras, a meridie in terra de Sachet; a circio et aquilone in terra militie; et quinque vineas in loco quem vocant Vilar in eodem terminio predicto: una vinea affronta de altano in vinea Amelii de Vindrano et Raimundi Ermengau, a meridie in via, a circio in terra militie, de aquilone in vinea Raimundi Ermengau; alia vinea affronta de altano in vinea Sancti Vincencii et in vinea Bernardi, filii Raimundi, ac de meridie in semita *(fol. 7 v°)* [. . . . .]ardi [. . . . . aff]ronta de altano in vinea Sache[t, a mer]idie in vinea [. . .] similiter; de aquilone, in vinea Bernardi, filii Raimundi At; quarta vinea est ad ipsam Costam, et affronta de altano in vinea Amelii Anes, a meridie in semita, a circio in vinea Guilelmi Angles, de aquilone in vinea Petri de Castilon; quinta vinea est in terminio de Cane Suspenso ad Vergeriis et affronta de altano in terra Sancti Michaelis, a meridie in campo Berengarii de Aquavivo, de circio in vinea Petri Seguini, de aquilone in via; et in eodem terminio, in loco vocato Escogola, unam terram que affronta de altano in terra Bernardi de Trenciano, a meridie in strata, de aquilone in prato de ipsa Lacuna, a circio in terra Arnaldi Pelicer; et ad Mutna Marina, medietatem unius terre que affronta de altano in prato de Lacuna, a meridie in terra Petri de Vindranis, a circio in terra Bernardi Raimundi, de aquilone in terra Comtali. Et donamus eidem militie totum alium nostrum honorem, ubicumque illum habemus vel habere debemus. De ipso autem honore quem dabimus sorori nostro, Raimundo, ordinamus ut sic fiat: si illa acceperit virum, donent predicte militie agrarium de ipsis terris et de ipsis vineis quartum, et propter ipsam mansionem cum ipsis cegis II. solidos Narbonensis vel Melg(oriensium) per quemque annum, ad Natale Domini; et si de ea desierit sine infante legitimi ipse honor ad predictam militiam romaneat. Si autem virum non acceperit, teneat predictum honorem quem ei daturi sumus in vita sua, et de ipsis terris donet unam eminam de blad predicte militie in ipso anno quo *(fol. 8)* blad ibi habuerit, et pro ipsa vinea unam saumatam vindemie, et pro censu mansionis, duas guallinas per quemque annum.

1. *Déchirures.*

Post obitum vero illius, ipse honor ad predictam militiam remaneat sine omni contradiccione.

Sicut superius scriptum est, sic totum per liberum alodium nos ambo predicti fratres Raimundus Ermengaudus atque Guillelmus omnipotenti Deo et predicte militie et vobis, ministris ejus, Petro de Roeria et Ugoni de Beciano et Raimundo de Gaure ceterisque confratribus vestris in ipsa militia Deo servientibus, presentibus atque futuris, sine omni nostra retinencia et sine inguanno, nostra bona voluntate nostrisque gratuitis animis, donamus atque laudamus et omnimodis concedendo potestati vestro contradimus, ad habendum scilicet ac possedendum, vestramque voluntatem inde perpetim faciendum, ut sic ista cartam(*sic*) cum hoc dono firma et stabilis permaneat in perpetuum. Hoc autem facimus propter amorem Dei adipiscendum, ut ipse omnipotens et misericors Deus nobis ac parentibus nostris indulgenciam et remissionem peccatorum et vitam concedere dignetur sempiternam, amen.

Sig✠num Raimundi Ermengaudi et fratris sui Guilelmi qui sic istam cartam scribi jusserunt et firmaverunt. Sig✠num Berengarii Poncii. Sig✠num Guilelmi de Angles. Sig✠num Bernardi Modol. Guilelmus scripsit, presentibus et jubentibus predictis Raimundo Ermengau et fratre suo, Guilelmo, anno mill° C.XXX.VIIII. incarnationis Dominice xvi kalendas Augusti, feria ii, regnante Lodovico rege.

CXCIV

1139 (22 juillet—6 avril 1140).

Copies du xviii° s. : Poitiers, Bibl. de la Ville, Fonteneau, XXV, f. 287 ; ibid., XXVII ter., p. 227-8 (d'après un vidimus de 1457, aux archives de la commanderie du Temple de la Rochelle.)

Edité : Champollion-Figeac : *Doc. Histor. inéd.*, II, 24-25, d'après le t. 84, f° 220, de la Coll. Dupuy (ms. de Besly) , *Arch. Histor. de la Saintonge et l'Aunis*, I, p. 21 (Chartes de la commanderie magistrale du Temple de la Rochelle, 1139-1268).

Mentionné : Luchaire, *Etudes sur les actes de Louis VII*, p. 110.

In nomine sancte et individue Trinitatis. Amen. Ego Helienordis, Dei gratia regina Francorum et ducissa Aquitanorum, notum fieri volumus cunctis fidelibus tam futuris quam presentibus, quod nos, pro remedio anime nostre et antecessorum nostrorum, et pro remedio animarum antecessorum Ludovici, regis Francorum et ducis Aquitanorum, mariti nostri, Deo et militibus Templi, presentibus atque futuris, qui ad defensionem sancte Christianitatis contra infideles paganos sunt constituti, donavimus et in eternum concessimus molendinos, quos apud Rochellam habebam et quos Isembertus de Castro Iulii, in vita sua ibi tenuerat et quos Ganganus de Tauniaco, ex dono comitis Pictavensis, reclamabat, et ipse Ganganus eos predictis militibus Templi donaverat. Preterea militibus Templi donavimus et in eternum concessimus domos, quas apud Rochellam habebant, videlicet in occupatu suo, id est infra clausuras suas, liberas prorsus et quietas ab omni consuetudine, infractione et tolta et tailla [1] et violentia ministerialium nostrorum, excepto teloneo nostro. Quicumque autem eisdem militibus Templi de feodo nostro aliquid dare voluerit, unde nostrum servitium, hominium nostrum non perdamus, illud volumus et concedimus. Item predictis militibus Templi donavimus et concessimus, ut omnis [2] res proprie ipsorum militum, per totam

Variantes : 1. taillia. — 2. omnes.

terram nostram, secure et libere, sine omni consuetudine et sine omni exactione, sive per terram, sive per aquam, vadant et veniant. Quod ut perpetuum stabilitatis obtineat munimentum, scripto commendavimus et sigilli nostri auctoritate et nominis nostri caractere subjecto firmavimus. Actum publice Lorriaco, millesimo centesimo trigesimo nono, anno incarnationis Domini, regni nostri tertio. Astantibus in palatio nostro, quorum nomina subtitulata sunt et signa. Signum Radulphi Viremandorum comitis et dapiferi nostri. Signum Guillelmi buticularii. Signum Mathei camerarii. S. Mathei constabularii.

CXCV

1139, (1—31) août.

Original : Lisbonne, Arch. da Torre do Tombo, gav. 7, maço 3, n° 11 ; *copie* du xv° s. : *ibidem*, Libros dos Mestrados, fol. xxxvi v°.

In nomine sancte et individue Trinitatis, Patris et Filii et Spiritus sancti Amen. Ego Bona Soariz facio hoc testamentum Deo et ad illos fratres Templi Salomonis, de una hereditate quam habeo ex parte filia mea domna Maria, in villa que vocitant Avida, et fuit de patre ejus Gundisalvo Cidiz, quibus sint bona sequiet *(sic)* et est prenominatam quintam partem de Avida. Dono eam pro remedio animarum nostrarum. Et ego Mandreona similiter facio testamentum de Manzaneira Deo omnipotenti et ad ipsos fratres Templi Salomonis, scilicet in mea vita quinta et post mortem meam recipiant illam totam. Nam cum Dominus dicat : *Vigilate et orate quia nescitis diem neque oram* (a), hoc nobis pro certo innuit ut nos a labentium rerum abrenunciatione invitet et ad sectanda manu sua tardiores animos incitet, nedum in amore rerum periturarum mortalis animus alligatus habetur, subito miser homo ab hac vita sine fructu bonorum operum, dum nondum sustinet, subducatur. Igitur ego predicta Bona Soariz et filia mea Mandreona damus et concedimus supradictam hereditatem, sicut sursum sonat, Deo et ad illos fratres Templi Salomonis ibi degentes : habeant illam semper hereditario jure et sit illis in aliquod augmentum rei necessarie, secundum ilorum judicium et voluntatem, nos autem manere usque ad nostrum obitum sinent, postea predicto Templo et fratribus permaneat, ut divina scilicet superhabundante gratia, remotis peccatorum debitis penis, cum sanctis Dei electis, fruar gaudiis eterne felicitatis. Hoc denique dico per attestationem sanctissimi nominis eterne et individue omnipotentissime Trinitatis divine, et participatione sacratissimi corporis et sanguinis domini nostri Ihesu Xpisti, que nos huic nostro salubri facto numquam erimus contrarii, set si, quod absit, contingerit, liceat Templi nos severissime usque ad satisfactionem choercere. Si vero alius quilibet, vir aut mulier, cujuscumque generis aut dignitatis, hoc nostrum factum violare temptaverit, non sit ei licitum per ullam assertionem cujusque callide verbositatis neque per potentiam potestatis, set pro sola temptatione sit excommunicatus a consortio Xpistianorum fidelium, et alienus ab ingressu sancte ecclesie, et a corpore ac sanguine Xpisti que diu in hac reprobitate manserit, et insuper et pro seculari damno, legali convictus juditio, de suis propriis facultatibus quo idem Templi quadruplo persolvat omne quod inde aufferre temptaverit ; qui si in hac pertinacia ab hac vita temporali discesserit, non accipiat a Deo respectum misericordie in futuro seculo, sed perpetualiter cum diabolo mancipatus lugeat penas eterni incendii in profundo baratri ; et

(a) Mathieu XXV, 13.

hoc meum factum plenam semper habeat stabilitatem. Facta est carta testamenti mense augusto, era M°C°LXX°VII°. Ego autem supradicta Bona Soariz et filia mea Madreona que hanc cartam testamenti jussimus fieri, coram ydoneis testibus, propriis manibus nostris roboravimus et signa hec fecimus.

Qui presentes fuerunt et viderunt : Petrus Gaudinus testis ; Nunus Menendiz testis ; Petrus Garsia testis ; Gundisalvus Menendiz testis ; Pelagius Ventron testis ; Gundisalvus Martiniz testis ; Johannes diaconus notavit.

CXCVI

1139 (1er août—6 avril 1140).

Copies du XVIIe s. : Paris, Bibl. Nat. Dupuy, vol. 841, fol. 220 *(Extraits des Titres de Notre-Dame du Temple de la Rochelle)* ; du XVIIIe s. : Poitiers, Fonteneau, t. XXV, p. 289bis (d'après un vidimus de 1457) ; et ibid. XXVII ter., p 225-226.

Edité : Champollion-Figeac, *Documents histor. inédits*, II, p 24-25. Cf. Luchaire, *Etudes sur les actes de Louis VII*, n° 35.

In nomine sancte et individue Trinitatis Amen. Ego Ludovicus, rex Francorum et dux Aquitanorum, notum fieri volumus cunctis fidelibus tam futuris quam presentibus, quod nos, pro remedio animæ nostræ et antecessorum nostrorum, et pro remedio animarum antecessorum Alienordis reginæ, uxoris nostræ, Deo et militibus Templi, qui ad defensionem sanctæ christianitatis sunt constituti, donavimus et in æternum concessimus molendinos, quos apud Rupellam habebamus, et quos Isembertus[1] de Castro Iulii in vita sua ibi tenuerat, et quos Ganganus de Tauniaco ex dono comitis Pictaviensis reclamabat[2], et ipse Ganganus eos prædictis militibus Templi donaverat. Præterea militibus Templi donavimus et in æternum concessimus domos quas apud Rochellam habebat[3], videlicet in occupatu suo infra[4] clausuras suas, liberas prorsus et quietas ab omni consuetudine et infractione et tolta, et talia et[5] violentia ministerialium nostrorum, excepto teloneo[6] nostro. Quicunque autem militibus Templi de feodo nostro aliquid dare voluerit, præter civitatem aut castellum, nos illud volumus et concedimus, ita quod inde servitium nostrum hominum nostrorum[7] non perdamus. Item prædictis militibus Templi donamus et concessimus ut omnes res propriæ ipsorum militum per totam terram nostram[8] securo[9], libero[10], sine omni consuetudine et sine omni exactione, sive per terram sive per aquam valeant et veniant[11]. Quod ut perpetuum stabilitatis obtineat munimentum, scripto commendavimus, et sigilli nostri authoritate[12] et nominis nostri charactere[13] subterfirmavimus. Actum publice Parisius, anno incarnationis Dominice MCXXXIX, regni nostri III, astantibus[14] in palatio nostro, quorum nomina subtitulata sunt, et signa. SIGNUM Radulphi Viromanduorum comitis, dapiferi[15] nostri. SIGNUM Mathei[16] camerarii. SIGNUM constabularii. Signum Guillelmi, buticularii.

Data[17] per manum Algrini cancellarii.

Variantes dans Fonteneau : 1. Ysembertus. — 2. Pictavensis tenebat. — 3. quos... habent. — 4. id est infra. — 5. tallia et. — 6. telonio. — 7. et hominum nostrorum. *Corrigé en :* et hominium nostrum. 8. donavimus propter ipsorum militum per totam terram nostram. — 9. serviro. — 10. et libero. — 11. vadent et venient. — 12. auctoritate. — 13. caractere. — 14. millesimo centesimo trigesimo nono... astantibus. — 15. et dapiferi. — 16. Mathie. — 17. *Omis.*

CXCVII 1139, lundi 18 septembre.

Original : Barcelone, Arch. Cor. Arag., R. Bereng. IV, perg. n° 103.

In Xpisti nomine. Ego, Raimundus de Subripas et Guila, uxor mea, et filius noster, Raimundus, ut Deus dimittat nobis et parentibus nostris peccata nostra, solumus, guirpimus et diffinimus sine enganno et sine omni retinemento, totam illam bajuliam et illam forciam quam habebamus et demandabamus in manso de Sargantanes, quem tenet Ermengardis et filii sui et heredes eorum, videlicet Guillelmus Bradila et infantes sui. Totam istam predictam bajuliam et forciam quam in isto manso et in hominibus ibi manentibus habebamus et demandabamus, solvimus, guirpimus et diffinimus cum hac carta in manu Petri de ipsa Rovira, militiç Templi fratris et ministri, ita scilicet ut ab hoc die et tempore in antea fratres Templi habeant et possideant hunc predictum mansum et homines et quicquid inde facere voluerint in Dei nomine liberam et plenissimam habeant potestatem absque nostra nostrorumque successorum aliqua inquietudine. Si vero aliquis homo vel femina hanc nostram diffinitionem et absolutionem requirere vel demandare voluerit, non valeat vendicare quç presumserit set hec omnia dupla et meliorata militibus Templi componat et in antea hujus diffinitionis scriptura semper maneat firma. Quç est acta XIIII kalendas octobris, feria II°, anno Dominicç incarnationis millesimo C°XXX°VIIII°.

$ Raimundi de Subripas. $ Guilç, uxoris ejus. $ Raimundi filii eorum, nos qui hanc diffinitionem et absolutionem facimus et hanc cartam fieri jussimus, firmavimus, testes firmare rogavimus. $ Guillelmi de Subripas. $ Bernardi de Subripas. Arnallus sacerdos ✠. $ Berengarii Bernardi de Torello. Raimundus sacerdos ✠. $ Patovi. Bernardus sacerdos ✠. $ Petri levite, qui scripsit die et anno quo supra.

CXCVIII 1139, mercredi 11 octobre.

Copie du XII° s. : Avignon, Biblioth. municip., *Cart. de Richerenches*, XXX, fol. 20.

Edité : Mis de Ripert-Monclar, n° 34, p. 37-38 (qui date : mercredi, 12 octobre 1138).

(Fol. 20 :) Petrus Dalmacii et Guillelmus Petri et alii heredes eorum dederunt hoc de Arcisone.

In Dei regis eterni nomine, presencium hominum atque futurorum successio evidenter agnoscat quod ego, Willelmus Petri de ipsa Garda, et ego, Lucia, uxor ejus, et nos, qui sumus eorum filii, Willelmus de ipsa Garda atque Emeno, et ego, Bermundus de Insula, et ego, Willelmus *(fol. 20v°)* de ipsa Mota, et filius meus, Petrus, et ego, Petrus Dalmaz, et ego, Ripertus, consobrinus ejus, et ego, Poncius de Bidono, et ego, Petrus de Darbocio, et ego, Bertrandus de Serinano, et ego, Iebelinus, et uxor mea, Ahelmus, et ego, Willelmus de Cadarossa, et Resplendina, uxor mea, et ego, Willelmus Bertrandi, et ego, Tritmundus de ipsa Garda, et ego, Willelmus de Tuceleta, et ego, Poncius de Runel, et ego, Willelmus Chais, nos omnes, bona fide atque bona voluntate, sine engan, pro remissione peccatorum nostrorum et pro salute animarum parentum nostrorum, donamus et offerimus in perpetuum pro alodio franc domino Deo Ihesu Xpisto et beatç Mariç et milicie Iherosolimitane Templi Salomonis, et fratribus in eadem milicia Deo servientibus, presentibus et futuris, in manu Arnaldi de Bedocio, jamdicte milicie fratris et ministri, videlicet totum et ab integro quicquid habemus seu per ullas voces vel raciones habere debemus in terminio sive in territorio de Arcisono, et etiam de alio nostro territorio, qui adheret supradicto territorio de Arcisono, tantum amplius Deo et eidem Xpisti milicie donamus, quantum cruces desuper imposite demonstrant et determinant usque in fluvium quod vocatur Eguer, scilicet terras, aquas, rivales, molnares, paludes, prata, pascua, boschos, garrichas, ingressus, egressus et reditus ad se et ad omnes eorum bestias; in hoc videlicet territorio et in toto alio *(fol. 21)* nostro honore pascherium et adlignamentum militibus Xpisti donamus, ut eorum bestie ubique pascant, eant et redeant, et ipsi utantur omnibus, sine blandimento cunctorum hominum. Hec omnia jam supramemorata eis donamus et tradimus ad habendum et possidendum, suamque voluntatem inde perpetim faciendum, sine ulla nostra nostrorumque successorum retencione sive inquietudine.

Scripta fuit hec carta, anno ab incarnacione Domini M°.C°.XXX°VIIII°, quarto idus octubris, feria IIII° [1].

Hujus donacionis testes et videntes sunt isti : Chalveria Arelatensis et Robertus de Montilio junior. Petrus Magalatensis scripsit, mandato omnium supradictorum donatorum, die et anno quo supra.

CXCIX

1139, jeudi 12 octobre.

Copie du XII° s. : Avignon, Biblioth. municip., *Cart. de Richerenches*, III, fol. 3v° et 4r°.

Edité : Mis de Ripert-Monclar, p. 7-8, n° 4 (qui date : mercredi 12 ou plus probablement jeudi 13 octobre 1138).

ITEM, UGO DE BOLBOTONE ET FILIUS EIUS, NICOLAUS, ET BERTRANDUS DE BOLBOTONE DEDERUNT DEO ET MILITIBUS TEMPLI SALOMONIS TOTUM QUICQUID HABEBANT IN BOLBOTONE.

In nomine Domini nostri Ihesu Xpisti, sit notum cunctis presentibus atque futuris, quod ego, Ugo de Borbotono, et Nicholaus, filius meus, et ego, Bertrandus de Bolbotono, nepos Ugonis predicti, bona fide et sine engan, pro remissione nostrorum peccaminum et pro redemtione animarum nostrarum et parentum nostrorum, donamus et offerimus et tradimus in perpetuum pro alodio franc domino Deo, Ihesu Xpisto et beate Marie et militibus Templi Salomonis Iherosolimitani, presentibus et futuris, et vobis, Arnaldo de Bedoz et Geraldo de Monte Petroso atque Bernardo Rollandi, militibus et fratribus Iherosolimitane milicie, totum quicquid habemus et per ullas voces seu raciones habere debemus sive tenemus in dominio in hoc territorio quod est inter fluvium de Oleira et fluvium de Elsone, et dividitur seu determinatur cum territo-*(fol. 4)*rio de Colonzellas et de Grilione et de Valriaz, et est circa territorium domus nostre de Richarenchas. Si vero aliquis vel aliqua infra hos terminos feudum tenet de nobis et ipsum feudum vobis relinquere vel eciam quolibet modo dare voluerit et hoc cum nostro consilio fecerit, donamus et laudamus Deo et vobis ipsum feudum pro alodio. Hec omnia vobis concedimus et tradimus de nostro jure in vestro dominio, ad habendum et possidendum vestramque inde voluntatem faciendum, absque nostra nostrorumque successorum aliqua inquietudine.

Testes et videntes hujus donationis sunt isti : Bertrandus de Mornaz, prior de

1. *Il y a erreur dans les ides ou dans l'année.*

sancto Amantio, Rostagnus Dalmaz et Elisiarius de Boazone, filius ejus, Chalveira Arelatensis, Ripertus de Grilione atque Rotbertus de Montilio junior.

Scripta fuit hec carta un idus octubris, anno Dominice incarnationis M°.C°.XXX°VIIII° feria v°. Petrus Magalatensis, mandato supradictorum donatorum, die et anno quo supra, scripsit.

CC [1139—sept. 1142.]

Copie du xiii° s. : Oxford : Bodleian mss. Wood (empt. 10) fol. 34.

Robertus de Olleo (*a*) Alexandro (*b*) episcopo Lincolnensi et omnibus ecclesiasticis viventibus et qui venturi sunt et omnibus baronibus tocius consulatus Oxenford' et omnibus hominibus meis salutem. Sciatis quod Deo et militibus Templi Salomonis de Ierusalem, in presentia fratris Pagani de Mundidesiderio, dedi terram de Oxeneford' ubi fuerunt horrea patris mei et mea et pro anima patris mei et matris mee et pro animabus antecessorum meorum et mea, concedente Edith uxore mea et Henrico filio meo et aliis pueris; testante Waltero archidiacono et Fromundo capellano et Fulcone de Olleo, et Roberto filio Wydon et Radulpho cler(ico?) et Hugone de Tiwe, liberam et quietam ab omnibus moribus in eternum. Teste Johanne de sancto Hoe [1].

CCI [1139—1165.]

Original jadis scellé sur simple queue de cire verte déficit. — *Copie* du xv° s. : Paris, Arch. Nat., S. 4969 (11° de la 1re liasse de Daugy, fol. 1°°).

Ego Vuillermus Pevrel notum facio tam presentibus quan futuris quoniam pro salute anime mee et omnium amicorum meorum, dedi fratribus Templi, in perpetuam elemosinam, duas acras terre, de dominio meo, ante domum Radulfi de Bonavalle, in manerio meo de Sconeto; et testimonio mei scripti et sigilli hoc eis confirmavi. Hujus rei testis est Rotrodus (*c*), avunculus meus, Ebroicensis episcopus, in cujus presencia hanc donacionem feci.

CCII 1140, 14 février.

Original : Barcelone, Arch. Cor. Arag., R. Bereng. IV, perg. 108.

In nomine Domini. Ego, Giulie et filiis meis Berengarium et Johann, et filia mea Guilie, nos simul in unum vinditores sumus ad sanctum Templum et ad ipsam suam Kavalleriam et suis fratribus, id sunt Petrum magist(er) de Ruira ejusdem loci de Palacii et Raimundum Jaudeperti et Raimundi Arnalli et Poncium sacerdotem et Johannem, per hanc scripturam nostre vinditionis vindimus vobis peciam I vinee quod nos habemus super vos ad ipsum planum qui advenit vobis per prelantam et per omnes voces, et est in comitatu Barchinonensium in parrohechiam sancte Marie de Palacio Salatane et affrontat de oriente in vestrum alaudium, a meridie in alaudium sancti Cucufati, ab occiduo in strata que pergit de Kalles a Barchinona, a parte circii in alaudium de ipsa Turre, sicut jam dictas affrontaciones includunt, sic vendimus vobis hoc totum que ibi habemus vel habere debemus pro qualicumque modo propter precium

(*a*) Robert d'Olliy † sept. 1142. — (*b*) Alexandre, évêque de Lincoln, 1123 22 juil. — 20 juillet 1148. — (*c*) Rotrou, évêque d'Evreux, 1139-1165.

1. *Sic, corr. :* Johanne.

placibile solidos vi denariorum monete Barchinonensium, et est manifestum ; quod si nos venditores aut ullusque homo vel femina hanc kartam vindicionem infringere temptaverit nullo modo facere possit set quiquis fecerit, in duplo vobis componat et jam dicta vindicio omni tempore firma persistat. Actum est hoc xvi kalendas marcii, anno III Leduvicho rege juvene. SIG✠NUM Guilie. SIG✠NUM Berengarii. SIG✠NUM Johani. SIG✠NUM Guilie; nos qui hanc kartam vindicionem scribere fecimus. SIG✠NUM Petri Guiloberti. SIG✠NUM Johani Bernardi. SIG✠NUM Arnalli Bernardi. Ermengaudus sacerdos qui hoc scripsit cum literas superpositas in linea I° et sub ✠ prefato die et anno.

CCIII 1139/40, mercredi 28 février.

Copie du XII° s. : Toulouse, Arch. dép., *Cart. A de Douzens*, ch. 204.

In nomine Domini. Ego, Pontius, et ego, Gillelmus, frater ejus, nostra bona ac spontanea voluntate nostrisque bonis et gratuitis animis d[onatores], sumus Deo et sancte militie Templi Salomonis et vobis ministris et bajulis ejus, Petro de Rueria et Ugoni de Beciano et [Raimundo] de Gaure ceterisque omnibus confratribus vestris in ipsa m[ilitia] Deo servientibus. Donamus itaque vobis aliquid de alodio nostro in terminio de Esperazano sive in ipsa villa, Petrum scilicet Gonbert de Esperazano cum omnibus suis fratribus et cum uxoribus et infantibus eorum et cum suo manso et cum omni tenencia eorum, et Petrum Andream, cum sua uxore et cum suis infantibus et cum suo manso et cum omni tenencia eorum et Raimundi Guillelmi de Vernoz, cum sua uxore et cum suis infantibus et cum suo manso et cum omni tenencia eorum. Et donamus vobis ipsum nostrum monare quod habemus subtus vestrum *(fol. 148 v°)* molinum de ipsa Lausa, sicut ibi illum habemus et habere debemus, et ipsum nostrum campum de ipso Nogario qui affronta de altano in campo de Blancha, a meridie in rivo quem vocant Fabian, a c[ircio] in terra Arnaldi Guillelmi, de aquilone in via publica, et in loco quem vocant campum de Genesta, ipsam nostram terram quam ibi habemus. Sicut superius scriptum est, sic prenominatos homines nostros cum uxoribus et infantibus illorum et cum mansis et tenenciis eorum et cum serviciis et censibus et terre meritis et usibus eorum et cum toto hoc quod in eis habemus vel habere debemus et predictum monare et predictas terras, totum integerrime nos ambo jam dicti fratres, Poncius atque Gillelmus sine omni nostra retinencia et sine inganno, per francum alodium, omnipotenti Deo et predicte militie et vobis predictis confratribus, presentibus et futuris, in ipsa militia Deo famulantibus, donamus et laudamus omnibusque modis [vestre] potestati tradendo concedimus ad habendum scilicet ac pos[si]dendum vestramque voluntatem perpetim faciendum. Verum est enim [qu]ia [predict]us honor advenit nobis ex parte matris nostre [. .] facimus hoc donum propter animam ejus et propter amorem Dei adquirendum et propter c. l. solidos Ugonencos octenos quos vos predicti ministri nobis dedistis, ut sic ista carta cum isto dono firma et stabilis permaneat omni tempore sine inganno.

$ Poncii et fratris ejus, Gillelmi, qui sic istam cartam fieri jusserunt et firmaverunt. $ Gillelmi de Redas et Petri de Redas et Petri [. .] de Redas et Arnalli de Espetazano frater Boneti qui sic [. . . . omnia] viderunt et istam cartam firmaverunt. Gillelmus *(fol. 149)* scripsit presente et jubente Poncio predicto pro se [. . . .]o Gillelmo, anno M°.C°.XXX.VIIII incarnationis Dominice, III. kalendas [m]arcii feria IIII, regnante Lodoyco rege.

CCIV 1140 (7 avril—31 juillet).

Original jadis scellé sur bande de peau : Châlons-sur-Marne, Arch. dép., H. 781. — *Vidimus* du 29 juin 1448, *ibid.*, H. 782.

SIGILLUM GOSLENI SUESSORUM EPISCOPI DE DECIMA ARSEII.

Quoniam hominum vita brevis est labilisque memoria, res gestas custodię commendare litterarum decrevit antiquitas. Ego itaque, Goslenus (*a*), Dei patientia Suessorum vocatus episcopus, hunc morem approbans, notum fieri volo tam presentibus quam futuris, concordiam quam inter abbatem Sancti Petri de Monte Cathalaunensi et milites Templi composuimus. Altare de Arseio cum appenditiis suis, donnus Lisiardus (*b*), predecessor noster bonę memorię, monasterio Sancti Petri de Monte Cathalaunensi dederat (*c*) et confirmaverat. Verum magnam partem ad altare pertinentium Petrus de Brana laicali occupatione usurpabat sicut ab antecessoribus suis hereditario jure ad ipsum descenderat. Tempore autem pontificatus nostri divino tactus spiritu idem Petrus dedit per manum nostram militibus Templi magnam decimam quam habebat in parrochia Arseii et ea quę de pertinentibus ad idem altare usurpaverat cum quibusdam aliis. Cęterum cum monachi id rescissent in presentia nostra conquesti sunt quod jus eorum alteri religioni contulisset; altare enim cum pertinentiis suis per privilegium suum donnus Lisiardus illis firmaverat, quod pre manibus habebant, unde convocatis militibus Templi et Petro simul cum monachis, statuimus ut altare integrum monachis remaneret, et tercia pars magnę decimę. Verum cum aliquanto post de intersepibus et tractu decimę tercio anno monachi quererentur, ad hanc concordiam eos deduximus ut tota magna decima annonę cum tractibus suis duobus annis militum Templi esset, tercio vero anno integre cum tractu suo ad monachos pertineret, ita ut nec duobus annis monachi partirentur cum militibus, nec tercio milites cum monachis ; de intersepibus vero nulla amplius esset controversia, verum universa annona ad magnam decimam pertineret ; decima vero vini de vineis exiens quę mansionibus hospitum illius territorii contiguę sunt per medium inter monachos et milites divideretur, reliquam vero vini decimam seu de remotis vineis seu de aliis quę ex tunc circa mansiones hospitum plantarentur exiens, ita divideretur ut duę partes ad milites, tercia ad monachos pertineret. Et ut hęc concordia inviolabile robur obtineat, presentem cartam sigillo nostro muniri precepimus. Si qua vero ecclesiastica secularisve persona presentis pacis concordiam temerario ausu immutare seu irritare presumpserit, secundo terciove ammonita, nisi digne satisfaecerit, divinę ultioni subjaceat.

Huic concordię interfuerunt et laudaverunt : Ludovicus, abbas Sancti Petri de Monte Cathalaunensi ; monachi ejusdem cęnobii : Johannes, Dudo, Stephanus ; milites Templi : Rohardus, Johannes Rufus ; de personis nostris, Ansculfus, archidiaconus, Radulfus, archidiaconus, Gualterus archidiaconus, Petrus de Brana.

Actum est hoc M°C°XL° Dominicę incarnationis anno, regnante Ludovico, Ludovici filio, anno III°, Pontificatus nostri anno XV°.

(*a*) Jocelin, évêque de Soissons, 1126 † 24 octobre 1152. — (*b*) Lisiard, évêque de Soissons, 1108 † 18 octobre 1126. — (c) Cette donation est de 1111 et se trouve dans la même liasse.

CCV 1140 (7 avril—29 mars 1141). Noyon.

Copie du XIIe s. : Mons, Arch. de l'Etat, *Cartul. de la commanderie du Temple en Flandre*, fol. 11. *Analyse* : *Devillers*, *op. cit.*, p. 170.

APUD SCLIPIS.

In nomine Patris et Filii et Spiritus Sancti. Symon (*a*), Dei gratia Tornacensis episcopus, venerabili fratri Roberto magistro militum Templi Iherosolimitani ceterisque fratribus ejusdem loci, presentibus et successuris in perpetuum. Bonorum virorum desideriis et religiosorum petitionibus, hylarem et facilem assensum accommodare debemus. Tue igitur, dilecte frater Roberte, tuorumque fratrum petitioni annuentes, altare de Sclipis cum omnibus appendiciis suis, quod Guillelmus videlicet castellanus de Sancto Audomaro, filiis ejus, Ostono, cum fratribus suis, concedentibus, in nostram manum reddidit sancte domui Templi Iherosolimitani et tibi tuisque successoribus cum omni integritate, ob salutem anime nostre, damus et concedimus atque assensu Theoderici (*b*), venerabilis Flandrie comitis, Sthephano (*c*) quoque comite Bolo-(*fol. 11^v^*)niense concedente, de quorum feodo illud altare erat, sub perpetua libertate deinceps possidendum presentis pagine munimento firmamus. Ut hoc itaque donum ratum et inconcussum permaneat, tam sigillo nostro quam testium subassignatorum testimonio corroboramus, et ne ab aliquo ulterius violetur, episcopali auctoritate et sub anathemathe prohibemus.

$ Symonis, Tornacensis episcopi. $ Hughonis, cancellarii. $ fratris Ostonis de Sancto Audomaro. $ fratris Roberti de Furnis. $ fratris Heinrici Atrebatensis, militum Templi.

Actum est Noviomi, anno M°C°XL° ab incarnatione Domini.

CCVI 1140, 19 avril, Antioche.

Copies du XIVe s. : Rome, Vatican, Fonds Vatican, n° 7241, fol. 77^v^; et n° 4947, fol. 90^v^.

Edité : Rozière, *Cartulaire du St-Sépulcre*, n° 88, p. 169-172, et Migne, CLV, p. 1184-5. Cf. Röhricht, *Reg.* n° 195.

. . . .

Ego Raimundus, Dei favente clementia, princeps Antiochenus et domina Costantia mea uxor illustrissima . . . .

. . . .

Factum est autem hoc privilegium anno incarnati Dei Verbi MCXL, indictione III, mense aprilis, quarto quoque anno principatus domini Raimundi Antiocheni principis invictissimi. Testes subscripti : . . . .

. . . . Willelmus Brachelus et Aimericus atque Willelmus Pictaviensis capellani scilicet palatii. . . . . . . Drogo et Golsbertus Templi milites . . . .

Data Antiochie per manum Odonis cancellarii XIII kalendas maii.

(*a*) Simon, évêque de Tournai et de Noyon, 1123 † févr. 1148. — (*b*) Thierry, comte de Flandre, 1128 † (c. 6) janvier 1168. — (*c*) Etienne, comte de Boulogne, c. 1125, roi d'Angleterre, 1136 † 25 octobre 1154.

CCVII 1140, vendredi (3-31) mai.

Original : Rodez, Arch. dép., H., fonds de Malte (St-Georges de Luzençon, n° 1).

Imprimé : dans les *Conférences ecclésiastiques du diocèse de Rodez*, année 1903 (*Histoire ecclésiastique*, t. II, p. 184, *Pièces justificatives*, n° IV); — *Mémoires de la Société des Lettres, Sciences et Arts de l'Aveyron*, t. XIII, p. 179.

Texte communiqué par M. l'abbé Verlaguet (n° 1 de son [illegible]

In nomine Dei omnipotentis. Ego, Raimundus de Luzencione, abrenuncians seculo et pompis ejus, relinquens omnia, dono memetipsum domino Deo et militię Templi Salomonis Iherosolimitani, ut, quamdiu vixero, juxta meam possibilitatem, pro Deo pauper effectus ibi serviam. Dono igitur domino Deo et fratribus predictę militię, presentibus et futuris, cum consilio et voluntate fratrum meorum, Willelmi de Luzencione, Petri atque Bermundi, in terminio castelli de Luzencione, ipsam vineam, que vinea vetera appellatur. Dono etiam domino Deo et fratribus supramemoratę militię Templi, cum consilio et assensu domni Ademari (a), Rutenensis episcopi, ipsam meam vineam de Creissagueto et ipsam meam mansionem cum orto, quam habeo et habere debeo ad ęcclesiam Sancti Georgii, quam etiam comparavi de Geraldo Pinnol et de Deodato de Fodela. Predictum honorem totum cum omnibus sibi pertinentibus donaverunt et tradiderunt domino Deo et predictis fratribus Templi, presentibus et futuris, in manu Poncii de Luzentione, ejusdem militię fratris et ministri, Willelmus de Luzentione et fratres ejus, Pet[rus] atque Bermundus, qui ejusdem donationis laudatores et testes existunt. Fuit autem hęc donatio facta in castello de Luzencione et laudata ad pedem turris, in mense madio, feria VIª, anno Dominico M°.C°.XL°., regnante rege Lodoyco. Mandato Raimundi de Luzentione predicti, Petrus scripsit.

CCVIII [? 1140 mai—juin].

Copie du XIIIᵉ s. : Oxford Bodleian, ms. Wood (empt.) 10, fol. 14.

CARTA REGIS SCILICET DE COVELE.

[S]tephanus rex Anglorum, justiciariis vic(ecomi)tibus) et baronibus etc. de Oxenefordshir salutem. Precipio quod fratres milites Templi Ierusalem habeant terram suam de Covele bene et in pace, solutam et quietam de schir' et hundr' et placitis et querelis et omnibus aliis rebus, excepto murdro et latrocinio, sicut umquam terra illa melius fuit quieta, tempore comitis et Eustachii et meo tempore postea dum fui comes Moritonii. Et preterea hoc concedo et do eis ut habeant necessaria in bosco meo sine vendicione ad domos suas dominicas et ad alia agenda sua, et hoc habeant per visum servientis qui boscum meum custodiet. Teste W(illelmo) Mart(el) apud Hereford (b).

(a) Adémar, évêque de Rodez, 1099 † avant 1144. — (b) Le roi Etienne était à Hereford en mai ou juin 1140.

CCIX 1140, mercredi 19 juin.

Copie du XIIe s. : Avignon, Bibl. municip., *Cartulaire de Richerenches*, ch. XXXVII, fol. 22v°-23v°.

Édité : Mis de Ripert-Monclar, *op. cit.*, n° 39, p. 41-42.

PEREGRINA ET FILII EIUS DEDERUNT UNUM HOMINEM IN CASTELLO SANCTI MARTINI.

(fol. 23) In nomine Domini nostri Ihesu Xpisti. Ego, Peregrina, peccatrix femina, et ego, Petrus Riperti, et ego, Rodulfus, ambo filii illius, domino Ihesu Xpisto et beate Marie, genitrici ejus, et militibus pauperibus Templi Iherosolomitani, tam futuris quam presentibus, propter indulgenciam delictorum nostrorum et salvacionem animarum nostrarum et parentum nostrorum, sine dolo et sine fraude, sed cum omni bona voluntate cordis et corporis nostri, donamus et offerimus in opido Sancti Martini unum hominem, licet nomine Poncium Novelli, cum IIII[or] filiis suis et cum omnibus rebus suis, pro alodio francco, sicut et nos pariter habebamus vel habere putabamus, sine omni retinimento in perpetuum Deo laxamus, ut ultra nec nos nec posteri nostri nec nullus nostro jussu, sine illorum grato, aliquid roboremur, sed amici Dei et amicicia eorumdem militum semper consistere cupimus. Et est census horum hominum II[os] solidos. Hoc donum, quod supradictum est, in manus Ugonis de Burbutono et in presencia Rostagno, illius milicie Xpisti capellano, ego, Peregrina, et ego, Petrus, et ego, Rodulfus, facimus, in testimonio Petro Imberti, Petro Rostagni, Bernardo sacerdotis, Willelmo de Sancto Desiderio, Willelmo Raimundi, Riperto Charrofoli, Imberto del Morer, Poncio Joannis, Armando Lau-*(fol. 23v°)*toardi, Elsiardo Laupie, Petro de Ponto, Bernardo Gelafredi, Willelmo Rodulfi, Poncio Zabatario.

Hec fit datio mense junio XIII[a]. kalendas julii, feria IIII[a]. luna XXX., anno M°C°XL°. A suprascriptis jussu Rostagnus capellanus scripsit.

CCX 1140, (1er-31) juillet.

Copies contemporaine : Lisbonne, Arch. da Torre do Tumbo, Gaveta 7, Maço 3, n° 11 (à la suite de l'acte d'août 1139) (a) ; du XVe s. : *ibid.*, Libro dos Mestrados, f. XXXVIII.

In Xpisti nomine. Ego, Bona Soariz, facio testamentum Deo et fratribus Templi Salomonis de quanta hereditate quam habui cum meo viro in villa que vocatur Avida, do et confirmo inde terciam partem supradictis fratribus Templi pro remedio peccatorum meorum et insuper concedo illam domum cum suis quintanis, et de hodie die de nostro jure sit ablata et in dominio illorum sit tradita atque confirmata. Et si aliquis homo ausus fuerit et hoc meum scriptum frangere voluerit, non sit ei licitum set pro sola temptacione sit maledictus et excommunicatus et cum Iuda Domini traditore habeat porcionem et quantum inquisierit tantum pariat in duplo et insuper semper hoc scriptum semper plenum robur obtineat. Facta carta testamenti mense julii, era M.C.LXX.VIII. Ego, supradicta Bona Soariz, cum propria manu mea roboro.

(a) Cf. charte CXCV.

CCXI 1140, (1-31) juillet.

Copie du XIIIe s. : Madrid, Arch. Nac. *Cart. B.* 595, n° 294, fol. 114-93.

✠ In Dei nomine et ejus divina clementia, Patris et Filii et Spiritus sancti Amen. Ego quidem, Dei gratia, rex Garcia (*a*). Placuit *(fol. 114vo)* michi, libenti animo et spontanea volumptate, facio hanc cartam donationis et confirmacionis. Dono ad Deo et ad honorem Templi Domini de Iherusalem et ad illa cavalleria, una peça qui est in villam qui dicitur Funes, et est in illo termino intrambas aquas. Et hoc donativo qui est suprascripto, laudo et concedo, simul uxor mea regina Margelina (*b*) laudamus hoc donativo, propter animabus parentum nostrarum. Et qui hanc cartam voluerit disrumpere vel disrumperit, sedeat maledictus, et cum Dattan et Abiron habeat in infernum, participationem, hic et in futuro in seculum seculi Amen. ✠ Facta carta in mense julio, in era M°C°LXX°VIII°, regnante rex Garcia in Pampilona et in Tutela, episcopus Sancius (*c*) in Orunia, don Gonçalbo in Funes, Ro-*(fol. 93)*drico Rodrikeç, Redmir Petriç, Petro Bermundeç merino, et don Gonçalbo Alkade, et Sancio Dominkeç et Fortungo Paschal; hec sunt testes, visores et auditores.

CCXII 1140, 13 août.

Original : Toulouse, Arch. dép., fonds de Malte : Homps, liasse 13, n° 1.

In nomine Domini, nos, fratres Iherosolimitane militie Templi Salomonis, commendamus vobis, scilicet Petro de Reboled, et fratri tuo, Guilelmo, ipsum nostrum molendinum quem habemus in villa de Pedilano in locum quem vocant Cinta ut edificetis et plant[etis] cum et ut donetis nobis quartum sine enganno et possideatis cum in vita vestra ; post mortem vero vestram revertatur molendinum cum suo cap(ut)riguo aquarum predicte militie Templi et si unus moritur sua medietas remaneat Templo ; quando vero moritur, alter fiat similiter. Insuper, ego, prenominatus Petrus, et frater meus, Guilelmus, donamus vobis, fratribus Templi, duas vineas cum radice ac cum orto qui ibidem est et ipsam terram que est super molendinum Petri de Pedilano. De istis vineis et de orto [et de] terra dabimus vobis agrarium de vita nostra ; post mortem nostram sit proprius alodius militie Templi.

Facta carta ista idus augusti, anno ab incarnatione Domini M°.C°.XL°. Sig✠num Petri de Reboled et Sig✠num Guilelmi, fratris sui, qui istam cartam firmaverunt et testes firmare rogaverunt. Sig✠num Udalgarii de Fenoled. Sig✠num Raimundi de Pratis. Sig✠num Petri de Pedilano. Sig✠num Ugonis canonici Sancti R(aimundi) ✠ qui hanc cartam scripsit die et anno quo supra.

(*a*) Garcia, roi de Navarre, 1134 † 21 novembre 1150. — (*b*) Margeline, fille de Gilbert, seigneur de Laigle, † c. 1143. — (*c*) Sanche, évêque de Pampelune, 1121 † 11 octobre 1142.

CCXIII 1140, 26 août.

Copie du xve s. de don Alvarez : Lisbonne, Arch. da Torre do Tombo, reg. 234, fol. CLXVII^{ro}.

In nomine sancte et individue Trinitatis Patris et Filii et Spiritus sancti, amen. Ego Vermundus presbiter, placuit michi per bono pacis et voluntas ut facio kartula venditionis et firmitudinis de hereditate mea que habeo in villa Maccada, que habeo ipsa hereditate de comparadea de filio de Coterri Suarici. Ego Vermundus vendo vobis, cavaleiros de Templo VIII^a parte de ipsa hereditate de Coterri Suarici, que habeo de comparadea; damus vobis ipsa hereditate integra, per suis locis et vicis et terminis antiquis, cum ingresu suo et reggresu, cum quantum quantumque in se obtinet et aprestitum hominis est, per ubi illam potueritis invenire; et habet jacentia ipsa hereditate in villa Macada, sub monte Kastron Recarei, discurrente rivulo Peans, prope civitas sancte Marie, territorio Portugalensi. Vendo vobis ipsam hereditatem, jam supra nominatam, sano animo et bona voluntate, pro precio quod de vobis accepimus, id est x bracalles ; tantum nobis et vobis complacuit, et de p ecio apud vobis nichil remansit. Ita de hodie die sit ipsa hereditate de jure nostro ab ssa, et in vestro dominio sit tradita atque confirmata in perpetuum, habeatis vos il. m firmiter. Si quis homo venerit, vel venerimus contra hanc cartam venditionis .d irrumpendum quesierit et nos in concilio auctorizare non potuerit, aut noluerit, aut in voce mea aut nostra devendicare eam non potuerimus, que pariemus vobis ipsam hereditatem dublatam, vel quantum fuerit, melioratam et judicatam. Facta carta venditionis et firmitudinis VII^a kalendas septembris, era M^a C^a LXX^a VIII^a. Nos homines supradicti Vermundus qui hanc cartam jussimus fieri, coram ydoneis testibus, cum propria manus nostra roboramus ✠✠, et signa hec fecimus ✠. Qui presentes fuerunt, nomina eorum inferius sunt sunt scripta : Gundisalvus, Pelagius, Suarius testes, Gundisalvus presbiter notavit.

CCXIV 1140, 17 septembre.

Original (mutilé) : Lisbonne, Torre do Tombo, gav. 7 maço 12, n° 17. — *Copie* du xve s. : Ibidem, Libro des Mestrados, fol. c. — *Cf. Nuova Malta*, I, p. 62, note.

In Xpisti nomine. Ego Dominicus, una cum fratribus meis Egas Menendiz et Mareco, facimus kartam donacionis et firmitatis vobis, militi de Templo Domini, Petro Froilaz, ceterisque militibus, tam presentibus quam successoribus, de hereditate nostrea propria, quam habemus in villa Matados, pro remedio animarum nostrarum et parentum nostrorum. Damus itaque vobis ipsam hereditatem in qua moratur Gunsalvus Ordoniz do Matados, cum omnibus suis reditibus et cum suis directuris, et cum suis calumniis, rauso, omicidio, furto, et ceteris. Quicunque igitur contra hoc factum nostrum venerit ad irrumpendum, componat vobis ipsam hereditatem in duplo et insuper sit maledictus et excomunicatus. Facta karta testamenti et firme donacionis, xv^a kalendas octobris, era M^a C^a LXX^a VIII^a. Nos superius nominati Dominicus, Egas, et Mareco Menendiz hanc kartam propriis manibus roboramus ✠. Petrus testis, Suerius testis, Menendus testis. Ego Suerius Gunsalviz confirmo; Menendus Gunsalviz confirmo. Petrus S[. .]us notuit.

CCXV 1140, mardi 31 décembre.

Original : Toulouse, Arch. dép., fonds de Malte (sacristie), Pezenas, l. 19, n° 5.

✠ In Dei omnipotentis nomine. Ego, Raimundus de Sancto Laurentio, et ego, Marchesa, uxor ejus, per nos et per omnes infantes nostros, bona fide et sine inganno, vendimus, guirpimus et absolvimus et ab integro relinquimus domino Deo et militię Templi Salomonis Iherosolimitani et tibi, Ugoni de Pezenaz, ejusdem militie fratri et ministro, et successoribus tuis in eadem militia Deo servientibus, ipsam nostram terram totam cum ingressibus et egressibus suis et omnibus sibi pertinentibus, quam per francum alodium habemus et habere debemus in terminio de Torves. Quę videlicet terra affrontat ab altano in camino qui vadit de Pezenaz, Biterrim, de aura Narbonensi in terra militię Iherosolimitanę superius scriptę, ab aquilone vero affrontat in via quę vadit de Torves ad Nasignanum. Verum est enim quod propter venditionem, guirpitionem sive absolutionem predictę terrę, dedisti michi, Raimundo de Sancto Laurentio et uxori meę, Marchesie jam supramemoratę, bene et pleniter c^{tum} xv^{cim} solidos Melg(oriensium) bonos et percurribiles, tu Ugo de Pedenaz supradicto per comparationem. Igitur, predictam terram habeatis et jure perpetuo possideatis, tu, Ugo de Pezenaz et successores tui, fratres militię Templi, et quicquid inde facere deincebs volueritis, liberam et plenariam potestatem habeatis absque nostra nostrorumque successorum aliqua inquietudine. Si vero aliquis vel aliqua quicquam in ipsa terra tibi. Ugoni de Pezenaz vel fratribus Templi culpa nostra abstulerit vel amparaverit, damus vobis inde retornum sine inganno, totum honorem nostrum quem habemus in terminio de Aubertella.

Factum est hoc anno Dominico millesimo C°XL°, pridie kalendas januarii, feria III, regnante Lodoyco rege. Testes et videntes sunt isti : Geraldus Adaolfus, Arnaldus Faber, Geraldus Alanfredus, Wilelmus Deodatus, atque Bernardus Geraldus de Calce. Mandato Raimundi de Sancto Laurentio et Marchesię, uxoris ejus, jam supramemoratę, Petrus Vitalis scripsit.

CCXVI [c. 1140.]

Copie du XIII° s. : Oxford Bodleian, ms. Wood (empt.) 10 fol. 17vo.

CARTA ROBERTI D'OYLLI, DE VI S. ET IIII D.

[N]otum sit etc. Quod ego, Robertus (a) de Oylli, pro salute anime patris mei et matris mee et antecessorum meorum, concessi et accrevi militibus de Templo Salomonis, super hoc quod prius dedi eis terram que reddit per annum VI s. et IIII d. in terris et in hospitibus, ad dedicationem ecclesie de Coveleya, videlicet Rictold II s. et IIII d., de Alwyne Knyf XV d., Odbrich XV. d., Wilfricus Apewrot XX d. Et ego, Edith, ex parte mea, concessi predicto Templo, rentam quam dedit michi Churoldus de Wintona de tribus monasteriis videlicet II solidos et precipio ut predictis militibus ipse idem et heredes ejus respondeant. Et hec confirmata sunt ante episcopum de Hereford, qui ecclesiam predictam consecravit concessu episcopi Lincolnensis in parochia sua. Et hoc concedunt Edith, uxor mea et heredes mei, videlicet Henricus et Gilber-

(a) Robertus de Oilly, † sept. 1142 (Annales Monastici, IV, p. 24).

tus. T(estibus) Willelmo, cantore de Hereford, et Willelmo, canonico de Osen(eie) et Henrico, canonico de Chiningewrch', Hugone de Tywa et Alfredo de Sireburna et Reginaldo Gayt.

CCXVII [1140—1142.]

Copie du xvᵉ s. : Londres, British Museum Cotton. Nero E VI, fol. 148.

Edité : Dugdale, *Monasticon* (éd. 1846), VI, p. 820.

DONACIO VILLE DE SHEPLEY CUM ECCLESIA EJUSDEM VILLE.

Philippus (a) de Harecourt, decanus Lincolnie, universis fidelibus sancte ecclesie salutem. Omnibus filiis sancte ecclesie hac presenti vita fruentibus et omnibus nostris sequentibus, notum atque certum constet, quatinus ego, Philippus de Harecourt, decanus Lincoln(ensis), ewangelicis verbis quibus dicitur : *reddite que sunt Cesaris, et que sunt Dei Deo*, et sancti Spiritus gratia excitatus, Deo et beate Marie et militibus Templi Salomonici perpetualiter in elemosina dono et concedo quandam partem terrenorum bonorum que Deus in hoc seculo michi possidere concessit, videlicet terram de Heschapeleia, cum omnibus rebus ad eam pertinentibus, et ecclesiam ejusdem ville. Et volo et jubeo quatinus predicti milites predictam terram ita totam habeant, sicuti Ricardus, ffrater meus, illam totam michi dedit et similiter ecclesiam. Que omnia prenominata, scilicet terram et ecclesiam et omnia ad ea pertinentia, volo et jubeo, ut ita quiete et absolute habeant et teneant, sicut in tempore Henrici Anglici regis, hec omnia R(icardus), ffrater meus, a Philippo de Braosia, suo et meo patruo, habuit et tenuit. Hoc donum facio pro saluto mee anime et animarum meorum antecessorum. Hiis testibus : Hugone de Cumb(is), Normanno de Cumb(is), Simone Comite, Willelmo Bernehus, Roberto de Boccio, Nichola Bernehus, Tustino ffratre de Templo.

CCXVIII [1140—1142.]

Copie du xvᵉ s. : Londres, British Museum Cotton Nero E. VI, fol. 148.

CONFIRMACIO WILLELMI DE BRAOSA DE EISDEM VILLA ET ECCLESIA [DE SHEPLEY].

Willelmus de Braosa omnibus suis baronibus celerisque suis hominibus tam Anglicis quam Normannis, et universis fidelibus sancte ecclesie. Universi filii sancte ecclesie qui quo[...] sunt et qui futuri sunt, sciant quatinus ego Willelmus de Braosa volo et concedo et confirmo illud quod Philippus de Harecourt, decanus Lincoln(ensis) fecit Deo et militibus Templi Ierusalem, videlicet de tota terra de Heschapelia quam Ricardus ffrater ipsius Philippi ei dederat et de ecclesia similiter, quam terram et quam ecclesiam volo et concedo quod predicti milites et ffratres ita teneant et habeant in pace et quiete et libere et absolute, sicut ipse Ricardus de Harecourt, ffrater ipsius Philippi, habuit et tenuit a Philippo de Braosia patre meo, et precor omnes meos posteros ut ita concedant, sicuti concedo perpetualiter in elemosina. Hiis testibus : Hugone de Conb(is), Normanno de Conbis, Simone Comite, Nicholao Bernehus, Willelmo Bernehus, Tustino ffratre de Templo.

(a) Philippe d'Harcourt, élu évêque de Bayeux 1142.

CCXIX [1140—1143 (—? 1147).]

Copie du XIVe *s.* : British Museum Harley, ms. 1708 *(Chartulary of Reading Abbey)*, fol. 20^v^.

A(delizia) (*a*), Dei gracia regina, A(lexandro) (*b*) episcopo Lincolniensis, amico suo karissimo salutem et amicitias. Sciat dilectio vestra quod manerium meum de Stanton partim divisi et concessi sancte Marie et conventui de Radinge, pro anima regis Henrici, domini mei ; et partim concessi fratribus de Templo de Iherusalem, et partim concessi Milesendi, cognate mee, uxori Roberti Marmion, et partim concessi Willelmo de Harefluctu pro servitio suo. Attamen omni tempore ecclesiam de Stanton' et omnia que episcopus (*c*) Sarum, avunculus, in Stanton' de me tenebat, in manu mea detinui. Et nunc sciatis me concessisse beneficia ejusdem ecclesie de Stanton' conventui de Radinge, in elemosina, pro anima Henrici regis, domini mei, et pro animabus omnium fidelium defunctorum ; et represento vobis dominum abbatem de Radinge cum monachis suis, ut pro amore Dei et meo, benigne eos recipiatis et quod vestrum est eis voluntarie faciatis. Teste... *(sic)*.

CCXX [1140—14 sept. 1144.]

Copie : British Museum, ms. Harl. 3697, fol. 1, cart. 1.

Édité : Dugdale : *Monast. anglicanum*, IV, p. 148-9.

CARTA DOMINI GAUFRIDI DE MANDEVILLA COMITIS ESSEXIAE PRO ABBATIA DE WALDEN.

Gaufridus (*d*) de Magnavilla, comes Essexiae, archiepiscopis, episcopis, abbatibus, comitibus, baronibus, omnibus hominibus et amicis suis, Francis et Anglis. Ad universitatis vestre notitiam volo pervenire me fundasse quoddam monasterium in usus monachorum apud Waledenam (*e*), in honore Dei et Sancte Marie et beati Jacobi apostoli, quibus devote contuli et hac presenti carta mea confirmavi... omnes ecclesias inferius annotatas, tam de dominio meo quam de emptis et purchasiis meis, scilicet : ecclesiam de Waledena . . . .
Has autem ecclesias concedo et confirmo monasterio Sancti Jacobi de Waldena. . .
Hiis testibus : comite Gilberto (*f*), comitissa Rohesia (*g*), Willelmo archidiacono Londoniensi, Radulpho et Brienno canonicis de Waltham, Gregorio dapifero, Pagano de Templo Domini ....

(*a*) Adelaïde de Louvain, veuve d'Henri Ier, remariée dès 1138 à Guillaume d'Albigny, comte d'Arundel. — (*b*) Alexandre, évêque de Lincoln, 22 juillet 1123 † 20 juillet 1148. — (*c*) Roger, évêque de Salisbury, 13 avril 1103 † 4 déc. 1139. (*d*) Geoffroy de Maindeville, créé comte d'Essex 1140 † 14 sept. 1144. — (*e*) La fondation de Walden est de 1136. — (*f*) Gilbert de Clare, comte de Pembrok, 1138 † 14 sept. 1148. — (*g*) Rohèse, fille d'Aubry de Vere, femme de Geoffroy de Maindeville.

CCXXI [1140—1151.]

Original jadis scellé : Paris, Arch. Nat., S 4949 n° 2 (2° n° de la 20° liasse, Puiseux-sous-Laon).

DOMINA AMULTRUDIS.

In nomine Sanctę et individuę Trinitatis. Ego, Bartholomeus (*a*), Dei gratia Laudunensis ęcclesię minister indignus, quia humana natura protoplastorum culpa in ipso suę originis primordio corrupta, inter ceteros fragilitatis defectus etiam oblivione plurimum temptatur, provida patrum institutione sanccitum est ut quęque utiliter provisa et salubriter statuta scriptura teste servarentur, ne qua forte oblivionis nube posterorum possint noticię subduci quę ob plurimorum utilitatem jugi necesse est memoria retineri. Itaque notum fieri volumus tam presentibus quam futuris, quod domina Amultrudis, de sua suorumque predecessorum salute religiose cogitans, quędam bona quę libere ac quiete possidebat, ad usus sacerdotis qui in Templo, quod est in civitate Laudunensi, non longe ab ęcclesia Sancte Genovefę situm, divina ministeria celebraturus constitueretur, ut ipsa templum domini fieri mereretur, Deo et Templo devote contulit, ita tamen quod si fratres Templi Hierosolimitani aliquem de suis fratribus aut sacerdotem alium, expensis suis, ibidem cantare fecerint, beneficia quę jam dicturi sumus, ęterno jure possidebunt.

Predicta vero domina, secundum jamdictum tenorem, concessit Deo et Templo censum suum de Sancto Marcello, scilicet XVIII solidos et VI denarios bonę monętę et IIII^or^ solidos et VI denarios in alodio quod dicitur in curia Gisleberti, et venditiones et forisfacta, si ibi evenerint. His etiam addidit VIII^to^ modios vinaticiorum et dimidium apud Criptas et II^os^ solidos de censu et IIII^or^ denarios, annuente Balduino de Sopeio, de cujus erant feodo, quod etiam in manu nostra reddidit, et Templo dari postulavit. Inde sunt testes : Arnulfus clericus et Odo de Abbatia.

Dedit preterea IIIes solidos et VII denarios de censu in Marchels, cum tota terra quam in eadem villa possidebat, concedente Guillelmo de Apia, qui tam censum quam terram in manu nostra reddidit, et annuente Beatrice, uxore sua, de cujus jure proveniebant; annuentibus etiam filiis suis, Deo et Templo tradi postulavit. Hujus rei sunt testes : Nicholaus castellanus, Wiardus de Monte Acuto.

Ad hęc concessit XX^ti^ modios vinaticiorum qui de feodo Laudunensis vicedomini descendunt, unde Gerardus Iguavus, qui eo tempore vicedominatum tenebat, nostro assensu, concedente etiam uxore sua, super altare predicti Templi donum fecit. Istius denique doni vocati sunt testes : Bartholomeus thesaurarius, Odo de Abbacia, Balduinus de Goncessa, Ioisbertus.

Preterea, jamdicta domina medietatem cujusdam vineę quę est in Brueriis et apud villam quę Sancta Crux nominatur, VII^tem^ solidos et VI denarios de censu et dimidietatem decimę ejusdem villę, et quicquid in nemoribus et pratis ibidem habuerit, sepefato Templo contulit. Apud Lerevallem quoque IIII^or^ modios vinaticiorum et dimidium; et apud Capriniacum VI solidos de censu et VII^tem^ gallinas, et tria galeta avenę; censum etiam suum, apud Montem Acutum et apud Ardonem, in terris et censu quicquid juris habere solebat, donis supradictis adjunxit. Addimus etiam II^os^ solidos et VI denarios et obolum quos eadem domina ad Portam Mortuorum, usibus

(*a*) Barthélemy, évêque de Laon, 1113-51.

predicti Templi assignavit, ex quibus custodes ecclesię Beatę Marię IIII°' denarios et obolum singulis annis, recipiunt.

Ut vero hec donatio et concessio rata et inconvulsa permaneat, et ne a posteris infirmetur, scripto mandari et et sigillo nostro imprimi precepimus. Et ne aliqua persona deinceps hanc nostrę inscriptionis paginam presumat infringere, sub anathemate prohibemus.

CCXXII [1140—1153 ?]

Original scellé : Paris, Arch. Nat., S. 5186, n° 24 (12° n° de la 10° liasse, de Choisy-le-Temple).

Ego Manasses (*a*) secundus, Dei gratia, Meldensis episcopus, notum fieri volo tam futuris quam presentibus quod Simon, Orphanus cognominatus, et uxor ejus, vocata Puella, et Herbertus de Percheio, de cujus feodo res est, et uxor ejus Beatrix, concesserunt domino Hugoni de Sosiaco et fratribus ibidem Deo servientibus, medietatem nemoris quod habebant apud Carniacum, ita quod ibi neque villam neque plessatum sed granchiam tantum facere possent, et si partem suam in venalibus predicti domini Simon videlicet et Herbertus exponerent, si fratres de Templo tantum dare vellent quantum et alius, alteri vendere non possent. Ubi interfuerunt : Teobaudus, archidiaconus, Ascio (*b*) decanus, Berengerius sacerdos, Lambertus sacerdos, Bernerus sacerdos, Alermus, sacerdos, Isembardus clericus archidiaconi, Guarinus de Compens, Bauduinus sacerdos; de militibus Andreas de Compens, Robertus, filius ejus, Petrus, frater ejus, Roricus de Fresna, Morinus, Petrus Pomellus, Manasses de Curterio, Johannes de Cioia, Durandus.

CCXXIII 1140/1 (janvier—29 mars.)

Original, jadis scellé sur double queue : Paris, Arch. Nat., S. 4948, n° 69 (1°' n° de la 1°' liasse, Laon).

De domo Templi in Laudono.

Ego, Ludovicus, Dei gratia Francorum Rex et Aquitanorum dux. Notum fie *(sic)* volumus tam futuris quam et instantibus, quod nos domum quandam quam habent milites Templi apud Laudunum eis liberam ab omni consuetudine perpetuo concedimus. Censum quem nobis domus predicta debebat eis in perpetuum donamus et concedimus; universisque ministerialibus nostris precipimus ne requirant. Quod ne valeat oblivione deleri, scripto confirmari et sigilli nostri auctoritate corroborari precepimus.

Actum Parisius puplice, anno Incarnati Verbi M°.C°.X°L, regni nostri VIII°.

CCXXIV 1140/1 (janvier—29 mars.)

Copie du XIII° s. : Paris, Bibl. Nat., n. acq. lat. 1934, fol. 33.

De terra que vocatur Mansus episcopi.

Ludovicus Dei gratia Francorum rex et Aquitanorum dux militibus Templi imperpetuum. Noverint tam presentes quam futuri quod Odo Belvacensis episcopus

(*a*) Manassès II, évêque de Meaux, 1134 † 23 avril 1158. — (*b*) Ascio ne figure pas dans la liste des doyens de Meaux (*Gallia Christ.*, VIII, col. 1653), faut-il distinguer le doyen Hugo 1140 de Hugo doyen en 1153 et mettre le doyen Ascio entre 1140—1153 ?

dedit militibus Templi apud Belvacum terram que vocatur Mansum episcopi, quod et nos concessimus; et ut ratum et inviolabile permaneat illud donum, sigilli nostri auctoritate corroboramus. Actum est hoc anno incarnationis Domini M°C°XL° regni nostri octavo. Astantibus in palatio nostro quorum nomina et signa subscribuntur. $ Radulfi dapiferi. $ Guillelmi Buticularii. $ Mathei camerarii. $ Mathei constabularii. Data per manum Natalis cancellarii.

CCXXV [1141-1144.]

Copie du xiv° s. : Paris, Bibl. Nat. Lat., 9973, fol. 9ʳᵒ et 9ᵛᵒ.

In nomine Patris et Filii et Spiritus Sancti. Ego Odo (*a*) secundus Dei gratia Belvacensis episcopus . . . . (*fol.* 9ᵛᵒ). . . . .
Huic concessioni facte apud Britolium interfuerunt hii testes : Serlo (*b*) abbas sancti Luciani, Galterus (*c*) abbas sancti Symphoriani; milites de Templo Otto et Gisleber-tus . . . . (*d*).

CCXXVI [1141—1147.]

Edité : Martène, Ampliss. collectio I, col. 762 ; Van Drival, *Le Cart. de Saint-Vaast*, par Guimann, p. 253-4.

Analysé : Wauters, II, p. 224 (qui date 1140).

Galterus (*e*) Dei gratia abbas cenobii beati Vedasti Atrebatensis, cum fratribus sibi commissis omnibus hec legentibus vel agnoscentibus temporalibus quidem uti sed eternis frui. Quoniam vita morte, memoria oblivione, veritas impugnatur falsitate, nos contra hec tria impedimenta, utentes presentium litterarum annotatione, significamus tam futuris quam presentibus, quoniam cum fratribus nostris, militibus Templi Ierosolimitani et eorum subditis qui videlicet nequaquam, mundo abrenuntiato, militare Deo soli devoverunt, specialem societatem omnium spiritualium bonorum habemus, datis benigno et humiliter susceptis vicissim mutuis petitionibus, ut in augmentum corporis domini nostri Iesu Christi fraterno quoque auxilio magis magisque proficiamus. Illud etiam deinde notificamus quoniam iidem fratres milites, cum in fundo terre nostre, scilicet ville Hadensis, curtem unam constituere disponerent, id etiam a nobis expetierunt ut capellam sibi liceret inibi constituere, in qua ipsi et sibi subjecti videlicet qui seculo abrenuntiassent, tam in morte vel sepultura quam in vita, perciperent divina, salvo in omnibus aliis jure nostre Hadensis parrochie. Hoc igitur eo affectu et tenore quo postulaverunt, causa Dei, sicut fratribus concessimus et chyrographo donum roborantes sigillo quoque nostro munivimus.

(*a*) Odon II, évêque de Beauvais, 1133 † 1144. — (*b*) Serlon, abbé de S. Lucien, 1129 † 26 septembre 1147. — (*c*) Gautier, abbé de Saint-Symphorien, 1141 † 6 avril 1166. — (*d*) Cf. *ibidem*, fol. 9ᵛᵒ. . . . . Ego Berardus de Britolio. . . . . Signum Serlonis abbatis sancti Luciani; Signum Galteri abbatis sancti Symphoriani; Signum fratris Andree; Signum militum de Templo Othonis et Gisleberti . . . . — (*e*) Gautier, abbé de Saint-Vaast, 1141-1147.

CCXXVII

1141, dimanche 2 février.

Copie du XIIe *s.* : Madrid, Arch. Nac., *Cart. B* 595, n° 292, fol. 112.

✠ In Dei nomine et ejus divina clementia, videlicet Patris et Filii et Spiritus sancti. Hec est carta quam facio ego Garcias (*a*), Dei nutu, Pampilonensium rex, vobis Bonet. Placuit michi libenti animo, obtimo corde et spontanea voluntate, et propter servicium quod michi fecistis et facietis in antea, Deo volente; dono vobis Esterquel in hereditate, hoc quod regale est et mei juris est. Dono ergo ad vos, Bonet, istam supradictam hereditatem, videlicet Esterquel, cum terris cultis et incultis (*fol. 112*^vo) et suis terminis et cum regressibus et introitibus et cum suo soto et cum sua aqua, et cum omnibus pertinentiis suis, quo ad illam hereditatem pertinent vel pertinere debent, ubicumque invenire poteritis, dono et concedo vobis, ut ab isto die in antea, jure hereditario, vos et filii vestri et omnis generatio vestra possideatis, solva mea fidelitate et cuncte posteritatis meę, per secula cuncta. Signum regis ✠ Garcie.

Ego Bonet istam supradictam hereditatem dono et concedo Deo et Templo de Iherusalem et hoc signo roboravi eam ✠. Testes istius donativi ad Templum de parte Bonet : don Boves, et Fortun Enecones de Barelas, et Garsion de Belforat, et Remun de Cortes et Rettro filius don Boves. Facta carta in era M°C°LXXVIIII°, in primo dominico de intran-(*fol. 113*)te febrero, in villa que dicitur Tutela, regnante rege Garcia in Navarra et in Valle Oscello, et in supradicta Tutela, ubi fuit scripta et facta ista carta. Episcopus Sancius (*b*) in Pampilona, Martin Sanz in Logrunio, Rodric de Zafra in Valterra, et Gonzalvo suo fratre in Funes, Martin de Leet in Miracle, Ucila Latro in Aivar, Guillelm Accnariç in Sangossa, Semen Fortuniones in Sos. Ego Egidius, jussu domini mei regis, hanc cartam scripsi, et de manu mea roboravi ✠ eam.

CCXXVIII

1140/1, lundi 17 février.

Copie du XIIe *s.* : *Cart. A de Douzens*, ch. 77, fol. 47vo et 48ro.

In nomine Domini. Ego, Guillelmus Paulus, donator sum tibi Adiardi uxori mee; dono tibi pro tuo sponsalitio totum honorem meum ubicumque habeo vel habere debeo, illum mansum scilicet ac terras, et vineas et ortum et aliud totum, ad habendum scilicet ac possedendum nos et infantes nostri qui de nobis ambobus procreabuntur. Et si tu, Aldiardis, supervixeris me, Guillelmum, virum tuum, teneas et habeas donationem istam in omni vita tua; post obitum tuum, si tunc infans de nobis ambobus apparibilis procreatus non fuerit, predicta donatio ad miliciam Templi Salomonis et ad ministros ejus remaneat ac revertatur. S. Guillelmi Pauli qui sic istam cartam firmavit (*fol. 48*). S. Berenguarii de Dozencs, filii Poncii Bernardi. S. Guillelmi de Angles. S. Bernardi Modol. S. domni Berenguarii de Roveira, bajuli honoris militie predicte, et Guillelmi Catalani, quorum consilio hoc factum est, et sic istam cartam firmaverunt et quorum jussione eam scripsit Gillelmus Adulfi, anno mill° C.XL. incarne Dominico, XIII. kalendas marcii, feria II, regnante Lodovico rege.

(*a*) Garcie, roi de Navarre, 1134 † 21 novembre 1150. — (*b*) Sanche, évêque de Pampelune, 1121 † 11 septembre 1142.

CCXXIX

1141, (1er—31) mars.

Copies du XIIe s. : Madrid, Arch. Nac., *Cart. B.*, 595, n° 326 ; *ibidem*, n° 424.

DE PETRO ATHERESIA.

In nomine Patris et Filii et Spiritus sancti, amen. Hec est carta testamenti et firmitudinis quam ego Petrus Taresia [1] et mater mea facimus Deo et militibus Templi Salomonis, de illo castello Ambel, cum omnibus suis terminis cultis et incultis, cum aquis et pascuis. Damus et concedimus castellum illud supradictis Templi militibus presentibus [2] et [2] futuris [2] pro remedio animarum nostrarum ; totum sit condonatum illis qui in Templo Salomonis fuerint conversati. Si quis autem hoc nostrum donativum scriptum in aliquo frangere temptaverit, non sit licitum, set pro sola temptatione sit maledictus et excomunicatus, et a corpore Xpisti separatus et cum Iuda, Domini traditore, participacionem habeet, et insuper hoc scriptum semper plenum robur obtineat. Facta carta donationis [3] et firmitudinis, mense marcio, in era M.C.LXXVIIII. Nos prenominati qui hanc cartam scribere jussimus, cum propriis manibus, coram testibus roboramus et hec signa ✠ ✠ facimus. Ego frater Raimundus [4] Bernardus recipio hoc munus ad [2] servitium [2] Dei [2] et [2] salutem [2] animarum [2] vestrarum [2]. Et erat ibi teste Galter [5] de Segur, et Hugus Dalverge, illo [6] comes Raimundus Belengarius regnante in Aragoni et in Cesaraugusta, episcopus Bernardus (*a*) in eadem civitate, episcopus Michael (*b*) in Tyrassona, rex Garcias in Pampilonia. Ego [2] Petrus [2] Taresia [2] in [2] Borgo [2].

CCXXX

[1141], lundi 17 mars.

Copie du XIIe s. : Avignon, Biblioth. municip. *Cartul. de Richerenches*, ch. XII, fol. 9-10ro.

Edité : Mis de Ripert-Monclar, *op. cit.*, n° 13, p. 17.

RODULFUS GUITBERTI ET FILII SUI DEDERUNT OMNEM RETRODECIMAM TOCIUS SUI LABORIS ET UNAM TERRAM DEO ET MILITIBUS TEMPLI IEROSOLIMITANI.

(Fol. 9vo). In nomine Domini nostri Ihesu Xpisti. Ego, Rodulfus Guitberti, et nos, Petrus Rodulfi, et Nicholaus, sacerdos, filii ejus, pro amore Dei et remissione delictorum nostrorum et salute animarum nostrarum et generacionis nostre, domino Deo et beate Marie genitrici ejus, et militibus Templi Iherosolimitani, quod dicitur Salomonis, et domui de Richarensis, que edificatur pro illis, et sustentacione illorum, donamus et offerimus omnem retrodecimam tocius nostri laboratus, nunc et semper in perpetuum, et illam paucissimam terram quam claudit latex que est stagno Granoleti multociens procedere videtur et ubicumque nos res nostras habeamus, illam domum Dei crescere et laxare similiter cupimus. Hanc facimus elemosinam bono affectu cordis nostri et sine fraude domino Deo et fratribus Templi supradictis et

(*a*) Bernard, évêque de Saragosse, 1139-1152. — (*b*) Michel, évêque de Tarazona, 1119 † 1151.

Variantes : 1. Tereisia. — 2. *Omis dans* 424. — 3. donacionis. — 4. Remundus. — 5. Gualter. — 6. *Le* 424 *porte* : lo coms de Barsulona senor de Seregosa e d'Arago, el bisbe don Bernart de Seragosa, el bisbe don Michael de Terasona, el rei don Garsia, rei de Panpalona.

etiam in manu Rostagni, sacerdotis indigni, videlicet illorum fratris et capellani, et in auditu et presencia fratris Barnardi, qui tunc inerat claviger illius domus Dei. Hoc igitur simili modo dicimus et facimus presentibus fratribus et futuris. Et ego, Geraldus de Monte Securo, qui post Deum et ejus doctores, istorum hominum dominus et defensor fio, et amicus domus Dei et fratrum, bona voluntate, cuncta hec laudo et confirmo. Fuit hec datio in quadragesima, in mense marcio, feria secunda de passione Domini, sexto x° chalendas aprilis, luna vi°. Plüres opidi proborum hujus rei audientes fuere, de quibus ex hoc sunt testes Ihesu Xpisto et fratribus Templi nomine Geraldus de Grilio et Latgerius fratres et Willelmus Barasti, illorum consanguineus, et Geraldus de Tornafort, et alii multi et multe *(fol. 10)* quos Deus perducat nobiscum in vitam eternam.

CCXXXI 1141 (30 mars-septembre.)

Copie du XII° s. : Mons, Archives de l'Etat. *Cartul. de la commanderie du Temple en Flandre*, fol. 35.

Analyse : Devillers, *op. cit.*, p. 170-171.

Apud Sclipes.

In nomine sancte et individue Trinitatis, Patris et Filii et Spiritus sancti. Succedentia temporibus tempora quoniam mala fuisse scimus pejora esse sentimus et adhuc periculosiora fore metuimus ea que concedimus in donis sive que Deo offerimus in elemosinis scripti nostri con-*(fol. 35v°)*firmatione et sigilli auctoritate defensare curavimus qualinus in perpetuum rata permaneant nec in posterum ullatenus irrita fiant ut futurorum cassetur perversitas et perversorum obnubiletur temeritas. Ego igitur Theodericus (a), Dei gratia comes Flandrensium, intendens animum quid in meorum oblitterationem peccaminum Deo reconsignarem, intelligens scripturarum testimonio elemosine suffragio me felicius reconsiliari posse Domino, scribere decrevi futurorum memorie, paci prospiciens ecclesie quo Templi militibus Deo jugiter militantibus Orientalem ecclesiam a paganorum spurtitia viriliter defendentibus jure hereditario possidenda concesserim libera. In territorio itaque de Sclipes, Lifdtingas, cum appenditiis suis Stenes et Erlebaldi capella, quorum altarium oblationes et decimas novarumque terrarum decimas fratribus Templi Iherosolimitani et maxime ad hoc Ostonis, amici nostri, Roberti Furnensis et Heimerici, militum Templi precibus flexus, pro salute mea et predecessorum meorum, jure perpetuo, quantum in me est, integre dono atque concedo, atque hujus possessionis donationem a Willelmo, castellano de *(fol. 36)* Falkenberga, et filiis ejus Hugone et Waltero factam et scripto Sthephani (b) Boloniensium comitis et Mathildis (c), uxoris sue, pariter confirmatam, et ego confirmo et scripti attestatione et sigilli mei inpressione corroboro. Testes hujus donationis hii sunt : $ Aluisi (d), Atrebatensis episcopi. $ Milonis (e) Morinorum episcopi. $ Walteri, Atrebatensis abbatis. $ Leonii, abbatis Sancti Bertini. $ Phillippi, Morinorum archydiaconi. $ Iuuani de Alost. $ Hugonis de Falken-

(a) Thierry, comte de Flandre, 1128 † (c. 6) janvier 1168. — (b) Etienne de Blois, comte de Boulogne avant 1125, roi d'Angleterre, 1135 † 25 octobre 1154. — (c) Mathilde, comtesse de Boulogne, reine d'Angleterre, 1135 † 3 mai 1153. — (d) Alvis, évêque d'Arras, 1131 † 1148. — (e) Milon, évêque de Térouane, 1131 † 16 juillet 1158.

berga. $ Michaelis cunestabuli. $ Gisleberti, Bergensis castellani. $ Heinrici, Broburgensis castellani. $ Rodulphi, Burgensis castellani. $ Rogeri, castellani de Curtraco.

Actum Dominice Incarnationis M°C°XL°II°, indictione IIII°, epacta XI°, concurrente II°. Datum per manus Ogeri cancellarii.

CCXXXII

1141 (30 mars—18 avril 1142).

Original : jadis à Poitiers, Arch. dép., H³, liasse 764, a disparu. — *Copies* du 21 février 1408, scellée, signée P. Leclerc : *ibid.*, H³, l. 764 ; du 1ᵉʳ novembre 1453 (vidimus du duc Pierre de Bretagne), Paris, Bibl. nat., Nouv. acq. fr. n° 5908 ; du 30 août 1566, signée Guichard : Poitiers, *ibid.* ; collationnée de 1642 : *ibid.*, H³, 300 ; informe du XVIII° s. : *ibid.*, H³ 764.

Edité : Dom Morice, *Mémoires pour servir de preuves à l'Histoire de Bretagne*, I, p. 583-4 ; — J. Geslin de Bourgogne et A. de Barthélemy, *Evêchés anciens de Bretagne...*, VI, p. 122-3.

Quoniam ex tradicione antiquorum patrum ad nos usque fluxit dirivatum ut si quid firmiter retinere vellent, litterarum memorie commendarent, ego, Conanus (*a*), filius Alani (*b*) Ferganni, dux Britannie, tam presentibus quam futuris notum fieri volo, quod, pro redempcione et salute anime mee et parentum et antecessorum meorum, dedi et concessi militibus Templi, in perpetuum habendum, insulam de Lannia, ita inmunem et quietam ut ego ipse eam obtinebam, assensu et voluntate Ermengardis (*c*), matris mee. Postea autem, sancti Spiritus edoctus consilio, eisdem militibus, pro fide catholica usque ad mortem fideliter decertantibus, dedi et concessi in civitate Nannetensi, per unumquemque annum centum solidos de redditibus meis, qui in prima ebdomada quadragesime persolvi debent de censu et consuetudine bancorum macelli, in suburbio siquidem prefate urbis. Magis anime mee consulens quam temporalibus inhians lucris, dedi et concessi predicte Xpisti militie quandam plateam ad domus sue [1] edificium, in loco qui dicitur Pratum Aniani [2], sic inmunem et quietam ut nullus sit ausus inde aliquod jus vel aliquam consuetudinem expetere nec prepositi nec vicarii aliquam in ea habeant potestatem vel etiam aliquam occasionem vexandi vel sub specie rectitudinis accusandi aliquem illorum vel res ipsorum qui eam domum inhabitant. Postea vero, consilio baronum meorum, statui ut quemadmodum pro communi salute et libertate omnium pugnarent sic omnia que illorum essent propria tam in mari quam in terra, in toto ducatu meo ita inmunia et libera essent. Quod nullus auderet ibi manum apponere vel aliquid temerario ausu inde expetere. Concessi etiam sibi quitquid a baronibus vel hominibus terre mee legitime possent acquirere, et tam ipsos quam res eorum manutenere et deffendere me fideliter promisi. Si quis autem nequam vel prophanus dyabolico effranatus instinctu, contra hanc nostram disposicionem, voluntate et gratia Ihesu Xpisti factam, venire presumpserit et nostram elemosinam turbare vel anullare vel aliquo modo inquietare, illum heredem meum esse abnego et ex parte Dei et celestis exercitus totam terram meam sibi interdico et eum meleditionibus meis condampnari substerno.

(*a*) Conan III, duc de Bretagne, 1112 † 17 septembre 1148. — (*b*) Alain VI Fergent, duc de Bretagne, 1084 † 13 octob. 1119. — (*c*) Ermengarde, femme répudiée de Guillaume IX, duc d'Aquitaine, ép. (1093) Alain VI Fergent.

Variantes de dom Morice : 1. sive. — 2. Armani.

Auctum Nannetis, anno ab incarnacione Domini M.C.XLI, Ludovico juniore regnante in Francia. Hoc viderunt et audierunt : Alanus (a) tunc temporis Redonensis electus, Willelmus Falco magister militum Templi ; Alfredus et Henricus, ejusdem Templi milites, Herveus cappellanus ; Jonas Redonensis canonicus, Henricus Filgeriensis ; Goffredus de Castello Brientii ; Petrus de Galnachia ; Daganetus et Maino de Guerrandia et plures alii.

CCXXXIII 1141, 6 avril.

Original : Toulouse, Arch. dép., Fonds de Malte, Homps, liasse 13 (Pedilhan, n° 3).

Copie du XIII° s. : Perpignan, Arch. dép., *Cartulaire du Mas-Deu*, n° 120, fol. 76v° et 77r°.

Edité : Alart, *Cartul. Roussillonnais* dans la *Semaine relig. du dioc. de Perpignan*, 1885, p. 448.

In nomine Domini. Ego, Uzalgarius (b), vicecomes et filii mei, Petrus et Arnallus, nos insimul donatores et diffinitores sumus domino Deo et militibus Templi Domini, in manu Petri magistri de Ruira et Ugonis de Bezano, omnes voces quas habemus in Gillelmum Raimundi et suos infantes atque posteritates, scilicet albergas et censum et omnes usaticos et traces et toltas et forces et omnes adempraments, quantum nos habuimus vel accepimus in illis et quesivimus etiam in suis honoribus, totum sine engan et sine ullo retentu, pro remedio animarum nostrarum. Sicut dictum est superius, donamus et diffinimus domino Deo et predictis Dei militibus, ita ut neque nos neque posteritas nostra audeat aliquid requirere in predictum Gillelmum de Corbos et suis posteritatibus nec in suum totum honorem in quantum ipse dedit domino Deo et Templo suo et suis militibus. Si quis hoc irrupere temptaverit, non valeat, sed conponat aut conponant ad Templum et suis militibus Dei in duplo ; et in antea hoc firmum sit modo omnique tempore.

Actum est hoc VIII idus aprilis anno M°.C°.XL°.I ab incarnatione Xpisti, regnante Ludovico rege in Frantia. SIG✠NUM Uzalgarii vicecomitis. SIG✠NUM Petri. SIG✠NUM Arnalli, nos qui hanc donationem vel diffinitionem fieri scripsimus, firmamus testibusque firmare rogamus. SIG✠NUM Berengarii, archidiaconi. SIG✠NUM Pontii, capellani de Valle. SIG✠NUM Gillelmi de Paracols. SIG✠NUM Gillelmi archidiaconi de Folliano. SIG✠NUM Raimundi de Prads. SIG✠NUM Arnalli de Sorniani. SIG✠NUM Gaucellimi de Viver. Raimundus Monachus, qui hoc scripsit ✠.

CCXXXIV [1141 avril—juillet.]

Copie du XIII° s. : Oxford Bodleian, ms. Wood (empt) 10, fol. 14.

CARTA REGINE MATILDIS DE PASTURA DE SCHOTOVER.

Matildis (c) imperatrix, regis Henrici filia, Radulpho de Querceto et ministris forestie presentibus et futuris salutem. Precipio quod fratres de Templo Domini de Covele habeant pasturam suam animalibus suis et pecoribus suis in bosco et plano, plenarie et aysiamenta sua de foresta, sine vasto pro anima regis Henrici patris mei, et omnes res eorum in mea pace firma sint ne aliquis eis injuriam faciat. Testibus episcopo H(enrico) (d) Wintoniensi, et episcopo (e) Elyensi et cancellario apud Oxenefordc.

(a) Alain, évêque de Rennes, 1141 † 1er mai 1166. — (b) Udalgarius, vicomte de Fenouillèdes. — (c) Mathilde, fille du roi Henri Ier, veuve de l'empereur Henri V, avait épousé, 1129, Geoffroy, comte d'Anjou ; née 1102 † 10 septembre 1167. — (d) Henri de Blois, évêque de Winchester, 17 nov. 1129 † 8 août 1171. — (e) Nigel, évêque d'Ely, 1er oct. 1133 † 30 mai 1169.

CCXXXV 1141, dimanche 18 mai.

Copie du XIIe s. : Avignon, Biblioth. municip., Cartulaire de Richerenches, ch. XXXV, *fol.* 22ro et ^vo.

Édité : Mis de Ripert-Monclar, *op. cit.*, n° 37, p. 40

GALTERIUS ET UXOR EIUS ET FILII SUI DEDERUNT OMNEM RETRODECIMAM SUORUM CULTUUM DEO ET MILITIBUS TEMPLI.

In nomine Domini nostri Ihesu Xpisti. Ego, Gauterius de Monte Securo, et ego, Agnes, uxor sua, et nos, filii ejus, Poncius et Geraudus atque Willelmus, pariter, retribucione atque medela animarum nostrarum et amplexibus sempiternis omniumque generacionum nostrarum, domino Deo et beate Marie, genitrici ejus, et fratribus Templi de Iherusalem, quod dicitur esse Salomonis, tam futuris quam presentibus, retrodecimam totam nostrorum cultuum, videlicet panis et vini, nunc et semper prebemus in perpetuum. Hanc laxacionem et hoc donum facimus in presencia Dei et in manus supradictis fratribus Templi, qui sic nominantur : Ugonis de Burbutone et Rostagni capellani et Bernardi clavigeris et Roberti de Montilio Petrique Montis Pulcri et Annonis.

Fuit hec dacio facta in domo Dei et milicie Xpisti, mense maio, in die Pentecosten, in testimonio et in auditu Geraldo de Monte Securo et Nicholai de Bulbutone et Poncio Cavalerii et Petro Bernardi, nepotis Gauterii supradicti, et fratris Ugonis de Lamarcha et fratris Rodulfi de Sancto Gervasio et fratris Imberti de Sauzo et Nicholai *(fol. 22vo)*, sacerdotis de Monte Securo et Willelmi Macnfredi et plurimorum hec audiencium, quos Deus nobiscum ad vitam eternam perducat, feria I, luna VIII^a, anno M°.C°.XL°I° ab Incarnato Domini Filio.

CCXXXVI 1141, 23 mai.

Original : Perpignan, Arch. dép., fonds de Malte (ancien parchemin du Temple, coté n° 2091).

Publié : Alart, *Cart. Roussillonnais* dans la *Sem. Relig. du dioc. de Perpignan*, 1885, p. 463-4.

R(AIMUNDUS) BERENGARIUS ET P(ETRUS) BERENGARIUS.

In nomine Domini. Ego Raimundus Berengarii, et frater meus, Petrus Berengarii, nos ambos insimul donatores sumus domino Deo et milicie Templi Iherosolimitane pecia una de terra, ad edificando orto, sic donamus, sicuti nos abemus vel abere debemus infra fines et terminos de villa Perpiniani, in ajacencia Sancti Iohannis, in locum que vocant Ceruscledo. Et hoc donum fecimus in potestate Petrus de Riuuera et Ugo de Bescano et Petrus Bernardi et Bernardus de Fenioletensi, quos sunt fratres milicie Templi. In tali vero pacto donamus nos vobis prescripta terra ad edificandum ortum, ut de omni fructu qui inde exierint, reddatis nobis donatoribus et successoribus nostris agrarium et de lino agrario et bracage. Et affrontat in parte orientis intus Vassa, de meridie in orto de Gauscelmo, de occidente in orto de nos ipsis, acceptoribus, de aquilone in terra Petrus Iohanni, qui fuit. Quantum includunt infra istas jamdictas IIII^or affrontaciones, sic donamus nos vobis, cum exitibus atque regressibus et cum suis terminis et cum omnibus in se habendibus et sine omni inganno, totum quod superius resonat, per facere ortum, et salvos omnes nostros dirrectos. Et per ista donatione nobis jamdicti donatores, accepimus de vobis, acceptoribus, xxv soll. moneta Rosseil. Et est manifestum. Si quis homo vel femina contra istam cartam donationis venerit pro inrumpendum, non hoc valeat vindicare quod requirit sed componat in duplo cum sua melioratione, et in antea firma et stabilis permaneat omnique tempore et non sit dirrupta.

Actum est hoc x kalendas junii, annis Domini MCXLI, regnante Ledovico Rege in Francia iiii anno. Sig✠num Raimundi Berengarii. Sig✠num Petri Berengarii, qui istam cartam donationis fieri jussimus, firmavimus et testes firmare rogavimus. Sig✠num Raimundi Stephani. Sig✠num Bernardi de Redes. Sig✠num Petri Ermengalli. Sig✠num Bernardi Casal. Bernardus scripsit, rogatus atque ✠ jussus, cum litteris radis et emendatis in vi linea.

CCXXXVII — 1141, 3 juin.

Copies du xii^e s. : Madrid, Archivo Nacional, *Cart. B.*, 695, n° 87, fol. 108vo-109 ; *ibidem*, n° 355, fol. 137-137vo.

De illa hereditate d'Otura.

In nomine [1] domini nostri Ihesu Xpisti et ejus divina clementia. Ego Rodericli Petrez [2] et uxor mea Tota, placuit nobis libenti animo et spontanea voluntate et propter amorem Dei et animas nostras vel parentum nostrorum, donamus una hereditate in Otura tota ab integrum ad [3] Templum de sanctum Iherusalem et ad ipsos milites de ipsa cavallaria ; sic donamus illa francha [4] et libera et ingenua per cuncta secula amen. Facta carta iii° nonas junii era M.C.LXXX°VIIII.

CCXXXVIII — 1141, mardi 3 juin.

Copies du xiie s. : Paris, Bibl. Nat., *Cartulaire du Temple de Roaix*, fol. 36vo et 35 ; Avignon, Arch. dép., *Cartulaire du Temple de Roaix*, fol. 51.

Édité : Ul. Chevalier, *Cartulaire des Hospitaliers et des Templiers*, p. 71, qui date 10? juin.

Berengarius Vasionensis episcopus et canonici eius dederunt Deo et militibus Xpisti illam insulam ubi est molendinum.

In Dei nomine regis ęterni [5]. Presentium [6] hominum atque futurorum successio evidenter sciat et agnoscat ut et [7] ego Vasionensis episcopus nomine Berengarius (a), filius Raimundę feminę [8], consilio et assensu canicorum [9] nostrorum videlicet de Bertranno [10] de Cost sacrista et de abbate Sancti Quinidi [11], Petro Gavaldano atque Petro de Cost e: Petro Richerio et Petro Doo et [12] W. [13] de Vinzobrio [14], Elsiardo de Valriaco [15], Bertrando de Chaarossa et W. Berengari [16] ac W. [17] Baldrico, domino Deo et sanctę Marię [18] genitrici ejus, et milicie Templi Ierosolimitani [19] et fratribus ibique Deo et ubique degentibus, non tam presentibus quam [20] futuris, et domui de Roais quę [21] in

(a) Bérenger, évêque de Vaison, 1113—1173.

Variantes : 1. In D nomine et ejus divina clementia. — 2. Rodrig Petreç. — 3. ad Deo et militibus Templi Salomonis Iherosolimis. — 4. franca. — *Variantes du ms. d'Avignon* : 5. eterni. — 6. presencium. — 7. *Omis*. — 8. Raimunde femine. — 9. chanonicorum. — 10. Bertrando. — 11. Quinidii. — 12. ac. — 13. Willelmus. — 14. Vinccobrilo. — 15. Valriacco. — 16. Willelmo Berengario. — 17. Willelmo. — 18. Sancte Marie. — 19. Iherosolimitani. — 20. *ajoute* et. — 21. que.

nostro episcopatu, gratia Dei, est et hedificatur [1], dono illam nostram insulam que est ante villam de Sancto Verano et satis prope domum de Roais que sic terminatur [2] : aqua clauditur a meridie, ab occidente crucibus impositis demonstratur [3] et partitur cum feualibus meis de Sancto Verano ex aqua de [4] Oveza usque caminum ad viam [5] arborem que vocatur elzes et ex inde ab aquilone et orientali parte sicut alcior ripa terminis circuit in girum donec in eandem aquam Ovezam. Quicquid infra hos terminos habebamus aut quiscumque vel quecumque propter nos, totum ab itegro [6] absque [7] retinemento eidem milicię et militibus Cristi [8] damus bona voluntate et sine fraude et [9] sine dolo ut habeat [10] et possideant [11] nunc et in perpetuum suam voluntatem faciant ; seu etiam [12] molendina aut paratores ad telas aut calcatores chanebatearum aut orta aut prata, adaquatus, exitus et reditus, captiones sclasorum [13] ubique seu etiam plantationes arborum, augmentationes [14] ripatus illi aquę [15], sic dico ex illa parte qua [16] donum sit [17] istud. Et hoc supradictum donum ego episcopus Berengarius [18] suprascriptus feci in manibus de Gaufredo [19] Sancto Saturnino fratre et ministro de domo de Roais et fratre Rostagno et fratre Ugone de Marca [20] et fratre Rostagno capellano Richarensis [21] et fratre Imberto Saudelis [22] et fratre Rotbaudo, et his et aliis futuris et presentibus milicię [23] Xpisti fratribus, et hoc idem cum canonicis meis laudo et testifico et semper cum Dei adjutorio testificabimus ; et si quis hoc eis inquietare vel irrumpere aut commoveri aliquo ingenio voluerit, ut et [24] ego ab omnibus hominibus defensos [25] et protector sim de his et aliis donec adquiescatur et nos et posteri nostri.

Hujus rei et hujus donationis testes et videntes sunt isti : ego met episcopus B(erengarius) suprascriptus et canonici supranominati et fratres milicie suprascripti, deinde vero Elmeratus de Podio, Ugo Rotgerius, Raimundus Rotgerii, W. [26] de Sancto Romano, Guigo de Albuzon [27], Buchers [28] de Segurit' [29], Rostanz de Crest *(fol. 35)*, Peiri [30] de Crest, W. Rostagni d'Antricalz, W. [31] de Vaison, Gaufres de Mornas, Gaufredus [32], filius de Mirabla, Petrus Marini [33], et tres filii ejus, Raimundus, Willelmus, Petrus, Petrus Alauz de Vaison [34]. Pontius Borrellus [35] presbiter, Laugerius [36] de Boisson [37], Bertrandus [38] de Sancto [39] Germano, W. [40] Maiols de Sancto Verano, Amalricus [41] de S(anct)o [42] Verano, Raimundus Forauz [43], Rostagnus de Carpentraz, Petrus Gauterius [44] de Carpentraz, Pontius Bereng(a)rii [45], Petrus Burlaranz, Iohannes [46] Bubulcus de Segurit [47].

Propter hoc ego Berengarius Vasionensis episcopus de fratribus Templi habui, scilicet de Gaufredo et Rostagno c solidos de veteribus Melgoriensis [48] et integris et pro aliis c. [49] solidis [50] unam mulam et unam rocinum [51] ; hoc cum consilio Elmeratis de Podio et Ugonis Rotgerii ego et fratres milicie fecimus et ipsi laudaverunt et securitatem fratribus promiserunt. Scripta fuit hec carta anno M°.C°.XL°.[52] I°. III [53] nonas [54] junii feria III [55]. Rostagnus scripsit mandato episcopi supradicti et fratribus [56].

Variantes du ms. d'Avignon : 1. edificatur. — 2. *ajoute* et dividitur. — 3. demostratur. — 4. et. — 5. unam. — 6. integro. — 7. *ajoute* ullo. — 8. Xpisti. — 9. *Omis.* — 10. habeant. — 11. *ajoute* et. — 12. eciam. — 13. capciones sclausarum. — 14. augmentaciones. — 15. aque. — 16. *Omis.* — 17. fit. — 18. Berengerius — 19. *suppl.* et. — 20. Marcha. — 21. Richarencis. — 22. Sauzeli. — 23. milicie. — 24. *Omis.* — 25. defensor. — 26. Will mus. — 27. Gigo de Albuco. — 28. Bochers. — 29. Seguret. — 30. Peire. — 31. Willelmus Rostans d'Antrechals, Willelmus. — 32. Gaufres. — 33. Maris. — 34. Alaus de Valso. — 35. Pons Borrels. — 36. Laugers. — 37. Boiso. — 38. Bertrans. — 39. Santo. — 40. Willelmus. — 41. Amalric. — 42. Sancio. — 43. Feraus. — 44. Gauters. — 45. Poncius Berengerii. — 46. Burlaran, Joannes. — 47. Seguret. — 48. Melgoirensis. — 49. c^{um}. — 50. *Omis.* — 51. unum roncinum. — 52. XXXX°. — 53. IIII°. — 54. *Il y a erreur dans la férie ou dans les nones.* — 55. III°. — 56. *Cette dernière phrase ne se trouve que dans le ms. d'Avignon.*

CCXXXIX

[1141 Juin.]

Copie du XIIe *s.* : Paris, Bibl. Nat., *Cartulaire de Roaix*, fol. 40.

Édité : Ul. Chevalier, *Cartulaire des Hospitaliers et des Templiers*, p. 76.

Ego, Pontius Borrelli, dono et laudo ad domum Templi de meas dricturas, quam ego habebam in terra quam acaptavit (*a*) domus de Roais de episcopo et de canonicis, in riberia ubi sunt molendini. Istud donum atque laudationem feci ego, Pontius Borrellus jam dictus, coram episcopo. Testes sunt sacristanus, atque Rostagnus de Podio, et Folcherius, et Ugolenus, et Guillelmus Petri, Gaufredus Laugerius de Boison donavit atque laudavit illam dricturam, quam ille habebat in terram supradictam Deo et domui de Roais et fratribus milicie Templi, tam presentibus quam futuris.

CCXL

1141, 27 juin.

Original : Toulouse, Arch. dép., fonds de Malte : *Homps* (Pedilhan, liasse 13, n° 2).

In nomine Domini. Sit notum cunctis quoniam ego, Arnallus de Corbons, et frater meus, Petrus, nos insimul venditores sumus domino Deo et sue militie Templi Iherusalem, per hanc scripturam venditionis nostre, vendimus domino Deo et sue predicte militie, in manu Ugonis de Bezano et Bernardo de Foncilledes, quadrum unum de terra; advenit nobis predictum quadrum de terra per vocem seniorum nostrorum sive per cunctas voces. Est autem predicta terra in comitatu Foncilledes in parrocchia Sancte Marie de Sorina in villa de Corbons, infra condaminam de predicte cavalcrie Templi Domini et Bernardi Ferad. Sicut dictum est superius, sic nos predicti Arnallus et Petrus vendimus domino Deo et vobis fratribus predicto Ugoni et Bernardo predicte militie Domini, predictum quadrum de terra cum suis terminis et affrontationibus, cum omne in se habente, de nostro jure in potestate Dei militieque Templi Domini in alodium franchum; ut sit solidum et liberum de predicta militia, per novem solidos denariorum quos vos nobis datis. Hanc venditionem facimus nos, predicti Arnallus et Petrus cum consilio senioris nostri, Raimundi Ugonis de Fornols. Si quis hoc domino Deo et militie Templi Domini irrupere voluerit, non valeat sed conponat aut conponant in duplo et in antea hoc firmum sit predicte militie Domini modo omnique tempore.

Actum est hoc v. kalendas julii, anno M·C·XL·I· a nativitate Xpisti. Sig✠num Arnalli. Sig✠num . Sig✠num . Sig✠num Petri. Sig✠num . Sig✠num . Sig✠num . Nos, qui hanc venditionem facimus, firmamus, testibusque firmare rogamus. Sig✠num Raimundi Ugonis senioris. Sig✠num . Sig✠num Petri Gillelmi. Signum Bernardi de Corbons. Raimundus Monachus qui hoc scripsit ✠.

(*a*) *Cf.* la charte précédente.

CCXLI

1141, mardi 1er juillet.

Originaux ou copies contemporaines : Toulouse, Arch. dép., fonds de Malte, Estaquebiau, l. 1, n° 2 et n° 3.

Édité : Du Bourg, *Hist. du Gr. Pr. de Toulouse*, Pièces justificat., n° XIX.

Sciendum est quod Stephanus Caraborda. . . . .
dedit. . . . .
Hospicio Iherosolimitano . . . .

Facta carta hujus donationis kalendis julii, feria III°, regnante Lodoico Francorum Rege et Ildefonso (*a*) Tolosano comite et Ramundo (*b*) episcopo. Anno ab incarnatione Domini millesimo C.XL.I. . . . .

$ Petri de Margaritis, frater Templi et Vitalis scriba, qui scripsit hanc cartam . .

CCXLII

1141, vendredi 4 juillet.

Copie du XIII° s. : Perpignan, Arch. dép., *Cartul. du Mas-Deu*, n° 93, fol. 57v°.

Édité : Alart, *Cartulaire Roussillonnais*, dans la *Semaine religieuse du diocèse de Perpignan*, 1885, p. 480.

In nomine Domini. Ego, Bernardus Adalberti de Campo Magno, et filii mei, Poncius et Bernardus, donamus domino Deo et milicie Templi Iherosolimitani et fratribus ibi Deo servientibus, omne quod habemus vel habere debemus in alodio prescripte milicie, quod illis avenit per dominam de Turre que vocatur, scilicet in decimis, in baiiliis et in omnibus aliis rebus, sicut tenemus et possidemus, sic militibus Templi totum ab integro donamus et concedimus. Est autem prescriptum alodium in episcopatu Helenensi, in terminio quod vocatur Tersanum ? et in Vilam Mulacham et in Paciano et in Tresserra et in Candel et in Aguils et de Troliars. Istam donacionem facimus pro remedio animarum nostrarum et parentum nostrorum, ut Deus propicietur iniquitatibus nostris, in manu Petri de Rouera, professi et magistri, et Ugonis de Beciano, cum Bernardo de Petra Lata et cum Guilelmo Sumario ? de Gerunda, cum consilio Gaucerandi de Monte Rubio, pro quo tenebamus ipsum honorem, ipso Gaucerando donante, laudante et concedente prescriptis militibus Templi. Et ego, Petrus de Rouera, cum consilio fratrum meorum, per istam donacionem et diffinicionem, donamus tibi, Bernardo Adalberti, et filius tuis, de caritate domus nostre XXX morabetinos. Si quis hanc donacionem irrumpere temptaverit, non valeat vendicare quod pecierit, set in duplo componat, et in antea firma permaneat.

Facta carta ista IIII° nonas julii, feria VI°, anno ab Incarnacione Domini M°.C°.X°L. primo, regnante Lodovico Rege. SIG✠NUM Bernardi Adalberti. SIG✠NUM (*fol. 58r°*) Poncii et SIG✠NUM Bernardi, filiorum ejus, nos insimul in unum firmamus et firmari rogamus. SIG✠NUM Gaucerandi, qui hanc cartam firmo et laudo et prescriptum honorem dono et concedo. SIG✠NUM Bernardi de Fenollar. SIG✠NUM Poncii Guilelmi de Valle Garnera. SIG✠NUM Petri Lançani. SIG✠NUM Raymundi Vidal. SIG✠NUM ✠ Ugonis levite, qui hanc cartam rogatus scripsit, cum literis suprascriptis in X° linea, die et anno quo supra.

(*a*) Alphonse, comte de Toulouse, né 1103 † Césarée (c. 16) avril 1148. — (*b*) Raymond, évêque de Toulouse, 1140 † 17 avril 1163.

CCXLIII [1141 (25 juillet)–(24 décembre) 1143.]

Copie du XIIIe s. : Oxford, Bodleian ms. Wood (empt.) 10, fol. 65 v°.

CARTA MILONIS COMITIS HERREFORDIE DE II HIDIS TERRE.

[O]mnibus etc. Milo (*a*) comes Hereford(ie) salutem. Sciatis me dedisse pro anima Henrici regis et Walteri, patris mei, et Berte, matris mee, et aliorum predecessorum meorum, et pro salute corporis et anime mee et liberorum meorum et aliorum meorum amicorum, Templo Ierusalem et militibus ibidem Deo servientibus, duas hidas terre quas tenui in capite, Henrico rege, in Lokeruga, ita liberas et quietas ab omni servicio et exaccione, sicut eas habui in meo dominio, cum mansura que fuit Ricardi de Sancto Quintino militis mei, qui hoc concessit, et cui excambium dedi, pro eadem terra, ad suam voluntatem. Set et decima ejusdem terre in omnibus reddetur, singulis annis, ecclesie sancte Marie de Gloc(ester) et canonicis de Lanthonio ibidem regulariter viventibus, sicut in dedicatione ejusdem ecclesie mea donatione et e speciali autoritate eis confirmata fuerit, sub anathemate omnium qui eis inde injuriam facerent. Hanc donationem libentius feci ex cognicione et amore Ric(ardi) de Harecort. Testibus Rogero de Gloc(ester) filio meo et Waltero filio Ric(ardi).

CCXLIV 1141, mercredi 15 octobre

Copies du XIIe s. : Avignon, Bibl. municipale, *Cartul. de Richerenches*, ch. XXVIII, fol. 16 v° ; fol. 69 *(B)* et fol. 64 *(C)*.

Edité : Marquis de Ripert-Monclar, *op. cit.*, n° 30, p. 31-2, n°s 87 et 94.

SILVIUS ET UXOR EIUS ET FILIUS EORUM DEDERUNT UNUM CAMPUM IN TERRITORIO DE BREMPTO [1].

In nomine Domini nostri Ihesu Xpisti, cunctis fidelibus et a Deo creatis, hec legentibus et audientibus, evidenter agnoscatur quod ego, Silvius de Cleireu [2] et ego, Matelina [3], ejus uxor, et ego, Silvius, eorum filius, nos pariter, propter salutem et redemptionem animarum nostrarum et pro successoribus nostris et antecessoribus nostris, ut Deus propicietur nobis et dimittat *(fol. 17)* delicta nostra et in regno celesti animas nostras [4] generacionumque [5] nostrarum collocare dignetur, domino nostro Ihesu Xpisto et beatissime [6] virgini Marie, ejus genitrici, et militibus Templi Iherosolimitani, quam presentibus tam [7] futuris, et omnibus eorum successoribus et domui de Richarenchis [8] et in tuis manibus, Ugo [9] de Panas, miles Xpisti et frater Templi et gubernator supradicte domus, de illa terra quam habeo in territorio quod nominatur Bremte [10], trado et offero unum campum. Que [11] terra sic mostratur [12] et terminatur : ab orientali parte ipsius Silvii terra est, a meridie duobus [13] crucibus terminatur, ab occidente est terra de Bertran de Taulinia [14], ab aquilone territorium [15] de castello Bul-

(*a*) Milon, comte de Hereford, 25 juillet 1141 † 24 décembre 1143.

Variantes : 1. B a comme titre : Silvius de Claireu. C : De Silvio de Claireu. — 2. C : Clareu. — 3. B : Matelina. — 4. B : meas. — 5. B et C : generationumque. — 6. B : beate. — 7. B et C : tam presentibus quam. — 8. C : Rica *[fol. 65 v°]* renchis. — 9. C : Hugo. — 10. C : Brente. — 11. C : quę. — 12. C : monstratur. — 13. C : duabus. — 14. C : Tauligoan. — 15. B : territorium Borbotone.

butone [1]. Hoc quod infra hos terminos et hanc ipsam terram quam per ullas voces seu raciones [2] habebamus aud [3] habere putabamus, totum ab integro pro alodio franc [4], *sine ullo impedimento*, eisdem Dei militibus nos suprascripti ad faciendam et possidendam voluntatem suam laxamus. Hanc autem donacionem et laxacionem [5] hujus terre [6] sic facimus ut et si quis ibi in hac terra aliquid inquietare vel arripere voluerit, nos *supra donatores* terre hujus ad eosdem milites, sine ulla intermissione commilitonum [7] pauperum Xpisti liberabimus et solutam libere ab omnibus hominibus adstare hanc terram faciemus. Et insuper in omni territorio alios nostro peccorum suorum pascua *sibi necessaria et egressus et regressus* [8], sine alicujus [9] blandimento vel lucro [10], tradimus et concedimus. *(fol. 17 v°)* Hec [11] autem terra et donacio [12] tradita fuit idus octobris [13], feria IIII, luna XII^{a}, M°.C°.XL°.I° [14]. Hanc vero donacionem [15] *Ugo* de Panaz [16] in sua manu accepit cum Rostagno capellano [17] et Imberto de Sauze, ab ipso Silvio de Cleireu [18] et in et in eademque terra, cum presencia [19] et laude laulorum [20] suorum de Geraldo Crasso [21] et de Stephano de Sancto Albano. Testes [22] *hujus donationis qui ad hec fuerunt sunt :* Rostagnus de Sabran, filius ejus, et Raimundus (*a*) filius comitis de Tolosa, Petrus [23] Ugo de Avisano et Willelmus [24], frater ejus, et Terrabuc [25] de Avisano et Peiracha et Imberz Taverna et Ponz Archimberz [26]; interfuit [27] Petrus Paparz de Monte Securo et Guiscardus [28], ambo armigeri et degentes in milicia [29] Xpisti. Et a supradictis donatoribus jussu Rostagnus capellanus hec scripsit.

CCXLV — 1141, lundi 1er décembre.

Copie du XIIe s. : Toulouse, Arch. dép., *Cart. A de Douzens*, ch. 13, fol. 15 r° et v°.

In nomine Domini. Ego, Bernardus Modol et uxor mea Ermessendis, et infantes nostri, Raimundus et Guillelmus atque Bernardus et alii infantes nostri, donamus et derelinquimus et omnimodis diffinimus Deo et sancto militie Templi Salomonis Iherosolimitani, et vobis, ministris ejus, Ugoni de Beciano, et Berenguario de Rueira, et Guillelmo Catalano et ceteris confratribus vestris in ipsa militia Deo famulatibus, presentibus atque futuris, ipsos molinos quos habetis edificatos vel deinc hedificaveritis in ipsa terra vestra quam ego, Bernardus Modol, debeo tenere in vita mea, ut ab hac die in antea ego, Bernardus, et uxor mea atque infantes nostri vel posteritas illorum aut ullus homo vel femina per nos vel per nostram vocem, in ipsis molinis vel in exitibus et reditibus eorum vel in aliis pertinenciis illorum ullum censum vel ullum usaticum vel aliquam partem non requiramus nec ullo modo in perpetuum habeamus. Hanc

(*a*) Raymond V, fils de Alphonse comte de Toulouse, succède à son père, 1148 † 1190.

Variantes : 1. C : de castello de Bolbotone. — 2. B et C : rationes. — 3. B : haud. C : aut. — 4. C : franco. — 5. C : donationem et laxationem. — 6. C : terrę. — 7. B : comilitonum. — 8. B : egresus et regresus. C : egressus et regresus. — 9. B : [*folio 60*]. — 10. B : lucroo. — 11. C : Hęc. — 12. B et C : datio. — 13. C : in mense idus octobris. — 14. C : M°.C°.XXX.I°. — 15. C : donationem. — 16. C : Hugo de Panes [*fol. 66*]. — 17. B : accepit cum *Imberto* Sazeti et cum Rostagno capellano... C : cum Humberto Sauzeti et cum Rostagno capellano accepit. — 18. B : in eademque terra... C : Claireu et in eadum terra. — 19. B et C : presentia. — 20. B et C : bajulorum. — 21. B : G. Crasso. — 22. B : Testes sunt Rostagnus de Sabra *(blanc)*, filius ejus. — 23. B : Pe. Ugo. C : P. Hugo. — 24. C : Willelmus Hugo. — 25. B : Trabuz. C : Trabuco. — 26. B : Imbertus Taverna, Pons Archimberti. C : Humbertus Taverna, Pontius Archimberti. — 27. B : item fuit Pe. C : interfuit Petrus Paparic. — 28. B : Guischardus. — 29. C : militia.

vero deffinitionem facimus Deo et vobis fratribus, propter amorem Dei et remissionem peccatorum nostrorum et partim propter XL. sol. Narbonenses et unum modium frumenti quos nobis dedistis *(fol. 15v)* ; ut sic ista carta firma et stabilis cum hoc dono permaneat omni tempore. Sig✠num Bernardi Modol et uxoris ejus infantumque illorum, qui sic istam cartam firmaverunt. Sig✠num Guillelmi de Angles. Sig✠num Bernardi cappellani de Dozencs. Sig✠num Bernardi de Dozencs. Bernardus scripsit jussione predicti Bernardi Modol, anno millesimo C.XLI. incarnate dominice, kalendis decembris, feria II, regnante Lodovico rege.

CCXLVI

1141, vendredi (5-26) décembre.

Copie du XIIe s. : Toulouse, Arch. dép., fonds de Malte, *Cart. A de Douzens*, ch. II.

In nomine Domini, hec est carta concordie et pacis que fuit facta inter milites Templi et Petrum Sachetum de Dodencs. Ego, Petrus Sachetus, conquerebar de militibus Templi de destructione castri de Dozens et de molendinis et de paxeria quam construxerant in flumine quod vocatur Atax ; conquerebar etiam de honore Guillelmi Ermengaudi et Raimundi Ermengaudi quem ipsi michi auferebant ut michi videbatur. De his omnibus nunc recognosco quia injuste et absque ulla ratione conquerebar de eis. Quapropter hos omnes clamores suprascriptos laxo guirpisco et difinio et nunc et in antea recognosco eos esse dominos meos, et quia ego debeo eis facere hominum et ipsi habent super me justiciam suam sicut in omnibus hominibus *(fol. 16)* de Dodencs et quia ab ipsis teneo honorem illum quem pater meus tenuit ab ipsis a quibus ipsi adquisierunt hoc quod habent in Dozencs. Hec omnia facio cum consilio et voluntate matris mee Marie et Bernardi de Caunis cognati mei et uxoris ejus sororis mee, Ricardis, qui hoc laudant et firmant. Et ego, Petrus de Roveria magister, cum fratrum nostrorum consilio, scilicet Ugonis de Besciano et Berenguario de Roveria et Raimundi de Sancto Martino et Guillelmi Catalani, laxo tibi, Petro Sachet, in vita tua unum ortum ad fontem, qui affrontat de altano in via, de aquilone in orto milicie Templi, de circio in orto ipsius Petri Sachet. Sub tali tamen tenore laxamus tibi istum ortum ut tu habeas et possideas in vita tua ; post mortem vero tuum, libere et absque omni impedimento ad nos et ad domum Templi revertatur.

Facta carta hujus concordie et pacis, anno Dominice incarnacionis M°.C°.XL°I°, regnante Lodovico rege, mense decembrio feria VI°. $ Petri Sachet, qui hanc cartam fieri jussit et testes firmare rogavit. $ Bertrandi de Palacio. $ Guill' de Pratro. $ Bernardi de Trenciano. $ Raimundi Guillelmi de Cane Suspenso. $ Guillelmi de Ancles. Petrus de Magalaz rogatus scripsit die et anno quo supra.

CCXLVII

[1142 ?]

Copie du XVe s. : Londres, British Museum Cotton, Ms. Nero E VI fol. 135.

CONFIRMATIO EJUSDEM REGIS [STEPHANI] DE LIBERTATIBUS CONCESSIS AD TERRAM DE DYNNESLE.

Stephanus Dei gratia rex Anglie, justiciario vic(ecomitibus), baronibus et omnibus ministris et fidelibus suis Franc(igenis) et Anglicis de Hertfordschir, salutem. Sciatis me dedisse et concessisse Deo et fratribus Templi Ierusalem, pro anima regis Henrici, avunculi mei, et pro salute anime mee et Matildis regine, uxoris mee, et Eustachii, filii mei, et aliorum puerorum meorum, ut habeant et sacam et socuam et toll' et theam' et infang' et omnes alias consuetudines liberales in terra sua de Dynnesleya. Testibus Roberto de Ver, et Willelmo Mart(el) et Willelmo de Noers, apud Gipeswicam.

CCXLVIII [1142 ?.]

Copie du XV[e] s. : Londres, British Museum Cotton. Ms. Nero. E. VI, fol. 183[vo].

CONFIRMATIO EIUSDEM REGIS ET DONACIONE QUAM IOHANNES CAMERARIUS FECIT DE ACRA TERRE IN DYNNESLEY.

Stephanus Dei gratia rex Anglie, justiciariis vic(ecomitibus) et baronibus et ministris et omnibus fidelibus suis de Herthfordschir salutem. Sciatis in concessisse fratribus de Templo donacionem illam quam Johannes Camerarius eis fecit de *(fol. 184)* quadam acra terre in Dinnesleya, de illa nominatim quam Faber tenuit. Quare volo et firmiter precipio quod predicti fratres turam illam bene et in pace et honorifice et quiete teneant cum omni libertate, sicut idem Johannes illam eis dedit et concessit coram me. Testibus Roberto de Ver, et Baldr(ico) de Sigill(o) et Hugone de Essartis apud Ebor(acum.)

CCXLIX [1142, janvier—septembre 1143.]

Copie du XIII[e] s. : Oxford Bodleian. Ms. Wood (empt.) 10, fol. 101[vo].

[T]urgisius de Arbincis (*a*) regis constabularius omnibus etc. salutem. Notum sit omnibus quia dedi et concessi in perpetuam elemosinam Deo et fratribus militibus de Templo Ierusalem totum vastum de x libratis terre quas rex Stephanus michi dedit in manerio de Hensinton' et desuper plus in eodem manerio quod bene valeat XL. sol. Quare volo quod bene et in pace et quiete et libere et honorifice teneant. Testibus comite Gaufr(ido) (*b*) et Willelmo Mart(el) et Bald(uino) filio Gisl(eberti).

CCL [1142, janvier – septembre 1143.]

Copie du XIII[e] s. : Oxford, Bodleian. Ms. Wood (empt) 10, *fol.* 101[vo].

[S]tephanus rex Anglie, episcopo Lincolniensi, justiciario et vicecomitibus baronibus et ministris suis et fidelibus Francigenis et Anglicis Oxonefordesire salutem. Sciatis me concessisse et confirmasse illam donationem quam Turgisius de Albrincis fecit Deo et fratribus militibus de Templo Ierusalem, scilicet totum vastum de x libratis terre de Hensyntone, quam dedi eidem Turgisio, et tantum desuper plus quod valeat XL solidos in eadem villa de Hensyntone. Quare volo et firmiter precipio quod predicti fratres milites Templi bene et in pace et libere et quiete et honorifice teneant in perpetuam elemosinam. Testibus comite Gisleberto (*c*), et comite Gaufrido (*b*) et Willelmo Mart(el) et Bald(uino) filio Gisl(eberti) apud Niwebelam.

(*a*) Turgisius d'Avranches se révolte contre le Roi en 1145 (Gesta Stephani, p. 112). — (*b*) Geoffroy de Mandeville, comte d'Essex, 1140 † 14 sept. 1144. — (*c*) Gilbert de Clare, comte de Pembroke, 1138 † 14 sept. 1148.

CCLI [1142, lundi 19 janvier.]

Original : Toulouse, Arch. dép., fonds de Malte, Millau, l. 4, n° 2.

In nomine Domini nostri Ihesu Xpisti. Ego, Bertrandus de Favairolas, damus suum corpus et sua anima ad domino Deo et a Sancta Maria et a la cavallaria de Iherusalem. Et ego, Bertrandus et suis infantis, damus ipso maso Laubardesco, pro alode vel feue vel vegaria, vel medietatem de calmeiana daco que abet Froterius de Favairolas pro alode vel feue, vel vegaria, vel decimo. Aquest do fa Bertrandus et suis infantis pro amore Dei et pro anima sua et pro animabus parentorum suorum, a domino Deo et a la cavallaria. D'aquest do deuo esser guirenz Ugo Froterius et Bertranc, sùo fratri, et Bernarz Froterius. Autor : Bego de Ferrailolas. $ Ugo Guill'. $ Bernart Frotir, $ Iscafre. Signum Engelran. Aquest dos fo faiz ab cossel Petro de La Rovura e fo faiz e ma Guillem d'Albies e d'en Petro Guiral, suo fratri. Facta sum carta in mense januarii sub die, feria II et luna V. Berenguerius me fecit.

CCLII 1141/2, 25 janvier.

Deux originaux : charte partie : Barcelone, Arch. Cor. Arag., R. Bereng. perg., 131.

Sit notum cunctis quod ego, Petrus de Ruvira, servus Dei et milicie Templi Iherosolimitani cum fratribus meis, Raimundo Gauzberti et Raimundo Arnalli de Bidocio et Poncio sacerdoti, cum aliis fratribus nostris, comendamus tibi, Petro Vei scilicet illa alodia que tu dedisti domino Deo et predicte milicie, que sunt in comitatu Barchinonensi in parrohechia sancti Stephani de Breda que nominantur parietes. Predicta alodia que tibi comendamus et nunc eciam tenemus in potestate nostra tali modo tibi comendamus ut dones nobis annuatim et nostris successoribus de fructu quod inde exierit quarteram I tritici in festum sancti Felicis, in vita tua, et post obitum tuum revertantur predicta alodia secure et quiete domino Deo et predicte milicie. Si quis violare presumpserit, nil valeat set in duplo cui fraudem fecerit componat et post hoc sit firmum. Que est acta VIII kalendas februarii, anno ab incarnacione Xpisti C°XL°I° post millesimum.

Sig✠num Petri de Ruvira. Sig✠num Raimundi Gauberti. Sig✠num Raimundi Arnalli de Bidocio. Sig✠num Poncii sacerdotis. Ermengaudi Guillelmi sacerdotis ✠ ; Sig✠num Berengarii de Salrano, nos qui hoc laudamus, firmamus testesque subscriptos firmare rogamus. Sig✠num Raimundi Renardi. Sig✠num Petri Bertrandi de Pulcro Loco. Sig✠num Sancie, uxoris ejus. Sig✠num Petri Arberti de Licano. Sig✠num Guillelmi Raimundi de campo Senteies. Sig✠num Petro Lete. Sig✠num Stephani de Ripaforti. Sig✠num Arnalli Petri de Ulico. Sig✠num Arberti de Valle Romena. S✠ Raimundi comes (a). Guillelmus, sacerdos, qui hoc scripsit die et anno quo su✠pra.

(a) Raymond Bérenger IV, comte de Barcelone, 1131 † 6 août 1162.

CCLIII

1142, (1er-28) février.

Copies du XIIe s. : Paris, Bibl. Nat., *Cartulaire du Temple de Roaix*, fol. 35 ; Avignon, Arch. dép., *Cartulaire du Temple de Roaix*, fol. 52vo.

Edité : Ul. Chevalier, *Cartul. des Hospitaliers et des Templiers*, p. 73.

PETRUS AIALDI ET FILII EIUS DEDERUNT TERRAM ILLAM PER QUAM VENIT AQUA AD MOLENDINUM.

In nomine Domini. Ego Petrus Ailauz, homo peccator et miles de civitate Vasionensis [1] et nos filii ejus Raimbaudus et Willelmus [2] et Faraldus [3] et Petrus bona fide et absque fraude, pro indulgentia [4] peccatorum nostrorum, domino Ihesu Xpisto et genitrici ejus sanctę Marię [5] et militibus Xpisti et domui de Roais donamus inperpetuum et tradimus illam terram quam habebam [6] juxta terram nostri episcopi, quam et ipsi fratres Templi ab episcopo B(erengario) et canonicis suis adquiescerunt (a); hec est insula et terra in qua fratres Templi edificaverunt molinum, cui venit aqua per hanc nostram terram quam donamus. Hoc donum nos suprascripti datores fuimus in manibus [7] Gaufredi militis Xpisti et fratris Rostagni et auditu Imberti [8] de Sauzeto et Petri capellano de Roais. Hoc donum ego Bertrandus Artillars [9] et nos filii sui Ugo [10] atque [11] Bertrandus, quorum Petrus Ailauz et filii sui habebant videlicet ad feudum [12], Deo et milicie Templi nunc et semper laudamus. Hanc supradictam donationem [13] fecit Petrus Ailauz [14] et filii sui mense februario [15], in auditu et testimonio Ugoleni, Petri Marini, Willelmi Marini, Raimundi Marini, Petri Bertrandi, Willelmi Gastaut [16], Bezanzoni, Willelmi filii Petri Pontii [17], W. Rainois, Pontii [18] Beraldi.

CCLIV

1142/3, jeudi 12 février.

Original : Toulouse, Arch. dép., fonds de Malte, *Douzens*, l. 1, n° 22.

In nomine Domini. Ego, Petrus Bernardi, et uxor mea, vinditores sumus Deo et militię Templi Iherosolimitani et vobis, ministris ejus, Petro de Roeria, et Ugoni de Beciano et Berengario de Roeria ceterisque confratribus vestris presentibus atque futuris. Vindimus vobis ipsum mansum nostrum quem habemus in villa de Dozencs, qui afrontat de altano in manso Odonis, de meridie in airalo Berengarii, de circio in via, de aquilone in kava. Quantum infra istas afrontationes habemus et habere debemus totum sine omni retinentia nostra vindimus et dimittimus ac desemparamus vobis propter III. solidos Ugonencos quos nobis dedistis, ad habendum illum ac possedendum vestramque voluntatem perpetim faciendum. ✠ Petri Bernardi et uxoris ejus, qui sic istam cartam firmaverunt. ✠ Guilelmi Mancip. ✠ Ramundi Lobados. ✠ Ramundi de Mont Long. Willelmus scripsit, presente et jubente predicto Petro Bernardi, anno millesimo C°X°LI. incarnationis dominice, II. idus februarii, feria V, regnante Lodovico rege.

(a) Cf. ch. CCXXXVIII.

Variantes du ms. d'Avignon : 1. Vasionensi. — 2. Willelmus. — 3. Feraudus. — 4. indulgencia. — 5. Sancte Marie. — 6. habebamus. — 7. *ajoute* fratris. — 8. Imberto. — 9. Artellars. — 10. *ajoute* Artellars. — 11. et. — 12. feuvum. — 13. donacionem. — 14. Ailauss. — 15. febroario. — 16. Gaustaut. — 17. Wilelmi filio de Petro, Poncio. — 18. Poncii.

CCLV [1142 c. mars—sept. 1143.]

Copie du xv^e s. : Londres, British Museum, Nero E VI, fol. 137.

CONFIRMATIO REGIS STEPHANI DE MOLENDINO DE LANGEFORDE ET DE TERRA IN SERNEBROK.

Stephanus Dei gratia rex Anglie, archiepiscopis, episcopis, abbatibus, justiciariis, comitibus, vicecomitibus, etc. salutem. Sciatis me concessisse et confirmasse perpetuam elemosinam Deo et Templo de Ierusalem et militibus in eo Deo servientibus donacionem illam quam Simon de Wahell', et Sibilla uxor sua, et Walterus filius eorum, eis fecerunt pro salute animarum suarum, eisdem militibus de Templo et de novo molendino de Langforde, et de terra illa quam idem Simo et Sibilla uxor sua et Walterus filius emerunt de Willelmo Triket in Sernebroc. Quare volo et firmiter precipio quod Templum prefatum et milites in eo Deo servientes, teneant et habeant omnia illa predicta in perpetuam elemosinam bene et in pace, et libere, et quiete, et honorifice, in bosco et plano, et pratis, et pasturis, et aquis, et stagnis, et viis, et semitis, et molendinis, cum socca et sacca et toll et theam' infang' et cum omnibus aliis rebus et libertatibus et liberis consuetudinibus. Testibus Roberto (*a*) cancellario et comite Gilberto (*b*), et comite Gaufrido (*c*), et comite Simone (*d*), et G(ilberto) de Gant, et Turgisio de Abrinc(is) apud Castram.

CCLVI [1142 c. mars—1145.]

Copie du xv^e s. : Londres, British Museum, Nero E VI, fol. 133vo.

CONFIRMATIO EIUSDEM REGIS DE DONATIONE MATILDIS REGINE DE TERRA DE LUPPEHALLA.

Stephanus Dei rex Anglie justiciariis vic(ecomitibus) baronibus et omnibus ministris et fidelibus suis Franc(igenis) et Angl(icis) de Essexa, salutem. Sciatis me concessisse et confirmasse donacionem illam quam Matildis regina, uxor mea, fecit Hugoni de Argent' et aliis fratribus de Templo, in perpetuam elemosinam de terra de Luppehalla. Quare volo et precipio quod ipsi fratres de Templo teneant eam in perpetuam bene et in pace, libere et quiete, in bosco et plano et omnibus rebus, et quiet' et libertatibus que ad terram illam pertinent, cum quibus aliquis ante eos unquam melius et liberius tenuit, sicut carta regine quam inde habent testatur. Testibus Eustachio filio meo, et Roberto cancellario, et Willelmo Mar'(el) et Turgisio de Abrinc(is) et Ricardo de Luci apud Westm(onasterium).

CCLVII 1142, mardi 14 avril.

Copie du xiie s. : Toulouse, Arch. dép., *Cartul. A de Douzens*, ch. 122, fol. 94ro-94vo.

In nomine Domini. Ego, Guillelmus Sicfredi de Burcafols, et fratres mei, *(fol. 94vo)* Bernardus et Arnaldus, laxamus et absolvimus ac diffinimus Deo et militie Templi et vobis, ministris ipsius, Petro de Roeria, et Ugoni de Beliano et Berengario de Roe-

(*a*) Robert succède comme chancelier à Philippe d'Harcourt, c. mars 1142. — (*b*) Gilbert, comte de Pembroke, 1138 † 14 sept. 1148. — (*c*) Geoffroy, comte d'Essex, 1140 † 14 sept. 1144. — (*d*) Simon, comte de Northampton, 1137 † août 1153.

ria, aliis confratribus vestris, ipsam terram quam tenebamus de vobis in terminio de Burcafols que affronta de altano in via, a meridie in terra vestra, de circii in honore Iudaico, de aquilone in terra Bernardi Arnaldi. Quantum iste affrontationes includunt, dimittimus et absolvimus vobis sine omni retinentia nostra ad habendum ac possedendum, vestramque voluntatem perpetim faciendum. Verum est enim quia propter hoc emendastis nobis aliam terram vestram in eodem terminio de Burcafols, sicut in alia carta quam inde nobis fieri fecistis, scriptum est. $ Gillelmi predicti et fratrum ejus, Bernardi et Arnaldi, qui sic istam cartam firmaverunt. $ Bernardi Mir. $ Bernardi Arnaldi de Burcafols. $ Guillelmi Fabri de Burcafols. $ Raimundi de Torena.

Guillelmus scripsit, presente et jubente predicto Guillelmi Sicfredi, anno millesimo C.XL.II. incarnationis Dominico, XVIII. kalendas mai, feria III, regnante Lodovico rege.

CCLVIII 1142, jeudi 16 avril.

Copie du XIIe s. : Toulouse, Arch. dép., *Cartul. A de Douzens*, ch. 60.

In nomine Domini. Ego, Petrus de Auriacho, et uxor mea, Adalmurs, per nos et per omnes nostros, bono fide et sine dolo et Deus propitietur nostris peccatis, donamus et offerimus et in perpetuum tradimus Deo et beate Marie et militie Templi Salomonis Iherosolimitani et tibi, Ugoni de Besciano, ejusdem militie fratri, et successoribus tuis in eadem militia Deo servientibus, in alodio nostro de Blumad paxeriam ad opus molendinorum vestrorum quos jam in fluvio Aude construxistis, ipsam videlicet quam ibi jam fecistis sive in futurum quodlibet modo ipsam paxeriam mutare volueritis. Et ipsam adquisitionem quam de ipsa paxeria sive ripatico fecistis sive deincebs feceritis per donationem seu comparationem ab aliquo homine *(fol. 41vo)* sive femina qui ipsum honorem sive ripaticum per feudum de nobis teneat, nos ipsam vobis concedimus et laudamus atque in perpetuum firmam et stabilem permanere decernimus. Scripta fuit hec carta anno Dominico incarnationis millesimo C.XL.II., XVI. kalendas madii, feria IIII, regnante Lodoico rege. $ Petri de Auriacho et uxoris ejus, Adalmurs, qui hoc donum fecimus, et cartam scribere et testes firmare rogavimus. $ Arnaldi de Solatge. $ Iatmari de Auriaco. $ Raimundi Amelii. $ Berengarii de Novellis. Iordanis scripsit.

CCLIX 1142 (19 avril—septembre.)

Original jadis scellé : Mons, Arch. de l'Etat, commanderie de Piéton, n° 108.

Edité : Mémoires de la Société des Sciences du Hainaut, t. IX, 2° série, p. 556-7.

DE TERRITORIO FREMERIIS LITTERE HAIONENSIS COMITIS.

In nomine Sanctę et individuę Trinitatis, Patris et Filii et Spiritus Sancti, Amen. Notum sit tam futuris quam presentibus quod ego, Balduinus (a), divina miseratione comes Hainoensium, in procinctu parrochię de Frameriis, centum diurnales terrę arabilis ab hominibus meis, Gaufrido de Bossolt, Rainero, Gontione et Ysaac de Harmingni, Goselino de Frameriis, qui hanc in feodo, jure hereditario possidebant, liberavi, quam etiam, illis consentientibus, ipsis eorumque successoribus abjudicari feci.

(a) Baudoin IV, comte de Hainaut, 1120 † 8 novembre 1171.

Cum vero terram prefatam in pace et quiete possiderem, anime mee consulens et de salute predecessorum meorum in hoc confidens, hanc militibus in sancta civitate Iherusalem, prope Templum in Salamonis regia degentibus, et terram promissionis, regnum videlicet Domini ab infestationibus paganorum viriliter defendentibus, libere tradidi et ab omni exactione immunem perpetuo tenendam concessi. Ut autem hec nostre traditionis pagina inconvulsa permaneat, hanc sigilli mei inpressione signavi et subsignatorum testimonio corroboravi. $ domni Nicholai (a) Cameracensis episcopi, qui huic traditioni interfuit, et hanc infringere tempnantes anathematis vinculo innodavit. $ Gualteri Pulechel. $ Ratzonis de Gavera. $ Simonis de Oisi. $ Isenbardi de Montibus. $ Eustachii. $ Theoderici de Lingo. $ Yuuani. $ Arnulphi de Blaton.

Actum anno incarnati Verbi M°C°XLII°, indictione v°.

CCLX

1142 (19 avril—septembre).

Copie du XVIII° s. (d'après un vidimus d'Etienne, abbé de Clairvaux, 1245) : Paris, Bibl. nat. Moreau, 165, fol. 125.

Ego, Theodericus, Dei gratia Flandrensis comes. Utilitati et paci ecclesiarum pro bona voluntate prospiciens . . . . venerabilis igitur abbatis Claravallensis domni Bernardi merito sui per secula commendandi piis postulationibus devote et benivole occurrens annuere volui, et in perpetuum contradidi, ut per totam terram meam. . . . . abbatia Claravallensis et omnes abbatie de Claravalle egresse vel ulterius exiture. . . . . in eundo et redeundo, a theloneo et passagio sint omnimodis libere . . . .

Testes hujus concessionis : Rogerus, prepositus Brugensis; Willelmus, castelanus Sancti Audomarensis; Rodulfus, castellanus Brugensis; Gislebertus, castellanus Bergensis; Balduinus de Baliul; Anselmus de Baliul; Theodericus, camerarius; Walterus Gouda; Hugo de Forselos; Robertus, abbas de Dunis; frater Osto et frater Robertus, milites Templi.

Actum anno incarnationis Dominice M°C°XLII°, indictione v°, concurrens III., epacta XXII.

CCLXI

1142, 19 avril—septembre.

Edité : Gallia Christiana Nova, III, instr. col. 118, d'après le *Cartulaire de Clairmarais*.

Ego Mathildis (b) Dei gratia Anglorum regina et Bolonie comitissa et Eustachius (c) filius meus, utillimum comercium arbitrantes terrenis coelestia et transitoriis eterna comparare pro redemptione animarum nostrarum et predecessorum nostrorum fratribus in Claromaresch Deo servientibus totam terram cum nemore suo que ut inter domum Malgeri et domum Raimundi Tolsath sicut via que est in nemore dividit et via Presbiteri.....

(a) Nicholas, évêque de Cambrai, 1137 † 1er juillet 1167. — (b) Mathilde, comtesse de Boulogne, ép. 1128 Etienne de Blois, comte de Mortain, reine d'Angleterre, 1135 † 3 mai 1153. — (c) Eustache, comte de Boulogne, † 10 (11 ?) août 1153.

Actum anno Dominice incarnationis M.C.XLII, indictione v, testibus Bernardo abbate Clarevallis, Waleranno abbate Ursicampi, Henrico abbate de Valcellis, Theoderico abbate de Capella, Milone archidiacono, Iohanne abbate Beate Marie, et Petro abbate Sancti Wlmari; militibus de Templo: Gilleberto de Drusencurth, Ostone de Sancto Audomaro, Widone de Merem Feramus, Carembaldo de Hechot, Symone de Gerardi Molendino, Dragone de Sperleke, Thoma de Maresch, Willelmo monacho.

CCLXII 1142 (19 avril—3 avril 1143.)

Original scellé (fragment du sceau équestre du duc Godefroid) : Mons, Arch. de l'Etat, Chantraine, n° 721.

Edité : Miroeus, *Op. dipl.*, II, p. 1164; cf. Wauters, II, p. 235 (a. 1142); Devillers, Inventaire analytique..., n° 721, p. 137.

De elemosina ducis de Lovain litere.

Notum sit omnibus Xpisti et universę sanctę Ecclesię et meis fidelibus, tam futuris quam existentibus, quia ego, Godefridus (*a*), Dei gratia, dux Lotharingię et comes Brabantię, communi consilio et benivolo assensu meorum baronum, nobilium, liberorum et cęterorum meorum meliorum hominum, pro dilectione Dei et in remissione omnium peccatorum meorum, et ad salutem animarum patris mei, Godefridi (*b*), et matris meę, Idę (*c*) et fratris mei, comitis Heinrici (*d*), et omnium parentum meorum, tam precessorum quam successorum, militibus sub obedientia et Xpisti promerenda gratia Deo in Iherosolimitano Templo, nocte ac die, ut decet, militantibus, in comitatu meo, scilicet in Brabantia, competentem et commodum hereditarioque jure, in sempiterno retinendum attribui relevium, sed sic discretum et ad devitandas lites determinatum : si quis vel aliqua curię meę plenum debuerit relevium, videlicet de fęodo suo recipiendo, v marcas, antequam eo donetur, vero et fido prefati Templi militi vel nuntio, duas marcas largiatur. Si vero fęodus non tantum, sed minus, videlicet IIII^or vel III marcas[1] valuerit, unam marcam successor prefato nuntio, antequam eo donetur persolverit. Si autem minus tribus marcis vel infra valuerit, secundum ejus valorem, ejus sibi assumat dimidietatem.

Actum est hoc anno ab incarnatione Domini M^mo centesimo XL^mo II, papa Innocentio II^do, regnante Cunrado, et sub testimonio nobilium meorum, Walteri Bertoldi, Leonis, Heinrici de Lupun, Arnaldi de Aske, Willelmi de Dunhelberge et Heinrici, fratris sui, et Willelmi de Birbeche, et Walteri de Crahehem et ceterorum quam plurium baronum meorum.

CCLXIII 1142, mardi 25 juin.

Copie du XIIe s. : Toulouse, Arch. dép., *Cartulaire A de Douzens*, ch. 69.

In nomine Domini. Ego, Petrus de Auriacho, et uxor mea, Adalmurs, pro remissione peccatorum meorum, dono omnipotenti Deo et beate Marie et militie Templi

(*a*) Godefroy VI, duc de la Basse-Lorraine, 1140 † 1143. — (*b*) Godefroy V, duc de la Basse-Lorraine, 1106 † 15 janvier 1140. — (*c*) Ida, fille d'Arbert comte de Namur. — (*d*) Henri, moine en 1140 † 27 sept. 114..

1. *Rajouté en interligne.*

Salomonis Iherosolimitani, et tibi, Ugoni de Besciano, et Poncio de Valle, ejusdem militie fratribus, et successoribus vestris in militia Deo servientibus, in nostro alodio de Blumato, cabedax ad paxeriam vestrorum molendinorum quos jam in fluvio Aude contruxistis sive edificastis in ipso loco in quo ad *(fol. 45)* per presens ipsi molendini vel ipsa paxeria sunt sive deinceps fratres Templi in quolibet loco, in ipso nostro alodio mutare voluerint. Similiter quoque donamus, laudamus et annuimus vobis ipsos acaptes quos jam de ipsis cabedax sive donatione, sive conparatione de ipsis hominibus qui predictum alodium de nobis tenent per feudum. Predictam donationem fatio ego, Petrus de Auriacho predictus, et uxor mea, Adalmurs, per nos et per nostros, ut ab isto die in antea fratres Templi habeant et possideant absque nostro nostrorumque successorum aliqua inquietudine. Scripta fuit hec carta VII kalendas julii, feria III, regnante Lodoico rege, anno Dominico M.C.XL.II. $ Petri de Auriaco et uxoris ejus, Adalmurs, qui sic istam cartam et donum fecerunt, firmaverunt. $ Isberti de Auriaco. $ Arnaldi de Solatge. $ Rainardi de Novellis. $ Guillelmi de Rufiano. Petrus rogatus scripsit.

CCLXIV

1142, 29 juin.

Copie du XIIIe s. : Perpignan, Arch. dép., *Cartul. du Mas-Deu*, n° 123, fol. 77vo.

Edité : Alart, *Cartulaire Roussillonnais*, dans la *Semaine religieuse du diocèse de Perpignan*, 1885, p. 544.

In Dei nomine, videlicet Patris et Filii Sacrique Flaminis. Notum sit cunctis hominibus quod ego Udalgarius (a) proconsul Fenoliotensis, cum filio meo, Petro atque Arnallo, dono atque laudo domino Deo Temploque Iherosolimitane *(fol. 78ro)* milicie et fratribus illic presentibus atque venturis omnem boschum de Mata Perusta, per alodium, cum omnibus que ibi habeo vel habere debeo vel que pro me homo vel femina illic tenet, videlicet tascam, leudam, foresteriam, glandeam, introitum et exitum. Et affrontat ab oriente in torrente de Provencher, de meridie vero in termino de Ponts, ab occidente in flumine de Adadig, ab aquilone in via que pergit de Archano ad Pleit Lubi et ad Agualbam. Sicut iste IIII[or] affrontaciones includunt, sic dono ac laudo domino Deo et milicie Iherusalem ; sicut suprascribitur, ob remedium anime mee et parentorum meorum, in manu Petri de Ruira, servi servorum Dei, et Ugons de Belano, et Arnaldi de Sorgniano, absque fraude et decepcione. Et propter hoc, accipio ab illis unum mulum et unum mansum Gausberti de Prugnanes, cum omnibus pertinenciis, et unam vineam. Si quis hanc cartam rumpere voluerit, in duplo componat et cum Iuda traditore societur. Que facta est III[o] kalendas julii, anno ab incarnacione Domini M°C°XL°II°, regnante Leodovico anno V°. SIG✠NUM Udalgarii vicecomitis. SIG✠NUM Petri, filii ejus. SIG✠NUM Arnaldi, filii ejus, qui hoc pariter firmaverunt et testes firmare perceperunt. SIG✠NUM Raymundi de Prats. SIG✠NUM Guillelmi de Paracollis. SIG✠NUM Gaucelmi de Viver. SIG✠NUM Berengarii de Sorgniano. Ego, Bernardus, rogatus scripsi die et anno quo ✠ supra.

(a) Udalgarius, vicomte de Fenouillèdes.

CCLXV 1142, vendredi 10 juillet.

Copie du XIIe s. : Toulouse, Arch. dép., *Cartulaire B de Douzens*, ch. 14.

(fol. 20vo). In nomine Domini. Ego, Petrus Bernardi de Casals, et uxor mea, Cerdana, et filii nostri, Bernardus atque Rogerius, donatores et vinditores sumus Deo et militie Templi Salomonis Iherosolimitani et vobis, ministris ejus, Petri de Roveria et Ugoni de Beliano et Berengario de Roveria ceterisque confratribus ejus in ipsa militia Deo famulantibus, presentibus atque futuris. Donamus, vindimus et omnimodis desamparamus vobis, sine omni retinentia nostra, totum ipsum honorem quem habemus et habere debemus in villa de Curtes et in suis terminiis et in terminio de Aliarionis, mansiones scilicet et casales et terras et ortales et prata atque pascua et totum aliut quantum ibi habemus et habere debemus, totum sine nostra reservatione et omni nostra retinentia et sine inguanno, donamus, vindimus atque dimittimus vobis ad habendum scilicet ac possedendum vestraque voluntatem perpetim faciendum. Et si omo vel femina ibi *(fol. 21)* quicquam vobis amparaverit, nos erimus inde vobis legales guirenti sine inganno. Hoc autem facimus propter amorem Dei adipiscendum et propter remissionem peccatorum nostrorum et propter L solidos Ugonencos octunos, quos vos predicti milites, nobis dedisti ; ut sic ista carta cum isto dono firma et stabilis permaneat omni tempore. $ Petri Bernardi de Casals et uxoris ejus, filiorumque illorum, Bernardi atque Rogerii, qui sic istam cartam firmaverunt. $ Calveti de Casals et filiorum ejus, Gilelmi et Raimundi et Berengarii atque Danielis, qui istam cartam cum predicta vinditione laudaverunt et firmaverunt. ✠ Gilelmi Mancipii. ✠ Raimundi de Palaiano. ✠ Raimundi Lobados. ✠ Pontii Ferrol. Willelmus scripsit, presentibus et jubentibus Petro de Casals et filio suo, Bernardo, anno millesimo C.XL.II. incarnationis Dominice, VI idus julii, feria VI, regnante Lodovico rege.

CCLXVI [1142], août.

Copie du XIIe s. : Madrid, Archivo National, *Cartulaire B*, 595, n° 327, fol. 124vo.

De illa hereditate de Per Gilem qui est in Ambel.

In Dei nomine. Hec est carta venditionis quo vendidit Petrus Gilelmus illa sua hereditate de Ambel ad fratres Templi, milites Templi Salomonis, scilicet Raim(undum) Bernard et alios fratres, tota ab integra, herema et populata, qui fuit de Abeih Abenlusço, et duas peças de terra qua comparavit de Fertun Garceç ; vedit francam et liberam ad illos fratres per pretium VII morabetinos, de manu ad manu. Est inde fides de salvetate ad forum terre Garci Arceç ; testes : Gilelm Mesclemal et Folcald Galind, Sanç Calvo ; Petro Gilelm adfirmante, cum sua fidança et suis testibus superius scriptis, signum ✠. Facta carta in menso augusti, anno quo intravit comes Barchinona (*a*) in Navarra scilicet et exivit, Petro Taresia dominante Borga, rex G(arsias) (*b*) in Pampilonia, Ranimirus (*c*) rex in illa abbatia de Borge, episcopus M(ichael) (*d*) in Tyraçona. Aliala et pretium placatum.

(*a*) Raymond Bérenger, comte de Barcelone, 1131 † 6 août 1162. — (*b*) Garcia, roi de Navarre, 1134 † 1150. — (*c*) Ramire II, roi d'Aragon, 1134-1137 † 1147 16 août. — (*d*) Michel, évêque de Tirrazzone 1119 † 1151.

CCLXVII 1142, mercredi 2 septembre.

Copie du XIIe s. : Toulouse, Arch. dép., fonds de Malte, *Cartul. A de Douzens*, ch. 202, fol. 146vo et 147.

. . . .]itionis et concordie que [. . . . . . .]o et Berengario de Rueria [. . . . . . .] Templi et Guilelmum Ma-[. . . . . . . R]aimundum Vassonem frater[. . . . . . . in]ter eos laxant et [. . . . . . .] per se et per successores [. . . . . . . su]pra memoratis me [. . . . . . .] tra fluvium Aude quam [. . . . . . I]ohanne et Boneti predic-[. . . . . .] Templi modo ibidem habent [. . . . .] cabedac possint fa[ceret . . . .]o quilibet pro eis absque [. . . . .] ubi eo opus habue[. . . . .] sine enguan, vi [. . . . . I]ohanne et Bonetus [. . . . .] ad quartum. H. [. . . . . Iohann]e et Boneti fratres [. . . . .] recuperent eam ab [. . . . .] si interim re [. . . . .] ipsa vinea est. *(fol. 147)* Insuper eciam dederunt predicti fratres Templi Gilelmo Macota et Arnaldo atque Raimundo, fratribus suis, L. sol. Ugonencos. Et propter hoc, Gilelmus Macota et Arnallus et Raimundus, fratres ejus predicti, per bonam fidem et sine enguan, absolverunt, guarpiverunt et diffiniverunt in manu Ugonis de Besciano, fratris Templi predicti, omnes clamores et querimonias quas faciebant super fratribus Templi de honore qui fuit Gillelmi Otonis et filiorum ejus, Petri de Sancto Iohanne atque Boneti de Redas, in villa de Esperazano et in suis terminiis et omnibus aliis locis ubicumque sit, scilicet in mansis, in mansionibus, terris et vineis atque ripariis, heremis sive condirectis. Et ut ab hoc die et tempore in antea, ipse Guilelmus Macota neque fratres ejus suprascripti neque posteritates illorum non faciant quistam sive aliquod adempramentum in hominibus fratrum Templi, de civata vel palea seu alia qualibet re, neque in hominibus neque in alio honore fratrum Templi, ubicumque sit, sicut superius scriptum est. Set si homines Templi de ipsis tenent terras vel vineas, reddant eis suum terre meritum. Et ista diffinicio perpetim maneat firma et stabilis inter fratres Templi et Gillelmum Macota et fratres ejus et posteritates illorum. Que facta est in presencia Raimundi de Palaiano et Gillelmi Mancipi et Bernardi de Pinciano et Arnaldi de Marcellano atque Raimundi, fratris ejus, et in presencia Berenguari' de Rueria atque Petri de Sancto Johanne, fratrum Templi jam supradictorum.

Scripta fuit hec carta IIII nonas septembris, feria IIII., anno ab incarnatione Domini millesimo C.XL.II, regnante Lodovico rege. Mandato Gillelmi Macota et Arnaldi atque Raimundi, fratris eorum, Petrus de Magalaz scripsit.

CCLXVIII 1142, mardi 8 septembre.

Original : Toulouse, Arch. dép., fonds de Malte, *Larramet*, liasse 1, n° 6 (coté anciennement 7).

✠ IN nomine Domini. Notum sit omnibus, tam presentibus quam futuris, quod ego, Bernardus de Turri, per me et per uxorem meam et per infantes meos et per omnes meos et meas, ut Deus omnipotens dimittat nobis et parentibus nostris omnia peccata nostra, donamus, guirpimus et diffinimus omnipotenti Deo et beatę Marię et fratribus militię Templi Salomonis Iherosolimitani, presentibus et futuris, ipsum casalem de villa Rameto, in quo Wilelmus Rufus et Vitalis, frater ejus, inhabitant, cum hominibus et feminis et omnibus suis pertinentiis et cum toto illo quod ibi habebamus et habere debebamus sive per aliquam vocem demandabamus. Et est iste casalis inter casalem Arnaldi Teissenderii et casalem Bernardi de Cugnali, et tenet de via publica usque in Tog. Hanc quoque difinitionem et guirpitionem sive absolutionem predicti casalis facio ego, Bernardus de Turri predictus, bona fide et sine inganno, in manu Petri Dominici, militie Iherosolimitane fratris et ministri. Ipseque Petrus Dominici, pro eo dedit michi III. solidos Tolosanos. Propterea fratres Templi presentes et futuri predictum casalem cum omnibus suis pertinentiis habeant et possideant, et quicquid inde facere voluerint liberam et plenariam habeant potestatem, absque mea meorumque successorum aliqua inquietudine. Testes et videntes sunt : Petrus Paba, Garsia Ramundus, Bernardus Geraldi, Willelmus de Rameto atque Arnaldus Teisenderius.

Facta carta anno M°.C°.XL.II°, VI° idus septembris, feria III°, regnante Lodoyco rege. Mandato Bernardi de Turri predicti, Petrus scripsit.

CCLXIX

1142. mercredi 9 septembre.

Original : Toulouse, Arch. dép., fonds de Malte, *Larramel*, l. 2, n° 90 (dans le carton coté l. 3, n°° 112-113).

✠ In nomine Domini. Notum sit cunctis tam presentibus quam futuris, quod ego, Willelmus de Rameto, recognosco quod illam domum meam quam jam edificavi in cortal de Rameto, quę adheret ecclesię sanctę Marie, teneo de fratribus militię Templi neque debeo illam tenere ab alio homine sive femina, et reddam in unoquoque anno fratribus militię Templi, ego et posteritas mea, pro recognitione et pro usatico, de ipsa domo I. denarium ad festum sancti Saturnini. De hoc sunt testes et videntes : Petrus Paba de Rameto, Petrus de Quinto, Garsia Raimundus, Bernardus Geraldi, Sancius Amelius.

Facta carta ista, anno Dominico M°.C°.X°L.II°, VI°, (*a*) idus septembris, feria IIII°, regnante Lodoyco rege, dompno Raimundo (*b*) episcopo Tolosanam sedem regente, comitatum vero Ildefonso comite. Mandato Wilelmi de Rameto predicti, Petrus de Magalaz scripsit.

CCLXX

1142, vendredi 18 septembre.

Copie du XII° s. : *Cartul. A de Douzens*, ch. 120, fol. 93r°-94r°.

In nomine Domini. Ego Arnaldus , qui fuit filius Guille, donator sum Deo et sancte militie Templi Salomonis Iherosolimitani et vobis, ministris ejus, Petro de Rue-*(fol. 93v°)*ria et Ugoni de Bellano et Berengario de Rueria ceterisque confratribus vestris, in ipsa militia Deo famulantibus, presentibus atque futuris. Mea igitur bona ac spontanea voluntate, dono vobis totum ipsum meum honorem quem habeo vel habere debeo in villa de Burcafols vel in suis omnibus terminiis, homines scilicet ac feminas, terras et vineas, ortos et ortales, mansos et mansiones,

(*a*) Il y a erreur dans la date *corr.* V° idus. — (*b*) Raymond, évêque de Toulouse, 1140 † 17 avril 1163.

census et usaticos, terre merita atque servitia omnesque alias rectitudines meas, sicut melius ibi habeo et illas habere debeo, totum integerrime sine omni retinentia mea et sine inguanno vobis dono atque concedo atque potestati vestre trado ad habendum scilicet ac possedendum, vestramque voluntatem perpetim fatiendum. Hoc autem fatio propter amorem Dei adipiscendum et remissionem peccatorum meorum atque parentorum meorum et propter vitam adquirendam eternam, amen. Est autem verum quia propter hoc vos, predicti ministri, dedistis michi xIIII. morabitinos marinos et melechinos et x. sol. Morlanos et unum quartonem frumenti ad mensuram Tolose, et pro domno Rogerio (a) de Biterri dedistis cxxx. sol. Ugonencos octenos Gillermo Rogerii de Aragono, ut sic ista carta firma et stabilis permaneat omni tempore sine inguanno. De hoc sunt testes : domnus Pontius (b), Carcassensis episcopus, et Guillelmus, prior Sancti Nazarii, et Gillelmus Mancip et Gillelmus Gula et Raimundus Lobados. $ Arnaldi Guille predicti qui sic istam[1] cum predicta donatione laudavit atque firmavit et a prefatis testibus eam firmari rogavit, cujusque jussione eam scripsit Guillelmus Adaulfi, an-*(fol. 94ro)*no millesimo C.XL.II. incarnationis Dominice, xIIII kalendas octobris, feria vI., regnante Lodovico rege.

CCLXXI

[1142, 26 sept—sept. 1143.]

Copie du xv^e s. : Londres, British Museum, Nero E VI, fol. 133vo.

CARTA STEPHANI REGIS ANGLIE DE QUADRAGINTA SOLIDATIS TERRE IN MANERIO DE DYNNESLEY.

Stephanus, Dei gratia rex Anglie, episcopo Lincolnensi et comiti, justiciariis, vic(ecomitibus), baronibus, ministris et omnibus fidelibus suis Franc(igenis) et Anglicis de Hertford' salutem. Sciatis me dedisse et concessisse Deo et fratribus milicie Templi Ierusalem et Hugoni de Argent', in perpetuam elemosinam, xL solidatas terre in manerio de Dynneslay, scilicet duo molendina et terram et homines qui ad molendinum pertinent. Quare volo et firmiter precipio quod predicti fratres teneant et habeant hec predicta, bene et in pace et honorifice, libera et quieta ab omni seculari exaccione, sicut elemosinam meam. Testibus comite Galfredo (c), et Roberto de Ver, et Turgisio de Abruntis, apud Oxon(efordiam).

CCLXXII

[1142, sept—1149.]

Copie du xIII^e s. : Oxford Bodleian ms. Wood (empt.) 10, fol. 14.

CARTE REGIS STEPHANI.

[S]tephanus rex Angl(orum), justic(iariis) etc. salutem. Sciatis me dedisse et concessisse Deo et militibus de Templo Drocham de Scholoner', sicut semita extenditur a mora usque ad Wodeweyam que protenditur ex transverso magni chimini ab illa Wodeweya silicet que provenit de Coveley cum mora prefata. Quare volo et precipio quod ipsi teneant Drocham illam bene et in pace et libere et quiete et honorifice, sicut melius

(a) Roger, vicomte de Carcassonne, 1129 † 1150. — (b) Ponce, évêque de Carcassonne, 1142 † février 1159. — (c) Geoffroy de Maindeville comte d'Essex, 1140 † 14 sept. 1144.

1. *Suppl.* cartam.

tenent alias tenuras suas. Testibus Gilberto (a) comite de Clara, et Balduino filio Gilberti et Reginaldo de sancto Wal(erico) et Ricardo de Lucy et Symone de Girardimolend(ino), apud Oxon(efordiam).

CCLXXIII [1142, sept.—1152.]

Copie du xve s. : Londres, British Museum, Nero VI, fol. 187.

Édité : Dugdale, Monasticon ed. 1846, VI, p. 820.

CONFIRMATIO STEPHANI REGIS ANGLIE DE ECCLESIA DE LANGEFORDE.

Stephanus Dei gratia rex Anglie,... episcopo Lincolnensi, justic(iariis), vic(ecomitibus) etc. de Bedefordschir salutem. Sciatis me concessisse et confirmasse in perpetuam elemosinam Deo et Templo de Ierusalem et militibus Deo servientibus donacione *(sic)* illam quam Simon de Wahell' et Sibilla uxor sua et Walterus, filius eorum, fecerunt eis de ecclesia de Langeforde. Quare volo et precipio quod Templum prefatum et milites teneant et habeant ecclesiam illam bene et in pace in terris et dei' et in omnibus aliis apendiciis suis et cum liberis consuetudinibus omnibus et quietanter. Testibus Roberto (b) cancellario, et comite Gilberto (a), et comite Simone (c), et Gilberto de Gant, apud Oxon(efordiam).

CCLXXIV 1142, novembre.

Copie du xv^e s. : Lisbonne, Arch. da Torre do Tombo, lib. dos Mestrados, fol. 86vo.

Sub Xpisti nomine, et ejus misericordia, ego Goda, ignorans diem mortis mee, et tamen sciens illum imminere, placuit michi, spontanea voluntate, una cum filio meo Guiaz et uxore sua Ermesenda Pelaiz, facere cartam testamenti ad miliciam Templi, de uno terreno proprio quod habuimus in suburbio Montis Majoris, in collacione sancti Michaelis, in loco qui vocatur Emfesta. Sunt autem termini ejus : de una parte casa de Pelagio Menendiz, et de alia parte almunia de Godino Padelo, et de alia parte via que ducit ad civitatem, et illud est in inmedium. Damus et concedimus illud ad miliciam Templi Ierusalem, pro animabus nostris atque parentum nostrorum. Sed si aliquis homo ex nostris propinquis vel extraneis venerit, qui hoc nostrum factum pro sua mala audacitate, in aliquo infringere temptaverit, non sit ei licitum per ullam assertionem, sed pro sola temptatione sit maledictus et excomunicatus, et ab ecclesia catholica alienatus, et cum Iuda, Domini tradictore, condempnatus, et insuper, quantum quesierit *(fol. 87)* tantum in duplum componat. Facta carta mense novembris era M.C.LXXX. Ego supradicta Goda, que hanc cartam una cum filiis meis jussi facere, cum manibus nostris, coram his testibus roboravimus, qui presentes fuerunt : Pelagius presbiter testis, Gundisalvus Godiniz testis, Petrus Rodriguiz testis, Ermigius testis, Petrus notuit.

(a) Gilbert, comte de Clare 1141 (avant Noël) † 1152. — (b) Robert, chancelier, 1142—?. — (c) Simon, comte de Northampton, 1137 † août 1153.

CCLXXV

1142, 7 novembre.

Copies du XIII*e s. : Cartul. de la commanderie du Temple en Flandre*, fol. 81 ; *ibid.*, fol. 5.

Analyse : Devillers, *op. cit.*, p. 170-171.

APUD YPRAM [1].

Sicut [2] majorum decernit sententia et sapientum affirmat intelligentia, rationi est congruum sanique consilii extat precipuum litteris annotare, que futurorum transmittimus noticie, ne presentium beneficiis subsequentium infesta sit temeritas presumptionis. Hac igitur subnixi consideratione, talique providentia persuasi ex ratione, ego, Ingramnus et Herbertus de Sclipes et Balduinus, filius Lamberti de Rinigels [3], omnibus tam presentibus quam in posterum succedentibus, hujus scripti testimonio clarum facimus quoniam clarum [4] decimam vel quiquid [5] feodi a domino Wilgelmo, ville Sancti Audomari castellano, in Sclipis tenuimus, sive quicquid [6] juste vel etiam injuste inclamavimus ipsi eidem castellano, heredibus nostris hoc ipsum annuentibus, per propriam manumissionem ipsi [7] eidem [7] castellano [7], heredibus [7] nostris [7] antepleros-que principes liberum reddidimus. Facta autem in hunc modum prelibate decime sive feodi nostri juste injusteve a *(fol. 81v°)* nobis inclamati reditione [8] ab hominibus castellani judicatum et judicio terminatum est, nos vel nostrorum heredum aut successorum aliquem nichil juris in perpetuum in prefata decima vel feodo habere seu derationare posse. Hoc siquidem ea pro causa actum est ut feodum illud decimamque a nobis sic redditam idem castellanus Wilgelmus [9], sicut ante redditionem nostram prelocutum, concessum et stabilitum fuerat, cum alia decima quam primitus in Sclipis militibus Templi dederat, eisdem fratribus Templi et istam concederet et traderet in elemosinam, quod et fecit tum pro nostra nostrorumque, tum pro sua suorumque animarum salute. Verumtamen [10] ut ad hujus redditionis ac deinde a castellano donationis concessionem perduceremur, ego, Ingramnus, triginta sex marcas argenti, et Herbertus, decem, Balduinus [11] etiam novem a militibus Templi suscepimus, *(fol. 82)* quatinus spontanee fieret redditio et firma in posterum rataque donatio.

Hec conventio inter nos et castellanum habita ante comitem Flandrie Theodericum, in presentia baronum suorum a nobis recognita, recitata et sic terminata est. Ut igitur actio ipsa rata in perpetuum et inperturbata [12] permaneat, sigilli comitis Flandrie impressione et baronum suorum subscriptione stabiliri eam et signari decretum et a nobis concessum est. Testes hujus nostre actionis : $ domini Milonis, Morinorum episcopi. $ Philipphi archidiaconi [13]. $ Milonis archidiaconi. $ Leonii, abbatis monasterii Sancti [14] Bertini. $ Theoderici cometis [15] Flandrie. $ Wilgelmi, castellani Sancti Audomarensis. $ Rodulphi, castellani Brugensis. $ Gilleberti [16], castellani Bergensis. $ Anselmi de Baliul. $ Petri, dapiferi de Sancto Audomaro. $ Gervasii *(fol. 82v°)* de Vinkebroch [17]. $ Willelmi de Aldenborg [18]. $ Galteri [19] de Sclipes. $ Eustachii [20] filii Hescelini. $ Ostonis, militis Templi. $ Roberti Furnensis, militis Templi. $ Heinrici [21], militis Templi.

Actum dominice incarnationis anno M°C°XL°II°, indictione V° [22], currente [23] III°, epacta XXII°. Data apud Sanctum Audomarum, VII° idus novembris.

Variantes : 1. De decima in Sclipis. — 2. In nomine Sancte et individue Trinitatis, Patris et Filii et Spiritus sancti sicut. — 3. Rinighels. — 4. *omis fol. 5.* — 5. quicquid, Willelmo. — 6. quiquid. — 7. *Omis.* — 8. Redditione. — 9. Willelmus. — 10. Verumptamen. — 11. Baldewinus. — 12. imperturbata. — 13. Phillippi archydiaconi. — 14. Beati. — 15. comitis. — 16. Ghisleberti. — 17. Vinkebroc. — 18. Aldenborgh. — 19. Ghalteri. — 20. Eustacii. — 21. Hemerici. — 22. quinta. — 23. concurrente.

CCLXXVI

1142, mardi 17 novembre.

Copie du XIIe *s.* : Toulouse, Arch. dép., *Cartul. A de Douzens*, ch. 147, fol. 107vo.

In nomine Domini. Ego Florentia et ego, Aladaic, filia ejus, et vir meus, Raimundus Lobados, donamus Deo et sancte militie Templi Salomonis Iherosolimitani, duas vineas nostras quas habemus in terminio Sancti Vincencii Carcassone : una est in honore Guillelmi Mancip, de qua datur ei quartus, et est in loco quem vocant Proer et affronta de altano in reg, de meridie in vinea Bernardi Sutor, de circii in vinea Pascalis, de aquilone in alia vinea nostra, quam tenemus de Pontio Ferrol ; altera vero vinea est ad prad Aldebran, in honore Bonisach judei, qui fuit filius de Gaviol, cui datur quartus de ipsa vinea, et affronta de altano et de aquilone in reg, de meridie in vinea Raimundi Cavaler, de circi in vinea Pontii Umberti et in vinea Guillelmi Bonel. Quantum infra omnes predictas affrontationes habemus et habere debemus, totum sine omni retinentia nostra Deo et sancte militie predicte et vobis, ministris ejus, *(fol. 108)* Petro de Rueria et Ugoni de Betiano et Berenguario de Rueria ceterisque confratribus vestris, presentibus atque futuris, donamus et laudamus omnimodisque concedimus ad habendum ac possedendum vestramque voluntatem perpetim faciendum, et ut quartum inde predictis senioribus donetis, sicut nos facere solemus, et sic ista carta firma et stabilis permaneat omni tempore, sine inguanno.

$ domni Guillelmi Mancip, cujus consilio predicta vinea de Proer data est, et sic istam cartam firmavit. $ Bonisahc predicti, cujus consilio vinea de Prato Aldebran data est, et sic istam cartam firmavit. $ Pontii Ferrol. $ Raimundi de Sorezeno, diaconi. $ Osmundeti diaconi. $ Florentie predicte et filie ejus, Aladaic, et viri sui, Raimundi Lobados, qui sic istam cartam firmaverunt et quorum jussione eam scripsit Guillelmus Adaulfi jussuque predictorum Guillelmi Macip et Bonisach judei, anno millesimo C.XL.II incarnationis dominice, XV kalendas decembris, feria III, regnante Lodovico rege.

CCLXXVII

1142, mardi 17 novembre.

Copie du XIIe *s.* : Toulouse, Arch. dép.

Fonds de Malte, *Cartul. A de Douzens*, ch. 148, fol. 108ro-108vo.

In nomine Domini. Ego Florentia et ego, Aladaic, filia ejus, et vir meus, Raimundus Lupados, donamus Deo et sancte milicie Templi Salomonis Iherosolimitani, unam vineam nostram in honore Bernardi de Cancto ad ipsam celatam, in terminio Sancti Vincentii Carcassonne ; et ipsa vinea affronta de altano in vinea infantum Mor de Boo a meridie in via, de circio in terra Sancte Marie et in terra Bernardi de Villaldicui de aquilone in vinea Pontii Bels et nepotum ejus. Quantum infra istas affrontationes nos habemus et habere debemus, totum sine omni retinentia nostra Deo et sancte pre- *(fol. 108vo)*dicte militie et vobis, ministris ejus, Petro de Rueria et Ugoni de Beciano et Berenguario de Rueria ceterisque confratribus vestris, presentibus atque futuris, donamus et laudamus omnimodisque concedimus, ad habendum ac possedendum vestramque voluntatem perpetim faciendum, et ut quartum inde predicti seniori donetis sicut nos facere solemus, et sic ista carta firma et stabilis permaneat omni tempore, sine inguanno.

$ Bernardi de Caneto, cujus consilio hec vinea data est, et sic istam cartam firmavit atque laudavit. $ Florencie et filie ejus, Adalaic, et viri ejus, Raimundi Lobados, qui sic istam cartam firmaverunt. $ Pontii Ferrol. $ Raimundi de Sorezeno, diaconi. $ Osmundi diaconi. Bernardus scripsit vice domini sui, Guillelmi Adaulfi, istam cartam dictantis, cui predicte Florencie et Aladaic et Bernardus de Caneto sic istam cartam scribere jusserunt, anno millesimo C.XLII. incarne dominice, xv kalendas decembris, feria III, regnante Lodovico rege.

CCLXXVIII 1142, jeudi 26 novembre.

Copie du XIIe s. : *Cart. de Richerenches*, fol. III.

Edité : Mis de Ripert-Monclar, *op. cit.*, n° 185, p. 161

G(IRAUDUS) PIGMAUS.

In nomine Domini. Ego, Giraudus Pigmaus, et ego, Marchesa, uxor ejus, propter Dei timorem et remissionem peccatorum nostrorum, domino Ihesu Xpisto et beate Marie, genitrici ejus, et fratribus Templi Salomonis, presentibus et futuris, et domui de Richarenchis, et tibi, Hugoni de Panaz, et fratribus in ea nunc et semper degentibus, donamus nostram partem de tasca et decimam de Brento, sicut laboratus domus supradicte et donum habere videtur et intelligitur. Hoc facimus et donamus sine fraude et sicut habemus vel habere per ullam vocem aut rationem intelligimus. Hoc vere prebemus in manus tuas, Hugo de Panaz, et super textum evangelii, sicut tu intelligis et intelligere putas, et fratres qui tecum degent in eadem supradicta domo. Ad hujus decime et tasce donationem et laxationem interfuerunt Rotbertus Ioves de Montilio, qui etiam propter hanc donationem XV. solidos dedit nobis karitative, et alii plures de fratribus Templi. qui sic nominantur, Berengarius de Villa Nova, W(illelmus) Francigena, Rostagnus capellanus et frater Nicolaus presbiter, Bernardus de Boazono, qui claviger et bajulus erat domus supradicte, Imbertus de Sauzeto et frater Radulfus et frater Lambertus et frater Geraldus de Monte Securo, Poncius Berenguerii, Giraus Dalmaz de Sancto Restituto, anno M°.C°.XL.II., mense novembris, feria V. luna V.

CCLXXIX 1142, jeudi 26 novembre.

Copie du XIIe s. : *Cart. de Richerenches*, XXVIII, fol. 16.

Edité : Mis de Ripert-Monclar, n° 21, p. 30-31.

GAUCELMUS PIGMANS DE VALRIAZ DEDIT PARTEM SUAM DE DECIMA ET TASCHA DE BREMTO DEO ET MILITIBUS XPISTI.

In nomine Domini. Ego, Gaucelmus Pigmaus de Valriaz, propter Dei timorem et remissionem peccatorum meorum, domino Ihesu Xpisto et beate Marie genitrici ejus et fratribus Templi Ierosolimitani, presentibus et futuris, et domui de Richarencis et tibi, Ugoni de Panaz, et fratribus in ea nunc et semper degentibus, dono meam partem de tascha et decima de Bremto, *(fol. 16v)* sicut laboratus domus supradicte et donum habere videtur et intelligitur. Hoc facio et dono sine fraude et sicut habeo aut habere per ullam vocem vel racionem intelligo. Hoc vere prebeo in manus tuas, Ugo de Panaz, et supra textum euvangelii sicut tu intelligis et intelligere putas, et fratres qui tecum degent in eadem supradicta domo. Ad hujus decime donacionem et laxacionem interfuerunt aliqui de fratribus Templi, qui sic nominantur : Ugo supradictus, Berengarius de Villa Nova, Willelmus Frantigena, Rostagnus capellanus, frater Nicholaius presbiter, Bertrandus de Boazono, qui claviger et bajulus inerat domus supradicte, Imbertus de Sauzeto et frater Rodulfus et frater Lanberius. Ad hec interfuit Geraldus de Monte Securo, Poncius Berengerii, Geraldus Dalmacii de Sancto Restituto. Fuit hec dacio facta anno M°C°XL°II° mense novembrio, feria v, luna v^a. Videntes autem Ugo de Panaz et fratres necessitatem et paupertatem hujus hominis, pro Deo et in caritate prebuerunt ei quibus se adjuvaret x solidos, per Ihesum Xpistum, amen.

CCLXXX

1142, 1er décembre.

Copies : du XIIe s. : Madrid, Arch. Nac., *Cartul. B.* 595, fol. 141, n° 366; du XVe s. : ibid., *Cartulario Magno*, II, fol. CVI^{vo} d'après l'original « partida es por a. b. c. et son y todas las letras hasta lo y. » — (Les variantes du *Cartulaire Magno* sont signalées en note.)

DE ABENIMENTO QUOD FUIT INTER FRATRES ET MONACHOS SANCTE CRUCIS ET FILIOS DE SUBIANO.

In Dei nomine. Hec est carta de advenimento [1] que fecerunt inter don Audardus fr. [2] et fr. Raimunde Bernard [3] et alii fratres socii eorum [4], cum don Fuas et aliis monachis de Sancta Cruce de Tutela et cum illis filiis de Subiano de illas casas et de illa hereditate que fuit de ille comite Perticensi in Cesaraugusta, sit de illis senioribus de Templum Salomonis [5] illo majore palatio cum toto illo corrale que tenet usque ad murum civitatis. et de monachis [6] de Sancta Cruce et de filiis de Subiano illas alias casas cum toto suo corrale; et habeant totam illam hereditatem per medium illi [7] de Templo et illi de Sancta Cruce cum filiis Subiano [8] pariter. Et si quis ex illis voluerit [9] vendere pars sua [10] scire fecisset ad omnes successores suos qui ibidem participent et per XII deners dedisset minus unusquisque ad alium altrum. Testes sunt dompnus Gilelmus [11] prepositus et Gabinus Navarron, Petrus [12] Martinus de Escalrone, Sancius Galindeç [13] reposlero, Sanç Sanç Alcade [14]. Facta [15] kalendas decembris, era M^a.C^a.LXXX^a.

CCLXXXI

1142, mercredi (2-30) décembre, Arles.

Original : Rodez, Arch. dép. H., fonds de Malte (La Clau, n° 1). — Texte en langue vulgaire (*ibid.*, n° 2).

Textes communiqués par M. l'abbé Verlaguet (n° 2 et n° 3 de son *Cartulaire*).

✠ IN Dei omnipotentis nomine. Notum sit cunctis tam presentibus quam futuris quod ego Radulfus Guillermi

Breu que fez Raolf Guillelms quant si donet a Deu et alz cavalleirs del Templo.

Variantes : 1. advenimiento. — 2. omis. — 3. Raimundus Bernardus. — 4. de illo Templo. — 5. illo Templo — 6. et sit de illis supradictis senioribus — 7. illi seniores de illo Templo divisam cum illis seni ribus de sancta Cruce et. — 8. de Subiano. — 9. aliquis illorum volebat. — 10. suam partem, fecisset sine aliis et minus XII. drs. vendidisset unus alteri quam ulli homini. — 11. Vilelmus. — 12. et Petrus — 13. Galindez. — 14. Alcadio. — 15. Facta carta.

de Tross[i]to, in mea salute et recta memoria, pro remissione peccatorum meorum et pro remedio animę męę et animarum patris mei et matris męę, pergens Iherosolimam Dominicum visitare sepulcrum, dono et offero domino Deo et beatę Marię et fratribus milicię Templi Salomonis Iherosolimitani, presentibus et futuris, quamdam porcionem honoris mei : dono siquidem predictis fratribus Templi ipsas mansiones de Segur meas cum toto curtile, et meam mansionem de Colle, et ortum de Castello veteri et totum quicquid habeo et habere debeo in villa de Colna et boscum de Colna et totum quicquid habeo et habere debeo in villa de Madignago et totum quicquid habeo et habere debeo ad Podjetum et tres partes de Croso, et mansum de Gabrellago. Dono etiam Deo et predictis fratribus Templi mansionem meam de Creissello de plano cum toto curtile, et campum de Melacco, quem recuperavi de Bernardo Amato, et vineam Meitadencam, quam tenet Ugo Geiraldi, et prata de Perolz, et si mansus vastiebatur, lo careg de XII. Raimondencos ; et in Montelletis, unum primum cum ausso ; et in molendino de Foisac, XII denarios ex melioribus qui discurrerint Ruteni, et desgranado cum multura quam donent ; et cum crepaverint paxeriam, debent hoc mandare illi qui tenuerit istam bajuliam ; et unos molendinos ad suum dominium construendos in boscho de Colna ; et in ipsa villa de Colna, I mansum de feudo et de alodio, et donat censum IIII solidos Raimundencos et I moltonem et I agnum et arbergum ad messes cum quinque militibus et alium ad calendas et XII garbas et II sextarios de civada et ad servientem I arbergum cum duobus hominibus et I sextarium annone et I aussum de lana ; et in ipsa eadem villa, alium mansum de alodio et donat censum sextarios II. de civada et I agnum et VI denarios Raimundencos per carreg et VI. garbes et ad servientem I arbergum cum duobus homi-

E donet i las maisos da Segur e tot lo cortil,
e la maiso dal Col, e l'ort dal Castel Veil, et tot quant a eg Colna, el bosc de Colna ;

e tot quant a e Madinnag ;
e tot quant a el Pojet ;
e las tres partz del Cros ;
el mas de Gabrellac.
E donet i la maiso da Creisel del pla, e tot lo cortil el camp da Melac, que tornet d'en Bernart Amat ;
e la vinea meitadegca que te Ug Guiralz ;
elz pratz de Perolz, e sel mas vestia, lo carreig XII deneirs Raimondegz ;
et e Monteilletz, I prim ab laus ;
et el moli de Foisac, XII den. delz meillors que corrau a Rodes, e la desgranado ab la moldura que do, e quan crebarau la paiseira, devon o far saber ad aquel que tenra aquesta bailia ; e l'us molis a so conderzer el bosc de Colna ;

e la villa de Colna I mas de feu e d'alo, et ai IIII sols Raimondegz et I molto et I agnum el arberga meissos, ab V cavalleirs et altre a kalendas, e XII. garbas, e II sesteirz de civada, et a sirvent I arberg ab II homes, et I. sesteir d'anona et I aus de lana ; et en ꞔeusa la vila, altre mas d'alo, et ai II sesteirz de civada et I agnum e VI den. Raimondegz per carreig, e VI garbas, et a sirvent I arberg, ab II homes, et I sesteir d'anona et I aus de lana ; et en eusa la vila, l'apennibus et I sextarium annone et I aussum de lana; et in eadem villa, ipsam apenderiam, quam tenet Girbertus Rufus, et donat IIII denarios Raimundencos et quartum; et in ipsa eadem villa, in alia apenderia, III denarios Raimundencos; et in Madignaco, I mansum de alodio, et donat XII. sextarios de annona de taberna et I arbergum cum V militibus, et XII garbas et III gallos et ad servientem I arbergum cum duobus hominibus et I ausum de lana et I sextarium de anona; et in ipsa vila, in alio manso, qui fuit feudum Rainonis de Amilavi, II sextarios de civada et VI. denarios Raimundencos de carreig et II agnos et VI garbas; in Podjeto, I. mansum de feudo et de alodio et donat porcum de VI. denariis Raimundencis et I. moltonem et I agnum et VI. denarios Raimundencos de carreig et VI denarios Raimundencos ad calendas et II sextarios de civada et II pecias de carn, oss et espanlam, et II panes; mansum de Croso per alodium et III partes de quarto et de I agno III partes et VI denarios Raimundencos de carreg: Ugo Garnerius debet tenere de Guillermo de Trossit ad feudum quartam partem de quarto et de agno; mansum etiam de Gabrellag de feudo et de alodio et donat cesum IIII. solidos et I agnum. Totum supranominatum honorem dono et offero domino Deo et fratribus milicię Templi per francum alodium, presentibus et futuris, et totum quicquid ibidem habeo et habere debeo ego, Radulfus Guillermi predictus, ad habendum et possidendum suamque voluntatem perpetim faciendum absque mea meorumque successorum aliqua inquietudine. Et ego, Ricardis, uxor Radulfi Guillermi predicti, ut Deus omnipotens dimittat michi et parentibus meis omnia peccata nostra, dono et offero domino Deo et fratribus milicie Templi, presentibus et futuris, duos mansos in ipsa Cossagna, quos dedit michi pater meus, quartum scilicet et I agnum et prata, et si mansi fuerint vestiti, dono eis censum qui

daria que teg Gitbertz Ros, IIII den. Raimondegz, el quart;

et en eusa la vila, en altra apendaria, III den. Raimondegz; e Madinnag, I mas d'alo, et ai XII sesteirs d'anona de taverna et I arberg ab V cavalleirs, e XII garbas, e III galz, et a sirvent I arberg ab II homes, et I aus de lana, et I sesteir d'anona; et en eusa la vila, en altre mas que fo feus d'en Raino d'Ameillau, II sesteirz de civada e VI den. Raimondegz de carreig e IIes agnos e VI garbas; el Pojet, I mas de feu et d'alo, et ai I porc de VI. den. Raimondegz et I molto et I agnum e VI den. Raimondegz de carreig e VI den. Raimondegz a kalendas e II sesteirz de civada e II pezas de carn, os et espatla, e II panes; lo mas del Cros ad alo e las tres partz del cart e d'un agnel las tres partz e VI. den. Raimondegz de carreig: Ug Garneirs deu tener de Guillem de Trossit a feu la quarta part del cart et de agno; lo mas de Gabrellac de feu et d'alo, e dona de ces, IIII sols et I agnum.

E Ricartz, uxor sua, dona a Deu et alz cavalleirs del Temple IIes mas e La Cassainna, queil donet sos paire, lo cart et I agnum, elz prats e sil mas ero vestit, lo ces que sona e las cartas de so fraire. E il seinnor del Temple sonat in cartis fratris mei. Et istam donacionem quam Ricardis, uxor Radulfi Guillermi predicti, donat Deo et fratribus Templi, laudo et auctorido ego, Becco de Veireires et ego, Ugo de Seveirag, frater ejus, in manu Poncii de Luzencione, fratris milicie Templi, sine omni enganno et sine omni reservacione, sine retencione quam ibi non facimus, preter censum nostrum ; et si de aliis adquirere potuerint fratres Templi, donamus eis ipsum censum nostrum. Hanc supradictam donacionem facio ego, Radulfus Guillermi predictus, per me et uxorem meam, Ricardim predictam, in manu Petri di Roveria magistri, in capitulo Arelatensi, videntibus et audientibus fratribus Ugone de Besciano, Petro de Arcaz atque Poncio de Ludencione multis que aliis. Testes et videntes hujus donacionis sunt isti : Becgo de Creissel et Rigaldus de Compeire et Sicardus de Vedigno, et Raimundus Guillermi de Monte Ferrario et Ademarus Guillermi, et Ugo Guillermi et Raimundi Petri.

Scripta fuit hec carta anno Dominico M°.C°.XL°.II°., in mense decembrio, feria IIII°., regnante Leudoico rege. Rogatus et jussus a Radulfo Guillermo predicto pro se et uxore sua, Ricardi, predicta Petrus Magalati scripsit.

au la presa a Deu merce et a la lor que l'aiudo a capdellar aqui ond ad ella plazera en Iherusalem e per la via servidor. Et aquest do laudet Bec de Veireiras ad Deum et alz cavalers del Temple, ella ma Ponzon del Ludenzon ;

e ssé delz altres o podo cogquerre, dona lor Bec de Veire[iras] la sua radon.

§ Bec de Creissel, e Raolf Guillelms, e Rigalz de Comppeire, et Ugo de Sseveirac, suus frater, donet o tot per ipsam covenenza.

CCLXXXII

1142, mercredi 9 décembre.

Copie du XII° s. : Toulouse, Arch. dép., *Cartul. A de Douzens*, ch. 42, fol. 82°.

In nomine Domini. Ego, Petrus de Auriac, et uxor mea, Aelmus, et filius noster, Bertrandus, bona fide et sine dolo, ut Deus dimittat nobis peccata nostra, donamus et offerimus in perpetuum domino Deo et beate Marie et militie Templi Salomonis Iherosolimitani et tibi, Ugoni de Besciano, ejusdem militie fratri, et Pontio de Valle, ipsos cabedacs molendinorum vestrorum de Dozencs, quos jam contruxistis in fluvio Aude, qui cabedacs predicti adherent honori de Blumato, qui tenetur de nobis per feudum. Ita quoque fatimus vobis, fratribus predicti Templi, Ugoni de Besciano atque Poncio de Valle, istam supradictam donationem, ut vos et successores vestri ipsos cabedacs in eo loco ubi modo firmati sunt, si vobis placuerit, semper habeatis, et si eos cabedacs mutare volueritis in ipso honore nostro ubicumque volueritis plenam in perpetuum potestatem habeatis. Simili modo concedimus vobis la[u]damus et auctorizamus illam adquisitionem quam per donationem seu per comparationem fecistis, sive deincebs aliquo modo fatiet[is] de ipsis cabedacs, de illis scilicet hominibus qui ipsum honorem per feudum tenent de nobis. Testes et videntes hujus donationis sunt : Ialber[tus] de Auriaco et Raimundus Amelii et Arnaldus de Solatge et Raimundus de Solatge et Rainardus de Novellis.

Scripta fuit hec carta anno Dominice M.C.XL.II, v idus decembris, feria III, regnante Lodoico rege. A Petro de Auriaco mandatus, Petrus scripsit.

CCLXXXIII

1142, 10 décembre.

Original : Barcelone, Arch. Cor. Arag., R. Bereng. IV, perg. 144. — *Copie* du XIIIe s. : *ibidem.*

In Xpisti nomine. Ego, Bernardus Oriol, dono domino Deo et milicie Templi Ierosolimitani et suis in u[na pecia terre fr]ancha vitis et arboribus complantata, tascham de pane et quartum de vino pro remissione anime meę et [parentum meorum]. Est autem pecia ista in Ausono comitatu in parroechia Sancti Andręę de Gurbo, in loco vocitato Cona[mina], subtus domos Petri Berengarii fabri. Affrontat hec pecia ab oriente in alodio Geralli Mironis de prato qui fuit et filiorum ejus; de meridie in alodio mei donatoris, ab occidente in alodio Petri Berengarii rivi petrarum et Alamanni, fratris ejus, a parte vero circii in trilia Petri Berengarii fabri. Quod est actum III idus decembris, anno VI regis Ledovici junioris. SIG✠NUM Bernardi, qui hoc donum facio et firmo firmarique rogo. SIG✠NUM Berengarii Arnalli de Serra. SIG✠NUM Petri Berengarii fabri. SIG✠NUM Berengarii Cocti. SIG✠NUM Petri Amati de Iovello. SIG✠NUM Raimundi Oriol. SIG✠NUM Ermessendis, matris ipsius Bernardi donatoris.

Guillelmus diachonus qui hoc scripsit die et anno ✠ quo supra.

CCLXXXIV

1142, 28 décembre.

Original : Barcelone, Arch. Cor. Arag., R. Bereng. IV, perg. 146.

Omnibus sit manifestum quod nos, fratres Berengarius et Petrus et Poncius de Fonolar, damus domino Deo et fratribus milicie Iherosolimitane Templi Salomonis totam nostram hereditatem et vocem quam jure paterno habemus vel habere debemus in parroechia Sancti Vincentii de Iuncheres, in diversis locis. Est autem nostra prefata hereditas, honor, domos, mansos, terras et vineas, cultum et heremum cum ruuiris et albaredes, cum arboribus diversi generis, in comitatu Barchinonę, in Vallense, infra jamdictam parroechiam Sancti Vincentii, in eadem villa de Iuncheres sive in aliis diversis locis. Habet namque prefatus noster honor terminos et affrontationes ab oriente ipsam rieram Rivopolli, a meridie ipsam Garrigam, a circio alodium comitis Barchinonensium, ab occiduo ipsam stratam mercatariam. Quantum infra istas quatuor affrontationes jure paterno tenemus et possidemus et habemus vel habere debemus per omnes voces, cum ingressibus et egressibus integriter, ut dici vel intelligi potest melius, ad utilitatem ejusdem milicię totum de nostro jure in dominium et potestatem omnipotentis Dei et fratrum sepedictę milicię, tradimus ad suum proprium alodium, secure et quiete ac potentialiter in sana pace perpetuo possidendum, sine ullius contrarietatis obstaculo, ad quod exinde facere voluerint fratres sepedictę milicię, ad utilitatem ejusdem domus. Accepimus namque pro hac donatione de bonis jamdictę milicię, de manu Petri de Arzag[1], fratris ejusdem milicię moabitinos XXX[a] bonos marinos et melechinos in auro sine engan. Si quis hoc disrumpere vel

1. *Le nom avait été laissé en blanc, puis a été écrit d'une autre encre.*

inquietare presumpserit nil prosit set supradicta omnia, cum omni sua melioratione prefatę milicię et fratribus in quadruplum componat et insuper hec presens nostre donationis scriptura omni tempore maneat firma. Que est acta in Barchinona v. kalendas januarii, anno VI regni Lodoyci junioris. SIG✠NUM Berengarii Fonolar; S✠ Petri de Fonolar; S✠ Poncii de Fonolar, nos qui hoc laudando firmamus firmarique rogamus. S✠ Poncii de Fonolar, cusini eorum. S✠ Guillelmi Berengarii de Fonolar; S✠ Raimundi Bermundi de Lupicato; S✠ Oliviari de Tuguriis; S✠ Dalmacii de Baiona; S✠ Ermessendis, matris predictorum fratrum de Fonolar, que hoc laudat et confirmat; SIG✠M Guillelmi, sacerdotis; SIG✠M Petri presbiteri, qui hoc scripsit, die et anno quo supra.

CCLXXXV [1142—1163.]

Copie du XVIIIe s. : Paris, Bibl. Nat., dom Grenier, vol. 255, fol. 221.

Edité : Duchesne, *Généalogie de Guines*, preuves, p. 94.

Analysé : D. Haigneré, *Les chartes de Saint-Bertin*, t. I, n° 208 (d'après le *Grand Cartulaire* de D. Dewitte, t. I, n° 191, p. 279), avec la date : 1150 environ.

In nomine Patris et Filii et Spiritus sancti, amen. Ego, Arnulfus, Dei gratia Gisnensium comes, domni [1] Leonii, Sancti Bertini venerabilis abbatis, reverentia provocatus et dilecti nostri domini Hostonis, Templarii, consilio cohortatus [2], pro amore Dei et salute anime mee, homines sancti Bertini in comitatu meo apud Scales constitutos tali lege liberos esse decrevi, ut scilicet pro fressenga duos solidos et sex denarios persolvant, et deinceps ab omni exactione liberi permaneant. Ut autem hoc inconvulsum persistat, et nequaquam ab aliquo successorum meorum infringi valeat, donationem meam scripto confirmavi et subscriptarum personarum testimonio insigniri feci. SIGNUM domni [3] Leonii, abbatis. SIGNUM Hostonis. SIGNUM Arnulfi [4] de Ardes. SIGNUM Rainyeri, elemosinarii [5], SIGNUM Amilii, monachorum [6], et aliorum quamplurium venerabilium virorum.

CCLXXXVI [1142—1164.]

Copie du XVe s. : Paris, Arch. Nat., S 4969, n° 19, c. 11^e n° de la 1re liasse, de Baugy et Corval, fol. 1.

Philipus (*a*) Baiocis eclesie minister, omnibus tam presentibus quam futuris salutem. Quecumque ad eternitatem perdurare et quamdiu duraverint, auctoritatem habere volumus, ea scribendo memorie commendamus et sigilli nostri auctoritate roboramus. Eapropter memorie sempiterne commendamus quod Vuillermus de Similliaco pauperibus militibus de Templo feodum, quod Tustinus de Ruseio de eo apud Similliacum tenebat, per manum nostram in Baiocensi ecclesia, in elemosinam liberam, absolutam ab omni servicio et ab omni auxilio, donavit. Astantibus ibidem Unfrido archicapellano nostro, Ricardo Baiocensis ecclesie succentore, Rogero de Avreio clerico notario nostro, Roberto de Sancto Remigio, Vuillermo de Similliaco predicti Vuillermi filio, Nigello de Baiocis, Tustino de Ruseio qui predictum feodum predictis militibus concessit habendum, Ricardo de Baiocis.

(*a*) Philippe, évêque de Bayeux, 1142 † 7 fév. c. 1164.

Variantes dans Du Chesne : 1. domini. — 2. exhortatus. — 3. domini. — 4. Arnulphi. — 5. Rainegeri elemosynarii. — 6. monachi.

CCLXXXVII 1142/3, (1—31) janvier.

Original : Marseille, Arch. dép. H¹ 117 (Pézenas).

In nomine Domini. Ego, Poncius Tellanus cum laudamento matris mee per me et per meos, per fidem et sine enganno et cum voluntate bona, vendo in castro Marcelliano, in manso quod fuit Poncii Deodati, domum unam cum omnibus pertinenciis suis et cum introytu et exitu suo. et eam venditam solvo et guirpio sine toto retenimento Deo et milicie Templi Iherosolimitamitani *(sic)*, cunctis scilicet confratribus qui in congregatione sive conventu milicie predicte modo sunt vel adhuc erunt, ad alodium et per alodium, totam videlicet domum integriter sicut michi per patrem meum pertinet, totumque id quod in manso predicto habeo vel habere debeo. Et hanc vendicionem atque solutionem predictam ego Poncius Tellanus sic facio et afirmo quod ullus homo vel femina proximus vel alienus nullo modo possit eam engannare nec contradicere in perpetuum. Vendicio autem et solucio hec predicta facta fuit in manu Ugonis de Becyano, qui de helemosinis domus caritative milicie predicte Templi dedit Poncio Tellano xxx° solidos Biter(rensium). Solucio vero et vendicio hec predicta facta et laudata fuit in presentia Poncii Andree presbiteri, et Guillelmi de Maiano presbiteri et Bernardi capellani et Raimundi Bec et Raimundi de Marcelliano, anno Domini M°C°X°LII° pacta III°, mense januarii, rege Lodoyco. Iussu Poncii Tellani Bartolomeus scripsit.

CCLXXXVIII 1143, (1er janvier—31 décembre).

Original mutilé : Lisbonne, Arch. da Torre do Tombo, gav. 7, maç. 10, n° 6 ; *copie* du xv° s. : *ibid. Libro dos Mestrados*, fol. cxxxvi. Cf. *Malta Nuova*, I, p. 62 note.

In nomine Patris et Filii et Spiritus sancti, atque individue sancte Trinitatis. Ego Menendus Moniz et o uxor mea Disalviz, precogitantes extremum diem obitus nostri, sencientes pondus peccatorum nostrorum, gratis pro [remissione] eorum, ac pro salute animarum nostrarum, damus pauperibus militibus militie Templi Dei et Salo[monis constit]utis in Iherusalem pro defensione sancti Sepulcri Ihesu Xpisti, nostri redemptoris, atque concedimus mediam par[tem nostre hered]itatis que nominatur Ordinis, ita ut habeant potestatem faciendi ex ea quiquid voluerint [ita ut nullus predeces]sor vel heres in ea interrogare possit, sed firmiter milites supradicti habeant et possideant; [et nullus h]omo, propinqus noster vel extraneus, hoc factum nostre donationis vel confirmationis inrumpere templa[verit, sit maledict]us atque excomunicatus cum Iuda proditore in profundum inferni permaneat; et ipsi habeant heredita[tem supradi]ctam cum suis locis, terminis novis et antiquis, longinquis et propinquis. Et ut hec elemosina nostra et carta rata et stabi[lis in] perpetuum permaneat, cum signo crucis de nostris manibus propriis confirmamus, et in manus tuas, frater Ugo de Martonio, eam tradimus; et quando finis mea pro nutu Dei advenerit, jubeo dare fratribus [T]empli equum unum et loricam et alia arma que decent militi, excepto ea que debeo regi. Era M°C°L°XXX°I° ✠ ✠. Pro testes : Didacus Gundisalviz testis ; Arnaldo Destoles testis ; Egas Osoriz testis.

CCLXXXIX 1143, (1er janv.--31 décembre).

Copie du XIIe s. : Madrid, Arch. Nat. *Cartul.* B. 595, fol. 95, n° 269.

Hec est carta quam facio Petro sacerdos a Deo et ad illo Templo. Venit voluptas mea, et sic vendo ad vobis, fratres de illo Templo, medio kasal in Funes, qui est Palar et per tres solidos de dineros. Xicho, filio de Iohans Molinero, fidanza; don Enecho, filio de don Franco, testimonia, Petro Belio testimonia, Talaferr, Fertunio filio Domincos, Ioanes Ortiz, ierno de don Sancio, Fertun Paschal. Xemen Paschal, suo frater, testes sunt istos. Facta ista carta in era M°C°LXXX°I°, regnante rex Garcia (*a*) in Pampilona et in Totela, Sancio Rodricho avarcha in Funes.

CCXC 1143, 5 janvier.

Original : Barcelone, Arch. Cor. Arag., perg. 147, R. Bereng. IV.

Cunctorum noticie significetur qualiter ego Guillelmus Berengarii de Fonolaro, et uxor mea, Ermessendis, bono animo et mente voluntaria, damus et offerimus Deo et milicie Templi Ierusalem, totam illam partem nostram et nostrum directum quod habemus vel quolibet modo habere debemus in omni alodio quod cum fratre meo Raimundo Bermundi et aliis meis parentibus habemus infra terminos parroechiarum Sancte Perpetue de Mogoda et Sancte Marie de Antiqua et Sancte Marie de Barberano et Sancti Stephani de Ripolleto et Sancti Petri de Rixacho. Quicquid infra prefatas parroechias habemus vel quolibet modo habere debemus vel in antea habituri jure hereditario sumus, integriter et sine obstaculo donamus Deo et jamdicte milicie Templi Ierusalem et de nostro jure in ejus jus et dominium et potestatem presencialiter tradimus jure perpetuo habendum et possidendum sine ullo retentu. Quicumque hoc violare presumpserit predicta omnia in duplo componat et in antea hec donatio firma permaneat omni tempore. Que est acta nonas januarii, anno VI Ledoyci junioris. SIG✠NUM Guillelmi Berengarii. SIG✠NUM Ermessendis, uxoris ejus, nos qui hoc donum facimus et firmamus et testes firmare rogamus. SIG✠NUM Bernardi, eorum filii. SIG✠NUM Poncii de Fonolaro. SIG✠NUM Bertrandi Mali Torrentis. SIG✠NUM Guillelmi de Podio Alto. SIG✠NUM Petri Poncii de Falcs. Arnallus (*b*) Barchinonensis episcopus ✠.

Poncius levita scripsit hoc die et anno ✠ quo supra.

CCXCI 1143, 6 janvier.

Original : Lisbonne, Arch. da Torre do Tombo, gav. 7, maço 12, n° 1. — *Copie* du XVe s. : *ibidem*, Livro dos Mestrados, fol. CVIII.

In Dei nomine. Ego, Aldefonsu Venegas et uxor mea Eldara Petrici, placuit nobis per bona pacis et voluntas et propria nostra voluntate, ut faceremus testamentum ad militem Templi Salomonis, de propria nostra hereditate quem habemus in villa quos vocitant Kanelas, discurente rivulo Pavia, terretorio Alvarenza, quo modo ex parte

(*a*) Garcia, roi de Navarre, 1134 † 1150. — (*b*) Arnaud, évêque de Barcelone, 1138 † (Rome) mars 1143.

Con Arouka, et per rivolo Malo, et per Sancti Martini de Speluoka, et per Pavia. Damus eam ad militem Templi Salomoni, pro remedium anime nostre, cum suis prestationibus et locis novissimis et antiquis, per ubi illa potueritis invenire, cum quantum in se obtinet et apreestitum hominis est, ut habeant inde servi Dei temporalo subsidium. et ante Deum premium inconvulsum, ita ut, de hodie die vel tempore, de jure nostro sit abrrasa, et in judicio supradicta ecclesia sit tradita adque confirmata sitam stabilire minime promittimus sed istam solando in eternum servire mandamus. Neminem vero promittimus ex propinquis vel extraneis neque nullu genus umanum ibi aliqua inruptione facere, aut ista scriptura violare; quod si fecerit et hunc factum nostrum inrrumpere tentaverit, sit maledictus et anatematizatus, et ad finem non accipiat comunionem, et, cum Iuda traditor, sit dimersus in profundum inferni. Facta karta testamenti, notum die quod erit, VIII idus januarii, era M·C·LXXX·I·. Ego Aldefonsu Venegas et uxor mea Eldara Petrici, in hunc testamentum manus nostras roboramus. Qui preses fuerunt : Gomete testes, Egas testes, Petro testes, Bernaldus (a) episcopus, Menendus presbiter notuit.

CCXCII

1143, (1er-28) février.

Copie du XIIe s. : Madrid, Archivo Nacional, *Cart. B* 596, fol. 32vo-137, n° 93.

De quinta parte de Alcoçeia Domingo.

In Dei nomine, hec est carta de memoria. Ego, Domingo Perdiger et ego Ferrerius de Benevar, simul cum Iohannes Medico et Garcia d'Oiarda et don Almorabet, damus Deo et fratres Templum Salomonis Iherosolimis, illam quintam partem de Alcocea, de populato et heremo, extra medianam covam quam dedimus fratri nostro Iohannes Medico. Damus hoc pro animas nostras vel parentum et matrem velanimabus parentum nostrorum et omnium fidelium defunctorum. ut habeatis et possideatis vos et omnis vestra posteritas, per cuncta secula amen, salvum istum donativum et liberum. Post istum donativum, similiter concedimus vobis omnes unoquoque anno singulos arones de tri et singulos de ordeo similiter, et omnes populatores qui ibidem venerint populare similiter, et de açemas quod tenemus inde accipiatis, ubicumque volueritis in nostro termino. Sic omnes laudamus et confirmamus. Item Domingo Perdiger, si filii mei voluerint possidere istam hereditatem, post obitum meum, donent, unumquemque annum, pro anima mea 1 kl. tri. Sunt testes : Gilelmus sacrista, Gabin sancti Salvatoris, don Bernard abbas de Pina, Galin Garceç Gringnon, regnante comes (b) Barchinonia in Arago, in Çaragoça, episcopus Bernardus (c) in eadem civitate, Atto Sanç justitia ibidem, Artald in Alaon, Garcia Ortiç in Pina, Lop Sanç in Belchit. Facta carta in manu Raimundo Bernard fratri, *(fol. 137)* mediante februario, anno quo cecidit in aqua illa Alcantara et rex G(arsias) (d) currit Çaragoça, era M.C.LXXX.I.

(a) Bernard, évêque de Coïmbre, 1128 † 1147. — (b) Raymond Bérenger, comte de Barcelone, 1131 † 6 août 1162. — (c) Bernard, évêque de Saragosse, 1139-1152. — (d) Garcia, roi de Navarre, 1134 † 21 novembre 1150.

CCXCIII [1143], jeudi 4 février.

Copies du XIIe s. : Paris, Bibl. Nationale, *Cart. de Roaix*, fol. 38 r°; Avignon, Arch. dép., *Cart. de Roaix*, fol. 51.

Édité : Ul. Chevalier, *Cartul. des Hospitaliers et des Templiers*, p. 65, n° 107, qui date 11 février 1137.

HEC EST CARTA DE P(ETRO) VANELLA[1].

Notum sit omnibus hominibus tam presentibus quam futuris quoniam nos pariter, ego Petrus Vanella et Isnardus, frater meus, pro salute animarum nostrarum et parentum nostrorum, bona voluntate et devoto animo concedimus et, sine omni retenimento, perpetuo laudamus quicquid juris habemus in eo quod milites Templi Salomonis in territorio acaptaverunt[2] *(fol. 38 v°)* de Roais, sicut coheredes nostri concesserunt illis, ita et nos concedimus ; si autem aliquis de progenie nostra hanc donationem[3] irrumpere temptaverit, nisi ab incepto tessaverit[4] divinam ultionem[5] protinus sentiat[6] et ab omni nostra hereditate alienus fiat, et factum nostrum inconcussum semper remaneat. Hanc donationem et laudationem facimus in manu Petri de Roveria, magistri milicię Templi, in presentia Bernardi (*a*) episcopi Aurasicensis, et abbatis Sancti Rufi Fulcherii, Petri de Ventoirolio, Pontius[7] Leonardi, Bertrandus de Gavaldano miles Templi, Giraldus scriptor eorum, Petrus Alacris frater[8] eorum. Facta quarta[9] ista mense februarii[10], feria v[11] luna XVI[12] per manum Arnaldi Aurasicensis sacristę qui huic donationi interfuit in claustro beatę Marię.

CCXCIV 1143, 20 février.

Original : Barcelone, Arch. Cor. Arag. R. Bereng. IV, perg. 151.

Cunctorum noticię pateat quod ego, Raimundus Bermundus de Lupricato et uxor mea, Guilia, libenti animo et bona voluntate, damus et offerimus domino Deo et Iherosolimitanę milicię Templi totam illam nostram partem et totum nostrum directum quod habemus vel quolibet modo habere debemus in omni alodio quod cum heredibus meis et parentibus meis habemus infra terminos parroechiarum Sancte Perpetuę de Mogoda et Sancte Marię de Antiqua et Sancte Marie de Barberano et Sancti Stephani de Ripolleto et Sancti Petri de Rixacho, in Vallensi territorio, de quo alodio frater meus, Guillelmus Berengarii de Fonolaro eidem jamdictę milicię suam partem per scripturam (*b*) dedit. Quicquid infra prenominatas parrocchias habemus vel quolibet modo habere debemus vel in antea jure hereditario habituri sumus, totum integriter et sine obstaculo domino Deo et jamdictę milicię cum ingressibus et egressibus suis damus et de nostro jure in ejus jus et dominium ac potestatem presentialiter et potentialiter tradimus jure perpetuo habendum et possidendum, sine ullo retentu, in sana pace, ad suum proprium alodium. Si quis hoc disrumpere presumpserit, supradicta omnia in duplo componat et insuper hec donationis scriptura omni tempore maneat

(*a*) Bernard, évêque d'Orange, 1140-1160. — (*b*) Cf. ch. CCXC.

Variantes du ms. d'Avignon : 1. Petrus Vannella et heredes sui dederunt Deo et militibus Xpisti quod habebant in Roais. — 2. accaptaverunt. — 3. *ajoute* : nostram. — 4. cessaverit. — 5. ulcionem. — 6. senciat. — 7. Poncius. — 8. confrater. — 9. carta. — 10. febroario. — 11. v°. — 12. x.vi°.

firma. Quę est acta x kalendas marcii, anno vi regni Lodoyci junioris. S✠ Raimundi Bermundi; S✠ Guilię, uxoris ejus; S✠ Raimundę, eorum filię, nos qui hoc laudando firmamus firmarique rogamus. S✠ Mironis de Turriliis. S✠ Marchucio. S✠num Raimundus. S✠ Sig✠num Petri presbiteri, qui hoc scripsit die et anno quo supra.

CCXCV

1142/3, lundi 1er mars.

Copie du XIIe s. : Perpignan, Arch. dép., *Cartul. du Mas-Deu*, n° 236, fol. 146vo.

Edité : Alart, *Cartulaire Roussillonnais*, dans la *Semaine religieuse du diocèse de Perpignan*, 1885, p. 528.

In nomine Domini. Ego, Arnaldus de Sorniano, cupiens pervenire ad gaudia paradisi, trado corpus meum et animam meam domino Deo et beate Marie et fratribus Iherosolimitane milicie Templi Salamonis, in manu? Petri de Roveria magistri et Ugonis de Beciano, cum decima quam Guilelmus Raymundi de Corbos tenebat per me, scilicet decimam que mihi contigit de universo nutrimento et labore domus [. . . . .] de Corbos, cum meieria de oleo, quam habebam in honore predictorum fratrum Templi in Pediliano?. Et pro ista decima, quam jam dederam Arnaldo, filio meo, dono ei in emendacione unum mansum qui est in villa de Sorniano, in capite prati, cum totis suis pertinenciis. Facta est hujus donacionis scriptura kalendas marcii, feria IIa, anno Mo.Co.XLo.IIo. ab incarnacione Domini, regnante Lodovico Rege. Sig✠num Arnaldi, qui hanc cartam firmavit et firmari rogavit. Sig✠num Guilelmi de Sorniano et Sig✠num Berengarii et Sig✠num Arnaldi et Sig✠num Uguonis, filiorum ejus. Sig✠num Udalgarii vicecomitis. Sig✠num Petri de Radegueria. Sig✠num Guilelmi de Paracols. Sig✠num Arnaldi de Tercet. Sig✠num ✠ Uguonis canonici, qui hoc scripsit.

CCXCVI

[1143], lundi 15 mars.

Copie du XIIe s. : Avignon, Bibl. municip., *Carl. de Richerenches*, n° XVII, fol. 12.

Edité : Mis de Ripert-Monclar, *op. cit.*, n° 18, p. 21-22.

Ugo Berengarii et fratres eius dederunt militibus Templi terram et prata.

Ego, Ugo Berengerii de Valriaco, et ego, Willelmus, frater ejus, et ego, Poncius Berengerii, nos pariter tres fratres, bona voluntate et affectu sinceritatis et veritatis, domino Ihesu Xpisto et ejus genitrici beatę Marie, et fratribus Templi, hoc est militibus Xpisti, presentibus et futuris, et domui de Ricarencis, et eciam in manu tua, Ugo de Panaz, totam terram illam nostram, que vocatur Blacha Bodic, donamus et prata Novella, exceptis pratis que olim hominibus censui largimur, et de his ipsis videlicet pratis semper quantum ad nos redire equaliter et gradatim poterimus in eodem dono adjungimus. Hoc tali pacto et cum tali retinemento facimus quod lascham vero de terra illa habere volumus, hec est nona mensura, donec voluntas Dei et nostra sufficiat. Hec terra est juxta territorium quod vocatur Brente, et dividitur cum eo in illa parte quam Aalais de Sabran et filii ejus tradiderunt (a) Deo et domui suprascripte.

(a) Cf. charte CLII.

et ex alia parte dividitur et terminatur cum manso de Calcamairos, ex alia parte dividitur cum pratis que sunt juxta fluvium Elsonis, et ex altera *(fol. 12ᵛᵒ)* parte partitur cum terra de hominibus de Taulinlano opido. Hoc donum fecerunt Ugo et fratres ejus in manibus Ugonis de Panaz, idus marcii, feria IIᵃ, luna xxᵃ.vIᵃ., his fratribus presentibus et audientibus et hec testificantibus : Bertrando de Monte Gaudio, Rostagno capellano, et Nicholao, et Imberto Sauzeti, Bernardo de Boazono, Rodulfo, Stephano de Stella, Geraldo de Monte Securo, Petro Papardi et Bonopari juvene quondam.

CCXCVII [1143], lundi 15 mars.

Copie du XIIᵉ s. : Avignon, Bibl. municip., *Cartul. de Richerenches*, XVIII, fol. 12ᵛᵒ.

Édité : Mⁱˢ de Ripert-Montclar, *op. cit.*, nᵒ 19, p. 22-3.

UGO BERENGARII ET SUI FRATRES DEDERUNT DEO ET MILITIBUS TEMPLI QUICQUID HABEBANT IN GARRIGA MALA.

Omnibus hec legentibus et audientibus agnicio pateat quoniam quidem Ugo Berengerii et Willelmus, Poncius, fratres, amici nostri et benefactores domus nostre, videlicet domus de Richarensis que edificatur, ad edificacionem et sustentationem milicie que est in Templo Ierosolimitani constituta, nunc et in perpetuum dederunt quod habebant in Gariga Mala, sicut crucibus terminatur, domino Deo et beate Marie et fratribus Templi et gubernatoribus ejusdem domus, qui nomine fuere Ugo de Panaz, Geraldus de Montę Petroso, Bernardus Rollandi, Rostagnus capellanus, Ugo de Bulbutone. Hoc fecit et dedit Ugo et fratres ejus in testimonio de Geraldo de Valriaco et Willelmo de Grilione et Riperto de Charrouolo et Nicholao de Bulbutone. Preterea, caritative, Bernardus Rollandi unum equum qui tunc pullus vocabatur, Ugoni Berengario et fratribus suis, Willelmo et Poncio dedit. Propterea vero, propter aliam laxacionem terminorum ejusdem domus, Ugo de Panaz dedit alium. Hii duo equi fuerunt precio veraciter de xxxᵃ solidis, tempore, *(fol. 13)* quo ipsi habuerunt. Aliam laxacionem Ugo et fratres ejus, Poncius et Willelmus in territorio de Bremte Ugoni de Panacio et fratribus Templi fecerunt, hoc totum quod subter viam habebant, juxta terram quam Aalais de Sabra et filii ejus, R(ostagnus), Willelmus, et domui milicie dederant (*a*), et quamobrem alium pullum Ugo de Panaz et fratres domus de Richarencis dederunt Ugoni Berengerii et fratribus suis. Hoc fecit Ugo et fratres ejus, sicut Ugo de Panaz et alii fratres intellexerunt, absque ulla fraude, idus marcii, feria IIᵃ, luna xxᵃ.vIᵃ.

CCXCVIII 1143, (4 avril—septembre), Tripoli (?).

Copies du XIVᵉ s. : Rome, Vatican, fonds Vatican, nᵒ 7241, fol. 85ᵛᵒ; nᵒ 4947, fol. 101ᵛᵒ.

Édité : Rozière, *Cartul. du Saint-Sépulcre*, nᵒ 95, p. 187-9. Migne, CLV, p. 1195-6. Cf. Röhricht, *rég.*, nᵒ 217.

. . . .

Ego Raimundus Dei gratia comes Tripolitanus et Hodierna comitissa Tripolitana et Raimundus filius noster. . . . .

Testes : . . . . Radulfus Caslan frater Templi Salomonis. . . . . . . Hec est facta carta anno ab incarnatione Domini MCXLIII indictione VI.

(*a*) Cf. ch. CLII.

CCXCIX 1143, 8 avril.

Original : Perpignan, Arch. dép., Fonds du Temple, S. Felice et Cornella la Riviere. (Anc. parchemin du Temple, n° 1942).

Edité : Alart, *Cartulaire Roussillonnais*, dans la *Semaine Religieuse du diocèse de Perpignan*, 1885, p. 671.

In Dei nomine. Ego, Petrus Bernardi, pro remissione meorum peccatorum et pro salute anime mee, dono corpus meum et in vita et in morte Deo et cavallarie de Ierussalem, cum tribus bordis et cum uno orto quod habeo de franco alodio in villa de Sancto Felice Superiori. Duas bordas et ortum tenet Guilelmus Guille et dat de censu de bordis duas focacias et duas gallinas et duos sextarios rasos de civata, et de orto unum numum. Terciam bordam tenet Guilelmus Quiquo, et dat de censu unam focaciam et unam gallinam et unum sextarium currentem de civata. In tali conveniencia facio supradictam donacionem Deo et cavallarie de Ierussalem, quod, dum vixero, habeam et teneam, ego, supradictus Petrus Bernardi, duas bordas et ortum que tenet Guilelmus Guille, et cavallaria et modo et semper de hoc die in antea habeat et teneat bordam illam quam tenet Guilelmus Quiquo cum supradicto censu ; et post meam mortem habeat et teneat cavallaria supradictas duas bordas et ortum que tenet Guilelmus Guille. Et seniores de Manso Dei portent corpus meum et sepeliant et faciant pro me sicut pro uno de confratribus. Et, si ego, in mea vita, vellem relinquere proprium, quod seniores de cavallaria reciperent me et donarent michi victum et vestitum sicut uni de confratribus, et illi haberent superdictas duas bordas et ortum que tenet Guilelmus Guille. Et iterum, si filius meus Petrus moreretur sine infante de uxore, totum alodium quod filio meo Petro adveniret de me, revertatur ad cavallariam. Et est manifestum. Actum est hoc VI° idus aprilis, anno Domini M°.C°.XLIII°, regnante Lodovico rege in Gallia. S✠GNUM Petri Bernardi, qui istam cartam fieri jussit et firmavit et testibus firmare rogavit. S✠GNUM Gosberti vicecomitis Castri Novi. S✠GNUM Uzalgarii, vicecomitis Fenoleti. S✠GNUM Petri Gosberti de Sancto Felice. Rotbertus gramaticus ✠ rogatus, scripsit die et anno quo supra, cum suprascripcione Guilelmi Guille.

CCC 1143, 15 avril.

Original : Barcelone, Arch. Cor. Arag., Raim. Berenger IV, perg. 153.

Sit notum cunctis quod ego Arbertus de Petra, pro remissione pecatis meis et parentum meorum, dono domino Deo et milicie Templi Iherosolimitani ortum unum de meo proprio alodio quod est in comitatu Barchinonensi in parroechia Sancti Stephani de Castelaro prope Riopullo, in loco nominato Selvela, et affrontat ab oriente intus in Riopullo, a meridie et ab occidente in alodio de me donatore, a parte vero circii in torrente de ipsa Selvela. Quantum iste IIII affrontaciones includunt, sic dono domino Deo et milicie Templi ipsum ortum integriter in manu Berengarii de Rovira et Petri de Arczacho, simul cum ipsa aqua ad rigandum ipsum ortum quantumcumque voluerint, et ipsa aqua venit per ipsam Selvelam ; et si voluerint ipsum ortum meliorare licitum sit eis, sic voluerint vel potuerint. Si quis infringere temptaverit nil valeat set in duplo eis componat et post hec sit firma ; que est acta XVII kalendas may anno a nativitate Xpisti C°XL°III° post millesimum, regisque Francorum VI anno Ludovici junioris. SIG✠NUM Arberti de Petra qui hoc donum libenter facio et sponte firmo testesque subscriptos supliciter firmare rogo. SIG✠NUM Guillelmi Sancti Martini. S✠NUM Arnalli Girberti. S✠NUM Pelet. SIG✠NUM Raimundi. SIG✠M Arberti de Terracia. SIG✠M Guillelmi. SIG✠M Bertrandi.

Poncius presbiter qui hoc scripsit die et anno quo ✠ supra.

CCCI 1143, lundi 28 juin.

Copie du XII° s. : Toulouse, Arch. dép., fonds de Malte. *Cartul. A de Douzens*, ch. 29.

In nomine Domini. Ego, Arnaldus de Barbairano, donator sum Deo et sancte militie Templi Salomonis Iherusalem et confratribus atque militibus in ipsa militia Deo ubicumque famulantibus, presentibus atque futuris. Dono eis totum honorem meum quem habeo vel habere debeo in villa de Dozencs et in villa de Berriacho et in omnibus terminiis illarum, terras scilicet ac vineas, mansos et mansiones, ortos et ortales, aquas et riparias, homines et feminas, census, usaticos, servitia et terre merita, et totum aliud quod in predictis villis et in terminiis earum habeo et habere debeo, aut homo vel femina ibi tenent et tenere debent de me sive per feuum sive alio modo, totum predicte militie et vobis, ministris ejus, Petro *(fol. 25)* de Roeria et Ugoni de Beciano et Berenguario de Rueria et aliis confratribus vestris, in ipsa militia Deo servientibus, presentibus et futuris, meis gratuitis animis meaque bona hac spontanea voluntate, dono atque concedo et potestati vestre trado sine inguano, ad habendum scilicet ac possedendum vestramque voluntatem perpetim fatiendum. Et hoc donum fatio vobis propter amorem Dei et remissionem peccatorum meorum, et propter remedium anime mee et vitam obtinendam eternam, amen. Totum alium meum honorem, ubicumque illum habeo et habere debeo, aut homo vel femina tenent de me sive per feuum sive alio modo, dono et laudo neptibus meis, Iordane et Peitavine, que fuerunt filie Mabilie, sororis mee, et infantibus illarum ; et si de illis desierit sine infante Guillelmus Faber de Barbairano et uxor ejus infantesque illorum cum omnibus pertinentibus illis et campus de Insula remaneat hac revertatur ad supradictam militiam, sine omni contradiccione. Verum est autem quia predictus honor de Birriacho venit ad meam partem ; et pro coequatione ipsius, predicta soror mea, Mabilia, et vir ejus, Petrus Raimundi, habuerunt ipsum honorem de Barbairano. Predictus vero honor de Dozencs venit ad meam partem, et pro coequatione ipsius predicta soror mea et vir ejus habuerunt ipsum honorem de ipsa Valle et de Gantiano. SIG✠M Arnaldi predicti et Petri Raimundi, cognati ejus, qui sic istam cartam firmaverunt. De hoc sunt testes : domnus Poncius de Rivo, prior Sancte Marie ; et Guillelmus de Cauchos ; et Guillelmus cappellanus de Agro Folio ; et Guillelmus Mancip *(fol. 25 v°)* et Poncius Ferrol ; et Arnaldus, filius Guille ; et Guillelmus Adaulfi, qui sic istam scripsit, presentibus et jubentibus predictis Arnaldo et Petro Raimundi, anno millesimo C.XL.III. incarnationis Dominice, IIII kalendas julii, feria II, regnante Lodovico rege. De hoc sunt testes : domnus Bernardus de Caneto et Rogerius de Subfranciacho et Petrus Rogerius de Barbairano.

CCCII 1143, jeudi 1er juillet.

Original : Perpignan, Arch. dép., fonds du Temple, *Céret et l'Ecluse* (ancien parch. du Temple, n° 2879). — *Copie* du XIIIe s. : *Cartul. du Mas-Deu*, n° 241, fol. 148ro.

Edité : Alart, *Cartulaire Roussillonnais*, dans la *Semaine religieuse du diocèse de Perpignan*, année 1885, p. 336 (avec la date erronée 1140).

In nomine Domini. Ego, Petrus Filiolus, et sorores mee, Orfeita et Maria, et ego, Petrus Bruni, et mater mea, Trutgarz, et heredes nostri, donamus domino Deo et fratribus milicie Templi Salomonis, presentibus atque futuris, in potestate Petri de Roueria, magistri, et Uguonis de Beciano, omnem nostrum alodium quod habemus vel habere debemus in villa que vocatur Ceret et in finibus ejus, cum consilio Raimundi de Contrasto et fratrum ejus. Est autem istud alodium mansum de Concha cum suis pertinentiis, in casis et casalibus, in heremo et cultu ; totum ab integro donamus predictis fratribus milicie Xpisti, ad faciendum omnes suas voluntates. Et ego, Raimundus de Contrasto, et mei fratres, scilicet Guilelmus Poncius et Gilelmus Bernardus et Bernardus clericus et Arnallus, laudamus et confirmamus hanc donationem, bona fide et sine enganno, supranominatis fratribus Templi, ut libere et quiete perpetuo possideant ; et nos neque aliquis posteritatis nostre ammodo non requiramus neque habeamus ullum censum vel usaticum in predicto honore. Et pro hac laudatione et diffinitione quam facimus, accepimus ab ipsis donatoribus, scilicet a Petro Filiolo et Petro Bruni, XVI. solidos. Facta est ista carta hujus donationis anno M°.C°.X°L.III°, kalendas julii, feria v°, regnante Lodoico rege. Sig✠num Petri Filioli et sororum suarum et Sig✠num Petri Bruni, qui hanc cartam firmaverunt et firmari rogaverunt. Sig✠num Raimundi de Contrasto et Guilelmi Poncii et Guilelmi Bernardi et Bernardi clerici et Arnalli, fratrum ejus. Sig✠num Bernardi Teimundi ; Sig✠num Petri Teimundi ; Sig✠num Marie ; Sig✠num Stephanie ; Sig✠num Iocfredi de Ceret ; Sig✠num Berengarii, fratris ejus ; Sig✠num Guilelmi Miri. Sig✠num Guilelmi, qui hanc cartam rogatus scripsit, die et anno quo supra.

CCCIII 1143, vendredi 2 juillet.

Copie du XIIe s. : Toulouse, Arch. dép., *Cart. de Douzens*, ch. 67, fol. 39vo.

In nomine Domini. Nos, milites militie Templi Salomonis, Ugo scilicet de Beciano, et Berenguarius de Roveria, et Guillelmus Catalanus, et Poncius de Spinaceria, donatores sumus tibi, Arnaldo Raimundo de Fonte Cuberta, et fratri tuo, Guillelmo Raimundo et uxores atque infantibus vestris. Donamus vobis unum ortum in *(fol. 40)* terminio de Laurano que affronta de altano in reg, a meridie in via, a circi et aquilone in honore infantibus Arnaldi de Laurano. Quantum isto affrationes includunt, donamus vobis ipsum ortum ad laborandum et tenendum ac possedendum, cum exitibus et reditibus suis, tali convenientia ut pro censu ipsius orti donetis nobis per quemque annum ad Natale Domini unum sestarium olei, ad mensuram de Laurano, et ipsum oleum fatiatis portore nobis ad Dozencs, et si vendere aut inpignorare ipsum ortum volueritis, cum nostro consilio aut nobis fatiatis. Et si homo aut femina illum vobis anparaverit, nos erimus inde vobis legales guirenti, sine inguanno; et sic vos et infantes vestri et posteritas illorum, teneatis et habeatis illum de nobis et de successoribus nostris, omni tempore. Si vero de vobis et de infantibus vestris desierit sine infante, predictus ortus remaneat ac revertatur predicte militie et fratribus ibi manentibus sine omni contradiccione, propter salvamentum anime vestre. Verum est autem quia propter acapte ipsius orti dedistis nobis III sol. melgoriensium et sic istam cartam nos vobis cum isto dono laudamus atque firmamus sine inganno. $ domni Petri de Laurano et nepotis ejus, Rogerii, quorum jussu et consilio hoc factum est; et sic istam cartam firmaverunt. $ Bernardi de Rocha Corba. $ Guillelmi Siguerii de Laurano. $ Ermengaudi de Palaz. Guillelmus Adaulfi, scripsit jussione domni Ugoni de Beciano et Berenguarii de Roveria et Guillelmi Catalani, anno millesimo C.XL.III. incarnationis Dominice. VI. nonas julii, feria VI. regnante Lodovico rege.

CCCIV — 1143, 4 juillet.

Copie notariée du 1er juillet 1262 : Barcelone, Arch. Cor. Arag., R. Bereng. IV, perg. 157.

Sit notum presentibus atque futuris quoniam, ego, Rafart de Cornilliano, et uxor Engelsia, prompto animo et bona voluntate sine inganno reddimus, diffinimus atque evacuamus omnipotenti Deo et sancto hospitali de Iherusalem et milicia Templi quoddam mansum quod injuste diu tenebamus, quod dimisit Petro Arnalli in suo testamento jam dicto hospitali et Templi milicia, illud videlicet in quo habitat Andrea. Est autem jam dictus mansus in territorio Barch(inone) in parrochia Sancti Baudilii intus in lanera ; predictus mansus cum suis pertinentiis, sicut melius jam dictus testator cujus fuit alodium, tenuit et habuit et habere debuit, simul cum terminis et affrontationibus suis et cum ingressibus et regressibus ejus integriter simul cum predicto labolatore *(sic)* et res suas et natis tradimus et deliberamus jam dicto hospitali et suis bajulis et prescripte milicie per medietatem; tali modo ut ego prefatus Rafart et filius meus Bernardo teneamus et habeamus propter vos receptores jam dictus mansus cum suis tenedonibus tantum in vita nostra et habeatis vos propter vestram dominacionem et tenedonem annuatim mengeram? I ordei; et post obitum nostrum revertantur hec omnia sine ulla diminutione jam dicto hospitali et predicte milicie, ac de nostro jure in jus et dominium omnipotentis Dei tradimus, etiam dicto hospitali et predicte milicie in manum Poncii de hospitali bajuli. Quisquis hoc fregerit nil valeat set in quadruplum componat hec omnia cum sua melioratione ; et hoc scriptum inviolabilis semper permaneat. Actum est hoc IIII° nonas julii, anno VI° regni regis Ledoyci junioris. S✠NUM Rafart ; SIG✠NUM Engilsia, nos qui hoc scribere jussimus, firmamus et testes firmare rogamus. SIG✠NUM Bernardi, filius noster ; SIG✠NUM R(aimund)i filius noster, nos qui hoc laudamus et confirmamus. SIG✠M R(aimund)i Renardi de Rocha. SIG✠M R(aimund)i de Subirads. S✠M P(etr)i Gron. S✠M G(uillelm)i P(etr)i. S✠ Raimundi presbiteri qui hoc scripsit die et anno quo supra.

CCCV — 1143, (1er août—25 mars 1144). Paris.

Orig. scellé du sceau royal. Paris, Arch. Nat. J. 422 (obligations, II, n° 2).

Edité : Cartulaire général de Paris, n° 303.

Analyse : Teulet, *Layettes du Trésor des Chartes*, t. I, n° 78, p. 54.

In nomine sanctę ac individuę Trinitatis, Ludovicus ego, Dei gratia rex Francorum et dux Aquitanorum. Omnino regalis munificentię dignum fore cognoscimus et frequentibus ęlemosinis relligiosorum sustinere conventus, et in aucmentationem ęcclesiarum benigna semper intentione persistere. Proinde presentibus simul ac posteris notum in perpetuum ratumque fore statuimus Templi nos militibus Ierosolimitani, quos soli Deo vere novit universitas militare, in mensis nummulariorum Parisius, libras viginti septemque quot annis in nativitate beati Iohannis Babtistę reddendas, perhenni largitione tribuisse. Quod, ut perpetuę stabilitatis obtineat munimenta, scripto commendari, sigilli nostri auctoritate muniri, nostrique nominis subterinscripto karactere corroborari precepimus. Actum publice Parisius, anno ab incarnatione Domini M°.C°.XL°III°, regni vero nostri VII°, astantibus in palatio nostro quorum nomina subtitulata sunt et signa : SIGNUM Radulphi Viromandorum comitis, dapiferi nostri. SIGNUM Mathei camerarii. SIGNUM Mathei, constabularii. SIGNUM Guillelmi buticularii. Data per manum Cadurci *(monogramme)* cancellarii.

CCCVI — 1143, août.

Original : Barcelone, Arch. Cor. Arag., R. Bereng. IV, perg., n° 158.

Hec est legalis ordinacio sive publica manifestacio ultime voluntatis cujusdam viri defuncti nomine Raimundi de ipsa Ruvira, qui instante periculo infirmitatis unde mortuus est, conscribi non potuit set verbis ejus, dum adhuc vivente testibus promulgate potuit et suis manumissoribus, videlicet Bernardo de Bello Loco et Arberto de ipsa Petra et Petro qui dicitur de ipsa Ruvira precepit atque instituit, ut ipsi taliter res suas et facultates distribuissent, sicut scriptum est subterius. Notum est igitur quod nos testes, scilicet Bernardus de Bello Loco et Berengarius de Mogoda et Iohannes, vidimus et audivimus et rogati ab ipso conditore extitimus, quando jam dictus Raimundus, in lecto vulneratus jacens in expedicione de Monte Pessulano, nos rogavit et nobis videntibus et audientibus injuncsit predictis manumissoribus suis qualiter res et facultates suas distribute fuissent hoc ordine. Concessit hospitali Iherosolimitani ipsam suam mulam que Petrus de Terracia abebat, et dimisit Guillermo de Mogoda I mulum ; concessit ad opera Sancte Perpetue I asinum et ut milites de ipsa milicia stabilissent inibi unum hominem qui laboraret in ipso opere cum ipso asino annum I. Dimisit ad ipsam miliciam Templi ipsum suum alsbergum, et ex omni alio suo mobile concessit ad matrem suam ipsam medietatem, aliam medietatem ad prephatam kavalleriam [. . . . . .] et laudavit et auctorizavit testamentum patris sui quod ipse jam habuerat laudatum ac firmatum, ut stetisset omni tempore firmum et inconvulsum. Et similiter concessit [. . . cava]lleriam ipsam Ruviram cum suis alodiis que ad modum pater ejus predicte milicie in prephato testamento abebat dimissum atque concessum, ut aberet se [. . . . .] et ut milites de ipsa kavalleria solverent sua debita. Concessit predicto Bernardo in prephato testamento omnes feuos quos per eum abebat cum illorum expl[. . . . . . dic]tus auctor hec omnia ordinavit in mense augusti, anno VII regni regis Ludovici junioris, aliter voluntatem suam non mutavit, set sic stare mandavit [. . . . .] voluntate dicessit ab hoc seculo eodem mense et eodem anno. . . . .

. . . .

. . . .

Late conditiones X kalendas octobris, anno VII regni prefati regis. . . . . . Guillelmus sacerdos, qui hoc scripsit cum litteris superpositis in linea VII°, die et anno quo su☩pra.

CCCVII

1143, mardi 3 août.

Copie du XIIe s. : Avignon, Arch. dép., *Cartul. de Roaix*, fol. 53.

PONCIUS CHALVERIA DEDIT OMNES MOLAS IN SUA MOLERIA AD MOLENDINUM DE ROAIS.

Notum sit cunctis, tam presentibus quam futuris, quod ego Poncius Chalveria, cupiens pergere Iherusalem, ob visitandum sepulcrum Domini, ut Deus omnipotens dimittat mihi omnia peccata mea et concedat me prospere redire ad propria, dono et in perpetuum trado domino Deo et milicie Templi Salomonis Iherosolimitani et fratribus ibidem Deo servientibus, presentibus et futuris, et hoc facio cum consilio et voluntate matris meę Marię et uxoris Ermenjardis, in mea moleria de Barre molas ad opus molendini de Roaiso, quem milites Templi jam edificaverunt in fluvio de Oveza, tot videlicet molas quotquot ad ipsum molendinum perpetuis temporibus fuerint necessarie, ita scilicet ut, absque omni precio et sine omni contradiccione, predictas molas fratres Templi semper habeant et jure perpetuo possideant *(fol. 53 v°)*. De hoc sunt testes et videntes : Willelmus Calveria, Elias, Willelmus Radulfi diachonus, atque Willelmus Gonterius, in quorum presentia fecit hanc donacionem Poncius Calveria predictus, ad portum de Borh, in manu fratris Ugonis de Beciano, videntibus fratribus Rostagno, capellano de Richarenchas, Gaufrido de Avinione, Berengario de Roveria, Ademaro de Montibus atque Bernardo de Boazono.

Scripta fuit hec carta anno Dominice incarnacionis M°.C°.XL°.III°., tercio nonas augusti, feria III°, Conrrado imperatore regnante. Mandato Poncii Chalveriæ jam supradicti, Petrus de Magalaz scripsit. Hanc itaque donacionem cum aliis predictis fratribus suscepit frater Ugo de Bulbutone et presentem cartam laudare et firmare fecit.

CCCVIII

1143, 20 août.

Original : Toulouse, Arch. dép., Fonds de Malte, *Pézenas*, l. 11, n° 6.

In nomine Domini. Ego, Guiraldus de Mairois, et uxor mea, Guilelma, nos, per nos et per omnes nostros, cum consilio et actoritate Petri de Altiniaco et uxoris sue, Mabilie et infantum suorum et Ricsindis, consubrine sue, et infantum suorum, Imberti videlicet et Guilelmi et Dalmacii, vendimus bona fide, omni remota fraude et sine omni retencione, domino Deo et vobis, fratribus militie Templi Ierusalem, tibi videlicet Petro de Roeria, Uguoni de Besciano, Berenguario de Cegoniolas et Uguoni de Pedenacio et omnibus aliis militibus predicte milicie, tam presentibus quam et futuris, totam ipsam ripariam cum toto ipso honore qui fuit Stephani Aldeguarii, quem ego, Guiraldus de Mairois habeo in terminio de Pedenacio super prefatos seniores, de orta Guilelmi Guidonis, usque ad passum qui discurrit ad caput ortorum predictorum seniorum, et affrontat de aquilone in ortis qui fuerunt Poncii Deodati. Totum predictum honorem qui est inter prefatas affrontaciones qui fuit Stefani Aldeguarii, vendimus vobis, fratribus milicie Templi Ierusalem et successoribus vestris, sicut superius scriptum est, in perpetuum ad habendum, propter solidos CLX biterrensis bone percurribilis monete, quos inde nobis bene et pleniter dedistis et ad seniores dedistis totum ipsum foriscapium de ambabus partibus, scilicet solidos XXVI ; et plivimus nos predicti venditores per nostram fidem quod de predicta vendicione non habeamus vos deceptos nec in antea decipiamus vos inde neque successores vestros ulla inquietudine, nostro sciente et quod ab omni persona hominum et feminarum totum predictum honorem prenominate vendicionis vobis et successoribus vestris juste defendamus et guirentes simus, et firma et stabilis hec vendicio, sicut superius scriptum est, omni tempore permaneat, per nos et per omnes nostros. De honore predicte vendicionis dabitis predictis senioribus et successoribus suis quartum.

Scripta fuit hec carta xiii kalendas septembris, anno Dominico M.C.XLIII, regnante rege Lodoico. Sig✠num Guiraldi de Mairois et uxoris sue, Guilelme, qui predictam vendicionem per bonam fidem absque omni dolo laudaverunt et hanc cartam firmaverunt et testes firmare eam rogaverunt. Testes sunt hujus venditionis : Guiraldus Gag, Petrus de Mairois, Bernardus Bovis, Poncius Vitalis, Guiraldus de Porta Ventosa, Bernardus de Podolas, Petrus Ermengaudi, Gauscelmus Deodatus de Podio Salicone, Petrus Amatus, Guiraldus de Podio Salicone. A Petro de Altiniaco pro se et Guiraldo de Mairois et aliis senioribus rogatus, Bernardus Sicfredi scripsit.

CCCIX

1143, (1—31) octobre.

Original : Lisbonne, Arch. da Torre do Tombo, gav. 7, maço 12, n° 3.

Copie du xv° s. : *Ibidem*, Libro dos Mestrados, fol. xcvi.

In nomine Domini. Ego, Menendus Diaz et uxor mea Bona, precogitantes extremum diem finis nostrę, damus et concedimus Deo et militibus Templi Salomonis, constitutis in Iherusalem, pro defensione sancti Sepulcri, hereditatem nostram quam habemus in Azeveto, scilicet vi^{am} partem, cum omnibus locis suis et pertinentiis, terminis novis et antiquis, similiter et terram Sancti Laurencii ; et ab hac die ab juro nostro sit abrasa et dominio eorum tradita, ad faciendum quicquid voluerint dandi vel possidendi. Si quis hoc nostrum factum irrumpere temptaverit, propinquus noster vel extraneus, in primis sit maledictus et ab ecclesia separatus, et cum Iuda traditore in infernum dimersus, et insuper componat eam fratribus duplatam, vel quantum fuerit meliorata, et domino patrie aliud tantum. Facta carta mense octobris era M·C·LXXX·I·. Nos supradicti qui hanc cartam facere jussimus, coram idoneis testibus, manibus propriis roboramus et confirmamu††s. Notum sit quia, quando hanc hereditatem dedimus, frater Ugo de Martonio eam recepit, et nobis unum maurum in caritate dedit. Qui presentes fuerunt : Gudisalvus presbiter, Fagildiz confirm(avit) ; Suarius Menendiz testis ; Menendus Bufas testis; Egican testis ; Dominicus Abb(as) notavit.

CCCX

1143, (1er—30) novembre.

Copie du xii° s. : Avignon. Biblioth. municip.. *Cartul. de Richerenches*, VII, fol. 5$^{v°}$.

Edité : Mis de Ripert-Monclar, *op. cit.*, n° 8, p. 11.

GUILLELMUS MALAMANUS ET UXOR EIUS DEDERUNT MILITIBUS XPISTI ET DOMUI DE RICARENCHIS DECIMAM ET UNA MOLLERIAM.

Omnibus hominibus hoc verbum noscatur quod ego, Willelmus Malamanus, et ego, *(fol. 6)* Orfrisa, mater ejus, et ego, Galiaina, uxor Willelmi Malemanus, propter indulgenciam peccatorum nostrorum et medelam animarum nostrarum et parentum nostrorum, donamus domino Deo et ejus genitrici beate Marie et fratribus milicie Templi Xpisti et domui de Richarensis et eisdem fratribus degentibus, presentibus atque futuris, et tibi, Petro de Roveria, qui bajulus et minister es ejusdem milicię, et tibi, Ugo de Panaz, decimam illam quam habemus seu habere deberemus in territorio quod clauditur aqua que vocatur Oleira. Taliter facimus hoc ut, anno illo quo altera pars decimę vobis conceditur et contigit in eodem, totam capiatis et possideatis, et hoc addito ut ubicumque dominicus laboratus domus milicię Templi fueret aut crescat, semper totam, si nobis contigerit, eciam concedimus. Hinc vero, cum his supradictis donis adjungimus unam molleiram de prato, que est juxta fluvium qui vocatur Elsonus et claudit eam ab occidente, et ab oriente clauditur de prato quod tenere et habere videtur Geraldus de Valriacco, et a meridie de pratis novellis, et a septentrione unum quid parum de prato quod est Ugonis Berengerii et fratribus suis. Pro his et aliis beneficiis, Petrus de Roveria et Ugo de Panaz caritative Willelmo dederunt unum pullum equarum de duobus annis. Testes hujus donacionis sunt et quidem fuerunt : Nicolaus sacerdos, Bernardus de Bulzedone, Rodulfus, Gischardus, Petrus Papardi, Petrus de Belmonz, et ego, frater Rostagnus, qui ab Ugone de Panaz et Willelmo Malemanu jussus hanc cartam scripsi, interfui. Hec dacio fuit data *(fol. 6v°)* mense novimbrio, anno M°C°XL°III°.

CCCXI c. [1143, (1—30) novembre].

Copie du XII° s. : Avignon, Bibl. munic., *Cartul. de Richerenches*, XV, fol. 11.

Édité : Mis de Ripert-Monclar, *op. cit.*, n° 6, p. 19-20.

DONACIO DECIMARUM QUAM DEDIT GUILLELMUS MALEMANUS DEO ET FRATRIBUS TEMPLI.

In Christi nomine, manifestum sit omnibus quod ego, Willelmus Malamanus, et ego, Orfrisa, mater ejus, et ego, Galiana, uxor Willelmi Malamanus predicti, per nos et per omnes nostros, bona fide et sine engan et absque omni retencione, ut omnipotens Deus dimittat nobis et parentibus nostris omnia peccata nostra, donamus et offerimus domino Deo et milicię Templi Salomonis Iherosolimitani, tibique, Petro de Roveria, et Ugoni de Panato, ejusdem milicie fratribus, et successoribus vestris in prefata milicia Deo servientibus, totas illas decimas, quas habemus et habere debemus in territorio sive in terminio illo quod est inter fluvium de Oleria et fluvium de Elsone, et extenditur usque in territorium de Colonzellis. Huic eciam donationi adjungimus unam molleriam de prato, que est juxta fluvium predictum de Elsone, et terminatur ab occidente in eodem fluvio, et ab oriente jungitur cum prato Geraldi de Valriaz, et a meridie terminatur in pratis novellis, et a septentrione adheret cuidam pauco prato quod est Ugonis Berengarii et fratrum suorum. Prenominata siquidem omnia dono Deo et fratribus milicie Templi, tam futuris quam presentibus, donamus et in perpetuum plenario jure tradimus ad habendum et possidendum suamque voluntatem faciendum, absque nostra nostrorumque successorum aliqua inquietudine. Sciendum est preterea quod propter istam donacionem, oblationem tradicionemque superius scriptam, dederunt mihi, Willelmo Malamanus, et matri męę atque uxori *(fol. 11v°)* meo predictis, unum pullum caballinum de duobus annis et unum trentanarium de lana in precio XII[cim] solidorum, et IIII[or] sextarios bone annone, quod precium pleniter dederunt nobis Petrus de Roveria et Ugo de Panaz, jamdicti fratres Templi, in quorum manibus prescriptam facimus donationem.

CCCXII [1143 c. novembre — 1145.]

Copie du XIIe s. : Avignon, Bibl. municip., *Cartul. de Richerenches*, XXXVIII, fol. 23 vo.

Edité : Mis de Ripert-Monclar, *op. cit.*, n° 40, p. 42-3.

GUILLELMUS ALDEBERTI ET FRATER EJUS ET MATER SUA DEDERUNT UNUM HOMINEM MILITIBUS XPISTI.

Notum sit omnibus, tam presentibus quam futuris, quod ego, Willelmus Eldeberti, cum consilio matris meę et fratris mei, Leodegarii, pro meorum peccatorum omniumque parentum meorum redemptione, dono Deo et beate Marie et fratribus pauperis milicie Templi, omnibus tam presentibus quam futuris, in castro Balmis, Poncius Cavaller, cum totis tenenciis quas de me tenere debet, et in territorio Martiniinaz quicquid in ipso habere videor, et meam partem de castro de Bolboto et de omni territorio ipsius ; sic dono et ad possidendum in perpetuum trado Templi fratribus prenominatum totum honorem cum ingressibus et egressibus et ad faciendum quicquid inde facere voluerint. Si vero aliqua persona supradictis fratribus Templi prenotatum honorem totum aut partem ipsius amparaverit ac postea justo judicio et legaliter super ipsum aliquid conquisierit, mater mea et frater meus, L(eodegarius) tantum de alio honore suo debent fratribus Templi restituere, usquequo ipsi restitutum essę cognoscant. Hoc donum *(fol. 24)* facio in manu Petri de Rovera, magistri milicie Templi, et fratris Ugonis de Panaz et Ugonis de Borboto, videntibus et audientibus Leodegario, fratre meo, et Willelmo Cornabroc et Petro Giraldi et Riperto de Cerzaz.

CCCXIII 1143, samedi, 27 novembre.

Copie du XIIe s. : Toulouse, Arch. départ. Fonds de Malte, *Cartulaire A de Douzens*, charte 46, fo 34vo.

In nomine Domini. Ego, Bernardus Gaucelmi, et uxor mea, Aladaic, atque infantes nostri, reddimus et laxamus ac desaparando omnimodis diffinimus tibi, Arnaldo de Barbairano et aliis confratribus tuis de militia Templi Salomonis, presentibus atque futuris, nostram medietatem ipsius campi quem nos et frater meus, Raimundus Sachet, tenebamus ad feuum de te, Arnaldo predicto, in terminio de Dozencs, ad Adogat : et totus ipse campus affronta de altano in terra que fuit Olivario, a meridie in strata, a circi in terra Sancte Marie Edre, de aquilone in Aude. Sicut in predicto campo nos medietatem habebamus et tenebamus ad feuum de te, predicto Arnaldo, sic illam sine omni retinencia nostra et sine inguanno reddimus et absolvimus ac diffinimus tibi et predicte militie ceterisque confratribus tuis in ipsa militia Deo servientibus, presentibus atque futuris, ad habendum illam hac possedendum vestramque voluntatem perpetim fatiendum. Et si homo aut femina illam per nos vel per nostram vocem anparaverit, nos erimus inde vobis et successoribus vestris legales guirenti sine inganno omni tempore. Verum est enim quia propter hanc diffinitionem, habuimus quinquaginta solidos Ugonencos octenos de fratribus militie predicte, de Petro scilicet de Roveria et de Ugone de Beciano et de te, Arnaldo, et de Guilelmo Catelano et de aliis confratribus vestris, ut sic ista carta firma et stabilis permaneat omni tempore sine inguanno. SIGNUM Bernardi Gaucelmi predicti et uxoris ejus,

Aladaic, infantumque illorum, qui sic ista carta firmaverunt. SIG✠NUM Bernardi, cappellani de Dozenca. SIGNUM Guilelmi de Angles; SIGNUM Raimundi Guilelmi. Guillelmus Adaulfi *(fol. 35)* scripsit jussione predicti Bernardi Gaucelmi, anno millesimo C.XL.III. incarnationis Dominice, v. kalendas decembris, die sabbati, regnante Lodovico rege.

CCCXIV 1143, 27 novembre, Girone.

Copie notariée de 1311 : Barcelone, Arch. Cor. Arag. perg. n° 159.

Edité : Bofarull, *Coleccion*..., IV, n° XLIII, p. 93.

Divine inspirationis gracia et pietatis ratio monet filios ecclesie summa intencione providere saluti animarum ac libertati catolice ecclesie. Eapropter, ego, Raimundus Berengarius, comes Barchinonensis, et Dei gratia regni dominator Aragonensis, virtute Spiritus sancti commotus in celestis militie potentia ad defendendam occidentalem ecclesiam que est in Ispaniis, ad deprimendam et debellandam et expellendam gentem Maurorum, ad exaltandam sancte cristianitatis fidem et religionem, ad exemplum milicie Templi Salomonis in Iherusalem que orientalem defendit ecclesiam in subjectione et obedientia illius, secundum regulam et ejusdem milicie instituta beate obediencie miliciam constituere decrevi; quod jamdiu summo et bone mentis desiderio desideraveram et ad hoc venerabilem Rodbertum magne excellentie magistrum Iherosolimitane milicie et ceterorum fratrum conventum per literas et internuncios meos sepe et diligenter invitaveram. Huic autem desiderio meo ac peticioni prephatus Rodbertus magister et omnium fratrum conventus in capitulo fratrum milicie in Iherusalem Dei gratia adquieverunt et unanimiter concesserunt et per literas ac fratres ejusdem Templi bone voluntatis eorum decretum atque consilium de constitutione Xpisti militie in Ispaniis adversus Mauros misericorditer renunciaverunt. Idcirco ad exaltandam Xpisti ecclesiam, ad exercendum officium milicie in regione Ispanie contra Sarracenos, in remissione peccatorum meorum, ad honorem Dei qui honorat honorantes se, ad salutem anime patris mei qui fuit miles ac frater sancte jamdicte milicie, in cujus regula et habitu gloriose vitam finivit, tibi, Rodberto, prephate milicie venerande magister, et successoribus ac fratribus tuis omnibus dono atque concedo et in manum vestram per hanc presentem scripturam potentialiter trado castrum totum quod dicitur Monszo et castrum totum quod dicitur Mongaudi, ut per alodium proprium ea teneatis et habeatis ac jure perpetuo possideatis vos et omnes vestri successores per secula cuncta, cum omnibus territoriis et pertinentiis ac terminis eorum vel infra existentibus et cum omnibus usaticis ac consuetudinibus suis, cum omnibus leddis et passaticis, cum omnibus cultis vel incultis, cum planis et montaneis, cum pratis et pascuis et omnibus ad predicta castra pertinentibus, omnia in omnibus sicut melius et utilius ad honorem Dei ac supradicte milicie utilitatem intelligi valeat, sine ullo retentu quem aliqua persona ibi non habeat. Eo quoque modo dono vobis castrum quod dicitur Xalamera et Barberanum, cum territoriis ac pertinentiis et terminis eorum et cum omnibus, ad jamdicta castra pertinentibus, sine ullo retentu alicujus persone, et honorem Lup Sancii de Belxid, sicut ex hoc cum predicto Lup Sancio convenire poteritis, et castrum totum quod dicitur Remulinis, cum omnibus sibi pertinentibus, cum divina clemencia illud in meam tradiderit potestatem, et totum quod habere debeo in castro Curbinis, cum Deus illud michi dignatus fuerit reddere.

Predicto etiam modo addo vobis omne decimum totius terre mee, videlicet omnium reddituum et censuum meorum, tam de expletis quam de omnibus consuetudinibus rectis et de justiciis, de quibus decimum accipere volueritis, et mille solidos in Cesaraugusta quotannis. In omnibus vero calvacatis vel expedicionibus Ispanie de vestris scilicet hominibus, quintas vobis perpetuum dimitto et dono. Si forte aliquid de honore meo dare, vendere vel impignorare michi contigerit, decimum vestrum salvum et liberum vobis remaneat. De omnibus siquidem que, Deo juvante, juste conquirere potero, decimum quieto et libere vobis concedo. Et de conquisitione terre Sarracenorum quintam partem vobis concedo, et decimum totum ex his que parti mee pertineant. Quod si castellum aut fortitudinem contra Mauros edificare aut construere volueritis, opem et consilium meum per omnia vobis diligenter attribuam. Convenio iterum vobis et dono in potentia celesti et fortitudine Xpisti me ulterius pacem non facturum cum Mauris, nisi vestro consilio. Prenominata siquidem omnia devoto animo ac spontanea voluntate, cum omni integritate, omnipotenti Deo et vobis predicte milicie R(oberto) magistro et fratribus, tam presentibus quam futuris, dono atque concedo et de meo jure in vestram ea trado potestatem atque dominium, regi Deo gratias reddens, qui vos ad defensionem ecclesie sue elegit, ac nostris precibus annuere fecit. Dono vobis iterum atque concedo quod de vestra propria causa per totam terram meam nulla ledda, nulla consuetudo, nullum passaticum accipiatur. Si qua autem laica secularisve persona presentem donationis scripturam in aliquo vel in toto dimovere temptaverit, et iram Omnipotentis incurrat et tandiu excommunicationis vinculo innodetur, donec digne de tanti reatus excessu satisfaciat. Quod est actum v kalendas decembris apud Gerundam, dompno Guidone, Romane ecclesie cardinali diacono et legato celebrante conventum, in presentia omnium subscriptorum testium, anno Dominice incarnationis millesimo centesimo quadragesimo tercio. Notum autem sit quod hec presens donatio fuit facta in manu dompni Ebardi, magistri Gallie, et in manu venerabilis Petri de Roveria, magistri Provincie et cujusdam partis Ispanie, et in manu fratris Ottonis Sancti Odmerii et fratris Ugonis de Bezauiz ac fratris Petri de Arzacho et fratris B(erengarii) de Ceguinole ac fratris Arnale de Forcia.

Quod autem de decimis superius statutum est, ita etiam firmamus sicut superius legitur, salva in omnibus donatione que ecclesiis facta est. Sig✠num Raimundi comes. Sig✠num Bernardi, Cesaraugustani episcopi. Sig✠num Dodonis, Oscensis episcopi. Sig✠num Raimundus Dei gratia Ausonensis episcopus. Sig✠num Guillelmi Rotensis electi. Sig✠num Guillelmi prepositi Rivipollensis. Sig✠num Gregorii, electi Terraconensis archiepiscopi. Berengarius, Gerundensis ecclesie episcopus. Guillelmus Cesaraugustensis. Sig✠num sacrista. Petrus Rivipollensis abbas salvo jure Sancte Marie. ✠ Renalli magistri Gerundensis ecclesie. Berengarius sancti Felicis abbas. Sig✠num Petri Barchinonensis archilevita. Petrus sacrista Barchinonensis. Sig✠num Guillelmi sacriste Rotensis. Sig✠num Arnalli Mironis comitis Palarensis. Signum Artalli comitis Palarensis. Sig✠num Bernardi de Comingo comitis. Sig✠num Petri comitis Bigorre. Sig✠num Guillelmi Raimundi dapiferi. Sig✠num Gaucerandi de Pinas. Sig✠num Bernardi de Bello Loco. Sig✠num Petri Bertrandi de Bello Loco. Sig✠num Raimundi de Podio Alto. Sig✠num Guillelmi de Cervera. Sig✠num Raimundi de Torroja. Sig✠num Raimundi Berengarii de Ager. Sig✠num Bernardi Guillelmi de Luciano. Sig✠num Raimundi de Vila de Muls. Sig✠num Berengarii de Torroja. Sig✠num abbatis Fortuny Montis Aragonis. Sig✠num Poncii clerici Barchinonensis, scriptoris comitis Barchinonensis, qui hoc scripsit.

CCCXV 1143, vendredi 3 décembre.

Copie du XIIe *s.* : Toulouse. Arch. dép., fonds de Malte, *Cartulaire A de Douzens*, charte 45, fol. 33[v°] et 34[r°].

In nomine Domini. Ego, Raimundus Sachet, reddo et laxo ac desaparando omnimodis diffinio tibi, Arnaldo de Barbairano et aliis confratribus tuis de militia Templi Salomonis, presentibus atque futuris, meam[1] medietatem ipsius campi quem ego *(fol. 34[r°])* et frater meus, Bernardus Gaucelmi, tenebamus ad feuum de te, predicto Arnaldo de Barbairano, in terminio de Dozencs, ad Adegat; et totus ipse campus... (a) .... de Olivario... in flumine Alde... habebam medietatem et tenebam illam... sine omni mea retinencia et sine ingannu reddo et absolvo ac diffinio tibi, Arnaldo,... ac possedendum... Et si homo aut femina per me vel per meam vocem illam vobis anparaverit, ego ero inde vobis leguALis guirentus sine inguanno... propter istam diffinitionem habui... predicte militie... et Ugone de Beciano et de te, jamdicto Arnaldo... sine inganno. Sig✠num Raimundi Sachet predicti, qui sic istam cartam firmavit. Sig✠num Bernardi Gaucelmi, fratris ejus. Sig✠num Bernardi, cappellani de Dozencs. . . . Guilelmus Adaulphi scripsit jussione predicti Raimundi Sachet, anno millesimo C.XL.III. incarnationis Dominice, III nonas decembris, feria VI, regnante Lodovico rege.

CCCXVI 1143, jeudi 16 décembre.

Copie contemporaine : Aix, Bibliothèque Méjanes, ms. 753, I.

In nomine Domini nostri Ihesu Xpisti. Sit notum cunctis tam presentibus quam futuris quod ego, Maria dicta filia Ugonis de Marcholfo, et ego, Petrus Gaufridi, maritus ejus, bona fide et sine engan et absque omni retentione, per nos et per infantes nostros, et per omnes successores nostros, ut Omnipotens dimittat nobis et parentibus nostris omnia peccata nostra, donamus et offerimus et in perpetuum cum omni integritate, tradimus domino Deo et militię Templi Salomonis Iherosolimitani tibique, Petro Rogerio, Deo militie et ejusdem militię fratris et ministri, et successoribus tuis, quandam partem territorii nostri de Podio Lupario, videlicet totum quantum habemus et habere debemus in territorio de Palude et de Aquiis Vivis, de crucibus in intus sicut est determinatum usque in terminum de Rosseto et usque in Rupes Montis sicut aqua versat. Hoc totum jam supradictum territorium cum omnibus infra existentibus, videlicet quicquid nos ibi habemus et per ullam vocem habere debemus, domino Deo et supradictę militię Templi donamus et concedimus et fratribus ejusdem militię, presentibus et futuris, et de nostro jure et potestate in eorum tradimus jus et dominium, ad habendum et possidendum suamque voluntatem perpetim faciendam absque nostra nostrorumque successorum aliqua inquietudine. Scripta fuit hęc carta anno Dominicę incarnationis millesimo C°XL°III°, septimo decimo kalendas januarii, feria V, regnante Corrado imperatore. Facta fuit hęc donatio in castello de Albania, videntibus et audientibus Fulchone Elisiario, Raimundo de Sancto Marcello, Gaufrido Dalmaz, Raimundo de Sancto Ihoanne atque Poncio Stephano et

(a) Le texte est le même que celui de la charte XXXCIII ; nous n'indiquons que les variantes.

1. *Mot répété.*

Berengario de Albania, et Raimundo Lombardo. Petrus de Magalaz scripsit mandato predictorum donatorum.

Et ego, Rotbaldus de Albania, et uxor mea, Audilenz, per nos et per infantes nostros et per omnes successores nostros, pro remissione peccatorum nostrorum, donamus et offerimus perpetim domino Deo et militię Templi Salomonis Iherosolimitani et tibi Petro Rogerii, ejusdem militię fratris et ministri, et successoribus tuis, fratribus Templi, totum quantum habemus et habere debemus in ipso territorio de Palude et de Aquis Vivis, sicut est jam terminatum et divisum de crucibus in intus usque in terminum de Rosseto et usque in Rupes Montis, sicuti alii seniores de Podio Lupario hanc donationem fecerunt et laudaverunt. Fuit autem hec donatio facta in castello de Albania, videntibus et audientibus Raimundo de Albania, Berengario Bricio, Bertrando Ugoleno, fratre suo, Petro Sebencho, atque Wilelmo Bonifacio. Mandato Rotbaldi de Albania predicti isdem Petrus de Magalaz scripsit.

CCCXVII [1143—1147.]

Charte originale partie à gauche, jadis scellée de trois sceaux : Paris, Arch. Nat., K 23[4] n° 6[1] (1er n° de la 1re liasse de Colours) ; autre *original* (muni encore de deux sceaux) : Auxerre, Arch. dép., H. 675.

Copie du XIIIe s. (insérée dans acte du 4 février 1202/3) : Paris, Arch. Nat., S. 4967, n° 6.

Edité : Quantin, *Cartulaire général de l'Yonne*, I, p. 461.

Analyse : Tardif, *Carton des Rois*, n° 452.

CIROGRAFUM.

✠ IN nomine sancte et individue Trinitatis. Notum sit omnibus, presentibus et futuris, quod inter monachos Vallis Lucentis et milites Templi de Colatorio, per manum Bernardi (*a*) Clarevallensis abbatis, facta est hec compositio : quod milites Templi quicquid habebant in territorio de Cirilli a divisione que est inter grangiam ipsorum militum et grangiam monachorum, totum monachis concesserunt, id est medietatem atrii, medietatem decime et terras alias, ita ut deinceps a divisione predicta usque ad Sevei nichil nemoris neque terrę adquirere possint milites Templi, nisi forte omnino gratis datum fuerit in elemosinam, ut nichil terrene subere ab eis accipiat is qui dederit; similiter et monachi Vallis Lucentis concesserunt militibus Templi quicquid habebant a predicta divisione usque ad ripam Vennę, ita ut in valle illa nichil possint adquirere nemoris seu terre, nisi forte gratis omnino ab aliquo fuerit datum, ut nichil terrene subere ab eis accipiat is qui dederit.

Laudaverunt hoc Norpaudus (*b*) abbas Vallis Lucentis et frater Evrardus magister fratrum de Templo qui in Francia sunt; et, ut hoc firmum permaneat, utriusque sigillo firmatum est, cum sigillo abbatis Clarevallis. Laudavit hoc etiam frater Hunfredus, magister Colatorii.

CCCXVIII [1143—1192.]

Original : Toulouse, Arch. dép., Pezenas, l. 27, n° 26 (Magalas).

Si vero placet domine męę, Ermengardi, vicecomitisse Narbone, dono ego, Poncius Ymberti, domui milicie de Templo Iherusalem totum hoc quod habeo vel

(*a*) S. Bernard, abbé de Clairvaux, 1115 † 20 août 1153. — (*b*) Norpaldus, abbé de Vauluisant, 1er avril 1129 † 17 août 1169.

habere debeo in toto essari Ihohannis Paschalis de Octobiano, et in domo Ramundis Fornerie, quod totum teneo ad feudum de ipsa domina mea, Ermenjarda, in castello de Magalato. Set, si ipsa domina mea, Ermenjardis, noluerit quod domus jam dicta de Templo hoc habeat, conquirat et gadagnet hoc de ea, pro amore Dei, vel pro avere. Et totum hoc prefatum dono et trado domui milicie Templi Iherusalem in perpetuum.

Ego, domina Ermenjardis (a), vicecomitissa Narbone, per me et per omnes meos, laudo et confirmo cum hac carta illud testamentum quod Poncius Ymbertus in sua ultima voluntate condidit. Et etiam laudo et confirmo ea que in ipso testamento continentur, omni tempore valitura

CCCXIX

1144, (1er janvier—31 décembre.)

Copies du XIIe s. : Madrid, Archivo Nacional, *Cart. B.* 595, fol. 124, n° 333; *ibid.*, fol. 191, n° 431.

De illo molino de Agon.

In Dei nomine, hec est carta donationis et confirmationis, quem feci ego Sanza, uxor Sanz Sanz de Galur. Dono et concedo Deo et fratres Templi Salomonis illo molinar de Agon qui fuit de ereditate de Sanz Sanz, meo viro, et suo filio Martin Sanz, salva, ingenu et libera, hoc quod inde habebam, pro anima mea vel anima Sanz Sanz de me et posteritate, per secula cuncta. Sunt testes : Fortunio Necones et don Apparicio, Bonet. Facta carta donationis in manu fratris Raimundi Bernardi, in era M.C.LXXX.II

In Dei nomine, hec est carta de donatione que dono ego donna Sançia, mulier de San Sanç de Galur qui fuit, a Deo et ad ipsos seniores de Templo, lo molinar de Agon, qui fuit de ipsa hereditate de San Sanç ; et facio hoc donativum pro redemptione anime de meo marito et pro mea anima. Et ego Martin Sanç, fil de San Sanç et de dona Sançia, laudo istum donativum suprascriptum, et totas meas germanes insimul. Et sunt testes : Fortun Enecons, et don Apariçi et Bonet. Hoc donativum recepit don Raimon Bernad et alios fratres qui ibi erant in presentia, era M°C°LXXX°II°.

CCCXX

1144, (1er janvier—31 décembre.)

Copie du XVe s. : Lisbonne, Arch. da Torre do Tombo ; don Alvarez, 234, fol. CLVIIIvo.

In Dei nomine. Ego Martynus Telis, nulla necessitate compulsus, nullusque perturbationis incursu perterritus, set propria ac spontanea mea voluntate, facio kartam venditionis et firmitatis Deo et fratribus Templi Salomonis, de hereditate mea propria, quam habeo in villa quam vocant Porzeli, propter unum equm apreciatum LXX modios, tantum michi bene complacuit. Et illa hereditas venit michi ex parte patris mei, et illa hereditas habet jacentiam in sumitate Porzeli subtus montem Petram Scriptam, discurrente rivulo Guandia, territorio Sancta Maria. Do Deo et fratribus Templi Salomonis quantum ibi habeo vel habere debeo ex parte patris mei, de montibus in fontibus ; per ubi illa potuerint invenire, habeant illam firmiter usque in perpetuum. Set si aliquis venerit et hoc factum meum irrumpere temptaverit, sit maledictus et excomunicatus et habeat participium cum Iuda, traditore Domini, in

(a) Ermengarde, vicomtesse de Narbonne, 1143—1192 † 14 octobre 1197.

gehenna, et illi perpetim habituram. Facta karta venditionis et firmitatis era M·C·LXXX·II·. Ego Martinus Telis hanc kartam propria manu roboro. Ego Alfonsus (a), Portugalensium rex, confirmo. Sūe Midiz confirmo. Johannes Midiz confirmo. Petrus Guterris confirmo, Pellagius, Petrus, Menendus testes. Suerius notavit.

CCCXXI 1144, (1er janvier—31 décembre).

Copies du XIIe s. : Madrid, Archivo Nacional, *Cartulaire B*, 595, fol. 20-20vo, no 43 ; et fol. 190vo, no 429.

De testamento Petro Berengario.

In Dei nomine. Hec est carta de destinamento que fatio ego Petrus Berengarius eunucus vobis, seniores milites Templi Salomonis, in vita et in morte : dono Deo et vobis, fratribus presentibus et futuris, totum quantum in Novellas habeo et me ipsum, *(fol. 20vo)* tam vineas et terras quam casas et casales, extra illo magolo quam plantavi in via de Ebro; in tale interdictu ut faciam meam voluntatem dum vivam, extra vendere et inpignare et dare, dante michi victum et vestitum. Facta carta in manu fratris Raimund Bernard, et fratris Ugo de Tors, et fratris Rigald Viger, et fratris Richard, et Girald Caveth. Testes : don Apparitio, Arnalt Ponç, Petro Bernard, totoque concilio de Novellas. Era M.C.LXXX.II.

In Dei nomine. Hec est carta que fatio ego Perer Belenger facio a Deo et a los seniores del Templo : dono les toto quanto que ego habeo in Novellas, casas et casales et piezas et vineas, foras lo maiolo que planto delante villa in illa via de Ebro ; in tal interdictum que facia, in mea vita, mea voluntate, foras non las venda, non las done, non las inpegnar. Fuit facta ista carta in manu de magister Remon Bernarde ; et fuerunt ibi frater Ucho de Tors, et Rigal Viger, et don Ricarde, et Guiralt Calvet. Et sunt auditores : don Aparicio, et Arnal Ponz, et Peire Bernarde, et toto concilio de Novellas. Era M·C·LXXX·II·.

CCCXXII 1143/4, samedi 15 janvier.

Original : Toulouse, Arch. dép., fonds de Malte, *Pézenas*, l. II, no 7.

In nomine Domini. Ego, Berengaria de Frangoliano, mater de Guitbert et de Ros et de Bompar et de Deusde lais per bona memoria adais de ma mort e per eretat de m'anima, totum quod ego habeo ni abere debeo en la parroquia de S. Maria de Frangoliano, a domino Deo et milites Templi, emprimas infantibus meis suprascriptis que ibi sunt et filii Ros Willelmo e mon alo ; in tali vero racione oc fatio qui si tu, Guitbert, o Bompar, o Deusde, o Willelmus filii de Ros, voltis traspassare ista laissa suprascripta a domino Deo et milites Templi, vos non abeatis partem in ereditate ista suprascripta ne quantum ibi pertinet, et vos filii mei habeatis possessiones vestras ad amorem Templi et fratres.

Berengaria ista carta jussit scribere et manus suas firmavit et testes firmare rogavit. $ Willelmus Porcelli presbiter. $ Geraldus Sigerii. $ Guitbertus de Boschet. Facta carta ista in mense januarii, feria VII, luna VIII, anni ab incarnacione Domini M·.C·.XL·.III· (b), regnante Lodoico rege in Francia. Willelmus presbiter scripsit.

(a) Alphonse, comte, 1112, puis roi de Portugal, 25 juillet 1139 † 6 décembre 1185. — (b) Le 15 janvier est un samedi, mais le 7e jour de la lune.

CCCXXIII

1144, mardi 18 janvier.

Copie du XIIe s. : Avignon, Biblioth. municip., *Cartulaire de Richerenches*, XX, fol. 13vo.

Edité : Mis de Ripert-Monclar, *op. cit.*, n° 12, p. 16.

PETRUS DE SANCTO MICAHELE ET UXOR EIUS DERELIQUERUNT DEO ET MILITIBUS XPISTI QUICQUID REQUIREBANT IN DOMIBUS PETRI YLARIS.

Hec carta describitur quatinus presentibus et sequentibus notificetur quod ego, Petrus de Sancto Michaele, filius Riperti de Cadarossa, et uxor mea, Burgundia, pro salute animarum nostrarum et parentum nostrorum, ut Deus et dominus noster illis culpas et peccata sua dimittat, immo vitam eternam concedat, quicquid in stagiam Petri Ylaris de Claustro compellabamus, quam stagiam cum tenemento suo Geraldus Bertrandi, maritus uxoris męę, in testamento suo Templo Salomonis et sacrę milicie dereliquid, nos similiter Deo et eidem sacre milicie dimittimus et laudamus, sine omni retinimento, servicio vel blandimento, et in manu Arnaldi, sacristę Aurasicensis reliquimus.

Actum est hoc Aurasice, in matrice ecclesia beate Dei genitricis Marie, XV^a. kalendas februarii, feria III^a., luna X., per manum Arnaldi, sacristę Aurasicensis, anno ab incarnato Salvatore M^o.C^o.XL°.IIII°.

CCCXXIV

1144, 7 février.

Copies du XIIe s. : Avignon, Bibl. municip. *Cartul. de Richerenches*, A. fol. 57 ; B. fol. 6vo.

Edité : Mis de Ripert-Monclar, *op. cit.*, n°s 9 et 82, p. 12 et 84.

DE DONATIONIBUS QUAS FECERUNT PETRUS UGO ET UXOR EIUS ET FILII SUI [1].

In Dei omnipotentis nomine, pateat cunctis hoc audientibus, quod ego, Petrus Ugonis de Avisano, et ego, Brunecsendis [2], uxor ejus, et nos qui sumus eorum liberi, Ugo, Petrus Ugonis atque Bertrandus, bona fide et sine engan, pro remissione peccatorum nostrorum, damus [3] et offerimus domino Deo et militie [4] Templi Salomonis Iherosolimitani, tibique Petro de Roveria atque Ugoni de Panato [5], ejusdem militie [6] fratribus, et successoribus vestris in prescripta militia Deo servientibus, totum quicquid habemus vel habere debemus de camino qui transit per silvam usque ad Blacham [7] Bodich et usque ad Sanctum Albanum et inde usque in territorium de Colonzellis, videlicet medietatem stagni de Granolleto et totam terram cultam et incultam quam habemus et habere debemus infra istos terminos [8]. Simili modo [9], damus [10] Deo et predictis fratribus Templi unam faissam [11] de terra que est juxta Elsonem [12], queaffrontat in terris quas Nicholaus et G(erardus) [13] de Tornafort dederunt Deo et militie [14] Templi [15], et donamus quod ubicumque laboraverint vel laborare

Variantes : 1. B, *ajoute* : Deo et fratribus de Templo et domui de Richarenchis. — 2. B : Brunescendis. — 3. B : donamus. — 4. B : milicie. — 5. B : Panatrio. — 6. B : milicie. — 7. B : Blacam. — 8 B *ajoute* : preter terras cultas, quas ibidem laborant homines de Colonzellas. — 9 B : vero. — 10. B : donamus. — 11. B : falsam. — 12. B : fluvium Elsonem. — 13. B : Geraldus. — 14. B : milicie. — 15. B : Templi, Eodem modo donamus Deo et fratribus Templi omnem decimam quam habemus in territorio de Bolbotono. Donamus eciam Deo et milicie Templi quid ubicumque laboraverint...

fecerint fratres domus de Richarenchis [1] in dominio, totum quantum in ipsa terra ab ipsis laborata, habemus vel habere debemus. Hec omnia pleno jure Deo et militie [2] Templi et fratribus, tam presentibus [3] quam futuris, concedimus et in perpetuum tradimus, ad habendum et possidendum absque nostra nostrorumque successorum aliqua inquietatione [4].

Facta fuit hec donatio in manu Petri de Roveria et Ugonis de Panato, supradictorum fratrum, qui dederunt [5] nobis pro caritate, ex elemosinis Templi, CVI. solidos Melgoriensium. Et fuit factum in presentia fratris Willelmi de Riallaco et aliorum fratrum, qui commorabantur in domo de Richarenchis, videlicet N(icholai) [6] capellani, Ugonis de Borboto [7], B(ertrandi) [8] de Ramati, Radulphi de Sancto Gervasio et Petri *(fol. 57 v°)* de Bellomonte, videntibus et audientibus N(icholao) [9] presbitero de Monte Securo, G(eraldo) [10] de Monte Securo, G(eraldo) [11] de Tornafort, Ugone fratre ejus, W(illelmo) [12] Cornabroc, B(ertrando) [13] de Borboto, N(icholao) [14] de Borboto, Pe(tro) Arnulfi de Taulinnano, Pe(tro) Papardi de Monte Securo.

Scripta fuit hec carta anno Dominice incarnationis [15] M.C.XL.IIII, VII [16], ydus februarii (*a*), luna XXX [17].

CCCXXV

1144, 7 février.

Copies du XIIe s. : Avignon, Biblioth. municip. *Cartul. de Richerenches*, XII, fol. 8 r°.

Edité : Mis de Ripert-Monclar, *op. cit.*, n° 12, p. 16.

De donacionibus Geraldi de Tornafort et uxoris sue, de medietate condamine et terre de Calcamairoth.

Sit notum cunctis, tam presentibus quam futuris, quod ego, Geraldus de Tornafort, et uxor mea, Agnes, et filius meus, Berengarius, nos simul bono animo et bona voluntate, donamus omnipotenti Deo et beate Marie, pro remissione peccatorum nostrorum et omnium parentum, per alodium franc, et milicie Templi Salomonis et fratribus omnibus, tam presentibus quam futuris, medietatem condaminę de Sancto Albano, que est in territorio de Bolboto, et faisam unam, que est in eodem territorio, inter terram ejusdem milicie et terram Petri Ugonis ; et donamus dominium et directum totum quod habemus vel habere *(fol. 9)* debemus in terra de Calchameroz ; et similiter donamus et concedimus domui et fratribus omnibus, ubicumque illi amplificare et laborare sive meliorare adquirere poterint modo et deinceps. Nos, supradicti, donatores, donamus hec omnia supradicta Deo et domui et fratribus, presentibus et futuris, omnibus, sicut melius dici vel intelligi potest, ad voluntatem eorum per alodium franccum et chiti omni tempore. Factum est hoc in manu Petri de Roveria,

(*a*) Pour que le 7 février soit le 30e de la lune, il faut l'année 1144 : donc la charte est de Noël ou de la Circoncision.

Variantes : 1. B : Richarenchas. — 2. B : milicie. — 3. B : futuris quam presentibus. — 4. B : inquietudine. — 5. B : commoranbantur in domo de Richarenchas, videlicet... *(une fin et un début de phrase manquent).* — 6. B : Nicholai. — 7. B : Bolbotono. — 8. B : Bertrandi. — 9. B : Nicholao. — 10. B : Geraldo. — 11. B : Geraldo. — 12. B : Willelmo. — 13. B : Bertrando de Bolbotono, Petro. — 14. B : Nicholao de Bolbotono, Arnulfi de Tauliniano atque Petro Papardi. — 15. B : incarnacionis. — 16. B : Septimo idus — 17. B *ajoute :* Petrus de Magalas scripsit.

ejusdem milicie fratris et ministri, in presentia fratrum istorum qui erant in domo de Richarensis, videlicet fratris Nicholai capellani, et fratris Ugonis de Panaz, et fratris Guillelmi de Riellacho, et fratris Ugonis de Borboto, et fratris Bertrandi, et fratris Radulfi, et Pétri de Bellomonte, videntibus et audientibus et conlaudantibus istis, videlicet, Nichalo, presbitero de Monte Securo, et Geraldo, et Ugone, et Willelmo Cornabroch, et Petro Ugonis de Avisa, et Ugone filio ejus, et Bertrando de Borboto, et Nicholao de Borboto, et Petro Arnulfi de Taulina, et Petro Papardo de Monte Securo. Actum est hoc anno ab incarnacione Domini M°C°XL°IIII°, VII° idus februarii, luna xxx°.

Manifestum est quod nos, supradicti donatores, accepimus caritative a fratribus I equum qui bene valebat c. solidos Merguriensos veteres. Geraldus Barchinonensis, precibus G(eraldi) de Tornafort supradicti, hoc scripsit die et anno quo supra.

CCCXXVI

1144, (? 7 février).

Copie du xII° s. : Avignon, Bibl. municip., *Cartul. de Richerenches*, fol. 7v°.

Edité : Mis de Ripert-Monclar, *op. cit.*, n° 11, p. 14-25.

DONATIO DE DECIMA ET DUABUS TERRIS IN TERRITORIO DE BOLBOTONE, QUAM DEDIT BERTRANDUS, NEPOS UGONIS DE BOLBOTONE, DEO ET MILITIBUS TEMPLI SALOMONIS.

(fol. 8.) Sit notum cunctis presentibus atque futuris quod ego, Bertrandus de Bolboto, bono animo et bona voluntate, dono et offero omnipotenti Deo et beate Marie et militibus Templi Salomonis et fratribus universis, tam presentibus quam futuris, decimam et totum quantum habeo vel habere debeo infra Urtidez et Elso et Alera et Riusech, plene et integriter per alodium franccum ; dono hoc totum quod habeo vel habere debeo infra istas IIII^or. affrontaciones supradictas, preter solummodo tantum quantum habeo in manso de Lauter, quod in vita mea retineo, et post obitum meum revertatur totum similiter domui et fratribus universis per alodium franc. Et dono unam peciam terre, quam habeo in territorio de Bolboto, et affrontat ab oriente in terra Nicholai, nepotis Ugonis de Bolboto, a meridie in terra Petri Willelmi de Balmis, ab occidente in terra de Gauter sene, a circio in Elso. Et dono aliam peciam terrę que est in eodem territorio, quantum ibi habeo vel habere debeo, que affrontat ab oriente in terra ejusdem milicie, a meridie in strata publica, ab occiduo in terra Nicholai, nepotis Willelmi de Borboto, a circio in Elso, quam ego tenebo in vita mea, et post obitum meum revertatur domui et fratribus universis, per alodium franc. Omnia hec supradicta dono et confirmo ego, Bertrandus de Bolboto, per alodium franc Deo et militibus universisque fratribus milicie Templi, presentibus et futuris, sicut melius dici vel intelligi potest, ad voluntatem eorum omni tempore ; hoc donum facio pro remissione peccatorum meorum et parentum omnium, in manu Petri de Roveira, supradictę milicię fratris *(fol. 8v°)* et ministri, in presentia fratrum qui aderant in domo de Richarensis ; videlicet fratris Ugonis de Panaz, et fratris Nicholai capellani, et fratris Willelmi de Riellacho, et fratris Ugonis de Borboto, et fratris Bertrandi, et fratris Radulfi, et fratris Petri de Bellomonte. Videntes et audientes fuerunt hujus donacionis : Nicholaus, presbiter de Monte Securo, et Geraldus de Monte Securo, et Geraldus de Tornafort, et Willelmus Cornabroc, et Petrus Ugo de Avisa, et Ugo,

filius ejus, et Petrus Arnulfi de Taulina, et Nicholaus de Bolboto, et Petrus Papardi. Actum est hoc anno ab incarnatione Dominica M°.C°.XL°.IIII°., luna xxx° (a).

Manifestum est quod ego, predictus donator, accepi a fratribus caritative I. pultrum, qui appreciabatur plus quam c. solidos Valentianos. Geraldus Barchinonensis, rogatus a Bertrando de Borboto, hoc scripsit die et anno quo supra.

CCCXXVII [1144, 7 février—1151.]

Copie du XII° s. : Avignon, Bibl. municip. *Cartul. de Richerenches*, fol. 57v°.

Edité : Mis Ripert-Monclar, *op. cit.*, n° 83, p. 84.

ITEM, PETRUS UGONIS.

Notum sit omnibus hominibus qui sunt vel qui aderunt, quod ego, Petrus Ugonis de Avisano, ex dono quod dedi domui de Ricarenchis, scilicet omnes res meas quas habebam in territorio de Borbotone et de Richarenchis atque de Granolleto, inquieto Ugonem de Borbotone et fratres domus de Richarenchis pro malicia et paupertate mea, sed modo recognosco peccatum meum et culpam; promitto in manu Ugonis de Borbotone, super textum evangeliorum, quod nunquam amplius fatiam et terram quam habent illi de Vallauria redimam. Et propter hanc donationem dedit mihi Ugo de Borboto unum trentenarium de lana et unam saumatam annone valentem x. solidos Valentianorum et xx.IIII. solidos Melgoriensium.

CCCXXVIII 1144, (26 mars - septembre).

Copie du XIV° s. : Rome, Vatican, fonds Vatican, n° 7241, f° 33r° et *ibid.*, n° 4947, f° 46v°.

Edité : Rozière, n° 34, p. 65-68. Migne, CLV p. 1127-1129. Cf. Röhricht, rég. n° 226.

. . . .

Ego Balduinus Dei gratia sancte Ierusalem rex Latinorum quartus...

Hujus rei testes sunt : Gaufridus, abbas Templi Domini, Schebrandus, abbas sancte Marie latine, Petrus, Dominici Sepulcri prior, Henricus, Montis Oliveti prior, Raimundus Hospitalis magister; Petrus Guillelmi, Stephanus de Capella; Guillelmus Fauco, Gaufridus et Fulcherius[1] ambo fratres Templi Salomonici...

Facta est hec carta anno et incarnatione Domini MCXLIV indictione VII.

CCCXXIX 1144, (26 mars—14 avril 1145).

Copies du XVII° s. : *Cartul. de Marmoutiers*, Paris, B. N., collection Gaignières, n° 164, p. 61.

Edité : Archives d'Anjou, II, p. 90.

CARTA ULGERII EPISCOPI, DE ECCLESIA VERI DATA CANONICIS SANCTI MAURILII.

..... Ego Ulgerius Andecavensis ecclesie dictus provisor episcopus... dedi et concessi.... ecclesie sancte virginis Marie et sancti Marsilii Andegavensis ecclesiam Veri...

(a) Quoique le mois ne soit pas indiqué, il semble bien que cette charte a été donnée le même jour que la précédente.

1. *Je crois qu'il faut supprimer* et *et lire :* « Guillelmus Fauco, et Gaufridus Fulcherius »; ces deux-ci étaient chevaliers du Temple.

Huic dono interfuerunt : Raimundus, magister militum Templi.... Data predicta ecclesia anno ab incarnatione Domini MCXLIV°, regnante apud Francos Ludovico, Gaufrido juniore, Andecavorum comite et Normannie duce, filio Fulconis comitis qui post fuit rex Ierusalem.

CCCXXX 1144, (26 mars—14 avril 1145).

Original (déchiré) : Dijon, Arch. dép., H. 1230, Commanderie de la Romagne.

Edité : Petit, *Hist. des Ducs de Bourgogne*, t. II, p. 233-4.

Notum sit omnibus hominibus, tam futuris quam presentibus, quatinus Iohannes de Curtocampo Deo et militibus Templi dedit quidquid habebat in confinio molendini Thegerii, exceptis quinque campis, videlicet a rivo Guttęputei usque ad fines Curticampi et juxta rivum unum juger deforis, et dedit unum pratum ultra aquam in painis prope cursum molendini, et hoc quod habebat in communione Campi[c]audi. Hoc laudavit Adda, cognomine Chartas, uxor Iohannis, et Petrus, Rainaudus, Guilermus, filii eorum, et Annilina filia. Iterum, dedit quidquid habebat in maretis et in salicetis, et quidquid tenebatur ab eo. Testes sunt ex parte domini Iohannis : Gosbertus, sacerdos, Robertus majo[r] [A]rlebaudus, Iohannes ; ex parte Odon[is], militis Templi, in manu cujus hoc totum factum fuit, testes sunt : Odo de [Furno], Hugo de Sancto Mauricio, Odo, filius Marthe.

Hugo de Aces iterum dedit quidquid habebat in supradic[to territor]io. Testes sunt : Iohannes de Curtocampo, Odo Boceus, Valo Amaseus, Rodulfus de Sancto Michaele.

T[heoderi]cus de Fontanis donavit quidquid habebat a rivo Guttę usque ad fines Curticampi [. . . . . laud]avit et quidquid habebat in ma[retis . . . laud]avit Aimo, frater Theodorici, et uxor et filii. Testes : Pontius de Fontanis, Guirricus Charu[. . . . et Hugo, frater ejus, dederunt quidquid habebant in hac divisione et in ma[retis . . . .]. Testes sunt : Iohannes de Curtocampo, Vaudricus major, Hunbertus, Vauth[erius . . . .] divisionis quidquid habebat in hac terra et in maretibus. Hoc lauda[. . . . .] Rainaudus de Cuse, Petrus de Moracens.

Hunbertus de Lisse dedit quidq[uid . . . .] frater ejus, Bertinus, Hunbertus sacerdos, Aimo Columba. Omnes homines de [. . . . .] et militibus Templi dederunt quidquid habebant in maretibus et in salicetis. Hoc laudaverunt [. . . . .], quidquid habebat a divisione Pomerii usque in aquam. Mater ejus laudavit et frater et sorores . . . .] Wido de Vilismo.

Gausbertus de Sancto Mauricio dedit duo jugera ante molendinum. Testes Hug[o . . . . Wil]lelmus carpentarius. Hebrardus. Martinus et Gualo, frater ejus, domum laudaverunt et molendinum facere et ea que tenen[t . . . .]. Gosbertus de Dissummo audivit et Iohannes de Curtocampo et uxor ejus, Berceius et uxor ejus, Berardus et Niger, frater ejus, pater et mater.

Arbiricus et uxor Deo et domui Templi dederunt et laudaverunt ex parte sui milites et fratres possidere que tenent. Testes Berceii : Milo de Secuneo, Ricardus clericus, Gosbertus de Dissummo, Thegerius de Secuneo. Testes Berardi : Gosbertus Dissummo, Hugo de Sancto Mauricio, Iohannes de Curtocampo.

Arbiricus Pignerius et uxor ejus dederunt Deo et domui Templi quidquid habebant a rivo Guttę usque ad fines Curticampi. Rainaudo de Cuiselo, Petro de Dardenaco, Rodulfo filio Humberti Largi testibus.

Dodo dedit quidquid habebat a rivo Gutte usque ad fines Curticampi. Testes : Gosbertus, Gaufridus, Bartholomeus notarius.

Arlebaudus dedit quidquid habebat a rivo Guttę usque ad fines Curticampi, excepta medietate unius campi quam retinuit in suo dominio. Testes : Girardus de Chavannis, Aedelina prepositissa, Humbertus sacerdos, Wido Martha.

Lanbertus et frater ejus, et nepotes et uxores et filii dederunt quidquid habebant a rivo Guttę usque ad fines Curticampi, preter unum campum quem retinuerunt. Testes : Gosbertus miles, Iohannes, Odo major.

Aubertus dedit quidquid habe[ba]t a rivo Guttę usque ad fines Curticampi et in maretibus et in salicetis, et in alodio desuper Curtumcampum. Testes : Wido de Durtis, Aimo presbiter, [Ch]ristianus. Hoc donum laudavit uxor Auberti et mater ejus. Testes de Auberto : Gislebertus, Petrus Peregrinus, Alermus prepositus.

Virricus Charves dedit quidquid habebat a rivo Gutte usque ad fines Curticampi. Testes : Pontius, frater Leobaudi, Nocherius pauper, Gosbertus Dissummo.

Gislebertus iterum dedit partem sui alodii quod est desuper Curtumcampum. Testes : Iohannes de Curtocampo, Rainaudus de Cuse, Petrus de Moracens.

Hugo de Bellmonte et Hugo, filius ejus, dederunt quidquid habebant infra divisionem istam a rivo Gutte usque ad fines Curticampi, et chavannias, quas dominus Odo Boccus tenebat ab eo. Testes : Ricardus de Fritis, Wido Ravinellus. Gosbertus de Firmitate laudavit hoc donum, vidente et audiente Gosberto de Divione. Tuxor Gosberti concessit, teste Aimone Bucca.

Aelardus de Meorna dedit quidquid habebat in mareto et in saliceto. Testes : Hunbertus de Orreto, et filius Aelardi.

Milo de Bigorno et filius ejus dederunt quidquid habebant in mareto et in saliceto. Odo Boceus quidquid habebat in mareto et in saliceto, dedit Deo et militibus Templi.

Milo de Secuncio dedit quidquid habebat infra divisionem istam a rivo Gutte usque ad fines Curticampi et in mareto et in saliceto. Rainaudus de Cuselo, Gosbertus Dissummo testes Milonis de Birgono et Odonis Bocei.

Aelluinus, Rainaudus, Aelermus prepositus, et Girardus Extraens gladium dederunt pratum quod erat in Palnis, et quidquid habebant in mareto et in saliceto. Uxor[....] et mater ejus et Philippus, frater ejus et filius laudaverunt. Testes : Odo Boccius, Rainaudus de Cuscio, Ocdrus.

Ricardus d[. . . . .] dedit quidquid habebat in saliceto. Teste Gosberto.

Ricardus de Chanlinto et domina de Perceio dederunt quid[quid habebant ? . . . . in mare]to et in saliceto. Testibus Gosberto et Odone.

Et Odo dedit quidquid habebat, teste Gosberto.

Gosbertus pres[b . . . . in ma]reto et in saliceto. Testes sunt : Iohannes de Curtocampo et uxor et Alæbaudus frater sacerdot[is . . . . sa]cerdos, videntibus istis : Hugone de Villa, Hugone de Riis, Vaudrico de Perceio [W ? . . . .] infra rivum Guttę et fines Curticampi. Hoc laudavit uxor ejus. Testes sunt [. . . .

Rufus dedit quidquid habebat de rivo Guttę usque ad fines Curticamp[i . . . .] besia quidquid edificaremus in mareto et in saliceto concessit et quidquid lucrarem[us . . . .] videntibus monachis suis et audientibus Pontio de Sruinne, Auberto de Tul[l? . . . .] dedit quidquid habebat in mareto et in saliceto. Teste Girardo, avunculo suo.

Aimo c[. . . . .] de fonte talem partem qualem solebant habere in sabbato et in die dominica et quid[quid. . . . .] sui laudaverunt. Testes sunt : Hugo de Coulenz et Wido de Vercillis.

Wido de Coulenz? dedit? [. . . . .] quidquid habebat in [mareto et] in saliceto. Testes : Guirricus, frater ejus, Gosbertus Dissummo.

Item, Milo de Reneves dedit [Deo et militibus] Templi de Romania duo[s . . . . f]rumenti in decimis de Alteri, laude et voluntate fratrum suorum Gidonis et Walonis, sub h[is testibus?] : Ugone Lierles, Hugone [. . . . .] Haimo clericus de Alteri, Roberto preposito de Alteri.

Item, Ugo de Bellomonte dedi[t dom]ui Templi de Romania, laud[e filii sui] Huonis et assensu, tercias de Alteri et meliorem hominem ejusdem ville preter unum; et ille homo [don]atus predictę domui vocatur Ernaudus [. . . . .] dedit Deo et predicte domui campum quem tenebat pro corveia sua. Insuper dedit eidem domui quicquid acquirere possent fratres ejusdem domus in predicta villa ut libere possiderent. Hujus rei testes sunt : Ioibertus vicecomes, Haimo Columba, Ricardus de Fritis, Wido Ravineas de Oselli. Milo de Poians.

Item, Ugo de Aceas dedit Deo et prefate domui quicquid habebat in boscho de Chames. Inde testes sunt : Werricus, frater ejusdem. Poncius de Arnai, Galo.

Acta sunt hæc anno ab Incarnatione Domini millesimo C.XL.IIII. Innocentio (*a*) papa superstite, Philippo (*b*) regnante, Gothefrido (*c*) pontificante, Odone (*d*) ducatum tenente.

CCCXXXI 1144. (1er—30 avril).

Copies : du XIIe s. : Madrid, Arch. Nacionale, *Cartul. B* 595, n° 280, fol. 102vo-103 ; et n° 349, fol. 133-4 ; du XVe s. : *ibidem*, *Cartul. Magno*, III, n° 291.

In Dei nomine et ejus gratia, Pater et Filius et Spiritus sanctus. Hec est donativo que fecit donna Taresa per anima de Lop Lopeç ad illos fraires de illo Templo, uno molino que habet in Zarachoça, in termino que dicitur Caschallo, et habet afrontaciones de una parte illa via publicha, de alia parte uno molino de senior Lop Sanç de Belgit, et donat illis francum et liberum ad propriam hereditatem, per secula cuncta amen. Et qui hanc cartam vel isto donativo *(fol. 103)* infregerit, fiat maledictus et cum Iuda traditore in inferno damnatus. Et sunt visores et auditores : Garçia Ortiç et Lop de Kastelazol, et Lop Fortunones de Ricla, et Garçia Dominiç. Facta carta in

(*a*) Innocent II, 14 février 1130 † 24 septembre 1143. — Erreur du scribe : le pape Innocent III était mort le 24 septembre 1143; il faudrait ou Celestino (Célestin II † 8 mars 1144) ou Lucio (Luce II, 12 mars 1144 † 15 février 1145) ou Eugenio (Eugène III, 15 février 1145 † 8 juillet 1153. — (*b*) Autre erreur du scribe, corrigez : Ludovico. — (*c*) Godefroy, évêque de Langres, c. 1140 † 8 novembre 1164. — (*d*) Odon II, duc de Bourgogne 1142 † septembre 1162.

mensse aprilis, quando Raimundus (*a*), chomes Barchinonensis, tornavit de illa hoste de Montpestler (*b*), et conquesivit Tarazona de Portoles et Sos de rex Garçia (*c*); regnante R(aimundo) comes Barchinonensis in Barzelona et in Aragon, rex Garçia in Pampelona, Aldefonsus (*d*) imperator in Castella, episcopus Bernardus (*e*) in Cesaraugusta, episcopus Micahęl (*f*) in Tarazona, Petro (*g*) Taresa in Boria, domna Taresa filia comes Rodric in Ricla, Artal in Alagon, Garçia Ortiç in Fontes et in Pinna, senior Lop Sanç in Belgit, Rodric Petreç in Epila; era M°C°LXXX°II°, et hoc ✠ fecit.

CCCXXXII 1144, (c. avril).

Original scellé : Paris, Arch. Nat. K 23[b], n° 15[a].

Edité : Cartulaire général de Paris, n° 321 qui date : c. 1145.

DONATION AUX TEMPLIERS PAR LE DOYEN BARTHÉLEMY.

In nomine sanctę et individue Trinitatis Amen. Quoniam salus animarum orationibus, elemosinis, ceteris et beneficiis feliciter comperiatur, ad hęc tota animi aviditate intendere universi debent christiani. Notum itaque fieri volumus tam futuris quam presentibus, quia ego Bartholomeus, decanus Parisiensis, et totus beatę Marię conventus illos LX[ta] solidos, quos de dono et elemosina regis in Cambitorio habebamus, sacrosancto Salvatoris nostri Templo et reverendis militibus Templi ejusdem, habendos in perpetuum concessimus et dedimus. Hoc etiam donum, gloriosus rex Francorum, Ludovicus approbavit et commendabili auctoritate sua confirmavit, presente sanctę religionis patrono et patre, videlicet Clarevallensi abbate, et domino Andree de Baldimento, et compluribus pię recordationis viris. Ut autem hujus doni tenor apud posteros nostros inmutabilis persistat, hanc cartam nostri sigillo capituli munivimus, et subscriptis testium nominibus corroboravimus. SIGNUM Bartholomei decani. $ Alberti precentoris. $ Stephani archidiaconi. $ Bernardi archidiaconi. $ Ivonis archidiaconi. $ Germundi presbiteri. $ Odonis presbiteri. $ Petri diaconi. $ Goisleni diaconi. $ Herluini diaconi. $ Anselli subdiaconi. $ Andreę subdiaconi. $ Urbani subdiaconi. $ Philippi pueri. $ Petri pueri. $ Stephani pueri. Ex parte domini regis testes fuerunt : Guilelmus buticularius, Symon Ternelli, Gillebertus Sagitta, quos rex in capitulum nostrum ad nos misit, ut ejus concessionem et approbationem prefati doni testificarentur (*h*).

(*a*) Raymond Bérenger, comte de Barcelone, 1131 † 6 août 1162. – (*b*) L'expédition du comte de Barcelone contre Montpellier eut lieu en 1143. – (*c*) Garcia, roi de Navarre, 1134 † 21 nov. 1150. – (*d*) Alphonse, roi de Galice 1112, roi de Castille et Léon 1126, couronné empereur d'Espagne 26 mai 1135 † 21 août 1157. – (*e*) Bernard, évêque de Saragosse, 1137-1152. (*f*) Michel, évêque de Tarrazona, 1119 † 1151. — (*g*) Pedro d'Atbares, s[r] de Borja et de Tauste, 1135-1148 † 1152 (Jaurgain : *Vasconie*, II, p. 218). – (*h*) Nous datons cette charte de 1144 c. avril, car, à cette date, saint Bernard et André de Baudement étaient venus auprès de Louis VII pour négocier la paix entre lui et Thibaut, comte de Champagne. (Vacandard, *Hist. de saint Bernard*, II, p. 198.)

CCCXXXIII 1144, mai.

Original : Barcelone, Arch. Cor. Arag., R. Berenger, IV, perg. n° 164.

Edité : Bofarull y Mascaro, *Colleccion de documentos*, IV, n° XLVI, p. 104-105.

In Dei nomine..... Ego, Raimundus Dei gratia comes Barchinonensis .... facio hanc cartam donationis et confirmationis tibi, Zecri de Barbastro, meo judeo . . . . .
. . . .
Facta carta in era MCLXXXII, in mense madio, in castro qui nominatur Montison. .
. . . . episcopus Michael in Tarazona, dompno Petro de za Ruera in jamdicto Montson magister. . . . . . .

CCCXXXIV 1144, 12 mai.

Copie du XII° s. : Madrid, Archivo Nacional, *Cartulaire B*, 595, n° 279, fol. 102.

In nomine domini nostri Ihesu Xpisti amen. Ego, Micael (*a*), Dei gratia Tirassonensis episcopus, facio hanc cartam donationis et confirmationis vobis, seniores de illo Templo, nomine Ramon Bernarde et totos alios fratres et seniores, majores et minores, qui estis de supradicto Templo. Placuit michi libenti animo et spontanea voluntate mea et propter remedium anime męę et animabus parentum meorum vel omnium fidelium defunctorum, dono et concedo vobis in Tirassona, illas casas quas ego camiavi cum Garçia Blasa, cum ingressu et regressu, et cum toto iure solar, ermo et populato, qui pertinet vel pertinere debet ad predictas casas. Et hoc donativum laudo et concedo vobis illud, ad vestram hereditatem, per facere (*fol. 102vo*) inde totam vestram voluntatem. Testes sunt de hoc donativum : don Vitalis prior, don Bernarde de Ager archipresbiter, Berengarius caputscole, don Iohannes de Alfos, don Bertran de Ager, Arnald Truvers, Sançius filius Ennoco Arceç. Signum ✠ episcopi Michaelis. Facta carta era M°C°LXXX°III°, IIII° idus madi.

CCCXXXV [1144, 15 mai] lundi.

Original : Marseille, Arch. dép., fonds du Temple H 81 Sales.

R(aimundi) de Bassinarges.

Ego Raimondus de Bassinargues, cum cognata mea que vocatur Ponza, que fuit uxor Guillelmi fratris mei, cum consilio de Teiric, vendimus tibi W(illelmo) de Kriallac et ad domum Templi et ad fratribus qui modo sunt et in antea venerint, duas partes de unam faisam de terra que est in riperiam d'Antegol pro c solidos Podiensis et IIII sextarios de blat ; et ex una parte clauditur cum terra de Teiric et ex aljia cum terra P. Pelegrini et de domo Templi. Hoc vidit et audivit B. capellanus, et Stephanus capellanus, et W. de Fraisenet, et Petrus diaconus, P. Spina, R° Vanator, D. de Brizo. Carta ista fuit facta mense madio, regnante Lodoico rege, feria II, luna VIIII.

(*a*) Michel, évêque de Tarazona, 1119 † 1151.

CCCXXXVI 1144, (1—30) juin.

Copies du XIIe s. : Madrid, Archivo Nacional *Cart. B*, 595, n° 281, fol. 103^{r°}, n° 273, fol. 98^{r°} (début seul); n° 369, fol. 144^{r°}.

In Xpisti nomine. Ego Galindo Garceç de sancti Vincentii, facio hanc cartam donationis et confirmationis domino Deo et ad illa cavalleria et ad fratres de Templum Salomonis. Placuit michi libenti animo et spontanea voluntate et propter amorem Dei omnipotentis et remissio peccatorum meorum vel parentum meorum; dono Deo et jam dicta cavalleria illa quarte parte de illa almunia de Anniesse subtus Exeia, que fuit de senior Lope Garceç peregrino, meo tio, qui dedit illam ad sua muliere, et sua mulier dedit michi; ita ego dono eam et confirmo ad fratre Pere de za Ruira et ad fratre Ramon Bernad et fratre Berenger de Tarascon, et alii socii eorum, ut sit hereditas propria jam dicti Templi et omnes ibi fratres habitantes per secula cuncta, et accepi inde a caritate de fratres supranominati una mula. Si quis homo aut femina dirumpere voluerit hoc meum donativum, sit a Deo maledictus et dampnatus in inferno inferiori. Amen. SIG✠NUM Galindo Garceç qui hanc cartam rogavit scribere *(fol. 104)* et testes firmare. SIG✠NUM Sançio Garceç fratre ejus et teste. Sunt fides de salvetate : Garcia Garceç de Oscha, et Enneco Acenariç de sancti Iohannis castello; visores et auditores et testes : Ferriz et Maza, et Frontin, et Fortunio de Bergua, et Garçia Romeo et Petro fratre ejus. Facta carta in mense junii, in era M°C°LXXX°II°, in civitate Oscha, dominante comes Raimundo in Aragonia et in Barchinona, episcopo Dodo *(a)* in Oscha, episcopus Bernardus *(b)* in Cesaraugusta. Ego Raimundus, scriptor comiti, hanc cartam scripsi et hoc SIGNUM✠ feci.

CCCXXXVII 1144, vendredi 16 juin.

Copie du XIIe s. : Toulouse, Archiv. départ. *Cart. A de Douzens*, ch. 145, fol. 106^{v°}.

In nomine Domini. Ego, Pontius Rogerii de Villalerio, et ego, Guiraldus Adrig, consubrinus ejus, donamus unam terram nostram de alodio nostro, quam habemus insimul, domino Deo et sancte militie Templi Salomonis Iherosolimitani ; et est ipsa terra in terminio de Villalerio, ad pontem de Olvei et affronta de altano in terra Raimundi Petri, a meridie in flumen Olvei, a circi in terra ejusdem militie, de aquilone in via et in honore ipsius militie. Quantum infra istas affrontationes habemus et habere debemus, totum donamus per alodium Deo et predicte militie et ministris ejus, Petro de Rueria et Pontio de Luancione et Arnaldo de Barbairano ceterisque confratribus in ipsa militia Deo servientibus, presentibus atque futuris, ad habendum illam ac possedendum suamque voluntatem perpetim fatiendum, sine omni contradiccione ac sine nostra retinentia et sine inguanno. Et si homo aut femina illam eis anparaverit, nos erimus inde eis leguales guirenti sine inguanno. Hoc autem facimus propter amorem Dei et propter XX solidos Ugonencos octenos et dimidium modium frumenti et IIII sextarium ordei, quo habuimus de predictis ministris militie, ut sic ista carta firma et stabilis permaneat omni tempore. $ Pontii Rogerii et Guiraldi predicti, qui sic istam cartam firmaverunt. $ Raimundi Petri. $ Rogerii, fratris Guiraldi predicti. $ Guillelmi Mancip. $ Arnaldi filii Guille. Guillelmus Adaulphi scripsit jussione predictorum Pontii Rogerii et Guiraldi, anno millesimo C.XLIIII, incarnationis Dominice, XVI kalendas julii, feria VI, regnante Lodovico rege.

(a) Dod, évêque de Huesca, 1134-1160. — (b) Bernard, évêque de Saragosse, 1137-1152.

CCCXXXVIII 1144, 10 juillet.

Original : Madrid, Archivo Nacional, lej. 38-43, charte partie par « signum corroborationis et firmitatis ».

Copies du xii° s. : Madrid, lej. 38-43; ibid., *Cartulaire B* 195, fol. 136-141, n° 352 ; du xiii° s. : S. Gervasio « libre vert del armari deu » fol. 68 ; du xv° : Madrid, Arch. Nac., *Cartulario Magno*, IV, p. 427, n° 432, et I, n° 203, fol. 96.

Edité : J. Miret y Sans, *Cartonal dels Templers*... de Gardeny y Barbens (Barcelona, 1899), page 13-14.

In Dei nomine et ejus divina clementia, scilicet Patris et Filii et Spiritus sancti amen. Ego vicecomitissa Talesa, jussu domni mei vicecomitis Gaston (*a*), dono et concedo domino Deo et militibus Templi Iherosolimitani omnem meam hereditatem, quam habeo in Çaragoça et in terminis ejus et in Supratel similiter, totam ad integrum ; libenti animo et spontanea voluntate dono illam eis, cum consilio et consensu domini Petri (*b*) vicecomitis et nepotis mei, pro anima domini mei Gaston vicecomitis, qui eam adquisivit cum sanguinis effusione et gloria triumphali, et pro anima mea similiter et remissione omnium peccatorum nostrorum et cuntorum fidelium Xpistianorum, ut habeant et possideant eam jure hereditario, salvam et liberam et ingerram per secula cunta, amen. Testes sunt hujus donationis et confirmationis : Artal Auger, Guilem de Iaças, Sanz Parra, Arnal de Gornes, Peix Oldeger de Oloron, Vital de Steven, Arnal Galician, Galician, Ponz Esteven, Calvet, Bernard Andreu, et alii multi probi homines de Iacha. Domine Talese SIG✠NUM et domini Petri vicecomitis.

Factum est autem hoc donatium in Iacha vi idus julii, era millesima C°LXXX°II°, comite Barchinonensi Raimundo Berengarii (*c*) regnante in Aragon et Suprarbi et Ripacurta et Çaragoça, episcopus Dodo (*d*) in Osca, episcopus Bernardus (*e*) in Çaragoça, episcopus Vilelmus Petri in Rota (*f*), episcopus Micael (*g*) in Tirassona, vicecomes Petrus in Bearne, episcopus Ramon in Lascar (*h*), episcopus Espagol in Oloron (*i*), rex Garsia (*j*) in Pampilonia et episcopus Lupus (*k*), imperator Ilefonsus (*l*) in Castella, archiepiscopus Gillelmus in Auxi (*m*).

CCCXXXIX 1144, 4 septembre.

Copies du xiii° s. : Perpignan, Arch. dép., *Cartul. Mas-Deu*, n° 69, fol. 43.

Edité : Allart, *Cartulaire Roussillonnais* dans la *Semaine religieuse* du diocèse de Perpignan, 1885, p. 719-20.

In nomine Domini. Ego, Raymundus de Monte Esquiuo, jacco in egritudine et timeo ut non venia mihi subito repentina mors ; ideo facio hoc meum testamentum

(*a*) Gaston (IV) vicomte de Béarn † 1130. — (*b*) Pierre de Gavaret, vicomte de Béarn 1134 † c. 1154. — (*c*) Raymond Bérenger, comte de Barcelone 1131 † 6 août 1162. — (*d*) Dod, évêque de Huesca 1134—1160. — (*e*) Bernard, évêque de Saragosse, 1137—1152. — (*f*) Guillem Perez, évêque de Roda et Lérida, 1143 † 17 décembre 1176. — (*g*) Michel, évêque de Tirazona, 1119 † 1151. — (*h*) Raimond, évêque de Lescar, ? — 1154. — (*i*) Espagol, évêque d'Oleron (non cité par Gams). — (*j*) Garcia, roi de Navarre, 1134 † 1150. — (*k*) Loup, évêque de Pampelune, 1142—1159. — (*l*) Alphonse, empereur d'Espagne, 1135 † 21 août 1157. — (*m*) Guillaume, archevêque d'Auch 1126 – c. 1166 (—1170).

scribere, ut si mors mihi advenerit, distribuo omne meum mobile et inmobile, sicut hic fuerit scriptum. In primis, dimito corpus et animam meam in manu Dei omnipotentis et beate Marie, Dei genitricis, de Manso Dei, et in manu de fratribus milicie Xpisti Iherusalem, scilicet Petri de Ruira magistri et Bernardi de Petra Lata, fratri. Et dimito, in remissione peccatorum meorum, Deo et predictis (*fol. 48ʳᵒ*) fratribus milicie Xpisti alodium meum, scilicet mansos et bordas qui sunt ad Clusam in valle Bona et ad Terrades quantum ibi habeo et possideo. Et insuper, dono et dimito domino Deo et sue milicie predicte alium alodium meum, in Aleiano quantum ibi mihi dimisit pater meus pro hereditate; cum cavallum meum meliorem et guarnimentum meum et inter morabatinos et besantz lxxx. et brisal I de cendat.

. . . .

Sicut superius scriptum mando Raimundo Monacho et Bertrando de Petra Lata, ut sit adimpletum pro anima mea.

Actum est hoc IIᵒ nonas septembris, anno MᵒCᵒXL.IIIIᵒ a nativitate Xpisti. Sig✠num R(aymundi) qui istum testamentum scribere jussi, firmo et laudo, testibus firmare rogo. Sig✠num Bernardi de Petra Lata. Sig✠num Berengarii de Aleiano. Sig✠num Raymundi de Valle Bona. Sig✠num Armentera. Raymundus Monachus, qui hoc scripsit ✠.

CCCXL 1144. (13 novembre – 1152).

Édité : Migne, *Patrologie*, CLXXXII, lettres de S. Bernard, nᵒ 289.

Dilecte in Christo filie M(elisendi) (*a*) regine Ierosolymorum, Bernardus Clare Vallis vocatus abbas, misericordiam a Deo salutari vero.

Miror quod a multo jam tempore non vidimus litteras tuas .... Sane intervenit Andreas charissimus avunculus meus... scripto suo nobis significans meliora : quod scilicet pacifice et mansuete te habeas, sapienter et consilio sapientium te et tua regas ; fratres de Templo diligas et familiares habeas; periculis imminentibus terre... salutoribus consiliis et auxiliis provide et sapienter occures... neque enim quia regina es, indignum tibi viduam esse, quod si voluisses, non esses......

CCCXLI 1144, 25 décembre.

Original : Barcelone, Archiv. Cor. Arag. R. Bereng. IV, perg. 169.

Sit notum cunctis, tam presentibus quam futuris, quod ego, Ermessendis, uxor que fui Berengarii de Roveria et mater Raimundi de Roveria, bono animo et bona voluntate, pro remissione peccatorum meorum et filii mei supradicti atque etiam omnium parentum meorum, dono, dimitto atque solvo domino Deo et milicie Templi Iherosolimitani Salomonis et fratribus ibidem summo Regi militantibus, presentibus et futuris, omnem sponsalicii mei vocem et donum, quod sponsalicium fecit michi condam reverendus vir meus, Berengarius, qui nunc est frater et miles, Deo gracias, ipsius bone milicie. Propterea, sicut superius scriptum est, ita dono omnem sponsalicium quod habeo in Roveria et in terminio ejus, Deo et militibus Templi Salomonis, sicut melius dici vel intelligi potest, ad voluntatem suam. Omnia hec dono in quocumque loco habeo vel havere debeo, in manu Petri de Roveria, magistri ejusdem milicie, et

(*a*) Melissinde gouverna le royaume de Ierusalem depuis son veuvage (13 nov. 1144) jusqu'en 1152.

in presencia fratrum videlicet Petri de Arczag, Raimundi Bernardi. Actum est hoc VIII° kalendas januarii, anno ab incarnacione Dominica M°C°XL°IIII°. SIG✠NUM Ermessendis, que hoc dono firmo et testes firmare rogo. SIG✠UM Raimundi presbiteri. SIG✠UM Berengarii de Farracia. SIG✠UM Petri Raimundi, presbiteri. SIG✠UM Mascoro. SIG✠UM Dalmacii. SIG✠UM Geraldi Barchinonensis, qui hoc scripsit die et anno quo supra.

CCCXLII [1144—1155.]

Copies du XVI° s. : dans un *Cartulaire de la Trinité de Vendôme*, appartenant à M. Herluison (communiquée par M. Ad. Roserot), fol. 7vo-8 ; du XVII° s. : Biblioth. Nat., coll. Dupuy, vol. 822, fol. 137 *(Ex tabulario S. Trinitatis Vindocinensis)*.

Edité : Champollion-Figeac, *Documents historiques inédits*, t. II ; texte des documents, p. 26-27.

EXTRAITS D'UN ACCORD ENTRE ROBERT, ABBÉ DE LA TRINITÉ DE VENDÔME ET EBLES DE MALO LEONE.

. . . .

Ego Eblo de Malo Leone. . . . . calumpniam quam malorum incitatus consilio, monachis Vindocinenbus, super rebus Sancti Georgii de Olerone injuste faciebam, in manu domini Roberti (a), Vindocinensis abbatis, deposui . . . . . . Actum est hoc apud Rochellam, in domo militum Templi. Qui viderunt et audierunt . . . . Fulcherius miles Templi et multi alii.

CCCXLIII 1145, (1—31) janvier.

Copies du XIII° s. : Lisbonne, Arch. da Torre do Tombo, gav. 7, maç. 11, n° 2, charte 11 ; du XV° s. : ibidem, lib. des mestrados, fol. XLVII.

In Dei nomine. Ego Gondisalvo Pinto, una cum mea mulier, Maria Pelaiz, ignorantes diem mortis nostre, et tamen illum scientes esse venturum, mandamus, post obitum nostrum, terciam partem omnis possessionis nostre tam inmobilis quam inmobilis militibus Templi Salomonis, pro remedio animarum nostrarum et parentum nostrorum. Si quis in hoc aliquid disturbare temptaverit, non sit ei licitum, set sit maledictus et excommunicatus ; et insuper equum meum, si mulier mea voluerit, accipiat alium habere pro illo. Facta carta mandationis, mense januarii, era M°C°LXXXIII°. Nos vero supranominatus qui hanc cartam firmitudinis jussimus facere, coram bonis hominibus roboramus, et hoc SIG✠NUM facimus. Qui presentes fuerunt : Petro Galego testis, Luzu Godinci testis, Pel Monaco, Inhere Venegas.

CCCXLIV 1145, (1er janvier—31 décembre).

Copie du XII° s. : Madrid, Archivo Nacional, *Cartulaire* B. 595, fol. 21, n° 45.

DE TESTAMENTO QUE FECIT ANDEREÇA.

In Dei nomine et ejus divina clementia. Ego Andereça, pro redemptione viri mei Loar, et pro redemptione anime mee, dono Deo et vobis, fratres milites Templi Salomonis, totam meam hereditatem de Novellas, et, post obitum meum, totum illud mobilem quem habuero. Testes : don Apperitio, Vitalis, Arnald Ponç, Vales, Iohannes de Dona Lutia. Era M.C.LXXX.III.

(a) Robert, abbé de la Trinité de Vendôme. 1144-1155.

CCCXLV 1145, (1er janvier—31 décembre).

Copie du XIIe s. : Madrid, Archivo Nacional, *Cartulaire* B. 595, fol. 22, n° 49.

De casas Martino Petreç.

In Dei nomine. Ego Martinus Petreç, cum uxore mea et filiis et filiabus meis, vobis Raimundus Bernard et aliis fratribus, successores vestros, milites Templi Salomonis, venditores sumus de ipsas casas quem habemus intus castrum de Novellas, propter precium, una equa cum suo filio et I moraber et I k(afiçadam ?) tri. Sunt fidança de salvetate, ad forum terre, Petro Lespig, Iohannes de Iohannes Talegeç. Sunt hujus rei testes : Apparitio, Martin Sanç, Orti Oriç, Iohannes de Obelas, et omnes vicinos eadem villa. Ego Martino Petreç sum placatus de precio et aliala. Era M.C.LXXX.III.

CCCXLVI 1145, (1er janvier—31 décembre).

Copie du XIIe s. : Madrid, Archivo Nacional, *Cartulaire B.*, 595, fol. 100-100v°, n° 276.

In Dei nomine et ejus divina clementia, Patris et Filii et Spiritus sancti amen. Ego Raimundus de Cortes, et uxor mea dona Urracha, donatores sumus domino Deo et ad illos milites de Templo Salomonis, pro redemptione animę nostrę et pro redemptione parentum nostrorum, duodecim kafiçadas de terra et duas arrovas de aqua et media et una vinea et una casa, ut sit donativum istum francum et liberum et ingenuum. Et si aliquid donaverimus eis in antea sit in hereditate *(fol. 100v°)*. Et sunt testes : Willelmus prior de Cortes, don Aimes, don Petrus Guillelmus, don Ferran, don Petrus Abbat, don Steven. Era M·C·LXXX·III·.

CCCLXVII 1145, (1er janvier—31 décembre).

Copies du XIIe s. : Madrid, Archivo Nacional, *Cartulaire B.*, 595, fol. 124v°, n° 335 ; et fol. 192, n° 433.

De illa peça de illo molino de Agon ; mulier Sanz Sanz.

In Dei nomine. Ego donna Sanza de Galur, uxor Sanç Sanz, donator sum Deo et fratres suprascriptos, illa peça de Sanz Sanz, qui se tenet cum illo molino de Agon, pro anima mea, et pro anima de Sanz Sanz, meo marito, in manu fratris Rigald Viger. Laudo et confirmo ego et Martin Sanz, dona Urraca, dona Maria, dona Ossoa, et omnis generatio nostra, per secula cuncta. Amen. Testes : don Apparitio, Sanç Navarro, anno quo obiit Caisal et Rodrigo Petreç.

In Dei nomine. Ego dona Sancia de Galur, mulier de San Sanç qui fuit, dono Deo et ad ipsa Kavalaria de Iherusalem, la pecia de San Sanç qui se tenet cum ipso molino de Agon, et dono ista pecia pro redemptione anime de San Sanç et pro mea anima. Frater Rigal Viger qui est magister, recepit hoc donativum pro Deo et pro aliis fratres. Et laudat istum donativum Martin Sanç, fil de dona Sancia et de San Sanç et totas suas germanes, dona Urracha et dona Maria et Ossoa. Et sunt testes : don Aparici, et Sanzo Navarr ; et hoc fuit factum ipso anno quo obiit Kaxal et Roricho Petriç, era M·C·LXXX·III·.

CCCXLVIII 1145, 11 février.

Vidimus du 13 octobre 1171 : Barcelone, Arch. de la couronne d'Aragon, R. Bereng.. IV, perg. n° 171.

Ultime voluntatis cujusdam viri defuncti nomine Petro Berengarii, edite per suum testamentum, cujus ordo actus est infra spacium sex mensium coram Berengarius presbiter, unde nos manumissores Petro Bonfilii et Berengario suo cognato et conjux sua, Bechet, testes et juratores sumus. Iuramus et testificamus per Deum vivum et verum et per altare sancti Michelis quod cernitur esse constructum subtus kastrum Otine, quia nos vidimus et audivimus quando predictus Petrus fecit scribere suum testamentum, quod ore proprio dictavit et conlaudavit et manu sua puntatim firmavit. Manumissores et distributores rerum suarum, id sunt Petro Bonifilii et Berengario et Bechet, taliter res suas ordinare :

In primis jussit solutos suos debitos in comune, et concessit ad Kavalleriam pro redemptione peccatis suis equa I cum suo alsberg et lancea I et spada I et suo corpus et anima, et si non potest ei ducere ipsos de Kavalleria, mandavit que fuisset sepultum ad Sancti Petri Otine et dimisit ad opera ejusdem Sancti Petri morabatino I et medium, et ad suis clericis morabatino I et medium, pro anima sua per misses ; et dimisit ad Sancta Maria de Aqualada XII diners et ad suum presbiter XII diners per messes, et ad confradria sedis sancti Petri Vico XII pro anima sua, et ad opera Sancti Jacobi XII ; et concessit ad filio suo Berenger et filia sua Pereta totis suis directis de omnia sua alodia que abebat et abere debebat intra terminum kastri Otine sive in Claro Monte, simili modo totis suis directis que abebat et abere debebat e Granoiers de alaudium et de vineas et de kasas et de molendinos ; in tale conventu ut jamdicta omnia teneat et possideat predicta conjux sua in diebus vite sue et post hobitum ejus ad jamdictum filium et filiam remaneat ; similiter et concessit duas partes de bestias majores vel minores sive de pane et vino ad conjux sua et ad jamdictum filium et filiam ; et predicta lexa de anima sua exeat de tercia parte de pane et vino et de bestias majores vel minores ; et dimisit ad Kavalleriam quarteres XVI frumenti que debet ei Bernard de Bellog et relinquid in bajulia domino Deo et Kavalleria totis suis directis que abebat intra terminum kastri Otine sive in Claro Monte, in tali modo ut de ipsum fructum que abebant conjux sua et filium suum et filiam, donent eis omni tempore per unumquemque annum decimum de pane et vino. Simili modo, concessit in bajulia domino Deo et Ospitalem Iherosolimis totis suis directis que abebat in Granoiers et a Malamarges, ut de ipsum fructum que habebant conjux sua et filium suum et filia omni tempore donent ad Ospitalem decimum de pane et vino. Et si obierit filium suum sine infante legitimo, dimisit suum directum ad Pereta, et si illa non abebat liberos, post obitum mater sua, concessit totis suis directis ad Kavalleriam et Ospitalem pro anima sua. Postquam predictus auctor hec omnia ordinavit, aliter voluntatem suam non mutavit nobis scientibus sed in stare mandavit. Deinde ingravescente discessit ab hoc seculo in mense septembris. Actum est hoc III idus februarii, anno VIII regni regis Lodoyci junioris. Sig✠num Petro Bonifilii ; Sig✠num Berengarii ; Sig✠num Bechet, non sumus hujus rei testes et juratores. Gillelmus, sacristos et lator juris, hoc confirmo legbus ✠. Berengarius presbiter qui hoc scripsit et ✠ sub die et anno quo supra.

CCCXLIX 1145, 25 février.

Copie notariée du XIIIe s. : Barcelone, Arch. de la Cour. d'Aragon, Raim. Ber. IV perg. 186.

Edité : Bofarull, *Colleccion de doc. inéd.* t. IV, p. 105.

In Dei nomine. Hec est carta et memoria de donativo facto cum conveniis et de germanitate, tali modo quod ego D. Perdiguero et D. Almoraveth et G. de Griavol et Ferrer de Benavar damus Deo et domui milicie Templi et fratribus ibi Deo servientibus, videlicet fratri Randulfo et fratri R. et fratri B.. Damus vobis de nostra hereditate de Alfoçeya et de suo termino de heremo et populato, de aquis et de erbis et de lignis, de monte et de plano, et de soto, toto quanto nobis pertinet vel pertinere debet, sicut dominis in sua propria hereditate, sic damus et concedimus Deo et vobis quintam partem et retinemus nobis quatuor partes, scilicet unusquisque suam partem, et colligimus vos et fratres vestros in quintam partem quam vobis damus, sub tali videlicet conditione quod adjuetis nos in omnibus et protegatis et deffendatis nos et nostra, videlicet uxores et filios et filias, famules et ancillas, oves et boves, jumenta et peccora, et omnia nostra tanquam vestra propria, pro posse vestro sine fraude. Ita videlicet quod si aliquis nostrum vel de nostris tam de ominibus quam de jumentis captum fuerit a Xpistianis in Aragone sive in Navarra vel in Castella, vos fratres Templi demandetis et abstrahatis tanquam vestram propriam causam. Unde nos convenimus Deo et vobis fratribus milicie Templi quod non feramus ultra arma super ullos Xpistianos nec eamus in exercitu, nisi super paganos in exercitu regali vobiscum. Similiter est convenio inter nos quod si aliquis ex populatoribus nostris de Alffoceya furtum fecerit et probatum inde fuerit, quod perdat totum quantum habet et exeat de villam tamquam latro et proditor atque malus; et unus de nobis vel de nostris quod sit calmedina et judex qui judicet causas secundum forum Cesarauguste, ad cujus forum sunt populati, et qui accipiat calonias et dividat unicuique partem suam tribuens. Si forte aliquis homo reus adgravatum se tenuerit de judicio calmedine de Alffoçeya, potest se clamare et alçare ad fratres milicie Templi et non ad alium judiçem, et ipsi fratres, audita causa et judicio dato, si justum fuerit, judicium concedant illud fratres et faciant tenere atque complere. Si vero judicium subversum fuerit aliquo modo, faciant fratres discernere ac juste judicare secundum forum Cesarauguste et ultra non querat alium judicem, quod si quesierit, peclet et donet LX solidos de calonia et exeat de villa et nunquam magis habitet ibi. Similiter est convenio inter nos quinque fratres qui sumus in ista germanitate, quod si aliquis nostrum totam suam partem de sua hereditate vel aliquam partem hereditatis sue vendere voluerit, prius faciat scire ad suos germanos, et si aliquis eorum retinere voluerit et poterit, habeat sicut inter se convenerint; fratres vero milicie Templi habeant unum solidum scilicet XII[cim] denarios de unoquoque numero X[em] solidorum minus quam alter alius propter dominium et mercedem; si vero nullus eorum emere poterit aut noluerit, vendat vicinis suis vel aliis preter aliam religionem aut milites secundum consuetudinem fratrum milicie Templi. Sicut igitur nos predicti videlicet D. Perdiguero et D. Almoravet et G. de Griavol et F. de Benovar collegimus ad vos fratres domus milicie Templi predictos et vestros in quintam partem de nostra propria hereditate de Alffoçeya in societate et germanitate, sic etiam mittimus in vestra protectione ac deffensione omnes populatores que sunt et erunt in Alffoceya. Et volumus et mandamus quod unusquisque ex populatoribus per se et domum suam et familiam tribuat semper annuatim vobis predictis fratribus domus milicie Templi et vestris unam rrovam frumenti et aliam ordei, Deo autem et sue sancte ecclesie decimas et primicias fideliter tribuant et persolvant. Quin etiam nos quatuor supradicti laudamus et confirmamus istum donativum, sicut suprascriptum est, Deo et vobis dictis fratribus domus milicie Templi et cuntis fratribus vestris presentibus atque futuris, per nos et nostros presentes et posteros per secula cunta amen. Similiter nos fratres Randulfus et frater R. et frater B., per nos et fratres nostros presentes et posteros, recepimus vos tanquam fratres in proteccione et tuicione Dei et domus nostre et fratrum nostrorum, vos et vestra, scilicet vestras personas et uxores et filios et filias et populatores qui modo ibi sunt et inantea ibi erunt, et omnia vestra, quod protegamus et deffendamus vos et vestra tanquam nostram propriam causam semper et ubique pro posse nostro sine fraude per secula cunta amen. Testes sunt de isto predicto donativo et de conveniis et de societate et de germanitate ex utraque parte: È? sacrista Sancti Salvatoris, et Gabinus, et Bernardus abbas de Pina, et Galin Garçes Grinon, et Galin Açnaret de Fontes. Facta carta in mense febroarii, in festivitate sancte Mathie, era millesima C·LXXX·III·, regnante rege Garcia in Navarra, R(aimundo) Berengarii, comes Barchinonenssis, dominante in Cesaraugusta et in Aragone, Bernardus (*a*) episcopus in Cesaraugusta, Ato Sanç justiçia, Artal in Alagone, Lop Sanç in Belchit. P. scriptor rogatu predictorum hanc cartam scripsit et per alfabetum divisit die et anno quo supra.

CCCL. 1145, (1—31) mars.

Copies du xve s. : Lisbonne, Archivo da Torre do Tombo ; don Alvarez, 234, fol. cxxxvii et cxxii^vo-iii ; du xvie siècle ibidem. Bibl. nac., ms. 736, fol. cclxii.

In Dei nomine. Hec est carta testamenti quam jussi facere ego Menendus Petriz et uxor mea, Adosinda Tructusendis, vobis fratribus Templi, de herentia quam habui, ex parte mee mulieris, in territorio Sauri, in loco qui vocatur Ega, ultra flumen, supra castrum ; et ego do eam vobis, pro remedium anime mee et meorum parentum. Set si forte aliquis ex meis propinquis seu de extraneis venerit, qui hoc nostrum factum irrumpere voluerit, quisquis fuerit, quantum auferre voluerit, in duplum vobis componat; et insuper sit maledictus et excommunicatus et, cum Iuda traditore, in inferno dejectus. Facta carta testamenti, mense marcio, era M·C·LXXX·III·. Nos supranominati Menendus et Adosinda, qui hanc facere jussimus, coram bonis hominibus roboramu✠✠s, qui presentes fuerunt testes : Pelagius Petriz testis, Gliilem [1] de Barcalona testis, Petrus Sandis testis, Iohannes Ceima Peles testis; Iohannes Gondisalviz testis scripsit; Garcia Peleiz testis [2].

CCCLI 1145, (1—31) mars.

Copies : du xv^e s. Lisbonne, Arch. da Torre de Tombo ; don Alvarez, 234, fol. cxxxvi^vo-vii ; du xvi^e s. ibidem, Bibl. nacion. ms. 736, fol. cclxi^vo-ii.

In Dei nomine. Hec est carta venditionis quam jussi facere ego, Salvador Travesu et uxor mea, Maria Pelaiz, tibi fratri Iterio, de hereditatibus quas habuimus in territorio Sauri, in loco qui vocatur Ega, una jugada de Gonçalvo Ordonis et alia jugada

(*a*) Bernard, évêque de Saragosse, 1139—1162.

Variantes : 1. Glulem de Barcelona. — 2. *omis* fol. cxxiii.

de Pelagio Laureu et alias duas jugadas ad fontem de Froia. Et ego Gelvira Peliz vendo vobis unam de istas IIII° jugadas, et Salvador Travessu III°, pro precio quod a vobis accepimus : ego Salvador Travessu II morabitinos et ego Gelvira Peliz I morabitinum et medium; et una jugada ad Pracsenul, juxta castrum, pro supranominato precio; tantum nobis et vobis bene complacuit, et de precio apud vos nichil remansit. Set si forte aliquis, ex nostris propinquis seu de extraneis, venerit qui hoc nostrum factum irrunpere voluerit, quisquis fuerit, quantum aufferre voluerit, in duplum vobis componat. Et nos, si in concilio actorizare aut devendicare non potuerimus vel noluerimus, componamus vobis ipsa hereditatem duplatam, seu quantum fuerit melioratam et judicatam. Facta carta mense marcio era M°C°LXXXIII. Nos supranominati qui hanc cartam facere jussimus, coram bonis hominibus roboramus ✠✠✠, qui presentes fuerunt testes : Pelagius Petriz testis, Suarius Godiniz testis, Salvador Petriz testis. Iohannes scripsit testis.

CCCLII 1145, (1—30) avril.

Original : Marseille, Arch. dép., H° 15 (Trebons, n° 1).

Notum sit omnibus quod ego, Maria, et ego, Sclarmandia, et mariti nostri, scilicet Bertrannus Isnardus et Raimundus Isnardus, et omnes infantes nostri, vendimus et in perpetuum tradimus cum fide et sine inganno et absque ullo retenemento milicie Templi, scilicet tibi, Bernardo Rolanno, et omnibus aliis militibus, omnem illum honorem quem habebamus in Trifoncio, juxta vestram condaminam, quam condaminam habetis super ulmum, in Trifroncio, unde habuimus a vobis quingentos IIII. solidos et CCL. solidos Melgoriensis nove monete et CL. solidos de nummis ad V. numos, tali videlicet pacto quod habeatis licentiam donandi, vendendi atque inpignorandi cuicumque volueritis, ut de vestro alodio. Et juravimus vobis super IIII. euvangelia quod hec vendicio firma et stabilis pro nobis et pro nostris in perpetuum maneat. Testes hujus rei sumus ego, Petrus de Lanbisco, et ego, Gantelmus de Alvernegue, et ego, Gaufredus de Alvergue, et ego, Vilelmus de Laurata, et ego, Vilelmus Laugerius, et ego, Guilelmus Rostagnus, et ego, Petrus Fulco, et ego, Vilelmus Raimundus, et ego, Guilelmus Galterius, et ego, Guilelmus Argerius, et ego, Vilelmus Bertrannus, et Petrus Gavaldanus, et ego, Vilelmus Iterius, et ego, Vilelmus Ugo, et ego, Rostagnus Gimardus et ego, Bernardus Sabaterius et Raimudus Fulco, et ego, Raimundus de Carboneriis, et ego, Rostagnus de Carboneriis, et ego, Petrus Aicardus, et ego, Poncius Aicardus, et ego, Imbertus do Argens, et ego, Petrus Rainaldus, et ego, Petrus Rufus et Vilelmus Palacius et ego, Raimundus Gualterius, et ego, Fulco de Buriano.

Acta est hec carta in civitate Arelate in mense aprilis, anno Dominice incarnationis millesimo C.XLV., indictione VIII., regnante imperatore Colraso. Petrus Bernardi scripsit.

CCCLIII 1145, (15 avril—septembre).

Copies du XIV° s. : Rome, Vatican, fonds Vatican, n° 7241, f° 67v°; et n° 4947, f° 76v°.

Edité : Rozière, *Cartul. du Saint-Sépulcre*, n° 71, p. 143-144 ; cf. Migne, CLV, p. 1169-1170 ; cf. Röhricht, reg. n° 237.

. . . . Ego Galterius, Cesaree dominus . . . .
Anno ab incarnatione domini nostri Iesu Christi MCXLV, indictione VIII, testibus . . . . Hostone de Sancto Audemaro et Radulfo de Patingis, fratribus militum Templi . . . .

CCCLIV 1145, samedi 12 mai.

Copie du XIIe s. : Cartul. A de Douzens, ch. 190, fol. 136.

In nomine Domini. Ego, Arnaldus de Gaure, dono et dimitto et laxo vobis, milites hujus Templum Xpisti, honor mea quod habeo in villa de Pomar et in terminio, pro redemptione anime meo, in qualicumque loco habeo, heremum et condirectum, ubi vocant a Gorgatel, ipsa quem tenet ipsa Pagesa cum suos filios ad quart; alia faxa quod tenet Raimundus Ugo a quart; alia faxa ad Naveg, ad quart; alia faxa ad Poiol, quod tenet ipsa Pagesa cum suos filios in campo de Font, et ad Barta 1 sesterada; istas donent quart; et casales que sunt subtus castrum, et in terminio de Gaure ipsa *(fol. 136 v°)* vinea quod tenent filios Pontii Arnaldi super Rocca Columbeira, et ipsa terra de Feuvi et orto de Plani et terra de Coma et IIII^or sestaria annonam de Molini. Ista predicta honore ego, Arnallus de Gaure, dimitto et laxo in manu Guillelmi Petri et Petri Guillelmi et milites Templum Xpisti.

Actum est in presencia multos plures homines, Petrus Bernardus et Petrus Martini et Rogerii. Arnaldus cappellanus hoc scripsit in feria VII, IIII idus madii, anno millesimo C.XL.V. Ego, Arnaldus, quando fecit hoc, erat positus in egritudine et reddit corpus meum ad servicium Dei omni tempore et proprium quod habeo Brager vel Centura, regnante Lodovico rege.

CCCLV 1145. (1—30) juin.

Original : Lisbonne, Arch. da Torre de Tombo, gav. 7, maço 12, n° 18; *copie* du XVe s. : *ibidem*, lib. dos mestrados, fol. 90.

In Dei nomine. Hec est carta testamenti quam jussi facere ego Menendus Vermuiz militie Templi Ierhosolimis, de omni mea portione illius hereditatis de Sancto Petro Farocis de Sindianes, que fuit parentum meorum. Do et concedo eam ut semper eam possideant hereditario jure, et nullus homo habeat potestatem huic meo contradicendi precepto; set si forte aliquis homo, de meis propinquis vel de extraneis, surrexerit, qui, pro sua mala audacitate, hoc meum factum in aliquo disturbare voluerit, non sit ei licitum per ullam assertionem, set pro sola temptatione sit maledictus et excommunicatus, et cum Iuda, Domini traditore, condemnatus, et insuper, quantum quesierit, tantum in duplum componat. Facta carta mense junio, era M.C.LXXX.III. Ego Menendus qui hanc cartam scribere jussi et confirmavi. Pelagius Mat' testis. Guiam testis. Didacus Nuniz testis. Didacus Alfonsus testis. Petrus notavit.

CCCLVI 1145, (1—30) juin.

Copies du XVe s. : Lisbonne, Arch. da Torre do Tombo; don Alvarez, 234, fol. CLXX; *ibidem*, Bibl. Nac., ms. 736, fol. CCCXXVII.

In Xpisti nomine. Placuit michi Alfonso Petri, jussu regis, dare unam hereditatem vobis, fratribus Templi militie Salomonis, pro remedio anime mee et regis, tali pacto ut faciant ex ea quodcumque voluerint, et semper me quasi fratrem habeant, et in orationibus suis semper memoriam mei agant. Vocatur autem hereditas Sanctus Iohannes fluminis Rivifrigidi. Habeatis vos illam, sicuti ego a rege habui, cum suis terminis positis utrinque. Do ego Alfonsus Petri vobis fratribus Templi, ut me quasi fratrem teneant semper, et ego vobis faciam sicuti frater, illam hereditatem propriam. Et si aliquis homo, ex nostris propinquis vel de extraneis, contra hoc scriptum disrumpere voluerit, et non actorizare voluerim ego vobis, quicumque voluerit hanc kartam disrumpere, sit maledictus et excommunicatus, et cum Iuda traditore in inferno sit missus, et insuper quantum auferre voluerit, in duplo componat. Ego Alfonsus habeo illam in vita mea; post mortem vero meam, illam totam habeatis. Facta karta mense junii posito, era M°C°L°XXXIII°. Ego vero Alfonsus qui hanc kartam vobis fratribus jussi facere, cum manibus meis ro†††boro. Ego Alfonsus (a) rex confirmo. Fernandus Captivus testis. Alvarus Alferez testis. Menendus Alfonsus testis. Egeas Munis testis. Vilelmus Segini testis.

CCCLVII 1145, mercredi 6 juin.

Copie du XII° s. : Avignon, Biblioth. municip., *Cartul. de Richerenches*, VI, fol. 33v°.

Edité : Mis de Ripert-Monclar, *op. cit.*, p. 58-59, n° 58.

RAIMUNDUS DE BISTORRIS ET UXOR FILIUS ET ALII HEREDES EORUM DEDERUNT DEO ET MILITIBUS TEMPLI QUOD HABEBANT IN BOLBOTONE.

Notum sit omnibus hominibus, tam presentibus quam futuris, quod ego, Raimundus de Bestorres, et ego, Galburs, ejus uxor, et ego, Willelmus Raimundi, et ego, Bertrandus Raimundi, et ego, Isnardus, eorum filii, et ego, Bertrandus Willelmi, et ego, Aimirus, ejus uxor, et ego, Willelmus de Podio Cavo, eorum filius, et ego, Blimos, uxor Willelmi Ricavi, et ego, Ricavus, ejus filius, et ego, Rixens, uxor Petri Leodegarii, omnes inquam vendimus militibus Templi et fratribus qui in domo de Richarensis vel in presenciarum sunt vel in futurum venturi, quicquid habemus in castello de Bolbotone vel in mandamento, in heremis et cultis, vel possidemus nos vel alii pro nobis. Hunc supradictum honorem a supradictis venditoribus ego, Ugo de Bolbotone, emi, qui magister eram domus de Richarensis, aput Vachairaz, in presencia Tilburgis, domine Aurasicensis, que tam vendicionem quam empcionem hujus honoris lau-*(fol. 34)*davit et confirmavit. Et si quis per injuriam seu per violenciam supradicti honoris partem vel totum militibus Templi auferre voluerint, ipsa et ejus filii, ut sui proprii honoris, inquantum potuerit, expromisso defensores existere debent.

Facta fuit hec vendicio et hec emcio, anno ab incarnato Domino M°C°XL°V°, octavo idus junii. Hujus rei testes sunt : Nicolaus sacerdos et frater, et Heldinus, Raimundus de Crusol, Raimundus Bernardi, Poncius Bonus Homo, Willelmus de Grana, Bernardus de Boazono, Giscardus, Willelmus Bruneti, Stephanus de Aurasica, Giusdus de Sancto Paulo, Willelmus de Cadarossa primus, Raimundus Gerini, Willelmus de Ioncheriis, Bernardus de Vacairaz, Willelmus Riperti, Rostagnus de Montemirato.

Propter hanc empcionem fratres milicie Templi his supradictis venditoribus septuaginta solidos veteribus Melgoriensibus dederunt.

CCCLVIII 1145, 8 juin.

Copie du XIII° s. : Perpignan, Arch. dép., *Cartul. du Mas-Deu*, n° 283, fol. 168v°.

Edité : Allart, *Cartulaire Roussillonnais*, dans la *Semaine religieuse du diocèse de Perpignan*, 1885, p. 799.

Notum sit omnibus hominibus, presentibus et futuris, quod ego, Petrus Raimundi de Bruiano, et uxor mea, Cerdana, et filii mei, Guillmi Cerdani et Berengarius, nos

(a) Alphonse Ier, comte 1112, roi de Portugal 25 juillet 1139 † 6 décembre 1185.

pariter donatores sumus domino Deo et militibus Templi Salomonis, quod est in Iherusalem, honorem nostrum quem habemus et habere debemus in comitatu Rossilionensi, infra fines et terminos ville Bruiani et in ajacencia Beate Marie, in locum qui vocatur ad Centum Dextres. Affrontat autem prescriptus honor, de una parte, in via que discurrit de Bages apud Banuls, de alia parte in camino Franceschi, de III^{a} parte in via que exiit de Bages et pergit apud Candellum, de IIII. parte in comba de Darnach. Quantum includunt jamdicte IIII^{or} affrontaciones predicti honoris, sic donamus domino Deo et militibus Templi Salomonis, presentibus et futuris, cum exitibus et regressibus et cum suis terminis et cum omnia in se habencia, sine omni enganno et absque ullo retentu, propter amorem Dei et remissione omnium peccatorum nostrorum. Et insuper accepimus de elemosinis Dei et militum Templi predicti solidos CCC. et unum mulum per C.L. solidos ex moneta Rossella, quos dedit nobis Bernardus de Petra Lata, per mandatum Petri de Ruyra magistri, et Berengarii, fratris ejus, et Arnalli Soreiani, qui sunt servi et ministri militibus Xpisti suprascripti Templi. Et est manifestum. Si quis contra istam cartam donacionis venerit ad irrumpendum, non hoc valeat vendicare quod requirit, set componat in duplo cum sua melioracione. Et in antea firma et stabilis permaneat semper.

Actum est hoc VI° idus junii, anno ab incarnacione Domini M^{o}.C^{o}.XL.V^{o}., regnante Ludovico rege, VII° anno. SIG✠NUM Petri Raymundi de Bruiano; SIG✠NUM Cerdane, uxoris ejus; SIG✠NUM Guilelmi Cerdani; SIG✠NUM Berengarii, filiorum ejus, qui istam cartam donacionis fieri jusserunt, firmaverunt et testes *(fol. 169vo)* firmare rogaverunt. SIG✠NUM Vidiani de Aleniano, qui hoc laudavit et firmavit. SIG✠NUM Guilelmi de Bages. SIG✠NUM Bernardi de Bages. SIG✠NUM Olibe de Candello. SIG✠NUM Petri Olibe de Bainuls. SIG✠NUM Guilelmi Calvacii. SIG✠NUM Petri Poncii de Bruiano. ✠ Petrus, monachus et sacerdos rogatus, scripsit, die et anno quo supra.

CCCLIX

1145, 10 juin.

Copies du XVe s. : Lisbonne, Archiv. da Torre do Tombo; don Alvarez, 234, fol. CXLIX, du XVIe s. : Ibid., Bibl. Nacion., ms. 736, fol. CCLXXXVI.

In nomine sancte et individue Trinitatis, Patris videlicet et Filii et Spiritus sancti. Ego Fernandus Menendiz, una cum uxore mea, ifante dona Sancia (a), et filiis meis, nulla necessitate compulsus, set sana atque libera voluntate, videns istius mundi divitias cito labentes, placuit michi, ut de istis rebus transitoriis aliquid in servitio Dei expenderem. Qua propter ego Fernandus, una cum conjuge mea et filiis meis, cum filio regis Portugalensis, donni Adefonsi, pro remedio anime mee et parentum meorum, facio cartam testamenti et firmitatis illis militibus, qui Templo Iherusalem Deo serviunt, de castello meo quod populavi in Extrematura; et illud castellum vocatur Longrovia, habetque jacentiam in territorio Bracarensis metropoli, inter illud castellum quod vocatur Nomam et aliud quod dicitur Marialba, et fluvium qui vocatur Coa. Do atque concedo hoc castelum supradictis militibus eorumque successoribus, per suos terminos antiquos, cum omnibus que ad me pertinent; habeant illum jure perpetuo. Quod si aliquis venerit, vel venero, et hoc factum meum frangere temptaverit, in primis sit excommunicatus, et cum Iuda, traditore Domini, habeat participationem; insuper quantum quesierit, in duplum restituere cogatur et regie potestati duo

(a) Sanche, fille du comte Henri et de la reine Thérèse.

auri talenta ; et carta ista semper habeat firmitatem. Facta series testamenti iii idus Junii, era M°C°LXXX°III. Ego Fernandus Menendiz, una cum supradicta conjuge mea et filiis meis, hanc kartam testamenti propriis manibus roboravimus. Iohannes Bracarensis (a) archiepiscopus confirmat. Egeas Muniz, curie dapifer, confirmat ; Fernandus Captivus confirmat ; Alvarus Petri regis signifer confirmat ; Menendus Moniz confirmat ; Gonsalvo Roderici confirmat. Godinus presbiter notavit.

CCCLX 1145, mardi 12 juin.

Copie du xii° s. : Avignon, Biblioth. munic., *Cartul. de Richerenches*, iii, fol. 32$^{v°}$.

Edité : Mis de Ripert-Monclar, *op. cit.*, p. 57, n° 56.

BERTRANDUS DE SOLORIVO ET HEREDES EIUS DEDERUNT QUOD HABEBANT IN BOLBOTONE.

In nomine summi Dei omnipotentis, patead cunctis hominibus, tam presentibus quam futuris, qualinus ego, Bertrandus de Solorivo, et ego, Lucia, ejus uxor, et ego, Ripertus, et ego Latgerius, nos pariter, filii eorum, cum laude et voluntate et consilio Bertrandi, fratris predictę Lucię aliorumque nostrorum amicorum, omne quod habemus neque possidemus nec nos neque alii propter nos in castro de Bolbotono et in mandamento, in heremis et in cultis, et omnem terram qualemcumque juris nostri habemus, Deo atque beate Marie, ejus genitrici, et omnibus fratribus milicie Iherosolimitani Templi jubemus atque concedimus, et eis qui in domo Richarensis vel in presencialiter sunt vel in futurum venturi, ut sine fraude et sine dolo ipsi teneant et possideant totum et ab integro ad faciendam eorum voluntatem. Hoc donum in manu Ugonis de Bolbotone, qui magister adest de domo Ricarensis, facimus, atque aliorum fratrum qui presentes in hac predicta domo sunt, scilicet Petri Boni Hominis, Raimundi de Crusol, Bernardi de Boazono, Willelmi de Grana, Willelmi Bruneti, Stefani de Aurasica et Geraldi de Sancto Paulo. Et ego, Ugo de Bolbotone, et nos, predicti fratres, charitative *(fol. 33)* tradimus tibi, Bertrando de Solorivo a feu, et tibi, Lucie, uxori ejus, et tibi, Riperto et Laugerio, filiis eorum, chabannariam quam Arnaudus a successoribus vestris tenuit, et facciam Bernardi Richerii et omnem terram quam extra territorium de Bolbotone habebatis, et xl.ª solidos de Valencianis et unum pullum cavallinum de duobus annis et dimidium trentanarium lanc.

Hujus rei sunt testes : Petrus Ugonis de Valriaz, Petrus Ugonis de Avisano, Lanierius de Balmis, Willelmus Cornabrocs, Willelmus Berbegerius de Grilone, Petronillus Mimus de Aralato, Bertrandus de Penna, Bertrandus de Meian. Hoc donum factum fuit et hec vendicio et hec empcio, anno ab incarnato Domino M°.C°.XL°.V°, ii idus junii.

CCCLXI [c. 1145], 16 juin.

Copies du xii° s. : Madrid, Archivo Nacional, *Cartul. B.* 595, fol. 90, n° 262, et fol. 105$^{v°}$, n° 284.

CARTA DE OTARDO.

In Dei nomine. Ego don Otardo facio per mea anima et dono ad Deo et ad illa kavalleria del Templi Salomonis, corpus meum et animam et omnia mea quę ego habeo in vita et in morte : in primis illas meas casas de Calataiub, et illa peza qui est

(a) Jean, archevêque de Braga, 1138 † 3 décembre 1175.

in Terrer, et duas mulas, et xx[ti] porchos, et uno loricon qui jacet in pignus per xiii morbitinos; et si dederit don Sanz de Medina illos morabitinos, accipiat illo loricon, et fratribus de la cavallaria illos morbitinos; et laxo una spata, et una lanza, et uno scuto, et uno elmo, et una sella de cavallo, et una tenda, et uno tapet, et uno alphamar, et una colga, et tres *(fol. 90[ro])* plumazos de pluma, et uno copertor de motebag, et una cathena per ad captivos. Similiter laxo ad fratribus Templi ego Otarde unas casas et una hereditate in Zaracoza, qui fuit de illo comite de Pertica *(a)*; et si potcrint illa acaptare, donent fratribus de illa cavallaria a don Raol xx morabitinos, et ad Perronet xx solidos; et tencant illa hereditate et illas casas, et similiter illa hereditate qui fuit de supradicto comite, qui est in Balterra. Et ego don Raol laudo et confirmo hoc donativum quod fecit don Otarde, frater meus. Ista carta facta fuit in Calataiub, in die sanctorum martyrum Ciricho et Iulite, Sanio Blasquo Blaschez teste, Fertung Xemenones teste, Bernard de Tolosa, Vital Pelai de Ricla, Gilibert. Hoc fuit factum in presente fratribus Templi, fratre Remon Bernard et fratre Rigald Viger.

CCCLXII

1145, (1—31) juillet.

Copie du xv[e] s. : Lisbonne, Arch. da Torre do Tombo, don Alvarez, 234, fol. CLXVIII[vo]-IX.

In Dei nomine. Hec est carta venditionis quam jussi facere ego Exemena Gonsalvit, una cum filiis meis Petrus Luz, et Bona et Martynus et Marina et Suarius, vobis fratribus et militibus Templi, de una nostra hereditate, quam habuimus in terra de Sancta Maria de Cividade, in villa que dicitur Ajuda, quatinus habeatis vos eam, vel quicumque vobis placuerit, firmiter imperpetuum, totum quot ego habeo ibi cum filiis meis ex parte meorum parentum, ubicumque illud potueritis invenire, pro precio quod a vobis recepimus, videlicet xv morabitinosi tantum; enim nobis et vobis bene complacuit, et de precio apud vos nichil remansit. Si quis igitur, ab hac die, nostri vel nostrorum supervenerit, qui hoc nostrum factum inrumpere presumserit, in quantum temptaverit, tantum vobis in duplum conponat vel quantum fuerit melioratum, et domino patrie aliud tantum similiter. Si nos eam vobis in concilio actorizare vel defendere non potuerimus vel noluerimus, componamus vobis illam duplatam, vel quantum fuerit melioratam. Facta karta venditionis et firmitudinis, mense julio, era M[a]C[a]LXXX[a]III[a]. Ego supradicta Exemena Gonsalvit, simul cum filiis meis, qui hanc kartam facere jussimus, coram ydoneis testibus eam confirmamus et hoc signum facimus ✠✠✠. Qui presentes fuerunt. Menendus Rutura confirmat. Pellagio Carvalio confirmat. Egas Vermuiz confirmat. Sefldino Bufas confirmat. Maiordeo Pelaiz confirmat. Garseanno presbiter notavit.

CCCLXIII

1145, (1—31) août.

Original : Lisbonne, Arch. do Torre do Tombo, Gav. 7, maço 12, n° 2. — *Copies* des xve s. ; *ibidem*, liv. de Mestrados, fol. c et CXXXVI ; *ibidem*, don Alvarez, reg. 234, fol. CLIII ; du xviie s. : d'après Alvarez, Lisbonne, Bibl. Nac., ms. 736, fol. 295, cf. *Malta Nuova*, I, p. 54, note.

In nomine Patris et Filii et Spiritus sancti amen. Quanquam Xpistiane religionis multa sint studia quibus eterna promererers posse creditur vita, precipuum tamen est

(a) Rotrou, comte du Perche, 1100 † avril 1144.

pietatis officium quod ad ejusdem vite potest perducere questum, militibus Xpisti prebere solacium, quod non solum procurationi pauperum verum etiam protectioni proderit Xpistianorum. Dicente autem evangelio *quod uni ex minimis meis fecistis, michi fecistis*, ipse sibi, procul dubio, debitorem eterne remunerationis Xpisti constituit, qui minimis ejus solacia necessitatis pie inpertit. Ob inde ego Bracarensis Iohannes (a) archiepiscopus simul et Bracarensis ecclesie clerus, una cum regis Portugalensis Aldefonsi (b) consensu, kartam testamenti facimus militibus Templi de Ierusalem : quam predecessor noster, bone memorie, donus Pelagius archiepiscopus (c) in Bracara jussit fieri in et servicio Dei preparari, damus vobis illam domum atque concedimus, cum omnibus suis pertinenciis quas nunc habet vel a modo ei obvenerint, jure perpetuo possidendam ; concedimus etiam vobis medietatem omnium decimarum nostrarum de omnibus redditibus nostris et de feriis quos habemus sive infra civitatem sive extra. Si qua igitur amodo ecclesiastica secularisve persona scripti hujus paginam sciens, contra eam venire temptaverit et eam in aliquo minuere fraudare vel etiam disturbare voluerit, secundo terciove commonita, si non congrua emendatione satisfecerit, perpetue excomunicationi subdatur, et duo auri talenta domino patrie reddere cogatur, et, quantum auferre voluerit, in quadruplo resolvat, et kartula ista senper in robore suo permaneat, quam ego Iohannes archiepiscopus et Bracarensis ecclesie clerus qui eam facere jussimus, spontanea voluntate roboramus et sigillo confirmamus, era M°C°LXXXIII mense augusto, regnante Portugal(ie) donno Alfonso, comitis Henrici et regine Tharasie filio, et gratuito animo scriptum istud roborante atque confirmante.

Petrus (d), condam Bracarensis prior, tunc Portugalensis electus confirmo. Gomizo Suerii argidiaconus agens vices prioris confirmo. Menendus Remiri archidiaconus confirmo. Petrus Odorii archidiaconus confirmo. Mito, Bracarensis ecclesie precentor, confirmo. Ermigius archidiaconus confirmo. Menendus Godini archidiaconus confirmo. Petrus Boxius archidiaconus confirmo. Godinus presbiter notavit.

CCCLXIV

1145, (1-31) août.

Original : Lisbonne, Arch. de Torre do Tombo, gav. 7, maço 10, n° 41. — *Copie* du xv° s. : *ibidem*, livro dos Mestrados, fol. xc^vo. Cf. *Malta Nuova*, I, p. 54, note.

In nomine Patris et Filii et Spiritus sancti amen. Quanquam Xpistiane religionis (e) — — facimus vobis domno Suerio milicie Templi Domini ministro, necnon et vestris fratribus ejusdem professionis militibus, de illo hospitali quod, bone memorie, predecessor noster, domnus Pelagius, archiepiscopus in Bracara, jussit fieri et pauperum usui preparari. Damus illud vobis atque concedimus cum omnibus suis pertinentiis, quas modo habet, vel ei obvenerint, quemadmodum idem predecessor noster, pietatis affectu, statuerat jure perpetuo possidendum. Si qua igitur ammodo ———— roboramus, era — ———. Petrus Boxius archidiaconus confirmo. Menendus presbiter notavit.

(a) Jean, archevêque de Braga, 1138 † 3 décembre 1175. — (b) Alphonse, roi de Portugal, 25 juillet 1139 † 6 décembre 1185. — (c) Pelage, archevêque de Braga, 1116 (? 1118) † 1137. — (d) Pierre (II), évêque de Porto, 1145-1152. — (e) Texte identique à celui de la charte précédente.

CCCLXV 1145, lundi 17 septembre.

Orig. partie en haut : Marseille, Arch. dép., *H. Temple*, l. 99 (parch. coté : n° 1, Besosse).

Notum sit omnibus quod Bremundus Ucecie dedit Deo et fratribus Templi tam presentibus quam futuris, pro redemptione peccatorum suorum atque parentum suorum et salute anime sue, v solidos Eg(idiensium) censuales in unoquoque anno, in duobus cortilibus, que sunt in villa que a vulgo vocatur Besocia, juxta suum stare, alterum quorum tenet Martinus Faber et alterum Beraldus, unum quodque dat II solidos et dimidium in festo sancti Micaelis. Hanc suprascriptam donationem Bremundus Ucecie dedit et laudavit cuidam fratri ac servo Templi, videlicet Gilelmo de Cornon, presente et audiente Gilelmo de Sancto Xpistofore et Poncio de Momolena et Petro de Remolinis et Petro de Sado et Stefano de Bareria.

Facta carta ista in mense septembri, fecia II, luna XXVII, anno Dominice incarnationis M.L.C.XL.V., regnante Lodoico rege. Raimundus scripsit.

CCCLXVI 1145, mercredi 31 octobre.

Copie du XII° s. : *Cartul. A de Douzens*, ch. 48, fol. 35[v°] et 36[r°].

In nomine domini nostri Ihesu Xpisti. Ego, Petrus Bernardus de ipsa Porta, et uxor mea, Petronilla, atque infantes nostri, donatores sumus Deo et sancte militie Templi Iherosolimitani et vobis, domno magistro ejusdem militie, Petro de ipsa Rueria et ceteris confratribus vestris, Berengario de ipsa Rueria et Arnaldo de Barbairano et Guillelmo de Lodeva et aliis confratribus, in ipsa militia Deo servientibus, presentibus atque futuris. Donamus vobis totum hoc quod habemus vel habere debemus in villa de Blumato et in suis terminiis, scilicet tres pecias terre et totum aliud quod habemus vel habere debemus in predicta villa et in suis terminiis, ad habendum per alodium et tenendum ac possedendum vestramque voluntatem inde perpetim faciendum, sine omni nostra retinencia et sine omni inganno, ut ab hac die in antea nos nec posteritas nostra nec homo vel femina per nos vel per nostram vocem ibi quicquam non habeamus nec requiramus in perpetuum. Hoc autem donum facimus propter remissionem et remedium animarum nostrarum et parentum nostrorum. Et est verum quod predictum honorem redemistis XXX solidos Melgoriensium bonos et III solidos Ugonencos octenos. Si vero homo aut femina ibi quicquam vobis amparaverit, nos erimus vobis leguales guirenti sine in-*(fol. 36[r°])*ganno.

Una vero pecia terre est ad pratum et affronta de altano et a meridie in terra Ermengaudi, a circio in terra Petri Raimundi de Blumato, de aquilone in terra Bernardi Balb. Aliam pecia est juxta viam que ducit ad podium Xairic, et affronta de altano in terra Guillelmi Sigerii Podii Tirici, a meridie in terra Petri Raimundi de Podii Tirici et Guillelmi de Blumad, a circi in via, de aquilone in terra Sancti Stephani. Tercia est ad tras Podium, ad Aguals, et affronta de altano in terra Sancti Andre, a meridie in terra Bernardi Balb et Berenguarii de Liduano et Raimundi de Lacho, a circi in terra Raimundi Petri de Oronzaco, de aquilone in terra Sancti Stephani. $ Petri Bernardi et uxoris ejus, Petronilla, qui sic, cum infantibus eorum, istam cartam firmaverunt. $ Raimundi cappellani de Blumato. $ Berenguarii Poncii de Dozencs. $ Guillelmi de Angulis. $ Bernardi Modol. Bernardus scripsit vice domini sui Guillelmi Adaulphi istam cartam dictantis, presente et jubente Petro Bernardo de ipsa Porta, anno millesimo C.XL.[V] incarnationis Dominice, II kalendas novembris, feria IIII, regnante Lodovico rege.

CCCLXVII 1145, 8 novembre.

Copies du XII[e] s. : Madrid, Archivo National, *Cartulaire B* 595, n° 274, fol. 99-100, et n° 244, fol. 81-2.

In Dei nomine et ejus divina clementia Patris et Filii et Spiritus sancti. Hec est carta de convenientia quam [1] fecerunt fratres de Templo [2] Raimundus Bernardus et [3] Rigaldus et [3] Richardus, cum omnes populatores de Novellas [4], similiter Raimundus de Cortes cum omnes vicinos de Cortes, de aqua de ipsa fonte de Cortes, ut de Cortes apprehendant aquam X[cem]VIII[o] [5] diebus cum noctibus, et de Novellas II[obus] diebus cum noctibus ; in tali pacto ut de Cortes et de Novellas [6] ut capiant aquam in Almaçam sol oriente, et veniat aqua per ipsum molinum, quantum potuerint rigare de ipso rego, et quando non potuerint de ipso rego rigare, mittent [7] aquam per ipso rego de Oliva et donent ipsi de Novelas [8] ad bibendum ad ipsos de Cortes illis duobus diebus et noctibus et laxaent [9] aqua a [10] sol oriente. Si ullus homo de Cortes aquam istam, dies illos qua currerit ad Novellas, furabitur, pectet LX[a] solidos, medietatem ad *(fol. 99 v°)* Raimundus de Cortes et aliam medietatem [11] ad illos fratres de Novellas. Si de Novellas aliquis homo, illis diebus qua currerit ad Cortes, furabitur, pectet LX solidos [12], medietatem ad fratres de Novellas [13], et aliam medietatem ad Raimundus de Cortes. Et hec convenientia [14] fuit facta in presentia Bernardi Cesaraugustani [15] episcopi qui fuit in hec [16] convenientia [17], et omnes illos separavit a societate angelorum qui istam [18] cartam condempnarant. Et sunt fidaças [19] ex parte fratrum, qui modo sunt et in antea erunt : Garsion [20] de Belforat, don Aparicio [21]. Similiter sunt fidanças ex militibus et pedos : Martin Pedriç [22] Melendo ; et ex parte Raimundus de Cortes, sunt fidanças : don Ferrando [23], don Aibmes [24], et de se et de alios seniores quo in antea evenerint ; et de populatores Xpistianos et Moros sunt fidanças : don Steven, Girardus Guillelmus [25].

Era M·C·LXXX·III· facta carta VI idus *(fol. 100)* novembris, in anno (*a*) quando comes Barchinonensis dedit Montson [26] fratribus Templi. Et sunt testes : Bernardus archidiachonus [27], Raimundus nepos ejus, Bernardus frater ejus, Steven de Saphis, Sanço Aliç [28] de Sos, Fortun Exemenos de Tudela, don Boves, don Porçilon [29], don Coines, don Adam, don Osmon de Bouviler [30], don Robertus de Kalataiu [31], Rainal de Epila. Bernardus scripsit cum primus cultor amoris.

CCCLXVIII 1145, 11 novembre.

Original : Madrid, Archivo National, leg. 171-4.

In Dei nomine. Ego M(ichael) (*b*) Tyrassonensis ęcclesię episcopus, facio hanc donationem et hujus donationis scriptum tibi R(aimundo) Ber(nardo) et fratribus tuis militibus Templi Iherosolimorum, tam presentibus quam futuris. Dono itaque tibi et

(*a*) Erreur dans la date ; car la donation de Monson est du 30 novembre 1143. — (*b*) Michel, évêque de Tarazona, 1119 † 1151.

Variantes du n° 244 : 1. quem. — 2. *Ajoute* scilicet. — 3. *Ajoute* frater. — 4. Novelas. — 5. XVIII[o]. — 6. Novelas. — 7. mutent. — 8. Novellas. — 9. laxent. — 10. ad. — 11. mediotate. — 12. solç. — 13. Novelas. — 14. convenencia. — 15. Cesaraugant. — 16 hęc. — 17. convenencia. — 18. hanc. — 19. fidanças. — 20. Gassion. — 21. Aparitio. — 22. Pedreç. — 23. Ferran — 24. Halmes. — 25. Stevan, Giraldus Guillemus. — 26. Monçon. — 27. archidiaconus. — 28. Stevan ; Çefis ; Sango Alinç. — 29. Porcilon. — 30. Beuviler. — 31. Calatalub.

Templo Domini et fratribus tuis ecclesiam de Ambel, cum decimis primiciis et oblationibus quascumque fideles, viventes seu morientes, ibidem Deo pro animabus suis dederint, retenta siquidem quarta parte dec[i]marum que proprie ad usus episcoporum, ut habeas et possideas illam, tu et successores tui in perpetuum, intactam atque illibatam, ut neque nunc neque in futuro quispiam episcopus vel clericus eam tibi auferre vel a te exire presumat. Si quis autem hanc nostram et ęcclesię nostrę donationem depravare et aliquo temeritatis ausu destruere et adnichilare temptaverit, iram Dei incurrat et a sanctorum consorcio, quasi stirps inutilis, abjectus doleat et anathema perpetuum, nisi resipuerit et emendaverit, super eum veniat. Hujus donationis auditores et testes sunt omnes clerici Tyrassonensis ecclesie : dompnus Lupus archidiaconus, magister Ugo, Vitalis prior, Berengarius precentor, Arnaldus, Calvetus sacrista et ceteri omnes. Hoc donum ego Michael episcopus Tyrassonensis laudo et confirmo et successoribus meis perpetuo tenendum censeo, et manu mea hoc signum facio ✠. Facta carta III idus novembris, era M°C°LXXX°III°.

CCCLXIX

1145, 11 novembre.

Copie du XII° s. : Madrid, Archivo National. *Cartulaire B*, 595, fol. 111-2, n° 291.

In Dei nomine. Ego M(ichael), Tyrassonensis ęcclesię episcopus, facio hanc donationem et hujus donationis scriptum tibi R(aimundo) Bern(ardo) et fratribus tuis militibus Templi Iherosolimorum, tam presentibus quam futuris. Dono itaque tibi et Templo Domini et fratribus tuis, ecclesiam de Ribaforata cum decimis, primiciis et oblationibus, quascumque fideles, viventes seu morientes, ibidem Deo, pro animabus suis dederint. Concedo insuper tibi quartam partem decimarum que proprie ad usus epischoporum ubique terrarum cedere viderunt, ut habeas et possideas illam, tu et successores tui, in perpetuum intactam atque illibatam, ut neque nunc neque in futuro quispiam episcopus vel clericus eam tibi auferre vel a te exire presumat. Dono ętiam tibi ecclesiam de Ambel cum omni jure suo, et successoribus tuis *(fol. 111v°)* inperpetuum, excepta cena et quarto ępiscopali quod michi et posteris meis retineo. Has duas ęcclesias, sicut suprascripta pagina notat, ad integrum cum omnibus appendiciis suis, bono animo et libera voluntate et cum consensu omnium Tyrassonensis ęcclesię clericorum, dono tibi et successoribus tuis, militibus Templi, ut habeatis et possideatis eas ad servicium Dei et militum Templi salva tamen, in omnibus, epischopali auctoritate et reverentia. Si quis — (a) era M°C°LXXX°III°.

CCCLXX

1145, samedi, 24 novembre.

Original (jadis aux Archives de l'abbaye et du château de Foix).

Edité : Hist. gén. du Languedoc, éd. orig., t. II, col. 510 ; édition Privat, t. V, col. 1082-1084.

. . . Ego Rogerius (b) comes Fuxensis, filius Stephaniae, recognoscens maximam et inhonestam invasionem quam feci erga Deum coeli et ecclesiam Fuxensem, volo emendare et restaurare, mandamento et consilio dompni Raymundi Tolosani episcopi et Maurini archidiaconi et Raymundi Sancti Martini, militis Templi Dei, atque Petri

(a) Le texte est la même que dans la charte précédente. — (b) Roger III, comte de Foix, c. 1125—1149.

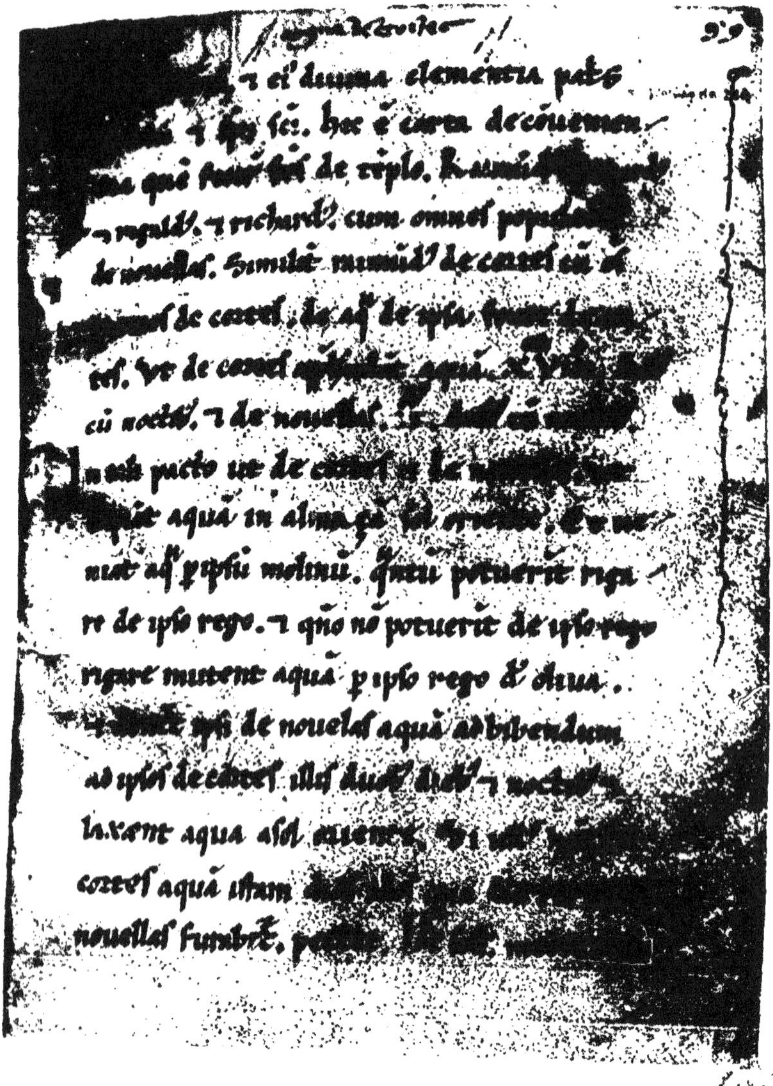

Cartulaire B 595 de Madrid ($21^{cm} \times 14^{cm}$), charte 274.

d'Unzent, prioris Fredelacensis, Raimundi etiam Sancii et nepotis sui Bernardi Amelii.

. . . .

. . . .

Facta carta ista mense novembrio, feria VII, epacta VI, luna VI, concurrente VII, anno videlicet ab incarnatione Domini M.C.XLV., sub anno et episcopatu supradicti episcopi Raymundi de Lautre (a), in cathedra et apostolatu Romano residente honestissimo Eugenio, et in Francorum regno, divina donante gratia, regnante Ludovico regum piissimo. . . . . . .

CCCLXXI — 1145, lundi 3 décembre.

Copie du XIIe s. : Avignon, Bibl. municip., *Cartulaire de Richerenches*, VI, fol. 4vo-5ro.

Edité : Mis de Ripert-Monclar, *op. cit.*, n° 7, p. 9-10.

NICOLAUS, FILIUS UGONIS DE BOLBOTONE, OBTULIT SE ET SUA OMNIA DEO ET FRATRIBUS DE TEMPLO, TAM MOBILIA QUAM INMOBILIA.

(fol. 5) Ego, Nicolaus de Borboton, tam presentium quam futurorum hominum memorie tradere volui quod pater meus, Ugo, nomine de Bolboton, cum consilio parentum nostrorum et episcopi nostri, Poncii, atque multorum nobilium virorum, quorum nomina longum est enumerare, Ierosolimitani Templi militie tradidit seipsum et uxorem suam et me, Nicolaum, filium suum, et totum honorem quem nostrorum ordine possidebat parentum atque alia cuncta que ipsis diebus possidere videbatur, sic supradictis fratribus Templi ad possidendum et faciendum quodcumque voluerint concessit. Mater mea denique que in eodem honore, consilio Rotberti, memoratę milicię magistri, et aliorum fratrum Templi, remanserat, non post multum tempus, consilio Petri de Roveira et aliorum qui cum eo erant fratrum, monachalem sumens abitum, eodem modo quo pater meus honorem concesserat supradictis militibus concessit. Nunc autem veritati que dicit : *nisi quis renunciaverit omnibus que possidet, non potest meus esse discipulus* (b), volens obtemperare, ego Nicholaus reddo et reddendo ad possidendum trado Petro de Rovera, prefatę milicię magistro, et aliis tam presentibus quam futuris ejusdem milicie fratribus, paternum et maternum honorem, totum et obintegrum, cultum et incultum, terras, vineas, prata, nemora, pascua, cum cunctorum egressibus et ingressibus, aquas et aquaria et molinos et ubicumque possint fieri localia, domos *(fol. 5*ro*)* et casas et eorum omnem suppellectilem, equos et equas, boves et asinos, vinum et annonas, rusticos omnes et rusticas, cum omnibus infantibus eorum et cum omnibus tenenciis suis, et ad ultimum omnem meam possessionem sine inganno, ad possidendum in perpetuum, memorati Templi fratribus trado, exceptis inde ovibus quas omnes matri męę misericorditer derelinquo ; meipsum vero servum ad serviendum et fratrem quamvis indignum omnibus męę vitę diebus eidem milicie Dei et Templi reddo, ut peccatorum meorum veniam et cum electis hereditate merear in eternum.

Hoc enim totum facio, faciensque confirmo in presentia et in manu Petri de Rovera, milicie ejusdem magistri, et fratris Ugonis de Borboto, patris mei, et fratris Berengarii de Cegunolis, et fratris Arnardi de Contrast, et fratris Arnaldi Auriol, et fratris Petri de Babaluc, et fratris Arnaldi de Bles, et fratris Guitardi ; videntibus quoque et audien-

(a) Raymond de Lautrec, évêque de Toulouse, 1140 † 17 avril 1163. — (b) Luc, XIV, 33.

tibus Leuzone, abbate Aque Belle, et W. monacho et Arnaldo, capellano, et Petro, diachono, et Petro, subdiachono, et Olivero, exorcista, W. quoque de Montebaseno, et Calvelo Leterico, et Radulfo, meo armigero, anno ab incarnato Christo M°.C°.XL°.V°III°, nonas decembris, feria II°., luna XV°., epacta VI°. Facta est carta ista jussu Nicholai. Rotbertus sacerdos scripsit.

CCCLXXII [c. 1145.]

Copie du XIII° s. : Oxford Bodleian. Ms. Wood (empt. 10), fol. 78.

CARTA HENRICI HOSATI DE TERRA FINCH'

[H]enricus Hosatus omnibus etc., salutem. Sciatis me dedisse et concessisse domui de Templo triginta solidos de redditu, scilicet terram Fynke de Speresholt' in elemosinam, ad tenendum de me et heredibus meis in perpetuum libere et quiete. Testibus consu' Willelmo (*a*), de Cicestria, et Willelmo Avenel, et Henrico Hosato avunculo meo, et Hugone Hosato et Willelmo fratre suo.

CCCLXXIII [c. 1145.]

Copie du XIII° s. : Oxford Bodleian, Ms. Wood (empt. 10), fol. 78.

CONFIRMATIO EIUSDEM.

[O]mnibus etc. Nigellus de Valle Roilli salutem. Notum sit vobis me donasse et concessisse fratribus militie de Templo Salomonis villam meam quam tenui de Roberto filio Willelmi, que est de feudo comitis de Ferrers, scilicet Speresholt', quam Henricus Hose eis prius donavit. Hanc itaque villam volo et precipio ut supradicti fratres Templi in perpetuam elemosinam teneant et habeant et possideant cum omnibus pertinentiis suis, liberam et quietam ab omnibus exactionibus et consuetudinibus. Hujus namque donationis et concessionis sunt testes : Thomas (*b*), prior sancti Bartholomei, Petrus subprior, Simon segrestanus et Berengerus.

CCCLXXIV [c. 1145.]

Copie du XIII° s. : Oxford, Bodleian, ms. Wood (empt. 10), fol. 78.

CONTINUATIO.

[C]unctis etc. Robertus, filius Willelmi, salutem. Notum sit vobis me concessisse et carta mea confirmasse illam donationem quam Nigellus de Valle Roilli dedit fratribus militie Templi Salomonis, scilicet villam de Speresholt' quam de me tenuit ; et est de feudo comitis comitis de Ferrers, in perpetuam elemosinam. Eapropter volo et precipio ut ipsi supradicti fratres supradictam elemosinam, cum omnibus pertinenciis suis, habeant et teneant et possideant liberam et quietam ab omni seculari exactione et consuetudine sicut liberam elemosinam. His testibus : priore Thoma de sancto Bartholomeo et ceteri qui in prescripta carta.

(*a*) Guillaume d'Albigny, créé comte d'Arundel ou de Chichester c. novembre 1141 † 12 octobre 1176. — (*b*) Thomas, prieur de Saint-Barthélemy, paraît en 1145.

CCCLXXV [c. 1145—1151.]

Orig. « scellé d'un sceau où paroist un homme à cheval tenant d'une main l'espée nue, de l'autre un escusson sans armoiries », jadis aux Archives de St-Bertin.

Publié p. A. Du Chesne, *Hist. généal. des Maisons de Guines..*, Paris, 1631, in-fol., Preuves, pp. 93-94 (Du Chesne donne une reproduction gravée du sceau).

Analysé : D. Haigneré, *Les chartes de Saint-Bertin*, d'après la copie de l'original, dans le *Grand Cartulaire*, t. I, n° 192, p. 280.

Ego, Ernoldus, Dei gratia comes Gisnensis..... Notum facio quoniam pro anima mea... ecclesie beati Bertini concesserim, ut quotienscumque cujuslibet utilitatis gratia in Angliam mittere decreverit, missi ejus ab omni traverso in comitatu Gisnensi liberi pertranseant. Hoc igitur tum pro amore Dei, tum precibus domni Leonii, abbatis ejusdem loci, et hortatu domini Ostonis de Sancto Audomaro, annui....

Testes : Ernoldus, comes Gisnensis, frater Osto de Sancto Audomaro, Walterus (*a*), castellanus de Sancto Audomaro, Ernoldus, dominus de Arda, Simon, frater ejus, Guido de Elembona......

CCCLXXVI [c. 1145—1154.]

Copie du XIIIe s. : Oxford Bodleian. Ms. Wood (empt. 10), fol. 78.

CONFIRMATIO.

[R]obertus (*b*), comes de Ferrers, omnibus etc. salutem. Notum facio omnibus tam presentibus quam etc., me concessisse terram Finchi de Sperisholt' Deo et sancte Marie et militibus de Templo Salomonis, quam Henricus Hose eis dederat. Et volo ut eam teneant, ex concessione mea, in elemosinam solidam et quietam et liberam ab omnibus exaccionibus et consuetudinibus. Hujus concessionis sunt testes : Hugo de Ferrers, Anketillus dapifer, Rad(ulphus) de Scilla, Gaufridus de Caulz, Paganus clericus de Cesterfeld' et aliis.

CCCLXXVII [c. 1145—1154.]

Copie du XIIIe s. : Oxford Bodleian, Ms. Wood (empt. 10), fol. 78.

CONFIRMATIO REGIS DE EADEM.

Stephanus rex Angl(ie), episcopo Sareb(uriensi) etc., salutem. Sciatis quod concedo et confirmo illam donationem quam comes Robertus de Ferrariis fecit Deo et fratribus de Templo Ierusalem de terra Finke de Speresholt'. Quare volo et precipio quod bene et in pace et libero et quiete in perpetuum illam teneant et habeant ab omni seculari exactione, sicut tenent alias tenuras suas. Testibus : Roberto de Ver et R(icardo) de Lucy, apud Oxon(efordiam.)

(*a*) Gautier, châtelain de Saint-Omer 1145-1160 † prince de Galilée 1171. — (*b*) Robert II, comte de Ferrars, 1139 † ? 1162.

CCCLXXVIII [c. 1145—1166.]

Copie du XIIIe s. : Oxford Bodleian, Ms. Wood (empt. 10), fol. 99.

[I]n nomine Patris et Filii et Spiritus sancti amen. Notum sit omnibus etc., quod ego Odo de Tolent dedi Deo et sancte Marie et fratribus militie Templi Salomonis et litteris meis sigillatis corroboravi scilicet terram de Hensintona, pro salute anime mee et omnium predecessorum meorum. Quare volo ut predictam terram in perpetuam elemosinam prescripti fratres possideant et teneant solam, liberam et quietam ab omnibus consuetudinibus. Hujus donationis sunt testes : Walterus de Baylleol qui est testis et dator ejusdem terre, Walterus Chandel et Eustachius de Chaun.

CCCLXXIX [c. 1146—1166.]

Copie du XIIIe s. : Oxford Bodleian, Ms. Wood (empt. 10), fol. 74vo.

Carta Reginaldi de sancto Walerico de quatuor libratis redditus.

[R]eginaldus de sancto Walerico omnibus etc., salutem. In divine eloquencie pagina esse scriptum sancte ecclesie doctores nobis referunt : *reddite que sunt Cesaris Cesari, et que sunt Dei Deo*. Hac igitur auctoritate ewangelica ego Reginaldus compulsus, universis sancte ecclesie fidelibus, tam futuris quam presenti vita fruentibus, patens atque certum facio me dedisse et concessisse in perpetuam elemosinam Deo et beate Marie et militibus Templi Salomonis confratribus, partem quamdam meorum temporalium bonorum, videlicet quatuor libratas redditus in Tarenteford', ut ego meique predecessores omnesque mei amici in futuro seculo summum bonum et indeficiens adipisci mereamur. Et item predictis militibus concedo et confirmo donum de Hemestendona quod facit eis Odo de Talent. Volo itaque et concedo ut prefati milites meum donum prenominatum et donum predicti Odonis perpetualiter in elemosina habeant et teneant, libere et quiete et absolute ab omnibus secularibus consuetudinibus, sicuti ego carta mea confirmo. Teste Hugone de Bello Ramo.

CCCLXXX [c. 1146—1178.]

Original jadis scellé : Lyon, Arch. dép., fonds de Malte, commanderie de Lormeteaux, chap. III, n° 1.

Notum sit omnibus hominibus tam futuris quam presentibus, quod Raginaudus, princes Graciaci, paupertati domus sancti Templi de Ierusalem ejusdem terre defensioni providens, dedit et concessit, pro remedio anime sue et suorum parentum, in molendinis novis, annuatim IIIIor sextarios de frumento et VIIIto de modurencha et XXti solidos in pasquerio. Sed Raginaudus, suus nepos, succedens ei in hereditate, videns hoc donum tam sibi quam suis heredibus proficere, signo sui sigilli confirmavit. Hoc etiam donum integre concessit Petrus suus filius, cujus precepto ista carta fuit composita et sui sigilli munimine roborata. Constituerunt etiam inter se predictus Raginaudus et Petrus suus filius, quod predicti fratres suam elemosinam reciperent in molendinis, a festo omnium sanctorum inantea quicquid exierit, donec habeant suum modium et in pasquerio XXti solidos. Concesserunt etiam predictis fratribus quod, in castro Graciaci, eorum famulus esset inmunis ab omni servicio curiali. Hujus rei testes sunt : Maugiunus prior, Martinus de Vastino canonicus, magister Raginaudus, Hugo de Sancto Hilario, Americus Cigonellus, Giraudus prepositus, Iohannes de Sancto Hilario. Concessit etiam eis dominus Raginaudus in nemore de Curia quicquid ad usum eorum fuerit necessarium. ✠ Hoc est signum domini Raginaudi. ✠ Hoc est signum Petri filii ejus.

CCCLXXXI 1146, (1er janvier—31 décembre).

Copies du XVe s. : Lisbonne, Arch. da Torre do Tombo, don Alvarez 234, fol. CLIII ; du XVIe s. : *Ibidem*, Bibliot. Nacion., ms. 736, fol. CCXCVI.

In nomine sancte et individue Trinitatis, Patris et Filii et Spiritus sancti amen. Notum sit omnibus hominibus, qui hanc kartam legerint vel legere audierint, quod Pelagius (*a*), Bracarensis archiepiscopus, quamdam domum videlicet habitaculum peregrinorum construxit, pro sue anime suorumque parentum remedio, in metropolitana urbe que vocatur Bracara, ad cujus sustentationem domus vineas, predia, plurima beneficia, multasque prestantias, larga manu contulit. Post obitum vero ejus, multi caducas hujus mundi divitias cupientes, verasque delitias que sursum sunt obliviscentes, jura predicte domus, velut in partem predo, sibi rapientes, eam omnino ad nichilum redactam destruxerunt. Postquam autem ego Alfonsus (*b*), rex dictus Portugalensium, supradictam domum ita destructam atque diminutam esse conspexi, eam cupiens in melius reformare, statui facere cartam testamenti et firmitudinis de ea, una pariter cum Iohanne (*c*), Bracarensi archiepiscopo, necnon omnium Bracarensium canonicorum consensu, Deo et militibus Templi Salomonis, in Hierusalem scilicet pro defenssione sancti Sepulchri commorantibus. Do sibi atque concedo eam, cum omnibus suis pertinenciis quas modo habet vel habebat in die obitus predicti Pel(agii) archiepiscopi, ut illam habeant et possideant, et de ea in servitio Templi quicquid voluerint faciant. Si qua igitur amodo ecclesiastica secularisve persona, scripti hujus paginam sciens, contra eam venire temptaverit, et eam in aliquo minuere, fraudere vel etiam disturbare voluerit, non sit ei licitum, set sit maledictus et excommunicatus et cum Iuda, Domini traditore, portionem habeat, et quantum auferre voluerit, in quadruplo resolvat, et duas marcas auri domino patrie reddere cogatur ; et insuper hoc scriptum semper in robore suo permaneat, quod ego Adefonsus, comitis Henrici et regine Tharasie filius, qui illud facere spontanea voluntate jussi, gratuito animo roboro atque confirmo. Era M·C·LXXX·IIII·.

CCCLXXXII 1146, (1er janvier—31 décembre).

Copie du XIIe s. : Madrid, Archivo National, *Cartulaire* B. 595, fol. 32, n° 88.

De donativo Iohannis Scrivan.

In nomine Domini nostri Ihesu Xpisti amen. Ego Iohannes Scriba facio hanc cartam, cum bono corde et optimo, Deo et Templo Salomonis et fratri et magistro Rigald Viger et fratri Bonafos et illo cavallerio de Templo, et placuit michi libenti animo et spontanea voluntate, propter amorem Dei et animas parentum meorum, quia, si ego moriero sine filio aut sine filia que non habeam, tota mea ereditate, scilicet casas et tota alia ere-

(*a*) Pelage, archevêque de Braga 1116 (? 1118) † 1137. — (*b*) Alphonse I, roi de Portugal 25 juillet 1139 † 6 décembre 1185. — (*c*) Jean, archevêque de Braga, 1138 † 3 décembre 1175.

ditate sit Deo et Templo scilicet et ad illa cavalleria, et toto meo aver. Si autem abuero filium aut filiam, illas casas que sunt ad portam sancte Marie sint proprie de Templo, cum illa vinea que se tenet cum illa de Petro Xpistual in illos Algarceres. Si vero filius vel filia morierit, quod non habeat filium vel filiam, tota illa ereditate toruet ad illa cavalleria de Templo, cum tali convenio, quod illos seniores de Templo donent ad mea mulier post meam mortem, si sine filio vel filia moriero, xxx morbetinos, et in sua vita de muliere donent ei fratres de Templo illas casas, que se tenent cum illas de don Sebastian; illa mulier dona Iohanna donando ad illos fratres de illa cavalleria v solidos de censu unoquoque anno. Similiter et ego Iohannes Scriba donem illos v solidos in mea vita cum dona Iohanna mea mulier, ad sancto Micael, et post mortem nostram sit tota libera de Templo; et si filium habuero, medietas de meo aver sit Deo et Templo et alia medietas de filio. Testes sunt qui viderunt et audierunt: Garsion de Bilforad, don Algrin, Robert de Torieg, Gilelm de Lopont, Domingo Aliazar, Petro Muceravi, W. de sancta Xpistina, et don Gaucolin suo compaiero. Facta carta era M·C·LXXX·IIII·.

CCCLXXXIII 1146, (1er janvier—31 décembre).

Copie du XIIe s. : Madrid, Archivo National, *Cartulaire* B. 595, fol. 21vo, no 48.

De illas casas de Rei Tafur.

In Dei nomine. Ego Rex Tafur, nomine Melendo, et uxor mea et filiis et filiabus meis, et Domingo Stephano, meo genero, et uxor ejus et filiis et filiabus eorum, omnes, vos, nostros emptores, fratres et seniores Templi Salomonis, presentibus et futuris, venditores sumus de ipsas casas, intus castrum Novell(arum), quem ibi habebamus, propter pretium placibile v morab(itinos) merchers. Et habent ipsas casas adfrontaciones, ex una pars murum ipcius castrum, ex alia casas Arnald Ponç, ex terçia parc casas de Petro Martino. Quantum he omnes infrontationes includunt, sic vendimus vobis, cum exiis et foris, sine ullo retentu, ut habeatis et possideatis, vos et omnis posteritas vestra per cuncta secula amen. Est inde fid(ança) de salvetate ad forum terre Petro de Lespig, per omnes prenominatos supra, et Martino Petreç fid(ança) similiter. Sunt namque testes : don Apparitio, et Vitalis Çabater, Johans de Donalutia; et fuit dato pretium de manu ad manu, et fuimus placatos omnes de pretio et aliala. Facta carta in manu fratris Rigald Veger qui nos placavit, et fratris Richard et omnes alios eorum fratribus, anno quo obiit Koxal et Rodrig Petreç, era M.C.LXXX.IIII. Itaque, fratres et vicinos, natum sit vobis, presentibus et futuris, quod Petrus Rex Tafur fuit rencurant de ista supradicta venditione, set postea facta concors inter patrem et filium, et laudavit et confirmavit istam venditionem quam pater ejus fuerat facta, et dedit fidança ut unquam magis clamasset nec rencuram faceret, fid(ança) Wilelmum Albernaç.

CCCLXXXIV 1146, (1er janvier—31 décembre.)

Copie contemporaine : Madrid, Arch. gen., ord., lej. 171-4.

In Xpisti nomine. Cognitum sit cunctis presentibus et futuris, quod ego Petrus Tarcsia et mater mea, bono animo et gratuita voluntate per nos et per omnes successores nostros, ob remedium animarum nostrarum et parentum nostrorum, damus et, cum presenti scriptura, tradimus Deo et beate Marie et venerabili domui milicie Templi

Salomonis et omnibus fratribus ibi comorantibus, castellum et villam de Albarid, in omnibus terminis suis heremis et populatis, et cum aquis et pascuis, et cum omnibus suis pertinenciis in perpetuum. Predictum autem castellum eitimus et extraimus et, cum presenti instrumento, in posse et jus et tenedonem domus milicie Templi et fratrum presentium et futurorum transferimus et donamus, ad omnes illorum voluntates faciendas in perpetuum, sicut melius dici et intelligi potest ad hutilitatem domus et fratrum. Hec autem donacio facta fuit in manu et posse fratris Rigaldi magistri in Novellis, et aliorum testium quorum nomina erunt subscripta. Et ego frater Rigaldus magister, assensu et voluntate aliorum fratrum nostrorum, recipimus vos Petrum Taresa et matrem vestram, socios et participes in omni beneficio nostre domus, tam in cismarinis partibus quam ultramarinis. Si quis autem hoc donativum nostrum ex toto vel in aliquo frangere temptaverit, non sit licitum, set in duplo conponat, et sit maledictus a Deo, et donativum firmum permaneat. Facta carta donacionis in anno era M°C°LXXVIIII°. Ego Petrus Taresa et mater mea qui hanc cartam scribere jussimus et coram multis testibus, propriis manibus firmamus et hec signa ✠✠ facimus. Et ego frater Rigaldus magister in Novellis, qui predictum castrum Albardi, ut scribitur, recipio ad servicium Dei et salutem animarum vestrarum, regnante rege Garsia in Navarra (*a*), R(aimundus) (*b*) comes Barchinonensem in Aragone, B(ernardo) (*c*) episcopo Cesaraugusta, M(ichael) (*d*) episcopus in Tirassona, L(ope) in Orunia, me Petro Taresia in Borga. P(etrus) Sancius de Alfarela, et Geraldus de Borga istius rei testes fideles fuerunt electi. G. scripsit jussu Petri Taresa et matris ejus et signum ✠ hoc feci.

CCCLXXXV

[1146, 21 janvier.]

Original : Toulouse, Archives départementales, H. fonds de Malte, Millau, liasse 4 (n° 74 du *Cartulaire* de M. l'abbé Verlaguet).

In nomine Domini nostri Ihesu Xpisti. Ego Bertrandus de Favairolas damus suum corpus et sua anima ad Domino Deo et a sancta Maria et a la Cavallaria de Iherusalem, et ego Bertrandus et suis infantis damus ipso manso Laubardesco pro alode vel feue vel vegaria, vel medietatem de Calmeiana d'aco que abet Froterius de Favairolas pro alode vel feue vel vegaria vel decimo. Aquest do fa Bertrandus et suis infantis pro amore Dei et pro anima sua et pro animabus parentum suorum a Domino Deo et a la Cavallaria. D'aquest do devo esser guirenz Ugo Froterius et Bertranc suo fratri, et Bernarz Froterius. Autor : Bego de Ferraiolas. $ Ugo Guillem. $ Bernart Frotir. $ Iscafre. Signum Engelran. Aquest do fo faiz ab cossel Petro de la Rovura o fo faiz e ma Guillem d'Albies e d'en Petro Guiral, suo fratri. Facta sit karta in mense januarii, sub die feria II et luna V. Berengarius me fecit.

En 1146, le cinquième jour de la lune de janvier tombe un lundi, et cette date convient à la mention de Pierre de la Rovere, maître du Temple; et c'est la seule année jusqu'à 1158, (date de la mort de Pierre de la Rovère), que le 5° jour de la lune tomba un lundi.

(*a*) Garcia, roi de Navarre 1134 † 1150. — (*b*) Raymond Béranger IV 1131 † 6 août 1162.
(*c*) Bernard, évêque de Saragosse 1139 1152. - (*d*) Michel, évêque de Tirassona 1119 † 1151.

CCCLXXXVI 1146, (1er janvier—31 décembre).

Copies du XIIe s. : Madrid, Arch. Nacional Aberin lej. 8, n° 51 ; *Cartul.* B. 595, n° 193, fol. 113-4 ; autre (défectueuse) du XIIIe s. : Barcelone, Arch. Cor. Arag., registre 310, fol. CLI.

De donatione almunie que dicitur Almazara.

In nomine domini nostri Ihesu Xpisti. Ego Garcias *(a)*, Dei gratia Pampilonensium rex, facio hanc cartam donationis et confirmationis Deo et sancta Maria *(fol. 113v°)* et ad Templum Domini et ad milites qui permanent ibi et in antea, Deo volente, manebunt. Placuit michi libenti animo et spontanea voluntate, propter amorem Dei et animas parentum meorum ; dono et concedo illa almunia que vocatur Almazara cum toto suo eremo et populato, sicut unquam fuit melius, ita habeatis et possideatis vos et posteritas vestra ad facere inde homnem vestram voluntatem per secula cuncta, salva mea fidelitate et de omni mea posteritate, per secula cuncta. Hoc donativum quod ego facio, fuit in presentia de fratre Petro de la Rroera et in presentia de don Rigal Viger et in presentia fratre Berengario. Signum regis ✠ Garcie.

Facta carta era M·C·LXXX·IIII·, in villa que vocatur Tutela, regnante me Dei *(fol. 114)* gratia rex in Pampilona et in Alaba et in Bizcaia et in Puçca ; episcopus Lupus (*b*) in Pampilona, episcopus Michael (*c*) in Tarazona, Rodrigo de Azafra in Estela, Semen Aznarez in Tafalla, Gilelm Aznarez in Sangossa, Martin de Leet in Petra Alta, Rodrigo Avarca in Funes et in Balterra. Sunt testes qui audierunt et viderunt hoc donum facere : Rodricus Avarca, Fertunccones de Bariellas, Garsion de Bilforato, Alaman de Luna, Rodericus Garcez, Ricard de Kaorz, Abolfazan. Joan scribano de Tutela qui hanc cartam scripsit sub jussione domini sui regis.

CCCLXXXVII 1146, (1-28) février.

Copie du XVe s. : Lisbonne, Arch. da Torre do Tombo, don Alvarez 234, fol. 169.

In Dei nomine. Hec est carta venditionis et firmitudinis quam jussi facere ego Goesteu Frojas et uxor mea Legundia, vobis fratribus de Templo Salomonis, de illa hereditate quam habemus in Mazaneira. Damus et concedimus vobis illam hereditatem quantam habemus ibi, cum suis locis, per ubi illam potueritis invenire, excepta illa leira quam dedi Gundisalvo Ramiris. Et est illa hereditas circa civitatem Sancte Marie propo litus maris, et habet jacentiam in Mazaneira. Vendimus vobis predictam hereditatem pro precio quod de vobis recepimus, scilicet XXV bracales ; tantum nobis et vobis placuit, et de precio apud vos nichil remansit. Habeatis vos illam hereditatem firmiter et omnes successores vestri, in temporibus seculorum. Et si aliquis homo venerit vel nos venerimus, tam de extraneis quam de propinquis, qui hanc kartam irrumpere voluerit, et nos vobis eam in concilio non auctorizaremus vel defendere non potuerimus aut noluerimus, quod pectemus vobis illam hereditatem duplatam, vel quantum fuerit melioratam, et ad dominum terre aliud tantum et ad judicem suum judicatum ; et insuper hec carta semper plenum robur obtineat. Facta carta venditionis mense februarii, era M·C·LXXX·IIII·. Ego predictus Goesteu et uxor mea,

(*a*) Garcia, roi de Navarre, 1134 † 1150. — (*b*) Lope, évêque de Pampelune, 1142-1159. — (*c*) Michel, évêque de Tirazona, 1119 † 1151.

qui hanc cartam scribere jussimus, coram testibus ydoneis, cum propriis manibus nostris roboramus ✠. Qui presentes fuerunt : Hodario presbiter testis, Gunsalvo Ramires testis, Pelagio Xpistoforus, Petrus de Gralal testes. Salvator notavit.

CCCLXXXVIII 1146, 8 février.

Copie du XIIIe s. : Perpignan, Archiv. dép., *Cart. du Mas-Deu*, n° 16, fol. 6vo et 7ro.

Edité : Allart, *Cartulaire Roussillonnais dans la Semaine religieuse du diocèse de Perpignan*, 1886, p. 16.

In nomine Domini. Ego, Gaufredus (*a*), comes, dono et laudo domino Deo et milicie Templi Salomonis et militibus ibi habitantibus, presentibus et futuris duos molendinos quos milicia emit de Petro Vincencii. Sicuti ille vendidit jamdicte milicie, sic dono et laudo, sine omni enganno, ipsos duos (*fol. 7[ro]*) molendinos, ubicumque fuerint mutatos ipsos monnars in quo sunt jamdicti molendini, salvo meo censu, scilicet XII. den. Rossell(ensium), jamdicte milicie, propter amorem Dei et pro remissione omnium peccatorum meorum. Et per istum donum accepi ego, Gaufredus comes, XXX. solidos ex denariis Rossell(ensium), quos michi dedit Bernardus de Petra Lata, qui est servus prefate milicie. Et est manifestum. Si quis contra istam cartam donacionis venerit ad irrumpendum, non hoc valeat vendicare quod requirit set componat in duplo cum sua melioracione ; et in antea firma et stabilis permaneat.

Actum est hoc VI idus febroarii, anno ab incarnacione Domini M°C°XL°VI°., regnante Lodoyco rege, VIIII anno. SIG✠NUM Gaufredi comitis, qui istam cartam donacionis et laudacionis fieri jussit, firmavit et testes firmare rogavit. SIG✠NUM Berengarii vicarii. SIG✠NUM Poncii de Cocoliberi. SIG✠NUM Scarboti. SIG✠NUM Bernardi Amalvini. SIG✠NUM Raimundi Guilelmi de Curia. ✠ Petrus monacus et sacerdos, rogatus, scripsit cum literis rasis in I°. linea, die et anno quo supra.

CCCLXXXIX 1146, (1-31) mars.

Copie du XII[e] s. : Madrid, Archivo National, *Cartulaire B* 595, fol. 22, n° 49.

DE ILLA VINE QUI FUIT GARCIA AXIVEL.

In Dei nomine. Ego Garcia Axivel, et mater et uxor mea vobis, emptores nostros, fratres de Templo Salomonis, placuit nobis ; optimo corde vendimus vobis illa vinea qui est in frontationes vinea de Balles, ex alia illa qui fuit Sançio Navarro, que dedit pro anima ejus, ut requiem habeat, ad illos fratres. Et vendimus vobis totum ab integrum, quantum istas adfrontationes includunt, cum exiis et regressis ; vendimus vobis propter precium XV solid(os) Tutelane monete, de manu in manu, et sumus manifestum de pretium et aliala placatum. Facta in era M.C.LXXX°IIII°, mense marcio, regnante rex G(arsia) in Panpilonia et in Tutela, comes Barch(inonensium) in Aragoni, Petro Taresa in Borge. Est inde fid(ança) de superiori venditione, ad forum terre, Balles et Iohen Munioç. Testes sunt : Apparitio, Martino Petreç, toto concilio de Noveles.

(*a*) Gaufred (III), comte de Roussillon 1113, † 24 fév. 1163.

CCCXC 1146, (25 mars—31 décembre).

Copie du xve s. : Madrid, Archivo Nacional, *Cartulario Magno*, II, fol. CCI, n° 483.

✠ In nomine Patris et Filii et Spiritus sancti amen. Ego Bardonus cum uxore mando et concedo illam hereditatem de Fontes militibus Templi, cum totis usibus suis et pertinenciis suis, pro animabus nostris et parentum nostrorum, et unum assericum de samagna nomine Avitanel donamus et concedimus similiter, ut requiem sempiternam in futuro habeamus. Ita facimus et concedimus bono animo et spontanea voluntate, ut habeant hoc donativum suprascriptum, liberum et francum perpetue, pro sua hereditate, per vendere et facere inde suam propriam voluntatem per secula cuncta amen. Et si quis hoc suprascripto contradicere et destruere voluerit, in extremo judicio racionem in Dei presentia reddat. De hoc suprascripto contranativo sunt testes : Raymundus de Cortis, et Cono frater ejus, et Gimers et Bertrandus frater ejus et Ricardus de Caoyr, et Portellon, et magister Robertus, et Iohanns frater Tebaldi de Stella, et magister Petrus archidiaconus episcopi Naytere qui scripsit hanc cartam et hoc signum manu propria scripsit ✠.

Facta vero hec carta era millesima C°LXXX°IIII°, ab incarnatione Domini millesimo C°XL°VI°, regnante rege Garsia (*a*) in Panpulona et in Stella et in Tudella, et comite Barchinonensi (*b*) in Aragone, et Adeffonsus (*c*) imperatore in Castella, et Fortuno Acenarenz in Teracona, et Michael (*d*) episcopus, frater ejus, in eadem civitate, et episcopus Luppus (*e*) in Panpulona, et Petrus de Osia in castro Tudele, manu regis Garsie, et Rodricus de Zagra in castello Stelle, et Johanns Diec in Castanc. Hoc suprascriptum fuit factum in Gerunda, quando rex Garsias missit filiam suam (*f*) ad regem (*g*) Secillie, in tempore quo solebat tenere Petrus de Rovera, magister Provincie, Monsonem et Corbinum, et frater Gaufridus Fulcherii, et frater Ugo de Pauat, et frater Brunus, et frater Olivero magister Yspannie, et alii multi quos longum est enumerare. Isti magistri et fratri suprascripti receperunt hoc donum a Bardone et uxore sua Mayor.

CCCXCI 1146. (31 mars 19 avril 1147).

Original jadis scellé : Paris, Arch. Nationales, S. 5223, n° 44, Commanderie d'Eterpigny. (1er n° de la 18e liasse).

CARTA NOVIOMENSIS EPISCOPI DE DONO ECCLESIE DE TRACI ET LIBERATIONE ALTARIS DE PASSIL.

✠ In nomine Patris et Filii et Spiritus sancti amen. Ad boni pastoris spectact sollertiam, Deo famulantium curam gerere et eorum sustentationi elemosinam impendere. Notum sit igitur tam posteris quam presentibus quod ego, Symon (*h*), Dei gratia Noviomensis episcopus, dedi militibus Templi Deo vero mili-

(*a*) Garcie, roi de Navarre, 1134 † 1150. — (*b*) Raymond Bérenger IV, comte de Barcelone 1131 † 6 août 1162. — (*c*) Alphonse, empereur d'Espagne 26 mai 1135 † 21 août 1157. — (*d*) Michel, évêque de Tirazzona, 1119 † 1151. — (*e*) Lope, évêque de Pampelune, 1142-1159. — (*f*) Marguerite, qui épousa Guillaume, duc de Naples, devenu en 1154 roi de Sicile. — (*g*) Roger I, comte 1110, roi de Sicile 1129 † 26 février 1154. — (*h*) Simon de Vermandois, évêque de Noyon, 1123 † février 1148.

tantibus, ad sustentationem eorum, altare de Trachi cum decima et hospitibus, quod post mortem Haganonis cantoris in manum meam venit ; illam quoque partem altaris de Passel quam de manu Guidonis militis liberavi, necnon et reliquam partem quam laici tenent, si forte auxiliante Domino poterunt adipisci, eisdem militibus concessi, et juri eorum libere et quiete in perpetuum possidenda mancipavi. Ne igitur a quoquam ausu temerario ullo umquam tempore hęc nostra datio perturbetur, sub excommunicatione prohibemus et invasores hujus doni ex nostri ministerii auctoritate anathematizamus et presentem paginam nostro sigillo conmunimus. Hujus rei testes sunt subpositi : Hugo cancellarius, magister Durandus, clerici ; laici, comes Mellentinus Gualerandus (a), Iohannes de Petręfonte.

Actum Parisius in Templo, presente magistro et conventu militum, anno ab incarnatione Domini M°C°XL°VI°. Ego, Hugo cancellarius, subscripsi.

CCCXCII — 1146, (31 mars—19 avril 1147).

Copie du XVIIIe s. : Paris, Bib. Nat., fonds latin 11926, fol. 156vo, « ex veteri chartulario abbatiæ sancti Iudoci ».

CHARTA DE DECIMA DE COMTEVILLE.

In nomine summe Trinitatis. Notum sit omnibus fidelibus ecclesie filiis, tam presentibus quam futuris, me Theobaldum abbatem ecclesie Sancti Iudoci, communi assensu totius capituli nostri, concessisse decimam cujusdam terre culture quatuor dierum, scilicet in parrochia Comitisville, fratribus qui, in Templo Iherosolimitano, Deo deserviunt, ad eorum mansionem ibidem faciendam, eo tenore, ut si villa ibi fieri contigerit, vel hospites sub se in predicta terra constituerunt, nostra erit medietas decime omnium in predicta parrochia degentium, excepta proprietate pecorum suorum et pastorum ibi servientium, nisi forte talis sit pastor, qui uxorem domumve habeat. Actam est hec conventio anno millesimo centesimo quadragesimo sexto, in capitulo, apud sanctum Iudocum.

CCCXCIII — 1146, (1—30) avril.

Copies : du XIIIe s., Lisbonne, Arch. da Torre do Tombo, gav. 7, maço 11, n° 2, charte 14 ; du XVe s., *ibidem*, Libro dos Mestrados, fol. XLVII^vo.

In Dei nomine. Cum sit cognitum omnibus hominibus diem postremum mortis agnoscere, ego Gondisalvus Cabeza, hoc suprascriptum timendo, jussi facere comilitonibus Salomonis Templi cartulam de omni posibilitate, tali videlicet pacto, ut, si obierim sine semine, totum quod habuerim, post obitum meum, accipiant, et ex eo dent patri meo X^m morabitinos, si vivus fuerit : set forlassem, si prolem habuerim, semini meo due partes relinquantur, partemque terciam milites accepiant. Facta cartula mense aprilis, era M°C°LXXX°IIII°. Ego supranominatus Gondisalvus, qui hoc scriptum jussi facere, coram testibus roboro ✠. Munio Cavol' testis, Petrus Gouvias testis, Petrus Iohannes testis. Iohannes notavit.

(a) Galeran II, comte de Meulan, 1118 † avril 1166.

CCCXCIV 1146, (1—30) avril.

Original (mutilé) : Lisbonne, Arch. da Torre do Tombo, gav. 7, maço 10, n° 25.

Copie du xv° s. : *ibidem*, libro dos Mestrados, fol. 113.

Notum sit omnibus hominibus, legentibus seu audien[tibus, quod ego] Pelagius Tructesindiz, diem mortis mee ignorans, do meam possibilitatem militibus Salomonis Templi, et [insuper do eis] meam partem unius hereditatis Kadime, ut habeant totam integram, tali videlicet pacto, ut ipsi m[ilites, pro parte il]lius hereditatis Kadime, integrent filios meos in campo Montismajoris; et, post obitum me[um, milites Templi a]ccipiant terciam partem de mobili vel inmobili, et due partes meis filiis tribuantur; et filii mei non imperciant cum militibus ipsam hereditatem Kadime, quod suprascriptum est, set, pro parte illorum, integrentur in alio loco. Set si quis hoc scriptum, per sua mala audacitate, in aliquo temptare voluerit, sit maledictus et excomunicatus, amen; et insuper, quantum inde auferre voluerit, tantum ipsis militibus Templi in duplum componat, et regi terre aliud tantum. Facta karta donacionis, mense aprilis, era M°C°LXXX°IIII°. Ego supradictus qui hoc scriptum militibus Templi facere jussi, coram testibus roboravi et hoc signum feci ✠. Martinus Pelaiz testis. Guian testis. Petrus Gallecus testis. Pelagius Godiniz testis. Pelagius Sandiz testis. Martinus notavit.

CCCXCV 1146, (1—30) avril

Copies du xii° s. : Madrid, Archivo National *Cartul. B.* 595, fol. 124v°-125, n. 336 ; ibidem, fol. 192-192v°, n. 434.

De illa peça de Agon quam vendidit Pascal.

In Dei nomine et ejus gratia. Ego Garsia Paschal et uxor mea Peironela et filius et filiabus meis omnes venditores sumus vobis, fratribus Templi Salomonis, scilicet Rigald Viger et ad alios fratres, successores vestros, una peça de terra in Agon cum aqua sua, quod est juxta de illa peça que se tenet cum illo molino, que ad illos fratres dedit dompna Sanga de Galur, per precium x solid(orum). Et sunt fidanças de salvetate, ad forum terre : Galin Açenarç de Frescano, et Galin Blasco de Brugnen. Testes sunt : don Apparitio, et Petrelon de Fresc(ano), Perrot de Fresc(ano). Placato de pretio et alifala. Facta carta in Frescano, mense aprili *(fol. 125)* era M.C.LXXX.IIII.

In Dei domino et ejus divina clementia, scilicet Patris et Filii et Spiritus sancti. Ego Garsia Paschal et uxor mea Peronela et infantibus nostris, nos omnes insimul venditores sumus ad domum Templi et ad ipsos *(fol. 192v°)* seniores qui ibi serviunt Deo, vel in antea servierunt, una peçia de terra in Agon cum aqua sua ; et est juxta de ipsa peçia de Templo, que est juxta de ipso molino ; propter precium placibile x solidos, vendent ista pecia prescripta venditores suprascriptos. Magister Rigal Viger dedit isto avere cum aliis fratribus, scilicet frater Guitard et frater Ricard sacerdos. Et sunt fidanzas de salvetate a fur de terra : Galin Açenariç de Freschano et Galin Belascho de Brunien. Et sunt testes : don Apariçi et Petrelon de Freschano, et don Perrot de Freschano. Et fuit alifala x diners. Iohannes Garceç et suas germanas, Urracha et Tota, laudant ista venda insimul. Fuit facta ista carta in Freschano in mensse aprilis, in ipso anno quo primus correc Raimundus Berengarius comes Barchinone ad Valencia, era M°C°LXXX IIII°.

CCCXCVI 1146, (avril—mars 1147).

Copie du XIIIe-XIVe s. : Metz, Bezirksarchiv, fonds de Malte.

Edité : Dr Zuidema, *Jahrbuch für lothr. Gesch.* 1891, p. 408 ; Bon de Hammerstein, *Jahrbuch für lothr. Gesch*, 1895, p. 10-1.

Notum sit omnibus fidelibus, abbate Bernardo Clare Vallis predicante exercitum Xpisti, Conrado existente imperatore, contigisse fratres Bosaniville videlicet Gerardum fratremque suum Guarinum, allodium Rispe necnon Bosaniville commendasse Domino militibusque Templi domus Iherusalem. Si autem redierit unus vel ambo ad alodium redire certum sit ; si autem non redierit aliquis eorum vel ambo, certificetur dono dedisse, testantibus illis qui ibi presentes fuerunt, videlicet Maherus (*a*) dux, Hugo (*b*) comes Vuadammontis cum filiis suis Gerardo (*c*) et Hugone, Gualterus Spinolensis, et filius suus Gualterus, Rodulfus et filii sui, Albertus Pretesilis, Theodericus Noneville et Urricus frater suus, et Ricardus Chameconsis, Vuiardus Raborville, Renaldus Embertlicurie, Renardus de Firmitate et filius suus Guillermus, Uricus de Tilio, Arnulfus de Sancto Firmino.

In alodio Rispe sunt XXX^{ti} quarterii terre, quisque quarterus IIII nummos debet maio mediante ; in julio debent omnes qui morantur in alodio illo, pro posse suo, ter in anno aratrum ad arandum, et dominus debet panem arantibus, et horream domini debent omnes preparare preter ligna. Et quisque quarterus falcem debet et conducere fenum in horreo et omnes alii furcam et falcem ad segetem. Ad festum sancti Remigii quisque quarterus debet modium specte ; ad festum sancti Martini modium annone, et vinum conducere si fuerit ; si autem vinum non fuerit, nichil dabunt. Ad nativitatem Domini, in festivitate sancti Stephani, quisque quarterus debet porcum et IIII placentas et nummum, vel duodecim nummos quod dominus voluerit et hoc in eadem villa et dominus eorum debet convivium. In alodio Bosaneville sunt quarterii XIII et qui possident illos aratra debent ad arandum ter in anno pro posse suo, et dominus panem et falcem furcam vel nummum, in maio michil, et cetera ut in alodio Rispe. In festivitate sancti Remigii quisque quarterus debet modium specte, in festivitate sancti Martini modium annone, et vinum conducere vel duos nunnos aut obolum. In nativitate Domini, in festivitate sancti Stephani, porcum et IIII placentas et nummum, vel XII nummos quod dominus voluerit. Ad Pascha quisque ortus gallinam et quinque ova. et si porci currunt glandini communiter, quisque porcus annalis debet duos nummos et marcensis obolum, de extraneis quartam partem. In ecclesia tracturum et de alodio suo habent duas partes de decimis et sacerdos terciam partem. Homines Sancti Petri Clincii sunt in custodio horum duorum fratrum et eorum quibus commandantur hec omnia supradicta, et duas partes de decimis habent cum ceteris in alodio Bosaniville. Quicumque de familia horum sit in quocumque loco extirpaverit, debet manipulum de decem.

(*a*) Mathieu duc de Lorraine 19 avril 1139 † 13 avril 1176. — (*b*) Hugue, comte de Vaudemont 1108 (?1120) -1147 ?. — (*c*) Gérard, comte de Vaudemont (après son père) † 1190.

CCCXCVII 1146, 7 avril.

Original : Barcelone, Arch. cor. Arag. Raim. Ber. IV perg. 188.

Sub eterni Regis nomine. Ego Arnallus, quem vocant Arlotb, una cum conjuge mea, Guilie, venditores sumus domui milicie Templi Ierosolimitani. Per hanc scripturam nostrę vinditionis, vendimus prefate milicię omnes directos et voces quos vel quas habemus vel in quocumque modo habere debemus in unum mansum quod est situm infra parroechiam Sancte Marie Calidis, in loco vocitato ipso Podio de rivo Maimono. Adveniunt nobis hec omnia michi Arnallus vocem uxoris mee prescripte et mee Guie, per paterna sive per materna voce, vel conplantatrinem sive per quamlicumque voces. Hoc mansum de nostro jure in jus et potestate tradimus cum omnibus in se habentibus, cum exitibus et regressibus, cum terminis et confrontationibus, propter precium quod inde manibus nostris recepimus XII sol(idos) optime monete Barchinonum. Et qui hoc violare temptaverit primum iram Dei incurrat nisi infra X dies satisfactionem fecerit, et insuper in triplo componat ea que infringere vel recindere presumpserit et post modum hoc maneat firmum.

Quod est actum VII idus aprilis, anno VIIII°. regnante Ludovico regis junioris. SIG✠NUM Arnalli ; SIG✠NUM Guię ; SIG✠NUM Guillelmę, filię ejus, nos qui hanc vendicionem facimus et firmamus testibusque firmare rogamus. R. Arnalli ✠. SIG✠NUM Petri Galli ; SIG✠NUM Petri Gilaberti ; SIG✠M Guillelmi Merchadarii ; SIG✠NUM Petri Poncii ; SIG✠NUM Petri sacerdotis ; SIG✠NUM Petri subdiaconibus.

CCCXCVIII 1146, 22 avril.

Copies du XII° s. : Madrid, Archivo National, *Cartul. B.* 595, fol. 95ro-96, n° 270 ; et fol. 122vo, n° 328.

In Dei nomine et ejus divina clementia Patris et Filii et Spiritus sancti. Ego Garcia Ortiç donator sum Deo et ad illa cavallaria de Templo quod est Iherosolimis, illas casas quem habeo in Borja, ad illam portam unde exeunt ad ecclesiam sancti Michaelis, juxta murum, scilicet casas et casales, eremum et populatum, ut habeant casas predictas salvas et liberas et franchas et ingenuas per secula cuncta amen. Ego Petro Ortiç et ego Ato Aurela firmamus et laudamus hoc donativum quod frater noster facit ; et ego Garcia de Alkala, cum uxore mea, similiter laudo et confirmo. Factum hoc donativum in mense aprilis, X kalendas mai. era M°C°LXXX°IIII°, in anno quo Raimundus comes Barchinonensis fuit ad Valentiam et idem reversus fuit. Factum fuit hoc donativum in presentia de dompno Petro de Castelaçol et de don Garcia Romeu. Hoc do-*(fol. 96)*nativum fuit factum Rigaldo Vigero qui erat magister in Novellis, et dom Aiç de Aiquaroça.

In Xpisti nomine. Ego Garcie Ortiç donator sum Deo et militie fratres Iherosolimitanorum Templi Salamonis, illas casas que habeo in Borga quod est ad illam portam, unde exeunt ad ecclesiam sancti Michaelis juxta murum, scilicet casas et casales, heremum et populatum, ut habeant salvas et liberas et francas. Ego Petro Ortiç et ego Atto Aurelia laudamus et confirmamus hoc donativum suprascriptum, similiter et ego Garcie de Alcala cum uxore mea laudo et confirmo hec supra. Facta carta donationis in manu fratri Rigaldo Vicario et don Aiz de Aiquaroça, mense aprilis, X kalendas mai, era M.C.LXXXIIII, anno quando comes R(aimundus) Bellengarius, princeps Aragoni, fuit ad Valentia cum exercitu suo. Testes : Petro de Castelaçol, Garcie Romeu.

CCCXCIX 1146, (1—30) mai.

Copie du xv° s. : Lisbonne, Arch. da Torre do Tombo ; don Alvares, 234, fol. CLXII^v°.

In Dei nomine. Ego, Nunus Mendici placuit michi per bone pacis et voluntas ut facere a vobis, fraires de domo Templi Salomonis de Iherusalem, kartula venditionis et firmitudinis de hereditate mea propria, que habeo in villa que vocitant Azevedo de Suario, sub monte Petra Curvela, discurrente rivulo Prados, prope civitas Sancte Marie, territorio Portugalensis. Do et concedo a vobis ipsa hereditate, per suis locis et terminis novissimis et antiquis, cum quantumcumque in se obtinet. et a prestitum homin(um) est, pro precio que de vobis accepi x bracales ; tantum michi bene complacuit, et de precio nichil apud vos remansit in debitum pro dare. Do vobis tres partes de ipso campo quod fuit de dom Tello, que ego cambiavi cum Egas Oderici et cum ipso abate Didacus Camelici. Et de hodie die sit ipsa hereditate de juri meo abrasa et in vestro dominio sit tradita atque connumerata ; habeatis vos illa firmiter in perpetuum. Et si aliquis homo venerit vel venero, tam meis propinquis quam de extraneis, qui hanc kartula venditionis ad irrumpendum quesierit, et ego in concilio noluero autorizare vel divindicare, que paric a vobis ipsa hereditate sublata vel quantum fuerit melicrata et judicata, et ad rex vel potestas qui illa terra imperaverit duo auri talenta. xx kalendas junii era M°C°LXXX°IIII°. Ego Nunus qui hanc kartam jussi facere, cum propria manu mea robo✠ro et signa hec facio. Et qui presentes fuerunt hec nomina ? viderunt. Veremundus, Pelagius testes, Petrus testis. Gundisalvus presbiter notavit.

CCCC 1146, mardi (7—28) mai.

Original : Toulouse, Arch. départ., Fonds de Malte, Pézenas, l. 11, n° 3.

In nomine Domini. Ego, Petrus Lautardi, et uxor mea, Heldiardis, et Willelmus, filius noster, bona fide et sine engan et absque omni retentu, per nos et per omnes nostros, vendimus, guirpimus et absolvimus domino Deo et militie Templi Salomonis Iherosolimitani, et vobis, fratribus ejusdem militie, scilicet Raimundo de Gurgite Petra, Ugoni de Pezenato, Bartolomeo atque Petro de Auriacco et omnibus aliis fratribus, in ipsa militia Deo servientibus, tam futuris quam presentibus, totum ipsum ortum nostrum, cum arboribus et omnibus infra existentibus et sibi pertinentibus, quem nos habebamus in orta ipsa de subtus castellum de Pezenaz, in honore Petri de Altiniacho ; qui ortus affrontat de aura Narbonensi in via que vadit de ipso castello ad ecclesiam sancti Petri, de altano in orto Bernardi Bovis, quem tenet de ipso Petro de Altiniacho, de aquilone in orto quem laborat Wilelmus parator, de circio afrontat in ipso orto militie Templi. Supradictum ortum cum arboribus et cum omnibus que ibidem habemus et habere debemus, vendimus et ex toto relinquimus vobis, fratribus Templi jam supradictis, et successoribus vestris, pro precio xxx. sol(idorum) Biterrensium percurribilium ; quod precium totum ita nobis bene et pleniter persolvistis, quod apud vos nichil remansit in debito. Et sit manifestum quod inopia maxima et necessitate coacti ortum istum vendimus neque ab alio tantum quantum a fratribus Templi invenire poteramus.

Et ego, Pe..us de Altiniacco jam suprascriptus, et ego, Amabilia, uxor ejus, per bonam fidem, sine inganno, per nos et per omnes nostros, laudamus et concedimus predictum ortum domino Deo et vobis, fratribus militie Templi supramemoralis et successoribus vestris ad qualemcumque laborantiam ibi facere velitis, et per talem convenienciam ut ex omnibus que ibidem laboraveritis et etiam de fructibus arborum donetis nobis et nostris quartum. Et est verum quod de ista venditione ego, Petrus de Altiniacho habui de foriscapio, inter Petrum Lautardum et fratres Templi, v solidos; et ego, Amabilia, jam supradicta, quia hoc volui et laudavi, habui a fratribus Templi v solidos quos michi caritative dederunt. Donum et laudamentum istius orti, sicut superius scriptum est, fecit Petrus de Altiniacho et Amabilia, uxor ejus, videntibus et audientibus Raimundo Romeuo, et Wilelmo Deodato de Altiniacho atque Geraldo de Mairoisso, qui erat bajulus ipsius etri de Altiniacho.

Ex venditione Petri Lautardi et uxoris ejus sunt testes videntes : Bernardus Borrillonus, Durantus de Margonco, Petrus de Narbona, Stephanus Genesius atque Geraldus de Mairoisso supramemoratus.

Scripta fuit hęc carta in mense madio, anno Dominico M°.C°.XL°.VI°, feria III, regnante Lodoyco rege. Mandatus a Petro Lautardo et Heldiardi, uxore ejus, et a Petro de Altiniacco et Amabilia, uxore ejus, pro se suisque omnibus, Petrus Vitalis scripsit.

CCCCI — 1146, mardi (7—28) mai.

Original : Toulouse, Arch. dép., Fonds de Malte, *Pézenas*, l. 11, n° 2.

Ego, in Dei nomine, Petrus Lautardi, et uxor mea, Heldiardis, et filius noster, Wilelmus, per nos et per omnes nostros, bona fide et sine engan et absque omni retentu, vendimus guirpimus et absolvimus cum hac carta domino Deo et militie Templi Salomonis Iherosolimitani et vobis, fratribus ejusdem militię, videlicet Raimundo de Gurgite Petra, Ugoni de Pezenaz, Bartolomeo atque Petro de Auriacho, in terminio de Pezenaz, totam ipsam terram nostram quę affrontat ab aquilone in ipso campo militie Templi, de circio et aura Narbonensi affrontat in stagno. Et est ista terra in honore Trenchavelli (a) vicecomitis Biterrensis, et donat illi quartum. Et est verum quod vos, predicti fratres Templi, dedistis michi, Petro Lautardi, et uxori mee, pro comparatione jamdictę terrę xx. solidos Biterrenses percurribiles, quos a vobis ita bene et pleniter habuimus, quod nichil apud vos in debito remansit. Quapropter ipsam terram domus Templi et fratres ibidem Deo servientes habeant et possideant, sicuti ego, Petrus Lautardi, pro meo beneficio eam hactenus possedi. Hoc fuit factum cum consilio et laudamento Stephani Genesii, bajuli domni Trenchavelli predicti, qui hanc venditionem, pro domino suo et pro se, fratribus Templi supradictis laudavit, et habuit inde de forischapio, inter ambas partes, III. solidos et III. denarios Biterrensium. De hoc sunt testes et videntes : Bernardus Borrillonus, Durantus de Margoncho, Petrus de Narbona, Geraldus de Mairoisso atque Stephanus Catalanus.

Scripta fuit hęc carta, anno Dominico M°.C°.XL°.VI°, in mense madio, feria III^{a}, regnante Lodoyco rege. A Petro Lautardo et uxore sua et Stephano Genesio et ab omnibus supradictis testibus mandatus, Petrus Vitalis scripsit.

(a) Raymond Trencavel, vicomte de Béziers et d'Agde 1130, vicomte de Carcassonne 1150, † 15 octobre 1167.

CCCCII 1146, 15 juillet.

Original : Toulouse, Arch. dép., Fonds de Malte, Homps, liasse 13, n° 4 (Inventaire ancien, fol. 97°)

In nomine Domini. Quoniam ego, Arnaldus Petri de Pidilano, dono domino Deo, Ihesu Xpisto, et milicie Templi Iherosolimitani meum corpus atque meipsum et omnem meum alaudem quem habeo et habere debeo in predicta villa Pidilano, et in terminis ejus et in terminis de Pratis, prefatum alaudem et meipsum dono Deo et jamdicte milicie Templi Salomonis et fratribus ejusdem loci, ibi Deo servientibus, presentibus et futuris, ad faciendas omnes voluntates eorum per omnia; et de meo jure in suorum trado illum dominio, in presentia Berengarii de Ruyra magistri et Bernardi de Funuleto et Poncii de Valle et Segarii fratrum et Guilelmi Grossi. Si quis hoc disrumpere voluerit, agere non valeat sed in duplo conponat et hoc donum firmum et stabile permaneat.

Actum est hoc idus julii, anno ab incarnatione Domini M°.C°.XL°.VI°., anno X°. regni Ludvici. SIG✠NUM Arnaldi Petri, qui hoc firmo et firmari rogo. SIG✠NUM Udalgarii vicecomitis. SIG✠NUM Petri de Fonolet. SIG✠NUM Berengarii de Sorniano. SIG✠NUM Petri de Pidilano. SIG✠NUM Arnaldi junioris de Sorniano. Iohannes qui hoc scripsit die et ✠ anno quo supra.

CCCCIII 1146, (1—31) août.

Copies : du XV° s., Lisbonne, Arch. da Torre do Tombo, don Alvarez 234, fol. CLI; du XVI° s., *ibidem*, Bibl. Nac., ms. 736, fol. CCXC°.

In Dei nomine. Ego Ermesenda Venegas et filius meus Gunsalvus, facimus cartam testamenti et venditionis de hereditate nostra quam habemus vel habere debemus in territorio Sancte Marie civitatis, scilicet in Palatiolo et in Gundufe, hoc est de quarta parte que accidit inter nos et germanum nostrum Petrum Venegas, ex parte avi nostri, Osorei Sabidici. Illam hereditatem supranominatam damus et concedimus Deo et militibus Templi Salomonis, ubi eam invenire potuerint, in agris, in montibus, in fontibus, in rivis, in pascuis, pro remedio animarum nostrarum, et pro pretio quod ab eis accepimus XV morabitinos, et in debito nichil remansit. Ab hac itaque die sit illa hereditas in vestro dominio tradita et de nostro jure abrasa. Habeatis vos illam firmiter et faciatis de ea quod vobis placuerit. Quod si nos vel aliquis, tam propinquus noster quam extraneus, contra hoc factum nostrum ad irrumpendum venerit, et nos in judicio vobis auctorizare noluerimus vel non potuerimus, pariamus vobis illam hereditatem duplatam, cum quanto fuerit meliorata, et domino terre quod leges precipiunt. Facta carta testamenti sive venditionis, mense augusto, era M°C°LXXX°IIII°. Nos prenominati qui eam fieri jussimus, coram idoneis testibus robor✠✠amus, qui presentes fuerunt et viderunt : Gunsalvus Odorici testis, Gunsalvus Suarici testis, Petrus testis, Pelagius testis. Ego Rodericus presbiter notavit.

CCCCIV 1146, (22—28) août.

Copie du XIVe s. : Pampelune, Archivo de la deputacion Provincial de Navarra, *Cartulario, Magno*, I, fol. 2^v-3. Indiqué dans Moret, *Anales de Navarra*, III, p. 333.

PUENT DE LA REYNA.

In Dei nomine et ejus gratia. Ego Garsias (*a*) Dei gratia, facio cartam vobis Grison et omnibus senioribus Templi Domini, de illa populatione vetula de Ponte Regine, quam ego dedi vobis spontanea voluntate, pro annimabus patris et matris mee, ut habeant partem in vestris orationibus et elemosinis; facio vobis donativum, quod ullus homo de illa populatione non pectent in homicidium neque in calompniam neque in vicinitate pro nullam hereditatem vel radicem, quam habeant foras suos terminos; et do vobis et concedo similiter ut vendatis panem et vinum, ut non detis ospitium alicui pauperi borroso vel reddatis propter nullum precium denariorum, nisi propter amorem Dei. Et qui istam ingenuationem voluerit frangere, pectet senioribus Templi et michi sexaginta solidos.

Factam cartam in Estella, in domum Cancelini monetarii, in carta ebdomada augusti, in illa hora quando rex abuit junta cum Semen Enneguiz super Lerin. Dominus Ferrande de Artanegui teste. Ochoa teste. Guillelmus de Pedrazo teste. Cancellarius monetarius teste. Ego Iohannes, jussu domini Regis, hanc cartam scripsi et hoc SIGNUM feci ✠. Era M.C.XLVI [1].

Ego Sancius (*b*), Dei gratia Pampilonensium rex, laudo et confirmo hanc cartam et hoc SIGNUM feci ✠.

CCCCV 1146, mardi 10 septembre.

Copie du XIIe s. : Avignon, Bibl. munic., *Cartul. de Richerenches*, XXXIIII, fol. 21.

Edité : Mis de Ripert-Monclart, *op. cit.*, n° 36, p. 39-40.

DONUM DE LAZIGNANA ET EIUS DONATORE.

(fol. 21ro). Divinis et humanis statutum est legibus, ut quisquis rem suam in alterius transfundere desiderat potestate, scriptura posteris studeat assignare. Eapropter, ego, Petrus de Albagnano, ut Deus et dominus noster, Ihesus Xpistus mihi et omni progenitoribus meis peccata et offensas meas remittat, immo vitam eternam concedat, dono et perpetua concessione laudo totum et ex integro quicquid tenere vel possidere videor in territorio de Lazignana ad alodium francum, militibus Templi Salomonis et fratribus ibi famulantibus, tam presentibus quam sequentibus, et insuper dono eisdem fratribus totum boscum de Rovirugone, sicut circumdantibus viis concluditur. Post hoc donum facio devota mente et corde sincero, voluntate et consilio uxoris męę, Geralda nomine, et filiorum nostrorum, Bernardi videlicet et Berfrandi et Petri, recipientibus militibus Templi Geraldo de Monte Petroso et Ugone de Bolbotone et Escafredo, in presencia et testimonio multorum virorum. Huic dona-

(*a*) Garcia, roi de Navarre, 1134 † 1150. (*b*) Sanche (IV), roi de Navarre, 1150 † 27 juin 1194.

1. *Sans aucun doute era est mis ici au lieu de* anno.

tioni et laudationi facta a Petro de Albannano et uxore sua et filiis suis, interfuerunt Bernardus, claviger domus de Richarenchis, et Petrus Capellanus et Raimundus de Narbona, Willelmus Castellanus, Poncius de Negano, Taurocius, Laugerius de Balmis, Petrus Willelmi, Giraldus de Balmis, Willelmus de Balmis, Willelmus Corna Brocos, Stephanus Matamauros, Rainaldus, Petrus de Cabreriis, Riperius, Bertrandus *(fol. 22)* Grossus, Raimundus de Tudeleta, Laugerius Fornerius.

Facta carta ista in civitate Aurasica, in mense septembrio, feria III^a, luna I, anno ab incarnato Salvatore M°C°XL°VI°, per manum Arnaldi, sacriste Aurasicensis.

CCCCVI — 1146, mercredi 11 septembre.

Copie du XIIe s. : *Cartul. de Richerenches*, VII, fol. 34.

Edité : Mis de Ripert-Monclar, *op. cit.*, n° 53, p. 59-60.

BERTRANDUS DE BOLBOTONE DEDIT DEO ET MILITIBUS TEMPLI SEIPSUM ET UNAM PECIAM DE TERRA CULTA ET ALTERAM IUXTA CONDAMINAM.

In Dei eterni Regis nomine. Ego, Bertrandus de Bolbotone, dono meipsum animo volenti et corde puro et offero corpus et animam meam ad servicium et defensionem Xpistiane fidei in societatem militum et confratrum Templi Salomonis, ut Deus et dominus noster Ihesus Xpistus mihi et parentibus meis peccata et offensas nostras indulgeat et celestis patrię choeredes efficiat. Predicto etiam confratrum laudabili societati trado et in usus et necessitates eorum perpetuo laudo, si me sine legitimo herede mori contingerit, totam meam hereditatem, et insuper dono eis totum illum honorem quem Nicholaus consobrinus meus vel pater ejus, Ugo de Bolbotone, tenebat, dum in seculo essent. Et ut hec omnia in antea habeant in integrum, dono eis in presenti pro investitura medietatem stagni de Bol-*(fol. 34vo)*botone, et unam peciam de terra culta qua habebam juxta condaminam predicti Nicholai, et alteram peciam juxta condaminam apud Sanctum Albanum. Hec omnia, sicut suprascripta sunt, laudo et confirmo predictis fratribus Templi, et ut mea donacio ista sive laudacio stabilis et firma perpetuo apud eos perseveret, ab Ugone de Bolbotone, qui hoc donum recepit, caballum bonum CC^os solidos valentem habui.

Facta donacione ista presentibus subscriptis personis : B(ernardo) clavigero, Nicholao de Monte Securo et Poncio capellano, Willelmo Bruneto, G. de sancto P(aulo), Petro de Porto, S. Pelliparío, Nicholao pincerna, Provinciali armigero. Facta carta ista in civitate Aurasica, mense septembrio, feria IIII^a, luna II^a, anno Dominice incarnacionis, M°C°L°XVI°. Per manum Arnaldi, Aurasicensis sacriste.

CCCCVII — 1146, 21 septembre.

Copie du XIIIe s. : Perpignan, Arch. dép., *Cartul. du Mas-Deu*, n° 16, fol. 6vo.

Edité : Allart, *Cartulaire Roussillonnais dans la Semaine religieuse du diocèse de Perpignan*, 1886, p. 128.

Notum sit omnibus quod ego, Raymundus(a), comes Barchinonensis, Dei gratia, et princeps Aragonum, dono et offero omnipotenti Deo ac sancte milicie Iherolimitani

(a) Raymond Bérenger (IV), comte de Barcelonne, 1131 † 26 août 1162.

Templi fratribus presentibus et futuris, mansum ipsum cum omnibus pertinenciis suis, quem inhabitat Petrus de Cirach. Et dono vobis jamdictum Petrum cum omnibus rebus suis et manso dicto jam pertinentibus. Et trado vobis jamdictum mansum et omnibus successoribus vestris cum omnibus pertinentibus suis et cum ipso homine, in remissione peccatorum meorum et pro salute anime mee, ad habendum et tenendum et in perpetuo jure possidendum.

Facta est donacio ista xi kalendas octobris, anno X° regni Lodovici regis junioris, in manu Petri de Rovera, predicte sancte milicie magistri. Sig✠num Raymundi comes. Sig✠num Bernardi de Bello Loco. Sig✠num Guilelmi de Sopiratis. Sig✠num Guilelmi de Paracols. Sig✠num Perelle. Sig✠num Raymundi Bernardi de Grudia. ✠ Signum Rotberti, hujus carte scriptoris. Sig✠num Poncii, scriptoris comitis, qui, precepto comitis, carte hujus extitit auctor, die et anno quo supra.

CCCCVIII 1146, 18 octobre.

Copie du XIII° s. : Perpignan, Arch. dép., *Cartul. Mas-Deu*. n° 285, fol. 169.

Edité : Allart, *Cartulaire Roussillonnais dans la Semaine Religieuse du diocèse de Perpignan*, année 1886, p. 80.

In Dei nomine. Manifestum sit quod ego, Petrus, pro redempcione anime mee et parentorum meorum, dono et concedo domino Deo et milicie Templi Salomonis omne ipsum alodium quod habeo et habere debeo, ubicumque habetur et scietur, et modo *(fol. 169)* [a m]e possidetur vel ab aliquo per me, sine ullo retentu et sine enganno : meam partem de vinea Danubii, et de [terra ?] que affrontat in via que vadit de Bagis ad Elnam ; et meam partem ipsius terre que affrontat in alodio Sancte Eulalie, ad Portellum de Elna, et campum de Figuera ; et meam partem ipsius fexe que est prope istum campum ; et aliam ad Citdestres ; et aliam fexam ad Vassam ; ad Travesseram aliam fexam ; aliam faxam ad Figueram, juxta alodium Sancti Andree de Bagis ; et aliam faxiam in eodem loco, juxta alodium Sancte Marie de Campo ; et aliam faxam in eodem loco, ad Mileroles ; aliam faxiam juxta alodium Sancti Andree ; et aliam faxam ad pratum ad Canadals ; et unum mansum qui affrontat a parte orientis in honore Hospitalis, et ab aquilone in alodio Sancte Eulalie ; et ipsum totum honorem quem habeo et habere debeo in Canues et in Tuluges ; et III alias fexas in Monte Eschot, que sunt in pignore propter VIII sol(idos) Melgur(ensium). [Et] totum hoc, ut superius resonat, abstraho de mea potestate et mito in potestatem domini Dei et milicie Templi Salomonis, in manu Petri Berengarii, fratrum, de Ruyra, qui sunt magistri milicie que est citra mare. Et est manifestum. Si quis contra hoc venerit ad irrumpendum, non valeat quod requirat set in duplo componat ; et postmodum firmiter permaneat omni tempore.

Factum est hoc XV° kalendas novembris, anno M°C°XL°VI, regnante Lodovico rege. Sig✠num Petri, qui hoc jussi fieri, laudavi et firmavi testesque firmare rogavi. Sig✠num Arnalli Angulinum ; Sig✠num Mirie, consanguinee mee ; Sig✠num Poncii, mariti sui. Sig✠num Guillelmi militis de Bagis. Sig✠num Petri Saurniani, presbiteri. Sig✠num Raymundi fratris, capellani. Guillmus sacerdos, rogatus, scripsit hoc die et anno quo supra.

CCCCIX 1146, 18 octobre.

Copie du XIIIe s. : Perpignan, Arch. dép., *Cartul. du Mas-Deu*, n° 284, fol 169ro.

Edité : Allart, *Cartulaire Roussillonnais dans la Semaine religieuse du diocèse de Perpignan*, 1886, p. 64.

In Dei nomine. Manifestum sit quod, ego, Arnallus, dono domino Deo et milicie Templi Salomonis unam porcionem de meo alodio, pro remedio anime mee et parentorum meorum, scilicet : medietatem vinee de Denubio ; et medietatem ipsius fexe terre que affrontat in via que vadit de Bagis ad Elnam ; et medietatem ipsius fexe terre que affrontat in honore Dalmacii de Ortaphano et, a parte orientis, in honore Sancte Eulalie ; et medietatem ipsius terre que est ad podium Bernardi Poncii de Ortafano ; et medietatem campi qui est in loco apellato Figuera ; et medietatem ipsius fexe terre que est prope de isto campo ; et medietatem ipsius terre que est in loco apellato ad Destres ; et medietatem tocius honoris quem habeo, et ego et Petrus in Canues et in Tuluges. Et insuper dono eidem predicte milicie omne aliud alode unde maritavi filiam meam, si ipsa filia mea, Miria, obierit sine infante legitimo, ita quod sit proprium alodium prescripte milicie ; et unum mansum in villa de Bagis, qui affrontat, a parte orientis et a meridie, in alodio predicte milicie. Et hoc totum, ut superius resonat, abstraho de mea potestate et mito in potestate et in jus prefate milicie, in manu Petri de Ruyra et Berengarii, fratris ejus, magistri milicie quem citra mare est. Et est manifestum. Si quis contra hoc venerit ad irrumpendum, non valeat set in duplo componat, et postea firmiter permaneat.

Factum est hoc XV°. kalendas novembris, anno M^o.C^o.XL°.VI°. Xpisti, regnante Ledovico rege in Francia. SIG✠NUM Arnalli, qui hoc fieri jussi, laudo, firmo et testes firmare rogo. SIG✠NUM Petri, nepotis mei. SIG✠NUM Mirie, filie mee. SIG✠NUM Poncii, gener mei. SIG✠NUM Guillmi militis de Bagis. SIG✠NUM Raimundi, capellani. Guillmus sacerdos, rogatus, qui hoc scripsit, die et anno quo supra.

CCCCX 1146, (1-30) novembre.

Copies du XIIe s. : Madrid, Arch. Nat., *Cart.* B 595, n° 272 et n° 338.

DE ALFONSI REGIS VEL IMPERATORIS.

✠ IN nomine Domini. Ego Adefonsus (*a*) imperator Hispanię, una cum uxore mea imperatrice Berengaria (*b*), filioque meo Sancio (*c*), grato animo, voluntate spontanea, quandam meam desertam villam nomine Villam Siccam, existentem inter Soriam et Almanar, vobis fratri Petro de la Roera, magistro militum Templi et vobis fratri Melendo, militi Templi, pro salute anime meę et parentum meorum, et peccatorum meorum remissione, et ut inde milites illi qui Deo in Templo serviunt, aliquod sustentamentum et adjutorium habeant, jure hereditario dono cum omnibus videlicet ejus terminis, quanticumque sint, et cum omnibus ejus pertinentiis, terris et aquis, montibus et vallibus, exitibus et ingressibus, pascuis, arboribus, et cum omni-

(*a*) Alphonse, couronné empereur d'Espagne, 26 mai 1135 † 21 août 1157. — (*b*) Bérengère, veuve de Bernard (III), comte de Besalu, († 1111), ép. 1128 Alphonse, † 3 février 1148. — (*c*) Sanche (III), roi de Castille, 1157 † 31 août 1158.

bus aliis causis ad eam, quecumque sint, pertinentibus. *(fol. 97v°)* Item dono vobis in Almanar unum Maurum pro asserich, cum sua casa et cum omni ejus hereditate, qui, quasi vestri alii homines, vester proprius erit, vobis solis et successoribus vestris serviet et nullis aliis hominibus. Predictam villam tali modo vobis fratri Petro et fratri Melendo, Templi militibus, dono, quatenus omni tempore Ierosolimitano Templo serviat, et sit super ejus hereditas, et ut vos et qui post vos venerint libere et quięte semper eam possideant et habeant. Simili modo de prenominato Mauro concedo, quęm vobis dono pro asserich in Almanar villa superius nominata. Si quis vero in posterum de meo vel alieno genere hanc meam donacionem dirupere vel incontrarius venerit, sit a Deo maldictus et in inferno cum Iuda proditore dampnatus, nisi digne emendaverit, et pectet regię parti mille morabetinos *(fol. 98)* et reddat Templo hereditatem duplatam. Facta carta Sancto Stephano, presentibus ibi comite Barchinonensi et rege Garsia, qui ad curiam imperatoris venerant, pro pace inter se per manum ejus firmanda, mense novembri, era M°C°LXXX°IIII°, predicto imperatore imperante in Toleto, Legione, Saragocia, Naiara, Castella, Galecia. Ego Adefonsus imperator hanc cartam quam jussi fieri, confirmo et manu meo roboro. Signum imperatoris ✠. Sancius filius imperatoris confirmat, comes Fernandus de Galecia confirmat; comes Poncius *(fol. 98v°)* majordomus imperatoris confirmat; comes Amalricus confirmat; comes Urgelli Ermengaudus (*a*) confirmat; Raimundus (*b*) Toletanus archiepiscopus confirmat; Petrus (*c*) Secobiensis episcopus confirmat; Bernardus (*d*) Sagontinus episcopus confirmat; Stephanus (*e*) Exomensis episcopus confirmat; Guter Fernandez tenens Soriam confirmat; Michael Munioz alahedus de Soria confirmat; Martinus Fernandez de Fita; Nuno Pedre alferiz imperatoris confirmat. Geraldus scriptor imperatoris per manum magistri Hugonis cancellarii scripsit ✠.

CCCCXI — 1146, vendredi (1—29) novembre.

Original : Marseille, Arch. dép., H° 87 *(Montfrin)*.

Vidimus du 23 juillet 1492 : ibidem, H° 101 *(Montfrin)*, parch. n° 1.

In nomine summe et individue Trinitatis. Anno ab incarnatione domini nostri Ihesu Xpisti millesimo C°XL°VI°. Ego, Poncius de Medenis, ut Deus propicietur peccatis et neggligenciis meis, dono et offero memetipsum omnipotenti Deo et milicie Templi Salomonis Ierosolomitani, promittens me serviturum et militaturum ibidem Deo sub obedientia magistri diebus omnibus vite mee. Et pro hereditate anime mee et animarum patris mei et matris mee, dono et laudo atque concedo predicte milic Templi et fratribus ibidem Deo servientibus, presentibus et futuris, quartam partem castelli de Medenis et totum quicquid in ipso castro vel in terminiis et territoriis sive dominationibus quo ad ipsum castellum pertinent et pertinere debent, ego habeo et habere debeo in dominino sive aliquis vel aliqua ibidem tenet et tenere debet de me. Iterum dono domino Deo et jamdicte milicie meum ortum de Barzanengues cum homine, Petro Raimundi nomine, et cum manso ubi habitat, qui adheret predicto

(*a*) Ermengaud (VI), comte d'Urgel, 1102 † 28 juin 1154. — (*b*) Raimond, archevêque de Tolède, 1126 † 1150 (1 ?). — (*c*) Pierre de Agulno, évêque de Ségovie, 1110 † c. 1149. — (*d*) Bernard de Agulno, évêque de Siguenza, 1128-? (Gams le dit † 1143). — (*e*) Etienne, évêque d'Osma, 1141-1147.

orio. Preterea, dono domino Deo et prefate milicie medietatem de villa de Treuils et de castro de Montfri et de territorio de Orniis, videlicet totum quicquid in ipsa villa de Treuils et in ipso castello de Montfri et in territorio de Orniis sive in totis terminiis et dominationibus que ad ipsam villam de Treuils pertinent et pertinere debent, ego habeo et habere debeo in dominio, sive aliquis homo vel femina ibidem tenet et teneret debet de me. Rursum, dono domino Deo et predicte milicie quartam partem quam habeo et habere debeo in dominatione castelli de Tezer, et ipsum estar et honorem quem Rostangnus de Montaniaccho et ejus heredes tenent in ipso Montaniaccho, et quicquid habeo et habere debeo in villa de Capraria, et ipsum feudum quem tenebat de me ad Furchas Bernardus Mala Caro et Raimundus Bernardi de Furchis. Item, dono domino Deo et predicte milie totum quicquid habeo vel habere debeo sive aliquis homo vel femina habet vel tenet de me in villa Sancti Egidii et in suis terminiis. Supramemoratum honorem et omnia mea jura quecumque habeo vel habere debeo sive aliquis homo vel femina habet vel tenet de me, ubicumque sint in tota valle que appellatur de Medenis sive in aliis prenotatis locis, dono et trado cum hac carta domino Deo et milicie Ierosolimitane ego jam dictus, Poncius de Medenis, sicut jam superius scriptum est, sive adhuc melius dici vel intelligi potest, sine inguanno ad honorem Dei et ad salutem animę meę et animarum parentum meorum et ad utilitatem domus Templi, in manu dompni Petri de Roveria, ejusdem milicie fratris et ministri, et fratris Benenguarii de Cigugnolis et fratris Wilelmi de Riallac, ad habendum et libere possidendum suamque voluntatem perpetim faciendum absque tocius viventis aliqua inquietudine. Super hec omnia, dono et concedo Deo et milicie Templi meam quartam partem de feudo et de feudalibus de Posillacho, sicut tenent et tenere debent de me.

Scripta fuit hec carta in mense novembris, feria vi, regnante Lodoyco rege. De hoc sunt testes et videntes : Petrus, prior Sancti Michaelis, Bertrandus de Medenis, Bertrandus Kaliga Vetula, Petrus de Clausonna, Poncius Ugonis de Medenis, Stephanus capellanus Sancti Michaelis, Wilelmus Ugonis de Volobrega, Petrus Ugonis, filius ejus, Bertrandus Benenguarius de Volobregua, Rostangnus Amelii de Clausonno et Inguilelmus et Vilelmus de Medenis, frater ejus, Poncius Wilelmi de Sancto Michaele atque Poncius Lautardi, nepos Poncii de Medinis jamdicti. Mandato Poncii de Mezinis superius scripti et omnium supradictorum testium, Petrus de Magalaz hanc cartam scripsit ✠.

[*Suit sur l'original une liste des hommes et des cens donnés au Temple.*]

CCCCXII 1146, lundi (4—25) novembre.

Original : Toulouse, Arch. dép., fonds de Malte, *Pézenas*, l. 11, n° 4.

In Xpisti nomine. Ego, Bernardus Bovi, et uxor mea, Ricarda, et filia mea, Tilborga, et omnes alii infantes nostri, cum consilio dominorum, scilicet Petri de Altinacho, et de Imberto de Monte Salichone, per fidem, sine ingano, cum bono animo et bona voluntate, vendimus domino Deo et milicie Ierosolimitani, et tibi, Ugoni de Pezenaz, et tuis confratribus, totum unum hortum quem abemus et abere debemus in termino de Pezenaz et quantum ad ipsum hortum pertinet et pertinere debet, et afrontat ex aura Narbonensis in via que currit de castro Pezanazi ad eclesiam Sancti Petri, et de altano in horto Guilelmi Rainaldi et de aquilone in horto quem fuit Gormundi. Et hoc facimus per xxx^ti solidos Melgorienses bonos et percurribiles. Et de isto horto debetis donare cartum predictis senioribus de omnibus fructibus. Et abuerunt de forscapi v. solidos. Et hoc fuit factum cum consilio et laudamento Rixende mater Ymberti. Sicut predictum est in ac carta, sic vendimus et laudamus predictum hortum tibi, Ugoni de Pezenaz, et aliis confratribus, qui modo hibi sunt et in antea evenient.

Facta carta in mense novimbris, in feria II^a, anno Dominico M°.C°.XLVI. regnante Lodoicho rege. *(D'une autre encre)* Hoc factum fuit cum laudamento Petri de Altinac et de uxori ejus, Amabilia, in videncia Bernardi de Balma et de Petro Sancti Genesii et de Raimundo Romeu et de Poncio Vitali et de Stephano Cathalani et de Guilelmo Fabri. Ramundus scripsit.

CCCCXIII 1146, mardi 19 novembre.

Copie du XIIe s. : Avignon, Bibl. municip., *Cartul. de Richerenches*, I, fol. 31.

Edité : Mis de Ripert-Monclar, *op. cit.*, n° 53, p. 54-5.

INCIPIUNT CARTE DE CASTELLO DE BOLBOTONE ET OMNI IPSIUS TERRITORIO, QUOD DATUM EST AB UGONE DE BOLBOTONE ET UXORE SUA MARCHISA ET FILIO SUO NICHOLAO ET ALIORUM OMNIUM HEREDUM EIUS.

Hoc quidem prescribitur quatinus prolixis temporibus procul dubio a presentibus et sequentibus cognoscatur. Ea propter, nos pariter ambro fratres, ego videlicet Isarnus et Willelmus Isarnus, divino amore commoniti, ut Deus et dominus noster nobis et parentibus nostris peccata nostra remittat et insuper vitam eternam concedat, donamus et perpetuo in manu fratris Raimundi de Crusolis et domine Tiburgis (*a*) Aurasicensis atque filii sui, Willelmi (*b*) Aurasicensis, laudamus et absque omni retinimento, Deo et sacrę milicię Templi Salomonis concedimus totum et ex integro quicquid in castello de Bolbotone et in ejus territorio habemus vel habere debemus, neque alii pro nobis in cultis vel heremis, aquis aquarumque decursibus, arboribus pomiferis vel impomiferis. Ut autem hec nostra donatio et publica concessio firma et stabilis apud fratres de Templo remaneat perpetuo, LXX^ta solidos veterum denariorum Melgoriensium a magistro domus de Richarensis, Raimundo de Crusolis, accipimus, de quibus in pignore non remansit denarius. Preterea, prefata domus de Richarensis habebat pro pignore in supradicto honore XII. solidos Valentinensis monetę, quos illis prestiterat Ugo de Bolbotone. Hujus donacionis et laudacionis testes sunt qui viderunt et *(fol. 31^v)* audierunt : Nicholaus, frater et sacerdos, frater Bernardus claviger, Guinardus de Simiana, Raimundus de Montelz, filius Lautaldi, Guillelmus de Montelz, Poncius de Balmis, Rostagnus de Gigundaz et Willelmus, filius suus, Willelmus Raimundi de Gigundaz, Poncius Malbech, Raimundus de Bisturis.

Actum fuit hoc apud castellum de Gigundaz, anno M°.C°.XL°.VI°. ab incarnato Verbo, in mense novembris, feria III^a., luna XII^a.

(*a*) Tiburge, dame d'Orange, 1115 † 1150. — (*b*) Guillaume, comte d'Orange, 1150 † 1160.

CCCCXIV 1146, (1—31) décembre.

Copies du XIIe s. : Madrid, Archivo National *Cartul. B*, 595, fol. 33, n° 92 ; du XVe s. : *ibidem*, *Cartulario* Magno, III, n° 12.

DE ILLA PARDINA QUE VENDIDIT SANCIUS ET UXOR EIUS IN ÇARAGOÇA IN BARRI SANCTE MARIE.

✠ In Dei nomine et ejus gratia. Ego, quidam Sanz et uxor mea Maria simul cum filiis meis, per hanc scripturam venditionis nostre, venditores sumus nobis emptoribus nostris, fratres Templi Salomonis. Vendimus vobis una pardina que habemus in civitate Çesaraugusta in barrio Sancta Maria, et habet infrontaciones, illas casas de illo abbate de Pina, et ex alia pars casas de Sang Lopiç et nosmetipsos venditores ex alia et alia via publica ; vendimus sic ex quacumque pars, cum exiis et foris. Est inde pretium ad placibile inter nos et vos XIIII solidi Iacensis monete IIII^or denariorum, datos in manu semper, et est manifestum, et ut illas casas quod ibi habueritis, habeatis salvum, ingenuum et quietum, ad vestram propriam voluntatem facere in secula, vos et omnis posteritas vestra. Est inde fid(ança) de salvetate, ad forum terre, Iohannes de Aziron marito. Aliala XV denarii. Sunt testes, visores et auditores, Raimon de Luna, Gilelm genero de Benedeit. Facta carta mense decembri, era M.C.LXXX.IIII, regnante me comes Barchin(onensium) Raimundus Belengarius in Aragon ; in Çaragosça, sub me, Garcia Ortiç et episcopus Bernardus ex gratia Dei, Ato Sanç justitia ibidem, Artald in Alagon, in Rigla mulier comitis de Palares, comite Lupus in Calataiub, Sançio Necones in Taroca, senior Lop Sanç in Belchit.

In Dei nomine et ejus gratia. Ego Sanç et uxor mea Maria simul filiis vestris per hanc scripturam venditionis nostre venditores sumus vobis entoribus nostris fratres de illa cavalleria. Vendimus una nostra pardina que habemus in civitate Çesaraugusta in barrio Sancta Maria et habet infrontaciones illas casas de illo abbate de Pina, et de alia parte casas de Sanc Lopez et de alia parte casas de nos venditores ex alia et in fronte via publica. Quantas istas afrontaciones includunt, sic vendimus cum exiis et regressis earum et in precio placabile quod inter nos et vos convenimus quod placuit nobis, id est XIIII solidi et medio, moneta Iacquesa de quatuor denariis, et est isto precio dato in manu semper, et est manifestum. Sic vendimus istas casas, quod habeatis illa salva et quieta per vendere et dare et per far de illa vestra voluntat vos et fillos vestros per secula cuncta amen. Et est fidanca a fuero de Caragoca de totos homines foris regem, de salvetate ad forum terre Iohans de Aziron marito. Et sunt testes visores et auditores Raimon de Luna, Guillem genero de Benedet. Facta ista carta, mense decembri era M.C.LXXX.IIII, comes Barchin(onensium) et princeps Aragon ; et per manu illius senior in Caragoca Garcia Ortiç et justitia in Caragoça At Sanc, episcopus Bernardus in Caragoca et Alagon, Artald in Alagon ; in Arricla comite da Pallars et in Calatalaiub contre don Lop, in Daroca Sancio Negones, in Belchit senior Lop Sanc. Ego Miro scripsit ista carta et de manu mea hoc ✠ fecit. Et sua aligala est a XII deners.

CCCCXV 1146, (1—31) décembre.

Copies du XIIe s. : Madrid, Archivo National, *Cartul.* B 595, fol. 140vo-34, n° 365 ; XIIe s. : Barcelone, San Gervasio, livre vert, fol. 23vo ; du XVe s. : Madrid, *Cartul. Magno*, II, fol. LXXXVII, n° 184.

CARTA DE SARRACENIS.

In Dei nomine et ejus divina clementia. Ego Raimundus [1], Dei gratia comes Barchinonensis [2] et princeps Aragonensis, facio hanc cartam donacionis et confirmacionis vobis dompno [3] Petro de Robera [4] magistro et dompno Raimundo de Castro Novo et omnes alios seniores militie Templi, tam presentibus quam futuris. Placuit michi libenti animo et spontanea voluntate, propter amorem Dei omnipotentis et remedium anime mee vel successorum [5] meorum ; dono atque [6] concedo vobis ut quantos Sarracenos haberitis [7] in honoribus et hereditatibus vestris aut illos que de alias partes per amorem ibi adduxeritis [8] vel de Ispaniam [9] quem Deus ibi nobis [10] dedit totos vobis serviant omnibus diebus. Et nullus homo eos [11] vobis subtrahat neque recolligat [12] in sua casa aut in sua hereditate vel non eis faciat aliqua injuria. Hoc autem [13] donativum superius [14] ut habeatis et possideatis [15] vos et omnes servitores [16] milites Templi per infinita secula seculorum amen. S ✠ Raimundi comes. S [17] ✠ Ildefonsi, regis Aragonensium et comitis Barchinonensium.

Facta carta in era M·C·LXXX·IIII· in mense decembri, in civitate Oscha, dominante me Dei gracia in Aragone et in Supraarbe [18] atque in Ripacorza [19], episcopus Dodus in Oscha et in Iacha, episcopus Bernardus in Cesaragusta, episcopus Michael in Terazona [20], episcopus Gilelm [21] Petri in Roda, Ferriz s(enior) in Oscha et in Montarago [22]; Pelegri [23] s(enior) in Alchezar et in Napal ; Petri [24] Ram(on) s(enior) in Estada [25] et in Monte Cluso ; Frontin s(enior) in Elfon [26] et in Boltanga [27]; Garcia Xemenes [28] s(enior) [29] in Arrotellar [30]; don Sango [31] s(enior) [32] in Andilgon [33]. Ego, Raimundus [34], scriptor, jussu domini mei comes [35], hanc cartam scripsi et do manu mea hoc signum ✠ feci [36].

CCCCXVI 1146, mercredi 11 décembre.

Original : Madrid, Arch. Nacional, lej., 323 (Monzon).

Copie du XIIIe s. : Barcelone, Arch. Cor. Arag. reg. 310, fol. CLXVIII.

QUOMODO TEMPLUM HABUIT CONFITAM.

In Dei nomine et ejus divina gratia, Patris et Filii et Spiritus sancti amen. Ego Fortunio Acenariz de Tarazona facio hanc cartam donacionis et confirmacionis. Placuit michi libenti animo et spontanea voluntate, propter Dei amorem et remedium

Variantes : 1. Raymundus. — 2. Barchin'. — 3. dono. — 4. Ça Rovera magistro fratribus milicio Templi et fratri Raymundo — 5. successoribus. — 6. et. — 7. habetis. — 8. Aduxeritis. — 9. Yspaniam. — 10. vobis dederit. — 11. non eos. — 12. recolligat. — 13. *Mot omis dans le Cartulario Magno.* — 14. superius scriptum. — 15 *Ces deux mots sont omis dans le Cartulario Magno.* — 16. Seniores. — 17. *Mots omis dans le Cartulario Magno* — 18. Suprarbe. — 19. Rippacurcia. — 20 Taracona. — 21. Guillelmus Raymundus. — 22. Mont Aragone ; Galin Xemenos in Alcala ; Sertum dat ; s(enior) in Barbasco, et in Petra Salce — 23. *Mots omis dans le Cartul. Magno.* — 24. Pero Ramon. — 25. Estata. — 26. Alsson. — 27. Boltania. — 28. Xemenons. — 29. *Omis dans le Cartul. Magno.* — 30. Arrontellar. — 31. Sanio. — 32. *Omis dans le Cartul. Magno.* — 33. Aldigon. — 34. Raymundus. — 35. comitis scripsi. — 36. feçi.

animę męę et parentum meorum, dono domino Deo et milicie Templi Iherosolimitano illa almunia que dicitur Confita, que est in illa rippa de Cinca, per hereditatem tota ab integra, sicut ego eam demandabam cum quantum ad me ibi pertinet vel pertinere debet, ut sedeat ad servicio Dei et milicie Templi, per secula cuncta. Similiter ego Frontinus dono et concedo domino Deo et milicie Templi quantum ad me ibi pertinet vel pertinere debet per secula cuncta. Similiter ego Fortunio de Bergoa dono domino Deo et milicie Templi quantum ad me ibi pertinet vel pertinere debet per secula cuncta, amen. Et ego Petrus de Oscha similiter dono domino Deo et milicię Templi quantum ad me ibi pertinet vel pertinere debet per secula. Hoc autem donativum, sicut superius est scriptum, donamus et confirmamus eum per cuncta secula amen, ad servicio Dei et seniores qui ibi modo sunt vel inantea ibi fuerint ad Dei onorem. Et fuit donatum hoc donativum in manu de domnus Petrus de za Rueira magister milicię et de fratre Berengere de Castel Peire, et de fratre Raimundo de Castel Novo. Signum ✠ de Fortunio Acenariz. Signum de Frontin ✠ Signum ✠ de Fortunio de Bergua. Signum de Petro de Oscha.

Facta carta et donativo era millesima C°LXXX°IIII° apud civitatem quam vocitant Oscha, mercoris II° de decembri, dominante dominus noster Raimundus Berengarii comes in Barchinona et in Aragone, in Superarbi et in Rippa Curcia et in Cesaraugusta. Sunt testes et auditores de hoc suprascriptum : Pero Ramon d'Estada, et Fortunio Date de Barbastro, et Galin Garçes de Astusella, et Exinino Garcez frater ejus, et Ramon de Boleia scriptor comitis et Petro Medalia justicia de Tarazona. S✠ Raimundi comes. Et ego Andreo de Agierbe scriptor comitis hanc cartam scripsi et de manu mea hoc Signum ✠ feci.

CCCCXVII

1146, vendredi 13 décembre.

Copie du XII° s. : Toulouse, Arch. dép., *Cartul. A de Douzens*, ch. 183, fol. 133v° et 134r°.

In nomine Domini. Ego, Guarsendis, et infantes mei, Petrus et Poncius atque Bernardus, et filia mea Rossa, vinditores sumus vobis, militibus de militia Templi Iherosolimitani, Petri scilicet de Rueria, et fratri vestro, Berenguario, ceterisque confratribus vestris in predicta milicia Deo servientibus, presentibus atque futuris. Vindimus vobis unam vineam nostram quam tenebamus de vobis ad quartum in terminio de Gaure, ad ipsum Castelare, et affronta de altano in vinea Petri Oliba, de meridie in via, a circi in vinea emperia, de aquilone in vinea Bernardi, filii Pontii Arnaldi. Quantum infra istas affrontationes habemus et habere debemus, vindimus et derelinquimus vobis, sine omni nostra retinencia et sine vestro inguanno, propter III sestarios et emina ordei et III eminas frumenti, quos nobis dedistis in precio de V sol. Ugonencos octenos, ad habendum et possedendum vestramque voluntatem perpetim faciendum, et sic istam cartam laudamus atque firmamus sine inguanno.

S Bernardi, filii Poncii Arnaldi. S Petri Oliba. S Bernardi, filii Stephani Adalberti. Arnaldus scripsit vice magistri sui Guillelmi Adaulfi istam cartam dictantis jussione predic-*(fol. 134)*te Guarsendis, que predictam vineam habuit per ereditatem patris sui, quando maritata fuit. Facta carta anno millesimo C.XL.VI. incarnationis Dominice, idus decembris, feria VI, regnante Lodovico rege.

CCCCXVIII [1146—1147.]

Original : Lincoln, Arch. de la Cathédrale D. ii. 86. 3 .

De prebenda de Scarle.

Nos fratres canonici Sancte Marie Lincolniensis ecclesie presenti scripto nos recordari significamus, qualiter reclamatio Nicholai sacerdotis, fratris et concanonici nostri, adversus episcopum nostrum Alexandrum (*a*), in presentia nostra, terminata fuerit . . . . Testes advocati sunt, quorum nomina subscribuntur : . . . . Jordanus (*b*) thesaurarius, ... Ricardus Malban miles Templi, et Adam miles Templi.....

CCCCXIX [1146—1178.]

Original, sceau équestre : Paris, Arch. nat., S. 4952, n° 13 (2 de la 1re liasse Maupas).

De mon seigneur Guermon qui donna i mui de froumant a Messemi.

Guermundus tam presentibus quam futuris. Innotescat vobis quod ego Guermundus pro animabus patris et matris mee et fratris mei, Renaldi, militibus de Templo modium unum frumenti singulis annis reddendum apud Messimiacum villam meam in elemosina concessi. Et ne aliquis de hoc eis erogato beneficio quicquam detrahere attemptet, sciatis hanc eis largitam elemosinam in presentia excellentis comitis Suessionensis Yvonis (*c*), his una in testimonio astantibus, fratre Helya dispositore domus Suessionensis, Evrardo sororio Guermundi, Iacobo, Ierberto, Petro, Godefrido.

CCCCXX [1146—1185.]

Original : partie en haut jadis scellé : Paris, Archives Nationales S. 5011 10 (dans le carton S. 5012 (1er de la 31e liasse, commanderie d'Orléans).

Copie du xve s. : ibidem S. 5010. *Cartulaire de St-Marc d'Orléans*, n° vi^xx ii.

[Ci]rographum.

[Fi]rma et stabilis persevcrat testimonio littera [cu]m pactio deputatur. Inde est quia ego Manasses (*d*), Dei gratia, Aurelianensis episcopus, notum esse volum[us] tam futuris quam instantibus, quia fratres Templi Aurelianensis tenent ab Andrea, cantore Aurelianensi, duo arpenta vinearum ad censum, que sunt juxta vineas nostras apud ecclesiam sancti Marchi. Predicti autem fratres super censiva illa Galterium Rembodi jamdicto cantori vicarium con[f]irmave]runt[1] ?

(*a*) Alexandre, évêque de Lincoln, 22 juillet 1123, † 20 juillet 1148, quitta l'Angleterre au printemps de 1147 et n'y retourna plus. — (*b*) Jordan n'était pas encore trésorier de Lincoln au début de 1146 (*Note du Rév. H. Salter, auquel je dois communication de ce document*). — (*c*) Yves, comte de Soissons 1146-1178. — (*d*) Manassès évêque d'Orléans 1146 † c. 1185.

1. *Ce mot laissé en blanc dans le Cartulaire.*

CCCCXXI 1147, (1er janvier—31 décembre).

Copies du XIIe s. : Madrid, Archivo National, *Cartulaire B.* 595, fol. 142v°, n° 367; du XVe s. : ibidem, *Cartulario Magno*, III, n° 14.

De illas casas que vendidit mulier de Manx Emenones.

In nomine Domini. Ego donna Sança mulier de Manx Eminones, et filiis meis Garcie et Iordan et Urracha, vendimus vobis, fratres Templi Salomonis Iherosolimis, ubi frater Rigal Beger et frater Randulfo et aliis vestris fratribus presentibus et futuris. Vendimus vobis illas casas que habemus prope illas de Aiunprophit, qua fuerunt ei in barrio Sancte Marie, per c. LXXa solidos Iacensis monete quatuor denariorum, quod dedistis nobis semper in manu; et habent afrontationes ex parte orientis via publica, et ex alia pars ipsas vestras casas metipsis fratribus. Et ita vendo vobis illas casas, ut habeatis illas salvas et liberas et ingenuas de mea posteritate et me similiter, et facere inde vestram voluntatem. Sunt fides de salvetate ad forum de Caragoça, Petrus de Cortata et Garcia de Barchao. Sunt hujus rei testes : Fertunio Sanç de Funes, Iohans de la Çerta, Dominigo Sperat, Michael de la Fuellia. Facta carta anno quo imperator et comes Barchinonia et rex G(arsias) obsederunt Almaria; regnante Raimundus Berengarius comes in Barchinonia, in Aragon, in Suprarbi, in Cesaraugusta; episcopus Bernardus in eadem civitate, Garcia Ortiç dominante sub comite in Çaragosça, Ato Sanç justitia, Artald in Alagon, Lop Sanç in Belchit. Era M.C.LXXX.V. Petrus scripsit.

In nomine Domini. Ego dona Sança mulier de Manax Eminones, et filiis meis Garçia et Iordan et Urraqua, vendimus ad vos, fratres Templi Salomonis Iherosolimis, per nomen frater Rigal Begor et frater Randulfo et aliis fratribus, illas casas quo habemus prope casas de Avinprophit, qui fuerunt ei in barrio Sancte Mario per c.LXXa solidos Iacensis quatuor denariorum. Et vos dedistis nobis semper in manu; et habent afrontationes ex parte orientis via publica et de alia casas fratres Templi. Sic vendo vobis ego Sanga et filiis meis ad vos fratres illas casas ut habeatis illas salvas per secula et ad vestra voluntate facere. Sunt fidiatores de salvetate ad forum de Cesaragusta, Petrus de Cortata et Garcia de Barchao. Sunt testes : Fortunnyo Sanç de Funes, Iohans de la Çerta, Dominico Sperat, Micael de la Fuellia. Fuit aliata x sol. Facta carta in anno quando imperator et comes Barchinona et rex G(arsias) obsederunt Almaria; regnante Raymundus Berengarius comes in Barchinona, et in Aragono, et in Suprarbe; in Çaragoca episcopus Bernardus, in Çaragoça Garcia Ortiç senior, Ato Sanç justitia, Artald in Alagon, Lop Sanç in Belgit. Era M.C.LXXX.V. Petrus scripsit.

CCCCXXII 1147, (1er janvier—31 décembre).

Copie du XVe s. : Lisbonne, Archiv. da Torre do Tombo; *Libro dos mestrados*, fol. XLVIIIv°.

In Dei nomine. Ego Monio Cavaleiro facio carta vobis, militibus Templi Salomonis de meo corpore et de meo habere, post meum obitum; in mea vita vestrum obediens; post meum obitum, omnia mea bona tota, si non habuero semen; et si habuero semen, habeat duas partes, militibus tertiam partem, et dent ad meam ecclesiam unum morabitinum, alium ad meum abbate. Ego Moniu Cavaleiro, qui hac carta jussi facere, cum manu mea roboro, era millesima octuagesima quinta. Qui viderunt, hi sunt testes : Salvatus Eriz testis, Gundissalvus testis, Petro Sartia testis.

CCCCXXIII 1147, (1er janvier—31 décembre).

Copie du XIIe s. : Madrid, Archivo National, *Cartulaire B*, 595, fol. 28ro, no 76.

De camio que fratres fecerunt cum illos filios de Viago.

In Dei nomine. Hec est carta de illo camia que fecerunt fratres de Templo, scilicet frater Rigalt cum aliis fratribus, tam presentibus quam et futuris, cum illos filios de Viago. Dederunt fratres de Templo ad illos filios de Viago illas casas, que sunt intus castellum de Novellas, que fuerunt de don Arlent de Frescan; et dederunt illos filios de Viago, don Bicent et don Pascal et dona Maria, ad fratres illas casas, quas habebent intus castellum. Est inde fid(ança), a for de terra, de salvetate, ex parte fratres, Iohen de Madona, et ex parte filios de Viago, est fid(ança) Raimon de Murel, Iohen dels Pastors. Sunt testes, visores et auditores : don Apparicio, Martin Pedrez. Facta carta era M·C·LXXX·V·.

CCCCXXIV 1147, (1er janvier—31 décembre).

Copie du XIIe s. : Madrid, Archivo National, *Cartulaire B* 595, fol. 38ro, no 113.

Bellita uxor de Gonzalvo.

In Dei nomine et ejus gratia. Heç est carta de cambio quam fecerunt fratribus Templi militię Salomonis, magister Rigalt Viger, et frater Helias Focald et frater Richard et frater Gillelm et frater Vital et cęteris aliis fratribus de Novellis, cum Bellita, mulier qui fuit de Gonzalvo. Dedit Bellita suas casas, que habebat juxta illas casas de Martin Pastor, ad fratribus, per illas qui fuerunt do Anderez et I k. de tri, et ut habeant fratribus illa casa de Bellita salva et franca per secula cuncta, et dedit Bellita fid(anciam) salvitatis ad fratribus Pere Lespic, et fratribus dederunt fid(anciam) salvitatis ad Bellita Arnalt Ponz. Sunt testes, visores, auditores hoc suprascripto : don Apparicio, Martin Calbo, Stephen de Cortes, Valles, Martin Pastor, Sanz de Oblitas, Arnalt Ponz, Iohen Gascon, Pere Berenger. Facta carta era M·C·LXXX·V·.

CCCCXXV [c. 1147, 7 février.]

Original : Arch. dép. Marseille, fonds de Malte, H2 76 (commanderie de Sales).

In nomine Dei. Ego Ponzo de Beriaz et uxor mea et infantes mei, dono Deo et milicie Templi in perpetuo decimam quam habeo in domo de Geles et que ibi futura est in perpetuum et proprie, in manu Petroni de Munlaur; et pro hoc dono ipse Petrus de Munlaur dat michi xxxxv solidos de Puges, de elemosina domus. Teste Willelmo de Banc et Steffano fratre ejus, et Ernaldo de Castelo Gauges, et Petro de Bec de Vin, et Iohanne de Nant.

CCCCXXVI 1147, vendredi 7 février.

Original : Marseille, Arch. dép. fonds de Malte H2 (commanderie de Jales) se trouve écrit à la suite de l'acte no 425.

Ego Vincentius et uxor mea Gaudia, in nomine Domini, pro animabus nostris ipso Deo commendandis, donamus in perpetuum et vendimus militibus presentibus e futuris in manu Willelmi de Riallac, quandam faxiam de terra pro alode que ex una parte manet secus terram Geraldi de Rovoria, ex altera juxta terram Poncii de Rovoria; sic dimittimus militie Iherosolimitane, sicut Willelmus de Riallac sine fraude intelligit. Propter hoc Willelmus de Riallac donavit nobis xx'' solidos Podienses et redemit a debitoribus meis vi solidos et iiii°' sextaria de annona, scilicet a Poncio Sancti Privati et Willelmo Novello. Donationis hujus seu venditionis testes sunt: Raimundus presbiter, Poncius Sancti Privati, Petrus Capiscitus, Petrus de Tol, Poncius Lamberti. Petrus de Tol et Petrus Capiscitus in firmantia sunt militibus terram istam quiete possidendam haberi. Mense febroarii, feria vi, luna iiii, anno ab incarnatione Domini M.C.XL.VII, facta est hec scriptio. Petrus Berrias a Vincentio dicto et Gaudia uxore sua jussus scripsit.

CCCCXXVII 1146/7, mardi 11 février.

Copie du xiie s. : Toulouse, Arch. dép., *Cartul. A. de Douzens*, ch. 128, fol. 97.

In nomine Domini. Ego, Stefanus de Burcafols, et ego, Rogerius *(fol. 97v°)*, frater ejus, et uxor mea atque infantes nostri, venditores sumus Deo et sancte militie Templi Iherosolimitani, et vobis, Petro de Rueria, et Berengario de Rueria ceterisque confratribus vestris, in ipsa militia Deo servientibus, tam presentibus quam futuris : vendimus itaque et absolvimus ac deffinimus vobis unam petiam terre quam tenemus in condamina vestra, in terminio de Burcafols, in riparia Alde, propter iiii solidos Ugonencos octenos quos nobis dedistis, ad habendum illam ac possedendum vestramque voluntatem perpetim fatiendum, sine omni retinentia nostra et sine vestro inguanno. Ipsa petia terre affronta de altano in ipsa terra quam hodie laborat Raimundus de Burcafols, a meridie et de circi in predicta condamina vestra, de aquilone in ipso orto quem ego, Rogerius, accepi cum uxore mea. $ Stephani et fratris ejus, Rogerii, et uxoris illius, qui sic istam cartam firmaverunt. $ Arnaldi, filii Guille. $ Pontii cappellani de Burcafols $ Raimundi de Torena. Arnaldus de Magriano scripsit vice magistri sui, Gilelmi Adaulfi, istam cartam dictantis, jussione predicti Stephani et fratris sui, Rogerii, anno millesimo C.XLVI. incarnationis Dominice, iii idus februarii, feria iii, regnante Lodovico rege.

CCCCXXVIII 1146/7, vendredi 14 février.

Copie du xii° s. : Toulouse, Arch. dép., *Cartul. B. de Douzens*, ch. 2 fol. 3-5.

In nomine omnipotentis Dei, Patris et Filii et Spiritus sancti. Ego, Guilelmus de Claro Monte, et ego, Raimundus de Rivo, frater ejus, qui fuimus filii Xatberti de Rivo, donatores ac diffinitores sumus Deo et sancte milicie Templi Salomonis Iherosolmitani et vobis, Petro de Roveria et Berengario de Roveria ceterisque confratribus vestris aliis omnibus, in ipsa militia Deo famulantibus, presentibus atque *(fol. 4)* futuris. Donamus itaque et absolvi[mus ac] evacuamus et omnimodis deffinimus vobis [ipsam] batliam quam requirebamus aut justo vel injusto habebamus in villa de Curtes, et totum aliut quod in predicta villa vel in suis terminiis omnibus vel in terminio de Aliairos habebamus vel habere debebamus, in hominibus scilicet et feminis, in mansis, in terris et in ortis, in pratis et in pascuis, in boschos et in guarrigas, in aquas et in riparias, in introitibus et in reditibus illorum et in omnibus exitibus eorum et cum omnibus nostris pastorivis, ubicumque illos habemus. Totum sicut predictum est, sine omni retinentia nostra et sine vestro inganno et sine omni reservatione, vobis donamus, absolvimus, laxamus, dimittimus omnibusque modis diffinimus, quod ab ac die in antea, nos aut infantes nostri vel posteritas illorum aut ullus omo vel femina per nos *(fol. 4ᵛᵒ)* [vel per] nostram vocem ibi quicquam non habeamus [vel] requiramus nec ullo modo aparemus, set] libere [et] absolute sint vestra omnia, sicut superius dicta sunt vel melius ad vestrum bonum dici possunt, sine vestro inganno, ad habendum scilicet ac possedendum vestramque voluntatem perpetim fatiendum. Quod si omo aut femina ibi quicquam vobis amparaverit vel hanc diffinitionis donationem inquietare vel rumpere voluerit, nos predicti fratres et posteritas nostra erimus inde vobis legales guirenti ac tenere et habere vobis fecerimus omni tempore sine inganno. Istam vero donationis diffinitionem fatimus vobis nostro bono animo nostraque bona voluntate, propter amorem et remissionem peccatorum nostrorum et propter remedium et absolutionem anime prefati genitoris nostri, Xatberti de Rivo. Ut sic ista carta, cum *(fol. 5)* ac diffinitione firma et stabilis permaneat omni tempore, sine inganno ✠ Gilelmi de Claro Monte et fratres sui, Raimundi de Rivo, qui sic istam cartam firmaverunt et testes eam firmare rogaverunt. Testes vero sunt Guilelmus Mancip, et Escotus de Brugeria, et Guilelmi Bernardi de Kabarez, et Pontius Ferrol, et Raimundus Rainaldi, et Arnaldus Torron de Alsona, et Ug Amel de Tres Mals. Bernardus scripsit vice domini sui Gilelmi de Claro Monte et Raimundi, fratris ejus, anno millesimo CXLVI incarnationis Dominice, XVI kalendas marcii, feria VI, regnante Lodovico, Francorum rege. Et ut vos et vestri homines et ulla animalia vestra ulla mala et ulla dampna in nostra laboratione *(fol. 5ᵛᵒ)* non fatiatis, et si feceritis, emendetis nobis per laudamentum ipsorum vicinorum qui, pro bono et fide, laudare voluerint.

CCCCXXIX

1146/7, samedi 15 février.

Original : Toulouse, Arch. dép. H. (Malte) *Cours* I. 1 nº 7 ; *copie* du XIIᵉ s. : *ibidem*, *Cartul. B. de Douzens*, ch. 3.

In nomine Domini. Ego, Englesa, quam vocant Arlota filia qui fuit Ugonis de Rivo, et vir meus, Bernardus de Montirato donatores et finitores sumus Deo et sancte militie Templi Iherosolimitani et vobis, Petro de Roveria et Berengario de Roveria ceterisque confratribus vestris aliis omnibus in ipsa militia Deo servientibus, presentibus atque futuris. Donamus itaque et absolvimus ac evacuamus et omnibus modis deffinimus vobis ipsam batliam quam requirebamus aut juste vel injuste habebamus in villa de Curtes, et totum aliud quod in predicta villa vel in suis terminiis omnibus vel in terminio de Alairos habebamus vel habere debebamus, in hominibus scilicet et feminis, in mansis, in terris et in ortis, in pratis et in pascuis, in boscos et in garrigas, in aquas et in riparias, in introitibus et in reditibus et in omnibus eorum exitibus, et cum omnibus nostris pastorivis, ubicumque illos habemus ; et ut vos et vestri homines et ulla animalia vestra ulla mala et ulla dampna in nostra laboratione non faciatis. Quod si feceritis, emendetis illud forisfactum nobis per laudamentum ipsorum vicinorum qui, pro bono et bona fide, laudare voluerint. Et sic totum, sicut predictum est, sine omni retinentia nostra et sine vestro inganno et sine omni reservatione, vobis donamus, absolvimus, laxamus, dimittimus omnibusque modis diffinimus, quod, ab hac die in antea, nos aut infantes nostri vel posteritas illorum aut ullus homo vel femina, per nos vel per nostram vocem, ibi quicquam non habeamus nec requiramus nec ullomodo amparemus, set libere et absolute sint vestra omnia, sicut superius dicta sunt vel melius ad vestrum bonum dici possunt, sine vestro inganno, ad habendum scilicet ac possedendum vestramque voluntatem perpetim faciendum. Quod si homo aut femina ibi quicquam vobis amparaverit vel hanc diffitionis donationem inquietare vel rumpere voluerit, nos, predicti et infantes nostri et posteritas nostra, erimus inde vobis legales guirenti ac tenere et habere vobis fecerimus omni tempore, sine inganno. Istam vero donationis diffinitionem facimus vobis nostro bono animo nostraque bona voluntate, propter amorem Dei et remissionem peccatorum nostrorum et propter remedium et absolutionem anime prefati genitoris mei, Ugonis de Rivo; ut sic ista carta, cum hac diffinitione, firma et stabilis permaneat omni tempore, sine inganno. $ Englesa predicta et viri sui, Bernardi de Monte Irato, qui sic istam cartam firmaverunt et testes firmare rogaverunt. Testes vero sunt: domnus Poncius Guillelmus, capellanus de Mansilia, et Poncius de Mansilia, et Arnaldus Guila de Carcassona, et Petrus clericus de Mansilia, et Arnaldus clericus de Badenxs, et Petrus, clericus de Badenxs, et Bernardus, frater Guilelmi Ugonis, qui fuit. Bernardus scripsit, vice domini sui, Guilelmi Adaulfi, presentibus et jubentibus predicta Englesa et viro suo, Bernardo de Montirato, et presentibus et jubentibus predictis omnibus testibus, anno millesimo CXLVI incarnationis Dominice, xv kalendas marcii, die sabbati, regnante Lodovico rege.

CCCCXXX

1146/7, lundi 17 février.

Original : Toulouse, Arch. dép., H (Malte), Cours 1. I, n° 7 ; *copie* du XII° s., *ibidem, Cartul. B. de Doucens*, ch. 4, fol. 7-8ro.

In nomine Domini. Ego, Petrus de Claromonte et infantes mei, et nos fratres ipsius Petri de Claromonte, Bernardus videlicet et Arnaldus atque infantes nostri et ego Bernardus de Vilare et infantes mei, nos omnes insimul prenominati donatores et diffinitores sumus Deo et sancte milicie Templi Iherosolimitani et vobis, Petro de Roeria et Berengario de Roeria ceterisque confratribus vestris aliis omnibus in ipsa milicia Deo servientibus, presentibus atque servientibus. Donamus itaque et absolvimus ac evacuamus et omnimodis diffinimus vobis ipsam balliam quam requirebamus aut justo vel injusto habebamus in villa de Curtes et totum aliud quod in predicta villa vel in suis terminis omnibus vel in terminio de Aliairos habebamus vel habere debebamus in hominibus scilicet et in feminis, in mansis, in terris, in ortis, in pratis, in pascuis, in boscos et in garrigas, in aquas et in riparias, in introitibus et in reditibus et in omnibus eorum exitibus, et cum omnibus nostris pastorivis, ubicumque illos habemus. Et ut vos et vestri homines et ulla animalia vestra.... (a) voluerit... nostra retinentia... omnimodisque diffinimus... sed... ad vestrum opus dici possunt... leguales... animarum parentorum nostrorum, ut ista carta cum hac diffinitiones et cum hoc dono firma .. $ Petri de Claro Monte et fratrum ejus predictorum, Bernardi atque Arnaldi infantumque illorum qui sic istam cartam firmaverunt et testes eam firmaverunt. Testes vero sunt domnus Guilelmus Macip, et Poncius Ferrol, et Guilelmum Gola, et Johannes Lombardi, et Raimundus Rainaldi, et Arnaldus, filius Guilo, et Arnaldus Torron. Bernardus scripsit, vice domini sui Guilelmi Adaulfi, istam cartam dictantis jussione domni Petri de Clarmont et predictorum fratrum ejus, anno millesimo C°XL°VI incarnationis dominice, XIII kalendas marcii, feria II, regnante Lodovico rege.

(a) Le texte est identique à celui du n° CCCCXXVIII.

CCCCXXXI 1146/7, mardi 25 ou mercredi 26 février.

Copie du XIIIe s. : San Gervasio : *Livre vert*, fol. 34^v°.

Hec est carta pacti et concordie inter fratres Templi et inter Radulfum de Seneugia et omnem progeniem suam. Petrus de Roveria, magister fratrum Templi, pro se et pro omnibus Templi fratribus, comendavit in Cervera domus et vineas suas Radulfo de Seneugia et Bernardo, filio ejus, omnique illorum subsequenti progeniei ; in tali vero conventione quod omnibus annis quarta pars de expletis vinearum et xx^ti solidi pro censu domorum annualim, in festo sancti Michaelis, Templi fratribus reddantur a predicto Radulfo vel a sua progenie fideliter et, cum voluerint fratres Templi in ipsis domibus, habeant hospitari et manere. Et a possidentibus ipsas casas eis diligenter serviatur. Si vero in futuro Radulfi genus absque legali herede finierit, revertentur vinee et domus non pejoratę fratribus militię Templi. Ob hoc ergo Radulfus et sui vineas et casas debent tenere condreitas et in eis manentes legaliter amici et fideles omnium fratrum Templi semper ęssę debent.

Facta carta est anno Xpisti M°.C°.XL°.VI°, Lodovici minoris regis Francię regnante x anno, v kalendas marcii, feria IIII^a. Sig✠num Berengerius de Graiana nota.

CCCCXXXII 1146/7, jeudi, 27 février.

Copie du XIIe s. : Toulouse, Arch. dép. *Cartul. A de Douzens*, ch. 141, fol. 104.

In nomine Domini. Ego, Petrus de Vitraco, et uxor mea atque infantes nostri, donatores sumus Deo et sancte militie Templi Iherosolimitani et vobis, Petro de Roeria et Benengario de Ruerìa ceterisque confratribus vestris, in ipsa militia Deo famulantibus, presentibus atque futuris. Donamus vobis unam terram de alodio nostro in terminio de Camon, in riparia de Olvegio, et affronta de altano in terra Potii Aicredi ; a meridie sursum in podio, in terra Sancti Iohannis; de circio in terra Pontii Rogerii ; de aquilone, usque ultra flumen de Olvegio, in alio nostro honore, in quo scilicet honore donamus vobis cabedag et paxerias atque ribagges et totum quod necessarium vobis fuerit ad opus molendinorum vestrorum, ut hoc totum habeatis ubicumque in predicto nostro honore necessarium fuerit, ad opus molinorum vestrorum, sine omni contradiccione, omni tempore. Sicut superius scriptum est, sic donamus vobis sine omni nostra retinentia et sine vestro inguanno, ad habendum ac possedendum vestramque voluntatem perpetim fatiendum. Et si omo aut femina ibi quicquam vobis anparaverit, nos erimus inde vobis leguales guirenti et tenere et habere hoc fecerimus vobis sine omni contradiccione et sine vestro inguanno. Hoc autem donum facimus vobis propter amorem Dei adipiscendum et remissione peccatorum nostrorum et salutem animarum nostrarum *(fol. 104^v°)* et quia de elemosinis predicte militie habuimus xv solidos Melgorensium bonos, ut sic istam cartam firma et stabilis permaneat omni tempore sine inguanno. $ Petri de Vitraco predicti et uxoris ejus et infantum illorum, qui sic istam cartam firmaverunt. $ Guillelmi Rogerii Siguerii. $ Raimundi Niel. $ Pontii Rogerii de Vilaterio. $ Autmarii de Vitraco.

Bernardus scripsit vice domini sui, Guillelmi Adaulfi, istam cartam dictantis, jussione predicti Petri de Vitraco, anno millesimo C.XL.VI. incarnationis Dominice, III. kalendas marcii, feria v, regnante Lodovico rege.

CCCCXXXIII 1146/7, jeudi 27 février.

Copie du XIIe s. : Toulouse, Arch. dép. *Cartul. A de Douzens*, charte 127, fol. 97vo.

In nomine Domini. Ego, Serena, et vir meus, Rogerius, atque infantes nostri, venditores sumus Deo et sancte militie Templi Iherosolimitani et vobis, Petro de Roeria, ceterisque confratribus militie prefate, Benengario de Roeria et aliis tam presentibus quam futuris : vendimus vobis ipsum ortum quem tenebamus de vobis in condamina vestra, in terminio de Burcafols, in ipsa riparia Alde, et affronta de altano in terra quam Raimundus de Burcafols laborat ; de aquilone in orto ejusdem Raimundi ; de aliis partibus in predicta condamina. Quantum infra istas affrontationes nos habemus et habere debemus, totum vindimus vobis ipsum ortum cum ipsis ficulneis, propter VI solidos Ugonencos octenos, quos nobis dedistis, ut totum hoc teneatis et habeatis vestramque voluntatem perpetim fatiatis, sine omni nostra retinencia et sine vestro inguanno, et sic istam cartam vobis laudamus atque firmamus, sine vestro inguanno. $. Gilielmi Fabri. $. Raimundi Torena. $. Bernardi Arnaldi. Bernardus scripsit vice domini sui, Gilielmi Adaulfi istam cartam dictantis, presente et jubente predicto Rogerio et Serena, uxore ejus, anno millesimo C.XLVI. incarnationis Dominice, III. kalendas marcii, feria V, regnante Lodovico rege.

CCCCXXXIV 1147, jeudi 6 mars.

Copie du XIIe s. : Madrid, Archivo Nacional, *Cartul. B.* 595, n° 65, fol. 25vo-26.

De Dona Sensuda

Ego Sensuda quidam de Noveles dono et concedo Deo et fratres Iherosolimis Templi Salomonis, ex parte Dei omnipotentis, una peça de terra, quod est in Campestre, circa illa de Sango et in fronte de Iohanni de Dona Lutia. Dono illa terra liberam et ingenuam ad faciendum propriam voluntatem eorum, in vita mea aut in morte. Similiter dono et concedo unam vineam ad illos metipsos fratres, post obitum meum, tenente me ipsam, quandiu vivam ; est illa vinea ad illa cabana, qua tenet cum illa de don Girold abbate. Sunt testes de illa peça et illa vinea don Apparitio et Balles. Facta carta in era M.C.LXXX.V, menso marcio, primum jovem ipsius mensis, regnante *(fol. 26)* don comes Barchin(onensium) in Aragon, rex G(arsias) in Panpilonia, Petro Taresa in Borga. Dato donativo isto in manu fratris Rigald Viger, et fratris Richard, et fratris Helias Folcald.

CCCCXXXV 1146/7, vendredi 14 mars.

Original : Toulouse, Archives dép. Fonds de Malte, Magrian, liasse 1, n° 7.

Copie du XIIe s. : incomplète dans le *Cartulaire A. de Douzens*, ch. 206.

In nomine Domini. Ego Pictavina, et vir meus, Poncius Geraldi, et infantes nostri, Poncius Geraldi et Bernardus Gross et Guilelmus de Sancto Felice, nos simul solvimus et relinquimus ac evacuamus et donamus domino Deo et militie Templi Iherusalem, scilicet domno magistro Berengario de Ruera et Arnaldo de Sornan et Raimundo de Sancto Martino et omnibus confratribus militie Templi, tam presentibus quam futuris, solvimus et diffinimus et donamus omnem partem totius honoris quem vos habetis et tenetis et homines tenent de vobis, in Punciano vel in suis terminis, qui fuit Raimundi de Blancafort, patris mei, et ipsam partem quam nos vobis acclamamus et apellamus in Amelio Borssella et in uxore ejus et in fratribus ejus aut in filiis eorum et omni sua tenentia : totum hoc quod nos vobis amparamus vel amparare possumus, juste vel injuste, totum hoc prescriptum vobis solvimus et relinquimus atque donamus sine vestro inganno, sicut vos et probi homines melius possitis intelligere et inquirere ; ut nos, nec ullus noster heres nec ulla nostra posteritas in istis predictes rebus, nullam causam vobis amparemus. Sicut superius scriptum est, sic donamus et relinquimus domino Deo et militię Templi et omnibus fratribus militie ejus, propter remedium anime patres mei, Raimundi de Blancafort et propter redemptionem animarum nostrarum et parentum nostrorum, ut Deus donet eis requiem sempiternam. Verum est et manifestum quod, propter hoc donum et difinitionem, domnus magister Berengarius de Rucra et Arnaldus de Sornan et Raimundus de Sancto Martino dederunt nobis, ex elemosinis Dei et militię Templi, XXIII. solidos Ugonencos octenos, bonos, exibiles et matibiles. Si ullus homo aut femina in predicto dono vel difinitione aliquid vobis amparaverit, nos legales guirenti vobis erimus ; et ista carta donationis et evacuationis firma et stabilis permaneat omni tempore, que facta est II idus marci, feria VI, regnante Lodoyco rege. Sig✠m Pictavina et Poncii Geraldi, viri sui, et infantum suorum, Poncii Geraldi, et Bernardi Gross et Guilelmi de Sancto Felice, qui sic istam cartam scribi jusserunt et testes firmare rogaverunt. $ Guilelmi Forner, capellani. $ Bernardi de Lupiano. $ Petri de Castro Rosen. $ Rogerii de Vilar, mancip. $ Arnaldi de Villa Nova. Bernardus de Alayraco scripsit jussione Pictavine et Poncii Geraldi, viri sui, anno millesimo centesimo XLVI incarnationis Dominicę.

Et in uno loco emendavit Amelio.

CCCCXXXVI 1147, vendredi 7 mars.

Original : Marseille, Arch. dép. H[1] 58 (commanderie de Sales).

In nomine Domini. Ego Willma Cabazuda et bona voluntate dono Templi militibus presentibus et futuris, cum laude conjugis mei, Petri Felgerria, in Gellis quandam peciam de terra que per alondem hereditario jure michi pertinet ac sine occasione possideo illam, et est juxta terras ipsorum et tenet a loco que dicitur Claperiis usque ad vineale, quicquid mei juris est et meam partem vinealis, totum dono et dimitto in manu Guillelmi Riallac absque retencione, sicut ipse intelligit, recte sine inganno, ita dono et concedo milicie Templi pro salu anime mee et parentorum meorum, et ergo consanguineorum meorum progeniem. Terram istam supradictam dono Deo et milie Templi absque omni retencione et sine omni calumnia, ut deinceps faciant de terra quod voluerint. Donacionis hujus et carte sunt testes : Petrus de Beriaz, Raymundus presbiter Berriaz, Petrus Cabazutus, Petrus de Tol, Petrus Ribalta, Poncius Brugaz, Willelmus Mongros, Willelmus Durandus. Facta est hec scribcio mense marcii feria VI, luna I (a), regnante et[ ]no crucis exercitus Xpisti commonente Lodoy[co] rege, cum socio principe ac duce Anfos (b) comite sancti Egidii, anno ab incarnato Dei filio millesimo C.XL.VII. Petrus de Berriaz a Guillelma roguatus scribsit.

(a) Il y a erreur d'un jour dans la lune ; *corr :* luna II. — (b) Alphonse, comte de Toulouse 1112 † (c. 16 avril) 1148.

Ego quidem Gonselmus de Navas dono Deo et militibus Templi post obitum meum equum et arma mea et si equum non aberem, centum solidos Merguriensium super mansem de Fonte, [[1]et in supradicto manso annuatim XII denarios].

Et ego Pontius de Vilar similiter dono equum et arma mea vel centum soldos.

CCCCXXXVII 1146/7, vendredi 21 mars.

Copie du XIIe s. : Toulouse, Arch. dép., *Cartul. A de Douzens*, ch. 138, fol 101vo-102vo.

In nomine domini. Ego Pontius Rogerius de Villalerio, et frater meus, Petrus Monacus, donatores sumus Deo et sancte militie Templi Iherosolimitani et vobis, Petro de Roeria, et Benengario de Roeria ceterisque confratribus vestris, in ipsa militia Deo famulantibus, presentibus atque futuris. Donamus vobis tres terras de alodio nostro, in terminio de Kamon in riparia de Olvegio. Una terra affronta de altano in honore vestro ; a meridie, sursum in podio, in terra Sancti Iohannis ; a circio in terra Pontii de Pomar ; de aquilone, ultra podium quod ibi est, usque in riparia de Clamos, in honore Petri Aimiri-*(fol. 102[ro])*ci. Alia terra affronta de altano in terra Petri de Vitraco ; a meridie, sursum in podio, in terra Sancti Iohannis ; de circii in terra Pontii Aicfre ; de aquilone in terra Petri de Turre usque in cloto de ecclesia. Tercia vero terra, quam vocamus Felgairosam, affronta de altano in terra Pontii de Pomar ; de meridie, sursum in podio, in terra Sancti Iohannis ; de circio in alia faixa nostra ; de aquilone, usque ultra podium, in via que per eam transit et usque ad ipsum maroin, quod est inter istam terram et ipsam terram quam retinemus ; et est verum quod de ipsa via usque ad ipsum maroin potestis seminare II sestaria ordei. Si autem aliud aliquid habero debemus de ipsa faixa Felgairosa et de ipsa roca usque ad ipsam stratam que caminum est, totum sine omni retinentia nostra et sine vestro inguanno donamus vobis. Quantum infra istas omnes jamdictas affrontationes nos habemus et habere debemus, ipsam scilicet aquam de Olvegio et totum aliud quod ibi ullo modo habemus vel habere debemus, totum vobis, sine omni retinentia nostra et sine vestro inguanno, donamus vobis et potestati vestre tradimus ad habendum ac possedendum vestramque voluntatem inde et ibi perpetim faciendum. Et si homo aut femina ibi quicquam vobis anparaverit, nos erimus inde vobis leguales guirenti sine inguanno et tenere et habere hoc vobis fecerimus, sine omni contradiccione et sine vestro inguanno. Hoc autem donum facimus vobis propter amorem Dei adipiscendum et remissionem peccatorum nostrorum et salutem animarum nostrarum, et patris nostri, Porcelli, ac genitricis nostre, et quia de elemosinis predicte militie habuimus C. solidos Ugonencos octenos, ut sic ista carta firma et stabilis permaneat omni tempore sine inguanno.

$ Pontii *(fol. 102[vo])* Rogerii predicti et fratris ejus, Petri Monachi, qui sic istam cartam firmaverunt et a subscriptis testibus firmare rogaverunt. $ Bernardi Pontii. $ domni Guillelmi Mancip. $ Arnaldi, filii Guille. $ Guiraldi Eldrici de Vilalerio. $ Raimundi Petri. $ Petri de Vitraco. Bernardus scripsit vice domini sui, Guillelmi

1. *Mots rajoutés en interligne.*

Adaulphi istam cartam dictantis, jussione predictorum Pontii Rogerii predicti, et fratris ejus, Petri Monachi, anno millesimo C.XLVI incarnationis Dominice, xii kalendas aprilis, feria ii, regnante Lodovico rege.

CCCCXXXVIII 1146/7, lundi 24 mars.

Original : Toulouse, Arch. dép. H. (fonds de Malte), commanderie de Cours, liasse I, n° 6 ; *copie* du xii° s. : *ibidem, Cartul. B de Douzens*, ch. 5, fol. 9-10.

In nomine Domini. Ego Raimundus de Clarmont, et ego, Udalgerius, frater ejus, et uxores nostre atque infantes nostri, donatores et diffinitores sumus Deo et sancte militię Templi Iherosolimitani, et vobis, Petro de Roeria et Berengario de Roeria ceterisque confratribus vestris aliis omnibus in ipsa militia Deo servientibus, presentibus atque futuris. Donamus itaque et absolvimus ac evacuamus et omnimodis diffinimus vobis ipsam batliam quam requirabemus aut juste vel injuste habebamus in villa de Cortes et in suis terminiis omnibus et in terminio de Aliairos, in hominibus scilicet et in feminis, in mansis, in terris, in ortis, in pratis et in pascuis, in boschos et in garrigas, in aquas et in riparias, in introitibus et in omnibus eorum exitibus et in quibuscumque aliis causis ipsam batliam habebamus et cum omnibus nostris pastorivis ubicumque illos habemus, sicut superius scriptum est, sic totum, sine omni nostra retinentia et sine vestro inganno et sine omni reservatione vobis donamus, absolvimus, laxamus, dimittimus omnimodisque diffinimus, quod ab hac die in antea nos aut infantes nostri vel posteritas illorum aut ullus homo vel femina per nos vel per nostram vocem in ipsa batlia et in ipsis predictis pastorivis quicquam non habeamus nec requiramus nec ullo modo amparemus, sed libere et absolute sint vestra omnia, sicut superius dicta sunt vel melius ad vestrum opus dici possunt, sine vestro iganno, ad habendum hec ac possedendum, vestram voluntatem perpetim faciendum. Quod si homo aut femina ibi quicquam vobis amparaverit, vel hanc diffinitionis donationem inquietare vel rumpere voluerit, nos predicti et infantes nostri et posteritas nostra erimus inde vobis leguales guirenti ac tenere et habere vobis fecerimus omni tempore sine inganno. Istam vero donationis diffinitionem facimus vobis nostro bono animo nostraque bona voluntate, propter amorem Dei et remissionem peccatorum nostrorum et propter remedium et absolutionem animarum parentorum nostrorum. Ut sic ista carta cum hac diffinitione et cum hoc dono firma et stabilis permaneat omni tempore sine inganno.

$ Raimundi de Clarmont et Udalgerii, fratris ejus, et uxorum atque infantum illorum qui sic istam cartam firmaverunt et a subscriptis testibus eam firmare rogaverunt. De hoc sunt testes : domnus Guilelmus Mancip, et Poncius Ferrol, et Guilelmus Gola, et Iohannes Lombardi, et Raimundus Rainaldi, et Arnaldus, filius Gile, et Arnaldus Torron. Bernardus scripsit vice domini sui Guilelmi Adaulfi istam cartam dictantis, jussione predictorum fratrum Raimundi de Clarmont et Udalgerii, anno millesimo C·X·LVI· incarnationis Dominice, viii kalendas aprilis, feria ii, regnante Lodovico rege.

CCCCXXXIX

1147, (1—30) avril.

Copies du xve s. : Lisbonne, Arch. Nat. libro dos Mestrados, fol. LXI^{ro}-II et fol. LXII-II^{ro}, d'après deux originaux non scellés « signum continentes rotundum cum quibusdam circunferentiis ».

Édité : Elucidorio, II, p. 353-4.

In nomine sancte et individue videlicet Trinitatis, Patris et Filii et Spiritus Sancti amen. Ego Alfonsus (*a*), Dei gratia Portugalensium rex, incipiens iter meum ad illud castellum quod dicitur Sanctaren, propositum feci in corde meo, et votum vovi, quod si Deus sua misericordia illud michi attribueret, omne ecclesiasticum darem Deo et militibus fratribus Templi Salomonis, constitutis in Ierusalem pro defensione sancti Sepulchri, quorum pars mecum erat in eodem comitatu. Et, quia Dominus michi talem fecit honorem et bene conplevit voluntatem meam, ego Alfonsus, supranominatus rex, una cum uxore mea, donna Mifalda (*b*), facimus cartam supradictis militibus Christi de omni ecclesiastico Sancte Herene, ut habeant et possideant ipsi et omnes successores eorum jure perpetuo, ita ut nullus clericus in eis vel laycus aliquid interrogare possit. Sed si forte evenerit ut in aliquo tempore michi Deus, pietate sua, daret illam civitatem que dicitur Lixbona, illi concordarentur cum episcopo ad meum consilium. Si quis autem hoc nostrum donum irrumpere temptaverit, non sit ei licitum pro ulla assertione, et si contradicere hoc voluerit aliquis, a consortio sancte ecclesie sit separatus, et in bonis Ierusalem non comisceatur. Facta carta mense aprilis, era M^aC^aLXXX^aV^a. Ego Alfonsus, superius rex nominatus, pariter cum conjuge mea, donna Mifalda, qui cartam facere jussimus, cum manibus nostris, coram idoneis testibus, roboravimus et signum fecimus. Petrus prior Vimarensis testis; Fernandus Petri, curie dapifer, testis; Menendus Alfonsus testis; Menendus Moniz, Macellus Venegas, Galterius Burgiurdensio testes. Ugo Marcaniensis, frater Templi, tunc temporis in his partibus, hanc cartulam recepit. Menendus, jussu prioris in Vimaranis cartulam notuit.

Vos autem, summe pater, procul dubio credatis, nos fratres militie Templi cum Ulixbonensi episcopo, consilio regis ut supra refere concordiam quesisse, sed ipse noluit. Tunc rex, consilio suo, presentiam domini pape Eugenii, nos una cum episcopo, petere jussit, ad quem convenissemus et in conspectu ejus astaremus, ita ut inter nos et illum decrevit, ut in scriptis continetur.

CCCCXL

1147, (1—30) avril.

Copies du XIIe s. : Madrid, Archivo Nacional, *Cartulaire B*, 595, fol. 11, n° 29 ; et fol. 63ro, n° 196.

DE OSMONT.

In Dei nomine. Ego Osmont de Bono Viler de Tutela, plenus memorie, et sa-	In Dei nomine. Ego Osmont de Bono Viler de Tutela plenus omni bona memoria

(*a*) Alphonse, roi de Portugal, 25 juillet 1139 † 6 décembre 1185. — (*b*) Mathilde de Savoie épouse Alphonse 1146 † 5 décembre 1158.

nus, et alacer, fatio hanc cartam donationis et confirmationis vobis, fratribus Iherosolimis Templi Salomonis, pro-amina mea vel parentum meorum. Dono illam hereditatem quod habeo i Raçaçol, totam ab integram, scilicet heremum et populatum, cum suo puteo et aquis suis et pascuis, introitibus et exitibus, ut habetis salvum, et liberum et francum de mea generatione per secula cuncta. Et dono fidança de salvetate, de ipsa suprascripta hereditate, sicut est forum de donativum, don Roger de Botrin. Testes qui viderunt et audierunt et interfuerunt : don Boves, don Gassion de Bielforat, Gilelm Sanç de Castro, don Martin Miega, don Porcel de Argedas, Michael de la Regina. Facta carta in era M.C.LXXX.V, in mense aprilis. Gilelmus scripsit.

et sanus et alacer fatio hanc cartam donationis. Placuit michi, bono corde et benivolo animo, et pro anima mea et pro omnibus animabus parentum meorum. Dono ad sanctum Templum Domini de Iherusalem et ad fratribus illius Templi, illam meam hereditatem de Razazol, herema et populata, cum suo puteo et cum suis aquis et cum suis pascuis et cum suis introitibus et exitibus. Hoc donativum, sicut superius est scriptum, dono et confirmo, ut habeant illud fratribus Templi francum et ingenuum et liberum de me et de omni generatione vel posteritate mea, per secula cuncta amen. Et dono fidanzam de salvetate ad fratribus, sicut est consuetudo de donativo, don Roger de Bexin. Sunt testes qui viderunt et audierunt et fuerunt in loco ubi fuit istud donativum datum et ipsa carta scripta : don Boves, don Garssia de Belforat, Gillelm Sanz de Castro, Mieia don Martin, don Porcel de Arguedas, Michael de Regina. Facta carta in era M·C·LXXX·V·, in mense aprilis. Gillelmus scripsit.

CCCCXLI

1147, (1er—30) avril.

Copie du XIIe s. : Madrid, Archivo Nacional, *Cartul. B*, 593, fol. 115, n° 295.

De illo sotho de Mora.

In Deo nomine. Ego don Garsia de Belforat, cum consensu filiorum meorum, facio hanc cartam donationis ad fratribus Templi Salomonis. Placuit michi, libenti animo et spontanea voluntate : dono, pro anima mea et pro animabus parentum meorum, ad Deo et ad fratribus Templi, totum illum sotho de Mora, ab integro, cum suis intratis et exitibus, quantum habuit ibi meo exaricho nomine Aberhaçim, et sicut michi fecit donativum rex Adefonsus. Hoc donativum confirmo et dono et concedo, plenus omni bonitate et memoria et tota sanitate, ut ibi habeant salvum et securum, firmum et ingenuum, sine mala voçe, per secula cuncta amen. Et nos filii de don Garcia, Acenar et Albaro, autorgamus et affirmamus hoc donativum, sicut superius est scriptum. Testes visores : don Iohann de Sochovia, et don Gillelm de Sancta X;pistina, et Stephanus Petriz Arreker. Facta carta in era M·C·LXXX·V, mense aprilis, in villa que dicitur Tutela.

CCCCXLII

1147, jeudi (3—24) avril [1].

Original : Toulouse, Arch. dép. : fonds de Malte, *Pezenas*, liasse 11, n° 8.

In nomine Domini. Ego, Geraldus Pelliceri, et uxor mea, Maria, per fidem, sine inganno et absque omni retentu, per nos et per omnes nostros, cum consilio Petri de Altinac et de uxori ejus, Amabilia, vendimus, guirpimus et absolvimus domino Deo et milicie Templi Salamonis Iherosolimitani et vobis, fratribus ejusdem milicie, scilicet Petro de Monte Lauro, Ugoni de Pezenato, Petro de Auriacho et omnibus aliis fratribus in ipsa milicie Deo servientibus, tam futuris quam presentibus, totum ipsum hortum nostrum, cum arboribus et omnibus infra existentibus et sibi pertinentibus, quem nos abebamus in horta ipsa de subtus castellum de Pezenaz, in honore Petri de Altinac, qui hortus afrontat de aura Narbonesa in horto de Aldiarda Rossa, et de altano in horto Bernardo Borriloni. Supradictum hortum cum arboribus et cum omnibus que ibidem abemus et abere debemus, vendimus et ex toto relinquimus vobis, fratribus Templi jam supradictis, per precium xx^{ti} sol(idos) Melgoriensium bonos et percuribiles. Et de isto predicto horto habuit Petrus de Altinac et uxor ejus, Amabilia, III solidos Melgoriensium de forscapi ex vendicione istius horti. Ego, Petrus de Altinac et uxor ejus, Amabilia, laudamus et concedimus predictum hortum domino Deo et vobis, fratribus Templi supradictis et successoribus vestris, ad qualemcumque laboranciam hibi facere velitis, et per talem convenienciam, ut ex omnibus que hibidem laboraveritis, eciam de fructibus arborum, donetis nobis et nostris quartum.

Facta carta, in mense aprili, in feria v, anno Dominico M°C°XL.VII, regnante Lodoicho rege. Hoc fuit factum in videncia Bernardi de Balma de Altinac, et Raimundi Romeu, et Bernardi Bovi de Pezenaz, et Poncii Vitalis, et Stephani Catalani. Mandatus a Geraldo predicto et Marie, uxore ejus, Raimundus scripsit.

CCCCXLIII

1147, samedi (5—26) avril.

Original : Toulouse, Arch. dép. : fonds de Malte, *Pezenas*, l. 11, n° 5.

Ego, Rossa, et filius meus, Guilelmus, per fidem, sine inganno et absque omni retinimento, per nos et per omnes nostros et per nostras, cum consilio Petri de Altinac et de uxori ejus, Amabilia, vendimus, guirpimus et absolvimus domino Deo et milicie Ierosolimitani Templi Salomoni et vobis, fratribus ejusdem milicie, scilicet Petro de Monte Lauro, Ugoni de Pezenato, Petro de Auriacho et omnibus aliis fratribus in ipsa milicie Deo servientibus, tam futuris quam presentibus, totum ipsum hortum nostrum cum arboribus et omnibus infra existentibus et sibi pertinentibus, quem nos abebamus in horta ipsa de subtus castellum de Pezenaz, in honore Petri de Altinac, qui hortus afrontat de aura Narbonesa in via que currit de ipso castro a Pezenaz et de altano in horto Petri Andree. Supradictum hortum, cum arboribus et cum omnibus que ibidem abemus et abere debemus, vendimus et ex toto relinquimus vobis, fratribus Templi jam supradictis, per precium XL sol(idos) Melgoriensium bonos et percuribiles. Et de isto predicto horto abuit Petrus de Altinac et uxor ejus, Amabilia, VI sol(idos) de forscapi ex vendicione istius horti. Ego, Petrus de Altinac et uxor mea, Amabilia, laudamus et concedimus

1. Si l'année commençait à Pâques, cette charte serait du 24 avril 1147; si l'année commence à un autre style, elle est du 3, 10, 17 ou 24 avril.

predictum hortum domino Deo et vobis, fratribus Templi supradictis, et successoribus vestris ad qualemcumque laboranciam hibi facere velitis et per talem conveniencium ut ex omnibus que ibidem laboraveritis, eciam de fructibus arborum, donetis nobis et nostris quartum.

Facta carta in mensae aprili. in feria VII, anno Dominico M°C°XLVII, regnante Lodoicho rege. Hoc fuit factum cum consilio e. laudamento Petri de Altinac et de uxori ejus, Mabilia, in videncia Bernardi de Balma, et de Raimundo Romeu, et de Petro Sancti Genesii, et de Stephano Cathalani, et de Poncio Vitali, et de Bernardo Borriloni, et de Guilelmo Fab(er), Raimundus scripsit.

CCCCXLIV

1147, (20 avril—septembre).

Original scellé ; jadis aux archives du chapitre de Besançon, mentionné dans l'inventaire de 1744 (Inventaire des Arch. dép. du Doubs, G 531, page 281).

Edité : Chifflet, *Lettre touchant Beatrix*, pp. 122-123.

In nomine sancte et individue Trinitatis, Raynaldus Burgundie comes. . . . . libuit nobis Bisuntinam beati protomartyris Stephani ecclesiam . . . . honorare . . . . . . Sigilli nostri impressione illud insigniri jussimus, et testes qui adfuerunt subscribi : Gerardus, scilicet, et Egidius, Ierosolimitani Templi milites . . . Actum anno Dominice incarnationis M.C.XLVIII (*a*), indictione X, epacta XVII, concurrente II, feliciter. Amen.

CCCCXLV

1147, 20 avril—septembre.

Copie du XVIIIe s. : Saint-Omer, Bibl. municip., *Grand Cartulaire* de l'abbaye de Saint-Bertin, I, n° 188, p. 274.

Edité : Haigneré, *Chartes de Saint-Bertin*, n° 204.

Theodoricus Dei gratia comes Flandrarum.
Testes : . . . .
Osto miles Templi, Robertus miles Templi. . . . .
Actum anno M°C°XLVII° indictione X, concurrente II, epacta XVII.

CCCCXLVI

1147 20 avril—10 avril 1148.

Vidimus de 1241, d'après l'*original*, jadis scellé des sceaux de l'évêque de Laon et du sire de Coucy ; Paris, Arch. Nat., S. 4948, n° 11 (anciennement 1er de la 1re liasse).

In nomine sancte et individue Trinitatis. Ego, Bartholomeus (*b*), Dei gratia, Laudunensis episcopus, notum facio tam presentibus quam futuris quod Ingerannus (*c*) de Coceio, pro sua predecessorumque suorum anima, quatuor marchas argenti, vel sex libras bone monete, assignatas ad redditus suos, quos habet apud Blerencort, per manum nostram, Templo Iherosolimitano perpetuo donavit et concessit. Nos etiam, rogatu Ingeranni, Templo Iherosolimitano, pontificali auctoritate, hoc concessimus, et ne possit oblivione deleri et a posteris infirmari, scripto commendari et sigilli nos-

(*a*) Toutes les indications chronologiques se rapportent à 1147 ; d'ailleurs, Renaud, comte de Bourgogne, mourut le 20 janvier 1148. — (*b*) Barthélemy, évêque de Laon, 1113—1151. — (*c*) Enguerand (II), s' de Coucy, 1130 † c. 1147.

tri impressione et testium subcriptione muniri fecimus, anathematis etiam sententiam super omnes qui hoc violare presumpserint, usque dum resipiscant et ad emendationem et condignam satisfactionem veniant, imponimus. $ Ingeranni de Coceio, qui hoc donum fecit. $ Widonis, castellani ; $ Adonis de Gone ; $ Iterii, fratris ejus ; $ Bonefacii prepositi ; $ Simonis filii ejus ; $ Philippi Gossot ; $ Hemelini ; $ Rainerii de Ortiis.

Actum Lauduni, anno incarnati Verbi M^{us}C^{us}XL^{us}VII^{us}. Angotus cancellarius recognovit, scripsit et subcripsit.

CCCCXLVII — 1147, 27 avril.

Copie du XIIe s. : Madrid, Archivo Nacional, *Cartulaire B*, 595, fol. 29, n° 77.

De camio de illa iusticia de Borga.

In Dei nomine. Hec est carta de memoria quam faciunt fratres Templi Salomonis, scilicet frater Rigald Viger, cum consensu aliorum fratrum de Novellas, tam presentibus quam et futuris ; faecerunt camio cum illa justicia de Borja, nomine Sanz Fertuniones et uxor sua, nomine Urraca, et filiis et filiabus suis vel omnis posteritas sua, de illas casas de Novellas quas habebant intus castellum. Dederunt fratres ad illa justicia, propter illas suas casas, illa casa que erat eclesia Sancti Iohannis, que est ad illam portam, et pro illas casas que fuerunt de Bernard Tixedor et de Per Berenger, ut habeant et possideant in secula, unusquisque ad suam voluntatem facere. Sunt inde fides de salvetate, ad forum terre, sine ulla mala voce, ex parte de Sanz Fortinones justicia et de sua posteritate contra illos fratres, don Gassion de Bilforado et Gilelm Alberniaz. Similiter sunt fides de salvetate, ad forum terre ex parte de illos fratres contra Sanz Fertinones, don Gassion de Bilforado et don Appariclo. Sunt testes, visores et auditores : Sanz Fertuniones de Calcetas et de Tutela, Fertunius filius Fertuno Fertunones alcalde de Tutela. Gilelm de Burdel et de Tutela, Garcia Garcez de Argaedas et de Tutela ; similiter totoque conventu et concilio de Novellas, anno, regnante domino Ihesu Xpisto in celis et in terra, rege G(arsia) in Panpilona, comes R(aimundus) Berengarius in Aragon, mense aprilis, dies dominicus oct(abe) Pasche, die et anno quando congregati sunt comes et rex cum potestatibus et principibus eorum et exercitum, inter Galur et Cortes, era M·C·LXXX·V·.

CCCCXLVIII — 1147, 27 avril.

Copie du XVe s. : Londres, British Museum, Nero E. VI, fol. 125.

Edité : Dugdale, *Monasticon Anglicanum*, VI, part. II, p. 819 ; Cte R. de Lasteyrie, *Cartul. gén. de Paris*, n° 334.

In nomine sancte et individue Trinitatis. Omnibus dominis et amicis suis et sancte Dei ecclesie filiis, Bernardus de Balloilo, salutem in Domino. Volo notum fieri omnibus tam futuris quam presentibus, quod, pro dilectione Dei et salute anime mee antecessorumque meorum, fratribus militibus de Templo Salomonis xv^{cim} libratas terre mee quam in Anglia possideo, perpetuo in elemosinam et absque ulla consuetudine dedi et concessi, Wedelee nominatim que est membrum de Hichen' arna aspera et plana cum nemore fluvios. Quod si predicta terra sufficienter xv^{cim} libras non valuerit, juxta consuetudinem temporis regis Henrici de mea proximiore illi predicte numerum xv^{cim} librarum complebo, filio meo Ingelranno concedente et assenciente.

Hoc donum in capitolio quod in octavis Pasche Parisius fuit, feci, domno apostolico Eugenio presente, et ipso rege Francie, et archiepiscopo Senn' et Bardell' et Rothomagi et Drascumne, et fratribus militibus Templi alba clamide indutis c^{tum} et xxx^{ta} presentibus, Eurardo de Bretuil, Theodorico Waleran', et Balduino Calderun' testibus. Preter istos testes sunt : Wido, comes Pontini' et Johannes, frater ejus, Geroldus de Stalun' Maisnil, Andreas de Manniot Uzler, Hugo de Arenis, Robertus de Hannercurt et Wilelmus d'Arecurt.

CCCCXLIX [1147 27 avril—10 août 1153.]

Copie du xve s. : Londres, British Museum, Nero E, VI, fol. 133^{v°}.

Edité : Dugdale, *Monasticon*, t. VI, p. 820 (éd. 1846).

CONFIRMACIO STEPHANI REGIS DE XV LIBRATIS TERRE QUAM BERNARDUS BAILLOL(II) DEDIT IN HICHEN.

Stephanus, Dei gratia rex Anglie, archiepiscopis, episcopis, abbatibus, comitibus, justiciariis, vic(ecomitibus), baronibus, ministris, et omnibus fidelibus suis tocius Anglie salutem. Sciatis quod concedo et confirmo illam donacionem, quam Bernardus Bailoll(ii) fecit Deo et fratribus milicie Templi Ierusalem, de xv libratis terre, in manerio suo de Heicchen. Quare volo quod ipsi eas bene et in pace et libere et quiete ab omni consuetudine teneant et in perpetuum possideant, in bosco et plano, in pascuis et pratis, et in aquis et in omnibus aliis locis et rebus, sicut Bernardus eis illas dedit et concessit et carta sua confirmavit. Testibus magistro Reginaldo, et G(ervasio) (a), abbate Westmonasterii filio meo, et comite E(ustachio) (b) filio meo, et Willelmo de Ypra, et Willelmo de Martel, et Ricardo de Luci apud London(as).

CCCCL [? 1147 27 avril—25 octobre 1154.]

Copie du xv^e s. : Londres, British Museum, Cotton, ms. Nero, E, VI, fol. 134.

CONFIRMATIO EJUSDEM REGIS [STEPHANI] DE VASTO TERRE DE DYNNESLEY, SICUT BERNARDUS BAILOLL(II) DEDIT.

Stephanus, Dei gratia rex Anglie, justiciariis, vic(ecomitibus), baronibus et omnibus ministris et fidelibus suis Francigenis et Anglicis de Hertford' salutem. Sciatis me confirmasse et concessisse Deo et Templo de Ierusalem fratribus ibidem Deo servientibus vastum terre de Dynnesley, sicut Bernardus de Bailollio illud eis dedit. Quare volo et firmiter precipio quod ipsi fratres habeant et teneant illud bene et in pace libere et quiete et honorifice, in bosco et plano et hominibus et omnibus rebus que ad illud pertinent et sicut ipse Beynardus eis illud dedit et concessit et sicut carta sua testatur. Testibus Willelmo de Ipra, Willelmo Martel, et Reginaldo et Fraxino apud Oxon(efordiam).

(a) Gervais de Blois succède comme abbé de Westminster à Herbertus († sept. 1140) et meurt 21 août 1160. — (b) Eustache comte de Boulogne, 1147 † 10 (11 ?) août 1153.

CCCCLI

[1147, avril—9 juin.]

Original scellé du sceau royal sans contresceau : Paris, Arch. Nat. K 23 [a], n° 154 (anciennement S., 5077, n° 2.)

Edité : Cte R. de Lasteyrie, *Cartulaire général de Paris*, n° 270 (qui date 1137 1er août—9 juin 1147).

HEC EST CARTA DOMINE GENTA DE MOLENDINO MAGNI PONTIS.

In nomine sanctę ac individuę Trinitatis. Sequimur morem antiquum, et secundum statuta priorum, que stabili volumus memoria retineri, perhenni litterarum testimonio communimus. Notum itaque fatio ego, nomine Genta, fidelibus universis, et presentibus pariter et futuris, quod, pro remedio animę meę, predecessorumque meorum, et pro anima nobilissimi Francorum regis, venerandęque memorię, Ludovici (*a*), qui me benignitate regia enutrivit, molendinum quendam Parisius sub magno ponte, quem ab Archerio, filio Savarici, comparaveram, militibus Templi Ierosolimitani, ipso Archerio et uxore sua concedentibus, in manu Ebrardi de Barris, post decessum meum, liberum prorsus ab omni calumpnia, perpetuo jure, donavi. Verum autem ut, me etiam adhuc vivente, collati beneficii nonnulla cognimenta perciperent, singulis annis, quamdiu molendinum illum ipsa tenuero, modium unum frumenti predictis me fratribus redditiuram institui quatenus et in presenti pars, et post decessum meum totum, vel etiam a'nte], si michi forsan ita quandoque placuerit, in eorum jura concedat. Quod ut ratum in posterum inconcussumque permaneat, testium qui affuerunt, subscripta feci enumeratione firmari. Affuerunt igitur testes : gloriosissimus rex Francorum et dux Aquitanorum, Ludovicus, et mater ipsius Adelaydis regina, et post hos, Guillelmus buticularius, Terricus (*b*) Galeranni, Aubertus de Avo, Auguinus.

Ubi vero Archerii conjunx donum istud concessit, testes interfuerunt : Terricus Galeranni, Gislebertus Engania, Fredericus de Dompnione, et servientes ipsius Terrici, Hilduinus et Hugo.

CCCCLII

1147, samedi (3—31) mai.

Copie du XIIe s. : *Cartul. de Richerenches*, ch. II, fol. 31ro.

Edité : Mis Ripert de Monclar, *op. cit.*, n° 54, p. 55-6.

RAIMUNDUS DE IOCUNDAZ ET FILIUS EIUS ET ALII COHEREDES EORUM DEDERUNT DEO ET MILITIBUS TEMPLI QUOD HABEBANT IN BOLBOTONE.

Et ego Raimundus de Iocundaz et filius meus, Bertrandus, ad exemplum supradictorum hominum, Isarni videlicet et fratris sui, Willelmi Isarni, ut Deus et dominus noster peccata nostra nobis et parentibus nostris dimittat et insuper vitam eternam concedat, donamus et ex integro sine ullo retinimento laudamus et in manu Willelmi Aldeberti, fratris milicię Templi Salomonis, et Bernardi de Bovedone, perpetuo dimit-

(*a*) Louis VI, † 1er août 1137. — (*b*) Terricus Galeranni (qu'en 1163 et 1171, nous trouvons chevalier du Temple) paroît dans deux diplômes royaux en 1147 (20 avril-6 juin) et le 28 avril 1147 (*Cartulaire général de Paris*, n°s 331 et 334).

timus hoc totum quod habemus vel habere debemus in castello de Bolbotone et in ejus territorio, in terris videlicet cultis et heremis, in pratis et rivis, aquis aquarumque decursibus, arboribus fructuosis et infructuosis, in boschis et silvis et in omnibus insuper ad prenominatum castellum pertinentibus. De his omnibus, sicut scriptum est, et homo aut femina intelligere sine enganno melius potest, nos deinvestimus et fratres de Templo investimus et in plenam possesionem mitimus. Ut autem hec nostra donacio stabilitatem et securam semper habeat firmitatem, ab Ugone de Bolboto, qui domum de Richarensis regebat, et ceteris fratribus *(fol. 32)* accepimus septuaginta solidos veterum denariorum Melgoriensium.

Factum fuit donum istud in domo domine Titburgis apud Curtedonem, in ejus presencia et aliorum multorum, Bernardi videlicet de Misono, Arnulfi de Cedro, Willelmi Lautaldi, Raimundi Isnardi de Curtedone, Willelmi Aldeberti et Bernardi de Bovedone. Facta carta ista per manum Arnaldi, sacriste Aurasicensis, in civitate Aurasica, mense maio, feria VII°, anno ab incarnato Salvatore. M°C°XL°VII°. Titburgis et filii sui honorem istum suscipiunt in defensionem et custodiam.

CCCCLIII 1147, 7 juin.

Copie du xv° s. : Lisbonne. Arch. da Torre do Tombo, don Alvarez, 234, fol. CLXVIII.

In Dei nomine. Ego Pelagio Vermuici et uxori mee Bona Suarici, placuit nobis per bone pacis et voluntas, sano animo et bona voluntate, ut faceremus a vobis, frayres de Templo Salomonis, kartula firmitudinis, pro remedio animas nostras et que defendatis nos cum facultatibus nostris aut beneficiis nostris. Damus a vobis medietate integra de ipsa hereditate que comparamus de Didagus Truitisendi et de filiis suis Godinus et Maria, pro que nos defendatis et beneficiatis et nos ibi moreremus et progenie nostre, et ad vobis cum illa hereditate serviamus ; et non habeamus licentiam vendere, nisi a vobis pro precio justo, nostra medietate : sit nobis placuerit. Damus a vobis ipsa hereditate, cum quantumcumque in so obtinet, et aprestitum hominis est, per ubi illa potueritis invenire, per suis locis et terminis, novissimis et antiquis. Et tu, aut mulier aut filiis tuis, de nostra medietate semper obediens, et si scandalizaverit inde aliquid emendet nobis, et si non lauset nostram hereditate, et post obitum nostrum dent ei radiga et non merendal. Et ipsa hereditate habet jacentia in vila quo vocitant Mazada, sub monte Crastorecarci, discurrente rivulo Peias, prope civitas sancte Marie, territorio Portugalensi. Et de hodie die sit ipsa hereditate de juri nostro abrasa, et in vestro dominio sit tradita atque confirmata : habeatis vos illa firmiter et omnes successores vestri in perpetuum. Et, si aliquis homo venerit vel venerimus, tam meis propinquis quam de extraneis, qui hanc kartam ad irrumpendum quesierit, et nos in concilio noluerimus actorizare vel devendicare, quo parie a vobis LX modios et vos cum illo deffendatis una pariter. VII idus kalendas junii era M°C°LXXX°V°. Nos autem supradictus scilicet Pelagio Vermuici et uxori mee Bona Suarici, qui hanc kartam jussimus facere, coram ydoneis testibus, cum proprias manus nostras roboramus, et signa hec facimus. Qui presentes fuerunt nominati Suarius, Petrus testes ; Ferdinandus testis. Gundisalvus presbiter notavit.

CCCCLIV [1147 12 juin—10 avril 1148.]

Copie du XIVe s. : Dijon, Arch. dép., *Cartulaire de N.-D. de Châtillon-sur-Seine.*

Edité : Petit, *Hist. des ducs de Bourgogne*, II, p. 239-240.

Hec est compositio inter Balduinum abbatem Castellionis et Humbertum priorem de Colomario. . . . . per manum domini Bernardi abbatis Clarevallis. . . Testes hujus compositionis sunt : predictus abbas Bernardus. . . . . . qui eo tempore Lingonensem episcopatum in manu sua tenebat. . . . . . Odo de Furnis, miles de Templo. . . . . .

Acta sunt hec eo anno quo Godefridus (*a*), Lingonensis episcopus cum rege Francorum Ierosolimam perrexerat.

CCCCLV 1147, 24 juin ?

Copie du XII[e] s. : Madrid, Archivo Nacional, *Cartul. B* 595, fol. 144[vo]-145, n° 370.

DONATIVUM DE ANBASSA DON PERE ROMEO.

Sub divina clementia, scilicet Patris et Filii et Spiritus Sancti. Ego Pere Romeo, et uxor mea et filii mei, primus Garcia Romeo, Petro Romeo, Belasco Romeo, Ximino Romeo, et dona Sania, soror eorum, dono et concedo illa almunia de Anniesse, omnia que ibi possideo, heremo et populato, pro animę męę vel animabus patris et matris męę vel parentum meorum, ad illos seniores fratribus del Templo totoque conventu eorum, ut habeant et possideant, per infinita secula, illa cavallaria del Temple, sine mala voce. Et est ista almunia de viso Excia, et fuit dato isto donativo in manu de don Rigalt Viger, frater et miles Templi, in Artasona, die sancti Iohannis, anno regnante comes R(aimundus) Barchinonia in Aragon : in illo anno fuit prisa Untiguena, episcopus Dodo (*b*) Oscha, era M°C°LXXX°V. Sunt testes, hujus rey auditores : Lop Acenarz, Galin in Garcez, Iohan de Montagnana, Garcia Ortiz.

CCCCLVI 1147, 1[er] juillet.

Copie du XII[e] s. : Madrid, Archivo Nacional, *Cartulaire B* 595, fol. 30[vo]-31, n° 82.

DE HEREDITATE QUOD DONAVIT MARTIN CHICO IN FRESCANO.

In Dei nomine. Ego Martin Chico et uxor mea dono et concedo totam illam ereditatem quam habemus in Frescano, ad illos fratres milicie Templi Salomonis presentes et futuros, ut habeant et possideant francam et ingenuam de me et de mea posteritate per infinita secula, pro anima mea et uxoris mee et parentum meorum. Est inde fid(ancia) de salvetate ad foro terre don Garsion de Bilforato ; similiter dedit fid(anciam) de salvetate Robert de Matalon, intus in Frescano, qui dominabatur Frescano. Sunt testes : Garcialinz de Melcuerno, et Fertun Xemenones Beuvino, Symon presbiter, filius de Bonajola, Gilelm de sancta Xpistina. Facto isto donativo in manu fratris et magistri Raimundi Bernardi et fratris Rigald Viger, regnante comite Bar-

(*a*) Geoffroy, évêque de Langres, 1140-1163, partit avec Louis VII pour la croisade le 12 juin 1147. — (*b*) Dod, évêque de Huesca, 1134-1160.

chinona in Aragon, episcopo Dodo (a) in Osca et in Iaca, rege G(arsia) in Panpilona et Tutela, episcopo Micahele (b) in Tirassona et in Tutela, anno quo *(fol. 31)* fuit capta Untiguena, octabis sancti Iohannis, era M°C°LXXX°V°.

CCCCLVII
1147, 2 juillet.

Copie du XIII° s. : Perpignan, Arch. dép., *Cartul. du Mas-Deu*, n° 17, fol. 7vo.

Edité : Allart, *Cartulaire Roussillonnais dans la Semaine religieuse du diocèse de Perpignan*, 1886, p. 208.

In nomine Domini. Ego, Petrus Rotberti, et Iohannes Rotberti, frater meus, et uxore nostras Berengera et Blanca, nos pariter venditores sumus domino Deo et milicie Templi Salomonis, confratribus ibi manentibus, presentibus et futuris, dimidium molendinum, sicuti habemus vel habere debemus in accapite, quod fecerunt Raymundus Vincencii et Arnaldus Petri. Est autem prescriptum molendinum unde vendimus nostram medietatem, de oriente in Exaguador, de meridie in molendino prescripte milicie, de occidente in cabedago, de circii in molendino Petri Vincencii. Quantum includunt iamdicte IIII. affrontaciones prescripti molendini, sic vendimus prescripte milicie et confratribus ibi adstantibus, presentibus et futuris, nostram medietatem quam in eo habemus, cum exitibus et regressibus et cum suis terminis et cum omnia in se habencia et pertinencia, propter solidos CC., ex denariis Rossel-l(ionensium) quos accepimus de manibus Bernardi de Petra Lata, qui est servus et confrater prescripte milicie. Est autem supradictum molendinum, unde vendimus nostram medietatem in comitatu Rossellionensi, infra fines et terminos ville Perpiniani et in adjacencia Sancti Iohannis. Et est manifestum. Si quis contra istam cartam vendicionis venerit ad irrumpendum, non hoc valeat vendicare quod requirit set componat in duplo cum sua melioracione; et in antea firma et stabilis permaneat semper.

Actum est hoc VI°. nonas julii, anno ab incarnatione Domini M°.C°.XL°.VII°., regnante Ludvico rege, VIII°. anno. SIG✠NUM Iohannis Rotberti, qui istam cartam vendicionis fieri jusserunt, firmaverunt et testes firmare rogaverunt. SIG✠NUM Berengere ; SIG✠NUM Blance, uxorum eorum. SIG✠NUM Petri Vincencii. SIG✠NUM Bernardi Amalvini. SIG✠NUM Petri de Sancta Maria. Petrus monachus et sacerdos, rogatus, scripsit die et anno quo supra.

CCCCLVIII
1147, vendredi (4 - 25) juillet.

Copie du XII° s. : Toulouse, Arch. dép., *Cartul. A de Douzens*, ch. 78, fol. 48vo.

In Dei nomine. Ego, Petrus de Dozencho, et Berenguaria, uxor mea, et infantes nostri, et Bernardus, frater meus, vendimus Deo et militie Templi Iherosolimitani, unam vineam in terminio Dozeci, in loco vocato ad Prat, propter XII. sol. Melg(oriensium) et affronta de altano et a circi et aquilone in honore Templi, a meridie in vinea Guillelmi Ermengaudi. Sicut iste affrontationes includunt, sic vendimus Deo et fratribus militie sine omni retinencia, propter predictis XII. sol. Et si aliquis homo vel femina hunc onorem vobis anparaverit, nos predicti erimus vobis guirenti sine inguanno.

(a) Dod, évêque d'Huesca, 1134-1160. — (b) Michel, évêque de Tirazona, 1119 † 1151.

$ Petri de Dozenco et Bernardi fratris ejus, qui hanc cartam laudaverunt et testes firmare rogaverunt. $ Berenguarii de Dozenco. $ Bernardi Modol. $ Hotonis. Facta carta regnante Lodovico rege, anno M.C.XL.VII. incarne Dominice, mense julii, feria vi. Guillelmus scripsit.

CCCCLIX 1147, lundi 7 juillet.

Copie du XIIe s. : Toulouse, Arch. dép. *Cart. A de Douzens*, ch. 148, fol. 105ro et ^{vo}.

In nomine Domini. Ego, Guiraldus Eldricus de Villalerio, donator sum domino Deo et sancte militie Templi Iherosolimitano et vobis, Petro de Roeria et Berengario de Rueria ceterisque confratribus in ipsa militia Deo famulantibus, presentibus atque futuris. Donamus vobis unam terram de alodio meo, in terminio de Cabmont, in riparia de Olvei et affronta de altano in terra Pontii de Pomar; a meridie sursum in podio, in terra Sancti Iohannis; de circio in terra quam tenet Pontius Aicredi de militibus de Arzencs; de aquilone, usque ultra flumen de Olvegio, in ipsa terra mea; in qua terra dono vobis cabedag et paxerias atque ribagges et totum quod necessarium vobis fuerit ad opus molinorum vestrorum, ut hoc totum habeatis ubicumque in predicto nostra honore, hoc est in predicta terra nostra, necessarium fuerit ad opus molinorum vestrorum, sine omni contradiccione, omni tempore. *(fol. 105vo)* Sicut superius scriptum est, sic dono vobis sine omni retinentia mea et sine vestro inguanno, ad habendum ac possedendum vestramque voluntatem perpetim fatiendum. Et si homo vel femina ibi quicquam vobis anparaverit, ego ero inde vobis leguails guirenti, sine inguanno et tenere et habere hoc fecerimus vobis sine omni contradiccione et sine inguanno. Hoc autem donum facimus vobis propter amorem Dei adipiscendum et remissionem peccatorum nostrorum et quia de elemosinis habui xv solidos Melg(oriensium) bonos, ut sic ista carta firma et stabilis permaneat omni tempore sine inguanno.

Sig✠num Guiraldi predicti Eldrici, qui sic istam cartam firmavit. $ Rogerii, fratris ejus, qui sic istam cartam firmavit et laudavit. $ Guillelmi Mancipii. $ Arnaldi Faure. $ Petri de Turre. Bernardus scripsit vice domini sui, Guillelmi Adaulfi, istam cartam dictantis, jussione predicti Guiraldi Eldrici, anno millesimo C.XL.VII incarnationis Dominice, nonas julii, feria II, regnante Lod(ovico) rege.

CCCCLX 1147, 15 juillet.

Copies du XIIe s. : Madrid, Archivo Nacional, *Cartul. B.* 595, fol. 26ro-7, n° 71 ; et fol. 3, n° 6.

De convenia episcopi B(ernardi) (a) Cesaraugusta.

In nomine Domini. Hec est convenientia que facta est inter dompnum [1] Bernardum Cesaraugustanum episcopum et milites Templi [2], scilicet magistrum ejusdem militie, Petrum de Roeria, et fratrem Raimundum Bernarde [3], et fratrem Rigaldum, et fratrem Raimundum de Castello Novo, laudamento et assensu Fortonis prepositi et Gilelm sacristæ [4] et Bernardi archidiachoni et aliorum canonicorum sancti Salvatoris. In

(a) Bernard, évêque de Saragosse, 1137-1152.

Variantes : 1. domnum. — 2. *le n° 6 ajoute* Salomonis. — 3. Bernardi. — 4. Gillelmi sacriste.

primis isti predicti fratres cum domno episcopo convenerunt, ut quoscumque agros seu vineas vel ortos excoluerint cum propriis famulis ac jugis sue domus, reddant omnium illorum fideliter medietatem decimarum ecclesiis quibus pertinent. Omnium vero terrarum quas dederint ad excolendum exarichis, reddant decimas integre. Universorum autem locorum que nunquam culta fuerant, que ipsi, Deo juvante, poterint excolere, nullam reddant decimam, set totum habeant libere. *(fol. 27)* Falchet interfuit huic convenentie. Hanc cartam scripsit Raimundus de Sancto Iohanne, sicque notavit ✠. Facta carta idus julii era M.C.LXXX.V.

CCCCLXI 1147, vendredi 18 juillet ?

Copie du XIIe s. : Toulouse, Arch. dép., *Cartul. A de Douzens*, ch. 25, fol. 22^v^-23^r^.

In nomine Domini. Ego, Petrus Bernardi, donator et venditor sum Deo et sancte militie Templi Salomonis Iherosolimitani et vobis, ministris ejus, Petro de Roeira et Berenguario ceterisque confratribus vestris, in ipse militie Deo servientibus, presentibus atque futuris. Dono igitur vobis atque vindo ipsam meam quartam partem ipsius honoris qui fuit patris mei, Poncii Bernardi, in villa de Ferrals et in suis terminiis omnibus, in comitatu scilicet Narbonense ; hoc est in terris, in vineis, in ortis, in ortalibus et in casalibus et arboribus etiam et in toto alio honore ubicumque ipse honor sit et esse debet, sicut in ipso honore meam quartam partem habeo et totum quantum in ipsa *(fol. 22vo)* honore habeo et habere debeo, sic totum integrum sine omni mea retinencia et sine vestro inganno per liberum et francum alodium, dono vobis atque vindo et in potestate vestra trado atque concedo ad habendum scilicet ac possedendum vestraque voluntatem perpetim faciendum. Eodem modo verum est et manifestum quia Poncius Guillelmi, frater meus, in ipsa egritudine sua qua obiit, dedit semedipsum atque laudavit predicte militie et vobis, predictis ministris ejus, ac dedit eidem militie suam quartam partem quam in suprascripta honore habebat vel habere debebat, cum toto alio suo honore et cum omnibus aliis suis juribus suisque rectitudinibus, que in predicta villa de Ferrals et in suis terminiis omnibus et in villa de Dozencs et in suis terminiis omnibus habebat vel habere debebat. Et ego jamdictus Petrus Bernardi, ipsum donum et ipsum honorem dono et laudo vobis atque confirmo sine inguanno. Totum vero, sicut supradictum est, fatio propter amorem Dei adiplacendum et propter remissionem peccatorum meorum et propter salutem animarum predicti genitoris nostri et fratris mei, Poncii Guillelmi. Et quia verum est de elemosinis predicte militie habui atque suscepi LX. solidos Melg(oriensium) bonos, ut sic ista carta firma et stabilis permaneat omni tempore sine inguanno. Ego quoque, Berenguarius de Dozencs, frater jamdicti Petri Bernardi, totum, sicut supradictum est, predicte militie dono atque concedo, istamque cartam laudo atque confirmo sine inguanno.

Sig✠num Guillelmi Mancip. Sig✠num Bernardi cappellani de Dozencs. Sig✠num Bernardi Modul. $ Otonis de Dozencs. Sig✠num Guillelmi de Anguilis. Sig✠num Raimundi de Artigas. Sig✠num Petri de Palaianel textori. *(fol. 23ro)* Sig✠num Petri Bernardi jamdicti, qui sic istam cartam firmavit quod presente et jubente, jussuque predicti Berengarii, Arnaldus de Magriano illam scripsit, vice magistri sui, Guillelmi Adaulfi, istam cartam dictantis, anno millesimo C.XLVII. incarnate Dominice, XV. kalendas augusti, feria V [1], regnante Lodovico rege.

1. *Corr.* : VI.

CCCCLXII 1147, samedi 19 juillet ?

Original : Toulouse, Arch. dép., Fonds de Malte, *Douzens*, liasse 1, pièce sans cote.

Copie : Sans date reproduite et insérée dans une « copple de procès... » de 1243. Toulouse, Arch. dép. Fonds de Malte, *Campagne*, l. 1, n° 51.

DONATIO CASTRI DA CAMPANHA.

In nomine Domini nostri Ihesu Xpisti, pateat cunctis hoc audientibus, quod ego, Rogerius (*a*) Biterrensis, ut Deus omnipotens dimittat michi omnia peccata mea et misereatur animo domini patris mei, Bernardi (*b*) Atonis, et dominę Cecilię, matris meę, cum consilio et voluntate ipsius matris meę et fratrum meorum, scilicet Raimundi (*c*) Trenchavelli atque Bernardi (*d*) Attonis, dono et offero domino Deo et militię Templi Salomonis Ierosolimitani et fratribus ibidem Deo servientibus, tam presentibus quam futuris, totam ipsam villam meam quę appellatur Campania, que est in comitatu Reddensi sita super ripam fluvii qui nominatur Auden, sicut ipse fluvius dividit eam transeundo per medium ; et est ipsa villa in utramque ripam, cis ipsum flumen et citra. Dono eandem villam domino Deo cum omnibus hominibus et feminis ibidem modo sive deincebs inhabitantibus et cum omni eorum projenie succedente, scilicet cum mansis et mansionibus, cum censibus et usaticis, cum condominis et laborantiis, cum pratis et pascuis, cum boschis et garriccis et cum omnibus cultis et heremis, cum aquis et aque ductibus, cum omnibus molendinis et molendinaribus et pischatoriis, cum exitibus et reditibus suis et cum omnibus ad ipsam villam pertinentibus et pertinere debentibus, videlicet cum omnibus illis quo ibidem ego habeo sive homo vel femina in ipsa villa pro me habet vel habere videtur.

Iterum, dono domino Deo et predictę militię Templi, in valle de Vindranis, in villa que dicitur Arborbel, ipsos casales Bernardi Columbę et Raimundi Columbę, nepotis sui, cum ipsis hominibus et eorum posteritatibus et cum omnibus illis que ad ipsos casales pertinent et pertinere debent, sive homines illi de me [tenent et] habent ; et in villa de Felgairach quę est in Narbonensi archiepiscopatu, dono domino Deo et predictę militie Templi, post mortem dominę matris meę, quendam hominem nomine Bert[randum] Engelberti, cum omni projenie sua et cum manso ubi visus est manere et cum omnibus quę ad ipsum mansum pertinent et pertinere debent sive homo ille de me tenet et habet et in [eadem] villa de Felgairac, alios duos homines, scilicet Amelium Deodati et Bernardum Deodati, fratrem ejus, cum infantibus eorum, et omnibus eorum posteritatibus, et cum manso ubi manere v[isi sunt et cum] omnibus ipsi manso pertinentibus, atque cum omnibus aliis quę homines illi de me habent et tenent.

Insuper, dono et concedo domino Deo et domui Templi et fratribus ut in manso eorum de Car[cassona] habeant furnum ubi coquant suum panem proprium et non aliorum hominum.

Et dono quod jam in tota terra mea fratres Templi de suo dominio, avere sive de rebus propriis domus eorum non donent leddam neque usaticum nec pedaticum vel

(*a*) Roger, vicomte de Carcassonne, 1129 † 1150. — (*b*) Bernard Atton, vicomte de Carcassonne, 1083 † 1129. — (*c*) Raymond Trencavel, vicomte de Carcassonne, 1150 † 16 octobre 1167. — (*d*) Bernard Atton, vicomte de Nîmes † c. 1159.

passaticum michi nec meis neque alicui ex genere meo. Similiter, in predicta villa Campania neque in alio honore quem ego fratribus Templi et eorum domui dono, ut jam superius dictum est, nullus ex propinquis meis vel ex successoribus meis nec aliquis vicharius sive bajulus meus vel successorum meorum nunquam accipiat ibi justiciam aliquam neque faciat ibi forciam vel violentiam neque aliquod adempramentum, nec homines istius honoris predicti jam non eant in exercitum vel in chavalgatam neque aliquam expeditionem sed secum permanentes serviant Deo et domui Templi et fratribus in perpetuum.

Hęc omnia jam supra memorata sicut ego ipse prenominatus Rogerius vel Bernardus Ato, pater meus, sive homo vel femina de toto genere meo, melius unquam et liberius usque in hodiernum diem habuimus et possedimus, nos, sive homo vel femina pro nobis, ita dono et trado cum hac carta domino Deo et domui Templi et fratribus ibidem Deo servientibus, presentibus et futuris, sicut melius dici vel intelligi potest sine inganno, ad honorem Dei et ad salutem anime mee et animarum patris mei et matris mee, ad habendum semper et possidendum per franchum alodium et per jus perpetuum ad totam voluntatem suam plenarie faciendam, absque mea meorumque successorum aliqua inquietudine. Si vero aliquis vel aliqua ex propinquis meis vel extraneus ex adverso aliunde veniens ita oblitus domini Creatoris sui, hanc meam donationem Deo et domui Templi liberaliter et misericorditer a me factam in aliq[uo di]rumpere vel annullare voluerit, ab omni meo honore privatus et exheredatus, cum diabolo et sequacibus ejus perpetuam in inferno capiat hereditatem, et hęc mea donatio perpetuis temporibus maneat firma et stabilis conservetur. Hoc autem semper scire oportet quod quando villam istam de Campania dedi Deo et domui Templi, tenebat eam in pignore Bernardus Sirmundi de Albeduno, per III° milia solidos Ugonenses de quibus eam fratres Templi redimerunt.

Scripta fuit hęc carta anno Dominicę incarnationis mill° C° XL° VII°, XIIII° kalendas augusti, feria II° [1], regnante Lodoyco, rege Franchorum.

Sig✠num dompni Rogerii Biterrensis supramemorati, qui donationem istam in manu Petri de Roveria, militię Templi fratris et ministri, fecit, et hanc cartam scribere jussit et cum esset aput Agaten. ad portum scilicet de Turreta, Ierosolimam pergere volens, confirmavit et corroboravit eandem donationem cum hac carta in manu Berenguarii de Roveria, fratris militie Templi, videntibus et audientibus fratribus ejusdem militię, scilicet Poncio de Luzencione et Poncio de Alon, Willelmo de Montegalo, et Peregrino, Aimerico de Turrellis, et Ugone Adalardi, et Raimundo de Gurgite Petra, et Brunone, atque Bernardo de Alesto.

Sig✠num Raimundi Trenchavelli et Bernardi Atonis supradictorum fratrum Rogerii Biterrensis, qui donationem istam cum hac carta Deo et domui Templi laudaverunt et suis propriis manibus confirmaverunt.

Sig✠num Willelmi de Sancto Felice, vicharii Carchassensis; Sig✠num Aimerici de Barbairano; Sig✠num Bernardi Pilla Pullum; Sig✠num Bertrandi de Avallaz; Sig✠num Ermengaldi Dalricchi, Albiensis; Sig✠num Calveti de Mala Felquaria; Sig✠num Poncii Geraldi, fratris sui; Sig✠num dompni Willelmi de Chauchs presbiteri, qui omnes sunt testes et videntes et istius donationis atque presentis cartę.

Mandato dompni Rogerii jam supra memorati et omnium supradictorum testium, Petrus Vitalis de Magalaz hanc cartam scripsit, die et anno quo supra.

1. Corr. : VII°.

CCCCLXIII 1147, samedi 26 juillet.

Copie du XIIe s. : Toulouse, Arch. dép., *Cartulaire A de Douzens*, charte 59, fol. 40ro.

In nomine Domini. Ego, Berenguarius de Prato donator sum Deo et militie Templi Salomonis Iherosolimitani et vobis ministris ejus Petro de Roeira et Berenguario ceterisque confratribus vestris in predicta militia Deo servientibus, presentibus atque futuris. Dono vobis quintam partem de ipsa moleria quam habeo cum fratribus meis in terminio Sancti Germani, in loco vocato Rocha Rubia. Sicut in ipsa moleria meam quintam partem habeo *(fol. 41)* et habere debeo, sic illam vobis dono ad habendum et possedendum vestramque voluntatem perpetim faciendum sine inguanno, nullamque ibi retinenciam facio, nisi tantummodo quod, si molinos fecero in predicto terminio in ipsa riparia Aude, faciam inde excidi molas ad opus ipsorum meorum molinorum. Hoc autem facio propter amorem Dei et remissionem peccatorum meorum, adipiscendamque vitam eternam, amen. $ Berenguarii de Prato qui sic istam cartam firmavit. $ Guillelmi Mancip. $ Airaldi filii Guila. $ Guiraldi et Raimundi fratrum predicti Berenguarii. Arnaldus de Magriano scripsit vice magistri sui Guillelmi Adaulphi istam cartam dictantis, jussione predicti Berenguarii de Prato, anno millesimo C.XL.VII, incarnationis Dominice, VII kalendas augusti, feria II [1], regnante Lodovico rege.

CCCCLXIV 1147, 27 juillet.

Copie du XIIe s. : Toulouse, Arch. dép., *Cartulaire A de Douzens*, charte 34, fol. 28ro.

In Dei nomine, manifestum sit quod ego, Raimundus Amelius, et Arnaldus, frater meus, nos pariter vindimus tibi, Berenguario, magistro militiorum, et omnibus militibus Templi, presentibus et futuris, duabus peciis vinee quas habemus in territorio Dozenchi, in loco ubi vocant pratum, propter X. solidos Melg(oriensium) bonorum et percurribiliorum quos nos a vobis manibus nostris accepimus, et nichil apud vos de predictis solidis remansit. Et affronta ex altano et a meridie et circi in vinea Templi, de aquilone in vinea Odoni. Aliam predictam peciam vinee affronta ex omnibus partibus in honore Templi. Quantum infra istas affrontationes includunt, sic nos jamdicti vindimus tibi, Berengario, magistro militiorum, et omnibus militibus Templi, presentibus et futuris, quantum nos ibi habemus et ulla voce habere debemus, integriter sine inguanno, propter predictos solidos, tali tenore ut habeatis et teneatis eas vos et vestri ? vel ille cui dare, vindere vel inpignorare volueritis in perpetuum. Si vero aliquis eas vobis amparaverit, erimus vobis et vestris de eas semper leguales guaritores.

Facta carta VI. kalendas augusti, anno ab incarnatione Domini M.C.XL.VII., regnante rege Loico. SIGNUM Raimundi Amelii et fratris mei, Arnaldi, qui hanc cartam scribi jussimus et firmavimus firmarique rogavimus. $ Bernardi Modoli. SIG✠NUM Berenguarii Poncii. SIG✠NUM Odoni. Bernardus Guitardus scripsit.

1. *Corr.* : VII.

CCCCLXV
1147, (1er août—10 avril 1148).

Original et *vidimus* de 1267, par l'official de Châlons : Arch. de la Marne, Fonds de la Neuville-les-Châlons (je n'ai pas pu les retrouver).

Edité : E. de Barthélemy, *Diocèse ancien de Châlons*, p. 397.

Analysé : A. Luchaire, *Etudes sur les Actes de Louis VII*, p. 166, n° 210.

Ludovicus, Dei gratia rex Francorum et dux Aquitanie, omnibus in perpetuum. Quidquid in usus fratrum religiosorum militie Templi rationabili prudentia confertur, dignum decernimus per auctoritatis nostre munimentum eis perpetuo confirmetur. Quam ob rem, minam annone, in foro Cathalaunensi, prenominatis militibus a Iohanne de Cadavistria datam, secundum eum tenorem quo episcopus Cathalaunensis eidem Iohanni minam illam habendam concessit et scripti testimonio confirmavisse, per presentem paginam eis concedimus ac perenne munimentum corroboramus, et ut ratum permaneat et concussum, scripto commandari et sigilli nostri auctoritate muniri precepimus.

Actum Parisii, anno incarnationis Domini, M°C.XLVII., regni vero nostri XI.

CCCCLXVI
1147, (1er août—10 avril 1148).

Original : Jadis 1re liasse de Laon, n° 2.

Analyse : Paris, Arch Nat., Inventaire de la commanderie de Laon (1744).

Chartre de Louis VII, dit le jeune, Roy de France, portant confirmation du don que Robert de Montaigu avoit fait aux freres de la Chevalerie du Temple, des hostes, du cens et du vinage qu'il tenoit dud. Seigneur Roy pour en jouir par lesd. freres paisiblement a toujours ; et en même temps led. seigneur Roy declare qu'il affranchit et exempte de tout droit led. don. Lad. charte donnée à Paris en l'an 1147, le II° de son règne et a été scellée sur double queue.

CCCCLXVII
1147, mardi 12 août.

Copie du XII° s. : Toulouse, Arch. dép., *Cartulaire A de Douzens*, ch. 144, fol. 105v° et 106r°.

In nomine Domini. Ego, Mabilia, et vir meus, Bernardus de Mocolenco, et infantes nostri, et ego, Ugo, frater jamdicte Mabilie, egoque Petrus Raimundi, consubrinus ejusdem Mabilie, donatores sumus domino Deo et sancte militie Templi Iherosolimitani et vobis, Petro de Rueria et Berengario de Rueria ceterisque confratribus vestris, in ipsa militia Deo famulantibus, presentibus atque futuris. Donamus vobis unam terram de alodio nostro in termino de Cabmont, in riparia de Olvegio et affronte de altano in terra Guiraldi Eldrici, de meridie sursum in podio, in terra Sancti Iohannis, *(fol. 106r°)* de circio in terra vestra, de aquilone usque ultra flumen de Olvegio, in alio nostro honore, in quo scilicet honore, donamus vobis cabedag et paxerias atque ribbagges et totum quod necessarium vobis fuerit, ad opus molinorum vestrorum, ut hoc totum habeatis ubicumque in predicto honore nostro necessarium fuerit ad opus molinorum vestrorum sine omni contradiccione omni tempore. Sicut superius scriptum est, sic donamus vobis sine omni nostra retinentia et sine vestro inganno ad habendum ac possedendum vestramque voluntatem perpetim faciendum. Et si homo aut femina ibi quicquam vobis anparaverit, nos erimus vobis leguales guirenti sine inguanuo et tenere et habere hoc vobis fecerimus, sine omni contradiccione et sine vestro inguanno. Hoc autem donum facimus vobis propter amorem Dei adipiscendum et remissionem peccatorum nostrorum et salutem animarum nostrarum et parentorum nostrorum, ut sic ista carta cum hoc dono firma et stabilis permaneat omni tempore sine inguanno.

$ domne Mabilie predicte et viri sui, Bernardi, infantumque illorum et Ugonis, predicte Mabilie fratris, ejusque Mabilie consubrini, Petri Raimundi, qui sic omnes istam cartam firmaverunt. $ Arnaldi de Canna; $ Ariberti; $ Pontii Aicre ejusque filii, Raimundi, et nepotis ejus alius Raimundi, qui sic istam cartam laudaverunt et firmaverunt. $ Arnaldi, cappellani de Alairaco. $ Arnaldi Guila. $ Pontii, cappellani de Arzencs, qui pro Petro Raimundi sic istam cartam scribere jussit Bernardo, qui hoc scripsit vice domini sui, Guilelmi Adaulfi, istam cartam dictantis, jussione Bernardi de Mocolencs, anno millesimo C.XL.VII. incarnatione Domini, II idus augusti, feria III, regnante Lodovico rege.

CCCCLXVIII — 1147, mardi 26 août.

Copie du XIIe s. : Madrid, Archivo Nacional, *Cartul. B* 595, fol. 23, n° 53².

De cami de filia Harle.

In Dei nomine. Hec est carta de camio que feci, ego Raimdus Bernard, frater militie Templi Salomonis, scilicet cum consensu fratrum meorum : camio cum illa muliere, Aimelina Vocor, filia Harle, illa hereditate de Frescano, qui fuit Martin Gilelm de Tutela, casas et vineas et terras, heremo et populato. Dono et concedo ad illam, propter illam hereditatem suam de Novellas, totam ab integram, scilicet casas, vineas, et terras, heremo sive populato, tali mod ut unusquisque possideamus, sicut superius scriptum. Est inde fid(ancia) de salvetate, secundum usum terre, don Robert de Frescano, de singulis partibus, dominante ipso Freschan. Testes : Raimundus Casconi de Frescano, don Apparitio de Novcles. Facta carta de superscriptione in manu frater Raimundus Bernardus, et frater Richard, anno regnante rex G(arcias) (*a*) in Pampilonia, comes Barchinonensis in Aragon (*b*), Petro Taresa in Borga, in era M.C.LXXX°V, luna XXVI, mense augusto, tercio die sancti Bartholomei, VII kalendas septembris, die martis.

CCCCLXIX — 1147, 11 septembre.

Copie du XIIe s. : Avignon, Bibl. municip., *Cartul. de Richerenches*, VIII, fol. 34vo.

Edité : Mis de Ripert-Monclar, *op. cit.*, n° 60, p. 60-3.

Scriptum de Bolbotone, de donatione Pagani et Berndi Falconis et Guillelmi de Rofsacio et uxoris sue facta milicie Templi.

Divini et humani juris racio exigit et consuetudo antiqua laudabiliter requirit ut quisquis rem propriam in alterius potestatem transfundere voluerit, ad presencium necnon et sequencium instruendam memoriam scripture testificacione facere debe-

(*a*) Garcia, roi de Navarre 1134 † 1150. — (*b*) Raymond Bérenger IV, comte de Barcelone, 1131 † 6 août 1162.

bit. Qua propter his moribus nos pariter instructi, ego videlicet Paganus, Raimundi Bellonis filius, et Bertrandus Falco, cognatus meus, et uxor ejus nomine Antevena, et Willelmus de Rossacio, et soror mea, uxor illius, nomine Nicola, ut Deus et dominus noster Ihesus Xpistus nobis et parentibus nostris peccata et offenșas nostras remittat et insuper *(fol. 35)* vitam eternam concedat, donamus, tradimus et laudando perpetuo Deo et gloriose beatę virgini Marię et fratribus de Templo Salomonis, tam presentibus quam futuris, concedimus et super altare ecclesie beate Marie de Ricarensis, absque omni retinimento, fratribus ejusdem domus dimittimus quicquid in castello de Bolbotone et in ejus territorio, in terris scilicet cultis et incultis, vineis et ortis, pratis et silvis, garricis, aquis aquarumque decursibus, habemus vel habere debemus, sive vir, sive mulier per nos, totum et ex integro bona voluntate relinquentes, vos fratres sic sequentes, sic presentes, et domum de Ricarenchis investimus et in plenariam possessionem mittimus, et nos ipsos et omnes de stirpe nostra perpetuo deinvestimus. Preterea, quoniam donacionem istam liberam et quietam apud memoratos fratres nunc et semper, absque dolo et fraude, permanere desideramus, ego, Paganus, et cognatus meus, Bertrandus, de fratre meo, qui ultra mare creditur ęssę, talem convencionem vobis facimus : quod si jamdictus frater ad nos reversus fuerit et impedire haut revocare temptaverit, nos duo de rebus propriis vel honoribus nostris tantum ei donare promittimus, usquequo supradictam donacionem eum laudare faciamus. Hec omnia, sicut suprascripta sunt, ita tenebimus, ita custodiemus et super iiiior evangelia ut sic observemus quisque nostrum dextris propriis jurejurando, in presencia multorum, *(fol 35vo)* per sacramentum et fidem nostram firmamus et subscriptos homines, sicut melius ullus homo intelligere potest, in firmam securitatem damus. Sane, ut memorata donacio sive nostra tradicio et hujus honoris dimissio secura et quieta in usus fratrum domus prescriptę de Richarenchis ad habendum, tenendum, utendum et possidendum et sicut de rebus suis aliis voluerint, faciendum perpetim remaneat, ccc. solidos probate monete Valenciane ab Ugone de Bolbotone, servo militum de Templo, qui curam et amministrationem domus de Richarensis habebat, accipimus. His ita dispositis et consilio virorum prudencium et sapiencium ordinatis, manifestum omnibus fieri volumus quod trecentos istos solidos Ugo de Bolbotone et Bertrandus Falco, Willelmus quoque de Rossacio, ad profectum et utilitatem filiorum Raimundi Bellonis, in honoribus quos impignoravit, mittere consilio amicorum suorum promittimus et presenti scripto denunciare ac manifestare volumus de istis denariis quales vel quantos honores redimendo recuperemus et in illorum usus convertamus et in incrementum deducamus : Willelmo Dodoni reddidimus. c. solidos pro campo et orto et ouxia et stagia Lamberti Audesenna : Willelmo Berergario septuaginta et v. solidos pro campo ad vineam de Damianis et medietatem de ouxia Willelmi Quintini et vineam de Podio Valleriaco et stagiam Benedicti Auran et stagiam de Lauprandis ; *(fol. 36)* Riperto Pellegrino quinquagenta solidos pro ouxia de Forn Decorona ; Willelmo Dodoni Balchiano septuaginta solidos, pro ledda de mercato ; Gotolen. v. solidos, pro ouxiola de Linariis.

Ut autem hec omnia, sicut suprascripta sunt, sic a nobis, absque dolo, fraude vel aliqua inquietatione, perpetuis temporibus observentur, subscriptas virorum personas in firmas securitates donamus et in manus Petri Ugonis de Valriaco ponimus, qui Petrus Ugo, pro causa ista, Ugoni de Bolbotone et omnibus fratribus de Templo firmancia fuit et alias firmancias recepit et in manu sua habet, tali videlicet conveniencia ut non solum ipse set omnis homo ipsius precepto firmancias istas pignorare poterit. Rostagnus Dalmacii et Willelmus Dodo de Valriaco firmant. Willelmus Raterii, Petrus Willelmi de Balmis firmant. Geraldus de Balmis, Gego Graneti firmant. Willelmus de Rossacio, Willelmus Beraldi firmant. Willelmus Malas Manus, Ugo Berengarius firmant. Rodulfus Acculei, Bertrandus Pellicerii firmant. Laugerius de Balmis, Bertrandus de Bolbotone firmant. Raimundus Acculei, Willelma, uxor Bertrandi de Tauliniano, et filii sui, Poncius Gontardi et Pilestort laudando firmaverunt. Elisiarius Dalmacii et Poncius Dalmacii et Ugo Dalmacii firmant. Bertrandus de Tauliniano, Raimundus de Monte Albano firmando laudaverunt.

Sane, si quis, nos ipsi vel aliquis de parentela nostra, sive vir, sive (*fol 36*v°) femina donacionem istam forte, quod non obtamus, turbare vel inquietare temptaverit, non valeat impetrare quod male querit, sed omnipotentis Dei, Patris et Filii et Sancti Spiritus, iram et maledictionem incurrat, et si in incepta malicia perdurare voluerit, ab omni nostre hereditatis participacione alienus fiat et in extremo Xpisti examine confusus et dampnatus appareat, et memorata donacio secura et inviolata apud fratres de Richarenchis semper permaneat et nullus de cetero inmuttare presumat.

Facta sunt autem hec in ecclesia beate Marie de Richarenchis, III° idus septembris, presentibus episcopis, presbiteris, diaconibus et fratribus ejusdem domus, militibus quoque et aliis bonis hominibus. Geraldus (*a*), ecclesie Tricastrine episcopus et Berengarius (*b*), Vasionensis episcopus, huic facto presentes fuerunt et laudando confirmaverunt. Bertrandus quoque de Mornacio, prior de Podioleno et de Sancto Pantalio ; Stephanus, caput scole de Sancto Paulo ; Petrus Gicardi, canonicus de Sancto Paulo ; Gillelmus Gaucelmi, clericus de Sancto Paulo ; Gillelmus Berergerii, clericus Vasionensis ; hii omnes clerici testes fuerunt et testimonium perhibent. Gillelmus de Sancto Paulo, Gillelmus Malianus, Stephanus Armandus, Petrus de Valle Aurea, Stephanus de Castellone, Raimundus de Turribus, Petrus Dodo de Valriaco. Huic donacioni interfuerunt fratres de Templo eamdem domum inhabitantes (*fol. 37*) : Ugo de Bolbotone, qui hoc donum in manu sua, in persona omnium fratrum suscepit ; Rostagnus, presbiter, capellanus ejusdem domus de Richarenchis ; Raimundus de Cruccolis, Bernardus de Bovedone, Stephanus de Aurasica, Stephanus Pellicerii, Gillelmus Bruneti, Nicolaus cellararius, isti fratres de Templo. Interfuit etiam Arnaldus, Aurasicensis sacrista, per cujus manus conscripta est carta ista. Anno ab incarnato salvatore M°C°XL°VII°, quando videlicet Ludovicus, rex Francorum gloriosus, Ierusolimam tendens, ad confutandos crucis Xpisti inimicos, innumeros peregre proficiscendo commovit populos.

CCCCLXX 1147, mercredi 17 septembre.

Copie du XII° s. : Avignon, Biblioth. munic., *Cartul. de Richerenches*, n° XXVIII, fol. 17v°.

Edité : Mis de Ripert-Monclar, *op. cit.*, n° 31, p. 33-4.

VILLELMA DE TAULIGNANO ET FILII EIUS DEDERUNT QUARTAM PARTEM DE DECIMA DE BREMPTE FRATRIBUS TEMPLI.

In nomine Domini nostri Ihesu Xpisti, summi regis et eterni, omnibus presentem scripturam legentibus et audientibus, et universis catholice fidei credentibus, manifes-

(*a*) Géraud, évêque de Saint-Paul-Trois-Châteaux, 1138—c. 1160. - (*b*) Bérenger, évêque de Vaison, 1113—1173.

tum fieri volumus, quod ego, Willelma, Bertrandi de Talliniano que fui uxor, et mei filii, Poncius, Gontardus et Pelestorz, nos pariter, sincero corde et bone voluntatis affectu, pro redemcione animarum nostrarum et parentum nostrorum, ut Deus et dominus noster Ihesus Xpistus, animabus nostris celestis regni januas aperiat, Deo et gloriosę beatę virginis Marie et fratribus Templi Salomonis, presentibus *(fol. 18)* et futuris et domui de Richarensis, quartam partem de decima quam habebamus in terra illa quam nominant Brente, donamus, concedimus et perpetuo sine ullo retinimento tradimus ad habendum et possidendum et quicquid voluerint, sicut de rebus suis aliis, faciendum liberam in omnibus habeant facultatem. Hoc autem omnibus manifestum est volumus quod terram istam Adalais de Sabrano et filii sui, Rostagnus et Emes et Willelmus, pro animabus suis et parentum suorum, dederunt domui de Richarenchis et fratribus ibi Deo servientibus, attamen medietatem de ista decima, scilicet hujus quartę partis partem habemus de vadimonio, de qua quidem sic dicimus quod si redempta fuerit, nos confestim xx^ti solidos Valencianorum bonos supradicte domui et fratribus pro certo reddemus. Hanc autem donacionem nos supradicti donatores facimus in manu Ugonis de Bolbotono, qui frater et bajulus est domus supradicte, his fratribus presentibus Rostagno presbitero, Raimundo de Cruceolis, Bernardo de Bovedone, Stephano de Aurasica, Willelmo Brunelo, Stephano Pelliparío. Et ut hec res stabilis et firma nunc et in eternum sic permaneat, fidejussores sunt Geraddus de Balmis, Bertrandus de Bolbotone, Willelmus de Alon, Ugolenus de Vasione, Petrus de Sancto Laurencio, Bertrandus Falco de Valriaco.

Propterea namque ego, Ugo de Bolbotone, et fratres milicie supradicti, dedimus domne Willelme et filiis suis *(fol. 18 v°)* Poncio Gontardi et Pelestorz, unum equum juvenem et oblimum, bene valentem LX. solidos Valentianorum.

Hoc autem donum factum est tempore et anno quo rex Francorum cum exercitu suo et alii plures apud Iherusalem porrexerunt. Facta carta ista mense septembrio, feria IIII^a, luna XVIII, per manum Arnaldi, sacriste Aurasicensis, qui huic donationi interfuit et vidit et audivit quando hoc donum ante januas ecclesie beate Marie de Richarenchis factum fuit, presentibus memoratis personis, tam clericis quam laicis.

CCCCLXXI — 1147, 21 septembre.

Copie du XIIe s. : Madrid, Archivo National, *Cartulaire B* 595, fol. 13, n° 34.

De illas casas que fuerunt de Petro Martin.

In Dei nomine et ejus gratia. Hęc est carta de compra quo faciunt fratres de Templo de illas casas intus castellum de Novellas, que fuerunt de Petro Martin et de sua mulier et de filiis et filiabus suis. Dederunt fratres de Templo ad Petro Martin, propter illas casas, II morbers merchanç et medio et I marin. Et Petro Martin cum sua mulier Maria et filiis et filiabus suis remanserunt pagatos de precium et de alifala. Et est inde fides de salvetate a for de terra Pere Bernard. Sunt testes, visores et auditores : don Apparitio, Domingo Lespig, don Martin dels Pastors. Facta carta in die sancti Mathei apostoli, era Mª C^a LXXX^a V^a. Ista compra fecit frater Rigald Viger cum aliis fratribus qui cum illo erant in illa hora in Novellas.

CCCCLXXII 1147, vendredi 26 septembre.

Copie du XIIe s. : Avignon, Bibl. municip., *Cartul. de Richerenches*, fol. 11 v°, n° XVI.

Edité : Mis de Ripert-Montclar, *op. cit.*, n° 17, p. 20-1.

PETRUS LAUTERII DE COLONZELLIS DIMISIT TERRAS SUAS DEO ET MILITIBUS TEMPLI SALOMONIS IEROSOLIMITANI, QUAS HABEBAT JUXTA GRANOLETUM.

In Dei eterni regis nomine, omnibus notum fiat fidelibus, tam presentibus quam futuris, quod ego, Petrus Lauterii de Colonzellis, ut Deus et dominus noster Ihesus Xpistus peccata mea et parentum meorum nobis remittat, et insuper regni celestis participes faciat, Deo et domui beate Marie de Ricarensis et fratribus de Templo Salomonis, dimitto terras meas quas habeo juxta stagnum quod nominant Granoletum versus aquilonem ; tali videlicet conveniencia dimitto illis terras istas, ut memorata domus et fratres in ea habitantes quiete et pacifice, sine omni molestia nostri vel alicujus de parentela mea, teneant et possideant usque ad continuos sequentes XVcim annos, et illis completis, ego, Petrus, vel filius meus, suprascriptas terras, si voluerimus illas recuperare, sine molestia et contradiccione illorum facere extunc valeamus. Si autem post istos subsequentes XVcim annos mortui nos duo fuerimus, jamdictas terras istas libere et quiete perpetua possessione habeat eas et teneat domus de Ricarenchis et fratrum ibi Deo famulancium universitas. Hujus dimissionis sive lau- *(fol. 12)* dacionis vel eciam impignoracionis testes sunt qui viderunt, audierunt, et clerici et laici, Petrus Clementis, presbiter de Colonlellis, Bermundus castellanus, Pontius et frater ejus, Bernardus, decanus de Colonzellis et qui neptem ejus habet uxorem.

Facta carta in civitate Aurasica, mense septembrio, feria VIa, anno Dominice incarnacionis M°.C°.XL°.VII°., quando Lodovicus, rex Francorum, Ierosolimam tendens, innumerum secum duxit exercitum. Per manum Arnaldi, Aurasicensis sacriste, VIa. kalendas octobris.

CCCCLXXIII 1147, (17 octobre—31 décembre).

Copie du XIIe s. : Madrid, Archivo Nacional, *Cartulaire B*. 595, fol. 11, n° 30.

HEC EST CARTA DE PETRO SANCTA ✠ ET SUOS IERMANOS.

In Dei nomine et ejus gratia. Hec est cartam donationis et confirmationis, quam fatio ego Petrus, filius Raimund Arnalt de sancta Cruce, simul cum fratribus meis, scilicet Michael et Bertran et Bernard. Damus pro animabus patris et matris nostre, ad illos fratres Iherusalem Templi Salomonis militie, totam illam hereditatem, quod habemus in Raçaçol, quod adquesierunt patris et matris nostri, totam ab integram, ex rege Adefonso. Damus et confirmamus fratribus superius scriptis, tam presentibus quam et futuris, ut habeant et possideant salva et libera per secula. Sunt testes : Petro Taresa, Arnalt de Ripas, Arrufat, Enneco Sanç de la Serra, Arremon de Artesa, dompnus *(fol. 11°)* Raimundus prior de Berola. Facta carta donationis in presentia frater Rigald Viger, et frater Helias Folcald et frater Gitard, anno quo fuit capta Almaria (*a*), era M.C.LXXX.V.

(*a*) La prise d'Almaria eut lieu le 17 octobre 1147.

CCCCLXXIV 1147, mardi, 21 octobre.

Copie du XIIe s. : Toulouse, Arch. dép., *Cart. B de Douzens*, fol. 24, n° 18.

In nomine omnipotentis Dei, Patris et Filii et Spiritu sancti. Ego, Petrus de Mota, et uxor mea atque infantes nostri, donatores sumus Deo et militie Templi Salomonis Iherosolimitani, et vobis ministris ejus, Petro de Roeria et Berengario ceterisque confratribus vestris in ipsa militie Deo servientibus, presentibus atque futuris. Donamus itaque vobis et laxamus ac deffinimus ipsum honorem quem habemus in villa de Curtes et in suis terminiis et in terminio de Aliaros : homines scilicet et feminas, mansos et masiones, terras et ortos, prata, pascua, boscos et garrigas, aquas et riparias, *(fol. 24v°)* census et usaticos cum exitibus et redditibus illorum et totum aliud quantum in predictis locis habemus vel habere debemus aut homo vel femina per nos ; totum sine omni retinentia nostra et sine omni nostra reservatione, donamus, laxamus atque omnimodis deffinimus omnipotenti Deo et gloriose virgini Marie et prenominate militie et vobis predictis atque confratribus vestris, presentibus atque futuris, ad habendum scilicet ac possedendum vestramque voluntatem perpetim fatiendum. Et si omo aut femina istud donum vobis amparaverit et istam diffinitionem frangere vel rumpere voluerit, nos erimus inde vobis legale guirenti et tenere et habere hoc vobis fecerimus omni tempore sine inganno. Hoc autem fatimus propter amorem Dei adipiccendum et pro salute animarum nostrarum ac parentum nostrorum, et ut omnipotens Deus consedat nobis et illis vitam eternam ac remissionem peccatorum nostrorum amen. Verum est autem quia propter *(fol. 25)* hoc accepimus, de elemosinis predicte militie, XX solidos Ugonencos octenos, ut sic ista carta firma et stabilis permaneat omni tempore, quam laudamus et confirmamus et a subdictis testibus confirmari rogamus, sine inganno. De hoc sunt testes : Osmundus sacerdos, et Gilelmus Mancip, et Lodovicus de Palaiano, ac filius ejus, Alegre, et Petrus de Argenes, et Arnaldus Gila, et Wilelmus de Cavanaco. Arnaldus de Magriano scripsit, vice magistri sui, Gilelmi Adaulli, istam cartam dictantis, jussione predicti Petri de Mota, anno millesimo C.XL.VII incarnationis Dominice, XII kalendas novembris, feria III, regnante Lodovico rege.

CCCCLXXV 1147, mardi 28 octobre.

Copie du XIIIe s. : S. Gervasio, Livre vert, fol. 61-61v°.

C(ARTA) COMITIS URGELLI.

✠ IN nomine Patris et Filii et Spiritus Sancti, amen. Notum sit omnibus presentibus et futuris, quod ego, Ermengaudus (*a*), comes Urgellensis, sano animo et bona voluntate, pro peccatorum meorum remissione, dono et concedo et concedendo ad habendum et possidendum jure hereditario ac pro alode trado Deo atque Petro de Roveria, nunc temporis in parte militie Templi in Hyspania et in Proventia magistro omnibusque aliis ejusdem militie Templi presentibus fratribus atque futuris, juxta urbem et ante urbem Balaguer, illud spatium terre scilicet et arenarii, aque et aquale, quod est et erit a capite cequie in strictis scilicet de Gerb oppodo incepte, totum usque ad ipsa mea molendina que dicuntur de Almudaffer et sunt comitis ; in hoc utique dicto spatio, ubicumque voluerint in petra vel in terra, in ripis vel in aqua, qualescumque militie Templi fratres facere et hedificare unum casale

(*a*) Ermengaud VI, comte d'Urgel, 1102 † 28 juin 1154.

molendinorum, secure et absque personarum omnium interdictu et calumpnia ad libitum suum, plantent et hedificent in uno casali quotquot molendina fratres Templi voluerint; ipsum autem casale et molendina omnesque venientes ad ea, homines scilicet ac mulieres et bestie per pontem, per aquas, per vada, per terras et per vias habeant introitum et exitum eundi et redeundi similiter liberum arbitrium semper obtineant, remoto omni inpedimento hominum. Passerias ut ita dicam vel cequias vel cujusque modi aquarum adductiones desuper molendina vel circa aut desubtus seductiones vel remotiones aque ubicumque facere voluerint infra jamdictum spatium fratres milicie Templi sine omnium interdictu licentiam faciendi habeant, et sic ab eisdem Templi semper fratribus per omnia secure possideatur secula. Si vero aliquis vel aliqua huic meo dono contraire voluerit et fratribus Templi in hoc quod eis sic trado ac dono aliquantulum *(fol. 61 v°)* quoquomodo amparaverit vel in aliquo eis intulerit molestiam, ego, Hermengaudus, comes Urgellensis, dator hujus doni calumpniatores paccare debeo et semper paccabo, ut secure et libere donum istud fratres Templi possideant in eternum.

Et ego, Bernardus (*a*), Urgellensis episcopus, hoc laudo et signum impono ✠ hoc manu propria et taliter hoc donum voluntarie similiter concedo et dono fratribus Templi quicquid michi jure episcopali pertinere videtur in in prescripto spatio terre et aque et arenarii, ad abendum semper et voluntatem suam faciendam. Honor enim istud episcopo et non canonicis pertinet.

Adhuc vero ego, Ermangaudus, comes Urgellensis, ut hoc donum semper firmum fratribus Templi permaneat, hanc cartam donationis scribere mandavi et testibus subscriptis laudare et firmare mandavi atque ad melius corroborandum meo nomine ac signo cartam ita illuminavi.

SIG✠M Ermengaudi, comitis Urgellensis, donatoris et firmatoris istius doni. SIG✠M B(ernardi) Urgellensis episcopi et doni hujus in parte sua datoris et firmatoris. S✠M Atonis, canonici, atque episcopi Urgellensis capellani. S✠M G. de Iorba, laudatoris et firmatoris. SIG✠M A. Berengarii, laudatoris et firmatoris. SIG✠M B. de Conchabella, laudatoris et firmatoris. SIG✠M G. de Caprera, vicecomitis, hujus doni concessoris et firmatoris. SIG✠M R. Arnaldi, laudatoris et firmatoris. SIG✠M B. de Turriculis. SIG✠M Bereng(arii) Arnaldi. SIG✠M A. de Pontibus. SIG✠M P. de Balaguer. SIG✠M B. de Balaguer. SIG✠M Borren. de Balaguer. SIG✠M Girrber de Balager. SIG✠M Brunet. SIG✠M Pontius Pelaz. SIG✠M Ber. Petri molinarii de Balager. SIG✠M Umberti de Cornuda. SIG✠M Gillelmi, genero de Girbert. S✠M R. de Boccenic, genero de Girbert.

Facta est carta ista anno ab incarnatione Xpisti M°C°XL°VII°, v° kalendas november III° feria, luna I°, XII anno regni Lodovici junioris regis Francorum, Raimundo (*b*) comite Barchinonensi obsidente Almariam cum imperatore A(defonso) (*c*) Yspanie. Scripta quoque sunt in Acromonte jussu Ermengaudi comitis et Bernardi episcopi Urgellensis, atque concessibus aliorum nobilium virorum qui suprascripti sunt doni hujus laudatores et firmatores, necnon adstante presentialiter P(etro) de Roveira, magistro miltiie, atque fratre Bertranno de Lost, et fratre Gillelmo de Tavernis, et fratre P. de Bahalu, qui quatuor, pro se et pro aliis omnibus fratribus Templi, presentibus et futuris, hoc donum, sicut scriptum est, a comite receperunt. Robertus sacerdos rogatus scripsit hoc die et anno quo supra, dampnans superius in v° et VI° linea et hoc SIGNUM ✠ Salomonis imponens et O in medio notans.

(*a*) Bernard, évêque d'Urgel, c. 1142-1163. — (*b*) Raimond Bérenger, comte de Barcelone, 1131 † 6 août 1162. — (*c*) Alphonse, empereur d'Espagne, 26 mai 1135 † 21 août 1157.

CCCCLXXVI 1147, (1-30) novembre.

Copie du XIIe s. : Madrid, Archivo Nacional, *Cartulaire B*, 595, fol. 65-65v°.

PETRO ALFOS.

In Dei nominę et ejus gratia. Comparaverunt fratribus militię Templi Salomonis media parte de illa hereditate qui fuit de Alfos, in Razazol, de suo filio don Petro Alfos. Sic conparaverunt fratribus illa media hereditate de Petro *(fol. 65v°)* Alfos, de totum heremum et populatum, salvum et ingenuum, et liberum et francum, per precio placibile, c sol(idos) Iaccensis monete, per secula cuncta, aliala pagata de pane et vino et biscarnes. Sunt inde fidanzas salvitatis ex omnibus hominibus, ad forum terre : don Calvet, et Exemen d'At, et Martin Sanz de Mallen. Sunt testes, visores et auditores : don Apparicio, Pere Lespic, Arnalt Ponz, don Oria sua jermana de Petro Alfos, Sanz Bachero de Galur, Martino Oharez, Gillelm Albernaz, Remon de Murello. Anno regnante rex G(arcias) in Pampilona et in Tutel., comes Barchinona in Aragon et in Saracuza, Petro Taresa in Borga et in Magallon. Facta carta in manu fratris Remon Bernard et fratris Rigalt Viger, et fratris Richard, anno quo fuerunt Ymperator et comes Barchinone et rex G(arcias) cum exercitu eorum super Almari, et fuit capta Untigena, era M°C°LXXX°V°, mense novembrio. Ego Arnaldus scriptor scripsi et hoc SIGNUM ✠ feci.

CCCCLXXVII [c. 1147 (avant le 18 décembre).]

Copie du XIVe s. : Paris, Bibliothèque Nationale, Latin 10086, fol. 111v°.

Domino et patri suo, Eugenio, Dei gratia, summo pontifici, suus H(ugo) Rothomagensis archiepiscopus debite subjectionis obedienciam. Ex precepto vestre auctoritatis milites Templi Ric(ardum) et Henr(icum) commonuimus, ut ab usurpatione ville que dicitur Raimberthome, quam de jure ecclesie sue abbas Troarnensis asserit esse, desisterent, aut super hoc auctoritati compositionis gratia ante nos venirent. Ipsi vero, nostrum licet ex parte nostra contempnentes mandatum, nec ab ea usurpatione destiterunt, nec ad diem, sicut eis condiximus, venire voluerunt, pat' (?) autem observationem ; et comitem ipsum Pontinorum, de cujus manu predictam villam receperunt, ante nos evocavimus, sel non venit, quoniam se a comite Andegavensi proibitum esse, ne veniret pretendit. Hiis igitur vestre sanctitati notificatis, ipsum abbatem Troarnensem ad vos remittimus, si audemus, exorantes, ut libertas ecclesie, vestra auctoritate illibata conservetur. Ipse vero abbas de jure suo super eadem possessionem v^que testes idoneos ante nos produxit, et cartam ad ipsum confirmantem ostendit, karissime pater et domine.

CCCCLXXVIII [1147, après le 18 décembre—janvier 1148.]

Copie du XIVe s. : Paris, Bibliothèque Nationale, Latin 10086, fol. 111v°.

Édité : Archives de l'Orient latin II, documents, p. 254-5.

Hugo (a), Dei gratia Rotomagensis archiepiscopus, karissimo filio suo Willelmo (b), illustri comiti de Pontivo, salutem, gratiam et benedictionem. Salutem atque hono-

(a) Hugues, archevêque de Rouen 1130 † 11 nov. 1164. — (b) Guillaume, comte de Ponthieu, 1147 † 29 juin 1172.

rem tam anime quem corporis tui, plena in Xpisto dilectione volumus et de bono semper in melius provehi desideramus. Conquesti sunt sepius abbas et monachi Troarnensis monasterii, quod villam que dicitur Raimberti ulmus, cum ad jus ecclesie sue pluribus manifestis judiciis dinoscatur pertinere, reclamantibus eis et contradicentibus, militibus Templi Ierosolimitani injuste concessisti et illicite donasti super hiis igitur mandatum nuper a domino Papa (*a*) suscepimus, ut vos districte commoneremus, quatinus prefato Troarnensi monasterio possessionem suam restitueretis aut in presencia nostra et venerabilium fratrum nostrorum Constantiensis et Ebroicensis, loco et tempore congruo adversus predictos monachos de ipsa possessione responderetis. Quod si neutrum facere volleretis, auctoritate ipsius domini Pape iter Ierosolimitanum vobis proiberemus, quousque inter vos super hac controversia efficacius justo judicio diffiniretur presenti vobis mandamus atque precipimus, quatinus, visis litteris istis, in xv dies in presenciam nostram et episcoporum veniatis respondere, paratus de prefata possessionem abbati et monachis. Set licet enim, prout debemus, vos veraciter diligamus, nequaquam cum vobis percere possumus, qui mandatum domini Pape super hoc faciamus. Auctoritate igitur ipsius domini Pape et precepto, vobis interim iter Ierosolimitanum proibemus, quousque inter vos super hac causa diffiniatur aut concordia aut judicio canonice termineтur. Ut igitur nobis super hoc certius credatis, litteras domini Pape dignum duximus vobis mitti atque transmitti.

CCCCLXXIX 1147.

Copie du XIIe s. : Madrid, Archivo National, *Cartulaire B*, 595, fol. 37^v^, n° 108.

Garcia Garcez de Bugniol.

In Dei nomine. Hęc est carta de cambio quę fecerunt fratribus Templi, frater Remon Bernard cum consilio et voluntate de aliorum fratribus de Novellas, tam presentibus quam futuris. Dederunt fratribus illas casas qui fuerunt de Martin Petrez, ad don Garcia Garcez de Bugniol, per illas suas casas, qui se tenent cum illo muro. Et est inde fid(ancia) salvitatis ad forum terrę, ex parte de fratribus, don Apparicio; et est fid(ancia) ex parte don Garcia Garcez, Pere Lespic. Sunt testes, visores et auditores de isto cambio : Xemen Garcez de Oyon, Domingo Lespic, Iohen de Iohen Tarechez, Raza, Malet de Lusia, Ennecho Sanz. Facta carta anno quando capta fuit Untignena (*b*), era M^a^C^a^LXXX^a^V^a^, regnante rex G(arsias) in Pampilona et in Tutela; comes Barchinona in Aragone et in Saraguza.

CCCCLXXX 1147.

Copie du XIIe s. : Madrid, Archivo Nacional, *Cartul. B*, 595, fol. 30-30^v^, n° 60.

De illa peça de Petro Magrel.

In Dei nomine. Hec est carta de illa peça de terra quam conparaverunt fratres milicie Templi Salomonis, scilicet frater Rigald Viger, cum aliis fratribus, presentibus et futuris, de Petro Magrelo et uxore sua, nomine Gratia, vel de eorum posteritate, salva et libera, per cuncta secula; et dedimus ibi, inter precium et alifarra, VIII soli-

(*a*) La bulle est datée de Trèves 18 décembre [1147]. — (*b*) La date exacte de la prise de cette ville nous est inconnue.

dos Tutelane monete. Est illa pece, in Navasa, inter Racezol et Novellas, ex una parte don Gassion de Bilforato, ex alia parte Martin Alboharez *(fol. 30vo)*. Est inde fid(ancia) de salvetate, a foro terre, Arnal Ponz. Testes sunt : don Apparicio, Martin Calvo, Martin de illos Pastors, Iohan de Madona, Sanz d'Oblitas, anno quo cepit rex Garcia Taust (a) era M°C°LXXX°V.

CCCCLXXXI 1147.

Copie du XIIe s. : Madrid, Archivo Nacional, *Cartul. B*, 595, n° 62, fol. 25.

DE CAMIO FRATRIBUS ET MARTIN PETREÇ.

In Dei nomine et ejus gratia. Hec est carta de camio que fecimus ego Raimunde Bernard, scilicet, frater Richard et consensum aliorum fratrum nostrorum ; camiamus inde unas casas qui fuerunt de Martino Petreç cum Garciarceç de Buniol, per illas suas casas qui se tenent cum illo muro. Est inde fidança de salvetate ad forum terre, ex parte fratres, don Apparitio, et ex parte don Garciarçeç Petro Espig. Sunt testes : Exemen Garçeç de Oion, Domingo Espig, Iohen de Iohen Talegeç, Raça, Malet de Lusia cognato don Apparitio. Eneco Sanç de Uno Castro. Facta carta anno quo fuit capta Untiguena (a), in era M.C.LXXXV., regnante rege G(arsia) in Pampilonia, comes Barchin(onensis) in Aragon.

CCCCLXXXII [1147—14 septembre 1148.]

Copie du XVe s. : Londres, British Museum. Cotton. Nero E VI, fol. 289ro.

Edité incomplètement : Dugdale, *Monasticon* (éd. 1846), VI, p. 821.

CARTA STEPHANI REGIS ANGLIE DE MANERIO DE WITHAM CUM DIMIDIO HUNDREDO IBIDEM.

Stephanus, rex Anglie, archiepiscopis, episcopis etc... Sciatis quia dedi et concessi, in perpetuam elemosinam, militibus fratribus de Templo Ierusalem, manerium meum de Witham, pro anima regis Henrici, avunculi mei, et pro salute anime mee et Matildis regine, uxoris mee, et puerorum meorum, cum omnibus pertinentiis, excepta ecclesia et ecclesie pertinentiis, que dedi ecclesie sancti Martini London(iensis) et canonicis. Quare volo et precipio quod bene et in pace et libere et quiete et honorifice teneant et habeant cum dimidio hundredo eidem manerio pertinenti, in omnibus rebus, sicut comes Eustachius melius et liberius tenuit ; et propter hoc clamo manerium illud quietum de daneg' in perpetuum et in omnibus aliis rebus et consuetudinibus, preter hiis que pertinent ad dignitatem corone mee. Et hanc donacionem illis feci, concessione Matildis regine, de cujus patrimonio et hereditate manerium illud constat fore. Testibus Matilde regina et comite Gilberto, et Willelmo de Ypra, et Willelmo Marc(elle), et Ricardo de Luci et H. de Traci et Rogero de Fraxino et Simone de Girardi Molend(ino) apud Londonias.

CCCCLXXXIII [1147—14 septembre 1148.]

Copie du XVe s. : Londres, British Museum, Cotton. Néro E VI, fol. 289vo.

CONFIRMACIO MATILDI REGINE ANGLIE DE EODEM.

M(atildis) regina Anglie, archiepiscopis, episcopis, abbatibus, comitibus, justiciariis, vicariis, baronibus, ministris, et omnibus fidelibus et amicis suis tocius Anglie,

(a) La date exacte de la prise de cette ville nous est inconnue.

salutem. Sciatis quia concessione domini mei, regis Anglie, Stephani, dedi, in perpetuam elemosinam, militibus fratribus de Templo Ierusalem, manerium meum de Witham, pro anima comitis Eustachii, patris mei, et pro salute domini mei regis Stephani et mea et puerorum meorum, cum omnibus ei pertinentibus ; excepta ecclesia et ecclesie pertinenciis, que dedi ecclesie sancti Martini Londonensis et canonicis. Quare volo et firmiter precipio quod bene et in pace et libere et quiete et honorifice teneant et habeant, cum dimidio hundredo eidem manerio pertinente, in omnibus rebus, sicut comes Eustachius, pater meus, melius et liberius tenuit in vita sua. Teste comite Gilberto (*a*) etc. apud Londonias.

CCCCLXXXIV [1147—14 septembre 1148.]

Copie du xv^e s. : Londres, British Museum, Nero E, vi, fol. 289vo.

Confirmatio Eustachii comitis Bolonie de eisdem manerio et dimidio hundredi.

Comes Eustachius (*b*) Bolonie, episcopo Londonensi, etc. Sciatis me concessisse Deo et militibus fratribus de Templo Ierusalem in perpetuam elemosinam, illam donacionem quam rex Stephanus, pater meus, et Matildis regina, mater mea, eis fecerunt de manerio de Witham, cum hundredo eisdem pertinenti et cum omnibus aliis rebus eidem manerio pertinentibus, ita bene et plenarie et libere et quiete, sicut predictus rex Stephanus pater meus et Matildis regina, mater mea, illud manerium eis dederunt et cartis suis confirmaverunt. Testibus comite Gilberto de Penbroc, et Willelmo de Ipra, et Willelmo Marcello, et Ricardo de Lucy, et Rogero de Fraxino, apud Londonias.

CCCCLXXXV [1147 14 septembre 1148.]

Copie du xiii^e s. : Oxford, Bodleian, ms. Wood (empt. 10), fol. 83.

[O]mnibus etc. Rogerus filius Hunfredi in Xpisto salutem. Sciant presentes et posteri me concessisse et dedisse militibus de Templo Salomonis terram meam de Ingeflod, que est de feodo comitis Gilberti, in perpetuam elemosinam pro amore Dei et pro anima mea et pro animabus antecessorum meorum. Testibus : comite Patricio de Saresbiria, Waltero Maltravers, Ricardo filio Willelmi, Remundo de Berneford, Willelmo clerico et aliis.

CCCCLXXXVI [1147 —14 septembre 1148.]

Copie du xiii^e s. : Oxford, Bodleian, ms. Wood (empt. 10), fol. 83.

[C]omes Gilbertus Penbrocie omnibus etc. salutem. Sciatis me concessisse donum quod Rogerus filius Hunfredi fecit Deo et sancte Marie et fratribus militie Templi Salomonis de Ingeflod in puram elemosinam. Quare volo et firmiter precipio quatinus ipsi illam bene et in pace libere et quiete de omnibus servitiis et consuetudinibus teneant, comite Gilberto (*c*) de Clare testante et concedente, Thalebot, Radulpho Blavet, Ric(ardo) filio Osberti, Rad(ulpho) de Cam, Willelmo Ruffo, Philippo de Humez. m Reinfredi ?

(*a*) Gilbert de Clare comte de Pembroke 1138, † 14 septembre 1148. — (*b*) Eustache, comte de Boulogne, 1147 † 10(11) août 1153 — (*c*) Gilbert, comte de Hertford, 1141 (avant Noël), † 1152.

CCCCLXXXVII [1147—1150.]

Original jadis au château de Foix, *Cartul.*, Caisse 6.

Édité : Hist. du Languedoc, édit. Privat, t. V, c. 1107.

In nomine . . . . Pateat . . . . quod ego, Rogerius (*a*) Biterrensis vicecomes, ut Dominus omnipotens dimittat mihi omnia peccata mea et misereatur anime domini patris mei, Bernardi (*b*) Atonis et domine Cecilie (*c*), matris mee, cum consilio fratrum meorum, scilicet Raymundi Trincavelli (*d*) atque Bernardi (*e*), offero domino Deo et militie Templi Salomonis Iherosolimitani, et fratribus ibidem servientibus, tam presentibus quam futuris, in villa que dicitur Falgairas, que est in Narbonensi archiepiscopatu, quendam hominem nomine Bernardum Engelberti, cum omni progenie sua et cum manso ubi visus est manere, et cum omnibus que ad ipsum mansum pertinent et pertinere debent sive homo ille de me tenet et habet et in eadem villa de Falgairas alios duos homines, scilicet Amelium Deodati et Be[r]nardum Deodati, fratrem ejus, cum infantibus eorum et omnibus eorum posteritatibus et cum manso ubi manere visi sunt et cum omnibus ipsi manso pertinentibus atque cum omnibus illis que homines illi de me habent et tenent. $ Trencavelli et Bernardi Atonis et Guillelmi de Sancto Felice, vicarii Carcassensis.

CCCCLXXXVIII [1147—24/5 décembre 1151.]

Éditée : Ed. de Barthélemy, *Diocèse ancien de Châlons*, pp. 398-9 (je n'ai pas pu retrouver cette charte aux archives de Châlons-sur-Marne).

In nomine sancte et individue Trinitatis, Bartholomeus (*f*) episcopus, presentium et futurorum memorie commendamus dominam Avelinam dedisse fratribus de Templo, in elemosinam, domum in vice qui dicitur Macellatorum, sitam non longe a muro civitatis. Hanc fratres ipsi vendiderunt cuidam Odoni. Stephanus autem cui domus predicto erat contigua, in eam duxit emptorem vassereus ex commune quam ad invicem habuissent conventioni, se jure esse participem emptionis. Odo vero hanc conventionem se cum eo habuisse prorsus negabat. Hec demum controversia, coram nobis ventilata, hoc tenore terminata est : ut terra que adjacet domui Odonis et que adjacet domui Stephani, versus murum civitatis, ad communem et consuetum usum predecessorum, quamdiu fratres de Templo voluerint, remaneat ; cum autem ipsi fratres voluerint terram Odonis et terram Stephani intercludi, ad voluntatem eorum fiet.

Hujus rei testes sunt : Haimo archidiaconus, Iofredus archidiaconus, Odo Tortardus, Petrus filius Balduini, Adam Braher, Adam frater Guidonis dapiferi, Odo sancti Michaeli, Balduinus Ruffus, et Iohannes frater ejus.

(*a*) Roger, vicomte de Carcassonne, 1129 † 1150. — (*b*) Bernard Atton, vicomte de Carcassonne, 1083 † 1129. — (*c*) Cécile de Provence ép. 1083 Bernard Atton, † avant juillet 1147. — (*d*) Raymond Trencavel, vicomte de Carcassonne, 1150 † 15 octobre 1167. — (*e*) Bernard Atton, vicomte de Nîmes, † c. 1169. — (*f*) Barthélemy, évêque de Châlons, 1147 † 24/5 décembre 1151.

CCCCLXXXIX [1147–24/5 décembre 1151.]

Original jadis scellé : Châlons-sur-Marne, Arch. dép., fonds de la Neuville au Temple, liasse 2-8.

Edité : Ed. de Barthélemy, *Diocèse ancien de Châlons*, p. 398.

In nomine sanctę et individuę Trinitatis. B(artholomeus) (*a*) Cathalaunensis episcopus. Noverint presentes et posteri quod homines quidam, quorum nomina subscripta sunt, temerario ausu infregerunt portas, salicesque amputaverunt, atque viridarium in terra fratrum de Templo eradicaverunt, videlicet Radulfus Hanricus, Teodoricus de Belran[1], Droco Ricous, Ebroinus Iohannes filius, filius Guinerdi, Angerus, Petrus de Vado, Pulcher parvulus, Hanricus de Wasno, Rainaldus de Wasno, Robertus Hugo frater ejus, Petrus de Buxiaco, Tebaudus de Wasno, Walbertus frater ejus, Bertrannus Niger, Wiardus de Sancto Hilario, Teodericus de Contau, Durannus, Hugo Lepus, Odo de Buxiaco, Albertus de Vilors, Alexis de Vasno. Facta vero satisfactione tantę offensę, hęc inter eos compositio facta est, ut per terram predictorum fratrum, sub censu xx[1] quinque denariorum, viam habeant, latitudinis decem pedum usque ad aquam. Hi autem denarii singuli a singulis viginti quinque hominibus in festo sancti Remigii persolventur. Si quis vero eorum, vel decessu vel aliquo modo ab usu atque participatione se subtraxerit, et nummum solvere noluerit, portio quę ad eum pertinebat in manu fratrum de Templo remanebit, ut quotquot voluerint in eadem portione substituant. Hujus rei testes sunt : Haimo, Mannus archidiaconi, Acharinus, Petrus filius Bauduini, Guido dapifer, Rogerus prepositus, Petrus buticularius, Hugo Calculus, Iacobus de Canterana, Helvidis.

Prędictam vero terram per quam prefatis hominibus hęc via concessa est, dedit Hugo Calculus in elemosinam fratribus de Templo, laude et assensu uxoris et filiorum ejus. Actum per manum Manni cancellarii.

CCCCXC [1147–24/5 décembre 1151.]

Deux *originaux* jadis scellés, Châlons-sur-Marne, Arch. dép., fonds de la Neuville, liasse 34-9.

Analyse : Ed. de Barthélemy, *Diocèse ancien de Châlons*, chartes de la Neuville, n° 11.

In nomine sanctę et individuę Trinitatis. B(artholomeus) Cathalaunensis episcopus tam presentibus quam futuris notum fieri volumus, dominum Guidonem Tortum (*b*) dedisse fratribus de Templo, in elemosinam, quamdam sedem molendini apud Boe, ad usum quidem molendini et fulconię, deditque eis vivarium atque potestatem accipiendi terram ad opus et reparationem molendini et vivarii, necnon viam eis concessit ad molendinum euntibus quoque et redeuntibus ducatum. Ex hac postmodum vero donatione, inter predictos fratres et Ulricum generum prefati Guidonis controversia emersit, quę demum auxilio et laude nostra hoc pacto determinata fuit : fratres nempe de Templo prefato Ulrico xx[ti] libras Cathalaunensis monetę dederunt ; ipse vero, laude et assensu uxoris suę et filiorum ejus, quicquid in predicta dona-

(*a*) Barthélemy, évêque de Châlons, 1147 † 24/5 décembre 1151. — (*b*) Cette donation est de 1132—1142, ch. XLIX.

1. *Rajouté en interligne.*

tione comprehendimus, eis in liberam possessionem concessit, eo tamen excepto quod usum piscarię sibi soli in parte reservavit. Hujus rei testes sunt : Haimo, Mannus archidiaconi, Acharinus, Adam Brehers, Thomas et uxor ejus, Emmauricus de Gadenos, Constantius de Conpelleio.

CCCCXCI

[1147 ?—1154.]

Copie du XIIe s. : Bibl. Nat., nouv. acq. lat., 1934, fol. 33.

QUOD LICET FRATRES MILICIE TEMPLI FACERE POSTERLAM IN MURO CIVITATIS.

Ludovicus, Dei gratia Francorum rex et dux Aquitanorum, A(de) egregio atque venerabili Belvacensi castellano et omnibus aliis baronibus militibus et burgensibus nobis dilectissimis salutem et nostram gratiam. Super dilectione et beneficiis que pro Deo et liberalitate vestra militibus Templi contulistis, vobis gracias multimodas referimus, et quod non a bono desistatis incepto vobis supplicamus proinde vero vobis innotescimus quod nos eisdem militibus Templi qui veri milites Xpisti sunt, pro Deo et salute anime nostre, posterlam in muro civitatis nostre, per quam possint intrare ad domum suam et exire, edificare concedimus. Et pro eisdem nobilitatem vestram deprecamur quatinus eos et omnia bona eorum que circa vos sunt, prout vestra conservetis neque de suis rebus ullomodo irrogari injuriam permittatis. Valete.

Cette charte est postérieure à 1146 puisqu'une charte de cette date dit : « Adam filius castellani » (cartul. de Beaupré, fol. 22) et antérieure à 1154 à cause de « dux Aquitanorum ».

CCCCXCII

1148, (1–31) janvier.

Copie du XIIe s. : Madrid, Archivo National, *Cartulaire B.* 663, page 84, n° 200.

In Xpisti nomine. Hec est carta venditionis quam facio ego Fortunio Galinz castellano, filio de senior Galin, et fratres de Templum Domini de Iherusalem ; prenominatos illos erant in presente dompno Frevel magister, et don Arnal de Stopangan et don Petro Iohannes et don Remon de Castelnovo. Placuit michi libenti animo et spontanea voluntate, et vendo vobis unas casas in Oscha ad illo collelo, qui fuerunt de meo patre don Galin Iohannes et de meo thione Fortunio Iohannes, cui sit requies : habent in oriente affrontationes, casas de Ennecho Petrez, de occidente via publica, de meridie casas de illa mulier de Pere de Lizano, de septentrione via publica et casas de Spaniol de Presbitero. Et illo precio, quantum convenimus inter me et vos atque complacuit, scilicet L morabetinos bonos melechis et meris, et CCC solidos denariorum monete Iaccensis de IIIcc denariis, quos in manu accepi, apud vos seniores nichil inde remansit. Dono vobis fidanzas de salvitate de vestras casas, secundum usum terre, Alaman de Luna et Lupo de Albero, filio senior Lope Fortunions, ut habeatis et possideatis vos, seniores et fratres de Templo Domini, has predictas casas, salvas et ingenuas, liberas et franchas, securas et quietas, ad vestram propriam hereditatem, per facere inde tota vestra voluntate per secula cuncta amen. Sunt testes et auditores et visores de hoc supradicto : don Garcia Garcez de Oscha, et Guillelmus Becharre, Pere Pictavin, et don Gilard Pelliter, et Pere filio ejus, et Remon, filio Fort Sanz de Iacha. Facta est ista carta era M·C·LXXX·VI·, mense januario, anno quando obsederunt homines de Genua, cum domino nostro comite, civitatem que vocatur Almaria, et fuit capta per gladium; Ferriz senior in Oscha, Sancio Sangiz senior Avalmedina, Sancio Dat merino. Sancio Fortunions justicia, episcopus Dodo (a) in Oscha et Iacha atque in Barbastro, Galin Ximinons in Alchala, don Gomez in Ayerb, Fortun Dat in Barbastro. Ego Arnaldus hanc cartam scripsi quod et de manu mea hoc SIGNUM ✠. Et ego Albira uxor de Forten Galinz, simul cum filios nostros, hanc cartam suprascriptam laudamus et affirmamus et atorgamus. Facta carta de isto atorgamento de la donna cum suos filios, in Saragoza, que non erat illa in Oscha, quando suprascripsionis fuit scriptam; et sunt testes et visores et auditores: don Balchet, et Arbert de Valencia et Monnio Galleco et Iohannes scriptor qui istos duos regulo scripsit.

CCCCXCIII (1148, janvier—mars)

Copie du XIIe s.: Madrid, Archivo Nacional, *Cartulaire B*. 595, fol. 123ᵛᵒ, n° 330.

De illo molino de Bust Mediane.

Sub divina clementia, scilicet Patris et Filii et Spiritus sancti amen. Ego, Fortunio Lopeç de Alfar et uxor mea dompna Sanga, ex parte Dei omnipotentis et pro eo quod, ad obitum nostrum, in adjutorium et redemptionem nostrorum vincula peccatorum, damus illo molino de Busto Mediano ad illos seniores milites Deo et Templum Salomonis, et ut mereamur participes fieri in beneficium eorum, in vitam eternam, et filios meos vel filias et omnis posteritas nostra per cuncta secula. Similiter Lupus, noster filius, et consanguineus ejus Pardus istum donativum donant et auctorizant. Sunt testes hujus rei: Galin Sanç de Navascos, Calvet de Ortosella, Iohannes Michael de Agreda, et Xemen Sanz filio de Munada, Monio. Facto isto donativo in manu fratris Rigald Viger et fratris Helias Folcald. Dato in Alfaro, quando episcopus Michael fuit ad concilium (b) in Francia.

CCCCXCIV 1148, (1er janvier—31 décembre.)

Copie du XIIe s.: Madrid, Arch. Nacional, *B*. 595, fol. 27, n° 73; et fol. 160ᵛᵒ, n° 406.

De illa populacione de illos Archos.

In nomine Domini nostri Ihesu Xpisti. Ego, Garsias (c), Dei gratia Pampilonensium rex, facio hanc cartam donationis et confirmationis Deo et militie Teplum Salomonis tam presentibus quam futuris. Placuit michi libenti animo et spontanea voluntate, propter amorem Dei, et animas parentum meorum. Dono et concedo illa hereditate unde sunt tenentes hodie illos populatores de illos Archos qui in illa hereditate de Templo sunt populatos, ut illa habeant salva, ingenua et frangca sive

In nomine Domin inostri Ihesu Xpisti. Ego Garcias, Dei gratia Pampilonensium rex facio hanc cartam donationis et confirmationis ad Deo et ad fratribus Templum Salomonis. Placuit michi libenti animo et spontanea voluntate propter amorem Dei et animas parentum meorum. Dono et concedo illa hereditate unde sunt tenentes hodie illos populatores qui in illa hereditate de Templo sunt populatos, quod habeant illa franca et ingenua tota, quantum in illo termino de illos Archos habent in heremo et populato et non ser-

(a) Dod, évêque de Huesca, 1134–1160. — (b) Sans doute le concile de Reims qui commença le 22 mars 1148. — (c) Garcia, roi de Navarre, 1134 † 1150.

libera per infiita secula, ille populatores vel posteritas eorum, heremo et populato cum exiis et foris. Et insuper ista convenientia de hodie in antea nec per mulierança nec per maridança nec per consocrança nec per compara nec per acapto nec per dompnum ke non demandent nec razonent ad illos de Templo nec ad suos populatores mag[is] (*fol. 27*[vo]) de ista hereditate suprascripta nec de villano nec de infançone Avarca que michi pertinet; nec ego rex G(arsias) nec mea posteritas non demandent nec reçonent ista hereditate que dono ego G(arsias) rex ad illos fratres suprascriptos sive in illa alia hereditate quod dedit eis rex Adefonsus (*a*) Aragon(ensis) in illos Arcos.

Facta carta donationis in manu fratris Rigald Viger et fratris Helies Folchald in villa que vocatur Stella. Era M.C.LXXX.VI. anno quo fuit capta Almaria ex rege G(arsia) et imperatoris (*b*) Castelle soçerum suum. Regnante me rex G(arsia) in Pampilonia, in Alaba, in Ipuschua. Episcopus Lupus (*c*) in Urunia et suo episcopatu. Episcopus Michael in Tyrassona (*d*). Comite Latrone in Aivar, Gilelm Açenarç in Tafalla, Rodrigo Avarcha in Funes et in Balterra, Rodrigo de Açahra in Estela. Ranimir Sanç in Maragnon, dompna Maria, uxor de Martin Sanç, in illos Archos, et filii ejus et per manibus eorum Petro Lopiç de Morineta.

Sunt testes : Rodrigo de Açahara, Ranimir Garçeç, Gonçalvo de Açahara, Iohann Gonçalvo, Bertran de Punicastro, don Tetbalt, don Telgo de Cornio, don Dominico de illos Arcos, don Gonçelvus, Iohannes scriba qui scripsit illam cartam sub jussione sui domini regis G(arsie).

Signum ✠ regis Garsia.

viant ad nullum alium hominem nisi ad fratribus Templi. Super hoc donativum do illis de isto die in antea nec per mulleranza nec per maridanza nec per consocrorio nec per compara nec per acapto nec per dono, quod ego rex Garsias nec nullus qui post me venerit ke non demandem, nec razonem illos fratres de Templo nec suos populatores qui sunt et in antea erunt, amplius de illa hereditate de illos Archos qui est suprascripta nec de villano nec de infanzone Avarcha nulla causa quod michi pertineat ; set totum sit de fratribus Templi similiter in alia hereditate quod dedit eis rex Adefonsus de Aragone dedit ad fratribus Templi in illos Archos, ego laudo et confirmo ut aliud meum factum supra.

Facta donatione et confirmatione in presentia fratris et magistri Rigalt Viger et ante fratrem Helias Focalt.

Signum regis ✠ Garsie. Facta carta in villa que vocatur Stella, era M.C.LXXX.VI, in anno quando imperator et rex Garsia prendiderunt Almaria ; in illo tempore domna Maria mulier de Martin Sanz et filii sui tenebant hanc honorem et per manibus eorum Petro Lopiz de Morieta. Regnante me Dei gratia rex in Pampilona et in Alaba et in Bizcaia et Ypuzca. Episcopus Lupus in Panpilona. Episcopus Michael in Tarazona. Comite Latrone in Aibar. Gilelm Acenarez in Sangossa. Martin de Lehet in Galipenzo et in Petra Alta. Raimir Garcez in Sancta Maria de Uxua. Xemen Aznarez in Tafalla. Rodrico de Azagra in Estela. Ramir Sanz in Maragnon. Rodrico Avarca in Funes et in Balterra.

Sunt testes : Rodrico Azagra, Ramir Garcez, Gonzalvo de Azagra, Iohann Gonzalvez, Bertran de Punicastro, don Tibalt, Tello de Cornonio, Domingo de los Arcos, Gocel de illos Archos. Iohannes scriba de Tutela per mandamentum regis hanc cartam scripsit et hoc ✠ fecit.

(*a*) Alphonse, roi d'Aragon et de Navarre 1104, de Castille et de Léon 1109, † 7 septembre 1134. — (*b*) Alphonse, empereur d'Espagne, 26 mai 1135 † 21 août 1157. — (*c*) Loup, évêque de Pampelune, 1142—1159. — (*d*) Michel, évêque de Tirazzone, 1119 † 1151.

CCCCXCV 1148. (1er janvier—31 décembre.)

Copie du XIIe s. : Madrid, Archivo Nacional, *Cartulaire B.* 595, fol. 10vo, n° 29.

De ecclesia de Arbaçaçol, Bernardus.

In nomine domini nostri Ihesu Xpisti. Ego Bernardus (*a*). Dei gratia, Cesaraugustanus episcopus, cum consilio canonicorum sancti Salvatoris, dono vobis, frater Rigald Viger et ceteris fratribus Iherosolimitani Templi Salomonis, ecclesiam de Raçaçol, in perpetuum, salva mea dignitate ac justitia vel successorum meorum, et meo quarto et mea çena; ac illa ęcclesia de Buccuneic similiter dono vobis. Hoc confirmaverunt dompnus Raimundus prior sancti Salvatoris, et dompnus sacrista dompnus Sancius sancti Petri, ac dompnus Acenar prior sancte Xpistine, et dompnus Giraldus ac dompnus Gilelmus de Quinto. Era M.C.LXXX.VI. Signum Bernardus episcopus ✠ Çaragosça.

CCCCXCVI 1148. (1er janvier—31 décembre.)

Copie du XIIe s. : Madrid, Archivo National, *Cartul.* B, 595, fol. 31, n° 83.

De illa vinea que fuit de Balles.

In Dei nomine. Ego Bales et mea mulier, dona Oria, cum filiis et filiabus meis, vendo unam vineam, que est inter illa que fuit de Iohan Algeba, et inter illa que fuit de Garcie Chivel, ad fratres militie Templi Salomonis, scilicet fratri et magistro Rigald Viger, et fratri Elias Focald et fratri Ricardo et aliis fratribus, tam presentibus quam futuris, per III morabetins marins; et dono illis unum casal, quod est circa illam casam Domingo de Heba. Est fid(ancia) de toto de salvetate, a foro de terra, Arnald Ponz. Testes : don Apparicio, Gilelm Alverniaz, Domingo Lespigo, Martin Alboharez, Iohen d'Oblitaz. Illo pagato de suo aver et de sua alifarra XII denarios. Facta carta era M·C·LXXXVI, anno quo comes Barchinonae (*b*) sedebat supra Tortossa, et rex Garcia (*c*) cepit Taust et illos Faios.

CCCCXCVII 1148, (1er janvier—31 décembre.)

Copie du XIIe s. : Madrid, Archivo National, *Cartul.* B, 596, fol. 31, n° 84; cf. *ibidem*, *Cartulario* Magno, IV, n° 460.

De camio quod fecerunt fratres cum Garcia Arces de Bunnol.

In Xpisti nomine. Hec est carta de camio quod faciunt fratres de Templo, scilicet frater Rigald Viger cum aliis fratribus, tam presentibus quam futuris, cum Garci Arcez de Buniol et cum sua muliere et filiis et filiabus suis. Camiamus ei illa peça de Navas que fuit de Geraldo Abbate in Vilela, et illa alia peça de Navas quam fuit similiter de Gerald Abbate, pro illa peça de illas Areas quam se tenet cum illa vinea de fratribus Templi. Est fid(ancia) de parte fratrum don Apparicio et Per Bernard, et de parte Garci Arceç et sua mulier et filiis et filiabus suis, don Esteven de Cortes et don Bales. Sunt testes qui viderunt et audierunt : Iohan Muniez, Martin Galeg, Per de Borja, Raimon Palaranc. Facta carta era M·C·LXXX·VI·.

(*a*) Bernard, évêque de Saragosse, 1137-1152. — (*b*) Raymond Berenger IV, comte de Barcelone, 1131 † 6 août 1162 — (*c*) Garcia, roi de Navarre, 1134 † 1150.

CCCCXCVIII 1148, (1er janvier—31 décembre.)

Copies du XIIe s. : Madrid, Archivo National, *Cartul.* B, 595 fol. 32v°, n° 89, et fol. 80v°, n° 241.

CARTA DE DOMINGO DE BONAFILIA.

In Dei nomine. Hec est carta de illas casas, de intus castello de Novellas, que vendidit Domingo filius de Bonafilia ad fratrem magistrum Rigald Viger et alios fratres per III morabers. Est fid(ancia) de salvetate Martin Albohares. Testes : don Aparicio, Arnald Ponz. Facta carta era M·C·LXXX·VI.

In nomine domini nostri Ihesu Xpisti. Hec est carta de illas casas quam vendidit Domingo filius de Bonafilia ad fratrem magistraum Rigald Viger et alios fratres per III morbers, illas scilicet casas que sunt in castello de Novellas. Est fides de salvetate a foro terre Martin Albohares. Testes : don Aparicio, Arnalt Ponç. Facta carta era M·C·LXXX·VI.

CCCCXCIX 1148, (1er janvier—31 décembre)

Copie du XIIe s. : Madrid, Archivo National, *Cartulaire B*, 595, fol. 124r°, n° 335.

Ego Lop Sanz de Belchit habebam querela de ista peça [1] suprascripta, et laudo hoc donativo, et auctorizo ego et Gomeç meo cognato. Facto donativo in manu fratris Rigal Viger. Testes : Galin Açenarç, Garci Arceç de Asin, Galin Exeminones, nepos de Lop Sanç, anno quo ipse Lop Sanç obiit, et Garcia Ortiç servivit Deo in Corbins [2] cum illis fratribus.

D 1148, 2 janvier.

Copie du XIIe s. : Avignon, Biblioth. munic., *Cartul. de Richerenches*, n° XL fol. 24r°.

Edité : Mis de Ripert-Monclar, *op. cit.* n° 42, p. 44-5.

DONUM PONCII GERALDI DE BARRE.

Breve memoriale Poncii Giraudi qui dimittit Deo et fratribus Templi, propter remissionem animę patris et matris et animę suę, totum quod habebat in castro nomine Barre intus et extra, la terra del Col tras lo castel, la terra de la Lausa, la vinea de Verte, lo verdier de la Cumba, el tenement Petri Bernardi de quo dat VI. denarios, la terra de la Roveira, quam facit Petrus Ugo, la terra de la Fleisa, lo tenement de pueribus Petri Bertrandi et de uxore sua, VIII. d. sensals et una emina d'ordi et duabus gallinis et duos panes et unum cartallum vini puri. Hoc totum debet ęssę datum a kalendas. La terra de juxta Senonis, in qua habent sextam partem filii Petri Romeu et debent illam tenere de fratribus Templi, et de hoc quod ebebant ad Avisan ipse et frater ejus las tres partes et las gatgerias quas habet frater suus ab eo, si illi redimere voluerint, et hoc vadimonium est CC. solidi Valentinensis, et totum quod habe-*(fol. 25)*bat el mas Peiro Remusa de hoc quod est ad Avisa, quod ei dedit Willelmus Bermundi, consanguineus ejus. Testes sunt Poncius Humbertus presbiter, Giraldus Pastor, Petrus Martinus. Testes sunt hujus carte : Nicholaus de Monte

1. Cf. ch. CCCLXVII. — 2. Cf. ch. DV « eodem anno servivit Garcie Ortiz ad Corbins » ; c'est pourquoi nous datons cette charte de 1148.

Securo, sacerdos, frater Bernardus de Boazo, frater Costantinus de Sancto Paulo, frater Petrus del Pont, conversus Prati Baioni, Radulfus Acullo et Raimundus, frater ejus, Willelmus de Barre et filius Willelmus Bertrannus de Barre, Poncius Imbertus sacerdos, Poncius Iterius sacerdos, Arnaldus sacerdos, Petrus Umbertus, Geraldus Pastor, Petrus Martinus, Ricardus Guillafredus, Stephanus Guillafredus, Willelmus Geraudus.

Hanc cartam fecit facere Poncius Giraudus ad Aquabella, in presencia Arnulfo, priori ejusdem loci, et Renaldi Arveu et Gillelmo cellarario, monachis ejusdem loci, et Eustorgii, qui illam scripsit IIII°. nonas januarii, anno ab incarnacione Domini M°. C°. XL° VIII°., quando Lodoicus, rex Francie, Iherosolimam ivit.

DI 1148, samedi 7 février.

Copies du XII° s. : Madrid, Archives National, lej. 38-43 et *B.* 595, fol. 127v°; du XV° s. ex orig. *Cartul. Magno*, II, fol. LXXXVIIv°, n° 185.

Vidimus Toulouse : Archiv. dép. fonds de Malte, *Bordères*, liasse 3, n° 27 et liasse 1, n° 1.

Edité : Du Bourg, *op. cit.*, pièces justificatives, n° LXII.

In Xpisti nomine. Notum esse cupio omnibus presentibus et futuris quod ego, Petrus (*a*), comes Bigorritanus, et uxor mea, Beatrix (*b*), comitissa atque Centullus (*c*), filius noster, bono animo et spontanea voluntate nostra, pro nostrorum et parentum nostrorum remissione peccatorum, Deo et beate Marie et omnibus presentibus et futuris Templi Iherosolimitani militie [1] fratribus donamus et concedimus et ad possidendum semper pro voluntate sua tradimus nostrum dominium et alodium nostrum et hereditatem nostram et omnia nostra jura et ab integro totum illud quod habemus jure hereditario vel alio aliquo modo in villa que vocatur Borderas et etiam in tota illius parrochia, scilicet terras cultas et incultas, aquas et aquaria, paschua [2] et nemora, piscationes et venationes et omnes introitus et exitus sine aliquo retentu alicujus personę. Hec omnia de nostra manu et de nostro dominio in manu et in dominio omnium fratrum militie [3] predictum [4] tradimus ut ipsi fratres militie [5] omnes, presentes et futuri, de hoc honore et in hoc honore, secure et libere voluntatem suam fatiant [6] per omnia et in omnibus semper in secula seculorum amen.

Similiter, nos predicti donatores Petrus scilicet [7] et Beatrix comitissa et Centullus [8], filius noster, donamus predictę militie [9] fratribus presentibus et futuris quicquid habemus vel habere debemus in domibus suis Cesaraugustę et in honore qui ipsis casis pertinet, casas ipsas et omnem illum honorem solvimus predictis fratribus ad possidendum secure in perpetuum.

Facta est carta ista et hec donatio in Lurida castello, anno ab incarnatione Xpisti M°C°XL°VIII°, VII idus febroarii, sabbato. Existentibus atque jubentibus Petro comite et comitissa Beatrice cum Centullo, eorum filio cr/ce | u/m imponere et sic scribere.

(*a*) Pierre, vicomte de Marsan, comte de Bigorre, 1118 † 1163. — (*b*) Béatrice, comtesse de Bigorre, ép. 1118 Pierre, vicomte de Marsan, † c. 1156. — (*c*) Centulle III, comte de Bigorre, 1163 - 1178.

Variantes : lej. 38-43 : milicię. — 2. pascua. — 3. milicię. — 4. predicte ; predictę. — 5. milicię. — 6. faciant. — 7. Petrus comes scilicet. — 8. Centulus. — 9. milicię.

Hujus vero dati testes isti subscribuntur [1]. SIG✠NUM Enesanç de Anglis. SIG✠NUM Arnaldi Guillelmi de Anglis. SIG✠NUM Petrus de Astuga. SIG✠NUM Raimundus de Casamont. In presentia B. abbatis Scalę Dei, Petrus de Rovera, magister in parte milicie Templi, et frater Arnaldus de Villa Nova receperunt hoc donum de predictis donatoribus pro se et pro omnibus aliis Templi fratribus, presentibus atque venturis. [2] SIG✠NUM Raimundi Garssie de Leveda [3]. SIG✠NUM Dodonis de Benac. SIGNUM comitis ✠.

Robertus sacerdos scripssit die et anno prescripto.

DII 1148, 9 février.

Original : Madrid, Archivo National, lej. 171-4.

Copie du XIIe s. : *Ibidem, Cartul. B*, 595, fol. 126ro, n° 341.

DE DONO DON MICHEL BISBE DE TARAZONA.

In Dei nomine. Ego Michael (*a*), Tyrasonensis Dei gratia episcopus, cum consilio clericorum ecclesie mee, facio hoc scriptum perpetue stabilitatis vobis Rigald Viger et Elias Folcald, militibus Templi Ierosolimitani et ceteris fratribus vestris, tam presentibus quam futuris, pro amore Dei et ejus gratia obtinenda, et pro remissione peccatorum meorum, et pro animabus parentum meorum. Donaveram vobis ecclesiam de Ambel, retenta siquidem quarta parte decimarum, quo provenit episcopis ubique terrarum. Hanc autem illam quartam partem, quam michi retinueram, vobis dono et concedo, ad integrum, ut habeatis et possideatis eam libere et secure ad servicium domus vestre, per infinita secula, amen. Et ne quis hujusce voluntarie donationis temerarius vel presumptuosus destructor seu anullator accedat, ex parte Dei et ex ordine nobis injuncto, precipimus et, ut firma sit et in perpetuum stabilis, sub auctoritate Dei et ecclesie nostre censemus. Hujus donationis testes sunt omnes tam Tyrasonensis quam Tutelane ecclesie clerici : Vitalis prior, Calvet sacrista, Arnaldus Travers, Iohanes de Crisen, et alius Iohanes, Bertran et Sanctius ; de clericis Tutele : Reimundus prior de Coves, et alius Reimundus prior, Bernard del Corb, et Espainnol et omnes alii. Facta carta V[to] idus februarii, era M°C°LXXXVI.

DIII 1148, jeudi 12 février.

Copie du XIIe s. : Toulouse, Arch. dép., *Cartul. A de Douzens*, ch. 186, fol. 134vo et 135ro.

In nomine Domini. Ego, Arnaldus de Gaure, et filii mei, Gillelmus et Raimundus, diffinitores et laudatores sumus Deo et militie Templi Salomonis Iherosolimitani, et vobis, ministris ejus, Petro de Roeira, et Berenguario et Arnaldo de Surniano ceterisque confratribus vestris, in ipsa militia Deo servientibus, tam presentibus quam futuris. Donamus itaque et laxamus et sine omni retenencia *(fol. 135ro)* nostra diffinimus vobis medietatem ipsius mansi quem fratres militie predicte habent edificatum in villa de Gauro que scilicet ipsius mædietas ipsius mansi advenit vobis ex parte Raimundi de Gaure, fratris mei, ut ipsam medietatem habeatis et possideatis

(*a*) Michel, évêque de Tirrazzona, 1119 † 1151.

1. *Suppr. dans* Cart. Magno. — 2. Le Cartulaire B. 595 donne : Et est unus de testibus Raimundus Garcie de Lavedan et Dodon de Benac. Signum † comitis. — 3. Lavedan.

vestramque voluntatem sine omni nostra retinencia et sine omni contradiccione nostra de illa perpetim faciatis. Et oc facimus propter amorem Dei adipiscendum et pro salute animarum nostrarum et anime predicti Raimundi, fratris mei.

$. Arnaldi de Gaure et filiorum ejus, Guillelmi et Raimundi, qui sic istam cartam firmaverunt. $. domni Bernardi de Caneto et Poncii de Baranis et Gillelmi Mancip, in quorum manu et presencia hec diffinicio facta fuit et sic istam cartam firmaverunt. $. Bernardi Escorga. $. Arnaldi Guila. Arnaldus de Magriano scripsit vice magistri sui, Gillelmi Adaulfi, istam cartam dictantis, presente et jubente predicto Arnaldo de Gaure, anno millesimo C.XL.VII incarnationis Dominice, II idus februarii, feria v, regnante Lodovico rege.

DIV 1148, samedi 14 février.

Copie du XIIe s. : Toulouse, Arch. dép., *Cartul. A de Douzens*, ch. 205, fol. 149 (folio détaché et déchiré).

[In] nomine omnipotentis Dei, Patris et Filii et Spiritu sancti. Ego, Petrus de Sancto Iohanne, et ego, Bonetus de Redas, frater ejus, donatores sumus Deo omnipotenti et milicie Templi Iherosolimitani et vobis, fratribus ac ministris ejusdem milicie, Petro de Rueria ac Berengario et Arnaldo de Surniano et Arnaldo de Barbairano et Otoni de Talaboix ceterisque confratribus vestris, in predicta milicia Deo famulantibus, presentibus atque futuris. Donamus itaque vobis totum honorem nostrum quem habemus in [1] villa de Esperazano et in suis terminiis omnibus et in villa de Vernoz et in suis terminiis omnibus et in Castelono et in suis terminiis sive in aliis locis eciam et in villa de Gaure et [in su]is terminiis, homines scilicet et feminas, terras ac vineas, man[sos et m]ansiones, ortos, riparias, aquas, molinos, prata pas[cua, u]sus, usaticos, terra merita atque servicia, alodes et [. . . .] quantum in predictis villis et in omnibus illis termi[niis et] in aliis locis habemus et habere debemus totum nostrum [... rec]titudinibus nostris predicte militie et vobis prenomina[tis......] fratribus et successoribus vestris donamus atque laudamus ad hab[endum scilicet ac possedendum vestramque voluntatem perpe[tim faciendum], excepto hoc quod de predicto honore ego, Bonetus [. . .ha]beo donatum Sobrobs filio meo, sicut in sua [. . . script]um est. Verum est autem quia jam transactis VIII [. . .] fratres misimus nos atque dedimus [. . . (*fol. 149 v°*) . . .] consilio et voluntate domne matris nostre Al[b. . .] fecimus et dedimus suprascriptum honoris donum Deo et venerabili militie Templi. Ut sic ista carta cum hac donatione [nostra ?] firma et stabilis permaneat sine contradiccione et sine inguanno in [perpe]tuum.

De oc testes : Gillelmus Mancip et Arnaldus Gau[fre]di et Arnallus Guillelmi et Osmundus sacerdos et Bernardus Escorga, diaconus et Arnallus de Magriano et Bernardus diaconus, qui istam cartam scripsit vice domini sui, Gillelmi Adulfi, istam cartam dictantis, presente et jubente jamdicto Petro de Sencto Iohanne, pro se et pro predicto fratre suo, Boneto, anno M°.C°. XL. VII. incarnationis Dominice, XVI. kalendas marcii, die sabbato regnante Lodovico rege.

1. *Mots répétés* (in villa).

DV 1148, 18 février.

Copie du XIIe s. : Madrid, Archivo Nacional, *Cartul. B* 595, fol. 129-30, nos 343-4.

DE TESTAMENTO QUE FECIT ACENAR ACENARÇ DE LATRE.

In Dei nomine. Hec est carta de destinamento que facio ego Açenar Açenarç, pro anima mea. In primis laxo ad sancta Maria mea parte de illa hereditate de Arraval, terras et vineas, et hoc quod ad me pertinet ibidem; interim illa mea pars de illa ereditate de Gelac ad sancti Salvatoris; similiter illa de Sopradel et illa de Brugnen, terras et casas et vineas, cultas et incultas, tota mea pars, ad illos fratres Iherosolimam Templum Salomonis, salvum hoc suprascriptum dativum. Sunt quidem hujus rei testes : don Pascual presbiter, et don Domingo presbiter, suo cormano, et Diago suo cognato, Stephanus de Petra Alta. Ego imo, uxor ejus, Blaschita laudo et confirmo istum supradictum donativum in vita et in morte.

ITEM DE ACENAR ACENAR.

Ego quidem Belaschila, uxor Açenar Acenarç, in vita et salute et memoria, fatio hanc cartam de destinamento, qualis mea mors advenerit michi, post obitum meum. Libenti animo et ex tota mente, laxo tota mea pars de illa hereditate de Sopradel et de Brugnen, et illa de Meçalmazor ad illos fratres, Deo et Templo Salomonis Iherusalem, ita quomodo laxavit Açenor Açenar meus vir, in vita et in morte. Istas hereditates, quas damus, adquisimus ego et meus maritus, que non fuerunt ex nostro genere; et hoc tantum damus ideo pro redemptione animarum nostrarum. Facta carta in presente fratre Rigald Viger. Sunt hujus rei testes : don Bidal de Bonluc, et Falchet et Galin de Belchit, Fertunio Acenarç. Facta carta XII kalendas marcii cum consilio B(ernardi) episcopi (a), era M°C°LXXX°VI° ; de testibus unus Petro Galinç, anno regnante comes Barchinonensis et princeps Aragonensis, in Aragon et in Superarbe, et in Cesaraugusta sub ejus Garcia Ortiz, Atto Sanç justitia ; eodem anno servivit Garcie Ortiz ad Corbins pro amore Dei.

DE MEZALMAZOR LAXA.

Et laxo ad meo filio illa mea pars de ipsa hereditate, que comparavi de Garcia Lopiç Orella, que est in Mezalmanzor, et ipsa de Çeresuas.

DVI 1148, 2 mars.

Copie du XIIe s. : Madrid, Archivo Nacional, *Cartul. B* 595, fol. 138vo-9, no 360.

HEC EST CARTA DE GUILEM SACHITAN ET FRATRES TEMPLI.

In nomine Domini. Manifestum sit quod nos, fratres milicie Templi Iherosolimitani, dederamus vobis, fratri nostro, Gilemo sacristę, et concesseramus omnibus diebus vitę vestrę, medietatem unius orti et unum campum ante portam ejusdem orti, quem dedit nobis comes Perticensis (b). Set, postquam assumpsistis habitum regularem, rogatu et amore vestro, ego frater Rigaldus, cum consilio et consensu

(a) Bernard, évêque à Sarragone, 1139-1152. — (b) Rotrou, comte du Perche 1100 † avril 1144.

magistri nostri, Petri de Roveria, in presentia fratrum nostrorum, Raimundi Bernardi, Dominici atque Randulfi, dono et concedo eundem ortum cum predicto campo, qui sunt in Arraval, Gilelmo nepoti vestro et Alberto, patri ejus, et Marie, matri suę, et omni generationi suę, ut habeant potestatem vendendi vel dandi sive retinendi prefatum ortum cum jam dicto campo. Hoc donativum superius commemoratum, concilio et voluntate magistri nostri, et consensu aliorum fratrum nostrorum factum, ego frater Rigaldus, presenti scripto, concedo et confirmo predicto Gilelmo, nepoti vestro, hac conditione, ut hisdem Gilelmus, sive qui eundem ortum cum jamdicto campo tenuerit, reddat nobis vel fratribus nostris, uno quoque anno, in festivitate omnium sanctorum, IIos morabetinos merchanz. Predictus vero ortus habet, ex uno latere, campum Petri Mozaravi, et ex alio latere, campum Artaldi, et ex capite, publicam azequiam. Hujus donationis testes sunt : Navarron, cujus est alia medietas predicti orti, et Falchet, Gilelm Ros, Per. Barrau, Gaufre Ribad, Stephanus de la Rocha. Facta carta VIto nonas marcii, era M°C°LXXX°VI°. Raimundus de Sancto Iohanne, rogatiu fratris Rigaldi, hanc cartam composuit et hoc Signum ✠ fecit.

DVII

1148, 5 mars.

Original : Barcelone, Arch. Cor Arag., R. Bérenger IV, perg 198.

Notum sit cunctis hominibus, tam presentibus quam futuris quoniam ego, Petrus de Villa Gelans dono milicie Templi mansum unum quem [1] tenet Guillelmus Ermengaudi de Conamina, quod dedit michi mater mea per hereditatem, ideoquo ego et mea mater nomine Raimunda et fratres mei, Geraldus et Guuillelmus atque Poncius, damus istum supradictum mansum prescripte milicie Templi ut semper teneant et habeant solidum et liberum et faciant quicquid voluerint, et est in comitatu Ausone, in parochie sancte Marie de Mesleu, in loco qui vocatur Figeiras, et affrontat ab oriente in alodium Bernardi Mangoni et de merie in alodio prescripte sancte Marie, de occiduo in alodium Bernardi de Tenis, de circio in alodium de Terres. Sicut prescripte affrontaciones includunt, sic damus prescriptum mansum cum exitibus et regressibus suis, sine ulla retinencia prescripte milicie et propter hoc donum prescripti milites deffinierunt michi, Petro, ipsum mansum quod fuit Petri de Terrada, quod est in parochia Sancti Stephani de Villasetrudis, in loco qui vocatur Coma et quinquaginta solidos Barchinonensis monete insuper michi dederunt.

Hoc donum scilicet fuit factum et diffinicio in presentia domni episcopi Petri Ausonensis sedis et Berengarii Ermengaudis canonici Sancti Petri et in manu militum prescripte milicie, videlicet Berengarii de Ruera et Berengarii de Sancto Vicencio et aliorum multorum hominum. Si quis hoc disrumpere voluerit, non prevaleat set in duplo componat et hec carta firma remaneat.

Actum est hoc III° nonas marcii, anno XI° rege Lodovico, prole Lodovici.

Sig✠num Petri de Vila Gelans ; Sig✠num Raimunde ; Sig✠num ; Sig✠num Geraldi ; Sig✠num Guillelmi ; Sig✠m Poncii, nos qui hoc donum facimus et firmamus et firmare rogamus. Sig✠num Berengarii de Ruera ; Sig✠m Berengarii de Sancto Vicencio, qui hoc donum recipimus et prescriptam diffinicionem facimus. Sig✠num Berengarii de Gragana. Sig✠m Guillelmi Ermengaudi. Sig✠m Cervionis. Bernardus, sacerdos ville Leonis ✠.

1. *Plus tard, on a corrigé* quod.

Petrus (*a*), Dei gratia Ausonensis episcopus ✠.
Berengarius sacriscrinius ✠.
Arnaldus, presbiter et monachus, qui hoc scripsit, die et anno quo supra ✠.

DVIII 1148, 24 mars.

Copie du XIIe s. : San Gervasio, livre vert, fol. 60vo.

CARTA DE ARNALL BERENGER.

In Dei nomine, ego, Arnallus Berengarii, cum filiis meis, Berengarius et Bernardus, et Berengarius Arnalli, cum filiis suis, Berengarius et Bernardus et Arnallus et Raimundo Arnalli et filiis suis, Raimundus atque Gillelmus, similiter donamus nos, ego, Bernardus de Conchabella, et Berengarius de Torroga, et Raimundus, nepote meo, et Gillelmus de Zaspunola, nos suprascripti insimul donamus domino Deo et mansione Templum Salomonis de Iherusalem, ubi manent milites *(fol. 61)*, omnibus directis de omne decimum quod nos habemus nec habere debemus in illum locum quod Ermengaudus (*b*), comes Urgelli, donaber domino Deo et predicte mansione Templum, ut illi hedificassent ibi molendinis. Et est ipsum locum in comitatum Urgelli sive in Balagari, ad caput de ipso pont, juxta ipsa villa, quantosque in predictum locum illi possent hedificare molendinis vel facere, sic donamus nos nostris directis de omne decimum qui inde exeant, per remedium anime nostre. Et si nos donatores aut ullus homo vel femna inquietaverit hunc donum, cum Dathan et Abiron in igne inextinguibili ardeat.

Que est acta VIIII kalendas aprilii, anni ab incarnatione Domini M°.C°.XL°VIII°.

SIG✠M Arnallus Berengarii; S✠M Berengarius; S✠M Bernardus; S✠M Berengarius; S✠M Arnallus Berengarii; S✠M Berengarius; SIG✠M Bernardus; S✠M Arnaldus; S✠M Raimundo Arnalli; S✠M Raimundus; S✠M Gillelmus; S✠M Bernardus de Conchabella; S✠M Berengarius de Torroia; S✠M Raimundus; SIG✠M Gillii de Cespunola, nos insimul qui hanc cartam donationis jussimus scribere, firmamus. Gillelm Ypo diachonus rogatus scripsit et signum hoc✠ inpressit in die et anno prefixo.

DIX 1148, 4 avril.

Original : Barcelone, Arch. Cor. Arag., R. Bereng. IV, perg. 212.

In Dei nomine. Ego, Petrus de Sancto Leiro, memoria plena et loquela perfecta, facio meum testamentum. . . . . . Primum, dimito corpus meum milicie Templi; et dimito eidem milicie de parte mei honoris quem habeo indivisum cum fratre meo, Bernardo, mansum unum. . . ; et dimitto predicte miliciȩ Templi campum de Clota, quem tenet Guillelmus Raimundi et soror mea, ita ut predictus Guillelmus et projenies ejus teneat omni tempore predictum campum ad laborandum et donet agrarium nominate miliciȩ. . . . . Actum est hoc II nonas aprilis, anno XI regni regis Ludovici junioris. . .

(*a*) Pierre, évêque de Vich, 1147 † et 4 septembre 1185. — (*b*) Ermengaud VI, comte d'Urgel 1102 † 28 juin 1154.

DX

1148, (11 avril—2 avril 1149).

Copie du XIVe s. : Paris, Arch. Nat., S. 5010. *Cartulaire de la commanderie d'Orléans*, n° XLIII, fol. XIIII.

LETTRE DE LA DISME DE POUPRY.

Ego M(anasses) (a), Dei gracia Aurelianensis ecclesie humilis minister, notum fieri volumus instantibus et futuris quod Mauricius Latroche, sanctarum scripturarum assercionibus commonitus, in manu nostra dimisit quicquid habedat in decima de Purpiriaco, Henrico filio suo concedente et volente. Nos autem subvenire volentes pauperibus et humilibus, in remissione peccatorum nostrorum, militibus Templi, illud habendum concessimus et sigilli nostri auctoritate confirmavimus. Ad hoc vero donum interfuerunt abbas sancti Florentini Bone Vallis, et prior ejusdem ecclesie, duo monachi de Curia Dei, Radulfus et Giraudus, Renaudus sancti Eismundi, Ranaudus de Piers; in tempore Archenbaudi Vulpis hoc factum, qui tunc temporis magister erat et res Templi custodiebat et manutenebat. Actum publice Aurelianis, anno incarnacionis Dominice M°.C°.XL.VIII, ordinatis in ecclesia sancte Crucis majoribus personis, decano nullo, Zacharia subdiacono[1], Hugone cantore. Data per manum Algrini cancellarii.

DXI

1148, (11 avril—2 avril 1149).

Copie du 29 mai 1617 : collationnée sur l'original : Paris, Arch. Nat. S. 4.969, n° 2 (Baugis 1re liasse, n° 1.)

Notum sit omnibus tam futuris quam presentibus quod Rogerius Bacon dedit Deo et pauperibus militibus Xpisti elemosinam de Bauge, scilicet terram que infra viam que venit de Balare ad Planchere usque ad terram Willelmi de Balge ad sinistram, et totam terram que est inter nemus et aquam de Rihous et nemus de Balge, sicut aqua parvi Rihous dividit et via Baiocensis, et terram et londam a via Rogerii filii Folcheri usque ad terram Gofredi de Casteillon, et flagam que est ante portas domus, cum nemore sicut fossetum dividit in Rihous, et septem accras terre que sunt juxta landam ex parte Baiocensi et juxta eas decem accras terre quas dedit in dedicatione basilice de Balge, et feudum Quintini sacerdotis quitum, et molendinum quitum, et sextum vivarii et insulam que est inter bedum et matrem aquam, et hominem qui ibi manserit quitum, et advenientes ad molendinum quitos, et herbagium in bosco et in plano quitum in terra sua, et passagium porcorum suorum quitum, et ignem quitum, et ligna ad domos construendas sufficienter. Eodemque Rogerio concedente, Gaufridus Malaherba dedit eisdem militibus mansuram Radulphi filii Yvonis; et Willelmus dedit apud Brichesart dimidiam accram terre quitam quam Hello tenet, et mansuram de Moleto quitam de herbagio et de igne et de pasnagio et de omnibus aliis rebus, et ecclesiam de Saon cum omnibus elemosinis eidem pertinentibus concessit. Et Ioannes de Magnavilla apud Saon dedit tres virgas terre quitas, concedente Rogerio Bacon. Et in dedicatione ecclesie de Balge, Mahilluis mater Rogerii Bacon, donavit sextarium frumenti in molendino de Baaleio, ipso

(a) Manasses, évêque d'Orléans, 1146 † (28 septembre ?), c. 1185.

1. *Corr* subdecano

Rogerio donante atque concedente. Hugo de Brolio dedit supradictis militibus sextarium ordei in molendino de Saon, consensu Rogerii Bacon. Henricus de Valbadon dedit duas accras terre apud Planchere quitas, concedente Rogero Bacon. Vuimarca donavit predictis militibus unam accram terre quitam, concedente Henrico atque Rogerio Bacon. Rogerius Hunc dedit unam accram quitam terre, concedente Rogero Bacon. Willelmus Lovel donavit unam accram terre, concedente Rogero Bacon quitam. Rogerius filius Folcheri donavit parvulum pratum in sexto vivarii quitum, concedente Rogerio Bacon. Hec autem omnia concedit atque confirma' perpetua elemosina Rogerius Bacon pro anima sua atque pro anima patris sui et pro animabus antecessorum suorum, solida et quieta ab omni seculari servitio. Hec carta facta est anno ab incarnatione Domini millezimo centezimo quadragesimo octavo. Testibus : Willelmo fratre suo, et Herberto de Aquis, atque Maltido de Moleto, Ricardo dapifero, et Bartolomeo de Torveriis, atque Helia Burgenin, Rogero Hunc, Rogero filio Folcher, Willelmo filio Osmont.

DXII 1148, (11 avril—2 avril 1149).

Copie du XIIIe s. : Turin, aux archives du magistère de l'Ordre de SS. Maurice et Lazare.

Edité : Archives de l'Orient latin II. *Documents*, p. 126-7 ; cf. Röhricht, *Regesta*, n° 252.

Extraits d'une donation faite par Barisan [d'Ibelin] aux infirmes de Saint-Lazare.

In honore sancte et individue Trinitatis. Universis sancte Dei ecclesie orientalis filiis tam futuris quam modernis innotescat quod Reinerus de Ramis dedit. . . infirmis sancti Lazari secus muros Ierusalem. . . . .
Quod ut ratum ac inrefragabile. . . . . permaneat, ego Barisanus sigillo meo carens. . . . impressione sigilli militum qui de Templo nuncupantur, premunire et confirmare feci per manum domini Petri fratris atque capellani eorundem militum. Hujus itaque donationis testes sunt : . . . .
. . . de fratribus militie Templi : predictus Petrus capellanus, Andreas de Muntbar dapifer ejusdem, frater Iohannes de Barris, frater Willelmus de Rocha, frater Radulfus conversus, frater Thomas Herninm, frater Lenonus et ceteri quamplures quos enumerare tediosum foret. . . . .
Hec carta fuit composita et infirmis sancti Lazari per manus prememorati domini Petri, capellani et fratris militie Templi, tradita, anno ab incarnatione Domini M°C°XL°VIII°.

DXIII 1148, (11 avril—2 avril 1149).

Original : Rodez, Arch. dép. H., Fonds de Malte (Ste-Eulalie du Larzac, parch., coté n° 21 ; *vidimus*, XIIe s. : ibid. parchemin, coté n° 11. Les variantes de ce *vidimus* sont indiquées en note au bas de la page).

Texte communiqué par M. l'abbé Verlaguet (n° 4 de son *Cartulaire*).

Anno ab incarnatione Domini CXLVIII. post M. Conoguda causa sia a totz omes [1] que eu, Arnalz del Molnar, do et ab aquesta present [2] carta liurae [3] a Deu [4] et a te, Elias de Monbru et alz cavallers [5] del Temple, ad [6] aquelz [7] que ara [8] i sso ni adenant

Variantes : 1. homes. — 2. preson. — 3. liure. — 4. Dieu — 5. cavallers. — 6. az. — 7. aquels. — 8. aras i sserau tolas las dreituras que eu avia ni demandar podia ni mos paire ac el mas de Cauzunojol, sas totz retenemeinz [1].

Hujus rei testes sunt : Uc Bertranz [2] e Bertranz [3] Bernartz [4] e Guillem Raimunz [5] de la Rocha, e Raimunz [6] de Moraval e Peire Arnalz.

Au dos du n° 21 : Caucenojol del Bez.

DXIV

1148. (11 avril—2 avril 1149).

Original : Rodez, Arch. dép., H. fonds de Malte. (Le Bès, parch., coté n° 2).

Texte communiqué par M. l'abbé Verlaguet (n° 5 de son Cartulaire).

Anno ab incarnatione Domini C.XLVIII post M. Conoguda causa sia a totz omes que eu, Peire (*a*), abbas da Vabre, ab cosseil delz seinors de la maiso, do et ab aquesta present carta liure a Deu et a te, Elias de Monbru et abz cavallers del Temple, ad aquelz que ara i sso ni que adenant i sserau, la meitat del deime del mas del Bez que acaptez de Bernart de Nant.

Hujus rei testes sunt : Bernartz de Rochafort, prior de Condabriac, e Guillems de Cerveira e Raimunz Guilfres de Vendolovas.

DXV

1148, lundi 19 avril.

Copie du XII*e s. :* Avignon. Biblioth. municip. *Cartul. de Richerenches*, ch. v fol. 33.

Edité : M*is* Ripert de Monclar, *op. cit.*, n° 57, p. 58.

BERTRANDUS DE SOLORIVO QUOD MALE DECOGNOVERAT BENE EMENDAVIT.

Post duos annos vero et dimidium hanc cartam (*b*) Bertrandus supradictus fratribus domus de Richarensis edixit, unde plura conquirencia aut quesitura fratres milicie adversus vel super eum concitaverunt. Qua de causa is ipse Bertrandus, humilis et orans domui de Richarensis et fratribus venit, dicensque se illud supra edictum verbum emendavisse. Propterea, Ugo de B(olbotone) et ego, Rostagnus S. et ego, Bernardus de Boazone, rogati a supradicto Bertrando, castro quod vocatur Solorn, juxta illud venimus et hanc supradictam cartam omni bona voluntate ipse B(ertrandus) et uxor ejus, Lucia, et filii eorum, Ripertus, Laugerius, Raimundus, Willelmus et Petrus, omnes pariter, laudaverunt et concesserunt et in manu Rostagni (*fol.* 33*vo*) capellani hanc cartam sic tradendo, illi supradicti posuerunt. Hoc autem vidit et audivit et testificabitur semper Geraldus de Balmis, similiter Bertrandus de Bolboto, Petrus Willelmi sacerdos, Raimunz Lautauz, Petrus Male doctus, Arnulfus, frater ejus, Petrus Tornez, Poncius Imberti, Bertrannus Aalberti, Bertrandus de Stonnol, Petrus Bertrandi filius Willelmus Geraldi, Poncius Viaers.

Hanc autem emendacionem fecit Bertrandus et uxor ejus et supradicti eorum filii, anno II quo rex Francorum, Lodoicus nomine, cum exercitu suo ultramarinis partibus transmeavit, feria II*a*, XIII*a*. kalendas mai, luna XX*a* VI*a*. anno ab incarnato Domini M*o*C*o*XL*o*.VIII*o* Rostagnus, rogatus a supradictis, scripsit.

(*a*) Pierre abbé à Vabres paraît 1146, 1148, 1154. — (*b*) Cf. ch. CCCLX.

Variantes : 1. retenements. — 2. Bertrans. — 3. Bertrans. — 4. Bernats. — 5. Raimonz. — 6. Raimonz.

DXVI 1148, 26 avril.

Original : Barcelone, Arch. Cor. Arag., R. Bereng. IV, pag. n° 200.

In Dei eterni nomine. Ego, Raimundus Bernardi de Gurb, simul cum uxore mea, Saurina et cum filiis nostris, Bernardo Raimundo atque Berengario, donatores sumus Deo et milicie Iherosolimitane pro remedio animarum nostrarum et parentum nostrorum, honorem quem abemus in comitatu Ausone, in parroechia Sancti Stephani Granolers, videlicet fexa una que est ad ipsas Doins ? quem habet Bernardus pro nobis, et advenit nobis predicta fexa per voces parentorum nostrorum sive per qualicumque voces. Abet autem prelibata fexa affrontationes a parte orientis in honore ipsius milicie, a meridie in feragenal de Guillelmi Comba ; a parte occidentis in honore jam dicte milicie, a parte vero circi in rego de Doins qui discurrit a prato et in ipsa tenedo quem tenet Guillelmi Comba ; bajuliam quam ibi requirebamus, simili modo, difinimus sepedicte milicie pro remedio animarum nostrarum et parentum nostrorum. Et pro hoc dono accipimus ab ipsis militibus unum alsbergot bonum et unas bradoneras, et nos semper erimus adjutores et defensores et faciemus illis guarentiam contra cunctos homines.

Actum est hoc VI kalendas mai, anno XI regnante rege Ledovico juniore. Si quis hoc frangere voluerit, in duplo componat. SIG✠NUM Raimundus Bernardi ; SIG✠NUM Saurine ; SIG✠NUM Bernardi ; SIG✠NUM Raimundo ; SIG✠NUM Berengarii, nos qui ista karta fecimus et firmamus firmarique rogavimus.

Et ego jamdictus Raimundus Bernardi, cum jam dicta uxore mea et cum prescriptis filiis meis, hoc donum et anc evacuationem facimus tibi, Berengario de Sancto Vicencio, magistro milicie, tibi et omnibus successoribus tuis in perpetuum. SIG✠NUM Petri Geraldi clerici. Guillelmus levita qui hoc scripsit cum IIIbis lineis additis post firmatores, die et anno quo ✠ supra.

DXVII 1148, 27 mai.

Copie du XIIIe s., Perpignan, Arch. dép., *Cartulaire du Mas-Deu*, n° 338, fol. 194vo.

Edité : Allart, *Cartulaire Roussillonnais*, dans la *semaine religieuse du diocèse de Perpignan*. 1886, p. 304.

Notum sit omnibus hominibus, presentibus atque futuris, quod Guillelmus de Monte Eschivo, et Bernardus, frater meus, diffinimus tibi, Arnaldo de Angnils, unum mansum, et ad miliciam Templi, per alodem franchum et liberum. Et est ipsum mansum in comitatu Rossillionis in termino Sancte Marie de Agnils, in locum vocitatum Ganganel. Sic diffinimus suprascriptum mansum tibi, Arnaldo, et ad milites Templi, cum exitibus et regressibus suis vel *(fol. 194vo)* terminis vel affrontacionibus quam ad ipsum mansum pertinet, ut habeat cavalleriam omni tempore. Et ut meliorem firmitatem obtineat, accepimus pro ista diffinicione triginta et duos solidos de Russel-l(ione) de manu Arnaldi. Et nos diffinimus, evacuamus, pacificamus, modis omnibus, derelinquimus per nos et per omnem nostram (*blanc*). Si quis contra hanc scripturam diffinicionum venerit ad irrumpendum, non hoc valeat vendicare quod requirit, set in duplo componat. Et est manifestum.

Actum est hoc vi°. nonas (a) junii, anno M°.C°.XL.VIII° ab incarnacione Xpisti, regnante Lodovici regis.

Sig✠num Guilelmi; Sig✠num Bernardi, frater ejus; Sig✠num Geralda, nos pariter qui hanc scripturam diffinicionis fieri fecimus, firmavimus et testes firmare rogavimus. Sig✠num Raymundi Raffard. Sig✠num Guilelmi de Agnils. Sig✠num Petri Stephani. Gaucbertus, presbiter, rogatus, scripsit, cum literas rasas, in iiᵃ linea et literas supp̊ositas in duobus locis, sub die et anno ✠ quo supra.

DXVIII — 1148, 28 mai.

Original: Barcelone, Arch. Cor. Arag. R. Bereng. IV, 203.

In Xpisti nomine. Ego Guillelmus de Balaniano et conjux mea, Dulcia, propter Deum et remedium animarum nostrarum ac parentum nostrorum damus domino Deo et milicie Iherosolimitane unam peciam alodii franchi quam habemus in comitatu Ausone et parroechia Sancti Fructuosi de Balaniano, et affrontat ab oriente in alodio sancte Marie Stagni, de meridie in alodio sancti Petri vici, de occideo in alodio de ipsa albergeria, de circi in alodio Guillelmi de Passarello et Bernardi de Riera: quantum habemus et habere debemus infra istis afrontationibus, totum presentialiter prenominate damus militie et de nostro jure in potestate illius mittimus ad illorum voluntatem faciendam a modo et in evum. Et si quis hoc donum disrumpere voluerit facere, nullo modo possit set primitus ira Dei incurrat et aluminibus sancte Dei ecclesie segregatus sub anathema maneat donec predicte mansioni et ejus militibus satis ut sacrilegus faciat et coactus in triplo illis componat et in antea hoc donum omni tempore maneat firmum. Actum est hoc v kalendas junii anno xi regni regis Ludovici junioris. Sig✠num Guillelmi, Sig✠num Dulcie, qui hoc donum fecimus et firmavimus et firmari fecimus. Sig✠num Guillelmi, Sig✠num Bernardi. Sig✠num Petri, Sig✠num Raimundi, Sig✠num Poncii, Sig✠num Ermesinde, Sig✠num Guillelme, nos filii et filie predictorum datorum qui hoc laudamus et firmamus. Sig✠num Petri de Aquilar, Sig✠num Guillelmi de Edris, Sig✠num Petri Berengarii Sancti Eugni. Berengarius scriba qui hoc scripsit cum litteris supra positis in iii linea die et anno quo supra.

DXIX — 1148, 29 mai.

Original: Barcelone, Arch. Cor. Arag. R. Bereng. IV, perg.; 204 charte partie par le haut.

Sciant cuncti presenter atque futuri quod ego Petrus de ipsa Ruira et Berengarius Sancti Vincentii milites militie Templi Iherosolimitani, consilio et voluntate fratrum nostrorum excomutamus tibi Guillelme de Balaniano et conjugi tue Dulcie et tote vestre projeniei ipsum mansum qui est in perdita parroechia Sancti Fructuosi quem vos usque nunc tenuistis in pignore, ex quorum manu nos redemimus quem vobis nunc excomutamus cum omnibus suis terminis et affrontationibus et cum ingressibus et regressibus suis, propter ipsam condaminam quam habetis in parroechia predicta Sancti Fructuosi secus Podiolrig et affrontat ab oriente in torrentem Vallis Orsaria qui descendit de prato Stevanello de meridie in strata per qua pergitur de Podiolrig ad Sanctam Columbam, de occideo intus in rivum de ipsa Nod qui descendit per ipsa barbota, de circi in alode qui fuit Mironis Rigualli et suorum heredum. Quantum iste

(a) *Forte corr.* kalendas.

affrontationes includunt, totum ego Guillelmus et conjux mea Dulcia vobis jamdictis et tote militie vestre mansioni excomutamus ad vestrum proprium et francum alodium cum ingressibus et regressibus suis, propter predictum mansum quem vos nobis liberastis presentialiter; et nos similiter vobis liberamus prenominatam condaminam per excomutationem quam fecit Petrus Raimundi de Taradello Berengario Ermengaudi patri meo, propter ipsum mansum quem illi pater meus dedit in terminio castri de Kazano, sicut est scriptum in carta excomutationis quam ego vobis dedi; est autem predicta condamina alode francum. Si quis autem istam nostram excomutationem in aliquo infregerit quiquid infregerit, in quadruplum restituat et in antea firma et stabilis permaneat, que est facta IIII kalendas junii anno XI regni regis Ludovici junioris. SIG✠NUM Petri de ipsa Ruira. SIG✠NUM Berengarii de Sancto Vincencio. SIG✠NUM Guillelmi de Balaniano, SIG✠NUM Dulcie, nos qui hanc excomutationem fecimus et firmavimus et firmari fecimus. SIG✠NUM Guillelmi, SIG✠NUM Bernardi, SIG✠NUM Petri, SIG✠NUM Raimundi, SIG✠NUM Poncii. SIG✠M Ermenendis, SIG✠M Guillelme, nos filii et filie qui hoc laudamus et firmamus. SIG✠M Petri de Aquilar. SIG✠M SIG✠NUM. Berengarius scriba qui hoc scripsit die et anno ✠ pro supra.

DXX

1148, (1 – 30) juin.

Copies du XVe s. : Lisbonne, Arch. da Torre do Tombo, don Alvarez 234, fol. CLVI ; du XVIe s. : *ibidem*, Bibl. nat., ms. 736, fol. CCXCVIII v°-IX.

In era M°C°LXXX°VI°, mense junio, orta fuit controversa inter magistrum Galdinum et Godinum Godiniz, ex quadam hereditate que est in ripa Aliste, in loco quem apellant Baucamala. Godinus Godiniz dicebat hanc hereditatem esse suam. Magister Galdinus dicebat eam esse de domo Templi que est in Bracharensi civitate. Super hoc convenerunt in Bracharensi capitulo, et dederunt sibi fideles, per manus quorum starent ad inquisionem, Petri prioris Bracharensis et Gomizonis archidiachoni, et Petri Odori archidiachoni, et Vedasci archidiachoni, et Pelagii sacriste. Isti prenominati, et a magistro Galdino et a Godino Godiniz rogati, fecerunt inquisitionem de predicta hereditate, et adjudicaverunt eam magistro Galdino et domui Templi. Quapropter ego Godinus Godiniz, quia judicio predictorum inquisitorum prenominatam hereditatem juste amisi, et quoniam magistro Galdino dederam fratrem meum Pelagium Godiniz, per manum cujus starem ad predictam inquisitionem, dimitto predictam hereditatem magistro Galdino et domui Templi; et si deinceps eos de predicta hereditate inquietavero, quatinus dem eis quingentos solidos et insuper quantum in prefata hereditate quesivero, in duplum componam. Ego Godinus Godiniz hoc scriptum tibi, fratri Iohanni, qui predictam domum Templi custodis et regis, propria manu roboro.

DXXI

1148, mardi 22 juin.

Copie du XIIe s. : Toulouse, Arch. dép., *Cartul. A de Douzens*, ch. 139, fol. 102 v°-103 r°.

In nomine Dei, Patris omnipotentis et Filii ac Spiritus sancti. Ego, Petrus Aimiricus de Concas, et Iordana, uxor mea, infantesque nostri, et ego, Petrus Aimerici, nepos jamdicti Petri Aimerici, donamus atque laudamus domino Deo et honestissime Templi Iherosolimitani militie et vobis, Berenguario de ipsa Rueria, servo atque ministro militie predicti Templi, et vobis, Arnaldo de Surniano et Arnaldo de Barbairano, fratribus Templi prenominati omnibusque ejusdem Templi confratribus, tam presentibus quam futuris ibidem Deo servientibus, unam faxam terre nostre cum ipsa aqua que infra illam faxam est, in terminio de Cabmont, juxta flumen Olvei, citra ambabus ripis ejusdem fluvii, cum omnibus edificiis que ibi sunt, et affronta de altano in honore infantum Bernardi de ipsa Turre, de meridie in honore Sancti Iohannis Vallis Seguerii, de cercio in honore jamdicte militie Templi, de aquilone usque in terminio de Malvas. Quantum infra prenominatas affrontationes in terra vel in aqua aut in hedificiis habemus et habere debemus, *(fol. 103)* totum sine inguanno damus domino Deo pro alodio et jamdicte militie Templi ac omnibus confratribus ejusdem loci, ad omnem voluntatem eorum faciendam, pro remissione peccatorum nostrorum, et propter amorem domini nostri Ihesu Xpisti adipiscendum. Sicut superius est scriptum, sic prenominatum donum firmum ac stabile in perpetuum maneat. Sed si ibi molendini draperii edificati fuerint, nostros proprios drapos nostre domus ibi sine pretio sint parati si nobis necesse fuerit, et ibi nullo modo deinde aliquid licenciam requirendi habeamus. Si vero homo aut femina ipsum donum vobis anparaverit, erimus inde vobis leguales guirenti et omnibus confratribus predicti Templi. $ Petri Aimerici et Iordana, uxoris ipsius, ac infantum eorum, et Petri Aimerici junioris predicti, qui hoc donum fecerunt et istam cartam laudaverunt.

De hoc dono sunt testes : Pontius *(a)*, Carcassonnensis episcopus, et Raimundus de Villa Sicca, Sancti Nazarii ecclesie canonicus, et Raimundus de Podio, et Petrus Regina ac Gillelmus de Peirola, in presentia quorum hoc donum fuit factum. Arn[a]ldus[1] de Clairano hoc scripsit jussione Petri Aimerici et Iordana, uxoris ejus, ac Aimerici, eorum filii, jussuque prenominati Petri Aimerici junioris ac predictorum testium, III feria, x kalendas julii, regnante Lodovico rege, anno millesimo C.XLVIII incarnationis Dominice.

DXXII 1148, 25 juin.

Copie du XIIIe s. : Perpignan, Arch. dép., *Cartulaire du Mas-Deu*, n° 345, fol. 197vo

Edité : Allart, *Cartulaire Roussillonnais*, dans la *Semaine Religieuse du diocèse de Perpignan ;* année 1886, p. 33.

In nomine Domini. Ego, Arnaldus de Ainils, et uxor mea, Stephania, et infantes nostri, Guilelmus Iordani et Bernardus Sancti Egidii, nos pariter diffinimus et evacuamus et jachimus domino Deo et milicie Templi Salomonis et militibus Xpisti, presentibus et futuris, ad ipsum locum pertinentibus, omnes nostras voces et omnes nostros dretatges quos habemus et habere debemus in campo de Vitrerio, qui est in termino Ville Mulache et in adjacencia Sancti Iuliani. Affrontat autem prescriptus campus de oriente in comba de Aqua, de meridie et de occidente in strata publica, de aquilone in campo Dalmacii. Item, diffinimus et evacuamus et jachimus prefate milicie I columbarium cum duabus mansionibus quas habemus intus in villa Mulacha prenominata, cum exitibus et regressibus et cum illis affrontacionibus, sine omni enganno.

(a) Ponce, évêque de Carcassonne, 1142 † février 1159.

1. *Le texte porte* Arnldus.

Quantum includunt jamdicte IIII^{or} affrontaciones prescripti campi, sic diffinimus et jachimus et evacuamus domino Deo et prefate milicie, sicut superius resonat, cum exitibus et regressibus et cum suis terminis et cum suis pertinenciis, insimul cum predicto columbario et prefatis mansionibus, sine omni enganno, propter sol(idos) XX ex denariis Rossell(ionensium), quos dedit nobis Ripertus, in karitate Dei, qui est servus et minister militibus Xpisti. Et est manifestum. Si quis contra istam cartam diffinicionis et evacuacionis et jachicionis venerit ad irrumpendum, non hoc valeat vendicare quod requirit, set componat in duplo cum sua melioracione ; et in antea firma et stabilis permaneat semper.

Actum est hoc VII° kalendas julii, anno ab incarnacione Domini M°C°XL°VIII°, regnante Lodoyco rege, XI° anno. SIG✠NUM Arnaldi de Ainils ; SIG✠NUM Stephanie ; SIG✠NUM Guilelmi Jordani ; SIG✠NUM Bernardi Sancti Egidii, infancium eorum, qui istam cartam diffinicionis et evacuacionis et jachicionis fieri jusserunt, firmaverunt et testes firmare rogaverunt. SIG✠NUM Scarboli. SIG✠NUM Petri Sancte Marie. SIG✠NUM Berardi Amalvini. *(fol. 198)* ✠Petrus monachus et sacerdos, rogatus, scripsit, die et anno quo supra.

DXXIII

[1148], 25 juillet.

Original : Rodez, Archives départementales, H. Fonds de Malte (Montels de Saint-Sernin, coté n° 3).

Texte communiqué par M. l'abbé Verlaguet (n° 81 de son *Cartulaire*).

R(AMUN) DEL SOLER.

Ramun del Soler, a sa fi, dona la ohnor de Grargas a Deu et a sancta Maria et als cafalers del Temple de Ierusalem la onor que li ala deupteno, et aquesta ohnor laisa per Deu, e per s'anima, e per sus parentos. E Ramun del Soler, a sa fi, fo recebuts per fraire del Temple ; e Stefena, la sua sor, e sei efains laudo e la dono per be e per fe, senes tota retenccuda, e fe o a veucenda d'en Ponsco del Caslar. SIGNUM Ramun Gui. $ Peire Bernat Rula. $ Guilem lo fil Ponco del Caslar. Peire del Riu la vi far. Bernat Ramun de Curvala la vi far. Aquesta carta fe far Ramuns Peire e Guilem del Pog, sos fraire, e Poc de Ludenco, luna quinta in mense julii, octavo kalendas augusti.

DXXIV

1148, lundi 26 juillet.

Copie du XII° s. : *Cartulaire A. de Douzens*, charte 69, fol. 40vo et 41ro.

In nomine Domini. Ego, Berengarius de Prato, donator sum Deo et militie Templi Salomonis Iherosolimitani et vobis, ministris ejus, Petro de Roeira et Berenguario ceterisque confratribus vestris in predicta militia Deo servientibus, presentibus atque futuris ; dono vobis meam quintam partem de ipsa moleria quam habeo cum fratribus meis in terminio Sancti Germani, in loco vocato Rocha Rubia. Sicut in ipsa moleria meam quintam partem habeo *(fol. 41ro)* et habere debeo, sic illam vobis dono ad habendum et possedendum vestramque voluntatem perpetim fatiendum sine inguanno, nullamque ibi retinenciam fatio, nisi tantummodo quod si molinos fecero in predicto terminio, in ipsa riparia Aude, fatiam inde excidi molas ad opus ipsorum meorum molinorum. Hoc autem fatio propter amorem Dei et remissionem peccatorum meorum adipiscendamque vitam eternam, amen.

$ Berenguarii de Prato, qui sic istam cartam firmavit. $ Guillelmi Mancip ; $ Arnaldi filii Guila ; $ Guiraldi et Raimundi, fratrum predicti Berenguarii. Arnaldus de Magriano scripsit vice magistri sui, Guillelmi Adaulphi istam cartam dictantis, jussione predicti Berenguarii de Prato, anno millesimo C.XL.VII incarnationis Dominice, VII kalendas augusti (a), feria II, regnante Lodovico rege.

DXXV 1148, lundi 2 août.

Orig. : Toulouse, Arch. dép. de la Haute-Garonne, fonds de Malte, Pézenas, l. 19, n° 32 (Magalas).

Anno ab incarnatione Domini M°C°XL°VIII, hec carta facta est. Ego, Bernardus Moreira de Fonzilione et ego, Bernarda, uxor illius, nos simul in unum per nos et per omnes nostros, per bonam fidem, sine omni inganno et sine ullo retinemento, cum hac carta donamus offerimus et per alodium tradimus domino Deo et confratribus militię Templi presentibus atque futuris et tibi, Ugoni de Pedenacio, in manu tua, ad habendum et tenendum in perpetuum totum quartum de totis illis olivariis quę modo sunt et in antea fuerint in nostro malolio de Podio Gauterio, quod vocant Clausum, et est nostrum alodium. Et hoc facimus pro amore Dei omnipotentis et pro hęreditate atque redemptione nostrarum animarum et infantum nostrorum et totius nostrę propinquitatis. Testes hujus rei sunt et videntes : Petrus Micahele de Ponzilione, et Bernardus Micahelis, et Stephanus de Pabirano, et Raimundus Airaudi, et Deodatus de Portali.

Scripta fuit hęc carta IIII° nonas augusti, feria II°, Lodoycho regnante. Mandato predicti Bernardi Moreira et uxoris suę Bernarde et omnium testium predictorum, Berengarius scripsit in Magalato, B.

DXXVI 1148, mardi 10 août.

Original : Toulouse, Arch. dép., fonds de Malte, Pézenas, liasse 19, n° 7 (Tourbes).

In nomine Domini nostri Ihesu Xpisti, anno ab incarnatione ejus M°C°XL°VII. Notum sit omnibus hominibus, tam presentibus quam futuris, quod ego, Willelmus Pelagoz, et ego Poncius, frater ejus, et ego Maria, uxor ejusdem Willelmi Pelagoz, per nos et per omnes nostros, per fidem et sine inganno et absque omni retentu vendimus, guirpimus et tradimus cum hac carta domino Deo et militie Templi Salomonis Ierosolimitani et vobis, fratribus ejusdem militie, scilicet Petro de Monte Lauro atque Ugoni de Pezenaz et aliis fratribus ejusdem militie, presentibus et futuris, vendimus vobis unam peciam de terra per alodem in terminio de Torves, que affrontat a circio in terra ejusdem militie, de meridie in terra que fuit Poncii Petri de Torves. Et est verum quod vos, predicti fratres Templi, dedistis nobis, venditoribus jamdictis, pro comparatione ipsius terre XXX° solidos

(a) En 1147, le 26 juillet est un samedi.

biterrenses bonos et percurribiles, de quo precio nichil aput vos remansit in debito. Et hoc facimus cum consilio Raimundi Matfredi, fratris nostri, qui hanc venditionem nostram voluit et laudavit fratribus militie Templi. Predicta terram habeant semper et possideant fratres Templi ad faciendam totam voluntatem suam.

Scripta fuit hęc carta IIII idus augusti, feria III* (a) regnante Lodoyco rege. Hujus rei sunt testes et videntes : Poncius Vitalis, et Willelmus Faber atque Geraldus de Porta Ventosa. A predictis venditoribus mandatus, Petrus Vitalis scripsit.

DXXVII 1148, mercredi (4-25) août.

Copies du XII* s. : Paris. Bibl. Nat., *Cartul. des Templ. de Roaix*, latin 11082, fol. 39r°-39v° ; mss. d'Avignon, fol. 55.

Edité : Abbé U. Chevalier, *Cartul. des Hospitaliers et des Templiers*, p. 68, n° 110.

RAIMUNDUS ATO ET FRATER EIUS DEDERUNT DEO ET FRATRIBUS TEMPLI QUOD CONTRAPELLABANT DE DECIMIS TERRITORII DE ROAIS.

In nomine sancte et individue Trinitatis. Presentium ac sequentium[1] comperiat virorum noticia, quoniam ego Raimundus Atonis et frater meus Ugo Atonis, ut Deus et dominus noster Ihesus Xpistus iniquitatibus nostris veniam largiatur et regni cęlestis[2] animas nostras et parentum nostrorum consortes efficere dignetur, quicquid[3] in decimis ęcclesię[4] Beatę Marię de Roais et in toto ejusdem domus territorio contrapellabamus, quoquomodo vel quacumque ratione[5] nos in illis decimis aliquid habere sperabamus, totum et ex integro nunc et in perpetuum Deo et fratribus Templi Ierosolimitani et domui de Roais dimittimus[6] et omnino relinquimus; ut autem hęc nostra dimissio stabilis et quieta apud numeratos fratres semper remaneat, XXX solidos probatę Melgoriensis[7] *(fol. 39v°)* veteris monete a memorato Ugone de Bolbotone[8] caritatis gratia accipimus, in[9] cujus manu voluntarie supradictam decimam relinquimus. Preterea pro ipsa ista convenientia[10] quicquid ab hac hora in antea in toto jamdicto territorio fratres de Templo tam presentes quam sequentes adquirere potuerint, totum illud[11] laudando relinquimus et in pace dimittimus, quoniam nichil ab eis ultra requiremus.

Facta guirpitione[12] sive dimissione hujus decimarię anno ab incarnato Domino[13] M•C•XL•VIII°, presente et conlaudante Berengario Vasionensi[14] episcopo (a), Raimundo de Podio, Guillelmo[15] Raimundo de Sabicio, Bocherio de Seccureto[16], Arnaldo de Albuzone[17], Amalrico de Sancto Verano, Laugerio Grallia, Petro Marino, Petro capellano de Roais, et Raimbaldo[18] qui ejusdem domus curam habebat de Roais. Scripta carta ista in domo de Richarencis[19], mense augusto, feria IIII[a] in presentia[20] Arnaldi sacriste Aurasicensis ęcclesię.

(a) En 1147, le 10 août est un dimanche. — (b) Bérenger évêque de Vaison 1113 † 1172.

Variantes : 1. sequencium. — 2. celestis. — 3. quidquid. — 4. ecclesie. — 5. racione. — 6. dimittimus. — 7. Melgoiriensis. — 8. Borbotone. — 9. et. — 10. ista ipsa convenencia.. — 11. illius. — 12. guirpicione ista. — 13. Salvatore. — 14. Vasensi. — 15. Willelmo. — 16. Segureto. — 17. Albuccone. — 18. Raibaldo. — 19. Richarensis. — 20. per manum.

DXXVIII 1148, samedi (7—28) août.

Copie du XIIe s. : Avignon, Biblioth. municip. *Cartul. de Richerenches*, XXX, fol. 18 v°.

Edité : Mis de Ripert-Montclar, *op. cit.*, n° 32, p. 34-6.

ARMANDUS DE BORDELLIS ET FRATER EIUS, GERALDUS, DEDERUNT FRATRIBUS DE TEMPLO MAGNAM TERRAM UNAM IN BREMPTO.

Hoc scriptum perficimus quatinus presentibus necnon et sequentibus, significare valeamus quod in ipso inseramus. Prudencium ergo virorum agnoscat nunc et semper universitas et nulla umquam in antea annorum vel temporum delere possit vetustas, quod nos, ego videlicet Armandus de Bordellis et frater meus, Geraldus de Vivariis, ut Deus et dominus noster Ihesus Xpistus nobis et parentibus nostris peccata nostra remittat et celestis regni heredes constituat, cum voluntate et laudamento Willelme, amitte nostre de Tauliniano et filiorum ejus, Bertrandi, Poncii Gontardi, et Pilestorti, donamus et perpetua concessione concedimus Deo et beate Marie et domui fratrum de Templo Salomonis et fratribus Deo famulantibus in domo de Richarenchis, *(fol. 19)* tam presentibus quam sequentibus, quandam magnam petiam de terra pratali in territorio de Bremto. Terminatur hec terra ab occidente illa via que exit de silva et tendit usque ad Molars et a Molars usque ad terram Rostagni de Sabrano, usque ad Petram Brunam. Sicut istis terminis hec terra concluditur, sic illam vobis, fratres de Richarenchis, libere, sine omni retinimento, concedimus et in manus Ugonis de Bolbotono, magistri domus de Richarenchis, donamus et laudamus ; et in ipsa terra, multis videntibus et circumstantibus, ego, Armandus, in plenariam possessionem mitto et de caballo meo descendens, me et omnem meam progeniem deinvestio et vos, Ugonem de Bolbotone et Raimbaudum de Roais, plenarie investio, et in ipsa terra pro configendo termino manibus fodere meis volo. Ut autem hec nostra et eternalis laudacio apud vos et vestros remaneat perpetuo, equum oblimum precio c[um] solidorum a te, Ugone magistro, accipio.

Feci autem donacionem istam in ipsa terra de Bremte, supradictis fratribus presentibus et conlaudantibus, Helisiarius de Avisano, Upecus, Poncius de Ulmo de Avisano, Ademarus Arnaldus de Bordellis, Bertrandus de Bolbotone, Geraldus de Avisano, Gaucerandus de Avisano, Ysoardus de Avisano, Ugo Bast de Avisano, Nicholaus de Gusanz et armiger suus, Raimu[n]dus, Poncius de Burgo, armiger Ugonis de Bolbotone, venientes *(fol. 19 v°)* autem ad ecclesiam beate Marie de Richarenchis, coram universis fratribus ejusdem domus, clericis et laicis, super altare beate virginis Marie dexteram propriam ponens, hoc donum iterum laudando firmavi. Testes hujus donacionis in ecclesia facte isti sunt : presbiter frater Petrus, capellanus de Roais, presbiter Petrus, capellanus de Richarenchis, et Willelmus presbiter Diensis et cappellanus, frater Gillelmus Bruneti, frater Ymbertus de Sallerto, frater Stephanus Pellicerius, frater Petrus de Bellomonte, frater Anno.

Facta donacione ista anno ab incarnato Salvatore M°.C°.XL°.VIII°, mense augusto, feria VII°, presente Arnaldo, Aurasicensi sacrista, qui hanc cartam scripsit in ipsa ecclesia, rogatus a fratribus ejusdem domus.

DXXIX 1148, samedi (7—28) août.

Copie du XIIe s. : Avignon, Bibl. municip. *Cartul. de Richerenches*, fol. 62vo.

Edité : Mis de Ripert-Monclar, *op. cit.*, n° 9[ ].

De Armando de Bordello.

In nomine Domini. Ego, Armannus, et frater meus, Geraldus de Vivariis, cum voluntate Willelme, amite mee de Tauliniano et filiorum ejus, B(ertrandi), Pontii Gontardi et Pelestorti, donamus Deo et beate Marie et fratribus de Templo et domui de Richarenchis, quandam peciam de terra pratali, in territorio de Bremte. Terminatur hec terra ab occidente de illa via que exit de silva et extendit usque ad Molars et ad Molars usque ad terram Rostagni de Sabrano, versus meridiem; ab oriente autem a terra Rostagni de Sabrano usque ad Petram Brunam. Sicut istis terminis hec terra concluditur et terminatur, sic illam vobis, fratres de Richarenchis, sine omni retenimento, concedimus et in manus Hugonis de Borboto donamus et laudamus, et in ipsa terra, multis videntibus, ego Armannus in plenam possessionem mito, et de caballo meo descendens, me et omnem meam progeniem deinvestio, et vos, Hugonem de Borbotone et Raimbaudum de Roais, plenarie investio, et in ipsa terra pro configendo termino manibus fodere meis volo. Ut autem hec donatio firma permaneat, equum obtimum precio c[tum] solidorum a te Hugone accipio. Feci autem donationem istam in ipsa terra de Bremte, supradictis fratribus presentibus et conlaudantibus. Elisiarus, Upecus de Avisano, Pons de Ulmo, Ademarus Arnaldus de Bordelz, B(ertrandus) de Borboto, G(eraldus) d'Avisa, Iaucerannus d'Avisa, Isoardus d'Avisa, Ugo Bast d'Avisa, N(icolaus) de Guzans et armiger suus, Raimundus Pons de Burgo, armiger Ugonis de Borboto, venientes autem ad ecclesiam beate Marie de Richarenchis coram universis fratribus ejusdem domus, clericis et laicis, super altare beate Marie dexteram propriam manum ponens, hoc donum iterum laudando firmavi.

Testes sunt pres-*(fol. 63)*biter frater Pe(trus) capellanus de Roais presbiter, Petrus, capellanus de Richarenchis, et W(illelmus) presbiter Diensis et capellanus, frater W(illelmus) Bruneti, frater Imbertus de Salleto, frater Stephanus Pelliparius, frater Petrus de Bellomonte, anno Domini M. C. XL. VIII, presenti A(rnaldo) Aurasicensi sacrista, qui hanc cartam compusuit in ipsa ecclesia, rogatus a fratribus ejusdem domus. Hoc fuit factum in mense augusto, feria VII[a].

DXXX 1148, jeudi (2—30) septembre.

Copie du XIIe s. : Avignon, Bibl. municip., *Cartul. de Richerenches*, XLI, fol. 25.

Edité : Mis de Ripert-Monclar, *op. cit.*, n° 43, p. 45-46.

Geraldus de Balmis et fratres eius dimiserunt quod demandabant in manso de Balmis.

Divinis et humanis precentum est legibus, ut donaciones, vendiciones sive quelibet transacciones scripture posteris notificentur. Notum itaque fiat omnibus hominibus quoniam nos duo fratres Raimundus et Willelmus de Balmis, Iherosolimam, propter peccatorum nostrorum indulgenciam, ire volentes et omnem maliciam deponere desi-

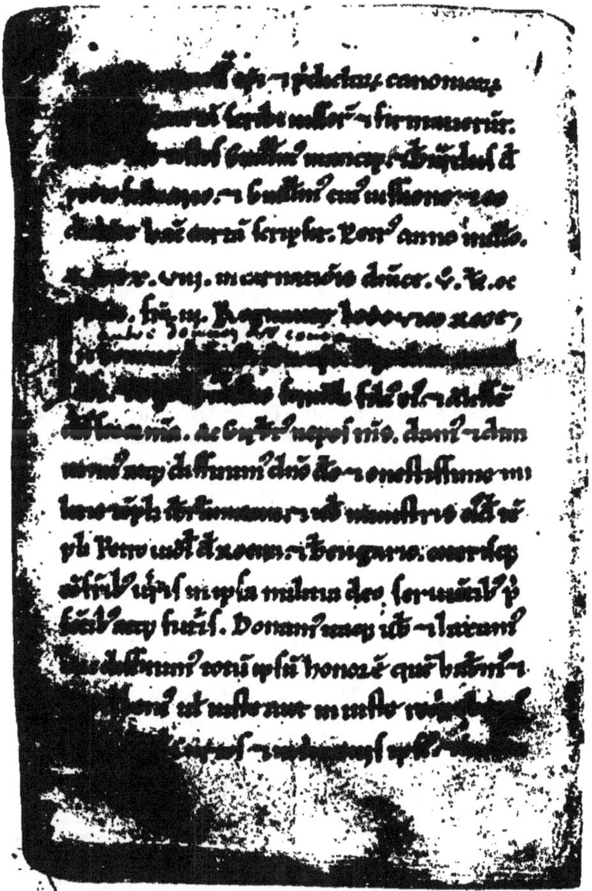

CARTULAIRE B DE DOUZENS ($16^{cm} \times 105^{mm}$), charte 10.

de[r]antes, Deo et fratribus Templi et domui de Richarensis dimittimus *(fol. 25v°)* et in perpetuum in presencia multorum laudamus totum hoc quod in manso, qui fuit Ugonis de Borbotone et filii sui, Nicolai, requirebamus et contrapellabamus. Ad exemplum supradictorum meorum fratrum, ego, Geraldus de Balmis, ut Deus et dominus noster peccatis meis indulgeat et animam meam et parentum meorum paradisi amenitate confoveri jubeat, totum et ex integro quicquid in predicto manso et in illis mansionibus, in quibus per manum Ugonis de Bolbotone et fratrum de Templo, ego habito, demandabam vel contrapellabam, totum sine ullo retinimento, Deo et fratribus de Templo et domui de Richarensis, nunc et in antea perpetua dimissione relinquo et laudo. De istis autem domibus, quas per fratres de Templo teneo et habeo, quandocumque illis placuerit, sine omni dilacione et contrarietate, exhibo et in pace dimisero. Sic in presencia multorum dico, sic in fide mea promitto et sic observado. Et ut sic observem et sic faciam, securitatis nomine, ab Ugone de Bolbotone, de helemosinis Templi XII^cim sextarios accipio boni frumenti et IIII^or ordei et unum equum, id est caballum, precio L. solidorum Valencianorum

Testes hujus dimissionis, facte a Geraldo de Balmis et fratribus suis, sunt, qui viderunt et audierunt : Petrus Willelmi, Gillelmus Cornabroc, Laugerius de Balmis, Petrus Chais, Gillelmus Franberii, Ripertus de Grillone, Bertrandus de Bolbotone; et fratres Templi, Ugo de Borbotone, qui hoc donum suscepit, et frater Rostagnus presbiter, cappel-*(fol. 26)*lanus Templi, Bernardus de Boazono frater, frater Willelmus Bruneti, Stephanus de Aurasica, Stephanus Pellicerius, et Nicholaius frater.

Facta carta ista, per manum Arnaldi, Aurasicensis sacriste, anno Dominico incarnacionis M°.C°.XL°.VIII°, mense septembrio, feria V°.

DXXXI 1148, mardi 21 septembre.

Copie du XII° s. : Toulouse, Arch. dép., *Cartul. B de Douzens*, ch. 10, fol. 15v°-17r°.

In nomine Domini nostri, Ihesu Xpisti, ego, domina Mateldis, et ego, Arnaldus Ferrandi, filius ejus, et Alissendis, soror mea, ac Girbertus, nepos meus, damus et dimittimus atque diffinimus domino Deo et onestissime militie Templi Iherosolimitani, et vobis, ministris ejusdem Templi, Petro videlicet de Rocira et Berengario ceterisque confratribus vestris, in ipsa militia Deo servientibus, presentibus atque futuris, donamus itaque vobis et laxamus hac diffinimus totum ipsum honorem quem habemus et habere debemus vel justo aut injusto requirebamus in villa de Curtes et in terminiis ipsius et in termi-*(fol. 16r°)*niis de Alairons, homines videlicet et feminas, mansos et mansiones, terras et ortos, prata, pascua ac terre merita, boscos et guarriguas, aquas ac riparias, cum exitibus et reditibus eorum, consus et usaticos et bajulias atque albera totumque aliut quantum in predictis terminiis vel locis habemus et habere debemus vel requirebamus aut homo vel femina per nos; totum absque omni retinentia nostra et sine ulla reservatione nostra, damus, laxamus atque omnibus modis diffinimus omnipotenti Deo et beate Marie et jamdicte milicie Templi et vobis predictis atque confratribus vestris presentibus atque futuris, ad habendum scilicet ac possidendum vestramque voluntatem in perpetuum faciendum. Et si omo aut femina istud donum vobis amparaverit et istam donationem vel diffinitionem frangere vel irrumpere voluerit, erimus inde vobis guirenti, sine vestro inganno, et tenere et habere hoc vobis facerimus omni tempore sine vestro inganno. Hoc autem *(fol. 16v°)* facimus propter amorem Dei adipiscendum et pro salute animarum nostrarum ac parentorum nostrorum et ut omnipotens Deus nobis et illis vitam eternam ac remissionem peccatorum nostrorum concedat, amen. Verum est autem quod propter hoc accepimus de elemosinis prefate militie xxx solidos Ugonencos octenos, ut sic ista carta firma et stabilis permaneat omni tempore, quam laudamus et confirmamus et a subdictis testibus confirmari rogavimus.

Hoc donum et hec diffinitio fuit facta in presentia domni Pontii (a), Carcassonensis episcopi, et Willelmi de Sancto Felice, Carcassone vicarii, et Ugonis Escafredi et aliorum multorum proborum hominum, in villa de Alairaco. De jam dicto dono et diffinitione sunt testes : Bernardus de Tremals, ecclesie Sancti Nazarii Carcassone canonicus, et Raimundus de Palaiano, et Pontius de Pomar, et Bernardus de Pomar, et Arnaldus de Pomar, et Arnaldus Gaufre-*(fol. 17)*di de Carcassona, et Ysarnius de Gaulenca, ac Sicfredus, filius Paiesa de Pomar, qui omnes rogati hanc cartam firmaverunt. Arnaldus de Clairano hoc scripsit jussione supradictorum donatorum ac predictorum testium, III. feria, XI. kalendas octobris, regnante Lodovico rege, anno millesimo CXLVIII. incarnationis Dominicę.

DXXXII 1148, (1—30) octobre.

Copie du XIII[e] *s.* : Madrid, Archivo Nacional, *Cartul. B.* 663, pages 74-5, n° 182.

In Dei nomine. Hec est carta donationis quam facio ego Ponz ad obitum mortis, ad illos seniores de Templo Domini de Iherusalem. Et erant presentes in Osca, de illis senioribus, dompnus R(aimundus) de Castelnovo et dompnus Bernardus de Salvi. Libenti animo et bona voluntate dono et concedo et confirmo, cum consilio et amore de mea matre, ad illos seniores tota mea parte que michi pertinet de illo campo, quam nos habemus in Osca, et est ad illas Eras, deforas illas portas, prope illo algafir de Alquibla.

Et ego dompna Giralda mulier Iohannes de Montpestler, cui sit requies, dono et concedo, pro mea anima et de meo bono senior don Iohannes, et anima de meo filio don Ponz, cui sit requies, et animo parentum *(page 75)* meorum, illa mea parte de isto campo supradicto ad illos seniores de Templo.

Similiter ego dompna Boneta, filia dompnus Iohannes, dono et confirmo tota mea parte quam michi pertinet de isto campo supranominato, ad illos seniores de illo Templo, et accepi inde precium IIII[or] kf. ordei majores.

Et habet affrontationes : de oriente campo de Garcia Sanz de Oros, de occidente campo de Quadrato, de meridie illa zequia que vadit ad illas Eras et ad illo campo de rege, de septentrione illo algafir et illo muro de terra. Et omnes vos, seniores de hoc Templo supranominato, habeatis et possideatis hoc predicto campo, salvo et ingenuo, libero et franco, ad vestram propriam hereditatem, per secula cuncta. Sunt testes et auditores et visores de hoc : G[a] Becaire, don Arnal Galin, don Perron de Morlans, frater Zelebrun, et Arnaldus scriba. Facto carta era M·C·LXXX·VI·, mense octobris, anno quando comite nostro Barch(inonie) erat in obsidione cum Genuos super Tortosam.

(a) Ponce, évêque de Carcassonne, 1142 † février 1159.

DXXXIII 1148, mardi 5 octobre.

Copie du XIIe s. : Toulouse, Arch. dép., *Cartul. A. de Dousens*, ch. 182, fol. 133ro et 133vo.

In nomine Domini. Ego, Pontius de Pomar, et ego, Aisalena, uxor ejus, infantesque nostri, damus et excambiamus domino Deo et honestissime militie Templi et vobis, Benenguario de ipsa Rueria et Arnaldo de Surniano, ministris ac servis jamdicte militie, et omnibus aliis fratribus, tam presentibus quam futuris, ibi Deo servientibus, III tres terras nostras de alodio nostro in terminio de Gauro : una quarum affronta de altano et a meridie et aquilone in viis, de cercio in honore meo et in onore infantum Petri de Sepiano. Altera terra est super candem viam, et affronta de altano in alia terra nostra, a meridie in via, a cercii in terra infantum Petri Arnaldi, de aquilone in honore Arnaldi de Gaure. Tercia terra affronta de altano in faxa infantum Iordana, a meridie in rego de Gaure, a cercio et aquilone in honore nostro. Sicut jam dicte terre a prenominatis affrontationibus includuntur, sic illas damus vobis et omnibus fratribus, presentibus atque futuris, in prenominata militia Templi manentibus, sine inguanno et absque ulla retinencia nostra et nostre posteritatis, ad habendas et tenendas et ad totam voluntatem vestram, pro vestro proprio alodio possidendas, propter unam terram vestram, quam nobis donatis et excambiatis, in terminio de Pomar. Et si homo aut femina in prefatis terris aliquid vobis anparaverit, nos ac tota posteritas erimus inde vobis guirenti sine vestro inguanno.

S. Pontii de Pomar et Aisalena, uxoris illius, infantumque eorum, qui hoc donum et excambiationem ita fecerunt et (*fol. 133vo*) istam cartam laudaverunt. De oc sunt testes : Raimundus de Palaiano et Arnaldus Gaufredi et Sicfredus, filius Paiesa, et Pontius, filius Petri Arnaldi de Pomar, qui rogati hanc cartam firmaverunt. Arnaldus de Clairano hoc scripsit jussione Pontii de Pomar et Aisalene, illius uxoris, jussuque predictorum testium III feria, III nonas octubris, regnante Lodovico rege, anno millesimo C.XL.VIII incarnato Dominico.

DXXXIV 1148, 28 décembre.

Copies du XIIe s. : Madrid, Archivo Nacional, *Cartulaire B*, 595, fol. 139vo-140, n° 363 ; du XVe s. : *ibidem*, *Cartulario Magno IV*, p. 179, n° 137.

HEC EST KARTA DE UNO CAMPO DE SAN SANZ DE AVERO.

In nomine domini nostri Ihesu Xpisti. Hec est carta venditionis quo ego Sanz Sanz de Avere et Eneç Galiz, meo cognato, et mea germana, Orbelite, et suus filius Corbaran et totos filios et filias Sanz Sanz vendimus uno campo qui est en Mecceloha, et est seminadura VIII k., ad vos, seniores de la cavaleria, Raimon Bernart magistro et fratri Rigalt Viger et fratri Ren. de Saragoce, in precio L solidos. Sic vendimus de bona voluntate, extra nulla mala voçe, cum exio et regressio eorum. Et habet isto campo affrontationes : ab oriente campo de Sanz Fortinones, germano dell arcade de Cotande ; a meridie via publica ; ab occidente campo de domino Artaudo, qui se tenet cum vinea de senior Lop Arcez Peregriz. Et damus vobis fiduciam de salvetat de isto campo, ad forum de Saragoce, senior Garcia Xemenones de Sancto Filipo et de Albin d'Aerpep. Et sunt visores et auditores et testes : Iohan de Lacite et de Arnau Forner et Remon Piguene. Et fuit facta carta IIII° die ante kalendas januarii, era millesima

C°LXXX°VI°, luna IIII, in ipso anno quando fuit Tortosa capta ; comite Barchinonensium et principe Aragonensi Raimon Berengario, episcopo donno Bernardo de Saragoça, et Garci Ortiz senior de Seragoçe, lo conte de Palars in Regla, Petre Castellazor en Calateu, Artau en Alagon. Et fuit alihala IIII solidos et duos dineros.

DXXXV [c. 1148.]

Copie du XII° siècle : Paris, Bibliothèque Nationale, latin 11082, fol. 21vo.

Edité : Abbé Ul. Chevalier, *Cartulaire des Hospitaliers et des Templiers*, p. 85.

HEC EST CARTA P(ETRI) CLERICI.

Notum sit omnibus hominibus, tam presentibus vel futuris, quod ego Petrus Clerici et uxor sua et filii sui, domos suas, quod habet Per Patri, in castello Segureti, donavimus et laudamus, per centum solidos veterum denariorum Melgoriensis monete, usque ad tempus, quod de suo reddere potuerit ad fratres Templi vel a quibus illis mandavit. Factum fuit in presentia Raimbaudi magister domus Roaisii, et frater Raimundus de Laval, et frater Giraldus Faber, et frater Petrus de Ponti.

DXXXVI [c. 1148.]

Copie du XII° s. : Paris, Bibliothèque Nationale, latin, 11082, fol. 40ro.

Edité : Abbé Ul. Chevalier, *Cartulaire des Hospitaliers et des Templiers*, p. 76.

Sciendum sit quod hęc est carta commemorationis de Petro Marofio, quod ipse dedit Deo et domui Templi Salomonis et fratribus ibi Deo servientibus, tam presentibus quam futuris, jure perpetue donationis, scilicet domum quam ipse habebat a Boison, et terram del Coin, et medietatem de hoc quod ille habebat in Palude, et vineam de la Cerba, et aliam que est in Podio Auro, et suam partem de Podio Gofre, et terram de Cumbas Tesaurenchas, quam tenebat Benedictus, et suam partem de territorio quod est in Costis, sicuti aqua discurrit erga nos, scilicet quartam partem, e la faisa del Verne. Hęc totum donavit Deo et beatę Marię et domui de Roais, pro redemptione anime sue, in manu Raimbaldi, qui erat tunc magister domui de Roais. Testes sunt : Petrus capellanus ipsius loci et frater, Raimundus de Laval, frater milicie, et frater suus Drogo qui hoc laudavit, Bertrandus de Podio Guigone, Ademarus de Boison, Bertrandus Iuvenis, Imbertus filius Michaelis, Pontius Martinus clericus, Petrus Iohannes.

DXXXVII [c. 1148.]

Original : Rodez, Arch. dép., H, fonds de Malte (La Clau, parch., n° 3).

Texte communiqué par M. l'abbé Verlaguet (n° 7 de son cartulaire).

Edité (incorrectement) : Du Bourg, *Hist. du grand prieuré de Toulouse*, p. j, n° CVIII (date vers 1147).

Conoguda causa sia a toz omes, quod ego Virgilis de Vezin, quant volo anar in Iherusalem, donei e fiz o donar a Bego, mo fraire, a Deu et alla maiso del Temple, lo mas de Frontinet per alo, el deman que faziam eu Asenciras ni far i podiam per nos o per Bermon de Veireiras, nostre cosi. Aquest do fezem dal tal guisa eu Vergilis e Beg, mos fraire, nos ne despolem e revestim ne la maiso del Temple ellas mas d'Elias de Monbro, sas toz retenemenz al seu entendement. A Sancto Leoncio el gimel de sancto Petro. Hujus rei testes sunt : Deusde, capellanus Sancti Leoncii, e Peire de Melars, e Deusde Vergillis, et Uc de Morers, e Peire Bernarz de Vezin, Guillem Bertrant, e' n Guiral Gaucelm.

DXXXVIII [c. 1148.]

Original : Rodez, Arch. dép., H, fonds de Malte (Saint-Georges de Luzençon, parch. coté n° 2).

Texte communiqué par M. l'abbé Verlaguet (n° 6 de son Cartulaire).

Conoguda causa sia que eu Bermunz de Luzenzo done lo logal und'es lo portals de San Iordi e la terra ond'es bastitz entro e la quarreira, ab cosseil et ab voluntat de Peire Aicfre e de sa moller de cui era benifidis, a Deu et a sancta Maria et alz cavaliers del Temple, ad aquelz que aras i sso ni adenant i serau, per redempcio de mos peccatz e de mon paire e de ma maire. Et aigo fo fag ella ma d'en Elias de Montbru ; et el det ne a P(eiro) Aicfre x sols. Autor : R. de Fabregas, e G. de Leraz, e G. Sudre, e Deusde Ribeira.

DXXXIX [c. 1148-1154.]

Original : Rodez, Arch. dép., H., fonds de Malte (Sainte-Eulalie, parch. coté, n° 1).

Texte communiqué par M. l'abbé Verlaguet (n° 16 de son cartulaire).

Eu, R., abbas de Sant Guilem, ab cosel e' ab voluntat del prior e del cellarer e del l'abat de Lodeva e de R. Pelet e de P. da Gamarz e de G. da Radas e d'en Sicart e toit aquest ero morge de S. Guillem, donei la meitat del dezme de Massenal a Deu et a S. Maria et alz fraires del Temple de Iherusalem, ad aquelz que aras i so ni adenant i serau. Et aizo fo fait e la ma d'Elias de Montbru al Pont de S. Guilem a la eccl[esia] de Sant Ioan.

$ G. Rose, e B. Paliot, e P. de Monpestler, e P. Cap d'Estopas.

DXL [1148—1162.]

Original : Dijon, Arch. dép., H. 1169 (Petit Temple de Dijon).

Presentibus simul ac futuris notificare curavimus quod Guido de Sumbernum dedit Deo et fratribus Templi post obitum suum quicquid habebat in villa quę Avonium dicitur, redditus quoque mansorum consuetudinarios in vita sua. Hoc donum fecit in domo fratrum Unceii, fratribus domus ejusdem presentibus Varnerio, Gilleberto, Pontio. Testes sunt : Vido capellanus ejusdem ville, Barnuinus de Dreio et Haimo, frater ejus, Albertusque, cognatus eorum. Die quoque eadem et in eodem loco Barnuinus de Dreio, laudante fratre ejus, Aimone, dedit Deo et fratribus Templi quicquid in prefata villa, Avonio scilicet, habebat post obitum suum, redditus etiam mansorum in vita sua, testante Guidone de Sumbernum, aliisque quos supra memoravimus. Sciendum preterea quod idem Guido donum supra memoratum postea plenius confirmavit apud Sanctum Sequanum quibusdam ex fratribus Templi presentibus, fratre scilicet Roberto de Roveriaco, fratre Matheo de Castellione, fratre Pagano de

Unceio, presentibus etiam Odone (a), duce Burgundie, filioque ejus Iohanne de Monte Sancti Iohannis, Iohanne de Caldiniaco, Haimone Rufo de Divione, Warnerio de Age, Bartholomeo de Fontecio aliisque multis.

Presenti etiam cartę inserere congruum judicavimus, quod Warnerius de Age dedit Deo et fratribus Templi quicquid habebat apud Unceium, laudante filio ejus, Arveio. Hoc donum fecit apud Sombernum, in domo Iohannis de Divione, presente domno Henrico (b), Eduense episcopo, presentibus quoque Haimone Rufo, Bartholomeo de Fontecto, Iohanne de Divione aliisque multis. Idem donum laudavit uxor predicti Warnerii apud Safrum. Testes sunt : Warnerius de Flure, Gaufridus de Eschenna. Constat autem presentem cartam tempore bone memorie domni Gothefridi (c), Lingonensis episcopi conscriptam, ejusque sigillo confirmatam.

DXLI [c. 1148-1164.]

Copie du xv^e s. : Paris, Arch. Nat., S. 4969, n° 19 (Commanderie de Baugy et Corval, 11° n° de la 1re liasse, fol. 6).

Philippus (*d*) Dei gratia Baiocensis episcopus, omnibus sancte ecclesie filiis tam presentibus quam futuris salutem. Notum vobis fieri volumus quatinus nos, prece et peticione Rogeri Bacon, fratribus Templi, ecclesiam de Scon, cum decimis et omnibus pertinenciis suis, in perpetuam elemosinam dedimus ; insuper eisdem fratribus presentacionem sacerdotum in eadem ecclesia, sicut Rogerus Bacon habebat, concessimus. Sacerdos vero qui in eadem ecclesia, nostro concessu positus fuerit, beneficia altaris plenarie, et de bladio decime octo sextaria, per manum fratrum, sicut in presencia nostra definitum est, possidebit. Quod, quia ratum fieri volumus, sigilli nostri municione roboramus. Huic donacioni presentes fuerunt : Ricardus Succen', Robertus canonicus de Pl', Wuillermus de Acrel, Ricardus de Lambervilla, Ricardus Rufus dapifer Rogeri Bacon, Bartolomeus de Torveriis, Wuillermus filius dapiferi, Iohannes de Magnoville, Vuillermus Velget, Matilda, mater Rogeri Bacon.

DXLII [? 1148—1165.]

Copie du xiii^e s. : Oxford, Bodleian. ms. Wood (empt. 10), fol. 111.

[O]mnibus etc. Hugo de Bolebec salutem et dilectionem in Xpisto. Notum sit vobis omnibus quatinus ego Hugo de Bolebek concedo et confirmo, per cartam meam, elemosinam et donationem Walteri, patris mei, Deo et sancte Marie et militibus Templi Salomonis Ierusalem, scilicet xl solidatos terre in villa Kalvertonie, in hoc videlicet : Simon panifex vi sol., Ricardus de Cestria ii sol., Ailmarus filius Wlmat vi sol., Oslanus frater ejus vi sol., Atsor vi sol., Robertus filius Thochi vi sol., Ricardus presbiter vi d., Nigellus filius Almar' preposit' iiii sol., Luffricus Albus xviii den., Edmarus ii sol. ; quod volo et firmiter precipio ut predicti fratres Templi habeant et teneant hanc supradictam elemosinam bene et in pace, quietam et liberam de omnibus secularibus consuetudinibus perpetualiter, in terra et herba, in

(a) Odon II, duc de Bourgogne, 1142 † septembre 1162. — (b) Henri, évêque d'Autun, 1148 † 1170 (1?). — (c) Godefroy, évêque de Langres, c. 1140-1163. — (d) Philippe, évêque de Bayeux, 1142 † 7 février 1164.

pratis et pasturis, tam libere et quiete quam melius in tempore Walteri patris mei et mei temporis illi tenuerunt. Testibus hiis : Waltero de Bolebec, Willelmo Pipard, Ricardo de Vernun?, Roberto de Gray, Gaufrido filio Sastay?, Roberto de Clere, Ricardo presbiter de Calverton' et aliis.

DXLIII

1149, (1—31) janvier.

Copie du XIIe s. : Madrid, Archivo National, *Cartulaire B.* 595, fol. 72-72vo, n° 210.

CARTA DE ENECO FORTUNONES DE LUSIA.

In Dei nomine et ejus divina clementia, scilicet Patris et Filii et Spiritus sancti amen. Ego, Eneco Fortunones de Lusia venditor sum vobis, fratribus Templi, scilicet una ereditate quam habeo in Boquienich, que fuit de Moro Alfaix. Sic vendo illam ereditatem, erma et populato, de illa Ligna, de monte usque ad aquam de rivo, propter precium placibile LXXXX solidos de moneta laquesa. Et est fides de salvetate, a foro terre, don Martin de Lerda, et Acenar Garcez de Rada. Testes sunt, visores et auditores : Garcia Necones de Ceresa, Martin de Pradela, et Orti Navarro, Garcia de Rada, Raimon Palaranco, Domingo de Oriavita, Blasco Arcez de Sos, et Exemenno de Arrada, Petro filio don Raimon, Pascal de Lusia, Sanxo, suo jermano, et Gili : omnes isti comederunt, in ipsa alifarra, carnem porci et de carner et de lepore. Sic vendo ego, Eneco Fortunones, ista ereditatem predictam vobis, fratribus Templi, scilicet magistro Rigald Viger qui tenebat Novellas, fratri Domingo qui tenebat Boquiennic, et fuit ibi frater Sanxo et frater Girald, ut habeatis illam ereditatem, salvam, liberam et ingenuam et francam, sine ulla mala voce, cum ingressibus et regressibus, dandi, vendendi et possidendi, vos et successores vestri. Et ego, Eneco Fortunones sum pagatus de omni precio et alifala.

Facta carta in mense januarii, ipso anno quo comes Barchinonensis prendidit Tortoxa, Lerida et Fraga, era M°C°LXXX°VII, regnante Raimundo, Dei gratia *(fol. 72vo)*, comes in Aragon et in Superarbe et in Riparcurce et in Strematura, senior Garci Ortiz in Cesaraugusta, per manum comitis, Artalt in Alagon, Palcin in Galur et in Petrola, episcopus Bernardus in Cesaraugusta, episcopus Dodus in Osca, episcopus Micael in Tirassona. Reinmundus scriptor qui hanc cartam scripsit sub jussione Eneco Fortunones, et hoc signum ✠ fecit.

DXLIV

1149 (1er janvier—31 décembre).

Copies du XIIe s. : Madrid, Archivo National, *Cartulaire B*, 595, fol. 140-140vo; du XVe s. : *ibidem*, *Cartulario Magno*, ex original, III, n° 130.

HEC EST KARTA DE ILLO BAIO DE SENIOR LOP ARCEZ.

In nomine Domini. Ego, frater Rigalt Viger, cum consensu aliorum fratrum, scilicet fratris Randulfi et aliis fratribus presentibus et futuris, donamus illam sextam partem de illo banio, qui fuit de senior Lop Arcez, et est in illo barrio de sancto Nicolao [1], ad don Fortun Acenarç [2], et a sua mulier, dona Sanxa [3], et filiis et filiabus suis, per facere tota sua voluntate, cum censu quod donet *(fol. 140vo)* nobis, qui illa hereditate tenuerit, unoquoque anno, tres sol de illa moneta, que in Saregoce [4] curreril,

Variantes du Cartulario Magno : 1. Nicholao. — 2. Acenarez. — 3. Sancha. — 4. Caragoca.

de sancto Micael [1] ad sancto Micael [1]. Testes sunt : Iohan Diez [2] de Sancto Filippo [3], Garcia [4] Semenones de Sancto Filippo [5], Garcia de Barcobo, Iohannes de la Çuda [6], Iohannes de Zohere [7], Domingo de Maiorgas, Petro de san Dorenz [8], filio de dona Sirga, Tomeu d'Asso. Facta [9] era M·C·LXXX·VII; anno illo quo fuit capta Tortossa [10].

DXLV 1149, (1er janvier—31 décembre).

Copie du XIIe s. : Madrid, Archivo National, *Cartulaire B.* 595, fol. 28vo, no 75.

De ecclesia de Anessa.

Ego Lupus (*a*). Dei gratia, sancte Pampilonensis ecclesie episcopus, simul cum consilio et voluntate Bernardi prioris et omnium canonicorum Pampilonensium, facio vobis, fratri et magistro Rigaldo et fratri Dominico, et milicię Templi Salomonis, cartam donationis de illa populatione quam facitis in Aniessa, ut construatis ecclesiam ibi, ad honorem Dei et milicie prefati Templi, ut habeatis illam ecclesiam, liberam et ingenuam et propriam vestram, dando episcopo Pampilonensi et successoribus ejus jura episcopalia, videlicet quartum et cenam et jura clericorum. Set tamen, pro remissione peccatorum meorum, dimitto vobis quartum, per istos duos annos ad construendam ecclesiam, tali pacto ut archidiaconus vel vicarius ejus veniens quartet et dimittat vobis, transactis duobus annis, accipiemus quartum. De vestra laboranza de vestros boves, non querimus ut faciatis decimam, set, sicut est vestra consuetudo, teneatis. Facta carta era M·C·LXXX·VII·. Ego Lupus episcopus hanc cartam laudo et hoc signo confirmo ✠ Ego Bernardus prior, pro omni conventu, hoc Signum ✠ facio.

DXLVI 1149, (1er janvier—31 décembre).

Copie du XIIe s. : Madrid, Archivo National, *Cartulaire B.* 595, fol. 28, no 74.

De donativo quod donavit rex Garsia.

In nomine Domini nostri Ihesu Xpisti amen. Ego Garcia, Dei gratia, Pampilonensium rex, facio hanc cartam Deo et sancte Marie et ad Templum Salomonis, ad illa cavalleria, et ad fratrem Rigald Viger et ad fratrem Bonafos, et ad alios fratres presentes et futuros. Placuit michi, libenti animo et spontanea voluntate, propter amorem Dei, et animas parentum meorum, quod non donetis lezta nec portatico, in tota mea terra, de vestras proprias casas de aver, et vestro aver vendite qua hora vobis placuerit, et non laxetis pro ullo precone, nec per mandamentum de ullo homine. Et hoc donum habeatis per infinita secula seculorum, salva mea fidelitate et de omni mea posteritate per secula cuncta. Signum regis ✠ Garcie.

Facta carta in villa que vocatur Tutela, era M·C·LXXX.VII, in anno quo presit rex Taust et illos Faios. Regnante me, Dei gratia, rex in Pampilona, et in Alaba, et in Bizcaia, et in Puzca ; episcopus Micael in Tarazona, episcopus Lupus in Pampilona, comite Latrone in Aivar, Gilelm Arznarz in Sangossa, Martin de Lafet in Gallipenza et in Petra Alta, Ramir Garcez in sancta Maria de Uaua, Semen Aznarz in Tafalla,

(*a*) Loup, évêque de Pampelune, 1142-1159.

Variantes : 1. Michael. — 2. Dieç. — 3. Philippo. — 4. Garcie. — 5. Philippo. — 6. Cuda. — 7. Çobere. — 8. Dorenc— 9. *ajoute* carta. — 10. Tortosa.

Rodrigo de Azacra in Estela, Ramir Sanz in Maranon, Rodrigo Avarca in Funes et in Balterra. Sunt testes et auditores : episcopus Lupus de Pampilona, Rodrigo Petro de Arazuri, Garsion de Bilforad, Micael Petriz, don Tebalt, don Gil de Estela, Ramiro Petriz, Petro de Oso, W. de sancta Xpistina, Iohen scriba qui hanc cartam scripsit.

DXLVII 1148/9, (vendredi) 21 janvier.

Copie du XIIe s. : *Cartul. de Richerenches*, fol. 38.

Édité : Mis de Ripert-Montclar, *op. cit.*, n° 62, p. 65.

GUILLELMUS BALART DEDIT FRATRIBUS DE TEMPLO GUILLELMUM BERBIGERIUM ET FILIOS SUOS PRO ANIMA SUA.

In Xpisti nomine. Ego, Willelmus Balasti, ut Deus misereatur peccatis et negligenciis meis, bona fide et sine dolo, dono et offero in perpetuum domino Deo et beatę Marię et sacrę milicię *(fol. 38^v)* Templi Salomonis, et tibi, Ugoni de Bolbotone, et successoribus tuis, in eadem milicia degentibus, Guillelmum Berbiarium et suos infantes, cum suis tenementis et quicquid in eis, juste vel injuste, habebam. Hanc donacionem facio fratribus de Templo, ut ab hodierno die et tempore in antea habeant et jure perpetuo possideant et quicquid inde facere voluerint in Xpisti nomine liberam et plenissimam habeant potestatem, sine blandimento tocius hominis et feminę.

Facta donatione mense januario, anno Dominice incarnacionis millesimo C.XLVIII, feria VI., luna VIII. Testes hujus donacionis sunt isti : Ugo de Bolbotone, magister domus de Richarenchis, in cujus manu hoc donum factum fuit ; frater Bernardus de Boazone, Willelmus Graneti, Willelmus d'Alon, Latgerius de Balmis.

DXLVIII 1148/9, 19 février.

Copie du XIIIe s. : Perpignan, Arch. dép., *Cartul. du Mas-Deu*, n° 110, fol. 70^v.

Édité : Allart, *Cartul. Roussillonnais*, dans la *Semaine relig. du dioc. de Perpignan*, 1880, p. 271-2.

In Dei nomine, sit notum cunctis quod ego, Gobertus Gutmar, cum fratre meo, Raymundo Gutmar et cum uxore mea, Maria, insimul nos omnes donamus Domino Deo et fratribus milicie Templi Salomonis, de nostro alodio, duas pecias de terra, propter redepcionem animarum nostrarum et parentum nostrorum. Sunt autem pecie de terra in termino Sancti Petri de Paciono, ad locum qui vocatur Coma de Touo, cum uno ortello et arboribus que ibidem sunt. Affrontant vero orientis in eadem Cumma, a meridie in via que ducit de Paciano ad Sanctum Stephanum, ab occidente in terra Petri Irimballi, ab aquilone in via que exit de Paciano ad Turderas. Quantum infra istas affrontaciones includitur, totum, sine ullo retentu, abstraimus de nostro jure et potestate et mittimus in jus et potestatem fratrum milicie Templi prescripte, sine enganno.

Et ego, Arnallus vocatus de Sancto Cipriano, cum consilio Huberti et aliorum amicorum meorum, fratrum prelibate milicie, donamus vobis prelibatis septuaginta solidos Rossellos, pro caritate.

Et ego, Bernardus de Paciano, canonicus Sancte Eulalie, dono domino Deo et fratribus prefate milicie, de meo alodio, unam peciam de terra, pro redempcione anime mee. Est autem pecia predicta de terra in termino Sancti Petri de Paciano, in loco qui vocatur Cumma de Tono. Affrontat vero a parte orientis in eadem Cumma, a meridie in via que vadit de Paciano ad Sanctum Stephanum, ab occidente in terra Irambalti, ab aquilone in via que exit de Pacione ad Turderas. Quantum infra istas affrontaciones includitur, totum, sine ullo retentu, abstrao de meo jure et potestate et mito in jus et potestatem fratrum prelibate milicie sine ullo enganno.

Et ego, Arnaldus prescriptus, frater tuus, cum consilio fratrum, premisse milicie, donamus tibi, prescripto Bernardo, XL. solidos pro caritate. Et ego, predictus Arnallus, cum Ruberto et aliis nostris fratribus, donamus et excambiamus domino Deo et Beate Marie de Campo et tibi, Poncio, priori ejusdem loci, et tuis successoribus et omnibus clericis et conversis, ibidem servientibus Deo, prescriptas istas tres[1] de terra cum predicto ortello et arboribus et cum suis exitibus et regressibus et affrontacionibus ad proprium alodium, pro uno quam Poncius, prior Sancte Marie, cum clericis ejusdem loci, donas et excambias nobis, fratribus milicie Templi. Et abstraimus ipsas tres pecias de terra de nostro jure et potestate et mitimus in potestatem vestram sine ullo enganno et sine retentu.

Et ego, prescriptus Poncius, prior Sancte Marie, cum clericis ejusdem loci, donamus et excambiamus tibi, Arnallo prefato, et fratribus milicie Templi Perpiniani? ipsum campum qui est prope cellulam vestram ad proprium alodium, pro prelibatis tribus peciis de terra. Affrontat autem predictus campus a parte orientis, in via que vadit ad cavalleriam ad Pontellanum, a meridie in terra vestra, ab aquilone similiter, e ab occidente in terra nostra. Quantum infra istas affrontaciones includitur, totum, sine ullo retentu, abstraimus de nostra potestate et mitimus in vestram potestatem, sine ullo enganno. Et est manifestum. Si quis contra hanc scripturam ad irrumpendum venerit, non valeat vendicare quod requirat set in duplo componat cum sua melioracione.

Factum est hoc XI. kalendas marcii, anno Xpisti. M°.C°.XL°.VIII°., regnante Lodovico Rege in Francia. Sig✠num Guotberti Gutmar, Sig✠num Raymundi; Sig✠num Marie, qui hoc jussimus fieri, laudamus et testes firmare rogamus. Sig✠num Bernardi, canonici Sancte Eulalie, qui hoc jussi fieri, laudavi et testes firmare rogavi. Sig✠num Arnalli de Sancto Cipriano; Sig✠num Rotberti, qui hoc jussimus fieri, laudavimus et testes firmare rogavimus. Sig✠num Poncii, prioris Sancte Marie, qui, cum clericis ejusdem loci, hoc fieri laudavimus, testes firmare rogavimus. ✠ Artallus (*a*), Elenensis episcopus. Sig✠num Berengarii de Caneto, archidiachoni Elenensis. Sig✠num Guilelmi de Bages. *(fol. 70v°)* Arnallus, presbiter, rogatus, scripsit sub die et ✠ anno quo supra.

DXLIX 1149, jeudi 24? février.

Copie du XIIe s. : Madrid, Archivo National, *Cartulaire B.* 595, fol. 139r°, n° 361.

CARTA DE BERNARDUS ABBATE DE PINA.

In Dei nomine et ejus gratia. Ego, Bernardus Abbate de Pina et donna Maria mulier que fui de Guilge de Billela, vendimus ad vos, magister Rigalt Viger et ad vos, magister Arnulfo de Çaragoça, et ad illos seniores de illa caballeria, unas nostras

(*a*) Artaud, évêque d'Elne, 1148—?

1. Suppléer « pecias ».

casas quod habemus in civitate Çaragoça qui se tenent cum illas casas vestras, et habent frontationes, de oriente via pulnica et de occidente nos conparatores, de aquilone pardina de Iohanne de Meçalfonata, quomodo istas frontaciones includunt, sic vendimus vobis cum exio et regressibus eorum de bona voluntate extra nulla mala voce et extra nulla destrictione de persone neque de famen, set solta mente vendimus vobis per ad vestra propria ereditate in precio quod placuit inter nos et vos, per LX solidos Iaccensis moneta de IIII dineros, et dedistis nobis semper totos in manu, et est manifestum. Et dono vobis fidancia ego Bernardus de illa medietate de salvetate Sango Lopiç qui se tenet costa vestras casas, ad fuero de Saragoçe; et similiter dono vobis fidancias de illa alia medietate, ego Maria de salvetate Guilgem jenero de Benedet Cupero, ad fuero de Saragoçe. Aliala V solidi. Sunt testes : Dominico Esperat et Dominico Calbo et Galindo, nepoto de Sango Galiç repostero.

Facta carta in civitate Çaragoce, era M°C°LXXX°VII°, jovis IIII° de febroario. Comes Barchinonensis (a) princeps regni Aragonensis, et ipso anno habebat preso Tortosa. Episcopo Bernardo (b) et Garciotiz in Çaragoça, comite Arnal Mir in Ricla, Gomiç in Deslibol, Galixemeniç in Belgit, Artal in Alagon, Palacin in Galur. Pere de Capella scripsit et hoc SIGNUM ✠ fecit.

DL

1149, 16 mars.

Copies du XIII° s. : Caen, Arch. dép., chartrier blanc de l'abbaye de Troarn, fol. 106 ; du XIV° s. : Paris, Bibliothèque nationale, Latin 10086, fol. XIX.

REBSHOMME

Hugo (c) Dei gratia Rothomagensis archiepiscopus et Rotrodus (d) Ebroicensis episcopus, universis sancte matris ecclesie filiis, tam presentibus quam futuris. De causa que inter Ricardum abbatem Troarn (ensem) et milites Templi orta est super Ramberti Ulmo, post multas vexationes et intervalla temporum, tandem apud Lexovium, evocato ex latere venerabili fratre nostro Philippo (e) Baiocense episcopo, multis eciam religiosis et sapientibus viris pariter convocatis, auctoritate apostolica freti, ordine judiciario finem canonicum ipsi negocio imposuimus. Quod ut nulla delere possit oblivio, in scriptum redigere et litteris annotare curavimus, ut sit operis nostri firmum testimonium, et predicti monasterii inexpugnabile munimentum, simul eciam ad posteros memoriale sempiternum. Acceptis itaque letteris domini Pape, et adjuncta officio nostro auctoritate apostolica, post plures evocaciones utriusque partis, post labores multos Troarnensis monasterii, apud Lexovium diem utrique parti prefiximus. Sed ante diem placiti, milites possessioni de Ramberti Ulmo renunciaverunt, et ad diem statutum neque venerunt neque excusaverunt. Comes (f) vero Pontivorum, quem milites guarandum suum in presentia domini Pape predixerant ante iter Ierosolimitanum, non guarantivit eos, sed contra preceptum domini Pape, causa neglecta iter illud arripuit, et post reditum a guarantia penitus defecit ; abbas vero, licet sibi

(a) Raimond Bérenger IV, comte de Barcelone, 1131 † 6 août 1162. — (b) Bernard, évêque de Sarragosse, 1139-1162. — (c) Hugues, archevêque de Rouen, 1130 † 11 novembre 1164. — (d) Rotrou, évêque d'Evreux, 1139-1165. — (e) Philippe, évêque de Bayeux, 1142 † 7 février 1164. — (f) Guillaume, comte de Ponthieu et d'Alençon, 1147 † 29 juin 1172.

videretur, ut dicebat, quod defectus tam comitis quam militum sui juris esset plena confessio, tamen obtulit sufficienti testimonio probare suam investituram. Nos igitur, super hoc negocio habentes preceptum Pape, tam viva voce quam litteris de plena justicia faciendo, et de comite et de militibus causam diu agitatam, tali sentencia in medium prolata decidimus scilicet, quia milites Templi possessioni de Ramberti Ulmo renunciaverant et comes, qui possessionem dederat, a guarancia deficiebat, adjudicavimus abbati Troarnensi investituram de Ramberti Ulmo ; et, cum vice domini Pape cujus legacione in hoc negocio fungebamur, in conspectu tocius conventus, manu propria investivimus, et tamen, ne occasione aliqua investitura [1] ista videretur inicium habuisse ante ipsam investituram, probationem, quam abbas obtulerat, per manus tam clericorum quam laicorum, sufficientem suscepimus. Ut autem auctoritate firma nitatur imperpetuum, eam sigilli nostri impressione firmavimus, ac venerabilium personarum que presentes affuerant subscripcione volumus roborare. Presentes autem et testes fuerunt judicii et investiture : primo dominus Baiocensis Phi(lippus) nobiscum cooperator judicii, abbas sancti Wandr[egisilli] domnus Walterus, abbas Cadom(ensis) domnus Alanus, abbas de Fonteneio domnus Robertus ; de clericis, decanus Rothomagensis Gaufridus, cantor Baiocensis Herbertus, archidiaconus Baiocensis Rogerus, magister Hunfredus, archidiaconus Lexoviensis Normannus, canonici Rothomagenses Rainaldus, Ivo, Eraldus ; de clericis Ebroic(ensibus) Willelmus decanus, Ricardus archidiaconus, Herbertus et Daniel canonici ; de monachis de sancto Wandr(egisillo) Lambertus et Willelmus ; de sancto Stephano de Cadomo, Nigellus, Robertus, Geroldus. Testes autem qui juraverunt fuerunt hi : Vinc(entius) monachus de Troarno, Hefredus capellanus comitis (*a*) Ebroic(ensis), Lambertus Faber, Anschetillus filius Acardi. Actum est hoc apud Lexovium publice, anno ab incarnacione Domini M°C°XL°IX°, Eugenii pape anno V°, xvii kalendas aprilis, principante in Normannia duce Gaufredo (*b*).

DLI 1149, (après le 16 mars).

Copie du xiv° s. : Paris, Bibliothèque Nationale, Latin 10080, fol. 113.

H(ugo) Dei gratia Rothomagensis archiepiscopus, karissimo filio et consanguineo suo Willelmo, comiti de Pontivo, salutem, gratiam et benedictionem. Die (*c*) quastatuimus inter abbatem Troarnensem et milites Templi, apud Lexovium, de Raimberti Ulmo, abbas stetit judicio, munitus instrumentis et sufficienti testimonio ; milites vero, ante diem placiti, possessioni de Raimberti Ulmo renunciaverunt ; abbas vero ex judicio investituram suam probavit. Quia domini Pape igitur super hoc habemus preceptum, plenam ei de vobis faciendi justicia, apostolica auctoritate vobis mandamus, ut ei investituram de Raimberti Ulmo habere faciatis. Quod si in hoc aliqua passus fuerit, repulsa auctoritate apostolica, constrictati ei in justicia facienda plena super vos deesse non possumus nec debemus.

(*a*) Simon de Montfort, comte d'Evreux, 1140–c. 1181. — (*b*) Geoffroy, comte d'Anjou, duc de Normandie, janvier 1144 † 7 septembre 1151. — (*c*) 16 mars 1149.

Var. : 1. investitura ipsa.

DLII 1149. (après le 16 mars).

Copie du XIVe s. : Paris, Bibliothèque Nationale, Latin 10086, fol. 113^r° et ^v°.

Illustri comiti Guillelmo (a) karissimo dilecto suo, H(ugo) (b) Roth(omagensis) archiepiscopus salutem, gratiam et benivolenciam. Visis litteris vestris, remandamus vobis quia, antequam iretis Ierosolimam, vobis ex parte domini pape mandavimus, sicut et Templi militibus, ut, pro Raimberti Ulmo, ex domini Pape precepto, tam vos quam et ipsi, ante nos staretis. Placuit vobis non venire; attamen, pro reverencia vestra, distulimus et vestrum, Deo annuente, reditum, fere contra domini Pape preceptum, expectavimus. Deo gratias tandem venistis. Requisierunt vos milites Templi. Denique data die super Raimberti Ulmo agendi, a Rothomago Lexovium (c), pro reverencia vestra obviam vobis et Templi militibus, quorum causa intereat, processimus. Set milites Templi qui Raimberti Ulmom tenebant, in possessionem illam abdicaverunt et causam dimiserunt. Eapropter et nos et episcopi et antentici juri, more sedis apostolice, sentenciam dederunt, qua ecclesia Troarnensis de possessione prefata habuit revestiri.

DLIII 1149, (25 mars – 25 mars 1150).

Copie du XIIe s. : Archivo National, *Cartulaire B*, 595, fol. 29^v°-30, n° 79.

De villa et castello de Novellas

In nomine Patris et Filii et Spiritus sancti amen. Post deliberationem et expulsionem Sarracenorum, villa quam dicitur Novellas, quam dicitur a rege Garcia et ceteris probissimis viris, qui eam, auxiliante Deo, a Sarracenis deliberaverunt, ad ejusdem omnipotentis Dei servicium, omnibusque qui deliberationi illi fuerunt, id fieri assentibus, data est magistro militum Templi Salomonis et congregationi eorum. Ad devitandam itaque contentionem, facta est concors divisio inter utrosque per manum videlicet Garnerii fratris et Petri Raimundi. Facta vero concordi divisione ab utroque, predictus Garnerius, frater et miles Templi Salomonis, ad servicium fratrum suorum, accepit predictam villam ab integro; et Petrus Raimundi, frater Hospitalis, similiter accepit villam predictam, scilicet Mallen.

Postea vero Petrus de la Rovera, servus milicie Templi atque magister in Aragone et in Barchinona, et W(illelmus) de Belmes (d), similiter servus et frater Ospitalis atque prior in Aragone et in Barchinona, una cum ceteris fratribus suis, de milicie Templi fratribus, Rigald Viger, Ugo de Panato *(fol. 30)* et Petrus de Ripa Alta, de fratribus Hospitalis, Stephanus Tesaurizatori et Mauricus et Gaucelmus, convenientes in obsidionem Tortose, et collaudantes jam dictam concordiam, hanc cartam confirmacionis mandaverunt :

Statum est autem inter eos ut fratres de Mallen qui modo ibi sunt vel postea venturi sunt ad propriam domum de Malen, habeant in illo soto qui dicitur de Navasa, tota ligna, magna et parva, sicca et viridia ; et in illo alio soto de Rabit solummodo habeant madera ad opus domuum suarum de Malen, quantum eis opus fuerit ad hedi-

(a) Guillaume, comte de Ponthieu, 1147 † 29 juin 1172. – (b) Hugues, archevêque de Rouen, 1130 † 11 nov. 1164. – (c) 16 mars 1149. – (d) D'après Delaville-le-Roux, Guillaume de Belmes fut prieur de Navarre de 1162 à 1153.

Scandas proprias casas; sed, antequam in illo soto de Rabit incidant fusta, fratres Hospitalis veniant ad illum fratrem de Novellas, et eorum consilio operentur in illo madera, ut dictum et constitutum est, et frater de Novellas nullo habeat potestatem contradicendi. Fecerunt quoque convenientiam, inter se, milites Templi et fratres Hospitalis predicti, in hoc modo quod nullus ipsorum in honore alterius terram emat, neque in pignore accipiat, sine consilio et assensu ejus qui potestatem terre tenuerit.

Anno ab incarnatione Domini M°C°XL°VIIII°. Petrus Sancti Adriani hanc cartam scripsit et hoc signum ✠ fecit.

DLIV 1149, (1-30) avril.

Copie du XIII° s. : Madrid, Archivo National, *Cartulaire B*, 663, p. 78-9, n° 190.

In Dei nomine. Hec est carta venditionis quam facio ego Iohannes Abinmenna et uxor mea Sancia, vobis, don Remon de Castelnovo et vobis don Bernard de Salvi et omnes alii seniores de illo Templo. Placuit nobis libenti animo et spontanea voluntate, et vendimus vobis medietatem de nostra casa, quam nos habemus in Osca, et habet affrontationes, de oriente casas de illo Templo, de occidente via publica, de meridie casas de Abinmenna, de septentrione casas de mulier Pere de Lizana. Est illo precio quo convenimus inter nos et vos, atque complacuit, scilicet LIX solidos monete laccensis de IIII denariis, quos in manu semper accepimus; apud vos, seniores don Ramond et don Bernard, nullam rem non remansit de hoc precio. Damus vobis fidanzas de salvetate de illa casa, secundum usum terre don Vincent de Iubeluco, meo nepoo, et Iohannes de Ramio et Dominico de Articha, ut habeatis et possideatis vos, seniores, illa casa suprascripta, salva et ingenua, libera et francha, ad vestram propriam hereditatem, per secula cuncta amen. Sunt testes et auditores et visores de hoc supradicto : dompnus Guillelmus Becharius, don Iohan Compte, Guillelmus de Camp Franlex, Stablet de Iaccha, Arnaldus scriba *(p. 79)*, Martin Aborrazin. Facta carta era M°C°LXXX°VII°, mense aprilis, anno quando fuit capta Tortosa a comite Barchinonensis, et erat in obsidione super Lerita. Aliala, pane et vino et carne, IIII solidos.

DLV 1149, (3 avril — 15 avril 1150).

Original jadis scellé : Paris, Arch. Nat., S. 4948, n° 66 (2° de la 1re liasse de Boncourt ?)

In nomine sancte et individue Trinitatis. Ego Bartholomeus (a), Dei gratia, Laudunensis ecclesie minister indignus. Milites in Templo sacrosancte civitatis summi atque pacifici regis militiam professi, quantum solatium quantamque tutelam indigenis, peregrinis pauperibus et omnibus sepulchrum Domini adhirc volentibus prebeant, caritati fidelium non credimus esse ignotum. Expedit igitur ut tam venerabilis locus, cum bonis et personis suis, tanto attentius diligatur et honoretur, quanto pro salute universorum devote assidue impendit obsequia. Siquidem, ad recompensandam tante bonitatis affluentiam, fratribus predicti loci non solum nostra largiri, verum etiam beneficia ceterorum fidelium ipsis collata, pro modo nostre possibilitatis conservare et memorie commendare jure debemus.

Quocirca notum fieri volumus tam presentibus quam futuris, quod canonici nostri

(a) Barthélemy, évêque de Laon, 1113—1151.

fratribus Templi xxv. solidos, in ramis palmarum annuatim persolvendos, in elemosinam dederunt.

Dedit etiam Nicholaus castellanus eisdem fratribus furnum unum in vico sancte Genovefe, concedente Beatrice uxore sua, et filio suo Radulfo, coram legitimis testibus, nomina quorum hec sunt : Wido decanus, Bartholomeus thesaurarius, Arnufus clericus.

Guiscardus quoque de Breno[rdio], in presentia nostra, concessit predictis fratribus, pro salute anime sue suorumque predecessorum, quartam partem de Chevresi, tam in aquis quam in pascuis, nemoribus, terris, annuente filio suo Rainaldo, annuentibus etiam Balduino de Sopeio et uxore sua Cicilia, et Bliardo filio suo. Hujus donationis sunt testes : Herbertus de Auriniaco et Rogerus buticularius, Wiardus de Rumeis, Guerardus Biguet.

Hescelinus Trabo dedit fratribus Templi curtilium apud Chivrisiacum ; hoc concesserunt filii ejus Bernardus et Everardus ; unde testes sunt : Everardus Biguet, Rainaldus filius Guiscardi, [et] Rogerus buticularius.

Ad[do?] etiam quod Wiardus de Rumeis memoratis fratribus dedit viii campos in territorio de Rogeriscurte. Idem vero Wiardus et Heschot et Nicholaus Cattus donis supradictis pratum unum addiderunt, annuente uxore Wiardi, annuentibus etiam nepotibus suis, concedente uxore Nicholai Catti et filio suo, annuente etiam matre Eschot et fratre suo Gerardo, qui de caritate Templi xx" solidos pro hac concessione recepit.

Addidit etiam his supradictis Wiardus de Rumeis iiii" campos in territorio de Mainbecurte, concedente atque testante Rainaldo, Wiscardi filio, de cujus erant feodo, testantibus etiam nepotibus suis, Elberto et Harduino qui hoc donum ratum fieri concesserunt.

Clarembaudus quoque Vairel dedit eisdem fratribus vi modios vini et dimidium et vii denarios de censu, annuente Hugone, filio Iecelini, de cujus erant feodo ; inde testes sunt : Hernulfus clericus et Willermus Buca.

Domina Gila et Aitor, filius suus, fratribus Templi medietatem de Puteolis, in terris, pratis, pascuis, nemoribus, forefactis, justicia, cum feodo et alodio, annuente Guillelmo de Apia, ad cujus feodum jam dicta pars pertinebat, fratribus Templi, in presentia nostra, devote contulerunt ; hujus denique doni sunt testes : Bartholomeus thesaurarius, Arnulfus clericus, Willelmus de Apia, Arnulfus de Sancto Goberto.

In eadem etiam villa, Odo de Abbatia terram, quam Hugo, filius Balduini, in feodo ab eo tenuerat, de qua etiam idem Hugo conjugem suam Emmelinam dotaverat, ipsa concedente et pro concessione a fratribus Templi xx" solidos recipiente, predicti loci fratribus, sub testimonio Nicholai et Hectoris, dono perpetuo contulit ; eandemque donationem Bertreda, uxor Odonis, assensu filiorum suorum, inconvulsam permanere concessit, testante Balduino de Gonessa, testante etiam Hugone qui Sus cognominatur.

Eisdemque quoque fratribus Wido, castellanus de Cociaco, duos jugiter asinos habere concessit, quibus ligna de nemore sui alodii sine precio adducant. Addidit etiam nostro assensu, in presentia Ingelranni (a) de Marla et Adonis de Goni xx" solidos Provenisium, qui de feodo nostro descendunt, annuente uxore sua, annuentibus etiam filiis suis. Nostre autem concessionis et hujus doni sunt testes : Bartholomeus thesaurarius et Nicholaus castellanus.

(a) Enguerrand de Marle, seigneur de Coucy, 1128 (? 1130) † c. 1147.

Hugo (a), Roceiensis comes, sepedictis fratribus dedit, in territorio de Thoenni, terram illam, cum nemore, que sita est inter duas vias quarum una de ponte vadit Corbiniachum, altera vero de Boiri Corbiniacum dirigit, et duos homines, Hugonem videlicet et Robertum. Unde sunt testes : Ertaudus et Guillelmus frater ejus, Geraldusque et Gualcherius de Sauci. Idem etiam comes v solidos in Vassonia eisdem fratribus dedit, testante Gerardo et Gervasio.

Herbertus de Ianta predictis fratribus dedit feminam unam, cum suis infantibus; unde sunt testes : Godefridus, Petrepontis capellanus, et Hosto. Hoc concessit Adam de Marchais, de cujus fedo erat.

Stephanus Strabro dedit eisdem fratribus furnum unum in Briania, concedente uxore sua et filio suo. Unde sunt testes : Odardus, filius Alemanni, et Robertus Anguisel.

Similiter Gilio de Novo Castello xii^cim denarios bone monetę in Mediana villa sepe dictis fratribus dedit, testante Odardo filio Alemanni et Roberto Anguisel.

Odo Malus Vicinus xii^cim denarios bone monetę super molendinum suum in prato, ipsis fratribus annualim persolvendos assignavit. Unde sunt testes : Gilo et Hugo Trosels.

Ponchardus prepositus eisdem dedit xii^cim denarios bone monete in Orenvilla, teste Galtero de Gunencurte, testante etiam Odardo, filio Alemanni.

Isembardus nepos magistri ipsis fratribus Templi dedit xii^cim denarios in burgo Sancti Nicholai de Novo Castello, testante Gilio et Roberto Anguisel.

Dedit etiam eisdem fratribus Odo Francigena xii^cim denarios in Iuvinicurte; unde sunt testes : Ponzardus prepositus et Gilio.

Rainaldus Glabeas dedit eisdem fratribus xii^cim nummos censuales apud Vicum; inde testes sunt : Henricus filius Alemanni et Odardus, frater ejus.

Rogerus Salmons dedit predictis fratribus xii^cim nummos annuatim persolvendos, ad redditus suos apud Croanam; unde testes sunt : Odardus filius Alemanni et Ponchardus prepositus.

Hugo Trossellus dedit prefatis fratribus xii^cim nummos censuales apud Aumeneicurtem; unde testes sunt : Gilio et Odo Malus Vicinus.

Haimo se ipsum et omnem terram quam possidebat inter crucem de Hastoi et Axonam, preter duas culturas, exceptis etiam vi solidis de censu, predictis fratribus dedit, concedente Odone de Vernolio, de cujus feodo ipsam tenebat, teste Gervasio de Chalmisiaco et Walchero de Castellione.

Eandem denique donationem, in presentia Hugonis comitis de Rociacho, in presentia etiam quorumdam militum suorum postea recognovit, nomina quorum hęc sunt : Teodericus Trosels, Everardus prepositus, Robertus Crassus.

Addidit his supradictis idem Haimo partem quam habebat in salvamento de Provahis.

Ermengardis de Roccio et Gervasius, filius suus, prefatis fratribus dederunt in Gernicurte ii^os solidos de censu; unde sunt testes : Gerardus Infans, et Teodericus Trosels.

Guillelmus quoque de Aci eisdem fratribus, ex dono suo, contulit, in Murivalle, xii denarios, testante Evrardo fratre suo et Teoderico Trosel.

Similiter Clarembaudus de Rosetо et uxor ejus, Brai et Vertelli et Calmundin et quicquid ibidem de feodo de Roseto tenebant, in pratis, in aquis, terris, nemoribus, annuente Henrico (b) comite, de cujus feodo descendebant, fratribus Templi devote

(a) Hugues, comte de Roucy, c. 1104 † c. 1160 — (b) Henri, comte de Grand-Pré, c. 1102 † c. 1150.

contulerunt. Hujus doni testes sunt : Iohannes prepositus, Godescalcus de Roseto, Godefridus de Petreponte, Albericus li Hungres.

Nicholaus filius Petri prepositi et sui participes memorati loci fratribus dederunt molendinum de Hastoi ; inde sunt testes : Willelmus de Aci et Robertus Crassus atque Laurentius Strabo.

Albericus quoque li Ungres et Rainaldus, nepos suus, fratribus Templi campum unum dederunt, testante Gualchero de Salci, testante etiam Gerardo qui cognominatur Infans.

In Iuvinicurte dedit Ingelrannus his fratribus, concedente uxore sua Romelia, XVIII denarios bonę monete ; hujus rei testes sunt : Martinus sacerdos, Richardus et Roardus.

Eisdem vero fratribus dedit Gerardus Infans XV^{cim} nummos bone monete super molendinum ad Aisellam, testante Guillelmo de Aci et Teodorico Trosel.

Dedit etiam eis Guillelmus Buchn duos solidos apud Novam Villam ; unde sunt testes : Hernulfus clericus et Clarembaudus Vairez.

Similiter Beloth, assensu uxori suę et filiorum suorum, domum suam quę est ad portam mortuorum, sub testimonio Radulfi de Turre, et Herberti Bordel, eis donavit.

Ingelrannus (a) quoque de Marla quatuor marcas argenti in Blerencurte, vel sex libras bone monete, annuatim persolvendas, eis assignavit. Inde sunt testes Wido castellanus, Ada de Goni et Iterus.

Preterea miles Xpisti Roardus dedit fratribus Templi illam partem prati Racendis, que tantum herbam producit.

Dedit etiam eisdem fratribus Ugo Sus pratum, quod dicitur Dominicum, uxore sua Berta et filiis suis concedentibus. Inde testes sunt : Odo de Abbatia et Symon sacerdos.

Dedit etiam prefatis fratibus Robertus de Monte Acuto quicquid tenebat apud Laudunum et in Laudunensi de feodo regis. Inde testes sunt : comes Teobaudus (b), et Bliardus de Monte Acuto, Willelmus de Apia.

Notum facimus etiam quod fratres Templi per manum Roardi, justo contractractu emptionis, obtinuerunt quicquid tenebat in territorio de Puteolis Willelmus de Cureos ; hoc concesserunt mater W(illelmi) et fratres sui et omnes hereditarii ; hoc concessit Gila de Petreponte et filii ejus, de cujus feodo erat. Inde testes sunt : Odo de Abbatia et Goschoinus castellanus.

Emerunt etiam a Gerardo Leschant et ab eo juste obtinuerunt predicti fratres quicquid ipse tenebat in territorio de Puteolis ; hoc concessit Berta et filii ejus et filie, de cujus feodo erat. Inde testes sunt : Odo de Abbatia et Robertus de Chaumacho.

Guido de Vallibus dedit fratribus Templi quicquid de feodo castellani Laud(unensis) apud Brai possidebat, et domos quas habebat in Vallibus. Inde sunt testes : Odo de Abbatia et Iosbertus.

Letoldus Frumage et uxor ejus fratribus Templi concesserunt terram quę est in territorio de Rogiscurte, ad nonam gerbam, que est juxta viam Romanam ex parte territorii de Nongento. Idem dedit fratribus Templi campum unum ibidem, et culturam, et castellarium ; unde testes sunt Guibertus et Franco.

Dedit etiam Letoldus Frumage fratribus predictis campum unum apud Chevrisiacum et pro fraternitate ibidem curtillum unum, et apud Rogiscurtem campum unum ; unde sunt testes : *(blanc)*.

(a) Cf. ch. CCCCXLVI. (b) Thibaud, comte de Champagne, c. 1125 † 8 janvier 1152.

Dedit etiam idem Letoldus fratribus Templi campum unum apud Rogiscurtem, et curtillum apud Chivrisiacum. Hujus donationis testes sunt : Rogerus et Francho.

Dedit etiam idem campum unum fratribus Templi apud Chivrisiacum ; hoc concessit Bliardus, de cujus feodo campum tenebat. Hujus doni testes sunt : Galterus de Maoco et Heverardus Biguet.

Amauricus de Brenordio se ipsum fratribus Templi dedit et Bretinimontem, et quicquid ad Bretinimontem pertinebat, concedente Guiscardo patre suo et Gerardo fratre ejus ; hoc concessit Everardus ejus avunculus et Gerardus ejus filius ; hoc concesserunt Bucardus de Gusia et uxor ejus et Clarembaudus de Fastis et fratres ejus, de quorum feodo erat ; unde sunt testes ipsi.

Clarembaudus et ejus uxor fratribus Templi dederunt minutam decimam quam ibi habebant ; unde sunt testes : *(blanc).*

Hescotus, filius Hescoti de Vendolio dedit prefatis fratribus terram pertinentem ad mansum de Mabecurte que est in territorio de Berezicurte, ad nonam gerbam ; et pro hoc fratres Templi xx^{ti} v. solidos ei dederunt. Hujus doni testes sunt : Galterus de Maocho et Franco.

Guido Cattus dedit eisdem fratribus quicquid habebat in territorio de Berezicurte ; unde fratres Templi duos modios frumenti ad mensuram de la Ferte ei dederunt et duos acomodaverunt ; hoc concessit uxor Guidonis. Unde testes sunt : Hemelinus et Aubertus de Mabecurte.

Everardus Biguet dedit fratribus Templi decimam cujusdam culture quę fratrum erat, eisdem fratribus in elemosinam ; unde fratres ei dederunt novem galetos frumenti, ad mensuram de la Ferte. Unde testes sunt : Galterus de Maoco et frater Dominicus.

Dedit etiam fratribus Templi Guiscardus de Oriniaco, rogatu filii sui, pratum unum apud Gusiam, et sedem molendini de Til ; hoc concessit Everardus de Oriniaco et Gerardus, ejus filius ; hoc concessit Bucardus de Gusia et uxor ejus, Adeleidis, de cujus feodo descendebat. Unde testes sunt : Clarembaudus de Fastis et Galterus Doscet ?

Preterea Nicholaus castellanus molendinum de Poili eisdem fratribus in elemosinam contulit, concedente Beatrice, uxore sua et filiis suis Radulpho et Guidone, et filiabus suis. Hujus donationis testes sunt : Bartholomeus thesaurarius, Ernulphus clericus, Rodbertus de Tiriniaco, Nicholaus de Hispania, Odo de Abbatia, Ioibertus de Abbatia.

Notum etiam fieri volumus quod Nicholaus de Hispania se ipsum fratribus Templi reddidit et quicquid habebat apud Calleviacum, nostro assensu, eis contulit.

Burdinus de Valle Lauurenіaca eis ibidem vineam unam dedit.

Nos etiam possessionem Roberti de Alneto, que in manu nostra erat, eisdem fratribus ex integro perpetuo possidendam concessimus, et Malberga, uxor Roberti, se ipsam et sua ex integro eisdem donavit. Hujus rei testes sunt : Bartholomeus thesaurarius, Hernulfus clericus, Robertus de Tiriniacho, Haitor vicedominus, Willermus scutarius.

Hoc autem, ne possit oblivione deleri et a posteris infirmari, sigilli nostri impressione muniri fecimus. Actum Lauduni, annis diversis sed conpletum anno incarnati Verbi M°C°.XL°.VIIII.

Angotus cancellarius relegit, scripsit et subscripsit.

DLVI 1149, vendredi 13 mai et mardi 17 mai.

Copie du XIIe s. : Avignon, Bibl. municip., *Cartul. de Richerenches*, fol. 28.

Édité : Mis de Ripert-Monclar, *op. cit.*, n° 49, p. 50-51.

CARTA GUILLELMI ARNULFI DE MIRABELLO.

✠ In nomine Domini nostri Ihesu Xpisti, notum fiat omnibus hominibus, tam presentibus quam futuris, quoniam ego, Guillelmus Arnulfi de Mirabello, et uxor mea, Aibellina, et filii nostri, Petrus de Palude et alii, ut Deus et dominus noster nobis et parentibus nostris peccata nostra dimittat et insuper vitam eternam concedat, dimittimus et omnino relinquimus totum et ex integro Deo et beate virgini Marie et fratribus Templi Salomonis, in manu Ugonis de Bolbotone, magistri domus de Ricarencis, quicquid requirebamus vel habere debebamus sive nos, sive homo, sive femina, per nos, in toto territorio castelli de Bolbotone, in hermis et cultis, boschis et pratis, aquis aquarumque decursibus, et in omnibus ad illum territorium pertinentibus, quod neque *(fol. 28v°)* nos neque aliquis de parentala nostra jam in antea aliquid requirere possit vel audeat aliqua ratione in isto territorio. Ut autem ista nostra dimissio et libera desemparatio semper secura et firma remaneat omni tempore apud memoratos fratres de Templo, ab eodem Ugone, magistro, xcem solidos bonę monetę Valentinensis et unam saumatam de frumento accipimus, caritatis nomine. Facta dimissione ista in castellum de Mirabello, in domo Guillelmi Arnulfi, presentibus ac videntibus Bertrando Legeto, confratre nostro, et Aibellina supradicta et filio suo, Petro de Palude, mense maii, feria VIa.

Fecit item Guillelmus dimissionem istam apud Ricarenchas, videntibus istis : Petrus Bonus homo, capellanus, et alter Petrus, presbiter, capellanus de Templo, Ymbertus de Salleto, Guillelmus Bruneti, Stefanus Pellicerii, Nicolaus Bajulus, isti omnes fratres de Templo, et Pontius Trucus, Ripertus Folradus, Ripertus de Gradignano, Guillelmus de Scudia, Petrus de Bellomonte, Bertrandus de Solorino et filii sui, Ripertus et Laugerius, fratres suus. Facta carta ista po[r] manum Arnaldi, sacriste Aurasicensis, eodem mense, feria IIIa, anno ab incarnatione Domini millesimo C°XL°VIIII°, luna VIa.

DLVII 1149, 11 juin, siège de Lérida.

Copies du XIIIe s. : Barcelone, Arch. Cor. Arag., rég. 310, fol. 16, (incomplète du début) ; Madrid, Archivo Nacional, *Ordre de St-Jean de Jérusalem*, lej. 323-4 (fragment de cartulaire).

PRIMA COMPOSITIO EPISCOPI ILERDENSIS CUM FRATRIBUS TEMPLI SUPER ECCLESIA SANCTI IOHANNIS DE MONTESONO.

Quecumque a fidelibus viris et ecclesiarum Dei rectoribus, statuta sunt vel diffinita, in sua debent stabilitate manere, ne in malorum hominum valeant refractione turbari et unde cunctos tam presentes quam futuros scire volumus diffinitionem et conconcordiam, que factam est inter dominum Guillermum, Rotensem episcopum, et canonicos Rotenses et Petrum de Rovira, magistri milicie Templi Ierosolimitani et fratres ejusdem militie, de ecclesia sancti Iohannis de Montso et honore ejus. Voluntarie siquidem et gratuito dominus episcopus, cum clericis et fratribus suis, Rotensibus scilicet canonicis, pro se suisque successoribus, supradictam ecclesiam sancti Iohannis, cum omnibus pertinenciis suis et possessionibus suis, fratribus et domui, omni controversia posposita dimisit et imperpetuum concessit, exceptam quadam ipsius honoris parte, ecclesiis videlicet omnibus de Tamarit et quadam hereditatem supradicte ecclesie que est apud Oscam, que spontanea voluntate supradictus magister Petrus, cum fratribus suis, pro se suisque successoribus, predicto Rotensis episcopo et ejusdem ecclesie clericis, tam presentibus quam futuris, semper pacifice possidenda tradidit et requirit simul cum castello et ecclesia de Fons, cum omnibus suis pertinenciis; servata ejusdem episcopi omniumque successorum ejus episcopali auctoritate et dignitate, in ecclesia sancti Iohannis et in ecclesiis ad ejus ditionem pertinentibus, consecracionibus videlicet basilicarum, et ordinationibus clericorum, et obedientia eorum atque canonica corectione et emendatione eorumdem, sine census exactione; servata etiam vel sinodorum celebratione, crismate etiam et babtismo. Preterea, pro maxima quam in bonitate eorum habent fiducia, supradictus episcopus et ejus canonici concesserunt domui et fratribus milicie *decimum propii laboris de* Tamarit et ganad ejusdem. Hec diffinitio vel concordia facta est in presencia Raimundi, comitis Barchinonensis et principis regni Aragonis, in obsisione Ilerde, sursum in podio de Gardeyn, presentibus etiam subscriptis viris, tam clericis quam laycis. Anno ab incarnatione Domini M°C°XL°IX°, III° idus junii. SIG✠NUM Raymundi comes.

Ego Guillermus (*a*) Dei gratia Rotensis episcopus laudo et confirmo hanc cartam, et hoc SIG✠NUM pono. SIG✠NUM Petri, prioris sancti Martini. SIG✠NUM Bernardi, prioris Colbensis. SIGNUM ✠ Odonis. SIG✠NUM Bernard Amelii archidiaconi. SIG✠NUM Bernardi (*b*) Tarraconensis archiepiscopi. SIG✠NUM Petri de Rovira magistri. SIG✠NUM Ugonis de Panaz. SIG✠NUM Arnal! de Stopaia. SIG✠NUM Guillermi Raymundi dapiferi. SIGNUM ✠ Peregrini. SIG✠NUM Raymundi de Podio Alto. SIG✠NUM Bernardi (*c*) Urgellensis episcopi. SIG✠NUM Bonificii prioris Rotensis. SIG✠NUM Nocholay prior claustri. SIG✠NUM Guillermi sacriste. SIG✠NUM Eraudi cellarii. SIG✠NUM Petri helemosinarii. SIG✠NUM Berengarii camarii. SIG✠NUM Stephani cantoriis. SIG✠NUM Frevol. SIG✠NUM Deodati. SIG✠NUM Poncii de Balager. SIG✠NUM Petri de Carteia. SIG✠NUM Guillermi de Abbcias; nos simul fratres hoc firmamus.

SIG✠NUM Guillermi sacerdotis, Tarraconensis archiepiscopi cappellani, qui hoc scripsi cum litteris suppraposilis in linea x°, die et anno quo supra.

Hec carta fuit firmata in prelensi capitulo, in presentia rettamit? cappituli militum sancti Templi et Examen Garcz justicia de Molson et de Barbastro, qui cam *receperit*.

DLVIII 1149, (1°ʳ–31) juillet.

Copie du XII° s. : Madrid, Archivo Nacional, *Cartulaire B* 595, fol. 29-29ᵛ°, n° 78.

DE ILLAS CASAS DE SANÇ DE TRIST.

In Dei nomine. Ego frater ac magister Rigald Viger, cum aliis fratribus Templi Salomonis qui sunt (*fol. 29ᵛ°*) in Novellas, scilicet fratre Ricardo et fratre Vital et aliis fratribus, presentibus et futuris, comparamus unas casas de Sanxo de Trist et sua muliere et filiis et filiabus suis, et de don Renalt suo socro et uxore sua et filiis et

(*a*) Guillaume, évêque de Roda (Lérida), 1143 † décembre 1176. — (*b*) Bernard, archevêque de Tarragone, 1146 † 28 juin 1163. — (*c*) Bernard, évêque d'Urgel, c 1142 † 12 janvier 1163.

filiabus suis, pro vii morabetins merchers, ille pagato de suo aver et sua lifarra ; et est illa casa inter illam casam de Martin Albohareç et illa de Bidal Cebater. Est fides de solvetate a foro terre, de parte de Sanxo et suo socro et mulierum et filiorum filiarumque suarum, Domingo Lespigo. Testes : Martin Alboharez, Martin Pedriz, Pere Bernard, don Aparici. Facta carta era M·C·LXXX·VII, mense julio, anno quo fuit capta Tortossa.

DLIX 1149, (1er-31) juillet.

Copie du xiie s. : Madrid, Archivo Nacional, *Cartul. B*, 595, fol. 47, no 168.

Don Robert de Frescano.

In Dei nominę. Ego don Robert de Frescano et uxor mea domna Albira facimus hoc donativum ad Deo et fratribus Templo, magister Rigalt Viger et ad çeteris fratribus, quod ego nec ullus homo de Frescano neque Xpistianus neque sarracenus non abatet nec crepet illa cequia desuper illo molino de Brugnen, si illi homines de Brugnen illam non crepant. Sunt testes : don Pajan, Lop Navarr, Domingo Pescator, Sanio Garcez, Bernard Abbat, Perrot. Facto hoc donativo, mense julio, anno quando fuit capta Tortosa, era M·C·LXXX·VII·.

DLX 1149, (1er-31) juillet.

Copie du xiie s. : Madrid, Archivo Nacional, *Cartul. B*, 595, fol. 47vo, no 171.

De Gomiz Godin.

In Dei nomine. Ego don Gomiz Godin et uxor mea, dona Maria, donamus Deo et fratribus Templi, in manu frater et magister Rigalt Viger, quod nullus homo de Brugnen, neque Xpistianus neque Sarracenus, neque Morus, crepantet illa çequia de super illo molino, nisi tantum per illos tres campos rigare, quod faciant ibi una fila. Testes qui viderunt et audierunt : Zahet Alhoisem, Zahet Abenzaleme, Muza Zacharias, quod sic est foro et mos. Facto hoc donativo, illo anno quo fuit prisa Tortosa, mense julio, era M·C·LXXX·VII·.

DLXI 1149, (1er août—15 août 1150).

Original jadis scellé : Paris, Arch. Nat., K 23b, no 15[2].

Edité : Tardif, Cartons des Rois, no 503.

Regis Francie de Salviniaco.

In nomine sanctę et individuę Trinitatis. Ludovicus, Dei gratia rex Francorum et dux Aquitanorum, omnibus in perpetuum. Liberalis munificentia regum recte attendit suę dignitatis officium, quando ad amplianda eorum bona principalem curam inpendit, quos pro defensione fidei Xpistianę principalius laborare cognoscit. Quod nos profecto speciali devotione erga religiosos fratres milites Templi tanto benignius attendendum decernimus, quanto, ex ipsa rerum exhibitione, in partibus Iheros[ol]imorum, virtutem eorum atque religionem orientali ęcclesię specialius utilem ac necessariam esse cognovimus, atque in propriis etiam necessitatibus, in negotio

Domini, certiori indicio sumus experti. Tali nimirum consideratione ad augmentandas eorum facultates, quibus et pauperes et peregrinos affluenti cotidię caritate sustentare non desinunt, regalis munificentię manum, cum nostrę caritatis helemosina, devota benignitate sibi porrigendam decrevimus, et de juris nostri proprietate donavimus eis atque concessimus villam nostram quę appellatur Saviniacum supra Meledunum, cum universis pertinentiis villę, perpetuo dono et inconcusso jurę deinceps possidendam. Statuimus autem ita hoc donum, et per presentis precepti auctoritatem stabili munimento firmavimus, ut, sicut eandem villam et universas pertinentias ejus jure regio tenebamus, ita et fratres Templi prenominati quieta et perpetua possessione, sine ulla prorsus diminutione rerum ad villam pertinentium, eam perenniter habeant et possideant. Ad ampliorem etiam eorumdem fratrum sustentationem, donavimus illis apud Stampas triginta libras singulis annis reddendas de censibus nostris, in festo sancti Remigii, tali videlicet conditione, quod si forte supra prefatę numerum summę, nostrorum censuum summa superexcreverit, quod post redditionem triginta librarum de censibus superfuerit, jure nostro vendicabitur; si quid vero infra defecerit, tota hęc summa de ceteris nostris redditibus a Stampensi preposito, sine contradictionę, in integrum, prenominatis fratribus suppleatur. Hujus itaque beneficii stabilimentum ita perpetuo firmum illibatumque sancimus, ut in diebus nostris atque omnium deinceps successorum nostrorum, Francorum regum, temporibus, sub testimonio regalis precepti, sicut presens pagina designavit, perpetua stabilitate servetur et teneatur. Quod ut ita ratum permaneat et inconcussum, scripto commendari et sigilli nostri auctoritate muniri, *nostrique nominis subter inscripto karactere corroborari precepimus*. Actum puplice Aurelianis, anno ab incarnatione Domini M°CXL°VIIII° regni vero nostri XII°, reditus nostri de Iherosolimis I°; astantibus in palatio nostro quorum nomina subtitulata sunt et signa. Signum Radulfi Viromandorum comitis, dapiferi nostri. S. Guidonis buticularii. S. Mathei camerarii. S. Mathei constabularii.

Data per manum Cadur- *(monogramme)* ci cancellarii.

DLXII

1149. (1-30) septembre.

Original : Barcelone, Arch. Cor. Arag., R. Ber. perg. n° 220.

Edité : Bofarull y Mascaró, *Coleccion*. . IV, n° LX, p. 152-4.

In nomine Domini nostri Iesu Xpristi. Certum sit omnibus quod ego Raimundus, Dei gratia comes Barchinonensis.... dono et concedo in perpetuum Deo et sancto Salvatori Cesaraugustane sedis et Bernardo (*a*) ejusdem episcopo et canonicis ibi Deo servientibus... villam atque castellum quo dicitur Alballat....

Sig✠num Raimundi comes. Facta carta era MCLXXXVII in mense septembre, in obsidione Ilerde, dominante me. . . . . domno Petro de Rueira magister militie Templi in Monçon et in Corbinos. Sunt testes visores et auditores de hoc superscriptum comite de Pallares... et Petrus magister de milicie Templi...

(*a*) Bernard, évêque de Sarragosse, 1139-1152.

DLXIII 1149, 16 septembre.

Copie du XIIIe s. : Perpignan, Arch. dép. *Cartul. du Mas-Deu*, n° 97, f° 60ro.

Édité : Allart, *Cartulaire Roussillonnais dans la Semaine religieuse du diocèse de Perpignan*, 1886, p. 464.

In Dei nomine. Sit notum cunctis quod ego, Guofridus comes Russilionensis, pro redempcione peccatorum meorum et patris et matris me, cum filio meo Ginardo dono, laudo, concedo domino Deo et fratribus milicie Templi Salomonis *(fol. 60vo)* totum ipsum honorem et omne jus quodcumque ibi habeo vel habere ibi debeo, sicut continetur, de massada Escarboli usque ad terminale sancti Iuliani de Villa Nova, sicut includitur infra vias quarum una vadit de Mallolis ad Villam Novam, de Perpiniano ad eandem Villam Novam. Totum, sicut superius scriptum, quantum infra predictas affrontaciones includitur, heremum et condirectum et cultum et incultum, donamus, nos prefati, predicte milicie Templi Salamonis et fratribus ibidem Deo servientibus, imperpetuum, sine enganno et sine ullo retentu, per nos et per totam nostram posteritatem. Totum istum predictum honorem et totum illum quem dudum donavi, et totum illum honorem quem probi homines tocius mee terre dederunt, sicut modo melius tenet et habet et in antea habebit, donamus et laudamus et concedimus et confirmamus ego, Gaufredus, et Ginardus, filius meus, predicte milicie Templi Salamonis et confratribus ibidem Deo servientibus per nos et per totam nostram posteritatem, imperpetuum, sine enganno. Et hoc facimus sine enganno in potestate Petri de Ruira et Berengarii fratris ejus, et in manu Arnaldi de Sancto Cipriano, ministri ipsius honoris. Et est manifestum. Si quis vero contra hanc scripturam donacionis ad irrumpendum venerit, non hoc valeat vendicare quod requirat set in duplo componat, et postea inviolabilem obtineat firmitatem.

Facta hec scriptura donacionis XVI[a]. kalendas octobris, anno ab incarnacione Xpisti M°.C°.XL°.VIIII, regnante Ludovico rege in Francia. Sig✠num Gaufredi (*a*) comitis; Sig✠num Ginardi (*b*), filii mei, nos ambo qui hanc scripturam donacionis, sine enganno, per nos et per totam nostram posteritatem, fieri jussimus, laudavimus et firmavimus et testes firmare rogavimus. Sig✠num Berengarii de Quoquolibero; Sig✠num Poncii, fratris ejus. ✠ Artalli (*c*) Elenensis episcopi, qui hoc laudo et firmo, mandato Gaufredis comitis et Ginardis, filii ejus. Sig✠num Reymundi Guilelmi de Curia. Sig✠num Arnaldi Radulfi, bajuli Perpiniani. Et hoc totum factum est in presencia proborum hominum Perpiniani. Bernardus levita rogatus, scripsit die et anno ✠ quo supra.

DLXIV 1149, 18 octobre.

Original : Barcelone, Arch. Cor. Arag., R. Bereng. IV, perg. 222.

✠ Sit notum cunctis quod nos utrique fratres Petrus et Berengarius atque Poncius de Fonciar bono animo et voluntate damus vendimus atque tradimus Deo et milicie Templi Iherosolimitani et fratribus universis honorem nostrum quem habemus in episcopatu Barchinonensi videlicet in parrochia Sancti Vincencii de

(*a*) Gausfred, comte de Roussillon, 1113 † 24 février 1163. — (*b*) Guinard, comte de Roussillon, 1163 † 1172. — (*c*) Artaud, évêque d'Elne, 1148-1169.

loncheres et in episcopatu Ausonensi in loco qui vocatur Riu de Peres. Quantum in supradictis locis habemus et habere debemus cultum et incultum cum terminis et afrontacionibus cum ingressibus et egressibus suis tradimus vobis per alodium franchum sicut melius dici vel intelligi potest sine enganad utilitatem domus et fratrum. Advenit autem nobis per donacionem Poncii de Ioncheres consanguinei nostri et est manifestum. Et convenimus vobis ut si aliqua persona contra hoc venerit ad perturbandum, nos simus vobis adjutores et defensores secundum posse nostrum. Factum est hoc in manu Petri de Roveria ejusdem milicię fratris et ministri et in presencia fratrum qui in obsidione Dertose convenerunt, videlicet Petri de Ripa Alta et Ugonis de Pausz et Bertrandi d'Alost atque Arnalli de Stopaia et aliorum fratrum. Si quis hoc fregerit, in duplo conponat et postea hec carta firma permaneat que est facta xv kalendas novembris anno M°C°XL°IX° Dominice incarnacionis. Sig✠num Petri de Fonelar, Sig✠num Berengarii fratris ejus. Sig✠num Poncii de Fonear qui hoc tradimus, firmamus et testes firmare rogamus. Sig✠num Guillelmi Berengarii, Sig✠num Bernardi filii ejus. Sig✠num Berengarii de Graiana. Manifestum est quod nos supradicti venditores accepimus propter hoc I equum XL° morabetinorum a fratribus. Et hoc supradictum damus et etiam totum quantum est in Vallensi et in Ausona ubicumque sit de honore ipso qui fuit Poncii de Ioncheres nostri consanguinei. Sig✠num Geralli sacerdotis Barchinonensis episcopi capellani qui hoc scripsit.

DLXV 1149, jeudi 10 novembre.

Copie du XII° s. : Avignon, Biblioth. municip., *Cartul. de Richerenches*, fol. 29.

Edité : Mis de Ripert-Monclar, *op. cit.*, n° 50, p. 51.

De donacione Nicolai de Avisano.

✠ In nomine Domini nostri Ihesu Xpisti. Notum sit omnibus hominibus quoniam ego, Nicolaus de Avisano, nepos Ugonis de Bolbotone, ut Deus omnipotens peccata et offensas meas michi et parentibus meis remitta[t] et vitam eternam concedat, dono et perpetua laudatione dimitto Deo et beate virgini Marie et fratribus de Templo domum de Ricarencis inhabitantibus, tam presentibus quam sequentibus, terram illam quam ex parte matris mee habeo in territorio de Bolbotone, juxta fluvium Helsonis versus occidentem, que undique concluditur terra fratrum de Templo et domus de Ricarensis. Ut autem ista mea donacio firma et stabilis perpetuo remaneat, de bonis de Templo habui XII^cim solidos et dimidium Valencianorum et unum palafridum cum sella et freno. Hujus donationis testes sunt : Bertrandus de Bolbotone et firmancia, Petrus presbiter, capellanus, et frater Iohannes, diaconus de Trevis, Ymbertus de Sallelo, Guillelmus Bruneli, Petrus de Bellomonte, Stefanus Pellicerius, Nicolaus, claviger, Provincialis, et Petrus, frater ejus de Castello Duplo, Poncius Trucus, Ripertus, filius Riperti Folradi.

Facta carta ista per manum Arnaldi, sacriste Aurasicensis ęcclesię, in ecclesia beate Marię de Ricarencis, anno ab incarnato *(fol. 29vo)* Domino nostro Ihesu Xpisto centesimo XL°VIIII° post millesimum, feria v^a, mensis novembris, luna sexta.

DLXVI [1149—1150.]

Copies : du XIIe s. Paris, Bibl. Nat., lat., 11083, fol. 8vo; du XVIIe s. (ex originali) : *ibidem*, lat., 5481, fol. 103 ; du XVIIIe s. : *ibidem*, Moreau, 64 fol.

Ego Goslenus (*a*) Dei gratia Carnotensis episcopus, egregii militis Raginaldi scilicet de Orrevilla devotionem attendens, religiosum ejus approbavi desiderium et quo debui favore sum prosequutus. Reliquias enim quas de Constantinopoli remeans secum attulerat, ecclesie beati Martini de Orrevilla collatas assignavit. . . . . . . Que ut in posterum inconvulsa permaneant, sigillo nostro firmavimus et eorum qui interfuerunt nomina subscripsimus [1] : Garinus (*b*) abbas Sancti Iohannis de Valeia, Fulcherius (*c*) abbas Sancte Marie Castriduni, Radulfus capicerius, Guillelmus camerarius, Milo presbiter, Odo de Montiniaco, Gervasius miles Templi Iherusolimitani, Galatinus miles Templi Theobaudus (*d*) abbas Sancti Carauni, Teardus prior Sancti Iohannis, Hildebrannus, Albinus canonicus Sancti Carauni.

DLXVII [1149—1155.]

Original jadis scellé : Paris, Arch. nat., S. 5005, n° 9 (Cie de Sours et Arville, 97e liasse, n° 1).

Edité : Métais, *Les Templiers en Eure-et-Loir*, n° 1.

Res geste tanto firmius fidei et memorie mandantur quanto pluribus scriptis et testimoniis roborantur. Ea propter ego Goslenus Dei gratia Carnotensis episcopus, rogatu dilecti fratris nostri Odonis de Montiniaco militis Ierusolimitani Templi, concessi et sygilli nostri munimento firmavi ecclesiam de Fonte Calve habendam in perpetuum fratribus predicti Templi, sicut dominus predecessor et avunculus meus pie recordationis, Gaufridus (*e*), eam eis concesserat et sygillo suo firmaverat. Homines quoque in terra Frodonis prope sita commorantes sicut ab eo statutum fuerat eidem ecclesie jure parrochiali adjacere constitui.

DLXVIII 1149—1161.

Copie du XIIIe s. : N. acq. lat., 1934, fol. 4.

De eodem.

In nomine sancte et individue Trinitatis Amen. Ego Henricus (*f*) divina miseratione Belvacensis episcopus tam futuris quam presentibus imperpetuum. Milites Templi Iherosolimitani cum districte Deo tum periculosissime proximo serviunt qui proprii sanguinis vilitate concepta telis se obiciunt paganorum et pro ecclesia defensanda lucem istam contempnere, animasque suas ponere non reformidant, implentes eam qua majorem Dominus esse negat in hominibus caritatem. Quo ergo sanctius et uti-

(*a*) Goslen, évêque de Chartres, 1149 † 3 févr. 1155. — (*b*) Garin, abbé de Saint-Jean-en-Vallée-les-Chartres, 1130-1150. — (*c*) Fouchier, abbé de la Madeleine de Chateaudun, 1148-1162. — (*d*) Thibaut, abbé de Saint-Chéron, 1149-1178. — (*e*) Geoffroy, évêque de Chartres, 1116 † 24 janvier 1149. — (*f*) Henri, évêque de Beauvais, 1149 † 14 janvier 1162.

1. Ici s'arrête le texte du Cartulaire, le folio suivant ayant été arraché.

lius operantur et ad militandum plura eis necessaria sunt, eo diligentius a fidelibus decet eis stipendia provideri, et super hoc ex officio nostro eos resque eorum tueri debemus et que ipsis pie ac rationabiliter collata fuerint a nobis vel ab aliis ut fixa et inconvulsa rataque eis permaneant satagere. Quo circa annuales prebendarum beate Marie de Monchiaco in manus Sansonis (a) venerabilis Remensis archiepiscopi et nostras redditos, assensu et concessione Drogonis de Petrafonte qui Monchiaco *(fol. 4 v°)* preerat, et Nevelonis filii sui, et de manu nostra a predictis fratribus susceptos, eisdem in perpetuum possidendos confirmamus, presentemquem paginam ne quis ei contradicat, sigilli nostri impressione conmunimus ut quomodocumque quelibet earum prebendarum vacaverit vel qualicumque pacto de persona ad personam transierit, unius anni beneficium integrum quociens hoc acciderit fratres Templi accipiant et tam pro nobis quam pro canonicis vivis aut mortuis attencius orent. Nulla ergo persona huic pie constitutioni contradicere presumat, et si quis hoc attemptaverit offensam Dei timeat. Testes quoque idonei adhibiti sunt quo id firmius perseveret. $ Balduini (b) Noviomensis episcopi. $ Ivonis (c) Suessionen(sis) comitis.

DLXIX [1149—1164.]

Copie du XIII° s. : Mons, Archives de l'Etat : *Cartulaire de la Commanderie du Temple en Flandre*, fol. 71 v°. Cf. Devillers, p. 202.

APUD SCLIPES.

G(erardus) (d) Dei gratia Tornacensis episcopus omnibus ad quos littere iste pervenerint salutem. Inter fratres Templi Hierosolimitani et sacerdotes de Linphinghe[1] et de[2] appendiciis ipsius loci us erroris et controversie[3] fomitem amputare volentes, utrique parti jus suum scripto nostro subnotare decrevimus. Oblationes siquidem que ad manuum[4] sacedotis in missa regulari cum candelis vel sine candelis perveniunt[5], ad jus fratrum de Templo spectare dinoscuntur. Que vero in missa pro defunctis celebrata cum candelis vel sine candelis sacerdotibus offeruntur, ad jus sacerdotum pertinere predictorum fratrum testimonio didicimus. Sed, quia inhonestum nobis videtur ut ante missam regularem sacerdotes ad missam pro defunctis parrochianos sollicitent et ut ante finem misse regularis ad altaria collateralia missam pro defunctis incipiant, ne id deinceps fiat modis omnibus prohibemus. Testimonio etiam[6] eorumdem fratrum accepimus duas partes oblationum que in die Animarum in missa pro defunctis offeruntur, ad jus[7] fratrum Templarium absolute pertinere, terciam vero juris[8] sacerdotum[9] esse. Et ut hoc firmum et[10] inconvulsum permaneat[11] presenti pagina sigillo nostro signata confirmavimus (e).

(a) Samson, archevêque de Reims, 1140 † 21 septembre 1161. — (b) Baudoin, évêque de Noyon, 1148 † 4 mai 1167. — (c) Ives, comte de Soissons 1146 † c. 1178. — (d) Gérard, évêque de Tournay, 1149 † 1166. — (e) Le même cartulaire donne fol. 69 la même charte émanée de Y. *Dei gratia Brugensis decanus ;* les quelques variantes sont indiquées en note. Ce doyen Y. est inconnu, il était remplacé en 1164 par Aketus.

Var. : 1. Linpinghe. — 2. « de » *manque dans Y.* — 3. « et controversie » *manquent dans* Y. — 4. manum. — 5. provenіunt cum candelis... — 6. *Omis.* — 7. *Omis.* — 8. *Omis.* — 9. sacerdotis. — 10. inconvulsum firmum. — 11. perpetuo permaneat.

DLXX 1150, (1er janvier-21 novembre).

Copie du XIIe s. : Madrid, Archivo National, *Cartulaire B.* 695, fol. 80, n° 239.

De camio quod fecerunt fratres con Martin Calvo.

In nomine Domini. Ego magister Rigald Viger, cum consilio aliorum fratrum scilicet fratris Ugo Alardi et fratris Ricardi et aliorum fratrum Templi, camiamus ad Martin Calvo illam casam que fuit de Girald Abbate, pro illa sua casa de Martin Calvo, que se tenet juxta illam portam, juxta muro novo de castello. Fides de salvetate a forum terre, ex parte fratrum contra Martin Calvo, don Apparitio; et ex parte de Martin Calvo contra illos fratres est fides Vidal Çabater. Testes sunt : Ramon Gascon, jendre de don Apparitio, Petro Magel gerno de Martin Calvo. Facta carta era M°C°LXXX°VIII°, anno quo rex Garcia venit cum imperatore de Corduba.

DLXXI 1149/50, (6-13) janvier.

Copie du XIIIe s. : Barcelone, Arch. Cor. Arag. Inventario, fol. 8.

Sit notum cunctis quod ego Pontius de Monte Tornes et uxor mea Arsendis, reddimus, difinimus et evacuamus Deo et mi[li]cie Templi Iherosolimitani et fratribus omnibus, in potestate magist[r]i Petri de Roveria, illud totum quod demandabamus, vel requirebamus, sive tollebamus in ipso cellario quod fuit Bertrando, quod est in ipsa parrochia Sancti Baudilii, et affrontat a borea in cimiterio et in cellario Raimundi Gillelmi, a meridie in platea, ab occidente in casis Bertrandi, a circio in ecclesia. Quantum iste affrontationes includunt, ab hoc die in antea, non requiramus vel auferamus ibi aliquid per nos nec nostros aliquo modo, set totum difinimus Deo et milicie supradicte [in] perpetuum, sicut melius dici vel intelligi p[ot]est. . . . . .] salvamentum domus et [. . . . .] Accipimus pro hac difinitione x solidos denariorum. Si quis hoc fregerit, nil ei valeat, set in duplo componat et postea hec carta firma permaneat omni tempore, que est facta ydus januarii, anno ab incarnatione Dominica M°C°XL°VIIII°. Sig✠num Pontii de Monte Tornes. Sig✠num Arsendis uxoris ejus qui hoc difinimus, firmamus et testes firmare rogamus. Sig✠num Gillelmi filii Pontii. Sig✠num [. . . . .] de Monte Tornes. Sig✠num Pontii de Cura Sig✠num Raimundi de Turre. Sig✠num Petri Primicheri. S✠num [. . . .]ori. *(fol. 8v)* Sig✠num Iohanni presbiteri qui hoc scripsit die et anno quo supra.

DLXXII 1149/50, (1-28) février.

Copie du XIIe s. : Arles, Arch. munic., Authenticum S. Aegidii, fol. 151v°.

Hec laudatio Bernardi de Clarenciaco.

Anno ab incarnatione Domini. M.C.XLVIIII, regnante Lodoico, in mense febroarii, ego, in Dei nomine, Bernardus de Clarenciaco, laudo atque concedo in perpetuum Deo et milicie Templi quicquid frater meus Petrus de Clarenciaco eidem milicie donavit, sicut continetur in carta quam Petrus de Malgalacio, mandato fratris mei, scripsit, exceptis medietate cujusdam oliveti quod est ad Galdusanegues, et exceptis vineis quas tenet Poncius de Monte Rotundo, de quibus donat carlum et sex numis censualibus quos donat Bernardus Gaufredi, et excepto carto illius terrule et I numo censuali, quam tenet Guiraldus Boixerius, que Guillelmus de Rialiaco et Bernardus de Cruciolis, fratres milicie, mihi sponte concedunt. Et dreterea donant mihi xxx. solidos Melgoriensium. Ad confirmanda vero et ad coroborandam hanc concessonem et guirpicionem, plivio ego per fidem meam quod milites Templi ammodo super hoc non inquietabo, nec eis aliquam molestiam inferam.

Et hoc facio in curia Rostagni Poscheriarum, in presencia Raimundi, archidiaconi Calviciensis, et Bernardi Aguiloni, ejus filii, et Raimundi Petri de Poscheriis et Bernardi Constancii et Raimundi de Coirano et Poncii de Calviciono et Petri Raimundi de Congingnis et Bermundi de Congingnis et Petri Guillelmi de Cinzano et Guillelmi de Clarenciaco et Bernardi Amplagarda et Bertrandi Sancti Baudilii. Petrus Rostagni scripsit.

DLXXIII 1150, mardi 7 mars.

Copie du XIIe s. : Toulouse, Arch. dép., *Cartulaire A de Douzens*, ch. 54 fol. 38ro.

In nomine Domini. Ego, Berengarius Poncii de Dozencs, et uxor mea et infantes nostri, omnes sine inganno donamus et concedimus atque tradimus Deo et militie Templi et tibi, Berengario de Rueria, et Arnaldo de Sorniano et Guillelmo Raimundi et Bernardo Raimundi atque omnibus aliis ejusdem militie fratribus, presentibus et futuris, sic donamus ipsum gran(erium) et ipsum cortale nostrum que conjuncta domibus militie videntur, quod vos ibi et inde propriam voluntatem vestram in perpetuum faciatis. Et vos, fratres Templi jam dicti, pro isto honore donatis nobis, donatoribus predictis, xv solidos Melg(oriensium) de caritate vestra.

Actum est hoc anno ab incarnatione Xpisti M.C.L. regnante Lodovico rege, nonas marcii, feria III. $ Berenguarii Poncii et Ricsovendis, sue uxoris, et infantum ipsorum, qui omnes hanc cartam scribere mandaverunt. $ Guiraldi de Angulis. $ Bernardi, cappellani de Dozencs. $ Bernardi Modol. Rotbertus presbiter scripsit.

DLXXIV 1150, vendredi 24 mars.

Copie contemporaine : Marseille, Arch. dép., H. 73. *Jalès*, coté n° 1, *Berrias* ; (1re charte.)

In nomine Domini nostri Ihesu Xpisti, anno ab incarnatione ejusdem M°C°L°. Ego, Petrus Capaçutus et ego, Guillelmus, frater ejus, donamus et vendimus Deo et militie Templi Salomonis duas fascias terre et una quadra que sunt positas in territorio Rubedo; ex una parte constat(at) Gransonem, ex alia parte habent ipsi milites, ex III^a parte Stephanus de Labreira et ex IIII^a habet Aiçelina cum suis filiis; et hec est designatio unius petie.

Alia pecia habet ex uno latere Valatum, ex alio latere Brua, ex III° latere terram S(tephani) Babilii, et ex IIII^to latere terra Pontii Ubaldi. Quadra vero inter eorum terra.

Has supradictas petias eis donamus et concedimus sine fraude per nos nostrosque heredes in perpetuum, ut ipsi habeant potestatem donandi, vendendi et quicquid sibi velint faciendi, et si calumniati ab aliquo umquam fuerint, nos defensare eis jure promittimus, et si hoc non fecerimus nostrum alodum quod in territorio sancti Albani habemus eis possidere tribuimus, donec a calumniatoribus eas liberemus; et propter hoc Guilelmus de Rialacha et Geraldus de Larçacca dederunt nobis LX^ta soldos Podiensium et unum equum propter XXX^ta soldos ejusdem monete.

Hec carta facta est in ecclesia sancte Marie virginis, que sita est in Çalese, in feria VIª, VIIIIᵒʳᵘᵐ kalendas aprilis, luna XXªIIIª, regnante Lodoico rex Frantie.

Testes sunt : Petrus de Ribalta et Petrus Serviente, Petrus Novellus, Petrus Arditus, Pontius de Ruvora, Guilelmus de Casaledas, Guilelmus Augerius, Pontius de Çambella, Petrus de Plano, Pontius de Casaledas. Ego, Tebertus Ravenatis ecclesie rogatus scripsi. Nam et nos supradicti testes, videlicet Petrus de Rebalta et Petrus Serviente, Petrus Noellus et ego insuper Petrus de Tullo sumus firmança de ac supradicta venditione et donatione, sicut superius scriptum est ; et si ipsi suprascripti venditores nollent defensare suprascriptam terram, nos firmamus illis de superdictis militibus alodum eorum quod ipsi habent in territorio sancti Albani quousque eas ab omni calumnia liberarent.

DLXXV

11[50], vendredi 24 mars.

Copie contemporaine : Marseille, Arch. dép., H. 73. *Jalès*. coté nº 1, *Berrias* (3ᵉ charte).

In nomine Domini nostri Ihesu Xpisti, ab anno incarnatione ejusdem M.C. *(blanc)*, regnante Lodoico rex Francorum, in feria VIª, VIIIIᵒʳᵘᵐ kalendas aprilis, luna XXªIIIª *(blanc)*. Nos quidem, in Dei nomine, Petrus de Ribalta et Petrus Serviente et Petrus Noellus et uxor ejus, nomine Petronilla, donamus militibus Templi Salomonis, pro animabus nostris parentumque nostrorum, sine fraude, quicquid nostri jure querimoniam facere possumus in toto territorio quod terminat a via que movet a petreria usque ad cornu vinee ipsorum militum, quod est ad orientem et sicut territorium eorum terminat usque ad mansos qui veniunt ab Beriaço. Et hanc refutacionem facimus in manu Guilelmi de Rialach et in manu Gerardi de Larçacca. Testes sunt : Guilelmus Capazulus et Petrus, frater ejus, et Bernardus de Auçola. Ego, Tebertus Ravennatis ecclesie sacerdos rogatus scripsi.

DLXXVI

1150, vendredi 31 mars.

Copie contemporaine : Marseille, Arch. dép., H I. 73 *Jalès* : coté, nº 1, *Berrias* (2ᵉ charte).

In nomine Domini Ihesu Xpisti, anni Domini nostri ab incarnatione ejusdem M.C.L., regnante Lodoico rex Francorum. Ego, Geraldus Castri Gaugii, consentientibus filius et filia mea, Guilelmus et Guilelma, dono militibus Templi Salomonis mansem in Plebe pro anima patris mei uxorique meę Suriana nominę et pro me, qui fuit in pignore Raimundo Arnaldo Castri Novi. Et Odilus de la Balma dedit filio suo supra dicte Suriane illum, et michi Geraldo, viro suo. Et ipsi milites redimerunt supradictum mansem XXᵗⁱ soldos Pugiensium et michi insuper supradicto Geraldo Castri Gauçii dederunt centum soldos ejusdem monete. Et ego supradictus Geraldus, si fius meus, Guilelmus vel filia mea, Guilelma, vellent recuperare mansem illum in aliquo modo, dono illis supradictis militibus totum alodum quod habeo in Cornello, vineas et heremum et culturam et quicquid mei jure habeo. Et ego quidem Guilelmus supradictus filius Geraldi, cum sorore mea, Guilelma, donamus hanc supradictam terram de Plebe, ut ipsi potestatem habeant donandi, vendendi, faciendi quicquid velint. Testes sunt : Petrus, sacerdos de Sancto Genesio, Guilelmus de Castro Gauçii, Odilus de

Garda, Bertrandus Loseranus, Pontius Artimannus, Iordanus de Filinas, Petrus Carbonellus, Bertrandus de Manso.

Hec carta scripta est in castro Gauçii, luna xx^a viii^a, *feria* vi^a, pridie kalendas aprilis.

Hoc donum fuit factum in manu Guilelmi de Rialach, et ego, Tebertus, sacerdos Ravennatis ecclesie, rogatus a Geraldo supradicto et a filiis suis scripsi.

DLXXVII 1150, 3 avril.

Original : Perpignan, Arch. dép., H. Temple, Vilamolaca.

In Dei nomine. Manifestum sit quod ego, Ermersen, cum marito meo, Guilelmo de Sancto Clemente, ambo insimul, vendimus domino Deo et milicie Templi Salomonis, in manu Petri de Ruira et Berengarii, fratris ejus, et Arnalli de Sancto Cipriano, ministris illius honoris quam predicta milicia habet in Russilione, unam peciam de terra de nostro alodio francho, pro cc. solidis Rossellis. Est autem predicta terra in comitatu Russilionis, in terminio Sancti Iuliani de Villa Mulacha, in loco qui voccatur adTorremclam, et affrontat a parte orientis et abaquilone in honore predicte milicie, et a meridie in terra Guilelmi de Villa Mulacha, et ab occidente in terra Poncii de Rocha. Quantum infra istas predictas affrontaciones habemus et habere debemus, vendimus nos prefati, sine enganno et sine ullo retentu, pro alodio francho, predicte milicie, in manu predictorum magistrorum, et abstrahimus ipsam terram de nostra potestate et jure et mittimus eam in vestram potestatem et jus, per totas voluntates vestras faciendas in perpetuum. Et est manifestum. Si quis vero contra hanc scripturam vendicionis ad irrumpendum venerit, non hoc valeat vendicare quod requirat set in duplo componat; et postea inviolabilem obtineat firmitatem.

Facta hec scriptura vendicionis iii^a nonas aprilis, anno ab incarnatione Xpisti M°C°L°, regnante Ludovico rege in Francia.

Sig✠num Ermessendis; Sig✠num Guilelmi de Sancto Clemente, mariti mei, nos ambo insimul qui hanc scripturam vendicionis, sine engan, per nos metipsos et per totam nostram posteritatem, fieri jussimus, laudavimus, firmavimus et testes firmare rogavimus. Sig✠num Guilelmi de Bagis, presbiteri Sancte Eulalie. Sig✠num Guilelmi, clerici de Villa Mulacha. Sig✠num Andree. Sig✠num Guilelmi de Bainuls. Sig✠num Arnalli de Bagis.

Bernardus levita, rogatus, scripsit, die et anno ✠ quo supra.

DLXXVIII 1150, vendredi 7 avril.

Copie du xiie s. : Toulouse, Arch. dép., *Cart. A de Douzens*, ch. 177, *fol.* 130vo et 131.

In nomine Domini. Ego, Amellia Castela, et filia mea, Sibillia, insimul venditores sumus Deo et militie Templi Iherosolimitani et *(fol. 131ro)* Bengario de Rueria, magistri, et Guillelmo Petro, fratri hujus Templi, et omnibus aliis fratribus, tam presentibus quam futuris; vendimus vobis una vinea quam habemus a Podii Dadmir, totum hoc quod habemus et habere debemus, vendimus domus Templi prefati et fratribus in eadem milicia Deo famulantibus, presentibus et futuris, propter precium quod inter nos et vos convenit, hoc sunt iii eminas de blad, i sestarium frumenti per II solidos Ugonencos et I emina ordei per VIII d(enarios). Sicut superius scriptum est ita laudamus vobis sine inguanno et absque ulla retinencia nostra, sine inguanno, et si homo vel femina aliquid in ipsa vinea vobis anparaverit, erimus Deo et militie prefate guirentes sine omni inguanno.

Testes et firmatores hujus rei sunt : Homo Dei et Guillelmus de Gaure et Rogerius de Gaure. Arnaldus cappellanus scripsit jussione Amelia et filie ejus, Sibilia, in feria VI, VII idus aprilis, anno millesimo C.L. incarnationis Dominice, regnante Lodovico rege.

DLXXIX 1150, vendredi 7 avril.

Copie du XIIe s. : Toulouse, Arch. dép., *Cartul. A de Douzens*, ch. 178, fol. 131^r et 131^v.

In nomine Domini. Ego, Stephanus de Coma, et uxor mea, nomine Aurcta, et omnes infantes nostri, Bernardus et Guillelmus et omnes alii, nos omnes insimul venditores sumus Deo et militie Templi Salomonis Iherosolimitani et tibi, Benengario de Rueria magistri et Guillelmo Petro, fratri ujus Templi et omnibus aliis fratribus presentibus atque futuris : vendimus vobis hoc quod habemus in illa vinea quam habemus cum Bernardo, fratre meo, ad Podio Dadmir. Sicut superius scriptum est, sic vendimus hoc quod ibi habemus et habere debemus, propter precium quod inter nos et vos convenit, hoc est una emina ordei, propter VIII denarios Ugonencos; et si omo *(fol. 131^v)* aut femina aliquid in ipsa venditio emparaverit, erimus guirenti domui predicti Templi et fratribus sine inguanno. Et de predicta venditione sunt testes et firmatores : Homo Dei et Guillelmus de Gaure et Rogerii de Gaure. Arnaldus cappellanus hoc scripsit in feria VI, VII idus aprilis, anno millesimo C.L. incarnationis Dominice, regnante Lodoyco rege.

DLXXX 1150, vendredi 7 avril.

Copie du XIIe s. : Toulouse, Arch. dép., *Cartul. A de Douzens*, ch. 179, fol. 131^v.

In nomine Domini. Ego, Arnaldus de Monte Irato, et uxor mea, Benefacta, atque omnes infantes nostri venditores sumus Deo et milicie Templi Salomonis Iherosolimitani et tibi, Benengario de Rueria et Gillelmo Petro, fratri hujus militie et omnibus aliis fratribus, presentibus et futuris : vendimus vobis omne hoc quod habemus et habere debemus in una vinea ad Podio Dadmir. Sicut superius scriptum est, sic vendimus vobis propter precium de II sestariis frumenti et de una emina de ordei, hoc sunt IIII^{or} solidos Ugonencos et VII denarios. Et si homo aut femina aliquid in predicta vindicione anparaverit, erimus Deo et militie prefate guirentes sine inguanno.

Testes et firmatores hujus rei sunt : Homo Dei et Guillelmus de Gaure et Rogerii de Gaure. Arnaldus cappellanus hoc scripsit in feria VI, VII idus aprilis, anno millesimo CL. incarnationis Dominice, regnante Lodovico rege.

DLXXXI 1150, vendredi 7 avril.

Copie du XIIe s. : Toulouse, Arch. dép., *Cartul. A de Douzens*, ch. 178, fol. 130.

In nomine Domini. Ego, Raimundus Arnaldus et uxor mea, Maiassen, et omnes infantes nostri, Guillelmus et Petrus et Arnaldus et Raimundus, nos omnes insimul venditores sumus Deo et militie Templi Iherosolimitani et tibi, Berengario de Rueria magistri et Guillelmo Petro fratri, et omnibus aliis fratribus presentibus et futuris : vendimus vobis hoc quod habemus et habere debemus in una vinea ad Castelar, hoc est medietatem ; sicut superius scriptum est, sic vendimus vobis, fratribus et predicte militie, propter I sestarium de tritici et I sestarium ordei frumenti per II solidos Ugonencos et sestarium de ordei XVI denarios Ugonencos. Et ego, Pontius Textori et uxor mea, Eldiardis, et omnes infantes nostri, similiter vendimus aliam medietatem de predicta vinea de Castelar domino Deo et militie prefate et supradictis fratribus propter I sestarium frumenti et I sestarium ordei per XVI denarios et frumenti per II solidos et I mig(eriam) de fabis per V d(enarios) et istis denarios sunt Ugonencos. Et si homo vel femina aliquid in predicta vinea anparaverit, nos insimul, Raimundi Arnaldi et Pontii Textori et omnis posteri nostri erimus domus Templi sine inguanno guirenti.

Testes et firmatores hujus rei sunt : Homo Dei et Guillelmus de Gaure et Rogerius de Gaure. Arnaldus cappellanus hoc scripsit feria VI, VII idus aprilis, anno millesimo C.L. incarnationis Dominice, regnante Lodovico rege.

DLXXXII 1150 (16 avril – 3 avril 1151).

Original jadis scellé : Châlons-sur-Marne. Arch. dép., Fonds de la Neuville au Temple, liasse 34.

Edité : Ed. de Barthélemy, *Diocèse ancien de Châlons*, chartes de la Neuville, n° 9, pp. 397-8.

In nomine sanctę et individuę Trinitatis. Bartholomeus (a) Cathalaunensis episcopus tam presentibus quam futuris notum vobis facimus quod Marcus de Pleurra et Marsimilla, soror ejus, et Hugo de Sparnai, de septem partibus cujusdam allodii quinque partes fratribus de Templo, instinctu pietatis et in spe remunerationis eternę contradiderunt, ita libere possidendas quemadmodum a predecessoribus eorum ad ipsos pervenerant, atque hactenus obtinuerant ; allodium autem ipsum jacet apud Nerlu. Hanc igitur pię devotionis donationem benigno favore prosequentes, sigilli nostri auctoritate confirmamus et confirmatam auctorizamus ; quam si quis infringere attemptaverit, divinę animadversionis feriatur anathemate, nisi ad satisfactionem inde redierit.

Testes hujus rei, tam clerici quam laici : in primis Mannus archidiachonus, deinde Petrus Balduinus, Acarinus, Rogerus filius Noe, Richardus de Vianna, et Renerus nepos ejus, Varnerus etiam nepos ejus, Hugo Buirunus. Actum per manum Manni cancellarii anno incarnationis Domini M. C. L.

DLXXXIII 1150 (16 avril—7 avril 1151).

Original : Rodez. Arch. dép., H. Fonds de Malte, Le Viala du Pas-de-Jam. parch., coté n°s 6 et 20.

Texte communiqué par M. l'abbé Verlaguet (n° 9 de son *Cartulaire*).

B(ERNARZ) ESCODACA.

Conoguda causa sia a totz homes que eu, Bernarz Escodacas, do a Domini Deu et a S. Maria et als cavalleirs del Temple de Iherusalem, ad aquelz que aras i sso ni ade-

(a) Barthélemy, évêque de Châlons 1147 † 24 (25?) décembre 1151.

nant i serau e per nom a te, Ponz de Ludenzo, que es maistre de Rodergue, l'alo que eu avia el mas maior dal Vilar, et avia i de ces cad'an a calendas xx sols et alberc ab III cavalleirs et ab I sirvent, e molto et auel a Sang Ioan, et I porc de II sols a meisos. Tot aizo vos do per m' arma e per redemtio de mos peccatz e per l'arma de mo paire e de ma maire. Et eu ai vos covengut que ja mais re non i queira ni non i deman ni om ni femena per me.

Hujus rei testes sunt : Peire Bernartz, Deusde Guitbertz, Bernartz Guilbertz, Peire Deusde que era pages. Hoc fuit factum anno ab incarnatione Domini M°.C°.L°.

DLXXXIV 1150 (16 avril—7 avril) 1151.

Original : Rodez, Arch. dép., H. Fonds de Malte, Sainte-Eulalie, parch. coté n° 13.

Texte communiqué par M. l'abbé Verlaguet (n° 10 de son *Cartulaire*).

FRAISINEL.

Omnes noverint homines hanc cartam audientes, quod anno Dominice incarnationis C°L° post millesimum, eu Ademars d'A[u]riac et eu Berengueirs, sos filz, et eu Ponza, sa moilleir, nos tug esems per bona fe e sas engan per amor de Deu e per redemtio de nostras animas, donam et ab aquesta present carta liuram a Deu et a sancta Maria et a sancta Eulalia et alz cavalleirs del Temple de Iherusalem ad aquelz que aras i sso ni adenant i serau, e per nom a te Elias de Monbru que es maistre de la maiso de Rodengue, totas aquellas dreituras et aquellas rados que aviam ni aver podiam el mas del Fraisel, aizo es : l'alos el feus el benefidis el dezmes; e se re mais i aviam ni aver i podiam tot vos o donam e us o desanparam sas retenement que non i fam de re ; tot aquest mas sobredig ab los apertenemenz que i so ab los erms et ab los vestitz vos o desanparam e us o deguirpem per aras e per iase ; et avem ne auut e receuput per nom de venda I caval de CC sols ; e se plus valia donam vos o per amor de Deu e per redemtio de nostres peccatz ; e qui re vos i amparava a vos ni alz vostres devem vos n'esser devendor e guirent a dreg. Hujus rei testes sunt : Raimunz Bernartz de Ludenzo, Raimonz de Fabregas, Peire de Ludenzo, Bermonz, sos fraire.

DLXXXV 1150 (16 avril—7 avril 1151.)

Original : Rodez, Arch. dép., H. fonds de Malte, Millau, parch. coté n° 12.

Texte communiqué par M. l'abbé Verlaguet (n° 8 de son *Cartulaire*).

Anno ab incarnatione Domini M°C°L°, regnante Lodoyco rege. Ego Deodatus Petri et ego Petrus Frotardi, nos ambo fratres honorem, quem a nobis possidebat Guilelmus Cara Vetula, in territorio de Serra Mejana, totum vendimus tibi Petro de Monte Lauro ceterisque militibus Templi Iherosolimitani, presentibus et futuris, pro centum decem solidis Melgoriensis monetę, atque donamus alodium ut si non valeret jure venditionis, saltim valeat donationis [1]. Et hoc facimus cum bona fide et sine fraude et absque omni retentione. Et sunt termini supradicti honoris : ex parte circii sicut aqua discurrit de Fonte follosa usque in aquam Ysarni, et ex altano a Fontecano usque in Petram Ficadam, et a Petra Ficada usque in Boispetos, et a Buxopetos usque in stra-

1. *Ms.* venditionis.

tam publicam veterem quę vadit versus Felguerias. Et si quis a te, Petro de Monte Lauro vel ab aliis militibus Templi Iherosolimitani, supradictum honorem in judicium evinceret, fide nostra promittimus vobis nos reddituros c. x. solidos, quos a vobis accepi, transactis duobus mensibus post placitum evictionis. Et ego Berengarius Frotardi fide mea promitto, si supradictus honor evinceretur, eosdem c. x. solidos, sicut Deodatus promisit, me in eodem termino redditurum. Testes hujus rei sunt : Guilelmus, archidiaconus sancte Marie, Petrus Aicbrandi sacrista, Raimundus Guillelmi, Bertrandus Lumbardi, Berardus, Petrus Raimundi, Pontius cantor, Guillelmus Alamanni, Ricardus Pontia, Petrus de Canneto et Ugo qui hanc cartam scripsit.

DLXXXVI — 1150 (16 avril—7 avril 1151.)

Copie du XIIe s. : Paris, B. N., lat. 11082, *Cartulaire du Temple de Roais*, fol. 39vo.

Edité : Ul. Chevalier, *Cartul. des Hospitaliers et des Templiers*, p. 69.

In nomine sancte et individue Trinitatis. Presentium ac sequentium comperiat virorum noticia quoniam ego Autranz, ut Deus et dominus noster Ihesus Xpistus iniquitatibus meis veniam largiatur et regni celestis animam meam consortem efficere dignetur, quicquid in decimis ęcclesię beatę Marię de Roais et in toto ejusdem domus territorio contrapellabam quoquomodo vel quacumque ratione ego in illis decimis aliquid habere sperabam, totum ex integro nunc et in perpetuum Deo et fratribus Templi Ierosolimitani et domui de Roais dimitto et omnino relinquo. Ut autem hęc mea dimissio stabilis et quieta apud memoratos fratres semper remaneat, XII solidos probate Mergoriensis veteris monete a memorato magistro Ugone de Bolbotono caritatis gratia accipio, in cujus manu voluntarie supradictam decimam relinquo. Preterea pro ista ipsa convenientia quicquid ab hac ora in antea in toto jamdicto territorio fratres de Templo tam presentes quam sequentes adquirere potuerint, totum illud laudando relinquendo et in pace dimitto, quoniam nichil ab eis ultra requiram. Facta girpicione sive dimissione hujus decimarie anno ab incarnato Salvatore M°C°L° apud Cairanam, in presentia Pontii de Filinis, Raimundi Bonipar, Iohannis Imberti, Pontii Clementis, Rostagni Bellerirus.

DLXXXVII — 1150 (16 avril — 7 avril 1151).

Copie du XIIIe s. : Paris, Bibl. Nat., n. acq. lat. 1935, fol. 27vo.

DE CONFIRMATIONE LIBERTATIS ET REDDITUS VILLE DE SOUMEREUS.

In nomine Patris et Filii et Spiritus sancti amen. Ego, Theodericus, Dei gratia Amb(ianensis) (a) episcopus tam presentibusquam futuris in perpetuum. Ordinem rei geste litteris annotare non incongruum duximus, quatinus quod bono studio ordinatum est per malum discordie non turbetur, et veritas posteros non lateat et omnis deinceps controversia supero hoc quiescat. Noverint igitur tam presentes quam futuri quod Balduinus de Sancto Claro et Robertus nepos ejus dederunt militibus de Templo dimidiam partem decime quam habebant in territorit(orio) *(sic)* de Soumereus et etiam dimidiam partem altaris, et hoc concessione uxoris sue Agnetis et Balduini filii sui. Similiter et Claro quartam partem decime et altaris quam in eadem villa habebat

(a) Thierry, évêque d'Amiens, 1144-1164.

concessione uxoris sue dedit ipsis. Amelius vero vicecomes octavam partem decime quam in eodem territorio habebat predictis militibus donavit. Engerrannus de Betencort fratribus Templi illam partem quam in eadem villa habebat, dedit; et hoc concessit illius uxor et Thomas ejus filius. Et isti omnes pariter cum Hugone filii Rabelli qui particeps illorum erat, dederunt Xpisti militibus de communi territorio ejusdem ville plene ad opus quatuor carrucarum, que terra adjacet inter vallem de vii m' et nemus de Centumputeis, sicut Galterus (a) abbas de Selincort ipsam terram in conspectu ipsorum benefactorum divisit; necnon et nemus quod in ipsa terra erat in pace fratribus de Templo relictum est; largiti sunt etiam eis trecentas mansiones; et hoc concesserunt Xpisti militibus ut de nemore quod vocatur Bruel ad omnem proprie domus necessitatem, id est ad comburendum et hospitandum, sine contradictione acciperent. Preterea concessum est ut nullus hospitum aliquem in parrochia ejusdem ville habere poterit nisi milites Xpisti. Et ita liberam ipsam elemosinam omnes communiter concesserunt ut nullus eorum aliquid sui juris in ea retineret, set omnia jura ejusdem ville elemosine scilicet comitatus, vicecomitatus, et omnia forisfacta fratribus Templi relicta sunt. Insuper et hoc statutum est quod si quis de hospitibus Templi injuste aliquid de rebus illorum qui supradictam elemosinam fecerunt rapuerit vel furatus fuerit vel aliquam injuriam in verbo vel facto intulerit, predicti milites nullam inde vindictam accipere presument, donec magistro qui ibi constitutus fuerit illatam sibi injuriam ostenderint et publicam proclamationem inde fecerint. Hec omnia per manum nostram fratribus Templi in perpetuam elemosinam possidenda collata sunt, annuentibus domino Girardo de Pinconio, Iohanne et Homundo de Conteio, assensu etiam comitis Radulphi (b) de cujus feodo ista pendebant. Ut igitur hec elemosina statum firmiorem in posterum obtineat, presentem paginam ad opus predictorum fratrum facimus et in cyrographum dividimus, et perturbatores hujus elemosine excommunicavimus et testes qui interfuerunt subscribimus. SIG✠NUM Radulphi decani. $ Fulconis precentoris. $ Abbatis sancti Martini de Gimellis. $ Abbatis de Gardo. $ Bernardi de Morolio. $ Hugonis de Centumputeis. $ Guidonis filii ejus. $ Hosmundi de Milli. $ Bernardi filii Assonis. $ Geroldi d'Estalonmaisnil et Gilonis de Seuz. $ Arnulfi de Alliaco. Actum anno Domini M°C° quinquagesimo.

DLXXXVIII 1150, lundi 1er mai.

Original : Marseille, Arch. dép., H°, l. 73 *Jalès :* coté, n° 11, *Berrias.*

In nomine Domini nostri Ihesu Xpisti, anno ab incarnatione ejusdem milesimo C°L°., regnante Lodoyco rex Francie, feria II°, kalendas mai, luna prima. Ego quidem in Dei nomine, Geraldus Ugonis de Rubeda, et uxor mea, Iohanna, cum filio meo, Pontio, dono Deo et milicie Templi Salomonis fasciam unam terre que tenet a Gransone usque ad Busconem et est posita juxta passum qui tendit ad Petreram, inter fascias Geraldi Odiluni et Arnaldi de Casaledas. Et ipsi supradicti milites dant michi XIIII^cim soldos Podiensium. Et si quid amplius valet, dono eis sine fraude. Hoc dono eis in perpetuum, et ipsi potestatem habeant tenendi, vendendi, donandi et faciendi quicquid velint. Et si ab aliquo calumniati unquam fuerint, ego, cum uxore mea supradicta et cum filio meo, defensare debeo. De hoc dono est firmansa Petro de Calrese et Pon-

(a) Gauter, abbé de Selincourt, 1131 † 28 avril 1162. — (b) Raoul, comte de Vermandois, 1117 † 14 octobre 1151.

cono Damunte, Pontio de Rubeda, ut si ego hoc eis nolle observare, ipsi firmatores debent observare.

De hoc sunt testes : Pontius de Rubeda et Arnaldus de Casaledas et Geraldus, suo fratre, et Pontius eorumdem frater, Petrus de Çalresca, Pontius de Monte, Petrus de Uuldone, Stephanus de Casaledas.

Hoc donum fuit factum in manu Geraldi de Larçaca et Dalmacii et Geraldi de Petra Gora. Ego, Tebertus Ravennatis ecclesie sacerdos rogatus scripsi.

DLXXXIX 1150, 14 mai.

Original scellé : Paris, Arch. Nat., K. 23, n° 16[18], anciennement S. 2250, n° 72.

Édité : Tardif, Cartons des Rois, n° 506.

Notum fieri volumus tam presentibus quam futuris quod ego frater Evrardus, militie Xpisti de Templo magister dictus, communi fratrum nostrorum favore, quamdam domum, cum prato eidem domui contiguo, quam Robertus Parvus et fratres ejus Lambertus et Guntrannus, sub annuo censu ab ecclesia beati Dyonisii, in villa ipsius que dicitur Aunis, in pago Leodicensi tenebant, quamque, cum ad Deo serviendum in Templo se reddidissent, donaverant nobis, concessione venerabilis abbatis Sancti Dyonisii Sugerii, cum quedam de nostris, orientalis ecclesie oppressione conpulsi, venderemus, denominate ecclesie venerando abbati dono concessimus, indignum judicantes hoc alteri vendere, qui villam et homines Sancti Dyonisii inde quoquomodo possent infestare, presertim cum idem venerabilis abbas nos et nostra plurimum diligeret et augmentaret, et in negotiis nostris, sicut si sua propria essent, nos studiose juvaret. Quod donum ut in semppiternum ratum permaneat, scripto mandari et sigillo nostro corroborari fecimus, et ut illud fratres nostri ab omni calumpnia pro toto posse suo defendant, precipimus.

Actum Parisius communi capitulo, pridie idus maii, anno Verbi incarnati millesimo centesimo quinquagesimo.

DXC 1150, mercredi 21 juin.

Copie du XII° s. : Avignon, Biblioth. municip., *Cartulaire de Richerenches* fol. 37.

Édité : Mis de Ripert-Monclar, *op. cit.*, n° 61, p. 63-5 (date du 4 juin qui est le jour de la Pentecôte).

QUOD REQUIREBAT BRUNISSENS, UXOR PETRI UGONIS, ET FILII EIUS, IN TERRITORIO DE BOLBOTONE ET DE RICARENSIS, DIMISIT DEO ET MILITIBUS TEMPLI.

✠ Divini et humani juris auctoritas precipit ut donaciones, empciones, vendiciones sive alie transactiones, scriptura posteris notificentur, ut perpetuum vigorem obtineant et stabiles et inconcusse semper permaneant. Ea propter, ego, Brunissendis, que fui legitima uxor Petri Ugonis, et filii mei, Ugo et Petrus Ugonis, Bertrandus et Willelmus, Giraldus, Raimundus et Giraudus, et generi mei, Ugo Dalmacii et Ugo Ademari, cum uxoribus suis, ut Deus et dominus noster nobis et omnibus parentibus nostris peccata nostra remittat et insuper vitam eternam concedat, donamus, lau-(*fol. 37v°*) damus et in manu magistri Ugonis de Bolbotone perpetuo relinquimus totum et ex integro quicquid habemus vel habere debemus, sive homo sive femina, per nos, in toto territorio de Bolbotone, in terris cultis et heremis, in aquis et pratis, in boschis et garricis, sicut vadit aqua de Lecio usque ad territorium de Avisano; simili quoque modo de eo quod habebamus in toto territorio de Richarenchis, sicut vadit aqua de Olleria usque ad territorium de Colonzellis et usque ad territorium de Valriaco, totum et ab integro, absque ullo retinimento, eamdem facimus donacionem Deo et domui de Richarenchis et fratribus ibi Xpisto famulantibus, tam presentibus quam sequentibus omnibus, et quamcumque querelam, sive juste sive injuste, memoratis fratribus pro jamdicto honore faciebamus, in ista nostra donatione vel dimissione omnia concludimus et finem perpetuam facimus. Preterea, in fide et verbo veritatis, promittimus quod ab hac die in antea domui de Ricarenchis et fratribus in ea comorantibus fideles amici et veri defensores erimus. Ut autem hec nostra donacio sive dimissio firma et stabilis per secula in domo de Ricarenchis remaneat, C. solidos probate Valentine monete, caritatis nomine, a supradictis fratribus accipimus, de quibus C. IIII^or libras et unum trentanarium de bona lana nos, ego scilicet Brunicsen et filii mei habuimus, et XX^ti illi de Valle Aurea, consobrini nostri, qui hunc honorem longo tempore habuerant pro pignore.

Facta *(fol. 38)* donatione ista sive dimissione a sepefacta domina et filiis suis in domo de Ricarencis, anno ab incarnato Dei Verbo M°C°L°, mense junii, in presencia et testimonio fratrum predicte domus et aliorum multorum, Petri presbiteri et cappellani ejusdem loci, Poncii de Alon, Stephani de Iohannacio, Iohannis diachoni, Umberti de Saldeto, Willelmi Bruneti, Geraldi Dalmacii, Stephani Pellicerii, Guiscardi, Nicholai bajuli, Petri Provincialis, Poncii Truc, Riperti de Gradinnano, Raimundi Egiderii, Gigonis de Valencia, Bertrandi de Bolbotone, Nicholai de Avisano, Geraldi de Avisano, Ugoleni, Raimundi Rufi, Riperti Folradi, Riperti Aculci, Laugerii de Grillone, Giraldi de Tornafort, Petri Dodi de Valriacho, Willelmi Lupi, Willelmi Plazen, Galterii Veteli, Willelmi Galterii, Petri Rostagni, Willelmi Geraldi de Margaritis, Petri Petgerii, Bertrandi de Solorivo, Bricius Fabri, Petri Enguilranni, Poncii Arnulfi. Si quis vero de nostra parentela, sive homo, sive femina, donacionem istam, ausu sacrilego, mente predicta, perturbare voluerit, non valeat, sed omnipotentis Dei malediccionem incurrat, et nostra donacio quieta semper et firma remaneat, et ab omni hereditate nostra, quicumque ille fuerit, omni tempore alienus existat. Facta carta ista per manum Arnaldi, Aurasicensis sacriste, feria IIII^a, mensis junii, luna XX^a II^a, in civitate Aurasica.

DXCI 1150, 22 juin Acre.

Copie du XIIIe s. : Turin, Archives du magistère des SS. Maurice et Lazare.

Edité : Arch. de l'Orient latin II, B, p. 128; cf. Röhricht, *Regesta*, n° 258.

Extraits d'une charte de Baudoin, roi de Jérusalem, pour les frères de S. Lazare.

. . . .

Ego itaque Baldewinus, Dei ordinante pietate, Ierosolimorum rex quartus. . . .
. . . . testes sunt : . . . .
Hugo de Bethsan frater Templi. . . . . Datum Accon X kalendas julii, anno ab incarnatione Domini M°C°L°, indictione XIII, domini Fulcherii patriarchatus anno quarto.

DXCII 1150, mardi 22 août.

Copie du XIIe s. : Toulouse, Arch. dép., *Cartulaire A de Douzens*, ch. 146, fol. 107.

Anno millesimo C.L. incarnationis Dominice. Ego, domina Dias, et ego, Pontius Calvet, ejusdem Dias maritus, ac infantes nostri, damus vobis, Berengario scilicet de ipsa Rueria et Arnaldo de Surniano, fratribus et servis militie Templi Iherosolimitani, omnibusque aliis fratribus, tam presentibus quam futuris, in eadem militia Deo servientibus, IIII^or locales ad edificandum ibi domos sive ad omnem voluntatem vestram in eis faciendam, in condamina nostra, in burgo Beati Vincencii Carcassone. Et affrontant de altano et a meridie et de aquilone in viis, de circio in manso Guillelmi Gula. Sicut ille affrontationes ipsos IIII locales includunt, sic eos damus vobis, sine vestro inguanno, sub tali convenientia ut locales predictos cum illorum exitibus atque reditibus ubicumque in viis jamdictis eos facere volueritis, habeatis et teneatis totamque voluntatem vestram ibi fatiatis; et per quemque annum ad Pasca, pro censu localium predictorum nobis et nostre posteritati IIII^or solidos Ugonencos monete percurribilis in Carcassona donetis sicque omni tempore locales jamdictos possideatis. Si vero ipsos vel aliquid de eis dare, vendere sive inpignorare volueritis, cum consilio nostri fatiendi licenciam habeatis, nosque demus vobis illud consilium absque ulla occasione mala, secundum Carcassone constitutiones. Tamen, si de prefatis localibus aliquid alicui ad edificandum dederitis, in quo censum retineatis, ille census sit vester, sed de accapte quod inde habebitis, nobis medietatem detis, sicque ipsum donum laudemus. Si autem homo aut femina locales predictos vobis anparaverit, erimus deinde *(fol. 107 v°)* vobis leguales guirenti sine inguanno. Verum est autem quod propter accapte localium predictorum, dedistis nobis XX solidos Ugonencos, ut ista carta atque donum firmum ac stabile permaneat in perpetuum.

$ Dias et Pontii Calvet, qui hoc donum ita fecerunt, et isam cartam laudaverunt. $ Raimundi de Alairaco, istius honoris bajuli. $ Guillelmi Rogerii Signerii et Rogerii, filii ejus, et Pontii de Cavallo, et Petri, filii ejus, et Bernardi de Campania ac Bernardi Bosom. Arnaldus de Clairano hoc scripsit jussione Pontii Calvet et Raimundi de Alairaco et omnium firmatorum jamdictorum. III feria, XI kalendas septembris, regnante Lodovico rege.

DXCIII 1150, lundi 23 octobre.

Copie du XIIe s. : Avignon, Biblioth. municip. *Cartulaire de Richerenches*, fol. 29 v°-30 r°.

Edité : Mis de Ripert-Monclar, *op. cit.*, n° 51, p. 52-3.

TOTUM QUOD REQUIREBAT IN BOLBOTONE, REALDUS FRANCESC DIMISIT DEO ET TEMPLO.

In nomine Domini nostri Ihesu Xpisti. Notum sit omnibus hominibus, tam presentibus quam futuris, quod ego, Rainaudus Francesc, et ego uxor Raunaudi, nomine Guigona, et ego, filius eorum nomine Francesc, ut Deus et dominus noster condonet omnia peccata nostra et absolvat animas parentum nostrorum, donamus et relinquimus, sine dolo et sine fraude et sine omni retenemento, quicquid habebamus vel nos habere credebamus juste vel injuste in castello de Bolbotone et in territorio ejus et quicquid Berengarius Bauchaus et Uge de Bolbotone, filius ejus et omnes choeredes eorum, vel ullus homo aud ulla femina per nos vel per eos, ut nos cogitabamus, habebat vel possidebat, tam in domibus quam in terris, cultis et incultis, pascuis, silvis, aquis aquarumve decursibus, domino Deo et beate Marie et militibus Templi Salomonis Ierosolimitani, tam presentibus quam futuris, tali modo ut exinde pleno jure et in allodio liber et quiete habeant et possideant et quodcumque voluerint inde faciant. Sane, si ego aud ullus homo vel femina de projenie nostra vel aliorum, huic donationi ullo modo contraire voluerit, non valeat vendica-*(fol. 30)*re quod repetit, set iram Dei cum Iuda proditore incurrat et ab hereditate et beneficio nostro omnino sit expers.

Facta est hec donacio et guirpicio in castello quod Savazea dicitur, in domo cujusdam militis, scilicet nomine Raterii, in manu Ugonis de Bolbotone, militis Templi et bajuli domus de Richarenchas, et Guiscardi, fratris militis Templi, a quibus caritative de lemosinis Templi accepimus ccc solidos Valentinensis monete.

Et est facta hec laudacio in mense octobrio, feria II, luna XXVIII, (*a*) anno ab incarnacione Domini M°C°L.

Testes hujus donacionis et guirpicionis sunt : Silvio de Claireu, qui interlocutor hujus cause fuit ; Willelmus Ugo de Montilio, qui hanc donacionem laudavit et confirmavit, et Willelmus Agullos, qui similiter placitator fuit. Et ego Fulcherius de Carpentraz vidi et audivi et taliter subscribendo testimonium peribeo. ✠ Iordans de Petra Lapta. Petrus de Serinna. Berengarius de Sancto Paulo. Petrus de Laia. Petrus de Mirmanda. Ugo de la Balasta, prior de Sancto Marcello. Poncius Gontardi. Ugo Lobetz. Willelmus de Monmaira. Willelmus de Alon, filius Ugonis. Willelmus Artaudi de Alon. Raterius de Savaixa. Bartholomeus de Valencza. Poncius Airaudi de Montilio. Cotarelz. Willelmus Berengarii.

Et in Tricastinensi civitate, Geraldus Ademarii laudavit et confirmavit in audiencia Raimundi de Petra Lapta et Poncii Bergonno et fratris Nicholai capellani et Petri Willelmi de Balmas *(fol. 30v°)* et Geraudi de Balmas et Constantini de Sancto Paulo.

Item, hujus dimissionis et laudationis quam uxor prescripti Rainaldi fecit, nomine Gigona, in castello de Belveder, testes sunt : Nicolaus, presbiter cappellanus, Raimundus de Cruceolis et Gicardus, fratres de Templo.

Item, filius jamdicti Rainaldi, nomine Francesc, confirmando laudavit quod pater et mater sua fecerant juxta villam quam apellant Mors, presentibus supradictis fratribus Nicolao sacerdote et Raimundo et Giscardo et Guillelmo de Bouantela, scutario Rainaldi Francesc, per quem filio suo mandavit, ut hoc quod ipse fecerat laudaret et confirmaret.

DXCIV 1150, mercredi 25 octobre.

Copie du XII° s. : Toulouse, Archiv. dép., *Cartul. A. de Doutens*, ch. 172, fol. 127v° et 128r°.

Anno millesimo C. L. incarnationis Dominice. Ego, Arnaldus de Gaure, in nomine omnipotentis Dei, Patris et Filii et Spiritus sancti, mea bona ac spontanea voluntate, donator sum Deo et beate Marie et honestissime ac sancte militie Templi Salomonis de Iherusalem, et vobis, Berengario de Rueria, ministro ymmo et servo militie Templi prefati, cunctisque aliis confratribus vestris, in eadem milicia Deo famulantibus, presentibus atque futuris : dono vobis et auctorizo me ipsum per confratrem vestrum in militia predicta Deo serviturum. Et absque ulla mala occasione dono et concedo

(*a*) Il y a erreur d'un jour sur la lune ; le 23 octobre était le 28° jour de la lune.

vobis totum honorem meum quem habeo et habere debeo in villa de Gaure et in omnibus illius terminiis, terras videlicet et vineas, homines et feminas, mansos et mansiones, exitus et regressus, ortos, ortales, aquas, riparias, prata, pascua ac terra merita, census, usaticos, eremum et condirectum totumque aliud quod in villa jam dicta de Gaure et in omnibus ipsius terminiis habeo et habere debeo, totum, me sciente, juste et libere et absque ulla mei reservatione, excepta eclesia de Gaure quam teneo ad feudum de Petro de Pomar; totum aliut dono cum memetipso Deo et sancte Marie ac Templi predicti militie, ad habendum hac possedendum suamque voluntatem absque mea contradiccione, in perpetuum fatiendum. Et ut hoc donum non possim infringere, dono atque conce *(sic)* dominum meum R(aimundum) Trencavellum, Dei gratia vicecomitem Biterrensem, fidejussorem et justum de-*(fol. 128)*fensorem militie prefate. Hoc autem fatio amore Dei et meorum peccatorum remissione, in manu scilicet et auctoritate domni Pontii (*a*), Carcassonensis episcopi, et domni R(aimundi) Trencavelli (*b*) et Guillelmi Ferrol, archidiaconi, et Raimundi de Villasicca et Rogerii de Cavanaco ac Petri de Quasilaco, et in presencia Guillelmi de Sancto Felice, vicarii Carcassone, et Guillelmi Xatberti de Barbairano et Petri de Podio, filii Regine, et Gillelmi Pelapulli atque Bernardi, illius fratris, qui omnes ujus rei rogo sint testes. Et est verum quod fratres jamdicte militie expensaverunt de suis bonis in honore meo predicto ad illum deliberandum ccc.xxiiii solidos Ugonencos et nonaginta solidos Melg(oriensium) et iii modios ordei et unum modium et v sextaria frumenti. Habeo autem duos filios scilicet privignos quos fratribus militie predicte dono atque dimitto ut ibi victum et vestitum habeant dum secundum sensum et voluntatem jamdicte militie fratrum se juste habere voluerint.

Arnaldus de Clairano hoc scripsit jussione Arnaldi de Gaure qui sic istam cartam ita laudavit, jussuque domni R(aimundi) Trencavelli ac Poncii episcopi omniumque testium predictorum, iiii feria, viii kalendas novimbris, regnante Lodo rege.

DXCV

1150, (1-30) novembre.

Copie du xii^e s. : Madrid, Archivo Nacional, *Cartul. B* 595, fol. 56-56vo, n° 165.

SANIA D'AST.

In Xpisti nomine. Hec est carta de clamos quod fratribus Templi habebant de domna Sania d'Ast; habebant clamos de sexta parte illius hereditatis de Borga. Postea, postquam fuit mortua dona Sania d'Ast, venit don Rodrico filius ejus et dedit illam vineam fratribus Templi, que vocatur Alalgaga in Sepez, sicut est terminata et signata intus et foris, cum suos morales et aliis arboribus que intus sunt, pro anima patris et matris sue et animabus parentum suorum. Et sunt totos alios clamos finitos, et don Rodrico teneat illam vineam in vita sua; et post mortem ejus, fratribus Templi accipiant illam vineam, et intrent in eam francam et ingenuam absque mala voce, et possideant, et fatiant propriam voluntatem, per secula cuncta amen. *(fol 56vo)* Hujus rey testes sumus : Petro Taresa, Garcia Garcez, don Gasco Zabre, Alaman, Girait Bertran, Galter lo Bloy. Et hoc donativum feci ego Rodrigo in Borga, in manu magistri Rigaldo Vigerio et fratri Guitardo et fratri Pere Martin, et cum mea manu feci hoc ✠ signum. Facta carta mense novembris era M°C°LXXX°VIII°. Ego Iohannes, jussu Rodrico, hanc cartam scripsi et de manu mea hoc SIGNUM ✠ feci.

(*a*) Ponce, évêque de Carcassonne, 1142 † février 1159. — (*b*) Raymond Trencavel, vicomte de Carcassonne, 1150 † 16 octobre 1167.

DXCVI 1150, dimanche 5 novembre.

Copies du XIIe s. : Avignon, Bibl. munic., *Cartulaire de Richerenches*, fol. 40 et 41 ; *ibid.*, fol. 121vo et 122.

Édité : Mis de Ripert-Monclar, *op. cit.*, n° 66, p. 68-9 et n° 200, p. 178.

DONACIO GERALDI DE MONTE SECCURO ET UXORIS SUĘ, DE HOC QUOD HABEBANT IN BOLBOTONE[1].

(fol. 40vo) In[2] nomine Domini nostri Ihesu Xpisti. Notum sit omnibus hominibus, tam presentibus quam futuris, quod ego, Geraldus[3] de Monte Securo et ego, uxor Geraldi, nomine Galiana[4], pro anima nostra et omnium parentum nostrorum salute[5], donamus et relinquimus sine dolo et sine fraude et sine omni retinemento[6] quiquid habebamus vel nos habere credebamus, juste vel injuste, in castello de Bolbotone et in terratorio[7] ejus, scilicet in domibus, in terris cultis et incultis, pascuis, silvis, aquis aquarumve decursibus, vel ullus homo aud[8] ulla femina per nos. Et huic donacioni[9] adjungimus partem Petri de Mirabel, fratris mei Geraldi[10], et quiquid abemus[11] vel habere debemus in terratoriis que terminantur cum fluvio de Lez et fluvio Elsonis et aqua Oleira ; quiquid infra os terminos nos habemus vel habere deberemus[12] neque Petrus habuit in vita sua vel habere debuerat, vel ullus homo aud[13] ulla femina per nos, donamus et concedimus domino Deo et beate[14] Marie genitrici Dei, et militibus Templi Salomonis Gerosolimitani[15], tam presentibus quam futuris, tali modo ut exinde pleno jure et in alodio liber et quiete habeant et possideant et quodcumque voluerint inde faciant. Sane, si ullus homo aud[16] *(fol. 41)* ulla femina ex progenie[17] nostra, ullohmodo[18] huic donacioni[19] contraire voluerit, ira Dei omnipotentis super eum incurrat et ab ereditate[20] hac beneficio nostro omnino sit expers.

Facta hec donacio[21] in domo de Richarenchis, in manu Ugonis de Bolbotone, qui tunc minister et bajulus[22] ipsius predicte domus erat, in mense novimbrio[23], feria 1[24], luna duodecima[25], anno ab incarnatione Domini M°.C°.L.

Testes hujus donationis sunt : frater Dalmatius de la Roca, frater Nicholaus claviger, frater Petrus de Belmunt[26], frater Stephanus Pellicarius, frater Gilelmus Brunelli[27], frater Giraudus Dalmacii[28], Petrus Engeluini, Petrus de Port, Iohannes diaconus[29], frater Imbertus[30] de Salliceto, Willelmus Andree, Petrus Ugonis de Avisano et Willelmus Giraudi, Willelmus de Roca Talada[31], Willelmus de Salliceto, Petrus Provincialis, Petrus de Castro Duplo, Poncius[32] de la Mota. Et ego, frater Nicholaus, vidi et audivi et jussu[33] predicti Giraldi de Monte Securo, scriptum dictavi et scribere feci et manu mea scribendo oc[34] signum feci ✠. Et Willelmus Cornabrocs, qui in hoc[35] terratorio a Giraldo[36] de Monte Securo feudum tenebat et jus supradicti[37] Geraldi pro manibus fratrum feudum recognovit.

Variantes : 1. De Giraldo de Monte Securo. — 2. ✠ In. — 3. Giraudus. — 4. Galiena. — 5. salutę. — 6. retenemento. — 7. territorio. — 8 aut. — 9. donationi — 10. Geraudi. — 11. habemus. — 12. nos habemus, habere debemus. — 13. aut. — 14. beatę. — 15 Ierosolimitani. — 16. aut. — 17. projenie. — 18. ullo modo. — 19. donationi. — 20. hereditate. — 21. Facta est hec donatio. — 22. ba[j]ulus [*fol. 122*]. — 23. novembrio. — 24. 1°. — 25. xii°. — 26. Belmont. — 27. frater Petrus Pelliparius, frater Willelmus Brunell. — 28. Dalmatii. — 29 levita. — 30. Umbertus. — 31. Rocha Tallada. — 32. Portius. — 33. Visu. — 34. hoc. — 35. ho. — 36. Geraldo. — 37. visu predicti.

DXCVII 1150, 27 novembre.

Original : Barcelone, Arch. cor. Arag. R. Bereng. perg. 231.

Copie du XIIIe s. : ibid. Inventario, fol. 12-12vo.

In Xpisti nomine. Notum sit cunctis quod ego Raimundus Bernardus de Gurb, et conjux mea Saurina, una cum filiis nostris Bernardo videlicet Raimundo atque Berengario, relinquimus et gerpimus ac definimus libenti animo ac spontanea voluntate absque dolo in manu Petri de Roveria magistri Provincię et in manu Bertrandi de Olost et in manu Berengarii de Sancto Vincentio omnes voces et rectudines quas nos aut projenies nostra habemus vel habere debemus vel possumus in illo alodio quod Petrus Vetus in die obitus sui mansioni Templi redemptione anime sue reliquit, quod est in parrochia Sancti Stephani de Parietibus, scilicet fratribus Templi tam presentibus quam futuris, ut habeant et possideant in perpetuum sicut melius et utilius ad utilitatem mansionis Templi intelligi valeat ; hoc etiam addito quod nos neque projenies nostra aut aliquis homo propter nos aliquam molestiam vel contrarietatem eis inferamus. Pro hac autem difinitione accepimus a fratribus Templi scilicet a Petro de Rovera et Bertrando de Olost cc solidos monete Barchinone. Facta carta in anno incarnationis Domini M°C°L°, apud Barchinonam in milicie domo v° kalendas decembris in presencia subscriptorum testium. Si quis autem hanc difinitionem seu gerpitionem infringere attemptaverit, nil ei valeat set suprascripta omnia in duplo componat. Sig✠num Raimundus Bernardus et Gurb. Sig✠num Saurina conjux ejus, Sig✠num Bernardi filii ejus, Sig✠num Arsendis conjugis ejus, Sig✠num Raimundi filii ejus, Sig✠num Berengarii filii, Sig✠num Laurete filie ejus, Sig✠num Guillelme filie ejus, Sig✠num Beatricis, Sig✠num Ermessendis filie ejus, Sig✠num Petri de Villa Gelans viri ejus ; nos qui hanc cartam definitionis seu gerpitionis scribere jussimus et firmamus atque subscriptos testes firmare rogamus. Sig✠num Guillelmi Raimundi dapiferi. Sig✠num Otonis dapiferi. Sig✠num Berengarii de Cheralt. Sig✠num Mironis de Lucia. Sig✠num Bernardi de Salfors. Sig✠num Bertrandi de Villa Granata. Sig✠num Petri Bertrandi de Belloco. Sig✠num Petri de Sancto Minate.

Raimundus ejusdem milicie sacerdos jussione Bernardi de Gurb scribsit ✠ die anno prescripto.

DXCVIII 1150 (après le 5 novembre) — 1151 (avant le 18 juin).

Copie du XIIe s. : Avignon, Bibl. municip. *Cartul. de Richerenches*, fol. 112.

Edité : Mis de Ripert Monclar, *op. cit.*, n° 187, pp. 162-166 (date après 18 janv^r 1151 et avant 18 juin).

Notum omnibus fiat hominibus, tam presentibus quam futuris quod ego, Ugo de Bolbotone, pro salute animę meę et peccatorum meorum remissione et totius progeniei meę, reliqui seculum et reddidi meipsum et uxorem meam et filios et omnia quecumque habebam, tam mobilia quam inmobilia Deo et fratribus de Templo, et hoc feci consilio et precepto Giraldi, mei episcopi, et clericorum suorum et parentum et amicorum meorum.

Nunc autem vitę meę terminum appropinquare videns, volo, in ea veritate que Deus est, et in illa fide qua vivimus, totum terminare territorium de Bolbotone, et in quibus partibus ab antiquo divisum sit, sicut a patre meo audivi et vidi, manifestare et post patrem meum tenui et possedi longo tempore. Hoc vero ideo facio ne aliquis malus homo, post mortem meam, fratres de Templo, de jamdicti territorii divisionibus et acaptacionibus, perturbare audeat. Primum in verbo veritatis sub testimonio fidei, contestor quod medietatem totius territorii de Bolbotone et omnem decimam supradicti territorii pater meus Berenguarius, et ego, cum ipso et post illum cum heredibus suis, videlicet cum Geraldo de Bolbotone, avunculo meo, et cum Odoino de Monte Securo et fratre suo Otone, tenuimus et habuimus cum omni libertate pro allodio franco, ita quod nulli homini, nulli femine convenientiam unquam fecimus nec hominium, nec avus nec atavus meus.

Post mortem vero Geraldi de Bolbotone, filius ejus, Bertrannus de Bolbotone donationem quam ego feceram fratribus de Templo et domui de Ricarenchis laudavit et confirmavit, et propter hoc Bertrannus donavit et laudavit Deo et fratribus Templi, totam partem suam quam habet in supradicto territorio, et corpus et animam suam.

(fol. 112v°) Ritbertus Folradius consobrinus meus germanus, post aliquantum tempus, pro parte hereditatis sue, misit me in placitum, et consilio bonorum hominum retinui eum in sextam partem molendini de Bolbotone, et in sextam partem tocius decime et tasche tocius territorii de Bolbotone.

Ipse vero Ritbertus, quando domus de Ricarenchis cepit hedificari, totum Deo et fratribus de Templo condonavit quod ibi retinuit, et, quod nunquam de labore illorum decimum vel tascam reciperet, promisit, de toto territorio de Bolbotone et Granoleto in fine suo dimisit.

Sit preterea manifestum omnibus hominibus quod ecclesia Sancti Amantii tantum habet in istis territoriis, videlicet quendam pratum quod est juxta fluvium Elsonis, et tascam de terra que laborabant Guitardi de Balmis, et tascam de la faissa quam laborabant li Emenbert de Balmis, et tascam de campo Lauterio quod est super stagnum de Granolleto, in quo accipiunt VI nummos anno quando habet blata. Et ad finem suum, pater meus misit eis in vadimonium unam faisam terre, quam Bernardus Richardi laborat, pro XV solidis.

Sit omnibus notum hominibus quod Petrus Wilelmi de Balmis habet, in territorio de Bolbotone, II condaminas pro fratribus Templi, unam ad Roborem Grossam, alteram ad crucem Pastorissam. In illa de cruce Pastorissa habemus dominium et tascam et decimam, in altera decimam. Predictus autem Petrus Wilelmi, quamdiu fidelis amicus fratribus Templi et domui illorum fuerit, et res illorum et possessiones amaverit et defenderit, condaminas istas, per manum eorum teneat, et in pace habeat; si vero, quod nunquam credimus, inquietare vel perturbare eos vel res suas presumeret, jam dictas condaminas non debet habere, sed perdere ista ratione. In veritate dico quod condaminam de Robore Grossa Radulfus Lautgerii, pater Petri Wilelmi *(fol. 113)* acaptavit a patre meo Berengario, contra voluntatem matris meę et ultra vetitum suum, et illam convenentiam quam promisit, non observavit. De illa vero de cruce Pastorisse, quam similiter pater Petri Wilelmi, contra voluntatem dominorum, quorum erat, acaptavit, et ultra consilium eorum, nec convenientiam quam bajulo eorum, Bernardo Richerio, fecerat, nequaquam observavit.

Preterea dico in veritate quod filii Odoini, Pet(rus) de Mirabello et Geraldus de Monte Securo, donaverunt Deo et fratribus de Templo, pro salute animarum suarum et remissione peccatorum suorum, hoc totum quod ipsi, vel homo vel femina per illos, habebant in toto territorio de Bolbotone.

Postea filius Odonis, Ge(raldus) scilicet de Tornefort, dedit similiter unam partem suam Deo et fratribus Templi, et habuit ab eis bonum caballum.

Postea vero Petrus Ugo de Avisano similiter dedit quicquid habebat in jamdicto territorio, et quicquid habebat in stagno de Granolleto, Deo et fratribus Templi, et habuit ab eis c.xxx. solidos denariorum novorum Mergoriensium.

Iste Petrus Hugo inquietabat Ugonem de Bolbotone et perturbabat fratres de Templo pro malicia et paupertate sua, sed postea recognoscens peccatum suum et culpam, promisit quod nunquam amplius nos perturbaret, et insuper terram quandam, quam habebant illi de Valle Aurea in Granolleto redimerat et nobis dimitteret. Et propter hoc dedimus ei unum trentanarium de lana et I saumatam de frumento, valente x solidos Valentianorum.

Hec medietas istius territorii sic dividitur et a fratribus Templi hoc modo adquiritur.

Item alia medietas sic dividitur et ab eisdem fratribus adquiritur : Bertrannus de Solorivo, cum illis de Iocundatio habet medietatem; qui Bertrannus dedit semetipsum et uxorem suam et filios suos et totum honorem suum, ubicumque habet, Deo et fratribus Templi. Sed nos retinuimus illos ad feuales de Cabannaria que fuit Arnaldi, sicut scriptum est in cartis et in libro cartarum. Habuit Bertrannus et uxor ejus propter hoc *(fol. 113v)* XL solidos Valentianorum et pullum cavallinum II annorum et dimidium trentanarium de lana.

Item illi de Iocundatio faciunt de parte sua III partes : una pars est illorum de Valriaco, scilicet Raimundi Bellonis et filiorum ejus ; post mortem Raimundi Bellonis, filius ejus Paganus et soror ejus Antevena et maritus ejus Bertrannus Falco, et altera soror ejus Nicola et maritus ejus Wilelmus de Rosatio dederunt Deo et fratribus Templi, totum quod ibi habebant, in presentia episcopi Sancti Pauli et episcopi Vasensis et aliorum multorum, sicut scriptum est in cartis et in libro cartarum, et habuerunt CCC solidos Valentianorum.

Item II partes que remanent dividuntur in III, quarum I habebat Ysarnus et frater ejus W(illelmus) Ysarnus et dederunt illam Deo et fratribus Templi in presentia Titburgis Aurasicensis et filii sui Wilelmi et aliorum multorum, et habuerunt inde LXX solidos Mergorensium veterum, sicut scriptum est in cartis et in li(bro) c(artarum).

Item aliam IIIam habebat Raimundus de Iocundatio et filius ejus Bertrannus, et dederunt illam Deo et fratribus Templi, in presentia Titburgis et aliorum multorum, sicut scriptum est in c(artis) et in libro c(artarum), et habuerunt inde LXX solidos Mergoriensium, sicut scriptum est in c(artis) et in l(ibro).

Item aliam IIIam habebant isti IIII heredes, scilicet R(aimundus) de Bistorres et Galburgis uxor ejus et filii eorum Gui(lelmus) Raimundi et Bertrannus Raimundus, et Ysnardus, et Bertrannus Wilelmi de Iocundatio et Aimerus uxor ejus et filii eorum G(uilelmus) de Podio Calvo et Blismoda uxor G(uilelmi) Ricavi et Ricavus, et Ricsens uxor Petri Laugerii ; nos IIII istius III partis heredes, dedimus Deo et fratribus Templi totum hoc quod habebamus in supradicto territorio, in presentia Titburgis que hoc donum confirmando laudavit et multorum aliorum, sicut scriptum est in cartis et in l(ibro) c(artarum) domus de Ricarensis, et habuerunt inde LXX solidos Mergoriensium. *(fol. 114)* Territorium de Bolbotone terminatur his terminis : ab oriente territorio de Valriaz super Blaca Bodic, a meridie territorio de Avisano et usque ad Molares et quomodo descendit Talobres usque in territorio de Balmis ; et territorio de Balmis sicut via venit ad crucem Pastorissam, a cruce Pastorissa usque ad Petram Brunam; a Petra Bruna usque ad Gasmaugerium, in flumine de Lez; ab occidente, territorio de Monte Securo, sicuti flumen de Lez ascendit; ab aquilone sicuti Elsonis fluvius vadit usque ad territorium de Valriaz.

Territorium de Ricarencis terminatur his terminis : a meridie, sicut descendit Elsonis usque in Oleriam; ab occidente sicuti descendit aqua de Oleria usque ad territorium de Colonzellis et vadit in Rivum Siccum; ab aquilone sicut vadit Rivus Siccus usque ad territorium super Ricarencas; ab oriente sicut dividitur territorium de Valriaco et revertitur in Elsonem, et de Elsone usque ad viam que venit de Grillone et de via de Grillone usque ad caminum qui vadit ad Cellarea Aureos, et inde usque in Elsonem.

Quicquid infra istos terminos concluditur et continetur, in terris cultis et in ermis, aquis, boscis, pratis, totum per justiciam et suam rationem tenet et habet domus de Ricarenchis et fratres de Templo in dominicatura, aut ibi recipit decimam. Quicumque autem infra istos terminos, sive homo vel femina aliquid tenet vel habet totum habet per manum fratrum de Templo et a nemine alio.

Sicut hec omnia scripta sunt, sic ego Ugo de Bolbotone, sub testimonio fidei et indubitate veritatis, coram Deo et hominibus vera esse affirmo, vera esse contestor.

DXCIX [c. 1150.]

Copies du XIIe s. : Paris, Bibliothèque Nationale, n. acq. lat. 1660, fol. 4 et fol. 207.

Archambaldus vicecomes dedit abbati de Sorden et Cisterciensi ordini illam partem *(fol. 4v°)* nemoris de Sorden..... abbas vero ipse de Sorden, propter paupertatem relinquens hec, et revertens ad monasterium de Landes, unde venierat, reliquid et donavit omnia hec Obazinensi monasterio... sciente et volente predicto vicecomite. Seguina, uxor Raimundi Dormais, dedit predicto monasterio censum... in manso et in bordaria de Serra. . . . . . audientibus Giraldo de Ladaigua, milite de Templo. . . . .

DC [c. 1150.]

Original charte partie en bas jadis scellé : Paris, Archives Nationales S 4950b (4e de la 37e liasse de Puisieux-sous-Laon).

BERTHEIGNIMONT DE TERRA ECCLESIE ORENIACENSIS CYRAGRAFFUM.

✠ NOTUM sit tam presentibus quam futuris quod eccelesia sancte Benedictę Oreniacensis terram, quam habet in Boherliu et in Tierriz et in Munt Falcun, domui de Templo Salomonis Iherusalem in perpetuum tenendam concessit et donavit, eo scilicet tenore quod domus predicta ecclesię Oreniacensi decimam garbam pro terragio persolvet. Istut autem ut inconcussum et inmotum permaneat, testium adhibemus nomina : SIG✠NUM Margaretę abbatissę. SIG✠NUM Levildis thesaurarię. SIG✠NUM Matildis. SIG✠NUM Hawildis. S. Helvidis. S. Geltrudis. S. Aelidis. S. omnis conventus. S. clericorum. S. ROBERTI presbiteri. Pagani. S. Mathei. S. Thomę. S. Odonis. S. militum. S. Wiscardi de Bernort. S. Hecelini de Oriniaco. S. Xpistiani. S. Hugonis majoris. S. Auberti decani. S. Radulfi decani. S. Roberti d'Agnum.

BULLAIRE DU TEMPLE

I [1133-1137] 24 février, Pise.

Copie du XIIIe s. : Ypres, *Registrum Rubrum*, fol. 22

Edité : Feys et Nelis, *Cartulaire de la prévôté de Saint Martin d'Ypres*, II, n° 12, p. 10. *cf.* Jaffé, n° 7812.

CONFIRMATIO PAPE SUPER CAPELLA DE OBSTAL.

Innocentius episcopus servus servorum Dei. Venerabili fratri Miloni, Morinensi episcopo, salutem et apostolicam benedictionem. Statuta fratrum nostrorum, sicut injusta et irrationabilia, nos convenit apostolica auctoritate corrigere, ita nichilominus debemus bene gesta firmare. Ideoque, frater in Christo karissime, Milo episcope, tuis postulationibus impertimur assensum, et quod a venerabilibus fratribus nostris Reinaldo, Remensi archiepiscopo, Guosleno Suessionensi, Gaufrido Carnotensi, Bartholomeo Laudunensi, Gaufrido Cathalaunensi, Alviso Atrebatensi episcopis et multis religiosis viris qui convenerant de Yprensi capella, in loco qui Obstal dicitur, sita, rationabiliter statutum est *(a)*, presentis scripti pagina confirmamus : ut videlicet, singulis annis, tribus diebus rogationum et quinque aliis diebus continue sequentibus, in eadem capella missarum sollempnia celebrentur, et quicquid in illis octo diebus ibidem oblatum fuerit, militum Templi Ierosolimitani usibus cedat ; alio vero tempore nequaquam inibi divina officia celebrentur, nisi per canonicos beati Martini Yprensis. Preterea libertates, consuetudines ac possessiones juste per beate memorie Paschalem papam, predecessorem nostrum, et Iohannem bone recordationis Morinensem episcopum, eidem ecclesie confirmate, presentis decreti maneant auctoritate subnixe. Datum Pisis, sexto kalendas martii.

II [1135-1137] 10 juin, Pise.

Original : Barcelone, Arch. de la couronne d'Aragon, R. Berenger IV perg. n° 7 (attaché au testament du roi Alphonse).

Innoc(entius) episcopus servus servorum Dei. [Carissimo in Xpisto] filio A(lphonso) *(b)* regi et dilectis filiis principibus per Ypaniam constitutis salutem et apostol[icam benedictionem. Quantum ?] sint ad ecclesie Orientalis et peregrinorum liberationem necessarii qui sepulchrum [ ] fama alii perceper(unt). Accepimus autem quoniam A(lphonsus) *(c)* rex Aragonensium terciam pa[rtem]m principes suos fecit juramento firmare. Ideoque universitati vestre man[damus ut] remissionem [q]uatenus ad hoc, quod eis a prefato rege A(lphonso) collatum est, acquirendum et retinend[um] et consilium unanimiter et devote prestetis. Datum Pisis IIII idus junii.

(a) *Cf.* ch. XLV. — (b) Alphonse VIII roi de Galice 1112, de Castille et de Léon 1126, couronné empereur d'Espagne 26 mai 1135 † 21 août 1157. — (c) Alphonse I, roi d'Aragon, † 7 septembre 1134.

III [1138-1142], 2 décembre, Latran.

Original avec bulle : Luques, arch. de Canonaci Banco, XII AA n° 52.
Edité : Atti della reale Academia Lucchese, X, p. 249 ; Pflugk Harttung *Acta*, II p. 298. *Cf.* Jaffé, n° 7916.

Innocentius episcopus servus servorum Dei. Dilecto filio Paganello de Porcaria et A. uxori ejus salutem et apostolicam benedictionem. Omnipotenti Deo, de vobis et pro vobis, gratias agimus quoniam devotionem, quam animo geritis, operibus demonstratis, dum militibus Templi qui, relictis omnibus, secuti sunt Christum, et assidue pro fratribus animas ponere sunt parati, possessionem quandam in loco qui Ruca dicitur, intuitu helemosinę, concessistis, eosque, fraterna caritate, benificiis temporalibus sustentatis. Eandem igitur donationem vestram apostolica auctoritate ratam habemus, et ea quę abbatia de Puzolis inpresentiarum legitime habet ex dono vestro, vel in posterum Deo propitio rationabiliter poterit adipisci, necnon sepulturam vestram et familię vestrę eodem loco, presenti decreto firmamus. Si quis autem eandem abbatiam super his temere molestare presumpserit, indignationem omnipotentis Dei et beatorum Petri ac Pauli apostolorum ejus, se noverit incursurum. Datum Laterani IIII nonas decembris.

IV 1138, 23 mars, Latran.

Copie du XIII° s. : Ypres, *Registrum Rubram*, fol. 136.

Edité : Feys et Nelis, *Cartulaire de la prévôté de Saint-Martin d'Ypres*, II, n° 13, p. 10. *Cf.* Jaffé, n° 7957.

Confirmatio Innocentii II super ecclesiis omnibus Ypressibus et de Boesinghe et de Zutscote et super quibusdam terris specialibus et de Obstal et contra Templarios.

Innocentius episcopus servus servorum Dei. Dilecto filio Aelmaro, abbati Yprensis ecclesie, que in Morinensi episcopatu sita est, ejusque successoribus regulariter substituendis imperpetuum. Pio postulatio voluntatis debet effectu prosequente compleri, ut devotionis sinceritas laudabiliter enitescat et utilitas postulata vires indubitanter assumat. Per hoc noster famulatus Domino gratus impenditur et puritas religionis ex caritatis radice procedens honeste conversandi prebet universis exemplum. Ideoque, dilecte in Domino fili Aelmare abbas, tuis rationabilibus postulationibus clementer annuimus et Yprensem ecclesiam cui, auctore Domino, presides, apostolice sedis privilegio communimus. Statuimus enim, ut quascumque possessiones, quecumque bona eadem ecclesia inpresentiarum juste et legitime possidet, aut in futurum concessione pontificum, liberalitate regum vel principum, oblatione fidelium, seu aliis justis modis, auxiliante Domino, poterit adipisci, firma tibi tuisque successoribus et illibata permaneant. In quibus hec propriis nominibus duximus annotanda : omnes parochias Yprenses, altaria beati Martini et sancti Petri et sancti Iacobi, altare de Boesinghe et ea que ecclesia Yprensis in eadem villa possidet, altare de Zutscoten cum hiis que in eadem villa ecclesia vestra possidet, terram seu possessionem a Waltero, fratre Herberti archidiaconi, et Hugone Fisceo eidem ecclesie traditam, terram quam vestra ecclesia a Gualtero Ranolphi filio emit, terram de Market quam frater vester Zigurdus vobis contulit, terram de Passchendala quam frater vester Reingerus vobis contulit. Obeunte vero te, nunc ejusdem ecclesie vel loci abbate, vel tuorum quolibet successorum, nullus inibi qualibet subreptionis astucia, vel violentia preponatur, nisi quam fratres communi consensu vel pars consilii sanioris secundum Dei timorem et beati Augustini regulam, de eodem collegio sive de alio, si quod quidem absit, in eadem ydoneus repertus non fuerit, providerit eligendum. Electus autem a diocesano episcopo absque pravitate aliqua benedicatur. Adjicimus etiam pro communi parochie interdicto ecclesia ipsa a divinis non vacet officiis, sed januis clausis et exclusis excommunicatis et interdictis, submissa voce omnipotenti Domino officia persolvantur. Preterea quod a venerabilibus fratribus nostris Reinaldo Remensi archiepiscopo, Guoesleno Suessionensi, Gaufrido Carnotensi, Bartholomeo Laudunensi, Gaufrido Cathalaunensi, Alviso Atrebatensi episcopis, et multis religiosis viris qui convenerant de Yprensi capella in loco qui dicitur Obstal sita, rationabiliter statutum est, presentis scripti pagina confirmamus, ut videlicet singulis annis, tribus diebus rogationum et quinque aliis diebus continue sequentibus, in eadem capella missarum sollempnia celebrentur, et quicquid in illis octo tantummodo diebus oblatum fuerit, militum Templi Ierosolimitani usibus cedat. Alio vero tempore, ne quaquam inibi divina officia celebrentur, nisi per canonicos beati Martini Yprensis. Ad hec libertates, consuetudines ac possessiones juste per beate memorie Paschalem papam, predecessorem nostrum, et Iohannem bone memorie et recordationis, Morinensem episcopum, eidem ecclesie confirmate presentis decreti maneant auctoritate subnixe. Nulli ergo omnino hominum fas sit eamdem ecclesiam temere perturbare, aut possessiones auferre, vel ablatas retinere, minuere aut aliquibus vexationibus fatigare, sed omnia integra conserventur vestris ac pauperum usibus profutura. Si qua igitur in futurum ecclesiastica secularisve persona hanc nostre constitutionis paginam sciens contra eam temere attemptaverit, secundo tertiove commonita si non congrue satisfecerit, potestatis honorisque sui dignitate careat, reamque se divino judicio existere de perpetrata iniquitate cognoscat et a sacratissimo corpore ac sanguine Dei et domini redemptoris nostri Ihesu Christi aliena fiat, et in extremo examine districto ultioni subjaceat. Cunctis autem eidem loco sua jura servantibus sit pax domini nostri Ihesu Christi, quatenus et hic fructum bone actionis percipiant et apud districtum judicem premia eterne pacis inveniant. Amen. Datum Laterani, per manum Americi, sancte Romane ecclesie dyaconi cardinalis et cancellarii, x° kalendas aprilis, indictione II°, incarnationis Dominice anno M°C°XXX°VIII°, pontificatus domini Innocentii pape secundi anno decimo.

V — 1139, 29 mars, Latran.

Deux copies figurées du XII° s. : San Gervasio, Bulles n°° 300 et 306.

Innocentius episcopus, servus servorum Dei. Dilectis filiis Roberto magistro religiose militie Templi quod Iherosolimis situm est, ejusque successoribus et fratribus tam presentibus quam futuris in perpetuum. Omne datum optimum et omne donum perfectum desursum est, descendens a patre luminum, apud quem non est transmutacio nec vicissitudinis obumbracio. Provide, dilecti in Domino filii, de vobis et pro vobis, omnipotentem Dominum collaudamus, quoniam in universo mundo vestra religio et veneranda institutio nuntiatur. Cum enim natura essetis filii irę et seculi voluptatibus dediti, nunc, per aspirantem gratiam, evangelii non surdi auditores effecti, relictis pompis secularibus et rebus propriis, dimissa etiam spatiosa via que ducit ad mortem, arduum iter quod ducit ad vitam, humiliter elegistis, atque ad comprobandum quod in Dei militia computemini, signum vivifice crucis in vestro pectore assidue circumfertis. Accedit ad hoc quod tanquam veri Israelite atque instructissimi divini prelii bellatores, vere karitatis flamma succensi, dictum evangelium operibus adimpletis quod dicitur : majorem hac dilectionem nemo habet quam ut animam suam ponat quis pro animis suis ; unde etiam, juxta summi Pastoris vocem, animas vestras pro fratribus ponere eosque ab incursibus paganorum defensare, minime formidatis ; et, cum nomine censeamini milites Templi, constituti estis a Domino catholice ecclesie defensores et inimicorum Xpisti impugnatores. Licet autem vestrum studium et laudanda devotio in tam sacro opere, toto corde et tota mente desudet. Nichilominus tamen universitatem vestram exortamur in Domino, atque, in peccatorum remissionem, auctoritate Dei et beati Petri, apostolorum principis, tam vobis quam servitoribus vestris injungimus, ut, pro tuenda catholica ecclesia, et ea que est sub paganorum tyrannide, de ipsorum spurcitia eruenda, expugnandos inimicos crucis, invocato Xpisti nomine, intrepide laboretis. Ea etiam que de eorum spoliis ceperitis, fidenter in usus vestros convertatis, et, ne de his, contra velle vestrum, portionem alicui dare cogamini, prohibemus. Statuentes ut domus seu Templum, in quo estis, ad Dei laudem et gloriam, atque defensionem suorum fidelium, et liberandam Dei ecclesiam, congregati, cum omnibus possessionibus et bonis suis, que inpresentiarum legitime habere cognoscitur, aut, in futurum, concessione pontificum, liberalitate regum vel principum, oblatione fidelium, seu aliis justis modis, prestante Domino, poterit adipisci, perpetuis futuris temporibus, sub Apostolice Sedis tutela et protectione consistat. Presenti quoque decreto sanctimus, ut vita religiosa que in vestra domo est, divina inspirante gratia, instituta, ibidem inviolabiliter observetur, et fratres inibi omnipotenti Domino servientes, caste et sine proprio vivant, et, professionem suam dictis et moribus comprobantes, magistro suo aut quibus ipse preceperit, in omnibus et per omnia, subjecti et obedientes existant. Preterea quemadmodum domus ipsa hujus sacre vestre institutionis et ordinis fons et origo esse promeruit, ita nichilominus omnium locorum ad eam pertinentium caput et magistra in perpetuum habeatur. Ad hec adjicientes, precipimus ut, obeunte te, dilecte in Domino fili Roberte, vel tuorum quolibet successorum, nullus ejusdem domus fratribus proponatur, nisi militaris et religiosa persona, que vestre conversationis habitum sit professa, nec ab aliis, nisi ab omnibus fratribus insimul vel a saniori ac puriori eorum parte qui proponendus fuerit, eligatur. Porro consuetudines, ad vestre religionis et officii observantiam, a magistro et fratribus communiter institutas, nulli ecclesiastice secularive persone infringere vel minuere sit licitum. Easdem quoque consuetudines a vobis aliquanto tempore observatas, et scripto firmatas, non nisi ab eo qui magister est, consentiente tamen saniori parte capituli, liceat immutari. Prohibemus autem et omnimodis interdicimus ut fidelitates, hominia sive juramenta, vel reliquas securitates, que a secularibus frequentantur, nulla ecclesiastica secularisve persona, a magistro et fratribus ejusdem domus exigere audeat. Illud autem scitote quoniam, sicut vestra sacra institutio et religiosa militia, divina est providentia stabilita, ita nichilominus nullius vite religiosioris obtentu ad locum alium vos convenit transvolare : Deus enim qui est incomutabilis et eternus, mutabilia corda non approbat, sed pocius sacrum propositum semel inceptum perduci vult usque in finem debite accionis. Quot et quanti sub militari cingulo et clamyde terreni imperii Domino placuerunt, sibique memoriale perpetuum reliquerunt? Quot et quanti, in armis bellicis constituti, pro testamento Dei et paternarum legum defensione, suis temporibus, fortiter dimicarunt, atque manus suas in sanguine infidelium Domino consecrantes, post bellicos sudores, eterne vite bravium sunt adepti? Videte itaque vocationem vestram, fratres, tam milites quam servientes, atque juxta apostolum, unusquisque vestrum, in qua vocatione vocatus est, in ea permaneat; ideoque fratres vestros, semel devotos atque in sacro collegio receptos, post factam in vestra militia professionem, et habitum religionis assumptum, revertendi ad seculum nullam habere precipimus facultatem. Nec alicui eorum fas sit, post factam professionem, semel assumptam crucem Dominicam et habitum vestre professionis abicere, vel ad alium locum seu etiam monasterium, majoris sive minoris religionis obtentu, invitis seu inconsultis fratribus aut eo qui magister extiterit, liceat transmigrare; nullique ecclesiastice secularive persone ipsos suscipiendi aut retinendi licentia pateat. Et quoniam qui sunt defensores ecclesie, de bonis ecclesie debent vivere ac sustentari, de rebus mobilibus vel se moventibus seu de quibuslibet que ad vestram venerabilem domum pertinent, a vobis decimas exigi, contra voluntatem vestram, omnimodis prohibemus. Ceterum decimas quas, consilio et consensu episcoporum de manu clericorum vel laicorum, studio vestro extrahere poteritis, illas etiam quas, consentientibus episcopis et eorum clericis, acquiretis, vobis auctoritate apostolica confirmamus. Ut autem ad plenitudinem salutis et curam animarum vestrarum nichil vobis desit, et ecclesiastica sacramenta et divina officia vestro sacro collegio commodius exhibeantur, simili modo sancimus, ut liceat vobis honestos clericos et sacerdotes, secundum Deum, quantum ad vestram scientiam, ordinatos, undecumque ad vos venientes, suscipere, et tam in principali domo vestra quam etiam in obedientiis et locis sibi subditis, vobis habere. Dummodo si e vicino sunt, eos a propriis episcopis expetatis, idemque nulli alii professioni vel ordini teneantur obnoxii. Quod si episcopi eosdem vobis concedere forte noluerint, nichilominus tamen eos suscipiendi et retinendi auctoritate sancte Romane ecclesie habeatis. Si vero aliqui horum, post factam professionem, turbatores religionis vestre aut domus, vel etiam inutiles apparuerint, liceat vobis eos, cum saniori parte capituli amovere, eisque transeundi ad alium ordinem, ubi, secundum Deum vivere voluerint, licentiam dare et loco ipsorum alios idoneos substituere; qui etiam unius anni in vestra societate spatio probentur, quo peracto, si mores eorum hoc exegerint, et ad vestrum servitium utiles inventi fuerint, tunc demum professionem faciant regulariter vivendi et magistro suo obediendi, ita ut eundem victum et vestitum vobiscum habeant necnon lectisternia, excepto eo quod clausa vestimenta portabunt. Sed nec ipsis liceat de capitulo vel cura domus vestre se temere intromittere, nisi quantum a vobis eis fuerit injunctum; curam quoque animarum tantum habeant quantum a vobis fuerint requisiti; preterea nulli persone extra vestrum capitulum sint subjecti; tibique, dilecte in Domino fili Roberte, tuisque successoribus tanquam magistro et prelato suo, in omnibus et per omnia obedientiam deferant. Precipimus insuper ut ordinationes eorumdem clericorum qui ad sacros ordines fuerint promovendi a quocumque volueritis, catholico suscipiatis episcopo, siquidem catholicus fuerit et gratiam apostolice sedis habuerit, qui nimirum nostra fultus auctoritate quod postulatur indulgeat. Eosdem autem pro pecunia predicare aut lucro, vosque pro hujusmodi causa ad predicandum mittere prohibemus, nisi forte magister Templi, qui pro tempore fuerit, certis ex causis id faciendum esse providerit. Quicumque sane ex his in vestro collegio suscipientur stabilitatem loci, conversionem morum, seque militaturos Domino, diebus vite sue, sub obedientia magistri Templi, posito scripto super altare, in quo contineantur ista, promittent. Salvo quoque episcopis jure episcopali, tam in decimis quam in oblationibus et sepulturis, nichilominus concedimus facultatem, in locis sacro Templo collatis, ubi familia vestra habitat, oratoria construere, in quibus utique ipsa divina officia audiat, ibique, si quis ex vobis vel ex eadem familia mortuus fuerit, tumuletur. Indecens enim est et animarum periculo proximum, religiosos fratres, occasione adeunde ecclesie, se virorum turbis et mulierum frequentie immiscere. Decernimus insuper auctoritate apostolica, ut, apud quemcumque locum vos venire contigerit, ab honestis atque catholicis sacerdotibus penitentiam, unctiones seu alia quelibet sacramenta ecclesiastica suscipere liceat, ne forte ad preceptionem spiritualium bonorum vobis quippiam deesse valeat. Quia vero omnes in Xpisto unum sumus, et non est personarum differentia apud Deum, tam remissionis peccatorum quam alterius beneficentie, atque apostolice benedictionis que vobis indulta est, etiam familias et servientes vestros volumus esse participes. Nulli ergo hominum liceat, predictum locum temere perturbare aut ejus possessiones auferre vel ablatas retinere, minuere aut aliquibus vexationibus fatigare, sed omnia integra conserventur vestris atque aliorum Dei fidelium usibus omnimodis profutura. Si quis igitur hanc nostre constitutionis paginam sciens, contra eam temere venire temptaverit, secundo tertiove commonitus nisi reatum suum congrua satisfactione correxerit, potestatis honorisque sui dignitate careat, reumque se divino judicio existere de perpetrata iniquitate cognoscat et a sacratissimo corpore ac sanguine Dei et domini redemptoris nostri Ihesu Xpisti alienus fiat atque in extremo examine districte ultioni subjaceat. Conservantes autem hec omnipotentis Dei et beatorum Petri et Pauli apostolorum ejus benedictionem et gratiam consequantur. Amen.

Rota. — Ego Innocentius catholice ecclesie episcopus ss.

✠ Ego Egidius Tusculanus episcopus ss.
✠ Ego Gregorius presbiter cardinalis tituli Apostolorum ss.
✠ Ego Petrus presbiter cardinalis tituli Susanne ss.
✠ Ego Conradus Sab(inensis) episcopus ss.
✠ Ego Theodewinus sancte Rufinę episcopus ss.
✠ Ego Pettrus presbiter cardinalis tituli sancti Marcelli ss.
✠ Ego Albericus Hostiensis episcopus ss.
✠ Ego Comes presbiter cardinalis tituli Eudoxię ss.
✠ Ego Matheus presbiter cardinalis tituli Equitii ss.
✠ Ego Gerardus presbiter cardinalis tituli sanctę crucis in Iherusalem ss.
✠ Ego Anselmus presbiter cardinalis tituli sancti Laurentii in Lucina ss.
✠ Ego Lutifridus presbiter cardinalis Vestine ss.
✠ Ego Luchas presbiter cardinalis tituli sanctorum Iohannis et Pauli ss.
✠ Ego Grisogonus presbiter cardinalis sanctę Praxedis ss.
✠ Ego Martinus presbiter cardinalis tituli sanctę Anastasie ss.
✠ Ego Stancius presbiter cardinalis tituli sancte Sabie ss.
✠ Ego Gregorius presbiter cardinalis tituli sancte Balbinę ss.

✠ Ego Gregorius diaconus cardinalis sanctorum Sergii et Bachi ss.
✠ Ego Adenulfus diaconus cardinalis sancte Marie in Cosmidia ss.
✠ Ego Guido diaconus cardinalis sanctorum Cosme et Damiani ss.
✠ Ego Vass(alus) diaconus cardinalis sancti Eustachii juxta Templum Agrippę ss.
Datum Laterani per manum Imerici sanctę Romanę ecclesię diaconi cardinalis et cancellarii, IIII kalendas aprilis, indictione II°, incarnationis Dominicę anno M°C°XXX°VIIII° pontificatus vero domni Innocencii pape II anno X.

VI [1139-1143], 1er mai, Latran.

Original : Arch. départ. Marseille, H[2] I, n° 1, lacs de soie rouge, bulle manque.

Copie du XIIe s. : Barcelone, Arch. de la Cour, d'Aragon, 310, fol. XXV^{vo}. Traduction romane du XIIIe siècle, ibidem 409, fol. 37vo et Madrid, *Cartulaire B*. 597, p. 80. (Los cavalers del Temple de Iherusalem quant ni qual profit donen e fan a la Oriental).

Editée : W. Wiederhold, Nachrichten, 1907, Heft, I, p. 83 (date à tort 1138—1143).

Innocentius episcopus servus servorum Dei. Venerabilibus fratribus patriarchis, archiepiscopis et episcopis ad quos litere iste pervenerint salutem et apostolicam benedictionem. Quantam utilitatem milites Templi Ierosolimitani Orientali ęcclesie conferant, qualiter relictis propriis semet ipsos ad inpugnationem inimicorum Xpistiani nominis et defensionem fidelium penitus tradiderunt, vobis, prout credimus, nequaquam extat incognitum. Quorum vita et conversatio sicut divina providentia noscitur instituta, ita nichilominus est ecclesiasticis auxiliis et sacerdotalibus studiis adjuvanda. Cujus rei gratia nos quibus pre ceteris sollicitudo fidelium inminet, eandem venerandam militiam que est ad honorem Dei et defensionem sancte ecclesie congregata, cum omnibus ad eam pertinentibus, sub beati Petri protectione suscepimus et multa que ad eorum observantiam pertinere videbantur, eis apostolica actoritate concessimus. Et quoniam justa evangelicam sententiam, nemo mittens manum ad aratrum et respiciens retro, aptus est *regno* Dei, scripti nostri pagina constituimus ut nemini eorumdem militum post factam in eadem militia professionem et habitum religionis assumptum, absque permissione magistri et fratrum suorum, ad alium locum liceat transmigrare; sed potius unusquisque eorum, in qua vocatione vocatus est, justa apostolum, in ea permaneat. Proinde fraternitati vestre per apostolica scripta mandamus atque precipimus ut, cum a dilecto filio nostro Roberto, magistro ipsius domus, vel ejus fratribus, adversus aliquos ex ipsis qui retrorsum abisse dicantur, quod Deus avertat, in eosdem prevaricatores, quousque resipiscant et ad prelati sui obedientiam redeant, anathematis sententiam promulgamus, eamque firmiter observari per vestras parrochias, apostolica auctoritate precipimus. Preterea quemadmodum vos primum in Pisano (*a*) ac postmodum in sinodo Lateranensi (*b*), viva voce rogavimus, ita etiam presentibus literis deprecamur ut ad subvectionem eorumdem militum debite karitatis affectibus intendatis et tam his quam aliis modis quibus eisdem servis Dei prodesse poteritis, ipsos juvare ac fovere curetis. Datum Lat(erani) kalendas maii (*c*).

(*a*) Concile de Pise, 30 mai-6 juin 1135. — (*b*) Concile de Latran, 4 avril 1139. — (*c*) La date est d'une autre encre que la bulle.

VII 1142, 12 janvier, Latran.

Original : Arch. dép. Dijon, H. 1146, bulle manque.

Edité : W. Wiederhold, Nachrichten, 1906, Beiheft, p. 28, n. 5.

Innocentius episcopus servus servorum Dei. Dilectis filiis Roberto magistro militię Templi, ejusque successoribus tam presentibus quam futuris, regularem vitam professis in perpetuum. Ecclesiasticis utilitatibus insudantes ecclesiastica dignum est remuneratione gaudere, ut qui se voluntariis obsequiorum necessitatibus sponte subiciunt, digne nostris provisionibus consolentur. Quia igitur, dilecti in Domino filii, divino estis obsequio mancipati et ad defensionem Orientalis ecclesie specialiter deputati, paterna vobis sollicitudine volumus providere, et ea quę pro sustentatione vestra concessa sunt, sedis apostolicę munimine roborare. Vestris itaque et venerabilis fratris nostri Goddifredi, Lingonensis episcopi, petitionibus, debita benignitate, gratum impertientes assensum, quecumque, ab eodem fratre nostro vel a parrochianis suis, vobis rationabiliter concessa sunt vel in futurum rationabilibus modis, Deo propitio, conferentur, auctoritate vobis apostolica confirmamus, et presentis scripti pagina roboramus, in quibus hec propriis duximus exprimenda vocabulis : Iohannem videlicet de inter duas sepes, cum familia sua, sicut ad ipsum episcopum pertinet. et quicquid possidet ; domum Hugonis de Cangie et quicquid idem episcopus infra potestatem de Albeniaco vobis concessit ; ecclesiam de Buires, ecclesiam de Villa sub terra, ecclesiam de Brettes cum decimis earum ; villas ipsas quas concesserunt vobis milites quorum erant, scilicet Buires, Villam sub terra, Brettes, Valurre. Si qua igitur in futurum ecclesiastica secularisve persona hujus nostre confirmationis paginam sciens, contra eam temere venire temptaverit, secundo tertiove commonita, sinon reatum suum congrua satisfactione correxerit, potestatis honorisque sui dignitate careat, reamque se divino judicio existere de perpetrata iniquitate cognoscat et a sacratissimo corpore ac sanguine Dei et domini redemptoris nostri Ihesu Cristi aliena fiat atque in extremo examine districte ultioni subjaceat. Cunctis autem ipsam institutionem servantibus. et vobis benefacientibus. sit pax Domini nostri Ihesu Cristi. Quatenus et hic fructum bonę actionis percipiant, et apud districtum judicem premia eternę pacis inveniant. Amen. Amen. Amen.

Rota. — Ego Innocentius catholicę ecclesię episcopus ss.

✠ Ego Conradus Sabinensis episcopus ss.
✠ Ego Albericus Hostiensis episcopus ss.
✠ Ego Guido, sancte Romane ecclesie indignus sacerdos ss.
✠ Ego Stephanus Prenestinus episcopus ss.
✠ Ego Statius, presbiter cardinalis, tituli sancte Sabine ss.
✠ Ego Boetius presbiter cardinalis sancti Clementis ss.
✠ Ego Ivo, presbiter cardinalis sancti Laurentii tituli Damasi ss.
✠ Ego Rainerius presbiter cardinalis tituli sancte Prisce ss.
✠ Ego Petrus presbiter cardinalis de titulo Pastoris ss.
✠ Ego Goizo presbiter cardinalis tituli sancte Cecilie ss.
✠ Ego Thomas presbiter cardinalis tituli Vestine ss.
✠ Ego Hubaldus presbiter cardinalis tituli sancte Praxedis ss.
✠ Ego Hubaldus presbiter cardinalis tituli sanctorum Iohannis et Pauli ss.

✠ Ego Gregorius, diaconus cardinalis sanctorum Sergii et Bachi ss.
✠ Ego Guido diaconus cardinalis sanctorum Cosme et Damiani ss.
✠ Ego Octavianus diaconus cardinalis sancti Nicolai in carcere ss.
✠ Ego Guido Sanctę Romane ecclesie diaconus cardinalis ss.
✠ Ego Gregorius Lucius sanctę Romane ęcclesię indignus diaconus ss.
✠ Ego Guido, sanctę Romane ecclesie indignus diaconus ss.

Datum Lat(eran)i per manum Gerardi, sancte Romane ecclesie presbiteri cardinalis et bibliothecarii, II idus januarii, indictione v[a], anno M°C°XL°I°, pontificatus vero domni Innocentii pape II anno XII°.

VIII [1144], 9 janvier, Latran.

Original avec bulle de plomb, soies jaunes. Paris, Archives Nationales, L. 227, liasse 1, n° 1. *cf.* Jaffé, n° 8478.

Celestinus episcopus servus servorum Dei. Venerabilibus fratribus, archiepiscopis, episcopis, abbatibus et universis ęcclesiarum prelatis ad quos litterę istę pervenerint, salutem et apostolicam benedictionem. Milites Templi Ierosolimitani, novi sub tempore gratię, Machabei, abnegantes secularia desideria et propria relinquentes, tollentes crucem suam, secuti sunt Xpistum. Ipsi sunt per quos Deus Orientalem ecclesiam a paganorum spurcitia liberat, et Xpistiani nominis inimicos expugnat. Ipsi pro fratribus animas ponere non formidant, et peregrinos ad loca sancta proficientes, in eundo et redeundo ab incursibus paganorum defensant; et quoniam ad tam sanctum et pium opus explendum, proprię facultates non suppetunt, fraternitatem vestram presentibus litteris exhortamur, quatinus, unde eorum suppleatur inopia, populum vobis a Deo commissum collectas facere moneatis. Quicumque vero de facultatibus sibi a Deo collatis, eis subvenerit, et in tam sancta fraternitate se collegam statuerit eisque beneficia persolverit annuatim, septimam ei partem injunctę penitentię, confisi de beatorum apostolorum Petri et Pauli meritis, indulgemus. Si vero excommunicatus non fuerit et eum mori contigerit, ei cum aliis Xpistianis sepultura ecclesiastica non negetur. Cum autem fratres ipsius Templi, qui ad collectam suscipiendam destinati fuerint, in civitatem, castellum vel vicum advenerint, si forte locus ipse interdictus sit, in jocundo eorum adventu, pro Templi honore et eorumdem militum reverentia, semel in anno aperiantur ecclesię et, exclusis excommunicatis, divina officia celebrentur. Quę vero de non excommunicatis eorumdem militum fratribus ecclesiasticę sepulturę tradendis, et ecclesiis, in eorum adventu, excommunicatis exclusis, semel aperiendis, a nobis statuta sunt, mandando vobis precipimus, ut per vestras parrochias faciatis irrefragabiliter observari. Preterea fraternitati vestrę rogando mandamus, quatinus personas eorum et bona, pro caritate beati Petri et nostra, manuteneatis et nullam eis irrogari lesionem vel injuriam permittatis. Datum Lat(eran)i v idus januarii.

IX [1144], 15 mai, Lateran.

Copie de 1464 (incomplète). Malte, vol. 1129 (1121), bullarium secundum rubeum, *fol.* 146.

Analyse : Kehr, *Papsturkunden in Malta*, pp. 380 et 388.

Lucius — Venerabilibus fratribus archiepiscopis, episcopis, abbatibus et prelatibus. — Milites Templi Hierosolimitani — [*ut* Célestin II, 9 janvier 1144] — permittatis. Datum Laterani idus maii.

X [1145], 7 avril, Civita Castelana.

Copie du XIVe s. : Barcelone, Arch. de la Couronne d'Aragon 809, fol. 1.

Traduction romane, Barcelone, 409, fol. 16; et Madrid, Cartulaire B. 597, p. 114 (La cavaleria de Deu que es dita de Temple).

Analyse : Prutz, *Entwicklung*, p. 259.

Eugenius episcopus servus servorum Dei. Venerabilibus fratribus patriarchis, archiepiscopis, episcopis, abbatibus clericis et laicis Dei fidelibus ad quos iste pervenerint, salutem et apostolicam benedictionem. Milicia Dei que dicitur Templi, quam sit Orientali ecclesie commoda, meritis digna, Deo grata, universitatem vestram credimus non latere. Exhortatur igitur nos fraterna charitas ut, in quantum possumus, ei optata solatia ministremus, et, quoniam religiose vivunt et divinis interesse affectuose curant officiis, liberam facultatem eis concedimus undecumque idoneos presbiteros ad suum servitium assumere, qui bene sint ordinati et licentiam proprii episcopi habeant. Ad hec eisdem fratribus commodius prospicere cupientes, nullius tamen vestrum jus parochiale volentes minuere, decimas sive oblationes aut sepulturas auferre, in locis sibi collatis, ubi videlicet sua familia habitat, oratoria construere ipsis licentiam dedimus, in quibus divina audiant officia, et ibidem si quis de fratribus aut servientibus mortuus fuerit tumuletur; *indecens enim est et animarum periculo proximum religiosos fratres, adeunde occasione ecclesie, se virorum turbis et mulierum frequentationibus immiscere.* Hujus rei gratia fraternitati vestre mandamus atque precipimus ut cum ab eisdem fratribus requisiti fueritis, eadem oratoria absque pravitate aliqua consecretis atque pro sepultura ejusdem familie sue in prefatis locis cimiteria benedicatis, presbiteros quoque quos ipsi pro exhibendo sibi divino servitio sociaverint permittatis in pace manere. Ad hoc igitur complendum vestra fraternitas opem et consilium atque assensum prebeat, neque eos ad oratoria construenda impediat aut impedire permittat. Datum apud civitatem Castellanam VII idus aprilis.

XI [1145-1146], 16 juillet, Viterbe.

Original (en très mauvais état), Malte vol. VIII, n° 1.

Edité: Prutz, *Malteser Urkunden*, p. 37, n° 1 (cf. p. 26); cf. Kehr, *Papsturkunden in Malta*, p. 372; Delaville le Roulx, *Documents*, n° 1.

Eugenius — Venerabilibus fratribus archiepiscopis episcopis abbatibus et universis ecclesiarum prelatis. — Milites Templi Dominici Hierosolimitani — [*ut* Célestin II, 9 janvier 1144] — permittatis. Datum Viterbii XVII kalendas augusti.

XII [1145-1146], 27 octobre, Latran.

Original (mauvais état) : Dijon. Arch. départementales, H. 1146.

Edité (fautivement) : Pflugk-Harttung, *Acta*, I, 181, cf. Prutz, *Malteser Urkunden*, p. 37.

Eugenius — Venerabilibus fratribus archiepiscopis, episcopis, abbatibus et universis ecclesiarum prelatis. — Milites Templi Iherosolimitani, novi — [*ut* Célestin II 9 janvier 1144] — permittatis. Datum Viterbii VI kalendas novembris (*a*).

(*a*) La date est d'une autre encre que la bulle.

XIII [1145-1146], 9 novembre, Viterbe.

Copie du XIVe s. : Barcelone, Arch. de la Cour d'Aragon, 309, fol. I. Traduction romane XIIIe s., *ibidem*, 409, fol. 17 : et Madrid, Arch. gén., *Cartulaire B*, 597, p. 115 (Nomeyns conex la vestra fraternitat.

Analysé : Prutz, *Entwicklung*, p. 259.

Eugenius episcopus servus servorum Dei. Venerabilibus fratribus L(upo) Pampilone, D(odoni) Oscene, B(ernardo) Cesaraugustano et M(ichaeli) Terrasonenchi episcopis salutem et apostolicam benedictionem. Non ignorat vestra fraternitas quod religiosi milites Templi Iherosolimitani specialiter sunt omnipotentis Dei servicio mancipati, et ad defensionem Orientalis ecclesie constituti. Unde dignum est ut ecclesiarum Dei rectores ipsos, tamquam ecclesie Dei defenssores, juvent et manutencant et bona eorum a pravorum incursione deffendant. Audivimus quod quidam predones vestrorum episcopatum bona eorum ausu temerario diripiunt et contra animarum suarum salutem per violentiam auferunt, de quibus ministeriales vestri, archidiachoni, archipresbiteri et presbiteri, cum abeisdem militibus requirantur, justiciam facere differunt, et sic isti jus suúm ammitunt. Quo circa, per apostolica vobis scripta mandamus atque precipimus quatinus vos ipsi, cum ab eisdem militibus requisiti fueritis, de his qui possessiones et bona eorum diripiunt violenter et aliis eorum infectoribus remota dil[atione], justiciam faciatis, et ministralibus vestris archidiachonis videlicet, archipresbiteris et presbiteris, ut hoc ipsum faciant, firmiter pre[cipiatis]. Datum Viterbii v idus novembris.

XIV [1145-1146], 13 novembre, Viterbe.

Copie du XVIIe s. : (de Ant. Amico), Palerme, bibliothèque communale, ms. Qq.. H. 12, tome II, fol. 120.

Analys : Kehr, *Papsturkunden in Sicilia*, p. 313.

Eugenius — Milites Templi Domini Hierosolimitani — [*ut* Célestin II, 9 janvier 1144]. — Datum Viterbii idibus novembris.

XV [1147], 18 décembre, Trèves.

Copie du XIVe s. : Paris, B. N. lat., 10086, fol. 113.

Edité : Loewenfeld, *Epistolae*, p. 105 ; *cf.* Jaffé, n° 9164.

Eugenius episcopus servus servorum Dei. Venerabili fratri H(ugoni) Rotomagensi archiepiscopo salutem et apostolicam benedictionem. Ricardi Troarnensis abbatis et fratrum suorum ad nos querela pervenit, quod Willelmus, comes Pontivorum (*a*), villam que dicitur Ramberti Ulmus, que juris ecclesie sue, sicut asserit, esse dinoscitur, sibi violenter abstulerit, quam per manum ipsius milites Templi Ricardus et Henricus, eis reclamantibus et contradicentibus, receperunt. Preterea de Willelmo de Mauritania gravem et detestabilem injuriam sibi et ecclesie sue nichilominus intulisse queruntur; famulum siquidem ejusdem ecclesie, sicut in eorum assertione

(*a*) Guillaume comte de Ponthieu, 1147, † 29 juin 1172.

consistit, monastici ordinis reverencia et Domini timore contempto, sua violencia cepit, et ut se ipsum redimat, corporis districtione compellit. Quia igitur nostra intencio est ecclesiarum quieti ac defensioni intuitu caritatis intendere, fraternitati tue, per apostolica scripta mandamus, quatinus, si eorum querimonia veritate fulcitur, prefatos milites Templi ab illa usurpatione desistere districte commoneas, aut inter eos ita componere studeas, ne ad aures nostras de cetero super hoc querela perveniat. Si autem neutrum valebis efficere, ipsos ad vestram presenciam cum tuis litteris plenius veritate transmittas. Predictum vero Willelmum, qui famulum in captione tenere presumit et illorum in quorum terra ut se redimat detinent, nisi tua commonitione dimiserint, ecclesiastica eos censura coerceas.

XVI [1147], 18 décembre, Trèves.

Copie du XIVe s. : Paris, Bibliothèque Nationale, latin 10098, fol. CXIII.

Edité : Archives de l'Orient latin, II, B. p. 253 ; *cf.* Jaffé, n° 9165.

Eugenius episcopus servus servorum Dei. Venerabilibus fratribus H(ugoni) Rotomagensi archiepiscopo, et A(lgario) Constantiensi et R(otrodo) Ebroicensi episcopis salutem et apostolicam benedictionem. Inter Troarnense monasterium et nobilem virum comitem Pontivorum et milites Templi super Raimberti Ulmum controversia est diucius agitata. Abbas enim et prefati monasterii fratres villam ipsam ad jus ecclesie sue asserunt pertinere ; comes vero, sicut idem fratres asserunt, eandem villam eis abstulit et violenter obtinuit et, monachis contradicentibus, prefatis Templi militibus tradidit et concessit. Quia igitur officii nostri et caritatis debito ecclesiarum utilitati providere compellimur, presencium vobis auctoritate mandamus, quatinus, partibus utrisque, congruo loco et tempore, ante presenciam vestram evocatis, ipsum comitem, ut prefato monasterio justiciam faciat, districtius moneatis. Quod si forte monitis vestris obedire noluerit, iter Ierosolimitanum, donec Troarnensi monasterio satisfaciat, omnino prohibeatis ; nequaqua enim holocausta rapine admixtione polluta, sunt in oculis altissimi placitata. Preterea monachorum et militum Templi causam, utrimque rationibus auditis et sufficienter intellectis, sicut justicia dictaverit, terminetis vel inter eos per concordiam componatis. Data apud Treveras XV kalendas januarii.

XVII [1147], 18 décembre, Trèves.

Copie du XIVe s. : Paris, Bibliothèque Nationale, latin 10086, fol. CXIII[v°].

Edité : Archives de l'Orient latin, II, B. p. 253 ; *cf.* Jaffé, n° 9166.

E(ugenius) episcopus servus servorum Dei. Dilecto filio suo, nobili viro G(uidoni) (*a*) comiti Pontivorum salutem et apostolicam benedictionem. Troarnensis abbatis et fratrum suorum ad nos querela pervenit, quod quandam villam que Raimberti Ulmus eis a patre tuo (*b*) violentes abbatam, injuste detineas, quam eciam, eisdem monachis contradicentibus, Templi militibus tradidisti. Noverit autem nobilitas vestra tua, quod ecclesiarum possessiones diripere sacrilegium est, et peccatum

(*a*) Il ne s'agit pas ici de Guillaume III, comte de Ponthieu, comme l'a cru le Dr Löwenfeld, p. 262-3, mais de son fils Guy II qui suivit Louis VII à la croisade et mourut à Ephèse, 1148 (P. Anselme, III p. 300). — (*b*) Guillaume III, comte de Ponthieu, † 29 juin 1172.

dampnatione dignissimum. Quia vero signum crucis assumpsisti et ad iter Ierosolimitanum accingeris, nolentes te laborem tatum nisi ad anime tue profectum arripere, nobilitati tue mandamus et exhortamur in Domino, ut prefato abbati et monachis super jam dicta villa, cum a venerabilibus fratribus nostris Hug(one) Rotomagensi, A(lgario) Constantiensi, R(otrodo) Ebroicensi episcopis fueris vocatus, antequam iter incipias, in eorum arbitrio vel judicio, justiciam facias. Datum Treveris xv kalendas januarii.

XVIII

[1148], 9 mars, Reims.

Copie du XIIIe s. : Ypres, *Registr. Rubrum*, fol. 89.

Edité : Feys et Nélis, *Cartulaire de la prévôté de Saint-Martin à Ypres*, II, n° 18, p. 14 ; *cf.* Jaffé, n° 9193.

CONFIRMATIO PAPE SUPER ALTARE DE CALONE ET CONTRA TEMPLARIOS.

Eugenius episcopus servus servorum Dei. Dilecto filio Hilmaro, abbate Sancti Martini Yprensis, salutem et apostolicam benedictionem. Apostolice sedis, cui divina largiente gratia presidemus, nos auctoritas admonet pro singularum ecclesiarum statu esse sollicitos, et earum utilitati auctoritatis nostre solatium exhibere. Ea propter, dilecte in Domino fili Hilmare abbas, tuis justis postulationibus clementer annuimus, et ne beneficia que prefate Sancti Martini ecclesie concessa sunt, pravorum malignitate turbentur, scriptorum nostrorum volumus firmitate muniri. Ex litteris siquidem venerabilis fratris nostri Alvisi Attrebatensis episcopi, ejusdem sigillo munitis, perpendimus quod idem episcopus altare de Calona libere tibi tuisque successoribus canonice substituendis pro anime sue et predecessorum suorum salute concessit, salvo tamen jure Atrebatensis episcopi et ministrorum ejus. Quam concessionem nos apostolice sedis auctoritate firmamus et ratam manere decernimus. Preterea, quod a venerabilibus fratribus nostris Reinaldo Remensi archiepiscopo, Gosleno Suessionensi, Gaufrido Carnotensi, Bartholomeo Laudunensi, Gaufrido Catalaunensi, Alviso Atrebatensi episcopis et multis religiosis viris qui in unum convenerunt, de Yprensi capella in loco qui Absthal dicitur sito, rationabiliter statutum est, et a predecessore nostro beate memorie Innocentio papa postmodum confirmatum, nos presenti scripto nichilominus roboramus, ut videlicet singulis annis, tribus diebus rogationum et quinque aliis diebus continue sequentibus in eadem capella missarum sollempnia celebrentur, et quicquid in illis octo diebus ibidem oblatum fuerit militum Templi Ierosolimitani usibus cedat ; alio vero tempore nequaquam ibi divina officia celebrentur nisi per canonicos beati Martini Yprensis. Libertates quoque et juste consuetudines ac possessiones per beate memorie Paschalem papam predecessorem nostrum, et Iohannem bone recordationis, Morinensem episcopum, rationabiliter eidem ecclesie confirmate, presenti decreti maneant auctoritate subnixe. Si quis autem hujus nostre confirmationis paginam sciens contra eam temere venire temptaverit, indignationem omnipotentis Dei et beatorum Petri et Pauli apostolorum ejus se noverit incursurum. Datum Remis VII° idus marcii.

XIX [1148], 20 mars, Reims.

Original avec bulle, lacs de soie verte : Madrid, Archivo general. Orden de San Juan de Jerusalen, lej. 722-4 *(la liasse 724 est cotée à tort 714)*.

Eugenius. — Venerabilibus fratribus archiepiscopis, episcopis, abbatibus, archidiaconis, archipresbiteris et aliis ecclesiarum prelatis. Milites Templi Ierosolimitani, novi — [*ut* Célestin II, 9 janvier 1144] — permittatis. Datum Remis XIII kalendas aprilis (*a*).

XX [1148], 14 avril, Reims.

Copie du XIVe s. : Paris, Bibliothèque nationale, lat. 10086, fol. CXIII[vo].

Edité : Archives de l'Orient latin, II, B. p. 255. *Cf.* Jaffé, n° 9241.

Eugenius episcopus servus servorum Dei. Venerabilibus fratribus Hugoni Rothomagensi archiepiscopo, Algaro Constanciensi, Rotrot Ebroicensi episcopis, salutem et apostolicam benedictionem. Sicut vestra prudencia recognoscit inter dilectum filium nostrum R(icardum), abbatem Troarnensem et milites Templi super Raimberti Ulmo controversia agitatur, quam idem abbas nostris auribus innovavit. Set cum idem milites, propter absenciam Willelmi comitis, cujus dono predictam villam se fatentur habere, stare judicio recusarent, militibus ipsis usque ad proximum festum omnium sanctorum inducias dedimus. Quod si usque ad jam dictum terminum comitem redire contigerit, congruo loco et tempore, convocatis ipsis comite ac militibus, Troarnensi monasterio plenam justiciam faciatis ; si autem infra prevocatum diem nequaquam ipse redierit, ex tunc racionibus hinc inde inquisitis, causam ipsam, dictante justicia, terminetis, ne super hoc ad aures nostras querela debeat amplius pervenire, et nos tertio scribere compellamur. Data Remis XVIII kalendas maii.

XXI [1148], 3 septembre, Brescia.

Copies du XVe s. : Lisbonne, Arch. de Turre do Tombo ; *autres* de don Alvarez, fol. XIII[vo]-XIV ; du XVIe s., ibidem, Bibliothèque Nationale, ms. 738, fol. XXV[v].

Edité : Ferreira, *Memorias... dos Templarios*, II, pp. 765-7 ; *cf.* Jaffé, 9291[a] ; Prutz, *Entwicklung.*, regestum, n° 3, p.

Eugenius — Venerabilibus fratribus, archiepiscopis, episcopis, abbatibus et universis ecclesiarum prelatis — Milites Templi Hierosolymitani, novi — [*ut* Célestin II 9 janvier 1144] — permittatis. Datum Brixie, III nonas septembris.

XXII 1150, 30 mars, Latran.

Copies du XIIIe s. : San Gervasio, 23 arm. comuns A, sach. A, n° 97 ; du XVe s. : Madrid, Cartulario Magno, VI, p. 189-190, n° 200.

Edité : Revue de l'Orient latin, XI, p. 407.

Eugenius episcopus servus servorum Dei. Dilectis filiis Everardo dominici Templi magistro ejusque fratribus tam presentibus quam futuris regularem vitam professis in per-

(*a*) La date est d'une autre écriture que la bulle.

petuum. Officii nostri auctoritate compellimur et predecessorum nostrorum Romanorum pontificum exemplis instruimur quod religiosis locis et pauperibus divino cultui mancipatis a regibus, principibus et aliis Xpisti fidelibus devotionis intuitu rationabiliter conferuntur, sedis apostolice munimine roborare. Inde est quod dilecti in Domino filii, justis vestris postulationibus gratum impartientes assensum, donationes et concessiones quas Raymundus Berengarius, Barchinonensium comes, bone memorie *Roberto predicti Templi magistro et fratribus fecisse dinoscitur,* sicut rationabiliter facte sunt et scripto ipsius comitis continentur, vobis vestrisque successoribus, auctoritate sedis apostolice confirmamus et ratas et inconvulsas manere decernimus: donationem videlicet castri quod dicitur Molso, castrum etiam Montgaudi, castrum Xalamnera, Burburanum cum universis pertinentiis omnium predictorum castrorum, castrum quod dicitur Remulinis, castrum Corbinis cum omnibus pertinentiis suis; honorem Lup Sancii de Belixich, mille solidos in Osca, mille solidos in Cesaraugusta, vobis et successoribus vestris annis singulis persolvendos, quintam partem quam predictus comes de omnibus expeditionibus Yspanie videlicet de vestris hominibus, sicut in perpetuum vobis concessit habendam; quintam quoque partem ex terris Sarracenorum ex tunc in posterum divina clementia capiendis, leudas, consuetudines et pedagia que vobis ab eodem comite per totam terram suam sicut in vestra causa remissa, et quedam alia que in eodem instrumento plenius continentur; concessiones etiam decimarum consensu bone memorie Terrachonensis (*a*) atque venerabilium fratrum nostrorum Bernardi (*b*) Cesaraugustani, Dodonis (*c*) Oscensis, Raimundi (*d*) Ausonensis, Berengarii (*e*) Gerundensis et Guillelmi (*f*) Rotensis episcoporum facte sunt, sicut eorum suscriptiones ostendunt, vobis vestrisque successoribus nichilominus confirmamus. Si qua igitur in futurum ecclesiastica secularisve persona hanc nostre confirmationis paginam sciens, contra eam temere venire temptaverit, secundo tertiove commonita, si non reatum suum congrua emendatione correxerit potestatis honorisque sui dignitate careat, reamque se divino judicio existere et perpetrata iniquitate cognoscat et a sacratissimo corpore ac sanguine Dei et domini redemptoris nostri Ihesu Xpisti aliena fiat atque in extremo examine districte ultioni subjaceat.

Ego Eugenius catholice sedis episcopus.
[Ego Conradus] Sabinensis episcopus.
Ego Odo diaconus [cardinalis] sancti Georgii ad velum aureum.
Ego Teodenius (*g*) Portuensis episcopus.
Ego Octavianus diachonus cardinalis sancti Nicholai in carcere Tulliano.
Ego Ymarus Tusculanus episcopus.
Ego Paco (*h*) diaconus cardinalis sancti Adriani.
Ego Gaurinus Prestinus (*i*) episcopus.
Ego Dubaldus (*j*) diaconus cardinalis sancti Eustachii juxta Templum Aggripe.
Ego Guido Ostiensis episcopus.
Ego Iohannes diaconus cardinalis sancte Marie nove.
Ego Gregorius presbiter cardinalis tituli Calixti.

(*a*) Grégoire, archevêque de Tarragone, † 25 mars 1146. — (*b*) Bernard, évêque de Saragosse, 1139-1152. — (*c*) Dod, évêque d'Huesca, 1134-1160. — (*d*) Raimond, évêque de Vich, † 26 novembre 1146. — (*e*) Bérenger, évêque de Girone, 1147-1160. — (*f*) Guillaume, évêque de Roda, 1143-1176. — (*g*) *Corr.* : Theodewinus. — (*h*) *Corr.* : Paparo. — (*i*) *Corr.* : Prenestinus. — (*j*) *Corr.* : Astaldus.

Ego Dubaldus (a) presbiter cardinalis tituli sancte Marie Praxedis.
Ego Nicholaus presbiter cardinalis tituli sancti Ciriacii.
Ego Manfredus presbiter cardinalis tituli sancte Savine.
Ego Arbertus presbiter cardinalis tituli sancte Anastasie.

Datum Lat'per manum Marimani (b) Romane ecclesie scriptoris, III° kalendas aprilis, indictione XII°, incarnatione dominice anno M°C°L°, pontificatus vero domni Eugenii pape III anno VI°.

XXIII [1150], 23 avril, Latran.

Original avec bulle de plomb (soies jaunes) : Paris, Archives Nationales, L. 228, n° 16. *Cf. Papsturkunden*, p. 38 ; Jaffé, n° 9385.

Eugenius — Venerabilibus fratribus archiepiscopis, episcopis, et dilectis filiis abbatibus et universis ecclesiarum prelatis ad quos litterę iste pervenerint. Milites Templi Ierosolimitani, novi — [*ut* Célestin II, 9 janvier 1144] — permittatis. Datum Laterani VIII kalendas maii (c).

XXIV [1150-1151], 11 novembre. Signi.

Original avec bulle de plomb : Paris, Archives Nationales, S. 5222, n° 12 (commanderie d'Eterpigny, 1re n° de la 11e liasse).

Edité : Trudon des Ormes, *Etude sur les possessions de l'Ordre du Temple en Picardie*, pp. 282-3.

Eugenius episcopus servus servorum Dei. Dilectis filiis militibus Ierosolimitani Templi salutem et apostolicam benedictionem. Quo a devotione fidelium piis locis et religiosis personis rationabili providentia conferuntur, in sua volumus stabilitate persistere, et, ut in posterum firma permaneant, auctoritatis nostre munimine confirmare. Proinde, dilecti in Domino filii, vestris justis peticionibus benignum impertientes assensum, donationem quam nobilis vir, bonę memorię, Symon, pro animę suę remedio et parentum suorum salute, assensu Agnetis, uxoris sue rationabiliter vobis concessit et scripto firmavit, assertionis nostrę robore confirmamus et perpetuis temporibus, quemadmodum in scripto ipso distinctum est, vobis vestrisque successoribus ratam et inconvulsam permanere decernimus ; videlicet quicquid apud Montemscurt jure hereditario possidebat, scilicet domum, vineam, molendinum, prata, hospites, censum et cetera ipsius loci pertinentia, preterea domum Hasmensem et quicquid tenebat ex feudo Oddonis Hasmensis. Nulli ergo omnino hominum fas sit prefatam donationem temerario ausu infringere seu quibuslibet molestiis fatigare. Si quis id attemptare presumpserit, indignationem omnipotentis Dei et beatorum Petri et Pauli apostolorum ejus se noverit incursurum. Datum Signię III idus novembris.

XXV [1151], 14 mars, Ferentini.

Copie du XIVe s. . Barcelone, Arch. de la Cour d'Aragon, rég. 309, fol. 1, traduction romane XIIIe s., ibidem, n° 409, fol. 16. (La professio dels cavalers del Temple).

Analyse : Prutz, *Entwicklung*, p. 259.

Eugenius episcopus servus servorum Dei. Venerabilibus fratribus archiepiscopis episcopis et dilectis filiis abbatibus et aliis ecclesiarum prelatis ad quos littere iste pervene-

(a) *Corr.* : Hubaldus. — (b) *Corr.* : Marinlani. — (c) La date est d'une autre écriture que le reste de la bulle.

rint salutem et apostolicam benedictionem. Militum Templi professio, sicut in scriptis eorum et privilegiis continetur, talis est ut, si quis professione facta eorum habitum susceperit, et in sacro ipsorum collegio permanere devoverit, nullatenus sibi liceat, sub obtentu majoris sive minoris religionis, ad alia loca transire, vel alium habitum suscipere. Cum enim ipsi ad defendendam Orientalem ecclesiam, et paganorum servitiam reprimendam, relictis pompis secularibus, Dei sint servitio mancipati, si transeundi ad alia loca et sumptum habitum relinquendi daretur eis licentia, magnum ecclesie Dei posset exinde contingere detrimentum. Ideoque universitati vestre per apostolica scripta precipiendo mandamus ut si quis ex ipsis, in parrochiis vestris vel locis vobis commissis, id attemptare presumpserit, tam ipsum quam qui eum ausu temerario presumpserit retinere, omni occasione remota, excommunicationis vinculo innodetis. Datum Ferentini II idus martii.

XXVI

[1151], 15 mars, Ferentini.

Copies du XIIIe s. : Madrid, Arch. gen. San Juan de Jerusalem, leg. 323-4, n° 9 ; du XIVe s. : Barcelone, Arch. de la Cour d'Aragon, 309, fol. 1 ; du XVIe s. : Madrid, Arch. gen., *Cartulario Magno*, fol. III.

Analyse : Prutz, *Entwicklung*, p. 269.

Eugenius episcopus servus servorum Dei. Dilecto filio Euraldo [1] magistro militie Templi Domini ejusque fratribus tam presentibus quam futuris regularem vitam professis in perpetuum. Que [2] a fratribus nostris episcopis, devotionis intuitu et rationabili providentia fiunt [3], in sua volumus stabilitate persistere, et, ut futuris temporibus firmiter observentur, confirmationis nostre munimine roborare. Proinde, dilecti in Domino filii, amicabilem compositionem que inter vos et venerabilem fratrem nostrum Guillelmum (*a*) Ilerdensem [4] episcopum, super ecclesia sancti Iohannis de Munzone [5], in presentia illustris viri Raymundi Barchinonensium comitis et baronum suorum in obsidione Ilerde facta est et in scripto redacta, favoris nostri assertione firmamus, et ratam perpetuis temporibus manere decernimus. Nulli ergo omnino hominum fas sit eandem compositionem temerario ausu infringere seu quibuslibet molestiis fatigare. Si quis autem hujus nostre confirmationis paginam sciens, contra eam temere venire temptaverit, secundo tertiove commonitus, si non reatum suum congrua satisfactione correxerit, indignationem omnipotentis Dei et beatorum Petri et Pauli apostolorum ejus incurrat, atque in extremo examine districto ultioni subjaceat. Datum Ferentini idus martii, indictione XIIII^a.

(*a*) Guillaume, évêque de Lerida, 1149-1176.

Var. : 1. Ebrardo; Eurardo. — 2. Quod. — 3. fuerit. — 4. Ylerdensem. — 5. Monçon.

TABLE GÉNÉRALE

des Noms de Personnes et de Lieux.

(Les chiffres renvoient aux pages. — (T.) signifie Templier.)

A

A. Berengarii, 297.
A. (Pontius).
A. de Pontibus, 297.
A., uxor Paganelli de Porcaria, 374.
Aalais = Adalais.
Aalberti = Adalberti.
Abavid, 52.
Abbas, Abbat, Abbate (Bernardus, Dominicus, Geraldus, Petrus).
Abbatia (Iolbertus, Odo de).
Abberas (Guillermus de).
Abeniusçe (Abeth).
Abenzaleme (Zahet).
Aberhaçlm. 276.
Abeth Abeniusçe, 175.
Abinmenna (Iohannes).
Abolfazan. 254
Abonema. 13.
Aborrazin = Alboharez.
Abrincis, Abruntis (Turgisius de).
Açahara, Açahra = Zafra.
Açalaidis, femina, 51, 52.
Acardi (Bertrandus).
Acardus, 338.
Acarinus, Acharinus, 38, 59, 303, 304, 358.
Acatinus, 58.
Accon, 363.
Acculei = Aculei.
Aceas, Aces (Hugo de).
Acelynus Rotomagi (T.), 111.
Acenar, Açenar, Acenarç, Accenarenz, Acenarez, Acenariç, Acenarie, Accenariz, Acenarz, Açnaret, Arzanarz, Arzenarz, Arznarz, Aznares, Aznarez, Aznarz, (Açenar, Açenor, Enneco, Fortunio, Galin, Guillelm, Lop, Semen)
Acenarç, 312.
— de Belforat, 276.
— Garcez de Rada, 333.
— Lopiz, 73.
— prior S. Xristine, 307.
Aces = Aceas.
Acharinus = Acarinus.
Aci (Guillelmus de).
Acrel (Wuillermus de).
Acromonte (in), 297.
Aculei, Acculei, Acullo (Raimundus, Richerus, Ripertus, Rodulfus)
Ada, castellanus Belvacensis, 304.
Ada, Ado de Goni, 341, 343.
Ada de Wadeneis, 36.
Adadig flumen, 174.
Adalais, Aalais, Adalaicia de Sabrano, 106, 107, 193, 194, 294. Cf. Aladaiç.
Adalardi, Alardi (Ugo).
Adalberti, Aalberti (Bernardus, Poncius, Raimundus, Stephanus).
Adalbertus, 14.
Adalgarii (Geraldus).
Adalmurs, uxor Petri de Auriacho, 171, 173, 174.
Adam Brehier, 38, 58, 302, 303.
— de Marchais, 352.
— de Noers (T.), 22.
Adam (don) (T.), 235, 264.
Adam, frater Guidonis dapiferi, 302.
Adaulfi, Adaolfi, Adulfi (Geraldus, Guilelmus).
Adda, cognomine Chartas, 214.
Adeffonsus, Adefonsus = Alfonsus.
Adegat, 203, 206.
Adelardus, archidiaconus Cameracensis, 128.
Adelaydis, Adelizia, regina [Anglie], 160, 281.
Adeleimus, monachus, 72.
Adelis, uxor Theoderici de Corrertis, 3.
Ademari (Geraldus, Ugo, Reimundus).
Ademarus, Ademars Arnaldi, 325, 326.
— Asta Nova, 125.
— d'Auriac, 359.
— de Boison, 330.
— de Montibus (T.), 200.
— episcopus Rutenensis, 144.
— Guillermi, 186.
Adenulfus, diaconus cardinalis, 379.
Adiardis, Aldiardis, uxor Guillelmi Pauli, 154.
Ado de Gone, 279.
Adosinda Tructusendis, 226.
Adrig (Guiraldus, Rogerius).
Adstol molendinum, 27.
Adulfi = Adaulfi.
Aduuinus de Beria, 44.
Aedelina, prepositissa, 215.
Aelardus, 215.
Aelidis, monacha Oreniacensis, 371.

Aelluinus, 215.
Aelmarus, abbas Yprensis, 374.
Aelmus, uxor Petri de Aurlac, 186.
Aemelina = Emelina.
Agaten, apud, 288.
Age (Arvelus, Warnerius de).
Ager (de), 205.
Agierbe (Andreo de).
Agnes, uxor Andree de Baldimento, 22.
— uxor Balduini de S. Claro, 360.
— uxor Bremundi Pileti, 27.
— uxor Gauterii de Monte Securo, 159.
— uxor Geraldi de Tornafort, 211.
— uxor Symonis, 388.
Agnils, 163. Cf. Ainils, Angnils, Anils.
Agnum (Robertus d').
Agon, 208, 248.
Agona (Paganus d').
Agoya, 8.
Agreda (de), 305.
Agro Folio (de), 196.
Agualba, 174.
Aguals, 234.
Aguilar, 13.
Aguilloni (Bernardus).
Aguilos (Willelmus).
Ahelmus, uxor Iebelini, 138.
Ahraz (Petrus de).
Ahuero = Avere.
Albar = Alvar.
Albellina, uxor Guillelmi Arnulfi, 345.
Alç, Alz de Alquaroça (don), 250.
Alcardi (Petrus, Poncius).
Alcardus, prepositus S. Stephani [Tolose], 14, 66.
Alcbrandi (Petrus).
Alçelina, 354.
Alcre, Alcfre, Alcredi (Peire, Pontius, Raimundus).
Allauz (Guillelmus, Petrus).
Ailmarus, filius Wimat, 332.
Aimelina Vocor, 291.
Aimerici, Aimirici (Ermengaudus, Petrus).
Aimericus, Aimiricus, Americus, Haimericus, Heimericus, Heymericus, Imericus.
Aimericus, capellanus palatii, 143.
— de Barbairano, 47, 48, 49, 288.
Aimo, Aymo, Haimo, 342.
archidiaconus, 302, 303, 304.
— clericus de Alteri, 216.
— Columba, 214, 216.
— de Dreio, 331.
— de Tylecastro, 19, 44.
— Bucca, 215.
— de Bollent, 9.
de Turrellis (T.), 288.
— filius Beatricis, 50, 51
— (T.), 156.
— vicecomes Narbonensis, 25, 28, 29.
Aimerus, Aimeruz, Aimirus, uxor Bertrandi Willelmi, 132, 229, 370.
Aimes, Aihmes (don), 223, 235.
— frater Guillermi Cornez, 20.
— frater Theodorici de Fontanis, 214.
— presbiter, 215.
— Rufi de Divione, 332.
Ainardi (Pontius).
Ainardus de Cabreliano, 127.
Aingen (Hugo de).
Ainils = Agnils, Angnils, Anils.
Aiquaroça (Alç de).
Airaldi, Airaudi (Pontius, Raimundus).
Airaldus, filius Guile, 289.
Airardus, pretor Sezannie, 22, 23.
Aisalena, uxor Pontii de Pomar, 82, 329.
Aisellam (ad), 343.
Aitor, filius Gile, 341.
Aiuda, villa, 232.
Aiuuprophit, Avinprophit, 265.
Aivar, Aibar, 154, 306, 334.
Aiz = Alç.
Alaba, 73, 244, 306, 334.
Alacris (Petrus).
Aladaic, Adalaic, Aladaiç, Aladaiz, uxor Bernardi Gaucelmi, 203, 204.
— uxor Petri Falcheti, 112, 181, 182.
Alaebaudus, 215.
Alagon, Alaon, 52, 64, 191, 217, 226, 330, 333, 337.
Alaia, Alaiano, Alciano, Alenlano, Alinano (Arnaldus, Berengarius, Guilelmus, Sicardus, Vidianus de).
Alairaco, Alayraco (Bernardus, Raimundus de); — capellanus de = Arnaldus; villa de, 328.
Alaigaga, 366.
Alaman, Alemannus, 342, 366.
-- Berengarii, 187.
— de Luna, 244, 304.
— Pagani, 32.
Alamanda, uxor Geralli de Marcelliano, 111.
Alamanni, Alemanni (Guillelmus, Henricus).
Alanfredi (Geraldus).
Alanus, abbas Cadomensis, 338.
— episcopus Redonensis, 158.
— Fergauni, 157.
-- filius Galfridi, 121.
Alaon = Alagon.
Alarcus, vicecomes Barri, 21.
Alardi = Adalardi.
Alardus, archidiaconus, 43
Alauz = Allaldi.
Alb., mater Boneti de Hedas, 311.
Albagnano, Albannano (Bernardus, Bertrandus, Petrus de).
Alballat, castrum, 348.
Albania (Berengarius, Raimundus, Rotbaldus de); — castrum de, 206, 207.
Albarid, Albardi, Alberit castrum, 122, 243.
Albaro de Belforat, 276.

Albeduno (de), 288.
Albeniaco (de), 380.
Albericus, Albricus, 39.
— Camerarius, 26.
— de Clausa, 38.
— episcopus Hostiensis, 378, 380.
— Escolart, 26.
— li Hungres, 343.
Alberit = Albarid.
Albernaç, Albernaz, Alberniaz, Alverniaz (Gillelm).
Albero (Lupus de).
Albertus, 331.
— cognatus Wilelmi Gairardi, 129.
— de Vilers, 303.
— frater Gaudini, 96.
— Gratez, 26.
— pater Gilelmi, 313.
— precentor, 217.
— Pretesilis, 249.
Albi, Albies (Guillem, Luffricus).
Albinus, Albin, canonicus S. Caranni, 351.
— d'Aerpep, 329.
Albionensis comes = Guigo.
Abira, uxor de Forten Galinz, 305,
uxor Roberti de Frescano, 347.
Alboharez, Aborrazin, Albohareç (Martin).
Albuinus Rufus, 20, 23.
villicus S. Justi, 22.
Albuzon, Albuzone (Arnaldus, Guido de).
Alcala, Alchala, Alkala, 305; Alcala (Garcia de).
Alcantara, Alcandara, 79, 191.
Alcaten, 30.
Alcherii (Vilelmus).
Alchezar, 262.
Alcocea, Alcoçeia, 191.
Alde, Aude, Auden, fluvius, 46, 46, 75, 82, 109, 171, 174, 176, 186, 203, 206, 267, 271, 287, 289, 323.
Aldeberti (Willelmus).
Aldebertus, avunculus Petri Rostagni, 104.
Aldebran, 181.
Aldefonsus = Alfonsus.
Aldeguarii (Stefanus).
Aldenborg (Willelmus de).
Aldiarda Rossa, 277.
Alegre de Palaiano, 296.
Alciano (in), 221; cf. Alaia.
Alemanni = Alamanni.
Alemannus = Aleman.
Aleniano = Alaia.
Alera, 212.
Alermus, prepositus, 216.
— sacerdos, 152.
Alesnels (Hugo).
Alestus, 27.
Alexander, episcopus Lincolniensis, 140, 148, 150, 167, 178, 179, 264.
Alexano (Ugo de).
Alexis de Vasno, 303.
Alfaix (Morus).
Alfar, Alfarela, 122, 243, 305; — Alfari episcopus = Michael.
Alferez, Alferice (Alvarus, Laurens).
Alfoceya, Alffoceya, 225.
Alfonsi (Didacus, Menendus).
Alfonsus, Adefonsus, Adeffonsus, Aldefonsus, Andefonsus, Anfos, Idelfonsus, Ildefonsus.
— comes Barchinonensium, 262.
— comes S. Egidii, 272.
— comes Tolosanus, 66, 67, 70, 163, 177.
— filius comitis Henrici, 17, 241.
— imperator Castelle, 217, 246, 306.
— imperator Hyspanie, 17, 79, 220, 257, 258, 297, 373.
— imperator Leonensis, 68.
— magnus rex, 7.
— Petri, 228, 229.
— rex Aragonensium, 3, 4, 18, 30, 52, 68, 102, 262, 276, 295, 306, 373.
— rex Legionensis, 7.
— rex Pampilonensium, 30.
— rex Portugalensium, 209, 229, 230, 233, 241, 275.
Alfonsus rex Ripacorcensium, 30.
— Venegas, 190, 191.
Alfos (de), 298; — Alfos, de Alfos (Ioannes, Petrus)
Alfredus de Sireburna, 149.
Alfredus (T.), 158.
Algarceres, 242.
Algarius Algarus, episcopus Constantiensis, 40, 384, 385, 386.
Algeba (Iohan).
Algrin, Algrinus, cancellarius, 137
— (don), 242.
Alhoisem (Zahet).
Aliairons, Aliairos Aliarionis, Aliaronis, Aliaros (de), 133, 175, 267, 268, 269, 274, 296, 327.
Alialdi, Alauz, Aliardi (Petrus, Raiabaldus).
Aliazar (Domingo)
Aliç (Sanço).
Alienordis, regina Francorum, 137. Cf. Helionordis.
Alinano, 28. Cf. Alaia.
Alissendis, 327. Cf. Helissenz.
Aliste rivus, 320.
Alkala = Alcala.
Alliaco (Arnulfus de).
Almaçam, 235.
Almanar, 257, 258.
Almaria, Almari, 265, 295, 297, 298, 304, 306.
Almarus, 332.
Almazara, 244.
Almeradus, Elmeratus de Podio, 118, 161.
Almorabet, Almoravet, Almoraveth (don), 225.
Almudaffer, 296.
Alnetum, villa, 43; — Alneto (Robertus de).
Alon (Petrus, Poncius, Raimundus, Ripertus, Ugo, Willelmus de).
Alost (Bertrandus, Iuuanus de).
Alquibla (de), 328.
Alsallum, Alsavi flumen, 56, 63, 66, 69.

Alsona (de), 268.
Alsone, fluvius de = Elson.
Altano (de), 124.
Alteri, prepositus de = Robertus.
Altinac, Altinacho, Altiniacco, Altiniacho, Altiniaco (Petrus de).
Aluifus Brochet, 2.
Alvarenza, 190.
Alvarus Alferez, 229.
— Petri, signifer, 231.
Alveda, 62.
Alvergue, Alvernegue (Gantelmus, Gaufredus de).
Alverniaz = Albernaç.
Alvisus, Aluisus, episcopus Atrebatensis, 34, 156, 373, 375, 385.
Alwyne Knyf, 148.
Amabilia = Mabilia.
Amalricus, Amauricus, comes, 258.
— de Brenordio, 344.
— de S. Verano, 161, 324.
— prepositus Forojuliensis, 1, 2.
Amalvini (Bernardus).
Amaseus (Valo).
Amati (Bernardus, Petrus, Willelmus).
Amaugerius guadus, 132.
Ambazia (Hugo de).
Ambel, castellum, 155, 175; — ecclesia de, 236, 310.
Ambianensis episcopus = Guarinus, Theodericus.
Amelia, Amellia Castela, 356, 357.
Amelii, Amel (Arnaldus, Bernardus, Petrus, Pontius, Raimundus, Sanctus, Ugo).
Amelio, 272.
Amelius Anes, 134.
— Borssella, 272.
— de Vindranis, 134.
— Deodati, 287, 302.
— episcopus Tolose, 56, 66, 70, 90, 91.
— vicecomes, 361.
Americus, Imericus, cardinalis diaconus, 375, 379.
— Cigonellus, 241. Cf. Aimericus.
Amilal, 95.
Amilavi (Raino de).
Amilius, monachus, 188.
Amio de Pineros, 13.
Amplagarda (Bernardus).
Amultrudis, 151.
Ananias, Ananyas, 25, 32, 37.
Ancles = Angulis.
Anculfus de Lic, 26.
Andefonsus = Alfonsus.
Andegavensis, Andecavorum comes = Gaufridus; — episcopatus, 15; episcopus = Ulgerius.
Anderer, Andereça, 222, 266.
Andilgon, 262.
Andreas, 1, 22, 198, 356.
— avunculus Bernardi, abbatis Clare Vallis, 221, cantor Aurelianensis, 264.
— de Agierbe, scriptor, 263.
— de Baldimento (T.), 22, 217.
— de Compens, 152.
— de Manniot Uzler, 280.
— de Muntbar (T.), dapifer, 316.
— frater, 27.
— senescalcus, 43.
— subdiaconus, 217.
Andree, Andreu (Bernard, Guillelmus, Petrus, Poncius, Raimundus).
Androna, 62.
Aneassa, Aniessa, Anniesse, 219, 283, 334.
Anes (Amelius).
Anfos = Alfonsus.
Angelbertus magnus, 23.
Angervilla (Rainaldus de).
Anglaura (Hecelinus de).
Anglerodа, 53.
Angli, Anglici, 110, 149, 150, 280.
Anglia, 279, 280; — Anglie regina = Mathildis; — rex = Stephanus; — terra, 121.
Anglis, Angles = Angulis (de).
Angnils, Agnils, Ainils (Arnaldus, Guilimus).
Angotus, cancellarius, 279, 344.
Anguisel (Robertus).
Angulinum (Arnallus).
Angulis, Ancles, Angles, Anglis, Angullis (Enesanç, Guillelmus, Guiraldus de).
Aniessa = Aneassa.
Anils, Agnils (B. Maria de).
Ankelillus, dapifer, 239.
Anna, mater Guillelmi de S. Paulo, 84.
Annes, 103.
Annilina, 214.
Anno, Annon (T.), 159, 325.
Anogato, villa de, 90.
Anscherus, 96.
Anschetillus, filius Acardi, 338.
Ansculfus, archidiaconus, 142.
— prepositus, 43.
Ansellus de Cantumerli, 20.
— subdiaconus, 217.
Anselmus, 36.
— de Balliol, 72, 73, 172, 180.
— presbiter cardinalis, 378.
Ansoldus, Ansouldus, 26, 27.
Antegol, 218.
Antevena, 370.
— uxor Bertrandi Falconis, 292.
Antillobensis episcopus = Mainfredus.
Antiochia, 143; Antiocenus, Antiochie princeps, 66, = Balduinus, Raimundus.
Anvellio (Hugo de).
Apia (Guillelmus de).
Apparitio, Aparici, Apariçi, Aparicio, Appariclo(don), 78, 79, 208, 209, 222, 223, 235, 242, 245, 248, 266, 271, 279, 291, 294, 298, 300, 307, 308, 347, 353.
Aqua, comba de, 321.
Aquabella, 309; — Aque Belle abbas = Leuzon; prior = Arnulfus.
Aquaviva, Aqua Viva, 47, 124.

Aquilar (Petrus de).
Aquis (Herbertus de).
Aquis Vivis (de), 206, 207.
Aquitanorum ducissa = Helionordis; — dux = Ludovicus.
Aragon, Aragonia, Aragonum, 47, 52, 178, 191, 204, 217, 219, 220, 225, 226, 245, 262, 265, 271, 279, 283, 284, 298, 299, 312, 333; — Aragonensis princeps = Raimundus; — rex = Alfonsus, Renemirus.
Aralato (de), 231.
Arausicensis = Aurasicensis.
Arazuri, 335.
Arberti (Petrus).
Arbertus, Arbert, 67, 75.
— de Castelin, 54.
— de Petra, 55, 88, 195, 196, 199.
— de Terracia, 81, 196.
— de Valencia, 305.
— de Valle Romena, 168.
Arbincis = Abrincis.
Arbiricus Pignerius, 214, 215.
Arborbel, villa, 287.
Arcaz = Arzag.
Arceç, Arces, Arcez (Blasco, Enneco, Garcia, Lop).
Archambaldus, Archenbaudus, vicecomes, 371.
— Vulpis, 315.
Archanum, 174.
Archerius, filius Savarici, 281.
Archimberz (Ponz).
Archos, illos Arcos (Domingo, Gocel, Gonçelvus de); — de Arcos, 305, 306.
Arcisone, Arcisono (de), 138, 139.
Arda, dominus de = Ernoldus.
Ardes (Arnulfus de).
Ardili (Petrus).
Ardonem, apud, 151.
Areas (de), 307.
Arecurt (Wilelmus d').
Aregie flumen, 90.
Arelate, civitas, 227.
Arelate, Arelatensis (Calveira).
Arenburgis, comitissa, 5.
Arene, in civitate Aurasica, 115.
Arenis (Hugo de).
Argedas, Arguedas (Porcel de); — Argaedas (de), 279.
Argencie terra, 109.
Argens, Argencs, Argent (Hugo, Imbertus, Petrus de).
Argerii (Guilelmus).
Arias, 8.
Aribertus, 291.
Aris (Johannes).
Arissa Varich.
Ariebaudus, 215.
Arlencs (Rostagnus).
Ariota, 268.
Ariotb (Arnallus).
Armandi (Stephanus).
Armandus, Armannus, Armant de Bordellis, 325, 326.
— (don), 69.
— Lautoardi, 145.
— Ranconis, 94.
Armentera, 221.
Arnal (Poncius de).
Arnaldi, Arnalli, Arnalz, Arnauz (Ademarus, Arnaldus, Berengarius, Bernard, Guillelmus, Petrus, Poncius, Raimundus).
Arnaldus, Arnal, Arnald, Arnalc, Arnall, Arnallus, Arnalt, Arnalus, Arnalz, Arnardus, Arnau, Arnaudus, Arnauz, Arnoldus, 37, 197, 231, 257.
— Amelii, 289.
— Angulinum, 256.
— Ariotb, 250.
— Arnalli, 40, 314, 357.
— Auriol (T.), 237.
— Berengarii, 37, 314.
— Berengarii de Anglerola, 63.
— Bernardi, 141.
— Blochees, 3.
— capellanus, 82, 228, 238, 291.
Arnaldus capellanus, scriba, 357, 358.
— clericus de Badenxa, 269.
— clericus Tyrassonensis, 236.
— cognomento Gasco, monachus S. Victoris, 2.
— d'Alaia, 71.
— de Ainils (T.), 318, 321, 322.
— de Albuzone, 324.
— de Aske, 173.
— de Bagis, 356.
— de Barbairano (T.), 47, 48, 49, 134, 196, 203, 206, 219, 234, 311, 320.
— de Bedocio (T.), 53, 68, 84, 85, 86, 87, 88, 89, 90, 92, 93, 94, 95, 100, 101, 102, 104, 105, 107, 109, 111, 112, 113, 114, 115, 116, 117, 118, 119, 120, 124, 125, 126, 127, 128, 138, 139.
— de Blanca Fort, 112.
— de Bles (T.), 237.
— de Cabriano, 94.
— de Capraaria, 90.
— de Casaledas, 361, 362.
— de Cauna, 291.
— de Cerced, 97.
— de Clairano, 321, 328, 329, 364, 366.
— de Claromonte, 269.
— de Contrasto (T.), 89, 95, 97, 98, 110, 237.
— de Corbons, 162.
— de Cornelian, 41, 42, 60.
— de Cresto, 94.
— de Forcia (T.), 205.
— de Gaure, 82, 100, 114, 228, 310, 311, 329, 365, 366.
— de Gavantiola, 57.
— de Gornes, 220.
— de Grava, 124.
— de Laurano, 197.
— de les Portes, 98.
— de Magriano, 267, 286, 289, 298, 311, 323.
— de Mairas, 108, 109.
— de Marcelliano, 108, 109, 111, 176.

Arnaldus de Melsirge, 41, 60.
— del Molnar (T.), 316.
— de Monte Ferrer, 56.
— de Monte Irato, 357.
— de Peiriaco, 124.
— de Podio Sibrano, 69.
— de Pomar, 328
— de Ribes, 124, 295.
— de Sipiano, 82, 112, 114.
— de Solatge, 171, 187
— de Soler, 61.
— de Sorgniano (T.), 158, 174, 193, 253, 271, 272, 310, 311, 320, 329, 354, 364.
— de Stopaia, 346, 350.
— de Stopangan, 304.
— de S. Cipriano, 335, 336, 349, 356.
— de S. Ylario, 95.
— de Tamarit, 55.
— de Tercet, 193.
— de Turre, 110.
— de Vernola, 91.
— de Villa Nova (T.), 108, 112, 272, 310.
— Destoles, 189.
— Dodo, episcopus Oschensis, 52, 205, 219, 220, 262, 283, 284, 305, 333, 383, 387.
— episcopus Barchinonensis, 190.
— Faber, Faure, 148, 286.
— Ferrandi, 327.
— Fferol, 83.
— filius Bernardi de Caneto 50, 51.
— filius Bernardi Modul, 48.
— filius Ermengardis, 79, 80
— filius Uzalgarii, 158, 174.
— Forner, 329
— frater Mabilie, 47.
— frater Wilelmi Gairardi, 129.
— Galician, 220.
— Galin, 328.
— Gaucerandi, 74.
— Gaufredi, 311, 326, 329.
— Gilabertus, 14.
— Girberti, 196.
— Guila, 177, 178, 196, 219, 267, 269, 273, 274, 291, 296, 311, 323.
Arnaldus Guillelmi, 311.
— Guillelmi de Anglis, 310.
— Gilelmi d'Esperaza, 71, 141.
— Guilelmi de Trinalo, 97.
— Johannis, 28.
— Jordani, 96.
— laicus, 32.
— levita, scriba, 64, 71, 97, 98, 104.
— lo Rey (dom), 69.
— Macota, 176.
— Males Pels, 98.
— Mantilini, 49.
— Mir, comes in Ricla, 337.
— Mironis, comes Palarensis, 37, 205, 261, 330, 348.
— Pauli, 75, 76.
— Pelapol, 41, 47, 60, 65, 100.
— Pelicer, 134.
— Petri, 284.
— Petri de Gurbo, 62.
— Petri de Pidilano, 253
— Petri de Ulico, 168.
— Petri (T.), 62, 64, 74.
— Poncii, 78, 209, 222, 242, 266, 298, 300, 307, 308.
— presbiter, 106 ; — presbiter et monachus, 314 ; presbiter, scriba, 336 ; — sacerdos, 138 ; — scriba, 263, 298, 305, 328, 340.
— Raimundi, 32, 62, 105, 196, 197.
— Raimundi, prepositus S. Stephani, 115.
— Raimundi, filius Raimundi de Salses, 69, 70.
— Rodel, 65.
— Rogerius, 57.
— Roig, 98.
— sacrista Aurasicensis, 116, 118, 192, 210, 265, 282, 293, 294, 295, 324, 325, 326, 327, 345, 350, 363.
— Seivannus, 57.
— Sicfredi, 170.
— Sorelani, 230.
— Sutor, 123.
Arnaldus S. Martini, 65.
— Teissenderii, 177.
— Torron, 268, 269, 274.
— Travers, 218, 310.
Arnulfi (Guillelmus, Petrus, Poncius).
Arnulfus, Arnufus, Arnulphus, Ernulfus, Hernulfus, Hernulphus, 59, 115.
— clericus, 151, 341, 343, 344.
— comes Gisnensium, 188.
— de Alliaco, 361.
— de Ardes, 188.
— de Blaton, 172.
— de Çaragoça, 336.
— de S. Firmino, 249.
— de S. Goberto, 341.
— frater Petri Malo docti, 317.
— prior Aquebelle, 309.
— Radulfi, bajulus Perpiniani, 349.
Aroca, 13.
Arrada (Exemenno de).
Arramundus, Arremon de Artesa, 295 ; — (Welmus).
Arraval (de), 312, 313.
Arreker, 270.
Arricla = Rigla.
Arrotellar, 262.
Arrufat, 295.
Arsell decima, 142.
Arsendis, Arssendis, conjux Bernardi Bernardi, 368.
— uxor Carbonelli, 31, 105.
uxor Pontii de Monte Tornes, 353.
Artaldi, Artaudi (Petrus, Willelmus)
Artaldus, Artal, Artald, Artall, Artallus, Artalt, Artau, Artaut, 18, 73, 75, 97, 217, 313, 330.
— Auger, 220.
— comes Palarensis, 108, 205.
— de Beldisnar, 39.
— de Milars, 98.
— episcopus Elenensis, 336, 349.
— justitia in Alagon, 191, 226, 261, 265, 333, 337.

Artalle (Rodric Pexez).
Artaneguis (Ferrandus de).
Artasona, 283.
Artesa (Arremon de)
Articha, Artigas (Dominico, Raimundus de).
Artiliars (Bertrandus, Ugo).
Artimanni (Pontius)
Arveius de Age, 332.
Arveu (Renaldus).
Arvis, 22.
Arzag, Arcsacho, Arcsag, Arczag, Arzacho(Petrus de).
Arzanarz, Arzenarz, Arznarz = Acenar.
Arzencs(de), 285; — capellanus de = Pontius.
Aschatiz, 74.
Ascio, decanus [Meldensis], 152
Asenciras (en), 330.
Asin (de), 308.
Aske (Arnaldus de).
Asnava (Guillelmus de).
Asperos, 98.
Aspriaco, soror de, 44.
Asso (Tomeu d').
Asson, 361.
Ast (Sania d').
Asta Nova (Ademarus, Bertrandus, Raimundus).
Astuga (Petrus de).
Astusella, 263.
At, d'At (Examen, Raimundus).
At = Ato.
Atax, flumen, 166.
Athoniscurte (Hato de).
Ato, At, Atto, Hato, Hatto.
— Aurela, 250.
canonicus Urgellensis, 297.
de Athoniscurte, 96.
— episcopus Trecensis, 20, 21, 22, 23, 43.
— filius Frecheri, 20, 21, 23.
— frater, 76.
— presbiter de Tumbis, 20.
— Sanç, 191, 226, 261, 265, 312.
Atonis, At, Ato, Atoni, Attonis (Bernardus, Raimundus, Ugo).
Atrebatensis episcopus = Alvisus.
Atrebatensis (Heinricus).
Atsor, 332.
Aubertella, 148.
Aubertus, decanus, 371.
de Avo, 281.
de Mabecurte, 344.
de Tull, 215, 216.
Auçola (Bernardus de).
Audardus (T.), 183.
Aude, fluvius = Aldo.
Audesenna (Lambertus).
Audilenz, 207.
Audoinus, Odoinus de Monte Securo, 131, 369
Audomarensis (Willelmus) = S. Audomaro (de).
Auduldis, 38.
Auger, Augerii (Artal, Guillelmus).
Augerius, Aucerus, 90, 303.
Auguinus, 281.
Aunis, villa, 362.
Auran (Benedictus).
Aurasica, civitas, 210, 255, 282, 295, 363; — Aurasicensis domina = Tiburgis; — episcopus = Bernardus, Gillelmus; sacrista = Arnaldus; — de Aurasica (Petrus, Stephanus).
Aurela, Aurelia (Ato).
Aureliani, 315, 348; Aurelianensis cantor = Andreas; episcopus = Manasses.
Aurengie domina = Tiburgis; villa, 91; de Aurengia (Geraldus).
Aureniacum, 27.
Aureta, uxor Stephani de Coma.
Auriac, Auriacco, Auriacho, Auriaco (Ademars, Bartholomeus, Berengueirs, Iatbertus, Iatmarus, Petrus de).
Auriniaco = Oriniaco.
Auriol (Arnaldus).
Ausciensis, Auxiensis archiepiscopus = Wilelmus.
Ausona, 350; Ausonensis comitatus, 61, 79, 81, 187, 313, 318, 319; — episcopatus, 350; — episcopus = Petrus, Raimundus.
Ausorum curia, 59
Autmarius de Vitraco, 270.
Autranz, 360.
Auures (Guillelmus de).
Ava, Avia, 13.
Avallaz (Bertrandus de).
Avalmedina, 305.
Avalonis territorium, 32.
Avarca, Avarcha, 306; — Avarca (Rodricus)
Avelina, 302.
Avenel (Robertus, Willelmus).
Avenionensis episcopus = Laugerius.
Avere, Ahuero, Avero (de), 79, 329
Aversus (Thomas).
Avida, villa, 136, 145.
Avinione (Gaufridus de).
Avinprophit = Aiunprophit.
Avisano, Avisa (de), 85, 113, 132, 308, 325, 363, 370. Cf Petrus Ugonis de Avisano.
Avisano (Gaucerandus, Geraldus, Helisiarius, Nicholaus, Terrabuc, Upecus, Willelmus, Ysoardus de)
Avitanel, 246.
Avo (Aubertus de).
Avonium, villa, 331.
Avreio (Rogerus de)
Axivel (Garcia).
Axona, 342.
Ayanrici (Raimundus).
Ayerb, 305.
Aylardus, Ayllardus Flandrensis, 123.
Aymo = Aimo.
Azacra, Azafra, Azagra (Rodrigo de). Cf Zafra.
Azevelo (de), 201.
Azevodo de Suario, villa, 251.
Azlacum, 6.
Aziron (Iohannes de).
Aznares, Aznarez, Aznars = Acenar.

B

B., abbas Scale Dei, = Bernardus
B. Brochet, 2.
B., cappellanus, 218.
B. de Balaguer, 297.
B. de Conchabella, 297.
B. de Mornatio = Bertrandus.
B. de Senadors, 14.
B. de Turriculis, 297.
B. Paliot, 331.
B...es (Poncius de).
B. Richerii, 132.
B. Willelmi, 132.
Baaleio (de). 315.
Babilii (Stephanus).
Bacco, Bacho, Baconi, campus, 82, 83.
Bachero (Sanz).
Bacon (Rogerius).
Badencs, Badenss, 124, 269.
Baez, Beez (Petrus).
Bages, Bagis (de), 230, 256, 257; · (Arnaldus, Bernardus, Guilelmus de).
Bagneoli decima, 21.
Bahalu, Bahaluc (P., Petrus de).
Bahe (Petrus).
Baiart, 96.
Bailolili = Baliol (de).
Bainuls = Banuls.
Balocis (Nigellus, Ricardus de).
Baiocensis, archidiaconus = Rogerus; — episcopus = Philippus.
Baiona, 31, — (Dalmacius de).
Baisgari, Balager, Balaguer, 296, 297, 314.
Balager, Balaguer (B., Borren., Girrber, P., Poncius de).
Balaniano (Bernardus, Ermesinda, Guillelma, Guillelmus, Petrus, Poncius, Raimundus de).
Balare (de), 315.
Balart, Balasti = Barasti.
Balb (Bernardus).
Balchet (don), 305.
Balchianus, 292.
Balchiseo (Raculfus de).
Baldewinus = Balduinus.
Baldimentum, 43.
Baldimento, Baudemento (Andreas, Berengerus, Eustachius, Iohannes, Leonius, Lethericus, Rufus, Wilhelmus, Witerus de).
Baldrici (Nicholaus, W.).
Baldricus de Roisin, 128.
— de Sigillo, 167.
Balduini (Petrus).
Balduinus, Baldewinus, Baudoinus, Bauduinus, 302.
— abbas Castellionis, 283.
— Brochet, 2.
— Calderun', 280.
— cancellarius patriarche Hierosolimitani, 36, 99.
comes Hainoensium, 11, 128, 171.
— decanus de Helefelt, 35.
— decanus Noviomensis, 24.
— de Baliul, 72, 172.
— de Bavinchova, 35.
— de Gonessa, 151, 341.
— de Lensc, dapifer, 11.
— de Sopeio, 151, 341.
— de S. Claro, 360.
— episcopus Noviomensis, 352.
— famulus, 26.
— filius Bernardi Vacca, 2.
— filius Gisleberti, 167, 179.
— filius Rogeri, 27.
— filius Lamberti de Ringels, 180.
— princeps Antiochie, 1.
— rex Ierosolymorum, 1, 2, 213, 363.
— Ruffi, 302.
— sacerdos, 152.
Balge = Bauge.
Baliol, Bailolili, Baliul, Baliiolo, Baliolio, Bayileol (Anselmus, Balduinus, Bernardus, Ingelrannus, Walterus de).
Balitran (Raimundus).
Balles, Bales, 246, 271, 307.
Balmis (de), 87, 107, 132, 212, 293, 370.
Balmis, Balma, Balmas, Belmes (Benedictus, Bernardus, Bertrandus, Emenbert, Geraldus, Guitardus, Lanierius, Laugerius, Odils, Poncius, Raimundus, Willelmus de).
Balterra, 232, 244, 306, 335.
Bane (Steffanus, Willelmus de).
Baniolis, Baniols, Bainuls, Banuls (Bernardus, Guillelmus, Petrus, S. Andreas de).
Banno (Serannus de).
Banuls, Bainuls, 119, 110, 230; cf. Baniolis.
Banzo Moro, 64.
Barasti, Balart, Balasti (Willelmus).
Barba (Sameno).
Barbaira, 60.
Barbarini (Petrus, Willelmus).
Barbarinus, clericus de Monte Securo, 85.
Barbairanum, Barberanum, Barberannum, castrum, 36, 42, 53, 196, 204, 366; — Barbairano, Barberano (Aimericus, Arnaldus, Berengarius, Bernardus, Hugo, Raimundus de).
Barbastro (de, in), 263, 305, 346.
Barberanum, Barberannum = Barbairanum.
Barbisullunensis comes = Raimundus Berengarii.
Barbono, Barbonia, Barbunna, 6; - (Gualo, Gulterus, Vasierus, Wittherius de).
Barbonie decime, 20.
Barca, 8.
Barcalona (Giulem de).
Barchao (Garcia de).
Barchinona, 28, 32, 60, 62, 94, 102, 123, 140, 188, 368; — Barchinonensis archilevita = Petrus; — comes et marchio = Raimundus Berengarii; — comitatus, 67, 74, 75, 76, 77, 88, 92, 93, 106,

140, 187, 195 ; — episcopatus, 349 ; — episcopus = Arnallus ; — territorium, 94, 198 ; — vicarius = Berengarius Raimundi.
Barcobo (Garcia de).
Bardell', 280.
Bardonus, Bardo, 246.
Barelas, 164.
Bareria (Stefanus de).
Barlellas, 244.
Baris, Barino (Poncius de).
Barisonus, 316.
Barnuinus de Drelo, 331.
Baro de Chaster Pug, 63, 64.
Baroni (Bernardus)
Baronus, 40.
— de Quaterpodio, 69, 70.
Barrau, Barravi (Bernardus, P., Per.).
Barre (de), 200, 308, 309.
Barre, Barris, Barro (Ebrardus, Gaufredus, Guiscardus, Hugo de).
Barri vicecomes = Marcus.
Barta, 228.
Bartholomeus, Bartolomeus, Batolomeus, 39.
— cantor, 43.
— decanus Parisiensis, 217.
— de Auriacco (T.), 251, 252.
— de Fontecto, 332.
— de Torverils, 306, 332.
— de Valencza, 365
— episcopus Catalaunensis, 302, 303, 358.
— episcopus Laudunensis, 151, 278, 340, 373, 375, 385.
— frater Hugonis Sellarii, 22.
— notarius, 215
— scriba, 189.
— thesaurarius, 151, 341, 344.
Barzanengues (de), 258.
Barzelona, 217. Cf. Barchinona.
Basello, Basilia (Balamballus de).
Bast, de Bass (Guillelmus, Ugo).
Basseth (Milo).
Bassinargues (Guillelmus, Raimundus de).
Basso Guasnestuno, 11.
Bastardus, 14.
Baucamala, 320.
Bauchaus (Berengarius).
Baudimento, Baudemento = Baldimento (de).
Baudoinus, Bauduinus = Balduinus.
Bauge, Balge (de), 316 ; — (Willelmus de).
Bavinchova (Balduinus de).
Baxwol (Radulfus de).
Baylleol = Baliol.
Beatrix, Beatriz, Biatriz, 104, 368.
— comitissa Bigorritana, 309.
— mater Aimerici de Barbairano, 47, 48, 49, 50, 51.
— uxor Guillelmi de Apia, 151
— uxor Herberti de Percheio, 152.
uxor Nicholai, castellani, 341, 344.
Bec (Raimundus).
Bec de Vin (Petrus de).
Becaire, Becharii, Becharre (G., Guillelmus).
Becan = Beciano (de).
Becco (Bec) de Veireres, 186.
Becgo de Creissel, 186.
Becharii Becharre = Becaire.
Bechet, conjux Petri Bonifilii, 224.
Beciano, Becan, Becyano, Beiano, Bescono, Besciano, Betiani, Betiano, Bezano (Hugo, Poncius, Rainardus de).
Bedefordschir, 179.
Beders (de) = Biterris (de).
Bedocio, Bedoç, Bedociis, Bedocs, Bedos, Bedotio, Bedoz, Bidocio, Bidociis (Arnallus de)
Bedos, 40.
Beelverii, Belveeri portus, 10.
Beez = Baez.
Beg, Bego de Ferraliolas, 168, 243.
de Vezin, 330, 331.
Beger (Rigal) = Viger (Rigald).
Beiano = Beciano.
Belaschita = Blaschita.
Belascho = Blasco.
Belascus Romeo, 283.
Belchit, Belgit, Belixich, Belxid, Belxit, 68, 73, 102, 191, 204, 216, 217, 226, 281, 337, 387 ; — Belchit (Galin de).
Beldisnar (Guillelmus de).
Belengarius = Berengarius.
Belforat, Belforato, Bielforat, Bilforad, Bilforado, Bilforato (Acenar, Albaro, Garsion de) ; — Belfo rato (de), 30.
Bello (Petrus).
Belita, Bellita, femina, 78, 266.
Belixich = Belchit.
Bellerirus (Rostagnus).
Bello Loco, Belloco, Bellog, Bello Locco (Bernardus, Bertrandus, Petrus, Petrus Bertrandus de).
Bellomonte, Belmont, Belmonz, Belmunt (Hugo, Letardus, Petrus de).
Bello Ramo (Hugo de).
Bellog = Bello Loco (de)
Bellonis (Nicolo, Paganus, Raimundus).
Bellotus Turrensis, 15.
Belmes = Balmis (de).
Belmont, Belmonz, Belmunt = Bello Monte (de).
Beloth, 343.
Belran (Teodoricus de).
Bels (Pontius).
Belucia, alodium de, 67.
Belvacum, 163 ; — Belvacensis archidiaconus = Theobaldus ; — castellanus = Ada ; — episcopus — Henricus, Odo.
Belveder, castellum de, 365.
Belveeri = Beelverii.
Belxid, Belxit = Belchit.
Benac (Dodo de).

Benavar, Benevar, Benovar (Ferrer de).
Benedeit, Benedet (Guilleim de).
Benedet Cupero, 337.
Benedictus, 330.
— archidiaconus S. Nazarii, 115.
— Auran, 292.
— de Balmis, 84.
— Macrofortis, 57.
Benefacta, uxor Arnaldi de Monte Irato, 357.
Benengarius, Bengarius = Berengarius.
Benero, 8.
Ber. Petri, molinarius de Balager, 297.
Bera, 52.
Beraldi (Pontius, Willelmus).
Berardus, Beraldus, 20, 214, 234, 360.
Berardus Amalvini, 322.
Berbegarii, Berbegerii, Berbiarii, Berbigerius (Fortius, Guillelmus).
Bercelus, 214.
Berengaria, Berengera, Berenguaria.
— de Frangoliano, 209.
— imperatrix, 257.
— uxor Petri de Dozencho, 284.
Berengarii (Alemannus, Arnallus, Bernardus, Petrus, Pontius, Raymundus, Ugo, Vilelmus).
Berengarius, Bellengarius, Benengarius, Bengarius, Berenger, Berengere, Berengerius, Berengerus, Berenguarius, Berenguiers, Berenguerius, Berergarius, Berergerius, Beringuarius.
Berengarius, 21, 50, 64, 113, 169.
— abbas S. Felicis, 206.
— archidiaconus, 168.
— archidiaconus Gerundensis, 64.
— Arnalli de Serra, 187.
Berengarius Arnalli (T.), 37, 49, 52, 119, 297, 314.
Bauchaus, 364.
— Bernardi, 368.
— Bernardi, dapifer, 53.
— Bernardi de Torello, 138.
— Bernardi de Villa Dordiis, 124.
— Bodic, 86.
— Bricii, 207.
— camarius Rotensis, 346.
— caputscole, 218.
— Cocti, 187.
— cognatus Petri Bonifilii, 224.
— Comte, 134.
— de Albania, 207.
— de Aleiano, 221.
— de Aquaviva, 134.
— d'Auriac, 359.
— de Baldimento, 20.
— de Barbairano, 49.
— de Borbotone, 131, 132, 369.
— de Brugolii, 91.
— de Caneto, archidiaconus Elenensis, 336.
— de Casals, 175.
— de Castel Peire (T.), 263.
— de Ceguinole (T.), 200, 205, 237, 259.
— de Ceret, 197.
— de Cheralto, 29, 53, 54, 60, 61, 368.
— de Collo, 105.
— de Dozencs, 65, 154, 285, 286.
— de Faro, 78.
— de Farracia, 222.
— de Fonolar, 187, 188, 190, 349, 350.
— de Gardia, vicarius, 95, 129.
— de Garriga, 54.
— de Gragana, 313.
— de Graniana, 37, 88, 270, 350.
— de LIduano, 234.
— de Mogoda, 88, 199.
— de Novellis, 171.
— de Oltreyra, 89.
— de Pela Follis, 54.
Berengarius de Prato, 289, 322, 323.
— de Quoquolibero, 349.
— de Ruvira (T.), 81, 88, 93, 101, 154, 165, 166, 169, 170, 175, 176, 177, 181, 195, 196, 197, 198, 200, 221, 230, 234, 253, 256, 257, 263, 267, 268, 269, 270, 271, 272, 273, 274, 285, 286, 288, 289, 290, 296, 313, 320, 322, 327, 329, 349, 354, 356, 357, 358, 364, 365.
— de Salrano, 168.
— de Sau, 80.
— de Sorgniano (T.), 174, 193, 253, 310, 311.
— de S. Paulo, 365.
— de S. Vincencio (T.), 313, 318, 319, 320, 368.
— de Tarascon (T.), 219.
— de Torroga, 205, 314.
— de Turreves junior, 45.
— de Valriaco, 193.
— de Villanova (T.), 182, 183.
— episcopus Forojuliensis, 1, 2.
— episcopus Gerundensis, 28, 29, 54, 205, 387.
— episcopus Vasionensis, 104, 118, 126, 160, 161, 169, 293, 324.
— Ermengaudi, 320.
— Ermengaudis, canonicus S. Pauli, 313.
— filius Berengarii Raimundi, 124.
— filius Bernardi Raimundi, 62.
— filius Geraldi de Tornafort, 211.
— filius Giulie, 140, 141.
— filius Malseinade de Tacione, 110.
— filius Petri Raimundi, 229, 230.
— filius Poncii Bernardi, 48.
— filius Raimundi Bernardi de Gurb, 318.
— frater Arnalli Raimundi, 62.

Berengarius frater Petri de S. Minato, 93.
— Frotardi, 360.
— Guilaberti, 75, 76, 77.
— levita, 88.
— Mancel, 37.
— Mironis, 78.
— [monachus S. Bartholomei], 238.
— Petri, 80.
— Poncii, 74, 134, 234, 289, 354.
— precentor Tyrassonensis, 236.
— presbiter et scriba, 224.
— Raimundi de Fraxino, 61.
— Raimundi, vicarius Barchinone, 54, 95, 96, 106, 123, 245.
— Ramundi, 14.
— sacerdos, 152.
— sacriscrinius, 314.
— scriba (T.), 168, 243, 244, 319, 320, 323.
— Segarii, 54.
Berezicurte (de), 344.
Bergensis, de Bergis, castellanus = Gislebertus.
Bergoa, Bergua (Fortunio de).
Bergoin (Rotbertus).
Bergonno (Poncius).
Beria, Beriaz = Berrias.
Bermundi, Bermundeç (Petrus, Raimundus, Willelmus).
Bermundus, Bermon, Bermonz.
— castellanus de Colonzellis, 295.
— de Congingnis, 354.
— de Insula, 138.
— de Luzencione, 144, 331, 359.
— de Morral, 93.
— de Sparron, 1.
— de Veireiras, 330.
Bernadus = Bernardus.
Bernaldi = Bernardi.
Bernarda, uxor Bernardi Moreira, 323.
Bernardi, Bernadi, Bernaldi, Bernandi, Bernart, Bernartz, Bernarz (Arnallus, Berengarius, Bernardus, Iohannes, Menendus, Peire, Petrus, Poncius, Raimundus, Rogerius).
Bernardus, Bernad, Bernadus, Bernaldus, Bernard, Bernards, Bernart, Bernartz, Bernarz, Bernat, Beynardus.
Bernardus, 15, 62, 103.
— abbas Clarevallis, 1, 24, 27, 31, 34, 76, 172, 173, 207, 217, 221, 249, 283.
— abbas de Pina, 191, 226, 261, 336, 337.
— abbas Scale Dei, 310.
— abbas S. Hylarii, 41, 60.
— Abbat, 347.
— Adalberti, 119, 163, 263.
— Aguiloni, 354.
— Amalvini, 245, 284.
— Amati, vicecomes [Barchinonensis], 50, 184.
— Amelii, 237.
— Amelii, archidiaconus, 346.
— Amplagarda, 354.
— Andreu, 220.
— archidiaconus, 217, 235, 285.
— archiepiscopus Tarraconensis, 346.
— Arnalli, 37, 40, 41, 263, 314.
— Arnaldi de Burcafols, 171, 271.
— Arnaldi de Rusticanis, 124.
— Attonis [vicecomes Carcassensis], 33, 287, 288, 302.
— Attonis, vicecomes [Nemausensis], 33, 34, 46, 65, 67, 287, 302.
Balb, 234.
— Baroni, 83.
— Barraul, 56, 57, 67, 69.
— Berengarii, 350.
— Berengarii, vicecomes de Taçça, 89.
— Bernardi, 175, 368.
— Bertrandi, 78, 94, 95.
Bernardus Bocardi, 128.
— Borrilloni, 252, 277, 278.
— Bosom, 364.
— Bovis, 201, 251, 259, 277.
— Bradila, 79, 80.
— camerarius S. Nazarii, 115.
— capellanus de Dozencs, 65, 166, 189, 204, 206, 286, 354.
— Casal, 160.
— claviger de Richarenchis, (T.), 169, 255, 260.
— clericus, 197.
— Columba, 287.
— comes Covenarum, 56, 205.
— Constancii, 354.
de Ager, archipresbiter, 218.
— de Alayraco, 272.
— de Albagnano, 254.
— de Alesto (T.), 288.
— de Auçola, 355.
— de Balaniano, 319, 320.
— de Ballolio, 279, 280.
— de Balma, 260, 277, 278.
— de Baniolis, 37.
— [de Barberano], 55.
— de Bello Loco, 26, 29, 54, 77, 88, 96, 199, 205, 224, 266.
— de Blanca Fort, 41, 42, 60, 112.
— de Boazono (T.), 115, 120, 182, 183, 194, 200, 229, 231, 309, 317, 327, 336.
— de Bovedone (T.), 281, 282, 293, 294.
— de Brugeres, 67.
— de Bulzedone (T.), 202.
— de Campagnia, 364.
— de Campiano, prior S. Michaelis de Castello, 56, 70.
— de Caneto, 41, 42, 47, 48, 49, 50, 51, 60, 111, 114, 181, 182, 196, 311.
— de Cardona, 50.
— de Caunis, 166.
— de Chastello Uduli, 74.
— de Clarenciaco, 353.
— de Claromonte, 269.
— de Coma, 357.

Bernardus de Conchabella, 314.
— del Corb, 310.
— de Corbons, 162.
— de Cornellano, 25, 198.
— de Cruciolis (T.), 354.
— de Cugnali, 177.
— de Dozenco, 285.
— de Dua Castella, 50.
— de Fenollar (T.), 163.
— de Foneilledes, 159, 162, 253.
— de Gabiano, 28.
— de Guadalli, 88.
— de Gurb, 368.
— de Lupiano, 272.
— de Malauza, 15.
— de Misone, 282.
— de Mocolenco, 290, 291.
— de Monte Eschivo, 318, 319.
— de Montirato, 268, 169.
— de Morolio, 361.
— de Nant, 317.
— de Paciano, canonicus S. Eulalie, 90, 335, 336.
— de Petralata (T.), 52, 163, 221, 230, 245, 284.
— de Pignano, 45.
— de Podio Subrano, 116.
— de Podolas, 201.
— de Pomar, 328.
— de Port, canonicus S. Petri, 45.
— de Punciano, 112, 176.
— de Redes, 129, 160.
— de Riera, 319.
— de Rocha Corba, 198.
— de Rochafort, prior de Condabriac, 317.
— de Rovenago, 71.
— de Salfors, 368
— de Salvi (T.), 328, 340.
— de Seneugia, 270.
— de Senteles, 55.
— de Sipiano, 112.
— de S. Andrea, 70.
— de S. Cruce, 295.
— de S. Leiro, 314.
— de Talamancho, 75.
— de Tenis, 313.
— de Termenes, 63.
Bernardus de Tolosa, 232.
— de Trenciano, 134, 166.
— de Tres Mals, canonicus et vicarius S. Nazarii Carcassone, 34, 47, 100, 111, 114, 328.
— de Turre, 57, 176, 177, 321.
— de Vacairaz, 229.
— de Vilare, 269.
— de Villa Nova, 108, 112.
— de Vultreria, 54.
— decanus de Colonzellis, 295.
— Deodati, 287, 302.
— diaconus, 311.
— Engelberti, 302.
— episcopus Aurasicensis, 192
— episcopus Cesaraugustanus, 100, 108, 122, 155, 191, 205, 217, 219, 220, 226, 235, 243, 261, 262, 265, 285, 307, 312, 330, 333, 337, 348, 383, 387.
— episcopus Colimbriensis, 8, 17, 191.
— episcopus Nazarenus, 2.
— episcopus Sagontinus, 258.
— episcopus Urgellensis, 297, 346.
— Escodacas, 358.
— Escorga, diaconus, 311.
— Espada, 98.
— Ferad, 162.
— filius Açalaidis, 51, 52.
— filius Assonis, 361.
— filius Guarsendis, 263.
— filius Malseinade de Tacione, 110.
— filius Raimundi At, 134.
— filius Serene, 124.
— Froterii, 168, 243.
— Galmar, 69.
— Gauberti, 83, 98.
— Gaucelmi, 203, 204, 206.
— Gaufredi, 354.
— Gelafredi, 145.
— Geraldi, 148, 177.
— Goirandi, 115.
— Gross, 271, 272.
— Guadalli, 105.
— Guilaberti, 75, 76.
Bernardus Guillermi, 32, 105, 119.
— Guillelmi de Luciano, 53, 88, 205.
— Guillelmi de Mogoda, 88.
— Guilelmi de Monte Eschino (T.), 52.
— Guilelmus Rubeus, 97.
— Guitardi, 50, 289
— Guitbertz, 359.
— Iordanis, 56, 57, 67, 69, 70.
— Isnelli, 128.
— levita, scriba, 349, 356.
— Mala Caro, 259.
— Mangoni, 313.
— Martini, 108.
— Micahelis, 323
— Miro, 111, 171.
— Moduli, 48, 74, 134, 135, 154, 165, 166, 234, 285, 286, 289, 354.
— Moissi, 12.
— Mora, 134.
— Moreira, 323.
— Oriol, 187.
— Otonis d'Estodal, 91.
— Patau, 108.
— Pelapol, 47, 288, 366.
— Petri, 37, 62, 65.
— Pileti, 27.
— Pontii, 273.
— Pontii de Aqua Viva, 47.
— Poncii de Ortafano, 257.
— prior Colbensis, 346.
— prior Pampilonensis, 334.
— Raimun de Curvala, 322.
— Raimundi de Banuls, 119.
— Raimundi de Castro Novo, 63.
— Raimundi de Dozencs, 113.
— Raimundi de Mazaneto, 62.
— Raimundi (T.), 14, 37, 56, 70, 116, 132, 134, 318, 354.
— Ricardi, 132, 369.
— Richerii, 231.
— Rollandi (T.), 113, 117, 125, 130, 131, 139, 194, 227.
— Sabaterii, 227.

Bernardus sacerdos, 37, 53, 138, 145.
— sacerdos, ville Leonis, 313.
— sacrista Iherundensis, 28.
— Salomonis, scriba, 41, 42, 60.
— scriba, 95, 129, 160, 166, 174, 182, 234, 235, 268, 269, 270, 271, 273, 274, 285, 291.
— Sicfredi, 170, 171, 201.
— Sirmundi, 288.
— Stephani, 109.
— subdiaconus, 88.
— Sutor, 181.
— S. Egidii, 321, 322.
— S. Fidis, 97.
— Telmundi, 197.
— Tizedor, 279.
— Trabo, 341.
— Trencbavelli, 46, 47.
— Ugonis, 269.
— Utalgerii (T.), 52.
— Vacca, 2.
Berneford (Remundus de).
Bernebus (Nicholaus, Willelmus).
Bernerus, 22, 26.
— de Nongentello, 26.
— sacerdos, 152.
Berni (Petrus).
Bernort = Brenordio (de).
Berola, prior de = Raimundus
Berriacho, Beriaço, Birriacho (de), 196, 355.
Berrias, Beria, Beriaz, Berriaz, de Berriez (Aduuinus, Euuinus, Petrus, Ponzo).
Berroza, 30.
Berta, 103, 343.
— mater Milonis, comitis Herefordie, 164.
Berthelgnimont, 371.
Bertinus de Lisse, 216.
Bertoldi (Walterus).
Bertrandi, Bertran, Bertranni, Bertrant, Bertranz (Bernardus, Fulco, Giraldus, Guillelmus, Pere, Petrus, Robertus, Stephanus).
Bertrandus, Berndus, Bertram, Bertran, Bertranc, Bertrannus, Bertranz.
Bertrandus, 117, 210.
— Aalberti, 317.
— Acardi, scriba, 104.
— Artiliars, 169.
— Asta Nova, 125.
— Benenguarii de Volobregua, 259.
Bernartz, 317.
— clericus Tyrasonensis, 310.
— de Ager, 218.
— de Albagnano, 254.
— de Auriaco, 186.
— de Avallaz, 288.
— de Balmis (T.), 87, 113, 130.
— de Bello Loco, 61, 205.
— de Bolbotone (T.), 85, 86, 92, 112, 117, 120, 130, 131, 139, 211, 212, 213, 255, 293, 294, 317, 325, 326, 327, 350, 363, 369.
— de Carboneiras, 113.
— de Celans, 1.
— de Chaarossa, 160.
— de Chamarz, 39, 40.
— de Cost, sacrista, 160.
— de Cungusto, 76.
— de Favairolas, 168, 243.
— de Gavaldano (T.), 192.
— de Gimers, 246.
— de Iocundatio, 132, 281, 370.
— de Lost (T.), 297.
de Manso, 356.
— de Melan, 231.
— de Monte Gaudio (T.), 194.
— de Mornacio, prior de Podiolmo et de S. Pantalio, 293; prior de S. Amantio, 132, 139.
— de Olost, 350, 368.
— de Palacio, 166.
— de Penna, 231.
— de Petra Lata, 221.
— de Podio Guigone, 330.
de Punicastro, 306.
— de Ramati (T.), 211.
— de Serinano, 138.
— de Socca, 16.
— de Solorino, 113, 132, 231, 317, 345, 363, 370.
Bertrandus de Stannol, 317.
— de S. Cruce, 295.
— de S. Germano, 161.
— de S. Mauricio, 117, 132.
— de Tabaciaco, 42.
— de Taulinlano, 164, 293, 294, 325.
— de Villa Granata, 368.
— de Villa Mulacha, 119.
— Dodo, 107.
— Elisiarii, 125.
— Engelberti, 287.
— Estroubera, 13, 57.
— Falco, 291, 292, 294, 370.
— frater Lucie, 231.
Froterii, 243.
— Grossi, 255.
— Isnardi, 227.
— Iuvenis, 330.
— Kaliga Vetula, 259.
— Legetus (T.), 345.
— Loseranus, 356.
— Lumbardi, 360.
— Mali Torrentis, 190.
— Niger, 303.
— Pelliceril, 293.
— Rahembaldi, 125.
— Raimundi, 229, 370.
— Rascaz, 116.
— S. Baudilii, 354.
— Ugoleni, 207.
— Ugonis, 362.
Viaders, 84.
— Willelmi, 104, 113, 229.
Bertreda, uxor Odonis de Abbatia, 341.
Bescano, Bescíano = Beciano.
Besocia, villa, 234.
Bestorres, Bistorres, Bisturis (Isnardus, Raimundus de).
Betencort (Engerrannus, Thomas de)
Bethsa, villa, 67.
Bethsan (Hugo de).
Betiani, Betiano = Beciano (de).
Betunia (Robertus de).
Beuvino, 283.
Bexin = Botrin.
Bez, mas del, 317.
Bezaniz = Pezenas

Bezano = Beciano (de).
Bezanzonus, 169.
Bicent (don), 266.
Bidal = Vitalis.
— de Boniuc, 312.
Bidocio, Bidociis (de) = Bedocio.
Bidono (Poncius de). Cf. Bidocio.
Biel, 52.
Bigorre, Bigorritanus comes = Petrus; — Bigorritana comitissa = Beatrix.
Biguet (Everardus, Guerardus).
Bilforato, Bielforat, Bilforad, Bilforato = Belforat
Billela (Guilge de).
Biniol, 4.
Birbeche (Willelmus de).
Bisillunensis archilevita = Gauzfredus.
Bisleuc, rivus, 115.
Bistorres, Bistorris, Bisturis = Bestorres.
Bisuntina ecclesia B. Stephani, 278.
Biterris, 148; — Biterrensis vicecomes = Raymundus Trencavelli; = Biterri, Biterri (Rogerius de).
Bizan, 46.
Bizcaia, 73, 244, 306, 334.
Blacha Bodic, 132, 193, 210, 370.
Blancha (de), 141.
Blanca, Blancha, uxor Guilelmi Mantilini, 113.
— uxor Iohannis Rotberti, 284.
Blancafort, Blanca Fort (Arnaldus, Bernardus, Raimundus de).
Blasa (Garçia).
Blaschita, uxor Açenar Açenarç, 312.
Blasco, Belascho, Blasquo (Galin, Sanio).
Blasco Arcez de Sos, 333.
Blaton (Arnulphus de).
Blavet (Radulphus).
Blerencort, Blerencurte, 278, 343.
Bles (Arnaldus de).
Blesensis comes = Theobaldus.
Bliardus de Monte Acuto, 343.
— de Sopelo, 341.
Blimos, Blismoda, uxor Willelmi Ricavi, 132, 229, 370.
Blochees (Arnoldus).
Bloseville (Iordanus de).
Blumad, Blumato (de), 171, 174, 186, 234; — Blumad (Guillelmus de).
Boazone, Boazo, Boazono (Bernardus, Elsiarius de).
Boc (Mor de).
Bocardi (Bernardus).
Boccenic (R. de).
Bocei, Bocci, de Bocelo (Odo, Robertus).
Bocherius de Seccureto, 324.
Bochinenic, ecclesia de, 18.
Boclatus (Guilelmus).
Bodic, Bodici, Bodich, Boic (Berengerius, Blaca, Poncius, Willelmus).
Boe, 303.
Boesinghe, 374.
Boetius, presbiter cardinalis, 380.
Bogor (et?) (Hodo).
Boherliu, 371.
Boi, 39.
Boic = Bodic.
Boiri, 342.
Boison, Boissono (de), 125, 330; — Boisson (Laugerius de).
Boispetos, Buxopelos, 359
Boissoit (Gaufridus de).
Boixeril (Guiraldus).
Bolbolo, Bolbotone, Bolboto no, Borbotene, Borboto, Borboton, Borbotone, Bulboto, Bulbotone, Bulbutone, Burbitone, Burbotone, Burbutone (Berenguarius, Bertrandus, Giraldus, Nicholaus, Ugo, Willelmus de).
Bolbotone (de), 129, 131, 132, 165, 203, 211, 213, 229, 231, 255, 260, 281, 282, 291, 292, 345, 350, 360, 362, 363, 364, 367, 368, 369, 370.
Bolceneis (Nocherius de).
Boldol, 39.
Bolebec, Bolebek (Hugo, Walterus de).
Boleia (Ramon de).
Bollent (Haimericus de)
Bolonia (Osto de). · Bolonlensis comes = Stephanus.
Boltanga, 262.
Bompar, filius de Ros, 209.
Bona, filia Exemene Gonsalvit, 232.
Bonafilia, 78, 308.
Bonafos (T.), 241, 334.
Bonajoia, 283.
Bona Nata, 38.
Bonardus de Verou, 38.
Bona Soariz, 136, 137, 145, 282.
— uxor Menendi Diaz, 201.
Bonavalle (Radulfus de).
Bona vallis, 221.
Bonellus, 21.
Bones (Fortin).
Boneta, filia dompni Iohannis, 328.
Bonetus, Bonet, 154, 176, 208; — (Guillelmus, Petrus).
Bonetus, clericus, 48.
— de Redas, 176, 311.
Bonichardus, monachus, 58.
Bonifacii (Wilelmus).
Bonifaciuˢ, Bonefacius de Claver, 1.
-- prepositus, 279.
Bonificius, prior Rotensis, 346.
Bonifilii (Petrus).
Boni Hominis, Bonus Homo (Petrus, Poncius).
Boni Mancipii (Petrus).
Bonipar (Raimundus).
Bonisach, judeus, 181.
Bonloc (Lutal de).
Bonluc (Bidal de).
Bono Viler (Osmont de).
Bonus homo = Boni Hominis.
Bonuspar (T.), 194.

Boquienich, Boquiennic, 333.
Borbotene, Borbotone = Bolboto.
Bordel, Bordellis, Bordello, Burdel (Armandus, Gilelm, Herbertus de).
Bordellis, de Bordelz (de), 325, 326
Borderas, villa, 309.
Borga, Borge, Borja, 73, 122, 155, 243 245, 250, 271, 279, 291, 298, 366; — Borga, Borja (Geraldus, Per de).
Borga, abbatia de, 175
Borb, portus de, 200.
Boria, 217.
Borrad, 97, 103.
Borrella, uxor Petri Bernardi, 12.
Borrelli (Pontius).
Borrellus de Punciano, 112.
Borren. de Balaguer, 297.
Borrilloni (Bernardus).
Borssella (Amelius).
Bosanivilla, Bosanevilla, 249.
Bosaniville (Gerardus, Guarinus).
Boschet (Guitbertus, Poncius).
Bosco, Bosq (Petrus de).
Bosia, Bosya (Hugo).
Boso, 36, 39, 59.
— de Panccio, 96.
— decanus S. Florentini, 80.
Bosom, Bosonis (Bernardus, Petrus).
Botet (Wilelmus).
Botrin, Bexin (Roger de).
Bouanteia (Guillelmus de).
Boun (Humfridus de).
Bouviler = Bono Viler (de).
Boves (don), 64, 154, 235, 276.
Bovi, Bovis, de Bovedone (Bernardus).
Bovo, 21.
— de Villemauro, 16.
Bovouc Strabone, 21
Boxadoss, 50.
Brabantia, 173.
Bracara, Bracaria, Brachara, 7, 8, 241; — Bracarensis archiepiscopus = Iohannes, Pelagius; — capitulum, 320; — domus de Templo, 320; — metropolis, 230; — precentor = Mito; — prior = Petrus
Brachett (Willelmus).
Bradila (Guillelmus, Martinus).
Brager vel Centura, 228.
Braher = Brehier.
Brai, 342, 343.
Brana (Petrus de).
Braosa, Braosia (Philippus, Willelmus de).
Brecensis (Fredericus, Nicholaus, Symon).
Brehier, Braber, Brebier, Brehers (Adam).
Bremte, Brempte, Bremto, Brempto, Brente, Brento, territorium de, 107, 164, 182, 193, 194, 293, 294, 325, 326.
Bremundus Pileti, 27.
— Uccele, 234.
Brenordio, Bernort (Amauricus, Everardus, Gerardus, Guiscardus, Rainardus de).
Breon (Guillermus, Matheus).
Bretinimontem (ad), 344.
Brettes, ecclesia de, 380.
Bretuil (Eurardus de).
Brianta, 342.
Brichesart, 315.
Bricii (Berengarius)
Bricius Fabri, 363.
Briennus, canonicus de Waltham, 160.
Britannie comes et dux = Conanus.
Britolium, 153; — Britolio (Simon de).
Brixie, Brescia, 386.
Brizo (D. de).
Brobur (de), Broburgensis castellanus = Hacnricus.
Brochet (Alulfus, Balduinus).
Brolio (Hugo, Petrus de).
Brua, 354.
Bruel, nemus de, 361.
Bruerlis (in), 161.
Brugaz (Poncius).
Brugeres, Brugeria (Bernardus, Escotus, Pontius de).
Brugis, castellanus de = Gervasius, Radulfus; — Brugensis prepositus = Rogerus.
Brugnen, Brunien (de), 248, 312, 347.
Brugolli (Berengarius de).
Bruiano, Bruyano, 37, 83, 229, 230; — (Poncius de).
Bruna, soror Raimundi Raterii, 13.
— uxor Geraldi Engilberti, 67.
Brunecsendis, Brunissendis, uxor Petri Ugonis, 210, 362.
Brunessiacum, Brusesniacum, 5.
Brunet, 297.
Brunetl (Guillelmus).
Bruni (Petrus).
Bruno, Brunus (T.), 246, 288.
Brunus Fabri, 94.
Bubariis, Bubars, 48, 73, 113, 116.
Bubulci (Johannes).
Buca, Bucha (Guillelmus).
Bucardus, Buchardus de Gusia, 344.
— episcopus Meldensis, 18.
Buccuneie (ecclesia de), 307.
Bucelo (Guerricus de).
Buchers de Segurit, 161.
Bufas (Menendus, Sefidino).
Bugnol, Bugniol, Buniol, Bunnol, 78, 299, 307.
Bugo, 40.
Buiniville, 96.
Buires (ecclesia de), 380.
Buiruni (Hugo).
Bulbolo, Bulbutone = Bolboto.
Bullipot (Gaufridus de).
Bulzedone (Bernardus de).
Bunieris (Willelmus de).
Burbaca, 4.
Burbitone, Burbotone, Burbutone = Bolboto.

Burburanum, 387.
Burcafols, Burchafols, 46, 111, 170, 171, 267, 271; — (Raimundus, Rogerius, Stephanus de).
Burdel = Bordel.
Burdinus de Valle Laurenniaca, 344.
Bure, Bures, Burils, Buris (Guilelmus, Paganus, Raimundus de).
Burfaldus (Hubertus).
Burgenin (Helias).
Burgensis castellanus = Brugensis.
Burgesa, femina, 62.
Burgiurdensio (Galterius).
Burgo (Poncius de).
Burgundia, femina, 210.
Burgundie comes = Raynaldus; — dux, 44.
Buriano (Fulco de).
Buriarum villa, 44.
Burils, Buris = Buro (de).
Burlaran, Burlarandi, Burlaranz (Petrus)
Burota (de), 122.
Busconem (ad), 361.
Busselo, 39; — (Eulo, Guermundus de).
Bussocy (Hugo de).
Busto Mediano (de), 305.
Buticularii (Guillelmus).
Buxiaco (Odo, Petrus de).
Buxopetos = Boispetos.

C

Cabannaria (de), 370.
Cabaot, frater Berengarii de Oltreyra, 89.
Çabater = Cebater.
Cabazuda, Cabazutus (Petrus, Wilma).
Cabeza (Gondisalvus).
Cabmont (de), 285, 290, 321.
Cabrellano (Ainardus de).
Cabrerils (Petrus de).
Cabriac (collum de), 134.
Cabriano (Arnaldus de).
Cachola (Petrus).
Cadarona, 71; = Cadarossa.
Cadarossa (Guillelmus, Petrus, Ripertus de).
Cadavistria (Iohannes de).
Cadomensis abbas = Alanus.
Cadomo, S Stephanus de, 338.
Cadurcus, cancellarius, 199, 348.
Cairanam, apud, 360.
Caisal Petreç, 223.
Caisoil (Theobaudus de).
Calagorre episcopus = Sancius.
Calataiub, Calatalaiub, 52, 231, 232, 261.
Calbo, Calvo (Dominico, Martin, Sanç).
Calcamairoz, Calchameroz, 194, 211.
Calcetas (de), 279.
Calculi, Calculus (Hugo).
Calderun (Balduinus).
Caldiniaco (Iohannes de).
Çalesc (ecclesia S. Marie de), 355.
Callevlacum, 344.
Calmelana, 243.
Calmundin, 342.
Calnesii (Galterius, Guigo).
Calona (altare de), 385.
Calresc, Çalresca (Petrus de).
Calvacii (Guilelmus).
Calvaria, Calveira, Chalveria Arelatensis, 117, 132, 139, 140.
Calveria, Chalveria (Poncius, Willelmus).
Calverton, Kalvertonia (de), 332, 333.
Calvet, Calvetus (Pontius).
de Cassis, 175.
de Mala Felquaria, 288.
— de Ortosella, 305.
(don), 220, 298
— Leterici, 238.
— sacrista Tyrassonensis, 236, 310.
Calviciensis archidiaconus = Raimundus.
Calviclone (Poncius de).
Calvo = Calbo
Cam (Radulphus de). Cf. Cambitoris.
Çambella (Pontius de).
Cambitorio (in), 217.
Cambitoris (Radulfus). Cf. Cam.
Cameles, 37.
Camelici (Didacus).
Cameracensis archidiaconus = Adelardus, Theoderici duo; — camerarius = Gerardus; — episcopus = Nicholaus.
Camerarius (Albericus, Iohannes).
Cameriaco (Robertus de).
Camiliaco (Paganus de).
Camon, Kamon (de), 270, 273.
Camp Franlex (Guillelmus de).
Campania, villa, 287, 288; — Campanie comes = Hugo; — Campania (Bernardus de).
Campeludes, 13.
Campestre, 271.
Campicaudi, 214.
Campo Magno (de), 163.
Campo Senteles (de), 168.
Campus de Avena (Hugo).
Canadals, 256.
Canalies (Guillelmus de).
Cancellnus, Cancellarius, monetarius, 254.
Candel, Candellum, 163, 230; Candel, Candello (Olliba, Poncius, Stephanus de).
Caned, Canet, Caneto, Canneto (Berengarius, Bernardus, Petrus de).
Cane Suspenso (de), 134; — Cane Suspenso, Cane Pendulo (Raimundus de).
Cangie (Hugo de).
Canioti (Stephanus).
Cantarana, 43; — Canterana (Hugo de); — Canturana (Hecelinus de).
Cantemerlus, Cantumerola, Cantumerule, 6, 23, 43; — Cantumerli (Anselius de).

Canues, 256, 257.
Caoyr (Ricardus de).
Cap d'Estopas (P.).
Capag' (Pagano de).
Capazuti, Capaçuti (Guillelmus, Petrus).
Capella (Pere, Stephanus de).
Capella, abbas de = Theodericus.
Capella Paissonelli, 5.
Capetual (Nicholaus de).
Capiscitus (Petrus).
Capitis Longi (Stephanus).
Capraria, 259; Capraaria, Caprera (Arnaldus, G. de).
Capriniacum, 151.
Captivi (Fernandus).
Cara Vetula (Guilelmus).
Çaragoça (Arnulfus de).
Çaragoça, Çaragosça = Saragoça.
Caramana, 4.
Carboneiras (Bertrandus de).
Carbonelli (Laugerius, Petrus).
Carbonellus, 74, 105.
Carboneriis (Raimundus, Rostagnus de).
Carbonus, 83.
Carcassona, 33, 46, 71, 82, 83, 114, 269, 328; — burgus B. Vincentii, 181, 364. Carcassensis comitatus, 46, 73; — episcopus = Pontius, Raimundus; — mansus, 287; — vicarius = Guillelmus de S. Felice.
Cardinales S. R. E., 378, 379, 380, 381, 387.
Cardona, 124; (Bernardus, Guillelmus de).
Carembaldus = Clarembaldus.
Carme terra, 22.
Carniacum, 152.
Carnotensis episcopus = Gaufridus, Gualfridus, Goslenus.
Carpentraz (Fulcherius, Rostagnus de).
Carrouolis, Carrouols = Charrouolis.
Carteia (Petrus de).
Carvalio (Pellagio).
Casal, Casali, Casal's (Berengarius, Bernardus, Calvetus, Daniel, Guilelmus, Raimundus de).
Casal Revira, 71.
Casaledas (Arnaldus, Geraldus, Guilelmus, Pontius, Stephanus de).
Casamont (Raimundus de).
Caschallo, 216.
Casconi (Raimundus).
Casello, castellanus de = Girardus.
Caslan (Radulfus).
Caslar (Ponco del).
Casletensis decanus = Hugo.
Casoles (Ramon de).
Castanc, Castange, 52, 246.
Castel Peire (Berengere de).
Castel Veil, Castellum vetus, 184. Cf. Castri Vetuli.
Castela (Amelia).
Castelaçol, Castellazor (Petrus de).
Castellu (Arbertus de).
Castella, Castella civitas [in Hispania], 52, 217, 220, 225, 258, 382.
Castellani (Willelmus).
Castellar, Castelar, Castelare, 92, 263, 358; — Castelar (Gilelm de).
Castellione, Castellion, Castellone, Castilion (Gofredus, Matheus, Petrus, Stephanus, Walcherus de).
Castellionis abbas = Balduinus.
Castello (Rainaldus de).
Castello Brientii (Goffredus de)
Castello Duplo, Castro Duplo (Petrus de)
Castello Novo, Castel Novo, Castro Novo (Bernardus, Iordanus, Raimundus, Willelmus, Ymbertus de).
Castellone, Castelono (in), 80, 311.
Castilon = Castellione.
Castra, 170.
Castro (de), 276.
Castriduni, abbas S. Mariae = Fulcherius; — Castridunensis comes = Goffredus.
Castro Duplo = Castello Duplo (de).
Castri Gaugii, Castri Gauçii, de Castelo Gauges (Ernaldus, Geraldus, Guilelma, Guilelmus).
Castro Iulii (Isembertus de).
Castro Novo (de), 103; — Castri Novi vicecomes = Gosbertus. Cf. Castello Novo (de).
Castro Rosen (Petrus de).
Castri Vetuli, de Castro Vetulo, Chastri Vetuli, de Chastello Uduli (Bernardus, G., Guillelmus, Raimundus).
Catalani, 36; — Catalanensis, Catalaunensis, Cathalanensis, Cathalaunensis archidiaconus = Stephanus; — civitas, 58, 96; — episcopus, 290, = Bartholomeus, Elbertus, Gaufridus; — forum, 290.
Catalani, Cathalani, Cathalaunensis (Guillelmus, Iocelinus, Stephanus).
Cataleu (en), 330.
Catti (Guido, Nicholaus).
Cauchos, Chauchs (Guillelmus de).
Cauiz (Gaufridus de).
Cauna (Arnaldus de).
Caunis (Bernardus de).
Cauzunojol (de), 317.
Cavaler, Caval, Cavaleiro, Cavalerii, Cavaller (Monio, Pontius, Raimundus).
Cavallo (Petrus, Pontius de).
Cavanaco (Rogerius, Willelmus de).
Caveth (Girald).
Cazal, 52.

Cebater, Çabater (Bidal, Vitalis).
Cecilia, comitissa, 33.
Cecilia, vicecomitissa, mater Rogerii de Bitterri, 33, 45, 46, 47, 65, 67, 287, 302.
Cedro (Arnulfus, Giraldus de).
Ceguinole, Cegoniolas, Cegunolis, Cigugnolis (Berengarius de).
Celma (Iohannes).
Celans (Bertrannus de).
Celata, 108.
Celerolos, 13.
Celestinus [II], papa, 381, 382, 383, 386, 388.
Cellares, Cellarii Aurei, 113, 132, 371.
Celtegos, 13.
Cendonit (Diagu, Iohannes).
Cenomanni, 9; — Cenomanensis episcopus = Guido.
Centernago, 103.
Centullus [comes Bigorritanus], 309.
Centum Dextres, 230.
Centumputeis (de), 361; — (Guido, Hugo de).
Centura, 228.
Cerced (Arnaldus de).
Cerchie parrochia, 43.
Cerdane, 229, 230.
— uxor Petri Bernardi, 175.
Cerdani (Guilimus, Raimundus).
Ceresa (de), 333.
Ceresuas, 312.
Ceret, 197.
Ceret (Berengarius, Iocfredus de).
Ceritanensis comes = Raimundus Berengarii
Cernone (Milo de).
Cernonium, 36.
Çerta (Iohans de la).
Ceruscledo, 169.
Cervaria, 92.
Cervera, Cerveira (Guillelmus de).
Cervera, domus de (T.), 270.
Cerviano, Cirviano, 29.
Cervinei fons, 96.
Cervio, 313.
Cerzaz (Ripertus de).
Cesaree dominus = Galterius.
Cesaraugusta, 4, 68, 102, 103, 108, 183, 225, 226, 232, 261, 263, 265, 309, 312, 333, 387; — Cesaraugustani canonici, 100; — episcopus = Bernardus, Garcias. Cf. Saragoça.
Cespunola = Zaspunola.
Cesterfeld' (de), 239.
Cestria (Ricardus de).
Chaarossa (Bertrandus de).
Chabberti = Xatberti.
Chais (Petrus, Willelmus).
Chalancho, Chalanco (Petrus, Raimundus de).
Chalanciaco, Chalancio (Guido, Willermus de).
Chalmisiaco (Gervasius de).
Chalveria = Calvaria.
Chamarz (Bertrannus de).
Chameccensis (Ricardus).
Chames, 216.
Chandel (Walterus).
Chanlinto (Ricardus de).
Charrofoli, Corrofoli (Ripertus).
Charrouolis, Carrouolis, Carrouols, Charouols, Charrouils, Charrouolo (Eustachius, Ripertus de)
Charu (Guirricus, Hugo).
Charves (Virricus).
Chastello Uduli = Castri Vetuli.
Chaster Pug (Baro de).
Chastri Vetuli = Castri Vetuli.
Chauchs = Cauchos.
Chaudadria (Iohannes de).
Chaumacho (Robertus de).
Chaun (Eustachius de).
Chausun, 39.
Chavannis (Girardus de).
Chavas, 47.
Cherali, Cheralto, Kerallt (Berengarius de).
Chery (Gunmerus, Oliverus de)
Chevresi, Chivrisiacum, 341, 344.
Chico (Martin).
Chiningewrch, canonicus de = Henricus.
Chivel (Garcia).
Christianus, 3, 215.
Christina Gunsalviz, 74.
Churoldus de Wintona, 148.
Cicestria, consul de = Willelmus.
Cicilia, uxor Balduini de Sopelo, 341.
Cidiz (Gundisalvus).
Cigonellus (Americus).
Cinca, 263.
Cinzano (de), 354.
Cirach (Petrus de)
Cirilliacum, 18.
Cirilli (de), 207.
Ciriol (W.).
Cirsano, 51.
Ciscerciensis ordo, 371.
Cisterna, 48.
Citdestres, 256.
Claeles, Cleeles, 23.
Clairano (Arnaldus de).
Claireu, Cleireu (Silverius, Silvio de).
Clamos, flumen de, 273.
Clanz (Raimundus des).
Claperiis (in), 272.
Clarembaldus, Carembaldus, Clarembaudus, 96.
— de Fastis, 344.
— de Hechot (T.), 173.
— de Roselo, 342.
— Vairel, 341, 343.
[C]larenciaco (Bernardus, Guillelmus, Petrus de).
Clarevallis abbas = Bernardus; — abbatia, 173.
Claricia, uxor Hugonis Alesneis, 20.
Clarmont, Claromonte, Claro Monte (Arnaldus, Bernardus, Guilelmus, Petrus, Raimundus, Udalgerius de); — Claro Monte (in), 224.
Claromontensis, Clarimontis comes = Rainaldus; —

consul = Rainaudus; — major = Ibertus.
Claromaresch, 172.
Clausa (Albricus de).
Clausonna (Petrus de).
Clausonno (de), 259.
Claustro (de), 210; — (Rostagnus, Willelmus de).
Clausum, 323.
Claver (Bonifacius de).
Clebano (Stephanus).
Cleireu = Claireu.
Clementis (Petrus, Pontius).
Clerici, Clerc, Clergue (Pere, Petrus, Robertus).
Cloia (Iohannes de).
Cloinus (Odo).
Clota (de), 314.
Clusa, 221.
Coa, 230.
Cocelo (Ingerannus de).
Cociaco, castellanus de = Wido.
Cocoliberi = Quoquolibero (de).
Cocti (Berengarius).
Cohairardo (Galterus de).
Coin, 330.
Coines (don), 235.
Coinolos, 13.
Coirano (Raimundus de).
Col tras lo castel, 308.
Colacoriis, Coloirs, 80.
Colatorio, templarii de, 207.
Colbensis prior = Bernardus.
Colimbrie alcaiad = Gunsalvus Didaz; — Colimbricensis episcopus = Bernardus; — territorium, 7, 8, 17.
Collo (de), 184; (Berengarius de).
Colno, Colnatis, 28, 184.
Colomario, prior de = Humbertus.
Colonzellas, Colonzellis, Coloniellis (de), 92, 130, 132, 139, 202, 210, 295, 363, 371; — decanus de = Bernardus; — (Michael de).
Colrasus, imperator, 227.
Columba (Aimo, Bernardus, Raimundus).
Columba, uxor Ebaldi, 21.
Columberiense = Colimbriense.
Coma (de), 48, 228, 313. — (Bernardus, Guillelmus, Stephanus de).
Coma, Cumina de Touo, 335, 336.
Comba, 113, 116; — (Guillelmus).
Comba Lobeira, 124.
Comeiros, 8.
Comes (Simon).
Comes Latro, 306, 334.
Comes, presbiter cardinalis, 378.
Cometissa = Comitissa.
Comingo (de) = Covenarum (comes).
Comiris, 18.
Comitissa, 21.
— filia Widonis Torti, 39. uxor Bonardi de Verou, 38.
Comitisville parrochia, 247.
Compeiro (Rigaldus de).
Compens (Andreas, Guarinus, Petrus, Robertus de).
Comtalis terra, 134.
Comte, Compte (Berenguarius, Iohan).
Con Arouka, 191.
Conamina (de), 313.
Conanus, comes et dux Britannie, 9, 167.
Conca, Concha, de Concas, 4, 197, 320.
Conchabella (B., Bernardus de)
Conchelos, 30
Condabriac, prior de = Bernartz de Rochafort.
Condatum, 36, 59.
Condeyo (Rogerus de).
Confita, 262, 263.
Congingnis (de), 354; — (Bermundus de).
Cono de Fadreslors, 5.
— filius Lamberti comitis, 72.
— frater Raimundi de Cortis, 246.
Conoguda (M.).
Conpelleio (Constantius de).
Conradus, Conrradus, Corradus, Cunradus.
— episcopus Sabinensis, 378, 380, 387.
— imperator, 200, 206, 249.
- rex, 173.
Constancii (Bernardus).
Constantiensis episcopus, 299; = Algarius.
Constantinopolis, 351.
Constantinus de S. Paulo (T.), 309, 365.
Constantius de Conpelleio, 304.
Contau (Teodericus de).
Conteio (Homundus, Iohannes de).
Contrast, 37; — Contrasto (Arnaldus, Raimundus de).
Conzalvez = Gundisalvus.
Copeelia, 36, 59.
Coquus (Guilelmus).
Corb (Bernard del)
Corba, vallis de, 105.
Corbaran, filius Orbelite, 329.
Corbesun (Guido de).
Corbiniachum, 342.
Corbinis, Corbinos, Corbins, Corbinum, Corbons, Corbos, 162, 193, 246, 308, 312, 353, 387.
Corbons (Arnallus, Bernardus, Petrus de).
Corcelo (Simon de).
Corcellis, Corcelles, 3; — (Gerardus de).
Corduba, 353.
Corerils (Theodericus de).
Cormaricum, 6.
Cornabroc, Cornabroch, Corna Brocos, Cornabrocs (Willelmus).
Corneliano, Corneiano, Cornelano, Cornellam, Cornellan, Corniliano (Arnaldus, Bernardus, Petrus, Rafart, Raimundus de).
Cornelio (in), 355.
Cornelly (Wido).

Cornez (Guillermus).
Cornio, Cornon, Cornonio (Telgo, Vileimus de).
Cornuda (Umbertus de).
Corrofoli = Charrofoli.
Cortata (Petrus de).
Cortes, Curtes (de), 30, 235, 267, 268, 269, 274, 279, 296, 327; — Cortes, prior de = Willelmus; — Cortes, Cortis (Raimundus, Stephen de)
Cossegna (La Caissainna), 185.
Cost (Bertrannus, Petrus de).
Costa, 40, 134.
Costantia, uxor Raimundi, principis Antiocheni, 143.
Costis (In), 330.
Cotanda, 102.
Cotande, arcade de, 329.
Cotarelz, 365.
Coterri Suarici, 147.
Coulens (Hugo, Wido de).
Covele, Coveley, 123, 144, 158, 178; — Coveleya, ecclesia de, 148.
Covenarum comes = Bernardus.
Coves, prior de = Raimundus.
Cracieres, 13.
Crahehem (Walterus de).
Crassus (Geraldus, Radulfus, Robertus).
Crastorecarel mons, 282.
Creas, 78.
Creceio, Creciaco (Guarnerus, Iohannes de).
Credulio (Guerno de).
Creissagueto (de), 144.
Creisel, Creissel, Creissello (de), 184; — (Becgo de).
Cressynge, manerium de, 86.
Crest, villa, 94; — Crest, Cresto (Arnaldus, Petrus, Rostanz de).
Cripte, 151
Croano, 342.
Cros, Croso (de), 184.
Crote de Agulea, Crotis Aculei, 39.
Cruceolis, Cruciolis, Crusol, Crusolis (Bernardus, Raimundus de),
Cugnali (Bernardus de).
Cuiselo = Cuse.
Cumbas Tesaurenchas (de), 330.
Cumbis, Conbis (Hugo, Normannus de).
Cungusto (Bertrandus de).
Cupero (Benedet).
Cura (Pontius de).
Curcelle, 36, 59.
Curciano (Ermengaudus de).
Curia (de), 245, 349; — nemus de, 241.
Curia Dei, monachi de, 315.
Curtedone, 282.
Curterio (Manasses de).
Curtes = Cortes.
Curtraco, castellanus de = Rogerus
Curtuscampus, 214, 215, 216; — Curtocampo (Iohannes de).
Curvala (de), 322.
Curvus de Turribus, 15.
Cuse, Cuiselo, Cuselo (Rainaudus de).

D

D. Almoraveth, 225
D. de Brizo, 218
Daganetus, 158.
Daidis Sarracenus, 57.
Dalmacii, Dalmaz (Elisiarius, Gaufridus, Geraldus, Petrus, Pontius, Rostagnus, Ugo).
Dalmacii campus, 321.
Dalmacius, 222.
— de Balona, 188.
— de Ortaphano, 257.
— de Paretz Tortas, 52.
— de Petra Gora, 362.
— de la Roca (T.), 367.
filius Ricsindis, 200.
Dalmadius Odano, 128.
Dalricchi (Ermengaldus).
Dalverge (Hugus).
Damianis (de), 292.
Dampera (Guido de).
Damunte (Ponçono).
Daniel, canonicus Ebroicensis, 338.
— de Casals, 175.
— de Teneromonte, 11.
Danubii, Denubii vinea, 256, 257.
Danzeo (Gaufridus de).
Darbocio (Petrus de).
Dardenaco (Petrus de).
Darnach, 230.
Darocha, 4.
Daroca, Darocha = Taroca.
Dat, Date (Fortun, Sancio).
Decorona (Forn).
Deldunum (Hilderius).
Delhas (Henricus).
Delphinus (Guido).
Deodati (Amelius, Bernardus, Gauscelmus, Pontius, Willelmus).
Deodatus, 346.
— de Fodeta, 144.
— de Portali, 323.
deSolario, 119. Cf. Deusde.
— Petri, 359, 360.
— Vilelmi, 28.
Derrelo (Guillermus de).
Derc, Dercho, 97, 103.
Dertosa, 350.
Dervensis abbas = Rogerus.
Desde = Deusde.
Deslibol, 337.
Destoles (Arnaldus).
Destres, 257.
Deusde (Peire).
Deusde, Desde, Deusdedi, Deusdedit, 53, 54, 55
— capellanus S. Leoncii, 331
de Solario, 37. Cf. Deodatus.
— filius de Ros, 209.
— Guilbertz, 359.
— Ribeira, 331.
— Vergiliis, 331.
Diabolus (Girardus).
Diago, vir, 312.
Diagu Cendonit, 16.
Dias, uxor Pontii Calvet, 364.
Diaz, Diec, Diez (Ioan, Menendus)

Dichesinuta (Theodericus de).
Didacus, Didagus, Didaz.
— Alfonsus, 228.
— Camelici, abbas, 251.
— Gundisalviz, 189.
— Nuniz, 228.
— Truitisendi, 282.
Diensis presbiter = Villelmus.
Dinnesleya = Dynnesleya.
Disalviz, uxor Menendi Moniz. 189.
Disderio Monte, MonJisderio, Mundidesiderio (Nivardus, Paganus de).
Dissummo (Gosbertus de).
Divione (de), 332; — (Heffredus, Iohannes de).
Dod, Dodo, Dodus, episcopus Osche=Arnaldus Dodo
Dodencs = Dozencs.
Dodo, Dodi, Dodoni, Doi (Arnald, Bertraudus, Petrus, Villelmus).
Dodo de Benac, 310.
Doins (de), 318.
Dolgait, villa, 43.
Domingo, Dominico, Dominicus.
— Abbas, 201.
Aliazar, 242.
Calbo, 337.
— de Articha, 340
de Heba, 307.
— de los Arcos, 306
— de Malorgas, 334.
— de Oriavita, 333.
— (don), presbiter, 312.
filius de Bonafilia, 308.
— Lespig, 79, 294, 299, 300, 307, 347.
— Perdiguero, 191, 225.
— Pescator, 347.
— Sperat, 265, 337.
— Stephani, 242.
— (T.), 52, 147, 313, 333, 334, 344.
Dominici, Dominiç, Dominkeç (Garcia, Petrus, Sancio).
Dominico, Dominicus = Domingo.
Dominicum pratum, 343.
Dompni Petri la chaleide, 38.
Dompnione (Fredericus de).
Dompnus Petrus, castrum, 58.
Donalutia, Dona Lutia (Iohannes de).
Donceil (Gaufridus, Herveus).
Donnus Martinus, 22.
Dorcha, frater Carbonelli, 105.
Dormais (Raimundus).
Doscet ? (Galterus)
Dosera (Petrus de).
Dozencs, Dozeci, Dozenchi, 47, 48, 50, 51, 64, 113, 134, 166, 169, 186, 196, 197, 203, 206, 234, 284, 286, 289, 354; — Dozencs, Dozencho, Dozenco (Berengarius, Bernardus, Oto, Petrus de).
Drago de Sperleke (T.), 173.
Dragunan (Uguo).
Drascumne, 280.
Dreio (Barduinus, Haimo de).
Drocham de Scholoner, 178.
Drogo, Droco, 330.
de Munciaco, 27.
de Petrafonte, 352.
— presbiter de Corcellis, 3.
— Ricous, 303.
— Strabo, 21.
Druisencort, Drusencurth (Gislebertus de).
Dua Castella (Bernardus de).
Dudo, monachus S. Petri de Monte Cathalaunensi, 142.
Dulcia, uxor Guillelmi de Balaniano, 319, 320
Dulciania, 104.
Dunhelberge (Heinricus, Willelmus de).
Dunis abbas de = Robertus.
Duno (Pontius, Raimundus de)
Durandi, Duranti (Pontius, Willelmus).
Durandus, Duran, Durannus, Durantus, 152, 303.
— de Margonco, 252.
magister, 18, 247.
Durani (Pere, Petrus).
Durban, Durbano (Guilelmus, Rogerius de).
Duvione = Divione (de).
Dynnesleya, Dinnesleya, Dynneslay, Dynnesley, 167, 178, 280.

E

E., sacrista S. Salvatoris, 226.
Ebaldus, 21.
Ebardus = Everardus.
Eblo, comes de Sauz, 19.
— de Malo Leone, 222.
Ebrardus = Everardus.
Ebrin (Petrus).
Ebro (de), 209.
Ebroice, 87; — Ebroicenses clerici, 338; — comes (Simon de Montfort), 338; — episcopi, 299, = Oudunus, Rotrocus.
Ebroinus Iohannes filius, 303.
Ecsemen = Exemen.
Edith, uxor Roberti de Olleo, 140, 148.
Edmarus, 332.
Edmundus de Stotivilla, 111.
Edris (Guillelmus de).
Egareiz (Petrus).
Egas, Ega, Egaz, Egeas, 17, 191, 226.
— Gensendiz, 7, 8, 17.
— Menendiz, 147.
— Moniz, dapifer, 8, 17, 229, 231.
Oderici, 189, 251.
— Vermuiz, 232.
Egican, 201.
Egiderii (Raimundus).
Egidius, episcopus Tusculanus, 378.
— scriba, 154.
— (T.), 278.
Eguer, fluvius, 139.
Eiroias (Ismido de).
Eibertus, episcopus Cathalanensis, 35, 68.
— nepos Wiardi de Rumeis, 341.
— Eldara Petrici, 190, 191.
— Eldeberti (Leodegarius, Willelmus).

Eldiardis, uxor Pontii Textori, 358.
Eldrici (Guiraldus, Rogerius).
Eleit, 71.
Elembona (Guido de).
Elenensis, Elnensis archidiaconus = Berengarius de Caneto; episcopatus, 89, 168; — episcopus = Arnalius, Artallus.
Elfon, 262.
Elias = Helias.
Elisabeth, Elisabe, Helisabeth, Helisabez, 38, 96.
— uxor Guidonis de Penniaco, 21.
— uxor Petri Desde, 79.
Elisiarii (Bertrandus, Fulcho).
Elisiarius, Elisiarus, Elsiardus, Elsiarius, Helisiarius.
— Dalmacii, 293.
— de Avisano, 325, 326.
— de Boazone, 132, 140.
— de Valriaco, 160.
— Laupie, 145.
Elmeratus = Almeradus.
Elna, 256, 257; — Elnensis = Elenensis.
Elsiardus, Elsiarius = Elisiarius.
Elso (in), 212.
Elson, Alsone, Elsone, Elsonis, rivus, 85, 86, 113, 117, 130, 132, 139, 194, 202, 210, 350, 367, 369, 371.
Elvira, 13.
Elyas = Helias.
Elyensis episcopus [Nigel], 158.
Emberticurie (Renaldus).
Emelina, Aemelina, uxor Odonis, 21, 44.
Emenardus, 22.
Emenbert de Balmis, 369.
Emenberti, 132.
Emeno, Emes, 138. Cf. Exemenno.
Emeno de Sabrano, 106, 294.
Emfesta, 179.
Eminones (Manx, Garçia, Iordan, Urracha. Cf. Exeminones, Semenones, Xemenones.
Emmauricus de Gadenos, 304.
Emmelina, conjux Hugonis, 341.
Empuriis, comes de = Poncius Ugo.
Enardus (Vitalis).
Eneco, Eneç, Enechus, Ennecho, Ennechus, Enneco.
— Acenaric, 219.
— Arceç, 218.
— capellanus regis, 18.
— filius de don Franco, 190.
— Fortunones, 333. Cf. Fertunecones.
— Galiz, 329.
— Lopiz, 73
— Petrez, 304.
— Sanz, 295, 299, 300.
Enecones, Enecons (Fortunio, Lope, Sancio).
Enesanç de Anglis, 310.
Engelberti, Engilberti (Bernardus, Bertrandus, Geraldus).
Engelran, 168, 243.
Engelsia, Engilsia, Englesa, 198, 268, 269.
Engeluini, Enguilranni (Petrus)
Engermerus, filius Leobaldi, 16.
— Rufi, 20.
Engerrannus de Betencort, 361.
Engilberti = Engelberti.
Englesa = Engelsia.
Engolismensis episcopus = Girardus
Enneguiz (Semen). Cf. Enecones
Epila, 217; — (Rainal de).
Episcopalis (P. Arnaldus).
Episcopivilla (Wido de)
Eraldus, Eraudus, canonicus Rothomagensis, 338.
— cellarius Rotensis, 346.
Erardus = Everardus.
Eras (ad), 328.
Erengier, 40.
Eriz (Salvatus).
Erlebaldi capella, 156.
Ermenendis = Ermessendis.
Ermengardis, Ermenjarda, Ermenjardis, 21, 79, 80, 138, 167.
— de Rocelo, 342.
— uxor Poncii Chalveria, 200.
— vicecomitissa Narbone, 207, 208.
Ermengaudi, Ermengalli, Ermengau, Ermengaudis (Berengarius, Guillelmus, Hugo, Petrus, Raimundus).
Ermengaudus, Ermengaldus, 71.
— Aimerici, 25.
— comes Urgelli, 36, 37, 54, 258, 296, 297, 314.
— Dalricchi, Albiensis, 288.
— de Curciano, 24.
— de Palaz, 198.
— de Sono, 97.
— Guillelmi, sacerdos, 168.
— sacerdos, 29, 141.
Ermessendis, Ermensedis, Ermensen, Ermesenda, Ermesinda, 81.
— de Balaniano, 319, 320.
— filia Beatricis, 368.
— mater Bernardi Oriol, 187.
— mater fratrum de Fonolar, 188, 190.
— Pelaiz, 179.
— uxor Berengarii de Ruvira, 93, 221 222.
— uxor Bernardi Modol, 165.
— uxor Guilelmi de S. Clemente, 356.
— uxor Guilelmi Ermengaudi, 24.
— uxor Raimundi de S. Martino, 108, 109, 111.
— Venegas, 253.
Ermigius, 179
— archidiaconus, 233.
— Monis, dapifer, 8.
— Venegas, 8, 17.
Ermolaus, 110.
Ernaldus, Ernaudus, Ernoldus, 216.
— comes Gisnensis, 239.
— de Castelo Gauges, 266.
— dominus de Arda, 239.
— presbiter, 22.

Ernulfus = Arnulfus.
Ertaudus, 21, 342.
Escafredi (Ugo).
Escafredus (T.), 254.
Escarbotus, 349.
Eschechias, 80.
Eschenna (Gaufridus de).
Escodacas (Bernarz).
Escogola, 134.
Escolart (Albericus).
Escorga (Bernardus).
Escotus de Brugeria, 268.
Espada (Bernad).
Espagol, episcopus Olorensis, 220.
Espainnol, clericus Tutelanus, 310.
Espellitus (Petrus Martinus).
Esperat = Sperat.
Esperaza, Esperazano (de), 71, 141, 176, 311.
Espig = Lespig.
Espinceil molendina, 21.
Essartis (Hugo de).
Essena, conjux Rogerii, comitis Fuxensis, 90, 91.
Essexa, 170.
Estacherel (Iohannes).
Estade, 262.
Estaiol, 124.
Estalonmaisnil, Stalun' Maisnil (Geroldus d').
Estela, 52, 73, 244, 254, 306, 335.
Esterquel, 154.
Esteven (Guillelm, Pere, Ponz).
Estodal, 91.
Estremadura, Extramatura, Extrematura, 17, 18, 230, 333.
Estroubera (Bertrannus).
Eugenius papa [III], 237, 275, 280, 298, 3.., 382, 383, 384, 385, 386, 387, 388, 389.
Eulo de Busselo, 39.
Eustachius, Eustacius, Eusthachius, 172.
— abbas S. Fusciani, 72.
— comes [Boloniensis], 86, 123, 280, 300, 301.
— de Baldimento, 43
Eustachius de Charroulis, 127.
— de Chaun, 240.
filius Hescelini, 12, 180.
— filius Mathildis regine, 172.
— filius Stephani, regis Anglie, 166, 170.
— frater Willelmi, prepositi Valentini, 127.
— vicedominus, 36, 59.
Eustorgius, scriba, 309.
Euuinus de Beria, 19.
Evanus, 128.
Evardi terra, 22.
Everardus, Eberdus, Ebrardus, Erardus, Euraldus, Eurardus, Evrardus, Heverardus.
— Biguet, 341, 344.
de Brenordio, 344.
de Bretuil, 280.
— de Oriniaco, 344.
— prepositus, 342.
— de Barris, 281.
— Li Manant, 16.
— prepositus Sezannie, 20, 21.
— sororius Guermundi, 264.
— (T.), 205, 207, 362, 386, 389.
— Trabo, 341.
Exaguador, 284.
Exalon, rivus, 68.
Exebro Vivos, 65.
Exela, 219, 283.
Exemen, Examen, Exemenno, Eximenus, Exinino = Xemen.
Exemena Gonsalvit, 232
Exemenno, Exeminones = Xemenes.
Exomensis episcopus = Stephanus.
Extraens (Girardus).
Extramatura, Extrematura = Estremadura.
Ezquerra (Orti).

F

Faber, 167.
Fabian, rivus, 141.
Fabri, Faber (Arnaldus, Bricius, Brunus, Giraldus, Guillelmus, Lambertus, Martinus).
Fabrigas, terra de, 120; — (R., Raimons de).
Fabrissa, uxor Bernardi de Blanca Fort, 112.
Fadreslors (Cono de).
Fagildiz, 201.
Fagis (Herbertus de).
Faios, Faios illos, 307, 334.
Falchet, 286, 312, 313.
Falcheti (Petrus).
Falco de S. Gervasio, 107.
Falconis, Falco, Fauco (Bertrandus, Guillermus).
Falcs (de), 190.
Falkenberga, castellanus de = Willelmus; — (Hugo de).
Falsardus (Lambertus).
Famllonga, 28.
Far, 68.
Faraldi (Ugo).
Faraldus, filius Petri Allauz, 125, 169.
Farauz = Faro.
Farlet, 79.
Faro, Farauz (Berengarius, Gaucefredus, Poncius de).
Farocis, 228.
Farracia (Berengarius de).
Farselos (Hugo de).
Fastis (Claremhaudus de).
Fauco = Falconis.
Faure (Arnaldus).
Favairolas (Bertrandus, Froterius de).
Favernel (Theodericus de).
Fel (Petrus).
Felgerria (Petrus).
Felguerias, Felgairach, Felgairosa, 273, 287, 360. Cf. Figairolas, Figuera.
Felicius Mons, 20.
Femad, 124.
Fenestreles, 94.
Fenis (Sustanus de).
Fenolet, Feniolatensi, Fenolades, Fenoled, Fonelledes, Foneleides, Fonolet,

Fonuleto (Arnallus, Bernardus, Petrus, Uzalgarius de); - comitatus, 97, 162; — vicecomes = Udalgarius; — vicecomitatus, 89.
Fenollar, Feniolar = Fonolar.
Ferad (Bernardus).
Ferdinandus, 282.
Ferentini, 389.
Ferganni (Alanus).
Fernandi, Fernandez (Guler, Martinus, Petrus).
Fernandus, 74.
— Captivus, 229, 231.
— comes de Galecia, 7, 8, 12, 258.
— Menendiz, 230, 231.
— Petri, dapifer, 275.
Ferragenal, 123.
Ferrals, 286.
Ferran, Ferrando (don), 223, 235.
Ferrandi (Arnaldus).
Ferrandus de Artanegui, 254.
Ferraria, Ferrers (Hugo de).
Ferrariis, Ferrers, comes de = Robertus.
Ferrer, Ferrerius de Benavar, 191, 225.
Ferriz, senior in Oscha, 219, 262, 305.
Ferrol, Flerol (Arnaldus, Guillelmus, Poncius).
Fertunecones, Fertunicons = Fortun Enecones.
Festo, 23.
Feuvi (de), 228.
Figairolas, Figeirolas (de), 130; cf. Felguerias, Figuera.
Figuera, Figeiras, Figueres, 98, 256, 257, 313. Cf. Felguerias.
Filgeriensis (Henricus), 158.
Filinas, Filinis (Iordanus, Pontius de).
Filioli (Petrus).
Finke, Finchi, Fynke de Speresholt, 238, 239.
Firmitate (Gosbertus, Guillelmus, Renardus de).
Fiscel (Hugo).
Flamercicurte, 96.
Flandrensis (Aylardus).
Flandrie, Flandrarum comites = Guillelmus, Therricus.
Florentia, 181.
— uxor Guillermi Breon, 103.
Florencii (Raimundus).
Flure (Warnerius de).
Focald, Focalt, Folcald, Folchald (Helias).
Fodeta (Deodatus de).
Foisac, 184.
Folcald Galind, 175.
Folchardus de Thenis, 5.
Folcherius, Folcher, Folcherus, 27, 162, 315, 316.
Foliano (Guillermus de).
Folliano (de), 158.
Folradi, Folradii, Folraz (Ripertus).
Fonolar Feniolar, Fenollar, Fonear, Fonelar, Fonolaro (Berengarius, Bernardus, Petrus, Poncius de).
Fonelledes, Foneleides, Fonolet = Fenolet.
Fons, ecclesia de, 346.
Font, 228.
Fontanis (Lambertus, Odo, Poncius, Theodoricus de).
Fontanis, territorium de, 96.
Fonte (Ivo de).
Fonte Arcada, 12.
Fonte Calve, ecclesia de, 351.
Fonte Cuberta (de), 197.
Fonte fellosa (de), 359.
Fontecano (a), 359.
Fontecto (Bartholomeus de).
Fontelas, 30.
Fontenelo, abbas de = Robertus.
Fontes, 52, 217, 226, 246; — Fontibus (Vilelm de).
Fontiani, 124.
Fontis Ebraudi abbatissa = Petronilla.
Fonzilione (de), 323.
Forcia (Arnale de).
Forn Decorona, 292.
Fornerii, Forner (Arnau, Guilelmus, Laugerius, Ramundis).
Fornols, 162.
Foro (Odo de).
Forojulienses canonici, 1; — episcopus = Beringuarius; — prepositus = Amalricus.
Fort Sanz de lacha, 304.
Fortis (Fortin).
Fortius Berbegarius, 15.
Forto, prepositus, 285.
Fortunio, Fertun, Fertung, Fertunio, Fertuniones, Fertunius, Fertuno, Forten, Fortin, Fortun, Fortungo, Fortunnyo, Fortuno, Fortunones, Fortuny.
- abbas Montis Aragonis, 205.
— Acenariz, 73, 246, 262, 263, 312, 333.
— Bones, 64.
Dat, 263, 305.
— de Bergoa, 219, 263.
— de S. Çelodomo, 52.
— Enecones, Necones, 52, 73, 154, 208, 244.
— Fertunones, alcada de Tutela, 279.
— filius Domincos, 190.
— Fortis, 52.
— Galinz, castellanus, 304, 305.
— Garceç, 29, 175.
— Lopeç, 52, 305.
— Paschal, 146, 190.
— Sanç de Funes, 265.
— Xemenones, 232, 235, 283.
Fortunions, Fertinones, Fertuniones, Fertunones, Fortinones, Fortuniones, Fortunones (Eneco, Fertuno, Sanz, Semen).
Fosato (Guido, Guillermus, Unbertus de).
Fovenne, 21.
Fraga, 30, 52, 64, 333.
Fraisel, 369.
Fraisenet (W. de).

Framerlis, Fremerlis, parochia de, 171 ; — (Goselinus de).
Frauberti (Gilleimus).
Franceschi caminus, 230.
Francie, Francorum regina = Helionordis ; — rex = Ludovicus junior, Philippus ; — Francie concilium, 305.
Franci, Francigene, 110, 150, 166, 167, 178, 280.
Francigena, Frantigena (Odo, Wilelmus).
Francisc, Francesc (Petrus, Raimaudus).
Franco, Francho, 190, 343, 344.
Frangoliano (Berengaria de).
Fraxino, Frexeno, Frexeino (de), 61, 105 ; — Fraxino (Reginaldus, Rogerus de).
Fredelacensis prior = Petrus d'Unzent.
Fredericus Brecensis, 23.
— de Dompnione, 281.
Freherus, 21.
Fremaudi (Roginaudus).
Frescano (de), 283, 291, 347.
Frescano, Freschan, Freschano (Perrot, Petrelon, Robert de).
Fresna (Roricus de).
Frevel, Frevol, 304, 346.
Fritis (Ricardus de).
Frodonis terra, 351.
Frogerii (Poncius).
Frola, 227.
Frojas (Goesteu).
Froilaz (Monia, Petrus).
Fromundus, capellanus, 140.
Frontinus, Frontiu, 219, 263.
— senior in Elfon, 262.
Frontinet (de), 330.
Frotardi (Berengarius, Petrus).
Froterii, Frotir (Bernarz, Bertranc, Ugo).
Froterius de Favairolas, 168, 243.
Frumage (Letoldus).
Fuas (don), 183.
Fuellia (Michael de la).
Fulcherii (Gaufridus, Poncius).
Fulcherius, abbas S. Marie Castriduni, 351
— abbas S. Rufi, 192.
— de Carpentras, 365.
— patriarcha Ierosolimorum, 363.
— (T.), 222.
Fulco, Fulcho, archidiaconus, 45.
— Bertranni, 2.
— comes Andegavensium, 5, 8, 9, 214.
— de Buriano, 227.
— de Montegni, 26.
— de Olleo, 140.
— Elisiarii, 206.
— filius Martini, 16.
— precentor, 361.
— rex Ierusalem, 214
Fulconis, Fulco, Fulchoni (Petrus, Raimundus).
Funes, villa, 146, 154, 190, 244, 265, 306, 335.
Funuleto (de) = Fenolet.
Furchis (de), 259.
Furnensis decanus = Thomas.
Furnis, Furno (Odo, Robertus de).
Furrio, 8.
Fuste (Milo de).
Fuxensis comes = Rogerius ; ecclesia, 236.

G

G. Becaire, 328.
G. de Caprera, vicecomes, 297.
G. de Griavol, 225.
G. de Iorba, 297.
G. de Leraz, 331.
G. de Podio Calvo, 132.
G. de S. Paulo, 266.
G. frater Willelmi Richerii, 132.
G. Gilabertus, 14.
G. Raimundi, 132.
G. Sudre, 331.
Gaamaugerius, 371.
Gabinus, Gabin, 226.
— Navarron, 183.
— S. Salvatoris, 191.
Gabrellac, Gabrellago (de), 184, 185.
Gadenos (Emmauricus de).
Gag (Guiraldus).
Galrardi (Wilelmus).
Galag = Galeg.
Galangau, 134.
Galatinus (T.), 351.
Galburgis, Galburs, uxor Aimerici de Barbairano, 47, 48, 49.
— uxor Raimundi de Bestorres, 229, 370.
Galdemarius de Salis, 84.
Galdinus, magister, 320.
Galdusanegues, 353.
Galecia, 258 ; — comes de = Fernandus.
Galeg, Galag, Galego (Hector, Martin, Petrus).
Galeranni (Terricus)
Galfredus, Galfridus = Gaufridus.
Galiaina, uxor Willelmi Malemanus, 114, 201, 202.
Galiana, uxor Geraldi de Monte Securo, 367.
Galiç = Galin.
Galician (Arnal).
Galifa, Gallifa, 62 ; — (Petrus de).
Galin, Galiç, Galind, Galindec, Galinz, Galiz (Arnal, Eneç, Folcald, Fortunio, Petrus, Sancius).
Galin, Galindo Acenarç, 308.
Açnaret de Fontes, 226.
— Açenarç de Frescano, 248.
— Belascho, 248.
— de Belchit, 312.
Exeminones, 305, 308.
— Garçes, 191, 219, 226, 263, 283.
— Iohannis, 304.
— nepos de Sango Galiç, 337.
— Sanç, 305.
Galiner, guat, 134.
Galixemeniç in Belgit, 337.
Gallecus (Petrus).
Galli (Petrus).
Galliciani (Rodrigus).

Gallipenza, Galipenzo, Gallipenso, 73, 306, 334.
Gallus (Simon).
Galmar (Bernard).
Galnachia (Petrus de).
Galo = Guaio.
Galterii, Gauterii, Gualterii (Guilelmus, Petrus, Raimundus).
Galterius, Galter, Galterus, Gauterius, Gauterus, Gualterus, Vautherius, Walterius, Walterus, 22, 214.
— abbas B. Vedasti Atrebatensis, 153, 156.
— abbas de Selincort, 361.
— abbas S. Symphoriani, 153.
— abbas S. Wandregesilli, 338.
— archidiaconus, 140, 142.
— archidiaconus Morinensis, 11.
— Bertoldi, 173.
— Burgiurdensio, 275.
— Calnesii, 32.
— cancellarius, 58, 96.
— castellanus de S. Audomaro, 239.
— Chandel, 240.
— custos, 35.
— de Bayllecl, 240.
— de Bolebek, 332, 333.
— de Cohairardo, 20.
— de Crahehem, 173.
— de Gui Villa, 18.
— de Gunencurte, 342.
— de Harecort, 164.
— de Languin, 3.
— de Macco, 344.
— do Monte Securo, 169.
— de Nongentello, 26.
— de Sclipes, 180.
— de Segur, 155.
— de S. Albino, 2.
— de Waheli, 170, 179.
— dominus Cesereo, 227.
— Doscet? 344.
— filius Ranolphi, 374.
— filius Willelmi, 168.
— frater Herberti archidiaconi, 374.
Galterius, Garulus, 21, 22.
— Gouda, 172.
— lo Bloy, 366.
— Maltravers, 301.
— Malvaslet, 19, 44.
— pater Milonis, comitis Herefordie, 164.
— Pulechel, 172.
— Rembodi, vicarius, 264.
— senex, 132.
— Spinolensis, 249.
— Vetuli, 363.
Galur (de), 208, 279, 298, 333, 337; — (Sanza de).
Gamarz (P. da).
Ganaple, Gasnaple dominus = Petrus.
Ganganels, 318.
Ganganus de Tauniaco, 135, 137.
Gant, Ganto (Gilbertus, Ivanus de).
Gantelmus de Alvernegue, 227.
Gantiano (de), 196.
Garcez, Garceç, Garceiz, Garçes, Garciez, Garsie, Garssia, Garssie, Gaxcez (Acenar, Ecsemen, Exinino, Fertunio, Galin, Garcia, Iohannes, Lope, Oriol, Petrus, Raimir, Raimundus, Rodericus, Sancio, Xemen).
Garcias, Garceç, Garci, Garcia, Garçia, Garsia, Garsias, Garsion, Gassion.
— Arcez, Garcia Arces, Garciarçeç, 175, 300, 307, 308.
— Azivel, 245.
— Blasa, 218.
— Chivel, 307.
de Alcala, 260.
— de Barchao, 265.
— de Barcobo, 334.
de Belforat, 73, 164, 235, 242, 244, 276, 279, 283, 300, 335.
— de la Cambra, 69.
— d'Olarda, 191.
— de Reda, 331, 333.
— Dominiç, 216.
Garcias, Eminones, 265.
— episcopus Cesaraugustanus, 52, 68, 70.
— filius Fertunionis, 29.
— Garcez, 366.
— Garcez de Argaedas, 279.
— Garcez de Bugniol, 299.
— Garcez de Hoscha, 68, 219, 304.
— infans, rex Navarre, 69.
— Kaxal, 30.
— Lopiç Orella, 312.
— Menendiz, 13.
— Necones de Ceresa, 333.
— Ortiç, 191, 216, 217, 250, 261, 265, 283, 308, 312, 330, 333.
— Paschal, 248.
— Peleiz, 226.
— Raimundi, 64, 177.
rex Navarre, 122, 146, 154, 217, 226, 243, 254, 265, 307, 334, 353.
— rex Pampilonie, 73, 78, 154, 155, 175, 190, 191, 220, 244, 245, 246, 258, 271, 279, 284, 291, 298, 299, 300, 305, 306, 334.
— Romeu (don), 219, 250, 283.
— Sanz de Oros, 328.
— Semenones, senior de S. Filippo, 329, 334. Cf. Eminones.
— Xemenes, senior in Arrotellar, 262.
Garcialinz de Melcuerno, 283.
Garcini (Guilelmus).
Garciotiz, 337.
Garda (de), 84, 120, 138.
Garda, Gardia, Guardia (Berengarius, Odilus, Tritmundus de).
Gardein, Gardeyn, 63, 346.
Gardo, abbas de, 361.
Garez = Garcez.
Garini (Petrus).
Garinus = Guarinus.
Garnerii (Ugo).
Garnerius, Garner, Garnerus, Guarnerus, Varnerius, Varnerus, Warnerius.

Garnerus, 21, 63.
— canonicus Sepulchri Domini, 99.
— cantor, 39, 58.
— de Age, 332.
— de Creciaco, 21.
— de Flure, 332.
— de Sombornon, 19.
— de Templo (T.), 73, 331, 339.
— major de Senecourt, 27.
— nepos Richardi de Vianna, 358.
— prepositus S. Stephani, 19.
Garriga, 187; — (Berengarius, Guillelmus de).
Garriga Mala, Gariga Mala, 86, 130, 194.
Garseanno, presbiter, 232.
Garuli (Gauterus, Hugo).
Gasco Zabre, 366.
Gascon (Iohen, Ramon).
Gasnapia (Gaufridus de).
Gastaut (Willelmus).
Gaston, vicecomes (Bearnensis), 4, 220.
Gaubertus, 58, 59, 215. Cf. Gausbertus.
Gauçberti, Gauceberti = Gausberti.
Gaucbertus = Gausbertus.
Gaucefredus de Faro, 78. Cf. Gauzfredus.
Gaucelmi, Gaucelm (Bernardus, Gillelmus, Guiral).
Gaucelmus, Gaucelm, Gaucellmus, Gausselmus, 169, 339.
— Deodati, 201.
— de Viver, 168, 174.
— Pigmaus de Valriaz, 182.
Gaucerandi (Arnallus).
Gaucerandus de Avisano, 325.
— de Monte Rubio, 163.
— de Pinas, 29, 205.
Gauçli castrum, 356.
Gaucolin (don), 242.
Gaudia, uxor Vincentii, 266, 267.
Gaudini (Petrus).
Gaudinus, 96.
— Rufi, 10.
Gaudricus, 103.
Gaufre Ribad, 313.
Gaufridi, Gaufredi (Arnaldus, Bernardus, Petrus).
Gaufridus, Galfredus, Galfridus, Gauffridus, Gaufrez, Goffredus, Gofredus, Gofridus, Gualfridus, Guofridus.
Gaufridus, 215.
— abbas Vindocinensis, 6.
— abbas Templi, 213.
— archidiaconus, 36, 38, 39, 58, 59.
— comes Andegavensis, 298.
— comes Russilionensis, 129, 167, 170, 178, 246, 349.
— Dalmaz, 206.
— decanus Rothomagensis, 338.
— de Alvergue, 227.
— de Avinione (T.), 200.
— de Barre, 94.
— de Bossoit, 171.
— de Bullipot, 22.
— de Castellion, 315.
— de Castello Brientii, 158.
— de Cauiz, 239.
— de Danzeo, 103.
— de Eschenna, 332.
— de Gasnapia, 10.
— de Magnavilla, comes Essexiae, 150.
— de Middeltona, 121.
— de Morinco, 32.
— de Mornaz, 161.
— de Ramoforte, 6.
— de S. Bonito, 27.
— de S. Saturnino (T.), 161, 169.
— dux Normannie, 338.
— episcopus Carnotensis, 6, 18, 24, 34, 351, 373, 375, 385.
— episcopus Catalaunensis, 34, 38, 68, 96, 373, 375, 385.
— filius de Mirabia, 161.
— filius Fulconis comitis, 6, 9.
— filius Sastay ?, 333.
— frater Gillelmi Poncii, 115.
Gaufridus Fulcherii (T.), 213, 246.
— junior, comes Andecavorum, 214.
— dux Normannie, 214.
— magister, 43.
— Malaherba, 315.
— prior Templi Domini, 99.
— sacerdos, 5.
— vicecomes Castridunensis, 71.
Gaulencs (Ysarnius de).
Gaure, Gaures (Arnaldus, Guillelmus, Raimundus, Rogerius de).
Gaure, villa, 65, 82, 100, 114, 228, 263, 310, 311, 329, 366.
Gaurinus, episcopus Prenestinus, 387.
Gaurnerius, 36.
Gausberti, Gauberti, Gauçberti, Gauceberti, Gauzberti, Gosberti, Jocberti, Jozberti (Bernardus, Petrus, Raymundus, Tuxor).
Gausbertus, Gaucbertus, Gosbertus.
— de Divione, 216.
— de Firmitate, 216.
— de Rix, 21.
— de Prugnanes, 174.
— de S. Mauricio, 214.
— Dissummo, 214, 215, 216.
— Guillelmi, 64.
— miles, 216.
— presbiter, 319.
— sacerdos, 214.
— vicecomes Castri Novi, 195.
Gauscelmus = Gaucelmus.
Gauzfredi (Guillelmus).
Gauzfredus, archilevita Bisilunensis, 28.
Gavaldani, de Gavaldano (Bertrandus, Petrus).
Gavantiola (Arnaldus de).
Gavera (Razon de).
Gaviol, 181.
Gazcez = Garcez.
Gayt (Reginaldus).
Gego = Guigo.
Gelac (de), 312.

Gelafredi (Bernardus).
Geles (de), 266.
Gellis (in), 372.
Gelraldi = Geraldi, Guiral.
Geltrudis, monacha Oreniacensis, 371.
Gelvira Peliz, 227.
Genenstalozo, 13.
Genesli (Stephanus).
Genesta, 141.
Gensendiz = Gosendis.
Genta, 281.
Genua (de), 304.
Genues, 328.
Geralda, Giralda, 319.
— muller Iohannis de Montpestler, 328.
— uxor Petri de Albagnano, 254.
Geraldi, Gelraldi, Geraudi, Giraldi, Guiral (Bernardus, Petrus, Poncius, Ugo, Willelmus).
Geraldus, Geral, Gerallus, Geraudus, Girald, Giraldus, Giralt, 21, 63, 71, 342.
— Abbas (don), 271, 307.
— Abbate, 353.
— Adalgarii, 107.
— Adaolfi, 148.
— Ademarii, 365.
— Alanfredi, 148.
— Barchinonensis, 212, 213, 222.
— Bertrandi, 115, 122, 366.
Castri Gaugii, 355, 356.
— Caveth (T.), 209.
— Crassus, 165.
— de Aurengio, 91.
— de Avisano, 325, 326, 363.
— de Balmas, 87, 107, 130, 265, 293, 294, 317, 326, 327, 365.
— de Borbotone, 131, 132, 369.
— de Borga, 243.
— de Casaledas, 362.
— de Cedro, 115.
— de Grilione, 130, 132, 166.
— de Iorba, 65.
— de Ladaigua (T.), 371.
— de Larçacca, 354, 355, 362.
Geraldus de Malroisso, 262. Cf. Guiraldus.
— de Monte Petroso (T.), 107, 113, 117, 120, 130, 139, 194, 254. Cf. Guiraldus.
— de Monte Securo (T.), 117, 119, 120, 131, 156, 159, 182, 183, 194, 211, 212, 367, 369.
— de Nocura (T.), 57, 64, 101.
— de Petra Goro, 362.
— de Porta Ventosa, 324.
— de Rauplano, 41, 88.
— de Rovoria, 267.
— de S. Paulo (T.), 231.
— de Tornafort, 85, 113, 117, 130, 131, 156, 210, 211, 212, 363, 370.
— de Turre, 39.
— de Valriaco, 115, 130, 132, 194, 202.
— de Villa Gelans, 313.
— de Vivariis, 325, 326.
— Engilberti, 13, 57.
— episcopus S. Pauli Tricastrini, 120, 130, 293, 368. Cf. Guiraldus.
— Faber (T.), 330.
— de Mirabello, 85, 113.
— gramaticus, 128.
— Guillelmi de Palacio, 75, 76.
— Malicanis, 86.
— nepos Petri de Terracia, 81.
— Odiluni, 361.
— Pastor, 308, 309.
— Pelliceri, 277.
— Pinnol, 144.
— Ponci, 81.
— presbiter, 62.
— sacerdos, capellanus episcopi Barchinonensis, 350.
— Sigerii, 209.
— scriptor, 192, 258.
— Ugonis, 361, 362.
Gerardus, Girardus, 342.
— abbas B. Remigii [Senonensis], 80.
— Bosanivilie, 249.
— camerarius Cameracensis, 128.
Gerardus castellanus de Caselto, 11.
— de Brenordio, 344.
— de Chavannis, 215.
— de Corcelles, 3.
— de Oriniaco, 344.
— de Pinconio, 361.
— de Rovra, 44.
— Diabolus, 23.
— episcopus Engolismensis, 8, 9.
— episcopus Tornacensis, 352.
— Extraens, 215.
— filius Hugonis, comitis Vuadammontis, 249.
— filius Nevelonis, 22.
— frater de Eschot, 341.
— Guillelmi, 235.
— Ignavus, 151.
— Infans, 342, 343.
— Leschant, 343.
— *Obaudus*, prepositus Sustani, 103.
— presbiter, 21, 78.
— presbiter cardinalis, 378, 381.
— sacerdos, 21.
— (T.), 278.
Geraudus = Geraldus.
Gerauldus = Geroldus.
Gerb, oppidum, 296.
Gerborredo (Petrus de).
Gerini (Raimundus).
Germundus, presbiter, 217.
Gernicurte, 342. Cf. Gunencurte, Iuvinicurte.
Geroldus, Gerauldus de Stalun' Maisnil, 280, 361.
— monachus Cadomensis, 338.
— (T.), 32, 333.
Gerosolima = Hierosolima.
Gerunda, 163, 205, 246; — Gerundensis archidiaconus = Berengarius; — episcopus = Berengarius; — sacrista = Bernardus.
Gervasius, 342.
— abbas Westmonasterii, 280.
— castellanus de Brugis, 11.
de Chalmisiaco, 342.

Gervasuis de Vinkebroch, 180.
— filius Ermengardis de Roceio, 342.
— (T.), 351.
Gezelinus, frater Maurini de Murello, 56.
Ghanto, castellanus de = Gunemerus.
Ghislebertus = Gislebertus.
Gibuinus, 21.
Gicardi (Petrus).
Gicardus (T.) = Guiscardus.
Giellmus = Guillelmus.
Giffard (Elyas).
Gigo de Valencia, 363.
Gigona = Guigona.
Gigrione (Rotbertus de).
Gigundas, 113, 260; Rostagnus de).
Gil (don) de Estela, 335.
Gila = Guila.
Gilaberti, Guilaberti (Arnaldus, Berengarius, G., Petrus, R., Raimundus).
Gilbertus, Gilabertus, Gillbert, Gillebertus.
— comes (Pembrocki), de Westona, 121, 170.
— de Clara, comes de Penbroc, 150, 167, 179, 301.
— de Gant, 170, 179.
— de Ypra, 300.
— heres Roberti de Oylli, 148.
— Sagitta, 217.
— (T.), 331. Cf. Gislebertus.
Gilelm, Gilelmus = Guillelmus.
Gili, 333.
Gillbert = Gilbertus.
Gillo, Gilo, 342.
Gilio de Novo Castello, 342.
Gillebertus = Gilbertus.
Gillelm, Gillelmus = Guillelmus.
Gillius de Cespunola = Gillelmus de Zaspunola.
Gilo de Seuz, 361.
Gilonio (Rodbertus de).
Gimardi (Rostagnus).
Gimers, 246.
Ginardus, Ginardis, filius Guofridi, comitis Russilionensis, 349.
Gipeswica, 167.
Gipuinus de Vidua, 38.
Girald, Giraldus, Giralt = Geraldus.
Girardi Molendino (Symon de).
Girardus = Gerardus.
Giraudi (Willelmus).
Giraudus, Giraus Dalmaz de S. Restituto (T.), 182, 183, 363, 367.
Giraudus, monachus de Curia Dei, 315.
— Pigmaus, 182.
— prepositus, 241.
Girberti (Arnallus, Raimundus).
Girbertus, Girbert, Girrbert.
— canonicus, 119.
— de Balager, 297.
nepos Mateldis, 327.
— Rufus (Ros), 185.
— Ugonis, 96.
Gisbani (Pontius).
Gisberti (Pontius).
Giscardus (T.) = Guiscardus.
Gisleberti curia, 151.
Gislebertus, Ghislebertus, 167, 215, 232.
— castellanus Bergensis, 5, 72, 157, 172, 180.
— de Druisencort (T.), 72, 173.
— Engania, 281.
— (T.), 153. Cf. Gilbertus.
Gisnensis comes = Ernoldus.
Gitard = Guitardus.
Gitardi = Guitardi.
Giulia, 140, 141.
Giusdus de S. Paulo, 229.
Glabeas (Rainaldus).
Glandus (Willelmus).
Glavenaz (Pontius de).
Glocester, 164.
Glocestria, Glocester (Milo, Rogerus de).
Glülem de Barcalona, 226.
Gobertus, Guotbertus Gutmar. 335, 336.
Gocel — Gundisalvus.
Gocel de illos Archos, 306.
Goda, 179.
Godefridus, Goddefredus, Goddifridus, Godefredus, Gothefridus, 99, 264.
— de Pagano, 11.
— dux Lotharingie, 173.
— episcopus Lingonensis, 216, 283, 332, 380.
— de Petroponte, capellanus Petrepontis, 342, 343.
— (T.), 16.
Godescalcus de Roseto, 343.
Godesindis = Gosendis.
Godina Soarit, 16.
Godini, Godin, Godinci, Godiniz (Godinus, Gomis, Gundisalvus, Luzu, Menendus, Pelagius, Suarius).
Godino Padelo (de), 179.
Godinus, filius Didagi Truitisendi, 282.
— Godiniz, 320.
— presbiter, 233.
Goesteu Frojas, 244.
Gofredus, Goffredus, Gofridus = Gaufridus.
Goirandi (Bernardus, Raimundus).
Goislanus, Goislenus, diaconus, 217.
— episcopus Suessionensis, 34.
Gola, Gula (Guillelmus).
Gomballus, 95.
Gomete, 191.
Gomez (Menendus).
Gomez, Gomeç, Gomiç, Gomis, Gomizo, 305, 308, 337.
— comes, 13.
— Godin, 347.
— Suerii, archidiaconus Bracharensis, 233, 320.
Gomundus, miles, 38.
Gonbert (Petrus).
Gonçalbo, Gonçalvo, Gonçelvus = Gundisalvus.
Gondinci (Luzu).
Gondisalviz = Gundisalviz
Gondisalvo = Gundisalvus.
Gone, Goni (Ada, Ado, Iterius de).

Gonesse (Balduinus de).
Gonsalvit = Gundissalvis.
Gonselmus de Navas, 273.
Gontardi (Poncius).
Gonterus de Virtutibus, 43.
Gontion, 171.
Gonzalbo, Gonzalvus = Gundissalvus.
Gordon (Pere).
Gorgarz, 21.
Gorgatel, 228.
Gormundus, 260.
Gornacum, 27.
Gornes (Arnal de).
Goscelinus, Goselinus, Goslenus, Gossclinus, Gozelinus, Guoeslenus, Guoslenus.
Goslenus, 21.
— canonicus regularis, 80.
— de Framerlis, 171.
— de Nova Ecclesia, marescallus, 11.
— episcopusCarnotensis,351.
— episcopus Suessorum, 42, 142, 373, 375, 385.
— filius Sustani de Fenis, 103.
— (T), 99.
Gosberti = Gausberti.
Gosbertus = Gausbertus.
Goscheinus, castellanus, 343.
Gosendis, Gensendiz, Godesindis (Egas).
Gossot (Philippus).
Gossuinus, 128.
Goterriz, Gualterriz, Guterris (Pelagius, Petrus).
Gothefridus = Goddifridus.
Gotolen, 292.
Gotolendis, femina, 125.
Gotzo, presbiter cardinalis, 380.
Gouda (Walterus).
Gouvias (Petrus).
Gozelinus = Goscelinus.
Graciaci castrum,240; — princeps = Raginaudus.
Gradibus (Guigo de).
Gradignano, Gradinano, Gradinnano (Odo, Ripertus de).
Gragana, Graiana, Graniana (Berengarius de).
Graial (Petrus de).
Graillia (Laugerius).
Gramondi (Poncius).
Grana (Willelmus de).
Granagrana, 55.
Grancelo (Rainaldus de).
Graneti (Guigo, Willelmus).
Grangia, 16, 22.
Graniana, 36, 53.
Graniana = Gragana.
Granione, 30.
Granolers, Granolera, 224,318.
Granoleti, Granolleti stagnum, Granoletum, Granoletum, 85, 155, 210, 213, 295, 369, 370.
Gransone (a), 361.
Grargas (de), 322.
Gratez (Albertus).
Gratia, uxor Petri Magreli,299.
Grava (Arnaldus de)
Grava, Grevia, 36, 59.
Gray (Robertus de).
Grayana castrum, 25.
Gregorii (Petrus).
Gregorius, dapifer, 150.
- diaconus cardinalis, 379.
- electus Terrachonensis, 205 ; — episcopus, 387.
— presbiter cardinalis, 378, 387.
Gressum, 5.
Griavol (G. de).
Grillone, Grillono, Grillone, (Geraldus, Laugerius, Poncius, Ripertus,Willelmus de).
Grilone (de), 132, 139, 231,371.
Grinon, Gringnon, 191, 226.
Grisenich, 68.
Grisogonus, presbiter cardinalis, 378.
Grison, 254.
Gron (Petrus).
Grossi, Gross (Bernardus, Bertrandus, Guillelmus).
Grudia (de), 256.
Guadalli (Bernardus de).
Gualburgis, uxor Raimundi de Bestorres, 132.
Gualcherius, Gualcherus de Sauci, 342, 343.
Gualerandus, Gualerannus, Walerannus,abbas Ursicampi, 24, 173.
— comes Mellentinus, 247.
Gualo, Galo, 21, 214, 216.
— de Barbonia, 20.
Gualterii = Galterii.
Gualterus = Galterius.
Guendia, rivulus, 208.
Guardia, 29.
Guardia = Garda.
Guarinus,Garinus,Warinus,22
— abbas S. Iohannis de Valeia, 351.
— Bosaniville, 249.
— de Compens, 152.
— de S. Albino, 3.
— de Vidua, 38.
— episcopus Ambianensis, 71, 72.
— filius Erengier, 40.
- Malus Filiaster, 20.
Guarnerus = Garnerius
Guarsendis, 263.
Guascus (Pontius).
Gualterriz = Goterriz.
Guerardus Biguet, 341.
Gueremundus,Guermon,Guermundus, Guesmundus, 264.
— de Bussello, 39.
— filius Hersendis, 36, 59.
Guerno de Credulio, 26.
Guerrandia (Maino de).
Guerricus de Bucelo, 21.
Guers, Guersii (Petrus).
Gui (Ramun).
Guiam, Guian, 228, 248.
Guiardus, parmentarius, 20.
Guiaz, filius Gode, 179.
Guibertus, 343.
Guido, Vido, Wido, 46.
— abbas de Tribus Fontibus, 24.
— archidiaconus, 36, 59.
— buticularius, 348.
— capellanus Unceli, 331.
— cardinalis et legatus, 205.
— castellanus de Cociaco, 279, 341, 343.

Guido Catti, 344.
— comes Pontivorum, 280, 384.
— Cornelly, 19.
— dapifer, 302, 303.
— decanus, 341.
— de Centumputeis, 361.
— de Chalanciaco, comes de Sal, 44.
— de Corbesun, 22.
— de Coulenz, 216.
— de Dampera, 22.
— de Durtis, 215.
— de Elembona, 239.
— de Episcopivilla, 96.
— de Fosato, 44.
— de Merem Feramus (T.), 173.
— de Moravid, 62.
— de Penniaco, 21.
— de Sumbernum, 331.
— de S. Albino, 2.
— de Vallibus, 343.
— de Vanorio, 44.
de Vercillis, 216.
— de Vilismo, 214.
— diaconus cardinalis, 379, 381 ; — sacerdos, 380.
— episcopus Cenomannensis, 8, 9.
— episcopus Ostiensis, 387.
— filius Aemelin^, 44.
— filius Huberti, 9.
— filius Nicholai, castellani, 344.
— frater Humberti, 44.
— major, 19.
— Martha, 215.
— miles, 247.
— pretor, 22.
— Ravinelli, 215, 216.
— Talavath, 44.
— Tortus, 38, 39, 303.
Guidonis (Guillelmus).
Gulellmus, Gulelmus = Guillelmus.
Gulfre (Poncius).
Gulgo Calneail, 32.
— comes Albionensis, 32, 39.
do Albuzon, 161
do Gradibus, 40.
— Delphinus, comes, 32.
Gulgo Granetl, 120, 293.
— Pagani, 39.
Gulgona, Gigona, uxor Rainaudi Francesc, 364, 365.
Gulla, Gila, Gullla (Arnaldus, Gulllelmus).
Gulla, Gila, Guilla, 177, 289.
— de Petreponte, 341, 343.
— uxor Raimundi de Subripas, 138.
Guilaberti = Gilaberti.
Guilencus, Guillencus, episcopus Lingonensis, 19, 44, 45.
Guilfres (Raimuns).
Guilge, Guilgem, 336, 337.
— de Billela, 336.
Guilia, Guia, uxor Arnalli Arlotb, 250.
— uxor Petri Berengarii, 76.
— uxor Raimundi Hermundi, 192, 193.
Guilla = Guila.
Guillafredi (Ricardus, Stephanus).
Guillelma, Guilelma, Vilelma, Wilelma, Willelma, Willma.
— Cabazuda, 272.
Castri Gaugli, 355.
— de Balaniano, 319, 320.
— de Gurb, 368.
— de Tauligneno, 293, 294, 326, 325.
— filia Arnalli Arlotb, 250.
— uxor Bernardi Iordanis, 56.
uxor Guiraldi de Mairois, 200, 201.
— uxor Pontii Betiani, 63.
— uxor Raimundi de Duno, 112.
Guillelmi, Gilelm, Gillelmi, Guilelmi (Ademarus, Arnaldus, Bernardus, Bertrandus, Deodatus, Ermengaudus, Gaucbertus, Gerallus, Girardus, Martin, Petrus, Poncius, Radulfus, Raimundus, Ugo).
Guillelmus, Glellmus, Gilelm, Gilelmus, Gillelm, Gillelmus, Guielimus, Guilelmus, Guilelm, Guilelmus, Guilem, Guilermus, Guillelm, Guillems, Guillermus, Guillmus, Guuillelmus, Vilelm, Vilelmus, Vuillermus, Welmus, Wilgelmus, Wilelmus, Wilhelmus, Willelm, Willelmus, Wuilelmus, Wuillermus.
Guillelmus, 2, 5, 106, 116, 319.
— Accnarie, 73, 164, 244, 334.
— Adaulfi, notarius, 34, 47, 49, 82, 110, 154, 178, 181, 182, 196, 198, 204, 206, 219, 234, 263, 267, 269, 270, 271, 274, 285, 286, 289, 296, 311, 323.
— Agullos, 365.
— Allauz, 169.
— Alamanni, 360.
— Albornaç, 242, 279, 298, 307.
— Alcherii de Podio, 125.
— Aldeberti (T.), 281, 282.
— Amati, 50.
— Andree, 39, 40, 367.
— archidiaconus de Folliano, 158.
— archidiaconus Londoniensis, 150.
— archidiaconus S. Marie, 360.
— archiepiscopus Ausiensis, 4, 56, 220.
— Argerii, 227.
— Arnalli, 40, 41, 87, 98, 125, 314, 357
— Arnulfi, de Mirabel, 112, 117, 131, 345.
— Arramundus, magister militum, 108.
— Artaudi, 365.
Audomarensis, 72. Cf. Willelmus, castellanus S. Audomari.
— Augerii, 355.
— Avenel, 238.

Guillelmus, bajulus, 64.
— Barasti, 156, 335.
— Barbarini, 85.
— Becharre, 304, 340.
— Beraldi, 293.
— Berbegerii, 231, 335.
— Berengarii, 78, 131, 160, 350, 365.
— Berengarii, clericus Vasionensis, 292, 293.
— Berengarii de Ermolans, 110.
— Berengarii de Fonolar, 188, 190, 192.
— Berengarii de Valriaco, 193, 194.
— Bermundi, 308.
— Bernardi, 197.
— Bernardi de Kabarez, 268.
— Bernehus, 149.
— Bertrandi, 2, 138, 227, 331.
— Bertranni de Barre, 309.
— Bocialus, 39.
— Bodici, 86.
— Bonet, 181.
— Bonifacii, 207.
— Botel, 49.
— Bracheti, 143.
— Bradila, 79, 80, 138.
— Breon, 103.
— Brunelli (T.), 229, 231, 255, 293, 294, 325, 326, 327, 345, 350, 363, 367.
— Buca, 341, 343.
— Buticularius, 136, 137, 153, 199, 217, 281.
— Calvacii, 230.
— Calveria, 200.
— camerarius, 351.
— canonicus Oseneie, 149.
— cantor de Hereford, 149.
— Capaçutus, 354, 355.
— capellanus de Agro Folio, 196.
— capellanus S. Marie, 71.
— Cara Vetula, 359.
— carpentarius, 214.
— Casali, 12, 52.
— Castellani, 255.
— castellanus de Falkenberga, 156.
— castellanus S. Audomari, 11, 12, 72, 99, 143, 172, 180.
Guillelmus Castri Gaugii, 355.
— Catalani (T.), 154, 165, 166, 197, 198, 203, 266.
— cellararius Aquebelle, 309.
— Cerdani, 229, 230.
— Cesaraugustensis, 205.
— Chabberti, 47, 48, 49.
— Chais, 138.
— clericus, 301.
— clericus de Villa Mulacha, 356.
— Comba, 318.
— Comes, 47, 133.
— [comes] Aurasicensis, 260.
— comes de Pontivo, 298, 337, 338, 339, 383, 384, 386.
— comes de Waren, 110, 111.
— comes Flandrie, 5, 11.
— consul de Cicestria, 238.
— Coquus, 33.
— Cornabroc, 130, 132, 203, 211, 212, 231, 255, 327, 367.
— Cornez, 20.
— dapifer, 28.
— de Abberas, 346.
— d'Albies, 168, 243.
— de Aci, 342, 343.
— de Acrel, 332.
— de Alaiano, vicecomes, 41, 71.
— de Aldenborg, 180.
— de Alon, 127, 294, 335, 365.
— de Anguils, 134, 135, 154, 166, 204, 234, 286.
— de Apia, 151, 341, 343.
— d'Arecurt, 280.
— de Asnava, 91.
— de Auures (T.), 101.
— de Avisano, 92.
— de Bages, miles, 230, 256, 257, 336.
— de Bagis, presbiter S. Eulalie, 356.
— de Bainuls, 366.
— de Balaniano, 319, 320.
— de Balge, 315.
— de Balmis, 87.
Guillelmus de Balmis, prior in Aragone et in Barchinona (T.), 255, 326, 339.
— de Bane, 266.
— de Barre, 309.
— de Bass, 80.
— de Bassinargues, 218.
— de Baudemento, magister Templi, 19, 20, 43.
— de Benedet, 261.
— de Birbeche, 173.
— de Blumad, 234.
— de Borboto, 212.
— de Bouanteia, 365
— de Braosa, 149.
— de Bunleris, 11.
— de Burdel, 279.
— de Bure, 6, 9
— de Burgundia, comes, 32.
— de Cadarossa, 117, 132, 138, 229.
— de Camp Franlez, 340.
— de Canalies, 88.
— decanus Ebroicensis, 338.
— de Cardona, 29.
— de Casaledas, 355.
— de Casals, 175.
— de Castelar, 55.
— de Castello Novo, 40.
— de Castro Vetulo, 25, 54, 61.
— de Cauchos, presbiter, 196, 288.
— de Cavanaco, 296.
— de Cervera, 205, 317.
— de Chalancio, 44.
— de Clarenciaco, 354.
— de Claro Monte, 267, 268.
— de Claustro, 91.
— de Coma, 357.
— de Cornon (T.), 234.
— de Cureos, 343.
— de Derrcio, 21.
— de Dunhelberge, 173.
— de Durban, 51.
— de Edris, 319.
— de Firmitate, 249.
— de Foliano, 104.
— de Fontibus, 71.
— de Fosato, 44.
— de Garriga, 54.
— de Gaure, 310, 311, 357, 358.

Guillelmus de Grana (T.), 113, 129, 131.
— de Grillone, 180, 182, 194.
— de Harefluctu, 150.
de Iaças, 220.
— de Ioncheriis, 229.
— de Ipra, 11, 81, 123, 280, 300, 301.
— de Laurata, 227.
— del burg de Carcassona, 71.
— de les Portes, 98.
— de Lodeva (T.), 234.
— de Lopont, 242.
— de Luzencione, 144.
— de Maiano, presbiter, 189.
— de Mauritania, 383.
— de Medonis, 259.
— de Mogoda, 199.
— de Monmaira, 365.
— de Monnevilla, 26.
— de Monte Eschivo, 318, 319.
— de Montegaio (T.), 288.
— de Montelz, 260.
— de Monte Pessulano, 66.
— de Monte Securo, 159.
— de Monte Tornes, 353.
— de Mota, 138.
— de Noers, 167.
— Deodati, 148, 252.
— de Paciaco, 9.
de Paliolo, 95.
— de Paracols, 104, 158, 174, 193, 256.
— de Passarello, 319.
— de Pedrazo, 254.
— de Peirola, 321.
— de Petralata, 83.
— de Petred, 54.
— de Piniano, 45.
— de Podio, 125, 322.
de Podio Alto, 54, 190.
— de Podio Cavo, 229, 370.
— de Pratro, 166.
— de Punciano, 112.
— de Quercelo, 5.
— de Quinto, 307.
— de Rameto, 56, 177.
— de Reboled, 146.
— de Redas, 141.
— de Riallacho (T.), 127, 211, 218, 259, 267, 272, 354, 355, 356.
Guillelmus de Rocha (T.), 316.
de Roca Talada, 367.
— de Rossacio, 291, 292, 293, 370.
— de Rossellone, 84, 85, 120.
— de Sabrano, 106, 294.
— de Saliceto, 367.
— de Scudia, 345.
— de Sera, pastor, 83.
— de Simililiaco, 188.
— de Sipiano, 112.
— de Snulleto, 5.
— de Solorivo, 317.
— de Sopiratis, 256.
— de Sorniano, 193.
— des Ssoler, 62.
— de Stella, 127.
— de Subripas, 138.
— de S. Clemente, 356.
— de S. Desiderio, 145.
— de S. Egidio, 40.
— de S. Eugenia, 50.
— de S. Felice, vicarius Carchassensis, 271, 272, 288, 302, 328, 366.
— de S. Minato, 93.
de S. Paulo, 84, 121, 293.
— de S. Xristina, 242, 276, 283, 335.
— de S. Xristofore, 234.
— de Tavernis (T.), 297.
— de Terracia, 81.
— de Trescis, 27.
— de Tres Mals, 109.
— de Tuetela, 138.
— de Valriaco, 193.
— de Vasione, 104, 125, 161.
— de Villa Gelans, 313.
— de Villa Mulacha, 119, 356.
— de Villarder, 46.
— de Vinzobrio, canonicus Vasionensis, 104, 118, 126, 160.
de Zaspunola, 314.
diaconus, scriba, 187.
— Dodoni, 292, 293.
— Durandi, 272.
Eldeberti, 203.
— episcopus Aurasicensis, 115.
Guillelmus, episcopus Ilerdensis, 389.
— episcopus Podiensis, 66.
— episcopus Rotensis, 205, 345, 346, 387.
— Ermengaudi, 24, 64, 133, 135, 166, 284, 313.
— Estevèn, 98.
— Fabri, 280, 278, 324.
— Fabri de Barbairano, 196.
— Fabri de Burcafols, 171.
— Falco (T.), 18, 21, 22, 43, 168, 213.
— Ferrol, archidiaconus Carcassensis, 366.
— filius Adde, 214.
— filius de Ros, 209.
— filius Osmont, 316.
— filius Ricsindis, 200.
— filius Theodorici, comitis Flandrie, 12.
— Forner, capellanus, 272.
— Franberti, 327.
— Francigena (T.), 182, 183.
— frater Ertaudi, 342.
— frater Pontii, 141.
— Gairardi, 129.
— Galterii, 51, 52, 227, 363.
— Garcini, 2.
— Gastaut, 169.
— Gaucelmi, clericus de S. Paulo, 293.
— Gauzfredi, 29.
— gener de Girberti, 297.
— Geraldi, 115, 309, 317, 363.
— Giraudi, 367.
— Glanduz, 127.
— Gola, 178, 269, 274, 364.
— Gonterii, 200.
— Granetti, 335.
— Grossi (T.), 253.
— Guidonis, 200.
— Guille, 195.
— Hosati, 238.
— Hubilioti, 128.
— Hugonis, 85, 133, 165, 227, 362.
— Hugonis de Avisano, 112, 181.
— Hugonis de Montilio, 365.
— Hugonis de Volobrega, 259.

Guillelmus Iordani, 321, 322.
— Isarni, 113, 132, 260, 281, 370.
— Iterii, 227.
— Iuschafredi, 94.
— Laugerii, 227.
— Lautaldi, 251, 252, 282.
— levita, 68, 318.
— lo fil Ponco del Caslar, 322.
— Lovel, 316.
— Lupi, 363.
— Macota, 176.
— Maenfredi, 159.
— Malamanus, 85, 86, 114, 131, 201, 202, 293.
— Maliani, 121, 293.
— Malros, 132.
— Mancipii, 34, 47, 51, 65, 82, 83, 111, 114, 116, 133, 169, 175, 176, 178, 181, 196, 219, 268, 269, 273, 274, 285, 286, 289, 296, 311, 323.
— Mantilini, 48, 49, 74, 113, 116.
— Marci, 81.
— Marcelli, 300, 301.
— Marini, 104, 126, 161, 169.
— Martel, 123, 144, 167, 170, 280.
— Merchadarii, 250.
— Mesclemal, 175.
— Milonis, 118.
— Miro, 83, 111, 197.
— Modoi, 165.
— Monachus, dapifer, 87.
— monachus S. Wandregisilli, 338.
— monachus (T.), 173, 238.
— Mongros, 272.
— Multe, 39.
— nepos Gilelmi sacriste, 313.
— nepos Martini, 71.
— Novelli, 267.
— Olivarii, 125.
— Otonis, 170.
— Pagani, 125.
— Palacii, 227.
— parator, 201.
— patriarcha Hierosolymitanus, 27, 99.
Guillelmus Paulinus, 48, 65.
— Paulus, 154.
— Pelagos, 323.
— Pelapulli, 366.
— Petri de Garda, 138.
— Petri de S. Xristoforo, 68, 78.
— Petri de Vilarzel, 59, 82.
— Petri, episcopus Rodensis, 220, 262.
— Petri (T.), 39, 42, 64, 65, 162, 198, 228, 356, 357, 358.
— Pevrel, 133, 140.
— Pictavensis (T.), 1, 143.
— Pipard, 333.
— Plazen, 363.
— Poncii, 91, 98, 115, 169, 197.
— Porcelli, presbiter, 209.
— prepositus, 71, 183.
— prepositus Rivipollensis, 205.
- prepositus Valentinus, 126, 127.
— presbiter Diensis, 325, 326.
— prior de Cortes, 223.
— prior Riupolli, 28.
— prior S. Marie, 79.
prior S. Nazarii, 115, 178.
- Quintini, 292.
— Quiquo, 195.
Radulfi, 130, 132, 145.
— Radulfi, diaconus, 200.
— Raimundi (T.), 31, 32, 62, 124, 145, 158, 197, 227, 229, 314, 354, 370.
· Raimundi, dapifer, 29, 53, 88, 205, 346, 368.
— Raimundi de campo Senteles, 168.
Raimundi de Corbos, 193.
— Raimundi de Gigundaz, 260.
— Raimunz de la Rocha, 317.
— Raimundi de Pirischo, 124.
— Raimundi de Pugalli, 53.
- Raimundi de Sableto, 324.
— Raimundi, sacerdos, 101.
— Raimundi, senescalc, 55, 92.
- Rainaldi, 260.
Guillelmus Rainardi, 42.
— Rainoardi de S. Paulo, canonicus, 84, 121.
— Raterii, 293.
— Renco, 94.
- Ricavi, 113, 115, 132, 229.
— Richerii, 132.
— Riperti, 229.
— Rogerii de Aragono, 47, 100, 178.
— Rogerii Siguerii, 270, 364.
— Ros, 313, 331.
— Rostagni, 161, 227.
— Rubeus (Bernardus).
— Rufi, 12, 39, 177, 301, 332.
— sacerdos, capellanus archiepiscopi Terraconensis, 346.
— sacerdos, scriba, 80, 105, 110, 111, 168, 175, 188, 199, 209, 256, 257.
— sacrista (T.), 191, 224, 285, 312.
— sacrista Rotensis, 205, 346.
— Salomonis (T.), 25, 27, 39, 107.
Sanç de Castro, 276.
— scriba, 65, 83, 100, 124, 133, 135, 169, 171, 197, 276, 285.
scutarius, 344.
— Segini, 229.
— Seniofredi, 54.
— Sicfredi de Burcafols, 170, 171.
— Sigerii, 25, 234.
— Siguerii de Laurano, 198.
— Sinuarii, 124.
— Sumario de Gerunda, 163.
— S. Martini, 96, 196.
— Tolosanus, 90.
— Tribucci, 74.
— Triket, 170.
— Velgot, 332.
— Veren, 40.
— Veteris, 83.
— Xatberti, 49, 50, 51, 366.
— Ypo, diaconus, 314.
Guinandus, 20.
Guinardus de Simiana, 260.
Guinerdus, 303

Guiral, Guirals = Geraldi, Geraldus.
Guiraldus, Guiral, Guirallus.
— Adrig, 219.
— Boizerii, 354.
— de Angulis, 354.
— de Mairois, 200, 201. Cf. Geraldus
— de Marcellano, 108, 109, 111.
— de Monte Petroso (T.), 131. Cf. Geraldus.
— de Podio Salicone, 201.
— de Porta Ventosa, 201. Cf. Geraldus.
— de Prato, 323.
— Eldrici de Vilalorio, 273, 285, 290.
— episcopus S. Pauli Tricastrini, 131. Cf. Geraldus.
— Gag, 201.
— Gaucelm, 331.
monachus, 2.
— Raimundi, 63.
Guiriberti (Rodlandus).
Guirricus, 216.
— Charu, 214.
Guiscardus, Gicardus, Giscardus (T.), 128, 202, 229, 363, 365.
— armiger (T.), 165.
— de Barre (T.), 85, 86, 92.
— de Brenordio, 341, 344, 371.
— de Oriniaco, 344.
Guitardi (Bernardus).
Guitardus, Gitard (T.), 237, 295, 366.
— de Balmis, 131, 132, 369.
— Pelliter, 304.
Guitberti, Guitbertz (Bernartz, Deusde, Rodulfus).
Guitbertus, Guitbert de Hoschet, 209.
— filius de Ros, 209.
Guiterus, Witerus, Witherius
— comes Registestis, 96.
— de Baldimento, 43.
— de Barbonia, presbiter, 20, 23.
Gul Villa (Galter de).
Gula = Gola.
Guler Fernandez, 258.
Gundebalt vallis, 21.
Gundemarus, 1.
Gundesmus, uxor Gualteri Garuli, 22.
Gundisalviz, Gonçalvo, Gondisalviz, Gonsalvit, Gunsalviz (Christina, Didacus, Exemena, Iohannes, Martinus, Menendus, Suerius).
Gundisalvus, Conzalvez, Gocel, Gonçalbo, Gonçalvo, Gonçelvus, Gondisalvo, Gonzalbo, Gonzalvus, Gundissalvus, Gunsalviz, Gunsalvus, Gunzalviz
Gundisalvus, 78, 146, 265, 266.
— alkade, 146.
— Cabeza, 247.
— Cidiz, 136.
— de Azacra, 73, 306.
— de Sauza, 17.
— de Zafra, 154.
— Didaz alcalad Colinbrie, 7.
— filius Ermesende Venegas, 253.
— Godiniz, 179.
— Martiniz, 137.
— Menendiz, 137.
— Moro, 13.
— Odorici, 253.
— Ordonis, 147, 226.
— Pinto, 222.
— presbiter, 147, 201, 251, 282.
— Ramiris, 244, 245.
— Roderici, 231.
— Suarici, 253
Gundufe, 253.
Gunemerus, Gunmerus, castellanus de Ghauto, 11.
de Chery, 2.
Gunencurte (Galterus de).
Gunsalviz = Gundisalviz.
Gunsalvus = Gundisalvus.
Guntardus Lauterii, 92.
Gunterus, 22.
Guntrannus Parvus, 362.
Guoeslenus, Guoslenus = Goscelinus.
Guofridus, comes Russilionensis, 349. Cf. Gaufridus.
Guotbertus Gutmar, 336. Cf. Gobertus.
Gurb, Gurbo (de), 62, 318; — (Bernardus de).
Gurgite Petra (Raimundus de).
Gurzon, 96.
Gusans, Guzans (Nicolaus de)
Gusia, 344; — (Bucardus de).
Guterius, comes, 13.
Guterris = Goterriz.
Gutmar (Gobertus, Raymundus).
Guttepulei rivus, 214, 215, 216.
Gunzalviz = Gundisalvus.
Guzans = Gusans.

H

Hadensis villa, 153.
Haga Insule, 72.
Haimericus = Aimericus.
Haimo = Aimo.
Haitor, vicedominus, 344.
Hamelinus, episcopus Redonensis, 8, 107.
Hannercurt (Robertus de).
Hanrici (Radulfus)
Hanricus, Haenricus = Henricus.
Harduinus, nepos Wiardi de Rumeis, 341.
Harecourt, Harecort (Philippus, Ricardus, Walterus de).
Harefluctu (Willelmus de).
Harle, 291.
Harmingni (Ysaac de).
Harpinus de Marelo, 21.
Hariberius, archidiaconus, 35.
Hastoi, 342, 343.
Hato, Hatto = Ato.
Hawildis, Helvidis, monacha Oreniacensis, 371.
Heba (Domingo de).
Hebaius, archidiaconus, 43.
Hebertus, prior S. Fusciani, 72.
Hebrardus, 214. Cf. Everardus

Hecelinus, Hescelinus, Hescellinus, 12.
— de Anglaura, 43.
— de Canturana, 22, 43.
— de Orinlaco, 371.
— Trabo, 341.
Hechot = Heschot.
Hector, 341.
— de Galag, 14.
Hedres (Petrus de).
Hefredus, Heffredus, capellanus comitis Ebroicensis, 338.
— de Duvione, 103.
Heicchen, Hichen', 279, 280.
Heilatie (Lope Garcez).
Heimericus = Aimericus.
Heldiardis, uxor Petri Lautardi, 251, 252.
Heldinus, 229.
Helefelt, decanus de = Balduinus.
Helena, uxor Radulfi Crassi, 16, 22.
Helenensis = Elenensis.
Helias, Elias, Elyas, Helyas, 200
— Burgenin, 316.
— de Monbru (T.), 264, 316, 317, 331, 359.
— de Sancto Sidonio, 5
— Focald (T.), 266, 271, 295, 305, 306, 307, 310.
— Giffard, 123.
Helionordis, ducissa Aquitanorum, 135.
— regina Francorum, 135
Helisabeth, Helisabez = Elisabeth.
Helisiarius = Elisiarius.
Helissenz, 103. Cf. Alissendis.
Hello, vir, 316.
Helna (Miro, Oliba de).
Helsonis rivus = Elsonis.
Helvidis, 303. Cf. Hawildis.
Helvisa, uxor Goffredi, vicecomitis Castridunensis, 71.
Helvitu Sanizb, 106.
Hemelinus, 279.
Hemestendona, 240.
Hennin, prepositus de = Riculfus.
Henricus, Haenricus, Hanricus, Heinricus.
— abbas de Valcellis, 173.
— Alemanni, 342.
— archiepiscopus Senonensis, 80.
— Atrebatensis (T.), 143.
— canonicus de Chiningewrch', 149.
— capellanus, 111.
— castellanus Broburgensis, 11, 72, 157.
— comes, 17, 173, 233, 241.
— comes [de Grand-Pré], 342.
— de Dunhelberge, 173.
— de Lupun, 173.
— de Olleo, 140, 148.
— de Valbadon, 316.
— de Wasno, 303.
— Delhas, 111.
— episcopus Belvacensis, 351
— episcopus Wintoniensis, 158.
— Filgeriensis, 158.
— Hosati, 238, 239.
— Latroche, 315.
— prior Montis Oliveti, 213
— rex Anglie, 149, 150, 158, 164, 166, 280.
— (T.), 3, 158, 180, 298, 383.
— Tracy, 123, 300.
Hensinton, Hensintona, Hensynton, 167, 240
Herardus, 23.
— prepositus Sezannie, 23.
Herbertus, 21.
— abbas S. Petri Vivi, 18.
— abbas S. Stephani Divionensis, 19.
— archidiaconus, 374.
— Bordel, 343.
— canonicus Ebroicensis, 338.
— cantor Baiocensis, 338.
— de Aquis, 316.
— de Aurilaco, 341.
— decanus de Montibus, 20.
— de Fagis, 21.
— de Iantis, 342
— de Percheio, 152.
— de Scilpes, 180.
— heremita, 21.
— Pinguis, 21.
Hereford, 144; — cantor de = Willelmus; — comes = Milo.
Heriebaudus, 21.
Herluinus, diaconus, 217.
Hermannus, abbas de Seguret, 39.
— medicus, 23.
Hermengaudus = Ermengaudus.
Hernulfus, Hernulphus = Arnulfus.
Hersendis, 59.
— uxor Nicholai Sezannie, 21, 36.
Hertford, Hertfordschir, Herthforschir, 166, 167, 178, 280. Cf. Hereford.
Herveus, capellanus (T.), 158.
— Donceil, 103.
Hescelinus, Hescellinus = Hecelinus.
Heschapeleia, Heschapelia, terra de, 149.
Heschot, Eschot, Hechot, 341;
— (Carembaldus de).
— de Vendolio, 344.
Heverardus = Everardus.
Heymericus = Aimericus.
Hichen = Heicchen.
Hierosolymitanus = Ierosolymitanus.
Hierusalem = Ierosolima
Hildebrannus, 351.
Hilderius Deldunum, 20.
Hilduinus, 281.
Hilmarus, abbas S. Martini Yprensis, 385
Hinnlachum, Hynnlacum, 2.
Hispania, Ispania, Yspania, 204, 387; Hispanie clerus et populus, 102; — magister = Olivero, Petrus de Roveria (T.); — Hispania (Nicholaus de).
Hispanie, Hyspanie, Yspanie imperator = Adefonsus
Hodierna, comitissa Tripolitana, 194.
Hodo = Odo.
Hogerus, 27.

Homo Dei, 357, 358.
Hosati, Hose (Henricus, Hugo, Willelmus).
Hosmundus, Homundus = Osmundus.
Hospitale Iherosolime, 63, 67, 105.
Hospitalis magister = Raimundus.
Hospitio (Iohannes de).
Hostiensis, Ostiensis episcopus = Albericus, Guido.
Hosto = Osto.
Hoto = Oto.
Houdinvilario (Nicholaus de).
Hubaldus, presbiter cardinalis, 380, 388.
Hubertus Burlaldus, 20.
Hubiloti (Guillelmus).
Hugo, Hugho, Hugus, Uc, Ug, Ugho, Ugo, Uguo, Wgo.
Hugo, 42, 281, 342
— Adalardi (T.), 288, 353
— Ademari, 362.
— Alesneis, 20.
— Amel de Tres Mals, 268.
— Amelii, canonicus Arelatensis, 115.
— archidiaconus Noviomensis, 24.
— archiepiscopus Rothomagensis, 298, 337, 338, 339, 383, 384, 385, 386
— Artillars, 169.
— Atonis, 324.
— Bast de Avisano, 325, 326.
— Berengarii, 89, 131, 293.
— Berengerii de Valriaco, 193, 194, 202.
— Bertranz, 317.
— Bodici, 85, 86, 117, 130.
— Bosia, 44.
— Buirunus, 358.
— Calculi, 59, 303.
— Campus de Avena, 11.
— cancellarius, 143, 247, 258.
— canonicus, 119, 193.
— canonicus S. Raimundi, 146.
— cantor, 315.
— Charu, 214.
— clericus, 3, 20.
Hugo cognominatus Sus, 341, 343.
— comes Campanie (T.), 3.
— comes Rocelensis, 342.
— comes Vuadammontis, 249.
— Dalmacii, 293, 362
— Dalverge, 155
— de Accas, 214, 216.
— de Aingen, 128.
— de Alozano, 84, 120.
— de Alon, 127, 365.
— de Ambazia, 8, 9.
— de Anvelio, 26.
— de Arenis, 280.
— de Argent' (T.), 170, 178.
— de Barbairano, 49.
— de Barro, 96.
— de Beciano (T.), 63, 71, 109, 111, 114, 115, 125, 133, 135, 141, 158, 159, 162, 163, 165, 166, 169, 170, 171, 174, 175, 176, 177, 181, 186, 189, 193, 196, 197, 198, 200, 203, 206
— de Bellomonte, 215, 216.
— de Bello Ramo, 240.
— de Bethsan (T.), 363.
— de Bolbotone (T.), magister de Ricarensis, 85, 86, 87, 92, 107, 112, 113, 115, 117, 120, 126, 129, 130, 131, 132, 139, 145, 159, 194, 200, 203, 211, 212, 213, 229, 231, 237, 254, 255, 260, 282, 292, 293, 294, 317, 324, 325, 326, 327, 335, 345, 350, 360, 362, 364, 365, 367, 368, 370, 371.
— de Bolebec, 332.
— de Brolio, 316.
— de Bussocy, 121.
— de Congie, 380.
— decanus Casletensis, 35
— de Centumputeis, 361.
— de Coulens, 216.
— de Cumbis, 149.
— de Essartis, 167.
— de Falkenberga, 156
— de Farselos, 172.
Hugo de Ferraria, 40.
— de Ferrers, 239.
— de la Balasta, prior de S. Marcello, 365.
— de Lamarcha (T.), 159, 161.
— dellas Illas, 120.
— de Marcholfo, 206.
— de Martonio (T.), 189, 201.
— de Maseriis, 98.
— de Monte Securo, 84, 85, 120.
— de Morers, 331.
— de Pagano, magister Templi, 6, 9, 10, 11, 13, 16, 23, 24, 42.
— de Panaz (T.), 84, 85, 86, 87, 92, 164, 165, 182, 183, 193, 194, 202, 203, 210, 211, 212, 246, 339, 346, 350.
— de Pezenaz (T.), 148, 200, 205, 251, 252, 259, 260, 277, 323.
— de Petraponte, 111.
— de Pomareta, 57.
— de Riis, 215.
— de Rivo, 268, 269.
— de Rossellone, 85.
— de Seveirag, 186.
— de Sorniano, 193.
— de Sosiaco (T.), 152.
— de Sparnai, 358.
— de S. Albino, 2.
— de S. Hilario, 241.
— de S. Mauricio, 214.
— de Tacione, 98.
— de Tiwe, 140, 149.
— de Tornafort, 85, 131, 211.
— de Tors (T.), 209.
— de Villa, 215.
— de Vivario, 44.
— Dragunan, 1
— dux Burgundie, 19, 45.
— Ermengaudi, 115.
— Escafredi, 328.
— Faraldi, 2.
— filius Balduini, 341.
— filius Iocelini, 341.
— filius Rabelli, 361.
— filius Roberti, 22.
— Fiscei, 374.
— frater de Masnilo, 22.

Hugo, frater Ghisleberti, castellani de Bergis, 5.
— frater Mabilie, 290, 291.
— Froterii, 243.
— Garnerii (Ug Garneirs), 185.
— Garuli, 21.
— Geiraldi (Ug Guirals), 184.
— Guillermi, 168, 186, 243.
— Hosati, 238.
— hospitalarius, 9.
— Lepus, 303.
— Leterii, 21.
— levita, scriba, 163, 360.
— Lierles, 216.
— Lobetz, 365.
— magister Tyrassonensis, 236.
— major, 371.
— Marcaniensis (T.), 275.
— Planceii, 22.
— Rigaldi, 12, 25, 27, 32, 33, 36, 37, 39, 40, 41, 42, 45, 46, 47, 48, 50, 51, 52, 53, 60, 73, 82.
— Rogerii, 117, 161.
— Sellarius, 22.
— Surdus, 14.
— (T.), 23.
— Trosels, 342.
— Ugonis, 362.
Hugonis, Ugonis, Ugo, Uguo (Bernardus, Bertrandus, Geraldus, Giraudus, Girbertus, Petrus, Poncius, Raimundus, Robertus, Ugo, Willelmus).
Hulderius, filius Hunaldi, 20.
Huldrianos, 74.
Hulduinus Vendovrii, 22.
Humberti, Umberti (Pontius, W.).
Humbertus, Humbert, Hunbertus, Umbertus, 44, 214.
— de Cornuda, 297.
— de Fosato, 44.
— de Lisse, 214.
— de Orreto, 215.
— de Sauze (T.), 87, 92, 107, 113, 117, 159, 161, 165, 169, 182, 183, 194, 325, 326, 345, 350, 363, 367.
Humbertus, episcopus Podiensis, 39, 127.
— Largi, 215.
— prior de Colomario, 283.
— sacerdos, 21, 214, 215.
Humeto, Humez (Philippus de).
Humfridus, Hunfredus (T.), 207, 301.
— de Boun, 123.
— magister, 338.
Hunaldus, 20.
Hune (Rogerius).
Hungres (Albericus li).
Hursio de Postengi, 21.
Hynniacum = Hinniachum.
Hyspanie = Hispania.

I

Iaca, Iacha, 4, 103, 220, 262, 305.
Iaças, Iaccha (Guilem, Stablet de).
Iacobus, 12, 129, 264.
— de Canterana, 303.
— de Perpiniano, 52.
Iamba vinea, 39.
Ianta (Herbertus de).
Iarento de Monte Agut, 39.
— de S. Romano, 127.
Iatbertus de Auriaco, 187.
Iatmarus de Auriaco, 171, 174.
Iaucerannus, 326. Cf. Gaucerandus
Iaudcperti = Gausberti.
Ibertus, major Clarimontis, 26.
Iberus, 4.
Icterius, canonicus, 39.
Ida, uxor Godefridi IV, ducis Lotharingie], 173.
Idelfonsus = Alfonsus.
Iebelinus, 138.
Iecelinus, 341.
Ierbertus, 264.
Ierosolima, Hierusalem, Ierosolymae, Ierusalem, Ierusolima, Iherosolima, Iherusalem, 4, 19, 64, 64, 65, 283, 288, 293, 295, 309, 316, 328, 330, 348; — Hierosolymitani patriarchae = Vermundus, Willelmus; — rex, 66, = Balduinus, Fulco; — regina = Milisendis.
Ignavus (Gerardus).
Iherundensis = Gerundensis.
Ildebertus, archiepiscopus Turonensis, 6, 8, 9.
Ildefonsus = Alfonsus.
Ilerda, Lerida, Lerita, 333, 340, 345, 346, 389; — Ilerdensis episcopus = Guillelmus.
Illas (Ugo dellas).
Ilzino, campus de, 133.
Imberti, Imberz, Ymberti (Iohannes, Petrus, Poncius).
Imbertus, Imberz, Ymbertus.
— de Argens, 227.
— de Castro Novo, 94.
— del Morer, 145.
— de Monte Salichone, 259, 260.
— de Sauze. Cf. Umbertus de Sauze.
— filius Michaelis, 330.
— Taverna, 165.
Imericus = Americus.
Impuritanensis comes = Poncius Ugonis.
Infans (Gerardus).
Ingeflod, domus de, (T.), 301.
Ingelrannus [de Balliolo], 280.
de Cocelo, 278, 279.
de Marlo, 341, 343.
— prepositus S. Fusciani, 72.
Ingramnus de Sclipes, 180.
Inguilelmus de Medenis, 259.
Inbere Venegas, 222.
Innocentius papa II, 173, 216, 373, 374, 375, 378, 379, 380, 381, 385.
Inovella Villa = Nova Villa.
Insula, campus de, 196, — castellanus de = Rogerius; — (Bermundus de).
Insulensis (Robertus).
Iocberti = Gausberti.
Iocelinus Cathalaunensis, 96.
Iocermus, villicus, 44.
Iocfredus de Ceret, 197.

Iocho, 105.
Iocundatio (de), 132, 370; — Iocundatio, Iocundaz (Bertrandus, Raimundus).
Iofredus, Ioffridus, archidiaconus, 302.
— de Jovilla, 96.
— de S. Columba, 55.
Iohanna, mulier Iohannis Scribe, 242.
— uxor Geraldi Ugonis, 361.
Iohannacio (Stephanus de).
Iohannes, Ioan, Ioanes, Ioannes, Iohan, Iohani, Iohann, Iohanns, Iohans, Iohen, Iohn.
Iohannes, 36, 199.
— abbas S. Bertini, 11.
— abbas B. Marie, 173.
— Abinmenna, 340.
— Algeba, 307.
— archiepiscopus Bracarensis, 231, 233, 241.
— Aris, 106.
— Bernardi, 141.
— Bubulcus de S. Gurit, 161.
— Camerarius, 167.
— capellanus, 43, 59.
— Celma Peles, 226.
— Cendonit, 16.
— clericus Tyrasonensis, 310.
— Compte, 340.
— de Alfos, 218.
— de Aziron, 261.
— de Barris (T.), 316.
— de Cadavistria, 290.
— de Caldiniaco, 332.
— de Chaudadria, 38.
— de Cloia, 152.
— de Contelo, 361.
— de Creceio, 20.
— de Crisen, 310.
— de Curtocampo, 214, 215.
— de Divione, 332.
— de Dona Lutia, 222, 242, 271.
— de Hospitio, 10.
— de la Çerta, 265.
— de Lacite, 329.
— de la Çuda, 331.
de Madona, 266, 300.
Iohannes de Magnavilla, 315, 332.
— de Meçalfonate, 337.
— de Montagnana, 283.
— de Monte Basonis, 9.
— de Monte S. Iohannis, 332.
— de Montpestler, 328.
— de Nant, 266.
— de Obelas, 223.
— d'Oblitas, 307.
— dels Pastors, 266.
— de Petrefonte, 247.
— de Plaitro, 20.
— de Ramio, 340.
— de Sochovia, 276.
— de Stella, 246.
— de S Cruce, 121.
— de S. Hilario, 241.
— de S. Hoe, 140.
— de Tutela, scriba, 244.
— de Zohere, 334.
— Diaz, 52, 64, 73, 246, 334.
— diaconus, 137, 363, 367.
— diaconus cardinalis, 387.
— diaconus de Trevis (T.), 350.
— (dompnus), 328.
— episcopus Luxoviensis, 87.
— episcopus Morinensis, 10, 11, 12, 373, 375, 385.
— episcopus Sagiensis, 87.
— Estacherel, 40
— filius Giulie, 140, 141.
— frater Widonis, comitis Pontini, 280.
— Garceç, 248.
— Gascon, 266.
— Gondisalviz, 226, 300.
— Imberti, 360.
— Lombardi, 83, 133, 269, 274.
— maritus Adde, 214.
— Medici, 191.
— Michael de Agreda, 305.
— Midiz, 209.
— Molinero, 190.
— monachus S. Petri de Monte Cathalaunensi, 142.
— Muniez, 245, 307.
— notarius, 147.
— Ortiz, 190.
Iohannes Parvi, 39.
— Paschalis de Octobiano, 205.
Peregrini, 52.
— prepositus, 343.
— presbiter, 39, 58, 353.
— Raina, 13, 17.
— Rotberti, 284.
— Rufi (T.), 26, 39, 43, 96, 142, 302.
— Rufi de Baldimeuto, 22.
— scriba, 63, 227, 241, 242, 253, 254, 305, 306, 335, 366.
secretarius, 5.
— supprior S. Fusciani, 72.
— (T.), 16, 113, 320.
Tirant, 106.
· Terechez, 223, 299, 300.
Iohannis (Arnaldus, Ebroinus, Fortunius, Galin, Petrus, Poncius).
Ioibertus, Ioisbertus, 161.
— de Abbatia, 344.
Ionas, canonicus Redonensis, 158.
Ioncheres, Iuncheres, 360; — Ioncheriis (Willelmus de).
Iorba (Geral de).
Iordana, filia Mabilie, 196.
— uxor Berengarii de Gardia, 95.
— uxor Bernardi Berengarii, 89.
— uxor Petri Aimirici, 320, 321.
Iordani, Iordanis (Arnaldus, Bernardus, Guilelmus, Iordanus, Isarnus).
Iordanus, Iordan, Iordanis, Iordans, 54, 55, 95, 96, 171.
— de Bloseville, 111.
— de Castello Novo, 27.
— de Filinas, 356.
— de Inter duas sepes, 380.
— de Petralata, 83, 365.
— Eminones, 265.
— Iordanis, 56.
— thesaurarius Lincolniensis, 284.

Iosbertus, 343.
— major, 20.
— vicecomes, 19.
Iovello (de), 187.
Iovilla (Ioffridus, Rogerus de).
Iozberti = Gausberti.
Ipra, Ypra, 35, 72, 180; — Yprensis capella, 31; — parochia, 374. Ipra (Gilbertus, Willelmus de).
Ipuschua, Ypuzca, 306.
Isarni (Raimundus, Willelmus).
Isarni aqua, 359.
Isarnus, Ysarnius, 113, 132, 260, 370.
— de Gaulenca, 328.
— de Prulano, 60.
— Iordani, 56.
Iscafra, Iscafre, 168, 243.
Iscio, Isc, Yscio (Vitalis de).
Isembertus, Isambartus, Isembardus, 20, 36, 69, 128.
— clericus archidiaconi, 162.
— de Castro Iulii, 135, 137.
— de Montibus, 172.
— nepos magistri, 342
Ismido de Eirolas, 104.
Isnardi (Bertrannus, Raimundus).
Isnardus de Bestorres, 229.
— Rascas, 116.
— Vanella, 118, 192.
Isnelli (Bernardus).
Isoardus, Ysoardus de Avisano, 325, 326.
Ispania = Hispania.
Iterii (Vilelmus).
Iterius, Iterus, 343.
— clericus, 22.
— de Gone, 279
Iulanum, 67.
Iubeluco (Vincent de).
Iuncheres = Ioncheres.
Iuschafredi (Guillelmus)
Iusolma, 28.
Iuvenis (Bertrandus).
Iuvinicurte, 343. Cf. Gunencurte.
Ivo, Yvo, 316.
— archidiaconus, 217.
Ivo, canonicus Rothomagensis, 338.
— comes Suessionensis, 264, 352.
— de Fonte, 27.
— presbiter cardinalis, 380.
Iuuanus, Ivanus, Iwanus, Yuuanus, 72, 172.
— de Alost, 156.
— de Ganto, 11.

K

Kabarez, 268.
Kadime, 248.
Kaixal = Kaxal.
Kalataiu (Robertus de).
Kalidis, rivus, 105.
Kaliga Vetula (Bertrandus).
Kalles, 140.
Kalvertonia = Calverton.
Kamon = Camon.
Kanelas, villa, 190.
Kaorz = Caoyr.
Karbonellus = Carbonellus.
Karolus, comes, 11.
Kastelazol (Lop de)
Kastron Recarei, 147.
Kaxal, Caisal, Kaixal, 30, 223, 242; — (Lop).
Kazano, castrum de, 320.
Keralt = Cheralt.

L

La Balasta (Ugo de).
La Balma (Odilus de).
Labreira (Stephanus de).
La Cambra (Garcia de).
La Caissainna = Cossagna
Lacelo, decima de, 21.
La Cerba, 330.
Lacho (Raimundus de).
Lacite (Iohan de).
La Çuda (Iohannes de).
La Cumba (de), 308.
Lacuna, 134.
Ladaigua (Giraldus de).
La Ferte (de), 344
Lafet (Martin de).
La Fleisa (de), 308.
Lagan (Odo de).
Laia (Petrus de).
Laideriis (Walo de).
La Lausa, 308.
Lamarcha (Ugo de).
Lamberti (Poncius).
Lambertus, Lanbertus, 216.
— Audesenna, 292.
— comes de Monte Acuto, 11, 72, 73.
— de Fontanis, 96.
— de Ridefort, 5.
— de Rinigels, 180.
— de Winginea, 5.
— Faber, 338.
— Falsardus, 44.
— monachus S. Wandregisilii, 338.
— Parvus, 362.
— sacerdos (T.), 162, 182, 183.
Lambervilla (Ricardus de).
La Mota (Pontius de).
Lanbisco (Petrus de).
Lançani (Petrus).
Landes, monasterium de, 371.
Langeforde, Langforde, 170, 179.
Languin (Gualterus de).
Lanierius de Balmis, 231.
Lannia, insula de, 157.
Lanthonio, canonici de, 164.
Larçacca, Larçaca (Geraldus de)
Largi (Humbertus, Rodulfus)
La Rocha, La Roca (de), 317; — (Dalmatius, R., Stephanus de).
La Roveira (de), 308.
Lascarensis episcopus = Ramon.
Laterani, 374, 375, 379, 381, 388; — Lateranensis sinodus, 379.
Latre (de), 312.
Latro Longus, 127
Latro (Ucila).
Latroche (Henricus, Mauricius).
Lambardescus mansus, 168, 243.
Laudunum, 279, 343, 344; — Laudunensis domus Templi, 162; — episcopus = Bartholomeus.

Laugerii, Laigerii (Petrus, Vilelmus).
Laugerius, Laigerius, 130.
— Carbonelli, 83.
— de Balmis, 255, 293, 327, 335.
— de Boisson, 161, 162.
— de Grillone, 166, 363
— de Solorino, 231, 317, 345.
— episcopus Averionensis, 23
— Fornerii, 255.
— Graiiia, 324.
Laupic (Elsiardus).
Lauprandis (de), 292.
Laurano (de), 197, 198; — (Arnaldus, Petrus de).
Laurata (Vilelmus de).
Laurentius, Laurenz, 13.
— Alferice, 17.
— bajulus, 9.
— Strabo, 343.
Laureta, 45, 368
Lauretum, 42.
Laureu (Pelagius).
Lausa, 48, 141.
Lautaldi, Lautardi (Petrus, Poncius, Willelmus).
Lautaldus, 280
Lautauz (Raimunz).
Lauter, 212.
Lauterii (Guntardus, Petrus).
Lauterius campus, 132, 369.
Lautoardi (Armandus).
Lautre (Raimundus de).
Laval (Raimundus de).
Lavencheriis, decima de, 21.
Lazignana, 254.
Leclo = Lez (de).
Ledoicus, Ledovicus, Ledoycus, Leduicus, Leduvichus = Ludovicus.
Leet, Lect, Lehet (Martin de).
Leffinges, decime de, 99.
Legavino (Maurinus de).
Legetus (Bertrandus).
Legio, Leonis villa [in Hispania], 268, 313; — Legionensis, Leonensis imperator, rex = Aldefonsus.
Legundia, 244.
Lehet = Leet.
Lenonus (T.), 316.
Lensc (Baudoinus de).
Leo, nobilis, 173.
Leobaldus 16.
Leodegarii (Petrus, Pontius).
Leodegarius, 104.
— Eldeberti, 203.
Leodicensis pagus, 362.
Leodicus, Leodovicus = Ludovicus.
Leonardi (Pontius).
Leonis villa = Legio.
Leonius, abbas S Bertini, 156, 180, 188, 239.
— de Baldimento, 43.
Lepus = Lopez.
Leraz (G. de).
Lerda (Martin de).
Lerevallis, 151.
Lerida, Lerita = Ilerda.
Lerin, 254.
Leschant (Gerardus).
Lesduiz (Rahembaldus).
Lespig, Espig, Lespic, Lespigo (Domingo, Petrus).
Les Portes (Arnaldus, Guilelmus de)
Leta (Petrus).
Letardus de Belmont, 2.
— Vacca, 2.
Leterici, Leterii (Calvetus, Hugo).
Letericus, Lethericus de Baldimento, 43.
— de Sancinco, 20
Letoldus Frumage, 343, 344.
Leudomirus, 36, 59.
Leudovicus = Ludovicus.
Leuzon, abbas Aque Belle, 238.
Leveda (de), 310
Levildis, thesauraria Orenlacensis, 371.
Lewes, Lewis, 110, 111
Lexovium, 337, 338, 339; — Lexoviensis archidiaconus = Normannus.
Lez, Leclo, flumen de, 182, 363, 367, 371.
Lic (Anculfus de).
Licano, Liciano, Lizano, Luciano, Lusano (de); — (Miro, Pere de).
Liduano (Berenguarius de).
Lierles (Ugo).
Lifdilingas, 156.
Ligna (de), 333.
Li Manant (Evrardus, Stephanus).
Linariis (de), 292.
Lincolnie decanus = Philippus de Harecourt; — episcopus = Alexander.
Linge, Lingne (Theodericus de).
Lingonensis, Linguonensis archidiaconus = Pontius; — episcopus = Gothefridus, Guiliencus.
Linphinghe (de), 352.
Lisiardi (Stephanus).
Lisiardus, episcopus Suessorum, 142.
Lisse (Bertinus, Hunbertus de).
Lixbona = Ulixbona.
Lizano = Licano (de).
Lizel pratum, 96.
Loar, 222
Lobados = Lupados.
Lobera, 32, 101.
Lobetz (Ugo).
Lo Bloy (Galter).
Lodeva (Guillelmus de).
Lodeva, abat de, 331.
Lodocus, Lode, Lodoichus, Lodoicus, Lodovicus, Lodoychus, Lodoycus, Loduicus = Ludovicus.
Lo Frances (Robert).
Logle, 36.
Logrunio (in) = Longrovia.
Lokeruga, 164.
Lombardi, Lumbardi (Bertrandus, Iohannes, Raimundus).
London, Londonie, 81, 280, 300; — Londoniensis archidiaconus = Willelmus; — episcopus, 301.
Longrovia, Logrunio (in), 164, 230.
Longus (Latro).
Lop, Lope, Lup, Luppus, Lupus.
Lope, 122.

Lope Acenarz, 283.
— Arcez, 333.
— Arcez Peregriz senior, 329.
— archidiaconus Tyrassonensis, 236.
— comes in Calataiub, 261.
— de Albero, 304.
— de Kastelazol, 216.
— del Palacio, 69.
— Enecones, 30, 73.
— episcopus Pampilonensis, 220, 244, 246, 306, 334, 335, 383.
— Fortunones de Ricla, 216, 304.
— Garcez, 52, 68, 219.
— in Orunia, 243.
— Kaizal, 64.
— Lopez, 18, 52, 73, 108, 216, 305.
— Navarr, 347.
— Necones = Lop Enecones.
— Sanze de Belgit, 68, 73, 102, 191, 204, 216, 217, 226, 261, 265, 308, 387.
Lopez, Lepus, Lopeç, Lopet, Lopiç, Lopiz, Lupi, Lupun, Lupus (Acenar, Eneco, Fertun, Heinricus, Hugo, Lop, Petrus, Sango, Willelmus).
Lopiano, Lupiano, villa de, 89; — (Bernardus de).
Lopont (Gilelm de).
Lo Rey (don Arnalt).
Lorriacum, 136.
Lo Sayon (Orti Ezquerra).
Losbertus de Vico Forti, 22.
Loserani (Bertrandus).
Lost (Bertrannus de)
Lotharingie dux = Godefridus, Maherus.
Louis VII, le jeune, roi de France, 290. Cf. Ludovicus (VII) junior.
Luancione = Luzencione (de).
Lucas, Luchas, archidiaconus, 35.
— presbiter cardinalis, 378.
Lucia, 104; (Miro de).
Lucia, uxor Bertrandi de Solorivo, 231, 317.
— uxor Riperti de Charroulis, 127.
Lucianum, 53, 55, 168; — Luciano (de) = Licano (de).
Luci, Lucy (Ricardus de).
Lucius [II] papa, 381.
Ludencione, Ludenco, Ludenzo, Ludenzon = Luzencione (de).
Ludovicus, Ledoicus, Ledovicus, Ledoycus, Leduicus, Leduvichus, Leodicus, Leodovicus, Leudoicus, Leudovicus, Lode, Lodocus, Lodoichus, Lodoicus, Lodovicus, Lodoychus, Lodoycus, Loduicus, Ludovidus, Ludvicus.
Ludovicus, 40.
— abbas S. Petri de Monte Cathalaunensi, 142.
— de Palaiano, 296.
— dux Aquitanorum, 135, 137, 152, 281, 290, 304, 347.
— [VI], rex Francie, 10, 12, 23, 25, 27, 28, 29, 34, 37, 39, 41, 43, 47, 49, 50, 51, 52, 53, 60, 61, 62, 64, 65, 67, 68, 70, 71, 74, 75, 77, 78, 80, 81, 82, 83, 88, 89, 91, 93, 95, 97, 98, 281.
— [VII] junior, rex Francie, 43, 100, 103, 105, 110, 111, 112, 113, 114, 116, 119, 124, 129, 133, 135, 137, 141, 142, 144, 148, 152, 164, 158, 160, 163, 166, 169, 171, 174, 175, 176, 177, 178, 181, 182, 186, 187, 188, 189, 193, 195, 196, 197, 198, 199, 201, 204, 206, 209, 214, 217, 218, 219, 224, 228, 230, 234, 237, 245, 250, 252, 253, 256, 257, 260, 263, 267, 268, 269, 271, 272, 274, 278, 280, 281, 283, 284, 285, 286, 288, 289, 290, 291, 293, 294, 295, 296, 297, 304, 309, 311, 313, 314, 317, 318, 319, 321, 322, 323, 328, 329, 336, 347, 349, 353, 354, 355, 356, 357, 358, 359, 361, 364, 366.
Luffricus Albi, 332.
Lumbardi = Lombardi.
Luna (Alaman, Raimon de).
Lunia (Nimuranna de).
Lup, Luppus, Lupus = Lop.
Lupados, Lobados (Raimundus).
Lupi, Lupun, Lupus = Lopez.
Lupiano = Lopiano (de).
Lupicato, Lupricato (de), 188, 192.
Luppehalla, 170.
Lurida, castellum, 309.
Luschus (Petrus).
Lusia (de), 333; — (Malet, Pascal, Sanxo de).
Lussano = Luciano (de).
Lutal de Bonloc, 79.
Lutifridus, presbiter cardinalis, 378.
Luxoviensis episcopus = Iohannes.
Luz (Petrus).
Luzencione, castellum de, 144.
Luzencione, Luancione, Ludencione, Ludenco, Ludenzo, Ludenzon, Luzenzo (Bermundus, Petrus, Pontius, Raimundus, Willelmus de).
Luzu Gondinci, 222.

M

M. Conoguda, 317.
Mabecurte = Mainbecurte.
Mabilia, Amabilia, uxor Bernardi de Mocolenco, 290, 291.
— uxor Petri de Altiniaco, 200, 251, 252, 260, 277, 278.
— uxor Petri Raimundi, 47, 48, 49, 196.

Macada, Maccada, villa, 147.
Macellatorum vicus, 302.
Macellus Venegas, 275.
Macota (Arnallus, Gilelmus, Raimundus).
Macrefortis (Benedictus).
Madignago, Madinnag (de), 184, 185.
Madona (Iohan de).
Madreona, Mandreona, 136, 137.
Maencia, 103.
Maenfredi (Willelmus).
Magalato, castellum de, 208, 323. — Magalatensis, Magalati, de Magalaz (Petrus).
Magallon, 298.
Magel (Petro).
Magnavilla, Magneville, Mandavilla (Gaufridus, Iohannes, Radulfus de).
Magno Prato (Robertus de).
Magrell (Petrus).
Magriano (Arnaldus de).
Maherus, dux [Lotharingie], 249.
Mahilluis, mater Rogerii Bacon, 315.
Malanfredus, episcopus Antibolensis, 1.
Malano (Guillelmus de).
Malassen, uxor Raimundi Arnaldi, 357.
Malmonus, rivus, 250.
Malnardus Noelli, 39.
Malubecurte, Mabecurte, 341, 344; — Mabecurte (Aubertus de).
Malno de Guerrandia, 158.
Malols de S. Verano, 161.
Malordeo Pelaiz, 232.
Malorgas (Domingo de).
Malrellus, 9.
Malrols (Guiraldus, Petrus de).
Mala Caro (Bernardus).
Mala Felquaria (Calvetus de).
Malaherba (Gaufridus).
Malamanus, Malasmanus, Malas Manus, Malemanus (Willelmus).
Malamarges, 224.
Malauza (Bernardus de).
Malbech (Poncius).
Malberta, uxor Roberti de Alneto, 344.
Malboschet, 86.
Male doctus (Petrus).
Malen = Mallen.
Malenutritus, 23.
Males Pels (Arnal).
Malet de Lusia, 299, 300.
Malgalacio (Petrus de).
Malgerus, 172.
Maliani (Guillelmus).
Malicanis (Geraldus).
Mali Torrentis (Bertrandus).
Maljox, frater Odonis de Gradinano, 120.
Malleis (Rogerus de).
Mallen, Malen, villa, 298, 339.
Mallolis (de), 349.
Malo, rivulus, 191.
Malo Leone (Eblo de).
Malone, parrochia de, 27.
Malras, Malros (Arnaldus, W. Illelmus).
Malscinada de Tacione, 110
Maltidus de Moleto, 316.
Maltravers (Walterus).
Malus Filiaster (Guarinus).
Malus Vicinus (Odo).
Malvas (de), 321.
Malvasiel, Malvasieth (Walterius)
Manasses, Manasse, archidiaconus de Romello, 21, 22, 23.
— de Curterio, 162.
— de Plaitro, 20.
— episcopus Aurelianensis, 264, 315.
— episcopus Meldensis, 152.
Manax = Manx.
Mancel (Berengarius).
Mancipii, Macip, Mancip (Willelmus).
Mandavilla = Magnavilla.
Mandreona = Madreona.
Manfredus, presbiter cardinalis, 388.
Mangoni (Bernardus).
Manniot Ivier (Andreas de).
Mannus, archidiaconus, 303, 304, 358.
Mannus, cancellarius, 303, 358.
Mansilia, Mantsilia (de), 124, 269; — (Poncius de).
Manso (Bertrandus, W. de).
Mansum episcopi [Belvaci], 153.
Mansus Dei, 97, 195, 221.
Mantili, Mantilini, Mantilli, Mantillini, Matili (Arnaudus, Guilelmus, Raimundus).
Manx, Manax Eminones, 265.
Manzaneira, 136.
Maocho, Maoco (Galterus de).
Maragnon, Maranon, 306, 335.
Marcadil, 12.
Marcaniensis (Ugo).
Marcellano, Marcelliano (de), 108, 109, 189; — (Arnaldus, Guiraldus, Raimundus de).
Marcha = Lamarcha (de).
Marchais (Adam de).
Marchasium, Merchasium S. Iohannis, 6.
Marcheis (in), 161.
Marchesa, Marchesia, Marchisa, uxor Giraudi Pigmai, 182.
— uxor Raimundi de S. Laurentio, 148.
— uxor Ugonis de Burbutono, 112, 130, 260.
Marcholfo (Ugo de).
Marchuclo, 193.
Marci (Willelmus).
Marcus de Plaiotro, 20, 43, 358.
Marcco Menendiz, 147.
Mareio (Harpinus de).
Maresch (Thomas de).
Margarita, Margareta, abbatissa Oreniacensis, 371.
— uxor Pilistorii, 14.
Margaritis (de), 363; — (Petrus de).
Margelina, regina Navarre, 146.
Margoncho Margonco (Durantus de).
Maria, 103, 223, 227, 268, 313.
— filia Bone Soariz, 136.
— filia Didagi Truitisendi, 282.

Maria, filia Ugonis de Marcholfo, 206.
— mater Petri Sacheti, 166.
— mater Poncii Chalveria, 300.
— mulier de Guilge de Billela, 336.
— mulier Petri Martin, 294.
— Nuniz, 18.
— Pelaiz, 222, 228.
— soror Orfelte, 197.
— uxor Arnaldi Poncii, 78.
— uxor Geraldi Pelliceri, 277.
— uxor Goberti Gulmar, 335, 336.
— uxor Gomiz Godin, 347.
— uxor Guillelmi Bradila, 79, 80.
— uxor Martini Sanz, 261, 306.
— uxor Willelmi Pelagoz, 323.
Marialba, 230.
Marina, filia Exemene Gonsalvit, 232.
Marini (Petrus, Raimundus, Vilelmus).
Marinianus, scriptor Romane ecclesie, 388.
Market, 374.
Marla (Ingelrannus de).
Marmion, Marmyon, Marmyun (Robertus).
Marolli (Petrus).
Marsimilla de Pleurra, 358.
Martel, de Martel (Willelmus).
Marths, 216.
Marthe (Wido).
Martini, Martin, Martiniz (Bernardus, Gundisalvus, Petrus).
Martinus, Martin, Martynus, 71, 216.
— Albohares, 298, 300, 307, 308, 340, 347.
— Bradila, 79, 80.
— Calbo, 260, 300, 353.
— Chico, 283.
— de Lafet, 334.
— de Leat, 73, 154, 244, 306.
— de Lerda, 333.
— dels Pastors, 266, 294, 300.
Martinus de Pradela, 333.
— de Vastino, canonicus, 240.
— Faber, 234.
— Fernandez de Fita, 258.
Galeg, 307.
— Gilelm, de Tutela, 291.
— Gonsalvit, 232.
— medicus, 133.
Miega, 276.
— notarius, 248.
— Pelaiz, 248.
— Pedrez, 223, 235, 242, 246, 266, 299, 300, 347.
presbiter cardinalis, 378.
— sacerdos, 343.
— Sanz, 73, 154, 208, 223, 298, 306.
— Tells, 208, 209.
Martonio (Hugo de).
Mascelinus de Tricherio, 22.
Mascors, 222.
Maserils (Hugo de).
Masiaco (Hodo de).
Masnilum = Mesnileium S. Lupi.
Massenal, dezme de, 331.
Massiliensis episcopus = Raimundus.
Mat' (Pelagius).
Mala Perusta, boscum de, 174.
Matados, villa, 157.
Matalon (Robert de).
Matamaur, 49; — Matamauros (Stephanus).
Mateldis = Mathildis.
Matelina, uxor Silvii de Cicireu, 164.
Materna, flumen, 96.
Matfredi (Raimundus)
Matha Marina, 134.
Mathamala, 81.
Matheus, 5, 107, 371.
— Breon, 103.
— camerarius, 136, 137, 153, 199, 348.
constabularius, 136, 137, 153, 199, 348.
— de Castellione (T.), 331.
— presbiter cardinalis, 378.
Mathias, 39.
Mathildis, Mateldis, Matilda, Matildis, 327.
— comitissa, 32.
— comitissa Bolonie, 172.
imperatrix, 158.
— mater Rogeri Bacon, 332.
— monacha Oreniacensis, 371.
— regina Anglie, 86, 122, 128, 156, 166, 170, 172, 300, 301.
Matili = Mantili.
Maugiunus, prior, 240.
Mauri, Mori, 68, 204, 205, 235.
Mauricius de Windr', 123.
— Latroche, 315.
Mauricus, 339.
Maurinus, archidiaconus, 236.
— de Legavino, 70.
de Murello, 56.
Mauritania (Willelmus de).
Mayor, uxor Bardonis, 246.
Maza, 219.
Mazada, 282.
Mazaneira, 244.
Mazanelum, 62.
Meçalfonata (Iohannes de).
Meçalmazor, Mezalmazor, Mezalmanzor (de), 312.
Mececloha, 329.
Medalia (Petrus)
Medenis, Mezinis, castellum de, 258, 259; — (Bertrandus, Inguilelmus, Poncius, Vilelmus de).
Mediana villa, 342.
Medici (Iohannes).
Medina (Sanz de).
Meginacum, Megniacum, 5.
Melan (Bertrandus de).
Meitadenca vinea, 184.
Melac, Melacco (de), 184.
Melars (Peire de).
Melcuerno (Garcialina de).
Meldensis episcopus = Huchardus, Manasses.
Meledunum, 348.
Malendiz = Menendiz.
Melendo, 235, 242.
Melendus (T.), 257, 268.
Mellentinus comes = Gualerandus.

Melsirge, Milsirgue (Arnaldus de).
Menendiz, Mendici (Egas, Fernandus, Garcia, Gundisalvus, Mareco, Nunus, Pelagius, Suarius, Sudario).
Menendus, Mendus, 209.
— Alfonsi, 229, 276.
— Bernandi, 18.
— Bufas, 201.
— Diaz, 201.
— Godini, archidiaconus, 233.
— Gomez, 13.
— Moniz, 8, 17, 74, 189, 231, 276.
— notarius, 7.
— Petriz, 226.
— presbiter, 191, 233.
— Remiri, archidiaconus, 233.
— Rutura, 232.
— Vermuiz, 228.
Menmium, 59.
Merchadarii (Guillelmus).
Merem Feramus (Wido de).
Mesclemal (Gilelm).
Mesnileium, Masnilium S. Lupi, 21, 22.
Messimiacum, Messemi, 264.
Mezalmazor, Mezalmanzor = Meçalmazor.
Mezinis = Medenis (de).
Michael, Micahelis (Bernardus, Iohannes, Petrus).
Michael, Micael, 74.
Michael, conestables, constabularius, 11, 72, 157.
— de Colonzellis, 130, 132.
— de la Fuellia, 265.
— de Regina, 276.
— de S. Cruce, 295.
— episcopus Alfari, 305.
— episcopus in Tirassona, 18, 52, 73, 122, 155, 175, 217, 218, 220, 236, 236, 243, 244, 246, 262 284, 306, 310, 333, 334, 383.
— Munioz, alahedus de Soria, 253.
— Petriz, 335.
Micherius (Thebaudus).
Middiltona, Middeltona, 121; — (Galfridus de).
Midiz (Iohannes, Süe).
Miega, Mieia (Martin).
Mifalda (donna), 276.
Migneza, 30.
Milara, 97; — (Artallus de).
Mileroles, 256.
Milesendis, Milisendis, 150.
— regina Ierosolymorum, 221.
Milli (Hosmundus de).
Milo, archidiaconus, 173.
— Basseth, 123.
— clericus, 44.
— comes Herefordie, 164.
— de Birgono, 215.
— de Cernone, 36, 59.
— de Fuste, 36, 59.
— de Glocestria, 123.
— de Polans, 216.
— de Reneves, 216.
— de Saconiaco, 44.
— de Secunco, 214, 215.
— episcopus Morinorum, 156, 180, 373.
— filius Helisabez, 38, 96.
— presbiter, 351.
Milonis (Petrus, Rostagnus).
Mimus (Petronillus).
Miniaccum, 63.
Mirabel, Mirabello (de), 112, 345; — (Geraldus, Petrus de).
Mirabla, uxor Rahembaldi de Vasione, 125, 161.
Miracle, 164.
Mirmanda (Petrus de).
Miro, 18.
Miro de Heina, 110.
— de Lucia, 368.
— de Luciano, 65.
— de Turrillis, 193.
— presbiter, 28.
— Rigualli, 319.
— scriba, 281.
Mironis, Mir, Miri, Miro (Arnallus, Berengarius, Bernardus, Guileimus, Raimundus).
Misone (Bernardus de).
Mito, precentor Bracarensis, 233.
Mocolenco (Bernardus de).
Modol, Moduli (Bernardus, Guillelmus, Raimundus).
Mogoda, 88, 93; — (Guillermus de).
Moisi (Bernardus).
Molares, Molars, 132, 325, 326, 370.
Moleria, 132.
Moleto (de), 315; — (Matildus de).
Molina, 4.
Molinero (Iohans).
Molini (de), 228.
Momolena (Poncius de).
Monachus, Monaco, Monacus (Petrus, Raimundus, Willelmus).
Monchiacum, 352.
Monçon, 348.
Mondecum, Mondego aqua, 7, 8, 17.
Mondeiro (Petro).
Mondisderio = Disderio Monte.
Monia Froilaz, 13.
Monio, Monnio, Moniu, 305.
— Cavaleiro, 247, 265.
— Galleco, 305.
— Roderici, 13.
Monis, Monici, Moniz, Muniez, Munioç, Muniz (Egas, Ermigius, Iohen, Mendus, Menendus).
Monmaira (Willelmus de).
Monnevilla (Guillelmus de).
Mons Altus, 40, 56; — Monte Alto, prior de, 56.
Mons Major, 179; — Montemajore, alcaid de = Pelagio Nudiz; — Montismajoris campus, 248.
Mons Mouri, 8.
Mons Regalis, civitas, 4.
Montagnana (Iohan de).
Montaniaccho (in), 259; — (Rostagnus de).
Montaniguis (Rostagnus de).
Montarago, 262, — Montis Aragonis abbas = Fortuny.

Montbru, Monbro, Monbru (Elias de).
Monte (Pontius de).
Monte Acuto, Monte Agut, Montaigu (Bliardus, Jarento, Lambertus, Robertus, Wiardus de); — Montem Acutum, apud, 151.
Monte Albano (Raimundus de)
Monte Basonis, Montebaseno (Iohannes, W. de).
Monte Cluso (in), 262.
Monte Eschivo (Bernardus, Guillelmus de).
Monte Eschot (in), 256.
Monte Ferrario (de), 186 ; — Monte Ferrer (Arnaldus de).
Montegni (Fulco de).
Monteilletz, Monteilletis (de), 184 ; — Monteiz (Guillelmus, Raimundus de)
Monte Irato, Montirato (Arnaldus, Bernardus, Petrus de).
Monte Lauro (Petroni, Petrus de).
Monte Longo, 13, 21.
Monte Mirato, Montemirato (Raimundus, Rostagnus de).
Monte Morancelo (Radulfus, Teodoricus de).
Monte Palacio (de), 54.
Monte Pessulano (de), Montpestler, 199, 217 ; — (Guillelmus, Iohannes, P. de).
Monte Petroso (Geraldus de).
Monte Rotundo (Poncius de).
Monte Rubio (Gaucerandus de).
Montes, villa, 128.
Monte Salichone (Imbertus de).
Monte Sancti Iohannis (Iohannes de).
Monte Securo, Montemscurt (de), 371, 333 ; — Monte Securo (Audoinus, Gauterius, Geraldus, Nicholaus, Oto, Stephanus, Ugo de).
Monte Tornes (Gillelmus, Pontius de).
Montfri, castrum, 259.
Montgaudi, Mongaudi castrum, 204, 387 ; — Monte Gaudio (Bertrandus de).
Mongros (Willelmus).
Montibus, decanus de = Herbertus ; — Montibus (Ademarus, Isenbardus de).
Montillo (de), 365 ; — Montili, de Montillo (Robertus).
Montiniaco (Odo de).
Montis Oliveti prior = Henricus.
Montis Pulcri (Petrus).
Mont Palad, 37.
Montson, Montison, Monso, Monszo, Montesono, Montison, Montso, Motso, Motson, Munzone : castrum de, 204, 218, 235, 246, 387 ; ecclesia S. Iohannis de, 345, 346.
Mor de Boc, 181.
Mora, 276 ; — (Bernardus).
Moracens (Petrus de).
Moraval (Raimunz de).
Moravid (Guido de).
Morazas, 87.
Moreira (Bernardus).
Morer, Morers (Imbertus del, Uc de).
Mori = Mauri.
Morieta, Morineta (de), 306.
Morinco (Gaufredus de).
Morinorum archidiaconi = Gauterius, Philippus ; — episcopi, 72 = Iohannes, Milo.
Morinus, 152.
Moritonii comes = Stephanus.
Morlans (Perron de).
Mornacio, Mornaz (Bertrandus, Gaufrez de).
Moro (Banzo, Gondisalvo).
Morollo (Bernardus de)
Morral, 93 ; — (Bermundus de).
Mors, villa, 365.
Morus Alfaix, 333.
Morzano, 30.
Mota (Petrus, Willelmus de).
Mota Palatonis (S. Bartholomeus de).
Mozaravi, Muceravi (Petrus).
Mucons, 79.
Mugent, flumen, 67, 75, 76, 77.
Mulacha, Mulahca, villa, 49, 50, 51.
Mulino, Mulinos, 98.
Multe (Guilelmus).
Munada (de), 305.
Munciaco (Drogo de).
Mundesonero (Paganus de).
Mundidesiderio = Disdero Monte.
Munio = Monio.
Muniz, Muniez, Munioç = Monis.
Muntaur = Monte Lauro (de).
Munt Falcun, 371.
Muntbar (Andreas de).
Munzone = Montson.
Murel, Murello (Maurinus, Raimon de).
Muria, Miria, 256, 257.
Murivallis, 342.
Murte (Petrus).
Musard (Robertus).
Muza Zacharias, 347.

N

Na Almus, vicecomitissa [Barchinon'], 50.
Nagera, Naiara, 52, 268 ; — Naiare [seu Calagorre] episcopus = Sancius.
Nannetensis civitas, 167, 168.
Nant (Bernart, Iohannes de).
Napal, 182.
Narbona (Petrus, Raimundus de) ; — Narbonensis archiepiscopatus, 287, 302 ; — aura, 148, 259 ; — comitatus, 286 ; — vicecomes = Aimericus.
Narbonesa, 42.
Nata (Bona).

Natalis, cancellarius, 153.
Navarra, 225 ; — Navarre regina = Margelina ; — rex = Garsias.
Navarri, Navarr, Navarro, Navarron (Gabinus, Lop, Orti, Sancius).
Navarron, 313.
Navas, Navasa, Navascos, 300, 305, 307, 339 ; — Navas (Gonselmus de).
Naveg, 228.
Nayteree episcopus, 246 = Naiara.
Nazarenus episcopus = Bernardus.
Necones, Negones = Enecones.
Negano (Poncius de).
Nerlu, 358.
Novelo, Nevilo, archidiaconus, 43.
— de Petrafonte, 352.
Niblanum, 42.
Nicholaus, Nicholaius, Nicolaus, 9, 36, 341.
— Bajulus (T.), 345, 363.
— Baldricus, 103.
— Bernchus, 149.
— Brecensis, 23.
— canonicus Lincolniensis, 264.
— capellanus (T.), 132, 211, 212, 365.
— castellanus, 151, 341, 344.
— Catti, 341.
— cellararius (T.), 293.
— claviger, 350.
— de Avisano, 350, 363.
— de Bulbutone, 112, 139, 159, 194, 211, 212, 213, 237, 238, 255, 260, 327.
— de Capetual, 5.
— de Gusanz, 325, 326.
— de Hispania, 344.
— de Houdinvilario, 26.
— de Monte Securo, sacerdos (T.), 169, 211, 212, 255, 308.
— de Tornafort, 210.
— episcopus Cameracensis, 128, 172.
— filius Petri prepositi, 343.
Nicholaus pincerna, 255.
— prepositus, 58.
— presbiter cardinalis, 388.
— presbiter *vel* sacerdos (T.), 65, 155, 182, 183, 202, 229, 327.
— prior claustri, 346.
— Sezannie, 21.
Nicola Bellonis, 370.
Niel (Raimundus).
Nigelle decima, 21.
Nigellus de Balocis, 188.
— de Valle Roilli, 238.
— filius Almar, 332.
— monachus Cadomensis, 338.
Niger, 214 ; — (Bertrannus).
Nimuranna de Lunia, 106.
Nivardus, cognomine Paganus de Mondisderio (T.), 24.
Niwebela, 167.
Nocherius de Bolceneis, 44.
— pauper, 215.
Nocura, Nochura (Geraldus de).
Nod, 319.
Noe, 358.
Noelius = Novelius.
Noers (Adam, Willelmus de).
Nogario (de), 141.
Nomam, 230.
Noneville (Theodericus).
Nongento (de), 343.
Nongentello (Galterus, Bernerus de).
Normanni, 149 ; — Normannie dux = Gaufridus.
Normannus, archidiaconus Lexoviensis, 338.
— de Cumbis, 149.
Norpaldus, Norpaudus, abbas Vallis Lucentis, 18, 207.
Nova Ecclesia (Goscelinus de).
Nova Villa, 68, 72, 343 ; — domus de, 39.
Novella prata, 193.
Novella Villa, 35.
Novellas, Novelas, Noveles, Novelle, Novelles, 30, 70, 73, 78, 100, 209, 222, 223, 235, 242, 243, 245, 250, 268, 271, 279, 291, 294, 299, 300, 308, 333, 339, 340, 346.
Novelli, Novellis (Berengarius, Poncius, Rainardus, Willelmus de).
Novellus, Noellus (Petrus).
Noviomum, 24, 143 ; — Noviomensis archidiaconus = Hugo ; — decanus = Balduinus ; — episcopus = Balduinus, Symon ; — thesaurarius = Theodericus.
Novoburgo (Robertus de).
Novo Castello (Gillo de).
Nudiz = Nuniz.
Nugareta, 90.
Nuniz (Didacus, Ermigius, Maria, Pelagius).
Nunus, Nuno Menendiz, 137, 251.
— Osoris, 13.
— Pedre, alferiz imperatoris, 258.

O

Oalricus, filius Gotolendis, 125.
Obaudi (Girardus).
Obazinense monasterium, 371.
Obeias (Iohannes de).
Oblitas (Sanz, Iohen, Sanz d').
Obstal, capella de, 31, 35, 373, 375, 385.
Ochoa, 254.
Octavianus, diaconus cardinalis, 381, 387.
Octobiano (de), 208.
Od de Talabuix = Oto de Talaboix.
Odbrich, 148.
Oddo = Odo.
Oderici, Odori, Odorii, Osoris, Osoriz (Egas, Gunsalvus, Nuno, Petrus).
Odil, Odils, Odilus de Balmis, 130, 132, 355.
— de Garda, 355.
Odilonus, 94.
Odo, Hodo, Oddo, 21, 58, 98, 289, 302, 346, 371.
— abbas, 9.

Odo archidiaconus, 36, 39.
— Boceus, 214, 215.
— Bogor (et ?), 44.
— cancellarius, 143.
— clericus de Cantumerii, 20.
— Cloinus, 20.
— de Abbatia, 151, 341, 343, 344.
— de Buxiaco, 303.
— de Fontanis, 9.
— de Foro, 58.
— de Furnis, Furno (T.) 214, 283.
— de Gradinano, 120.
— de Lagan, 27.
— de Masiaco, 44.
— de Montiniaco (T.), 351.
— de Tolent, 240.
— de Vernolio, 342.
— de Vico, 27.
— diaconus cardinalis, 387.
— dux Burgundie, 216, 332.
— episcopus Belvacensis, 152, 153.
— filius Gosleni, 21.
— filius Marthe, 214.
— filius Rogeri, 20.
— Francigena, 342.
— Hesmensis, 388.
— major, 215.
— Malus Vicinus, 342.
— nepos Odonis de Gradinano, 120.
— presbiter, 217.
— S. Michaelis, 302.
— (T.), 214.
— Tortardi, 302.
Odoardus, filius Alemanni, 342.
Odoinus = Audoinus.
Odonis mansus, 169.
Odori, Odorii = Oderici.
Oedrus, 216.
Ogerus, cancellarius, 167.
Oharez = Alboharez.
Oiarda (Garcia d').
Oion = Oyon.
Oisi, Oisy (Simon de).
Oleira, Oleria, Olleira, fluvius, 130, 132, 139, 202, 363, 367.
Olgisius, 22.
Oliba de Candel (T.), 51, 52, 250.
— de Helna, 110.
Olibe (Petrus).
Olifandus, 10.
Olivarii (Petrus).
Olivarius, 203, 206.
— de Palacio, 62.
— de S. Licerio, 77.
— de Tuguriis, 188.
— presbiter, 28.
Oliverium, locus, 73.
Oliverus de Chery, 2.
— exorcista, 238.
— magister Yspannie (T.), 246.
Olivis (de), 54.
Ollegarius, archiepiscopus Terrachonensis, 28, 29, 54, 61.
Olleo, Oylli (Fulco, Henricus, Robertus de).
Oloron (de), 220.
Olost, 62. = Alost.
Oltreyra (Berengarius de).
Olvel, Olveglo, pons, flumen de, 219, 270, 273, 285, 290, 321.
Orbelito, 329.
Ordonis, Ordoniz (Gunsalvus).
Orella, 312.
Orenvilla, 342.
Orfeita, 197.
Orfresa, Orfrisa, femina, 86, 114, 201, 202.
Orgolosa, Orgollosa, uxor Guilielmi de Villa Mulacha, 119.
Oria (dona), mulier de Bales, 298, 307.
Oriavita (Domingo de).
Oriç (Orti).
Oriniaco (Everardus, Gerardus, Guiscardus, Hecelinus, Herbertus de); — Oreniacensis ecclesia, 371.
Oriol (Bernardus, Raimundus).
Oriol Garces, 73.
Orivol (Robertus d').
Ornils (de), 259.
Orodona, uxor Petri Egareiz, 13.
Oronzaco (de), 234.
Oros (de), 328.
Orreto (Hunbertus de).
Orrevilla (Raginaldus de).
Ortaphano, Ortafano (Dalmacius de).
Orti Ezquerra lo Sayon, 69.
— Navarro, 333.
— Oriç, 223.
Ortiç, Ortiz, de Ortiis (Garcia, Ioanes, Rainerius).
Ortosella (Calvet de).
Orunia, Orunnia, 122, 146, 243.
Osa, castellum, 102.
Osbertus, 301.
Oscha, Hoscha, Osca, 68, 102, 103, 219, 262, 263, 304, 305, 328, 346, 387; — Osche episcopi = Arnald Dodo, Stephanus; — Oscha (Petrus de).
Oselli (de), 216.
Osenele canonicus = Willelmus.
Osia = Osca (de).
Osmundus, Osmont, Osmundelus, Homundus, Hosmundus, 21, 316.
— de Bouviler, 235.
— de Contelo, 361.
— de Bono Viler, 275
— de Milli, 361.
— diaconus, 181, 182.
— sacerdos, 296, 311.
Oso (Petrus de).
Osoreus Sabidiei, 253.
Osoris, Osoriz = Oderici.
Ossoa (dona), 223.
Osta, 105.
Ostanus, frater de Wimal, 332.
Ostiensis episcopus = Hostiensis.
Osto, Hoto, Hosto, Oto, Otto, 54, 134, 285, 342.
— dapifer, 88, 368.
— de Bolonia, 87.
— de Cadarossa, 112.
— de Dozence, 286.
— de Monte Securo, 131, 369.
— de S. Audomaro, S. Odmerii (T.), 6, 12, 99, 143, 153, 156, 172, 173,

180, 188, 205, 227, 239, 278.
Osto de Talaboix (T.), 71, 311.
— Raimundi, 55.
Otarde, Otardo (don), 231, 232.
Otgerius de Villari Benedicto, 32
Otine castrum, 224.
Otonis, Oto (Bernardus, Gillelmus, Petrus).
Otto = Osto.
Otura, 160
Oudunus, episcopus Ebroicensis, 87.
Oveza, fluvius, 161, 200.
Oxa, 78.
Oxeneforde, Oxenefordshir, Oxenford', Oxonefordia, 140, 144, 158, 178, 179, 239, 280.
Oylli = Olleo (de).
Oyon, Olon (de), 299, 300.

P

P. Arnaldus episcopalis, 14.
P. Barravus, 34.
P. Cap d'Estopas, 331.
P. da Gamarz, 331
P. de Balaguer = Poncius de Balager.
P. de Monpestler, 331.
P. Pelegrini = Petrus Peregrini.
P. Spina, 218
Paba (Petrus).
Pabirano (Stephanus de).
Pabulvilla, 15.
Paciaco (Willelmus de).
Paciano, Pacione, Paciono (de), 163, 335, 336; — Paciano (Bernardus de).
Paco = Paparo.
Pagana, 20.
Paganellus de Porcaria, 374.
Pagani, de Pagano (Alemannus, Godofredus, Guigo, Hugo, Vilelmus).
Paganus, 11, 371.
— Bellonis, 291, 292, 370.
— clericus de Cesterfeld', 239.
— dapifer, 32.
— d'Agona, 103.
Paganus de Buris, 19, 44.
— de Camillaco, 9.
— de Capag', 121.
— de Disderio Monte (T.), 21, 24, 140.
— de Mundesonero, 111.
— de Uncelo (T.), 331.
— (T.), 16, 150.
Pagesa, Pagesia, 228.
— uxor Berengarii Guilaberti, 75, 76.
Pal (Petrus).
Pajan (don), 347.
Palarensis = Palarensis comes.
Palesa de Pomar, 328, 329.
Painis (in), 215
Palacin, 337.
Palacio (de), 75, 76, 88; — Palacii, de Palacio (Bertrandus, Lope del, Olivarius, Petrus, Raimundus, Vilelmus).
Paladinus, 18
Palaianel (Petrus de).
Palaiano (Alegre, Ludovicus, Raimundus de).
Palar, 190.
Palaranc, Palarenco = Palaiano (de).
Palarensis, Palarensis, de Palares, Palars, Pallares, Pallars, comes = Arnallus Mironis, Artallus.
Palatiolum, 253.
Palazin, 73.
Palcin in Galur, 333.
Pallot (B.)
Palude (de), 206, 207, 330; — (Petrus de).
Palumbario (de), 94
Pampilona, Pampelona, Pampilonia, Panpilona, Panpulona, 18, 52, 146, 216, 246; — Pampilonenses canonici, 334; — episcopi = Lupus, Sancius; — prior = Bernardus; — reges = Adefonsus, Garcia
Panaz, Panacio, Panat, Panato (Hugo de)
Pancelo (Boso de).
Panem Perditum (Pontius).
Pannonias, 18.
Paparda, mater Petri Papardi, 85.
Papardi, Paparz (Petrus).
Paparo, diaconus cardinalis, 387.
Papartus, 132.
Paracolis, Paracols (Guillelmus de).
Pardus, 305.
Pareix Tortas (Dalmacius de).
Parisius, Paris, Parisii, 137, 152, 199, 247, 280, 281, 290, 362; — Parisiensis decanus = Bartholomeus.
Parra (Sanz).
Parvi (Guntrannus, Iohannes, Lambertus, Radulfus, Robertus).
Pascal de Lusia, 333.
Paschalis, Paschal, Pascual (Fertun, Garsia, Iohannes, Xemen).
— [II] papa, 373, 375, 385.
— presbiter, 266, 312.
Passarello (Guillelmus de).
Passchendala, 375.
Passel, altare de, 246, 247.
Passerel, terra, 106.
Pastoris, Pastor, de illos Pastors, dels Pastors (Giraldus, Iohen, Martin, Raimundus).
Pastorissa crux, 132, 369, 370.
Patau (Bernardus).
Patavus, 138.
Patingis (Radulfus de).
Patri (Per).
Patricius, comes de Saresbiria, 301.
Paulei (Seneronus de).
Pauli (Arnallus, Guillelmus).
Paulini (Guilelmus, Petrus).
Paulinlano, villa de, 41.
Paura (Ramon de).
Pavia, rivulus, 190, 191.
Peans, Pelas, rivulus, 147, 282.
Pedenaz, Pedanalium, Pedenacio (de), 42, 63, 200. Cf Pezenaz.

Pedilano, Pedilieno, Pidilano (de), 146, 193, 253; — (Petrus de).
Pedrès, Pedrazo, Pedre, Pedriç, Pedriz = Petri.
Pedrola = Petrola.
Peias = Peans, rivulus.
Peiracha, 165.
Peire, Peiri, Peiro = Petrus.
Peiriaco = Piriacho (de).
Peirois, 24.
Peirola (Guillelmus de). Cf. Pierola.
Peironela, Peronela, 248.
Peitavina, filia Mabilie, 196.
Peix Oldeger, 220.
Pel = Petrus.
Pela Follis (Berengarius de).
Pelagius, Pellagio, Pellagius, 17, 74, 147, 209, 251, 253.
— archiepiscopus Bracarensis, 233, 241.
— Carvallo, 232.
— Godiniz, 248.
— Goterriz, 8, 17.
— Laureu, 227.
— Mal', 228.
— Menendiz, 179.
— Nudiz, alcalad de Montemajore, 7, 13.
— Pelagii, 13.
— Petriz, 226, 227.
— Sandiz, 248.
— Suarides, 7, 8.
— Tructesindiz, 248.
— Ventron, 137.
— Vermulci, 282.
— Xristoforus, 245.
Pelagoz (Poncius, Willelmus).
Pelais, Pelai, Pelait, Pelaz, Peleix, Peliz (Ermesenda, Garcia, Gelvira, Maiordeo, Maria, Martinus, Petrus, Pontius, Salvador, Vital).
Pelapol, Pela Pol, Pelapulli, Pilapulli, Pillapulli, Pilla Pullum (Arnaldus, Bernardus, Gilielmus, Petrus)
Pelaz = Pelaiz.
Pelcort, 108
Pelegri, senior in Alchezar et Napal, 262.
Pelegrini, Pellegrini = Peregrini.
Peles, Pelet, 196, 226. — Pelet (R.) Cf. Pelaiz.
Pelestortus, Pelestorz = Pilistortus.
Pelicer = Pelliceri.
Pellegrini = Peregrini.
Pelliceri, Pelicer, Pellicerii, Pelliparii, Pelliter (Arnaldus, Bertrandus, Geraldus, Gitard, Pere, S., Stephanus)
Pena Fidelis, 12.
Pena Regine, abbas de = Rodericus.
Penbroc, Penbrocio, comes de = Gilbertus.
Penedo (Petro).
Pennart (Pontius).
Penna (Bertrandus de)
Penniacum, 21, 22; — Penniaco (Guido de)
Per, Pere, Perer = Petrus.
Per. Barrau, 313.
Peralada = Petralata.
Percelo, Perchelo (Herbertus, Vaudricus de).
Perdiger, Perdiguero (D., Domingo).
Peregrina, 84, 145.
Peregrini, Pelegrini, Pellegrini (Ioannes, P., Petrus, Ripertus).
Peregrinus (T.), 288, 346.
Peregriz, 329.
Perella, 266.
Perela, 224.
— uxor Petri Guillelmi de Lobela, 101.
Peroiz, 184.
Perpiniani villa, 62, 73, 129, 169, 284, 349; — templum, 336; — Perpiniano (Jacobus de).
Perron de Morlans, 328
Perronet, 232.
Perrot, 347.
— de Freschano, 248.
Perticensis comes [Rotrudus], 183, 232, 312.
Perticus, foresta, 71.
Perucia, 39.
Pescator (Domingo).
Petgerii (Petrus).
Petra (Arberius de).
Petra Alta, 243, 306, 334; — (Stephanus de).
Petra Bruna, 107, 132, 325, 326, 371.
Petra Curvela, 251.
Petra Ficada, 359.
Petrafonte, Petrefonte (Drogo, Iohannes, Nevelo de).
Petra Gora (Dalmacius, Geraldus de).
Petra Lata, Petralata, Peralata, Petra Lapta (Bernardus, Bertrandus, Iordanus, Raimundus de).
Petraponte (Gila, Godefridus, Hugo de).
Petre Rubee (Sancius).
Petra Scripta, 208.
Petrelon, Perrot de Freschano, 248.
Petreram (ad), 361.
Petri, Pedrazo, Pedre, Pedrez, Pedriç, Pedriz, Petreç, Petred, Petrez, Petriç, Petriz (Alfonsus, Alvarus, Arnallus, Berengarius, Bernardus, Calsal, Deodatus, Ennechus, Fernandus, Guilelmus, Kazel, Martinus, Menendus, Nuno, Pelagius, Petrus, Raimundus, Ramiro, Redmir, Rodrigo, Salvador, Stephanus).
Petrola, Pedrola, 73, 333.
Petronilla, abbatissa Fontis Ebraudi, 6.
— uxor Petri Bernardi, 234.
— uxor Petri Noelli, 355.
— uxor Ugonis de Alon, 127.
Petronillus Mimus de Aralato, 231.
Petrucia, 39.

Petrus, Peire, Peiri, Peiro, Pei, Per, Pere, Perer.
Petrus, 17, 22, 62, 83, 138, 147, 191, 251, 253, 256, 264, 282
— abbas de Vabre, 317.
— abbas Riupolli, 28.
— abbas S. Benigni Divionensis, 19.
— abbas S. Egidii, 128.
— abbas S. Wimari, 173.
— Abbat (don), 223.
— Alcardi, 227.
— Alcbrandi, sacrista, 360.
— Alcfre, 331.
— Allauz, miles, 169.
— Almirici, 273, 320, 321.
— Alacris, 192.
— Alfos, 298.
— Allaldi, 104, 118, 125, 161.
— Amati, 187, 201.
— Amelii, 41, 42, 60, 108.
— Andree, 39, 40, 87, 141, 277.
— Arberti de Luciano, 55, 168.
— archidiaconus Barchinonensis, 53, 54, 106, 205.
— archidiaconus episcopi Naytere, 246.
— Arditi, 355.
— Arnaldi, 2, 40, 61, 55, 71, 74, 75, 98, 104, 198, 317, 329, 357.
— Arnulfi, 117, 125, 211, 212, 213.
— Artaldi, 84, 121.
— Baez, Beez, 23.
— Bahe, 23.
— Balduini, 358.
— Barbarini, 85.
— Bello, 190.
— Berengarii, 68, 159, 187, 224, 266, 279.
— Berengarii de S. Eugenia, 76, 77.
— Berengarii de Tolugas, 119.
— Berengarii, eunucus, 209.
— Berengarii S. Eugni, 319.
— Bermundeç merino, 146.
— Bernardi de Casals, 175.
— Bernardi de Castro Novo, 103, 104.
Petrus Bernardi de Cavalleria, 50, 61.
— Bernardi de Porta, 234.
— Bernars de Vezin, 331.
— Bernardi, scriba, 227.
— Bernardi (T.), 12, 15, 25, 42, 52, 65, 73, 79, 88, 93, 98, 101, 106, 124, 159, 160, 169, 195, 209, 228, 286, 294, 307, 308, 347, 359.
— Bernat Ruia, 322.
— Berni, 28.
— Berrias, 267, 272.
— Bertrandi, 2, 37, 77, 78, 95, 96, 169, 308, 317.
— Bertrandi de Bello Loco, 54, 55, 88, 168, 368.
— Bertrandi de Monte Palacio, 54.
— Bonet, 120.
— Bonifilii, 224.
— Boni Hominis (T.), 231, 346.
— Boni Mancipii, 52.
— Bosonis (T.), 94.
— Bruni, 94, 197.
— Burlaran, 91, 115, 118, 161.
— buticularius, 303.
— Cachola, 94.
— cancellarius, 17.
— Capaçutus, 267, 354, 355.
— capellanus (T.), 255, 316, 324, 325, 326, 330, 350, 363.
— Capiscitus, = Capaçutus.
— Carbonelli, 356.
— Castellazor, 330. Cf. Castelaçol (de).
— Chais, 327.
— Clementis, presbiter, 130, 132, 295.
— Clergue, 98.
— Clerici, 330.
— clericus, 64.
— clericus de Badenas, 269.
— clericus de Mansilla, 269.
— comes Bigorritanus, 205, 309.
— consobrinus Gillelmi Richavi, 115.
Petrus Dalmacii, 138.
— dapifer, 12, 180.
— de Albagnano, 254, 255.
— de Alon, 127.
— de Altiniaco, 200, 201, 251, 251, 252, 259, 260, 277, 278.
— de Aquilar, 319, 320.
— de Argencs, 296.
— de Arhaz, 101.
— de Arzag (T.), 186, 187, 195, 205, 222.
— de Astuga, 310.
— de Aurasica, 115.
— de Auriacho (T.), 171, 173, 174, 186, 167, 251, 252, 277.
— de Bahaluc (T.), 237, 297.
— de Balaniano, 319, 320.
— de Baniolis, 37, 50.
— de Bec de Vin, 266.
— de Bellomonte (T.), 202, 211, 212, 325, 326, 345, 350, 367.
— de Borja, 307.
— de Bosco, 120, 121.
— de Brana, 142.
— de Brolio, 70.
— de Bruxiaco, 303.
— de Cabreriis, 255.
— de Cadarossa, 117, 132.
— de Cairese, 361, 362.
— de Canneto, 360.
— de Capella, scriba, 337.
— de Carteia, 346.
— de Castelaçol, 250. Cf. Castellazor.
— de Castello Duplo, 350, 367.
— de Castilion, 134.
— de Castro Rosen, 272.
— de Cavallo, 364.
— de Chalancho, 92.
— de Cirach, 256.
— de Clarenciaco, 353.
— de Claro Monte, 65, 269.
— de Clausonna, 259.
— de Compens, 152.
— de Corbona, 162.
— de Corneiano (T.), 41, 50, 52, 89.
— de Cortata, 265.

Petrus de Cost, 160.
— de Crest, 128, 161.
— de Darbocio, 138.
— de Dardenaco, 215.
— de Dosera, 84, 121.
— de Dozencho, 284, 285.
— de Faro, 78.
— de Fenoledes, 158, 174, 253.
— de Fonolar, 187, 188, 349, 350.
— de Galifa, 55, 96.
— de Galnachia, 158.
— de Gerborredo, 26.
— de Gralal, 245.
— de Hedres, 61.
— de Lala, 365.
— de Lanbisco, 227.
— de Laurano, 198.
— de Lespig, 78, 242.
— de Lizano, 304, 340.
— de Luzencione, 144, 359.
— de Malrols, 201.
— de Malgalacio, 353.
— de Margaritis (T.), 163.
— de Melars, 331.
— de Mirabel, 85, 113, 117, 130, 367, 369.
— de Mirmanda, 365.
— de Monte Irato, 51.
— de Monte Lauro (T.), 266, 277, 323, 359, 360.
— de Monte Securo, 131.
— de Moracens, 214, 215.
— de Mota, 296.
— de Narbona, 252.
— de Oscha, 246, 263.
— de Oso, 336.
— de Palacio, 88.
— de Palalanel, textor, 286.
— de Paludo, 115, 345.
— de Pedenaz, 42.
— de Pedilano, 146, 253.
— de Plano, 355.
— de Podio, 366.
— de Pomar, 100, 366.
— de Ponto (T.), 145, 309, 330.
— de Porto, 255, 367.
— de Pratis, 133.
— de Quasilaco, 366.
— de Quinto, 177.
— de Radegueria, 193.
Petrus de Rasigeres, 97.
— de Reboled, 146.
— de Recordana, 27.
— de Redas, 141.
— de Remolinis, 234.
— de Ripa Alta, 272, 339, 350, 355.
— del Riu, 322.
— de Roais, 14, 169.
— de Roveria (T.), 88, 93, 133, 135, 138, 140, 141, 158, 159, 163, 166, 168, 169, 170, 174, 175, 177, 181, 186, 192, 193, 196, 197, 199, 200, 202, 203, 205, 210, 211, 218, 219, 221, 230, 234, 237, 243, 244, 246, 256, 257, 258, 259, 262, 263, 267, 268, 269, 270, 271, 273, 274, 285, 286, 288, 289, 290, 295, 296, 297, 310, 311, 313, 319, 320, 322, 327, 339, 345, 346, 348, 349, 350, 353, 356, 368.
— de Sado, 234.
— de San Dorenz, 334.
— de Sepiano, 329.
— de Serinna, 365.
— de Solorivo, 317.
— de Suregio, 45.
— de S. Cruce, 295.
— de S. Eugenia, 55.
— de S. Johanne (T.), 125, 130, 131, 176, 311.
— de S. Laurentio, 62, 294.
— de S. Leiro, 314.
— de S Maria, 284, 322.
— de S. Michaele, 210
— de S. Minato, 92, 93, 368.
— de S. Quintino, 20.
— de S. Urbano, 96.
— de Terracia, 81, 199
— de Terrada, 313.
— de Tullo, 267, 355.
— de Turre, 273, 285.
— de Turrucella, 54.
— d'Unzent, prior Fredelacensis, 237.
— de Uuldone, 362.
— de Vado, 303.
— de Valle Aurea, 293.
Petrus de Ventoirolio, canonicus Arelatensis, 115, 125, 192.
— de Villa Gelans, 313, 368.
— de Villari, 112.
— de Vindranis, 134.
— de Vitraco, 270, 273.
— Deusde, 79, 359.
— Dodi de Valriacho, 363.
— Doi, 160.
— Dominici (T.), 177.
— dominus Ganapie, 10.
— Durani, 97.
— Ebrin, 12.
— Egareiz, 13.
— Eldara, 190.
— electus Bracarensis, 233.
— Engeluini, 367.
— Enguilranni, 363.
— episcopus Ausonensis, 313, 314.
— episcopus [Rodensis], 18.
— episcopus Secobiensis, 258.
— Ermengaudi, 129, 160, 201.
— Esteven, 98.
— Falcheti, 112.
— Fel, 42.
— Felgerria, 272.
— Fernandi, 13.
— Filiolus, 197.
— filius Adde, 214.
— filius Balduini, 302, 303.
— filius don Raimon, 333.
— filius Guarsendis, 263.
— filius Raginaudi, principis Graciaci, 240, 241.
— filius Udalgarii, vicecomitis, 158, 174.
— Francisc, 128.
— Froilaz (T.), 147.
— Frotardi, 359.
— Fulco, 227.
— Galego, 222
— Galinç, 312.
— Gallecus, 248.
— Galli, 250.
— Garini, prepositus S. Nazarii, 116.
— Garsia, 137.
— Gauçbert, 98, 195.
— Gaudini, 137.
— Gaufredi, 32, 206.

Petrus Gauterii de Carpentras, 161.
— Gavaldani, 160, 227.
— Geraldi, clericus, 318.
— Gicardi, canonicus de S. Paulo, 293.
— Gilaberti, 141, 250.
— Gilelm, 175.
— Giraldi, 168, 203.
— Gonbert de Esperazano, 141.
— Gordon, 69.
— Gouviaz, 247.
— Gregorii, 28.
— Gron, 123, 198.
— Guers, 115, 128.
— Guillelmi de Balmis, 212, 293, 365, 369.
— Guillelmi de Lobera, 101.
— Guillelmi, de Trenciano, 124.
— Guillelmi (don), 223.
— Guilelmi, filius Dulciane, 104.
— Guilelmi, filius Talseinade de Tacione, 110.
— Guillelmi, presbiter, 28, 41, 255, 317.
— Guillelmi (T.), 14, 28, 32, 46, 56, 67, 78, 113, 115, 130, 132, 162, 175, 213, 228, 327.
— Guterris, 209.
— helemosinarius Rotensis, 346.
— Imberti, 145.
— Iohannis, 104, 126, 159, 247, 304, 330.
— Irimballi, 335.
— Lançani, 163.
— Laugerii, 132, 370.
— Lautardi, 251, 252
— Lauterii, 92, 295.
— Leodegarii, 229.
— Lespig, 223, 266, 298, 299, 300.
— Leta, 168.
— levita, scriba, 93, 138, 217, 218, 238.
— Lupus, 2, 306.
— Luschus, 23.
— Luz, 232.
Petrus Magalatensis, 114, 117, 118, 139, 140, 166, 176, 177, 186, 200, 207, 259, 288.
— Magel, 353.
— Magrell, 299.
— Male doctus, 317.
— Marini, 104, 118, 126, 161, 169, 324.
— Marofil, 330.
— Martini (T.), 228, 242, 294, 308, 309, 366.
— Martinus de Escatrone, 183.
— Martinus Espelilitus, 14.
— Medalia, 263.
— Micahelis, 323.
— Milonis, 118.
— monachus, 37, 222, 273, 274.
— monachus et sacerdos, 50, 52, 83, 230, 245, 284, 322.
— Mondeiro, 16.
— Montis Pulcri (T.), 159.
— Mozaravi, 242, 313.
— Murte, 39.
— nepos Arnaldi de les Portes, 98.
— notarius, 228.
— Novelli, 355.
— Odori, archidiaconus Bracharensis, 233, 320.
— Olibe, 230, 263.
— Olivarii, 27.
— Oto, 41.
— Paba, 177.
— Pal, 8, 17.
— Papardi (T.), 85, 165, 194, 202, 211, 212, 213
— Patri, 330.
— Paulini, 48
— Pelait, 16.
— Pelapol, 42, 47, 60, 65, 100.
— Pelliter, 304.
— Penedo, 16.
— Peregrini, 216, 218.
— Pelgerii, 363.
— Petri, 13.
— Pictavin, 304.
— Pomelius, 152.
Petrus Poncii, 61, 169, 250.
— Poncii de Bruiano, 230.
— Poncii de Falca, 190.
— prepositus, 343.
— presbiter, capellanus (T.), 345.
— presbiter cardinalis, 378, 380.
— presbiter, scriba, 61, 62, 74, 76, 77, 88, 90, 91, 92, 93, 95, 96, 101, 104, 107, 111, 113, 119, 124, 126, 127, 144, 177, 179, 187, 188, 190, 193, 250, 265.
— Primicheri, 88, 353.
— prior Bracarensis, 233, 320.
— prior Dominici Sepulchri, 99, 213.
— prior S. Martini, 346.
— prior S. Michaelis, 259.
— prior Vimarensis, 275.
— Provincialis, 363, 367.
— puer, 217.
— Rabinelli, 118.
— Raimundi (T.), 37, 41, 42, 47, 48, 49, 51, 73, 83, 113, 196, 222, 258, 290, 291, 339, 360.
— Raimundi de Barbaira, 60.
— Raimundi de Blumato, 234.
— Raimundi de Bruiano, 229, 230.
— Raimundi de Congingnis, 354.
— Raimundi de Milars, 97.
— Raimundi de Petred, 54.
— Raimundi de Podii Tirici, 234.
— Raimundi de Ravad, 60.
— Raimundi de Taradello, 320.
— Raimun de Vilarzello, 82.
— Raimundi, presbiter, 26.
— Ramon, senior in Estada, 262, 263.
— Rainaldi, 227.
— Rainardi, 42.
— Regina, 321.
— Remusa, 308.

Petrus Rex Tafur, 242.
— Richerii, 160.
— Riperti, 145.
— Rivipollensis, abbas S. Marie, 205.
— Rodriguiz, 179.
— Rodulfi, 155.
— Rogerii, 110, 124, 206, 207.
— Roggerii de Barbairano, 49, 196.
— Rollandi, 130, 132.
— Romeu, 68, 69, 219, 283, 308.
— Rostagni, filius Beatricis, 104, 145.
— Rostagni, scriba, 354, 363.
— Rotberti, 284.
— Roxius, archidiaconus, 233.
— Rufi, 227.
— sacerdos = Petrus presbiter.
sacerdos de S. Genesio, 355.
— Sacheti de Dodenca, 166.
— sacrista Barchinonensis, 205.
— Salamon, 64.
— Sancius, 122, 243.
— Sandis, 226.
— Sartia, 265.
— Saurniani, presbiter, 256.
— Sebenchi, 207.
— Seguini, 134.
— Serviente, 355.
— Sicardus, 25.
— Sicfrez, 45.
— Stephani, 130, 132, 319.
— Stephani del Portal, 25.
— subdiaconus, 238, 250.
— subprior (S. Bartholomei), 238.
— S. Adriani, 340.
— S. Genesii, 260, 278.
— S. Marie, 322.
— Taresa, 30, 73, 122, 165, 175, 217, 242, 243 245, 271, 291, 295, 298, 366.
— Telmundi, 197.
— Tizon, 62.
Petrus Tornes, 317.
— Ugonis de Avisano, 85, 107, 112, 113, 116, 117, 120, 126, 130, 131, 133, 165, 210, 211, 212, 213, 231, 259, 308, 362, 367, 370.
— Ugonis de Valriaco, 120, 231, 292.
— Vanella, 118, 192.
— Vassal de Casal Revira, 71.
— Vel, 168.
— Venegas, 253.
— Vermel, 15.
— Vetulus, 32.
— vicecomes Bearnensis, 220.
— Vincencii, 245, 284.
— Vitalis, 148, 252, 324.
— Xristual, 242.
— Yiaris de Claustro, 118, 210.
— Ysarn, 97.
— Yspaniensis (T.), 106.
Pevrel, Peverelli (Vuillermus).
Pezez (Rodric).
Pezenas, Pezanazi, Pezanacium, 63, 148, 251, 259, 277; — Pezenaz, Pezenato (Hugo, Petrus de). Cf. Pedenaz.
Pezugio (Stephanus).
Philippus, archidiaconus Morinorum, 156, 180.
— cantor, 35.
— de Braosia, 149.
— de Harecourt, decanus Lincolnie, 149.
— de Humeto, 121, 301.
— de Plairro, 43.
— de Querceto, 5, 111.
— de S. Memio, 36, 59.
— episcopus Balocensis, 188, 332, 337, 338.
— Gossot, 279.
— puer, 217.
— rex Francie, 216.
Pictavensis, Pictavin (Pero, Wilelmus).
Pictavensis comes, 135, 137.
Pictavina, 271, 272.
Pidilano = Pedilano (de).
Pierola, 105. Cf. Peirola.
Piers (Ranaudus de).
Pigmars, Pigmaus (Gaucelmus, Giraudus).
Pignano, Piniano (Bernardus, Guillelmus de).
Pignerii (Arbiricus).
Piguene (Remon).
Pilapulli, Pillapulli, Pilla Pullum = Pelapol.
Pileti (Bernardus, Bremundus, Raimundus).
Pilistorius, Pelestorius, Pelestorz, Pilestort, Pilestortus, 14, 56, 293, 294, 325, 326.
Pina, abbas de = Bernardus.
Pinas, Pinos (Gaucerandus de).
Pinciano = Punciano (de).
Pinconio (Girardus de).
Pinguis (Herbertus).
Piniano = Pignano (de).
Pinna, 217.
Pinnol (Geraldus).
Pinos = Pinas.
Pinto (Gondisalvo).
Pipard (Willelmus).
Piriacho (de), 124; — Peiriaco (Arnaldus de).
Pisae, 373; — Pisana sinodus, 379.
Pitita, 48.
Pl', canonicus de = Robertus.
Plaiotrum, 20; — Plaiotro, Plairro, Plaitro, Pleurra (Iohannes, Manasses, Marcus, Marsimilla, Philippus de).
Planceii (Hugo).
Planchero (ad), 315, 316.
Plancis, 2.
Plani (de), 328; — Plano (Petrus de).
Plania, locus, 63.
Plazen (Willelmus).
Plebe (in), 355.
Pleit Lubi, 174.
Pleurra = Plairro.
Poc = Pontius.
Podio (de), 250; — Podienses episcopi = Guillelmus, Humbertus; — Podio (Almeradus, Elmeratus,

Petrus, Raimundus, Rostagnus, Vilelmus de).
Podio Alto, Pol Alt, Pugalto (Guillermus, Raymundus de).
Podio Auro (in), 330.
Podius Bisbalis, 48.
Podio Calvo, Podio Cavo (G., Willelmus de).
Podium Dadmir, 356, 357.
Podio Gauterio (de), 323.
Podio Gofre (de), 330.
Podio Guigone (Bertrandus de)
Podioleno, prior de = Bertrandus de Mornacio.
Podioirig, 319.
Podio Lupario (de), 206, 207.
Podio Salicone (de), 201; — (Guiraldus de).
Podio Sibrano, Podio Subrano (Arnaldus, Bernardus de).
Podium S. Marie, 39.
Podii Tirici (de), 234.
Podio Valleriaco (de), 292.
Podjetum, Pojet, 184, 185.
Podolas (Bernardus de).
Pog (del) = Podio (de).
Pol (Alt) = Podio Alto (de).
Polal, 112.
Polans (Milo de).
Polgoaut, 87.
Polli (de), 344.
Poinarc = Pomar, villa.
Pojet = Podjetum.
Poincardus, monachus, 38.
Poma, femina, 28.
Pomar, villa de, 41, 82, 83, 114, 228, 329; — Pomar (Arnaldus, Bernardus, Palesa, Petrus, Pontius de).
Pomareta (Hugo de).
Pomelli (Petrus).
Pomerius, 214.
Ponchardus, Ponzardus, prepositus, 342.
Poncia, Pontia, Ponza.
— consobrina Raimundi Ermengaudi, 134.
— uxor Ademari d'Auriac, 359.
Poncia, uxor Guillelmi, 218.
— uxor Petri Vilelmi, 28.
Poncii, Ponç, Ponçi, Pontia, Ponz (Arnald, Berengarius, Bernardus, Geraldus, Petrus, Raimundus, Willelmus).
Poncius, Poc, Ponç, Ponco, Ponçono, Pons, Ponsco, Pont, Pontius, Ponz, Ponzo.
Poncius, 21, 141, 328.
— A..., 68.
— Adalberti de Taçlo, 62, 163.
— Alcre, 270, 273, 285, 291.
— Ainardi, 39, 40.
— Airaldi, 39, 40, 365.
— Amelii, 48.
— Andree, 87.
— Andreu d'Elcit, 71.
— Andree presbiter, 189.
— archidiaconus Lingonensis, 19.
— Archimberz, 165.
— Arnaldi, 228, 263, 329.
— Arnulfi, 363.
— Artimanni, 356.
— Bels, 181.
— Beraldi, 104, 125, 126, 169.
— Berengarii, 42, 161, 193, 194.
— Berenguerii (T.), 182, 183.
— Bergonno, 365.
— Bernardi, 48, 98, 154, 286.
— Bellani, 63.
— Bodici, 86.
— Bonus Homo, 229.
— Borrelli, presbiter, 161, 162.
— Boschet, 98.
— Brugaz, 272.
— Calvet, 364.
— cantor, 360.
— capellanus, 63, 158, 255, 267, 291.
— Cavalerii, 159, 203.
— Chalveria, 200.
— Clementis, 360.
— clericus Barchinonensis, 205.
Poncius, comes, 258.
— Dalmacii, 293.
— Damunte, 362.
— de Alon (T.), 288, 363.
— de Arnal, 216.
— de B...es, 55.
— de Balager, 297, 346.
— de Balaniano, 319, 320.
— de Balmis, 260.
— de Baranis, 311.
— de Baris, 41, 42, 60.
— de Beriaz, 266.
— de Bidono, 138.
— de Brugeria, 82.
— de Brulano, 83.
— de Burgo, armiger, 325, 326.
— de Calvicione, 354.
— de Çembella, 355.
— de Casaledas, 355, 362.
— del Caslar, 322.
— de Cavallo, 364.
— de Cura, 353.
— de Duno, 112.
— de Faro, 78.
— de Filinis, 360.
— de Fonolar, 187, 188, 190, 349, 350.
— de Fontanis, 214.
— de Glavenaz, 39.
— de Grillone, episcopus Tricastrinus, 84, 85, 86, 87.
— de Ioncheres, 350.
— de la Mota, 367.
— de Luzencione (Ponzon del Ludenzon) (T.), 186, 219, 288, 322, 359.
— de Medenis, 258, 259.
— de Momolena, 234.
— de Monte, 362.
— de Monte Rotundo, 353.
— [de Monte Securo], 169.
— de Monte Tornes, 353.
— de Negano, 256.
— Deodati, 189, 200.
— de Pomar, 82, 83, 273, 285, 328, 329.
— de Pugnadoresa, 107.
— de Quoquolibero, 245, 349.
— de Rivo, prior S. Marie S. Salvatoris, 115, 196.

Poncius de Rocha (T.), 52, 356.
— de Roiano, 28.
— de Rovura, 355.
— de Rubeda, 362.
— de Runel, 138.
— de Spinaceria (T.), 197.
— de Sruinne, 216.
— de S. Guillem, 331.
— de S. Martino, 115.
— de Ulmo, 325, 326.
— de Valle (T.), 174, 186, 253.
— de Vilar, 273.
— de Villa Gelans, 313.
— de Villanova, 15.
— Duranti, 39.
— episcopus [Tricastrinus], 237. Cf. Poncius de Crillone.
— episcopus Carcassensis, 178, 321, 328, 366.
— Esteven, 220.
— Ferrol, 83, 111, 133, 175, 181, 182, 196, 268, 269, 274.
— filius Gauterii senis, 132.
— filius Guarsendis, 263.
— frater Bermundi, castellani, 295.
— frater Leobaudi, 215.
— Frogerii, 127.
— Fulcherii, 94.
— Geraldi, 271, 272, 288, 308, 309.
— Gisbani, sacrista, 104.
— Gisberti, sacrista Vasionensis, 126.
— Gontardi, 293, 294, 325, 326, 365.
— Gramondi, 91.
— Guascus, 33.
— Guifre de Aquaviva, 124.
— Guilelmi, 65, 124, 286.
— Guillelmi, capellanus de Mantsilla, 269.
— Guilelmi de S. Michaele, 259.
— Guilelmi de Valle Garnere, 163.
— Hugo, comes de Empuriis seu Impuritanensis, 54, 108.
Poncius Ioannis, 145.
— Lamberti, 267.
— Lautardi, 259.
— Leodegarii, 39.
— Leonardi, 192.
— levita, scriba, 190.
— Malbech, 260.
— maritus Murie, 256, 257.
— Martini, clericus, 330.
— nepos Artalli, 75.
— notarius, 55, 64.
— Novelli, 145.
— Panem Perditum, 16.
— Pelagoz, 323.
— Pelaz, 297
— Pennart, 120.
— Petri Amelii, 109.
— Petri de Torves, 323.
— presbiter, scriba, 81, 196.
— prior B. Marie de Campo, 336.
— Raimundi, 62.
— Regine (Puent de la Reyna), 69, 254.
— Remusati, 127.
— Rogerii, 219, 270, 273.
— sacerdos (T.), 140, 168, 331.
— scriba, 18, 95, 256.
— Stephani, 130, 132, 206.
— Stephani de Candel, 62.
— S. Privati, 267.
— Tecelinus, 21.
— Tellanus, 189.
— Textori, 358.
— Trenna, 15.
— Trucus, 345, 350, 363.
— Ubaldi, 354.
— Ugo, 61, 361.
— Ugonis de Medenis, 259.
— Umberti, 84, 85, 120, 181, 207, 208, 308, 309, 317.
— Vasco, 14.
— Vera, 39.
— Viaers, 317.
— Vitalis, 15, 201, 260, 277, 278, 324.
— Zabaterii, 145.
Pont = Poncius.
Pontiolus Sicfrez, 48.
Pontivorum, Pontini, Pontinorum, de Pontivo, comes = Wido, Willelmus.
Ponto, Pont, Ponti (Petrus de).
Pontreol, 39.
Ponts (de), 174; — Pontibus (A. de).
Ponz, Ponzo = Poncius.
Ponzardus = Ponchardus.
Ponzilione = Fonzilione.
Porcaria (Paganellus de).
Porcelli (Willelmus).
Porcellus, Porcel, 273.
— de Argedas, 276.
Porçilon (don), 235.
Port = Porto (de).
Porta (de), 234.
Porta Lama, 13.
Porta Mortuorum, 151.
Porta Ventosa (Guiraldus de).
Portali (de), 89; — (Deodatus de).
Portellus, 256.
Porto, Port (Bernardus, Petrus de).
Portoles, 217.
Portugal, 20, 251; — Portugalensium princeps, rex = Alfonsus.
Porzeli, 208.
Poscheriarum (Rostagnus).
Posillacho (de), 259.
Postengi (Hursio de).
Pracsenul, 227.
Pradela (Martin de).
Prados, rivulus, 251.
Prads = Prato (de).
Praeria, 16, 22.
Prat, 284.
Pratella, 78, 79.
Prati Baloni, 309.
Prato, Prada, Pratis, Pratro, Prats (Berenguarius, Guillelmus, Guiraldus, Petrus, Raimundus de).
Pratum Alibarderium, 24.
Pratum Aniani, 157.
Preda Mala (Ramundus).
Presbiteri via, 172.
Presbitero (Spaniol de).
Pretesilis (Albertus).
Primicheri (Petrus).

Proer, 181.
Provahis (de), 342.
Provincie comes = Raymundus Berengarii; — magister = Petrus de Rovera.
Provincialis, armiger, 255, 350; — Provincialis (Petrus).
Prugnanes (Gausbertus de).
Prulano (Isarnus de)
Prunana, villa, 89.
Pruvinus, 8.
Puçca, 244.
Puella, uxor Simonis Orphani, 152.
Pugalit, 53.
Pugalto = Podio Alto (de).
Puges (de), 266.
Pugnadoreza (Poncius de)
Pulcher parvulus, 303.
Pulcro Loco = Bello Loco (de).
Pulechel (Gualterus).
Punciano, Pinciano, castellum de, 111; — Punciano (Bernardus, Borrellus, Guillelmus, Udalgerius de).
Punicastro (Bertran de).
Puppevilla, 133.
Purpiriaco (de), 316.
Puteolis (de), 341, 343.
Puzca, Puzcua, 73, 334.

Q

Quadrate, campus de, 328.
Quart, villa, 102.
Quarterpodio (Baronus de).
Quasilaco (Petrus de).
Querceto (Guillermus, Philippus, Radulphus de).
Quintanella, 13.
Quintini (Willelmus).
Quintinus, sacerdos, 316.
Quinto (Petrus de).
Quiquo (Guilelmus).
Quoquolibero, Cocoliberi (Berengarius, Poncius de).

R

R., abbas de Sant Guilem, = Raymundus.
R. de Boccenic, 297.
R. de la Rocha, 101.
R. Pelet, 331.
R. Vanator, 218.
Rabedos, 64.
Rabellus, 361.
Rabinelli (Petrus).
Rabit, 339, 340.
Raborville (Vulardus).
Raça = Raza.
Raçacol, Racezol = Razazol.
Racendis pratum, 343.
Raculfus de Balchiseo, 23.
Rada (de), 333; — Rada, Radas (G. da, Garcia de).
Radeguería (Petrus de).
Rading', Radinge, Reding', 123; — abbas et conventus de, 150.
Raduiff, Raulf, Roduiff (Arnaldus, Petrus, Raimundus, Willelmus).
Radulfus, Radulphus, Randulfus, Raol, Raolf, Rodulfus.
Radulfus, 36, 38, 249.
— Acculei, 293, 309.
— archidiaconus, 142.
— armiger, 238.
— Blavet, 301.
— Cambitoris (*vel* cambiator), 91, 116.
— cancellarius, 87.
— canonicus de Waltham, 150.
— canonicus et capellanus comitis Teobaudi, 80.
— capicerius, 351.
— Caslan (T.), 194.
— castellanus Brugensis, 72, 73, 157, 172, 180.
— clericus, 140.
— comes Viromandorum, 136, 137, 199, 348, 361.
— conversus (T.), 316.
— Crassus, 16, 22.
— dapifer, 163.
— decanus, 361, 371.
Radulfus de Bazwol, 111.
— de Bonavalle, 140.
— de Cam, 301.
— de Faisnires, 59.
— de Mandavilla, 133.
— de Monte Morancelo, 36, 69.
— de Patingis (T.), 227.
— de Querceto, 168.
— de Seilla, 239.
— de Seneugia, 270.
— de S. Gervasio (T.), 169, 211, 212.
— de S. Michaele, 214.
— de Turre, 343.
— de Warren, 111.
— (don), 232.
— filius Berardi Sezannienesis, 20.
— filius Nicholai, castellani, 341, 344.
— filius Peregrine, 146.
— filius Yvonis, 315.
— Guillermi de Trossit, 183, 185, 186.
— Guitberti, 155.
— Hanrici, 303.
— Largi, 215.
— Lautgerii, 369.
— miles, 10.
— monachus de Curia Dei, 315.
— Parvus, 26.
— patriarcha Antiochenus, 76.
— prepositus de Sarrelo, 38.
— (T.), 7, 8, 16, 182, 183, 194, 202, 225, 226, 265, 313, 333.
— Vel. slaus, 26.
Rafart de Cornilliano, 198.
Raginaldus, Reginaudus = Reginaldus.
Rahembaldi (Bertrandus).
Rahembaldus, Raembaldus, Raiabaldus, Raiambaldus, Raimbaldus, Raimbaudus, Reiambaldus, Reiambaldus, 28.
— Allaldi, 104, 126, 169.
— de Basella, 29, 63.
— de Vasione, 118, 126.

— Rahembaldus, Leduiz, 91.
— magister de Roais (T.), 324, 325, 326, 330.
Raimberti Ulmo, Raimbertus Ulmo, Rambertus Ulmo, Ramberti Ulmus, Raimberthome villa, 298, 299, 337, 338, 339, 383, 384, 386.
Raimunda = Raymunda.
Raimundi = Raymundi.
Raimundus, Raimdus, Raimon, Raimonz, Raimun, Raimund, Raimunz = Raymundus.
Raina, Rania (Johannes).
— uxor Bernardi de Caneto, 47, 48, 49, 50.
Rainaldi = Raynaldi.
Rainaldus, Rainal, Rainaudus, Raino = Raynaldus.
Rainardi, Reinardi, Renardi (Guillelmus, Petrus, Raimundus)
Rainardus, Renardus, 63.
— de Beciano, 42.
— de Firmitate, 249.
— de Novellis, 187.
Rainerius, Raincrus, Rainycrus = Raynerius.
Rainoardi, Renoardi (Willelmus).
Rainois (W.).
Ramati (Bertrandus de).
Ramberti Ulmus = Raimberti Ulmo.
Ramed, Rametum, 63, 64, 67, 69, 70, 177; — Ramed, Rameto (S. Maria de, W., Willelmus de).
Ramio (Iohannes de).
Ramir, Raimir, Ramiro = Ranimir.
Ramires, Ramiris, Remiri (Gundisalvo, Menendus).
Ramis (Reinerus de).
Ramoforte (Gaufridus de).
Ramundus, Ramon, Ramond, Ramont, Ramun, Ramundis, Ramuns = Raymundus.
Ranconis, Renco (Armannus, Guillelmus).
Randulfus = Radulfus.
Ranimir, Raimir, Ramir, Ramiro, Ranimirus, Redmir, Renimirus.
— Garcez, 306, 334.
— Petriz, 146, 335.
— rex Aragonis, 68, 175.
— Sanz, 306, 335.
Ranolphus, 374.
Raol, Raolf = Radulfus.
Rascas (Bertrandus, Isnardus, Stephanus).
Rasigeres (Petrus de).
Raterii (Raimundus, Willelmus).
Raterius de Savaixa, 365.
— miles, 365.
Ratzon = Razon.
Raulfi = Radulfi.
Raunaudus = Rainaudus.
Raupiano, Rupiano (Geraldus de).
Ravad, Ravat, Ravaz, 41, 42, 60.
Ravennatis ecclesia, 355, 356.
Ravinelli, Ravincas (Wido).
Raymunda, Raimunda, 160.
— filia Raimundi Bermundi, 193.
— mater Petri de Villa Gelans, 313.
— soror Raimundi Ermengaudi, 134.
Raymundi, Raimundi (Arnaldus, B., Berengarius, Bernardus, Bertrandus, G., Garsia, Guillelmus, Guiraldus, Oto, Petrus, Poncius, Rodlandus).
Raymundus, Raimdus, Raimon, Raimonz, Raimun, Raimund, Raimunz, Ramon, Ramond, Ramont, Ramun, Ramundis, Ramundus, Ramuns, Reigmundus, Reimundus, Remon, Remun, Remundus.
Raymundus, 18, 22, 83, 100, 116, 333.
— abbas de Sant Guilem, 331.
Raymundus, abbas S. Marie Helecti, 41, 42, 60.
— Acculei, 293, 309.
— Adalberti, 48, 67, 68.
— Adalberti de Juiano, 67, 68.
— Ademari de Rabedos, 54.
— Alcre, 291.
— Airaudi, 323.
— Amelii, 171, 187, 289.
— Andree, 39.
— archidiaconus Calvicensis, 354.
— archiepiscopus Toletanus, 258.
— Arnalli, 14, 37, 40, 41, 74, 75, 98, 140, 297, 314, 357, 358.
— Arnaldi Castri Novi, 355.
— Arnalli de Bidocio (T.), 168.
— Arnalt de S. Cruce, 295.
— Asta Nova, 118, 125.
— Atonis, 134, 324.
— Ayanrici de Osta, 105.
— Balitran, 128.
— Bec, 189.
— Belloni, 132, 292, 370.
— Berengarii, comes Barchinonensis, 18, 25, 28, 29, 53, 54, 55, 61, 66, 68, 78, 95, 102, 103, 107, 108, 122, 124, 155, 159, 160, 168, 175, 191, 204, 205, 217, 218, 219, 220, 226, 235, 243, 245, 246, 248, 250, 255, 256, 258, 261, 262, 263, 265, 271, 279, 283, 291, 297, 298, 299, 300, 307, 312, 328, 330, 333, 337, 340, 346, 348, 387, 389.
— Berengarii, comes et marchio Barbisullunensis, 54.
— Berengarii, comes et marchio Ceritanensis, 54.
— Berengarii de Ager, 205.
— Bermundi de Lupicato, 188, 190, 192, 193.
— Bernardi de Furchis, 269.
— Bernardi de Grudia, 266.

Raymundus Bernardi de Gurb, 318, 368.
— Bernarts de Ludenzo, 359.
— Bernardi de Olost, 62.
— Bernardi (T.), 7, 8, 12, 25, 29, 155, 175, 183, 191, 208, 209, 218, 219, 223, 229, 232, 235, 236, 283, 285, 291, 298, 299, 300, 313, 329.
— Berrias, presbiter, 272.
— Bonipar, 360.
— capellanus de Blumato (T.), 234, 256, 257.
— Casconi de Frescano, 291.
— Castri Veteli, 78.
— Cavaler, 181.
— Cerdani, 41, 108, 109, 110.
— Columba, 287.
— comesTripolitanus, 66, 194
— dapifer, 25.
— de Alairaco, 364.
— de Albania, 207.
— de Alon, 127.
— de Artiecs, 286.
— de Balaniano, 319, 320.
— de Balmis, 87, 326.
— de Barberano, 48, 49, 55.
— de Bassinargues, 218.
— de Berneford, 301.
— de Bestorres, 132, 229, 260, 370.
— de Blancafort, 112, 272.
— de Bolela, scriptor, 263.
— de Burcafols, 267, 271.
— de Burils, 44.
— de Canependuto, prepositus S. Nazarii, 50, 115.
— de Carbonerils, 227.
— de Casals, 176
— de Casamont, 310.
— de Casoles, 55.
— de Castro Novo (T.), 262, 263, 285, 304, 328, 340.
— de Chalancho, 92.
— des Clanz, 1.
— de Clarmont, 274.
— de Colrano, 354.
— de Contrasto, 197.
— de Cornillano, 198.
— de Cortes, 73, 164, 223, 235, 246.
Raymundus de Cruceolis (T.), 229, 231, 260, 293, 294, 365.
— de Duno, 112.
— de Fabregas, 331, 359.
— de Gaure (T.), 67, 71, 82, 90, 100, 109, 111, 112, 113, 114, 115, 116, 124, 133, 135, 141, 310, 311.
— de Gurgite Petra (T.), 251, 252, 288.
— de Iocundatio, 132, 281, 370.
— de Lacho, 234.
— de Lautre, episcopus Tolosanus, 163, 177, 236, 237.
— de Laval (T.), 330.
— de Luna, 261.
— de Luzencione, 144.
— de Marcellano, 108, 109, 110, 111, 176, 189.
— de Monte Albano, 293.
— de Monte Esquivo, 220.
— de Montelz, 260.
— de Monte Mirato, 27.
— de Mont Long, 169.
— de Moraval, 317.
— de Murel, 266, 298.
— de Narbona, 255.
— de Palacio, 95.
— de Palaiano, 111, 175, 176, 307, 328, 329, 333
— de Paura, 63.
— de Petra Lapta, 365.
— de Podio, 125, 321, 324.
— de Podio Alto, 18, 205, 346.
— de Prato, 146, 158, 174, 323.
— de Rivo, 267, 268.
— de Rocha, 53.
— de Ruvira, 93, 199, 221.
— de Salses, 57, 69, 70.
— del Soler, 322.
— de Solorivo, 317.
— de Sorezeno, diaconus, 181, 182.
— de Subiradis, 101, 198.
— de Subripas, 138.
— de S. Iohanne, 206, 286, 313.
Raymundus de S. Laurentio, 148.
— de S. Marcello, 106.
— de S. Martino (T.), 100, 108, 109, 111, 112, 114, 166, 271, 272.
— de Torena, 171, 267, 271.
— de Torroja, 54, 205.
— de Tudeleta, 255.
— de Turre, 353.
— de Turribus, 293.
— de Valle Bona, 221.
— de Vila de Muls, 205.
— de Villa Nova, 108, 112.
— de Villa Sicca, canonicus S. Nazarii Carcassone, 321, 366.
— Dormais, 371.
— Egiderii, 363.
— episcopus Ausonensis, 28, 53, 54, 205 387.
— episcopus Carcassensis, 100, 115, 116.
— episcopus Lascarensis, 220.
— episcopus Massiliensis, 1.
— Ermengaudi, 24, 47, 133, 134, 135, 166.
— Farauz, 161.
— filius Açalaidis, 51, 52.
— filius [Alfonsi] comitis Tolosani, 165.
— filius Ermengardis, 79, 80.
— Florencii, 113.
— Fornerie, 208.
— Fulconis, 50, 54, 55, 227.
— Garsie, 17.
— Garsie de Leveda, 310.
— Gascon, 353.
— Gauceberti (T.), 74, 75, 76, 77, 79, 81, 88, 98, 140, 168.
— Gerini, 229.
— Girberti, 124.
— Goirandi, 115.
— Gualterii, 227.
— Gui, 322.
— Guilaberti, 14, 73.
— Guillelmi, 204, 353, 360.
— Guillelmi, capellanus, 50, 113, 115.
— Guillelmi de Cane Suspenso, 166.

Raymundus Guilelmi de Curia, 245, 349.
— Guillermi de Monte Ferrario, 186.
— Guilielmi de Vernoz, 141.
— Guilelmi de Villa Pedilano, 98.
— Guilfres, 317.
— Gutmar, 335, 336.
— Isarni de Gigundaz, 113.
— Isnardi, 227, 282.
— Lautauz, 317.
— Lombardi, 207.
— Lupados, 169, 175, 178, 181, 182.
— Macota, 176.
— magister Hospitalis (T.), 213, 214.
— Mantillini, 48, 73, 74, 113, 116.
— Marini, 161, 169.
— Matfredi, 324.
— Mironis, 78, 88.
— Modol, 165.
— Monachus, scriba, 158, 162, 221.
— nepos Bernardi archidiaconi, 235.
— Niel, 270.
— notarius, 96.
— Palaranco = Palaiano (de).
— Pastoris (T.), 63.
— Petri, 124, 186, 219, 273, 322.
— Petri de Far, 68, 78.
— Petri de Oronzaco, 234.
— Petri de Poscheriis, 354.
— Piguene, 329.
— Pileti, 27.
— Pontii, armiger, 39, 325, 326.
— Preda Mala, 113, 116.
— presbiter, 198, 222, 267.
— princeps Antiochenus, 143.
— princeps Aragonensis, 102, 255.
— prior de Berola, 295.
— prior de Coves, 310.
— prior de Turreils, 120.
— prior S. Egidii, 128.
— prior S. Marie Deaurate, 70.
Raymundus prior S. Salvatoris, 307.
— Radulfi, 82.
— Raffard, 319.
— Rainaldi, 268, 269, 274.
— Raterii, 13, 67.
— Renardi, 29, 54, 55, 61, 74, 96, 168.
— Renardi de Olivis, 54.
— Renardi de Rocha, 198.
— Rogerii, 117, 161.
— Romeu, 252, 260, 277, 278.
— Rostagnus Betonis, 118.
— Ruffi, 363.
— sacerdos, 138.
— Sachet, 203, 206.
— Sancii, 237, 304.
— Sarracenus, 13, 14, 67.
— scriba, 74, 219, 234, 260, 262, 277, 278, 333.
— Sicfredi de Aquaviva, 124.
— Stephani, 12, 25, 52, 129, 160.
— S. Martini (T.), 236.
— (T.), 22, 80.
— Tolsath, 172.
— Trenchavelli, vicecomes Biterrensis, 33, 34, 46, 67, 65, 67, 252, 287, 288, 302, 366.
— Ugonis, 61, 228, 362.
— Ugonis de Fornols, senior, 162.
— Vasco, 14.
— Vassonis, 176.
— Vidal, 163.
— Vincentii, 284.
Raynaldi (Guilelmus, Petrus, Raimundus).
Raynaldus, Rainal, Rainaldus, Rainaudus, Raino, Raynaudus, Reinaldus, Renaldus, Renalius, Renalt, Renaudus.
Raynaldus, 255, 346.
— archiepiscopus Remensis, 31, 34, 96, 373, 374, 385.
— Arveu, 309.
— canonicus Rothomagensis, 338.
— comes Burgundie, 278.
Raynaldus comes Claromontensis, 26.
— de Amilavi (d'Ameillau), 185.
— de Angervilla, 5.
— de Brenordio, 341.
— de Castello, 9.
— de Cuse, 214, 215.
— de Epila, 235.
— de Grancelo, 44.
— de Piers, 315.
— de Recelo, 38.
— de Wasno, 303.
— Embertlcurie, 249.
— filius Adde, 214.
— Francesc, 364, 365.
— frater Guermundi, 264.
— Glabeas, 342.
— magister Gerundensis, 205.
— nepos Alberici li Ungres, 343.
— S. Eismundi, 315.
— Tunica Bura, 103.
Raynerius, Rainerius, Rainerus, Rainyerus, Reinerus, Renerus.
Raynerus, 171.
— archidiaconus, 36, 38.
— de Orilis, 279.
— de Ramis, 316.
— elemosinarius, 188.
— nepos Richardi de Vianna, 358.
— presbiter cardinalis, 380.
— prior S. Benigni, 19.
— Raza, Raça, 299, 300.
Razazol, Raçaçol, Racezol, 108, 276, 295, 298, 300; — ecclesia de, 18, 307.
Razon, Ratzon de Gavera, 128, 172.
Rebalta = Ripa Alta (de).
Rebehomme, 337.
Reboled (Guilelmus, Petrus de).
Recelum, 59; — Recelo (Rainaudus de).
Recordana (Petrus de).
Redas (Gillelmus, Petrus de).
Reddensis, Redensis comitatus, 67, 287.
Redes (Bernardus de).

Redmir = Ranimir.
Redonensis = Rhedonensis.
Regimundus = Raymundus.
Regina, 366.
Regina, la Regina (Michael, Petrus de).
Reginaldus, Raginaldus, Raginaudus, Reginaudus.
— de Orrevilla, 351.
— de S. Walerico, 179, 240.
— de Windr, 123.
— Fraxino, 280.
— Fremaudi, 6.
— Gayt, 149.
— magister, 240, 280.
— princes Graciaci, 240, 241.
— sacerdos, 5.
Registeslis comes = Wilherius.
Regla = Rigla.
Regumir, castrum, 62.
Rei, Rex Tafur, nomine Melendo, 242.
Reigmundus, Reimundus = Raymundus.
Reinaldus = Raynaldus.
Reinardi = Rainardi.
Reinerus = Raynerius.
Reingerus, 375.
Rembodi (Galterius).
Remi, 31, 385, 386; — Remensis archiepiscopus = Rainaldus, Sanson.
Remigius de Vidua, 38.
Remiri = Ramires.
Remnigis (Terricus de).
Remulinis, Remolinis castrum, 387; — (Petrus de).
Remundus, Remon, Remun = Raymundus.
Remusa, Remusali (Petro, Poncius).
Ren. de Saragoce (T.), 329.
Renaldus, Renallus, Renaudus = Raynaldus.
Renardi = Rainardi.
Renardus = Rainardus.
Renco = Ranconis.
Renerus = Raynerius.
Reneves (Milo de).
Renldus = Rainaudus.
Renoardi = Rainoardi.
Resplendina, 138.
Retiro, filius don Boves, 164.
Resvuldis, filia Siguaidi, 19.
Rhedonensis, Redonensis canonicus = Jonas; — episcopi = Alanus, Hamelinus.
Riallaco, Rialach, Rialacha, Riallacho, Riellacho (Guillelmus de).
Riard, 49.
Ribad (Gaufre).
Ribaforata, ecclesia de, 236.
Ribalta = Ripa Alta (de).
Ribeira (Deusde).
Ribes, Ripas (Arnallus de).
Ricarda, Ricardis, Ricartz.
— soror Petri Sacheti, 166.
— uxor Bernardi Bovi, 259.
— uxor Radulfi Guillermi, 185, 186.
Ricardi, Richardi (Bernardus).
Ricardus, Richard, Richardus (T.), 78, 79, 209, 235, 242, 266, 271, 291, 298, 300, 307, 343, 346, 353, 383.
— abbas Troarnensis, 337, 338, 383, 384, 386.
— archidiaconus Ebroicensis, 338.
— Chamecensis, 249.
— clericus, 214.
— dapifer, 316.
— de Balocis, 188.
— de Caoyr, 244, 246.
— de Cestria, 332.
— de Chanlinto, 215.
— de Fritis, 216, 226.
— de Harecourt, 149, 164.
— de Lambervilla, 332.
— de Lucy, 123, 170, 179, 239, 280, 300, 301.
— de S. Quintino, 164.
— de Vernun ?, 333.
— de Vianna, 358.
— filius Osberti, 301.
— filius Willelmi, 301.
— Guillafredi, 309.
— Malban (T.), 264.
— Pontia, 360.
— presbiter de Calverton, 332, 333.
Ricardus Rufi, dapifer, 332.
— Sucen, 332.
— succentor Balocensis, 188.
Ricarenchis, Ricarencis, Ricarensis, Richarenchis, Richarencis, domus, ecclesia B. Marie de, 85, 87, 120, 121, 131, 132, 139, 155, 161, 164, 182, 193, 194, 202, 211, 212, 213, 229, 231, 255, 260, 282, 292, 293, 294, 295, 317, 324, 325, 326, 327, 335, 346, 350, 360, 362, 363, 364, 365, 367, 368, 369, 370, 371; — magister de = Ugo de Bolbotone.
Ricavi, Ricaus, Richavi (Droco, Willelmus).
Ricavus, 229, 370.
Richardi = Ricardi.
Richardus, Richard = Ricardus.
Richarenchis, Richarencis = Ricarenchis.
Richavi = Ricavi.
Richerii (Bernardus, Petrus).
Richerus, 21.
— Aculeius, 21.
Ricla = Rigla.
Ricla, 337.
Ricous = Ricavi.
Ricsindis, Ricsens, Ricsenz, Rixenda, Rixens, 200.
— mater Ymberti, 260.
— uxor Petri Laugerii, 132, 370.
— uxor Petri Leodegarii, 229.
Ricsovendis, uxor Berengarii Poncii, 354.
Rictold, 148.
Riculfus, prepositus de Hennin, 3.
Ridefort (Lambertus de).
Riera (Bernardus de).
Rigaldi, Rigalli, Rigaudi, Rigauldi, Riguadi, Rigualdi, Rigualli (Hugo, Miro).
Rigaldus, Regald, Rigal, Rigald, Rigalt.

Rigaldus de Compeire, 186.
— Vigor, magister in Novellis (T.), 78, 79, 122, 209, 223, 232, 235, 241, 242, 243, 244, 248, 250, 266, 271, 279, 283, 285, 294, 296, 298, 299, 305, 306, 307, 308, 310, 312, 313, 329, 333, 334, 339, 346, 347, 353, 366.
Rigla, Regla, Ricla, 52, 217, 232, 261, 430.
Rihous rivus, 316.
Rinigels (Lambertus de).
Riopullo, 195. Cf. Rivopolli.
Ripa Alta, Rebalta, Ribalta (Petrus de).
Ripa Curcia, Ripacorza, Ripacurce, Ripacurra, Ripa curia, Rippa Curcia, 18, 52, 68, 220, 262, 263, 333; — Ripacorcensium rex = Adefonsus.
Ripafort (Stephanus de).
Ripa Migno, 106.
Ripas = Ribes (de).
Riperti (Petrus, Willelmus).
Ripertus, Riperdus, Riiperdus, 138, 255.
— Aculei, 363.
— de Alon, 127.
— de Cadarossa, 210.
— de Cerzas, 203.
— de Charronolis, 126, 127, 128, 130, 132, 145, 194.
— de Gradignano, 345, 363.
— de Grilione, 140, 327.
— de Solorivo, 231, 317, 346.
— Folradi, 85, 86, 112, 127, 130, 131, 345, 350, 363, 369.
— Pellegrini, 292.
— Rollandi, 130, 132.
— (T.), 322.
Rispa, 249.
Riu de Peres, 350.
Riupolli abbas = Rivipollensis.
Riusech = Rivus Siccus.
Riveria, 16.
Rivipollensis abbas = Petrus; — prepositus = Guillelmus; — riera, 187.
Rivo (Pontius, Raimundus, Ugo, Xatbertus de).
Rivobras, Rivunbras, 134.
Rivopolli = Rivipollensis.
Rivusfrigidus, 228.
Rivus Siccus, Riusech, 132, 212, 371.
Rix (Gosbertus de).
Rixendis, Rixens = Ricsindis.
Roais, Roaisii, Roaiso, Roaisso, domus Templi de, 125, 126, 160, 161, 162, 169, 192, 200, 324, 325, 326, 330, 360; — Roais (Petrus de).
Roardus, 343.
Robera = Roveria.
Roberti, Rotberti (Iohannes, Petrus).
Robertus, Robbertus, Robert, Rodbertus, Rotbertus, Rubertus.
Robertus, 335, 336, 342.
— abbas de Dunis, 172.
— abbas de Fontenelo, 338.
— abbas Vindocinensis, 222.
— Anguisel, 342.
— archidiaconus, 99, 133.
— Avenel, 123.
— Bergoin, 124.
— Bertram, 121.
— cancellarius, 170, 179.
— canonicus de Pl', 332.
— comes, 11.
— comes de Ferrers, 238, 239.
— Crassus, 342, 343.
— dapifer, 36.
— d'Agnum, 371.
— de Alneto, 344.
— de Betunia, 11.
— de Bocelo, 149.
— de Cameriaco, 44.
— de Chaumacho, 343.
— de Clere, 333.
— de Compens, 162.
— de Frescano, 291, 347.
— de Furnis (T.), 143.
— de Gigrione, 130.
— de Gilonio, junior, 127.
Robertus de Gray, 333.
— de Hannercurt, 280.
— de Kalataiu, 235.
— de Magno Prato, 22.
— de Malaion, 73, 283.
— de Monte Acuto, 290, 343.
— de Montilio junior (Rotbertus Ioves de Montilio) (T.), 113, 116, 117, 130, 132, 139, 140, 159, 182.
— de Novoburgo, 133.
— de Olleo, 140, 148.
— d'Orivol, 43.
— de Rokefort, 5.
— de Roveriaco (T.), 331.
— de S. Remigio, 188.
— de Tiriaaco, 344.
— de Torieg, 64, 242.
— de Ver, 167, 178, 239.
— filius Reinerii, 27.
— filius Thochi, 332.
— filius Willelmi, 238.
— filius Wydon, 140.
— Furnensis (T.), 156, 180.
— gramaticus, 195.
— Hugo, 303.
— Insulensis, 72.
— lo Frances, 69.
— magister Templi, 87, 99, 102, 128, 143, 204, 205, 237, 246, 375, 376, 377, 379, 380, 387.
— major Arlebaudus, 214.
— Marmion, 123, 160.
— miles, 371.
— monachus Cadomensis, 338.
— Mutard, 123.
— nepos Balduini de S. Claro, 360.
— Noelli, 39.
— Parvus, 362.
— prepositus de Alteri, 216.
— sacerdos, 238, 258, 297, 310, 354.
— sacrista, 128.
— senescallus Templi, 37, 40, 44.
— Senissimi, 113.
Robertus (T.), 2, 8, 172, 278.
Robinado, 13.

Roboris Grossa, 369.
Roca Talada (Willelmus de).
Rocca Columbeira, 228.
Rocelo (Ermengardis de); — Rocelensis, de Rociacho, comes = Hugo.
Rocha (de), 198; — (Poncius Raimundus de).
Rocha Corba (Bernardus de).
Rochafort (Bernarts, Robertus de).
Rocha Rubia, 322.
Rochella, 155, 187, 222.
Rocol, 59.
Rodbertus = Robertus.
Rodel (Arnaldus).
Rodengue, la maiso de, 359.
Rodensis episcopus = Gilelm Petri.
Rodergue, maistre de = Ponz de Ludenzo.
Roderici, Rodricho, Rodriguiz, Rodrikeç (Gonsalvo, Monio, Petrus, Rodrico, Sancius).
Rodericus, Roderich, Rodric, Rodrico, Rodricus, Rodrigo, Rodrigus, Roricho, Roricus.
— abbas de Pena Regine, 106.
— Avarca, 73, 244, 306, 335.
— comes in Ricla, 217.
— comes Gallicianus, 7, 8.
— de Fresno, 152.
— de Zafra, 73, 154, 244, 246, 306, 335.
— (don), 366.
— Garcez, 244.
— Petrez, 18, 73, 106, 160, 217, 223, 242, 335.
— Pexez Artalle, 68.
— presbiter, 253.
— Rodrikeç, 146.
Rodlandus Raimundi, 62.
— Guiriberti, 105, 106.
Rodulfi = Radulfi.
Rodulfus = Radulfus.
Roera, Roeira, Roeria = Roveria.
Rogerii, Roggerii (Arnaldus, Guillelmus, Petrus, Pontius, Raimundus, Rogerius, Signerius, Ugo).
Rogeriscurte, Rogiscurte, 341, 343.
Rogerius, Roger, Rogerus, Roggerius, Rotgerius.
Rogerius, 228, 271.
— abbas Dervensis, 96.
— Adrig. 219.
— archidiaconus Balocensis, 338.
— Bacon, 315, 316, 332.
— Bernardi, 175.
— buticularius, 341.
— capellanus, 133.
— castellanus de Curtraco, 157.
— castellanus de Insula, 11.
— comes Fuxensis, 90, 91, 236.
— dapifer, 36, 59.
— de Avrelo, 188.
— de Biterris, vicecomes Biterrensis, 33, 34, 41, 42, 45, 46, 47, 60, 65, 66, 67, 100, 111, 114, 178, 287, 288, 302.
— de Botrin, 276.
— de Burcafols, 267.
— de Cavanaco, 65, 366.
— de Condeyo, 121.
— de Durbano, 91.
— de Felicio Monte, 20.
— de Fraxino, 300, 301.
— de Gaure, 357, 358.
— de Glocester, 164.
— de Iovilla, 96.
— de Malleis, 36, 38, 58, 59.
— de Subranciaco, 49, 196.
— de Vilar, mancip, 272.
— [Eldrici], 285.
— filius Ertaudi, 21, 22.
— filius Folcheri, 315, 316.
— filius Hunfredi, 301.
— filius Isambarti, 36, 59.
— filius Noe, 358.
— Hunc, 316.
— infans, 98.
— nepos Petri de Laurano, 198.
— prepositus Brugensis, 172, 303.
Rogerius Rogerii, 224.
— Salmons, 342.
— Verel, 40.
— vicecomes Carcassonensis, 65, 71.
Rohardus (T.), 39, 142.
Rohesia, comitissa, 150.
Roiano (Poncius de).
Roig (Arnal).
Roisin (Baldricus de).
Rokefort = Rochafort.
Rollandi, Rolanni (Bernardus, Petrus, Ripertus).
Roma, 107.
Romania, templum de, 216.
Romella, uxor Ingelranni, 343.
Romelio, Rumiliaco, archidiaconus de = Manasses.
Romeo, Romeu, Rumeo, Rumeu (Belascus, Garcia, Pere, Petrus, Raimundus, Ximinus).
Roqueta, locus, 63.
Roricus = Rodericus.
Rorritius, 14.
Ros, 209; — Ros, Rose (G., Gilelm).
Rosatio, Rossatio (Willelmus de).
Roscelinus, 20, 21.
Roseto, Rosed, Rosseto (de), 55, 61, 206, 207, 342; — (Clarembaudus, Godescalcus de).
Rossa (Aldiarda).
Rossa, filia Guarsendis, 263.
Rossacio = Rosatio.
Rossellone (Guillelmus, Hugo de). Cf. Russilionensis.
Rosseto = Roseto (de).
Rostagni (Guillelmus, Petrus, Raimundus).
Rostagnus, Rostan, Rostangnus, Rostans.
— abbas Saonis, 104.
Amelii de Clausonno, 259.
— Arlencs, 107.
— Bellerirus, 360.
— capellanus de Ricarenchis (T.), 86, 87, 107, 113, 115, 120, 130, 131, 145, 156, 159, 161, 165, 169,

182, 188, 194, 200, 202, 293, 294, 317, 327.
RostagnusDalmaz, 132, 140, 293
— de Carbonerlis, 227.
— de Carpentras, 161.
— de Claustro, 118.
— de Crest, 161.
— de Gigundaz, 260.
— de Montaniaccho, 269.
— de Montaniguis (T.), 125.
— de Montemirato, 229.
— de Podio, 162.
— de Sabrano, 66, 106, 165, 294, 325, 326.
— filius Gotolendis, 125.
— Gimardi, 227.
— Milonis, 115, 118.
— Poscheriarum, 354.
— scriba, 161.
Rosteleu, 27.
Rotbaldus de Albania, 207.
Rotbaudus (T.), 161.
Rotberti = Roberti.
Rotbertus = Robertus.
Rotenses canonici, 345, 346 ; — episcopus = Guillermus ; — prior = Bonificius.
Rotgerius = Rogerius.
Rothardus, decanus, 43.
Rotomagi (Acelynus).
Rothomagus, 280, 339 ; — Rothomagensis archiepiscopus = Hugo ; — canonici, 338 ; — decanus = Gaufridus.
Rotrocus, Rotrodus, Rotrot, episcopus Ebroicensis, 133, 140, 337, 384, 385, 386.
Rovenago (Bernardus de).
Roveria, Ruvira, 105, 221.
Roveria, Riuuera, Robera, Roera, Roeira, Roeria, Roveira, Rovera, Roveria, Rovira, Rovoria, Rovura, la Rovure, Rroera, Rrovera, Ruera, za Ruera, za Rueira, ipsa Rueira, Rueria, Ruira, za Ruira, Ruvira, Ruyra (Berengarius, Geraldus, Petrus, Poncius, Raimundus de).
Roveriaco (Robertus de).
Rovidarec, 92.
Rovirugone (de), 254.
Rovorio (de), 125, 126.
Rovra, Rovura = Roveria (de).
Roxii (Petrus).
Rubeda (de), 354, 361 ; — (Pontius de).
Rubertus = Robertus.
Ruelius, terra, 96.
Rufi, Ruffi (Albuinus, Balduinus, Engermerus, Gaudinus, Girbertus, Guillelmus, Haimo, Iohannes, Petrus, Raimundus, Ricardus, Theobaldus, Vitalis).
Rufus, 215.
Ruia, 322.
Rumeis (Wiardus de).
Rumeo, Rumeu = Romeo.
Rumiliaco (Manasses de). Cf. Romelio (de).
Runel (Poncius de).
Rupes Montis, 206, 207.
Rupiano = Raupiano (de).
Ruscio (Tustinus de).
Russilionensis, Rossilionensis comes = Gaufredus ; — comitatus, 50, 51, 83, 129, 230, 356.
Rutenensis episcopus = Ademarus.
Ruteni (Rodes), 184.
Rutura (Menendus).
Ruvira, Ruyra = Roveria.

S

Sabadel, Sabatelli, collum de, 67, 75, 76, 77.
Sabaterii (Bernardus).
Sabidici (Osoreus).
Sabinensis episcopus = Conradus.
Sabieto (de), 324.
Sabrano, Sabra, Sabran (Adalaicia, Berengarius, Emeno, Rostagnus, Willelmus).
Sachet, 134 ; — Sachet, Sacheti (Petrus, Raimundus).
Saconiaco (Milo de).
Sado (Petrus de).
Safrum, apud, 332.
Sagiensis episcopus = Iohannes.
Sagitta (Gillebertus).
Sagontinus episcopus = Bernardus.
Saises (Raimundus de).
Saiza, uxor Raimundi Cerdani, 108, 109.
Sal, comes de = Guido de Chalanciaco.
Salamon = Salomon.
Salancha, 98.
Salatane, 140.
Salci = Sauci.
Saldeto = Sauze (de).
Salfores, Salfors, 75, 76, 77 ; — (Bernardus de).
Salliceto = Sauze (de).
Salis (Galdemarius de).
Sallerio, Salleto = Sauze (de).
Salmons (Rogerus).
Salnes, 13.
Salomon, Salamon, Salomonis (Bernardus, Guillelmus, Petrus).
Salvador, Salvator, notarius, 245.
— Pelait, 16
— Petriz, 227.
— Travessu, 226, 227.
Salvatus Eriz, 265.
Salvi (Bernardus de).
Salviniacum, Saviniacum, 347, 348.
Salzeli = Sauzeti.
Sameno Barba, 69
Sancia, Sança, Sançia, Sanga, Sania, Sanxa, Sanza, 88, 208.
— d'Ast, 366.
— de Galur, 223, 248.
— ifans, 230.
— muller de Fortun Acenarç, 333.

Sancia muller de Manz Emmonones, 265.
— [Romea], 283.
— uxor Berengarii Raimundi, comitis Barchinonensis, 78, 124.
— uxor Fertunionis Lopeç, 305.
— uxor Iohannis Abinmenna, 340.
— uxor Petri Bertrandi de Pulcro Loco, 168
Sanciaco (Letericus de).
Sancii, Sanç, Sangez, Sangiz, Sanz, Sanze (Atto, Enneco, Fort, Garcia, Gillelm, Lop, Martin, Petrus, Raimundus, Ramir, Sancio, Xemen).
Sancius, San, Sanc, Sanç, Sancio, Sançio, Sançius, Sanço, Sanctius, Sang, Sango, Sanio, Santio, Santius, Sanxo, Sanz, 63, 190, 271.
— Aliç de Sos, 235.
— Amelii, 177.
— Arceç, 218.
— Bachero de Galur, 298.
— Blasquo Blaschez, 232
— Calvo, 175.
— clericus Tyrasonensis, 310.
— Dat merino, 305.
— de Lusia (T.), 333.
— de Medina, 232.
— de Oblitas, 266, 300.
— de Pomarela, 57.
— de Trist, 346, 347.
— diaconus, 2.
— Dominkeç, 146.
— Dorenz, 334.
— Enecones, 30, 79, 261.
— episcopus Calagorre, 18, 62.
— episcopus Naiare, 73.
— episcopus Pampilonie, 62, 73, 146, 154.
— Fertuniones, 6 4, 73, 279, 305, 329.
— filius Adefonsi imperatoris, 257, 258.
— Galinz, 78, 183, 337.
Sancius Garceç, 4, 219, 347.
— Ioan, 359.
— Iordi, 331.
— Lopez, 261, 337.
— Navarri, 223, 245.
— Parra, 220.
— Petro Rubee, scriptor, 31.
— Rodricho, avarcha, 190.
— sacrista S. Petri, 307.
— Sanz, 208, 223, 261.
— Sanç, alcade, 183.
— Sangiz, senior Avalmedine, 305.
— Sanz de Avere, 79, 329.
— senior in Andilgon, 262.
Sandiz, Sandis (Pelagius, Petrus).
Sangorsa, Sangossa, 13, 73, 154, 244, 306, 334.
Sanizh (Helvitu).
Sanson, archiepiscopus Remensis, 352.
Saon, Scon, ecclesia de, 315, 316, 332; — Saonis abbas = Rostagnus.
Saphis (Steven de).
Saragoça, Çaragoça, Çaragosça, Saracuza, Saragoçe, Saragocia, Saragoza, Saraguza, Saregoce, Seragoçe, Zarachoça, Zaracoza, Zaragoça, Zaragosa, Zaragoza, Zarragoza, 258, 298, 305, 329, 333, 337. Cf. Cesaraugusta.
Saragoce (Ren. de).
Saresbiria, comes de = Patricius; — Sareburiensis episcopus, 239.
Sargantanes, 79.
Sarraceni, 4, 25, 36, 45, 53, 64, 204, 262, 339, 387.
Sarracenus (Ramundus, Daldis).
Sarrelo, prepositus de = Radulfus.
Sartanganes, 138.
Sartia (Petrus).
Sastay ? 333.
Sau (Berengarius de).
Sauci, Salci (Gualcherius de).
Saudetis, Saudeto = Sauze (de).
Saura, uxor Bernardi Petri, 37.
Saurina, uxor Raimundi Bernardi de Gurb, 318, 368.
Saurium, 7, 8, 17; — Sauri territorium, 226.
Saurniani (Petrus).
Sauz, comes de = Eblo.
Sauza (Gunsalvus de).
Sauze, Saldeto, Saliceto, Sallerio, Salieto, Salzeli, Saudetis, Saudeto, Sauzeli, Sauzeto (Imbertus, Umbertus, Willelmus de).
Savalza (Raterius de).
Savaricus, 281.
Savazea, castellum, 365
Saverias, 22.
Saveris (Wannerius de).
Saviniacum = Salviniacum
Scala Dei abbas = Bernardus.
Scales, 188.
Scarbotus, 245, 322.
Scarle, 264.
Sclarmandia, 227.
Scilpes, Scilppes, 99, 156, 180, 352: — (Galterus, Herbertus, Ingramnus de).
Sconetum, 140.
Scotus, 59.
Scriba, Scrivan (Iohannes).
Scudia (Guillelmus de).
Sebastianus, Sebastian (don), 124, 242.
Sebenchi (Petrus).
Seccureto (Bocherius de).
Secilile rex [Rogerius], 246.
Secobiensis episcopus = Petrus.
Secunco, Secuncio (Milo, Thegerius de)
Sefidino Bufas, 232.
Segarii (Berengarius).
Segarius de Valle (T.), 253.
Segini (Vilelmus).
Seguina, uxor Raimundi Dormais, 371
Seguini (Petrus).
Segur, 184; — (Galter de).

Segureti, Segurit, castellum, 161, 330; — Seguret, abbas de = Hermannus; — (Buchers de).
Sehebrandus, abbas S. Marie latine, 213.
Seilla (Radulphus de).
Selincort, abbas de = Galterus.
Selvannus (Arnaldus).
Selvela, 195.
Semen, Sem' = Xemen.
Semenones = Xemenes.
Senata, 68.
Senecourt, 27.
Seneronus de Paulel, 14, 15.
Seneugia (Bernardus, Radulfus de).
Senfre, Semofre Ramon, 81, 98.
Seniofredi (Guillermus).
Senior, sacrista, 71.
Senissimi (Robertus).
Senonis (juxta), 308; — Senonenses archidiaconi = Simon; — archiepiscopus II, 280, = Henricus.
Senoratus, 10.
Sensuda, 271.
Sent Ernach, 97.
Senteles (Bernard de).
Seon = Saon.
Seotus, 36.
Sepiano = Sipiano (de).
Sera (Willelmus de).
Serannus de Banno, 27.
Serena, femina, 124, 271.
Serinano, Serinna (Bertrandus Petrus de).
Serlo, abbas S. Luciani, 153.
Sernebroc, 170. Cf. Cornabroc.
Serra, de, de la, 187, 295; — bordoria de, 371.
Serra Majana, 359.
Serra Partida, 37.
Serviente (Petrus).
Seuz (Gilo de).
Sevel, 207.
Sezanna, Sezannia, Sezena, 6, 20, 21, 23; — Sezannie preses = Airardus; — prepositi = Engermerus, Herardus; — (Nicholaus).
Shepley, villa de = Heschapeleia.
Sibilia, Sibilla, filia Amellie Castele, 356, 357.
— soror Raimundi Baterii, 13.
— uxor Ramundi Sarraceni, 57.
— uxor Simonis de Vahell, 170, 179.
— uxor Therrici, comitis Flandrie, 72.
Sicardi (Petrus).
Sicardus de Alinano, 28.
— de Vedigno, 186.
Sicart (en), 331.
Sicfredi, Sicfrez (Arnaldus, Bernardus, Guillelmus, Petrus, Pontiolus, Raimundus).
Sicfredus, filius Palcsa de Pomar, 328, 329.
Sigerii (Geraldus, Guilelmus).
Sigillo (Baldricus de).
Signerius Rogerii, 364.
Signie, 388.
Sigualdus, 19.
Silvo Corte nemus, 90.
Silverius, Silvio de Cleircu, 164, 165, 365.
Simiana (Guinardus de).
Similliaco (Wuillermus de).
Simon, Symon, nobilis vir, 388.
— archidiaconus et cancellarius [Senonensis], 80.
— Brecensis, 21.
— Comes, 149.
— comes [de Northampton], 170.
— de Britollo, 26.
— de Corcelo, 5.
— de Girardi Molendino (T.), 173, 179, 300.
— de Oisy, 128, 172.
— de S. Sansone, 26.
— de Wahell, 170, 179.
— dispensator, 12.
Simon episcopus Noviomensis, 23, 24, 246.
— episcopus Tornacensis, 143.
— filius Bonefacii, prepositi, 279.
— frater Ernoldi, 239.
— frater Frederici, 23.
— Gallus de Valle, 103.
— Orphanus, 152.
— panifex, 332.
— Parisiensis, 80.
— presbiter, filius de Bonajoia, 283.
— sacerdos, 343.
— segrestanus [S. Bartholomei], 238.
— Ternelli, 217.
Sindianes, 228.
Sinion, campus de, 124.
Sinuarii (Guillelmus)
Sipiano, Sepiano (Arnaldus, Guilelmus, Petrus de).
Sireburna (Alfredus de).
Sirga (dona), 334.
Sirmundi (Bernardus).
Sisnandus, notarius, 74.
Snulleto (Guillelmus de).
Soariz, Soarii, Suarici, Suarides (Bona, Godina, Pelagius).
Sobrobs, filia Boneti de Redas, 311.
Socca (Bertrannus de).
Sochovia (Iohann de).
Sofia, uxor Sustani de Fenis, 103.
Soficia, 20.
Sola, 13.
Solherus (T.), 72.
Soizet, 30.
Solaned, 92.
Solatge (Arnaldus, Raimundus de).
Soler, Solario, Ssoler (Arnallus, Deodatus, Gillelmus des, Ramon del).
Solorivo, Solorino (Bertrandus, Laugerius, Petrus, Raimundus, Ripertus, Willelmus de).
Soloru, castrum, 317.

Sombernum, 332; — Sombornon, Sumbernum (Guido, Warnerius de).
Sono (Ermengaudus de).
Sonorio, 13.
Sopelo (Balduinus, Bliardus de)
Sopez (in), 366.
Sopiratis (Guilelmus de).
Sopradel, Supratel, 220, 312.
Sorden, abbas de, 371; — nemus de, 371.
Soreiani (Arnallus).
Sorezeno (Raimundus de).
Sorgniano, Sornan, Sorniani, Sorniano, Surniano (Arnallus, Berengarius, Guillelmus, Uguo).
Soria, 52, 257.
Sos, 154, 217, 235, 333.
Sosiaco (Hugo de).
Soumereus, villa de, 360.
Spaniol de Presbitero, 304.
Sparnai (Hugo de).
Sparron (Hermundus de).
Sperat, Esperat (Dominico).
Speresholt' villa de, 238; — Speresholt', Sperisholt' (Fynke de).
Sperleke (Drago de).
Spina (P.).
Spinaceria (Poncius de).
Spinolensis (Gualterus).
Sruinne (Pontius de).
Ssaygono, 8.
Ssoler = Soler.
Stablet de laccha, 340.
Stalun' Maisnil, Estalonmaisnil (Geroldus de).
Stampe, 348; — Stampensis prepositus, 348.
Stancius, Statius, presbiter cardinalis, 378, 380.
Stannol (Bertrandus de).
Stathes (Ysaac de).
Stella, villa, 69, 246, 306; — (Iohanns, Tebaldus, Willelmus de).
Stenes, 156.
Stephani, Stefani, Steven (Bernardus, Domingo, Petrus, Poncius, Raimundus, Vital).
Stephania, Stefania, Stefena, 197.
— mater Rogerii, comitis Fuxensis, 236.
— uxor Arnaldi de Ainils, 321, 322.
— uxor de Ramun del Soler, 322.
— uxor Petri Ugonis, 133.
— uxor Raimundi Adalberti, 67, 68.
Stephanus, Stefanus, Steffanus, Stephen, Steven, 103, 302.
— Adalberti, 263.
— Aldeguarii, 200.
— archidiaconus, 217.
— archidiaconus Cathalaunensis, 96.
— Armandi, 84, 85, 120, 293.
— Babilii, 354.
— Bertranni, 40.
— [Blesensis], 87, 156.
— Canioti, 73.
— cantor Rotensis, 346.
— capellanus, 218.
— capellanus S. Michaelis, 259.
— Capitis Longi, 115.
— caput scole de S. Paulo, 293.
— Caraborda, 163.
— Catalani, 252, 260, 277, 278.
— Clebano, 63.
— comes Boloniensis, 143, 156.
— comes Moritonii, 144.
— de Aurasica (T.), 229, 231, 293, 294, 327.
— de Bane, 266.
— de Bareria, 234.
— de Burcafols, 267.
— de Capella, 213.
— de Casaledas, 362.
— de Castellone, 293.
— de Coma, 357.
— de Cortes, 266.
— de Iohannacio, 363.
— de Labreira, 354.
— de la Rocha, 313.
— de Monte Securo, 132.
— de Pabirano, 323.
Stephanus de Petra Alta, 312.
— de Ripafort, 168.
— de Stella (T.), 194.
— de S. Albano, 165.
— episcopus Exomensis, 258.
— episcopus in Oscha, 18.
— episcopus Prenestinus, 380.
— Genesii, 262.
— Guillafredi, 309.
— Li Manant, 16.
— Lisiardi, 10.
— magister, 18.
— Matamauros, 255.
— monachus S. Petri de Monte Cathalaunensi, 142.
— Pelliceril (T.), 265, 293, 294, 325, 326, 327, 345, 350, 363, 367.
— Petriz Arreker, 276.
— Pezugle, 39.
— presbiter, 95.
— puer, 217.
— Rascaz, 115.
— rex Anglie, 81, 122, 123, 144, 166, 167, 170, 178, 179, 239, 280, 300, 301.
— Strabro, 342.
— Tesaurizatori, 339.
— Vilapeis, 1.
Stevanello, 319.
Steven = Stephani. Cf. Esteven.
Steven de Cortes, 307.
— de Saphis, 235.
— (don), 223, 235.
Stopangan, Stopala (Arnal de).
Stotivilla (Edmundus de).
Strabo, Strabro (Bovoue, Drogo, Laurentius, Stephanus, Theobaldus).
Straheles, decima de, 22.
Strematura = Extramadura.
Suarici, Suerii (Coterri, Gomizo, Gunsalvus).
Suarius, Sudario, Suerius, 209, 233, 282.
— Godiniz, 227.
— Gonsalvit, 232.
— Menendiz, 13, 17, 147, 201.
Subiano (de), 183.
Subiradis, Subirads (Raimundus de).

Subirana, femina, 49, 50.
Subranciaco (Roggerius de).
Subripas (Bernardus, Guillelmus, Raimundus de).
Sucen (Ricardus).
Sudre (G.).
Sûe Midiz, 209.
Suerii = Suarici.
Suerius = Suarius.
Suessionensis comes = Ivo; — domus Templi, 264; — episcopi = Gosienus, Lisiardus.
Sugerius, abbas S. Dyonisii, 362.
Sumarii (Guilelmus).
Sumbernum = Sombernum.
Suparbi, Super Arbe, Superarbe, Superarbi, Supraarbe, Suprarbe, Suprarbi, 18, 52, 68, 220, 262, 263, 265, 312, 333.
Supratel = Sopradel.
Surdus (Hugo).
Suregio (Petrus de).
Suriana, uxor Geraldi Castri Gaugii, 355.
Surniano = Sorgniano (de).
Sustani prepositus = Girardus Obaudi.
Sustanus de Fenis, 103; — Sustanus (alter), 103.
Sutor (Arnallus, Bernardus).
Symon = Simon.
S. Adriani (Petrus).
S. Albano (de), 132, 210, 211, 256; — S. Albani ecclesia, 113; — territorium, 354, 355; — S. Albano (Stephanus de).
S. Albino (Gualterus, Guarinus, Guido, Hugo de).
S. Amancii, monachi, 86; — ecclesia, 117, 369; — prior, 131, 132 = Bertrandus de Mornaz.
S. Anastasie altare, 28
S. Andrea (Bernardus de).
S. Andree de Bagis, 260.
S. Andree de Baniolis, parrochia, 87, 110.
S. Andree de Bessa, 67.
S. Andree de Gurbo, parrochia, 187.
S. Andree de Palumbario, parrochia, 94.
S. Andree terra, 234.
S. Audomarum, apud, 11, 180; S. Audomari castellanus, 5, = Guillelmus, Walterus; — S. Audomaro (de), S. Odmerii (Osto, Willelmus).
S. Bartolomei de Mota Palaionis ecclesia, 1; — S. Bartholomei prior = Thomas.
S. Baudilii parrochia, 198, 353; — S. Baudilii (Bertrandus).
S. Benedicte Oreniacensis ecclesia, 371.
S. Benigni Divionensis abbas = Petrus; — prior = Raynerius.
S. Bercharius, 96.
S. Bertini abbates = Iohannes, Leonius.
S. Bonito (Gaufridus de).
S. Caranni abbas = Theobaudus; — canonicus = Albinus.
S. Cecilie de Mucons, parrochia, 79.
S. Çelodomo (Fertuniones de).
S. Cipriano (Arnaldus de).
SS. Ciricho et Iulita, 232.
S. Claro (Balduinus de).
S. Clemente (Guilelmus de).
S. Columba, 319; — (Iofredus de).
S. Crux, villa, 161; — S. Cruce (Bernard, Bertran, Iohannes, Michel, Petrus de).
S. Crucis Aurelianensis, ecclesia, 315.
S. Crucis de Tutela, monachi, 183.
S. Crucis et S. Eulalie ecclesia, 60.
S. Cucuphatis alodium, 105, 140; — cenobium, 93, 94.
S. Desiderio (Willelmus de).
S. Dyonisii abbas = Sugerius; — ecclesia, 362.
S. Egidio (de), 40; — S. Egidii abbas = Petrus; — comes = Anfos; — prior = Raimundus; — S. Egidii, de S. Egidio (Bernardus, Willelmus).
S. Eismundi (Renaudus).
S. Eugenia (Guilelmus de).
S. Eugni, 319.
S. Eulalie alodium, 256, 267, 356, 359; — canonica, 68; — canonicus = Bernardus de Paciano.
S. Felice (de), 195; — (Guillelmus de). — S. Felicis abbas = Berengarius.
S. Felice subteriore, villa de, 98; — S. Felice Superiori, villa de, 195.
S. Fidis (Bernardus).
S. Filippo (de), 329, 334
S. Firmino (Arnulfus de).
S. Florentii Salmurensis ecclesia, 107.
S. Florentinus, locus, 80.
S. Florentini Bone Vallis abbas, 315.
S. Florentini decanus = Boso.
S. Fructuosus, 124.
S. Fructuosi de Balaniano, parochia, 319.
S. Fusciani abbas = Eustachius; — monachi, 72; — prepositus = Ingelrannus; — prior = Hebertus; — supprior = Iohannes.
S. Genesio (de), 355; — S. Genesii (Petrus).
S. Genovefe (Laudunensis) ecclesia, 151.
S. Genovefe vicus, 341.
S. Georgii ecclesia, 144.
S. Georgius de Olerone, 222.
S. Germani terminium, 189, 322; — S. Germano (Bertrandus de).
S. Gervasio (Falco, Radulphus de).

S. Goberto (Arnulfus de).
S. Guilelm, abbas de = Raimundus.
S. Guilem (Pont de).
S. Heleril villa, 96.
S. Herene, 275.
S. Hilarii abbas = Bernardus; — S. Hilario, S. Ilario, S. Hylario, S Ylario (Arnallus, Hugo, Iohannes, Wiardus de).
S. Hilarii de Calme, parrochia, 81.
S. Hilarii la Chaladia, 38.
S. Hoe (Iohannes de).
S. Iacobi de Frexano, parrochia, 105; — terra, 106.
S. Iacobi de Ponte Regine, ecclesia, 66, 69.
S. Iacobi de Waldena, monasterium, 150.
S. Iacobi opera, 224.
S Ienesius, 97.
S. Iohannis castellum, 219; — ecclesia, 279, 331; — prior = Teardus; — terra, 270, 273, 285, 290; — S. Iohanne (Petrus, Raimundus de).
S. Iohannis Baptistae ecclesia Avenionensis, 23.
S. Iohannis de Montesono, ecclesia, 345, 346, 389.
S. Iohannis [Tricastrini] ecclesia, 84.
S. Iohannis de Valeia, abbas = Garinus.
S Iohannis Vallis Seguerii, 321.
S. Iudocum, apud, 247; — S. Iudoci abbas = Theobaldus.
B. Iuliani ajacentia, 60, 321.
S. Iuliani de Altura, parrochia, 105.
S. Iulianus de Pomar, 82.
B. Iulianus de Villa Mulacha, parrochia, 51, 110, 356.
S. Iulianus de Villa Nova, 349.
S. Iulianus de Villa Torta, parrochia, 40.
S. Iustus, 22.
S. Laurentii terra, 201; — S. Laurentio (Petrus, Raimundus de).
S. Lazari, infirmi, 316.
S. Leiro (Bernardus, Petrus de).
S. Leoncio (a), 331.
S. Licerio (Olivarius de).
S. Luciani abbas = Serlo.
S. Marcello (de), 151; — prior de = Ugo de la Balasta; — (Raimundus de).
S. Marchi [Aurelianensis] ecclesia, 264.
S. Maria, 83; — S. Marie barrium, 261, 265; — canonici, 39; — capellanus = Vilelm; — claustrum, 192; — ecclesia, 67, 162; — prior = Guillermus; — terra, territorium, 38, 208.
S. Marie Castriduni = S. Magdalene, 351.
S. Marie civitas [in Portugali], 147, 244, 251, 253, 282.
S. Marie Calidis parrochia, 260.
S. Maria de Agnils, 51, 318.
S. Marie Dealbate parrochia, 16
S. Marie de Antiqua, parrochia, 190, 192.
S. Maria de Aqualada, 224.
S. Marie Deaurate conventus et ecclesia, 70; — prior = Raimundus.
S. Marie de Barberano, parrochia, 190.
S. Maria de Bethleem, 30.
S. Marie de Bruyano, parrochia, 37.
S. Maria de Campo, 49, 89, 256, 336.
S. Maria de Cividade, 232.
S. Marie de Curtes, ecclesia, 133; — villa, 116, 118.
S. Maria de Forlgeroles, parrochia, 40.
S. Maria de Frangoliano, 209.
S. Maria de Glocester, 164.
S. Maria de Marcellano, 108.
S. Marie de Mesleu, parrochia, 313.
B. Maria de Monchiaco, 352.
S. Marie de Palacio, parrochia, 140.
S. Maria de Podio, 66.
S. Maria de Ramed, 56, 63, 66.
S. Marie de Richarenchas ecclesia, 107. Cf. Richarenchis.
B. Marie de Roais, ecclesia. Cf. Roais.
S. Marie de Sorina, parrochia, 162.
S. Maria de Uxua, 306, 334.
S. Maria de Vilasalva, 63.
S. Maria Edre, 203.
B. Marie et B. Andree parrochia, 98.
S. Marie et S. Marsilii (Maurilii) Andegavensis ecclesia, 213.
S. Marie Helecii abbas = Raimundus; — monasterium, 41, 42, 60.
S. Marie Iherunde ecclesia, 28.
S. Marie latine abbas = Sehebrandus.
S. Marie Lincolniensis, canonici, 264.
S. Marie Noviomensis canonici, 23.
S. Marie Palaionis ecclesia, 2.
S. Marie Riupollensis abbas = Petrus; — cenobium, 29.
S. Marie S. Salvatoris prior = Pontius de Rivo.
S. Maria Stagni, 319.
B. Marie [Suessionensis] capitulum, 43.
S. Marsilii = S. Maurilii.
S. Martini oppidum, 145; — prior = Petrus; — vinearium, 98. — S. Martini, de S Martino (Arnallus, Guillelmus, Poncius, Raimundus).
S. Martinus de Bubars, 113, 116.
S. Martini de Gimeliis, abbas, 361.
B. Martini de Orrevilla, ecclesia, 351.
S. Martinus de Spelunka, 191.

S. Martini de Strada, ecclesia, 75, 76, 77, 101.
S. Martini de Vila Condal, ecclesia, 95.
S. Martini Latronis terra, 106.
S. Martini Londoniensis ecclesia, 300, 301.
S. Martini Turonensis capitulum, 9.
S. Martini Yprensis abbas = Hilmarus; — canonici, 81, 373, 375, 385.
S. Mathei alodium, 77.
S. Mauricio (Bertrandus, Gausbertus, Hugo de).
S. Maurilii Andegavensis, canonici, 213.
S. Memius, 36; — S. Memio, S. Menmio (Philippus de)
S. Michaele (de), 68, 259; — S. Michaelis prior = Petrus; — terra, 134; — S. Michaelis, de S. Michaele (Odo, Petrus).
S. Michaelis [Borge] ecclesia, 250.
S. Michaelis Carcassone, suburbium, 46.
S. Michaelis de Castello prior = Bernardus de Campiano.
S. Michael de Paredes, 74.
S. Minati parrochia, 92; — S. Minate, S. Minato (Guillelmus, Petrus de).
S. Nazarii Carcassone canonici, 116. Cf. Bernardus de Tremals, Raimundus de Villa Sicca.
S. Nicolao (de), 333.
S. Nicholaus de Novo Castello, 342.
S. Odmerii = S. Audomari.
S. Pantelio, prior de = Bertrandus de Mornacio.
S. Paulo (Berengarius, Constantinus, G., Geraldus, Guillelmus, Guisdus de).
S. Pauli Tricastrini, canonici et clerici, 293; — episcopus, 370, = Geraldus; — villa, 120, 365.
S. Pelagius de Vega, 12.
S. Perpetue de Mogoda, parrochia, 74, 93, 105, 190, 192; — S. Perpetue opera, 199.
S. Petri canonicus = Bernardus de Port; — ecclesia, 251, 259; — sacrista = Sancius; — vallis, 21.
S. Petri de Casello ecclesia, 11.
S. Petrus de Cervaria, 92.
S. Petri de Monte Cathalaunensi, abbas = Ludovicus; — monachi, monasterium, 142.
S. Petri de Paciono, 335.
S. Petri de Rizacho, parrochia, 190, 192.
S. Petri de Rodas, ecclesia, 89, 92.
S. Petro Farocis, 228.
S. Petrus Otine, 224.
S. Petri Redonensis ecclesia, 107.
S. Petri Vico, 224, 319.
S. Petri Villa Majori parrochia, 52.
S. Petri Vivi abbas = Herbertus; — ecclesia, 18.
S. Philipo, 8.
S. Privati (Poncius).
S. Quinidi abbas, 160.
S. Quintini furnus, 36, 59. — S. Quintino (Petrus, Ricardus de).
S. Raimundi canonicus = Ugo.
S. Remigii [Senonensis] abbas = Girardus; — census, 38; — ecclesia, 13; — parrochia, 80; — S. Remigio (Robertus de)
S. Restituto (de), 182.
S. Romani parrochia, 103; — S. Romano (Jarento, W. de).
S. Rufi abbas = Fulcherius.
S. Rufine episcopus = Theodewinus.
S. Salvatoris altare [Cesaraugustie], 100; — canonici, 285; — prior = Raimundus.
S. Salvatoris (Gabin).
S. Sansone (Simon de).
S. Saturnini alodium, 77; — S. Saturnino (Gaufredus de).
S. Saturnini de collo Sabatelli, parrochia, 67, 75, 76, 77, 101.
S. Saturnini de Planees, parrochia, 40.
S. Saturnini de Tresserra, parrochia, 110.
S. Sepulcrum Domini, 2, 29, 30, 31, 102. — S. Sepulcri prior = Petrus.
S. Sequanum, apud, 331.
S. Sidonio (Helias de).
S. Stephanum (ad), 335, 336; — S. Stephani canonici, 33, 38, 69; — clerici, 116; — terra, 234.
B. Stephani Bisuntina ecclesia, 278.
S. Stephani de Breda, parrochia, 168.
S. Stephani de Castellar, parrochia, 92, 195.
S. Stephani de Derc, parrochia, 97, 103.
S. Stephanus de Gaure, 83.
S. Stephani de Ripolleto, parrochia, 190, 192.
S. Stephani de Villaseirudis, parrochia, 313.
S. Stephani Divionensis abbas = Herbertus.
S. Stephani Granolers, parrochia, 318.
S. Stephanus super Veelam, super Vele, 36.
S. Stephani [Tolose] prepositi = Aicardus, Arnaldus, Raimundus, Warnerius.
S. Symphoriani abbas = Galterus.
B. Thome apostoli ecclesia, 89
S. Ulmari = S. Wimari.
S. Urbano (Petrus de).
B. Vedasti Atrebatensis, abbas = Galterus.
S. Verano (de), 125, 126, 161; — (Amalricus, Maiolsde).

S. Victoris Massiliensis monachi, 2.
S. Vincentio (de), 219; — S. Vincentii terra, 134; — S. Vincentio (Berengarius de).
S. Vincencii de Ioncheres, parrochia, 187, 349.
S. Walerico (Reginaldus de).
S. Wandregisilii abbas = Walterus; — monachi, 338.
S. Wimari abbas = Petrus.
S. Xristine prior = Acenar. — S. Xristina (W., Gilielm de).
S. Xristoforo (Gilelmus de).
S. Ylarii, S. Ylario = S. Hilarii, S. Hilario (de).
S. Ypoliti parrochia, 61.

T

Tabaciaco (Bertrandus de).
Taciono (Malseinada, Ugo de)
Tafalla, 73, 244, 306, 334.
Tafur (Pei).
Tahurane = Ma..norum (episcopus).
Talabiux, Talabinx (?), Talaboix (Od, Oto de).
Talaferr, 190.
Talamancho (Bernardus de).
Talavath (Guido).
Talegeç = Tarechez.
Talent, Tolent (Odo de).
Telesa, vicecomitissa, 220; cf. Teresa.
Talobres, 132, 370.
Tamarit, 346; (Arnallus de).
Tanalama, 8.
Tapina, 48.
Taradello (de), 320.
Tarascon (Berenger de).
Tarasia = Taresa.
Tarazona = Tirassona.
Tarechez, Talegeç (Iohen).
Tarenteford', 240.
Taresa, Tarasia, Tharasia (domna), 216, 217.
— regina, 7, 12, 17, 233, 241.
Taresa (Petrus).
Taroca, 62, 261.
Tarraconensis archiepiscopus = Bernardus.
Tariugarium, 42.
Taulina, Taulinnano (de), 194, 211, 212, 213.
Taulina, Talliniano, Tauligmano, Taulinia, Taulinlano (Bertran, Willelma de).
Tauniaco (Ganganus de).
Taurocius, 255.
Taust, rex, 300, 307, 334.
Taverna, de Tavernis (Gillelmus, Imbers).
Teardus, prior S. Iohannis, 351.
Tebaldus, Tebalt, Tebaudus = Theobaldus.
Teberdus, 39.
sacerdos Ravennatis ecclesie, 355, 356, 362.
Tecelinus (Poncius).
Ted, aqua de, 98.
Tegerius, Thegerius, canonicus, 21.
— de Secuneo, 214.
Telmundi (Bernardus, Petrus).
Teiric, 218.
Teissenderii (Arnaldus).
Telgo de Cornio, Tello de Cornonio, 306.
Telis (Martinus).
Tellanus (Poncius).
Tello (don), 251.
Tello de Cornonio = Telgo de Cornio.
Templi Domini abbas = Gaufridus; — canonicus = Garnerius; — prior = Gaufridus.
Teneromonte (Daniel de).
Tenis = Thenis (de).
Teobaldus, Teobaudus = Theobaldus.
Teodenius = Theodewinus.
Teodericus, Teodoricus = Theodericus.
Teracona = Tirassona.
Teranuense capitulum, 35.
Terect (Arnaldus de).
Termenes (Bernardus de).
Terrabuc de Avisano, 165.
Terrachonensis archiepiscopus = Ollegarius; — electus = Gregorius.
Terracia, 105; — (Arbertus, Petrus de).
Terrada (Petrus de).
Terrades, 221.
Terrasona = Tirassona.
Terrer, Terres (de), 232, 313.
Terricus, Therricus = Theodericus.
Tersanum, 163.
Tesaurizatori (Stephanus).
Tetbalt = Theobaldus.
Textori (Pontius).
Tezer, 259.
Thalebot, 301.
Tharasia = Tarasia.
Thebaudus = Theobaldus.
Thegerius = Tegerius.
Thenis (Bernardus, Folchardus de).
Theobaldus, Tebaldus, Tebalt, Tebaudus, Teobaldus, Teobaudus, Tetbalt, Thebaudus, Theobaudus, Tibalt, Titbaudus, 306, 335.
— abbas S. Carauni, 351.
— abbas S. Iudoci, 246.
— archidiaconus Belvacensis, 26, 43.
— archidiaconus [Meldensis], 152.
comes [Blesensis], 6, 20, 22, 23, 43, 80.
— comes Campanie, 343.
— de Caisoil, 44.
— de Stella, 246.
— de Tolosa, 91.
— de Wasno, 303.
— Micherii, 44.
— Rufi, 23.
— Strabonis, 21.
Theodericus, Teodericus, Teodoricus, Terricus, Theodoricus, Therricus.
— abbas de Capella, 173.
— archidiaconus Cameracensis (ambo), 128.
— camerarius, 73, 172.
— comes Flandrie, 10, 11,

12, 72, 73, 143, 156, 172, 180, 278.
Theodericus de Beiran, 303.
— de Contau, 303.
— de Corezilis, 3.
— de Dichesinuta, 5.
— de Favernei, 19.
— de Fontanis, 214.
— de Linge, 128, 172.
— deMonteMoranceio, 36, 59.
— de Remnigis, 11.
— episcopus Ambianensis, 360.
— Galeranni, 281.
— Noneville, 249.
— rusticus, 22.
— thesaurarius Noviomensis, 24.
— Trosels, 342, 343.
— Waleran', 280.
Theodewinus, episcopus S. Rufine, 378, 387.
Therricus = Theodericus.
Thochus, 332.
Thoenni (de), 342.
Thomas, 304, 371.
— Aversus, 40.
— decanus Furnensis, 35.
— de Betencort, 361.
— de Maresch (T.), 173.
— Hernium (T.), 316.
— presbiter cardinalis, 380.
— prior S. Bartholomei, 238
Thubertus, camerarius, 87.
Tibalt = Theobaldus.
Tiburgis = Titburgis.
Tierriz, 371.
Til (de), 344.
Tilecastri pratum, 44; — Tylecastro (Almo de).
Tilio (Uricus de).
Tirant (Iohannes).
Tirassona, Tarazona, Teracona, Terrasona, Tyrasona, Tyrassona, 29, 30, 217, 218, 246, 262, 263. Tyrassonensis archidiaconus = Lupus; — clerici, 236, 310; — episcopus = Michael.
Tiriniaco, Tiriniacho (Rodbertus de).
Titbaudus = Theobaldus.
Titborga, 259.
Titburgis, Tiburgis, domina Aurasicensis, 91, 229, 260, 282, 370.
Tiwe = Tywa.
Tixedor (Bernard).
Tizon (Petrus).
Togium, Togis, flumen, 56, 63, 66, 69.
Tol = Tullo (de).
Tolent = Talent.
Toletum, 258; — Toletanus archiepiscopus = Raimundus.
Tolosa, 13; — Tolosanus comes = Ildefonsus; — episcopus = Amelius, Ramundus. — Tolosa (de), Tolosanus (Bernardus, Guillelmus, Titbaudus).
Tolosana porta, Carcassone, 46, 111.
Tolsath (Raimundus).
Tolugas, 119.
Tomeu d'Asso, 334.
Torello (de), 138.
Torena, de Torena (Raimundus).
Torie, Torieg (Robert de).
Tornabaz, 41.
Tornacensis episcopus = Simon.
Tornafort, Tornefort (Geraldus, Nicholaus, Ugo de).
Tornez (Petrus)
Torrelas, Torrellas, 41, 60.
Torremelam (ad), 356.
Torrenes, 28.
Torroga, Torrola (Berengarius, Raimundus de).
Torron (Arnaldus).
Tors (Ugo de).
Tortardi (Odo).
Tortosa, Tortas, Tortossa, Tortoza, 30, 32, 307, 328, 330, 333, 334, 337, 339, 340, 347.
Tortus (Guido, Wido).
Torveriis (Bartolomeus de).
Torves (de), 148, 323.
Tosetus de Tolosa, 13.
— monetarius, 14.
Tostum, 17.
Tota, soror Iohannis Garceç, 248.
— uxor Fertunionis, 29.
— uxor Roderich Petrez, 160.
Toy, episcopus de, 106.
Trabo (Bernardus, Everardus, Hescelinus).
Traci, Trachi, Tracy, ecclesia de, 246, 247; — Tracy (Henricus).
Tras Podium (ad), 234.
Travers, Truvers (Arnald).
Travessera, 256.
Travessu, Travesu (Salvador).
Trebug, 48.
Trece, 16, 22; — Trecensis episcopus = Hato.
Tremals = Tres Mals.
Trencavelli, Trenchavelli, Trincavelli (Bernardus, Raimundus).
Trencianum, 124; — Trenciano (Bernardus de).
Trenna (Pontius).
Trescis (Guillelmus de).
Tres Mals (de), 268; — Tres Mals, Tremals (Bernardus de).
Tressera, 110, 163.
Treulls, villa de, 259.
Treveris, 383, 384, 385.
Trevis (de), 350.
Tribuc, 65.
Tribucci (Gilelmus).
Tribus Fontibus, abbas de = Guido.
Tricastrinensis civitas, 83, 365. Cf. S. Pauli Tricastrini.
Tricherio (Mascelinus de).
Trifoncio (in), 227.
Triket (Walterus).
Trinalo (de), 97.
Trincavelli = Trencavelli.
Tripolitanus comes = Raimundus; — Tripolitana comitissa = Hodierna.
Tritmundus de Garda, 138.
Troarnensis abbas, 298, 299.

= Ricardus; — ecclesia, 339; — monachus, monasterium, 337, 338.
Trollars, 163.
Trosel, Trosels, Trossellus (Hugo, Teodericus).
Trossit, Trossito (de), 184, 185.
Truci, Truc (Pontius).
Tructesindis, Tructusendis, Truitisendi (Adosinda, Didagus, Pelagius).
Trutgarz, 197.
Truvers = Travers.
Tudeleta (Raimundus de).
Tugurils (Olivarus de).
Tullo, Tol (Petrus de).
Tuluges, 256, 257.
Tumbis, 20.
Tunica Bura (Renaudus).
Turderas (ad), 335, 336.
Turellis (in), 95.
Turgisius de Abrincis, 167, 170, 178.
Turones, Turonus, 9; — archiepiscopus = Ildebertus.
Turre (de), 140; — domina de, 163.
Turre, Turri (Arnallus, Bernardus, Geraldus, Petrus, Radulfus de).
Turrellis (Aimericus de).
Turrensis (Bellotus).
Turreta, portus de, 288.
Turretis, prior de = Raimundus.
Turreves (Berengarius de).
Turribus (Curvus, Raimundus de).
Turriculis (B. de).
Turrilis (Miro de).
Turrucella (Petrus de).
Tusculanus episcopus = Egidius, Ymarus.
Tustinus de Ruselo, 188
— (T.), 149.
Tutela, Totela, Tudela, Tudella, Tuetela, 29, 30, 64, 73, 146, 164, 190, 235, 244, 245, 246, 275, 276, 279, 284, 291, 298, 299, 334; — clerici, 310; — Tutela (Ioan, Willelmus de).
Tutillen, 18.
Tuxor Gosberti, 215.
Tyle fluvius, 19.
Tylecastro = Tilecastro (de).
Tyrasona, Tyrassona = Tirassona.
Tywa, Tiwe (Hugo de).

U

Ubaldi (Poncius).
Ucecie (Bremundus).
Ucila Latro, 154.
Udalgarius, Udalgerius, Ulgerius, Uzalgarius.
— de Clarmont, 274.
— de Punciano, 108, 112.
— episcopus Andegavensis, 8, 9, 15, 213.
— monachus, 29, 65.
— vicecomes Fenoleti, 97, 146, 148, 168, 174, 193, 195, 253.
Ugo, Uc, Ug, Ugho, Uguo = Hugo.
Ugoleni (Bertrandus).
Ugolenus, 162, 169, 363.
— de Vasione, 294.
Ugonis, Ugo, Uguo = Hugonis.
Ulgerius = Udalgarius.
Ulixbona, 275; — Ulixbonensis episcopus, 275.
Ulmo (de), 15, 91.
Ulmo, Ulmom (Ramberius).
Ulricus, 39.
— canonicus, 27.
— gener Guidonis Torti, 303.
Umberti = Humberti.
Umbertus = Humbertus.
Uncell domus, 331, 332.
Ungres = Hungres.
Uno Castro (de), 300.
Unlignena, 283, 299, 300.
Unzent (Petrus de).
Upecus de Avisano, 325, 326.
Urbanus, subdiaconus, 217.
Urgellensis comes = Ermengaudus; — comitatus, 314; — episcopus = Bernardus.
Urraca, Urracha (dona), 223.
— Eminones, 265.
— soror Iohannis Garceç, 248.
— uxor de Sanz Fertuniones, 279.
Urricus, Uricus de Tilio, 249.
Ursicampo, abbas de = Gualerannus.
Urtidez, 212.
Urunia = Panpilona.
Utalgerii (Bernardus).
Uuldone (Petrus de).
Uxua, S. Maria de, 306.
Uzalgarius = Udalgarius.
Uzeticensis episcopatus, 27.
Uzier, 280.

V

Vacairaz, Vachairaz, 229; — (Bernardus de).
Vacca (Bernardus, Letardus).
Vacioneguas, Vacionigis, 117.
Vadalarii, 98.
Vadeia (W. de).
Vado (Petrus de).
Vairel, Vairez (Clarembaudus).
Vaison = Vasione (de).
Valatum, 354.
Valbadon (Henricus de).
Valcellis, abbas de = Henricus.
Valencia [in Hispania], 4, 248; — prepositus = Willelmus; — Valencia, Valencza, (Arbert, Barthomeus, Gigo de).
Valenclanis (de), 87.
Vales, 222.
Valle (de), 103, 196; — capellanus = Pontius; — (Poncius, Segarius de).
Valle aurea, Vallauria (de), 213, 363; — (Petrus de).
Vallis Aurea de Granolleto, 370.
Valle Bona (Raimundus de).
Valle Garnera (de), 163.
Valle Laureniaca (Burdinus de).
Vallense territorium, 74, 75.

76, 77, 92, 93, 187, 192, 350.
Valle Roilli, Roilli (Nigellus de).
Valle Romena (Arbertus de).
Valles, vir, 266.
Valli Aspirii, 89.
Vallibus (in), 343; — (Guido de).
Vallis Lucentis abbas de = Norpaldus; — monachi, 18, 207.
Vallis Orsaria, 319.
Vallis Oscelle, 154.
Vallis Seguerii, 321.
Valo Amaseus, 214.
Valrias, Valriacho, Valriaco, (de), 117, 120, 132, 139, 182, 293, 363, 370, 371; — Valriaco (Elsiardus, Geraldus de).
Valterra, 154.
Valurre, 380.
Vanator (R.).
Vanella, Vannella (Isnardus, Petrus)
Vanorio (Guido de).
Varich (Arissa).
Varnerius, Varnerus = Garnerius.
Vasco (Pontius, Ramundus).
Vasensis episcopus, 370.
Vasio, Vasione (de), 104, 118, 126; — Vasionenses canonici, 126, 160, 161; — clericus = Gillelmus Berengarii; — episcopus = Berengarius.
Vasione (de), Vaison, Vassonis (Raimbaldus, Raimundus, Ugolenus, Vilelmus).
Vasierus de Barbonia, 20.
Vasno = Wasno (de).
Vassal (Peire).
Vassalus, diaconus cardinalis, 379.
Vassam (ad), 169, 266.
Vassonia, 342.
Vassonis = Vaison.
Vastino (Martinus de).
Vaudricus de Percelo, 215.
Vaudricus major, 214.
Vautherius = Walterius.
Ved..cus, archidiaconus Bracharensis, 320.
Vedigno (Sicardus de).
Veela, 36.
Vei (Petrus).
Veireiras (Becco, Bermon de).
Velget (Vuillermus).
Velsiaus (Radulfus).
Veltreganum, castrum, 79.
Vendocinensis, Vindocinensis abbas = Fromundus, Gofridus; — monachi, 71.
Vendolio (Hescotus de).
Vendolovas (de), 317.
Venegas (Aldefonsus, Ermesenda, Ermigio, Inhere, Macellus, Petrus).
Venne ripa, 207.
Ventoirol, 87; — Ventoirolio (Petrus de).
Ventron (Pelagius).
Ver (Robertus de).
Vera (Pontius).
Vercillilis (Wido de).
Verel (Rogerus).
Veremundus = Vermundus.
Veren (Willelmus).
Vergeriis (ad), 134.
Vergiliis (Deusde)
Veri ecclesia, 213.
Vermel (Petrus).
Vermuiz, Vermuici (Egas, Menendus, Pelagius).
Vermundus, Veremundus, Warmundus, 261.
— patriarcha Iherosolimitanus, 2, 99.
— Petriz, 13.
— presbiter, 147.
Verno (del), 330.
Vernola (Arnaldus de).
Vernolio (Odo de).
Vernoz, 141, 311.
Vernun? (Ricardus de).
Veromandorum = Viromandorum comes.
Verou (Bonardus de).
Verte (de), 308.
Vertelli, 342.
Veteris (Willelmus).
Vetuli (Galterius).
Vezin (de), 331.
Vezin (Bego, Virgilis de).
Viaders, Viaers (Bertrannus, Poncius).
Viago, filii de, 266.
Vianna (Richardus de).
Vico (Odo de)
Vico Forti (Losbertus de).
Vicus, 342.
Vidal (Raimundus).
Vidal = Vitalis.
Vidianus de Aleniano, 230.
Vido = Guido.
Vidua, villa, 59; — Vidua (Gipuinus, Remigius, Warinus de).
Viger, Beger, Veger, Vicarii, Vigerio (Rigald).
Vila Condal, 95.
Vila de Muls (Raimundus de).
Vilalerio, Vilaterio, Villalerio, (de), 219, 270, 273, 285, 290.
Vilapeis (Stephanus).
Vilar, locus, 134.
Vilar, Vilare, Viler, Villari, (Albertus, Bernardus, Petrus, Pontius de).
Vilars, maior del, 359.
Vilartinioso (in), 124.
Vilarzel, Villarzel, 42, 59.
Vilela, 307.
Vilelmi = Guillelmi.
Vilelmus, Vilelm = Guillelmus.
Vilismo (Wido de).
Villa (Hugo de).
Villa Dordils, 124.
Villa Gelans, Villa Gelans (Geraldus, Guillelmus, Petrus, Poncius).
Villa Granata (Bertrandus de)
Villalerio = Vilalerio (de).
Villa Major, 77.
Villa Mulacha, 163, 321; — (Bertrandus, Guillelmus de)
Villa nova, 13, 21, 349; (Arnaldus, Berengarius, Bernardus, Pontius, Raimundus de).

Villa Pedilano, 98.
Villa Rabiosa, 40.
Villa Sicca, Villasicca, 267 ; — (Raimundus de).
Villa sub terra, ecclesia de, 380.
Villa Vetula, 69.
Villarder (Wilelmus de).
Villari = Vilar (de).
Villari Benedicto (Otgerius de).
Villari Nenc ? vinea de, 32.
Villari Rainerio, condamina de, 32.
Villemauro (Bovo de).
Vimaranis, 17, 275.
Vimarensis prior = Petrus.
Vincencii (Petrus, Raimundus)
Vincentius, Vincent'. 266, 267.
— de Iubeluco, 340.
— monachus de Troarno, 338.
Vindocinensis = Vendocinensis.
Vindranis, vallis de, 287.
Vindranis, Vindrano (Amelius, Petrus de).
Vinkebroch (Gervasius de).
Vinzobrio (Guillelmus de).
Virgilis de Vezin, 330.
Viromandorum, Veromandorum, Viremandorum comes = Radulphus.
Virricus Charves, 215.
Virtutibus (Gonterus, Vivianus de).
Vitalis (Petrus, Poncius).
Vitalis, Vital (T.), 266, 346.
— Çabater, 242, 347, 353.
— de Isclo, 56, 69, 70.
— de Steven, 220.
— Enardus, 56.
— Pelai de Ricla, 232.
— prior Tyrassonensis, 218, 230, 310.
— Rufus, 177.
— scriba, 57, 67, 163, 222.
Viterbii, 382, 383.
Vitraco (Autmarius, Petrus de).
Vitrerio (de), 321.
Vivariis, Vivario, Viver (Gaucelinus, Geraldus, Hugo de).
Vivianus, 121.
de Virtutibus, 43.
Vocor (Aimelina).
Volobrega, Volobregua (de), 259.
Volpiliaco, territorium de, 104.
Vuadammontis comes = Hugo.
Vulardus Raborville, 249.
Vuillermus = Guillermus.
Vulmarca, 316.
Vulpellares, 13.
Vulpis (Archenbaudus).
Vultreria (Bernardus de).

W

W. (Petrus).
W. Baldrici, 160.
W. Ciriol, 15.
W. de Fraisenet, 218.
W. de Manso, 14.
W. de Montebaseno, 238.
W. de S. Romano, 161.
W. de Vadeia, 13.
W., filius Belloti, 15.
W. Humberti, 120.
W. Rainois, 169.
Wabertus, Walbertus, 36, 38, 59, 96.
— de Wasno, 303.
Wadeneis (Ada de).
Wahell' (Simon, Walterus de).
Walcherus de Castellione, 342.
Waledena, ecclesia de, 150.
Waleran' (Theodoricus).
Walerannus = Gualerannus.
Walo de Laiderlis, 26.
Walterius, Walterus = Galterius.
Waltham, canonici de, 150.
Wannerius de Saveris, 23.
Warinus = Guarinus.
Warmundus = Vermundus.
Warnerius = Garnerius.
Warren (Radulfus de).
Warren, comes de = Willelmus.
Wasno (Alexis, Henricus, Rainaldus, Tebaudus, Walbertus de).
Waude decima, 21.
Wazo, nepos Herardi, 23.
Wedelee, 279.
Welmus = Guillelmus.
Werricus, 216.
Westmonasterium, 170 ; — abbas = Gervasius.
Westona, ecclesia de, 121.
Wgo = Ugo.
Wiardus de Monte Acuto, 151.
— de Rumeis, 341, 344.
— de S. Hilario, 303.
Wido = Guido.
Widricus, miles, 19.
Wilfricus Apewrot, 148.
Wilgelmus = Guillelmus.
Willelm, Wilelmus, Wilhelmus, Willelmus = Guillelmus.
Willer, 22.
Windr', Wyndleshor' (Mauricius, Reginaldus).
Wingines (Lambertus de).
Wintoniensis episcopus = Henricus.
Wiscardus = Guiscardus.
Witham, manerium de, 300, 301.
Wittherius, Witerus = Guiterus.
Wigrinus, 99.
Wimat, 332.
Wodeweye, 178.
Wuilelmus, Wuillermus = Guillelmus.
Wydon, 140.
Wyndleshor' = Windr'.

X

Xairic, 234.
Xalamera, Xalamnera, castrum, 204, 387.
Xatberti, Chabberti (Guillelmus).
Xatbertus de Rivo, 268.
Xeborc, 4.
Xemenes, Exemenno, Exeminones, Semenones, Xemenones, Ximinons (Fertum, Galin, Garcia, Sem').
Xemen, Examen, Exemen,

Exemenno, Eximenus, Eximino, Sem', Semen, Ximinus.
— d'At, 298.
— Aznarez, 244, 306, 334.
— de Arrada, 338.
— Enneguiz, 254.
— Fortuniones, 164.
— Garcez, 122, 263, 299, 300, 346.
— Paschal, 190.
— Romeus, 283.
— Sanz, 305.
— Xemenones, 62.
Xichus, 190.
Xristianus, 371.
Xristoforus (Pelagio).
Xristual (Petrus).

Y

Ylaris (Petrus).
Ymarus, episcopus Tusculanus, 387.
Ymberti = Imberti.
Ymbertus = Imbertus.
Ypo (Gilleim).
Ypra = Ipra.
Ypuzca = Ipuschua.
Ysaac de Harmingal, 171.
— de Stathes, 99.
Ysarni = Isarni.
Ysarnius = Isarnus.
Yscio = Iscio (de).
Yspania, Yspannia = Hispania.
Yspaniensis (Petrus).
Yuuanus = Iuuanus.
Yvo = Ivo.

Z

Zaslama, Zalama, 7, 8.
Zabatarii (Poncius).
Zabre (Gasco).
Zacharias, 21 ; — (Muza).
Zacharias, subdiaconus, 316.
Zafra, Açahara, Açahra, Azacra, Azafra, Azagra, Zagra (Gonzalbo, Rodricus de).
Zahet Abenzaleme, 347.
— Alhoisem, 347.
Zaragoza, Zarachoça, Zaracoza, Zaragoça, Zaragoza, Zarragoza, 29, 73, 79, 216, 220 — cavaleatores de, 68. = Cf. Saragoça.
Zaspunola, Cespunola (Gillelmus de).
Zavalmedina, 108.
Zelebrun (T.), 328.
Zigurdus, 375.
Zohere (Iohannes de).
Zoleima, Zuleima, 7, 8.
Zutscote, Zutscoten, 374.

ERRATA ET ADDENDA

P. 11. La note (e) se rapporte à l'appel 1.
P. 14, ligne 33, Episcopalis = episcopalis.
P. 18, ajoutez cette note : *(k)* Pierre, évêque de Roda (1126-1135).
P. 47, ligne 8, Wuillelmi comitis = Comitis.
P. 79, note *(b)*, Alphonse... † 1161 = † 1167.
P. 87, ligne 31, licet = scilicet.
P. 90, lignes 1-2, dona toribus. Petrus = donatoribus, Petrus...
P. 103, ligne 22, donum dudit = donum dedit.
P. 206, note *(a)*, XXXCIII = CCCXIII.
P. 216, note *(a)*, Innocent III = Innocent II.
P. 221, ligne 6, in valle Bona = in Valle Bona.
P. 294, ligne 2, Poncius, Gontardus = Poncius Gontardus.
P. 302, ligne 24, in vice = in vico.
P. 312, note *(a)*, Sarragone = Sarragosse.
P. 315, note *(a)*, Mananes = Manasses.
P. 319, ligne 9, 203 = perg. 203.
P. 319, ligne 30, perg. ; 204 = perg. 204 ;
P. 319, ligne 34, in perdita parroechia = in predicta.
P. 323, ligne 13, de Ponzilione = de Fonzilione.
P. 325, ligne 31, Raimundus, Poncius = Raimundus Poncius.
P. 347, addition suivante :

DLX bis 1149, 25 juillet.

Copie du XVIIIe s. d'un translat de date inconnue, jadis conservé à l'« Arxiu del Temple de Perpinia de la encomanda de Bajolas del plech de attes dels molins », n° 46. Perpignan, Arch. dép. B. 6.

Edité : Allart, *Cartulaire Roussillonnais*, dans la *Semaine religieuse du diocèse de Perpignan*, 1886, p. 367.

Manifestum sit cunctis, præsentibus et futuris, de contentionibus quæ fuerunt inter Gaufredum comitem Rossilionensem et Guillermum de Castro Rossilionis, de ipsa aqua, quæ discurrit a recho molendinorum quæ olim fuerunt Arnaldi Petri negociatoris et Raymundi Vincentii, qui fuerunt quondam ; et de hoc venerunt ex utraque parte ad bonum finem et concordiam pro consilio et laudamento proborum hominum Perpiniani et Arnaldi fratris Sancti Cipriani militiæ Templi Ierosolimitani : scilicet ut omnes homines Perpiniani qui sunt hæredes istorum molendinorum cum fratribus militiæ Templi faciant duas partes de resclausis et caput aquis sicut contingit istorum *molendinorum*, et adjuvent mittere aquam quantum opus sit istis supradictis molendinis, et ita ut homines Castri Rossilionis similiter faciant tertiam partem omnis missionis resclausis cum caput aquis istorum molendinorum sicuti contingit, et adjuvent mittere omnem aquam quæ opus sit istis molendinis ; et si amplius habebant opus aquæ, ut accipiant sine omni damno istorum supradictorum molendinorum, et ita, ut si homines Perpiniani nolebant facere supra scriptam missionem, sicut mos est, et rechum ; ut homines Castri Rossilionis habeant licentiam accipere nadillas istorum molendinorum, et teneant tantum, quod ista missio sit facta : et est manifestum. Quicumque hoc disrumpere erit *(sic)*, in duplo componat, et ultra firmiter permaneat in perpetuum.

Actum est hoc octavo calendas augusti, anno ab Incarnatione Christi millesimo centesimo quadragesimo nono, regnante Ludovico rege in Francia.

Sig✠num Gaufredi, comitis Rossilionensis. Sig✠num Guillermi Castri Rossilionis, qui istam cartam fieri jussimus et firmavimus firmareque rogavimus. Sig✠num Berengarii Caucoliberii. Sig✠num Pontii, fratris ejus. Sig✠num Berengarii de Gardia. Sig✠num...

P. 368, ligne 20. Bernardus et Gurb = Bernardus de Gurb.

VALENCE, IMPRIMERIE VALENTINOISE — 1913

TABLE DES MATIÈRES

Hommage	VII
Avertissement	IX
Liste des Archives et des Bibliothèques.	XIII
Liste des Ouvrages cités	XVII
Cartulaire du Temple	1
Bullaire du Temple.	373
Table générale des Noms de Personnes et de Lieux.	391
Errata et Addenda	407

L'impression de ce Cartulaire ne peut se terminer sans qu'il soit inscrit au dernier feuillet un nom lié pour jamais à la mémoire du Mis d'Albon, c'est celui de M. Gardère, son fidèle et savant archiviste, qui pendant de longues années, et sous sa direction, collabora avec une érudition consciencieuse à l'énorme tâche entreprise. Les douloureuses circonstances qui préludèrent à l'achèvement de ce premier volume, ont nécessité de M. Gardère un témoignage suprême de son dévouement; lui seul ayant vécu près de la pensée intime de l'auteur et en ayant saisi toutes les nuances, pouvait mettre dans toute leur valeur les pages offertes aujourd'hui au public.

L'impression de ce volume
(tiré à deux cents exemplaires numérotés)
a été achevée
A
L'IMPRIMERIE VALENTINOISE, VALENCE
en Mai 1913.

NOTA. — Ce cul-de-lampe est dû, ainsi que le fleuron qui orne la couverture, à l'obligeance de M. J. ROMAN, de la Société des Antiquaires de France, membre correspondant de l'Institut, dont on sait toute la compétence en matière de sigillographie. Ils ont été composés et dessinés par lui d'après les motifs de deux sceaux authentiques de l'ordre du Temple, du XIIIe siècle (n°s 9862, 9867, des Arch. Nation.).

Début d'une série de documents
en couleur

[illegible]

(1119 ? — 1150)

FASCICULE COMPLÉMENTAIRE

CONTENANT

LA TABLE DES SOMMAIRES DES ACTES

ET

L'IDENTIFICATION DES NOMS DE LIEUX

PARIS
LIBRAIRIE ANCIENNE, HONORÉ CHAMPION, ÉDITEUR
5, Quai Malaquais, 5
[illegible]

Fin d'une série de documents
en couleur

CARTULAIRE GÉNÉRAL

DE

L'ORDRE DU TEMPLE

MARQUIS D'ALBON

CARTULAIRE GÉNÉRAL

DE

L'ORDRE DU TEMPLE

(1119 ? — 1150)

FASCICULE COMPLÉMENTAIRE

CONTENANT

LA TABLE DES SOMMAIRES DES ACTES

ET

L'IDENTIFICATION DES NOMS DE LIEUX

PARIS
LIBRAIRIE ANCIENNE. HONORÉ CHAMPION, ÉDITEUR
5, Quai Malaquais, 5

1922

AVERTISSEMENT

Dans le recueil formé par le marquis d'Albon et publié par lui sous le titre de Cartulaire général de l'ordre du Temple (1119?-1150), *les sommaires qu'il est d'usage de placer en tête des actes font défaut et aucun nom propre de lieu n'est identifié. Cela s'explique par les circonstances qui entravèrent l'achèvement du volume, paru seulement en 1913, quelques mois après la mort de l'auteur (8 décembre 1912).*

Le présent fascicule complémentaire *est publié pour remédier à cette double lacune. Il contient deux parties :*

La première est la table des sommaires des actes. *Naturellement l'ordre suivi dans le* Cartulaire *est conservé et chaque sommaire porte le même numéro d'ordre que l'acte correspondant. Le sommaire de l'acte ajouté en* erratum *est inséré à la place que cet acte aurait dû occuper, sous un numéro* bis ; *deux doubles emplois du* Cartulaire *ne sont représentés par aucun sommaire.*

La seconde partie est la table alphabétique des noms propres de lieux *avec l'identification, quand elle a pu être faite. Contrairement à ce qui a été fait pour la table alphabétique des noms propres contenue dans le volume paru en 1913, où les renvois sont faits aux pages du volume, ils le sont ici aux numéros des actes, afin qu'un seul renvoi serve à la fois pour le texte de l'acte et pour le sommaire.*

Il conviendra donc, pour l'usage, de rétablir l'unité idéale du Cartulaire *de la manière suivante : pour chaque acte, le sommaire est dans le fascicule complémentaire ; le texte, l'indication des manuscrits et des éditions, et les notes (variantes, identifications de personnes citées, éléments de datation) dans le volume paru en 1913. La table des noms propres de personnes et de lieux (non identifiés) de ce volume est à compléter au moyen de la table des noms de lieux (avec identification) du fascicule complémentaire.*

Le volume paru en 1913 contient plusieurs errata *partiels : p. XI, XV, XXI, XXII, et surtout p. 467-468, où se trouve l'acte DLX* bis. *On trouvera ci-contre un court supplément à ces* errata. *Ce supplément est suivi de la table des facsimilés de manuscrits contenus dans le volume.*

Avril 1922.

SUPPLÉMENT AUX *ERRATA* DU *CARTULAIRE GÉNÉRAL DE L'ORDRE DU TEMPLE*

IX, lire 81 au lieu de 30. — XVII, ajouter (*e*) après *Guillelmus*[1]; lire [1] au lieu de [2] après *Guarnestuno*. — XXVI, après *Raimundi, comes*, ajouter (*l*) ; ajouter la note : (*l*) Raimond-Bérenger IV, comte de Barcelone. — XLII, lire XLII au lieu de LXII. — XCIII, p. 70, dernier paragraphe, lire (*c*) au lieu de (*b*). — XCIV, 1re ligne, lire (*d*) au lieu de (*c*). — CVI, ligne 4, lire *nostris* au lieu de *vestris*. — CXVIII, lire p. 832 au lieu de p. 783. — CXXXV, après *Ramundi, comes*, ajouter (*a*) ; ajouter la note : (*a*) Raimond-Bérenger IV, comte de Barcelone. — CCLI, acte à supprimer : publié une seconde fois sous le n° CCCLXXXV. — CCCXLVII, lire CCCXLVII au lieu de CCCLXVII. — CCCXLIX, lire *24 février* au lieu de *25 février*. — CCCCLXXXVI, avant-dernière ligne, après *Gilberto*, lire (*a*) au lieu de (*c*) ; supprimer la note (*c*). — DXXIV, acte à supprimer : déjà publié sous le n° CCCCLXIII. — DLXI, corriger la date en : 1149 (novembre 1149-15 avril 1150) ; cf. Luchaire, *Études sur les actes de Louis VII*, 1885, p. 177, n° 246. — DLXXXII, lire *7 avril* au lieu de *3 avril*.

Depuis la publication du *Cartulaire général* les trois actes suivants ont été réédités par l'abbé Victor Carrière, *Histoire et cartulaire des templiers de Provins*, Paris, 1919 : n° IX (n° 93 du cartul. de Provins), n° XXIX (n° 86 du cartul. de Provins) et n° LX, publié par l'abbé Carrière, p. 102 en note (le n° 81 de l'édition Carrière est un remaniement de cet acte, avec la mention de confirmations, fait par le copiste du cartulaire de Provins).

TABLE DES FACSIMILÉS

I (p. 26) : Cartulaire *C* de Douzens (arch. dép. de la Haute-Garonne, fonds de l'ordre de Malte), fol. 1 (n° XXXII du *Cartulaire général*).

II (p. 36) : Cartulaire du Mas-Deu (arch. dép. des Pyrénées-orientales), fol. 80 (n° XLVIII) ; avec la fin d'un acte de 1233, 1er avril, et le commencement d'un autre acte, non publiés dans le *Cartulaire général*.

III (p. 50) : Cartulaire *A* de Douzens (arch. dép. de la Haute-Garonne, fonds de l'ordre de Malte), fol. 29 (n° LXVII).

IV (p. 74) : Cartulaire de la commanderie du Temple en Flandre (arch. de l'état, à Mons), fol. 16 v° (n° XCIX) ; avec la fin d'un acte de 1202 et un acte de 1214, 19 avril, non publiés dans le *Cartulaire général*.

V (p. 236) : Cartulaire cote B 595 de l'*Archivo histórico nacional* de Madrid, fol. 99 (n° CCCLXVII).

VI (p. 327) : Cartulaire *B* de Douzens (arch. dép. de la Haute-Garonne, fonds de l'ordre de Malte), fol. 15 (fin du n° CLXVI et commencement du n° DXXXI).

TABLE DES SOMMAIRES DES ACTES

CARTULAIRE

I [Entre 1119, 28 juin, et 1126, 15 octobre.]

Baudouin, roi de Jérusalem et prince d'Antioche, prie Bernard, abbé de Clairvaux, d'aider André et Gondemar à obtenir du pape l'approbation de l'ordre du Temple.

II [1124,] 1er juillet.

Bail de l'église de Saint-Barthélemi, près de Paleyson, à la réserve de certains revenus, consenti à Guillaume le Poitevin par Bérenger, évêque de Fréjus; cession de cette église, moyennant une redevance, à l'église Sainte-Marie de Paleyson et aux moines de Saint-Victor de Marseille par ledit Guillaume, agissant au nom de l'ordre du Temple.

III 1125, 20 octobre.

Bernard, évêque de Nazareth, exempte l'Hôpital de Jérusalem du paiement des dîmes dans son diocèse. Parmi les témoins, un chevalier du Temple.

IV [Vers 1125.]

Confirmation par l'évêque d'Arras(?) de la donation à l'ordre du Temple de tous les biens de Baudouin Brochet à Planque.

V [Vers 1125-1130.]

Saint Bernard félicite Hugues, comte de Champagne, d'être entré dans l'ordre du Temple.

VI [Vers 1126-1130.]

Lettre notifiant la fondation par Alfonse, roi d'Aragon, Gaston, vicomte de Béarn, et d'autres princes, d'un ordre militaire à l'instar de celui de Jérusalem, destiné à chasser les sarrasins d'Espagne et plus tard de Terre Sainte, et énumérant les biens et les revenus affectés par le roi à la dotation de cet ordre et les privilèges temporels et spirituels accordés par le roi et les évêques de son royaume. Approbation par Guillaume, archevêque d'Auch, avec permission de quêter en faveur de cet ordre.

VII [Entre 1127, 23 mars, et 1128, 27 mai.]

Guillaume, comte de Flandre, concède à l'ordre du Temple le produit du droit de relief de sa terre.

VIII 1127 (3 avril 1127-22 avril 1128).

En présence de Hugues de Payns, maître de l'ordre du Temple, et d'autres, Foulque, comte d'Anjou, confirme la donation qu'il avait faite, avant son premier pèlerinage à Jérusalem, à Renaud et Geoffroi, prêtres, de biens situés entre Cormery et Azay-sur-Cher. Geoffroi, fils de Foulque, confirme cette donation, à l'occasion du second départ de son père pour Jérusalem.

IX [1127,] 31 octobre. Provins.

Thibaud, comte de Blois, concède à l'ordre du Temple une maison à Barbonne.

X 1128, 19 mars. Braga.

Thérèse, de l'aveu de son mari Fernand, comte de Porto et de Coïmbre, donne à l'ordre du Temple le château de Soure, au territoire de Coïmbre.

XI 1128, 29 mars. Braga.

Thérèse, de l'aveu de son mari Fernand, comte de Porto et de Coïmbre, donne à l'ordre du Temple le château de Soure.

XII 1128 [juin]. Marmoutiers.

Ratification de l'accord conclu le 31 mai, au Mans, sur l'intervention de Hugues de Payns, maître de l'ordre du Temple, entre l'abbé et les religieux de Marmoutiers, et Hugues, comte d'Amboise.

XIII [Vers 1128, 31 mai.]

Pierre, seigneur de la Garnache, donne à l'ordre du Temple deux marcs d'argent de rente annuelle sur les revenus du port de Beauvoir.

XIV [Vers 1128, 31 mai.]

Pierre, seigneur de la Garnache, donne à l'ordre du Temple deux marcs d'argent de rente sur les revenus du port de Beauvoir, des armes et des chevaux.

XV [Vers 1128, 31 mai.]

Olifand donne un marais et des salines à l'ordre du Temple.

XVI 1128, 13 septembre. Cassel.

Thierri, comte de Flandre, concède à l'ordre du Temple le droit de succession appelé le relief de Flandre.

XVII 1128, 15 septembre. Saint-Omer.

Guillaume, châtelain de Saint-Omer, concède à l'ordre du Temple le droit de relief dans la châtellenie de Warnêton-Bas.

XVIII 1128, 28 novembre.

Pierre Bernard et sa femme donnent à l'ordre du Temple leur propre personne et tous leurs biens.

XIX [Entre 1128 et 1130, 1er novembre.]

Donations faites à l'ordre du Temple en Portugal, par la reine Thérèse, le comte Fernand, son mari, et d'autres.

XX [Vers 1128-1132.]

Donations diverses faites à l'ordre du Temple, à Toulouse.

XXI [Vers 1128-1149.]

Ulger, évêque d'Angers, recommande au clergé de son diocèse les templiers, suspend l'interdit des églises sur leur passage et pour leur sépulture, et accorde l'indulgence du cinquième de leurs péchés aux bienfaiteurs de l'ordre.

XXII [Vers 1129, janvier.]

Raoul le Gras et sa femme lèguent à l'ordre du Temple des biens près de Troyes.

XXIII 1129, 26 février.

Godina Soarit lègue à l'ordre du Temple le tiers de son avoir.

XXIV 1129, 14 mars. *Vimarinis.*

Alfonse, prince de Portugal, confirme la donation à l'ordre du Temple du château de Soure.

XXV [Entre 1129, 1er avril, et 1134, 4 janvier.]

Herbert, abbé de Saint-Pierre-le-Vif de Sens, concède aux chevaliers du Temple des terres à Cérilly, lesquelles ces chevaliers échangent avec l'abbaye de Vauluisant contre d'autres mieux à leur convenance.

XXVI 1129, 17 décembre. Tudelilla.

Miro donne à l'ordre du Temple ses droits sur les églises de Boquiñeni et de Rasal.

XXVII [Vers 1129-1132.] Dijon.

Gui Cornelly de Til-Châtel, chevalier, sur le point d'entrer dans l'ordre du Temple, cède à l'abbaye de Saint-Bénigne, la terre provenant de Sigaud, son beau-père, moyennant une somme de 1000 sous et 2 chevaux et l'obligation pour les moines de Saint-Bénigne de prendre soin de sa femme lépreuse et de ses enfants.

XXVIII [Entre 1129 et 1143.]

Donations diverses faites à l'ordre du Temple, en Champagne.

XXIX [Vers 1129-1145.]

Guitier de Barbonne concède à l'ordre du Temple sa terre de Clesles, ses livres et, après sa mort, sa maison.

XXX 1130, 29 janvier. Avignon.

Lauger, évêque d'Avignon, concède à Hugues de Payns, maître de l'ordre du Temple, l'église Saint-Jean-Baptiste d'Avignon.

XXXI 1130 (30 mars 1130-19 avril 1131). Noyon.

Simon, évêque de Noyon, et le chapitre cathédral concèdent à l'ordre du Temple les annates des prébendes du chapitre.

XXXII 1130, 20 mai.

Guillaume Ermengaud, sa femme et son fils donnent à l'ordre du Temple leurs terres au territoire de Peyriac-Minervois.

XXXIII 1130, 14 juillet.

Raimond-Bérenger, comte et marquis de Barcelone et de Provence, fait profession dans l'ordre du Temple et donne à l'ordre le château de *Grayana*.

XXXIV [Vers 1130.]

Donations faites à l'ordre du Temple par Renaud, comte de Clermont, et d'autres.

XXXV [Entre 1130 et 1131, 21 août.]

Saint Bernard sollicite Guillaume, patriarche de Jérusalem, d'accorder son appui à l'ordre du Temple.

XXXVI 1131, 18 juin.

Brémond Pilet, sa femme et ses fils donnent à l'ordre du Temple le domaine de Salzet, dans la paroisse de Malons.

XXXVII 1131, 19 juin.

Ponce, femme de Pierre Guillaume, de Conas, et sa sœur Pome donnent à l'ordre du Temple une terre appelée *Familongo*.

XXXVIII 1131, 8 juillet, Barcelone.

Testament de Raimond-Bérenger, comte de Barcelone, par lequel il lègue, entre autres, son cheval avec son armure à la chevalerie de Jérusalem.

XXXIX 1131, octobre.

Fertunio Garceç Kaixal et sa femme divisent leurs terres de Saragosse, Tudela, etc., entre l'Hôpital de Jérusalem, Notre-Dame de Bethléem, le Saint-Sépulcre et l'ordre du Temple.

XL 1131, octobre. Au siège de Bayonne.

Alfonse, roi d'Aragon et de Navarre, lègue son royaume au Saint-Sépulcre, à l'Hôpital et à l'ordre du Temple.

XLI [1131, après le 19 octobre.]

Renaud, archevêque de Reims, annonce à Milon, évêque de Thérouanne, que le récent synode de Reims a attribué aux chevaliers du Temple les offrandes faites à la chapelle d'*Obstal*, à Ypres, durant les trois jours des Rogations et les cinq jours suivants.

XLII 1132, 10 janvier.

Guillaume Raimond et sa femme donnent à l'ordre du Temple leurs terres dans la paroisse de San Pedro de Vilamajor : ils tiendront désormais ces terres de l'ordre et lui paieront un cens.

XLIII 1132, 30 janvier.

Guigue Dauphin, de l'aveu de son père Guigue, comte d'Albon, donne à l'ordre du Temple des biens au territoire d'Ollon.

XLIV 1132, vendredi 1er avril.

Roger de Béziers, Raimond Trencavel et Bernard Aton, frères, donnent à l'ordre du Temple un homme nommé Pons Gase, sa femme et sa postérité, avec le domaine occupé par lui, sous le mur de Carcassonne.

XLV 1132 (10 avril-31 août ou 23 septembre).

Milon, évêque de Thérouanne, confirme la décision du synode de Reims attribuant à l'ordre du Temple les offrandes faites dans la semaine des Rogations à la chapelle d'*Obstal*, à Ypres.

XLVI 1132 (10 avril-8 octobre). Châlons-sur-Marne.

Elbert, évêque de Châlons, accorde la remise de la dîme à l'ordre du Temple pour ses biens à la Neuville-au-Temple. Donations à l'ordre par diverses personnes.

XLVII 1132, 19 septembre.

Ermengaud, comte et marquis d'Urgel, donne à l'ordre du Temple le château de Barbará.

XLVIII 1132, 3 octobre.

Bernard Pierre donne à l'ordre du Temple un homme nommé Arnaud, avec son domaine appelé *Contrast*, sis près de Banyuls-des-Aspres, et deux champs à Brouilla.

XLIX [Entre 1132, après le 8 octobre, et 1142, 28 mai.]

Donations diverses faites à l'ordre du Temple, au diocèse de Châlons.

L [Entre 1132, après le 8 octobre, et 1142, 28 mai.]

Gui le Tort donne à l'ordre du Temple un emplacement entre Bouy et Ponreux, pour y construire un moulin et un vivier.

LI [1132,] 28 décembre.

Achat par l'ordre du Temple des Grottes d'Aiguilhe, près du Puy.

LII [Vers 1132, 28 décembre.] Le Puy.

Guigue *de Gradibus*, qui avait vendu aux templiers une maison dite des Grottes d'Aiguilhe, reconnaît qu'une vigne au terroir de Chausson, dépendant de cette maison, doit une redevance annuelle aux chanoines de Notre-Dame du Puy.

LIII [Vers 1132-1151.]

Donations diverses faites à l'ordre du Temple, au diocèse de Coutances.

LIV 1133, 5 mars.

Raimond Arnaud de *Bedos* donne à l'ordre du Temple des biens dans les paroisses de San Saturnino de Osormort, de Vilatorta et de Folgarolas.

LV 1133, dimanche (26 mars 1133-8 avril 1134).

Guillaume d'Alaigne donne à l'ordre du Temple un homme de Pauligne.

LVI 1133 dimanche (26 mars 1133-8 avril 1134). Alet.

Arnaud de Corneille donne à l'ordre du Temple son avoir à Pomas.

LVII 1133, dimanche (26 mars 1133-8 avril 1134). Alet.

Guillaume Pierre de Villarzel, sa femme et ses enfants donnent à l'ordre du Temple leur avoir à Douzens.

LVIII 1133 (26 mars 1133-14 avril 1134).

Pierre Rainard donne à l'ordre du Temple un champ à Nébian.

LIX 1133 (26 mars 1133-14 avril 1134).

Gosselin, évêque de Soissons, concède à Hugues, maître du Temple, les menues dîmes de la paroisse de Serches, moyennant un cens annuel de 12 deniers.

LX 1133 (26 mars 1133-14 avril 1134).

Léri de Baudement concède à l'ordre du Temple ce qu'il tenait en fief d'André de Baudement entre Baudement et Chantemerle, et reçoit en échange le Galt et une somme de 100 livres.

LXI 1133 (26 mars 1133-14 avril 1134).

Donations faites à l'ordre du Temple par diverses personnes, sous le sceau de l'évêque de Langres.

LXII 1133, mercredi (29 mars 1133-11 avril 1134).

Laurette et son mari Guillaume de Pignau donnent à l'ordre du Temple leurs droits à Douzens et deux terres à Blomac.

LXIII 1133, 1er avril.

Roger de Béziers, vicomte de Carcassonne, donne à l'ordre du Temple Brucafel et une terre au faubourg Saint-Michel de Carcassonne.

LXIV 1133, 11 avril.

Donations faites à l'ordre du Temple, par Bernard de Canet et d'autres, de terres et de revenus à Douzens et aux environs.

LXV 1133, 29 juin.

Soubirane confirme les donations de terres près de Villemolaque, faites par Bérenger Arnaud, son mari, à l'ordre du Temple et au prieuré de Monastir-del-Camp.

LXVI 1133, 10 juillet.

Bernard Amat, vicomte, sa femme et son fils donnent à l'ordre du Temple une charge de sel.

LXVII 1133, 20 juillet.

Bernard de Canet et d'autres, en compensation de la somme de 200 sous de melgoriens, dont était grevée la terre de Douzens par eux donnée à l'ordre du Temple, cèdent à l'ordre la jouissance d'une terre à Douzens, tenue par eux en gage de Guillaume de Durban, jusqu'à concurrence de cette somme.

LXVIII 1133, 29 juillet.

Azalaïs se voue au service de l'ordre du Temple, auquel elle concède une terre entre Nyls et Villemolaque.

LXIX 1133, septembre. Fraga.

Alfonse, roi d'Aragon et de Navarre, concède un maure de Beire, avec sa tenure, à Fortunio Enecones, qui le cède à son tour à l'ordre du Temple.

LXX 1134, 3 janvier.

Raimond-Bérenger, comte de Barcelone, concède à l'ordre du Temple le château de Barbará.

LXXI 1134, 15 avril.

Privilèges accordés à l'ordre du Temple par Olaguer, archevêque de Tarragone, et Raimond-Bérenger, comte de Barcelone. Le comte, concède en outre 20 marabotins ou 2 livres d'argent par an, sa vie durant, et, à sa mort, tous ses équipements.

LXXII [Vers 1134, 15 avril.]

Engagements à servir pour un temps déterminé dans la milice du Temple, accompagnés de donations par Raimond-Bérenger, comte de Barcelone, et d'autres.

LXXIII 1134 (15 avril 1134-6 avril 1135).

Donations à l'ordre du Temple de l'église de Laramet et de terres situées entre le Touch et l'Aussoue.

LXXIV 1134 (15 avril 1134-6 avril 1135).

Geoffroi, évêque de Châlons, concède à l'ordre du Temple le droit de foulage des draps à Châlons.

LXXV 1134 (15 avril 1134-6 avril 1135).

Geoffroi, évêque de Châlons, confirme la remise de la dîme faite par son prédécesseur Elbert aux templiers de la Neuville-au-Temple. Donations à l'ordre par diverses personnes.

LXXVI 1134, lundi (16 avril 1134-1er avril 1135). Alet.

Guillaume Pierre de Villarzel, sa femme et ses enfants donnent à l'ordre du Temple leur avoir à Douzens.

LXXVII 1134, lundi (16 avril 1134-1er avril 1135). Alet.

Arnaud de Corneille donne à l'ordre du Temple son avoir à Pomas.

LXXVIII 1134, 17 avril.

Bérenger *de Cheralto* donne à l'ordre du Temple des maisons à Barcelone.

LXXIX 1134, 23 avril.

Arnaud de *Soler* donne à l'ordre du Temple un domaine au comté de Vich, dans la paroisse de San Hipólito de Voltregá.

LXXX 1134, 23 avril.

Bernard Raimond *de Masaneto* et son fils donnent à l'ordre du Temple la moitié de maisons leur appartenant à Barcelone.

LXXXI 1134, 10 mai.

Pons *Betianus* et sa femme donnent à l'ordre du Temple leur avoir au territoire de Pézenas.

LXXXII 1134, 16 mai.

Testament de Géraud : legs aux templiers de Gardeñ, à l'Hôpital de Jérusalem, etc.

LXXXIII 1134, 2 juin.

Baron de *Chaster Pug* et ses fils donnent à l'ordre du Temple leurs terres entre le Touch et l'Aussone.

LXXXIV [1134, après le 17 juillet.]

Kaixal et sa femme, pour exécuter le testament de Lop Kaixal, leur neveu, mort à la bataille de Fraga, concèdent à l'ordre du Temple une maison à Tudela.

LXXXV 1134, 1er août.

Testament de Guillaume Pierre, sur le point de partir pour Jérusalem : legs à l'ordre du Temple d'une terre au terroir de Douzens, etc.

LXXXVI 1134, 7 août.

Cécile, vicomtesse, et ses fils, Roger, Raimond Trencavel et Bernard, donnent à l'ordre du Temple leur alleu de Gaure.

LXXXVII 1134, 15 août.

Alfonse, comte de Toulouse, accorde à l'ordre du Temple le privilège d'acquérir en main morte et sans aucun service, les biens ou revenus tenus en fief de lui-même.

LXXXVIII 1134, *mercredi (5-26)* septembre.

Ameil, évêque de Toulouse, et Aicard, prévôt de l'église Saint-Etienne de Toulouse, accordent à la maison du Temple de Laramet la chapellenie de l'église Sainte-Marie audit lieu et des dîmes.

LXXXIX 1134, jeudi (6-27) septembre.

Cécile, vicomtesse, et ses fils, Roger de Béziers, Raimond Trencavel et Bernard Aton, donnent à l'ordre du Temple leurs terres de Besse au territoire de Saint-André-de-Festes.

XC 1134, 19 septembre.

Raimond Albert *de Juiano*, sa femme et son fils cèdent à l'ordre du Temple leur alleu au lieu dit *Mugent*, dans la paroisse de Collsabadell.

XCI 1134, 30 septembre.

Ramire, roi d'Aragon, donne à l'ordre du Temple Grisén, sur la rivière de Jalón.

XCII [Entre 1134, septembre, et 1150, 21 novembre.] Puente la Reina.

Garcie, roi de Navarre, concède aux hommes qui viennent s'établir à *Villa Vetula*, donnée par lui à l'ordre du Temple, les usages d'Estella et de Puente la Reina.

XCIII 1134, lundi (1-29) octobre.

Donations à l'ordre du Temple de biens entre le Touch et l'Aussoue, pour y édifier la ville de Laramet, par Raimond de Seysses, le prieur de Notre-Dame-la-Daurade, etc.

XCIV 1134, 17 octobre.

Garcie, évêque de Saragosse, concède à l'ordre du Temple ses droits épiscopaux sur l'église de Novillas, sauf quelques droits réservés.

XCV 1134, 2 novembre.

Guillaume d'Alaigne, vicomte, vend à l'ordre du Temple la propriété pour un tiers d'un homme nommé Pierre Vassal, de Casalrevin.

XCVI 1134, 1er décembre. Maison du Temple de la forêt du Perche.

Donation par Geoffroi, vicomte de Châteaudun, à l'abbaye de la Trinité de Vendôme.

XCVII [Entre 1134 et 1141.]

Garin, évêque d'Amiens, confirme par l'apposition de son sceau l'accord intervenu entre les moines de Saint-Fuscien et les chevaliers du Temple, touchant les dîmes de *Nova Villa*.

XCVIII [Entre 1134 et 1147.]

Thierri, comte de Flandre, et sa femme Sibille concèdent à l'ordre du Temple les droits de relief de leur terre, deux domaines à *Haga Insule* et un pré à Ypres.

XCIX [Entre 1134 et 1147.]

Ivain et son frère Raoul, châtelain de Bruges, concèdent à l'ordre du Temple les droits de relief de leur terre.

C 1135 (1er janvier-31 décembre). Tudela.

Garcie, roi de Navarre, concède à l'ordre du Temple et à l'ordre de l'Hôpital le château et la ville de Novillas.

CI 1135, 28 janvier.

Raimond Mantilin et sa femme cèdent à l'ordre du Temple une vigne au territoire de Bubas, en échange d'un cheval.

CII 1135, 6 mars.

Pierre Arnaud, en exécution du testament d'Arnaud Gaucerand, son frère, remet à l'ordre du Temple un domaine dans la paroisse de Santa Perpetua de Moguda.

CIII 1135, 28 mai.

Echange entre Menendo Moniz et sa femme, d'une part, et l'ordre du Temple, d'autre part.

CIV 1135, 12 juin.

Arnaud, Pons, son neveu, et Bernard de Talamanca renoncent, au profit de l'ordre du Temple, à la redevance qu'ils percevaient sur l'alleu de Pierre Arnaud à *Callariis*.

CV 1135, 2 août.

Bérenger Guilabert de *Salfores*, sa femme et son fils donnent à l'ordre du Temple une terre à Collsabadell.

CVI [Entre 1135, après le 2 août, et 1141, 30 novembre.]

Bernard, abbé de Clairvaux, recommande les chevaliers du Temple au patriarche d'Antioche.

CVII 1135, 3 août.

Pierre Bérenger, sa femme et son fils vendent à l'ordre du Temple une terre à Collsabadell.

CVIII 1135 (3 août 1135-21 mars 1136).

Pierre Bertrand et Bernard de Bell Lloch, frères, donnent à l'ordre du Temple l'église de Saint-Martin *de ipsa Strata*, dans la paroisse de Collsabadell.

CIX [1135.]

Belita, ses fils et ses filles vendent à l'ordre du Temple une terre à Novillas.

CX [1135.]

Arnaud Pons, sa femme et leurs enfants vendent deux pièces de terre à l'ordre du Temple.

CXI 1135, octobre.

Pierre Desde et sa femme, empruntant à l'ordre du Temple 50 marabotins en vue d'un pèlerinage au Saint-Sépulcre, engagent leur patrimoine de Saragosse et en promettent la cession à l'ordre, à leur mort.

CXII 1135, 24 novembre.

Ermengarde et ses fils donnent à l'ordre du Temple leurs maisons et terres de *Sargantanes*, au comté de Vich.

CXIII [Entre 1135 et 1142.] Saint-Florentin.

Henri, archevêque de Sens, confirme l'accord intervenu entre l'ordre du Temple et Girard, abbé de Saint-Remi de Sens, au sujet des dîmes de la nouvelle maison du Temple de Coulours.

CXIV [Entre 1135 et 1153.] Londres.

Etienne, roi d'Angleterre, confirme la donation d'une terre à Londres, faite par Guillaume Marc à l'ordre du Temple.

CXV 1136, 3 janvier.

Pierre de *Terracia* donne à l'ordre du Temple un domaine dans la paroisse de San Hilario Sacalm.

CXVI 1136, samedi 25 janvier.

Arnaud de Gaure échange avec son frère Raimond, agissant pour l'ordre du Temple, sa moitié de leurs alleux à Pomas et à Gaure, contre la moitié de leurs fiefs appartenant à Raimond, plus la somme de 40 sous de melgoriens et de 27 sous d'hugonencs.

CXVII 1136, lundi 27 janvier.

Pons de Pomas, sa femme et leurs enfants échangent avec l'ordre du Temple leur terre de Gaure contre une autre au territoire de Pomas.

CXVIII 1136, 28 février.

Pierre Raimond donne à l'ordre du Temple une fourragère au territoire de Brouilla.

CXIX 1136, vendredi 19 mars. Saint-Paul-Trois-Châteaux.

Guillaume de Pierrelatte et d'autres donnent à l'ordre du Temple leurs droits sur certaines terres.

CXX [1136, vendredi 19 mars.] Saint-Paul-Trois-Châteaux.

Pons, évêque de Saint-Paul-Trois-Châteaux, Bertrand Viaders et ses frères, Guillaume de Saint-Paul, Pierre Artaud, Pélerine et ses fils, Pierre de Donzère et Anne donnent à l'ordre du Temple l'église Saint-Jean de Saint-Paul-Trois-Châteaux.

CXXI [Entre 1136, 19 mars, et 1139, avant le 16 juin.]

Hugues de Montségur et d'autres donnent à l'ordre du Temple leurs droits sur le territoire de Richerenches. Confirmation par Barbarin, clerc, de Montségur, qui tenait en gage la terre en question.

CXXII [Entre 1136, 19 mars, et 1139, avant le 15 juin.]

Hugues de Bourbonton et d'autres donnent à l'ordre du Temple leurs possessions entre la Coronne et l'étang *de Granoleto*.

CXXIII [Entre 1136, 19 mars, et 1139, 15 juin.] Saint-Paul-Trois-Châteaux.

Guillaume Maleman et sa mère concèdent à l'ordre du Temple une terre près de la Coronne.

CXXIV 1136 (22 mars 1136-10 avril 1137). Evreux.

Mathilde, reine d'Angleterre, donne à l'ordre du Temple le manoir de Cressing.

CXXV [Entre 1136, 24 mai, et 1139, avant le 15 juin.]

Bertrand de la Baume-de-Transit fait profession dans l'ordre du Temple et lègue à l'ordre un homme à la Baume-de-Transit, un autre à Ventérol et divers droits.

CXXVI 1136, 24 juin.

Guillaume Raimond, sénéchal, confirme l'ordre du Temple dans la possession de l'alleu de Pierre *de Palacio*.

CXXVII 1136, 5 août.

Sancie, fille de feu Raimond Miron *de Palacio*, donne à l'ordre du Temple son patrimoine au comté de Barcelone.

CXXVIII 1136, samedi 3 octobre.

Bernard Bérenger, vicomte de Tatzo, et son fils Hugues donnent à l'ordre du Temple la terre de Prugnanes et une partie de leurs droits à Llupia.

CXXIX 1136, mardi 27 octobre.

Roger, comte de Foix, et sa femme donnent à l'ordre du Temple leur terre de *Nugareta*, de la forêt de Salvetorte à l'Ariège, pour y construire la sauveté de la Cavalerie.

CXXX 1136, samedi 7 novembre.

Tiburge, dame d'Orange, donne à l'ordre du Temple divers droits à Orange.

CXXXI 1136, mardi 10 novembre.

Gontard Lautier de Colonzelles et son frère Pierre lèguent aux frères du Temple le tiers de leur argent et de leurs meubles.

CXXXII 1136, 24 décembre.

Pierre de Senmanat donne à l'ordre du Temple un domaine appelé *Roviradec*, dans la paroisse de Senmanat, et une rouvraie dans la paroisse de Castellar, au lieu dit *Solaned*.

CXXXIII 1136, 24 décembre.

Bérenger de *ipsa Ruvira*, sa femme et son fils donnent à l'ordre du Temple un domaine dans la paroisse de Santa Perpetua de Moguda, au lieu dit *ipsum Morral*.

CXXXIV [Vers 1136-1139.]

Arnaud de Crest donne à l'ordre du Temple un homme de Crest. Autres donations par Guillaume, femme de Guillaume Renc, et par Geoffroi de *Barre* et sa femme.

CXXXV 1137, 4 janvier.

Bernard Bertrand de Bell Lloch donne à l'ordre du Temple un domaine dans la paroisse de San Andrés de Palomar.

CXXXVI 1137, 9 mars.

Bérenger de *Gardia* et sa femme donnent à l'ordre du Temple le revenu d'une journée des salines de Torreilles.

CXXXVII 1137, 10 mars.

Jourdain concède à l'ordre du Temple ses droits sur la terre d'*Amilal* et sur l'église Saint-Martin de *Vila Condal*, donnée à l'ordre par Raimond *de Palacio*.

CXXXVIII 1137 (11 avril 1137-13 janvier 1138). Châlons-sur-Marne.

Geoffroi, évêque de Châlons, atteste les donations faites à l'ordre du Temple par Aton d'Attancourt et d'autres, de la terre de Ruetz et d'autres lieux de la région.

CXXXIX 1137, 24 mai.

Ermengaud *de Sono* lègue à l'ordre du Temple ses biens à *Borrad* et à Saint-Arnac.

CXL 1137, 2 août.

Raimond Guillaume de Pézilla donne à l'ordre du Temple un domaine à Saint-Féliu-d'Avail et d'autres terres.

CXLI 1137 (1er ou 24 septembre 1137-2 avril 1138).

Guillaume, châtelain de Saint-Omer, et son fils donnent à l'ordre du Temple les églises de Slype et de Leffinghe.

CXLII 1137, lundi 11 octobre.

Arnaud de Gaure fait profession dans l'ordre du Temple et donne à l'ordre ses biens à Gaure, excepté l'église.

CXLIII 1137, 17 novembre.

Bernard, évêque de Saragosse, concède à l'ordre du Temple l'église de Novillas.

CXLIV 1137, 27 décembre.

Arnaud *de Bidociis*, au nom de l'ordre du Temple, baille à cens à Pierre Guillaume de *ipsa Lobera*, à sa femme et à leurs fils l'alleu que l'ordre possède à côté de l'église Saint-Martin *de ipsam Stradam*, dans la paroisse de Collsabadell.

CXLV [Entre 1137 et 1143, novembre.]

Raimond, comte de Barcelone et prince d'Aragon, sollicite du maître de l'ordre du Temple l'envoi dans son royaume d'une mission de dix templiers, qu'il promet d'entretenir provisoirement sur ses revenus de Jaca, de Huesca et de Saragosse. Il ajoute la donation de certains biens et confirme des donations déjà faites à l'ordre.

CXLVI [Entre 1137 et 1157.]

Sustan de Fins donne à l'ordre du Temple une terre dans la paroisse de Saint-Romain.

CXLVII 1138, mars.

Pierre Bernard de Castelnou confirme la donation de biens à *Borrad* et à Saint-Arnac, faite à l'ordre du Temple par son frère.

CXLVIII 1138, vendredi 4 mars.

Bérenger, évêque de Vaison, donne à l'ordre du Temple une condamine au territoire *de Volpillaco*.

CXLIX 1138, 10 mars.

Carbonel, sa femme et sa fille confirment la donation, faite à l'ordre du Temple par le frère de Carbonel, d'un alleu dans la paroisse de Santa Perpetua de Moguda, au lieu dit *Ruvira*.

CL 1138, 17 mars.

Roland Guirbert fait profession dans l'ordre du Temple et donne à l'ordre ses biens dans les paroisses de San Jaime et d'Altura, à la condition que sa femme en conservera l'usufruit sa vie durant.

CLI 1138 (3 avril-31 août ou 23 septembre).

Donation du comte de Galice Rodrigue. Parmi les témoins, un templier.

CLII 1138 (3 avril 1138-22 avril 1139).

Alice de Sabran et ses enfants donnent à l'ordre du Temple une part de leur terre *de Bremto*.

CLIII 1138 (3 avril 1138-22 avril 1139). Rome, maison des chevaliers du Temple.

Hamelin, évêque de Rennes, règle un différend entre deux églises.

CLIV 1138, 27 avril. Saragosse.

Raimond-Bérenger, comte de Barcelone, donne Rasal à l'ordre du Temple.

CLV [1138, 6 mai.]

Guiraud de Marceille, Arnaud, Raimond et *Saixa*, frères et sœur, et Raimond *Cerdanus*, mari de *Saixa*, donnent à leur sœur Ermesende et à son mari Raimond de Saint-Martin un champ provenant de leur père, au terroir de Marceille, au lieu dit *ad ipsam Celatam*. De plus, *Saixa* et son mari cèdent à Ermesende et à son mari une terre audit lieu.

CLVI 1138, vendredi 6 mai.

Ermesende et son mari Raimond de Saint-Martin donnent à l'ordre du Temple la terre à eux cédée par les frères et sœur d'Ermesende, au lieu dit *ad ipsam Celatam*. Autres cessions à l'ordre par Guiraud de Marceille, Arnaud et Raimond, frères d'Ermesende, par Ermesende et son mari.

CLVII 1138, 8 mai.

Malseinada de Tatzo et ses fils donnent à l'ordre du Temple leurs terres des paroisses de Banyuls-des-Aspres, de Tresserre et de Villemolaque.

CLVIII [Entre 1138, 11 mai, et 1147, juillet.]

Guillaume, comte de Warren, donne à l'ordre du Temple 40 sous de cens annuel sur ses revenus de Lewes.

CLIX 1138, mercredi 18 mai.

Bernard et Guillaume Miron, leurs femmes et leurs enfants cèdent à l'ordre du Temple leurs droits à Brucafel.

CLX 1138, mardi 25 mai.

Raimond de Saint-Martin et sa femme Ermesende donnent à l'ordre du Temple un domaine, avec un colombier et une vigne, à Pieusse. Renonciation à tout droit ou prétention sur ces biens et sur d'autres concessions par Géraud de Marceille et par d'autres.

CLXI 1138, mercredi 15 juin.

Hugues de Bourbonton et d'autres donnent à l'ordre du Temple leurs biens situés entre le lieu dit *Cellarei aurei*, la Coronne et le chemin de Visan à Saint-Alban.

CLXII 1138, lundi 20 ou mercredi 22 juin.

Guillaume Mantilin, sa femme et ses enfants vendent à l'ordre du Temple une vigne au territoire de Bubas.

CLXIII 1138, mardi 21 juin.

Raimond de Gaure et Arnaud, frères, donnent à l'ordre du Temple leurs personnes et leurs biens à Gaure et à Pomas.

CLXIV [Entre 1138 et 1143,] 13 septembre.

Guillaume Maleman, sa mère et sa femme font remise à l'ordre du Temple de la part qui leur revient dans les dîmes des terres de la maison de Richerenches.

CLXV 1138, lundi 19 septembre.

Guillaume Richau et d'autres, tous co-héritiers, donnent à l'ordre du Temple leurs droits sur l'édifice appelé les Arènes, à Orange.

CLXVI 1138, mardi 27 septembre.

Raimond, évêque de Carcassonne, et les chanoines de Saint-Nazaire font remise à l'ordre du Temple de la dîme de ce qui sert à la nourriture des frères du Temple résidant aux Cours.

CLXVII 1138, mardi 27 septembre.

Raimond Mantilin vend à l'ordre du Temple une vigne au territoire de Bubas.

CLXVIII 1138, jeudi 13 octobre.

Ripert Folrad, Hugues de Bourbonton et d'autres donnent à l'ordre du Temple leurs biens situés entre le chemin de Valréas à Saint-Amand et la Coronne.

CLXIX 1138, vendredi 14 octobre.

Raimond Roger et son frère donnent à l'ordre du Temple leur condamine de *Vacioneguas*.

CLXX 1138, mardi 8 novembre.

Rostand Milon, ses fils et ses frères donnent à l'ordre du Temple leurs biens au territoire de Roaix.

CLXXI 1138, lundi 19 décembre.

Guillaume de Villemolaque et sa femme font remise à l'ordre du Temple de la dîme de la terre où est la maison de l'ordre appelée le Mas-Deu.

CLXXII [Vers 1138-1139.]

Géraud de Montségur donne à la maison du Temple de Richerenches sa part du château et du territoire de Bourbonton.

CLXXIII [Vers 1138-1143.]

Eudes de Grignan donne à l'ordre du Temple un homme nommé Pierre Bonet.

CLXXIV [Vers 1138-1147.]

Pierre *de Bosco*, attaquant la donation faite à la maison du Temple de Richerenches par Hugues de Montségur et d'autres, récuse le témoignage des frères de cette maison.

CLXXV [Entre 1138 et 1148, 14 septembre.]

Gilbert de *Westona*, comte de Pembroke, ordonne de faire respecter les franchises de l'église de *Westona*.

CLXXVI [Vers 1138-1170 (?).]

Roger *de Condeyo* donne à l'ordre du Temple une terre à Middleton.

CLXXVII 1139 (1er janvier-31 décembre). Borja.

Pierre Taresa et sa mère donnent à l'ordre du Temple le château d'Alberite, racheté par l'ordre à Ximen Garcez de Bureta.

CLXXVIII [1139, janvier.] Reading.

Etienne, roi d'Angleterre, donne à l'ordre du Temple sa terre de Cowley.

CLXXIX [1139, janvier.] Reading.

Mathilde, reine d'Angleterre, confirme à l'ordre du Temple la possession de la terre de Cowley.

CLXXX 1139, 9 janvier.

Bérenger Raimond, viguier de Barcelone, donne à l'ordre du Temple ses droits à Barcelone.

CLXXXI 1139, vendredi 27 janvier.

Pierre Roger se voue à l'ordre du Temple et lui donne ses terres de Villar-Tinhol.

CLXXXII 1139, février.

Gotolende, ses enfants et d'autres donnent à l'ordre du Temple une part de la terre de Roaix. Autres donations par Guillaume Arnaud de Saint-Véran et d'autres et par Bérenger, évêque de Vaison.

CLXXXIII 1139, mars.

Guillaume, prévôt de Valence, donne à l'ordre du Temple ses droits sur Ripert de Charols.

CLXXXIV 1139, mars.

Hugues d'Allan, sa femme et leurs fils donnent à l'ordre du Temple leurs droits sur Ripert de Charols.

CLXXXV [1139, mars.]

Ripert de Charols et sa femme donnent à l'ordre du Temple leurs deux fils Eustache et Ripert, une vigne à Châteauneuf et la dîme de leurs agneaux.

CLXXXVI 1139 (23 avril-31 août ou 23 septembre). Mons.

Baudouin, comte de Hainaut, concède à l'ordre du Temple le droit de relief perçu sur sa terre.

CLXXXVII 1139 (23 avril 1139-6 avril 1140).

Pierre, abbé de Saint-Gilles, concède à l'ordre du Temple le privilège de vendre son blé et sa farine sur le marché de Saint-Gilles, sans payer le setérage.

CLXXXVIII 1139, 25 mai.

Geoffroi, comte de Roussillon, confirme la donation de terres à Perpignan, faite à l'ordre du Temple par Guillaume Gairard et Arnaud, frères.

CLXXXIX 1139, jeudi 15 juin.

Hugues de Bourbonton se voue au service de l'ordre du Temple et lui lègue sa terre comprise entre la Coronne, l'Ollière et Colonzelles. Bertrand de Bourbonton et Ripert Folraz donnent à l'ordre leurs droits sur ces terres, à l'exception de la dîme.

CXC 1139, jeudi 15 juin.

Hugues de Bourbonton fait profession dans l'ordre du Temple et remet à l'ordre sa femme, ses enfants et ses biens à Bourbonton.

CXCI 1139, lundi 26 juin.

Pierre Hugues, sa femme et ses enfants vendent à l'ordre du Temple leurs terres aux Cours.

CXCII [Entre 1139, après le 2 juillet, et 1158, août.]

Robert *de Novo Burgo* confirme la donation d'une terre à Pouppeville, faite à l'ordre du Temple par Raoul de Mandeville.

CXCIII 1139, lundi 17 juillet.

Raimond Ermengaud et Guillaume Ermengaud, frères, entrant dans l'ordre du Temple, donnent à l'ordre leurs terres à Douzens.

CXCIV 1139 (22 juillet 1139-6 avril 1140). Lorris.

Aliénor, reine de France et duchesse d'Aquitaine, concède à l'ordre du Temple des moulins à la Rochelle et affranchit de redevance les maisons appartenant à l'ordre à la Rochelle.

CXCV 1139, août.

Bona Soariz et sa fille, lèguent à l'ordre du Temple le cinquième de la ville d'*Ajuda* et la ville de *Manzaneira*.

CXCVI 1139 (1er août 1139-6 avril 1140). Paris.

Louis VII, roi de France et duc d'Aquitaine, confirme la donation faite à l'ordre du Temple par la reine Aliénor, à la Rochelle.

CXCVII 1139, lundi 18 septembre.

Raimond *de Subripas*, sa femme et son fils concèdent à l'ordre du Temple leur droit sur le domaine de *Sargantanes*.

CXCVIII 1139, mercredi 11 octobre.

Guillaume Pierre de la Garde-Paréol, sa femme, ses fils et d'autres concèdent à l'ordre du Temple leurs droits sur le territoire d'Alcyon.

CXCIX 1139, jeudi 12 octobre.

Hugues de Bourbonton, Nicolas, son fils, et Bertrand, son neveu, concèdent à l'ordre du Temple leurs droits sur les terres situées entre la Coronne et l'Ollière.

CC [Entre 1139 et 1142, septembre.]

Robert d'Ouilly donne à l'ordre du Temple une terre à Oxford.

CCI [Entre 1139 et 1165.]

Guillaume Pevrel donne à l'ordre du Temple deux acres de terre de son manoir *de Sconeto*.

CCII 1140, 14 février.

Gnilie et ses enfants vendent à l'ordre du Temple une vigne dans la paroisse de Palausolitar.

CCIII 1140, mercredi 28 février.

Pons et Guillaume, frères, vendent à l'ordre du Temple trois hommes d'Espéraza.

CCIV 1140 (7 avril-31 juillet).

Accord scellé par Gosselin, évêque de Soissons, entre l'ordre du Temple et l'abbaye de Saint-Pierre-du-Mont de Châlons, au sujet des dîmes d'Arcy.

CCV 1140 (7 avril 1140-29 mars 1141). Noyon.

Simon, évêque de Tournai, confirme la donation de l'autel de Slype, faite à l'ordre du Temple par Guillaume, châtelain de Saint-Omer, et ses fils.

CCVI 1140, 19 avril. Antioche.

Privilège octroyé au Saint-Sépulcre par Raimond, prince d'Antioche, et sa femme Constance. Parmi les témoins, deux chevaliers du Temple.

CCVII 1140, vendredi (3-31) mai. Lusençon.

Raimond de Lusençon fait profession dans l'ordre du Temple, donne à l'ordre une vigne au territoire de Lusençon, une autre à Creyssaguet, une maison et un jardin à Saint-Georges-de-Lusençon.

CCVIII [1140, mai-juin (?).] Hereford.

Etienne, roi d'Angleterre, concède à l'ordre du Temple, pour la terre de Cowley, le privilège d'exemption judiciaire, sauf pour les cas de meurtre et de vol. Il ajoute la concession du droit d'usage dans un bois.

CCIX 1140, mercredi 19 juin.

Pélerine et ses fils donnent à l'ordre du Temple un homme nommé Pons Novel.

CCX 1140, juillet.

Bona Soariz lègue à l'ordre du Temple le tiers de ses biens à *Ajuda*.

CCXI 1140, juillet.

Garcie, roi de Navarre, et la reine Margeline, sa femme, concèdent à l'ordre du Temple une terre à Funes.

CCXII 1140, 13 août.

Pierre et Guillaume de Rabouillet donnent à l'ordre du Temple des terres au territoire de Pézilla et en reçoivent à titre viager le moulin de *Cinta*, au même territoire.

CCXIII 1140, 26 août.

Vermundus, prêtre, vend à l'ordre du Temple la huitième partie de l'héritage de Coterri Suaris à *Macada*, en Portugal.

CCXIV 1140, 17 septembre.

Domingo Menendiz et ses frères donnent à l'ordre du Temple leur patrimoine à *Matados*.

CCXV 1140, mardi 31 décembre.

Raimond *de Sancto Laurentio* et sa femme vendent à l'ordre du Temple leur terre de Tourbes.

CCXVI [Vers 1140.]

Robert d'Ouilly et sa femme ajoutent à leur précédente donation à l'ordre du Temple une terre et une rente.

CCXVII [Vers 1140-1142.]

Philippe d'Harcourt, doyen de Lincoln, concède à l'ordre du Temple la terre et l'église de Shepley.

CCXVIII [Vers 1140-1142.]

Guillaume de *Braosa* confirme la donation de la terre et de l'église de Shepley, faite à l'ordre du Temple par Philippe d'Harcourt, doyen de Lincoln.

CCXIX [Entre 1140 et 1143 ou 1147.]

Adélaïde, reine d'Angleterre, notifie à l'évêque de Lincoln que, ayant partagé son manoir de Stanton entre l'ordre du Temple, l'abbaye de Reading, sa parente Milsende, femme de Robert Marmion, et Guillaume de Harfleur, elle donne en outre à l'abbaye de Reading l'église de Stanton.

CCXX [Entre 1140 et 1144, 14 septembre.]

Geoffroi de Mandeville, comte d'Essex, confirme les donations faites par lui à l'abbaye de Walden. Parmi les témoins, un templier.

CCXXI [Vers 1140-1151.]

Sous le sceau de Barthélemi, évêque de Laon, Amaltrude donne à l'ordre du Temple divers cens, terres et vignes, pour l'entretien du desservant de la chapelle du Temple de Laon.

CCXXII [Vers 1140-1153 (?).]

Sous le sceau de Manassé, évêque de Meaux, Simon l'Orphelin et sa femme et leur seigneur Herbert *de Percheio* concèdent à l'ordre du Temple la moitié du bois de Charny.

CCXXIII 1141 (janvier-29 mars). Paris.

Louis VII, roi de France, affranchit de cens la maison du Temple de Laon.

CCXXIV 1141 (janvier-29 mars).

Louis VII, roi de France, confirme la donation d'une terre dite *Mansus Episcopi*, à Beauvais, faite à l'ordre du Temple par Eudes, évêque de Beauvais.

CCXXV [Entre 1141 et 1144.] Breteuil.

Privilège accordé par Eudes, évêque de Beauvais. Parmi les témoins, deux templiers.

CCXXVI [Entre 1141 et 1147.]

Gautier, abbé de Saint-Vaast d'Arras, concède à l'ordre du Temple le droit d'établir une chapelle dans la paroisse d'Athies.

CCXXVII 1141, dimanche 2 février. Tudela.

Garcie, roi de Navarre, donne à Bonet ses droits sur la terre d'Estercuel, que Bonet cède à son tour à l'ordre du Temple.

CCXXVIII 1141, lundi 17 février.

Guillaume Paul lègue tout son bien à sa femme Audiarde et, après la mort de cette dernière, à l'ordre du Temple, s'il n'y a pas d'héritier de leur union.

CCXXIX 1141, mars. Borja.

Pierre Taresia et sa mère donnent à l'ordre du Temple le château d'Ambel.

CCXXX [1141.] lundi 17 mars.

Raoul Guibert et ses fils concèdent à la maison du Temple de Richerenches la redîme des terres cultivées par eux et une terre près de l'étang de *Granolletum*. Géraud de Montségur confirme cette donation.

CCXXXI 1141 (30 mars-septembre).

Thierri, comte de Flandre, confirme la donation des autels et dîmes de Slype, Leffinghe, Steene et *Erlebaldi capella*, faite à l'ordre du Temple par Guillaume, châtelain de Fauquembergues.

CCXXXII 1141 (30 mars 1141-18 avril 1142). Nantes.

Conan, duc de Bretagne, concède à l'ordre du Temple divers terres et droits.

CCXXXIII 1141, 6 avril.

Udalger, vicomte de Fenouillédès, et ses fils cèdent à l'ordre du Temple leurs droits et cens sur Guillaume Raimond.

CCXXXIV [1141, avril-juillet.] Oxford.

Mathilde, impératrice, mande à ses forestiers qu'elle a concédé à la maison du Temple de Cowley le droit de pâture dans sa forêt.

CCXXXV 1141, dimanche 18 mai. Richerenches.

Gautier de Montségur, sa femme et ses fils concèdent à l'ordre du Temple la redîme de leurs récoltes en pain et en vin.

CCXXXVI 1141, 23 mai.

Raimond Bérenger et Pierre Bérenger, frères, vendent à l'ordre du Temple une terre au territoire de Perpignan, au lieu dit *Ceruscledo*.

CCXXXVII 1141, 3 juin.

Rodrigue Petrez et sa femme donnent à l'ordre du Temple une terre à *Otura*.

CCXXXVIII 1141, mardi 3 juin.

Bérenger, évêque de Vaison, vend à la maison du Temple de Roaix une île de l'Ouvèze, en face de Saint-Véran.

CCXXXIX [1141, juin.]

Pons Borel cède à la maison du Temple de Roaix ses droits sur la terre au bord de l'Ouvèze, acquise de l'évêque de Vaison par cette maison.

CCXL 1141, 27 juin.

Arnaud de Courbous et Pierre, frères, vendent à l'ordre du Temple une terre à Courbous.

CCXLI 1141, mardi 1er juillet.

Etienne Caraborde fait une donation à l'ordre de l'Hôpital. Parmi les témoins, un templier.

CCXLII 1141, vendredi 4 juillet.

Bernard Adalbert *de Campo Magno* et ses fils vendent à l'ordre du Temple leurs droits sur un alleu cédé à l'ordre par la dame de la Tour-de-France, aux territoires de Terrats (?), Villemolaque, Passa, Tresserre, Candell, Nyls et Trouillas.

CCXLIII [Entre 1141, 25 juillet, et 1143, 24 décembre.]

Milon, comte de Hereford, donne à l'ordre du Temple une terre astreinte à la dîme envers l'église Sainte-Marie de Gloucester et les chanoines de Lanthony.

CCXLIV 1141, mercredi 15 octobre.

Silvius de Clérieux, sa femme et son fils donnent à la maison du Temple de Richerenches une terre au territoire de *Bremte*.

CCXLV 1141, lundi 1er décembre.

Bernard Modol, sa femme et ses enfants donnent des moulins à l'ordre du Temple.

CCXLVI 1141, vendredi (5-26) décembre.

Accord entre Pierre Sachet de Douzens et la maison du Temple de Douzens au sujet du château et du moulin de Douzens.

CCXLVII [1142 (?).] Ipswich.

Etienne, roi d'Angleterre, concède à l'ordre du Temple des droits de justice sur la terre de *Dynnesleya*, au comté de Hereford.

CCXLVIII [1142 (?).] York.

Etienne, roi d'Angleterre, confirme la donation d'une terre à *Dinnesleya*, faite à l'ordre du Temple par Jean *Camerarius*.

CCXLIX [Entre 1142, janvier, et 1143, septembre.]

Turgis d'Avranches, connétable du roi d'Angleterre, concède à l'ordre du Temple une partie des terres du manoir de Hensington.

CCL [Entre 1142, janvier, et 1143, septembre.] Newhall.

Etienne, roi d'Angleterre, confirme la donation de terres à Hensington, faite à l'ordre du Temple par Turgis d'Avranches.

CCLII 1142, 25 janvier.

Pierre de *Ruvira*, agissant pour l'ordre du Temple, rétrocède à Pierre Vei, en bénéfice viager, les terres de Parets données à l'ordre par ce dernier.

CCLIII 1142, février.

Pierre Ailauz, de Vaison, chevalier, et ses fils donnent à la maison du Temple de Roaix une terre près du moulin appartenant à cette maison, sur l'Ouvèze.

CCLIV 1143, jeudi 12 février.

Pierre Bernard et sa femme vendent à l'ordre du Temple un domaine à Douzens.

CCLV [Entre 1142, vers mars, et 1143, septembre.] Chester.

Etienne, roi d'Angleterre, confirme la donation du moulin de Langford et d'une terre à Sharnbrook, faite à l'ordre du Temple par Simon de *Wahell*, sa femme et son fils.

CCLVI [Entre 1142, vers mars, et 1145.] Westminster.

Etienne, roi d'Angleterre, confirme la donation de la terre de *Luppehalla*, faite à l'ordre du Temple par la reine Mathilde.

CCLVII 1142, mardi 14 avril.

Guillaume Siefred de Brucafel et ses frères échangent avec l'ordre du Temple des terres à Brucafel.

CCLVIII 1142, jeudi 16 avril.

Pierre d'Auriac et sa femme concèdent à l'ordre du Temple des droits à Blomac.

CCLIX 1142 (19 avril-31 août ou 23 septembre).

Baudouin, comte de Hainaut, donne à l'ordre du Temple une terre dans la paroisse de Frameries.

CCLX 1142 (19 avril-31 août ou 23 septembre).

Thierri, comte de Flandre, exempte de tout tonlieu et droit de passage les abbayes filiales de Clairvaux. Parmi les témoins, deux templiers.

CCLXI 1142 (19 avril-31 août ou 23 septembre).

Mathilde, reine d'Angleterre et comtesse de Boulogne, et son fils Eustache font une donation à l'abbaye de Clairmarais. Parmi les témoins, des templiers.

CCLXII 1142 (19 avril 1142-3 avril 1143).

Godefroi, duc de Lorraine et comte de Brabant, concède à l'ordre du Temple une partie du droit de relief sur les fiefs de sa mouvance.

CCLXIII 1142, mardi 25 juin.

Pierre d'Auriac et sa femme concèdent à l'ordre du Temple des droits à Blomac.

CCLXIV 1142, 29 juin.

Udalger, vicomte de Fenouillèdès, et ses fils concèdent à l'ordre du Temple le bois de *Mata Perusta* en échange d'un mulet, d'une vigne et du domaine de Gaubert de Peugnanes.

CCLXV 1142, vendredi 10 juillet.

Pierre Bernard de *Casals*, sa femme et ses fils vendent à l'ordre du Temple leurs biens aux Cours et à Camp-del-Layron.

CCLXVI 1142, août.

Pierre Guillaume vend à l'ordre du Temple une terre à Ambel.

CCLXVII 1142, mercredi 2 septembre.

Guillaume Macota et ses frères se désistent, en faveur de l'ordre du Temple, de leurs prétentions sur la terre d'Espéraza acquise par l'ordre.

CCLXVIII 1142, mardi 8 septembre.

Bernard *de Turri* cède à l'ordre du Temple des droits à Laramet.

CCLXIX 1142, mercredi 9 septembre.

Guillaume de Laramet reconnaît tenir de l'ordre du Temple une maison près de l'église Sainte-Marie de Laramet.

CCLXX 1142, vendredi 18 septembre.

Arnaud vend à l'ordre du Temple une terre à Brucafel.

CCLXXI [Entre 1142, 26 septembre, et 1143, septembre.] Oxford.

Étienne, roi d'Angleterre, concède à l'ordre du Temple une terre à *Dynneslay*.

CCLXXII [Entre 1142, septembre, et 1149.] Oxford.

Étienne, roi d'Angleterre, donne à l'ordre du Temple *Schotoner*, près de Cowley.

CCLXXIII [Entre 1142, septembre, et 1152.] Oxford.

Étienne, roi d'Angleterre, confirme la donation de l'église de Langford, faite à l'ordre du Temple par Simon de *Wahell*, sa femme et son fils.

CCLXXIV 1142, novembre.

Goda, son fils et la femme de ce dernier concèdent à l'ordre du Temple une terre au lieu dit *Emfesta*, aux dépendances de Montemór o Velho.

CCLXXV 1142, 7 novembre. Saint-Omer.

Convention entre Enguerrand et Herbert de Slype et Baudouin, fils de Lambert de Reninghelst, d'une part, et Guillaume, châtelain de Saint-Omer, d'autre part, attribuant à l'ordre du Temple la part des premiers sur les dîmes de Slype.

CCLXXVI 1142, mardi 17 novembre.

Florence, sa fille et son mari donnent à l'ordre du Temple deux vignes au faubourg Saint-Vincent de Carcassonne, aux lieux dits *Proer* et *Prad Aldebran*.

CCLXXVII 1142, mardi 17 novembre.

Florence, sa fille et son mari donnent à l'ordre du Temple une vigne au faubourg Saint-Vincent de Carcassonne, au lieu dit la Célade.

CCLXXVIII 1142, jeudi 26 novembre.

Giraud Pigmaus et sa femme vendent à la maison du Temple de Richerenches leur part de la dîme et du cens de *Brento*.

CCLXXIX 1142, jeudi 26 novembre.

Gaucelme Pigmaus, de Valréas, vend à la maison du Temple de Richerenches sa part de la dîme et du cens de *Brento*.

CCLXXX 1142, 1er décembre.

Accord entre l'ordre du Temple, d'une part, et les moines de Sainte-Croix de Tudela et les fils de Subiano, d'autre part, pour le partage de maisons et de terres ayant appartenu au comte du Perche, à Saragosse.

CCLXXXI — 1142, mercredi (2-30) décembre. Arles.

Raoul Guillaume *de Trossito* donne à l'ordre du Temple des biens à Ségur et en d'autres lieux en Rouergue.

CCLXXXII — 1142, mercredi 9 décembre.

Pierre d'Auriac, sa femme et son fils concèdent à l'ordre du Temple les prises d'eau des moulins de Douzens.

CCLXXXIII — 1142, 10 décembre.

Bernard Oriol donne à l'ordre du Temple des redevances sur une terre dans la paroisse de Gurb.

CCLXXXIV — 1142, 28 décembre. Barcelone.

Bérenger de Fonollar et ses frères Pierre et Pons vendent à l'ordre du Temple leur patrimoine de San Vicente de Junqueras.

CCLXXXV — (Vers 1142-1163.)

Arnoul, comte de Guines, affranchit de certaines redevances les hommes de Saint-Bertin établis à Escalles. Parmi les témoins, un templier.

CCLXXXVI — (Entre 1142 et 1164.) Bayeux.

Guillaume de Semilly donne à l'ordre du Temple le fief que Tustin de Russy tenait de lui à Semilly.

CCLXXXVII — 1143, janvier.

Pons Tellan vend à l'ordre du Temple une maison à Marseille.

CCLXXXVIII — 1143.

Menendus Moniz et sa femme donnent à l'ordre du Temple la moitié de leur terre dite *Ordinis*, un cheval et l'équipement d'un chevalier.

CCLXXXIX — 1143.

Pierre, prêtre, vend à l'ordre du Temple la moitié d'une maison à Funes.

CCXC — 1143, 5 janvier.

Guillaume Bérenger de Fonollar et sa mère concèdent à l'ordre du Temple leur part de l'alleu appartenant à leur famille dans les paroisses de Santa Perpetua de Moguda, Santa Maria Sautiga, Barbará, Ripollet et Reixach.

CCXCI — 1143, 6 janvier.

Alfonse Venegas et sa femme donnent à l'ordre du Temple une terre à Canellas.

CCXCII 1143, février.

Domingo Perdiguer, Ferrer de *Benevar*, Jean Medico, Garcie d'*Oiarda* et Almorabet donnent à l'ordre du Temple la cinquième partie d'Alcocea.

CCXCIII [1143,] jeudi 4 février. Orange.

Pierre Vanelle et Isnard, frères, concèdent à l'ordre du Temple leurs droits sur les biens acquis par l'ordre à Roaix.

CCXCIV 1143, 20 février.

Raimond Bermond de Llobregat et sa femme concèdent à l'ordre du Temple leur part de l'alleu appartenant à leur famille dans les paroisses de Santa Perpetua de Moguda, Santa Maria Santiga, Barbarà, Ripollet et Reixach.

CCXCV 1143, lundi 1er mars.

Arnaud de Sournia se voue à l'ordre du Temple, auquel il concède divers droits.

CCXCVI [1143,] lundi 15 mars.

Hugues Bérenger de Valréas, Guillaume et Pons Bérenger, frères, donnent à la maison du Temple de Richerenches les terres dites *Blacha Bodie* et *Prata Novella*.

CCXCVII [1143,] lundi 15 mars.

Hugues Bérenger de Valréas, Guillaume et Pons, frères, cèdent à la maison du Temple de Richerenches des terres au lieu dit *Guariga Mala* et à *Bremte*.

CCXCVIII 1143 (4 avril-31 août ou 23 septembre). Tripoli (?).

Donation au Saint-Sépulcre par Raimond, comte de Tripoli, sa femme et son fils. Parmi les témoins, un templier.

CCXCIX 1143, 8 avril.

Pierre Bernard se voue à l'ordre du Temple, auquel il donne des terres à Saint-Féliu-d'Amont, à la réserve de l'usufruit d'une partie, sa vie durant.

CCC 1143, 15 avril.

Arbert *de Petra* donne à l'ordre du Temple un jardin au lieu dit *Selvela*, dans la paroisse de Castellar.

CCCI 1143, lundi 28 juin.

Arnaud de Barbaira donne à l'ordre du Temple sa terre de Douzens et de Berriac et de plus un champ, en cas de décès sans héritier de Guillaume Fabre de Barbaira.

CCCII 1143, jeudi 1er juillet.

Pierre Filiol et ses sœurs, Pierre Brun et sa mère donnent à l'ordre du Temple leur alleu à Céret. Confirmation par Raimond de Contrast.

CCCIII 1143, vendredi 2 juillet.

Les chevaliers du Temple acensent à Arnaud et Guillaume Raimond de Fontcouverte un jardin au territoire de Laure.

CCCIV 1143, 4 juillet.

Rafart de Cornella et sa femme restituent aux ordres du Temple et de l'Hôpital un domaine à San Baudilio, provenant de la succession de Pierre Arnal.

CCCV 1143 (1er août 1143-25 mars 1144). Paris.

Louis VII, roi de France, donne à l'ordre du Temple 27 livres de rente annuelle à percevoir sur les étaux des changeurs de Paris.

CCCVI 1143, août.

Testament de Raimond de *ipsa Ruvira*, mort à l'expédition de Montpellier : entre autres, legs à l'ordre du Temple de son haubert et de la moitié de ses meubles et du lieu dit *ipsa Ruvira*, déjà légué à l'ordre par son père.

CCCVII 1143, mardi 3 août. *Borh.*

Pons Chauvière donne à l'ordre du Temple les meules nécessaires au moulin de Roaix sur l'Ouvèze.

CCCVIII 1143, 20 août.

Guiraud de Marou et sa femme vendent à l'ordre du Temple une terre au territoire de Pézenas.

CCCIX 1143, octobre.

Menendus Diaz et sa femme concèdent à l'ordre du Temple leur terre à *Azeveto* et la terre dite *Sancti Laurencii*.

CCCX 1143, novembre.

Guillaume Malaman, sa mère et sa femme cèdent à l'ordre du Temple la dîme d'une terre sur le bord de l'Ollière et un pré sur le bord de la Coronne.

CCCXI [Vers 1143, novembre.]

Guillaume Malaman, sa mère et sa femme vendent à l'ordre du Temple les dîmes perçues par eux entre l'Ollière et la Coronne et un pré sur le bord de la Coronne.

CCCXII [Entre 1143, vers novembre, et 1145.]

Guillaume Eldebert donne à l'ordre du Temple un homme de la Baume-de-Transit, ses biens à *Martiniinas* et sa part du château de Bourbonton.

CCCXIII 1143, samedi 27 novembre.

Bernard Gaucelme et sa femme cèdent à l'ordre du Temple la moitié d'un champ qu'ils tenaient en fief de l'ordre au territoire de Douzens, au lieu dit *Adegat.*

CCCXIV 1143, 27 novembre. Gérone.

Raimond-Bérenger, comte de Barcelone et roi d'Aragon, fait appel aux chevaliers du Temple, en vue d'expulser les maures d'Espagne, et à cette fin leur concède les châteaux de Monzón, Mongay, Chalamera, Barbará, Remolinos et Corbins, et certains revenus et privilèges.

CCCXV 1143, vendredi 3 décembre.

Raimond Sachet, cède à l'ordre du Temple la moitié d'un champ qu'il tenait en fief de l'ordre au territoire de Douzens, au lieu dit *Adegat.*

CCCXVI 1143, jeudi 16 décembre. Aubagne.

Marie, fille de Hugues *de Marcholfo*, et son mari, Roubaud d'Aubagne et sa femme, donnent à l'ordre du Temple des terres à Puylonbier.

CCCXVII [Vers 1143-1147.]

Composition faite par les soins de Bernard, abbé de Clairvaux, entre les moines de Vauluisant et les chevaliers du Temple de Coulours, au sujet de leurs possessions à Cérilly.

CCCXVIII [Entre 1143 et 1192.]

Pons Imbert donne à l'ordre du Temple des droits à Magalas. Confirmation par Ermengarde, vicomtesse de Narbonne.

CCCXIX 1144.

Sanza, veuve de Sanz Sanz de Gallur, donne le moulin d'Agón à l'ordre du Temple.

CCCXX 1144.

Martin Telis vend à l'ordre du Temple une terre à *Porzelli.*

CCCXXI 1144.

Pierre Bérenger, eunuque, cède à l'ordre du Temple ses biens à Novillas, en s'en réservant l'usufruit sa vie durant.

CCCXXII 1144, samedi 15 janvier.

Bérengère de Frangouille lègue à l'ordre du Temple ses terres à Frangouille.

CCCXXIII 1144, mardi 18 janvier. Orange.

Pierre *de Sancto Michaele* et Burgundia, sa femme, renoncent, en faveur de l'ordre du Temple, à leurs prétentions sur une maison léguée à l'ordre par Géraud Bertrand, premier mari de Burgundia.

CCCXXIV 1144, 7 février.

Pierre Hugues de Visan, sa femme et ses enfants vendent à l'ordre du Temple leurs terres situées entre le chemin de *Blacha Bodich* et de Saint-Alban et le territoire de Colonzelles, et une terre au bord de la Coronne.

CCCXXV 1144, 7 février.

Géraud de *Tornafort*, sa femme et son fils vendent à l'ordre du Temple la moitié de la condamine de Saint-Alban, une terre au territoire de Bourbonton, et leurs droits sur la terre de *Calchameroz*.

CCCXXVI 1144 [, 7 février (?)].

Bertrand de Bourbonton cède à l'ordre du Temple ses droits dans la région limitée par les rivières d'*Urtidez*, de la Coronne, de l'Ollière et du Rieussec, en se réservant l'usufruit d'une partie.

CCCXXVII [Entre 1144, 7 février, et 1151.]

Pierre Hugues de Visan renonce à contester la donation par lui faite à l'ordre du Temple sur les territoires de Bourbonton, Richerenches et *Granolletum*.

CCCXXVIII 1144 (26 mars-31 août ou 23 septembre).

Privilège accordé par Baudouin, roi de Jérusalem. Parmi les témoins, deux templiers.

CCCXXIX 1144 (26 mars 1144-14 avril 1145).

Ulger, évêque d'Angers, donne l'église de Vern à l'église Saint-Maurille d'Angers. Parmi les témoins, un templier.

CCCXXX 1144 (26 mars 1144-14 avril 1145).

Donations de diverses terres près de Courchamp et d'Autrey, faites à la maison du Temple de la Romagne par Jean de Courchamp et d'autres.

CCCXXXI 1144, avril.

Taresa de Ricla donne à l'ordre du Temple un moulin à Saragosse, au lieu dit *Caschallo*.

CCCXXXII [1144, vers avril.]

Barthélemi, doyen, et le chapitre de Notre-Dame de Paris donnent à l'ordre du Temple 60 sous à prendre sur le change.

CCCXXXIII 1144, mai. Monzón.

Raimond-Bérenger, comte de Barcelone, fait une donation à Zecri de Barbastro. Parmi les témoins, le maître du Temple de Monzón.

CCCXXXIV 1144, 12 mai.

Michel, évêque de Tarazona, concède à l'ordre du Temple des maisons à Tarazona.

CCCXXXV [1144,] lundi [15 mai.]

Raimond de *Bassinargues* et sa belle-sœur vendent à la maison du Temple de Jalez une terre au bord de la rivière d'*Antegol*.

CCCXXXVI 1144, juin. Huesca.

Galindo Garceç *de Sancti Vincentii* donne à l'ordre du Temple un quart de la métairie d'*Anicsse*, sous Egea de los Caballeros.

CCCXXXVII 1144, vendredi 16 juin.

Pons Roger de Villalier et son cousin Guiraud Adrig vendent à l'ordre du Temple une terre au territoire de Villalier, près du pont de l'Orbiel.

CCCXXXVIII 1144, 10 juillet. Jaca.

La vicomtesse Thérèse, veuve de Gaston, vicomte de Béarn, concède à l'ordre du Temple ses biens à Saragosse et à Sobradiel.

CCCXXXIX 1144, 4 septembre.

Raimond de Montesquieu lègue à la maison du Temple du Mas-Deu ses terres de l'Ecluse, de Terrats et d'Alénya.

CCCXL [Entre 1144, 13 novembre, et 1152.]

Bernard, abbé de Clairvaux, félicite Milesende, reine de Jérusalem, de la faveur qu'elle témoigne aux templiers.

CCCXLI 1144, 25 décembre.

Ermessende, mère de Raimond et veuve de Bérenger de *Roceria*, concède son douaire de *Roceria* à l'ordre du Temple.

CCCXLII [Entre 1144 et 1156.] Maison du Temple à la Rochelle.

Eble de Mauléon renonce à ses prétentions sur Saint-Georges d'Oléron en faveur de Robert, abbé de la Trinité de Vendôme. Parmi les témoins, un templier.

CCCXLIII 1145, janvier.

Gonsalve Pinto et sa femme Marie Palaiz lèguent à l'ordre du Temple le tiers de leur avoir.

CCCXLIV 1145.

Andereça, veuve de Loar, donne à l'ordre du Temple ses biens de Novillas et, après sa mort, tous ses meubles.

CCCXLV 1145.

Martin Petrez, sa femme et ses enfants vendent à l'ordre du Temple leurs maisons à Novillas.

CCCXLVI 1145.

Raimond de Cortes et sa femme donnent à l'ordre du Temple divers biens.

CCCXLVII 1145.

Sancia de Gallur, veuve de Sanç Sanz, donne à l'ordre du Temple une terre attenant au moulin d'Agón.

CCCXLVIII 1145, 11 février.

Testament de Pierre Bérenger attribuant, entre autres legs, à l'ordre du Temple une jument, un haubert, une lance, une épée, des revenus.

CCCXLIX 1145, 24 février.

Perdiguero, Almoraveth, G. de *Griavol* et Ferrer de *Benavar* donnent à l'ordre du Temple, en échange de sa protection dans leurs contestations avec les chrétiens, la cinquième partie de leur terre d'Alfocea.

CCCL 1145, mars.

Menendus Petriz et sa femme donnent à l'ordre du Temple une terre à Ega.

CCCLI 1145, mars.

Salvador Travesu, sa femme et Gelvira Peliz vendent à l'ordre du Temple des terres à Ega et dans d'autres lieux.

CCCLII 1145, avril. Arles.

Marie, Esclarmonde et leurs maris Bertrand Isnard et Raimond Isnard vendent à l'ordre du Temple une terre dans le Trébon.

CCCLIII 1145 (15 avril-31 août ou 23 septembre).

Donation faite par Gautier, seigneur de Césarée. Parmi les témoins, des templiers.

CCCLIV 1145, samedi 12 mai.

Arnaud de Gaure lègue à l'ordre du Temple ses biens à Pomas et des terres et redevances au territoire de Gaure.

CCCLV 1145, juin.

Menendus Vermuiz concède à l'ordre du Temple sa part de la terre appelée *de Sancto Petro Farocis de Sindianes.*

CCCLVI 1145, juin.

Alfonse Pierre, concède à l'ordre du Temple une terre appelée *Sanctus Johannes fluminis Rivi Frigidi.*

CCCLVII 1145, mercredi 6 juin.

Raimond de *Bestorres*, Guillaume Raimond, Guillaume *de Podio Cavo*, leurs fils et leurs femmes, et d'autres vendent à la maison du Temple de Richerenches leurs biens à Bourbonton.

CCCLVIII 1145, 8 juin.

Pierre Raimond de Brouilla, sa femme et ses fils vendent à l'ordre du Temple une terre à Brouilla.

CCCLIX 1145, 10 juin.

Fernand Menendiz, sa femme, l'infante Sancia, et ses fils et le fils du roi de Portugal donnent à l'ordre du Temple le château de Longroiva.

CCCLX 1145, mardi 12 juin.

Bertrand de Solérieux, sa femme et ses fils cèdent à la maison du Temple de Richerenches leurs droits sur le château et le mandement de Bourbonton.

CCCLXI [Vers 1145.] 16 juin. Calatayud.

Otard lègue à l'ordre du Temple des maisons et des terres à Calatayud, à Saragosse, à Terrer et à Valtierra, un équipement de chevalier, etc.

CCCLXII 1145, juillet.

Exemena Gonsalvit et ses enfants vendent à l'ordre du Temple une terre à *Ajuda*, au territoire de Porto.

CCCLXIII 1145, août.

Jean, archevêque de Braga, concède à l'ordre du Temple une maison à Braga, construite par l'archevêque Pélage, et la moitié de ses dîmes et autres redevances dans Braga et au dehors.

CCCLXIV 1145, août.

Jean, archevêque de Braga, concède à l'ordre du Temple l'hôpital construit à Braga par l'archevêque Pélage.

CCCLXV 1145, lundi 17 septembre.

Brémond d'Usès concède à l'ordre du Temple un cens à p[illegible] chaque année à Besouce.

CCCLXVI 1145, mercredi 31 octobre.

Pierre Bernard de la Porte et sa femme donnent à l'ordre du Temple leurs biens de Blomac.

CCCLXVII 1145, 8 novembre.

Convention entre les templiers et les habitants de Novillas, d'une part, Raimond de Cortes et les gens de Cortes, d'autre part, attribuant l'eau de la fontaine de Cortes pendant deux jours et deux nuits aux premiers, pendant 18 jours et 18 nuits aux seconds.

CCCLXVIII 1145, 11 novembre.

Michel, évêque de Tarazona, donne à l'ordre du Temple l'église d'Ambel.

CCCLXIX 1145, 11 novembre.

Michel, évêque de Tarazona, donne à l'ordre du Temple les églises de Ribaforada et d'Ambel.

CCCLXX 1145, samedi 24 novembre.

Réparation par Roger, comte de Foix, des excès commis par lui envers l'église de Foix, faite d'après le conseil de diverses personnes, dont un templier.

CCCLXXI 1145, lundi 3 décembre.

Nicolas de Bourbonton, fils de Hugues devenu templier, confirme à l'ordre du Temple la possession de son patrimoine et fait profession lui-même dans l'ordre.

CCCLXXII (Vers 1145.)

Henri Hosé donne à l'ordre du Temple une terre à Sparsholt

CCCLXXIII (Vers 1145.)

Nigel *de Valle Roilli* confirme la donation de Sparsholt à l'ordre du Temple.

CCCLXXIV (Vers 1145.)

Robert, fils de Guillaume, confirme la donation de Sparsholt à l'ordre du Temple.

CCCLXXV [Vers 1145-1161.]

Ernoul, comte de Guines, concède à l'abbaye de Saint-Bertin l'exemption de tout droit de passage. Parmi les témoins, un templier.

CCCLXXVI [Vers 1145-1154.]

Robert, comte de Ferrières, confirme la donation de Sparsholt à l'ordre du Temple.

CCCLXXVII [Vers 1145-1154.] Oxford.

Etienne, roi d'Angleterre, confirme la donation de Sparsholt à l'ordre du Temple.

CCCLXXVIII [Vers 1145-1166.]

Eudes de *Tolent* confirme la donation de la terre d'Hensington à l'ordre du Temple.

CCCLXXIX [Vers 1145-1166.]

Renaud *de Sancto Walerico* donne à l'ordre du Temple quatre livres de rente à *Tarenteford*, et confirme la donation d'Hensington.

CCCLXXX [Vers 1145-1178.]

Donation de revenus à l'ordre du Temple par Renaud, prince de Graçay, et confirmation par Renaud, son neveu et successeur, et Pierre, fils de ce dernier.

CCCLXXXI 1146.

Alfonse, roi de Portugal, avec l'assentiment de Jean, archevêque de Braga, concède à l'ordre du Temple l'hospice de pèlerins fondé à Braga par l'archevêque Pélage et en partie dépouillé de ses biens après la mort du fondateur.

CCCLXXXII 1146.

Jean le Scribe promet à l'ordre du Temple un cens annuel, sa vie durant, et, après sa mort, lègue à l'ordre tous ses biens, à la réserve d'un droit d'usufruit pour sa femme, si le testateur meurt sans enfants, et une partie seulement de ces biens dans le cas contraire, mais avec retour du tout à l'ordre, si ces enfants éventuels meurent sans postérité.

CCCLXXXIII 1146.

Melendo, sa femme, ses enfants et son gendre vendent à l'ordre du Temple leurs maisons à Novillas.

CCCLXXXIV 1146.

Pierre Taresa et sa mère donnent à l'ordre du Temple le château d'Alberite.

CCCLXXXV [1146. 21 janvier.]

Bertrand de *Favairolas* lègue des terres à l'ordre du Temple.

CCCLXXXVI 1146. Tudela.

Garcie, roi de Navarre, donne *Almazara* à l'ordre du Temple.

CCCLXXXVII 1146. février.

Goesteu Frojas et sa femme vendent à l'ordre du Temple leur terre à *Mazaneira*, près de Porto.

CCCLXXXVIII 1146. 8 février.

Geoffroi, comte de Roussillon, confirme à l'ordre du Temple deux moulins achetés par l'ordre à Pierre Vincent.

CCCLXXXIX 1146. mars.

Garcie Axivel, sa mère et sa femme vendent une vigne à l'ordre du Temple.

CCCXC 1146 (25 mars-31 décembre). Gérone.

Bardon et sa femme donnent à l'ordre du Temple une terre à *Fontes*.

CCCXCI 1146 (31 mars 1146-19 avril 1147). Temple de Paris.

Simon, évêque de Noyon, concède à l'ordre du Temple les autels de Tracy et de Passel.

CCCXCII 1146 (31 mars 1146-19 avril 1147). Saint-Josse.

Thibaud, abbé de Saint-Josse, concède à l'ordre du Temple la dîme d'une terre dans la paroisse de Conteville.

CCCXCIII 1146. avril.

Gonzalve Cabeza lègue à l'ordre du Temple tous ses biens, s'il meurt sans enfants, et le tiers seulement dans le cas contraire.

CCCXCIV 1146. avril.

Pélage Tructesindiz lègue à l'ordre du Temple une partie de ses biens.

CCCXCV 1146. avril. Frescano.

Garcie Pascal et sa femme vendent à l'ordre du Temple une terre près du moulin d'Agón.

CCCXCVI [Entre 1146, avril, et 1147, mars.]

Remise de l'alleu dit *Rispe* et de celui de Bouzonville faite à l'ordre du Temple par Gérard et Guérin de Bouzonville, frères, sur le point de partir pour la croisade, sous réserve de restitution en cas de retour de l'un des deux frères.

CCCXCVII 1146. 7 avril.

Arnal Arlotb et sa femme vendent à l'ordre du Temple leurs droits sur un domaine de la paroisse de Caldas de Mombúy.

CCCXCVIII 1146, 22 avril.

Garcie Ortiz donne à l'ordre du Temple des maisons à Borja.

CCCXCIX 1146, mai.

Nunus Mendici vend à l'ordre du Temple une terre à Azevedo.

CCCC 1146, mardi (7-28) mai.

Pierre Lautard, sa femme et son fils vendent à l'ordre du Temple un jardin près du château de Pézenas, jardin tenu en fief de Pierre d'Autignac, qui confirme la vente.

CCCCI 1146, mardi (7-28) mai.

Pierre Lautard, sa femme et son fils vendent à l'ordre du Temple une terre au territoire de Pézenas, tenue en fief de Raimond Trencavel, vicomte de Béziers, qui approuve la vente.

CCCCII 1146, 15 juillet.

Arnaud Pierre de Pézilla se voue à l'ordre du Temple et lui donne ses biens à Pézilla-du-Conflent et à Prats.

CCCCIII 1146, août.

Ermesende Venegas et Gonzalve, son fils, cèdent à l'ordre du Temple leurs biens au territoire de Porto.

CCCCIV 1146, (22-28) août. Estella.

Privilège concédé par Garcie, roi de Navarre, aux habitants de Puente la Reina, donné par lui à l'ordre du Temple. Confirmation par Sanche, roi de Navarre.

CCCCV 1146, mardi 10 septembre. Orange.

Pierre *de Albagnano* donne à l'ordre du Temple ses biens de *Lasignana* et le bois de *Rocirugone*.

CCCCVI 1146, mercredi 11 septembre. Orange.

Bertrand de Bourbonton se voue à l'ordre du Temple, lui lègue ses biens en cas de mort sans héritier légitime, lui donne dès à présent la moitié de l'étang de Bourbonton et deux pièces de terre, et renonce au fief que tenaient Nicolas et Hugues de Bourbonton, ses cousin et père, avant de se faire templiers.

CCCCVII 1146, 21 septembre.

Raimond, comte de Barcelone et roi d'Aragon, donne à l'ordre du Temple le domaine de Pierre de *Cirach*.

CCCCVIII 1146, 18 octobre.

Pierre donne à l'ordre du Temple ses terres près de Bages, Elne, Canohés, Toulonges et Montescot.

CCCCIX 1146, 18 octobre.

Arnal donne à l'ordre du Temple une part de ses terres près de Bages, Elne, Canohés et Toulouges.

CCCCX 1146, novembre. *Sancto Stephano.*

Alfonse, empereur d'Espagne, sa femme Bérengère et son fils Sanche donnent à l'ordre du Temple Villaseca et un maure d'Almenar.

CCCCXI 1146, vendredi (1-29) novembre.

Pons de Meynes, entrant dans l'ordre du Temple, lui donne ses droits sur les châteaux de Meynes, Montfrin, Théziers et sur des terres de la région.

CCCCXII 1146, lundi (4-25) novembre.

Bernard Bœuf, sa femme et sa fille vendent à l'ordre du Temple un jardin au territoire de Pézenas.

CCCCXIII 1146, mardi 19 novembre. Gigondas.

Isarn et Guillaume Isarn, frères, vendent à la maison du Temple de Richerenches leurs droits sur le château et le territoire de Bourbonton.

CCCCXIV 1146, décembre.

Sancho et sa femme vendent à l'ordre du Temple une terre à Saragosse.

CCCCXV 1146, décembre. Huesca.

Raimond-Bérenger, comte de Barcelone et prince d'Aragon, confirme aux templiers la possession de leurs sarrasins.

CCCCXVI 1146, mercredi 11 décembre. Huesca.

Fortunio Acenariz de Tarazona et d'autres donnent à l'ordre du Temple ce qu'ils ont à *Confita*, sur le Cinca.

CCCCXVII 1146, vendredi 13 décembre.

Garsende et ses enfants vendent à l'ordre du Temple une vigne tenue de l'ordre à Gaure, au lieu dit *ad ipsum Castelare*.

CCCCXVIII [Vers 1146-1147.]

Accord entre Alexandre, évêque de Lincoln, et Nicolas, chanoine de Lincoln. Parmi les témoins, deux templiers.

CCCCXIX [Entre 1147 et 1178.]

Guermond donne à l'ordre du Temple une rente à *Messemi*.

CCCCXX [Entre 1146 et 1185.]

André, chantre d'Orléans, accense aux templiers d'Orléans deux arpents de vigne.

CCCCXXI 1147.

Sanço, femme de Maux Eminones, et ses enfants vendent à l'ordre du Temple des maisons à Saragosse.

CCCCXXII 1147.

Monio Cavaleiro se donne à l'ordre du Temple, avec tous ses biens, s'il n'a pas d'enfants, ou un tiers seulement, s'il en a.

CCCCXXIII 1147.

L'ordre du Temple échange avec les fils de Viugo des maisons à Novillas.

CCCCXXIV 1147.

L'ordre du Temple échange avec Bellite, veuve de Gonzalvo, des maisons à Novillas.

CCCCXXV [Vers 1147, 7 février.]

Pons de Berrias et sa femme donnent à l'ordre du Temple ce qu'ils ont à Jalez.

CCCCXXVI 1147, vendredi 7 février.

Vincent et sa femme vendent une terre à l'ordre du Temple.

CCCCXXVII 1147, mardi 11 février.

Etienne de Brucafel, son frère Roger, sa femme et ses enfants vendent à l'ordre du Temple une terre au territoire de Brucafel.

CCCCXXVIII 1147, vendredi 14 février.

Guillaume de Clermont-sur-Lauquet et Raimond *de Rivo* renoncent en faveur de l'ordre du Temple à des droits à Cours et à Camp-del-Layrou.

CCCCXXIX 1147, samedi 15 février.

Englesa Arlota et son mari Bernard de Montirat font la même renonciation que les précédents.

CCCCXXX 1147, lundi 17 février.

Pierre de Clermont-sur-Lauquet et ses enfants, ses frères Bernard et Arnaud et leurs enfants, Bernard *de Vilare* et ses enfants font la même renonciation que les précédents.

CCCCXXXI 1147, mardi 25 ou mercredi 26 février.

Acensement par l'ordre du Temple à Raoul de *Seneugia* de maisons et de vignes à *Cervera*.

CCCCXXXII 1147, jeudi 27 février.

Pierre de Saint-Pierre-de-Vitrac, sa femme et ses enfants donnent à l'ordre du Temple une terre à Caumont.

CCCCXXXIII 1147, jeudi 27 février.

Serena, Roger, son mari, et leurs enfants vendent à l'ordre du Temple un jardin au territoire de Brucafel, sur l'Aude.

CCCCXXXIV 1147, jeudi 6 mars.

Sensuda de Novillas donne à l'ordre du Temple une terre à *Campestre*.

CCCCXXXV 1147, vendredi 14 mars.

Poitevine, son mari Pons Géraud et leurs enfants cèdent à l'ordre du Temple leurs droits à Pieusse et renoncent à leurs prétentions sur Ameil Borsella.

CCCCXXXVI 1147, vendredi 7 mars.

Guillaume Cabazuda, de l'assentiment de son mari, Pierre *Felgerria*, donne à l'ordre du Temple une terre à Jalez. Gonsolme de Naves et Pons de *Vilar* lèguent à l'ordre chacun un cheval et des armes.

CCCCXXXVII 1147, vendredi 21 mars.

Pons Roger de Villalier et Pierre Mourgue, frères, donnent à l'ordre du Temple trois terres à Caumont, sur l'Orbiel.

CCCCXXXVIII 1147, lundi 24 mars.

Raimond de Clermont-sur-Lauquet, son frère Udalger, leurs femmes et leurs enfants renoncent en faveur de l'ordre du Temple à des droits à Cours et à Camp-del-Layrou.

CCCCXXXIX 1147, avril, Vimeiro.

Alfonse, roi de Portugal, donne à l'ordre du Temple des droits sur Santa Iria.

CCCCXL 1147, avril.

Osmont *de Bono Viler*, de Tudela, donne à l'ordre du Temple sa terre de Rasal.

CCCCXLI 1147, avril. Tudela.

Garcie de *Belforat* donne à l'ordre du Temple son domaine de *Mora* avec un maure.

CCCCXLII 1147, jeudi (3-24) avril.

Giraud Pélissier et sa femme vendent à l'ordre du Temple un jardin à Pézenas.

CCCCXLIII 1147, samedi (5-26) avril.

Rousse et son fils Guillaume vendent à l'ordre du Temple un jardin à Pézenas.

CCCCXLIV 1147 (20 avril-31 août ou 23 septembre).

Acte de Renaud, comte de Bourgogne. Parmi les témoins, deux templiers.

CCCCXLV 1147 (20 avril-31 août ou 23 septembre.)

Acte de Thierri, comte de Flandre. Parmi les témoins, deux templiers.

CCCCXLVI 1147 (20 avril 1147-10 avril 1148). Laon.

Barthélemi, évêque de Laon, confirme le don fait à l'ordre du Temple par Enguerrand de Coucy, d'une partie de ses revenus de Blérancourt.

CCCCXLVII 1147, 27 avril.

Echange de maisons à Novillas entre l'ordre du Temple et Sanche Fortuniones.

CCCCXLVIII [1147,] 27 avril. Paris.

Bernard de Bailleul donne à l'ordre du Temple 15 livrées de sa terre en Angleterre.

CCCCXLIX [Entre 1147, 27 avril, et 1153, 10 août.] Londres.

Etienne, roi d'Angleterre, confirme la donation des 15 livrées de terre précédentes, faite à l'ordre du Temple par Bernard de Bailleul.

CCCCL [Entre 1147, 27 avril, et 1154, 25 octobre (?).] Oxford.

Etienne, roi d'Angleterre, confirme une donation à *Dynnesley*, faite à l'ordre du Temple par Bernard de Bailleul.

CCCCLI [1147, avril-9 juin.]

Gente donne à l'ordre du Temple un moulin à Paris, à condition d'en conserver l'usufruit sa vie durant.

CCCCLII 1147, samedi (3-31) mai. Orange.

Raimond de Gigondas et son fils vendent à la maison du Temple de Richerenches leurs droits sur le château de Bourbonton.

CCCCLIII 1147, 7 juin.

Pélage Vermuici et sa femme donnent à l'ordre du Temple une terre à Maceda.

CCCCLIV [Entre 1147, 12 juin, et 1148, 10 avril.]

Accord entre Baudouin, abbé de Châtillon-sur-Seine, et Humbert, prieur de Coulommiers. Parmi les témoins, un templier.

CCCCLV 1147, 24 juin. Artajona.

Pierre Romeo, sa femme et ses enfants donnent à l'ordre du Temple la métairie d'*Aniesse*, près d'Egea de los Caballeros.

CCCCLVI 1147, 1er juillet.

Martin *Chico* et sa femme donnent à l'ordre du Temple une terre à Frescano.

CCCCLVII 1147, 2 juillet.

Pierre Robert et Jean Robert, frères, et leurs femmes vendent à l'ordre du Temple leurs droits sur un moulin à Perpignan, dans les dépendances de Saint-Jean.

CCCCLVIII 1147, vendredi (4-25) juillet.

Pierre de Douzens, sa femme, ses enfants et son frère Bernard vendent à l'ordre du Temple une vigne au territoire de Douzens, au lieu dit *Prat*.

CCCCLIX 1147, lundi 7 juillet.

Guiraud Eldric de Villalier donne à l'ordre du Temple une terre à Caumont, sur l'Orbiel.

CCCCLX 1147, 15 juillet.

Par un accord conclu entre Bernard, évêque de Saragosse, et les templiers il est convenu que les templiers paieront la moitié des dîmes pour les terres qu'ils cultivent eux-mêmes, la totalité pour celles qu'ils donnent à cultiver, et que celles qu'ils défricheront seront exemptes de dîmes.

CCCCLXI 1147, vendredi 18 juillet (?).

Pierre Bernard vend à l'ordre du Temple sa part du fief de son père. Confirmation par Bérenger de Douzens, frère de Pierre Bernard.

CCCCLXII 1147, samedi 19 juillet (?). Agde.

Roger de Béziers, vicomte de Carcassonne, donne à l'ordre du Temple Campagne-sur-Aude et d'autres biens.

CCCCLXIII 1147, samedi 26 juillet (?).

Bérenger *de Prato* donne à l'ordre du Temple la cinquième partie de sa carrière au territoire de Saint-Germain, au lieu dit *Rocha Rubia*.

CCCCLXIV 1147, 27 juillet.

Raimond Ameil et Arnaud, frères, vendent à l'ordre du Temple deux vignes au territoire de Douzens, au lieu dit *Pratum*.

CCCCLXV 1147 (1er août 1147-10 avril 1148). Paris.

Louis VII, roi de France, confirme la donation d'une mine de blé à prendre sur le marché de Châlons-sur-Marne, faite à l'ordre du Temple par Jean de *Cadavistria*.

CCCCLXVI 1147 (1er août 1147-10 avril 1148). Paris.

Louis VII, roi de France, confirme le don fait à l'ordre du Temple par Robert de Montaigu.

CCCCLXVII 1147, mardi 12 août.

Mabile, son mari Bernard de Moussoulens et leurs enfants, Hugues, frère de Mabile, et Pierre Raimond, son cousin, donnent à l'ordre du Temple une terre à Caumont, sur l'Orbiel.

CCCCLXVIII 1147, mardi 26 août.

L'ordre du Temple échange avec Aimeline, un immeuble à Frescano contre un autre à Novillas.

CCCCLXIX 1147, 11 septembre. Richerenches.

Payen, fils de Raimond Bellon, Bertrand Faucon et sa femme, Guillaume de Roussas et sa femme vendent à la maison du Temple de Richerenches leurs droits sur le château et le territoire de Bourbouton. Si le frère de Payen, Bertrand, alors outre-mer, s'opposait à cette concession, à son retour, Payen, Bertrand et Faucon le désintéresseraient sur leurs biens.

CCCCLXX 1147, mercredi 17 septembre. Richerenches.

Guillaume, veuve de Bertrand de Taulignan, et ses fils cèdent à la maison du Temple de Richerenches la part de la dîme de *Brente* engagée à elle-même par Alice de Sabran et ses fils, donateurs du reste.

CCCCLXXI 1147, 21 septembre. Novillas.

L'ordre du Temple achète à Pierre Martin des maisons à Novillas.

CCCCLXXII 1147, vendredi 26 septembre. Orange.

Pierre Lautier de Colonzelles et son fils donnent à la maison du Temple de Richerenches leurs terres près de l'étang dit *Granoletum*.

CCCCLXXIII 1147 (17 octobre-31 décembre).

Pierre, fils de Raimond Arnaud de *Sancta Cruce*, et ses frères donnent à l'ordre du Temple une terre à Rosal.

CCCCLXXIV 1147, mardi 21 octobre.

Pierre *de Mota*, sa femme et ses enfants donnent à l'ordre du Temple leurs biens à Cours et à Camp-del-Layrou.

CCCCLXXV 1147, mardi 28 octobre. Agramunt.

Ermengaud, comte d'Urgel, donne à l'ordre du Temple une terre près de Balaguer. Confirmation par Bernard, évêque d'Urgel.

CCCCLXXVI 1147, novembre.

L'ordre du Temple achète à Pierre Alfonse une terre à Rasal.

CCCCLXXVII [Vers 1147, avant le 18 décembre.]

Hugues, archevêque de Rouen, ayant convoqué les chevaliers du Temple Richard et Henri, pour répondre de l'usurpation de Robehomme, possession de l'abbaye de Troarn, et ceux-ci ayant fait défaut, ainsi que le comte de Ponthieu, ce dernier se disant empêché par le comte d'Anjou, remet l'affaire au jugement du pape.

CCCCLXXVIII [Entre 1147, après le 18 décembre, et 1148, janvier.]

Sur l'ordre du pape, Hugues, archevêque de Rouen, mande à Guilleume, comte de Ponthieu, de répondre dans les quinze jours du don injuste de Robehomme, possession de l'abbaye de Troarn, fait par lui à l'ordre du Temple et lui interdit de partir pour la croisade avant le règlement de l'affaire.

CCCCLXXIX 1147.

La maison du Temple de Novillas échange des maisons à Novillas avec Garcie Garcez de *Bugniol*.

CCCCLXXX 1147.

L'ordre du Temple achète une terre à Navasa.

CCCCLXXXI 1147.

L'ordre du Temple échange avec Martin Pedrez des maisons à Novillas.

CCCCLXXXII [Entre 1147 et 1148, 14 septembre.] Londres.

Etienne, roi d'Angleterre, donne à l'ordre du Temple le manoir de Witham, tenu par Eustache, comte de Boulogne, à la réserve de ce qui a déjà été donné à l'église de Saint-Martin de Londres.

CCCCLXXXIII [Entre 1147 et 1148, 14 septembre.] Londres.

Mathilde, reine d'Angleterre, confirme la donation précédente.

CCCCLXXXIV [Entre 1147 et 1148, 14 septembre.] Londres.

Eustache, comte de Boulogne, confirme la donation précédente.

CCCCLXXXV [Entre 1147 et 1148, 14 septembre.]

Roger donne à l'ordre du Temple sa terre d'*Ingeflod*.

CCCCLXXXVI [Entre 1147 et 1148, 14 septembre.]

Gilbert, comte de Pembroke, confirme la donation précédente.

CCCCLXXXVII [Entre 1147 et 1150.]

Roger, vicomte, de Béziers, donne à l'ordre du Temple trois hommes à *Falgairas*, dans l'archevêché de Narbonne.

CCCCLXXXVIII [Entre 1147 et 1151, 24 ou 25 décembre.]

Barthélemi, évêque de Châlons, termine un procès pendant entre Eudes et Etienne, portant sur une maison à Châlons, vendue à Eudes par les templiers, qui l'avaient reçue en don d'Aveline.

CCCCLXXXIX [Entre 1147 et 1151, 24 ou 25 décembre.]

Arbitrage de Barthélemi, évêque de Châlons, entre les templiers de la Neuville-au-Temple et certains habitants du voisinage, au sujet d'un droit de passage sur une terre donnée aux templiers.

CCCCXC [Entre 1147 et 1151, 24 ou 25 décembre.]

Arbitrage de Barthélemi, évêque de Châlons, confirmant les templiers de la Neuville-au-Temple dans la possession du moulin de Bouy.

CCCCXCI [Entre 1147 (?) et 1154.]

Louis VII, roi de France, notifie au châtelain de Beauvais qu'il a concédé aux templiers le droit d'ouvrir une poterne dans le mur de Beauvais.

CCCCXCII 1148, janvier. Huesca et Saragosse.

Fortunio Galinz, châtelain, vend à l'ordre du Temple des maisons à Huesca.

CCCCXCIII [1148, janvier-mars.] Alfara.

Fortunio Lopez, d'Alfara, et sa femme donnent à l'ordre du Temple le moulin de *Busto Mediano*.

CCCCXCIV 1148. Estella.

Garcie, roi de Navarre, confirme à l'ordre du Temple la concession du territoire de Losarcos, à lui faite par Alfonse, roi d'Aragon et de Navarre.

CCCCXCV 1148.

Bernard, évêque de Saragosse, donne à l'ordre du Temple les églises de Resal et de Boquifient.

CCCCXCVI 1148.

Bales, sa femme et leurs enfants vendent une vigne à l'ordre du Temple.

CCCCXCVII 1148.

L'ordre du Temple échange avec Garcie Arcez de Buñol deux terres à *Navas* contre une vigne à *illas Areas*.

CCCCXCVIII 1148.

Domingo vend à l'ordre du Temple des maisons à Novillas.

CCCCXCIX 1148.

Loup Sanz de Belchite confirme à l'ordre du Temple la terre attenant au moulin d'Agón, donnée à l'ordre par Sancia de Gallur.

D 1148, 2 janvier. Aiguebelle.

Pons Giraud donne à l'ordre du Temple ses terres à Barre et à Visan.

DI 1148, samedi 7 février. Lourdes.

Pierre, comte de Bigorre, sa femme et leur fils donnent à l'ordre du Temple ce qu'ils ont à Bordères et leurs droits sur les maisons appartenant à l'ordre à Saragosse.

DII 1148, 9 février.

Michel, évêque de Tarazona, donne à l'ordre du Temple l'église d'Ambel.

DIII 1148, jeudi 12 février.

Arnaud de Gaure et ses fils abandonnent à l'ordre du Temple leurs droits sur les biens de l'ordre à Gaure.

DIV 1148, samedi 14 février.

Pierre de Saint-Jean-de-Paracol et Bonnet de Rennes-le-Château, frères, donnent à l'ordre du Temple des biens à Espéraza, aux Bernots, à Castillou et à Gaure.

DV 1148, 18 février.

Testaments d'Açenar Acenarç et de sa femme Belaschita : legs à l'ordre du Temple de biens à Sobradiel et autres lieux.

DVI 1148, 2 mars.

Frère Rigaud, templier, acense à Guillaume, Albert et Marie un jardin et un champ à *Arracal*, que tenait, avant de devenir templier, autre Guillaume, oncle du premier.

DVII 1148, 5 mars.

Pierre de *Villa Gelans*, sa mère et ses frères échangent avec l'ordre du Temple un domaine dans la paroisse de Manlleu, au lieu dit *Figeiras*, contre un autre dans la paroisse de Vilacetru.

DVIII 1148, 24 mars.

Arnaud Bérenger, ses fils et d'autres cèdent à l'ordre du Temple leurs droits sur le lieu donné à l'ordre par le comte d'Urgel, à Balaguer.

DIX 1148, 4 avril.

Testament de Pierre *de Sancto Leiro* : legs à l'ordre du Temple.

DX 1148 (11 avril 1148-2 avril 1149). Orléans.

Manassé, évêque d'Orléans, donne à l'ordre du Temple la part de la dîme de Pourpry, remise au dit évêque par Maurice Latroche.

DXI 1148 (11 avril 1148-2 avril 1149).

Roger Bacon donne à l'ordre du Temple une terre à Baugy et d'autres terres. Autres donations par Geoffroi Maleherbe et d'autres.

DXII 1148 (11 avril 1148-2 avril 1149).

Donation faite par Barisan d'Ibelin aux infirmes de Saint-Lazare de Jérusalem, scellée du sceau des chevaliers du Temple.

DXIII 1148 (11 avril 1148-2 avril 1149).

Arnaud de *Molnar* donne à l'ordre du Temple ses droits sur Caussenuéjouls.

DXIV 1148 (11 avril 1148-2 avril 1149).

Pierre, abbé de Valres, donne à l'ordre du Temple la moitié de la dîme de *Bes*.

DXV 1148, lundi 19 avril. Solérieux.

Bertrand de Solérieux confirme la donation de ses droits sur le château de Bourbonton à la maison du Temple de Richerenches.

DXVI 1148, 26 avril.

Raimond Bernard de Gurb, sa femme et leurs fils donnent à l'ordre du Temple leur fief dans la paroisse de San Esteban de Granollérs, au lieu dit *ad ipsas Doins*.

DXVII 1148, 27 mai.

Guillaume de Montesquieu et Bernard, frères, cèdent à l'ordre du Temple un domaine à Nyls, au lieu dit *Ganganel*.

DXVIII 1148, 28 mai.

Guillaume de Balenyá, sa femme et leurs enfants cèdent à l'ordre du Temple une terre sise au comté de Vich, dans la paroisse de Balenyá.

DXIX 1148, 29 mai.

Guillaume de Balenyá échange avec l'ordre du Temple un domaine à Balenyá contre un autre dans la paroisse de Balenyá.

DXX 1148, juin.

Godinus Godiniz renonce en faveur de la maison du Temple de Braga à ses prétentions sur une terre à *Baucamala*, sur l'Aleste.

DXXI 1148, mardi 22 juin.

Pierre Aimeri de Conques, sa femme, leurs enfants et leur neveu donnent à l'ordre du Temple une terre à Caumont, sur l'Orbiel.

DXXII 1148, 25 juin.

Arnaud de Nyls, sa femme et leurs enfants cèdent à l'ordre du Temple leurs droits sur un champ et un colombier à Villemolaque.

DXXIII [1148,] 25 juillet.

Raimond *del Soler* donne à l'ordre du Temple le fief de *Grargas*. Étienne, sa sœur et ses enfants confirment cette donation.

DXXV 1148, lundi 2 août. Magalas.

Bernard Moreira de Fouzilhon et sa femme donnent à l'ordre du Temple le quart de leurs oliviers au lieu dit *de Podio Gauterio*.

DXXVI 1148, mardi 10 août.

Guillaume Pelagoz, sa femme et son frère Pons vendent à l'ordre du Temple une terre à Tourbes.

DXXVII 1148, mercredi (4-25) août. Richerenches.

Raimond Aton et Hugues Aton, frères, cèdent à la maison du Temple de Roaix leurs droits sur les dîmes de l'église de Roaix.

DXXVIII 1148, samedi (7-28) août. Richerenches.

Armand de *Bordellis* et Géraud de Viviers, frères, cèdent à la maison du Temple de Richerenches une terre au territoire de *Bremto*.

DXXIX 1148, samedi (7-28) août. Richerenches.

Même acte que le précédent : rédaction différente.

DXXX 1148, jeudi (2-30) septembre.

Raimond, Guillaume et Gérard de la Baume-de-Transit renoncent, en faveur de la maison du Temple de Richerenches, à des droits qu'ils réclamaient.

DXXXI 1148, mardi 21 septembre. Alairac.

Mathilde, son fils, sa sœur et son neveu cèdent à l'ordre du Temple leurs droits aux Cours et à Camp-del-Layrou.

DXXXII 1148, octobre. Huesca.

Pons, sa mère et sa sœur, donnent à l'ordre du Temple une terre à Huesca, près des portes, au lieu dit *ad illas Eras*.

DXXXIII 1148, mardi 5 octobre.

Pons de Pomas, sa femme et leurs enfants échangent avec l'ordre du Temple des terres à Gaure contre une autre à Pomas.

DXXXIV 1148, 28 décembre.

Sanz Sanz *de Avere* et d'autres de sa parenté vendent à l'ordre du Temple un champ à *Maceloha*.

DXXXV [Vers 1148.]

Pierre le Clerc, sa femme et ses fils vendent à la maison du Temple de Roaix leurs maisons à Séguret.

DXXXVI [Vers 1148.]

Pierre Marolius donne à la maison du Temple de Roaix sa maison à Buisson et des terres aux environs.

DXXXVII [Vers 1148.] Saint-Léons.

Virgile de Vezins donne à l'ordre du Temple le domaine de Frontin.

DXXXVIII [Vers 1148.]

Bermond de Lusençon donne à l'ordre du Temple une terre à Saint-Georges.

DXXXIX [Vers 1148-1164.] Pont de Saint-Guilhem.

R., abbé de Saint-Guilhem-du-Désert, donne à l'ordre du Temple la moitié de la dîme de *Massenal*.

DXL Entre 1148 et 1162. Uncey-le-Franc, Saint-Seine, Sombernon et Saffres.

Gui de Sombernon et Barthoulh de Drée donnent à l'ordre du Temple ce qu'ils possèdent à Avosnes, pour en jouir après leur mort. Garnier d'Agey donne ce qu'il possède à Uncey-le-Franc. Confirmation par sa femme.

DXLI [Vers 1148-1164.]

Philippe, évêque de Bayeux, donne à l'ordre du Temple l'église de Saon.

DXLII [Vers 1148-1165 (?).]

Hugues de Bolbec confirme la donation faite à l'ordre du Temple par son père Gautier.

DXLIII 1149, janvier.

Eneco Fortunones de *Lusia* vend à l'ordre du Temple une terre à Boquiñeni.

DXLIV 1149.

Concession consentie par frère Rigaud Viger, maître de la maison du Temple de Novillas, à Fortun Acenarç, à sa femme et à ses enfants, moyennant un cens annuel.

DXLV 1149.

Loup, évêque de Pampelune, permet à l'ordre du Temple de construire une église à *Aniessa*.

DXLVI 1149. Tudela.

Garcie, roi de Navarre, accorde à l'ordre du Temple l'exemption de certains droits.

DXLVII 1149, vendredi 21 janvier.

Guillaume Balast donne à la maison du Temple de Richerenches Guillaume Berbier et ses enfants avec leurs tenures.

DXLVIII 1149, 19 février.

Gobert Gutmar, sa femme et son frère Raimond Gutmar cèdent à l'ordre du Temple deux terres au lieu dit *Coma de Touo* et à Passa. Bernard de Passa, chanoine de Sainte-Eulalie d'Elne, cède une terre au même lieu dit *Coma de Touo*. Ces terres sont échangées par l'ordre avec le prieur de Notre-Dame-del-Camp, contre un champ.

DXLIX 1149, jeudi 24 (?) février. Saragosse.

Bernard l'Abbé, de Pina, et Marie vendent à l'ordre du Temple des maisons à Saragosse.

DL 1149, 16 mars. Lisieux.

Hugues, archevêque de Rouen, et Rotrou, évêque d'Evreux, investis de pouvoirs spéciaux par le pape, et avec l'assistance de Philippe, évêque de Bayeux, adjugent à l'abbaye de Troarn le domaine de Rebehomme, dont Guillaume, comte de Ponthieu, s'était emparé pour le donner aux templiers.

DLI [1149, après le 16 mars.]

Hugues, archevêque de Rouen, mande à Guillaume, comte de Ponthieu, d'investir l'abbé de Troarn du domaine de Robehomme.

DLII [1149, après le 16 mars.]

Hugues, archevêque de Rouen, notifie à Guillaume, comte de Ponthieu, qu'il a adjugé le domaine de Robehomme à l'abbé de Troarn.

DLIII 1149 (25 mars 1149-25 mars 1150). Au siège de Tortosa.

Confirmation par le maître de l'ordre Temple en Aragon et le prieur de l'Hôpital en Aragon d'un accord entre les templiers de Novillas et les hospitaliers de Mallén.

DLIV 1149, avril.

Jean Abinmenna et sa femme vendent à l'ordre du Temple la moitié d'une maison à Huesca.

DLV 1149 (3 avril 1149-15 avril 1150). Laon.

Donations faites à l'ordre du Temple à Laon et dans la région, énumérées sous le sceau de Barthélemi, évêque de Laon.

DLVI 1149, vendredi 13 et mardi 17 mai. Mirabel-aux-Baronnies et Richerenches.

Guillaume Arnoul, de Mirabel-aux-Baronnies, sa femme et ses fils cèdent à l'ordre du Temple leurs droits sur le territoire de Bourbonton.

DLVII 1149, 11 juin. Au siège de Lérida.

Accord par lequel Guillaume, évêque, et les chanoines de Roda abandonnent l'église Saint-Jean de Monzón à l'ordre du Temple, lequel leur abandonne les églises de Tamarite, un domaine à Huesca et Fonz.

DLVIII 1149, juillet.

Sanche de Triste, sa femme, ses enfants et son beau-frère vendent des maisons à la maison du Temple de Novillas

DLIX 1149, juillet.

Robert de Frescano et sa femme accordent à l'ordre du Temple qu'aucun homme de Frescano ne coupera le canal qui amène l'eau au moulin de *Brugnen*, si les gens de *Brugnen* ne le font pas.

DLX 1149, juillet.

Gomiz Godin et sa femme accordent à l'ordre du Temple qu'aucun homme de *Brugnen* ne coupera le canal qui amène l'eau au moulin de *Brugnen*, sauf pour arroser trois champs.

DLX bis 1149, 25 juillet.

Accord entre Geoffroi, comte de Roussillon, et Guillaume du Château-Roussillon, au sujet du canal des moulins des bourgeois de Perpignan et des templiers, lesquels moulins ont appartenu à Arnaud Pierre et à Raimond Vincent : les hommes de Perpignan et ceux du Château-Roussillon pourront user des canaux dérivatifs de ce canal, à la condition que les moulins reçoivent toujours l'eau suffisante.

DLXI 1149 (novembre 1149-15 avril 1150). Orléans.

Louis VII, roi de France, donne à l'ordre du Temple Savigny, près de Melun, et une rente de 30 livres sur les cens d'Etampes.

DLXII 1149, septembre. Au siège de Lérida.

Raimond, comte de Barcelone, donne Albalate à Bernard, évêque de Saragosse, et à l'église Saint-Sauveur de cette ville. Parmi les témoins un templier.

DLXIII 1149, 16 septembre.

Geoffroi, comte de Roussillon, donne à l'ordre du Temple des droits sur le territoire situé entre le domaine dit *Escarboti* et Villeneuve-de-la-Raho.

DLXIV 1149, 18 octobre. Au siège de Tortosa.

Pierre, Bérenger et Pons, de Fonollar, vendent à l'ordre du Temple leurs droits à San Vicente de Junqueras et à San Martín de Riudeperas.

DLXV 1149, jeudi 10 novembre. Richerenches.

Nicolas de Visan cède à la maison du Temple de Richerenches sa terre à Bourbouton.

DLXVI [Vers 1149-1150.]

Goslin, évêque de Chartres, confirme la donation des reliques apportées de Constantinople par Raimond d'Ouarville et données à l'église d'Ouarville. Parmi les témoins, deux templiers.

DLXVII [Entre 1149 et 1155.]

Goslin, évêque de Chartres, confirme la donation de l'église de Fontaine-Marie à l'ordre du Temple, faite par son prédécesseur Geoffroi.

DLXVIII [Entre 1149 et 1161.]

Henri, évêque de Beauvais, confirme à l'ordre du Temple les annates des prébendes de Notre-Dame de Monchy.

DLXIX [Entre 1149 et 1164.]

Décision de Gérard, évêque de Tournai, terminant le procès entre l'ordre du Temple et les prêtres de Leffinghe au sujet des revenus de l'église de Leffinghe.

DLXX 1150 (1er janvier-21 novembre).

La maison du Temple de Novillas échange avec Martin Calvo une maison contre une autre à Novillas.

DLXXI 1150, (6-13) janvier.

Pons de Montornès et sa femme cèdent à l'ordre du Temple les redevances qu'ils percevaient sur un cellier dans la paroisse de San Baudilio.

DLXXII 1150, février.

Bertrand de Clarensac confirme les dons faits à l'ordre du Temple par son frère Pierre, à la réserve de certaines parties.

DLXXIII 1150, mardi 7 mars.

Bérenger Pons de Douzens, sa femme et ses enfants cèdent à la maison du Temple de Douzens des biens attenant à cette maison.

DLXXIV 1150, vendredi 24 mars. Eglise Sainte-Marie *in Çalese*.

Pierre Capaçutus et Guillaume, frères, vendent à l'ordre du Temple deux terres à *Rubeda*.

DLXXV [1150.] vendredi 24 mars.

Pierre de *Ribalta*, Pierre Sergent, Pierre Noel et sa femme donnent à l'ordre du Temple leurs droits sur un terrain près de Berrias.

DLXXVI 1150, vendredi 31 mars. Casteljau.

Géraud de Casteljau donne à l'ordre du Temple un domaine à Pleux.

DLXXVII 1150, 3 avril.

Ermessende et son mari Guillaume de Saint-Clément vendent à l'ordre du Temple une terre au territoire de Villemolaque, au lieu dit *ad Torremelam*.

DLXXVIII 1150, vendredi 7 avril.

Amélie Castela et sa fille vendent à l'ordre du Temple une vigne à *Podii Dadmir*.

DLXXIX 1150, vendredi 7 avril.

Etienne de *Coma*, sa femme et leurs enfants vendent à l'ordre du Temple leurs droits sur une vigne à *Podio Dadmir*.

DLXXX 1150, vendredi 7 avril.

Arnaud de Montirat et sa femme vendent à l'ordre du Temple leurs droits sur une vigne à *Podio Dadmir*.

DLXXXI 1150, vendredi 7 avril.

Raimond Arnaud et Pons Texiori, leurs femmes et leurs enfants vendent à l'ordre du Temple leur part d'une vigne à *Castelar*.

DLXXXII 1150 (16 avril 1150-7 avril 1151).

Marc de Pleurs, sa sœur et Hugues d'Epernay donnent à l'ordre du Temple cinq septièmes de leur alleu à Noirlieu.

DLXXXIII 1150 (16 avril 1150-7 avril 1151).

Bernard Escodaca donne à l'ordre du Temple son alleu à Viala-de-Pas-de-Jaux.

DLXXXIV 1150 (16 avril 1150-7 avril 1151).

Adémar d'Auriac, son fils et sa femme donnent à la maison du Temple de Sainte-Eulalie leurs droits sur *Fraisel*.

DLXXXV 1150 (16 avril 1150-7 avril 1151).

Dieudonné Pierre et Pierre Frotard, frères, vendent à l'ordre du Temple un fief tenu par Guillaume *Cara Vetula* au terroir de *Serra Mejana*.

DLXXXVI 1150 (16 avril 1150-7 avril 1151). Cairanne.

Autrand renonce, en faveur de la maison du Temple de Roaix, à ce qu'il réclamait sur les dîmes de Roaix.

DLXXXVII 1150 (16 avril 1150-7 avril 1151).

Thierri, évêque d'Amiens, confirme les donations faites à l'ordre du Temple par Baudouin de Saint-Clair et d'autres, de leurs parts des dîmes de Sommereux et de divers terres et droits.

DLXXXVIII 1150, lundi 1er mai.

Géraud Hugues de *Rubeda*, sa femme et son fils donnent une terre à l'ordre du Temple.

DLXXXIX 1150, 14 mai. Paris.

Evrard, maître de l'ordre du Temple, donne à l'abbaye de Saint-Denis une maison et un pré à Ans.

DXC 1158, mercredi 21 juin. Orange.

Brunissende, ses fils et ses gendres cèdent à la maison du Temple de Richerenches leurs droits sur les territoires de Bourbonton et de Richerenches.

DXCI 1150, 22 juin. Saint-Jean-d'Acre.

Acte de Baudouin, roi de Jérusalem, pour les frères de Saint-Lazare. Parmi les témoins, un templier.

DXCII 1150, mardi 22 août.

Dias, son mari Pons Calvet, et leurs enfants concèdent à l'ordre du Temple un terrain au bourg de Saint-Vincent de Carcassonne, à charge d'un cens annuel.

DXCIII 1150, lundi 23 octobre. Savasse, Saint-Paul-Trois-Châteaux, *Belveder*, Mours.

Rainaud Francesc, sa femme et son fils cèdent à l'ordre du Temple leurs droits sur le château de Bourbonton. Confirmation par Géraud Adémar et par la femme et le fils de Rainaud.

DXCIV 1150, mercredi 25 octobre.

Arnaud de Gaure, entrant dans l'ordre du Temple, lui donne ses biens de Gaure, excepté l'église, qu'il tient en fief de Pierre de Pomas.

DXCV 1150, novembre. Borja.

Rodrigue cède à l'ordre du Temple une vigne dite *Alalgaga in Sopez*, pour mettre fin à un procès entre sa mère et l'ordre.

DXCVI 1150, dimanche 5 novembre. Richerenches.

Géraud de Montségur et sa femme donnent à l'ordre du Temple leurs droits sur le château de Bourbonton et sur les territoires entre les rivières du Lez, de la Coronne et de l'Ollière.

DXCVII 1150, 27 novembre. Barcelone, maison du Temple.

Raimond Bernard de Gurb, sa femme, leurs fils et leurs gendres cèdent à l'ordre du Temple leurs droits sur un alleu légué à l'ordre, dans la paroisse de Paréts.

DXCVIII [Entre 1150, 5 novembre, et 1151, 18 juin.]

Hugues de Bourbonton, templier, à l'approche de la mort, passe en revue les droits appartenant à la maison du Temple de Richerenches au territoire de Bourbonton : une première moitié de ce territoire était la propriété de Bérenger, père de Hugues, et fut donnée par ce dernier à l'ordre du Temple, lorsqu'il y entra : elle est tout entière la propriété de l'ordre, après les donations de Bertrand de Bourbonton, Ripert Folrad, Pierre de Mirabel, Géraud de Montségur, Géraud de *Tornefort*, Pierre Hugues de Visan ; l'autre moitié a été acquise à diverses reprises de Bertrand de Solérieux, des enfants de Raimond Bellon, d'Isarn et de son frère Guillaume Isarn, de Raimond de Gigondas, de Raimond de Bédarrides et de ses enfants. Indication des limites des territoires de Bourbonton et de Richerenches.

DXCIX [Vers 1150.]

Dons de l'abbé de Sordes et de Séguine au monastère d'Aubazine. Parmi les témoins, un templier.

DC [Vers 1150.]

L'église d'Origny-Sainte-Benoîte donne à l'ordre du Temple des terres à *Boherlin*, *Tierris* et Montfaucon, en s'en réservant la dîme des gerbes.

BULLAIRE

I [Vers 1133-1137,] 24 février. Pise.

Innocent II confirme le règlement fait par Milon, évêque de Thérouanne, et d'autres évêques, attribuant à l'ordre du Temple les offrandes faites à la chapelle d'*Obstal*, à Ypres, dans la semaine des rogations.

II [Vers 1135-1137,] 10 juin. Pise.

Innocent II mande à Alfonso VIII, roi de Castille et de Léon, et aux princes d'Espagne de maintenir à l'ordre du Temple les donations que lui a faites Alfonse Ier, roi d'Aragon.

III [Vers 1138-1142,] 2 décembre. Latran.

Innocent II confirme les donations d'un bien à *Ruca* à l'ordre du Temple et d'autres biens à l'abbaye de Pozzolo, faites par Paganel de Porcari et sa femme.

IV 1138, 23 mars. Latran.

Innocent II confirme à Aimar, abbé de l'église d'Ypres, toutes les possessions actuelles et les privilèges de son église et ratifie le règlement sur la chapelle d'*Obstal*, à Ypres.

V 1139, 29 mars. Latran.

Innocent II concède au maître et aux chevaliers du Temple la libre disposition des dépouilles des infidèles, prend sous sa protection l'ordre et ses maisons, en approuve la règle, défend d'élire comme successeur au maître un membre étranger à l'ordre, de changer, sauf du consentement du maître et du chapitre, les statuts récemment mis par écrit, d'exiger des hommages des membres de l'ordre, à ces derniers de quitter l'ordre après profession faite, d'exiger de l'ordre des dîmes, lui permet d'avoir un chapelain dans chaque maison, d'expulser les sujets indignes ou inutiles, d'avoir des oratoires à l'usage de ses membres et de les y ensevelir.

VI [Vers 1139-1143,] 1er mai. Latran.

Innocent II défend à quiconque a fait profession dans l'ordre du Temple, de le quitter sans la permission du maître de l'ordre.

VII 1142, 12 janvier. Latran.

Innocent II confirme à l'ordre du Temple la personne et les biens de Jean *de Inter duas sepes*, la maison d'Hugues de *Cangie*, ce que l'évêque de Langres a concédé à l'ordre à Aubigny, les églises et villes de *Villa sub terra*, Bure-lès-Templiers, Brottes, Valleroy.

VIII [1144.] 9 janvier. Latran.

Célestin II accorde des indulgences aux bienfaiteurs de l'ordre du Temple et permet, lors de l'arrivée des quêteurs de l'ordre dans une localité interdite, d'y célébrer les offices divins.

IX [1144.] 15 mai. Latran.

Luce II renouvelle le privilège de Célestin II en faveur de l'ordre du Temple.

X [1145.] 7 avril. Città di Castello.

Eugène III accorde aux templiers le droit d'avoir à leur usage propre des oratoires et de s'y faire enterrer.

XI [1145 ou 1146.] 15 juillet. Viterbe.

Eugène III renouvelle le privilège de Célestin II en faveur de l'ordre du Temple.

XII [1145 ou 1146.] 27 octobre. Viterbe.

Eugène III renouvelle le privilège de Célestin II en faveur de l'ordre du Temple.

XIII [1145 ou 1146.] 9 novembre. Viterbe.

Eugène III mande aux évêques de Pampelune, d'Huesca, de Saragosse et de Tarazona de prêter secours à l'ordre du Temple, victime d'usurpateurs.

XIV [1145 ou 1146.] 13 novembre. Viterbe.

Eugène III renouvelle le privilège de Célestin II en faveur de l'ordre du Temple.

XV [1147.] 18 décembre. Trèves.

Eugène III mande à Hugues, archevêque de Rouen, de mettre fin au conflit entre les templiers et l'abbaye de Troarn au sujet de Robehomme, propriété de l'abbaye, dont le comte de Ponthieu s'était emparé pour la donner aux templiers.

XVI [1147.] 18 décembre. Trèves.

Eugène III mande à l'archevêque de Rouen et aux évêques de Coutances et d'Evreux de citer le comte de Ponthieu à comparaître devant eux, pour faire justice à l'abbaye de Troarn au sujet de Robehomme, et de défendre au dit comte de partir pour Jérusalem avant que cela ait été fait.

XVII [1147.] 18 décembre. Trèves.

Eugène III mande au comte de Ponthieu de ne pas partir pour Jérusalem avant d'avoir fait justice à l'abbaye de Troarn au sujet de Robehomme.

XVIII [1148.] 9 mars. Reims.

Eugène III confirme à l'abbaye de Saint-Martin d'Ypres la possession de l'autel de Calonne-sur-la-Lys et confirme le règlement fait par Milon, évêque de Thérouanne, et d'autres évêques, et déjà confirmé par Innocent II, au sujet de la chapelle d'*Obstal*, à Ypres.

XIX [1148.] 20 mars. Reims.

Eugène III renouvelle le privilège de Célestin II en faveur de l'ordre du Temple.

XX [1148.] 14 avril. Reims.

Eugène III mande à l'archevêque de Rouen et aux évêques de Coutances et d'Evreux qu'il a accordé aux templiers, dans le procès pendant entre eux et l'abbaye de Troarn au sujet de Robehomme, à cause de l'absence du comte de Ponthieu, un délai jusqu'à la Toussaint, après l'expiration duquel l'affaire devra être jugée.

XXI [1148.] 3 septembre. Brescia.

Eugène III renouvelle le privilège de Célestin II en faveur de l'ordre du Temple.

XXII 1150, 30 mars. Latran.

Eugène III confirme la concession faite à l'ordre du Temple par Raimond-Bérenger, comte de Barcelone et roi d'Aragon, des châteaux de Monzón, Mongay, Chalamera, Barbará, Remolinos et Corbíns, et de certains revenus et privilèges.

XXIII [1150.] 23 avril. Latran.

Eugène III renouvelle le privilège de Célestin II en faveur de l'ordre du Temple.

XXIV [1150 ou 1151.] 11 novembre. Segni.

Eugène III confirme la donation faite à l'ordre du Temple par Simon, de ses biens à Montécourt, d'une maison à Ham et de ce qu'il tenait en fief d'Eudes de Ham.

XXV [1151.] 14 mars. Ferentino.

Eugène III prescrit d'excommunier quiconque a quitté l'ordre du Temple après y avoir fait profession.

XXVI [1151.] 14 mars. Ferentino.

Eugène III confirme l'accord entre l'ordre du Temple et Guillaume, évêque de Lérida, au sujet de l'église Saint-Jean de Monzón.

TABLE ALPHABÉTIQUE DES NOMS DE LIEUX

(Dans cette table sont tous les noms propres de lieux contenus dans le texte des actes du *Cartulaire* et du *Bullaire*, dans les sommaires et dans les notes du bas des pages, à l'exception des titres des cardinaux, qui ne se trouvent d'ailleurs que dans les n°ˢ 5, 7 et 22 du *Bullaire*. Certains noms propres pour lesquels on peut douter s'ils sont de lieux ou de personnes ont été admis : dans de tels cas l'admission de plusieurs noms sur lesquels il y a doute vaut mieux que des omissions. Parmi les surnoms à élément topographique il en est, comme *de Podio, de Rivo, de Capella*, par exemple, qui peuvent signifier l'idée générale de montagne, de ruisseau ou de chapelle et contenir une allusion dont le sens précis ne peut être retrouvé, aussi bien qu'indiquer un lieu d'origine déterminé ; ceux de la première sorte devraient être exclus d'une table de noms de lieux, s'il était possible de les distinguer de ceux de la seconde : l'impossibilité de faire cette distinction oblige à les admettre tous. Pour les surnoms tirés de noms de lieux, il est très souvent impossible d'identifier ces lieux. Pour les lieux identifiés, c'est la forme du nom usitée aujourd'hui, écrite en caractères italiques, qui est mise en vedette et sert au classement. Un point d'interrogation après une forme de cette sorte signifie que l'identification est douteuse. En latin, les renvois des formes anciennes aux modernes et les noms des lieux non identifiés sont laissés sous la forme des cas auxquels ils sont dans les actes; pour la commodité du classement, dans les noms composés dont le premier terme est un des mots *mons, vallis, beatus* ou *sanctus*, la désinence casuelle de ce premier terme est supprimée. Dans les identifications de lieux situés en France, le mot France est toujours omis. Dans le classement, l'ordre alphabétique est suivi aussi rigoureusement que possible. Les renvois sont faits aux n°ˢ des actes ; les n°ˢ précédés de la lettre B sont ceux du *Bullaire*. — LISTE DES ABRÉVIATIONS EMPLOYÉES : abb. : abbaye; affl. : affluent ; anc. : ancien ; arr. : arrondissement ; arr. adm. : arrondissement administratif ; ayunt. : ayuntamiento ; c. : commune ; cant. : canton ; ch. : château ; conc. : concelho ; corr. : corrigez : dép. : département ; dépend. : dépendances; détr. : détruit ; dioc. : diocèse ; distr. : districto ; égl. : église ; fl. : fleuve ; fr. : freguezia ; loc. : localité ; n. i. : non identifié ; par. : paroisse ; part. jud. : partido judicial ; pr. : province, provincia · riv. : rivière ; terr. : territoire ; var : variante.)

A

Abbatis (Joibertus. Odo de), 221, 555.

Abberas (Guillermus de), 557.

Abonema (villa quam dicunt), loc. n. i. en Portugal, 19.

Abrincis, Abruntis (de). Voir *Avranches*.

Absthal. Voir Obstal.

Abtura (parroechia Sancti Juliani de ipsa). Voir *San Julián de Altura*.

Açahara, Açahra. Voir *Azagra*.

Accon. Voir *Acre*.

Aceas, Aces. Voir *Achey*.

Achey (Haute-Saône, arr. Gray, cant. Dampierre-sur-Salon). Hugo de Aceas, Aces, 330.

Açhra. Voir *Azagra*.

Aci. Voir *Acy*.

Acre (Terre Sainte). Charte datée d'Acre, 8 : datum Accon, 591.

Acrel. Voir *Airel*.

Acromonte (in). Voir *Agramunt*.

Aculei (de Crotis). Voir *Aiguilhe*.

Acy (Aisne, arr. Soissons, cant. Braisne). Guillelmus de Aci, 555.

Adadig (flumen de), riv. n. i. au comté de Fenouilledès, 264.

Adegat, lieu n. i. aux dépend. de Douzens (Aude), 313, 315.

Adstoi (molendinum). Voir *Étouy*.

Aerpep (Albin d'), 534.

Agaten. Voir *Agde*.

Agde (Hérault, arr. Béziers). Aput Agaten, 462 ; vicomte d'Agde, 86, 89, 401.

Age. Voir *Agey*.

Ager (Espagne, pr. Lérida, part. jud. Balaguer). Bertran, Raimundus Berengarii de Ager, 314, 334.

Agey (Côte-d'Or, arr. Dijon, cant. Sombernon). Warnerius de Age, 540.

Agierbe (Andreo de), 416.

Agnils. Voir *Nyls*.

Agnum (Robertus d'), 600.

Agón (Espagne, pr. Zaragoza, part. jud. Borja). Moulin d'Agón, molinar de Agon, 319, 347, 499 ; pecia de terra in Agon, 396.

Agona (Paganus d'), 146.

Agoya (serra de), lieu n. i. en Portugal, 11.

Agramunt (Espagne, pr. Lérida, part. jud. Balaguer). In Acromonte, 475.

Agreda (Espagne, pr. Soria). Johannes Michael de Agreda, 493.

Agro Folio (de). Voir *Greffeil*.

Agualbam (via que pergit... ad), lieu n. i. au comté de Fenouilledès, 264.

Aguals, lieu n. i. près de Blomac (Aude), 366.

Agüero (Espagne, pr. Huesca, part. jud. Jaca). Sancio Sangez de Ahuero, 111.

Aguiar de Souza (Portugal, distr. Porto, conc. Paredes). Aguilar, 19.

Agulea (domus quam vocant Crotas de). Voir *Aiguilhe*.

Ahuero. Voir *Agüero*.

Aibar (Espagne, pr. Navarra, part. jud. Aoiz). Comes in Aibar, Aivar, 494, 546 ; Ucila Latro in Aivar, 227.

Aiguebelle (Drôme, arr. Montélimar, cant. Grignan, c. Montjoyer). Ad Aqua Bella, 500 ; abbas, monachi, prior Aque Belle, 371, 500.

Aigues-Vives (Aude, arr. Carcassonne, cant. Peyriac-Minervois). Homines de Aqua Viva, 181 ; Berengarius, Bernardus Pontii, Poncius Guifre de Aqua Viva, 63, 181, 193.

Aiguilhe (Haute-Loire, arr. et cant. le Puy). De Crotis Aculei, 51 ; domus quam vocant Crotas de Agulea, 52.

Ailly-le-Haut-Clocher (Somme, arr. Abbeville), ou *Ailly-sur-Noye* (Somme, arr. Montdidier), ou *Ailly-sur-Somme* (Somme, arr. Amiens, cant. Picquigny). Arnulfus de Alliaco, 587.

Aingen. Voir *Enghien*.

Ainils. Voir *Nyls*.

Aiquaroça (Aiz de), 398.

Airel (Manche, arr. Saint-Lô, cant. Saint-Clair). Wuillermus de Acrel, 541.

Aisellam (ad). Voir *Aizelles*

Aisne, riv., affl. de l'Oise. (Marne, Ardennes, Aisne et Oise) Inter... et Axonam, 555.

Aivar. Voir *Aibar*.

Aizelles (Aisne, arr. Laon, cant. Craonne). Molendinum ad Aisellam, 555.

Ajuda (villa que dicitur Ajuda, que vocatur, que [sic] vocitant Avida [*corr.* : Ajuda], loc. n. i. en Portugal, 195, 210, 362.

Alaba. Voir *Alava*.

Alagón (Espagne, pr. Zaragoza, part. jud. la Almunia de doña Godina). In Alagone, 84 ; Artal, Lop Garceç in Alagon, Alagone, Alaon, 69, 292, 331, 349, 414, 421, 534, 543, 549.

Alaia (Arnaldus d'), 95.

Alaiano (de). Voir *Alaigne*.

Alaigne (Aude, arr. Limoux). Guilelmus de Alaiano, Aleniano, 55, 95.

Alairac (Aude, arr. Carcassonne, cant. Montréal). Villa de Alairaco, 531 ; cappellanus de Alairaco, 467 ; Bernardus de Alayraco, 435 ; Raimundus de Alairaco, 592.

Alais (Gard). Canonicus de Alesto, 36.

Alalgaga in Sopez (vinea que vocatur), lieu n. i. près de Borja (Espagne), 595.

Alaon. Voir *Alagón*.

Alava, pr. (Espagne). Rex in Alaba, 100, 386, 494, 546.

Aloyraco (de). Voir *Alairac*.

Albagnano, Albannano (Petrus de), 405.

Albalate de Cinca (Espagne, pr. Huesca, part. jud. Fraga). Villa atque castellum que dicitur [*sic*] Alballat, 562.

Albania. Voir *Aubagne*.

Albannano (de). Voir Albagnano (de).

Albardi (castrum), Albarid. Voir *Alberite*.

Albeduno (de). Voir *Bézu (Le)*.

Albeniaco (de). Voir *Aubigny*.

Alberite (Espagne, pr. Zaragoza, part. jud. Borja). Castellum de Alberit, castrum Albardi, villa de Albarid, 177, 384.

Albero (Lupus de), 492.

Albi (Tarn). Vicomte d'Albi, 86, 89 ; Ermengaldus Dalricchi Albiensis, 462.

Albies (Guillem d'), 251.

Albigny (Guillaume d'), 372.

Albon (Drôme, arr. Valence, cant. Saint-Vallier). Comes Albionensis, de Albion, 48, 51.

Albrincis (de). Voir *Avranches*.

Albuzon, Albuzone [*var.* : Albuççone] (Arnaldus, Guigo de), 238, 527.

Alcala, Alchala, Alkala (Galin Xemenos in, Garcia de), 398, 415, 492.

Alcandara (Sancio Enecons de illa), 111.

Alcántara? (Espagne, pr. Cáceres). Anno quo cecidit in aqua illa Alcantara, 292.

Alcaten, lieu n. i. en Espagne, 39.

Alchala. Voir Alcala.

Alchezar. Voir *Alquézar*.

Alcocea, Alcoceia, lieu n. i. en Espagne, 292.

Alcyon (Vaucluse, arr. Orange, cant. Vaison, c. Sainte-Cécile). Territorium de Arcisone, Arcisono, 198.

Alde (flumen). Voir *Aude*.

Aldebran (prad). Voir Prato Aldebran (de).

Aldenborg, Aldenborgh. Voir *Audenbroek*.

Aldigon, Andilgon (senior in), lieu n. i. en Espagne, 515.

Aleiano (de). Voir *Alénya*.

Alembon (Pas-de-Calais, arr. Boulogne-sur-mer, cant. Guines). Guido de Elembona, 375.

Alençon (Orne). Comte d'Alençon, 650.

Aleniano (de). Voir *Alaigne*, *Alénya*.

Alénya (Pyrénées-orientales, arr. et cant. Perpignan). In Aleiano, 339 ; Berengarius, Vidianus de Aleiano, Aleniano, 339, 358.

Alera. Voir *Ollière*.

Aleste, riv., affl. de l'Ave (Portugal). Ripa Aliste, 520.

Alesto (de). Voir *Alais*, *Alet*.

Alet (Aude, arr. et cant. Limoux). In monasterio Sancte Marie Electi, Helecti, abbas ejusdem loci, 55, 56, 57, 76, 77 ; Bernardus de Alesto, 462 ; Poncius Andreu d'Eleit, 95.

Alexano (de). Voir *Alixan*.

Alfara (Espagne, pr. Tarragona, part. jud. Tortosa). In Alfaro, Fertunio Lopeç de Alfar, 493.

Alfarela (Petrus Sancius de), 177, 384.

Alfaro (in). Voir *Alfara*.

Alfocea (Espagne, pr., part. jud. et ayunt. Zaragoza). Alffoceya, Alfoceya, 349.

Alfos (Johannes de), 334.

Algarceres (in illos), lieu n. i. en Espagne, 382.

Alialrons, Allairos, Allarionis, Allaros. Voir *Camp-del-Layrou*.

Alignan-du-Vent (Hérault, arr. Béziers, cant. Servian). Deodatus Vilelmi, Sicardus de Alinano, 37.

Aliste. Voir *Aleste*.

Alixan (Drôme, arr. Valence, cant. le Bourg-de-Péage). Ugo de Alexano, 121, 174.

Alkala. Voir Alcala.

Allan (Drôme, arr. et cant. Montélimar). Artaudus, Poncius, Ugo, Willelmus d'Alon, de Alon, 184, 462, 470, 547, 590, 593.

Alliaco (de). Voir *Ailly*.

Almaçam, lieu n. i. près de Cortes et de Novillas (Espagne), 367.

Almanar. Voir *Almenar*.

Almari, Almaria. Voir *Almería*.

Almazara (almunia que vocatur), loc. n. i. en Espagne, 386.

Almenar (Espagne, pr. et part. jud. Soria) Almanar, 410.

Almería (Espagne). Quando imperator et comes Barchinonia et rex G. obsederunt Almaria, quando obsederunt homines de Genua cum domino nostro comite civitatem que vocatur Almaria, comite Barch. obsidente Almariam, anno quo fuerunt ymperator et comes Barch. et rex G. cum exercitu eorum super Almari, anno quo fuit capta Almaria, 421, 473, 475, 476, 492, 494.

Almudaffer (molendina que dicuntur), lieu n. i. près de Balaguer (Espagne), 475.

Alneto (de), Alnetum (apud). Voir *Aulnois*, *Launay*.

Alon. Voir *Allan*.

Alost (Belgique, pr. Flandre orientale). Juuanus de Alost, 231.

Alost. Voir *Olost*.

Alquézar (Espagne, pr. Huesca, part. jud. Barbastro). Senior in Alchezar, 415.

Alquibla (algafir de), lieu n. i. aux dépend. de Huesca (Espagne), 532.

Alsalium, Alsavi, Alsavum. Voir *Aussone*.

Alsona. Voir *Alzonne*.

Alsonis rivus. Voir *Coronne*.

Alsson. Voir *Fonz*.

Alteri. Voir *Autrey*.

Altinac, Altinacho, Altiniacco, Altiniacho, Altiniaco (de). Voir *Autignac*.

Altura (parroechia Sancti Juliani de). Voir *San Julián de Altura*.

Alvarenga (Portugal, distr. Aveiro, conc. Arouca). Terretorium Alvarenza, 291.

Alveda (John [*sic*] Diez in), loc. n. i. en Espagne, 69.

Alvergue (Gaufredus de), 352.

Alvernegue. Voir *Vernègues*.

Alzonne (Aude, arr. Carcassonne). Arnaldus Torron de Alsona, 428.

Amaugerium (guadum Amaugerium, Gaamaugerium [*corr.* : ga Amaugerium]), gué n. i. sur le Lez (Drôme), 190, 598.

Ambazia. Voir *Amboise*.

Ambel (Espagne, pr. Zaragoza, part. jud. Borja). Castellum Ambel, 229; ecclesia de Ambel, 368, 369, 602; hereditas de Ambel, 266.

Ambianensis. Voir *Amiens*.

Amboise (Indre-et-Loire, arr. Tours). Hugo de Ambazia, 12.

Ameillau. Voir *Millau*.

Amiens (Somme). Ambianensis episcopus, 97, 587.

Amilal (alodium d'), lieu n. i. en Catalogne, 137.

Amilavi (de). Voir *Millau*.

Amio de Pineros (villa de), loc. n. i. en Portugal, 19.

Ampurias (Espagne, pr. et part. jud. Gerona, ayunt. la Escala). Comes Impuritanensis, de Empuriis, 71, 154.

Ancles. Voir Angulis (de).

Andecavensis, Andegavensis, Andecavorum, Andegavorum comes. Voir *Angers*, *Anjou*.

Andilgon. Voir Aldigon.

Androna, lieu n. i. près de Barcelone (Espagne), 80.

Anessa, Anessa. Voir Aniessa.

Angers (Maine-et-Loire). Andecavensis, Andegavensis episcopus, 12, 21, 329; ecclesia Sancte Virginis Marie et Sancti Marsilii [*corr.* : Maurilii] Andegavensis, 329.

Angervilla (Rainaldus de), normand, 7.

Anglaura. Voir *Anglure*.

Anglerola. Voir *Anglesola*.

Angles. Voir Angulis (de).

Anglesola (Espagne, pr. Lérida, part. jud Cervera). Arnallus Berengarii de Anglerola, 70.

Angleterre. In Anglia, Angliam, 375, 448; terra Anglie, 176; fideles tocius Anglie, 124; roi d'Angleterre, rex, regina Anglie, Anglorum, 114, 124, 178, 179, 205, 208, 231, 247, 248, 249, 250, 255, 256, 261, 271, 272, 273, 377, 449, 450, 482, 483, 484; angli, anglici, 168, 218, 220, 247, 250, 256, 271, 450.

Anglis (de). Voir Angulis (de).

Anglure (Marne, arr. Epernay). Hecelinus de Anglaura, 60.

Angnils. Voir *Nyls*.

Angoulême (Charente). Engolismensis episcopus, 12.

Angulis, Ancles, Angles, Anglis, Angulis (Arnaldus Guillelmi, Enesanç, Guillelmus, Guiraldus de), 193, 228, 246, 246, 313, 366, 461, 601, 673.

Aniessa, Anessa, Anessa, Anniesse (ecclesia de, populatio in, almunia de), loc. n. i. près d'Eges de los Caballeros (Espagne), 330, 465, 545.

Anlis. Voir *Nyls*.

Anjou. Comte d'Anjou, Andecavorum, Andegavorum, Andegavensium, Andegavensis comes, 8, 12, 234, 329, 477 ; denarii Andegavenses, 53.

Anniesse. Voir Aniesse.

Anogato [*var.* : Avesac] (villa de), loc. n. i. au comté de Foix, 129.

Ans (Belgique, pr., arr. adm. et cant. Liège). Villa que dicitur Aunis, 589.

Antegol (in riperiam d'), 335.

Antibes (Alpes-maritimes, arr. Grasse). Antibolensis episcopus, 2.

Antioche (Terre Sainte). Data Antiochie, 206 ; princeps Antiochie, Antiochenus, Antiocetius, 1, 87, 206 ; patriarcha sedis Antiochene, 106.

Antricalz. Voir *Entrechaux*.

Anvello (de). Voir *Hanvoile*.

Apia. Voir *Eppes*.

Aprey (Haute-Marne, arr. Langres, cant. Longeau). Soror de Aspriaco, 61.

Aqua (comba [*corr.* : Comba] de). Voir *Coumedègue*.

Aqua Bella. Voir *Aiguebelle*.

Aqualada. Voir *Igualada*.

Aqua Viva. Voir *Aigues-Vives*.

Aque Belle (prior). Voir *Aiguebelle*.

Aquilar (Petrus de). 518, 519.

Aquis (Herbertus de), 511.

Aquis Vivis (territorium de), lieu n. i. aux dépend. de Puyloubier (Bouches-du-Rhône), 316.

Aquitaine. Duc d'Aquitaine, dux, ducissa Aquitanie, Aquitanorum, 194, 196, 223, 224, 232, 305, 451, 465, 491, 561.

Aragon. In Aragone, 349 ; roi d'Aragon, princeps, rex Aragon, Aragonensis, Aragonensium, de Aragone, in Arago, Aragon, Aragone, Aragoni, Aragun, princeps regni Aragonis, regni dominator Aragonensis, comes dominans, regnans in Aragon, Aragone, Aragonia, 6, 26, 39, 40, 69, 87, 91, 145, 154, 177, 229, 266, 292, 314, 331, 336, 338, 349, 384, 389, 390, 398, 407, 414, 415, 416, 421, 434, 441, 455, 456, 468, 473, 476, 479, 481, 494, 505, 534, 543, 549, 557, B 2 ; servus milicie Templi atque magister in Aragone, servus et frater Ospitalis atque prior in Aragone, 553.

Aragon (Aude, arr. Carcassonne, cant. Alzonne). Guillermus Rogerii de Aragono, 63, 142, 270.

Aralato (de). Voir *Arles*.

Aramet. Voir *Laramet*.

Arazuri (Rodrigo Petro de), 546.

Arbincis (de). Voir *Avranches*.

Arborbel (villa que dicitur), lieu n. i. près de Caudeval (Aude), 462.

Arcaz. Voir *Arques*.

Archano (via que pergit de Archano ad...), lieu n. i. au comté de Fenouilledès, 284.

Archos (de illos). Voir *Losarcos*.

Arcisone, Arcisono (de). Voir *Alcyon*.

Arcos (de illos). Voir *Losarcos*.

Arcy-Sainte-Restitue (Aisne, arr. Soissons, cant. Oulchy-le-Château). Altar de Arscio, parrochia, decima Arscii, 204.

Arczacho, Arczag, Arzacho, Arzag (Petrus de), 284, 300, 314, 341.

Arda, Ardes. Voir *Ardres*.

Ardon, faubourg de Laon (Aisne). Apud Ardonem, 221.

Ardres (Pas-de-Calais, arr. Saint-Omer). Dominus de Arda, 375 ; Arnulfus de Ardes, 285.

Areas (de illas), lieu n. i. en Espagne, 497.

Arecurt (Wilelmus d'), 448.

Aregia. Voir *Ariège*.

Arelate, Arelatensis. Voir *Arles*.

Arenas. Voir *Orange*.

Arenis (Hugo de), 448.

Argaedas, Argedas (de). Voir *Arguedas*.

Argens (Aude, arr. Narbonne, cant. Ginestas). Petrus de Argenca, 474.

Argens (Imberius de), 352.

Argent. (Hugo de), 256, 271.

Arguedas (Espagne, pr. Navarra, part. jud. Tudela). Garcia Garcez de Argaedas, 447 ; Porcel de Argedas, Arguedas, 440.

Arhas (Petrus de), 144.

Arias (portus de), lieu n. i. en Portugal, 11.

Ariège, riv., affl. de la Garonne (Ariège et Haute-Garonne). Fluvium Aregie, quod appellatur Aregia, 129.

Arles (Bouches-du-Rhône). In civitate Arelate, 352 ; capitulum Arelatensis 281 ; Arelatensis canonicus, 165 ; Calvaria, Calveira, Chalveira, Chalveria Arelate, Arelatensis, 168, 190, 198, 199 ; Petronilius Mimus de Aralato, 360.

Arnay-le-Duc (Côte-d'Or, arr. Beaune), ou *Arnay-sous-Vitteaux* (Côte-d'Or, arr. Semur, cant. Vitteaux). Poncius de Arnai, 330.

Arouca (Portugal, distr. Aveiro). Aroca, Arouka, 19, 291.

Arques (Aveyron, arr. Rodez, cant. Pont-de-Salars). Petrus de Arcaz, 281.

Arraçaçol. Voir *Rasal*.

Arrada (Exemenno de), 543.

Arras (Pas-de-Calais). Évêque d'Arras, Atrebatensis, Attrebatensis episcopus, 4, 45, 231, B 1, B 4, B 18 : Atrebatensis abbas, 231 ; abbas Beati Vedasti Atrebatensis, 220 ; Heinricus Atrebatensis, 205.

Arraval, lieu n. i. en Aragon, 505, 506.

Arrotellar, Arrontellar (Senior in), lieu n. i. en Espagne, 415.

Arscii (parrochia), Arscio (de). Voir *Arcy-Sainte-Restitue*.

Artanegui (Ferrande de), 404.

Artasona (Espagne, pr. Huesca, part. jud. Barbastro, ayunt. el Grado). In Artasona, 455.

Artesa (Arremon de), 473.

Articha (Dominico de), 554.
Artigues (Aude, arr. Limoux, cant. Axat). Raimundus de Artigas, 461.
Arundel (Angleterre, Sussex). Comte d'Arundel, 219, 372.
Arzacho, Arzag (de). Voir Arczacho (de).
Arzens (Aude, arr. Carcassonne, cant. Montréal, c. Arzens-et-Corneille). Cappellanus de Arzencs, 467; milites de Arzencs, 459.
Aschatiz (hereditas de), lieu n. i. en Portugal, 103.
Ascneiras, loc. n. i. en Rouergue, 537.
Asin (Espagne, pr. Zaragoza, part. jud. Egea de los Caballeros). Garci Arceç de Asin, 499.
Aske. Voir *Assche*.
Asnava [*var.* : Asuana], Guillelmus de, 129.
Asperos (ad ipsos). Voir *Aspres*.
Aspres, avant-monts des Albères (Pyrénées-orientales). Ad ipsos Asperos, 140.
Aspriaco (de). Voir *Aprey*.
Assche (Belgique, pr. Brabant, arr. adm. Bruxelles). Arnaldus de Aske, 262.
Asso (Tomeu d'), 544.
Ast (Sania d'), 595.
Astugue (Hautes-Pyrénées, arr. et cant. Bagnères-de-Bigorre). Petrus de Astuga, 501.
Astusella (Galin Garces de), 416.
Asuana. Voir Asnava.
At (Exemen d'), 476.
Atax. Voir *Aude*.
Athies (Pas-de-Calais, arr. et cant. Arras). Parrochia, villa Hadensis, 226.
Athonis Curte (de). Voir *Attancourt*.
Atrebatensis. Voir *Arras*.
Attancourt (Haute-Marne, arr. et cant. Wassy). Hato de Athonis Curte, 138.
Attrebatensis. Voir *Arras*.
Aubagne (Bouches-du-Rhône, arr. Marseille). Castellum de Albania, Berengarius, Raimundus, Rotbaldus de Albania, 316.
Aubazine (Corrèze, arr. Brive, cant. Beynat). Obazinense monasterium, 599.
Aubertella (terminium de), lieu n. i. dans la région de Pézenas (Hérault), 215.
Aubigny (Haute-Marne, arr. Langres, cant. Prauthoy). Potestas de Albeniaco, 87.
Auch (Gers). Archiepiscopus Ausiensis [*var.* : Ausicensis], Auxiensis, in Auxi, 6, 73, 338.
Auçola (Bernardus de), 575.
Aude, fl. (Pyrénées-orientales et Aude). In Aude, 85, 313; flumen Alde, quod vocatur Atax, fluvius Aude, qui nominatur Auden, 64, 246, 258, 263, 267, 282, 313, 315, 462; riparia Alde, Aude, 63, 116, 156, 427, 433, 463, 524.
Audenbroek (Belgique, pr. Flandre orientale, arr. adm. Audenarde, cant. et c. Renaix). Willelmus de Aldenborg [*var.* : Aldenborgh], 275.
Audomarensis. Voir *Saint-Omer*.
Aulnois (Aisne, arr. et cant. Laon). Robertus de Alneto, 555.
Aumencourt (Aisne, arr. Laon, cant. Coucy-le-Château, c. Auffrique-et-Nogent; ou cant. Crécy-sur-Serre, c. Couvron-et-Aumencourt). Apud Aumencicurtem, 555.
Aunis. Voir *Ans*.
Auresica, Aurasicensis. Voir *Orange*.
Aurelianis, Aurelianensis. Voir *Orléans*.
Aurengia. Voir *Orange*.
Aureniacum (ad). Voir *Aurigny*.
Auriac (Aude, arr. Carcassonne, cant. Mouthoumet). Iatbertus, Iatmarus, Petrus de Auriacco, Auriacho, Auriaco, 258, 263, 282, 400, 401, 442, 443.
Auriac (Aveyron, arr. Rodez, cant. Cassagnes-Bégonhès). Ademars d'A[u]riac, 584.
Auriasicensis. Voir *Orange*.
Auriniaco (de). Voir *Origny*.
Ausicensis, Ausiensis. Voir *Auch*.
Ausona, Ausonensis. Voir *Vich*.
Ausorum (ad curiam [*corr.* : Curiam]). Voir *Courtisols*.
Aussoue, riv., affl. de la Save (Haute-Garonne et Gers). Alsalium, flumen Alsavi, Alsavum, 73, 83, 88, 93.
Autignac (Hérault, arr. Béziers, cant. Murviel). Bernardus de Balma, Deodatus, Petrus, Willelmus de Altinac, Altinacho, Altiniacco, Altiniacho, Altiniaco, 308, 400, 412, 442, 443.
Autrey (Haute-Saône, arr. Gray). Decima, clericus, prepositus de Alteri, 330.
Autun (Saône-et-Loire). Eduensis episcopus, 540.
Auures (Guillelmus de), 144.
Auxi (in), Auxiensis. Voir *Auch*.
Ava. Voir *Ave*.
Avallaz. Voir *Bout-de-Fer*.
Avalmedina (Sancio Sangiz senior), 492.
Avalonis (territorium). Voir *Ollon*.
Ave, fl. (Portugal). Circa pontem de Ava, 19.
Avenione (de), Avenionensis, Avennicae civitatis ecclesia. Voir *Avignon*.
Avere, Avero (Sanz Sanz de), 534.
Avesac. Voir Anogato (de).
Avia, lieu n. i. en Portugal, 19.
Avida. Voir Ajuda.
Avignon (Vaucluse). Avenionensis ecclesia, episcopus, ecclesia Sancti Johannis Baptistae Avennicae civitatis, 30; Gaufridus de Avenione, 307.
Avinyó (Espagne, pr. Barcelona, part. jud. Manresa). Bernardus Petri de Avinione, 79.
Avisa, Avisan, Avisano (de). Voir *Visan*.
Avo (Aubertus de), 451.
Avosne (Côte-d'Or, arr. Semur, cant. Vitteaux). Villa que Avonium dicitur, in villa Avonio, 540.

Avranches (Manche). Turgisius de Abrincis, Abruntis, Albrincis, Arbincis [*sic*], 249, 250, 255, 256, 271.

Avrelo (Rogerus de), 286.

Avrigny (Oise, arr. et cant. Clermont). Ad Aureniacum, 34.

Axona. Voir *Aisne*.

Ayerbe (Espagne, pr. et part. jud. Huesca). Gomez in Ayerb, 492.

Azacra, Azafra. Voir *Azagra*.

Azagra (Espagne, pr. Navarra, part. jud. Estella). Gonçalvo, Rodrigo de Açahara, Açahra, Açhra, Azacra, Azafra, Azagra, Zafra, Zagra, 100, 227, 386, 390, 494, 546.

Azay-sur-Cher (Indre-et-Loire, arr. Tours, cant. Bléré). Inter... atque Azlacum, 8.

Azevedo (Portugal, distr. Porto, conc. Gondomar, fr. Campanha do Porto). Villa que vocitant Azevedo de Suario, 399.

Azeveto (in), lieu n. i. en Portugal, 309.

Azlacum (inter). Voir *Azay-sur-Cher*.

Azlron (Johannes de), 414.

B

Baaielo (molendinum de), lieu n. i. dans la région de Bayeux (Calvados), 511.

Bacco (campus quem vocatur [*sic*; *var.* : quem vocamus Bacho], terra quo vocatur campo de Baconi, campus de Bacho), lieu n. i. près de Gaure (Aude), 116, 117.

Bacho. Voir Bacco.

Backwell (Angleterre, Somerset). Radulfus de Baxwol, 168.

Baconi (de). Voir Bacco.

Badens (Aude, arr. Carcassonne, cant. Capendu). Via qua itur ad Badencs, 181 ; Arnaldus, Petrus, clerici de Badenxs, 459.

Bages (Pyrénées-orientales, arr. Perpignan, cant. Thuir). Villa de Bagis, 409 ; via que vadit de Bagis ad...., 408, 409 ; via que exiit de Bages..., 358 ; alodium Sancti Andree de Bagis, 408 ; Arnallus, Guillelmus de Bages, Bagis, 358, 408, 409, 548, 577.

Bagneux (Marne, arr. Epernay, cant. Anglure). Decima Bagneoli, 28.

Bahalu, Bahaluc (Petrus de), 371, 475.

Baiart. Voir *Bayard*.

Bailleul (Nord, arr. Hazebrouck). Anselmus, Balduinus de Baliol, Baliul, Balliolo, 98, 99, 260, 275.

Bailloili, Balloilli, de Bailollio, Ballollo (Bernardus), 448, 449, 450.

Bainuls. Voir *Banyuls-des-Aspres*.

Baiocensis, Baiocis (de). Voir *Bayeux*.

Baiona (Dalmacius de), 284.

Baione (obsessio). Voir *Bayonne*.

Balaguer (Espagne, pr. Lérida). Urbs Balaguer, 475 ; in Balagari, ad caput de ipso pont juxta ipsa villa, 508 ; B., Ber. Petri, Borren., Girrber, P., Poncius de Balager, Balaguer, 475, 557.

Balaniano (de). Voir *Balenyá*.

Balare. Voir *Balleroy*.

Balasta (Ugo de la), 593.

Balchiseum. Voir *Beauchery*.

Baldimento (de), Baldimentum. Voir *Baudement*.

Balenyá (Espagne, pr. Barcelona, part. jud. Vich). Parroechia Sancti Fructuosi de Balaniano, Guillelmus de Balaniano, 518, 519.

Balesmes (Haute-Marne, arr. et cant. Langres). Wido de Villismo, 330.

Balge. Voir *Baugy*.

Baliol, Baliul. Voir *Bailleul*.

Balleroy (Calvados, arr. Bayeux). Balare, 511.

Balliolo (de). Voir *Bailleul*.

Ballollo (de). Voir Bailloili (B.).

Balma, Balmas, Balmis (de). Voir *Baume-de-Transit (La)* et *Beaume (La)*.

Balterra. Voir *Valtierra*.

Banc. Voir *Banne*.

Baniolis, Baniols (de). Voir *Banyuls-des-Aspres*.

Banne (Ardèche, arr. Largentière, cant. les Vans). Willelmus de Bane, 425.

Banno (Serannus de), 34.

Banuls. Voir *Banyuls*.

Banyuls-des-Aspres (Pyrénées-orientales, arr. et cant. Céret). Via que discurrit... apud Banuls, 358 ; parrochia Sancti Andree de Banuls, 157 ; adjacentia Sancti Andree de Baniolis, 48 ; Guilelmus, Petrus, Petrus Olibe de Bainuls, Baniolis, Baniols, 48, 65, 358, 577.

Banyuls-des-Aspres (Pyrénées-orientales, arr. et cant. Céret), ou *Banyuls-sur-mer* (Pyrénées-orientales, arr. Céret, cant. Argelès). Raimundus de Banuls, 171.

Baranis (Poncius de), 503.

Barbaira (Aude, arr. Carcassonne, cant. Capendu). Honor de Barbairano, 301 ; Aimericus, Berengarius, Guillelmus Faber, Guillelmus Xatberti, Hugo, Petrus Raimundi, Petrus Rogerius de Barbaira, Barbairano, 57, 64, 67, 76, 301, 462, 594 ; Arnaldus de Barbairano, 193, 301, 313, 315, 337, 366, 504, 521.

Barbará (Espagne, pr. Barcelona, part. jud. Sabadell). Castrum nomine Barberanno, Barberano, quod dicitur Barberanum, Burburanum, 47, 70, 314, B 22 ; parroechia Sancte Marie de Barberano, 290, 294 ; Raimundus de Barberano, 72.

Barbasco. Voir *Barbastro*.

Barbastro (Espagne, pr. Huesca). Episcopus in Barbastro, 492 ; justicia de Barbastro, 557 ; Fortunio Date senior in Barbasco [*corr.* : Barbastro], in Barbastro, 415, 416, 492 ; Zecri de Barbastro, 333.

Barberanno (de), Barberanum. Voir *Barbará*.

Barbisullunensium comes. Voir *Besalú*.

Barbonne (Marne, arr. Epernay, cant. Sézanne, c. Barbonne-Fayel). Apud Barbonam, ad Barbunnam, 9; decime Barbonie, 28; Gualo, Gulterus, Vaslerus Barbonie, de Barbona, Barbonia, 28, 29.

Barca (seria de), lieu n. i. en Portugal, 11.

Barcalona. Voir *Barcelona*.

Barcelona (Espagne). Apud Barchinonam, in Barchinona, 38, 284; in muro civitatis Barchinone, ante januas ecclesie sedis Sancte Crucis Sancteque Eulalie, 78; domus in muris civitatis Barchinone, ad occidentalem plagam ..., quas vocant de Galifa, prope chastrum de Regumir, 80; infra muros Barchinone, ante ipsum ferragenal et justa castrum vetus, 180; apud Barchinonam in milicie domo, 597; territorium Barchinone, 135, 304; partes Barchinone, 145; strata qua itur ad Barchinonam, 135; strata que pergit ... a Barchinona, 202; comitatus Barchinona, Barchinone, Barchinonensis, Barchinonensium, 42, 90, 102, 105, 107, 108, 127, 132, 133, 149, 202, 252, 284, 300; comte de Barcelone, comes Barchinona, Barchinonia, Barchinone, Barchinonie, in Barchinona, in Barchinonia, Barchinonensis, Barchinonensium, 26, 33, 38, 70, 71, 72, 87, 91, 108, 129, 135, 145, 154, 177, 252, 266, 284, 292, 314, 331, 333, 336, 338, 349, 367, 384, 389, 390, 395, 398, 407, 410, 414, 415, 416, 421, 434, 455, 456, 468, 475, 476, 479, 481, 496, 505, 532, 534, 543, 549, 554, 557, 562, B 22, B 26; regnans in Barzelona, 331; episcopatus Barchinonensis, 564; Barchinonensis episcopus, 290, 564; Barchinonensis archilevita, clericus, sacrista, 71, 314; vicarius Barchinone, Barchinonensis, 71, 135, 137, 150, 180; servus milicie Templi atque magister... in Barchinona, servus et frater Ospitalis atque prior ... in Barchinona, 553; moneta Barchinonensis, Barchinone, Barchinonensium, Barchinonum, 202, 397, 507, 597; Geraldus Barchinonensis, 325, 326, 341; Gilllem de Barcalona [*var.* : Barcelona], 350; Petrus Arnalli de Barchinona, 72.

Barchao (Garcia de), 421.

Barchinona, Barchinonia, Barchinonensis. Voir *Barcelona*.

Barcobo (Garcia de), 544.

Bardell. Voir *Bordeaux*.

Barelas. Voir *Barillas*.

Bareria (Stefanus de), 365.

Barillas (Espagne, pr. Navarra, part. jud. Tudela). Fortun Enecones de Barelas, Barielias, 227, 386.

Barino (de). Voir *Baris*.

Baris loc. détr. (Aude, arr. Limoux, cant. et c. Saint-Hilaire-de-l'Aude). Poncius de Barino, Baris, 55, 56, 57, 76, 77.

Barre (Gaufredus, Guischardus de), 123, 134.

Barre. Voir *Barry*.

Barremolas (moleria de), lieu n. i. dans la région de Roaix (Vaucluse), 307.

Barri (vicecomes). Voir *Bar-sur-Aube*.

Barris (Ebrardus de), 451.

Barris (Johannes de), 512.

Barro (Hugo de), 138.

Barry?, ch. ruiné (Drôme, arr. Die, cant. Bourdeaux, c. Mornans). Castrum nomine Barre, Willelmus, Willelmus Bertrandus de Barre, 500.

Bar-sur-Aube (Aube). Vicecomes Barri, 28.

Barta, lieu n. i. aux dépend. de Pomas (Aude), 354.

Barzanengues. Voir *Bassargues*.

Barzelona. Voir *Barcelona*.

Basella (Espagne, pr. Lérida, part. jud. Solsona). Reiambaldus de Basella, Basilia, 38, 70.

Basilia. Voir *Basella*.

Bass (Guillelmus de), 112.

Bassargues, loc. détr. (Gard, arr. Nimes, cant. Aramon, c. Montfrin). Ortus de Barzanengues, 411.

Bassinarges, Bassinargues (Raimondus de), 335.

Basso Guarnestuno (de). Voir *Warnéton-Bas*.

Baucamala (locus quem apellant), lieu n. i. sur la rive de l'Aleste (Portugal), 520.

Baudement (Marne, arr. Epernay, cant. Anglure). Apud Baldimentum, 60: Andreas, Galerand, Gillelmus, Guiardus Parmentarius, Johannes Rufus, Lethericus, Witerus de Baldimento, Baudemant, Baudemento, 27, 28, 31, 60, 332.

Baugy (Calvados, arr. Bayeux, cant. Balleroy, c. Planquery). Bauge, nemus basilica, ecclesia de Balge, Willelmus de Balge, 511.

Baume-de-Transit (Drôme, arr. Montélimar, cant. Saint-Paul-Trois-Châteaux). Ad Balmis opidum, ad Balmas, 125: in castro Balmis, 312; mansus de Balmis, 530: territorium de Balmis, 190, 598; via que vadit ad Balmas, 152; Benedictus, Bernardus, Bertrandus, Emembert, Geraldus, Gultardus, Lancerius, Laugerius, Odils, Petrus Wilelmi, Poncius, Raimundus, Willelmus de Balma, Balmas, Balmis, 120, 125, 152, 161, 189, 190, 326, 360, 405, 412, 413, 442, 443, 469, 470, 515, 530, 547, 593, 598.

Bavichove (Belgique, pr. Flandre occidentale, arr. adm. et cant. Courtrai). Balduinus de Bavinchova, 45.

Baxwol. Voir *Backwell*.

Bayard (Haute-Marne, arr. Wassy, cant. Chevrillon, c. la Neuville-à-Bayard). Molendinum quem vocant Balart, 138.

Bayeux (Calvados). Via Balocensis, ex parte Balocensi, 611 ; Balocensis ecclesia, Balocis ecclesie minister, 286 ; Balocensis episcopus, 54., 550 ; cantor, archidiaconus Balocenses, 550 ; Nigellus, Ricardus de Balocis, 286.

Baylleol (Walterus de), 378.

Bayonne (Basses-Pyrénées). In obsessione Balone, 40.

Béarn. Vicomte de Béarn, vicecomes in Bearne, 6, 338.

Beat. Andree parrochia. Voir *Saint-Féliu-d'Avall*.

Beat. Bartolomei de Mola Palaionis (ecclesia). Voir Mota Palalonis.

Beat. Bertini ecclesia. Voir *Saint-Bertin*.

Beat. Jacobi ecclesia. Voir *Santiago*.

Beat. Juliani ajacencia, Beat. Juliani de Villa Mulacha termini. Voir *Villemolaque*.

Beat. Marie adjacencia. Voir *Brouilla*.

Beat. Marie ecclesia. Voir *Laon*.

Beat. Marie abbas. Voir *Notre-Dame*.

Beat. Marie capitulum. Voir *Noyon*.

Beat. Marie claustrum. Voir *Orange*.

Beat. Marie parrochia. Voir *Saint-Féliu-d'Amont*.

Beat. Marie de Anils (terminus). Voir *Nyls*.

Beat. Marie de Campo (dare). Voir *Monastir-del-Camp*.

Beat. Marie de Manso Dei (dimito...). Voir *Mas-Deu (Le)*.

Beat. Marie de Monchiaco (prebende). Voir *Monchy-Humières*.

Beat. Marie de Ricarensis, Richarenchis (ecclesia, domus). Voir *Richerenches*.

Beat. Marie de Roais (ecclesia). Voir *Roaix*.

Beat. Marie et Sanct. Martyrum Gervasii et Prothasii capitulum. Voir *Soissons*.

Beat. Marie Parisiensis (conventus). Voir *Paris*.

Beat. Martini de Orrevilla (ecclesia). Voir *Ouarville*.

Beat. Prothomartyris Stephani capitulum. Voir *Châlons-sur-Marne*.

Beat. Remigii in suburbio Senonensi (abbas). Voir *Sens*.

Beat. Thome ecclesia. Voir *Llapia*.

Beat. Vincencii burgus. Voir *Carcassonne*.

Beauchery (Seine-et-Marne, arr. Provins, cant. Villiers-Saint-Georges). Raculfus de Batchiseo, 28.

Beaume (La) ? (Ardèche, arr. Largentière, cant. Joyeuse). Odilus de la Balma, 576.

Beaumont ? (Drôme, arr. Die, cant. Luc-en-Diois). Petrus de Bello Monte, Belmont, Belmons, Belmunt, Montis Pulchri, 235, 310, 324, 325, 326, 528, 529, 556, 565, 596.

Beaumont (Pas-de-Calais, arr. Arras, cant. Vimy). Letardus de Belmont, 4.

Beaumont-sur-Vingeanne (Côte-d'Or, arr. Dijon, cant. Mirebeau-sur-Bèze). Hugo de Bellimonte, Bello Monte, 330.

Beauvais (Oise). Apud Belvacum, 224 ; posteria in muro civitatis concessa militibus Templi, 491 ; Belvacensis episcopus, 224, 225, 563 ; Belvacensis archidiaconus, 34 ; Belvacensis castellanus, 491.

Beauvoir-sur-mer (Vendée, arr. les Sables-d'Olonne). Portus Belveeri, Beelverii, 13, 14.

Beçan. Voir *Bessan*.

Bec-de-Jun (Ardèche, arr. Largentière, cant. Joyeuse, c. Beaulieu). Petrus de Bec de Vin [*corr.*: Jun], 425.

Bec de Vin. Voir *Bec de-Jun*.

Beciano, Becyano (de). Voir *Bessan*.

Bédarrides ? (Vaucluse, arr. Avignon). Raimundus de Bestorres, Bistorres, Bistorris, Bisturis, 190, 357, 598.

Bedefordschir. Voir *Bedfordshire*.

Beders. Voir *Béziers*.

Bedfordshire (Angleterre). Bedefordschir, 273.

Bedocio, Bedoç, Bedocils, Bedocs, Bedos, Bedotio, Bedoz, Bidocils, Bidocio (Arnaldus de), 70, 90, 120, 121, 122, 123, 125, 127, 128, 129, 131, 132, 133, 134, 135, 137, 142, 144, 145, 148, 150, 152, 156, 159, 160, 161, 162, 163, 165, 166, 167, 168, 169, 170, 171, 172, 173, 181, 182, 183, 184, 185, 198, 199 ; Raimundus Arnalli de Bedos, Bidocio, 54, 252.

Bédouin (Vaucluse, arr. Carpentras, cant. Mormoiron). Poncius de Bidono, 198.

Bedoz. Voir Bedocio (de).

Beelverii (portus). Voir *Beauvoir-sur-mer*.

Belano (de). Voir *Bessan*.

Beire (Espagne, pr. Navarra, part. jud. Tafalla). Bera, 69.

Beire-le-Châtel (Côte-d'Or, arr. Dijon, cant. Mirebeau-sur-Bèze). Aduuinus, Euuinus de Beria, 27, 61.

Belchite (Espagne, pr. Zaragoza). Castellum Belgit, 145 ; Galin de Belchit, Gali Xemeniç in Belgit, 505, 549 ; Lop Sanz de Belchit, Belgit, Belixich, Belxid, 91, 100, 145, 292, 314, 331, 349, 414, 421, 499, B 22.

Beldisnar (Artaldus de), 51.

Belforato, loc. n. i. en Espagne, 39 ; Garsion de Belforat, Bielforat, Bilforad, Bilforado, Bilforato, 100, 227, 367, 382, 386, 440, 441, 447, 456, 480, 546.

Belgit. Voir *Belchite*.

Belixich. Voir *Belchite*.

Bell-Lloch ? (Espagne, pr. et part. jud. Lérida). B., Bernardus, Bernardus Bertrandi, Bertrandus, Petrus Bertrandi de Belloco, Bellog, Bello Loco, Pulchro Loco, 33, 38, 71, 72, 78, 108, 126, 135, 137, 262, 306, 314, 348, 407, 597.

Bellimonte (de). Voir *Beaumont sur-Vingeanne*.

Belloco, Bellog, Bello Loco (de). Voir *Bell-Loch*.

Bello Monte (de). Voir *Beaumont*.

Bello Ramo (Hugo de), 379.

Belmes (Willelmus de), 553.

Belmont, Belmonz, Belmunt. Voir *Beaumont*.

Belran (Teodoricus de), 489.

Belucia (alodium de), lieu n. i. au comté de Barcelone, 90.

Belvacensis, Belvacum. Voir *Beauvais*.

Belveder (castellum de), ch. n. i. dans la région de Richerenches (Vaucluse), 593.

Belveeri (portus). Voir *Beauvoir-sur-mer*.

Belzid. Voir *Belchile*.

Bénac (Hautes-Pyrénées, arr. Tarbes, cant. Ossun). Dodo de Benac, 501.

Benavar, Benevar, Benovar (Ferrer de), 292, 349.

Benero (portus de cabeça de), lieu n. i. en Portugal, 11.

Benevar, Benovar. Voir Benavar.

Bera. Voir *Beire*.

Berezicurte (de). Voir *Brazicourt*.

Bergensis, Bergis (de). Voir *Bergues*.

Bergoa, Bergua (Fortunio de), 336, 416.

Bergues (Nord, arr. Dunkerque). Castellanus Bergensis, de Bergis, 7, 231, 260, 275 ; Gislebertus Bergensis, 98.

Beria. Voir *Beire-le-Châtel*.

Beriaco (ab), Beriaz. Voir *Berrias*.

Berneford (Remundus de), 485.

Bernort. Voir *Bernot*.

Bernot (Aisne, arr. Vervins, cant. Guise). Amauricus, Guiscardus de Bernort, Brenordio, 555, 600.

Bernols (*Les*) (Aude, arr. Limoux, cant. Chalabre, c. Saint-Jean-de-Paracol). Villa de Vernoz, 504 ; Raimundus Guillelmi de Vernoz, 203.

Berola. Voir *Veruela*.

Berriac (Aude, arr. et cant. Carcassonne). Villa de Berriacho, honor de Birriacho, 301.

Berrias (Ardèche, arr. Largentière, cant. les Vans). Ab Beriaco, 575 ; Raymundus presbiter Berriaz, 436 ; Petrus, Ponzo de Beriaz, Berrias, Berriaz, 425, 436.

Berroza, loc. n. i. en Espagne, 39.

Berry-au-Bac (Aisne, arr. Laon, cant. Neufchâtel). Boiri, 555.

Bertaignemont (Aisne, arr. Vervins, cant. Sains, c. Landifay-et-Bertaignemont). Bertheignimont, ad Bretinimontem, 555, 600.

Besalú (Espagne, pr. Gerona, part. jud. Olot). Bisillunensis archilevita, 38 ; Barbisullunensium comes, comte de Besalú, 71 ; 410.

Besançon (Doubs). Bisuntina Beati Protomartyris Stephani ecclesia, 444.

Besçano, Besciano (de). Voir *Bessan*.

Besocia. Voir *Besouce*.

Besos, riv. (Espagne, pr. Barcelona). Flumen Bisocii, 135.

Besouce (Gard, arr. Nîmes, cant. Marguerittes). Villa que vocatur Besocia, 365.

Bessa (terminium Sancte [*sic*] Andree de). Voir *Saint-André-de-Festes*.

Bessan (Hérault, arr. Béziers, cant. Agde). Rainardus de Beciano, 58 ; Ugo Betiani, de Beçan, Beciano, Becyano, Betano [*corr.* : Beciano], Besçano, Besciano, Bethsan, Betiano, Bezanis, Bezano, 81, 95, 156, 159, 163, 166, 182, 191, 193, 203, 233, 236, 240, 242, 245, 246, 254, 257, 258, 263, 264, 265, 267, 270, 276, 277, 281, 282, 287, 296, 301, 302, 303, 307, 308, 313, 314, 315, 691.

Besse (Aude, arr. et cant. Limoux, c. Festes-et-Saint-André). Villa de Bethsa, 89.

Bestorres. Voir *Bédarrides*.

Betencort (Engerranus de), 587.

Bethléem (Terre Sainte). Damus Sancte Marie de Bethleem..., 39.

Bethsa. Voir *Besse*.

Bethsan. Voir *Bessan*.

Béthune (Pas-de-Calais). Robertus de Betunia, 16.

Betiani (U.), Betiano (de). Voir *Bessan*.

Betunia. Voir *Béthune*.

Beuviler. Voir Bono Viler (de).

Bexin [*var.* : Botrin] (Roger de), 440.

Bez (mas del), lieu n. i. en Rouergue, 514.

Bezanis, Bezano (de). Voir *Bessan*.

Béziers (Hérault). Caminus qui vadit ... Biterrim, 215 ; vicecomes Biterrensis, 401, 487, 594 ; Rogerius Biterrensis, de Bederr, Biterri, Biterris, 44, 55, 56, 57, 63, 76, 77, 86, 87, 89, 142, 159, 163, 270, 462 ; Biterrensis moneta, denarii Biterrenses, 287, 308, 400, 401, 526.

Bézu (*Le*) (Aude, arr. Limoux, cant. Quillan, c. Saint-Just-et-le-Bézu). Bernardus Sirmundi de Albeduno, 462.

Bidociis, Bidocio (de). Voir Bedocio (de).

Bidono (de). Voir *Bédouin*.

Biel (Espagne, pr. Zaragoza, part. jud. Sos). Castange in Biel, 69.

Bielforat. Voir Belforato.

Bienville (Haute-Marne, arr. Wassy, cant. Chevrillon). Finis Buinivilie, 138.

Bierbeek (Belgique, pr. Brabant, arr. adm. et cant. Louvain). Willelmus de Birbeche, 262.

Bigorno, Birgono (Milo de), 330.

Bigorre. Comes, comitissa Bigorre, Bigorritanus, 314, 501.

Bilforad, Bilforado, Bilforato. Voir Belforato.

Billela (Guilge de), 549.

Biniol. Voir *Bañol*.

Birbeche. Voir *Bierbeek*.

Birgono (de). Voir Bigorno (de).

Birriacho (de). Voir *Berriac*.

Bisillunensis. Voir *Besald*.

Bisleuc (ripa), lieu n. i. dans la région de Douzens (Aude), 166.

Bisocii (flumen). Voir *Besos*.

Bistorres, Bistorris, Bisturis. Voir *Bédarrides*.

Bisuntina. Voir *Besançon*.

Biterrensis, Biterris. Voir *Béziers*.

Bizan. Voir *Bize*.

Bizcaia. Voir *Vizcaia*.

Bize (Aude, arr. Narbonne, cant. Ginestas). Petrus Sicfrez, Pontiolus de Bizan, 62.

Blaca Bodic. Voir Blacha Bodic.

Blaca Fort. Voir *Blanchefort*.

Blacha Bodic (terra que vocatur), ad Blacham Bodich, super Blaca Bodic, Blacham Boic, lieu n. i. près de Valréas (Vaucluse), 190, 296, 324, 598.

Blanca Fort. Voir *Blanchefort*.

Blancha (campus de), lieu n. i. dans la région d'Espéraza (Aude), 203.

Blanchefort, ch. ruiné (Aude, arr. Limoux, cant. Couiza, c. Rennes-les-Bains). Arnallus, Bernardus, Raimundus de Blaca Fort, Blanca Fort, 55, 56, 57, 76, 77, 160, 435.

Blalon (Arnulphus de), 259.

Blérancourt (Aisne, arr. Laon, cant. Coucy-le-Château). Blerencort, in Blerencurte, 446, 555.

Bles (Arnaldus de), 371.

Blezensis. Voir *Blois*.

Blois (Loir-et-Cher). Comte de Blois, Blezensis comes, 9, 28, 60, 113; Etienne de Blois, 124, 231, 261.

Blomac (Aude, arr. Carcassonne, cant. Peyriac-Minervois). Castrum quod vocatur Blumat, honor, alodium, villa de Blumad, Blumato, 62, 258, 263, 282, 366: capellanus de Blumato, 366; Guillelmus, Petrus Raimundi de Blumad, Blumato, 366.

Bloseville (Jordanus de), 158.

Blumad, Blumat, Blumato (de). Voir *Blomac*.

Boazo, Boazone, Boazono, (Bernardus de), 164, 173, 278, 279, 296, 307, 357, 360, 500, 515, 530, 547; (Elisiarus de Boazo, Boazone), 190, 199.

Boccenic (R. de), 475.

Boccio (Robertus de), 217.

Bochinenic. Voir *Boquiñeni*.

Boe. Voir *Bouy*.

Boesinghe (Belgique, pr. Flandre occidentale, arr. adm. et cant. Ypres). Altare de Borsinghe, B 4.

Boberliu, lieu n. i. dans la région d'Origny-Sainte-Benoîte (Aisne), 600.

Boi. Voir *Bouy*.

Boiri. Voir *Berry-au-Bac*.

Boison. Voir *Buisson*.

Boispetos (usque in Boispetos, et a Buxopetos usque in...), lieu n. i. en Rouergue, 585.

Boisson, Boissono (de). Voir *Buisson*.

Bolbec? (Seine-Inférieure, arr. le Havre). Hugo, Walterus de Bolebec, Bolebek, 542.

Bolboto, Bolbotone Bolbotono (de). Voir *Bourbonton*.

Bolceneis. Voir *Boussenois*.

Boldol. Voir *Bouzols*.

Bolea (Espagne, pr. et part. jud. Huesca). Ramon de Boleia, 416.

Bolebec, Bolebek. Voir *Bolbec*.

Boleia. Voir *Bolea*.

Bollent (Haimericus de), 12.

Bolonia, Boloniensis. Voir *Boulogne-sur-mer*.

Boltaña (Espagne, pr. Huesca). Senior in Boltanga, Boltania, 415.

Bona Valle (Radulfus de), 201.

Bone Vallis (abbas). Voir *Bonneval*.

Bonlez (Belgique, pr. Brabant, arr. adm. Nivelles, cant. Wavre). Willelmus de Bunleris, 16.

Bonloc (Lutal de), 111.

Bonluc (Bidal de), 505.

Bonneval (Eure-et-Loir, arr. Châteaudun). Abbas, prior Sancti Florentini Bone Vallis, 510.

Bono Viler, Bouviler [var. : Beuviler] (Osmont de), 367, 440.

Boquiñeni (Espagne, pr. Zaragoza, part. jud. Borja). Boquienich, 543; ecclesia de Bochinenic, Buccunelc, 26, 495; frater Domingo qui tenebat Boquiennic, 543.

Borboto, Borbotone, Borbotono (de). Voir *Bourbonton*.

Bordeaux (Gironde). Archiepiscopus Bardell. [corr. : Burdegalensis], 448.

Bordellis, Bordello, Bordelz (de). Voir *Bourdeaux*.

Bordères (Hautes-Pyrénées, arr. et cant. Tarbes). Villa quo vocatur Borderas, 501.

Borga, Borge. Voir *Borja*.

Borh (ad portum de), lieu n. i. dans la région de Roaix (Vaucluse), 307.

Borja (Espagne, pr. Zaragoza). In Borga, 177, 595; in illa abbatia de Borge, 266; in Borga, Borja, ad illam portam unde exeunt ad ecclesiam Sancti Michaelis juxta murum, 398; justicia de Borga, Borja, 100, 447; Geraldus, Giraldus Bertrandus, Per de Borga, Borja, 177, 384, 497; Petrus Taresia in Borga, Borgae, Borge, Borja, dominans Borga, 177, 229, 266, 331, 384, 389, 434, 468, 576.

Borrad (villa), loc. n. i. en Fenouillèdes, 139, 147.

Bosaneville, Bosaniville (alodium). Voir *Bouzanville*.

Boschet (Guilbertus de), 322.

Bosco, Bosq (Petrus de), 174.

Bossoit. Voir *Boussois*.

Botrin. Voir Bexin.

Bouantela (Guillelmus de), 593.

Boulogne-sur-mer (Pas-de-Calais). Comte de Boulogne, comes, comitissa Bolonie, Boloniensis, Boloniensium, 124, 205, 231, 261,

449, 482, 483, 484 : Osto de Bolonia, 124.

Boun (Humfridus de), 179.

Bourbonton (Vaucluse, arr. Orange, cant. Valréas, c. Richerenches). Castellum, castrum, opidum de Bolboto, Bolboton, Bolbotone, Bolbotono, 172, 312, 357, 360, 413, 452, 469, 556, 593, 596 ; territorium de Bolboto, Bolbotone, Borbotone, 190, 244, 325, 326, 327, 360, 565, 590, 598 : territorium de castello Bulbutone, 244 : stagnum de Bolbotone, 406 ; molendinum de Bolbotone, 598 ; seniores castri Bulbutonis, domini de castro Bulbutone, 123 ; Bertrandus de *Bolboto*. Bolbotone, Bolbotono, Borboto, Borbotone, Bulbotone, Burbitone, 122, 123, 131, 161, 168, 174, 189, 190, 199, 324, 325, 326, 406, 469, 470, 515, 528, 529, 530, 565, 590, 598 : Giraldus de Borbotone, 190, 598 ; Nicholaus de Bolboto, Bolbotone, Borboto, Borboton, Borbotone, Bulbutone, 161, 199, 235, 297, 324, 325, 326, 371, 406, 413, 530 ; *Ugo* Burbutoni, de Bolboto, Bolboton, Bolbotone, Bolbotono, Borboto, Borboton, Borbotone, Borbotono, Bulbutone, Burbotone, Burbutone, Burbutono, 121, 122, 123, 126, 131, 152, 161, 164, 168, 174, 182, 189, 190, 199, 209, 235, 297, 307, 312, 324, 325, 326, 327, 357, 360, 371, 405, 406, 413, 452, 469, 470, 515, 527, 528, 529, 530, 547, 556, 565, 586, 590, 593, 596, 598.

Bourbourg (Nord, arr. Dunkerque). Castellanus Broburgensis, de Brobur, 16, 231 ; Henricus Broburgensis, 98.

Bourdeaux ? (Drôme, arr. Die). Ademarus Arnaldus, Armandus de Bordeilis, Bordello, Bordels, 528, 529.

Bourgogne. Duc de Bourgogne, dux Burgundie, 27, 61, 330, 540 ; comes Burgundie, de Burgundia, 43, 444.

Bossenois (Côte-d'Or, arr. Dijon, cant. Selongey). Nocherius de Bolceneis, 61.

Boussois (Nord, arr. Avesnes, cant. Maubeuge). *Gaufridus* de Bossoit, 259.

Bout-de-Fer (Aude, arr. Castelnaudary, cant. et c. Fanjeaux). Bertrandus de Avallaz, 462.

Bouviler. Voir Bono Viler de).

Bouy (Marne, arr. Châlons-sur-Marne, cant. Suippes). Apud Boe, 490 ; inter Boi et ..., 50.

Bouzanville (Meurthe, arr. Nancy, cant. Haroué). Alodium Bosaneville, Bosaniville, fratres Bosaniville, 396.

Bouzols (Haute-Loire, arr. et cant. le Puy, c. Coubon). Raimundus Pontii de Boldol, 51.

Bovedone (Bernardus de), 462, 469, 470.

Boxadoss. Voir *Buixadorx*.

Brabant. Brabantia, dux Brabantie, 262.

Bracara, Bracarie (civitas), Bracarensis, Bracharensis. Voir *Braga*.

Braga (Portugal). In civitate Bracara, Bracarie, 10, 11 ; quedam domus videlicet habitaculum peregrinorum... in metropolitana urbeque vocatur Bracara, 381 ; domus Templi que est in Bracharensi civitate, 520 ; territorium Bracarensis metropoli, 359 ; archiepiscopus Bracarensis, in Bracara, 359, 363, 304, 381 ; *Bracarense* capitulum, Bracarenses archidiaconi, canonici, clerus, precentor, prior, sacrista, 363, 381, 520.

Brai. Voir *Braye*.

Braisne (Aisne, arr. Soissons). Furnus in Briania, 555 ; Petrus de Brana, 204.

Brana. Voir *Braisne*.

Bransac, loc. détr. (Aude, arr. Carcassonne, cant. Capendu, c. Monze). Rogerius de Subranciaco, 64, 301.

Braosa, Braosia, (Philippus, Willelmus, de), 217, 218.

Braye (Aisne, arr. Soissons, cant. Vailly). Brai, 555.

Brazicourt (Aisne, arr. Laon, cant. Marle, c. Grandlup-et-Fay). Territorium de Berezicurte, 555.

Brecensis. Voir *Broyes*.

Bremte, Bremto, Brempto, Brente, Brento (decima, terra, territorium de), lieu n. i. contigu au terr. du ch. de Bourbonton (Vaucluse), 152, 244, 278, 279, 296, 297, 470, 528, 529.

Brenordio (de). Voir *Bernot*.

Brente, Brento. Voir Bremte.

Brescia (Italie). Datum Brixie. B 21.

Bretagne. Comte de Bretagne, 12 : dux Britannie, 232.

Breteuil-sur-Noye (Oise, arr. Clermont). Apud Britollium, 225 ; Berardus, Simon de Britollo, 34, 225.

Bretinimontem (ad). Voir *Bertaignemont*.

Brettes. Voir *Brottes*.

Bretuil (Evrardo de), 448.

Breuil (*Le*) (Calvados, arr. Bayeux, cant. Trévières). Hugo de Brolio, 511.

Briania. Voir *Braisne*.

Brichesart. Voir *Briquessart*.

Briquessart (Calvados, arr. Bayeux, cant. Caumont). Brichesart, 511.

Britannie dux. Voir *Bretagne*.

Britollio (de), Britollium (apud). Voir *Breteuil-sur-Noye*.

Brixie. Voir *Brescia*.

Brizo (D. de), 335.

Brobur, Broburgensis. Voir *Bourbourg*.

Brolio (Petrus de), 93.

Brolio (de). Voir *Breuil (Le)*.

Brottes (Haute-Marne, arr. et cant. Chaumont). Ecclesia de Brettes, B 7.

Brouilla (Pyrénées-orientales, arr. Perpignan, cant. Thuir). Parrochia Sancte Marie de Bruyano, 48 ; infra terminos de villa

Brulani et in adjacencia Sancte Marie, Beate Marie, 118, 358; Bernardus Gauberti, Petrus Poncii, Petrus Raymundi, Poncius de Bruiano, 48, 118, 358.

Broyes (Marne, arr. Épernay, cant. Sézanne). Nicholaus, Fredericus, dominus Symon Brecensis, 28.

Brucafel (Aude, arr., cant. et c. Carcassonne). De Brucafoll, villa que vocatur Burchafols, 63; terminium, villa de Burcafols, 159, 257, 270, 427, 433; capellanus de Burcafols, 427; Bernardus Arnaldi, Guillelmus Fabri, Guillelmus Sicfredi, Raimundus, Stefanus de Burcafols, 257, 427, 433.

Bruel (nemus quod vocatur), lieu n. l. en Picardie, 587.

Bruerils (in), lieu n. l. près de Sainte-Croix (Aisne), 221.

Brugeira. Voir Brugeria.

Brugensis. Voir *Bruges*.

Brugeres (Bernardus de), 90, 107.

Brugeria (Escotus de), 428.

Brugeria [*var.* : Brugeira] (Pontius de), 116.

Bruges (Belgique, pr. Flandre occidentale). Brugensis decanus, 569; prepositus Brugensis, 260; castellanus Brugensis, Burgensis [*sic*], de Brugis, 16, 98, 99, 231, 260, 275.

Brugnen, Brunien (pars de, molino, homines de), lieu n. l. dans la région de Frescano (Espagne), 505, 659, 660; (Galin Blasco, Belascho de Brugnen, Brunien), 395.

Brugolli (Berengarius de), 129.

Brulani (villa), Bruiano (de). Voir *Brouilla*.

Brunessiacum. Voir Brusesniacum.

Brunien. Voir Brugnen.

Brusesniacum [*var.* : Brunessiacum] (foresta que vulgo nuncupatur), lieu n. l. entre Cormery et Azay-sur-Cher (Indre-et-Loire), 8.

Bruyano (de). Voir *Brouilla*.

Bubas, loc. détr. (Aude, arr. Carcassonne, cant. Capendu, c. Douzens). In terminio de Bubars, Bubariis, 64, 101, 167; in terminio Sancti Martini de Bubars, 162, 167.

Buccunelc. Voir *Boquiñeni*.

Bucelo (Guerricus de), 28.

Bugniol, Bugnol. Voir *Buñuel*.

Bugo (in loco vocitato), lieu n. l. en Catalogne, 54.

Buinivilie (finis). Voir *Bienville*.

Buires. Voir *Bure-les-Templiers*.

Buisson (Vaucluse, arr. Orange, cant. Vaison). Boison, 536; terminium de Boissono, 182; Ademarus, Laugerius de Boison, Boisson, 238, 239, 536.

Buixadorx (Espagne, pr. Barcelona, part. jud. Igualada, ayunt. Salavinera). Raimundus Willelmi de Boxadoss, 66.

Bulbutone (de). Voir *Bourbonton*.

Bullipot (Gaufridus de), 28.

Bulzedone (Bernardus de), 310.

Buniol. Voir *Buñuel*.

Bunleris (de). Voir *Bonlez*.

Bunnol. Voir *Buñuel*.

Buñol? (Espagne, pr. Valencia, part. jud. Chiva). Biniol, 6.

Buñuel (Espagne, pr. Navarra, part jud. Tudela). Garcia Arcez, Garcia Garcez, Sango Galinz de Bugniol. Bugnol, Buniol, Bunnol, 109, 479, 481, 497.

Burbaco, loc. n. l. en Espagne, 6.

Burbitone, Burbotone (de). Voir *Bourbonton*.

Burburanum. Voir *Barbard*.

Burbuto, Burbutone, Burbutono (de). Voir *Bourbonton*.

Burcafols, Burchafols. Voir *Brucafel*.

Burdel (Gilelm de), 447.

Bure-les-Templiers (Côte-d'Or, arr. Châtillon-sur-Seine, cant. Recey-sur-Ource). Villa Buriarum, 61; ecclesia de Buires, B 7; Guilelmus de Bure, Buris, 8, 12; Paganus de Bures, Buriis, 27, 61.

Bureta (Espagne, pr. Zaragoza, part. jud. Borja). Ecsemen Garceiz de Burota, 177.

Burgensis. Voir *Bruges*.

Burgo (Poncius de), 528, 529.

Burgundie comes, dux. Voir *Bourgogne*.

Buriano (Fulco de), 352.

Buriarum (villa), Buriis, Buris (de). Voir *Bure-les-Templiers*.

Burota. Voir *Bureta*.

Busconem (ad), lieu n. l. dans la région de Jalez (Ardèche), 588.

Busselo (Boso, Eulo, Guermundus, Ulricus, Wido Tortus de), 50.

Bussocy (Hugo de), 176.

Bussy-le-Château (Marne, arr. Châlons-sur-Marne, cant. Suippes). Odo, Petrus de Buxiaco, 489.

Bust Mediane, Busto Mediano (molino de), lieu n. l. au dioc. de Tarragona (Espagne), 493.

Buxiaco (de). Voir *Bussy-le-Château*.

Buxopetos. Voir Boispetos.

C

Cabaret, mont. et châteaux ruinés (Aude, arr. Carcassonne, cant. Mas-Cabardès, c. Lastours). Guilelmus Bernardi de Kabarez, 428.

Cabmont. Voir *Caumont*.

Cabrellano (de). Voir *Chabrillan*.

Cabrerils (Petrus de), 405.

Cabriac (Aude, arr. Carcassonne, cant. Capendu, c. Douzens). Collum de Cabriac, 193.

Cabriano (de). Voir *Chabrillan*.

Cabrières (Gard, arr. Nîmes, cant. Marguerittes). Villa de Capraria, 411.

Cadarona. Voir *Caderonne*.

Cadarossa. Voir *Caderousse*.

Cadavistria (Johannes de), 465.

Caderonne (Aude, arr. Limoux, cant. Quillan, c. Espéraza.

Arnaldus, Otto, Petrus de Cadarona, 95, 160.

Caderousse (Vaucluse, arr. et cant. Orange). Guillelmus, Petrus, Ripertus de Cadarossa, 168, 190, 198, 323, 357.

Cadomensis, Cadomo (de). Voir *Caen*.

Caen (Calvados). Abbas Cadomensis, monachi de Sancto Stephano de Cadomo, 550.

Cahors (Lot). Caturcenc. solidi, 20.

Cairanne (Vaucluse, arr. Orange, cant. Vaison). Apud Cairanam, 586.

Calsoil (Theobaudus de), 61.

Calagorra. Voir *Calahorra*.

Calahorra (Espagne, pr. Logroño). Episcopus in Calagorra, 26, 69.

Calatayud (Espagne, pr. Zaragoza). Case de Calatalub, 361 ; comes in Calatalub, 414 ; Petro Castellazor en Calateu, 534 ; Robertus de Kalatalu [*var.* : Calatalub], 367 ; Sem. Xemenones in Calatalub, 69.

Calateu. Voir *Calatayud*.

Calcamalroth, Calcamairoz, Calchameroz, (mansus, terra de), lieu n. i. dans la région de Richerenches (Vaucluse), 296, 325.

Calce (Geraldus de), 215.

Calcetas (Sanz Fertuniones de), 447.

Calchameroz. Voir Calcamairoth.

Caldás, riv., dans la par. de Santa Perpetua de Moguda (Espagne, pr. Barcelona, part. jud. Sabadell). In rio Kalidis, 149.

Caldas de Mombúy (Espagne, pr. Barcelona, part. jud. Granollérs). Parrochia Sante Marie Calidis, 397.

Caldiniaco (de). Voir *Chaudenay-le-Château*.

Çalese (ecclesia Sancte Marie Virginis que sita est in Çalese), lieu n. i. dans la région de Jalez (Ardèche), 574.

Calidis. Voir *Caldas de Mombúy*.

Callavils (castrum), ch. n. i. en Catalogne, 104.

Calleviacum (apud), lieu n. i. dans la région de Laon (Aisne), 555.

Callis (in), lieu n. i. en Catalogne, 72.

Callús ? (Espagne, pr. Barcelona, part. jud. Manresa). Strata que pergit de Kalles..., 202.

Calme (parrochia Sancti Ilarii de ipsa). Voir *San Hilario Sacalm*.

Calmelans, lieu n. i. en Rouergue, 385.

Calmundin, lieu n. i. dans la région de Laon (Aisne), 555.

Calonne-sur-la-Lys (Pas-de-Calais, arr. Béthune, cant. Lillers). Altare de Calona, B 18.

Calresca, Calrese (Petrus de), 588.

Calverton (Angleterre, Buckinghamshire, ou Nottinghamshire). Villa Kalvertonie, presbiter de Calverton., 542.

Calvisson (Gard, arr. Nîmes, cant. Sommières). Archidiaconus Calviciensis. Poncius de Calvicione, 572.

Cam (Radulphus de), 486.

Çambela (Pontius de), 574.

Cambra (Garcia de la), 92.

Cambrai (Nord). Cameracensis episcopus, 186, 259.

Camélas (Pyrénées-orientales, arr. Perpignan, cant. Thuir). Bernardus Raymundi de Camelas, 48.

Cameracensis. Voir *Cambrai*.

Cameriaco (de). Voir *Chameroy*.

Camiliaco (Paganus de), 12.

Camon. Voir *Caumont*.

Campagne-sur-Aude (Aude, arr. Limoux, cant. Quillan). Castrum de Campanha, villa Campania, 462 ; Bernardus de Campania, 392.

Campanie comes. Voir *Champagne*.

Camp-del-Layrou (Aude, arr. Limoux, cant. Saint-Hilaire, c. Mollières). Terminium de Allairons, Allairos, Allarionis, Allaros, 191, 265, 428, 429, 430, 438, 474, 531.

Campeludes, lieu n. i. en Portugal, 19.

Campestre, lieu n. i. dans la région de Novillas (Espagne), 434.

Camp Franlez (Guillelmus de), 554.

Campiano (Bernardus de), 73.

Campi Caudi (communio), lieu n. i. dans la région de la Romagne (Côte-d'Or), 330.

Campo Lauterio (tascha de), lieu n. i. dans la région de Richerenches (Vaucluse), 190, 598.

Campo Magno (Bernardus Adalberti de), 242.

Campo Senteles (Guillelmus Raimundi de), 252.

Canadals, lieu n. i. près de Bages (Pyrénées-orientales), 408.

Canalies (Guillelmus de), 127.

Candell (Pyrénées-orientales, arr. Perpignan, cant. Thuir, c. Caixas). In Candel, 242 ; via que pergit apud Candelium, 358 ; Oliba, Poncius Stephani de Candel, 68, 358.

Caned. Voir Canet.

Canellas (Portugal, distr. Aveiro, conc. Arouca). Villa Kanelas, 291.

Canc Penduto, Suspendo, Suspenso (de). Voir *Capendu*.

Canet (Pyrénées-orientales, arr. et cant. Perpignan). Berengarius de Caneto, 548.

Canet, Caneto, Caned (Bernardus de), 56, 57, 63, 64, 67, 76, 77, 159, 163, 277, 301, 503.

Cangie (Hugo de), B 7.

Canneto (Petrus de), 585.

Canohès (Pyrénées-orientales, arr. et cant. Perpignan). Canues, 408, 409.

Canta Rana, Cantu Rane (Hecelinus de), 28, 60.

Cantemerlum (inter). Voir *Chantemerle*.

Cante Rana (Jacobus de), 489.

Cantu Merli, Cantu Merule (de). Voir *Chantemerle*.

Cantu Rane (de). Voir Canta Rana.

Canues. Voir *Canohés*.

Caoyr, Kaorz (Ricardus de), 386, 390.

Capag. (Paganus de), 175.

Capella. Voir *Capples*.

Capella (Pere de), 549.

Capella (Stephanus de), 328.

Capella Paissonelli (loca quorum alterum ab antiquioribus Megniacum [*var.* : Meginacum] a modernis Capellam [*var.* : Capellani] Paissonelli constat appellari), lieu n. i. entre Cormery et Azay-sur-Cher (Indre-et-Loire), 8.

Capendu (Aude, arr. Carcassonne). ..:Terminium de Cane Suspenso, 193 ; Raimundus, Raimundus Guillelmi de Cane Penduto, Cane Suspendo, Cane Suspenso, 67, 166, 246.

Capetual (Nicholaus de), normand, 7.

Capples (Pas-de-Calais, arr. Boulogne, cant. Calais, c. les Attaques). Abbas de Capella, 261.

Capraaria (Arnaldus de), 128.

Capraria. Voir *Cabrières*.

Caprera (G. de), 475.

Capriniacum (apud). Voir *Chevregny*.

Çaragoça, Çaragosça. Voir *Zaragoza*.

Caramana (portus de), lieu n. i. en Espagne, 6.

Carboneiras (Bertrandus de), 161.

Carbonerils (Raimundus Rostagnus de), 352.

Carcassonne (Aude). In Carcasona [*var.* : Carchassona], 44 ; subtus murum Carcassone [*var.* : Carchassone], 44 ; in terminio sive in suburbio Sancti Michaelis Carcassone, subtus portam Tolosanam, quo ... concluditur ... de meridie in honore Sancti Nazarii, 63 ; subtus portam Tolosanam, 159 ; in burgo Beati Vincencii Carcassone, 592 ; terminium Sancti Vincencii Carcassone, 276, 277 ; mansus fratrum Templi de Car[casona], 462 ; sedes Carcassensis, 163 ; Carcassensis, Carcassonensis, Carcassonnensis episcopus, 142, 166, 270, 521, 531, 594 ; vicarius Carcassensis, Carchassensis, Carcasone, Carcassone, 44, 163, 462, 487, 531, 594 ; judicius Carcassone, 44 ; comitatus Carcassensis, 63, 101 ; vicomte de Carcassonne, 44, 55, 56, 86, 87, 89, 95, 159, 163, 270, 401, 462, 487, 594 ; canonici ecclesie, sedis Sancti Nazarii, 166, 521, 531 : prior Sancti Nazarii, 270 ; honor, clerici Sancti Stephani, 166 ; abbas Sancti Hylarii, Sancti Ilarii, 56, 77 ; prior Sancte Marie Sancti Salvatoris, 166 ; moneta Carcassensis, Carcassone, solidi Carcasona [*sic*], 64, 167 ; moneta percurribilis in Carcassona, 592 ; Carcassone constitutiones, 592 ; Arnaldus Gaufredi, Arnaldus Guila, Guilelmus Mancip de Carcassona, 116, 117, 429, 531 ; Gilelmus del burg de Carcassona, 95.

Cardona (Espagne, pr. Barcelona, part. jud. Berga). Bernardus, Guillelmus de Cardona, 38, 66.

Cardona, lieu n. i. près de Villar-Tinhol (Aude), 181.

Carme (terra). Voir *Charmoy*.

Carniacum (apud). Voir *Charny*.

Carnotensis. Voir *Chartres*.

Carpentras (Vaucluse). Fulcherius, Petrus Gauterius, Rostagnus de Carpentraz, 238, 593.

Carrouolis (de), Carrouols. Voir *Charols*.

Carteia (Petrus de), 557.

Casaledas (de). Voir *Chazalettes*.

Casalrevin, loc. détr. (Aude, arr. et cant. Limoux, c. Magrie). Peiro Vassal de Casalrevira, 95.

Casalrevira. Voir *Casalrevin*.

Casals (Calvetus, Petrus Bernardi de), 265.

Casamont (Raimundus de), 501.

Cascante (Espagne, pr. Navarra, part. jud. Tudela). Johann Diec in Castanc [*corr.* : Cascant], 390.

Caschallo (in termino), lieu n. i. à Saragosse, 331.

Casello (de). Voir *Cassel*.

Caslar (Ponsço del), 523.

Casletensis. Voir *Cassel*.

Casoles (Ramon de), 72.

Cassagne (Aveyron, arr. Millau, cant. Vezins, c. Ségur). In ipsa Cossagna, la Cassainna, 281.

Cassel (Nord, arr. Hazebrouck). Ecclesia Sancti Petri de Casello, 16 ; Casletensis decanus, 45 ; castellanus de Casello, 16.

Castanc. Voir *Cascante*.

Casteillon. Voir *Castillon*.

Castejón de Valdejasa (Espagne, pr. Zaragoza, part. jud. Egea de los Caballeros). In Castellone, 39.

Castel (prior Sancti Michaelis de). Voir *Saint-Michel-Ferréry* ou *du-Touch*.

Castelaçol (Petrus de), 398.

Castelar, Castelare, lieu n. i. au terr. de Gaure (Aude), 417, 581.

Castelar (Gilelm de), 72.

Castelaro (de). Voir *Castellar*.

Castellu (Arbertus de), 71.

Casteljau (Ardèche, arr. Largentière, cant. les Vans). In castro [*corr.* : Castro] Gaucii, 576 ; Ernaldus, Geraldus, Guilelmus Castri Gaucii, Castri Gaugii, de Castro Gaucii, de Castelo Gauges, 425, 576.

Castella. Voir *Castille*.

Castellar (Espagne, pr. Barcelona, part. jud. Sabadell). Parrochia Sancti Stephani de Castellar, Castelaro, 132, 300.

Castellione (de), Castellionis (abbas). Voir *Catillon*, *Châtillon-sur-Seine*.

Castello (Rainaldus de), 12.

Castello (Widrinus de), 27.

Castello (ecclesia Sancti Micahelis de). Voir *Saint-Michel-Ferréry*, ou *du-Touch*.

Castello Brientii (de). Voir *Châteaubriant*.

Castello Duplo. Voir *Châteaudouble*.

Castelloli (Espagne, pr. Barcelona, part. jud. Igualada). Bernardus de Chastello Udull, 102.

Castellone (Stephanus de), 469.

Castellone (in). Voir *Castejón de Valdejasa*.

Castello Novo (Willelmus de), 52.

Castello Novo (de). Voir *Castelnau*, Castro Novo (de).

Castello Veteri (de). Voir Castel Veil.

Castellum Novum. Voir *Châteauneuf-du-Rhône*.

Castelnau (Gard, arr. Alais, cant. Vézenobre). Jordanus de Castello Novo, 36.

Castelnau-de-Guers (Hérault, arr. Béziers, cant. Florensac). Bernardus Raimundus de Castro Novo, 81.

Castelnou (Pyrénées-orientales, arr. Perpignan, cant. Thuir). Petrus Bernardi de Castro Novo, 147.

Castelnovo (de). Voir Castro Novo (de).

Castelo Gauges (de). Voir *Casteljau*.

Castelono (in). Voir *Castillou*.

Castel Peire (Berengere de), 416.

Castelreng (Aude, arr. et cant. Limoux). Petrus de Castro Rosen, 435.

Castel Veil (ort dal), Castello Veteri (ortus de), lieu n. i. en Rouergue, 281.

Castille. In Castella, 349 ; rex in Castella, roi de Castille, 10, 11, 39, 69, 91, 111, 145, 410, 494, B 2 ; imperator Castelle, in Castella, 331, 338, 390, 410, 494.

Castillon (Calvados, arr. Bayeux, cant. Balleroy). Gofredus de Castellion, 511.

Castillou (Aude, arr. Limoux, cant. Couiza, c. Luc-sur-Aude). In Castelono, 504.

Castilon (Petrus de), 193.

Castram (apud). Voir *Chester*.

Castridunensis, Castriduni (abbas). Voir *Châteaudun*.

Castri Gaucii, Gaugii (E.). Voir *Casteljau*.

Castri Novi (Gosbertus, vicecomes), 299.

Castri Novi (Raimundus Arnaldus), 576.

Castri Rossilionis (G.). Voir *Château-Roussillon (Le)*.

Castri Vetuli (G.), 33.

Castri Vetuli (Raimundus), 108.

Castro (Gilelm Sanç de), 440.

Castro Duplo (de). Voir *Châteaudouble*.

Castro Gaucii (de). Voir *Casteljau*.

Castro Julii (de). Voir *Châtel-Aillon*.

Castro Novo, Castelnovo, Castello Novo (Raimundus de), 415, 416, 460, 492, 532, 554.

Castro Novo (Ymbertus de), 134.

Castro Novo. Voir *Castelnau-de-Guers*, *Castelnou*.

Castro Rosen (de). Voir *Castelreng*.

Castro Rossilionis (de). Voir *Château-Roussillon (Le)*.

Castro Vetulo, Chastri Vetuli (Guilelmus de), 71, 78.

Catalaunensis, Cathalanensis, Cathalaunensis, Cathalanis, Cathalaunis. Voir *Châlons-sur-Marne*.

Catillon (Aisne, arr. Laon, cant. Crécy-sur-Serre, c. Nouvion-et-Catillon). Walcherus de Castellione, 555.

Caturcenc. solidi. Voir *Cahors*.

Caucenojol. Voir *Caussenuéjouls*.

Cauchos, Chauchs (Guillelmus de), 301, 462.

Caucoliberii (B.). Voir *Collioure*.

Caudeval (Aude, arr. Limoux, cant. Chalabre). In valle [*corr.* : Valle] de Vindranis, 462 ; Amelius, Petrus de Vindranis, de Vindrano, 193.

Cauls (Gaufridus de), 376.

Caumont (Aude, arr. Narbonne, cant. et c. Lézignan). Terminium de Cabmont, Camon, Kamon, 432, 437, 459, 467, 521.

Cauna (Arnaldus de), 467.

Caunes? (Aude, arr. Carcassonne, cant. Peyriac-Minervois). Bernardus de Caunis, 246.

Caussenuéjouls (Aveyron, arr. Saint-Affrique, cant. et c. Cornus). Caucenojol, mas de Cauzunojol, 513.

Cauzunojol. Voir *Caussenuéjouls*.

Cavalerie (La) (Ariège, arr., cant. et c. Pamiers). [Ad villam construendam,] que villa amodo Villa Dei vocabitur, 129.

Cavallo (Pontius de), 592.

Cavanac (Aude, arr. et cant. Carcassonne). Rogerius, Wilelmus de Cavanaco, 86, 474, 594.

Cazilhac (Aude, arr. et cant. Carcassonne). Petrus de Quasilaco, 594.

Cedro (de). Voir *Séderon*.

Cegoniolas, Cegunolis, Cegulnole, Cigugnolis (Berengarius de), 308, 314, 371, 411.

Célade (La) (Aude, arr., cant. et c. Carcassonne). Ad ipsam Celatam, 277.

Celans. Voir *Seillans*.

Celatam (ad ipsam), lieu n. i. au terr. de Marceille (Aude), 155, 156.

Celatam (ad ipsam). Voir *Célade (La)*.

Celerolos, lieu n. i. en Portugal, 19.

Cellarei Aurei, Cellares Aureos (ad), lieu n. i. dans la région de Richerenches (Vaucluse), 161, 190, 598.

Cellegos (medietas de palacio de), lieu n. i. en Portugal, 19.

Cempuis (Oise, arr. Beauvais, cant. Grandvilliers). Nemus de Centum Puteis, Hugo de Centum Puteis, 587.

Cenomannensis. Voir *Mans (Le)*.

Centernago (in). Voir *Saint-Arnac*.

Centum Dextres, lieu n. i. aux

dépend. de Brouilla (Pyrénées-orientales), 358.

Centum Puteis (de). Voir *Campuis*.

Cépie (Aude, arr. et cant. Limoux). Arnaldus, Guillelmus, Petrus de Sepiano, Sipiano 116, 160, 163, 533.

Cerba (vinea de la), lieu n. i. près de Buisson (Vaucluse), 536.

Cerced (Arnaldus de), 139.

Cerches, Cerchie parrochia. Voir *Serches*.

Cerdagne. Ceritanensium comes, 71.

Ceresa (Garcia Necones de), 543.

Çeresuas, lieu n. i. en Aragon, 505.

Céret (Pyrénées-orientales). Villa que vocatur Ceret, Jocfredus de Ceret, 302.

Cérilly (Yonne, arr. Joigny, cant. Cerisiers). Villa Ciriliaci, 25 ; territorium de Cirilli, 317.

Ceritanensium comes. Voir *Cerdagne*.

Cernon (Marne, arr. Châlons-sur-Marne, cant. Ecury-sur-Coole). Apud Cernonium, 46 ; Milo de Cernone, 46, 75.

Certa (Johans de la), 421.

C[er]trast. Voir Contrast.

Cerusciedo (locus que vocant), lieu n. i. au terr. de Perpignan (Pyrénées-orientales), 236.

Cervaria (alodium Sancti Petri de). Voir Sanct. Petri de Cervaria (alodium).

Cerveira (Guillems de), 514.

Cervera, loc. n. i. en Espagne, 431.

Cervera (Guillelmus de), 314.

Cervia (Espagne, pr. Lérida, part. jud. BorjasBlancas, ou pr. et part. jud. Gerona). Guillelmus Gauzfredi de Cerviano, Cirviano, 38.

Cervinel (fons), lieu n. i. près de Gourzon (Haute-Marne), 138.

Cerzaz (Ripertus de), 312.

Cesaraugusta. Voir *Zaragoza*.

Césarée (Terre Sainte). Cesaree dominus, 353.

Cespunola, Zaspunola (Gillelmus de), 508.

Cesterfeld. Voir *Chesterfield*.

Cestria. Voir *Chester*.

Chaarossa (Bertrandus de), 238.

Chabrillan (Drôme, arr. Die, cant. Crest). Ainardus, Arnaldus de Cabreliano, Cabriano, 134, 183.

Chalamera (Espagne, pr. Huesca, part. jud. Fraga). Castrum quod dicitur Xalamera, Xalamnera, 314, B. 22.

Chalancey (Haute-Marne, arr. Langres, cant. Prauthoy). Guido de Chalanciaco, 61.

Chalancon (Drôme, arr. Die, cant. la Motte-Chalancon). Petrus filius Raimundi de Chalancho, 131.

Chalmisiaco (de). Voir *Chermizy*.

Châlons-sur-Marne (Marne). Actum Cathalanis, Cathalaunis, 46, 75, 138 ; civitas Cathalaunensis, 74 ; domus in vice [*corr.* : vico] qui dicitur Macellatorum, sita non longe a muro civitatis, 488 ; évêque de Châlons, episcopus Catalaunensis, Cathalanensis, Cathalaunensis, Cathalaunensium, 45, 46, 49, 50, 74, 75, 138, 465, 488, 489, 490, 582, B 1, B 4, B 18 ; Cathalaunensis archidiaconus, 138 ; capitulum Beati Prothomartyris Stephani, 75 ; canonici Sancti Stephani, 46, 49, 75 ; abbas, monasterium Sancti Petri de MonteCathalaunensi, 204 : Cathalaunensis moneta, 490 ; forum Cathalaunense 465 ; Jocelinus Cathalaunensis, 138.

Chamard (Haute-Loire, arr. le Puy, cant. Solignac, c. Saint-Christophe-sur-Dolaison). Bertrannus de Chamars, Chamarz, 51, 52.

Chamecensis (Ricardus), 396.

Chameroy (Haute-Marne, arr. Langres, cant. Auberive). Robertus de Cameriaco, 61.

Chames. Voir *Chaume*.

Champagne. Comte de Champagne, comes Campanie, 5, 28, 60, 113, 555 ; sénéchal de Champagne, 31.

Champlitte (Haute-Saône, arr. Gray). Ricardus de Chanlinto, 330.

Chanlinto. Voir *Champlitte*.

Chantemerle (Marne, arr. Epernay, cant. Esternay). Inter ... et Cantemerlum, 9 ; a Cantumerala, 60 ; Ansellus, Guillermus Cornez, Hato filius Freheri, Odo clericus de Cantu Merli, Cantu Merule, 28.

Charmoy (Aube, arr. Nogent-sur-Seine, cant. Marcilly-le-Hayer). Terra Carme, 28.

Charny (Seine-et-Marne, arr. Meaux, cant. Claye-Souilly). Apud Carniacum, 222.

Charols (Drôme, arr. Montélimar, cant. Marsanne). Ripertus Charrofoli, de Carrouolis, Carrouols, Charouols, Charrouolis, Charrouolis, Charrouolo, 183, 184, 185, 190, 209, 297.

Charrofoli (R.), Charroulis, Charrouolis, Charrouolo (de). Voir *Charols*.

Chartres (Eure-et-Loir). Carnotensis episcopus, Carnotensium presul, 8, 25, 31, 45, 566, 567, B 1, B 4, B 18.

Chastello Uduli. Voir *Castelloli*.

Chaster Pug (Baro de), 83.

Chastri Vetuli (G.). Voir Castro Vetulo (de).

Châteaubriant (Loire-Inférieure). Goffredus de Castello Brientii, 232.

Châteaudouble (Drôme, arr. Valence, cant. Chabeuil). Petrus de Castello Duplo, Castro Duplo, 565, 596.

Châteaudun (Eure-et-Loir). Vicecomes Castridunensis, 96 ; abbas Sancte Marie Castriduni, 566.

Châteauneuf-du-Rhône (Drôme, arr. et cant. Montélimar). Castellum Novum, 185.

Château-Roussillon (*Le*) (Pyrénées-orientales arr., cant. et c. Perpignan). Homines

Castri Rossilionis, Guillermus Castri Rossilionis, de Castro Rossilionis, 560 *bis*.

Châtel-Aillon (Charente-inférieure, arr. et cant. la Rochelle, c. Angoulins). Isembertus de Castro Julii, 194, 196.

Châtillon-sur-Seine (Côte-d'Or). Abbas Castellionis, 454; Matheus de Castellione, 540.

Châtillon-sur-Sèvre. Voir *Mauléon*.

Chauchs. Voir Cauchos.

Chaudadria (Johannes de), 49.

Chaudenay-le-Château ? (Côte-d'Or, arr. Beaune, cant. Bligny-sur-Ouche). Johannes de Caldiniaco, 540.

Chaumacho (Robertus de), 555.

Chaume (Côte-d'Or, arr. Dijon, cant. Selongey). Boschus de Chames, 330.

Chaun (Eustachius de), 378.

Chausson (Haute-Loire, arr. et cant. le Puy, c. Aiguilhe). Chausun, 52.

Chausun. Voir *Chausson*.

Chavannis (de). Voir *Échevannes*.

Chavas (de ipsas Chavas ad...), lieu n. l. près de Douzens (Aude), 64.

Chazalettes (Ardèche, arr. Largentière, cant. les Vans, c. Gravières). Arnaldus, Guilelmus, Pontius, Stephanus de Casaledas, 574, 588.

Chemillé (Maine-et-Loire, arr. Cholet). Pétronille de Chemillé, 8.

Cheralt, Cheralto, Keralit (Berengarius de), 38, 70, 71, 78, 697.

Chermizy (Aisne, arr. Laon, cant. Craonne). Gervasius de Chalmisiaco, 655.

Chery. Voir *Quiéry-la-Motte*.

Chester (Angleterre, Cheshire). Apud Castram, 255; Ricardus de Cestria, 542.

Chesterfield (Angleterre, Derbyshire). Clericus de Cesterfeld., 376.

Chevregny (Aisne, arr. Laon, cant. Anizy-le-Château). Apud Capriniacum, 221.

Chevresis-les-Dames (Aisne, arr. Saint-Quentin, cant. Ribemont, c. la Ferté-Chevresis), ou *Chevresis-Monceau* (Aisne, arr. Saint-Quentin, cant. Ribemont). Apud Chevrisiacum, Chivrisiacum, quarta pars de Chevresi, 555.

Chichester (Angleterre, Sussex). Willelmus de Cicestria, 372.

Chiningewrch (canonicus de), loc. n. i. en Angleterre, 216.

Chivrisiacum (apud). Voir *Chevresis*.

Cicestria. Voir *Chichester*.

Cigugnolis. Voir Cegoniolas.

Cinca, riv. (Espagne, pr. Huesca). Rippa de Cinca, 416.

Cinta (locus quem vocant), lieu n. l. au terr. de Pézilla-du-Conflent (Pyrénées-orientales), 212.

Cinzano (de). Voir *Cinzens*.

Cinzens (Gard, arr. Nimes, cant. Sommières, c. Calvisson). Petrus Guillelmi de Cinzano, 572.

Cirach. Voir *Sirach*.

Cirilliaci (villa), Cirilli. Voir *Cérilly*.

Cirsano (locus quem apellant), lieu n. l. près de Villemolaque (Pyrénées-orientales), 68.

Cirviano (de). Voir *Cervia*.

Cisterciensis. Voir *Citeaux*.

Cisterna. Voir *Citerne (La)*.

Citdesires, lieu n. l. près de Ixages (Pyrénées-orientales), 408.

Citeaux (Côte-d'Or, arr. Beaune, cant. Nuits, c. Saint-Nicolas-lez-Citeaux). Cisterciencis ordo, 699.

Citerne (La) (Aude, arr. Carcassonne, cant. Capendu, c. Douzens). Locus quem vocant Cisterna, 64.

Citta di Castello (Italie). Datum apud Civitatem Castellanam, B 10.

Civitatem Castellanam (apud) Voir *Citta di Castello*.

Clacles. Voir *Clesles*

Clairan, loc. détr. (Aude, arr. Carcassonne, cant. Capendu, c. Montirat). Arnaldus de Clairano, 521, 531, 533, 592, 594.

Claireu. Voir *Clérieux*.

Clairmarais (Pas-de-Calais, arr. et cant. Saint-Omer). In Claro Maresch, 261.

Clairvaux (Aube, arr. et cant. Bar-sur-Aube, c. Ville-sous-la-Ferté). Abbatia, monasterium Clarevallensis, Clare Vallis, de Clarovalle, 1, 260; abbas Clarevallensis, Clare Vallis, 31, 41, 45, 106, 260, 261, 317, 332, 340, 396, 454.

Clamous, riv., affl. de l'Orbiel (Aude). Riparia de Clamos, 437.

Clanz. Voir *Esclans (Les)*.

Claperiis (locus que dicitur), lieu n. l. dans la région de Jalez (Ardèche), 436.

Clare (Angleterre, Suffolk). Gilbert, comte de Clare, Gilbertus, comes de Clara, Gilbertus de Clare, 220, 250, 272, 273, 482, 483, 484, 486.

Clarensac (Gard, arr. Nimes, cant. Saint-Mamert). Bernardus, Guillelmus, Petrus de Clarenciaco, 572.

Clarevallensis, Clare Vallis (abbas). Voir *Clairvaux*.

Clari Montis (consul). Voir *Clermont*.

Clarmont. Voir *Clermont-sur-Lauquet*.

Claro Maresch (in). Voir *Clairmarais*.

Claro Monte (in), loc. n. l. en Catalogne, 348.

Claro Monte (de), Claromontensis. Voir *Clermont*, *Clermont-sur-Lauquet*.

Clarovalle (de). Voir *Clairvaux*.

Clausa (Albricus de), 49.

Clauso Comitali (in), lieu n. l. au terr. d'Orange (Vaucluse), 130.

Clausonne (Gard, arr. Nimes, cant. Aramon, c. Meynes). Petrus, Rostangnus Amelii de Clausonna, Clausonno, 421.

Claustro (Petrus Ylaris, Rostagnus de), 170, 323.

Claustro (Willelmus de), 180.

Clausum (maloilum de Podio Gauterio quod vocant Clausum), lieu n. i. dans la région de Pézenas (Hérault), 525.

Claviers (Var, arr. Draguignan, cant. Callas). Bonifacius de Claver, 2.

Claye-Souilly (Seine-et-Marne, arr. Meaux). Johannes de Cloia, 222.

Cleeles. Voir *Clesles*.

Cleireu. Voir *Clérieux*.

Clere (Robertus de), 542.

Clérieux (Drôme, arr. Valence, cant. Romans). Silvius de Claireu, Cleireu, 244, 593.

Clermont (Oise). In Claro Monte, consul, major Clari Montis, Claromontenses domini, Claromontensis comes, 34.

Clermont-sur-Lauquet (Aude, arr. Limoux, cant. Saint-Hilaire). Guillelmus, Petrus, Raimundus de Clarmont, Claro Monte, 86, 428, 430, 438.

Clesles (Marne, arr. Epernay, cant. Anglure). Vinee, terra et pratum de Claeles, Cleeles, 29.

Clineii (homines Sancti Petri). Voir Sanct. Petri Clincii (homines).

Cloia. Voir *Claye-Souilly*.

Clota (campus de), lieu n. i. en Espagne, 609.

Clusam (ad). Voir *Écluse (L')*.

Côa, riv., affl. du Douro (Portugal). Fluvius qui vocatur Coa, 359.

Coceio, Cociaco (de). Voir *Coucy-le-Château*.

Cocoliberi (de). Voir *Collioure*.

Cohairardo (de). Voir *Coizard*.

Coimbra (Portugal). In territorio Colimbriensi, Colinbriensi, Columberiensi, 10, 11, 24; évêque de Coïmbre, episcopus Colimbriensis, 11, 24, 291; comte de Coïmbre, 10, 19; alcaiad Colinbrie [*var.* : Colimbrie], 10.

Coin (terra del), lieu n. i. près de Buisson (Vaucluse), 536.

Coinolos (parade de), lieu n. i. en Portugal, 19.

Coirano (de). Voir *Coyral (Le)*.

Coizard (Marne, arr. Epernay, cant. Montmort, c. Coizard-Joches). Johannes de Cohairardo, 28.

Col (mansio de Collo, maiso dal Col), loc. n. i. en Rouergue, 281.

Colacoriis, Colatorio (de). Voir *Coulours*.

Colbensis. Voir *Tolva*.

Colimbrie, Colinbrie (alcaiad), Colimbriensis, Colinbriensis. Voir *Coimbra*.

Collioure (Pyrénées-orientales, arr. Céret, cant. Argelès-sur-mer). Berengarius Caucoliberii, de Quoquolibero, 560 *bis*, 563; Poncius de Cocoliberi, 388.

Collo (Berengarius de), 149.

Collo (mansio de). Voir Col.

Collsabadell (Espagne, pr. Barcelona, part jud. Granollers, ayunt. Llinás). Parrochia Sancti Saturnini de colo [*corr.* : Colo] de Sabadel, de collo [*corr.* : Collo] de Sabadell, Sabatelli, 90, 105, 107, 108, 144.

Colna (villa, boscus de), lieu n. i. en Rouergue, 281.

Colnatis (de). Voir *Conas*.

Coloirs. Voir *Coulours*.

Colomario (de). Voir *Coulommiers*.

Colonleleis. Voir *Colonzelles*.

Colonzelles (Drôme, arr. Montélimar, cant. Grignan). Territorium de Colonzellas, Colonzellis, 189, 190, 199, 311, 324, 590, 598; laboratores de Colonzellis, 189; decanus de Colonzellis, 472; Guntardus Lauterius, Michael, Petrus Lauterii de Colonzellas, Colonzellis, 131, 190, 472; Petrus Clementis presbiter de Colonleleis, 472.

Col tras lo Castel (terra del), lieu n. i. aux dépend. du ch. de Barry (Drôme), 500.

Columberiensis. Voir *Coimbra*.

Coma (terra de), lieu n. i. aux dépend. de Gaure (Aude), 354.

Coma (locus qui vocatur), lieu n. i. dans la par. de Vilacetru (Espagne), 507.

Coma (Stephanus de), 579.

Coma de Touo, Cumma de Touo (locus qui vocatur), lieu n. i. aux dépend. de Passa (Pyrénées-orientales), 548.

Comam (ad ipsam), lieu n. i. près de Bubas (Aude), 64.

Comba. Voir *Combe-Migère*.

Comba de Aqua. Voir *Coumedègue*.

Comba Lobeira (via qua itur ad), lieu n. i. dans la région de Douzens (Aude), 181.

Combe-Migère, riv., c. Douzens (Aude). Ad ipsam Combam, ad Comba, in loco que vocant Comba, 162, 167.

Comeiros. Voir *Cumieira*.

Comingo (de). Voir *Comminges*.

Comitis Ville (parrochia). Voir *Conteville*.

Comminges, anc. comté (Haute-Garonne, Ariège et Gers). Comes Covenarum, de Comingo, 73, 314.

Compans (Seine-et-Marne, arr. Meaux, cant. Claye-Souilly). Andreas, Guarinus de Compens, 222.

Compeire. Voir *Compeyre*.

Compens. Voir *Compans*.

Compeyre (Aveyron, arr. et cant. Millau). Rigaldus de Compeire, Comppeire, 281.

Comtali (in terra), lieu n. i. dans la région de Douzens (Aude), 193.

Comteville. Voir *Conteville*.

Cona[mina] (locus vocitatus), lieu n. i. dans la par. de Gurb (Espagne), 283.

Conamina (Guillelmus Ermengaudi de), 507.

Conas (Hérault, arr. Béziers, cant. et c. Pézenas). Petrus Vilelmi de Colnatis, 37.

Conbis, Cumbis (Hugo, Normannus de), 217, 218.

Conca. Voir *Cuenca*.

Conces (de). Voir *Conques*.

Concha (mansus de), lieu n. i. près de Céret (Pyrénées-orientales), 302.

Conchabella (Bernardus de), 475, 508.

Conchelos. Voir *Cunchillos*.

Condabriac (prior de), 514.

Condé-sur-Marne (Marne, arr. et cant. Châlons-sur-Marne). Apud Condatum, 46, 75.

Condeyo (Rogerus de), 176.

Confita (almunia que dicitur), loc. n. i. sur le bord du Cinca (Espagne), 416.

Congeniès (Gard, arr. Nîmes, cant. Sommières). Bermundus, Petrus Raimundi de Congingnis, 572.

Congingnis (de). Voir *Congeniès*.

Conpelicio (Constantius de), 490.

Conques (Aude, arr. Carcassonne). Petrus Aimiricus de Concas, 521.

Constantiensis. Voir *Coutances*.

Constantinople. Reliquie quas de Constantinopoli attulerat, 566.

Contan (Teodericus de), 489.

Conteio (de). Voir *Conty*.

Conteville (Pas-de-Calais, arr. et cant. Boulogne-sur-mer, ou arr. Saint-Pol-sur-Ternoise, cant. Heuchin). Parrochia Comitis Ville, decima de Comteville, 392.

Contrast (mansus qui vocatur), loc. n. i. en Roussillon, 48; Arnaldus de Contrast, Contrasto, C[er]trast [*sic*], 128, 136, 139, 157, 371; Raimundus de Contrasto, 302.

Conty (Somme, arr. Amiens). Homundus, Johannes de Conteio, 587.

Copecliam (apud). Voir *Cuperly*.

Corb (Bernard de), 502.

Corba (vallis de), lieu n. i. au terr. de Tarrasa (Espagne), 130.

Corbény (Aisne, arr. Laon, cant. Craonne). Due vie quarum una... vadit Corbiniachum, altera... Corbiniacum dirigit, 555.

Corbesun. Voir *Courbouzon*.

Corbiniachum, Corbiniacum (vadit). Voir *Corbény*.

Corbins (Espagne, pr. et part. jud. Lérida). Castrum Corbinis, in castro Corbinis, 314, B 22; tempore quo solebat tenere P. de Rovera... Corbinum, 390; anno quo Garçia Ortiç servivit Deo in Corbins, eodem anno servivit Garcie Ortiz ad Corbins, 499, 505; magister milicie Templi in Corbinos, 562.

Corbons, Corbos. Voir *Courbous*.

Corcelo (Simon de), normand, 7.

Corcelles, Corcellis (de). Voir *Courcelles-lez-Lens*.

Córdoba (Espagne). Imperator de Corduba, 570.

Corerlis (de). Voir *Courrières*.

Cormery (Indre-et-Loire, arr. Tours, cant. Montbazon). Inter Cormaricum ..., 8.

Corneille (Aude, arr. Carcassonne, cant. Montréal, c. Arzens-et-Corneille). Arnaldus, Bernardus, Petrus de Cornelano, Cornelano, Corneliano, Cornellam, Cornellano, 32, 56, 57, 63, 68, 76, 77, 128.

Cornellà (Espagne, pr. Barcelona, part. jud. San Felíu de Llobregat). Rafart de Cornilliano, 304.

Cornellam, Cornellano (de). Voir *Corneille*.

Cornello (in), lieu n. i. dans la région de Jalez (Ardèche), 576.

Cornilliano (de). Voir *Cornellà*.

Cornio (de). Voir Cornonio (de).

Cornon (Gilelmus de), 365.

Cornonio, Cornio (Tello de), 494.

Coronne, riv., affl. du Lez, anc. nom Alson, Elson (Vaucluse, cant. Valréas, et Drôme). Fluvius, rivus Alsonis, de Alsone, 121, 168, 190; Elsone clauditur, 122; terra et prata de Elsonis, 123; infra Elso, 326; fluvius qui vocatur Elsonus, 161, 310; ad, infra fluvium Elsonem, fluvius Elsonis, de Elsone, 161, 189, 199, 296, 311, 324, 596, 598; fluvius Helsonis, juxta Helsonem rivum, 123, 565.

Cortata (Petrus de), 421.

Cortes (Espagne, pr. Navarra, part. jud. Tudela). Cortes, 39; anno quando congregati sunt comes et rex cum potestatibus et principibus eorum et exercitum inter Galur et Cortes, 447; fons de Cortes, 367; prior de Cortes, 346; Esteven, Raimundus de Cortes, Cortis, 100, 227, 346, 367, 390, 424, 497.

Cos. Voir *Escosse*.

Cossagna. Voir *Cassagne*.

Cost (Bertrannus, Petrus de), 238.

Costa (mansus de), loc. n. i. en Catalogne, 54.

Costam (ad ipsam), lieu n. i. dans la région de Douzens (Aude), 193.

Costis (in), lieu n. i. près de Buisson (Vaucluse), 536.

Cotanda (honor), Cotande (arcade de). Voir *Cutanda*.

Coucy-le-Château (Aisne, arr. Laon). Castellanus de Cociaco, seigneur de Coucy, 555; Ingerannus de Coceio, 446.

Coulenz (Ugo, Wido de), 330.

Coulommiers (Seine-et-Marne). Prior de Colomario, 454.

Coulours (Yonne, arr. Joigny, cant. Cerisiers). De Colacoriis, mansio que dicitur Coloirs, 113; milites Templi de Colatorio, magister Colatorii, 317.

Coumedègue, riv. (Pyrénées-orientales, arr. Perpignan, cant. Thuir, c. Villemolaque). In comba [*corr.*: Comba] de Aqua, 522.

Courbous (Pyrénées-orientales, arr. Prades, cant. et c. Sournia). Villa de Corbons, 240; Arnallus, Bernardus, Guillelmus, Guillelmus Raymundi de Corbos, Corbons, 233, 240, 295.

Courbouzon (Seine-et-Marne, arr. Provins, cant. Villiers-Saint-Georges, c. Courtscon). Guido de Corbesun, 28.

Courcelles, loc. détr. près de Saint-Memmie (Marne, arr. et cant. Châlons-sur-Marne). Inter... Curcellas, 46, 75.

Courcelles-lez-Lens (Pas-de-Calais, arr. Béthune, cant. Carvin). Presbiter de Corcellis, Gerardus de Corcelles, 4.

Courchamp (Côte-d'Or, arr. Dijon, cant. Fontaine-Française). Fines Curti Campi, Johannes de Curto Campo, 330.

Cour-Dieu (La) (Loiret, arr. Orléans, cant. Neuville-aux-Bois, c. Ingrannes). Monachi de Curia Dei, 510.

Courrières (Pas-de-Calais, arr. Béthune, cant. Carvin). Theodoricus de Corerlis, 4.

Cours (Les) (Aude, arr. Carcassonne, cant. Lagrasse, c. Fajac-en-Val). Ecclesia, villa Sancte Marie de Curtes, 166, 191 ; villa de Curtes, 265, 428, 429, 430, 438, 474, 531 ; terminium de Curtes, 191.

Coursan (Aude, arr. Narbonne). Ermengaudus de Curciano, 32.

Courthezon (Vaucluse, arr. Avignon, cant. Bédarrides). Apud Curtedonem, Raimundus Isnardi de Curtedone, 452.

Courtisols (Marne, arr. Châlons-sur-Marne, cant. Marson). Ad curiam [*corr.* : Curiam] Ausorum, 46, 75.

Courtrai (Belgique, pr. Flandre occidentale). Castellanus de Curtraco, 231.

Coutances (Manche). Évêque de Coutances, Constantiensis episcopus, 53, 478, B 16, B 17, B 20.

Covele, Coveley, Coveleya. Voir *Cowley*.

Covenarum comes. Voir *Comminges*.

Coves (prior de), loc. n. i. en Espagne, 502.

Cowley (Angleterre, Oxfordshire). Coveley, 272 ; terra de Covele, 178, 179, 208 ; ecclesia de Coveleya, 216 ; fratres de Templo Domini de Covele, 234.

Coyral (Le), loc. détr. (Gard, arr., cant. et c. Nîmes). Raimundus de Coirano, 572.

Cracieres, lieu n. i. en Portugal, 19.

Craheheim. Voir *Crainhem*.

Crainhem (Belgique, pr. Brabant, arr. adm. Bruxelles, cant. Saint-Josse-ten-Noode). Walterus de Craheheim, 262.

Craonne (Aisne, arr. Laon). Apud Croanam, 555.

Crastorecarel (sub monte Crastorecarel, mons Kastron Recarel), mont. n. i. dans la région de Porto (Portugal), 213, 453.

Creas (in ipsas), lieu n. i. au royaume de Navarre, 110.

Crécy-en-Brie (Seine-et-Marne, arr. Meaux). Guarnerus de Creciaco, Johannes de Crecelo, 28.

Credulio (de). Voir *Creil*.

Creil (Oise, arr. Senlis). Guerno de Credulio, 34.

Creisel. Voir *Creissels*.

Creissagueto (de). Voir *Creyssaguet*.

Creissels (Aveyron, arr. et cant. Millau). Mansio de Creissello, maiso de Creisel, Becgo de Creissel, 281.

Cressing (Angleterre, Essex). Manerium de Cressynge, 124.

Crest (Drôme, arr. Die). Villa de Crest, 134 ; Arnaldus, Peiri, Petrus Cachola, Rostanz de Crest, Cresto, 134, 238.

Crest (Petrus de), 187.

Creuttes (Aisne, arr., cant. et c. Laon). Apud Criptas, 221.

Creyssaguet (Aveyron, arr. et cant. Millau, c. Saint-Georges-de-Lusençon). Vinea de Creissagueto, 207.

Criptas (apud). Voir *Creuttes*.

Crisen (Johannes de), 502

Croanam (apud). Voir *Craonne*.

Cros (mus del). Croso (mansus de), loc. n. i. en Rouergue, 281.

Crotas de Agulea (domus quam vocant), Crotis Aculei (de). Voir *Aiguilhe*.

Cruceolis, Crusol, Crusolis (Raimundus de), 357, 360, 413, 469, 470, 593.

Cruciolis (Bernardus de), 572.

Crusol, Crusolis (de). Voir Cruceolis (de).

Cuarte (Espagne, pr. et part. jud. Huesca). Villa que dicitur Quart, 145.

Çuda (Johannes de la), 544.

Cuenca (Espagne). Conca, 6.

Cugnaux (Haute-Garonne, arr. et cant. Toulouse). Bernardus de Cugnali, 268.

Cuirieux (Aisne, arr. Laon, cant. Marle). Willelmus de Cureos, 555.

Cuiseio (de). Voir *Cusey*.

Cumba (verdier de la), lieu n. i. aux dépend. du ch. de Barry (Drôme), 500.

Cumbas Tesaurenchas, lieu n. i. près de Buisson (Vaucluse), 536.

Cumbis (de). Voir Conbis (de).

Cumieira (Portugal, distr. Coimbra, conc. Penella). Barriada de Comeiros, 11.

Cumma de Touo. Voir Coma de Touo.

Cunchillos (Espagne, pr. Zaragoza, part. jud. Tarazona). Conchelos, 39.

Cungusto (Bertrandus de), 105.

Cuperly (Marne, arr. Châlons-sur-Marne, cant. Suippes). Apud Copeellam, 46, 75.

Cura (Pontius de), 571.

Curbinis (in castro). Voir *Corbins*.

Curcellas (inter). Voir *Courcelles*.

Curciano (de). Voir *Coursan*.

Cureos (de). Voir *Cuirieux*.

Curia (nemus de), 380.

Curia (Raimundus Guillelmi de), 388, 563.

Curia Dei. Voir *Cour-Dieu (La)*.

Curia Gisleberti (alodium quod dicitur in), lieu n. i. dans la région de Laon (Aisne), 221.

Curiam Ausorum (ad). Voir *Courtisols*.

Curtedone (de), Curtedonem (apud). Voir *Courthezon*.

Curterio (Menasses de), 222.

Curtes. Voir *Cours (Les)*.

Curti Campi (fines), Curto Campo (de). Voir *Courchamp*.

Curtraeo (de). Voir *Courtrai*.

Curvala (Bernat Ramon de), 523.

Cusey (Haute-Marne, arr. Langres, cant. Prauthoy). Rainaudus de Cuiselo, Cuse, Cuselo, 330.

Cutanda (Espagne, pr. Teruel, part. jud. Montalbán). Cum honore Cotanda, 145; arcade de Cotande, 534.

D

Dalouby, riv. (Pyrénées-orientales, arr. Perpignan, cant. Thuir, c. Bages). Vinea Danubii, de Denubio, 408, 409.

Dampierre-au-Temple (Marne, arr. Châlons-sur-Marne, cant. Suippes). Juxta Dompnum Petrum, 75, la chalcide, fines Dompni Petri, 49.

Dampierre-de-l'Aube (Aube, arr. Arcis-sur-Aube, cant. Ramerupt). Guido de Dampera 28.

Danubii (vinea). Voir *Dalouby*.

Danzeo (de). Voir *Donzy*.

Darbocio (Petrus de), 198.

Dardenay (Haute-Marne, arr. Langres, cant. Prauthoy). Petrus de Dardenaco, 330.

Darnach (comba de), lieu n. i. près de Brouilla (Pyrénées-orientales), 358.

Daroca (Espagne, pr. Zaragoza). Dorocha, 6; dono... civitatem Darocham, 145; comes in Daroca, Taroca, 414; Caxal in Taroca, 69.

Denubio (de). Voir *Dalouby*.

Derc, Dercho (parrochia Sancti Stephani de). Voir Sanct. Stephani de Dercho (parrochia).

Derrelo (de). Voir *Dierrey Saint-Pierre*.

Dertose (obsidio). Voir *Tortosa*.

Dervensis. Voir *Montier-en-Der*.

Deslibol (Gomiç in), 549.

Destres (locus appellatus ad), lieu n. i. près de Bages (Pyrénées-orientales), 409.

Dichesinuta [corr. : Dichesmuta]. Voir *Dixmude*.

Die (Drôme). Willelmus presbiter Diensis, 528, 529.

Dierrey-Saint-Pierre (Aube, arr. Nogent-sur-Seine, cant. Marcilly-le-Hayer). Guillermus de Derrelo, 28.

Dijon (Côte-d'Or). Apud, versus Divionem, 27; abbas, monachi, prior Divionenses (abbé, moines et prieur de Saint-Bénigne), dominium Sancti Benigni, tradidit Sancto Benigno Divionensi, Sancti Stephani Divionensis abbas, prepositus, 27 : Gosbertus, Haimo Rufus, Johannes de Divione, 330, 540.

Dinnesleya, Dynneslc, Dynnesley, Dynnesleya (maneriam, terra de), lieu n. i. en Angleterre, 247, 248, 271, 450.

Disderio Monte (de). Voir *Montdidier*.

Dissuamno (de). Voir *Isônes*.

Divione (de), Divionem (apud), Divionensis. Voir *Dijon*.

Dixmude (Belgique, pr. Flandre occidentale). Theodericus de Dichesinuta [corr. : Dichesmuta], 7.

Dodencs. Voir *Douzens*.

Doins (ad ipsas Doins, in rego de Doins), lieu n. i. dans la par. de San Esteban de Granollérs (Espagne), 516.

Dolgalt (villa). Voir *Gault-la-Forêt (Le)*.

Dominicum (pratum quod dicitur), lieu n. i. dans la région de Laon (Aisne), 555.

Dompnione (Fredericus de), 451.

Dompni Petri (fines). Dompnum Petrum (juxta). Voir *Dampierre-au-Temple*.

Donalutia (Johannes de), 383, 434.

Donceli (G.). Voir *Donzy*.

Dongelberg (Belgique, pr. Brabant, arr. adm. Nivelles, cant. Jodoigne). Willelmus de Dunhelberge, 162.

Donni Martini (decima), lieu n. i. en Champagne, 28.

Donzère (Drôme, arr. Montélimar, cant. Pierrelatte). Petrus de Dosera, 120, 174.

Donzy (Nièvre, arr. Cosne). Gaufridus Donceli, de Danzeo, 146.

Dosera. Voir *Donzère*.

Douzens (Aude, arr. Carcassonne, cant. Capendu). Ad Dozencs, 303 ; castrum, villa de Dozencis, Dozencs, Dozens, 57, 62, 64, 67, 76, 248, 254, 301, 461 ; terminium, territorium Dozeci, Dozenchi, de Dozencs, 85, 193, 318, 315, 458, 464 ; collum, fons de Dozencs, 64 ; honor de Dozencs, 67, 301 ; molendina de Dozencs, 282 ; domus militie, 573 ; terra Sancti Vincencii, 193 ; homines de Dodencs, 256 ; capellanus de Dozencs, 245, 273, 313, 316, 461 ; Berenguarius, Berenguarius Poncii, Bernardus, Bernardus Raimundi, Oto, Petrus, Petrus Sachetus de Dodencs, Dozencho, Dozenco, Dozencs, 162, 228, 245, 246, 366, 458, 461, 573.

Dozeci (terminium). Dozenchi (territorium), Dozencho, Dozencis, Dozenco (de), Dozencs, Dozens. Voir *Douzens*.

Drascumne (archiepiscopus). Voir *Tours*.

Drée (Côte-d'Or, arr. Dijon, cant. Sombernon). Barnuinus de Drelo, 540.

Druisencort, Drusencurth (Gislebertus de), 97, 261.

Dua Castella (Bernardus de), 66.

Dunes (Belgique, pr. Flandre occidentale, arr. adm. et cant. Furnes, c. Coxyde). Abbas de Dunis, 260.

Dunhelberge. Voir *Dongelberg*.

Dunis (de). Voir *Dunes*.

Duno (Pontius, Raimundus de), 160.

Durban (Ariège, arr. Foix, cant. la Bastide-de-Sérou). Rogerius de Durbano [*var.* : Durobanno], 129.

Durban (Aude, arr. Narbonne). Guillelmus de Durban, 67.

Durtis (Wido de), 330.

Duvione (Heffredus de), 146.

Dynneale, Dynnesley, Dynnesleya. Voir Dinnesleya.

E

Eboracum. Voir *York*.

Èbre, fl. (Espagne). De Ibero inantea, 6 ; via de Ebro, 321.

Ebrocensis, Ebroicas (apud), Ebroicensis. Voir *Évreux*.

Écault (Pas-de-Calais, arr. Boulogne, cant. Marquise, c. Offrethun). Carembaldus de Hechot, 261.

Échevannes (Côte-d'Or, arr. Dijon, cant. Is-sur-Tille). Girardus de Chavannis, 330.

Écluse (L') (Pyrénées-orientales, arr. et cant. Céret). Ad Clusam, 339.

Edre (terra Sancte Marie). Voir *Notre-Dame de-Lierre*.

Edris (Guillelmus de), 518.

Eduensis. Voir *Autun*.

Ega (Portugal, distr. Coïmbra). Locus qui vocatur Ega, 350, 351.

Eyea de los Caballeros (Espagne, pr. Zaragoza). Exeia, 336, 455.

Egidiensis. Voir *Saint-Gilles-du-Gard*.

Eguer. Voir *Eygues*.

Eirolas. Voir *Eyroles*.

Electi monosterium, Eleit. Voir *Alet*.

Elembona. Voir *Alembon*.

Elenensis. Voir *Elne*.

Elfon. Voir *Fonz*.

Elne (Pyrénées-orientales, arr. et cant. Perpignan). Via que vadit ... ad Elnam, 408, 409 ; ad portellum de Elno, 408 ; alodium Sancte Eulalie, 408, 409 ; episcopatus Elnensis, Helenensis, 128, 242 ; Elenensis episcopus, 548, 563 ; archidiaconus Elenensis, 548 ; canonicus, presbiter Sancte Eulalie, 548, 577 ; Miro de Helna, 157.

Elso, Elsone (de), Elsonus. Voir *Coronne*.

Ely (Angleterre, Cambridgeshire). Elyensis episcopus, 234.

Emberti Curie (Renaldus), 396.

Emfesta (locus qui vocatur), lieu n. i. aux dépend. de Montemór o Velho (Portugal), 274.

Empuriis (de). Voir *Ampurias*.

Enghien (Belgique, pr. Hainaut, arr. adm. Soignies). Hugo de Aingen, 186.

Engolismensis. Voir *Angoulême*.

Entrechaux (Vaucluse, arr. Orange, cant. Vaison). W. Rostagni d'Antricalz, 238.

Eorum (villa). Voir *Escosse*.

Épense (Marne, arr. Sainte-Menehould, cant. Dommartin-sur-Yèvre). In molendinis Espinceli, 28.

Éperlecques (Pas-de-Calais, arr. Saint-Omer, cant. Ardres). Drago de Sperleke, 261.

Épernay (Marne). Hugo de Sparnai, 582.

Épila (Espagne, pr. Zaragoza, part. jud. la Almunia de Doña Godina). Rodric Petrez in Epila, 331 ; Rainal de Epila, 367.

Épinal (Vosges). Gualterus Spinolensis, 396.

Episcopi Villa. Voir *Vecqueville*.

Eppes (Aisne, arr. et cant Laon). Guillelmus de Apia, 221, 555.

Eras (ad illas), lieu n. i. aux dépend. de Huesca (Espagne), 532.

Erlebaldi capella, lieu n. i. en Flandre, 231.

Ermolans (Guillelmus Berengarius de), 157.

Escaledieu (L') (Hautes-Pyrénées, arr. Bagnères-de-Bigorre, cant. Lannemezan, c. Bonnemazon). Abbas Scale Dei, 501.

Escalles (Pas-de-Calais, arr. Boulogne-sur-mer, cant. Calais). Scales, 285.

Escarboti (massada), lieu n. i. dans la région de Perpignan (Pyrénées-orientales), 563.

Escatrón (Espagne, pr. Zaragoza, part. jud. Caspe). Petrus Martinus de Escatrone, 280.

Eschechias (aput). Voir *Sièges (Les)*.

Eschenna (Gaufridus de), 540.

Esclans (Les) (Var, arr. et cant. Draguignan, c. la Motte). Raimundus des Clanz, 2.

Escogola (locus vocatus), lieu n. i. dans la région de Douzens (Aude), 193.

Escosse ? ou *Lescousse ?* (Ariège, arr. et cant. Pamiers). Villa de eorum [*corr.* : Eorum : *var.* : Cos], 129.

Espagne. De Ispaniam [*var.* : Yspaniam], 415 ; ecclesia que est in Ispaniis, 314 ; empereur d'Espagne, imperator Hispanie, Hyspanie, Yspanie, 24, 91, 111, 338, 390, 410, 475, 494, B 2 ; principes per Yspaniam constituti, B 2 ; omnis patrie Ispaniensis clerus et populus, 145 ; [R., Barchin. comes,] concedo decimam partem omnium que in Ispania adquirere potero, 145 ; quinta pars de omnibus expeditionibus Yspanie, B 22 ; medietas omnium quintarum de Ibero inantea per totam Ispaniam, 6 ; Xpisti militia in Ispaniis adversus mauros, officium milicie in regione Ispanie contra sarracenos, magister cujusdam Ispanie, 314 ; magister Yspanie, 390 ; militie Templi in Hyspania magister, 475.

Esparron (Var, arr. Brignoles, cant. Barjols). Bermundus de Sparron, 2.

Espéraza (Aude, arr. Limoux, cant. Quillan). Villa de Esperazano, 267, 504 ; terminium de Esperazano, 203 ; Arnallus, Arnallus Gilelmus, Goubert d'Esperaza, de Esperazano, 95, 203.

Espinceli (molendina). Voir *Épense*.

Essartis (Hugo de), 248.

Essex (Angleterre). Comte d'Essex, comes Essexiae, Essexe, 220, 249, 250, 255, 256, 271.

Estada (Espagne, pr. Huesca, part. jud. Tamarite de Litera). Senior in Estada, Estata, 415 ; Pere Ramon d'Estada, 416.

Estaiol (unus campus ad), lieu n. i. près de Villar-Tinhol (Aude), 181.

Estalonmaisnil. Voir *Étalménil*.

Estang (L') (Hérault, arr. Béziers, cant. et c Pézenas). Ad Stagnum, ad claram de Stagno, 81.

Estata. Voir *Estada*.

Estella (Espagne, pr. Navarra). In Estella, 404 ; in villa que vocatur Stella, 494 ; regnans in Stella, 390 ; homines, judex de Stella, 92 ; Eneco Lopiz, Petro Tizon, Rodrigo de Azacra in Estela, in castello Stelle, 69, 120, 386, 390, 494, 546 ; Gil de Estela, 546 ; Tebaldus de Stella, 390.

Estercuel (Espagne, pr. Teruel, part. jud. Aliaga). Esterquel, 227.

Estodal. Voir *Prézelas*.

Estrémadure espagnole. Regnans in Estremadura, Stremature, 26, 553.

Estrémadure portugaise. Extramatura, Extrematura, 24, 359.

Étalménil (Somme, arr. Abbeville, cant. Hallencourt, c. Hocquincourt). Geroldus d'Estalonmaisnil, de Stalun. Maisnil, 458, 587.

Étampes (Seine-et-Oise). Apud Stampas, Stampensis prepositus, 601.

Étoile (Drôme, arr. et cant. Valence). Stephanus, Willelmus de Stella, 183, 296.

Étoutteville (Seine-Inférieure, arr. Yvetot, cant. Yerville). Edmundus de Stotivilla, 158.

Étouy (Oise, arr et cant. Clermont). Molendinum Adstol, 34.

Étrelles (Aube, arr. Arcis-sur-Aube, cant. Méry-sur-Seine). Magna decima de Straheles, 28.

Europe. Europe principes, 1.

Evardi terra, lieu n. i. en Champagne, 28.

Évreux (Eure). Apud Ebroicas, 124 ; Ebroicencis, Ebrocensis episcopus, 124, 192, 201, 478, 550, B 16, B 17, B 20 ; clerici Ebroicenses, capellanus comitis Ebroicensis, 550.

Exalone (rivus de). Voir *Jalón*.

Exebra Vivos (campus ad), lieu n. i. sur le bord de l'Aude, dans la région de Douzens (Aude), 85.

Exeia. Voir *Egea de los Caballeros*.

Exomensis. Voir *Osma*.

Extramatura, Extrematura. Voir *Estrémadure portugaise*.

Eygues, riv., affl. du Rhône (Drôme et Vaucluse). Fluvius qui vocatur Eguer, 198.

Eyroles (Drôme, arr. et cant. Nyons). Ismido de Eirolas [*var.* : Heirolas], 148.

F

Fa, riv. (Aude, arr. Limoux, cant. Quillan). Rivus quem vocant Fabian, 203.

Fabian. Voir *Fa*.

Fabregas (Raimonz de), 538, 584.

Fabrigas (terra de), lieu n. i. près de Richerenches (Vaucluse), 172.

Fadreslors (Cono de). Voir *Freloux*.

Fagis (Herbertus de), 28.

Faios (anno quo rex Garcia cepit, presit illos Faios), loc n. i. en Espagne, 496, 546.

Faisnires (Radulfus de), 75.

Falcs (Poncius de), 290.

Falgairas (villa que dicitur), Felgairac, Felgairach (villa de), loc. n. i. au dioc. de Narbonne, 462, 487.

Falkenberga. Voir *Fauquembergues*.

Familonga (que falsa vocitatur), lieu n. i. dans la région de Pézenas (Hérault), 37.

Far, Faro (Berengarius, Petrus, Poncius, Raimundus Petri de), 90, 102.

Farracia (Berengarius de), 341.

Farselos (Hugo de), 260.

Fastis (de). Voir *Faty*.

Faty (Aisne, arr. Vervins, cant. Sains, c. Wiège-et-Faty). Clarembaudus de Fastis, 555.

Fauquembergues (Pas-de-Calais, arr. Saint-Omer). Castellanus de Falkenberga, Hugo de Falkenberga, 231.

Favairolas (Bertrandus, Froterius de), 385.

Favernei (Theodericus de), 27.

Felgairac, Felgairach. Voir Falgairas.

Felgairosa, lieu n. i au terr. de Caumont (Aude), 437.

Felguerias (usque in stratam publicam veterem que vadit versus), lieu n. i. en Rouergue, 585.

Felicio Monte (de). Voir *Montfélix*.

Félines (Ardèche, arr Tournon, cant. Serrières). Jordanus de Filinas, 576.

Félines ? (Drôme, arr. Die, cant Bourdeaux). Pontius de Filinis, 586.

Fenad, lieu n. i. près de Villar-Tinhol (Aude), 181.

Fenestreles (collum de), lieu n. i. dans la par. de San Andrés de Palomar, 135.

Feniolatensi (de). Voir *Fenouilledès*.

Fenis (de). Voir *Fins*.

Fenolades, Fenoled, Fenolet. Voir *Fenouilledès*

Fenollar (Bernardus de), 242.

Fenollotensis. Voir *Fenouilledès*.

Fenouilledès, pays (Pyrénées-orientales). Proconsul Fenollotensis, 264 ; comitatus Fenoleti, Fonelledes, 139, 240 ; vicecomitatus de Fenolades, 128 ; vicomte de Fenouilledès, vicecomes Fenoleti, de Fenoiet, 139, 233, 296, 299, 402 ; Udalgarius de Fenoled. 212 ; Bernardus de Feniolatensi, Fonelledes, Funuleto, 236, 240, 402.

Fenouillet (Pyrénées-orientales, arr. Perpignan, cant. Saint-Paul-de-Fenouillet). Petrus de Fonolet, 402.

Ferentino (Italie). Datum Ferentini, B 25, B 26.

Ferraiolas (Bego de), 385.

Ferrals (Aude, arr. Narbonne, cant. Lézignan). Villa de Ferrals, 461.

Ferraria. Voir *Ferrières*.

Ferrariis (de). Ferrers. Voir *Ferrière-Saint-Hilaire*.

Ferrières (Manche, arr. Mortain, cant. le Teilleul). Hugo de Ferraria, 53.

Ferrière-Saint-Hilaire (Eure, arr. Bernay, cant. Broglie). Comes de Ferrers, 373, 374, 376 ; Hugo de Ferrers, Robertus de Ferrariis, 376, 377.

Ferté-Chevresis (Aisne, arr. Saint-Quentin, cant. Ribemont). Mensura de la Ferté, 555.

Feuvi (terra de), lieu n. i. aux dépend. de Gaure (Aude), 354.

Figairolas (territorium de), Figeirolas, lieu n. i. dans la région de Richerenches (Vaucluse), 189.

Figeiras (locus qui vocatur), lieu n. i. dans la par. de Manlleu (Espagne), 507.

Figeiroles. Voir Figairolas.

Figuera, lieu n. i. près de Bages (Pyrénées-orientales), 408, 409.

Figueres (via de), lieu n. i. dans la région de Saint-Féliu-d'Amont (Pyrénées-orientales), 140.

Filgeriensis. Voir *Fougères*.

Filinas, Filinis (de). Voir *Félines*.

Filmigons (locum quod vocatur), lieu n. i. en Catalogne, 54.

Fins ? (Somme, arr. Péronne, cant. Roisel). Sustanus de Fenis, 148.

Firmitate (Gosbertus de), 330.

Firmitate (Renardus de), 396.

Fita (Martinus Fernandez de), 410.

Flammerécourt (Haute-Marne, arr. Wassy, cant. Doulevant-le-Château). In Flamerci Curte, 138.

Flandre. Comes Flandrensis, Flandrie, Flandrensium, Flandrarum, 7, 16, 98, 99, 205, 231, 260, 276, 445 ; principans in Flandria, 17 ; episcopans in Flandria, 16 ; flandrenses, 7 ; relevamenta terrarum mortuorum terre Flandrensis, relicum Flandrie, 7, 16 ; Aylardus Flandrensis, 179.

Fleisa (terra de la), lieu n. i. aux dépend. du ch. de Barry (Drôme), 600.

Flure (Warnerius de), 540.

Fodeta (Deodatus de), 207.

Foissac (Aveyron, arr. Villefranche-de-Rouergue, cant. Asprières). Molendinum de Foissac, 281.

Foix (Ariège). Fuxensis ecclesia, 370 ; Fuxensis comes, 129, 370.

Folgarolas (Espagne, pr. Barcelona, part. jud. Vich). Parrochia Sancte Marie de Forlgeroles, 54.

Follano (Guilelmus, Petrus Arnaldi de), 147.

Folliano (de). Voir *Fuilla*.

Fon. Voir *Font*.

Fonear, Foneiar. Voir *Fonollar*.

Fonelledes. Voir *Fenouilledès*.

Fonoiar, Fonolaro (de). Voir *Fonollar*.

Fonolet. Voir *Fenouillet*.

Fonollar (Espagne, pr. Barcelona, part. jud. San Feliu de Llobregat, ayunt. San Baudilio de Llobregat). Berengarius, Guillelmus Berengarius, Petrus, Petrus Berengarius, Poncius de Fonear, Foneiar, Fonoiar, Fonolaro, 284, 290, 294, 604.

Fons ? (Ardèche, arr. Privas, cant. Aubenas). Super mansum de Fonte, 436.

Fons. Voir *Font*.

Font (campus de), lieu n. i. aux dépend. de Pomas (Aude), 354.

Fontaine-Française (Côte-d'Or, arr. Dijon). Pontius, Theodericus de Fontanis, 330.

Fontaine-Marie ? (Eure-et-Loir, arr. Châteaudun, cant. Cloyes, c. Douy). Ecclesia de Fonte Calve, 567.

Fontaine-sur-Marne (Haute-Marne, arr. Wassy, cant. Chevillon). Territorium de Fontanis, Lambertus de Fontanis, 138.

Fontanis (Odo de), 12.

Fontanis (de). Voir *Fontaine-Française*, *Fontaine-sur-Marne*.

Fontcouverte (Aude, arr. Carcassonne, cant. Peyriac-Minervois, c. Laure). Arnaldus Raimundus de Fonte Cuberta, 303.

Fonte (Ivo de), 34.

Fonte (de). Voir *Fons*.

Fonte Arcada (Portugal, distr. Porto, conc. Penafiel). Villa que vocitant Fonte Arcada, 19.

Fonte Calve (de). Voir *Fontaine-Marie*.

Fontecano (a), lieu n. i. en Rouergue, 585.

Fontecto (de). Voir *Fontette*.

Fonte Cuberta (de). Voir *Fontcouverte*.

Fonte Follosa (aqua discurrit de), lieu n. i. en Rouergue, 585.

Fontellas (Espagne, pr. Navarra, part. jud. Tudela). In Fontelas, 39.

Fontenay-le-Marmion (Calvados, arr. Caen, cant. Bourguébus). Abbas de Fontenieio, 550.

Fontes (hereditas de), loc. n. i. en Espagne, 390.

Fontes (Fortin in), 69.

Fontes (Galin Açnaret de), 349.

Fontes (Garcia Ortiç in), 331.

Fontette (Côte-d'Or, arr. Semur, cant. Vitteaux, c. Saint-Mesmin). Bartholomeus de Fontecto, 540.

Fontevrault (Maine-et-Loire, arr. et cant. Saumur). Abbatissa Fontis Ebraudi, 8.

Fontibus (Vilelm de), 94.

Fontis Ebraudi (abbátissa). Voir *Fontevrault*.

Fonz (Espagne, pr. Huesca, part. jud. Tamarite de Litera). Castellum et ecclesia de Fons, 557 ; senior in Elfon [*corr.* : in el Fon(?) ; *var.* : Alsson], 415.

Fonzilione (de). Voir *Fouzilhon*.

Forcia (Arnale de), 314.

Forlgeroles. Voir *Folgarolas*.

Forn Decorona (ouxia de), lieu n. i. dans la région de Richerenches (Vaucluse), 469.

Fornols (Ugo de), 240.

Foro (Odo de), 74.

Forojuliensis. Voir *Fréjus*.

Fosato (Guido, Guillermus de), 61.

Fougères (Ille-et-Vilaine). Henricus Filgeriensis, 232.

Fourques (Gard, arr. Nîmes, cant. Beaucaire). Ad Furchas, Raimundus Bernardi de Furchis, 411.

Fouzilhon (Hérault, arr. Béziers, cant. Roujan). Bernardus Moreira, Petrus Micahele de Fonzilione, 525.

Fovenna, lieu n. i. en Champagne, 28.

Fraga (Espagne, pr. Huesca). Facta carta... super Fraga, 69 ; quando rex... tolt a Fraga, 39 ; in illa batala de Fraga, in obsidione de Fraga, 84 ; anno quo comes Barchinonensis prendidit... Fraga, 543.

Fraisel. Voir *Frayssinet*.

Fraisenet (W. de), 335.

Fraisinel. Voir *Frayssinet*.

Frameries (Belgique, pr. Hainaut, arr. adm. Mons, cant. Pâturages). Parrochia de Framerils, de territorio Fremerils, Goselinus de Framerils, 259.

France. In regno Gallie degens, 1 ; concilium in Francia, 493 ; roi de France, regina, rex Francie, Francorum, 194, 198, 223, 224, 305, 332, 448, 451, 454, 465, 466, 491, 561 ; actes datés du règne de Louis VI ou de Louis VII, rois de France (Ludovico regnante, rege Francorum, Francie, in Francia, in Gallia, etc.), 16, 17, 18, 28, 32, 36, 37, 38, 44, 48, 51, 54, 55, 56, 57, 59, 60, 61, 63, 64, 65, 67, 68, 70, 76, 77, 78, 80, 82, 83, 85, 88, 89, 90, 93, 95, 101, 102, 104, 105, 107, 108, 112, 115, 116, 117, 118, 126, 127, 128, 129, 130, 133, 135, 136, 139, 140, 142, 146, 149, 157, 159, 160, 162, 163, 166, 167, 171, 180, 181, 188, 191, 193, 202, 203, 204, 207, 215, 228, 232, 233, 236, 241, 242, 245, 246, 254, 257, 258, 263, 264, 265, 267, 268, 269, 270, 276, 277, 281, 282, 284, 287, 290, 294, 295, 299, 300, 301, 302, 303, 304, 306, 307, 308, 313, 315, 322, 329, 330, 335, 337, 348, 354, 358, 365, 366, 370, 388, 397, 400, 401, 402, 407, 408, 409, 411, 412, 417, 427, 428, 429, 430, 431, 432, 433, 435, 436, 438, 442, 443, 457, 458, 459, 461, 462, 463, 464, 467, 469, 470, 472, 474, 475, 500, 503, 504, 507, 515, 516, 517, 518, 519, 521, 522, 524, 525, 526, 531, 533, 548, 560 *bis*, 563, 572, 573, 574, 575, 576, 577, 578, 579, 580, 581, 585, 588, 592, 594 : franci, francigeni, 158, 220, 247, 250, 256, 271, 450 ; magister Gallie, magister fratrum de Templo qui in Francia sunt, 314, 317.

Franceschi (caminum), lieu n. i. près de Brouilla (Pyrénées-orientales), 358.

Frangouille (Hérault, arr. Béziers, cant. Bédarieux, c. Boussagues). Parroquia de Sancta Maria de Frangoliano, Berengaria de Frangoliano, 322.

Fraxino (Raimundus de), 78.

Fraxino (Rogerus de), 482, 484.

Frayssinet ? (Aveyron, arr. Millau, cant. Nant, c. Saint-Jean-de Bruel). El mas del Fraisel, Fraisinel, 584.

Fredelacensis. Voir *Frézelas*.

Freixa (Espagne, pr. Barcelona, part. jud. Igualada, ayunt. Piera). In Frexeino, 150.

Fréjus (Var, arr. Draguignan). Episcopus Forojuliensis, 2.

Freloux ? (Belgique, pr. Liège, arr. adm. Waremme, cant. Hollogne-aux-Pierres). Cono de Fadreslors, 7.

Fremerils (de). Voir *Frameries*.

Frescano (Espagne, pr. Zaragoza, part. jud. Borja). In Frescano, Freschano, 395, 456 ; hereditas de Frescano, 468 ; homo de Frescano, 559 ; qui dominabatur Frescano, dominans Freschan, 456, 468 ; Arlent, Aparici et Petrelon, Galin Açenariç, Perrot, Raimundus Casconi, Robert de Frescan, Frescano, Freschano, 395, 423, 468, 559.

Fresnes (Seine-et-Marne, arr. Meaux, cant. Claye-Souilly). Roricus de Fresna, 222.

Frettes (Haute-Marne, arr. Langres, cant. Fayl-Billot). Ricardus de Fritis, 330.

Frezano (parrochia Sancti Jachobi de). Voir *San Jaime*.

Frexeino (in). Voir *Freixa*.

Frezalez. Voir *Frézelas*.

Frézelas, prieuré à Pamiers (Ariège). Prior Fredelacensis, 370 ; Bernardus Otonis d'Estodal [*var.* : de Frezalez], 129.

Fritis (de). Voir *Frettes*.

Froia (fons de), lieu n. i. dans la région de Soure (Portugal), 351.

Frontin (Aveyron, arr. Millau, cant. Vezins, c. Saint-Léons). Lo mas de Frontinet, 537.

Frontinet. Voir *Frontin*.

Fuellia (Michael de la), 421.

Fuilla (Pyrénées-orientales, arr. et cant. Prades). Archidiaconus de Folliano, 233.

Funes (Espagne, pr. Navarra, part. jud. Tafalla). Villa

que dicitur Funes, 211 ; Fertunio Sanç de Funes, 421 ; Gonzalvo, Rodrigo Avarcha, Sancio Rodricho Avarcha in Funes, 227, 289, 386, 494, 546.
Funuleto (de). Voir *Fenouillèdès*.
Furchas (ad), Furchis (de). Voir *Fourques*.
Furnes (Belgique, pr. Flandre occidentale). Furnensis decanus, 45 ; Robertus Furnensis, de Furnis, 205, 231, 275.
Furnis, [Furno] (Odo de), 330, 454.
Furnis (de). Voir *Furnes*.
Furrio (cabeça de), lieu n. i. en Portugal, 11.
Fuste (Milo de), 46, 75.
Fuxensis. Voir *Foix*.

G

Gaamaugerium. Voir Amaugerium.
Gabian (Hérault, arr. Béziers, cant. Roujan). Bernardus de Gabiano, 37.
Gabrellac, Gabrellag, Gabrellago (de). Voir *Gabriac*.
Gabriac (Aveyron, arr. et cant. Espalion). Mansus de Gabrellago, Gabrellag, mas de Gabrellac, 281.
Gadenos (Emmauricus de), 490.
Galag (Hector de), 20.
Galangau (faixa de), lieu n. i. dans la région de Douzens (Aude), 193.
Galdusanegues (olivetum quod est ad), lieu n. i. dans la région de Nîmes (Gard), 572.
Galice. Imperator in Galecia, 410 ; roi de Galice, 91, 111, 331, B 2 ; comes Gallicianus, de Galecia, 10, 11, 410 ; terre que vicina est ecclesie Beati Jacobi comes (comte de Galice), 151.
Galifa. Voir *Barcelona, Gallifa*.
Galiner (guat), lieu n. i. dans la région de Douzens (Aude), 193.
Galipenzo. Voir *Gallipienzo*.
Gallia. Voir *France*.
Gallicianus. Voir *Galice*.
Gallifa (Espagne, pr. Barcelona, part. jud. San Feliu de Llobregat). Galifa, Gallifa, 72, 137.
Gallipienzo (Espagne, pr. Navarra, part. jud. Aoiz). Martin de Leet in Galipenzo, Gallipenza, Gallipenzo, 100, 494, 546.
Gallur (Espagne, pr. Zaragoza, part. jud. Borja). Anno quando congregati sunt comes et rex cum potestatibus et principibus eorum et exercitum inter Galur et Cortes 447 ; Sanz Sanz, Sancia, San Bachero de Gallur, Galur, 319, 347, 395, 476, 499, 543 ; Palacin in Galur, 549.
Galnachia. Voir *Garnache (La)*.
Galt (villa dol). Voir *Gault-la-Forêt (Le)*.
Galur. Voir *Gallur*.
Gamarz (P. de), 539.
Ganapie dominus. Voir *Garnache (La)*.
Gand (Belgique, pr. Flandre orientale). Castellanus de Ghanto, 16 ; Gilbertus, Ivanus de Gant, Ganto, 16, 255, 273.
Ganganel (locus vocitatus), lieu n. i. aux dépend. de Nyls (Pyrénées-orientales), 517.
Gant. Voir *Gand*.
Ganliano (de). Voir *Gaussan*.
Ganto (de). Voir *Gand*.
Gard (Le) (Somme, arr. Amiens, cant. Picquigny, c. Crouy). Abbas de Gardo, 587.
Garda (Odilus de), 576.
Garda. Voir *Garde-Adhémar (La), Garde-Paréol (La)*.
Garde-Adhémar (La) (Drôme, arr. Montélimar, cant. Pierrelatte). Pontius Umbertus de Garda, 121, 174.
Gardeñ (Espagne, pr., part. jud. et ayunt. Lérida). Milicia de Gardein, 82 ; in podio de Gardeyn, 557.
Garde-Paréol (La) (Vaucluse, arr. Orange, cant. Bollène). Tritmundus, Willelmus, Willelmus Petri de ipsa Garda, 198.
Gardeyn. Voir *Gardeñ*.
Gardia, Guardia (Berengarius de), 136, 188, 560 *bis*.
Gardo (de). Voir *Gard (Le)*.
Garnache (La) (Vendée, arr. les Sables-d'Olonne, cant. Challans). Dominus Ganapie, 13 ; Petrus de Galnachia, Gasnapia, 14, 232.
Garriga (ipsa), lieu n. i. près de San Vicente de Junqueras (Espagne), 284.
Garriga (Berengarius de ipsa), 71.
Garriga Mala (in, territorium de), lieu n. i. dans la région de Richerenches (Vaucluse), 123, 189, 297.
Gasnapia. Voir *Garnache (La)*.
Gaulencs (Ysarnius de), 531.
Gault-la-Forêt (Le) (Marne, arr. Epernay, cant. Montmirail). Villa Dolgalt [*corr.* : dol Galt], 60 ; decima Waude, 28.
Gaure (Aude, arr. Carcassonne, cant. Montréal, c. Rouffiac-d'Aude). Villa de Gaure, 86, 116, 142, 163, 503, 504, 594 ; ecclesia de Gaure, 142, 594 ; terminium de Gaure, Sancti Stephani de Gaure, 117, 354, 417, 533 ; regus de Gaure, 533. Arnaldus de Gaure, 116, 142, 163, 354, 503, 533, 594 ; Raimundus de Gaure, 89, 95, 116, 117, 129, 142, 156, 159, 160, 162, 163, 166, 167, 181, 191, 193, 203, 503 ; Guillelmus, Rogerius de Gaure 503, 578, 579, 580, 581.
Gaussan (Aude, arr. et cant. Narbonne, c. Bizanet). Honor de Ganliano, 301.
Gavaldano (Bertrandus de), Gavaldanus (Petrus), 238, 293, 352.
Gavantiola (Arnaldus de), 73.
Gavere (Belgique, pr. Flandre orientale, arr. adm. Gand, cant. Oosterzeele). Razo de Gavera, 186, 269.
Geles, Gellis (in). Voir *Jalez*.
Genenstalozo. Voir *Gestaçó*.
Genesta (campus de), lieu n. i.

· dans la région d'Espéraza (Aude), 203.

Genova (Italie). Genua (homines de), 492 ; Genues, 532.

Genua, Genues. Voir *Genova*.

Gerardi Molendino, Girardi Molendino (Simon de), 261, 272, 482.

Gerb. Voir *Gerp*.

Gerberoy (Oise, arr. Beauvais, cant. Songeons). Petrus de Gerborredo, 34.

Gerborredo (de). Voir *Gerberoy*.

Gernicourt (Aisne, arr. Laon, cant. Neufchâtel-sur-Aisne). In Gernicurte, 555.

Gerona (Espagne). In Gerunda, apud Gerundam, 314, 390; ecclesia Sancte Marie sedis Jherunde, 38 ; Gerundensis episcopus, 38, 71, 314, B 22 ; Jherundensis sacrista, 38 : Gerundensis archidiaconus, 71 ; magister ecclesie Gerundensis, 314 ; Guillelmus Sumarius (?) de Gerunda, 242.

Gerosolimitanus. Voir *Jérusalem*.

Gerp (Espagne, pr. Lérida, part. jud. Balaguer, ayunt. Os de Balaguer) De Gerb oppodo, 475.

Gerunda. Gerundensis Voir *Gerona*.

Gestaçó (Portugal, distr. Porto, conc. Baião). Genenstalozo, 19.

Ghanto (de). Voir *Gand*.

Gigondas (Drôme, arr. et cant. Nyons, c. Mirabel). Castellum de Gigundaz, 413 ; illi de Jocundatio, 190, 598 : Beitrannus Willelmi, Isarnus, Raimundus, Rostagnus, Willelmus Raimundi de Gigundaz, Jocundatio, Jocundaz, 161, 190, 413, 452, 598.

Gigrione (Robertus de), 189.

Gigundaz. Voir *Gigondas*.

Gillons (Drôme, arr. Valence, cant. Romans, c. Châtillon-Saint-Jean). Rodbertus de Gilonio, 184.

Gipeswicam (apud). Voir *Ipswich*.

Girardi Molendino (de). Voir Gerardi Molendino (de).

Gisleberti curia. Voir Curia Gisleberti.

Gisnensis. Voir *Guines*.

Glavenas (Haute-Loire, arr. et cant. Yssingeaux, c. Saint-Julien-du-Pinet). Pontius de Glavenas, 51.

Gloucester (Angleterre). Milo de Glocestria, 179 ; Rogerus de Glocester, 243 ; ecclesia Sancte Marie de Glocester, 243.

Gone. Voir *Guny*.

Gonesse (Seine-et-Oise, arr. Pontoise). Balduinus de Gonessa, 221, 555.

Goni. Voir *Guny*.

Gorgatel (heremum et condirectum ubi vocant a), lieu n. i. aux dépend. de Pomas (Aude), 354.

Gornacum (ad). Voir *Gournay-sur-Aronde*.

Gornes (Arnal de), 338.

Gournay-sur-Aronde? (Oise, arr. Compiègne, cant. Ressons-sur-Matz). Ad Gornacum, 34.

Gourzon (Haute-Marne, arr. Wassy, cant. Chevillon). Territorium Gurzon, 138.

Graçay (Cher, arr. Bourges). Castrum Graciaci, princes Graciaci, 380.

Gradibus (Guigo de), 52.

Gradignano, Gradinano, Gradinnano (de). Voir *Grignan*.

Gragana, Graiana. Voir *Grañena*.

Grainna. Voir *Grignan*.

Grais (*Le Grand*, ou *Le Petit*) (Indre-et-Loire, arr. Tours, cant. Bléré, c. Azay-sur-Cher). Gressum, 8.

Graial (Petrus de), 387.

Grana (Willelmus de), 161, 357, 360.

Granagrana. Voir *Grañena*.

Grancey (Côte-d'Or, arr. Châtillon-sur-Seine, cant. Montigny-sur-Aube). Rainaldus de Granceio, 61.

Grandes Loges (Les) (Marne, arr. et cant. Châlons-sur-Marne). Apud Logias, 46, 75.

Grand Grais (*Le*). Voir Grais (*Le Grand*, ou *Le Petit*).

Grand-Pré (Ardennes, arr. Vouziers). Comte de Grand-Pré, 555.

Grañena (Espagne, pr. Lérida, part. jud. Cervera). Castrum nomine Grayana, 33 ; cavalaria de Granagrana, 72 ; confratres [milicie Templi], quando illi venerint et steterint cum armis in Graniana, 47, 70 ; Berengarius, Berengarius Bernadi de Gragana, Graiana, Graniana, 47, 70, 127, 481, 507, 564.

Grangiam (domus quam Grangiam vocamus, ante Trecas), loc. n. i. près de Troyes (Aube), 22, 28.

Graniana. Voir *Grañena*.

Granione, loc. n. i. en Espagne, 39.

Granoiers. Voir *Granollèrs*.

Granoletum. Voir Granoleto (de).

Granolers (parroechia Sancti Stephani). Voir *San Esteban de Granollèrs*.

Granoleto, Granolleto (territorium de), lieu n. i. près de Colonzelles (Drôme), 327, 598 ; (stagnum Granoleti, de Granoleto, Granolleto, quod nominant Granoletum, juxta Granoletum), 121, 122, 230, 324, 472, 598.

Granollèrs (Espagne, pr. Barcelona). Granoiers, 348.

Granolleto (de). Voir Granoleto (de).

Granzon, riv., affl. du Chassezac (Ardèche, arr. Largentière, cant. les Vans, c. Berrias). A Gransone, 588.

Grargas (ohnor de), lieu n. i. en Rouergue, 523.

Grauves (Marne, arr. Epernay cant. Avize). Gravia Grevia, 46, 75.

Grava (Arnaldus de), 181.

Gravia. Voir *Grauves*.

Gray (Robertus de), 542.

Grayana. Voir *Grañena*.

Greffeil (Aude, arr. Limoux, cant. Saint-Hilaire). Capellanus de Agro Folio, 301.

Gressum. Voir *Grais* (*Le Grand*, ou *Le Petit*).

Grevia. Voir *Grauves*.

Griavol (G. de), 349.

Grignan (Drôme, arr. Montélimar). Odo de Gradinano, Grainna, 173 ; Ripertus de Gradignano, Gradinnano, 556, 590.

Grillon (Vaucluse, arr. Orange, cant. Valréas). Territorium de Grilione, 199 ; via de Grillone, Grilone, 190, 598 ; Geraldus, Laugerius, Poncius, Ripertus, Willelmus, Willelmus Berbegerius de Grilio, Grilione, Griliono, Grillone, Grilone, 119, 120, 121, 122, 123, 125, 189, 190, 199, 230, 297, 360, 530, 590.

Grisén (Espagne, pr. Zaragoza, part. jud. la Almunia de doña Godina). Grisenich, 91.

Grudia (Raymundus Bernardi de), 407.

Guadalli (Bernardus de), 127.

Guandia (rivulus), riv. n. i. en Portugal, 320.

Guardia (*La*) (Espagne, pr. Lérida, part. jud. Seo de Urgel, ou Tremp). Raimundus Bernardi de Guardia, 38.

Guardia. Voir Gardia.

Guérande (Loire-inférieure, arr. Saint-Nazaire). Maino de Guerrandia, 232.

Guignicourt (Aisne, arr. Laon, cant. Neufchâtel-sur-Aisne). Galterus de Gunencurte, 555.

Guines (Pas-de-Calais, arr. Boulogne-sur-mer). Comitatus Gisnensis, 375 ; comes Gisnensium, Gisnensis, 285, 375.

Guipuzcoa. Rex in Ipuschua, Puça, Puzca, Puzcua, Ypuzca, 100, 386, 494, 526.

Guise (Aisne, arr. Vervins). Apud Gusiam. Burcardus de Gusia, 555.

Gui Villa (Galter de), 26.

Gundebalt (in valle). Voir Vall. Gundebalt (in).

Gundufe, lieu n. i. au terr. de Porto (Portugal), 403.

Gunencurte (de). Voir *Guignicourt*.

Guny (Aisne, arr. Laon, cant. Coucy). Ado de Gone, Goni, 446, 555.

Gurb (Espagne, pr. Barcelona, part. jud. Vich). Parrochia Sancti Andree de Gurbo, 283 ; Arnallus Petri, Raimundus Bernardi de Gurb, Gurbo, 79, 516, 597.

Gurgite Petra (Raimundus de), 400, 401, 462.

Gurzon. Voir *Gourzon*.

Gusanz, Guzans (Nicholaus de), 528, 529.

Gusia. Voir *Guise*.

Gutte, Gutte Putei (rivus), riv. n. i. près de Courchamp (Côte-d'Or), 330.

Guzans. Voir Gusanz.

H

Hadensis. Voir *Athies*.

Haga Insule, lieu n. i. au comté de Flandre, 98.

Hainaut. Hainoensium, Haionensis comes, 186, 259.

Ham (Somme, arr. Péronne). Domus Hasmensis, Oddo Hasmensis, B 24.

Hannercurt (Robertus de), 448.

Hanvoile (Oise, arr. Beauvais, cant. Songeons) Hugo de Anvelio, 34.

Harcourt (Eure, arr. Bernay, cant. Brionne). Philippus. Ricardus de Harecort, Harecourt, 217, 218, 243, 255.

Harefluctu (de). Voir *Harfleur*.

Harfleur (Seine-inférieure, arr. le Havre). Willelmus de Harefluctu, 219.

Harmignies (Belgique, pr. Hainaut, arr. adm. Mons, cant. Pâturages) Ysaac de Harmingni, 259.

Hasmensis. Voir *Ham*.

Hastoi. Voir *Hattois*.

Hattois, moulin détr. (Aisne, arr. Laon, cant. Neufchâtel-sur-Aisne, c. Bouffignereux). Crux, molendinum de Hastoi, 555.

Haudivillers (Oise, arr. Beauvais, cant. Nivillers). Nicholaus de Houdinvilario, 34.

Heacham (Angleterre, Norfolk). Heicchen, Hichen., 448, 449.

Heba (Domingo de), 496.

Hechot. Voir *Écault*.

Hedres (Petrus de), 78.

Heicchen. Voir *Heacham*.

Heirolas. Voir *Eyroles*.

Helecti monasterium. Voir *Alet*.

Helefelt. Voir *Helfaut*.

Helenensis. Voir *Elne*.

Helfaut (Pas-de-Calais, arr. et cant. Saint-Omer). Decanus de Helefelt, 45.

Helna. Voir *Elne*.

Helsonis fluvius. Voir *Coronne*.

Hemestendona. Voir *Hensington*.

Hénin-Liétard (Pas-de-Calais, arr. Béthune, cant. Carvin). Prepositus de Hennin. B. Brochet Hynniacensis, de Hinniacho, 4.

Hennin. Voir *Hénin-Liétard*.

Hensington (Angleterre, Oxfordshire). Hemestendona, manerium, terra, villa de Hensinton., Hensintona, Hensyntone, 249, 250, 378, 379.

Hereford (Angleterre) Apud Hereford, 208 ; episcopus, cantor de Hereford, 216 ; comte de Hereford, comes Herefordie, de Hertford., 179, 243, 271.

Herefordshire (Angleterre). Justiciarii, vicecomites... etc., de Hertford., Hertfordschir, Herthfordschir, 247, 248, 450.

Hertford., Hertfordschir, Herthfordschir. Voir *Hereford*, *Herefordshire*.

Heschapeleia, Heschapelia, Voir *Shepley*.

Hichen. Voir *Heacham*.

Hierosolimitanus, Hierosolymitanus, Hierusalem. Voir *Jérusalem*.

Hinniacho (de). Voir *Hénin-Liétard*.

His (Haute-Garonne, arr. Saint-Gaudens, cant. Salies). Vitalis de Isc, Iscio, Ycio, Yscio, 73, 93.

Hispania (Nicholaus de), 555.

Hispania. Voir *Espagne*.

Hoscha. Voir *Huesca*.

Hospitalis (honor), lieu n. i. près de Bages (Pyrénées-orientales), 408.

Hospitio (Johannes de), 12.

Houdinvilario (de). Voir *Haudivillers*.

Huecha, riv., au terr. de Novillas (Espagne, pr. Zaragoza, part. jud. Tarazona). Una peça de terra in terminis de Novellas, quod est in Oxa, 109.

Huesa del Común (Espagne, pr. Teruel, part. jud. Montalban). Castellum Osa, 145.

Huesca (Espagne). In Osca, Oscha, apud Oscam, juxta Oscham, 145, 492, 532, 554, 557, B 22 ; in civitate Oscha, apud civitatem quam vocitant Oscha, 336, 415, 416 ; episcopus Oscensis, Oscene, in Osca, Oscha, 26, 69, 314, 336, 338, 415, 455, 456, 492, 543, B 13, B 22 ; senior in Oscha, 415, 492 ; Garcia Garceç, Petrus de Hoscha, Oscha, 91, 336, 416, 492.

Huldrianos. Voir *Oldrões*.

Humeto, Humez (Philippus de), 175, 486.

Hyerosolima. Voir *Jérusalem*.

Hynniacensis. Voir *Hénin-Liétard*.

Hyspania. Voir *Espagne*.

I

Ibelin, peut-être aujourd'hui *Iebneh* (Terre Sainte). Barisan d'Ibelin, 512.

Ibero (de). Voir *Ebre*.

Ierosolima, Ierosolime, Ierosolimitanus, Ierosolimus, Ierosolymus, Ierosolymitanus, Ierusalem, Ierussalem, Ierusolima. Voir *Jérusalem*.

Igualada (Espagne, pr. Barcelona). Sancta Maria de Aqualada, 348.

Iherosolima, Iherosolime, Iherosolimitanus, Iherosolimus, Iherussalem, Iherussalem, Ihierosolimitanus, Iierusalem. Voir *Jérusalem*.

Ilerde (obsidio), Ilerdensis. Voir *Lérida*.

Illas (Ugo dellas), 173.

Ilzino (campus de), lieu n. i. dans la région de Douzens (Aude), 191.

Impuritanensis. Voir *Ampurias*.

Ingeflod (terra de), lieu n. i. en Angleterre, 485, 486.

Inovella Villa. Voir *Neuville-au-Temple (La)*.

Insula (campus de), lieu n. i. dans la région de Douzens (Aude), 301.

Insula, Insulensis. Voir *Isle-sur-la-Sorgue (L')*, *Lille*.

Inter Duas Sepes (Johannes de), B 7.

Intrambas Aquas (terminus), lieu n. i. près de Funes (Espagne), 211.

Ipra. Voir *Ypres*.

Ipswich (Angleterre, Suffolk). Apud Gipeswicam, 247.

Ipuschua. Voir *Guipuzcoa*.

Isc, Iscio (de). Voir *His*.

Isle-sur-la-Sorgue (L') (Vaucluse, arr. Avignon). Bermundus de Insula, 198.

Isômes (Haute-Marne, arr. Langres, cant. Prauthoy). Gosbertus de Dissummo, 330.

Ispania, Ispaniensis, Ispaniis (in). Voir *Espagne*.

J

Jaca (Espagne, pr. Huesca). Jaca, 6 ; factum... in Jacha, 338 ; redditus... de Jacha, 145 ; episcopus in Jaca, Jacha, 415, 456, 492 ; probi homines de Jacha, 338 ; moneta Jaccensis, Jacensis, Jacquesa, Jaquesa, 413, 421, 476, 492, 543, 549, 554 ; Guilem de Jacas, Sanz, Stablet de Jaccha, Jacha, 338, 492, 554.

Jaccensis, Jacensis, Jacha, Jacquesa. Voir *Jaca*.

Jalez (Ardèche, arr. Largentière, cant. les Vans, c. Berrias). In Gellis, 436 ; domus de Geles, 426.

Jalón, riv., affl. de l'Ebre (Espagne, pr. Zaragoza). Rivus de Exalone, 91.

Jamba (vinea que dicitur), lieu n. i. près du Puy-en-Velay (Haute-Loire), 52.

Janta. Voir *Jeantes*.

Jaquesa. Voir *Jaca*.

Jeantes (Aisne, arr. Vervins, cant. Aubenton). Herbertus de Janta, 555.

Jérusalem. In partibus Iherosolimorum, 561 ; hostes Dei qui sanctam civitatem Ierusalem persequuntur, 21 ; à Jérusalem, 5, 20 ; romeria ad Sancti Sepulcri, 111 ; iter Ierosolimitanum, 478, 550, B 16, B 17 : Hierusalem, Ierosolimam [*var.* : Hyerosolimam], Ierusolimam, Iherosolimam, Iherusalem ire, pergere, tendere, 8, 27, 454, 462, 469, 470, 472, 500, 530, 552 : anar in Iherusalem, 587 ; iturus, profecturus Ierusalem, Iherusalem, 12, 85 ; pergens Ierosolimam Dominicum visitare Sepulcrum, 281 ; pergere Ierusalem ob visitandum Sepulcrum Domini, 307 ; Sanctam Hierusalem et Sepulchrum Dominicum visitare, 4 : omnes Sepulchrum Domini adire volentes, 46, 74 ; sancti loci de Iherusalem ubi volumus ire, 39 ; anno... reditus nostri (Ludovici, regis Francorum) de Iherosolimis, 561 ; iter aperire ad transfretendum Ierosolimam, 6 ; roi de Jérusalem, rex, regina Ierosolimorum, Ierosolymorum, Ierusalem, Iherosolimitanus, sancte Ierusalem rex Latinorum, 1, 8, 87, 328, 329, 340, 591 : patriarche de Jérusalem, Hierosolimitanus, Iherosolimitanus patriarcha, 3, 35, 141 ; cancellarius, patriarche 141 ; Saint Sépulcre, Sanctum Sepulcrum Domini, Sanctum Sepulchrum Iherusalem, 38, 40, 56, 146, 206, 298 ; Sepulchrum

Domini quod est Iherosolimis et li qui observant et custodiunt illud, 40 ; canonici, prior Dominici Sepulchri, de Sepulcro, 39, 141, 328 ; abbesse de Saint-Lazare de Jérusalem, 98 ; frères de Saint-Lazare, 591 ; infirmi Sancti Lazari secus muros Ierusalem, 612 ; abbas Sancte Marie latine, Montis Oliveti prior, 328 ; Hôpital de Jérusalem, Hospitale de Iherusalem, Iherussalem, Hospicium, Hospitale, Ospitale Iherosolimitanum, Ihierosolimitanum, Ospitalis Iherosolime, Iherosolimis, Ospital, Ospitale pauperum quod Iherosolimis est, 3, 39, 40, 82, 89, 100, 145, 149, 241, 304, 306, 348 ; Hospitalis magister, 328 ; abbas, prior Templi Domini, 141, 328 ; milicia, cavallaria, fratres, milites Templi Gerosolimitani, Hierosolimitani, Hierosolymitani, de Hierusalem, Ierosolimis, Ierosolimitani, Irosolimitate [*sic*] de Ierusalem, de Ierussalem, *Iherosolimis*, *Iherosolimitani*, Iherosolimitate [*sic*], de Iherusalem, de Iierusalem, milites qui *Templum* Ierosolymitanum inhabitant, etc, *passim*.

Jherunde (ecclesia), Jherundensis. Voir *Gerona*.

Jocundatio (de), Jocundaz. Voir *Gigondas*.

Johannacio (Stephanus de), 590.

Joinville (Haute-Marne, arr. Wassy). Joffridus de Joville, 138.

Joncheres (parroechia Sancti Vincentii de, Poncius de). Voir *San Vicente de Junqueras*.

Joncheriis (de). Voir *Joncquières*.

Joncquières (Vaucluse, arr. et cant. Orange). Willelmus de Joncheriis, 357.

Jorba (Espagne, pr. Barcelona, part. jud. Igualada). Geral de Jorba, 72, 475

Jousive (La) (Aude, arr., cant et c. Carcassonne). In honore Judaico, 257.

Jovello (Petrus Amatus de), 283.

Jovilla. Voir *Joinville*.

Jubeluco (Vincent de), 554.

Judaico (in honore). Voir *Jousive (La)*.

Juiano (Adalbertus de), 90.

Juncheres (villa de, parroechia Sancti Vincentii de). Voir *San Vicente de Junqueras*.

Juvincourt (Aisne, arr. Laon, cant. Neufchâtel-sur-Aisne). In Juvinicurte, 555.

Juxta Senonis (terra de), lieu n. i. dans la région de Richerenches (Vaucluse), 500.

K

Kabarez. Voir *Cabaret*.

Kadime (pars unius hereditatis), lieu n. i. en Portugal, 394.

Kalataiu. Voir *Calatayud*.

Kalidis. Voir *Caldás*.

Kalles. Voir *Callús*.

Kalvertonie (villa). Voir *Calverton*.

Kamon. Voir *Caumont*.

Kanelas. Voir *Canellas*.

Kaorz. Voir *Caoyr*.

Kastelazol (Lop de), 331.

Kastron Recarei. Voir Crastorecarei.

Kozano (castrum de), ch n. i. en Catalogne, 519.

Kerallt. Voir Cheralt.

L

Labreira (Stephanus de), 574.

Lacelo, Lachelo (de). Voir *Lachy*.

Lacho (Raimundus de), 366.

Lachy (Marne, arr. Epernay, cant. Sézanne). Decimo de Lacelo, Drogo de Lachelo, 28.

Lacite (Johan de), 534.

Lacuna (pratum de ipsa), lieu n. i. dans la région de Douzens (Aude), 193.

Ladalgua (Giraldus de), 599.

Lafet. *Voir Leet*.

Lagan (Odo de), 34.

Laia (Petrus de), 593.

Laideriis (de). Voir *Lardières*.

Lamarcha. Voir Marca.

Lamberville (Manche, arr. Saint-Lo, cant. Torigny). Ricardus de Lambervilla, 541.

Lambesc (Bouches-du-Rhône, arr. Aix). Petrus de Lanbisco, 352.

Lanbisco (de). Voir *Lambesc*.

Landais (Le) (Indre, arr. Issoudun, cant. Vatan, c. Ménétréols-sous-le-Landais). Monasterium de Landes, 599.

Langford (Angleterre, Bedfordshire). Ecclesia de Langeforde, 273 ; molendinum de Langforde, Langeforde, 255.

Langres (Haute-Marne). Lingonensis episcopatus, 454 ; évêque de Langres, Lingonensis, Linguonensis episcopus, 27, 61, 330, 454, 540, B 7.

Languin. Voir *Lauwin-Planque*.

Lannia (insula de), île n. i. en Bretagne, 232.

Lanthony (Angleterre, Gloucestershire). Canonici de Lanthonio, 243.

Laon (Aisne). In Laudono, apud Laudunum, 223, 555 ; actum Lauduni, 446, 556 ; domus quedam quam habent milites Templi apud Laudunum, 223 ; in Templo quod est in civitate Laudunensi, non longe ab ecclesia Sancte Genovefe, 221 ; furnus unus in vico Sancte Genovefe, 555 ; ecclesia Beate Marie, 221 ; Laudunensis episcopus, Laudunensis ecclesie minister, 45, 221, 446, 555, B 1, B 4, B 18 ; canonici [Laudunenses], 555 ; Laudunensis vicedominus, 221 ; castellanus Laudunensis, 556.

Laonnais, pays (Aisne). In Laudunensi, 555.

Laramet (Haute-Garonne, arr., cant. et c. Toulouse). Villa de Ramed, 93 ; alodium, honor de Rameto, 83, 93 ; salvetas de Ramet, Sancte Marie de Rameto, 83, 88 ; casalis de villa Rameto, 268 ; cortal de Rameto, 269 ; ecclesia Sancte Marie de Ramed [*var.* : Ramet, Aramet]. Rameto, ecclesia Sancte Marie, 73, 88, 269 ; Petrus Paba. Willelmus de Ramed. Rameto 73, 268, 269.

Larçaca, Larçacca (Geraldus de), 574, 575, 588.

Lordières ? (Oise, arr. Beauvais, cant. Méru). Walo de Laiderlis, 34

Lascar. Voir *Lescar*.

Lateranensi (in sinodo). Laterani. Voir *Rome*.

Latre (Acenar Acenarç de), 505.

Laubardesco (ipso manso), lieu n. i. en Rouergue. 385.

Laudono (in). Lauduni. Laudunum, Laudunensi (in). Laudunensis Voir *Laon*. *Laonnais*

Lauguin. Voir *Lauwin-Planque*.

Launay (Marne, arr Epernay, cant. Anglure, c. Allemanche Launay-et-Soyer). Apud Alnetum villam, 60.

Laurano (de). Voir *Laure*.

Laurata (Vilelmus de). 352.

Laure (Aude, arr. Carcassonne, cant. Peyriac Minervois). Terminium de Laurano, mensura de Laurano, Arnaldus. Guillelmus Siguerii, Petrus de Laurano, 303.

Laurens (casal de), lieu n. i. en Portugal, 19.

Lausa (terra de la), lieu n. i. aux dépend. du ch. de Barry (Drôme). 600.

Lausa. Voir *Lause (La)*.

Lausam (ad ipsum), lieu n. i. sur la rive de l'Aude près de Douzens (Aude). 64

Lause (La), moulin détr. (Aude, arr. Limoux, cant. Quillan, c Espéraza). Molendinum de ipsa Lausa, 203.

Lauter (mansus de), lieu n. i. dans la région de Richerenches (Vaucluse). 326

Lautrec (Tarn, arr. Castres). Raymundus de Lautre. 370.

Lauwin-Planque (Nord, arr. et cant. Douai). Galterus de Languin [*corr.* : Lauguin], 4.

Laval (Raimundus de), 535, 536.

Lavedan. Voir Leveda.

Lavencheriis (decima de), lieu n. i. en Champagne, 28.

Lazignana. Voir *Lignane*.

Lecio (de). Voir *Lez*.

Leet, Lebet, Lafet (Martin de), 100, 227, 386, 494, 546.

Leffinghe (Belgique, pr. Flandre occidentale, arr. adm. Ostende, cant. Ghistelles). Territorium de Lifdlingas, 231 ; altaria, capelle, oblationes et decime de Leffinges 141 ; sacerdotes de Linphinghe [*var.* : Linpinghe], 569.

Legavino (de). Voir *Lèguevin*.

Legione (in), Legionensis. Voir *Léon*.

Léguevin (Haute-Garonne. arr. Toulouse). Maurinus de Legavino, 93.

Lebet. Voir Leet.

Lens (Pas-de-Calais, arr. Béthune). Baudoinus de Lense, 16.

Leodicensi (in pago) Voir *Liège*.

Léon. Legionensis rex, roi de Léon, 10, 39, 69, 111, 145, 331, 494, B 2 ; imperator Leonensis, in Legione, 91, 410.

Leonis (B., sacerdos ville). Voir *Vilalléons*.

Leraz (G. de), 538.

Lerda. Voir *Lérida*.

Lerevallem (apud). Voir *Lierval*.

Lérida (Espagne). Comes Barchinonensis prendidit Lerida, 543 ; erat in obsidione super Lerita, 554 ; in obsidione Ilerde, 557, 562, B 26 ; évêque de Lérida, episcopus Ilerdensis, Ylerdensis, 338, 557, B 26 ; Martin de Lerda, 543.

Lerin (Espagne, pr Navarra, part. jud. Estella). Quando rex habuit junta cum Semen Enneguiz super Lerin, 404.

Lerita. Voir *Lérida*.

Lescar (Basses-Pyrénées, arr. Pau). Episcopus in Lascar, 338.

Lescousse. Voir *Escosse*.

Lespinassière (Aude, arr. Carcassonne, cant. Peyriac-Minervois). Poncius de Spinaceria, 303.

Leveda [*var.* : Lavedan] (Raimundus Garssie de), 501.

Lewes (Angleterre, Sussex). Lewes, census de Lewiis, 158.

Lexovium (apud), Lexoviensis. Voir *Lisieux*.

Lez, riv., affl. du Rhône (Drôme). Aqua, flumen, fluvius de Lecio, Lez, 190, 190. 596, 598.

Lic. Voir *Litz*.

Licano, Liciano, Lisana, Lizano (Pere, Petrus Arbertus de), 72, 252, 492, 564.

Licey - sur - Vingeanne (Côte-d'Or, arr. Dijon, cant. Fontaine-Française). Hunbertus de Lisse, 330.

Liciano (de). Voir Licano (de).

Liduano (Berenguarius de), 366.

Liège (Belgique). In pago Leodicensi, 589.

Lierval (Aisne, arr. Laon, cant. Craonne). Apud Lerevallem, 221.

Lifdlingas. Voir *Leffinghe*.

Ligna (eredites de illa), lieu n. i. au terr. de Boquiñeni (Espagne), 543.

Lignane (Drôme), arr. Montélimar, cant. Saint-Paul-Trois-Châteaux, c. Suze-la-Rousse). Territorium de Lazignana, 405.

Ligne (Belgique, pr. Hainaut, arr. adm. Tournai, cant. Leuze). Theodericus de Linge, Lingne, 186, 259.

Lille (Nord). Castellanus de Insula, 16 ; Robertus Insulensis, 98.

Linariis (ouxiola de), lieu n. i. dans la région de Richerenches (Vaucluse). 469.

Lincoln (Angleterre). Episcopus Lincolnensis, Lincolniensis, 200, 216, 219, 250,

271, 273, 418 ; decanus Lincolnie, 217, 218 ; canonici Sancte Marie Lincolniensis, 418.

Linge, Lingne. Voir *Ligne*.

Lingonensis, Linguonensis. Voir *Langres*.

Linphinghe, Linpinghe. Voir *Leffinghe*.

Lisboa (Portugal). Civitas que dicitur Lixbona, episcopus Ulixbonensis, 439.

Lisieux (Calvados). Apud Lexovium, 550, 551, 552 ; episcopus Luxioviensis, 124 ; archidiaconus Lexoviensis, 550.

Lisse. Voir *Licey-sur-Vingeanne*.

Litz (Oise, arr. et cant. Clermont). Anculfus de Lic, 34.

Lixbona. Voir *Lisboa*.

Lizana, Lizano (de). Voir Licano (de).

Lizei pratum, lieu n. i. en Champagne, 138.

Llupia (Pyrénées-orientales, arr. Perpignan, cant. Thuir). Villa de Lopiano, ubi est fundata ecclesia in honore Beati Thome apostoli, 128.

Lobera (mansus de Ipsa), lieu n. i. au comté de Barcelone, 42.

Lobera (Petrus Guillelmus de Ipsa), 144.

Lodève (Hérault). Abat, cellarer, prior de Lodeva, 639 ; Guillelmus de Lodeva, 366.

Logias (apud). Voir *Grandes Loges (Les)*.

Logroño (Espagne). Martin Sanz in Logrunio, 227.

Lokeruga, lieu n. i. en Angleterre, 243.

London (Angleterre). Apud Londonas, Londonias, 114, 449, 482, 483, 484 ; ecclesia Sancti Martini Londoniensis, 482, 483 ; episcopus Londonensis, 484 ; archidiaconus Londoniensis, 220.

Longo Monte (in), lieu n. i. en Champagne, 18.

Longroiva (Portugal, distr. Guarda, conc. Meda). Castellum Longrovia, 349.

Lopiano (de). Voir *Llupia*.

Lopont. Voir Pont (lo).

Lorraine. Duc de Lorraine, dux Lotharingie, 262, 396.

Lorris (Loiret, arr. Montargis). Actum ... Lorriaco, 194.

Losarcos (Espagne, pr. Navarra, part. jud. Estella). Terminum, populatores de illos Archos, Arcos, Domingo, Gocel de illos Archos, Arcos, Maria in illos Archos, 494.

Lost. Voir *Olost*.

Lotharingie (dux). Voir *Lorraine*.

Loupia (Aude, arr. et cant. Limoux). Bernardus de Lupiano, 435.

Lourdes (Hautes-Pyrénées, arr. Argelès). Lurida castellum, 501.

Louvain (Belgique, pr. Brabant). Adélaïde de Louvain, 219.

Luancione (de). Voir *Lusençon*.

Luci, Lucy (Ricardus de), 178, 256, 272, 377, 449, 482, 484.

Lucia, Luciano (Miro de), 72, 597.

Luciano, Lussano (Bernardus Guillelmi de), 70, 126, 314.

Lucy. Voir Luci.

Ludencione (de), Ludenço, Ludenzo, Ludenzon. Voir *Lusençon*.

Luna (Alaman de), 386, 492.

Luna (Raimon de), 414.

Lunia (Nimuranna de), 151.

Lupiano (de). Voir *Loupia*.

Lupicato (de). Voir *San Feliu de Llobregat*.

Luppehall ... a de), lieu n. i. en Angleterre, 256.

Lupricato (de). Voir *San Feliu de Llobregat*.

Lupun (Heinricus de), 262.

Lurida. Voir *Lourdes*.

Lusençon (Aveyron, arr. et cant. Millau, c. Saint-Georges-de-Lusençon). Castellum de Luzencione, 207 ; Bermunz, Peire, Poncius, Raimundus, Raimunz Bernartz, Willelmus de Luancione, Ludencione, Ludenço, Ludenzo, Ludenzon, Luzencione, 207, 281, 337, 462, 523, 538, 583, 584.

Lusia (Eneco Fortunones, Pascal de), 543.

Lusia (Malet de), 479, 481.

Lussano (de). Voir Luciano (de).

Luxoviensis. Voir *Lisieux*.

Luzencione (de). Voir *Lusençon*.

M

Mabecurte (de). Voir *Mesbrecourt-Richecourt*.

Maceda (Portugal, distr. Aveiro, conc. Ovar). Villa Macada, Maccada, que vocitant Mazada, 213, 453.

Macellatorum vicus. Voir *Châlons-sur-Marne*.

Madignac (Aveyron, arr. Rodez, cant. et c. Bozouls). Villa de Madignaco, Madignago, Madinnag, 281.

Madona (Johan de), 423, 480.

Magalas (Hérault, arr. Béziers, cant. Roujan). In Magalato, 525 ; castellum de Magalato, 318 ; Petrus Magalatensis, Magalati, de Magalaz, Malgalacio, 163, 168, 169, 198, 199, 246, 267, 269, 281, 307, 316, 411, 572 ; Petrus Vitalis de Magalaz, 462.

Magallón (Espagne, pr. Zaragoza, part. jud. Borja). Petrus Taresa in Magallon, 476.

Magnavilla, Magneville. Voir *Mandeville*.

Magno Prato (Robertus de), 28.

Magrie (Aude, arr. et cant. Limoux). Arnaldus de Magriano, 427, 461, 463, 474, 503, 504, 524.

Maiano (de). Voir *Majo*.

Mailly (Marne, arr. Reims, cant. Verzy). Rogerus de Malleis, Malleit [corr. : Malleis], 46, 49, 74, 75.

Maimono (in loco vocitato Ipso Podio de rivo). Voir Podio de Rivo Maimono (In loco vocitato Ipso).

Mainbecurte (de). Voir *Mesbrecourt-Richecourt.*

Maiorgas (Domingo de), 544.

Mairois, Mairoisso. Voir *Marou.*

Maizières-lez-Joinville (Haute-Marne, arr. Wassy, cant. Chevillon). Hugo de Maseriis, 138.

Majo, loc. détr. (Aude, arr. Carcassonne, cant. Peyriac-Minervois, c. Rieux-Minervois). Guillelmusde Maiano, 287.

Mala Felquaria (Calveius de), 462.

Malamarges, lieu n. i. en Catalogne, 348.

Malauza (Bernardus de), 20.

Malboschet (territorium de), lieu n. i. dans la région de Saint-Paul-Trois-Châteaux (Drôme), 123.

Malen. Voir *Mallén.*

Malgalacio (de). Voir *Magalas.*

Malleil [*corr.* : Malleis], Mallcis. Voir *Mailly.*

Mallén (Espagne, pr. Zaragoza, part jud. Borja). Villa Mallen, fratres de Mallen, domus de Malen, 553 ; Martin Sanz de Mallen, 476.

Mallolis (infra vias quarum una vadit de Mallolis ad...), lieu n. i dans la région de Perpignan (Pyrénées-orientales), 563.

Malo (per rivolo), riv. n. i. près d'Alvarenga (Portugal), 291.

Malo Leone (de). Voir *Mauléon.*

Malons (Gard, arr. Alais, cant. Génolhac, c. Malons-et-Elze). Parrochia de Malone, 36.

Malras (Aude, arr. et cant. Limoux). Arnaldus de Malras, 155, 156.

Malvas (terminium de), lieu n. i. près de Caumont (Aude), 521.

Mandeville (Calvados, arr. Bayeux, cant. Trévières). Gaufridus, Joannes, Radulphus de Magnavilla, Magneville, Mandavilla, Mandevilla, 192, 220, 249, 250, 271, 511, 531.

Manlleu (Espagne, pr. Barcelona, part. jud. Vich). Parochia Sancte Marie de Mesleu, 507.

Manniotuzler (Andreas de), 448.

Mans (Le) (Sarthe). Cenomannis, Cenomannensis episcopus, 12.

Mansilia. Voir *Marseillette.*

Mansio Dei. Voir *Mas-Deu (Le).*

Manso (Bertrandus de), 576.

Manso Dei (de), Mansum Dei (ad). Voir *Mas-Deu (Le).*

Mansum Episcopi (terra que vocatur), lieu n. i. dans la région de Beauvais (Oise), 224.

Mantsilia. Voir *Marseillette.*

Manzaneira, loc. n. i. en Portugal, 195.

Maocho, Maoco. Voir *Mayot.*

Marañon (Espagne, pr. Navarra, part. jud. Estella). Ramir Sanz in Maragnon, Maranon, 494, 546.

Marca [*var.* : Marcha], Lamarcha (Ugo de), 235, 238.

Marcadil (Raimundus Stephani de), 18.

Marcaniensis (Ugo), 439.

Marceille (Aude, arr., cant. et c. Limoux). Castrum de Marcellano, 287 ; terminium de Marcellano, Sancte Marie de Marcellano, 155, 156 ; Arnaldus, Guirallus, Raimundus de Marcellano, 155, 156, 160, 267, 287.

Marcellano (de). Voir *Marceille.*

Marcha. Voir Marca.

Marchais (Aisne, arr. Laon, cant. Sissonne). In Marchais, 221 ; Adam de Marchais, 555.

Marchais (Le) (Indre-et-Loire, arr. Tours, cant. Bléré, c. Azay-sur-Cher). Merchasium Sancti Johannis [*var.* : Marchasium Sancti Joannis], 8.

Marcheis (in). Voir *Marchais.*

Marchelfo (Ugo de), 316.

Marelo (de). Voir *Méry.*

Maresch (Thomas de), 261.

Margaritis (Petrus de), 241.

Margaritis (de). Voir *Marguerittes.*

Margon (Hérault, arr. Béziers, cant. Roujan). Durantus de Margoncho, Margonco, 400, 401.

Marguerittes ? (Gard, arr. Nîmes). Willelmus Geraldi de Margaritis, 590.

Marialva (Portugal, distr. Guarda, conc. Meda). Castellum quod dicitur Marialba, 359.

Market (terra de), lieu n. i. en Flandre, B 4.

Marle (Aisne, arr. Laon). Ingelrannus de Marla, 555.

Marmoutiers (Indre-et-Loire, arr. et cant. Tours, c. Sainte-Radegonde). Abbé et religieux de Marmoutiers, in capitulum nostrum venit, 12.

Marne, riv., affl. de la Seine. Flumen Materna, 136.

Marou (Hérault, arr. Montpellier, cant. Saint-Martin-de-Londres, c. Causse-de-la-Selle). Guiraldus, Petrus de Mairois, Mairoisso, 308, 400, 401.

Marsan, anc. pays des environs de Mont-de-Marsan (Landes). Vicomte de Marsan, 501.

Marseille (Bouches-du-Rhône). Massiliensis episcopus, monachi Sancti Victoris Massiliensis, 2.

Marseillette (Aude, arr. Carcassonne, cant. Capendu). In via de Mansilia, 181 ; capellanus de Mantsilia, Poncius, Petrus clericus de Mansilia, 429.

Martel (Willelmus de), 449, 450.

Martinlinaz, lieu n. i. dans la région de Richerenches (Vaucluse), 312.

Martonio (Ugo de), 288, 309.

Mas-Deu (Le) (Pyrénées-orientales, arr. Perpignan, cant. Thuir, c. Trouillas). Jussit corpus suum deferri ad ipsum Mansum Dei, 139 ; dimito... Beate Marie de Manso Dei, 339 : mansus militie Iherosolimitane qui appellatur Mansio Dei, 171 ; seniores de Manso Dei, 299.

Maserils (de). Voir *Maizières-les-Joinville.*

Masiaco (Hodo de), 61.

Masmolène **(Gard, arr. et cant. Uzès, c. la Capelle-et-Masmolène). Poncius de Momolena, 365.**

Masnilo Sancti Lupi (in). Voir *Mesnil-Saint-Loup.*

Massenal (dezme de), lieu n. l. en Rouergue, 539.

Massiliensis. Voir *Marseille.*

Matedos (villa. Gunsalvus Ordoniz de), loc. n. l. en Portugal, 214.

Matalon (Robert de), 100, 456.

Mata Perusta (boschus de), lieu n. l. en Fenouilledès, 264.

Materna. Voir *Marne.*

Mathamala, lieu n. l. dans la par. de San Hilario Sacalm (Espagne), 115.

Matha Marina, lieu n. l. dans la région de Douzens (Aude), 193.

Mauguio (Hérault, arr. Montpellier). Melgoriensis moneta, denarii Melgorenses, Melgorienses, Melgurenses, Mergorienses, Merguriensses, 51, 67, 116, 193, 215, 324, 325, 327, 366, 408, 412, 413, 432, 436, 442, 443, 452, 458, 459, 461, 464, 572, 573, 585, 594, 598 ; tali condicione quod si moneta illa (Rossellonensis) dejustoretur, cum reabere res nostras vellemus, Melgirrienses sezenos illi redderemus, 188 ; denarii Mergorienses veteres, 598 : veteres denarii Melgoriensis monete, 535 : solidi de veteribus Melgorietis [*var.* : Melgoirensis], Melgoriensibus, 238, 357 : probata Melgoriensis [*var.* : Melgoiriensis]. Mergoriensis vetus moneta, 527, 586 ; denarii Mergorienses novi. Melgoriensis nova moneta, 352, 598.

Mauléon, aujourd'hui *Châtillon-sur-Sèvre* (Deux-Sèvres, arr. Bressuire). Eblo de Malo Leone, 342.

Mauritania Voir *Mortagne.*

Maurus. Voir *Sarrasin.*

Mayot **(Aisne, arr. Laon, cant. la Fère). Galterus de Maocho. Maocc, 555.**

Mazada. Voir *Maceda.*

Mazaneira, loc. n. l. sur le bord de la mer dans la région de Porto (Portugal, 387.

Mazaneto (Bernardus Raimundi de), 80.

Meaux (Seine-et-Marne). Meldensis episcopus, 25, 222.

Meçalfonata (Johannes de), 549.

Meçalmazor, Mezalmanzor, Mezalmazor, lieu n. l. en Aragon, 505

Meceloha, lieu n. l. en Aragon, 534.

Medenis (de). Voir *Meynes.*

Mediana Villa. Voir *Menneville.*

Medina (Sanz de), 361.

Meginacum, Megniacum. Voir Capella Paissonelli.

Melan (Bertrandus de), 360.

Meltadenca, Meltadegca (vinea), lieu n. l. en Rouergue, 281.

Mélac (Aveyron, arr. et cant. Saint-Affrique, c. Saint-Rome-de-Cernon). Campus de Melacco, camp de Melac, 281.

Melars (Peire de), 537.

Melcuerno (Garcialinz de), 456.

Meldensis. Voir *Meaux.*

Meledunum. Voir *Melun.*

Melgirriensis, Melgorensis Melgoriensis, Melgurensis. Voir *Mauguio.*

Mellentinus. Voir *Meulan.*

Melsirge. Voir *Missègre.*

Melun (Seine-et-Marne) Supra Meledunum, 561.

Menmium (inter). Voir *Saint-Memmie.*

Menneville (Aisne, arr. Laon, cant. Neufchâtel-sur-Aisne). Mediana Villa, 555.

Meorna. Voir *Vernay.*

Mequinenza (Espagne, pr. Zaragoza, part. jud. Caspe). Quando rex cepit Migneza, 39.

Merchasium Sancti Johannis. Voir *Marchais (Le).*

Merem Feramus (Wido de), 261.

Mergoriensis, Merguriensis. Voir *Mauguio.*

Méry **(Marne, arr. Reims, cant. Ville-en-Tardenois, c. Méry-et-Prémecy). Harpinus de Mareio, 28.**

Mesbrecourt-Richecourt **(Aisne, arr. Laon, cant. Crécy-sur-Serre). Mansus de Mabecurte, territorium de Mainbecurte, Aubertus de Mabecurte, 555.**

Mesleu. Voir *Manlleu.*

Mesnil-Saint-Loup (Aube, arr. Nogent-sur-Seine, cant. Marcilly-le-Hayer). Locus qui dicitur Mesnilelum Sancti Lupi, in Masnilo Sancti Lupi, 28.

Messemi, apud Messimiacum, lieu n. l. dans la région de Soissons (Aisne), 419.

Meulan (Seine-et Oise, arr. Versailles). Comes Mellentinus, 391.

Meurival (Aisne, arr. Laon, cant. Neufchâtel-sur-Aisne). In Murivalle, 555.

Meynes (Gard, arr. Nîmes, cant. Aramon). Castellum, vallis de Medenis, Bertrandus, Inguilelmus, Poncius, Poncius Ugonis, Vilelmus de Medenis, Mezinis, 411.

Mezalmanzor, Mezalmazor. Voir Meçalmazor

Mezinis (de). Voir *Meynes.*

Middeltona (Galfridus de), Middiltona, lieu n. l. en Angleterre, 176

Migneza Voir *Mequinenza.*

Milars. Voir *Millas.*

Mileroles, lieu n. l. près de Bages (Pyrénées-orientales), 408

Millas (Pyrénées-orientales, arr. Perpignan) Artallus, Raymundus de Milars, 139, 140.

Millau (Aveyron). Rainonus de Amilavi, Raino d'Amellau, 281.

Milly ? (Somme, arr., cant. et c. Doullens). Hosmundus de Milli, 587.

Milsirgue. Voir *Missègre.*

Miniacco (alodium de), lieu n. l. près de Toulouse (Haute-Garonne), 83.

Mirabel-aux-Baronnies (Drôme, arr. et cant. Nyons). In castellum de Mirabello, 556 ; Guillelmus Arnulfi, Petrus, Ugo de Mirabel, Mirabello, 122, 161, 168, 189, 190, 556, 596, 598.

Miracle (Martin de Leet in), lieu n. i. en Espagne, 227.

Mirmande (Drôme, arr. Valence, cant. Loriol). Petrus de Mirmanda, 593.

Misone (Bernardus de), 452.

Missègre (Aude, arr. Limoux, cant. Couiza). Arnaldus de Melsirgo, Milsirgue, 56, 77.

Moçolenco, Moçolencs (de). Voir *Moussoulens*.

Mogneville (Oise, arr. Clermont, cant. Liancourt). Guillelmus de Monnevilla, 34.

Mogoda (B., G. de, parrochia Sancte Perpetue de). Voir *Moguda. Santa Perpetua de Moguda*.

Moguda (Espagne, pr. Barcelona, part. jud. Sabadell, ayunt. Santa Perpetua de Moguda). Berengarius, Guillelmus de Mogoda, 127, 306.

Molares, Molars, lieu n. i. entre Bourbonton et Visan (Vaucluse), 190, 528, 529, 598

Molay (Le) (Calvados, arr. Bayeux, cant. Balleroy). Mansura de Moleto, Maitildus de Moleto, 511.

Moleriam (usque), lieu n. i. sur la Coronne, au terr. de Richerenches (Vaucluse), 190.

Moleto (de). Voir *Molay (Le)*

Molina (Espagne, pr. Guadalajara). Molina, 6.

Molini (annona de), lieu n. i. aux dépend. de Gaure (Aude), 354.

Molnar (Arnalz del), 513

Momolena. Voir *Mosmolene*.

Monastir-del-Camp, anc. prieuré (Pyrénées-orientales, arr. Perpignan, cant. Thuir, c. Passa). Dare Beate Marie de Campo, 65, 548 ; alodium, honor Sancte Marie de Campo, 128, 408 ; prior Sancte Marie, 548.

Monbro, Monbru. Voir Montbru.

Monchy-Humières (Oise, arr. Compiègne, cant. Ressons). Annuales prebendarum Beate Marie de Monchiaco, 568 ; Drogo de Munciaco, Drogo de Petrafonte, qui Monchiaco preerat, 34, 568.

Monçon. Voir *Monzón*.

Mondecum. Voir *Mondego*.

Mondego, fl. (Portugal). Aqua Mondego, apud Mondecum, 10, 11, 24.

Mondisderio (de). Voir *Montdidier*.

Mongay (Espagne, pr. Lérida, part. jud. Balaguer). Castrum quod dicitur Mongaudi, Montgaudi, 314, B 22.

Monmaira. Voir *Montmeyran*.

Monnevilla. Voir *Mogneville*

Monreal del Campo (Espagne, pr. Teruel, part. jud. Calamocha). Edificavit civitatem quam vocavit Montem Regalem, 6.

Mons (Belgique, pr. Hainaut). Actum Montibus, 186 ; Isenbardus de Montibus, 259.

Monsonem (tenere), Monszo. Voir *Monzón*.

Mont. Acuto (de), Mont. Acutum (apud). Voir *Montaigu*.

Montagnac (Hérault, arr. Béziers). In Montoniaccho, Rostangnus de Montaniaccho, 411.

Montagnana (Johan de), 455.

Mont. Agut (Jarento de), 51.

Montaigu (Aisne, arr. Laon, cant. Sissonne). Apud Montem Acutum, 221 ; Bliardus, Robertus, Wiardus de Monte Acuto, Montaigu, 221, 466, 555.

Montaigu, ch. détr. (Belgique, pr. Luxembourg, arr. adm. Marche, cant. Laroche, c. Marcour). Comte de Montaigu, comes de Monte Acuto, 16, 98, 99.

Mont. Albano (de). Voir *Montauban*.

Mont. Alto (de), Mont. Altum (apud). Voir *Montaut*.

Mont. Altum (locus quem vocant), lieu n. i. dans la par. de San Saturnino de Osormort (Espagne), 54.

Montanegues, Montaniguis (Rostagnus de), 182.

Montaniaccho (de, in). Voir *Montagnac*.

Montaniguis (de). Voir Montanegues.

Mont Arago, Mont. Aragonis (abbas). Voir *Monte Aragon*.

Montauban (Drôme, arr. Nyons, cant. Séderon). Raimundus de Monte Albano, 469.

Montaut ? (Haute-Garonne, arr. Muret, cant. Carbonne). Apud Montem Altum, prior de Monte Alto, 73.

Mont. Baseno (W. de), 371.

Montbazon (Indre-et-Loire, arr. Tours). Johannes de Monte Basonis, 12.

Montbru, Monbro, Monbru (Elias de), 513, 514, 537, 538, 539, 584.

Mont. Cluso (in). Voir *Morillo de Monclús*.

Montdidier (Somme). Paganus de Disderio Monte, Mondisderio, Mundesonero [*sic*], Mundidesiderio, 28, 31, 158, 200.

Monte (Pontius de), 588.

Monte Aragon, anc. abb. près de Huesca (Espagne). Abbas Montis Aragonis, 314 ; senior in Mont Arago, Mont Aragone, 415.

Montécourt (Somme, arr. Péronne, cant. Ham, c. Monchy-l'Agache). Apud Montemscurt, B 24.

Montegni Voir *Montigny*.

Monteillet (Aveyron, arr. Millau, cant. Vezins, c. Ségur). In Montelletis, Monteilletz, 281.

Montélimar (Drôme). Poncius Airaudi, Robertus, Rotbertus Joves, Willelmus Ugo Montilii, de Montilio, 161, 164, 168, 189, 190, 198, 199, 235, 278, 693.

Montelletis (in). Voir *Monteillet*.

Montelz. Voir *Monteux*.

Montemór o Velho (Portugal, distr. Coimbra). In suburbio Montis Majoris, in collacione Sancti Michaelis, 274; Fons de Monte Mouri, 11; campus Montis Majoris, 394; alcalad de Monte Majore, 10.

Montemscurt. Voir *Montécourt.*

Mont. Eschivo (de). Voir *Montesquieu.*

Montescot (Pyrénées-orientales, arr. et cant. Perpignan). In Monte Eschot, 408.

Montesquieu (Pyrénées-orientales, arr. Céret, cant. Argelès). Bernardus Guilelmi, Guilelmus, Raymundus de Monte Eschivo, Monte Esquivo, 68, 339, 517.

Monteux (Vaucluse, arr. et cant. Carpentras). Guillelmus, Raimundus de Montelz, 413.

Montfaucon (Aisne, arr. Château-Thierry, cant. Charly). Munt Falcun, 600.

Montfélix (Marne, arr. Epernay, cant. Avize, c. Chavot). Hugo Alesnels, Rogerus de Felicio Monte, 28.

Mont. Ferrario (Raimundus Guillermi de), 281.

Mont. Ferrer (Arnallus de), 72.

Montfort-l'Amaury (Seine-et-Oise, arr. Rambouillet). Simon de Montfort, 550.

Montfrin (Gard, arr. Nîmes, cant. Aramon). Castrum de Montfri, 411

Mont. Gaio (Willelmus de), 462.

Montgaudi. Voir *Mongay.*

Mont. Gaudio (Bertrandus de), 296.

Montibus (Ademarus de), 307.

Montibus (de). Voir *Mons, Mont-sur-Courville.*

Montier-en-Der (Haute-Marne, arr. Wassy). Abbas Dervensis, territorium ... qui ad Sanctum Bercharium pertinebat, 138.

Montigny (Oise, arr. Clermont, cant. Maignelay). Fulco de Montegni, 34.

Montilii (R.), Montilio (de). Voir *Montélimar.*

Montiniaco (Odo de), 566, 567.

Montirat (Aude, arr. Carcassonne, cant. Capendu). Arnaldus, Bernardus, Petrus de Mont Irato, Monte Irato, 67, 429, 580.

Montison. Voir *Monzón.*

Mont. Lauro, Munlaur (Petrus de), 425, 442, 443, 526, 585.

Mont Long (Raimundus de), 254.

Mont. Longo (in), lieu n. i. en Portugal, 19.

Mont. Majore (de), Mont. Majoris (campus, suburbium). Voir *Montemór o Velho.*

Montmeyran (Drôme, arr. Valence, cant. Chabeuil). Willelmus de Monmaira, 593.

Montmirat (Gard, arr. Nîmes, cant. Saint-Mamert-du-Gard). Raimundus, Rostagnus de Monto Mirato, 36, 357.

Montmorency (Aube, arr. Arcis-sur-Aube, cant. Chavanges). Radulfus, Teodoricus de Monte Morancelo, 46, 75.

Mont. Mouri. Voir *Montemór o Velho.*

Montolieu, abb. (Aude, arr. Carcassonne, cant. Alzonne). Honor Sancti Johannis Vallis Seguerii, 521.

Montornès (Espagne, pr. Barcelona, part. jud. Granollérs). Pontius de Monte Tornes, 571.

Mont. Palacio (Petrus Bertrandi de), 71.

Mont Palad (Bertran de), 47.

Montpellier (Hérault). Expeditio de Monte Pessulano, 306; hostis de Montpestler, 331; Johannes, P. de Montpesler, Montpestler, Guillelmus de Monte Pessulano, 87, 532, 539.

Mont. Petroso (Geraldus de), Mont. Petrosi (Geraldus), 152, 161, 168, 172, 189, 190, 199, 297, 405.

Mont. Pulchri (P.). Voir *Beaumont.*

Montredon, ch. détr. (Gard, arr. Nîmes, cant. Sommières, c. Salinelles). Poncius de Monte Rotundo, 572.

Mont. Regalem (vocavit). Voir *Monreal del Campo.*

Mont Reial, loc. n. i. en Espagne, 84.

Mont. Rotundo (de). Voir *Montredon.*

Mont. Rubio (Gaucerandus de), 242.

Mont-Saint-Jean (Côte-d'Or, arr. Beaune, cant. Pouilly-en-Montagne). Johannes de Monte Sancti Johannis, 540.

Mont. Salichone (de). Voir *Paissalicon.*

Montségur (Drôme, arr. Montélimar, cant. Saint-Paul-Trois-Châteaux). Territotorium de Monte Securo, 190, 598; Barbarinus, clericus, de Monte Securo, 121; Nicholaus, presbiter, de Monte Securo, 235, 324, 325, 326, 500; Audoinus, Gauterius, Nicholaus, Petrus Papardi, Stephanus, Ugo de Monte Securo, 121, 174, 190, 235, 244, 324, 325, 326, 406, 598; Geraldus de Monte Securo, 168, 172, 190, 230, 235, 278, 279, 296, 324, 326, 596, 598.

Montson, Mont Sono (de). Voir *Monzón.*

Mont-sur-Courville (Marne, arr. Reims, cant. Fismes). Herbertus, decanus de Montibus, 28.

Mont. Tornes (de). Voir *Montornès.*

Monzón (Espagne, pr. Huesca, part. jud. Barbastro). Castrum quod dicitur Monszo, Motso, castrum qui nominatur Montison, 314, 333, B 22; anno quando comes Barchinonensis dedit Montson fratribus Templi, 367; ecclesia Sancti Johannis de Monte Sono, Montson, Munzone [var.: Monçon], 557, B 26; justicia de Motson, 557; tempore quo solebat tenere ... magister Provincie Monsonem, 390; magister milicie Templi in Monçon, Montson, 333, 562.

Mora, lieu n. i. dans la région de Tudela (Espagne), 441.

Moracens (Petrus de), 330.

Moraval (Raimunz de), 513.

Moravid (Guido de), 80.

Morezas (ad), lieu n. i. dans la région de Richerenches (Vaucluse), 125.

Morer (Imbertus del), 209.

Morers (Uc de), 537.

Moreuil (Somme, arr. Montdidier). Bernardus de Morollo, 587.

Morieta, Morineta (Petro Lopiz de), 494.

Morillo de Monclús (Espagne, pr. Huesca, part. jud. Boltaña). Senior in Monte Cluso, 415.

Morinco (Gaufredus de), 43.

Morinensis, Morinorum (episcopus). Voir *Thérouanne*.

Morineta. Voir Morieta.

Moritonii (comes). Voir *Morton*.

Morlaas (Basses-Pyrénées, arr. Pau). Denarii Morlani, 270.

Morlans (Perron de), 532.

Mornas (Vaucluse, arr. Orange, cant. Bollène). Bertrandus, Gaufrez de Mornacio, Mornatio, Mornaz, 190, 199, 238, 469.

Mornay ? (Côte-d'Or, arr. Dijon, cant. Fontaine-Française). Aclardus de Meorna, 330.

Mornaz. Voir *Mornas*.

Morollo (de). Voir *Moreuil*.

Morral (locus vocitatus ipsum, Bermundus de ipso), lieu n. i. dans la par. de Santa Perpetua de Moguda (Espagne), 133.

Mors. Voir *Mours*.

Mortagne (Orne). Willelmus de Mauritania, B 15.

Mortain (Manche). Comte de Mortain, 124, 261.

Morton (Ecosse, Dumfriesshire). Comes Moritonii, 208.

Morus. Voir *Sarrasin*.

Morzano (in), loc. n. i. en Espagne, 39.

Mota (Petrus de), 474.

Mota (P. de la, W. de ipsa). Voir *Motte (La)*.

Mota Palaionis (ecclesia Beati Bartolomei de), loc. n. i. près de Paleyson (Var), 2.

Motso, Motson. Voir *Monzón*.

Motte (La) (Vaucluse, arr. Orange, cant. Bollène). Poncius de la Mota, Willelmus de ipsa Mota, 198, 596.

Mours ? (Drôme, arr. Valence, cant. Romans, c. Peyrins). Villa quam apellant Mors, 593.

Moussoulens (Aude, arr. Carcassonne, cant. Alzonne). Bernardus de Moçolenco, Moçolencs, 467.

Mucons (parrochia Sancte Cecilie de). Voir *Santa Cecilia de Voltregá*.

Mugent, riv. (Espagne, pr. Barcelona). Flumen Mugent, 105, 107, 108.

Mugent (locus qui vocatur), lieu n. i. dans la par. de Collsabadell (Espagne), 90.

Mulino (vinea de), Mulinos (via de), lieu n. i. dans la région des Aspres (Pyrénées-orientales), 140.

Munciaco (de). Voir *Monchy-Humières*.

Mundesonero, Mundidesiderio (de). Voir *Montdidier*.

Munlaur. Voir Mont Lauro (de).

Muntbar (Andreas de), 512.

Munt Falcun. Voir *Montfaucon*.

Munzone (de). Voir *Monzón*.

Murel, Murello (Raimon de), 423, 476.

Murello (de). Voir Murel, *Muret*.

Muret (Haute-Garonne). Maurinus de Murello, 73.

Murivalle (in). Voir *Meurival*.

N

Nagara, Naiara. Voir *Nájera*.

Nájera (Espagne, pr. Logroño). Imperator in Naiara, 410; episcopus in Naiara, 100; Lop Kaixal in Nagara, 69, 84.

Nájera ? (Espagne, pr. Logroño). Naytere episcopus, 390.

Namur (Belgique). Comte de Namur, 262.

Nannetensis, Nannetis. Voir *Nantes*.

Nant (Aveyron, arr. Millau). Bernart de Nant, 514.

Nant (Johannes de), 425.

Nantes (Loire-inférieure). Nannetis, civitas Nannetensis, 232.

Napal. Voir *Naval*.

Naples (Italie). Duc de Naples, 390.

Narbonne (Aude). Narbonensis archiepiscopatus, 462, 487; comitatus Narbonensis, 401; vicecomes, vicecomitissa Narbonensis, Narbonnensis, Narbone, de Narbona, 33, 38, 318; aura Narbonensis, Narbonesa, 68, 215, 400, 401, 412, 442, 443; denarii Narbonenses, 162, 193, 246; Petrus, Raimundus de Narbona, 400, 401, 406.

Nasignanum (ad). Voir *Nézignan-l'Évêque*.

Naval (Espagne, pr. Huesca, part. jud. Barbastro). Senior in Napal, 415.

Navarre. In Navarra, 349; anno quo intravit comes Barchinona in Navarra scilicet et exivit, 266; roi de Navarre, rex in Navarra, 39, 69, 89, 91, 100, 109, 110, 145, 177, 211, 227, 266, 289, 292, 331, 338, 349, 384, 386, 390, 404, 468, 494, 496, 570.

Navas. Voir *Navasa, Naves*.

Navasa (Espagne, pr. Huesca, part. jud. Jaca). Navas, in Navasa, 480, 497; in illo soto qui dicitur de Navasa, 553.

Navascos (Galin Sanç de), 493.

Naveg, lieu n. i. aux dépend. de Pomas (Aude), 354.

Naves (Ardèche, arr. Largentière, cant. les Vans). Gouselmus de Navas, 436.

Naytere episcopus. Voir *Nájera*.

Nazareth (Terre Sainte). Nazarenus episcopus, 3.

Nébian (Hérault, arr. Lodève, cant. Clermont). Ad Nibianum, terminium de Nibiano, 68.

Negano (Poncius de), 405.

Nerlu. Voir *Noirlieu*.

Nesle-la-Reposte (Marne, arr. Epernay, cant. Esternay). Decima Nigelle, 28.

Neufchâtel-sur-Aisne (Aisne, arr. Laon). Gilio de Novo Castello, 565.

Neuville (Aisne, arr. Laon, cant. Craonne). Apud Novam Villam, 555.

Neuville-au-Temple (*La*), loc. détr. (Marne, arr. Châlons-sur-Marne, cant. Suippes, c. Dampierre-au-Temple). Decima Nove Ville, 46, 75; maison du temple de la Neuville, 489, 490; domus Templi... que est in Inovella Villa, Novella Villa, 46, 75; domus que est Ville Nove, terra Ville Nove, 28.

Newball (Angleterre, Lincolnshire). Apud Niwebelam, 250.

Nézignan-l'Évêque (Hérault, arr. Béziers, cant. Pézenas). Via que vadit... ad Nasignanum, 215.

Nibiano (de), Nibianum (ad). Voir *Nébian*.

Nigelle (decima). Voir *Nesle-la-Reposte*.

Nîmes (Gard). Vicomte de Nîmes, 44, 86, 89, 487.

Niwebelam (apud). Voir *Newball*.

Nochura, Nocura (Geraldus de), 73, 83, 144.

Nod (rivus de ipsa), riv. n. i. près de Balenyá (Espagne), 519.

Noers (Adam de), 28.

Noers (Willelmus de), 247.

Nogareta. Voir Nugareta.

Nogario (campus de ipso), lieu n. i. dans la région d'Espéraza (Aude), 203.

Nogent (Aisne, arr. Laon, cant. Coucy-le-Château, c. Auffrique-et-Nogent). Territorium de Nongento, 555.

Nointel (Oise, arr. Clermont). Galterus, Bernerus de Nongentello, 34.

Noirlieu (Marne, arr. Sainte-Menehould, cant. Dommartin-sur-Yèvre). Nerlu, 582.

Nomam (castellum quod vocatur). Voir *Numão*.

Noneville (Th.). Voir *Nonville*.

Nongentello (de). Voir *Nointel*.

Nongento (de). Voir *Nogent*.

Nonville (Vosges, arr. Mirecourt, cant. Monthureux-sur-Saône). Theodericus Noneville, 396.

Normandie. Normannie dux, 329; dux principans in Normannia, 550; normanni, 7, 218.

Northampton (Angleterre). Comte de Northampton, 255, 273.

Notre-Dame, abb. à Boulogne (Pas-de-Calais). Abbas Beate Marie, 261.

Notre-Dame-de-l'Abbaye, ou *Sainte-Marie-du-Sauveur*, anc. abb. (Aude, arr., cant. et c. Carcassonne). Terra Sancte Marie, 277; prior Sancte Marie, 301.

Notre-Dame-de-Lierre, égl détr. (Aude, arr. Carcassonne, cant. et c. Capendu). Terra Sancte Marie Edre, 313.

Nouvelles (Aude, arr. Carcassonne, cant. et c. Tuchan). Berengarius, Rainardus de Novellis, 258, 263, 282.

Nova Ecclesia (Goscelinus de), 16.

Novam Villam (apud). Voir *Neuville*.

Nova Villa (altar et decima de), lieu n. i. au dioc. d'Amiens, 97.

Novelas, Noveles. Voir *Novillas*.

Novella (prata). Voir Prata Novella.

Novellas. Voir *Novillas*.

Novella Villa. Voir *Neuville-au-Temple (La)*.

Novellis (de). Voir *Nouvelles*, *Novillas*.

Nove Ville decima. Voir *Neuville-au-Temple (La)*.

Novillas (Espagne, pr. Zaragoza, part. jud. Borja). Novellas, 39, 321, 344, 468, 480; villa, castellum, castrum Novellarum, de Novellas, 100, 345, 383, 423, 447, 471, 498, 553; maisons à Novillas, 481; termini de Novellas, 109; concilium de Noveles, Novellas, 321, 389, 447; populatores de Novellas [*var.* : Novelas], 367; ecclesia de Novellas [*var.* : Novellis], 94, 143; ecclesia Sancti Johannis, 447; maison du Temple de Novillas, 570; fratres Templi de Novellas [*var.* : Novelas], Novellis, 367, 424, 447, 479, 553, 558; magister in Novellis, magister qui tenebat Novellas, maître de la maison du Temple de Novillas, 177, 384, 398, 471, 543, 544; Apparitio, Sensuda de Noveles, 434, 468.

Noviomensis, Noviomi. Voir *Noyon*.

Novo Burgo (Robertus de), 192.

Novo Castello (de). Voir *Neufchâtel-sur-Aisne*.

Novo Castello (in burgo Sancti Nicholai de). Voir Sanct. Nicholai de Novo Castello (in burgo).

Noyon (Oise, arr. Compiègne). Actum Noviomi, 31, 205; évêque de Noyon, Noviomensis episcopus, 31, 205, 391, 568; canonici Sancte Marie Noviomensis, capitulum Beate Marie, 31.

Nugareta [*var.* : Nogareta] (honor de), lieu n. i. près de l'Ariège, au nord de Pamiers (Ariège), 129.

Numão (Portugal, distr. Guarda, conc. Villa Nova de Foscôa). Castellum quod vocatur Nomam, 359.

Nyls (Pyrénées-orientales, arr. Perpignan, cant. Thuir, c. Ponteilla). Aguils, 242; termini Beate Marie de Aulls, 68; terminus Sancte Marie de Aguils, 517; Arnaldus, Guilelmus de Aguils, Aiuls, Angnils, 517, 522.

O

Obazinense monasterium. Voir *Aubazine*.

Obelas (Johannes de), 345.

Oblitas (Sanz de), 424, 480.

Oblitaz (Johen d'), 496.

Obstal, chapelle n. i. à Ypres. Voir *Ypres*.

Octobiano (de). Voir *Octon*.

Octon (Hérault, arr. Lodève, cant. Lunas). Jhohannes Paschalis de Octobiano, 318.

Olarda (*Garcia d'*), 292.

Olon, Oyon (Xemen Garcez de), 479, 481.

Oizy (Belgique, pr Namur, arr. adm. Dinant, cant. Gedinne). Simon de Oisi, Oisy, 186, 259.

Oldrões (Portugal, distr. Porto, conc. Penafiel). Hereditas de Huldrianos, 103.

Oleira, Oleria. Voir *Ollière*.

Olerone (res Sancti Georgii de). Voir *Saint-Georges-d'Oleron*.

Oliva (rego de), lieu n. i. dans la région de Cortes et de Novillas (Espagne), 367.

Olivarius, lieu n. i. au terr. de Douzens (Aude), 85.

Oliverio (in loco vocitato), lieu n. i. au terr. de Bubas (Aude), 101.

Olivis (Raimundus Renardi de), 71.

Olleo (de). Voir *Ouilly-le-Vicomte*.

Ollière, riv., affl. du Lez (Drôme). Alera, aqua que dicitur Oleira, aqua, fluvius de Oleira, Oleria, Olleria, passus Oleric, 189, 190, 199, 310, 311, 326, 590, 596, 598.

Ollon (Drôme, arr. Nyons, cant. Buis-les-Baronnies). In territorio Avalonis, 43.

Oloron (Basses-Pyrénées). Episcopus in Oloron. Peix Oldeger de Oloron, 338.

Olost (Espagne, pr. Barcelona, part. jud. Vich) Bertrandus, Raimundus Bernardi d'Alost, de Lost, Olost, 79, 475, 564, 597.

Oltreyra (Berengarius de), 128.

Olvegio (de), Olvei. Voir *Orbiel*.

Onliñena (Espagne, pr. Huesca, part. jud. Fraga). In illo anno fuit prisa, anno quo fuit capta Untigena, Untiguena [*corr.* : Untignena], anno quando capta fuit Untignena, 455, 456, 476, 479, 481.

Orainville (Aisne, arr. Laon, cant. Neufchâtel). Orenvilla, 555.

Orange (Vaucluse). In Aurasica, Aurasice, in civitate Aurasica, in villa Aurengia, 130, 323, 405, 406, 452, 472, 590 ; Aurasicensis episcopus, 165, 293 ; Arnaldus, sacrista Aurasicensis, 165, 170, 293, 323, 405, 406, 452, 469, 470, 472, 527, 528, 529, 530, 556, 565, 590 ; antiquum edificium cui vocabulum est Arenas, hedificium de Arenis in civitate Aurasica, 165 ; claustrum Beate Marie, 293 ; Tiburgis domina Aurasicensis, Auriasicensis. Aurengie civitatis, 130, 357, 413, 598 ; Geraldus de Aurengia, Petrus, Stephanus de Aurasica, 130, 165, 357, 360, 469, 470, 530.

Orbiel, riv., affl. de l'Aude (Aude). Aqua, flumen, pons, riparia de Olvegio, Olvei, 337, 432, 437, 459, 467, 521.

Ordem (Portugal, distr. Porto, conc. Gondomar). Hereditas que nominatur Ordinis, 288.

Oreniacensis. Voir *Origny-Sainte-Benoîte*.

Orenvilla. Voir *Orainville*.

Oriavila (Domingo de), 543.

Origny-en-Thiérache (Aisne, arr. Vervins, cant. Hirson), ou *Origny-Sainte-Benoîte* (Aisne, arr. Saint-Quentin, cant. Ribemont). Everardus, Guiscardus, Herbertus de Auriniaco, Oriniaco, 555.

Origny-Sainte-Benoîte (Aisne, arr. Saint-Quentin, cant. Ribemont). Ecclesia Sancte Benedicte Oreniacensis, Hecellinus de Oriniaco, 600.

Orivol (Robertus d'), 60.

Orléans (Loiret). Actum Aurelianis, 581 ; Aurelianis ... in ecclesia Sancte Crucis, 510 ; ecclesia Sancti Marchi, 420 : Aurelianensis episcopus, cantor, 420, 510 ; fratres Templi Aurelianensis, 420.

Ornils (territorium de), lieu n. i. dans la région de Meynes (Gard), 411.

Oronzaco (Raimundus Petri de), 366.

Oros (Garcia Sans de), 532.

Orret (Côte-d'Or, arr. Châtillon-sur-Seine, cant. Baigneux-les-Juifs). Hunbertus de Orreto, 330.

Orrevilla. Voir *Ouarville*.

Ortaffa (Pyrénées-orientales, arr. Perpignan, cant. Thuir). Bernardus Poncius, Dalmacius de Ortafano, Ortaphano, 409.

Ortiis (Rainerius de), 446.

Ortosella (Calvet de), 493.

Orunia, Orunnia, Urunia, *loc. n. i. en Espagne*, 177, 211, 384, 494.

Osa. Voir *Huesa del Comun*.

Osca. Voir *Huesca*.

Oscelle (in Valle). Voir *Ossau*.

Oscena episcopus. Oscha. Voir *Huesca*.

Oselli. Voir *Osselle*.

Osenele. Voir *Osney*.

Osia (Espagne, pr. Huesca, part. jud. Jaca). Petrus de Osia, 390.

Osma (Espagne, pr. Soria). Exomensis episcopus, 410.

Osney (Angleterre, Oxfordshire). Canonicus de Osenele, 216.

Oso (Petro de), 546.

Ossau, vallée (Basses-Pyrénées, arr. Oloron). Regnans in Valle Oscelle, 227.

Osselle ? (Doubs, arr. Besançon, cant. Boussières). Wido Bovinas de Oselli, 330.

Osta (Raimundus Ayanrici de), 150.

Otine (ad Sancti Petri Otine, terminum kastri Otine, altar Sancti Michelis quod cernitur ... subtus kastrum Otine), ch. n. i. en Catalogne, 348.

Otura, lieu n. i. en Espagne, 237.

Ouarville (Eure-et-Loir, arr. Chartres, cant. Voves). Ecclesia Beati Martini de Orrevilla, Raginaldus de Orrevilla, 566.

Ouilly-le-Vicomte ? (Calvados, arr. et cant. Lisieux). Fulco, Robertus de Olleo, Oylli, 200, 216.

Ourscamps (Oise, arr. Compiègne, cant. Ribecourt, c. Chiry-Ourscamps). Abbas

Ursi Campi, de Ursi Campo, 31, 261.

Ouvèze, riv., affl. du Rhône (Drôme et Vaucluse). Rivière d'Ouvèze, aqua, fluvius, riberia de Oveza, 238, 239, 253, 307.

Oveza. Voir *Ouvèze*.

Oxa. Voir *Huecha*.

Oxford (Angleterre) Apud Oxeneforde, Oxonefordiam, 234, 271, 272, 273, 377, 450; terra de Oxeneford., consulatus Oxenford., 200.

Oxfordshire (Angleterre). Justiciario, vicecomitibus, baronibus ... Oxonefordesire, de Oxenefordshir, 208, 250.

Oylli. Voir *Ouilly-le-Vicomte*.

Oyon. Voir Olon.

P

Pabirano (Stephanus de), 525.

Pabulvilla, lieu n. i. en Languedoc, 20.

Paciaco (Nicholaus, Willelmus de), 12.

Paciano, Pacione, Paciono (de). Voir *Passa*.

Paganis, Pagano, Paianis (de). Voir *Payns*.

Paiarensis. Voir *Pallars*.

Painis (in), lieu n. i. dans la région de la Romagne (Côte-d'Or), 330.

Paiva, riv., affl. du Douro (Portugal). Rivulus Pavia, 291.

Palacii (locus de). Voir *Palausolitar*.

Palacio (Bertrandus de), 246.

Palacio (Gerallus Guillelmi de), 105, 107.

Palacio (Lope del), 92.

Palacio (Olivarius de), 80.

Palacio (Petrus de), 126, 132.

Palacio (Raimundus de), 137.

Palacio (Raimundus Mironis de), 127.

Palacio Salatane (de). Voir *Palausolitar*.

Palaianel. Voir *Palajanel*.

Palaiano (de). Voir *Palaja*.

Palaionis (ecclesia). Voir *Paleyson*.

Palaja (Aude, arr. et cant. Carcassonne). Lodovicus, Raimundus de Palaiano, 159, 265, 267, 474, 531, 533.

Palajanel (Aude, arr. et cant. Carcassonne, c. Palaja). Petrus de Palaianel, 461.

Palar, lieu n. i. aux dépend. de Funes (Espagne), 289.

Palarensis, Palares, Palars. Voir *Pallars*.

Palatiolo (in), lieu n. i. au terr. de Porto (Portugal), 403.

Palausolitar (Espagne, pr. Barcelona, part. jud. Sabadell). Parrohechia Sancte Marie de Palacio Salatane, locus de Palacii, 202.

Palaz (Ermengaudus de), 303.

Paleyson (Var, arr. Draguignan, cant. Fréjus, c. Roquebrune). Ecclesia Sancte Marie Palaionis, 2.

Pallares. Voir *Pallars*.

Pallolo (Guilelmus de), 136.

Pallars, pays (Espagne). Comes Paiarensis, Palarensis, de Palares, Palars, Pallares, Pallars, 47, 154, 314, 414, 534, 562.

Palud (La) (Vaucluse, arr. Orange, cant. Bollène). Petrus de Palude, 165, 556.

Palude (in), lieu n. i. près de Buisson (Vaucluse), 536.

Palude (territorium de), lieu n. i. aux dépend. de Puyloubier (Bouches-du-Rhône), 316.

Palumbario (parrochia Sancti Andree de). Voir *San Andrés de Palomar*.

Pamplona (Espagne, pr. Navarra). Rex Pampilonensium, regnans, rex in Pampelona, Pampilona, Pampilonia, Panpilona, Panpilonia, Panpulona, 26, 40, 69, 100, 109, 211, 227, 229, 266, 289, 331, 338, 386, 389, 390, 404, 434, 466, 468, 476, 479, 481, 494, 546; Pampilone, Pampilonensis, in Pampilona, Pampilonia, Panpilona, Panpulona episcopus, 69, 100, 211, 227, 338, 386, 390, 494, 545, 546, B 13; prior et canonici Pampilonenses, 545.

Panacio, Panat, Panato [*var.*: Panatrio], Panaz (Ugo de), 120, 121, 122, 123, 125, 131, 244, 278, 279, 296, 297, 310, 311, 312, 324, 325, 326, 390, 553, 557, 564.

Pancey (Haute-Marne, arr. Wassy, cant. Poissons). Boso de Pancelo, 138.

Pannonias, lieu n. i. en Portugal, 19.

Panpilona, Panpilonia, Panpulona. Voir *Pamplona*.

Paracols, Paracollis (Guillelmus de), 147, 233, 264, 295, 407.

Paredes (Portugal, distr. Porto, conc. Penafiel). Sanctus Michael de Paredes, 103.

Parèts (Espagne, pr. Barcelona, part. jud. Granollérs). Parrochia Sancti Stephani de Parietibus, 597; alodia que nominantur Parietes, in parrohechia Sancti Stephani de Breda, 252.

Paretz Tortás (Dalmacius de), 68.

Parietes, Parietibus (de). Voir *Parèts*.

Paris. Donnée à Paris, actum Parisii, Parisius, 196, 223, 305, 448, 465, 466, 589; actum Parisius in Templo, 391; molendinum Parisius sub Magno Ponte, 451; Beate Marie conventus, decanus, precentor, etc. Parisienses, 332.

Passa (Pyrénées-orientales, arr. Perpignan, cant. Thuir). In Paciano, 242; via que exit de Paciano, Pacione, terminus Sancti Petri de Paciano, Paciono, 548; Bernardus de Paciano, 128, 548.

Passarello (Guillelmus de), 518.

Passchendaele (Belgique, pr. Flandre-occidentale, arr. adm. Ypres). Terra de Passchendala, B 4.

Passel (Oise, arr. Compiègne, cant. Noyon). Altàr de Passel, 391.

Passerel (villa que appellatur), loc. n. i. en Espagne, 151.

Pastorissa (crux), lieu n. i. près de la Baume-de-Transit (Vaucluse), 190, 598.

Pastors (Johen, Martin dels, de illos), 423, 471, 480.

Patingis (Radulfus de), 353.

Paulel (Seneronus de), 20.

Pauligne (Aude, arr. et cant. Limoux). Villa de Pauliniano, 55.

Paura (Ramon de), 82.

Pavia. Voir *Paiva*.

Payns (Aube, arr. et cant. Troyes). Hugues de Payns, Hugo de Paganis, Pagano, Paianis, 8, 12, 13, 15, 30, 32, 125.

Peans, Peias rivulus, riv. n. i. dans la région de Porto (Portugal), 214, 453.

Pech-Bisbal (Aude, arr., cant. et c. Narbonne). Ad Podium Bisbalem, 64.

Pedanatio, Pedenacio (de), Pedenas, Pedenaz. Voir *Pézenas*.

Pedilano (de), Pedillano (in). Voir *Pézilla*.

Pedrazo (Guillelmus de), 404.

Pedrola (Espagne, pr. Zaragoza, part. jud. la Almunia de doña Godina). Senior Martin Sanz in Pedrola, 100 : Palcin in Petrola, 543.

Peias. Voir Peans.

Peiriaco (de), Peirois. Voir *Peyriac-Minervois*.

Peirola (Gillelmus de), 521.

Pela Follis (Berengarius de), 71.

Pembroke (Pays de Galles). Comte de Pembroke, comes Penbrocie, de Penbroc, 175, 220, 250, 255, 484, 486.

Penafiel (Portugal, distr. Porto). Circa Penam Fidelem, 19.

Pena Regine (terra de), lieu n. i. en Espagne, 151.

Penbroc, Penbrocie (comes). Voir *Pembroke*.

Penne sur-Ouvèze (La) (Drôme, arr. Nyons, cant. Buis-les-Baronnies). Bertrandus de Penna, 360.

Penniaci (in burgo), Penniaco (de). Voir *Pigny*

Penniacum (inter Penniacum et...), loc. n. i. près de Savières (Aube), 28.

Peracense ? (Espagne, pr. Teruel). Senior in Petra Selce, 415.

Peralada. Voir *Perelada*.

Peralta (Espagne, pr. Navarra, part. jud. Tafalla). Martin de Leet in Petra Alta, 386, 494, 546.

Percey-le-Grand (Haute-Saône, arr. Gray, cant. Champlitte). Vaudricus, domina de Perceio, 330.

Perche, pays (France). Foresta que Perticus dicitur, 96 : comes Perticensis, de Pertica, 280, 361, 506.

Perchelo (Herbertus de), 222.

Perelada ? (Espagne, pr. Gerona, part. jud. Figueras). Bernardus, Bertrandus de Peralada, Petra Lata, 68, 242, 339, 358, 388, 457.

Perolz (prato de), lieu n. i. en Rouergue, 281.

Perpignan (Pyrénées-orientales). Infra fines de villa Perpiniani, in adjacencia Sancti Johannis, 188, 236, 457 : infra vias quarum una vadit de Perpiniano ad..., 563 : homines Perpiniani, 560 *bis*, 563 : bajulus Perpiniani, 563 : milicia Templi Perpiniani, 548 : Jacobus, Petrus Bernardi [de] Perpeniano, de Perpiniano, 68, 101.

Pertica, Perticensis, Perticus. Voir *Perche*.

Petit Grais (Le). Voir *Grais (Le Grand, ou Le Petit)*.

Petra (Arbertus de, de ipsa), 126, 300, 306.

Petra Alta (Stephanus de), 505.

Petra Alta. Voir *Peralta*.

Petra Bruna (terminum de ; a Petra Bruna, ad Petram Brunam), lieu n. i. entre Valréas et la Baume-de-Transit (Vaucluse), 152, 190, 528, 529, 598.

Petra Curvela (mons), montagne n. i. près d'Azevedo (Portugal), 399.

Petra Ficada (usque in Petram Ficadam et a Petra Ficada usque in...), lieu n. i. en Rouergue, 585.

Petrafonte (de). Voir *Pierrefonds*.

Petra Gora (Geraldus de), 588.

Petra Lapta. Voir *Pierrelatte*.

Petra Lata. Voir *Perelada*, *Pierrelatte*.

Petram Brunam (ad). Voir Petra Bruna.

Petram Scriptam (subtus montem), montagne n. i. en Portugal, 320.

Petraponte (Hugo de), 158.

Petra Selce. Voir *Peracense*.

Petred (Guillermus, Petrus Raimundus de), 71.

Petrefonte (de). Voir *Pierrefonds*.

Petreponte (de), Petrepontis (capellanus). Voir *Pierrepont-en-Laonnois*.

Petreram (passus qui tendit ad), lieu n. i. dans la région de Jalez (Ardèche), 588.

Petre Rubee (Sancius), 40.

Petrola. Voir *Pedrola*.

Pexiora (Aude, arr. et cant. Castelnaudary). Arnaldus de Podio Sibrano, 93 ; Bernardus de Podio Subrano, 166.

Peyriac-Minervois (Aude, arr. Carcassonne). Terminius quem vocant Peirois, 32 ; Arnaldus de Peiriaco, Guillelmus Raimundi de Pirlacho, 181.

Pézenas (Hérault, arr. Béziers). Via que discurrit de Pedenaz ad..., que currit de Pedanatio ad..., caminus qui vadit de Pezenaz ..., 58, 81, 215 ; castellum de Pezenaz, 442 ; horta ipsa de subtus castellum de Pezenaz... in via que currit de ipso castro a Pezenaz, 443 ; orta ipsa de subtus castellum de Pezenaz... in via que vadit de ipso castello ad ecclesiam Sancti Petri, 400 ; via que currit de castro Pezanasi ad ecclesiam Sancti Petri, 412 : terminium Pezanacii, de Pedenacio, Pezenaz, 81, 308, 401, 412 : Bernardus

Bovi, Petrus de Pedenaz, Pezenaz, 58, 442 ; Ugo de Pedenacio, Pedenas, Pezenato, Pezenaz, 215, 308, 400, 401, 412, 442, 443, 525, 526.

Pézilla-de-la-Rivière (Pyrénées-orientales, arr. Perpignan, cant. Millas). Raymundus Guilelmi de Villa Pedilano, 140.

Pézilla-du-Conflent (Pyrénées-orientales, arr. Prades, cant. Sournia). In Pediliano, 295 ; villa de Pedilano, Pidilano, 212, 402 ; Arnaldus Petri, Petrus de Pedilano, Pidilano, 212, 402.

Pictavensis, Pictaviensis. Voir *Poitou*.

Pidilano. Voir *Pézilla-du-Conflent*.

Piégon (Drôme, arr. et cant. Nyons). Bertrandus de Podio Guigone, 536.

Pierola (Espagne, pr. Barcelona, part. jud. Igualada). Kastrum a Pierola, 150.

Pierrefonds (Oise, arr. Compiègne, cant. Attichy). Drogo de Petrafonte, 568 ; Johannes de Petrefonte, 391.

Pierrelatte (Drôme, arr. Montélimar). Willelmus de Petra Lata, 119 ; Jordans, Raimundus de Petra Lapta, 593.

Pierrepont-en-Laonnois (Aisne, arr. Laon, cant. Marle). Petrepontis capellanus, Gila, Godefridus de Petreponte, 553.

Piers (Ranaudus de), 510.

Pieusse (Aude, arr. et cant. Limoux). In Punciano, 435 ; castellum de Punciano, 160 ; Bernardus, Borrellus, Udalgerius de Pinciano, Punciano, 155, 160, 267.

Pignan (Hérault, arr. et cant. Montpellier). Bernardus, Guillelmus de Pignano, Piniano, 62.

Pigny (Marne, arr. Epernay, cant. Montmort, c. Lucy). In burgo Penniaci, Guido de Penniaco, 28.

Pina (Espagne, pr. Zaragoza). Bernardus Abbas de Pina, 292, 349, 414, 549 ; Garcia Ortiç in Pina, Pinna, 292, 331.

Pinas. Voir *Pinós*.

Pinciano (de). Voir *Pieusse*.

Pinconio (Girarardus de), 587.

Piniano (de). Voir *Pignan*.

Pinna. Voir *Pina*.

Pinós (Espagne, pr. Lérida, part. jud. Solsona). Gaucerandus de Pinas, Pinos, 38, 314.

Piolenc (Vaucluse, arr. et cant. Orange). Prior de Podioleno, 469.

Piriacho (de). Voir *Peyriac-Minervois*.

Pisa (Italie). Datum Pisis, B 1, B 2 ; in sinodo Pisani, B 6.

Pl. (canonicus de). Voir *Plessis-Grimoult (Le)*.

Plaiotri (in foro), Plaiotro, Plairro, Plaitro (de). Voir *Pleurs*.

Planceii (prata, H.). Voir *Plancy*.

Planchere. Voir *Planquery*.

Plancis (in). Voir *Planque*.

Plancy (Aube, arr. Arcis-sur-Aube, cant. Méry-sur-Seine). Prata Planceii, Hugo Planceii, 28.

Planees (parrochia Sancti Saturnini de). Voir *San Saturnino de Osormort*.

Plani (ortus de), lieu n. i. aux dépend. de Gaure (Aude), 354.

Plania (locus qui vocatur), lieu n. i. près de Pézenas (Hérault), 81.

Plano (Petrus de), 574.

Planque (Nord, arr. et cant Douai, c. Lauwin-Planque). In Plancis, 4.

Planquery (Calvados, arr. Bayeux, cant. Balleroy). Planchere, 611.

Plebe (in). Voir *Pleux*.

Pleitlubi (via que pergit ad), lieu n. i. en Fenouilledès, 264.

Plessis-Grimoult (Le) (Calvados, arr. Vire, cant. Aulnay-sur-Odon). Robertus, canonicus de Pl[essēio], 541.

Pleurs (Marne, arr. Epernay, cant. Sézanne). In foro Plaiotri, 28 ; Johannes, Marcus, Philippus de Plaiotro, Plairro, Plaitro, Pleurra, 28, 60, 582.

Pleux (Ardèche, arr. Largentière, cant. les Vans, c. Beaulieu). Terra de Plebe, in Plebe, 576.

Podiensis, Podii (villa). Voir *Puy (Le)*.

Podii Tirici (P.). Voir *Puichéric*.

Podio (Elmeratus, Rostagnus de), 169, 238, 239.

Podio (Petrus de), 594.

Podio (Raimundus de), 521.

Podio (Raimundus, Vilelmus, Vilelmus Alcherius de), 182, 527.

Podio (de). Voir *Puy (Le)*.

Podio Alto (Raymundus de), 557.

Podio Alto (de). Voir *Pujalt*.

Podio Auro (vinea in), lieu n. i. près de Buisson (Vaucluse), 536.

Podio Calvo, Cavo (Willelmus de), 190, 357, 598.

Podio Dadmir (ad), lieu n. i. dans la région de Douzens (Aude), 578, 579, 580.

Podio de Rivo Maimono (in loco vocitato ipso), lieu n. i. dans la par. de Caldas de Mombúy (Espagne), 397

Podio Gauterio (malolium de), lieu n. i. dans la région de Pézenas (Hérault), 525.

Podio Gofre (pars de), lieu n. i. près de Buisson (Vaucluse), 536.

Podio Guigone (de). Voir *Piégon*

Podioleno (de). Voir *Piolenc*.

Podiolhig, lieu n. i. dans la par. de Balenyá (Espagne), 519.

Podio Lupario (de). Voir *Puyloubier*.

Podio Salicone (de). Voir *Puissalicon*.

Podio Sancte Marie (in). Voir *Puy (Le)*.

Podio Sibrano, Subrano (de). Voir *Pexiora*.

Podio Valleriaco (vinea de), lieu n. i. dans la région

de Bourbonton (Vaucluse), 469.
Podium Bisbalem (ad). Voir *Pech-Bisbal*.
Podium Sancte Marie. Voir *Puy (Le)*.
Podium Xairic. Voir *Puichéric*.
Podjeto (in), Podjetum (ad). Voir *Pouget*.
Podolas. Voir *Pouzolles*.
Pog (Guilelm del), 523.
Poial, lieu n. i. dans la région de Douzens (Aude), 160.
Poians. Voir *Poyans*.
Poigoaut, lieu n. i. dans la région de Richerenches (Vaucluse), 125.
Poili. Voir *Pouilly*.
Poinare. Voir *Pomas*.
Poiol, lieu n. i. aux dépend. de Pomas (Aude), 354.
Poitou. Comes Pictavensis, Pictaviensis, 194, 196.
Pojet. Voir *Pouget*.
Pomar, Poinare Voir *Pomas*.
Pomareta (Hugo de), 73.
Pomas (Aude, arr. Limoux, cant. Saint-Hilaire-de-l'Aude). Villa de Pomar, Poinare [*corr.* : Pomare], 56, 77, 116, 163, 354 ; terminium de Pomar, Sancti Juliani de Pomar, 116, 117, 533 ; capellanus de Pomar, 116 ; Arnaldus, Bernardus, Paiesa, Petrus, Petrus Arnaldus, Pontius de Pomar, 117, 142, 437, 459, 531, 533, 594.
Ponreux (Marne, arr. Châlons-sur-Marne, cant. Suippes, c. Vadenay). Pontreol, 50.
Pont (Gilelm de Lopont [*corr.* : lo Pont]), 382.
Pont, Ponto (Petrus del, de), 209, 500.
Pont-de-Saint-Guilhem (Hérault, arr. Lodève, cant. Gignac, c. Saint-Jean-de-Fos). Pont de Sant Guilem a la ecclesia de Sant Joan, 539.
Ponteilla (Pyrénées-orientales, arr. Perpignan, cant. Thuir). Ad Pontellanum, 548.
Ponte Regine (de). Voir *Puente la Reina*.
Ponthieu, pays (France). Comte de Ponthieu, comes Pontini [*corr.* : Pontivi], Pontinorum [*corr.* : Pontivorum], Pontivorum, de Pontivo, 448, 477, 478, 550, 551, 552, B 15, B 16, B 17, B 20.
Ponti (Petrus de), 535.
Pontibus (A. de), 475.
Pontini, Pontinorum, Pontivi, Pontivorum (comes), Pontivo (de). Voir *Ponthieu*.
Ponto (de). Voir Pont.
Pontreol. Voir *Ponreux*.
Ponts (terminus de), lieu n. i. en Fenouilledès, 264.
Porcari (Italie, pr. Lucca, c. Capannori). Paganellus de Porcaria, B 3.
Port (Bernardus de), 62.
Port, Porto (Petrus de), 406, 596.
Porta (Petrus Bernardus de ipsa), 366.
Portali (ciminterium de), lieu n. i. près de Llupia (Pyrénées-orientales), 128.
Portali (Deodatus de), 525.
Porta Lama (villa quam dicunt), lieu n. i. en Portugal, 19.
Portam Mortuorum (ad), lieu n. i. dans la région de Laon (Aisne), 221.
Porta Ventosa (Geraldus de), 308, 526.
Portes (Arnaldus de les), 140.
Porto (Portugal). Civitas Sancte Marie, 213, 387, 399, 453 ; terra Sancta Maria de Ciuidade, territorium Sancte Marie Civitatis, territorium Sancta Maria, 320, 362, 403 ; Portugalensis electus, 363 ; comte de Porto, 10, 11, 19.
Porto (de). Voir Port.
Portugal. Territorio Portugalensi, Portugalensis, 213, 399, 453 ; comte, reine de Portugal, Portugalensis, Portugalensium princeps, rex, 10, 19, 24, 320, 359, 363, 381, 439.
Portugalensis. Voir *Porto*, *Portugal*.
Porzeli (villa quam vocant, sumitas), lieu n. i. en Portugal, 320.
Poscheriarum (R.), Poscheriis (de). Voir *Vauvert*.
Posillacho (de). Voir *Pouzillac*.
Postengi. Voir *Potangis*.
Potangis (Marne, arr. Epernay, cant. Esternay). Hursio de Postengi, 28.
Pouget (Aveyron, arr. Millau, cant. Laissac, c. Cruéjouls). Ad Podjetum, in Podjeto, a el Pojet, 281.
Pougnadoresse (Gard, arr. Uzès, cant. Lussan). Poncius de Pugnadoreza, 152.
Pouilly (Aisne, arr. Laon, cant. Crécy-sur-Serre). Molendinum de Poili, 555.
Pouppeville (Manche, arr. Valognes, cant. Sainte-Mère-Eglise, c. Sainte-Marie-du-Mont). Apud Puppevillam, 192.
Pouprу (Eure-et-Loir, arr. Châteaudun, cant. Orgères). Disme de Pouprу, decima de Purpiriaco, 510.
Pouzillac (Gard, arr. Uzès, cant. Remoulins). Feudum de Posillacho, 411.
Pouzolles (Hérault, arr. Béziers, cant. Roujan). Bernardus de Podolas, 308.
Poyans (Haute-Saône, arr. Gray, cant. Autrey). Milo de Poians, 330.
Pozzolo ? (Italie, pr. Firenze, c. Montajone). Abbatia de Puzolis, B. 3.
Pracsenul (ad Pracsenul, juxta castrum), lieu n. i. en Portugal, 351.
Prad Aldebran. Voir Prato Aldebran (de).
Pradela (Martin de), 543.
Pradilla de Ebro (Espagne, pr. Zaragoza, part. jud. Egea de los Caballeros). Rex Garsias capit, recuperavit Pratella, 109, 110.
Prados (rivulus), riv. n. i. près d'Azevedo (Portugal), 399.
Prads. Voir *Prats*.
Praeria. Voir *Preize*.
Prat (locus vocatus ad), Pratum (locus ubi vocant), lieu n. i. au terr. de Douzens (Aude), 458, 464.
Prata Novella, in Pratis Novellis, lieu n. i. dans la ré-

gion deRicherenches(Vaucluse), 296, 311.
Pratella. Voir *Pradilla de Ebro*.
Prati Baloni (conversus), lieu n. i. dans la région de Richerenches (Vaucluse), 500.
Pratis (Petrus de), 192.
Pratis (de). Voir *Prats*.
Pratis Novellis (In). Voir Prata Novella.
Prato (Berengarius de), 463.
Prato Aldebran (vinea de), prad [corr. : Prad] Aldebran, lieu n. i. aux dépend. de Saint-Vincent de Carcassonne (Aude), 276.
PratoStevanello (torrens... qui descendit de), lieu n. i. près de Balenyá (Espagne), 519.
Pratro (Guillelmus de), 246.
Prats (Pyrénées-orientales, arr. Prades, cant. Sournia). Terminium de Pratis, 402 ; Raimundus de Prads, Pratis, Prats, 212, 233, 264.
Pratum. Voir Prat.
Pratum Alibarderium (locus quem vocant), lieu n. i. dans la région de Douzens (Aude), 32.
Pratum Aniani [var. : Armani] (locus qui dicitur), lieu n. i. en Bretagne, 232.
Preize (Aube, arr., cant. et c. Troyes). Terra de Praeria, 22, 28.
Presbiteri via, chemin n. i., sans doute dans la région de Clairmarais (Pas-de-Calais), 241.
Pretesilis (Albertus), 396.
Proer (locus quem vocant), lieu n. i. aux dépend. de Saint-Vincent de Carcassonne (Aude), 276.
Prouille (Aude, arr. Castelnaudary, cant. et c. Fanjeaux). Isarnus de Prulano, Prullano, 67, 76.
Prouvais (Aisne, arr. Laon, cant. Neufchâtel-sur-Aisne). Salvamentum de Provahis, 555.
Provahis (de). Voir *Prouvais*.
Proveencher (torrens de), lieu n. i. en Fenouillèdes, 264.
Provence. Comte de Provence, Provincie comes, 33, 38 ; magister Provincie, 314, 390, 597 ; in parte militie Templi in Proventia magister, 475 ; Cécile de Provence, 44, 487.
Provins (Seine-et-Marne). Ad Pruvinum, 9 ; denarii Provenienses, 555.
Prugnanes (Pyrénées-orientales, arr. Perpignan, cant. Saint-Paul-de-Fenouillet). Villa de Prunana, 128 ; Gausbertus de Prugnanes, 264.
Prulano, Prullano (de). Voir *Prouille*.
Prunana. Voir *Prugnanes*.
Pruvinum. Voir *Provins*.
Puçca. Voir *Guipuzcoa*.
Puente la Reina (Espagne, pr. Navarra, part. jud. Pamplona). Ecclesia Sancti Jacobi de Ponte Regine, homines, judex de Ponte Regine, 92 ; populatio de Ponte Regine, Puent de la Reyna, 404.
Pugalit, Pugalto (de). Voir *Pujalt*.
Puges, Pugiensis. Voir *Puy (Le)*.
Pugnadoreza. Voir *Pougnadoresse*.
Puichéric (Aude, arr. Carcassonne, cant. Peyriac-Minervois). Via que ducit ad podium [corr. : Podium] Xairic, Guillelmus Sigerii, Petrus Raimundi Podii Tirici, 366.
Puiseux (Aisne, arr. Soissons, cant. Villers-Cotterets). Territorium, medietas de Puteolis, 555.
Puissalicon (Hérault, arr. Béziers, cant. Servian). Gauscelmus Deodatus, Guiraldus de Podio Salicone, 308 ; Imbertus de Monte Salichone, 412.
Pujalt (Espagne, pr. Barcelona, part. jud. Igualada). Guillelmus, Guillelmus Raimundi, Raimundus de Podio Alto, Pugalit, Pugalto, 70, 71, 290, 314.
Pulchro Loco (de). Voir *Bell-Lloch*.
Punciano (de). Voir *Pieusse*.
Punicastro (Bertran de), 494.
Puppevillam (apud). Voir *Pouppeville*.
Purpiriaco (de). Voir *Poupry*.
Puteolis (de). Voir *Puiseux*.
Puy (Le) (Haute-Loire). In Podio Sancte Marie, apud Podium Sancte Marie, in villa Podii, 51, 52 ; in curia Sancte Marie de Podio, 87 ; episcopus Podiensis, de Podio, 51, 87, 183 ; canonici Sancte Mario, 52 ; moneta Podiensis, denarii Podienses, Pugienses, solidi de puges, 335, 425, 426, 574, 576, 588.
Puyloubier (Bouches-du-Rhône, arr. Aix, cant. Trets). Territorium, seniores de Podio Lupario, 316.
Puzca, Puzcua. Voir *Guipuzcoa*.
Puzolis (de). Voir *Pozzolo*.

Q

Quadrate (campus de), lieu n. i. à Huesca (Espagne), 532.
Quart. Voir *Cuarte*.
Quasilaco (de). Voir *Cazilhac*.
Quaterpodio (Baronus de), 93.
Querceto (Guillelmus, Philippus de), normands, 7, 158.
Quercum Pediculosam (ad quercum pediculosam [corr. : Quercum Pediculosam]), lieu n. i. près de Roaix (Vaucluse), 182.
Quiéry-la-Motte (Pas-de-Calais, arr. Arras, cant. Vimy). Gunnerus de Chery, 4.
Quint (Haute-Garonne, arr. et cant. Toulouse). Petrus de Quinto, 269.
Quintanilha (Portugal, distr. et conc. Bragança). Villa de Quintanella, 19.
Quinto (Espagne, pr. Zaragoza, part. jud. Pina). Gilelmus de Quinto, 495.
Quinto (de). Voir *Quint*, *Quinto*.
Quoquoliibero (de). Voir *Collioure*.

R

Rabedos (Reimundus Ademari de), 71.

Rabit (in illo soto de), lieu n. l. en Aragon, 553.

Raborville (Vulardus), 396.

Rabouillet (Pyrénées-orientales, arr. Prades, cant. Sournia). Petrus de Reboled, 212.

Raçaçol. Voir *Rasal*.

Racendis (pars prati), lieu n. l. au dioc. de Laon (Aisne), 555.

Racezol. Voir *Rasal*.

Rada (Acenar Garcez, Garcia de), 543.

Radas (G. da), 539.

Radegueria. Voir *Rasiguères*.

Radinge. Voir *Reading*.

Raimbert Home, Raimberti Ulmus. Voir *Robehomme*.

Ramati (Bertrandus de), 324.

Ramberti Ulmus. Voir *Robehomme*.

Ramed, Ramet, Rameto (de). Voir *Loramel*.

Ramio (Johannes de), 554.

Ramis (Reinerus de), 512.

Ramo Forte (Gaufridus de), 8.

Rasal (Espagne, pr. Huesca, part. jud. Jaca). Raçaçol, Racezol, Razazol, 154, 440, 473, 476, 480; ecclesia de Arraçaçol, Raçaçol, Razazol, 26, 164, 495.

Rasiguères (Pyrénées orientales, arr. Perpignan, cant. la Tour-de-France). Petrus de Radegueria, Rasigeres, 139, 295.

Rau (Aude, arr. Castelnaudary, cant. et c. Fanjeaux). Petrus Raimundi de Ravad, Raval, Ravaz, 56, 57, 77.

Raupiano (de). Voir *Rupià*.

Ravad, Raval, Ravaz. Voir *Rau*.

Ravenna (Italie). Tebertus Ravenatis ecclesie sacerdos, 574, 575, 576, 588.

Razazol. Voir *Rasal*.

Razès, anc. comté (Aude). Reddensis, Redensis comitatus, 89, 462.

Reading (Angleterre, Berkshire). Apud Rading., Reding., 178, 179; conventus de Radinge, 219.

Réart, riv. (Pyrénées-orientales). Qui est ultra Riard, 65.

Rebalta. Voir Ribalta.

Rebehomme. Voir *Robehomme*.

Reboled. Voir *Rabouillet*.

Receli, Recli (via), Recelo (de), Receium, Recheium (apud). Voir *Récy*.

Recordana. Voir *Régordane (La)*.

Récy (Marne, arr. et cant. Châlons-sur-Marne). In via Receli, Recli, apud Receium, Recheium, 46, 75; Rainaudus de Recelo, 49.

Redas. Voir *Rennes-le-Château*.

Reddensis, Redensis. Voir *Razès*.

Redes. Voir *Rennes-le-Château*.

Reding. Voir *Reading*.

Redonensis. Voir *Rennes*.

Rege (campus de), lieu n. l. à Huesca (Espagne), 532.

Regina (Michael de, de la), 440.

Registestis (comes). Voir *Rethel*.

Regla. Voir *Ricla*.

Régordane (La), forêt (Gard, arr. Alais, cant. Génolhac, c. Génolhac et Portes). Petrus de Recordana, 36.

Regumir, ch. n. l. à Barcelone. Voir *Barcelona*.

Reims (Marne). Datum Remis, B 18, B 19, B 20; in colloquio, conventu Remis habito, 41, 45; Remorum, Remensis archiepiscopus, 41, 45, 138, 568, B 1, B 4, B 18.

Reixach (Espagne, pr. Barcelona, part. jud. Sabadell, ayunt. Moncada). Parroechia Sancti Petri de Rixacho, 290, 294.

Remensis, Remis. Voir *Reims*.

Remnigis (Terricus de), 16.

Remolinis (de). Voir *Remoulins*.

Remolinos (Espagne, pr. Zaragoza, part. jud. Egea de los Caballeros). Castrum quod dicitur Remulinis, 314, B 22.

Remorum archiepiscopus. Voir *Reims*.

Remoulins (Gard, arr. Uzès). Petrus de Remolinis, 365.

Remulinis. Voir *Remolinos*.

Renève (Côte-d'Or, arr. Dijon, cant. Mirebeau-sur-Bèze). Milo de Reneves, 330.

Reninghelst (Belgique, pr. Flandre occidentale, arr. adm. Ypres, cant. Poperinghe). Lambertus de Rinigels [*var.*: Rinighels], 175.

Rennes (Ille-et-Vilaine). Ecclesia Sancti Petri Redonensis, 153; Redonensis episcopatus, 153; Redonensis episcopus, electus, 12, 153, 232; canonicus Redonensis, 232.

Rennes-le-Château (Aude, arr. Limoux, cant. Couiza). Bernardus, Bonetus, Gillelmus, Petrus de Redas, Redes, 188, 203, 236, 267, 504.

Rethel (Ardennes). Comes Registestis, 138.

Rialach, Rialacha, Riallac, Riallacho, Riallaco, Riellacho, Rriallac (Guillelmus de), 184, 324, 325, 326, 335, 411, 426, 436, 572, 574, 575, 576.

Riard. Voir *Réart*.

Ribaforada (Espagne, pr. Navarra, part. jud. Tudela). Ecclesia de Ribaforata, 369.

Ribagorza, anc. comté (Espagne). Ripacorcensium rex, dominans, regnans, rex in Ripacorza, Ripa Curcia, Ripacurza, Ripacurta, Riparcurce, Rippacurcia, 26, 40, 69, 91, 338, 415, 416, 543.

Ribalta, Reballa (Petrus de), 574, 575.

Ribes, Ripas (Arnallus de), 180, 473.

Richerenches (Vaucluse, arr. Orange, cant. Valréas). Apud Ricarenchas, 556; territorium de Ricarenchis, Ricarencis, Ricarensis, Richarenchis, 121, 190,

327, 590, 598 ; ecclesia Beate, Sancte Marie de Ricarencis, Ricarensis, Richarenchas Richarenchis, 152, 469, 470, 528, 529, 565 ; domus Richarencarum, de Ricarenchis, Ricarencis, Ricarensis, Richarenchas, Richarenchis, Richarencis, Richarensis, domus Beate Marie de Ricarensis, 172, 174, 190, 199, 230, 244, 278, 279, 296, 297, 310, 324, 325, 326, 327, 357, 360, 413, 452, 469, 470, 472, 515, 527, 528, 529, 530, 565, 590, 593, 596, 598 ; fratres de Richarenchis, 125, 528, 529 ; magister domus de Ricarencis, Richarenchis, Richarensis, 174, 413, 528, 547, 556 ; claviger domus de Richarenchis, 405, 406 ; capellanus Richarensis, de Richarenchas, Richarenchis, capellanus domus de Richarenchis, 238, 307, 469, 528, 529.

Ricla (Espagne, pr. Zaragoza, part. jud. la Almunia de doña Godina). In Arricla comite de Pallars, lo conte de Palars in Regla, in Rigla mulier comitis de Palares, 416, 534 ; domna Teresa, Arnal Mir, Lop Lopeç in Ricla, Rigla, 69, 331, 649 ; Lop Fortunones, Vital Pelai de Ricla, 331, 361.

Ridefort (Lambertus de), flamand, 7.

Riellacho (de). Voir Rialach.

Riera (Bernardus de), 518.

Rieussec, riv., affl. du Lez (Drôme et Vaucluse). Riu Sech, Rivus Siccus, 190, 326, 598.

Rieux (Marne, arr. Epernay, cant. Montmirail). Gosbertus de Rix, 28.

Rigla. Voir *Ricla*.

Rihous (nemus et aqua de), lieu n. i. près de Baugy (Calvados), 611.

Rils (Hugo de), 330.

Rinigels. Voir *Reninghelst*.

Riopullo (de). Voir *Ripoll*.

Ripa Alta (Petrus de), 553, 564.

Ripacorcensium rex. Ripacorza, Ripa Curcia, Ripacurra, Ripacurta, Riparcurce. Voir *Ribagorza*.

Ripa Forti (Stephanus de), 252.

Ripa Migno (Arissa Varich de), 151.

Ripas (de). Voir Ribes.

Ripoll, riv., affl. du Besos (Espagne, pr. Barcelona). Riera Rivopolli, 284 ; prope Riopullo, 300.

Ripoll (Espagne, pr. Gerona, part. jud. Puigcerdá). Dimisit Sancte Marie Riupollensis cenobii ..., 38 ; abbas Riupolli, Rivipollensis, 38, 314 ; prepositus Rivipollensis, 314.

Ripollet (Espagne, pr. Barcelona, part. jud. Sabadell). Parrocchia Sancti Stephani de Ripolleto, 290, 294.

Rippacurcia. Voir *Ribagorza*.

Rispe (allodium), lieu n. i. en Lorraine, 396.

Riu (Peire del), 523.

Riu de Peres. Voir *San Martin de Riudeperas*.

Riupollensis, Riupolli. Voir *Ripoll*.

Riu Sech. Voir *Rieussec*.

Riuvera. Voir Roveria.

Riveria. Voir *Rivière-de-Corps (La)*.

Rivière-de-Corps (La) (Aube, arr. et cant. Troyes). Via que dicitur de Riveria, 22.

Rivi Frigidi (Sanctus Johannes fluminis). Voir Sanct. Johannes Fluminis Rivi Frigidi.

Rivi Petrarum (Petrus Berengarius rivi petrarum [*corr.* : Rivi Petrarum]), 283.

Rivipollensis. Voir *Ripoll*.

Rivo (Poncius de), 166, 301.

Rivo (Raimundus, Ugo, Natbertus de), 428, 429.

Rivobras (aqua de), Rivunbras (in), riv. n. i. dans la région de Douzens (Aude), 193.

Rivopolli. Voir *Ripoll*.

Rivunbras. Voir Rivobras.

Rivus Siccus. Voir *Rieussec*.

Rix. Voir *Rieux*.

Rixacho (de). Voir *Reixach*.

Roais (Petrus de), 20.

Roaix (Vaucluse, arr. Orange, cant Vaison). Terminium, territorium de Roais, Roaiso, Roaisso, 170, 182, 293, 527 ; molendinum de Roais, Roaiso, 307 ; ecclesia Beate Marie de Roais, 527, 586 ; domus de Roais, 238, 239, 253, 527, 536, 586 ; capellanus de Roais, 253, 527, 528, 529, 536 ; magister domus Roaisii, de Roais, 535, 536 ; Raimbaudus de Roais, 528, 529.

Robehomme (Calvados, arr. Caen, cant. Troarn). Rebehomme, villa que dicitur Raimbert Home, Raimberti Ulmus, Ramberti Ulmus, qui Raimberti Ulmom tenebant, 477, 478, 550, 551, 552, B 15, B 16, B 17, B 20.

Robera. Voir Roveria.

Robore Grossa (condamina de), Roborem Grossam (ad), lieu n. i. dans la région de Richerenches (Vaucluse), 598.

Roca (Dalmatius de la), 596.

Roca Talada [*var* : Rocha Tallada] (Willelmus de), 596.

Rocca Columbeira, lieu n. i. aux dépend. de Gaure (Aude), 354.

Rocciensis, Roccio (de). Voir *Roucy*.

Rocha (Poncius de), 577.

Rocha (R. de la), 144.

Rocha (Raimundus Renardi de), 304.

Rocha (Raimunz de la), 513.

Rocha (Stephanus de la), 506.

Rocha (Willelmus de), 512.

Rocha Corba. Voir *Roquecourbe*.

Rochafort (Bernartz de), 514.

Rocha Rubia (locus vocatus), lieu n. i. au terr. de Saint-Germain (Aude), 463.

Rocha Tallada. Voir Roca Talada.

Roche Brune (mensura). Voir *Roquebrune*.

Rochelle (La) (Charente-Inférieure). Apud Rochellam, Rupellam, 194, 196, 342.

Rociacho (de). Voir *Roucy*.

Roda (Espagne, pr. Huesca, part. jud. Benabarre). Évêque de Roda, episcopus Rotensis, in Roda, Rota, 26 (cf l'*erratum*). 314, 338, 415, B 22 ; canonici, prior, sacrista Rotenses, 314, 557.

Rodas (in alodio Sancti Petri de, cellaria Sancti Petri de). Voir *Saint-Pierre-de-Rèdes, San Pedro*.

Rodengue, Rodergue. Voir *Rouergue*.

Rodez (Aveyron). Ruteni, Rodes, 281 ; Rutenensis episcopus, 207 ; archidiaconus Sancte Marie, 585.

Roeira, Roera, Roeria. Voir Roveria.

Rogécourt (Aisne, arr. Laon, cant. la Fère). Apud Rogiscurtem, territorium de Rogeriscurte, Rogiscurte, 655.

Roiano (de). Voir *Roujan*.

Roisin (Belgique, pr. Hainaut, arr. adm. Mons, cant. Dour). Baldricus de Roisin, 186.

Rokefort (Robertus de), normand, 7.

Romagne (La) (Côte-d'Or, arr. Dijon, cant. Fontaine-Française, c. Saint-Maurice-sur-Vingeanne). Domus, milites Templi de Romania, 330.

Romanam (juxta viam) Voir Viam Romanam (juxta).

Romania. Voir *Romagne (La)*.

Rome. Actum Rome, in domo militum Templi Iherosolimitani, 153 ; datum Laterani. B 3, B 4, B 5, B 6, B 7, B 8, B 9, B 22, B 23 ; in sinodo Lateranensi, B 6 ; sancte Romane ecclesie bibliothecarius, cancellarius, diaconus, legatus, presbiter, sanus, sacerdos, scriptor, 12, 314, B 4, B 5, B 7, B 22.

Romelio (de). Voir *Romilly-sur-Seine*.

Romilly-sur-Seine (Aube, arr. Nogent-sur-Seine). Manasses de Rumiliaco, archidiaconus de Romelio, 28, 29.

Roncerolas (ad). Voir *Ronquerolles*.

Ronquerolles (Oise, arr. et cant. Clermont). Ad Roncerolas, 34.

Roquebrune (Var, arr. Draguignan, cant. Fréjus). Mensura Roche Brune, 2.

Roquecourbe (Aude, arr. Carcassonne, cant. Capendu). Bernardus de Rocha Corba, 303.

Roqueta (locus qui vocatur), lieu n. i. près de Pézenas (Hérault), 81.

Rosatio (de). Voir *Roussas*.

Rosed (locus vocitatus), lieu n. i. dans la par. de San Hipólito de Voltregá (Espagne), 79

Rosed, lieu n. i. au comté de Barcelone, 72.

Roseto (de). Voir *Rozoy-sur-Serre*.

Rossacio (de). Voir *Roussas*.

Rossella (moneta), Rosselensis, Rossellonensis, Rossellionensis, Rosselione (de) Voir *Roussillon*.

Rosseto (de). Voir *Rousset*.

Rossilionensis, Rossillionensis. Voir *Roussillon*.

Rosteleu Voir *Rotheleux*.

Rota, Rotensis. Voir *Roda*.

Rotheleux (Oise, arr. et cant. Clermont, c. Breuil-le-Vert). Rosteleu, 34.

Rothomagensis, Rothomagi, Rothomago (a), Rotomagensis Voir *Rouen*.

Rotomagi (Acelynus), 158.

Roucy (Aisne, arr. Laon, cant. Neufchâtel-sur-Aisne). Comes Roccіensis, de Rociacho, Ermengardis de Rocelo, 555.

Rouen (Seine-Inférieure). A Rothomago, 552 ; archiepiscopus Rothomagi, Rothomagensis, Rotomagensis, 448, 477, 478, 550, 551, 552, B 15, B 16, B 17, B 20 ; decanus, canonici Rothomagenses, 550.

Rouergue Maistre de Rodergue, de la maiso de Rodengue [*sic*], 583, 584.

Roujan (Hérault, arr. Béziers). Poncius de Roiano, 37.

Roussas (Drôme, arr. Montélimar, cant. Grignan). Guillelmus de Rosatio, Rossacio, 469, 598.

Rousset (Bouches-du-Rhône, arr. Aix, cant. Trets). Terminum de Rosseto, 316.

Roussillon. In Russilione, in comitatu Rossellonensi, Rossellionensi, Rossilionensi, Rossillionensi, Russelionis, Russilionensi, 65, 68, 118, 188, 358, 457, 577 ; comte de Roussillon, comes Rossilionensis, Russilionensis, 188, 388, 560 *bis*, 563 ; moneta Rossell., Rossella, denarii Rossellenses, Rosselli, Rossellonenses, de Russellione, sol. de Rossell., 188, 236, 358, 388, 457, 517, 522, 548, 577.

Roussillon? (Vaucluse, arr. Apt, cant. Gordes). Guillelmus de Rossellone, 121, 122, 174.

Rouvenac (Aude, arr. Limoux, cant. Quillan). Bernardus de Rovenago, 95.

Rouvière (La) ? (Ardèche, arr. Largentière, cant. les Vans, c. Berrias). Poncius de Ruvora, 574.

Rouvray ? (Côte-d'Or, arr. Semur, cant. Précy-sous-Thil). Robertus de Roveriaco, 540.

Roveira (terra de la), lieu n. i. aux dépend. du ch. de Barry (Drôme), 600.

Roveira. Voir Roveria.

Rovenago (de). Voir *Rouvenac*.

Roveria (in), Ruvira (locus vocitatus ; concessit ipsam Ruviram), lieu n. i. dans la région de Santa Perpetua de Moguda (Espagne), 149, 306, 341.

Roveria, Riuvera, Robera, Roeira, Roera, Roeria, Roveira, Rovera, ça Rovera, Rovira, ipsa Rovira, Rovura, Rroera, Rrovera, Rueira, za Rueira, Ruera, sa Ruera, Rueria, ipsa Rueria, Ruira, ipsa Ruira, za Ruira, Ruvira, ipsa Ruvira, Ruyra (Berengarius de), 115, 126, 127, 132, 133, 144, 228, 245, 246, 254, 257, 265, 267, 270, 276, 277, 300, 301, 303, 307, 341, 358, 402, 408, 409, 417, 427,

428, 429, 430, 432, 433, 435, 437, 438, 459, 461, 462, 463, 464, 467, 474, 503, 504, 507, 521, 531, 533, 563, 573, 577, 578, 579, 580, 581, 592, 594; (Petrus de), 127, 132, 133, 191, 193, 197, 202, 203, 233, 236, 242, 246, 252, 254, 257, 264, 265, 270, 276, 277, 281, 293, 295, 301, 302, 306, 308, 310, 311, 312, 313, 314, 324, 325, 326, 333, 336, 337, 339, 341, 358, 366, 371, 385, 386, 390, 407, 408, 409, 410, 411, 415, 416, 417, 427, 428, 429, 430, 431, 432, 433, 437, 438, 459, 460, 461, 462, 463, 467, 474, 475, 501, 503, 504, 506, 519, 531, 553, 557, 562, 563, 564, 571, 577, 597; (Raimundus de), 306, 341.

Roveriaco (de). Voir *Rouvray*.

Rovira. Voir Roveria.

Roviradec (mansus quem vocant), lieu n. i. dans la par. de Senmenat (Espagne), 132.

Rovirugone (boscus de), lieu n. i. dans la région de Richerenches (Vaucluse), 405.

Rovoria (Geraldus, Poncius de), 426.

Rovorio (terminium de), bois n. i. dans la région de Roaix (Vaucluse), 182.

Rovra (Girardus de), 61.

Rovura. Voir Roveria.

Rozoy-sur-Serre (Aisne, arr. Laon). Feudum de Roseto, Clarembaudus, Godescalcus de Roseto, 555.

Rrialiac. Voir Rialach.

Rroera, Rrovera. Voir Roveria.

Rubeda (Geraldus Ugonis, Pontius de), 588.

Rubedo (territorium), lieu n. i. dans la région de Jalez (Ardèche), 574.

Ruca (locus qui dicitur), lieu n. i. en Italie, B 3.

Rueira. Voir Roveria.

Ruelli (territorium), Ruellus. Voir *Ruetz*.

Ruera, Rueria. Voir Roveria.

Ruetz (Haute-Marne, arr. Wassy, cant. Chevillon, c. Gourzon). Terra que Ruellus dicitur, alodium, territorium Ruelli, 138.

Rufiano (Guillelmus de), 263.

Ruira. Voir Roveria.

Rumels (Wiardus de), 555.

Rumiliaco (de). Voir *Romilly-sur-Seine*.

Runel (Poncius de), 198.

Rupellam (apud). Voir *Rochelle (La)*.

Rupes Montis, lieu n. i. près de Puyloubier (Bouches-du-Rhône), 316.

Rupià (Espagne, pr. Gerona, part. jud. la Bisbal). Gerallus de Raupiano, Rupiano, 54, 126.

Ruseio (de). Voir *Russy*.

Russelione, Russellione (de), Russilione (in), Russilionensis. Voir *Roussillon*.

Russy (Calvados, arr. Bayeux, cant. Trevières). Tustinus de Ruseio, 286.

Rustiques (Aude, arr. Carcassonne, cant. Capendu). Bernardus Arnaldus de Rusticanis, 181.

Rutenensis, Ruteni. Voir *Rodez*.

Ruvira. Voir Roveria.

Ruvora. Voir *Rouvière (La)*.

Ruyra. Voir Roveria.

S

Sabadel, Sabadell, Sabatelli (de collo). Voir *Collsabadell*.

Sablet (Vaucluse, arr. Orange, cant. Beaumes). Guillelmus Raimundus de Sableto, 527.

Sabran (Gard, arr. Uzès, cant. Bagnols-sur-Cèze). Adalaicia, Emenus, Rostagnus, Willelmus de Sabra, Sabrano, 87, 152, 244, 296, 297, 470, 528, 529.

Sachet (terra de), lieu n. i. dans la région de Douzens (Aude), 193.

Saconiaco (de). Voir *Sacquenay*.

Sacquenay (Côte d'Or, arr. Dijon, cant. Selongey). Milo, Thegerius de Saconiaco, Secuneio, Secunco, 61, 330.

Sado (de). Voir *Saze*.

Saffres (Côte-d'Or, arr. Semur, cant. Vitteaux). Apud Safrum, 540.

Saffron Walden (Angleterre, Essex). Monasterium apud Waledenam, ecclesia de Waledena, abbatia de Walden, monasterium Sancti Jacobi de Waldena, 220.

Safrum. Voir *Saffres*.

Sagiensis. Voir *Sées*.

Sagontinus. Voir *Sigüenza*.

Saint-Alban (Vaucluse, arr. Orange, cant. Valréas, c. Richerenches). Ante, apud Sanctum Albanum, 190, 324, 406; condamina de Sancto Albano, 325; ecclesia Sancti Albani, 161; Stephanus de Sancto Albano, 244.

Saint-Alban-sous-Sampzon (Ardèche, arr. Largentière, cant. Joyeuse). Territorium Sancti Albani, 574.

Saint-Amand (Drôme, arr. Montélimar, cant. Saint-Paul-Trois-Châteaux, c. Montségur). Caminum qui vadit ad Sanctum Amancium, 168; ecclesia Sancti Amantii, 168, 190, 598; prior Sancti Amantii, de Sancto Amantio, 190, 199; monachi Sancti Amancii, 123.

Saint-André-de-Festes (Aude, arr. et cant. Limoux, c. Festes-et-Saint-André). In terminio Sancte [*sic*] Andree de Besso, 89.

Saint-Arnac (Pyrénées-orientales, arr. Perpignan, cant. Saint-Paul-de-Fenouillet). Villa Sent Ernach, 139; in Centernago, 147.

Saint-Aubin (Pas-de-Calais, arr. et cant. Arras, c. Anzin-Saint-Aubin). Guido, Hugo de Sancto Albino, 4.

Saint-Bartholomew, prieuré à Smithfield (Angleterre, Middlesex). Prior Sancti Bartholomei, de Sancto Bartholomeo, 373, 374.

Saint-Bauzély (Gard, arr. Nîmes, cant. Saint-Mamert). Bertrandus Sancti Baudilii, 572.

Saint-Bertin, anc. abb. à Saint-

Omer (Pas-de-Calais). Ecclesia Beati Bertini, abbas Sancti Bertini, 16, 231, 275, 285, 375.

Saint-Bonnet (Gard, arr. Nîmes, cant. Aramon). Gaufridus de Sancto Bonito, 36.

Saint-Chéron, abb. (Eure-et-Loir, arr., cant. et c. Chartres). Abbas, canonicus Sancti Carauni, 566.

Saint-Clair (Somme, arr. Amiens, cant. Poix, c. Hescamps-Saint-Clair). Balduinus de Sancto Claro, 587.

Saint-Clément (Pyrénées-orientales, arr. et cant. Prades, c. Corneilla-de-Conflent). Guilelmus de Sancto Clemente, 577.

Saint-Cyprien (Pyrénées-orientales, arr. et cant. Perpignan). Arnaldus Sancti Cipriani, de Sancto Cipriano, 548, 560 *bis*, 563, 577.

Saint-Denis (Seine). Ecclesia, abbas Sancti Dyonisii, 589.

Sainte-Croix (Aisne, arr. Laon, cant. Craonne). Villa que Sancta Crux nominatur, 221.

Sainte-Marie-du-Sauveur Voir *Notre-Dame-de-l'Abbaye*.

Saint-Estève, annexe de la par. de Passa (Pyrénées-orientales, arr. Perpignan, cant. Thuir). Via que ducit... ad Sanctum Stephanum, 548.

Saint-Etienne-au-Temple (Marne, arr. et cant. Châlons-sur-Marne) Apud Sanctum Stephanum super Veclam, super Vele, 46, 75

Sainte-Eugénie (Pyrénées-orientales, arr. Perpignan, cant. Millas, c. le Soler). Guilelmus de Sancta Eugenia, 65.

Sainte-Eulalie-de-Larzac (Aveyron, arr. Saint-Affrique, cant. Cornus). Sancta Eulalia, 684.

Saint-Félin-d'Amont (Pyrénées-orientales, arr Perpignan, cant. Millas). Villa de Sancto Felice Superiori, 299 : parrochia Beate Marie, 140.

Saint Félin-d'Amont, ou *Saint-Félin-d'Avail* (Pyrénées-orientales, arr. Perpignan, cant. Millas). Guillelmus, Petrus Gosbertus de Sancto Felice, 299, 435, 462, 487, 531, 594.

Saint-Féliu-d'Avail (Pyrénées-orientales, arr. Perpignan, cant. Millas). In villa Sancto Felice Subteriore, in parrochia Beati Andree, 140.

Saint Firmin (Meurthe, arr. Nancy, cant. Haroué). Arnulfus de Sancto Firmino, 396.

Saint-Florentin (Yonne, arr. Auxerre). Apud Sanctum Florentinum, decanus Sancti Florentini, 113.

Saint-Frichoux (Aude, arr. Carcassonne, cant. Peyriac-Minervois). Via qua itur ad Sanctum Fructuosum, 181.

Saint-Fuscien (Somme, arr. Amiens, cant Sains). Ecclesia, abbas, monachi Sancti Fusciani, 97.

Saint-Genest-de-Bauzon (Ardèche, arr. Largentière, cant. Joyeuse) Sacerdos de Sancto Genesio, 576.

Saint-Geniès? anc. égl. (Aude, arr., cant. et c. Carcassonne). Terminium Sancti Ge[nesii], 156.

Saint-Georges-de-Lusençon (Aveyron, arr. et cant. Millau). Ecclesia Sancti Georgii, 207 ; portals da San Jordi, 538.

Saint-Georges-de-Tabaussac (Hérault, arr. Lodève, cant. Clermont, c. Aspiran), ou *Saint-Jean-de-Tabaussac* (Hérault, arr. Béziers cant. Servian, c. Alignan-du-Vent). Bertrandus de Tabaciaco, 58.

Saint-Georges-d'Oleron (Charente-inférieure, arr. Marennes, cant. Saint-Pierre-d'Oleron). Res Sancti Georgii de Olerone 342.

Saint-Germain (Aude, arr. Limoux, cant Quillan, c. Fa). Terminium Sancti Germani, 403.

Saint-Gervais? (Drôme, arr. Montélimar, cant. Marsanne). Falco, Radulfus de Sancto Gervasio, 152, 235, 324.

Saint-Gilles (Manche, arr. Saint-Lô, cant. Marigny). Ad Sanctum Egidium, Willelmus de Sancto Egidio, 53.

Saint-Gilles-du-Gard (Gard, arr. Nîmes). Villa Sancti Egidii, 411 ; abbas Sancti Egidii, 187 ; comes Sancti Egidii, 436 ; denarii Egidienses, 365.

Saint-Gobert (Aisne, arr. Vervins, cant. Sains). Arnulfus de Sancto Goberto, 555.

Saint-Guilhem-le-Désert (Hérault, arr. Montpellier, cant. Aniane). Abbas de Sant Guilem, 539.

Saint-Hilaire (Haute-Marne, arr. Wassy, cant. et c Chevillon). Villa Sancti Helerii, 138.

Saint-Hilaire-au-Temple (Marne, arr. Châlons-sur-Marne, cant. Suippes). Chaladia Sancti Hylarii, 49 ; Wiardus de Sancto Hilario, 489.

Saint-Jean, anc. chapelle (Aude, arr. Narbonne, cant. et c. Lézignan). Terra Sancti Johannis, 432, 437, 459, 467.

Saint-Jean-de-Tabaussac. Voir *Saint-Georges-de-Tabaussac*.

Saint-Jean-en-Vallée, abb. à Chartres (Eure-et-Loir). Abbas, prior Sancti Johannis de Valeia, 566.

Saint-Josse (Pas-de-Calais, arr. et cant. Montreuil-sur-Mer). Apud Sanctum Judocum, abbas Sancti Judoci, 392.

Saint-Julien (Pyrénées-orientales, arr. et cant. Perpignan, c. Villeneuve-de-la-Raho). Terminale Sancti Juliani de Villa Nova, 563.

Saint-Just (Marne, arr. Epernay, cant. Anglure, c. Saint-Just-Sauvage). Villicus Sancti Justi, 28.

Saint-Lazare (abbesse, frères de). Voir *Jérusalem*.

Saint-Léons (Aveyron, arr. Millau, cant. Vezins). A Sancto Leoncio, capellanus Sancti Leoncii, 537.

Saint-Lucien (Oise, arr. et cant. Beauvais, c. Notre-Dame-du-Thil). Abbas Sancti Luciani, 225.

Saint-Marcel, faubourg de Laon (Aisne). Census de Sancto Marcello, 221.

Saint-Marcel (Bouches-du-Rhône, arr., cant. et c. Marseille). Raimundus de Sancto Marcello, 316.

Saint-Marcel-de-Sauzet (Drôme, arr. Montélimar, cant. Marsanne). Prior de Sancto Marcello, 593.

Saint-Martin-aux-Jumeaux, abb. à Amiens (Somme). Abbas Sancti Martini de Gimellis, 587.

Saint-Martin-de-Trévils (Gard, arr. Nîmes, cant. Aramon, c. Montfrin). Villa de Treuils, 411.

Saint-Maurice (Drôme, arr. et cant. Nyons). Bertrandus de Sancto Mauricio, 168, 190.

Saint-Maurice-sur-Vingeanne (Côte-d'Or, arr. Dijon, cant. Fontaine-Française). Gausbertus, Hugo de Sancto Mauricio, 330.

Saint-Memmie (Marne, arr. et cant. Châlons-sur-Marne, ou cant. Marsan, c. Courtisols). Inter Sanctum Memium, Menmium..., Philippus de Sancto Memio, Menmio, 46, 75.

Saint-Michel-d'Aiguilhe. Voir *Séguret*.

Saint-Michel-d'Euzet (Gard, arr. Uzès, cant. Bagnols). Capellanus, prior Sancti Michaelis, Poncius Wilelmi de Sancto Michaele, 411.

Saint-Michel-Ferréry, ou *du-Touch* (Haute-Garonne, arr., cant. et c. Toulouse). Ecclesia Sancti Micahelis de Castello, prior Sancti Michaelis de Castel, 73, 98.

Saint-Omer (Pas-de-Calais). Apud Sanctum Audomarum, 17, 275; dapifer de Sancto Audomaro, 275; castellanus Audomarensis. Sanctiaudomarensis, Sancti Audomari, de Sancto Audomaro, 7, 17, 141, 205, 260, 275, 375; Otto de Sancto Audemaro, Audomaro, Sancti Odmerii, 205, 261, 314, 353, 375; Willelmus Audomarensis, 98.

Saint-Pantaléon (Drôme, arr. Montélimar, cant. Grignan). Prior de Sancto Pantalio, 469.

Saint-Paul-Trois-Châteaux (Drôme, arr. Montélimar). Ad Sanctum Paulum, in civitate, villa Tricastina, Tricastrinensi, Sancti Pauli, 119, 120, 174, 593; ecclesia Sancti Johannis, 120; évêque de Saint-Paul-Trois-Châteaux, episcopus Tricastinus, Tricastrinensis, ecclesie Tricastrine, Sancti Pauli Tricastrinensi, Sancti Pauli, de Sancto Paulo, 120, 121, 122, 123, 125, 174, 189, 190, 371, 469, 598; canonicus, caput scole, clericus de Sancto Paulo, 469; Berengarius, Constantinus, G., Geraldus, Guillelmus, Giusdus, Renoardus de Sancto Paulo, 120, 174, 357, 360, 406, 500, 593.

Saint-Pierre-de-Rèdes (Hérault, arr. Béziers, cant. Saint-Gervais, c. le Poujol). Cellaria Sancti Petri de Rodas, 128.

Saint-Pierre-de-Vitrac, anc. égl. (Aude, arr. Carcassonne, cant. Conques, c. Villemoustaussou). Autmarius, Petrus de Vitraco, 432, 437.

Saint-Privat (Ardèche, arr. Privas, cant. Aubenas). Poncius Sancti Privati, 426.

Saint-Quentin-les-Marais (Marne, arr. et cant. Vitry-le-François). Petrus de Sancto Quintino, 28.

Saint-Quentin-sur-Coole (Marne, arr. Châlons-sur-Marne, cant. Ecury-sur-Coole). Furnus Sancti Quintini, 46, 75.

Saint-Restitut (Drôme, arr. Montélimar, cant. Saint-Paul-Trois-Châteaux). Geraldus Dalmacii de Sancto Restituto, 278, 279.

Saint-Romain (Somme, arr. Amiens, cant. Poix). Parrochia Sancti Romani, 146.

Saint-Ruf, anc. abb. à Valence (Drôme). Abbas Sancti Rufi, 293.

Saint-Samson (Oise, arr. Beauvais, cant. Formerie). Simon de Sancto Sansone, 34.

Saint-Seine (Côte-d'Or, arr. Dijon). Apud Sanctum Sequanum, 540.

Saint-Symphorien (Oise, arr., cant. et c. Beauvais). Abbas Sancti Symphoriani, 225.

Saint-Urbain (Haute-Marne, arr. Wassy, cant. Doulaincourt). Petrus de Sancto Urbano, 138.

Saint-Véran (Vaucluse, arr. Orange, cant. et c. Vaison). Villa de Sancto Verano, 238; homines de Sancto Verano, 182; Amalricus, Vilelmus Arnaldi, W. Malois de Sancto Verano, 182, 527.

Saint-Wandrille-Rançon (Seine-Inférieure, arr. Yvetot, cant. Caudebec). Abbas Sancti Wandregisilli, monachi de Sancto Wandregisillo, 550.

Saises. Voir *Scysses*.

Sal. Voir *Saulx*.

Salanque, plaine sur le bord de la mer (Pyrénées-orientales). Via de Salancha, 140.

Salci. Voir *Saulcy*.

Saldeto (de). Voir *Sauzet*.

Salfores (Berengarius Guilaberti de), 105, 107, 108.

Salfors (Bernardus de), 597.

Salliceto (de). Voir *Sauzet*.

Salis (Galdemarius de), 120.

Salisbury (Angleterre, Wiltshire). Episcopus Sarum, Sareburiensis, 219, 377; comes de Saresbiria, 485.

Sallerto, Salleto (de). Voir *Sauzet*.

Salmurensis. Voir *Saumur*.

Salnes (terra de), lieu n. i. en Portugal, 19.

Salrano (Berengarius de), 252.

Salvetorte (Ariège, arr., cant. et c. Pamiers). Nemus

Silva Corte [*corr.* : Torte], 129.

Salvi (Bernardus de), 532, 554.

Salviniaco (de). Voir *Savigny-le-Temple.*

Salzet (Gard, arr. Alais, cant. Génolhac, c. Malons-et-Elze). Mansus de Salzeto, 36.

Salzeti, Salzeto (de). Voir *Salzet, Sauzet.*

Samer (Pas-de-Calais, arr. Boulogne). Abbas Sancti Wimari, 261.

San Andrés de Palomar (Espagne, pr. et part. jud. Barcelona). Parrochia Sancti Andree de Palumbario, 135.

San Baudilio de Llobregal (Espagne, pr. Barcelona, part. jud. San Feliu de Llobregat), ou *San Baudilio de Llusanés* (Espagne, pr. Barcelona, part. jud. Vich). Parrochia Sancti Baudilii, 571.

San Baudilio de Llusanès (Espagne, pr. Barcelona, part. jud. Vich). Parrochia Sancti Baudilii intus in lanera [*sic*], 304.

San Celoni (Espagne, pr. Barcelona, part. jud. Arénys de Mar). Fertuniones de Sancto Celodomo, 69.

Sanciaco (Letericus de), 28.

Sanct. Adriani (Petrus), 553.

Sanct. Albani (territorium), Sanct. Albano (de), Sanct. Albanum (apud). Voir *Saint-Alban, Saint-Alban-sous-Sampzon.*

Sanct. Albino (de). Voir *Saint-Aubin.*

Sanct. Amancii, Amantii (prior, monachi), Sanct. Amancium (ad), Sanct. Amancio (de). Voir *Saint-Amand.*

Sanct. Andre (terra), lieu n. i. près de Blomac (Aude), 360.

Sanct. Andrea (Bernardus de), 105.

Sanct. Andree de Bagis (alodium). Voir *Bages.*

Sanct. Andree de Baniolis, Banuls (parrochia, adjacentia). Voir *Banyuls-des-Aspres.*

Sanct. Andree de Bessa (terminium). Voir *Saint-André-de-Festes.*

Sanct. Andree de Gurbo (parroechia). Voir *Gurb.*

Sanct. Andree de Palumbario (parrochia). Voir *San Andrés de Palomar.*

Sanctaren. Voir *Santarem.*

Sanct. Audemaro, Audomaro (de), Sanct. Audomari, (castellanus), Sanct. Audomarum (apud). Voir *Saint-Omer.*

Sanct. Bartholomei (prior), Sanct. Bartholomeo (de). Voir *Saint-Bartholomew.*

Sanct. Baudilii (B.). Voir *Saint-Bauzély.*

Sanct. Baudilii (parrochia). Voir *San Baudilio de Llobregat*, ou *de Llusanès.*

Sanct. Baudilio intus in lanera (parrochia de). Voir *San Baudilio de Llusanès.*

Sanct. Benedicte Oreniacensis (ecclesia). Voir *Origny-Sainte-Benoite.*

Sanct. Benigni (dominium). Voir *Dijon.*

Sanct. Bercharium (ad). Voir *Montier-en-Der.*

Sanct. Bertini abbas. Voir *Saint-Bertin.*

Sanct. Bonito (de). Voir *Saint-Bonnet.*

Sanct. Carauni (abbas). Voir *Saint-Chéron.*

Sanct. Cecilie de Mucons (parrochia). Voir *Santa Cecilia de Voltregà.*

Sanct. Celodomo (de). Voir *San Celoni.*

Sanct. Cipriani (A.), Sanct. Cipriano (de). Voir *Saint-Cyprien.*

Sanct. Claro (de). Voir *Saint-Clair.*

Sanct. Clemente (de). Voir *Saint-Clément.*

Sanct. Colomba (Jofredus de), 71.

Sanct. Columbam (strata per qua pergitur... ad), lieu n. i. en Catalogne, 519.

Sanct. Cruce (Johannes de), 176.

Sanct. Cruce (Petrus, filius Raimund Arnalt de), 673.

Sanct. Cruce de Tutela (de). Voir *Tudela.*

Sanct. Crucis (ecclesia). Voir *Orléans.*

Sanct. Crucis Sancteque Eulalie (ecclesia). Voir *Barcelona.*

Sanct. Crux. Voir *Sainte-Croix.*

Sanct. Cucufati, Cucufatis, Cucuphatis (alodium, cenobium). Voir *San Cugat del Vallés.*

Sanct. Desiderio (Willelmus de), 209.

Sanct. Dyonisii (ecclesia). Voir *Saint-Denis.*

Sanct. Egidii (Bernardus), 522.

Sanct. Egidii (abbas, comes, villa), Sanct. Egidio (de), Sanct. Egidium (ad). Voir *Saint-Gilles, Saint-Gilles-du-Gard.*

Sanct. Eismundi (Renaudus), 510.

Sanct. Eugenia (de). Voir *Sainte-Eugénie, Santa Eugenia de Berga.*

Sanct. Eugni (Petrus Berengarius), 518.

Sanct. Eulalia. Voir *Sainte-Eulalie-de-Larzac.*

Sanct. Eulalie (canonica, presbiter). Voir *Elne, Santa Eulalia de Ronsana.*

Sanct. Felice (de), Sanct. Felice Subteriore, Superiori (de). Voir *Saint-Féliu-d'Amont, Saint-Féliu-d'Avall.*

Sanct. Felicis abbas, 314.

Sanct. Fidis (Bernardus), 139.

Sanct. Filipo, Filippo [*var.* : Philippo] (Garcia Semenones, Johan Diez de), 534, 544.

Sanct. Firmino (de). Voir *Saint-Firmin.*

Sanct. Florentii Salmurensis (ecclesia). Voir *Saumur.*

Sanct. Florentini (decanus). Voir *Saint-Florentin.*

Sanct. Florentini Bone Vallis (abbas). Voir *Bonneval.*

Sanct. Florentinum (apud). Voir *Saint-Florentin.*

Sanct. Fructuosi (parroechia), Sanct. Fructuosum (ad). Voir *Balenyà, Saint-Frichoux.*

Sanct. Fusciani (ecclesia). Voir *Saint-Fuscien.*

Sanct. Ge. (terminium). Voir *Saint-Geniès.*

Sanct. Genesii (Petrus), 412, 443.

Sanct. Genesio (de). Voir *Saint-Genest-de-Bauzon.*

Sanct. Genovefe (ecclesia, vicus). Voir *Laon.*

Sanct. Georgii (ecclesia). Voir *Saint-Georges-de-Lusençon.*

Sanct. Georgii de Olerone (res). Voir *Saint-Georges-d'Oleron.*

Sanct. Germani (terminium). Voir *Saint-Germain.*

Sanct. Germano (Bertrandus de), 238.

Sanct. Gervasio (de). Voir *Saint-Gervais.*

Sanct. Goberto (de). Voir *Saint-Gobert.*

Sanct. Helerii (villa). Voir *Saint-Hilaire.*

Sanct. Herene (ecclesiasticum). Voir *Santarem.*

Sanct. Hilario (Hugo, Johannes de), 380.

Sanct. Hilario (de). Voir *Saint-Hilaire-au-Temple.*

Sanct. Hoe [*sic*] (Johannes de), 200.

Sanct. Hylarii (abbas, chaladia). Voir *Carcassonne, Saint-Hilaire-au-Temple.*

Sanctiaudomarensis. Voir *Saint-Omer.*

Sanct. Ilarii abbas. Voir *Carcassonne.*

Sanct. Ilarii de ipsa Calme (parrochia). Voir *San Hilario Sacalm.*

Sanct. Jachobi de Frexano (parrochia). Voir *San Jaime*

Sanct. Jacobi ecclesia, égl. d'une loc. n. i. du Languedoc, 73.

Sanct. Jacobi (opera, terra). Voir *Santiago.*

Sanct. Jacobi de Ponte Regine (ecclesia). Voir *Puente la Reina.*

Sanct. Jacobi de Waldena (monasterium). Voir *Saffron Walden.*

Sanct. Jhoanne (Raimundus de), 316.

Sanct. Johanne (Petrus de), 182, 189, 190, 267, 504.

Sanct. Johanne (Raimundus de), 460, 506.

Sanct. Johannes Fluminis Rivi Frigidi, lieu r., i. en Portugal, 356.

Sanct. Johannis (adjacencia, ecclesia, terra). Voir *Novillas, Perpignan, Saint-Jean, Saint-Paul-Trois-Châteaux.*

Sanct. Johannis Baptistae Venneicae civitatis (ecclesia). Voir *Avignon.*

Sanct. Johannis Castello (Enneco Acenariç de), 336.

Sanct. Johannis de Monte Sono, Montson, Munzone. Voir *Monzón.*

Sanct. Johannis de Valeia (abbas). Voir *Saint-Jean-en-Vallée.*

Sanct. Johannis Vallis Seguerii (honor). Voir *Montolieu.*

Sancti Judoci (abbas), Sanct. Judocum (apud). Voir *Saint-Josse.*

Sanct. Juliani (adjacencia). Voir *Villemolaque*

Sanct. Juliani de Altura, ipsa Abtura (parroechia). Voir *San Julian de Altura.*

Sanct. Juliani de Pomar (terminium). Voir *Pomas.*

Sanct. Juliani de Villa Mulacha (parrochia). Voir *Villemolaque.*

Sanct. Juliani de Villa Nova (terminale). Voir *Saint-Julien.*

Sanct. Juliani de Villa Torta (parrochia). Voir *Vilatorta.*

Sanct. Justi (villicus). Voir *Saint-Just*

Sanct. Laurencii (terra), lieu n. i. en Portugal, 309.

Sanct. Laurencio (Petrus de), 470.

Sanct. Laurentio (Petrus de), 80.

Sanct. Laurentio (Raimundus de), 215.

Sanct. Lazari (infirmi). Voir *Jérusalem.*

Sanct. Leiro (Petrus de), 509.

Sanct. Leoncii (capellanus), Sanct. Leoncio (a). Voir *Saint-Léons.*

Sanct. Licerii (Oliver), Sanct. Licerio (O. de), 107, 108.

Sanct. Luciani (abbas). Voir *Saint-Lucien.*

Sanct. Marcello (de). Voir *Saint-Marcel, Saint-Marcel-de-Sauzet.*

Sanct. Marchi (ecclesia). Voir *Orléans.*

Sanct. Maria (Petrus de), 467.

Sanct. Maria. Voir *Porto, Zaragoza.*

Sanct. Maria de Aqualada. Voir *Igualada.*

Sanct. Maria de Cividade. Voir *Porto.*

Sanct. Maria de Frangoliano. Voir *Frangouille.*

Sanct. Maria de Uxua. Voir *Ujué.*

Sanct. Marie (terra que vocatur), lieu n. i. dans la région de la Neuville-au-Temple (Marne), 49.

Sanct. Marie (ad portam), porte d'une loc. n. i. d'Espagne, 382.

Sanct. Marie (archidiaconus, capellanus, civitas, ecclesia, prior, terra, in barrio). Voir *Laramet, Monastir-del-Camp, Notre-Dame-de-l'Abbaye, Porto, Rodez, Zaragoza.*

Sanct. Marie Calidis (parroechia). Voir *Caldas de Mombuy.*

Sanct. Marie Castridum (abbas). Voir *Châteaudun.*

Sanct. Marie Civitatis (territorium). Voir *Porto.*

Sanct. Marie de Agnils (terminus). Voir *Nyls.*

Sanct. Marie Dealbate (ecclesia). Voir *Toulouse.*

Sanct. Marie de Antiqua (parroechia). Voir *Santa Maria Antiga,* ou *Santiga.*

Sanct. Marie Deaurate (ecclesia). Voir *Toulouse.*

Sanct. Marie de Barberano (parroechia). Voir *Barbard.*

Sanct. Marie de Bethleem (domus). Voir *Bethléem.*

Sanct. Marie de Bruyano (parrochia). Voir *Brouilla*

Sanct. Marie de Campo (honor). Voir *Monastir-del-Camp*.
Sanct. Marie de Curtes (ecclesia). Voir *Cours (Les)*.
Sanct. Marie de Forlgeroles (parrochia). Voir *Folgarolas*.
Sanct. Marie de Glocester (ecclesia). Voir *Gloucester*.
Sanct. Marie de Marcellano (terminium). Voir *Marceille*.
Sanct. Marie de Mesleu (parrochia). Voir *Manlleu*.
Sanct. Marie de Palacio Salatane (parrohechia). Voir *Palausolitar*.
Sanct. Marie de Podio (curia). Voir *Puy (Le)*.
Sanct. Marie de Rамed, de Rameto (ecclesia). Voir *Laramet*.
Sanct. Marie de Richarenchas (ecclesia). Voir *Richerenches*.
Sanct. Marie de Soriua [*corr.* : Sornia] (parrochia). Voir *Soarnia*.
Sanct. Marie de Vilasalva (relinquo), loc. n. i. en Espagne, 82.
Sanct. Marie Edre (terra). Voir *Notre-Dame-de-Lierre*.
Sanct. Marie Electi, Helecti (in monasterio). Voir *Alet*.
Sanct. Marie Latine (abbas). Voir *Jérusalem*.
Sanct. Marie Lincolniensis (canonici). Voir *Lincoln*.
Sanct. Marie Noviomensis canonici. Voir *Noyon*.
Sanct. Marie Palaionis (ecclesia). Voir *Paleyson*.
Sanct. Marie Riupollensis cenobii (dimisit). Voir *Ripoll*.
Sanct. Marie Sancti Salvatoris (prior). Voir *Carcassonne*.
Sanct. Marie sedis Jherunde (ecclesia). Voir *Gerona*.
Sanct. Marie Stagni (alodium), lieu n. i. près de Balenyá (Espagne), 518.
Sanct. Marie Virginis que sita est in Çalese (ecclesia). Voir Çaleso.
Sanct. Martini (opidum), lieu n. i. dans la région de Richerenches (Vaucluse), 209.
Sanct. Martini (in ipso vineario, in vinea), lieu n. i. dans la région du Mas-Deu (Pyrénées-orientales), 140.
Sanct. Martini (Guillelmus), 137, 300.
Sanct. Martini (prior, R.). Voir Sanct. Martino (de), *San Martin*.
Sanct. Martini de Bubars (terminium). Voir *Bubas*.
Sanct. Martini de Gimellis (abbas). Voir *Saint-Martin-aux-Jumeaux*.
Sanct. Martini de ipsa Strata, de ipsa Stradam (ecclesia), égl. n. i. près de Collsabadoll (Espagne), 105, 107, 108, 144.
Sanct. Martini de Spelunka, lieu n. i. en Portugal, 291.
Sanct. Martini de Vila Condal (ecclesia), lieu n. i. en Catalogne, 137.
Sanct. Martini Latronis (Johannes Aris de terra), 151.
Sanct. Martini Londoniensis (ecclesia). Voir *London*.
Sanct. Martini Yprensis (abbas). Voir *Ypres*.
Sanct. Martino (Poncius, Raimundus Gillelmus de), 165.
Sanct. Martino (Raimundus de), Sanct. Martini (Raymundus), 152, 155, 156, 160, 163, 246, 370, 435.
Sanct. Mathei (alodium), lieu n. i. au comté de Barcelone, 108.
Sanct. Mauricio (de). Voir *Saint-Maurice*, *Saint-Maurice-sur-Vigeanne*.
Sanct. Memio, Menmio (de), Sanct. Memium, Menmium (inter). Voir *Saint-Memmie*.
Sanct. Micahelis de Castello (ecclesia). Voir *Saint-Michel-Ferréry*, ou *du-Touch*.
Sanct. Michael de Paredes. Voir *Paredes*.
Sanct. Michaele (Petrus de), 323.
Sanct. Michaele (Rodulfus de), 330.
Sanct. Michaele (de). Voir *Saint-Michel-d'Euzet*.
Sanct. Michaeli (Odo), 488.
Sanct. Michaelis (terra), lieu n. i. dans la région de Douzens (Aude), 193.
Sanct. Michaelis (collacio, prior, suburbium). Voir *Carcassonne*, *Montemór o Velho*, *Saint-Michel-d'Euzet*.
Sanct. Michaelis de Castel (prior). Voir *Saint-Michel-Ferréry*, ou *du-Touch*.
Sanct. Michaelis juxta murum (ecclesia). Voir *Borja*.
Sanct. Michelis (altar). Voir Otine.
Sanct. Minati (parrochia), Sanct. Minato (de). Voir *Senmanat*.
Sanct. Nazarii (ecclesia). Voir *Carcassonne*.
Sanct. Nicholai de Novo Castello (in burgo), lieu n. i. dans la région de Laon (Aisne), 555.
Sanct. Nicolao [*var.* : Nicholao] (in illo barrio), lieu n. i. près de Novillas (Espagne), 544.
Sanct. Odmerii (O.). Voir *Saint-Omer*.
Sanct. Pantelio (de). Voir *Saint-Pantaléon*.
Sanct. Pauli Tricastrinensi (episcopus), Sanct. Paulo (de), Sanct. Paulum (ad). Voir *Saint-Paul-Trois-Châteaux*.
Sanct. Pelagium de Vega (do), lieu n. i. en Portugal, 19.
Sanct. Perpetue, Sanct. Perpetue de Mogoda (parrochia). Voir *Santa Perpetua de Mogoda*.
Sanct. Petri (canonicus), 62.
Sanct. Petri (Sancius), 495.
Sanct. Petri (canonicus, ecclesia). Voir *Pézenas*, *Vich*.
Sanct. Petri (in valle). Voir Vall. Sancti Petri (in).
Sanct. Petri Clincii (homines), loc. n. i. en Lorraine, 396.
Sanct. Petri de Casello (ecclesia). Voir *Cassel*.
Sanct. Petri de Cervaria (alodium), lieu n. i. au comté de Barcelone, 132.
Sanct. Petri de Monte Catha-

launensi (abbas, monasterium). Voir *Châlons-sur-Marne*.
Sanct. Petri de Paciano, Paciono (terminus). Voir *Passa*.
Sanct. Petri de Rixacho (parroechia). Voir *Reixach*.
Sanct. Petri de Rodas (cellaria, in alodio). Voir *Saint-Pierre-de-Rèdes, San Pedro*.
Sanct. Petri de Vico (confradria sedis). Voir *Vich*.
Sanct. Petri Otine (ad). Voir Otine.
Sanct. Petri Redonensis (ecclesia). Voir *Rennes*.
Sanct. Petri Vici (alodium). Voir *Vich*.
Sanct. Petri Villa Majori (parrochia). Voir *San Pedro de Vilamajor*.
Sanct. Petri Vivi (abbas). Voir *Sens*.
Sanct. Petro Farocis de Sindianes (hereditas de), lieu n. i. en Portugal, 365.
Sanct. Philipo, lieu n. i. dans la région du ch. de Soure (Portugal), 11.
Sanct. Philippo (de). Voir Sanct. Filipo (de).
Sanct. Privati (P.). Voir *Saint-Privat*.
Sanct. Quinidi abbas. Voir *Vaison*.
Sanct. Quintini (furnus). Voir *Saint-Quentin-sur-Coole*.
Sanct. Quintino (Ricardus de), 243.
Sanct. Quintino (de). Voir *Saint-Quentin-les-Marais*.
Sanct. R[aimund]i (canonicus), 212.
Sanct. Remigii (ecclesia). Voir *Toulouse*.
Sanct. Remigio (Robertus de), 286.
Sanct. Restituto (de). Voir *Saint-Restitut*.
Sanct. Romani (parrochia). Voir *Saint-Romain*.
Sanct. Romano (Jorento de), 183.
Sanct. Romano (W. de), 238.
Sanct. Rufi (abbas). Voir *Saint-Ruf*.
Sanct. Salvadoris (ad), lieu n. i. en Aragon, 605.
Sanct. Salvatoris (Gabin), 292.
Sanct. Salvatoris (canonici, prior, sacrista, altarium). Voir *Zaragoza*.
Sanct. Sansone (de). Voir *Saint-Samson*.
Sanct. Saturnini (alodium), lieu n. i. au comté de Barcelone, 108.
Sanct. Saturnini de Collo de Sabadell (parrochia). Voir *Collsabadell*.
Sanct. Saturnini de Planees (parrochia). Voir *San Saturnino de Osormort*.
Sanct. Saturnini de Tresserra (parrochia). Voir *Tresserre*.
Sanct. Saturnino (Gaufredus [de]), 238.
Sanct. Sequanum (apud). Voir *Saint-Seine*.
Sanct. Sidonio (Helias de), normand, 7.
Sanct. Stephani (honor), lieu n. i. près des Cours (Aude), 191.
Sanct. Stephani (terra), lieu n. i. près de Blomac (Aude), 366.
Sanct. Stephani (canonici, clerici, ecclesia). Voir *Carcassonne, Châlons-sur-Marne, Toulouse*.
Sanct. Stephani de Breda (parrohechia). Voir *Parets*.
Sanct. Stephani de Castelaro, Castellar (parrochia). Voir *Castellar*.
Sanct. Stephani de Dercho (parrochia), Sanct. Stephano de Derc (parrochia de), lieu n. i. près de Saint-Arnac (Pyrénées-Orientales), 139, 147.
Sanct. Stephani de Gaure. Voir *Gaure*.
Sanct. Stephani de Parietibus (parrochia). Voir *Parets*.
Sanct. Stephani de Ripolleto (parroechia). Voir *Ripollet*.
Sanct. Stephani de Villa Setrudis (parochia). Voir *Vilaceiru*.
Sanct. Stephani Divionensis abbas. Voir *Dijon*.
Sanct. Stephani Granolers (parroechia). Voir *San Esteban de Granollérs*.
Sanct. Stephano (facta carta Sancto Stephano), lieu n. i. en Espagne, 410.
Sanct. Stephano de Cadomo (de). Voir *Caen*.
Sanct. Stephano de Derc (de). Voir Sanct. Stephani de Dercho.
Sanct. Stephanum (ad). Voir *Saint-Estève*.
Sanct. Stephanum super Veelam, Vele (apud). Voir *Saint-Etienne-au-Temple*.
Sanct. Symphoriani (abbas). Voir *Saint-Symphorien*.
Sanct. Urbano (de). Voir *Saint-Urbain*.
Sanct. Verano (de). Voir *Saint-Véran*.
Sanct. Victoris Massiliensis (monachi). Voir *Marseille*.
Sanct. Vincencii (terminium). Voir *Carcassonne*.
Sanct. Vincencio (Berengarius de), Sanct. Vincentii (Berengarius), 507, 516, 519, 597.
Sanct. Vincentii (Galindo Garceç de), 336.
Sanct. Vincentii de Joncheres, Juncheres (parroechia). Voir *San Vicente de Junqueras*.
Sanct. Virginis Marie et Sanct. Marsilii [*corr.* : Maurilii] ecclesia. Voir *Angers*.
Sanct. Walerico (Reginaldus de), 272, 379.
Sanct. Wandregisilii (abbas), Sanct. Wandregisillo (de). Voir *Saint-Wandrille-Rançon*.
Sanct. Wimari (abbas). Voir *Samer*.
Sanct. Xpistina (Gilelm de), 382, 441, 466, 546.
Sanct. Xpistine (prior). Voir *Santa Cristina*.
Sanct. Xpistofore (Gilelmus de), 365.
Sanct. Xpistoforo (Guielmus Petri de), 90, 108.
Sanct. Ylario (Arnallus de), 135.
Sanct. Ypoliti (parrochia). Voir *San Hipólito de Voltregá*.

San Cugat del Vallés (Espagne, pr. Barcelona, part. jud. Sabadell). Cenobium Sancti Cucuphatis, 133 ; alodium Sancti Cucufati, Cucufatis, Cucuphatis, 135, 149, 202.

San Dorenz [*var.* : Dorenç] (Petro de), 544.

San Esteban de Granollérs (Espagne, pr. Barcelona, part. jud. Vich, ayunt. Gurb). Parroechia Sancti Stephani Granolers, 516.

San Feliu de Llobregat (Espagne, pr. Barcelona). Raimundus Bermundi de Lupicato [*corr.* : Lupricato], Lupricato, 284, 294.

Sangorsa (villa de), loc. n. i. en Portugal, 19.

Sangossa. Voir *Sangüesa*.

Sangüesa (Espagne, pr. Navarra, part. jud. Aoiz). Gilelm Acenarez in Sangossa, 100, 227, 386, 494, 546.

San Hilario Sacalm (Espagne, pr. Gerona, part. jud. Santa Coloma de Farnés). Parrochia Sancti Ilarii de ipsa Calme, 115.

San Hipólito de Voltregá (Espagne, pr. Barcelona, part. jud. Vich). Parrochia Sancti Ypoliti, 79.

San Jaime (Espagne, pr. Barcelona, part. jud. Igualada, ayunt. Piera). Parrochia Sancti Jachobi de Frexano, 150.

San Jordi. Voir *Saint-Georges-de-Lusençon*.

San Julian de Altura (Espagne, pr. Barcelona, part. jud. Tarrasa). Parroechia Sancti Juliani de ipsa Abtura, de Altura, 160.

San Martin (Espagne, pr. Huesca, part. jud. Benabarre, ayunt. Roda). Prior Sancti Martini, 557.

San Martin de Riudeperas (Espagne, pr. Barcelona, part. jud. Vich). Locus qui vocatur Riu de Peres, 564.

San Pedro ? (Espagne, pr. Gerona, part. jud. Figueras, ayunt. Rosas). In alodio Sancti Petri de Rodas, 132.

San Pedro de Vilamajor (Espagne, pr. Barcelona, part. jud. Granollérs). Parrochia Sancti Petri Villa Majori, 42.

San Saturnino de Osormort (Espagne, pr. Barcelona, part. jud. Vich). Parrochia Sancti Saturnini de Planees, 54.

Santa Cecilia de Voltregá (Espagne, pr. Barcelona, part jud. Vich). Parrochia Sancte Cecilie de Mucons, 112.

Santa Cristina, anc. monastère (Espagne, pr. Huesca). Prior Sancte Xpistine, 495.

Santa Eugenia de Berga ? (Espagne, pr. Barcelona, part. jud. Vich). Petrus, Petrus Berengarii de Sancta Eugenia, 72, 107, 108.

Santa Eulalia de Ronsana (Espagne, pr. Barcelona, part. jud. Granollérs). Cannonica Sancte Eulalie, 90.

Santa Maria Antiga, ou *Santiga* (Espagne, pr. Barcelona, part. jud. Sababell, ayunt. Santa Perpetua de Moguda). Parroechia Sancte Marie de Antiqua, 290, 294.

Santa Perpetua de Moguda (Espagne, pr. Barcelona, part. jud. Sabadell). Parrochia Sancte Perpetue de Mogoda, 102, 133, 149, 290, 294 ; concessit ad opera Sancte Perpetue, 306.

Santarem (Portugal). Castellum quod dicitur Sanctaren, omne ecclesiasticum Sancte Herene, 439.

Sant Guilem (abbas, Pont de). Voir *Pont-de-Saint-Guilhem*, *Saint-Guilhem-le-Désert*.

Santiago (Espagne, pr. la Coruña). Ecclesia Beati Jacobi, 161 ; dimisit ad opera Sancti Jacobi, 348 ; Helvitu Sanizh de terra Sancti Jacobi, 151.

San Joan (ecclesia de). Voir *Pont-de-Saint-Guilhem*.

San Vicente de Junqueras (Espagne, pr. Barcelona, part. jud Tarrasa). Villa de Juncheres, parroechia Sancti Vincentii de Juncheres, Joncheres, 284, 564 ; Poncius de Joncheres, 564.

Saon (Calvados, arr. Bayeux, cant. Trévières). Saon, molendinum de Saon, 511 ; ecclesia de Saon, Seon, 511, 541.

Saonis (de). Voir *Saou*.

Saou (Drôme, arr. Die, cant. Crest). Abbas de Saonis, 148.

Saphis (Steven de), 367.

Saracuza, Saragoça, Saragoce, Saragocia, Saragosse, Saragoza, Saraguza. Voir *Zaragoza*.

Sarcburiensis. Voir *Salisbury*.

Saregoce. Voir *Zaragoza*.

Saresbiria. Voir *Salisbury*.

Sargantanes (locus quem vocant, mansus de), lieu n. i. aux dépend. de San Hipólito de Voltregá (Espagne), 112, 197.

Sarrasin. Maurus, morus, sarracenus, 6, 33, 40, 47, 62, 70, 84, 91, 314, 367, 415, 553, 559, B 22.

Sarry (Marne, arr. Châlons-sur-Marne, cant. Marson). Prepositus de Sarrelo, 49.

Sarum. Voir *Salisbury*.

Sau (Berengarius de), 112.

Sauci. Voir *Saulcy*.

Saudetis, Saudeto (de). Voir *Sauzet*.

Saulcy, loc. détr. (Aisne, arr. Saint-Quentin, cant. Saint-Simon, c. Dallon). Gualcherius de Salci, Sauci, 555.

Saulx (Côte-d'Or, arr. Semur, cant. Précy-sous-Thil, c. Marcigny-sous-Thil). Comes de Sal, Sauz, 27, 61.

Saumur (Maine-et-Loire). Ecclesia Sancti Florentii Salmurensis, 153.

Sauri, Saurium. Voir *Soure*.

Sausa (Gunsalvus de), 24.

Sauz. Voir *Saulx*.

Sauzet ? (Drôme, arr. Montélimar, cant. Marsanne). Imbertus Salzeti, Saudetis, Sauzeti, Sazeti, de Saliceto, Saldeto, Salletó, Salleto, Salzeto, Saudeto, Sauze, Sauzeto, 126, 131,

152, 161, 168, 235, 238, 244, 253, 278, 279, 296, 528, 529, 556, 565, 590, 596 ; Willelmus de Salliceto, 596.

Savasse (Drôme, arr. Montélimar, cant. Marsanne). Castellum quod Savazza dicitur. Raterius de Savaiza, 693.

Savières (Aube, arr. Arcis-sur-Aube, cant. Méry-sur-Seine). Inter... Saverias, 28.

Savigny-le-Temple (Seine-et-Marne, arr. et cant. Melun). De Salviniaco, villa que appellatur Savinlacum supra Meledunum, 561.

Savoie. Mathilde de Savoie, 439.

Saze (Gard, arr. Uzès, cant. Villeneuve-lès-Avignon). Petrus de Sado 365.

Sazeti (I.). Voir *Sauzet*.

Scale Dei (abbas). Voir *Escaledieu (L')*.

Scales. Voir *Escalles*.

Scarle (Angleterre, Lincolnshire). Prebenda de Scarle, 418.

Scholever (pastura de), Scholoner, lieu n. i dans l'Oxfordshire (Angleterre), 234, 272.

Scholoner Voir Scholever.

Sclipes, Sclipis (de), Sclippes. Voir *Slype*.

Sconeto (manerium de), lieu n. i. en Normandie, 201.

Scudia (Guillelmus de), 556.

Seccureto (de). Voir *Séguret*.

Secillie rex. Voir *Sicile*.

Secobiensis. Voir *Segovia*.

Secuncio, Secuneo (de). Voir *Sacquenay*.

Séderon (Drôme, arr. Nyons). Arnulfus, Giraldus de Cedro, 166, 452.

Sées (Orne, arr. Alençon). Sagiensis episcopus, 124.

Segni (Italie, pr. Roma, distr. Velletri). Datum Signie, B 24.

Segorbe (Espagne, pr. Castellón de la Plana). Xeborc, 6.

Segovia (Espagne). Secobiensis episcopus, 410.

Ségur (Aveyron, arr. Millau, cant. Vezins). Mansiones de Segur, 281.

Segur (Gaiter de), 229.

Séguret (Vaucluse, arr. Orange, cant. Vaison). Castellum Segureti, 635 ; Bucherius, Johannes Bubulcus de Seccureto, Seguret, Segureto, Segurit, 238, 527.

Séguret, ou *Saint-Michel-d'Aiguilhe* (Haute-Loire, arr. et cant. le Puy, c. Aiguilhe). Abbas de Seguret, 51.

Seilla (Radulphus de), 376.

Seillans (Var, arr. Draguignan, cant Fayence), ou *Sillans* (Var, arr. Brignoles, cant. Tavernes). Bertrannus de Celans, 2.

Seint Remi de Senz. Voir *Sens*.

Selincourt (Somme, arr. Amiens, cant. Hornoy). Abbas de Selincort, 587.

Selvela (locus nominatus, torrens de ipsa), lieu n. i. dans la par de Castellar (Espagne), 300.

Semilly (Manche, arr. Saint-Lô, cant. Saint-Clair). Apud Similliacum, Vuillermus de Similliaco, 286.

Senadors (B. de), 20.

Senata, lieu n. i. dans la par. de Collsabadell (Espagne), 90.

Senecourt (Oise, arr. Clermont, cant. Liancourt, c. Bailleval). Apud Senecourt, 34.

Senengia (Radulfus de), 431.

Senfre (vinea de), 140.

Senmanat (Espagne, pr. Barcelona, part. jud. Sabadell). Parrochia Sancti Minati, 132 ; Petrus de Sancto Minato, 132, 597.

Senonis (juxta). Voir Juxta Senonis.

Sens (Yonne). Archiepiscopus Senn[onensis], Senonensis, 113, 448 ; abé et moines de Seint Remi de Senz, abbas fratresque Beati Remigii in suburbio Senonensi, 113 ; abbas Sancti Petri Vivi, 25.

Senteles (Bernard de), 72.

Sent Ernach. Voir *Saint-Arnac*.

Seo de Urgel (Espagne, pr. Lérida). Comitatus Urgelli, 508 ; comes Urgellensis, Urgelli, 47, 71, 410, 475, 508 ; Urgellensis episcopus, 175, 557 ; Urgellensis capellanus, 475.

Seon. Voir *Saon*.

Sepiano (de). Voir *Cépie*

Sepulchri Dominici canonici, prior, Sepulchrum, Sepulcrum Domini. Voir *Jérusalem*.

Seroguce. Voir *Zaragoza*.

Serapastor (Raimundus, Petrus et Willelmus de), 119.

Serches (Aisne, arr. Soissons, cant. Braisne). Parrochia Cerchie, courtil de Cerches, 59.

Sérignan (Vaucluse, arr. et cant. Orange). Bertrandus de Serinano, 198 ; Petrus de Serinno, 593.

Sernebroc Sernebrok. Voir *Sharnbrook*.

Serra (bordaria de), lieu n. i. dans la région d'Aubazine (Corrèze), 599.

Serra (Berengarius Arnallus de), 283.

Serra (Enneco Sanç de la), 473.

Serra Mejana, lieu n. i en Rouergue, 585.

Serra Partida (juxta), lieu n. i. dans la par. de Brouilla (Pyrénées-orientales), 48.

Seux (Somme, arr. Amiens, cant. Molliens-Vidame). Gilo de Seuz, 587.

Sevei. Voir *Sevy*.

Sévérac (Aveyron, arr. Millau) Ugo de Sseveirac, 281.

Sevy (Yonne, arr. Joigny, cant. Brienon, c. Venizy). Usque ad Sevei, 317.

Seysses (Haute-Garonne, arr. et cant. Muret), ou *Seysses-Savès* (Gers, arr Lombez, cant. Samatan). Raimundus de Saisses, 73, 93.

Sézanne (Marne, arr. Epernay). Inter Sezenam et ..., 9 ; census Sezanne, 28 ; prepositus, preses Sezanne, Sezannie, 28, 29 ; Berardus Sezanniensis, Engermerus Rufus, Nicholaus Sezannie, Petrus Boez de Sezannia, 28.

Sharnbrook (Angleterre, Bedfordshire). Sernebroc, Sernebrok, 255.

Shepley (Angleterre, Yorkshire). Terra de Heschapeleia, Heschapelia, villa de Shepley, 217, 218.

Sicile. Rex Secillie, 390.

Sièges (*Les*) (Yonne, arr. Sens, cant. Villeneuve-l'Archevêque). Ecclesia que est apud Eschechias, 113.

Sigillo (Baldricus de), 248.

Signie (datum). Voir *Segni*.

Sigüenza (Espagne, pr. Guadalajara). Sagontinus episcopus, 410.

Sillans. Voir *Seillans*.

Silve Corte [*corr.* : Torte]. Voir *Salvetorte*.

Simiana (Guinardus de), 413.

Similliaco (de), Simillacum (apud). Voir *Semilly*.

Sindianes (hereditas de Sancto Petro Farocis de). Voir Sanct. Petro Farocis de Sindianes (hereditas de).

Sinlon (campus de), lieu n. i. dans la région de Villar-Tinhol (Aude), 181.

Sipiano (de). Voir *Cépie*.

Sirach (Pyrénées-orientales, arr. et cant. Prades, c. Ria). Petrus de Cirach, 407.

Sireburna (Alfredus de), 216.

Slype (Belgique, pr. Flandre occidentale, arr. adm. Ostende, cant. Ghistelles). Apud Sclipes, territorium de Sclipes, in Sclipis, altare de Sclipis, altaria, capelle, oblationes et decime de Sclippes, 141, 205, 231, 275, 569 ; Galterus, Herbertus, Ingramnus de Sclipes, 275.

Snulleto (Guillelmus de), normand, 7.

Sobradiel (Espagne, pr. et part. jud. Zaragoza). Sopradel, Supratel, 338, 505.

Sobrarbe, anc. royaume (Espagne). Dominans, regnans, rex in Suparbi, Super Arbe, Super Arbi, Supraarbe, Suprarbe, Suprarbi, 26, 69, 91, 338, 415, 416, 421, 505, 543.

Socca (Bertrannus de), 20.

Sochovia (Johann de), 441.

Sola (in vaerlo de), lieu n. i. en Portugal, 19.

Soiset, lieu n. i. en Espagne, 39.

Soissons (Aisne). In capitulo Beate Marie et Sanctorum Martyrum Gervasii et Prothasii, 59 ; Suessionensis, Suessorum episcopus, minister indignus, 45, 59, 204, 568, B 1, B 4, B 18 ; Suessionensis comes, 419, 568 ; dispositor domus Suessionensis, 419.

Soisy (Seine-et-Marne, arr. Provins, cant. Bray-sur-Seine). Hugo de Sosiaco, 222.

Solaned (locus vocitatus), lieu n. i. dans la par. de San Esteban de Castellar (Espagne), 132.

Solario (de). Voir *Soler* (*Le*).

Solatge. Voir *Soulatge*.

Soler (*Le*) (Pyrénées-orientales, arr. Perpignan, cant Millas). Deusdedi de Solario, 48, 171.

Soler, Ssoler (Arnallus de, Gilelmus des), 79.

Soler (Ramun del), 523.

Solérieux (Drôme, arr. Montélimar, cant. Saint-Paul-Trois-Châteaux). Castrum quod vocatur Soloru, 515 ; Bertrandus de Solorino, Solorivo, 161, 190, 360, 556, 590, 598.

Solorino, Solorivo (de), Soloru. Voir *Solérieux*.

Sombernon (Côte-d'Or, arr. Dijon). Apud Sombernum, 540 ; Warnerius de Sombornon, 27 ; Guido de Sumbernum, 540.

Sommereux (Oise, arr. Beauvais, cant. Grandvilliers). Territorium de Soumereus, 587.

Sono (Ermengaudus de), 139.

Sonorio, lieu n. i. en Portugal, 19.

Sopelo (de). Voir *Soupir*.

Sopiratis (de). Voir *Subirats*.

Sopradel. Voir *Sobradiel*.

Sorde (Landes, arr. Dax, cant. Peyrehorade). Nemus, abbas de Sorden, 699.

Sorciani (A.). Voir *Sournia*.

Soreseno (Raimundus de), 276, 277.

Sorgniano (de). Voir *Sournia*.

Soria (Espagne). Soria, inter Soriam et..., tenens Soriam, 410 ; Fertun Lopeç in Soria, 69.

Soriech (Hérault, arr. et cant. Montpellier, c. Lattes). Petrus de Sureglo, 62.

Sorius, Sornan, Sorniano (de). Voir *Sournia*.

Sos (Espagne, pr. Zaragoza). Quando... chomes Barchinonensis... conquesivit... Sos, 331 ; Semen Fortuniones in Sos, 227 ; Arcez, Sanço Alis de Sos, 367, 543.

Sosiaco (de). Voir *Soisy*.

Soulatge (Aude, arr. Carcassonne, cant. Mouthoumet). Arnaldus, Raimundus de Solatge, 258, 263, 282.

Soumereus. Voir *Sommereux*.

Soupir (Aisne, arr. Soissons, cant. Vailly). Balduinus de Sopelo, 221, 555.

Soure (Portugal, distr. Coimbra). Castellum quod vocatur Saurium, 10, 11, 24 ; territorium Sauri, 350, 351.

Sournia (Pyrénées-orientales, arr. Prades). Villa de Sorniano, 295 ; parrochia Sancte Marie de Sorius [*corr.* : Sornia], 240 ; Arnaldus, Berengarius, Guilelmus Sorciani, Sorniani, de Sorgniano, Sornan, Sorniano, Surniano, 233, 264, 295, 402, 435, 503, 504, 521, 533, 573.

Sparnai. Voir *Epernay*.

Sparron. Voir *Esparron*.

Sparsholt (Angleterre, Berkshire). Speresholt., Sperisholt., 372, 373, 374, 376, 377.

Spelunka (Sancti Martini de). Voir Sanct. Martini de Spelunka.

Speresholt., Sperisholt. Voir *Sparsholt*.

Sperleke. Voir *Eperlecques*.

Spinaceria. Voir *Lespinassière*.

Spinolensis. Voir *Epinal*.

Sruinne (Pontius de), 330.

Ssaygono (aguas vertentes a), lieu n. f. en Portugal, 11.
Sseveirac. Voir *Sévérac*.
Ssoler. Voir Soler.
Stagni (alodium Sancte Marie). Voir Sanct. Marie Stagni (alodium).
Stagno (de), Stagnum (ad). Voir *Estang (L')*.
Staiun. Maisnil Voir *Etalménil*.
Stampas (apud), Stampensis. Voir *Etampes*.
Stannol (Bertrandus de), 515.
Stanton Harcourt? (Angleterre, Oxfordshire). Ecclesia, manerium de Stanton, 219.
Stathes (Ysaac de), 141.
Steene (Belgique, pr. Flandre occidentale, arr. adm. et cant. Ostende). Stenes, 231.
Stella. Voir *Etoile*, *Estella*.
Stenes. Voir *Steene*.
Stopsia, Stopangan (Arnalus de), 492, 557, 564.
Stotivilla. Voir *Etoutteville*.
Stradain (ecclesia Sancti Martini de ipsa). Voir Sanct. Martini de ipsa Strata (ecclesia).
Strahcles. Voir *Etrelles*.
Strata (ecclesia Sancti Martini de ipsa). Voir Sanct Martini de ipsa Strata (ecclesia).
Stremalura. Voir *Estrémadure*.
Subirats (Espagne, pr Barcelona, part. jud. Villafranca del Panadés). Guillelmus, Raimundus de Sopiratis, Subiradis, Subirads, 144, 304, 407.
Subranciaco (de). Voir *Bransac*.
Subripas (Bernardus, Guillelmus, Raimundus de), 197.
Suessionensis, Suessorum episcopus, comes, domus. Voir *Soissons*.
Sumbernum. Voir *Sombernon*.
Suparbi, Super Arbe, Super Arbi, Supraarbe, Suprarbe, Suprarbi. Voir *Sobrarbe*.
Supratel. Voir *Sobradiel*.
Suregio (de). Voir *Sorierh*.
Surniano (de). Voir *Sournia*.

T

Tabaciaco (de). Voir *Saint-Georges-de-Tabaussac*.
Taçço, Tacio, Tacione (de). Voir *Taizo*.
Tafalla (Espagne, pr. Navarra). Gilelm Açenarç, Lope Necones, Semen Aznarz in Tafalla, 100, 380, 494, 546.
Tahurane episcopus. Voir *Thérouanne*.
Taillebois (Aude, arr. et cant. Limoux, c. Saint-Martin-de-Villeréglan). Oto de Talaboix, Talabuix, 95, 504.
Talamanca (Espagne, pr. Barcelona, part jud. Manresa) Bernardus de Talamancho, 104.
Talent, Tolent (Odo de), 378.
Taliniano (de). Voir *Taulignan*.
Talobre, riv. (Drôme, arr. Montélimar, cant Saint-Paul-Trois-Châteaux, c. la Baume-de-Transit). Talobres, 190, 698.
Tamarite de Litera (Espagne, pr. Huesca) Tamarit, 557; Arnallus de Tamarit, 72.
Taraçona. Voir *Tarazona*.
Taradello (Petrus Raimundi de), 519.
Tarascon (Berenger de), 336.
Tarazona (Espagne, pr. Zaragoza). Tarazona, 19; quando chomes Barchinonensis conquesivit Tarazona, 331; évêque, bisbe de Tarazona, episcopus Terrasonenchis, Tirassonensis, Tyrasonensis, Tyrassonensis, de Taraçona, Tararona, Terazona, Tirassona, Tyraçona, Tyrassona, 26, 69, 100, 177, 229, 266, 331, 333, 334, 338, 368, 369, 384, 386, 390, 415, 456, 493, 494, 502, 543, 546, B 13; omnes clerici Tyrassonensis ecclesie, 368, 369; justicia de Tarazona, 416; Fortunio Acenariz de Tarazona, in Teraçona, 390, 416.
Tarenteford., loc. n. i. en Angleterre, 379.
Taroca. Voir *Daroca*.
Tarragona (Espagne). Archevêque de Tarragone, Tarrachonensis, Tarraconensis, Terrachonensis, Terraconensis archiepiscopus, 38, 71, 78, 314, 557, B 22.
Tarrasa (Espagne, pr. Barcelona). Termini Terracie, 150; Arbertus, Petrus de Terracia, 115, 300, 306.
Tartugario (infrontat in), lieu n. i. près de Nébian (Hérault), 58
Taizo (Pyrénées-orientales, arr Céret, cant. Argelès, c. Saint-André). Poncius Adalberti. Malseinada Ugo de Tacio, Tacione, Bernardus Berengarius, vicecomes de Taçço, 68, 128, 140, 157.
Taulignan (Drôme, arr. Montélimar, cant Grignan). Homines de Tauliniano, 296; Arnulfus, Bertrandus, Petrus Arnulfus, Willelma de Taliniano, Tauliguano, Taulina, Taulinia [var : Taulignan], Taulliniano, Taulinnano, 244, 324, 325, 326, 469, 470, 528, 529.
Tauniaco (de) Voir *Tonnay-Charente*
Tauste (Espagne, pr. Zaragoza, part. jud. Egea de los Caballeros). Anno quo rex cepit Taust, 480, 496, 546, seigneur de Tauste, 331.
Tavernis (Gillelmus de), 475
Ted. Voir *Tet*.
Teneromonte (de). Voir *Termonde*.
Tenis (Bernardus de), 507.
Teraçona, Terazona. Voir *Tarazona*.
Tercet (Arnaldus de), 295.
Termens (Espagne, pr. Lérida). Bernardus de Termenes, 82.
Termonde (Belgique pr. Flandre orientale). Doniel de Teneromonte, 16.
Terrachonensis, Terraconensis. Voir *Tarragona*.
Terracia (de), Terracie (termini). Voir *Tarrasa*.
Terrada (Petrus de), 507.
Terrades. Voir *Terrats*.
Terrasonenchis. Voir *Tarazona*.

Terrats (Pyrénées-orientales, arr. Perpignan, cant. Thuir). Ad Terrades, 339 ; terminium quod vocatur Tersanum (?), 242.

Terrer (Espagne, pr. Zaragoza, part jud. Calatayud). In Terrer, 361.

Terres (alodium de), lieu n. i. près de Manlleu (Espagne), 507.

Tersan (Aude, arr. Carcassonne, cant. Peyriac-Minervois, c. Azille). Bernardus, Petrus Guillelmi de Trenciano, 181, 193, 246.

Tersanum (?). Voir *Terrats*.

Teruanensis. Voir *Thérouanne*.

Têt, riv. (Pyrénées-orientales). Aqua de Ted, 140.

Tew Great, ou *Tew Little* (Angleterre, Oxfordshire). Hugo de Tiwe, Tywa, 200, 316.

Tezer. Voir *Théziers*.

Thenis (de). Voir *Thiennes*.

Thérouanne (Pas-de-Calais, arr. Saint-Omer, cant. Aire-sur-la-Lys). Morinensis episcopatus, B 4 ; Morinensis, Morinensium, Morinorum, Morinorum vel Taburanc. Teruanensis episcopus, 16, 17, 41, 45, 98, 231, 275, B 1, B 4, B 18 ; Teruanense capitulum, 45 ; Morinorum archydiaconus, 231.

They (Meurthe, arr. Nancy, cant. Vézelise). Uricus de Tillo, 396.

Thézirs (Gard, arr. Nîmes, cant Aramon). Castellum de Tezer, 411.

Thiennes (Nord, arr. et cant Hazebrouck). Folchardus de Thenis, 7.

Thierny (Aisne, arr. et cant. Laon, c. Presles-et-Thierny). Robertus de Tiriniacho, Tiriniaco, 555

Thil-Châtel (Côte-d'Or, arr. Dijon, cant. Is-sur-Tille). Pratum Tile Castri, 61 ; Aymo, Wido Cornelly dictus de Tyle Castro, 27, 61.

Thony (Aisne, arr. Laon, cant. Neufchâtel-sur-Aisne, c. Pontavert). Territorium de Thuenni, 555.

Tibériade (Terre Sainte). Seigneur de Tibériade, 8.

Tierriz, lieu n. i. dans la région d'Origny-Sainte-Benoîte (Aisne), 600.

Til (Le) (Aisne, arr. Saint-Quentin, cant. Ribemont, c. Origny-Sainte-Benoîte). Molendinum de Til, 555.

Tile Castri (pratum). Voir *Thil-Châtel*.

Tillo (de). Voir *They*.

Tille, riv., affl. de la Saône (Côte-d'or). Fluvium Tyle, 27.

Tirassona, Tirassonensis. Voir *Tarazona*.

Tiriniacho, Tiriniaco (de). Voir *Thierny*.

Tiwe. Voir *Tew*.

Tog, Togem (infra), Togis (flumen), Togium (inter). Voir *Touch*.

Tol. Voir *Toul*.

Tolbensis. Voir *Tolva*

Toledo (Espagne). In Toleto, Toletanus archiepiscopus, 410.

Tolent. Voir Talent.

Toletanus, Toleto (in). Voir *Toledo*.

Tolosa (Bernard de), 361.

Tolosa, Tolosanus, Tolosanensis. Voir *Toulouse*.

Tolosana porta. Voir *Carcassonne*.

Tolugas. Voir *Toulouges*.

Tolva (Espagne, pr. Huesca, part. jud. Benabarre). Prior Colbensis [*corr.* : Tolbensis], 557.

Tonnay-Charente (Charente-inférieure, arr. Rochefort-sur-mer) Ganganus de Tauniaco, 194, 196.

Tordères (Pyrénées orientales, arr. Perpignan, cant. Thuir). Via que exit de ... ad Turderas, 548.

Torello (Berengarius Bernardi de), 197.

Torena (Raimundus de), 257, 427, 433.

Torie, Torieg (Robert de), 84, 382.

Tornabax. Voir *Tourneboutx*.

Tornacensis. Voir *Tournay*.

Tornafort, Tornefort (Geraldus de), 122, 161, 168, 189, 190, 230, 324, 325, 326, 590, 598.

Torreilles (Pyrénées-orientales, arr. Perpignan, cant. Rivesaltes). Saline in Turelliis, 136.

Torrelas, Torreilas. Voir *Tourreilles*.

Torrellas (Espagne, pr. Barcelona, part. jud. San Feliu de Llobregat). Miro de Turriliis, 294.

Torremelam (locus qui vocatur ad), lieu n. i. aux dépend. de Villemolaque (Pyrénées-orientales), 577.

Torrenes [*corr.* : Torreves]. Voir *Tourbes*.

Torroja (Espagne, pr. Tarragona, part. jud. Falset). Berengarius, Raimundus de Torroga, Torroja, 71, 314, 508.

Tors (Ugo de), 321.

Tortas (mansus de ipsas), lieu n. i. dans la par. de San Pedro de Vilamajor (Espagne), 42.

Tortosa (Espagne, pr. Tarragona). Si Deus dederit michi [regi Aragonensium] Tortosa, 40 : anno quo comes Barchinonae sedebat supra Tortosa, in obsidione Dertose, Tortose, super Tortosam, 496, 532, 553, 564 : anno quo fuit capta Tortosa, Tortossa, comes Barchinonensis prendidit Tortoxa, habebat preso Tortosa, 534, 543, 544, 549, 554, 559, 560.

Torverils (de). Voir *Trévières*.

Torves. Voir *Tourbes*.

Totela. Voir *Tudela*.

Touch, riv., affl. de la Garonne (Haute-Garonne). Flumen Togis, infra Togem ..., inter Togium ..., usque in Tog, 73, 83, 88, 93, 208.

Toul (Ardèche, arr. Largentière, cant. les Vans, c. Casteljau) Petrus de Tol, Tullo, 426, 436, 574.

Toulouges (Pyrénées-orientales, arr. et cant. Perpignan). Tuluges, 408, 409 ; Petrus Berengarius de Tolugas, 171.

Toulouse (Haute-Garonne). Tolosana patria, 88 ; comte de Toulouse, comes Tolosanus, de Tolosa, 87, 88, 93, 141, 244, 269, 438 ; Tolose, To-

losanensis, Tolosanus, Tolosane sedis. Tolosanam sedem regens episcopus, 73, 88, 93, 129, 141, 269, 370; ecclesia, prior et conventus Sancte Marie Deaurate, 93; ecclesia, confratres parrochie Sancte Marie Dealbate, ante ecclesiam Sancti Remigii, 20; prepositus ecclesie Sancti Stephani, 20, 88; Tolosani denarii, 20, 268: quarto frumenti ad mensuram Tolose, 270; Titbaudus, Tosetus de Tolosa, 20, 130.

Tourbes (Hérault, arr. Béziers, cant. Pézenas). Via que vadit de Torves ad ..., que discurrit a Torrenes [*corr.*: Torreves], 37, 215; terminium de Torves, 215, 526; Berengarius, Poncius Petri de Torves, de Turreves [*var.*: Turves], 62, 526.

Tour-de-France (La) (Pyrénées-orientales, arr. Perpignan). Domina de Turre, 242.

Tournay (Belgique, pr. Hainaut). Tornacensis episcopus, 205, 569.

Tournebouix (Aude, arr. et cant. Limoux, c. Bourigeolc). Petrus Raimundi de Tornabax, 55.

Tourreilles (Aude, arr. et cant. Limoux). Aimericus de Turrellis, Petrus Amelii de Torrelas, Torrellas, 55, 57, 76, 155, 462.

Tourrelles (Les) (Drôme, arr. Montélimar, cant. Marsanne). Prior de Turretis, 173.

Tours (Indre-et-Loire). Turonus, 12. Turonensis archiepiscopus, Turonice sedis presidens, archiepiscopus Drascumne [*corr.*: Turonensis], 8, 12, 448; capitulum, homines, terra Beati Martini, 12.

Toy. Voir *Tuy*.

Tracy-le-Mont ou *Tracy-le-Val* (Oise, arr. Compiègne, cantons Attichy et Ribécourt). Ecclesia de Traci, altar de Trachi, 391.

Tres Podium (ad), lieu n. i. près de Blomac (Aude), 366.

Travesseram (ad). Voir *Tresserre*.

Trèbes (Aude, arr. Carcassonne, cant. Capendu). Bernardus, Guilelmus de Tremals, Tresmals, 44, 63, 142, 156, 159, 163, 531.

Trèbon, région des environs d'Arles (Bouches-du-Rhône). In Trifoncio, Trifroncio, 352.

Trebug (terra de), lieu n. i. près de Pech-Bisbal (Aude), 64.

Trecas (ante), Trecis, Trecensis, Trecorum (episcopus). Voir *Troyes*.

Tremals. Voir *Trèbes*.

Trenciano (de). Voir *Tersan*.

Trescis (de). Voir *Tresques*.

Tresmals. Voir *Trèbes*.

Tresques (Gard, arr. Uzès, cant. Bagnols). Guillelmus de Trescis, 36.

Tresserre (Pyrénées-orientales, arr. Perpignan, cant. Thuir). In Tresserra, ad Travesseram, parrochia Sancti Saturnini de Tresserra, 157, 242, 408.

Treuils. Voir *Saint-Martin-de-Trévils*.

Trèves (Allemagne). Trèves, data apud Treveras, datum Treveris, 478, B 15, B 16, B 17.

Trévières (Calvados, arr. Bayeux). Bartholomeus de Torveriis, 511, 541.

Trevis (Johannes diaconus de), 565.

Tribuc (honor), lieu n. i. près de Douzens (Aude), 85.

Tribus Fontibus (de). Voir *Trois-Fontaines*.

Tricastinus, Tricastrinensis. Voir *Saint-Paul-Trois-Châteaux*.

Tricherio (Mascelinus de), 28.

Trifoncio, Trifroncio (in). Voir *Trèbon*.

Trinalo (Arnaldus, Guillelmus de), 139.

Tripoli (Terre Sainte). Comes Tripolitanus, 87, 298.

Triste (Espagne, pr. Huesca, part. jud. Jaca). Sanzo de Trist, 558.

Troarn (Calvados, arr. Caen). Ecclesia Troarnensis, monasterium Troarnense, abbas Troarnensis, monachus de Troarno, 477, 478, 550, 551, 552, B 15, B 16, B 17, B 20.

Trois-Fontaines (Marne, arr. Vitry-le-François, cant. Thieblemont). De Tribus Fontibus abbas, 31.

Trollars. Voir *Trouillas*.

Trossit, Trossito (Guillelmus, Radulfus Guillermi de), 281.

Trouillas (Pyrénées-orientales, arr. Perpignan, cant. Thuir). Trollars, 242.

Troyes (Aube). Ante Trecas, ex Trecensium latere, 22; concile de Troyes, 31; comte de Troyes, 5; Trecensis, Trecensium, Trecorum episcopus, Hatone Trecensi episcopante, Trecis episcopante, 28, 29, 60.

Tudela (Espagne, pr. Navarra). Tutela, 39, 84; facta carta in villa que dicitur Tutela, 100, 227, 386, 441, 546, regnans in Totela, Tudella, Tutela, 211, 227, 289, 389, 390, 456, 476, 479; episcopus in Tutela, 456; Tutelana ecclesia, clerici Tutele, 502; monachi de Sancta Cruce de Tutela, 280; alcade de Tutela, 447; Tutelana, Tutelensis moneta, 110, 389, 480: Fortun Exemenos, Garcia Garcez, Gilelm, Johannes, scriba, Martin Gilelm, Osmont de Bono Viler, Sanz Fertuniones de Tudela, Tutela, Petrus de Osia in castro Tudele, 367, 390, 440, 447, 468, 494.

Tudeleta. Voir *Tulette*.

Tudelilla (Espagne, pr. Logroño, part. jud. Arnedo). Facta carta in Tutillen., 26.

Tueleta. Voir *Tulette*.

Tuguriis (Olivarius de), 284.

Tul. (Aubertus de), 330.

Tulette (Drôme, arr. Montélimar, cant. Saint-Paul-Trois-Châteaux). Raimundus de Tudeleta, 405; Willelmus de Tueleta, 198.

Tullo (de). Voir *Toul*.

Tuluges. Voir *Toulouges*.

Tumbis (Hato presbiterde), 28.

Turderas (ad). Voir *Tordères*.

Turellis (in). Voir *Torreilles.*
Turonus, Turonensis, Turonice sedis presidens. Voir *Tours.*
Turre (alaudium de ipsa), lieu n. l. près de Palausolitar (Espagne), 202.
Turre (Arnallus de), 157.
Turre, Turri (Bernardus de), 73, 268.
Turre (Bernardus de ipsa), 521.
Turre (Petrus de), 437, 459.
Turre (Radulfus de), 555.
Turre (Raimundus de), 571.
Turre (de). Voir *Tour-de-France (La).*
Turrellis (de). Voir *Tourreilles.*
Turreta (portus de), port n. l. près d'Agde (Hérault), 462.
Turretis (de). Voir *Tourrettes (Les).*
Turreves. Voir *Tourbes.*
Turri. Voir Turre (de).
Turribus (Curvus de), 20.
Turribus (Raimundus de), 469.
Turriculis (B. de), 475.
Turrilliis (de). Voir *Torrelles.*
Turrucella (Petrus de), 71.
Turves. Voir *Tourbes.*
Tutela, Tutelana, Tutelensis. Voir *Tudela.*
Tutillen. Voir *Tudelilla.*
Túy (Espagne, pr. Pontevedra). Episcopus de Toy, 151.
Tyle (flumen). Voir *Tille.*
Tyle Castro (de). Voir *Thil-Châtel.*
Tyraçona, Tyrassona, Tyrasonensis, Tyrassonensis. Voir *Tarazona.*
Tywa. Voir *Tew.*

U

Ucecie (B.). Voir *Uzès.*
Ujué (Espagne, pr. Navarra, part. jud. Tafalla). Raimir Garcez in Sancta Maria de Uxua, 494, 546.
Ulico (Arnallus Petri de), 252.
Ulixbonensis. Voir *Lisboa.*
Ulmo (clausum de), lieu n. l. en Languedoc, 20.
Ulmo (molendinum de), lieu n. l. à Orange (Vaucluse), 130.
Ulmo (Poncius de), 528, 529.
Uncastillo (Espagne, pr. Zaragoza, part. jud. Sos). Eneco Sanç de Uno Castro, 481.
Uncey-le-Franc (Côte-d'Or, arr. Semur, cant. Vitteaux). Apud Unceium, in domo fratrum Unceii, Paganus de Uncelo, 540.
Uno Castro (de). Voir *Uncastillo.*
Untigena, Untignena, Untiguena. Voir *Ontiñena.*
Unzent (Petrus d'), 370.
Urgellensis, Urgelli (comes, episcopus, capellanus). Voir *Seo de Urgel.*
Ursi Campi (abbas). Voir *Ourscamps.*
Urtidez, lieu n. l. dans la région de Richerenches (Vaucluse), 326.
Urunia. Voir *Orunia.*
Uxua. Voir *Ujué.*
Uzès (Gard). Episcopatus Uzeticensis, 36; Bremundus Ucecie, 365.

V

Vabres (Aveyron, arr. et cant. Saint-Affrique). Abbas de Vabre, 514.
Vacairaz, Vachairaz. Voir *Vacqueyras.*
Vaclonegas, Veciomigis (territorium de), lieu n. l. dans la région de Vaison (Vaucluse), 169.
Vacqueyras (Vaucluse, arr. Orange, cant. Beaumes-de-Venise). Aput Vachairaz, Bernardus de Vacairaz, 357.
Vadalarii (ortus de), lieu n. l. près de la riv. de Têt (Pyrénées-orientales), 140.
Vadeia (W. de), 20.
Vadenay (Marne, arr. Châlons-sur-Marne, cant. Suippes). Ada de Wadeneis, 46.
Vado (Petrus de), 489.
Vaison (Vaucluse, arr. Orange). Évêque de Vaison, Vasensis, Vasionensis episcopus, 148, 169, 182, 238, 239, 253, 469, 527, 598; canonici Vasionensis ecclesie, 148, 169, 182, 238; clericus Vasionensis, 469; abbas Sancti Quinidii, 238; homines de Vasione, 148; Petrus Alfaldi, Petrus Marini, Raimbaldus, Ugolenus, Vilelmus, W. de Vaisen, Vasione, de civitate Vasionensis, 148, 169, 182, 238, 253.
Valaurie (Drôme, arr. Montélimar, cant. Grignan). Illi de Vallauria, Valle Aurea, 327, 590, 598; Petrus de Valle Aurea, 469.
Valavergny (Aisne, arr. Laon, cant. Anizy-le-Château, c. Merlieux-et-Fouquerolles). Burdinus de Valle Lauvrenleco, 555.
Valbadon. Voir *Vaubadon.*
Valbonne (Pyrénées-orientales, arr. Céret, cant. et c. Argelès-sur-mer). In Valle Bona, Raimundus de Valle Bona, 339 (cf. *Ferratum*).
Valcellis (de). Voir *Vaucelles.*
Valeia (abbas Sancti Johannis de). Voir *Saint-Jean-en-Vallée.*
Valence (Drôme). Prepositus Valentinus, 183; moneta Valenciana, Valentina, Valentinensis, denarii Valenciani, Valentiani, 125, 134, 173, 326, 327, 360, 413, 469, 470, 500, 530, 556, 565, 590, 593, 598; Gigo de Valencia, Bartholomeus de Valencza, 590, 593.
Valencia (Espagne). Usque ad Valenciam, 6; anno quo primus comes Barchinon. correc ad Valencia, fuit ad Valentiam et reversus fuit, 395, 398.
Valencia (Arbert de), 492.
Valentiam (apud), Valentianus, Valentinus. Voir *Valence, Valencia.*
Vallabrègues (Gard, arr. Nîmes, cant. Aramon). Bertrandus Benenguasius, Wilelmus Ugonis de Volobrega, 411.
Vall. Aspirii (de). Voir *Vallespir.*

Vall. Aurea, Vallauria (de) Voir *Valaurie*.

Vall. Bona (de). Voir *Valbonne*.

Vall. de Vindranis (in). Voir *Candeval*.

Valldosera (Espagne, pr. Barcelona, part. jud. Vich, ayunt. Balenyá). Torrens Vallis Orsaria, 519

Valle (honor de ipsa), lieu n. i. dans la région de Douzens (Aude), 301.

Valle (capellanus de), lieu n. i. en Roussillon, 233.

Valle (Poncius de), 263, 282, 402.

Vallense, Vallensi (in). Voir *Vallès*.

Valleroy (Haute-Marne, arr. Langres, cant. Fayl-Billot). Villa Valurre, B 7.

Vallès, pays (Espagne, pr. Barcelona). In Vallense, Vallensi. 102, 105, 107, 108, 132, 133, 284, 294, 564.

Vallespir, pays (Pyrénées-orientales). In termino de Valle Asperii, 128.

Vall. Garnera (Poncius Guillelmus de), 242.

Vall. Gundebalt (in), lieu n. i. en Champagne, 28.

Vallibus (de, in). Voir *Vaux*.

Vall. Lauvreniaca (de). Voir *Valavergny*.

Vall. Lucenti, Lucentis (abbas). Voir *Vauluisant*.

Vall. Orsaria. Voir *Valldosera*.

Vall. Osselle (regnans in). Voir *Ossau*.

Vall. Rollii, Vall. Rolili (Nigellus de). 373, 374.

Vall. Romena (Arbertus de), 252.

Vall. Sancti Petri (in), lieu n. i. en Champagne, 28

Vall. Seguerii. Voir *Montolieu*.

Valréas (Vaucluse, arr. Orange). Territorium de Valriaco, Valriaz, 190, 199, 590, 698; via que movet de Valrias, 152; caminum qui vadit de Valriaz.., 168; illi de Valriaco, 190; Bertrandus Falco, Bisiardus Gaucelmus Piginaus, Geraldus, Petrus Dodi, Petrus Ugonis, Ugo Berengerii, Willelmus Dodo de Valriacho. Valriaco, Valriaz, 164, 173, 189, 190, 238, 279, 296, 297, 310, 311, 360, 469, 470, 690.

Vallierra (Espagne, pr. Navarra, part. jud. Tudela). Balterra. 361; Rodrigo Avarco in Balterra, Rodric de Zafra in Valterra, 227, 386, 494, 546.

Valurre. Voir *Valleroy*.

Vanne, riv., affl. de l'Yonne (Aube, Yonne). Ripa Venne, 317.

Vanorio (Guido de), 61.

Varniola. Voir *Verniolle*.

Vasensis, Vasione (de). Vasionensis. Voir *Vaison*.

Vasno, Wasno (Alexis, Henricus, Rainaldus, Tebaudus de), 489.

Vassa (intus), lieu n. i. au terr. de Perpignan (Pyrénées-orientales), 236.

Vassam (ad), lieu n. i. près de Bages (Pyrénées-orientales), 408.

Vassogne (Aisne, arr. Laon, cant. Craonne). Vassonia, 555.

Vastino (Martinus de), 380.

Vaubadon (Calvados, arr. Bayeux, cant. Balleroy). Henricus de Valbadon, 511.

Vaucelles (Nord, arr. Cambrai, cant. Marcoing, c. Crèvecœur). Abbas de Valcellis, 261.

Vaudémont (Meurthe, arr. Nancy, cant. Vézelise). Comes Vuadammontis, 396.

Vauluisant (Yonne, arr. Sens, cant. Villeneuve-l'Archevêque, c. Courgenay). Abbas, monachi Vallis Lucenti, Lucentis, 25, 317.

Vauvert (Gard, arr. Nîmes). Rostagnus Poscheriarum, Petrus de Poscheriis, 672.

Vaux ? (Aisne, arr., cant. et c. Laon). In Vallibus, Guido de Vallibus, 555.

Vecqueville (Haute-Marne, arr. Wassy, cant. Joinville). Wido de Episcopi Villa, 138.

Vedigno (de). Voir *Vezins*.

Vega (do Sanct. Pelagium de) Voir Sanct. Pelagium de Vega (do).

Veireiras, Veireires (Becco de), 281.

Veireiras (Bermon de). 537.

Veltregani (terminium kastri). Voir *Voltregà*.

Vendeloves (Aveyron, arr. cant. et c. Saint-Affrique). Raimunus Guilfres de Vendolovas, 514.

Vendeuil (Aisne, arr. Saint-Quentin, cant. Moy). Hescotus de Vendolio, 555.

Vendeuvre-sur-Barse (Aube, arr. Bar-sur-Aube). Hulduinus Vendovrii, 28.

Vendocinensis. Voir *Vendôme*.

Vendolio (de) Voir *Vendeuil*.

Vendolovas. Voir *Vendeloves*.

Vendôme (Loir-et-Cher). Abbas Vindocinensis. Vendocinenses abbas et monachi, 8, 95, 242.

Vendovrii (H.) Voir *Vendeuvre-sur-Barse*.

Venne (ripa). Voir *Vanne*.

Venterol (Drôme, arr. et cant. Nyons). Opidum de Ventoirol, 125; Petrus de Ventoirol, Ventoirollo, 165, 182, 293.

Ver (Calvados, arr. Bayeux, cant. Ryes). Aubry de Ver, Robertus de Ver, 220, 247, 248, 271, 377.

Vercillis (de) Voir *Versailles*.

Vergeriis (ad), lieu n. i. près de Capendu (Aude), 193.

Veri (ecclesia). Voir *Vern*.

Vermandois, anc. comté (France). Comte de Vermandois, Viremandorum, Viromandorum, Viromanduorum comes 194, 196, 305, 561, 587.

Vern (Maine-et-Loire, arr. Segré, cant. le Lion-d'Angers). Ecclesia Veri, 329.

Verne (falsa del), lieu n. i. près de Buisson (Vaucluse), 536.

Vernègues (Bouches-du-Rhône, arr. Arles, cant. Eyguières). Gantelmus de Alvernegue, 352.

Verniolle (Ariège, arr. Pamiers, cant. Varilles). Arnaldus

de Vernola (*var.* : Varniola). 129.
Vernolio (Odo de). 555.
Vernoz. Voir *Bernois (Les)*.
Vernun (Ricardus de). 542.
Verou. Voir *Vraux*.
Verseilles-le-Bas, ou *Verseilles-le-Haut* (Haute-Marne, arr. Langres, cant. Longeau). Wido de Vercillilis. 330.
Verte (vinea de), lieu n. i aux dépend. du ch. de Barry (Drôme), 500.
Vertelli, loc. n. i. dans la région de Laon (Aisne), 555.
Vertus (Marne, arr. Châlons-sur-Marne). Vivianus de Virtutibus, 60.
Veruela, anc. abb (Espagne, pr. Zaragoza, part. jud. Tarazona, ayunt. Vera). Prior de Berola, 473.
Veuve (La) (Marne, arr et cant. Châlons-sur-Marne). Villa que dicitur Vidua, 75 ; in domocanonicorum Vidue, 46 ; Gipuinus, Remigius, Warinus de Vidua. 49
Vezins (Aveyron, arr. Millau) Sicardus de Vedigno, Petre Bernarz, Virgilis de Vezin, 281, 537.
Viala de-Pas-de-Jaux (Aveyron, arr. Saint-Affrique, cant. Cornus). El mas maior dal Vilar, 583.
Viam Romanam (juxta), route n. i. près de Rogécourt (Aisne), 555
Vianna Voir *Vienne-le-Château*.
Vich (Espagne, pr. Barcelona). In Ausona. 564 ; Ausonensis episcopatus, 565 ; Ausonensis episcopus, 38, 70, 71, 314, 507. B 22 ; comitatus Ausona, Ausone, Ausonensis 79, 112, 116, 283, 507, 516, 518 ; canonicus Sancti Petri, 507 ; confradria sedis Sancti Petri Vico, 348 ; in alodio sancti Petri vici [*corr.* : Sancti Petri Vici], 518.
Vico (Odo de), 34.
Vico Forti (Losbertus de), 28.
Vic-sur-Aisne (Aisne, arr. Soissons). Apud Vicum, 555.
Vidua, Vidue (domus canonicorum). Voir *Veuve (La)*.
Vienne (Isère). Archevêque de Vienne, 87.
Vienne-le-Château (Marne, arr. Sainte-Menehould, cant. Ville-sur-Tourbe). Richardus de Vianna, 582.
Vilacetru, égl. annexe de celle de Manlleu (Espagne, pr. Barcelona, part. jud. Vich). Parochia Sancti Stephani de Villa Setrudis, 507.
Vila Condal (ecclesia Sancti Martini de). Voir Sanct. Martini de Vila Condal (ecclesia).
Vilademuls (Espagne, pr. et part jud. Gerona). Raimundus de Vila de Muls, 314.
Vila Gelans, Villa Gelans (Petrus de), 507, 597.
Vilalerio (de). Voir *Villalier*.
Vilalléons (Espagne, pr. Barcelona, part. jud. Vich). Bernardus sacerdos Ville Leonis, 507.
Vilar (locus quem vocant), lieu n. i. dans la région de Douzens (Aude), 193.
Vilar (Pontius de), 436.
Vilar (Rogerius de), 435.
Vilar. Voir *Viala-de-Pas-de-Jaux*.
Vilare (Bernardus de), 430.
Vilartinioso (in). Voir *Villar-Tinhol*.
Vilarzel. Villarzel, Villarzello, Villarder (Guillelmus Petri, Petrus Raimun de), 57, 62, 76, 116.
Vilasalva (relinquo Sancte Marie de). Voir Sanct. Marie de Vilasalva (relinquo).
Vilaterio (de). Voir *Villalier*.
Vilatorta (Espagne, pr. Barcelona. part. jud. Vich). Parrochia Sancti Juliani de Villa Torta, 54.
Vilela (Geraldus Abbasin), 497.
Vilers (Albertus de), 589.
Vilismo (de). Voir *Balesmes*.
Villa (Hugo de). 330.
Villa Dei. Voir *Cavalerie (La)*.
Villa Dordiis (Berengarius, Bernardus de), 180.
Villa Gelans. Voir Vila Gelans.
Villa Granata (Bertrandus de), 597.
Villaldicuto (de). Voir *Villalégut*.
Villalégut (Aude, arr. Carcassonne, cant. et c. Montréal). Bernardus de Villaldicuto, 277.
Villalier (Aude, arr. Carcassonne, cant. Conques). Terminium de Villalerio, 337 ; Guiraldus Eldrici, Pontius Rogerii de Vilalerio, Villalerio, Vilaterio, 337, 432, 437, 459.
Villa Majore (flumen quod descendit de), lieu n. i. près de Collsabadell (Espagne), 108.
Villa Majori (parrochia Sancti Petri). Voir *San Pedro de Vilamajor*.
Villam Novam (ad). Voir *Villeneuve-de-la-Raho*.
Villa Mulacha, Mulahca. Voir *Villemolaque*.
Villa Nova (Arnaldus, Bernardus de). 155, 160, 435, 501.
Villa Nova (Berengarius de), 278, 279.
Villa Nova (uxor Pontii de), 20.
Villa Nova circa pontem de Ava, lieu n. i. en Portugal, 19.
Villa Rabiosa (mansus de), lieu n. i. près de Vilatorta et de Folgarolas (Espagne), 54.
Villarder. Voir Vilarzel.
Villari (Petrus de), 160.
Villari Benedicto (Olgerius de), 43.
Villari Nenc (vinea de), lieu n. i. dans la région d'Ollon (Drôme), 43.
Villari Rainerio (condamina de), lieu n. i. dans la région d'Ollon (Drôme), 43.
Villar-Tinhol, loc. détr. (Aude, arr Carcassonne, cant. Peyriac-Minervois, c. Alguesvives). In Vilartinioso, 181.
Villarzel, Villarzello (de). Voir Vilarzel.
Villaseca de Arciel (Espagne, pr. et part. jud. Soria).

Deserta villa nomine Villa Sicca, 410.
Villa Seirudis. Voir *Vilaceira*.
Villa Sicca (Raimundus de), 521, 594.
Villa Sicca. Voir *Villaseca de Arciel*
Villa Sub Terra (ecclesia de), loc. n. i. au dioc. de Langres, B 7.
Villa Torta. Voir *Vilatorta*.
Villa Vetula, loc. n. i. en Navarre, 92.
Ville Leonis (B.). Voir *Vilalléons*.
Villemaur (Aube, arr. Troyes, cant. Estissac). Bovo de Villemauro, 22.
Villemolaque (Pyrénées-orientales, arr. Perpignan, cant. Thuir). In Villa Mulacha, juxta Villam Mulacham, de Villa Mulahca, in termino Ville Mulache, parrochia, terminium, infra terminos Beati, Sancti Juliani de Villa Mulacha, 65, 68. 157, 242, 522, 577 ; infra fines et terminos de Villa Mulacha et in ajacencia Beati Juliani, 65 ; clericus de Villa Mulacha, 577 ; Bertrandus, Guillelmus de Villa Mulacha, 171, 577.
Villeneuve-de-la-Raho (Pyrénées-orientales, arr. et cant. Perpignan). Infra vias quarum una vadit... ad Villam Novam, 563.
Ville Nove (domus, terra). Voir *Neuville-au-Temple (La)*.
Vimaranis, Vimarinis, Vimarensis. Voir *Vimeiro*.
Vimeiro (Portugal, distr. Lisboa, conc. Lourinha). Qui presentes fuerunt Vimarinis, 24 ; in Vimaranis, prior Vimarensis, 439.
Vincçobrilo. Vinçobrio (de). Voir *Vinsobres*.
Vindocinensis. Voir *Vendôme*.
Vindranis, Vindrano (de), Vindranis (in valle de). Voir *Caudeval*.
Vinea Vetera (vinea que vinea vetera [*corr.* : Vinea Vetera] appellatur), lieu n. i. aux dépend. du ch. de Lusençon (Aveyron), 207.
Vinkebroch [*var.* : Vinkebroc] (Gervasius de), 275.
Vinsobres (Drôme, arr. et cant. Nyons). Vilelmus de Vincçobrilo, Vinçobrio, Vinzobrio, 148, 189, 182, 238.
Viremandorum, Viromandorum, Viromanduorum comes. Voir *Vermandois*.
Virtutibus (de). Voir *Vertus*.
Visan (Vaucluse, arr. Orange, cant. Valréas) Ad Avisa, Avisan, 500 ; territorium de Avisano, 190, 590, 598 ; via que ducit ad Avisanum, 161 ; via que vadit de Avisano ad.... 152 ; Gaucerandus, Geraldus, Helisiarius, Iscardus, Nicholaus, Poncius de Ulmo, Riperdus Folriadus, Terrabuc, Ugo Bast, Upecus, Willelmus, Willelmus Ugonis Avisani, d'Avisa, de Avisano, 121, 131, 161, 244, 528, 529, 565, 590 ; Petrus Ugonis Avisani, de Avisa, Avisano, 121, 122, 152, 161, 168, 174, 182, 189, 190, 244, 324, 325, 326, 327, 360, 596, 598.
Viterbo (Italie). Datum Viterbii, B 11, B 12, B 13, B 14.
Vitraco (de). Voir *Saint-Pierre-de-Vitrac*.
Vitreacensis. Voir *Vitry-le-Brûlé*
Vitrerio (campus de), lieu n. i. au terr. de Villemolaque (Pyrénées-orientales), 522.
Vitry-le-Brûlé (Marne, arr. et cant. Vitry-le-François) Castellano Vitreacensis, 46, 75.
Vivarais, pr. (France). Vivariensis, 30.
Vivariis (Geraldus de), 528, 529.
Vivario (Hugo de), 61.
Vivier (Le) (Pyrénées-orientales, arr. Prades, cant. Sournia). Gaucelmus de Viver, 233, 264.
Viscaia, pr. (Espagne). Rex in Bizcaia, 100, 386, 494, 546.
Volobrega. Voir *Vallabrègues*.
Volpillaco (territorium de), lieu, n. i. au dioc. de Vaison (Vaucluse), 148.
Voltregà, ch. ruiné (Espagne, pr. Barcelona, part. jud. Vich, ayunt. San Hipólito de Voltregà). In termino kastri Veltregani, 112.
Vraux (Marne, arr. et cant. Châlons-sur-Marne). Bonardus de Verou, 49.
Vuadammontis (comes). Voir *Vaudémont*.
Vuldone (Petrus de), 588.
Vulpellares, lieu n. i. en Portugal, 19.
Vultreria (Bernardus de), 71.

W

Wadencis. Voir *Vadenay*.
Waheil. (Simon de), 255, 273.
Walden. Waldena, Waledena. Voir *Saffron Walden*.
Waltham (Angleterre, Essex). Canonici de Waltham, 220.
Warneton-Bas (Nord, arr. Lille, cant. Quesnoy-sur-Deule) Castellania vel feodum de Basso Guarnestuno, 17.
Warren (Pays de Galles, Pembrokeshire) Comes, Radulfus de Warren, 158.
Wasno (de). Voir Vasno (de).
Waude (decima) Voir *Gault (Le)*.
Wedelee, loc. n. i. en Angleterre, 448.
Westminster (Angleterre, county of London). Westmonasterium, 156 ; abbas Westmonasterii, 449.
Weston, Westona (ecclesia, Gilbertus de), loc. n. i. en Angleterre, 175.
Winchester (Angleterre, Hampshire). Wintoniensis episcopus, 234.
Windr. (de). Voir *Windsor*.
Windsor (Angleterre, Berkshire). Mauricius de Windr., Wyndleshor., 177, 179.
Wingines (Lambertus de), flamand, 7.
Wintona (Churoldus de), 216.

Wintoniensis. Voir *Winchester*.

Witham (manerium de), loc. n. i. en Angleterre, 482, 483, 484.

Wyndleshor. Voir *Windsor*.

X

Xairic (podium). Voir *Pulchéric*.

Xalamera, Xalamnera. Voir *Chalamera*.

Xeborc. Voir *Segorbe*.

Y

Yclo. Voir *His*.

Ylerdensis. Voir *Lérida*.

York (Angleterre). Apud Eboracum, 258.

Ypres (Belgique, pr. Flandre occidentale). Ypre, apud, juxta Ypram, 45, 98, 275; ecclesia Yprensis, 45, B 4; canonici Beati Martini Yprensis, 41, B 1, B 4, B 18; abbas Yprensis ecclesie, abbas Sancti Martini Yprensis, B 4, B 18; ecclesie Yprenses, omnes parochie Yprenses, altaria Beati Martini et Sancti Petri et Sancti Jacobi, B 4; Yprensis capella in loco sita qui dicitur Obstal, capella que sita est Ypre in loco qui dicitur Obstal, Absthal, capella de Obstal, 41, 45, B 1, B 4, B 18; Willelmus de Ipra, Ypra, 16, 114, 178, 449, 450, 482, 484.

Ypusca. Voir *Guipuzcoa*.

Ysarni aqua (aqua discurrit... usque in aquam Ysarni), riv. n. i. en Rouergue, 585.

Ysclo (de). Voir *His*.

Yspania. Voir *Espagne*.

Z

Zafra, Zagra. Voir *Azagra*.

Zarachoça. Voir *Zaragoza*.

Zaragoza (Espagne). In civitate Çaragoça, Çaragoce, Cesaraugusta, in Çaragosça, Saragoza, Zarachoça, Zaragoça, ad Zarragoza, 6, 39, 91, 111, 145, 154, 314, 338, 492, 549, B 22; anno quo intravit rex Adeffonsus, imperator, in Çaragoça, 111; anno quo... rex Garsias currit Çaragoça, 292; in Çaragoça, in barri Sancte Marie, in civitate Cesaraugusta, in barrio Sancta Maria, Sancte Marie, 414, 421; de illas casas et de illa hereditate que fuit de illo comite Perticensi in Cesaraugusta, unas casas et una hereditate in Zaracoza que fuit de illo comite de Perlica, 280, 361; domus [militie Templi] Cesarauguste, 501; dominans, regnans in Çaragoça, Cesaraugusta, Saracuza, Saraguza, 91, 229, 292, 338, 349, 416, 421, 476, 479, 505; imperator in Saragocia, 410; Cesaraugustana sedes, 94; évêque de Saragosse, episcopus Cesaraugustanus, Cesaraugustane sedis, in Cesaraugusta, Cesaraugustam, Çaragoça, Çaragoisça, de Saragoça, 69, 94, 143, 154, 177, 314, 331, 336, 338, 349, 367, 384, 414, 415, 421, 460, 495, 505, 534, 543, 549, 562, B 13, B 22; Cesaraugustensis sacrista, 314; senior in Çaragoça, Çaragosça, Cesaraugusta, de Seragoce, 414, 421, 534, 543, 549; justitia in Çaragoça, 414, 421; cavaleatores de Zaragosa, 91; domo... Sancto Salvatori Cesaraugustane sedis, 562; altarium Sancti Salvatoris Cesaraugustane sedis, 143; canonici, prior, sacrista Sancti Salvatoris, 349, 460, 495; Sancte Marie capellanus, prior, 94, 111; tres sol de illa moneta que in Saregoce [*var.:* Çaragoça] curreril, 544; forum Cesarauguste, de Çaragoça, Cesaraugusta, Saragoce, 349, 414, 421, 534, 549; Arnulfus de Çaragoça, 549; Lop Lopez de Zaragoza, 100; Ben. de Saragoce, 534.

Zaspunola. Voir *Cespunola*.

Zohere (Johannes de), 544.

Zulscole, Zulscolen. Voir *Zuydschole*.

Zuydschole (Belgique, pr. Flandre occidentale, arr. adm. et cant. Ypres). Zulscole, altare de Zulscolen, B 4.

IMPRIMERIE VALENTINOISE. — VALENCE. — 9-22.

Original en couleur
NF Z 43-120-8

www.ingramcontent.com/pod-product-compliance
Lightning Source LLC
Chambersburg PA
CBHW071154230426
43668CB00009B/954
9782013525114